- 입학시험문제 및 해설
- 성경요해·논문 필독 모범예제 52제·철학 핵심요해
- 영어 TEPS를 위한 빈출 어휘 정리

총신대학교신학대학원

입학가이드

총신신대원 입학가이드 편찬위원회

 아가페문화사

머리말

"이만팔천 동네에 가서 우물을 파라 ……"

고 김치선 박사님의 교훈이시다. 우린 모두 우물을 파는 자들이다. 우물을 파기 위해서는 먼저 내 자신의 우물을 깊이 파야 한다. 깊은 나의 우물을 파지 않고서는 우물에 대하여 논한다든지 우물을 판다고 덤벼서도 안 될 것이다.

아직도 우물을 파는데 지식이 우리에겐 더 필요하다. 여기 우리의 우물을 위해서 작은 정성을 기울였다. 좀 더 폭 넓은 신학의 공부와 깊이 있는 연구를 위하여 우리는 새로운 발걸음을 내딛어야 한다.

본서는 진학에 대해 어려움을 겪고 있는 후학들을 위해서 작은 안내자가 되었으면 한다. 여기 수록된 것은 전부가 아니라 극히 일부이지만 이런 방법조차도 몰랐던 우리의 쓰라린 경험을 되풀이하지 않게 하기 위한 우리의 정성이라면 좋겠다.

특별히 입시요강이 새롭게 발표되어 1987년부터 논문(논술)에서 철학이 추가되었다. 이에 많은 수험생들이 고심에 빠져 있는 것이 사실이다. 그러기에 신학을 잘 모르는 수험생들을 위해 이해를 돕기 위해 각 학년도 입시문제와 해답은 물론 성경과 철학은 주요 핵심 요해를, 그리고 논문(논술)은 필독 모범예제와 최근에 논쟁되는 주제들에 대하여 명쾌한 모범예제를 제시해 놓았다. 영어는 Teps로 출제하므로 경향을 터득하고 풀 수 있도록 가이드 해 놓았고, 실전을 대비하여 실력문제를 만들어 스스로 테스트 할 수 있도록 했다. 이 책은 입시를 위한 철저한 입학가이드임을 밝히는 바이다.

지금도 늦지 않았다. 착실히 준비하면 좋은 성과가 있을 것이라고 확신한다. 가장 중요한 것은 기도의 불을 끄지 않는 것이다.

Keep at it!
2006. 8 편저자 씀

차 례

- 머리말

제1부 성 경
　Ⅰ. 성경시험 준비시 유의사항 / 5
　Ⅱ. 참고서적 / 5
　Ⅲ. 출제유형 / 5
　Ⅳ. 성경요해 / 6
　■ 필수암기사항 / 6
　■ 성경예제(구약/17, 신약/50)
　■ 입학시험문제
　・석사・신학연구원・목회연구원(1984년-2006년) / 70

제2부 논 문
　Ⅰ. 논문시험 준비시 유의사항 / 353
　Ⅱ. 논문 작성시 유의사항 / 353
　Ⅲ. 참고서적 / 354
　■ 논문요해(필독 모범예제, 최근 논쟁되는 이슈들 52제) / 354
　■ 입학시험문제
　・석사・신학연구원・목회연구원(1987년-2006년) / 560

제 3 부 영 어

Ⅰ. 영어시험 준비시 유의사항 / 585
Ⅱ. 참고서적 / 585
■ 입학시험 문제
· 석사·신학연구원·목회연구원(1984년-2006년) / 586

제 4 부 철 학

Ⅰ. 철학시험 준비에 있어서 유의사항 / 859
Ⅱ. 철학 참고서적 / 859
Ⅲ. 철학 요해 / 860
Ⅳ. 철학용어해설 / 914
■ 입학시험 문제
· 석사·신학연구원·목회연구원(1987년-2006년) / 927

제 5 부 TEPS를 위한 필수암기 빈출어휘

■ 빈출어휘 550 / 1047

* 1984-2006학년도 입학시험 문제 해답 및 해설 / 1071

제1부
성 경

Ⅰ. 성경시험 준비에 있어서는 다음 사항을 명심해야 한다.
  1. 성경을 정독할 것(한글개역판)
  2. 성경의 전체적인 윤곽의 그림을 그릴 수 있도록 충분히 소화할 것
  3. 각 사건과 인물에 대한 특징과 교훈을 필히 알도록 할 것
  4. 주요한 인물과 연대는 순서별로 암기토록 할 것
  5. 화폐단위와 도량형단위를 비교할 수 있어야 한다
  6. 구약의 사건은 신약과의 비교에서 충분히 답할 수 있어야 한다
  7. 비슷한 사건의 확실한 구분을 할 줄 알아야 한다
  8. 성경에 나온 특수한 용어(특히 원문용어)를 해석할 줄 알아야 한다

Ⅱ. 참고서적

- 존 H. 월톤. 박상봉 편역. 챠트로 본 구약. 서울:아가페문화사, 1996.
- H. 웨인 하우스. 김일우 편역. 챠트로 본 신약. 서울:아가페문화사, 1996.
- 총신신대원 입학가이드 편찬위원회편. '84~2006 입학가이드. 서울:아가페문화사, 2006.을 필히 참조할 것.

※ 양진일 지음. 라스트 성경문제. 서울: 아가페문화사, 2005.를 정독 후 다독하라.

III. 출제유형
1. 단답형 : 주관식으로 한 문제에 여러답을 요구하는 경우가 많음.
2. 선택형 : 10% 정도
3. 구성형 : 10% 정도
4. 가부형 : 10% 정도
5. 완성형 : 10% 정도

* 근래의 문제유형은 객관식으로 성경의 구체적인 지식을 요함

IV. 성경요해
 • 필수 암기 사항
1. 야곱의 12아들(이스라엘의 12아들)

순서	1	2	3	4	5	6	7	8	9	10	11	12
이름	르우벤	시므온	레위	유다	단	납달리	갓	아셀	잇사갈	스불론	요셉	베냐민
모친	레아				빌하		실바		레아		라헬	

2. 이스라엘의 12지파
 • 야곱의 12아들 중 레위는 제사장으로, 요셉은 족장으로 빠지고 대신하여 요셉의 2아들이 편입된다.
 • 르우벤, 시므온, 유다, 단, 납달리, 갓, 아셀, 잇사갈, 스불론, 베냐민, 에브라임, 므낫세.

3. 12소선지서
 호세아, 요엘, 아모스, 오바댜, 요나, 미가, 나훔, 하박국, 스바냐, 학개, 스가랴, 말라기

4. 화폐단위

5. 성경의 분류

구약	모세오경	5	창, 출, 레, 민, 신
	역사서	12	수, 삿, 룻, 삼상하, 왕상하, 대상하, 스, 느, 에
	시가서	5	욥, 시, 잠, 전, 아
	예언서	17	
	대선지서	5	사, 렘, 애, 겔, 단
	소선지서	12	호, 욜, 암, 옵, 욘, 미, 나, 합, 습, 학, 슥, 말
신약	복음서	4	마, 막, 눅, 요
	역사서	1	행
	서신서	21	
	(바울서신)	13	
	교리서신	4	롬, 고전후, 갈
	옥중서신	3	엡, 빌, 골, 몬
	목회서신	3	딤전후, 딛
	일반서신	2	살전후
	(공동서신.)	8	히, 약, 벧전후, 요일이삼, 유
	예언서	1	계

6. 예수님의 12제자

이 름	이름 뜻	별 명	친 족	살던 곳	직업	비 고
베드로	반석	시몬·게바	부친(요나)	벳세다→가버나움	어부	형(안드레)
안드레	――	――	〃	〃	〃	동생
야고보	――	보아너게 (우뢰의 아들)	부친(세베대)	벳세다→예루살렘	〃	형(요한)
요 한	하나님의 사랑하는 자	〃	〃	〃	〃	동생

빌 립	─	─	─	벳세다	─	
바돌로매	─	나다나엘	부친(몰로매)	갈릴리	─	
도 마	─	디두모	─	〃		
마 태	주신선물	레위		가버나움	세리	
야 고 보	─	─	부친(알패오)	갈릴리	─	유다의 형
유 다	─	다대오	부친(알패오, 혹은 야고보)		─	동생
시 몬	─	예열	─	─	─	
유 다	─	가룟유다	부친(시몬)	가룟	─	예수님판 자

7. 요한계시록의 7교회 대조표

교 회	에베소	서머나	버가모	두아디라	사데	빌라델비아	라오디게아
칭찬	인내와 수고	환란과 궁핍	굳게 잡고 배치 않음	선행전진	옷을 더럽히지 않음	말씀지킴	─
책망	처음사랑 버림	─	니골라 교훈 허용 및 킴	음행	유명무실		차지도 덥지도 않음
권고	회개하라	죽도록 충성하라	회개하라	굳게 잡으라	늘 깨어 지키라	면류관을 뺏기지 말라	금, 흰옷 안약사라
이기는 자의 복	생명나무 열매	생명의 면류관, 둘째 사망면	만 나 와 흰돌	새벽별	생명책에서 이름을 호리지 안음	성전의 기둥재목	보좌에 함께 앉겠다
특징	사랑없는 교회	핍박받는 교회	세 속 적 인 교회	이교도화 된 교회	생명 없는 교회	전도의 교회	열의 없는 교회
비고		선한교회 책망없음			악한교회	선한교회 책망없음	악한교회 칭찬없음

8. 절기일람표(부대절기와 함께 별칭도 암기할 것)

명칭	별칭	성구	날짜	유래	예식	비고	성경낭독 (오축)
유월절		출 12 레 23	1월(아빕월) 14일 포로후:니산월	출애굽 기념 (종교적 신년)	양피를 문설주에 바르고 양을 잡아먹음	3대 절기	아가
무교절			유월절의 연장		누룩 없는 떡을 먹음		
오순절	칠칠절 맥추절 초실절	레 23 신 16	3월 6일 (유월절 후 50일째)	보리추수 감사. 중간시대 후에 유대교에서는 시내산 십계명 받은 것을 기념	엄숙한 희생제	3대 절기	룻기
성전 파괴일		없음 (슥 7)	5월(압월) 9일	B.C. 586년과 B.C. 70년의 성전파괴 회상	금식과 슬픔	중요하지 않음	애가
나팔절		레 23	7월(디슈리) 1일	신년축하 (행정적 신년)	나팔을 불고 안식일로 노동금지. 엄숙한 희생제		
속죄일		레 23	7월 10일	전 국가적 대속죄일	희생제, 아사셀 염소		
초막절	장막절 수장절	레 23	7월 15-21일 (1주간)	가을추수 감사. 광야에서 장막생활을 하며 방랑한 것을 회상	매일의 희생제를 드리고 들판의 초막에 거주	3대 절기	전도서
수전절		요 10	9월(기슬르) 25일	B.C. 164년의 성전 회복을 기념.	8일간 축제하며 선물 교환	중요하지 않음	
부림절		에 9	12월(아달) 13-15일	하만의 유대인 몰살 음모 실패를 기념	축제와 하루 금식		에스더

* 3대 절기과 오축을 반드시 외울 것 * 동일한 절기 이름이 다양하다는 것을 유념할 것
* 월 이름은 니산(아브)월, 압월 등만 참고로 알 것. 그러나 1월 14일, 7월 1일, 7월 10일 등등의 방식으로는 반드시 외워야 함
* 참고로 역법은 음력이며, 1월은 오늘날 양력으로 3-4월에 해당한다.

9. 이스라엘의 5대 제사(필히 알아 둘 것)

명칭	목적	제물 종류	제물 분배	제사자의 행위	제사장 행위	비 고
번제	비고의적 죄의 속죄와 헌신 다짐	흠 없는 수송아지, 숫양, 숫염소, 비둘기 두 마리	다 태우고 제사장 몫 없음 (가죽 제외)	끌어와 안수 후 도살/가죽 벗기고 각 뜸	피를 번제단에 뿌림. 제물을 모두 태움	언제든 드리고 완전히 태움
소제	주권 인정, 순종 다짐, 선물로 드림	첫 이삭, 곡물, 무교병 등. 꿀과 누룩 제외	일부를 태우고 나머지는 제사장 몫	제물 가져옴	한 줌을 태움	보통 다른 짐승 제사와 함께
화목제	3종류로 구분되어 감사, 서원, 자원의 목적	암수 구별 없이 흠 없는 소, 양, 염소	일부 태우고 나머지는 제사장과 평신도의 몫	번제와 동일(안수)	피를 번제단에 뿌림, 지방을 태움	지방을 태움 당일이나 이튿날까지 즉시 먹음
속죄제	구체적인 비고의적인 죄의 속죄	흠없는 것을 신분에 따라 차이 제사장과 회중: 수소 족장: 숫염소 평민: 암염소 가난한자: 비둘기 두 마리 극빈자: 고운 가루	지방을 태우고 나머지 제사장 몫, 평신도 몫은 없음	번제와 동일 (안수)하지만 백성을 대표할 때는 장로들이 가져옴	피를 성소 휘장에 일곱 번 뿌림, 향단 뿔에 바름, 번제단에 뿌림, 지방을 태움	제사장 본인의 속죄 제물은 모두 진 밖에서 태움
속건제	배상이 요구되는 비의도적인 죄의 속죄 (인간 상호간, 혹은 성물에 대한 죄)	흠 없는 숫양을 바치고 원가의 1/5을 더하여 배상	숫양의 지방만 태우고 나머지는 제사장 몫, 평신도 몫은 없음	안수가 언급 안 되나 속죄제와 똑같이 안수를 했을 것으로 추측 됨	속죄제와 동일	보상을 한 후 숫양을 바침

10. 성경에 등장하는 주요인물의 이름 뜻은?

아담 - 사람,   노아 - 안식
이스마엘 - 하나님이 들으심   이삭 - 웃음

네피림 - 장부
납달리 - 경쟁함
베냐민 - 오른손의 아들
모세 - 건져냄
하와 - 생명
가인 - 얻었다
사래 - 여주
사라 - 열국의 어미
르우벤 - 보라 아들이라
갓 - 복됨
이스라엘 - 하나님과 겨루어 이김
나오미 - 희락
게르솜 - 이방에서 객이 됨
아벨 - 허무하다
시므온 - 들으심
아셀 - 기쁨
에브라임 - 창성함
베드로 - 반석
바울 - 작은 자
느헤미야 - 여호와의 위로

레위 - 연합함
잇사갈 - 값
베레스 - 터침
이스르엘 - 심으심
예수 - 구원(여호수아)
아브람 - 높은 아버지
아브라함 - 많은 무리의 아비
에서 - 붉고 자신이 갖옷 같다.
유다 - 찬송함
스불론 - 거함
므낫세 - 잊어버림
말라기 - 나의 사자
그리스도 - 기름부음 받은 자
야곱 - 발꿈치를 잡았다
단 - 억울함을 푸심
요셉 - 더함
호세아 - 구원
보아너게 - 우뢰의 아들
에스라 - 원조
에스더 - 별

12. 성경의 주요 지명의 뜻

바벨 - 혼잡
벧엘 - 하나님의 집
아골 - 괴로움
실로암 - 보냄을 받았다
브엘세바 - 맹세의 우물
길갈 - 굴러간다
골고다 - 해골

소알 - 작음
기브롯 핫다아와 - 탐욕의 무덤
에벤에셀 - 도움의 돌
브엘라헤로이 - 나를 감찰하시는 생존자의 우물
브니엘 - 하나님의 얼굴
마라 - 괴로움

13. 성경의 주요 낱말의 뜻

여호와 이레－여호와께서 준비하심.
여호와 샬롬－여호와는 평강이라
여호와 닛시－여호와는 나의 깃발
여호와 삼마－여호와께서 거기 계시다.
메네 메네 데겔 우바르산－세어보고, 세어보고, 달아보매 부족하여 가른다.
나실인－구별
엘리 엘리 라마 사박다니－나의 하나님, 나의 하나님, 어찌하여 나를 버리시나이까.
에바다－열리라
우림－빛
둠빔－완전함
임마누엘－하나님이 우리와 같이 계심이라
만나－이것이 무엇이냐
고르반－하나님께 드림이 되었다.
달리다굼－소녀야 내가 네게 말하노니 일어나라
아사셀－내어놓음

14. 성막의 모형

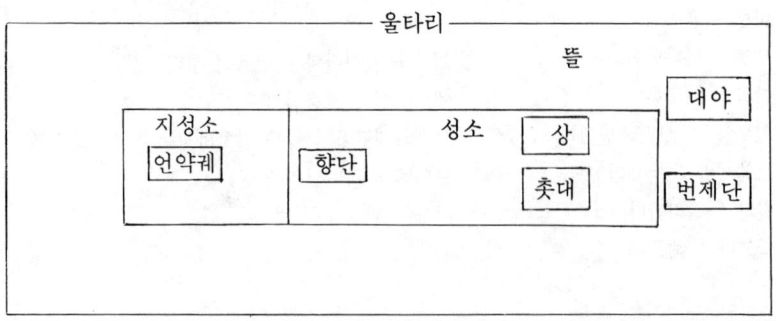

15. 이스라엘의 출애굽시 숙영형태

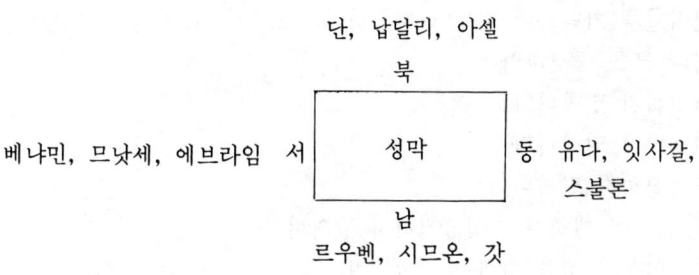

16. 8복의 관계
심령이 가난한 자-천국
애통하는 자-위로
온유한 자-땅을 기업으로 받음
의에 주리고 목마른 자-배부를 것임.
긍휼히 여기는 자-긍휼
마음이 청결한 자-하나님을 봄
화평케 하는 자-하나님의 아들이라 일컬음 받음.
의를 위하여 핍박받은 자-천국이 저희 것임.

17. 마태 13장의 7대 비유
① 씨 뿌리는 비유   ② 가라지 비유
③ 겨자씨 비유   ④ 누룩 비유
⑤ 보화 비유   ⑥ 진주 비유
⑦ 그물 비유

18. 십계명
1. 나 외에 다른 신들을 내게 있게 말찌니라.
2. 너를 위하여 새긴 우상을 만들지 말며, 그것에게 절하지 말고, 섬

기지 말라.
3. 너의 하나님 여호와의 이름을 망령되이 일컫지 말라.
4. 안식일을 기억하여 거룩히 지키라.
5. 네 부모를 공경하라.
6. 살인하지 말찌니라.
7. 간음하지 말찌니라.
8. 도적질하지 말찌니라.
9. 네 이웃에 대하여 거짓증거하지 말찌니라.
10. 네 이웃의 집을 탐내지 말찌니라.

19. 오축에 대해 설명하라.
   절기에 읽는 성문서의 일종이다.
   아가(유월절), 룻(오순절), 애가(아브월), 전도서(장막절), 에스더(부림절)

20. 히브리 성경의 3분
24권 구분 율법 (5) 창, 출, 레 , 민. 신
        선지서(8) 전선지서(4) : 수, 삿, 삼, 왕
           후전지서(4) 대선지서(3) : 사, 렘, 겔
              소선지서(1) : 12선지서
        성문서(11) 오축(5) 아, 애, 전, 룻, 에
           시가(3) 욥, 시, 잠.
           역사서(3) 단, (스+느), 역대기.
22권으로 구분 삿+룻, 렘+애,

21. 예수님의 자기 칭호(나는~이다)
   메시야(요 4 : 26)
   위에서 난 자(요 8 : 23)

세상의 빛(요 9 : 5)
하나님의 아들(요 10 : 36)
생명(요11 : 25)
길, 진리, 생명(요 14 : 6)
알파와 오메가(계 1 : 8)
생명의 떡(6 : 35)
영원한 자(요8 : 59)
문(요 10 : 7)
부활(요11 : 25)
주와 선생(요 13 : 13)
참포도 나무(요15 : 1)
처음과 나중(요 1 : 17)

22. 신구약 성경중 한장씩 있는 책 5권
    구약 - 오바댜
    신약 - 빌레몬서, 요한2서, 요한3서, 유다서

23. 구약본문중 아람어로된 본문
    ① 단2 : 4 - 7 : 28   ② 스4 : 8 - 6 : 18
    ③ 스7 : 12 - 26   ④ 창31 : 47
    ⑤ 렘 10 : 11

24. 사사일람표

번호	이름	사역연도	적 국	비 고
1	옷니엘	40	메소포타미아	여호수아 동생, 갈렙의 사위
2	에훗	80	모압, 암몬, 아말렉	왼손잡이
3	삼갈	?	블레셋	소모는 막대기
4	드보라		가나안	여자
*	바락		〃	*사사 아님
5	기드온	40	미디안	여룹바알
*	아비멜렉	3	〃	여인의 맷돌에 죽음, *사사 아님
6	돌라	23	〃	
7	야일	22	〃	
8	입다	6	암몬	딸의 서원
9	입산	7	〃	아들 30, 딸 30
10	엘론	10	〃	
11	압돈	8	〃	아들 40, 손자 40
12	삼손	20	블레셋	나실인
*	엘리	40	〃	*사사 겸, 제사장
*	사무엘	?	〃	*사사, 제사장, 선지자
*	요엘		〃	*마지막 사사, 사무엘의 두 아들 중 하나
*	아비야		〃	*마지막 사사, 사무엘의 두 아들 중 하나

성경예제 ─────────────── 〈구 약〉

〈창 세 기〉

1. 천지창조 순서
   ① 빛 ② 궁창 ③ 땅, 바다, 풀과 씨맺는 채소, 씨 가진 열매 맺는 과목. ④ 주야. 해, 달(두 큰 광명), 별 ⑤ 새·물고기 ⑥ 육축기는 것. 땅의 짐승, 사람

2. 에덴동산의 강 이름
   ① 금이 있는 하위라 온 땅에 둘림. (베델리엄, 호마노가 있음)
   ② 기혼 : 구스 온땅에 둘림
   ③ 힛데겔 : 앗수르 동편으로 흐름.
   ④ 유브라데 :

3. 이는 내 뼈중의 뼈요 살 중의 살이라.(하와-모든 산 자의 어미)

4. 다음 구절과 관계없는 것은?
   "남자가 부모를 떠나 그 아내와 연합하여 둘이 한 몸을 이룰찌라."
   ① 창2 : 24 ② 마 19 : 15 ③ 고전 6 : 16 ④ 엡5 : 31 ⑤ 창 1 : 25

5. 롬 5 : 12절을 암송하시오.
   "한사람으로 말미암아 죄를 세상에 들어오고 죄로 말미암아 사망이 왔나니"

6. 예수님이 여자의 후손으로 오실 것을 예언 → 창 3 : 15

7. ① 육축치는 자의 조상→(야발) ② 수금・퉁소를 잡는 자의 조상? (유발) ③ 동철로 각양 날카로운 기계를 만드는 자의 조상? (두발가인) ④ 최초의 중혼자(라멕) ⑤ 가인의 아들(에녹)
8. 가인을 위해서는 벌이 7배. 라멕은? (77배)
9. 므두셀라 : 969세 에녹 : 365세
10. 창세기 6장 : 방주장
11. 홍수때 노아의 나이 : 600세, ② 기간 : 40주야 ② 방주에 들어간 사람 : 8명
12. 방주의 제도 : 장이 300규빗, 광이 50, 고가 30. ② 잣나무 ③ 문은 옆 ④ 안밖은 역청
13. 이스마엘 : 하나님이 들으심.
14. 성경 최초의 전쟁기사로 아브라함의 군사는 몇명? 318명
15. 하갈은 자기에게 이르신 여호와의 이름을? "감찰하시는 하나님"
16. 아브라함 : 열국의 아비, 사라 : 열국의 어미.
17. 야곱의 딸 : 디나(레아 소생)
18. 야곱의 양떼와 관계된나무 :
    버드나무, 살구나무, 신풍나무
19. 요셉을 죽음에서 구하려는 형 : 르우벤, 유다.
20. 애굽에 내려간 야곱의 식구와 그들의 거주지 : 70명, 고센 땅.
21. 바로가 준 요셉의 이름 : 사브낫 바네아.
22. 마므레앞 막벨라굴에 장사된 사람 : 아브라함, 사라, 이삭, 리브가, 야곱, 레아.
23. 아브라함 향년 : 175세(사라 127세) 이삭 180세, 야곱147세, 요셉 : 110세
24. 브엘세바 : 맹세의 우물(아브라함과 아비멜렉의 맹세)
25. 하나님께서 사람에게 처음 주신 계명(창2 : 16−17)
    (동산안에 있는 각종 나무의 열매는 임의로 먹되 선악을 알게 하는 나무의 열매는 먹지 말라. 먹으면 정녕 죽으리라.)

26. 아담과 하와가 범죄 후 최초로 엮어 입은 치마는(무화과 나무잎)
27. 아브라함이 이삭을 바친 산(모리아산-지금의 예루살렘)
28. 하나님께서 자기의 형상으로 사람을 창조하실때, 누구를 닮도록 지으셨는가?
    (삼위 하나님의 형상)
29. 이삭을 바칠 때 양을 준비하신 일로 생긴 말(여호와 이레)
30. 야곱이 고향으로 돌아 갈 때 천사와 씨름하여 기도한 곳(얍복강변)
31. 얍복강변의 다른 이름, 즉 야곱이 붙인이름(브니엘 : 하나님의 얼굴)
32. 최초의 그리스도 예언(창3 : 15)
33. ① 네 자손이 ② 이방에서 객이 되어 ③ 그들을 섬기겠고… 네 자손은 사대만에 ④ 이땅으로 돌아오리니
    ① 아브라함 ② 애굽 ③ 바로 ④ 가나안
34. 노아 홍수 후에 하나님이 맺으신 언약과 무지개에 관해 답하라.
    ① 누구와 맺은 언약인가? : 노아와 그가족, 그리고 그의 후손.
    ② 무지개와 언약의 관계는 무엇인가 : 언약의 증거
    ③ 언약의 내용은? : 다시는 물이 모든 혈기 있는 자를 멸하고 홍수가 되지 않을 것.
    ④ 누가 보고 기억토록 하기 위함인가? : 너희와 및 모든 혈기 있는 생물
35. 롯의 자손이 이룬 두 족속의 이름(모압·암몬)
36. 관계 있는 것. 아브라함-브엘세바
                야곱-엘벧엘
                모세-여호와 닛시
                기드온-여호와 샬롬
37. 아들에 대한 야곱의 예언
    르우벤-너는 내 장자요, 나의 능력이요, 기력의 시작이라.

시므온과 레위 — 야곱 중에서 나누며 이스라엘중에서 흩으리로다

유다 — 홀이 떠나지 않고 치리자의 지팡이가 그 발사이에서 떠나지 아니하시기를 실로가 오시기까지 미치리니

요셉 — 그 가지가 담을 넘으며 그로부터 이스라엘의 반석인 목자가 나도다

38. 라헬이 장사된 곳으로 에브랏이라고 불리우던 장소(베들레헴)
39. 생애중 피난 경험한 자들(아브라함, 이삭, 야곱, 모세, 예수님)
40. 창세기의 시작

　① 인간의 창조 ② 죄악의 기원 ③ 구속계시의 시작 ④ 국민의 시작

　⑤ 인간 방언의 시작
41. "생육하고 번성하여 땅에 충만하라"

　① 아담 창조 후 ② 홍수 후 노아에게
42. 5경의 별칭들

　① 율법 ② 모세의 책 ③ 주의 율법
43. 아담이 왜 여자라 했나? (남자에게서 취했으므로)
44. 아담이 왜 하와라 했나?? (산자의 어미가 됨이었으므로)
44. 가인과 아벨이 하나님께 드린 제물은 어떻게 다른가.

　가인 : 땅의 소산, 아벨 : 양의 첫새끼.
47. 구약시대에 죽음을 보지 않고 하늘로 올리워 간 사람은? (엘리야·에녹)
48. 노아 홍수 이전에 회개 기간을 몇 년 잡았나? (120년)
49. 노아가 물의 감한 여부를 알기 위해 비둘기를 몇 번 내보냈는가?

　(2번 : 7일 간격)
50. 노아가 방주에서 나와 가장 먼저 한 일? (단을 쌓음)
51. 멜기세덱은?

　살렘왕, 지극히 높으신 하나님의 제사장, 아브람을 축복, 아브람이 십일조드림.

52. 아브람이 아브라함으로 될 때 나이는 ? (99세)
53. 야곱이 아내를 얻기 위해 외삼촌 라반의 집에서 봉사한 기간 ? (14년)
54. 하갈이 낳은 아들 ? (아브람 86세때 이스마엘)
55. 여자로서 죽은 나이가 기록된 사람 ? (사라 127세)
56. 야곱이 집으로 돌아와서 어디에 정착했나 ? (세겜)
57. 야곱이 애굽에 도착한 때와 죽은 때 ? (13세, 147세)

〈출애굽기〉

1. 히브리인 두 산파 : 십브아, 부아.
2. 모세의 지파 : 레위.
3. 모세의 아들 : 게르솜(이방에서 객이 됨), 엘리에셀(하나님이 도우심)
4. 바로의 술객들이 흉내 낸 재앙 : 피, 개구리.
6. 만나와 메추라기를 먹기 시작한 곳 : 신광야
7. 십계명 장 : 출 20장. 신5장
8. 3대 절기 : 무교절, 맥추절, 수장절.
9. 속죄소 : 하나님께서 이스라엘과 만나고 말할 모든 것을 이르기로 약속한 장소.
10. 아론의 아들 : 나답, 아비후, 엘르아살, 이다말.
11. 이스라엘 백성이 단장품 제거한 곳 ? : 호렙산
13. 호렙산 반석을 쳐서 물을 냄 : 맛사, 므리바(다툼, 여호와를 시험하였음).
14. 할례로 인하여 피 남편이란 칭호를 얻은 자(모세)4 : 25,
15. 십계명을 받은 장소(호렙산)
16. 출애굽기 10대 재앙
   ① 피 ② 개구리 ③ 이 ④ 파리 ⑤ 온역 ⑥ 독종 ⑦ 우박

⑧ 메뚜기 ⑨ 흑암 ⑩ 장자죽음
　　＊ 3재앙부터는 애굽술객이 따르지 못함.
　7재앙부터는 이스라엘 백성이 사는 고센땅을 구별함.
17. 모세가 바로의 낯을 피해 도망한 곳 ? (미디안 광야)
18. 모세의 장인＝미디안 제사장＝이드로＝르우엘＝호밥.
19. 흑암재앙은 며칠간 ? (3일)
20. 유월절때 어린양의 피를 적시어 문인방과 좌우설주에 뿌린 풀은 ? (우슬초)
21. 우박재앙시 상하지 않았던 것 ? (밀과 나맥)
22. 출애굽시 해골을 가지고 나왔던 해골의 주인공 ? (요셉)
23. 출애굽시 광야길이 아닌 홍해를 택한 이유 ?
　　(블레셋 사람의 땅으로 갈 때에 전쟁을 보면 뉘우쳐 애굽으로 돌아가고자 하는 마음을 품을 것 같아서)
24. 이스라엘 백성이 보행으로 건넌 바다와 강 ? (홍해·요단강)
25. 르비딤에서 이스라엘 민족과 싸운 족속 ? (아말렉)
26. 아말렉과 싸움에서 모세의 양손을 들어 주었던 사람은 ? (아론과 훌)
27. 천부장, 백부장, 오십부장, 십부장의 자격 ? (재덕이 겸전한 자)
　　① 하나님을 두려워하며 ② 진실무망하며 ③ 불의한 이를 미워하는 자
28. 법궤안의 내용물 ? (만나항아리, 아론의 싹난 지팡이, 언약의 비석)
29. 진설병은 누구만 먹을 수 있나 ? (제사장)
30. 모세가 십계명 받기 위해 시내산에 동행한 사람 ? (여호수아)
31. 회막을 떠나지 아니하며 모세의 수종을 든 자 ? (여호수아)

〈레위기〉

1. 소제물에 없어서는 안될 것 : 소금, 있으면 안됨 : 누룩

2. 피없는 제사 : 소제
3. 성물에 대해 그릇 범과하면→속건제
4. 레위기의 5제사 : 소제, 번제, 속죄제, 속건제, 화목제,
5. 다른 불로 제사지내다 죽은 자 : 나답과 아비후
6. 오순절 : 유월절부터 50일이 되는 날의 절기
7. 초막절 : 7월 15일 (7일간)
8. 서원한 값 : 20~60세 남자는 은 50세겔. 여자는 30세겔. 5세~20세 남자는 : 20세겔, 여자 : 10 세겔, 1개월~5세 남자 : 5세겔, 여자 : 3세겔, 60세 이상 남자 : 15세겔, 여자 : 10세겔.
9. 칠칠절 : 곡식에 낫을 대는 날부터 7주, 처음 익은 열매를 드리는 날.
10. 아사셀 제물(선택된 산제물의 머리위에 제사장이 안수하여 백성의 모든 죄를 고하고 광야로 보내야 한다.)
11. 맥추절 : 네가 수고하여 뿌린 것의 첫 열매를 거두리라.
    수장절 : 네가 수고하여 이룬 것을 연중에 밭에서 거두어 저장함이라.
    무교절 : 그 달에 네가 애굽에서 나왔음이라.
    초막절 : 토지소산 거두기를 마치거든 7월 15일부터 7일동안 여호와의 절기르 지키라
    칠칠절 : 처음 익은 열매를 드리는 절기
12. 먹을 수 없는 새
    독수리, 솔개, 어응, 매와 매종류, 까마귀 종류, 타조, 다호마스, 갈매기, 새매종류, 올빼미, 노자, 부엉이, 따오기, 당아, 올응, 학, 황새종류, 대승, 박쥐.
13. 먹을 수 있는 동물
    ① 굽이 갈라져 쪽발이 되고 ② 새김질 하는 것
14. 먹을 수 있는 물고기
    ① 지느러미가 있고 ② 비늘이 있는 것
15. 먹을 수 있는 곤충

　　　　두발에 뛰는 다리가 있는 날개있고 네 발로 기어다니는 곤충
16. 동물 제물시에 최소 몇 년이 지나야 하나? (1년)
17. 오경중 출애굽 노정을 기록치 않은 성경? (창세기·레위기)
18. 여자가 해산후 정결법? (남아 7일, 여아 14일)
19. 문둥병과 유출병을 진단하는 자? (제사장)

　　　　　　　　　〈민수기〉

1. 20세이상 남자를 계수한 합계 : 60만 3,550명
2. 나실인 : 구별의 뜻
3. 레위자손 중 족장들이 드린 수레와 소를 안받는 자손 : 고핫자손
4. 레위인의 회막 봉사 연한 : 50세 까지 (20-50세)
5. 출애굽 후 첫 유월절을 지낸 곳(시내광야)
6. 12두령이 가나안 탐지한 기간 : 40일(에스골 골짜기)
7. 모세와 하나님을 대적하다가 땅이 갈라져 산채로 묻힘(고라자손)
8. 발람 : 모압왕 발락의 청을 받고 이스라엘을 저주하려 했으나 오히려 축복.
9. 이스라엘 여행 기록이 다시 시작된 책 : 민수기.
10. 메추라기 : 1개월간 10호멜씩 거둠. 2규빗쯤 쌓임. 기브롯핫다와 : 탐욕의 무덤.
11. 미리암 : 가데스(신광야)에서 장사지냄.
12. 호르산 : 아론이 죽은곳(30일 애곡), 40년 5월 1일, 124세
13. 도피성은 어떤 자가 피하는 곳인가? : 부지중 모살한 자
14. 아론의 축도는 어디에 있는가? : 민 6 : 24~26
15. 무슨 이유로 모세는 가나안에 들어가지 못했는가? (민 20 : 12) : 불신앙적 행위 (반석을 두번 치고, 백성에게 한 말)
16. 나실인이 서원하고 구별하는 날 동안에 금해야 하는 것(6 : 18-8)
　　① 포도나무 소산은 씨나 껍질이라도 먹지 말라.

② 삭도를 머리에 대지 마라.
　　③ 시체를 가까이 말라.
17. "이스라엘 백성이 광야에서 울며 가로되 애굽에서 먹던 음식이 생각난다"고 열거한 것 ? (생선, 외, 수박, 부추, 파, 마늘)
18. 요셉 대신 편입된 지파는 ? (에브라임, 므낫세)
19. 모세가 구스 여자를 취함을 비방한 사람 ? (아론, 미리암) (문둥이가 됨)
20. 아론의 싹난 지팡이에 열린 열매 ? (살구)
21. 출애굽한 광야노정 중 이스라엘의 인구조사 목적과 회수 ? : 군사상의 문제로서 2회
22. 아론의 아들 : 나답, 아비후, 엘르아살, 이다말
23. 행진시 선발은 어느 지파 ? (유다 지파)
24. 모세가 "눈이 되어 달라"고 했던 사람 ? (호밥)
25. 여호수아＝에브라임 지파의 눈의 아들
　　갈렙＝유다 지파의 여분네의 아들
26. 이스라엘이 여호와와 다투었다. (므리바)
27. 아론의 죽은 곳과 그의 후임자(호르산, 그의 아들 엘르아살)
28. 두번째 인구조사
　　① 장소 : 여리고 맞은 편 곧 요단강 동편 모압 평지
　　② 숫자 : 60만 1,730명 (−1820명)
　　③ 가장 많이 늘어난 지파 : 므낫세 (32,200→52,700)
　　④ 가장 많이 줄어든 지파 : 시므온 (59,00→22,200)
　　⑤ 가장 숫자가 많은 지파 : 유다 (74,00→76,500)
29. 딸과 아내의 서원의 열쇠는 ? (딸은 부모, 아내는 남편에게)
30. 시집가면 없어질 기업을 요구한 자들 ? (슬로브핫의 딸들)

〈申命記〉

1. 모세가 신명기를 백성에게 고한 곳과 때? : 아라바 광야에서 40년 11월 1일에 선포.
2. "너는 마음을 다하고 성품을 다하고 힘을 다하여 네 하나님 여호와를 사랑하라"(申 6 : 5)
3. "사람이 떡으로만 사는 것이 아니요 여호와의 입에서 나오는 모든 말씀으로 사는 줄을 너로 알게 하려 하심이니라"(申8 : 3)
4. 그리심산 : 축복. 에발산(저주)
5. 언약궤 재료 : 싯딤나무
6. 모세의 죽음 : 120세, 비스가산.
7. 삼대절기(유월절, 오순절, 초막절)
8. 유월절에 먹는 음식 3가지(불에 구운 고기, 무교병, 쓴 나물)
9. 모세가 십계명을 받은 기간(40일)
10. 여호와의 언약궤를 매며 여호와 앞에 서서 그를 섬길 지파는(레위 지파)
11. 분깃이 없는 지파 : 레위 지파
12. 이스라엘 백성이 어디서 하나님의 음성을 친히 들었는가(호렙산)
13. 병역 면제 대상자
    ① 집 신축후 낙성식 안한 자
    ② 포도원 건설후 과실 안 먹은자
    ③ 약혼한 자
14. 순종의 축복장(신 28장)

〈여호수아〉

1. 요단을 건널 때 먼저 요단물을 밟은 사람(제사장들)
2. 제사장들이 섰던 곳에 12돌을 세운 곳(길갈)

3. 출애굽 후 처음으로 할례를 행한 곳(길갈)
4. 만나가 그친 때 : 여리고에 다달았을 때(유월절 이튿날)
5. 여호수아가 해를 멈추도록 기도한 때 : 예루살렘 왕을 비롯 가나안 다섯 왕과의 싸움에서
6. 태양은(기브온 골짜기). 달은 (아얄론 골짜기)에 머뭄
7. 가나안에서의 토지분배 기록된 책 : 여호수아
8. 여호수아 : 에브라임 지파 눈의 아들
9. 갈렙 : 유다 지파 여분네의 아들
10. 여호수아의 죽음 : 110세 딤낫세라에 장사
11. "아골 골짜기"란 말의 뜻과 유래
    뜻 : 괴로움
    유래 : 아간이 범죄로 아이성에서 패배한 후 하나님의 지시로 아간을 제비뽑아 아골 골짜기로 그를 데려다가 백성들이 돌로 쳐 죽이고 돌 무덤이 된 데서
12. 여호수아가 여리고에 보낸 정탐군 숫자(2명)
13. 아간의 범죄로 인해 실패한 성(아이성)
14. 요단동편 땅을 얻은 지파(르우벤, 갓, 므낫세 반 지파)
15. 여호수아가 속아서 하나님께 묻지 않고 화친 약속한 족속(기브온)
16. 가나안에 들어간 후 회막 세운 곳(실로)

〈사사기〉

1. 여호수아 死후 가나안과 제일 먼저 싸운 지파(유다)
2. 유다와 병합한 지파(시므온)
3. 가나안에 들어간 후 모세의 말대로 헤브론(기랏아르바)을 취한 사람(갈렙)
4. 기랏세벨 : 드빌의 본명, 옷니엘(첫 사사)이 쳐서 취하고 갈렙의 딸 악사를 아내로 취함.

5. 에훗 : 왼손잡이 사사. 모압왕 에글론을 죽임.
6. 여호와 샬롬 : 기드온이 단을 쌓고 "여호와는 평강이라"함
7. 여룹바알 : 기드온이 바알의 단을 훼파함으로 바알이 그와 쟁론할 것이라 함.
8. 기드온의 군대 : 300명, 항아리, 횃불, 나팔.
9. 삼손이 나귀턱 뼈로 1천명을 죽임 : 라맛레히(턱뼈의 산)
10. 삼손이 부르짖음으로 얻어 냄 : 엔학고래(부르짖은 자의 샘)
11. 시스라 : 가나안의 군대장관으로 야엘이 말뚝박아 죽임.
12. 입다 : 길르앗人 기생의 아들로 사사되어 딸을 서원제물.
13. 이스라엘의 첫 사사(옷니엘)
14. 이스라엘의 마지막 사사(삼손)
15. 이스라엘 백성중 여자로서 사사가 된 이의 이름은(드보라)
16. 삼손이 블레셋 사람의 곡식 밭을 사르기 위해 꼬리에 묶은 짐승(여우)

〈룻 기〉

1. 베들레헴 에브랏 사람들로 흉년이 들어 모압지방으로 가서 우거한 사람들? : 엘리멜렉·나오미·말론·기룐.
2. 나오미의 자부 : 오르바, 룻
3. 나오미의 뜻 : 희락(후에 "마라"로 불리우기를 원함)→"괴로움"
4. 이새의 아비로 보아스의 소생은 누구? (오벳)
5. 다윗의 조상중 베레스에서 다윗까지의 순서 : 베레스→헤스론→람→아미나답→나손→살몬→보아스→오벳→이새→다윗
6. 룻은 어느 나라 사람인가(모압)
7. 후에 룻의 남편으로 그리스도의 조상이 된 사람(보아스)

〈사무엘 상하〉

1. 엘가나 : 에브라임 산지 라마다임소빔의 에브라임 사람으로 한나와 브닌나 두 부인을 가진 자.
2. 여호와의 궤앞에 엎드려져 머리와 두 손목이 잘림 : 다곤
3. 이가봇 : 비느하스의 아들(영광이 없다함)
4. 법궤가 기럇여아림 아비나답의 집에서 20년간 있음.
5. 에벤에셀 : 사무엘이 블레셋을 물리친 후 미스바와 센사이에 돌을 세우고 "여기까지 우리를 도우셨다"는 뜻
6. 사무엘의 아들 : 요엘과 아비야
7. 사울 : 베냐민 지파 기스의 아들.
8. 삼상 12 : 23 : "나는 너희를 위하여 기도하기를 쉬는 죄를 여호와 앞에 결단코 범치 아니하고"
9. 삼상 15 : 22 : "순종이 제사보다 낫고 듣는 것이 수양의 기름보다 나으니"
10. 진설병 : 다윗이 피난 중 제사장 아히멜렉으로부터 받아 먹음.
11. 도엑 : 에돔사람으로 제사장 85인을 죽임.
12. 사울을 피해 다윗이 망명한 곳 : 블레셋
13. 다윗이 미친척 함 : 가드왕 아기스 앞에서.
14. 나발의 부인 : 아비가일
15. 헤브론에서 다윗에게 기름부어 왕으로 세운 족속 : 유다
16. 미갈 : 다윗이 블레셋 사람 양피 일백으로 정혼.
17. 아브넬 : 사울의 군대장관으로 사울이 죽은 후 권세잡음.
18. 므비보셋 : 사울의 손자. 다윗의 은총을 받음.
19. 시므이 : 베냐민 족속. 다윗을 저주.
20. 아디노, 엘르아살, 삼마 : 세용사
21. 다윗이 인구 조사한 죄로 선택한 벌 : 3일간 온역 (7만이 죽음)
22. 아라우나의 타작마당 : 다윗이 천사를 보고 타작마당과 소를 은 50

세겔을 주고 사서 제단 쌓음.
23. 나곤의 타작마당에서 법궤를 만짐으로 죽은 자 : 웃사. (베레스웃사)→오벧에돔의 집에서 석달간 있음.
24. 시바 : 므비보셋의 종. 다윗에게 먹을 것과 나귀 제공.
25. 바실래 : 길르앗 사람, 다윗이 마하나임에 이르렀을 때 도움.
26. 사무엘이 노년에 범한 실수(두 아들을 이스라엘의 사사로 세운 일)
27. 사무엘 출생 당시 제사장(엘리)
28. 법궤를 빼앗아간 민족(블레셋)
29. 사사시대와 왕국시대를 결합시킨 역할한 사람(사무엘)
30. 다윗을 자기 생명같이 사랑한 친구이자 사울의 아들(요나단)
31. 다말이라는 이름의 여인
    ① 야곱의 아들 유다의 며느리 ② 압살롬의 누이 동생
    ③ 압살롬의 딸
31. 다윗이 인구조사한 벌로 하나님께서 다윗에게 제시한 벌
    ① 7년간 기근 ② 3개월간 대적에게 쫓김
    ③ 3일동안의 온역
32. 제사장 아히멜렉이 다윗에게 준 칼(블레셋 대장 골리앗의 칼)

〈열왕기 상하〉

1. 다윗 시대의 선지자 : 나단, 갓
2. 남쪽 유다의 2지파 : 유다 지파, 베냐민 지파.
3. 여로보암이 북쪽 이스라엘에 우상 세운 곳 : 벧엘, 단
4. 여호수아의 말대로 여리고 성의 기초를 쌓을 때 장자를 잃고 문을 세울 때 계자를 잃은 사람(벧엘인 히엘이 아비람과 스굽을 잃음)
5. 다윗의 통치기간 : 헤브론에서 7년. 예루살렘에서 33년.
6. 솔로몬의 잠언이 3,000, 노래 천 다섯.
7. 솔로몬이 성전 세울 때 도운 왕(두로 왕 히람)

8. 성전 건축기간 : 7년. 왕국건축기간 : 13년.
9. 성전 낭실 앞의 두 기둥 : 우편에 야긴. 좌편에 보아스.
10. 이방 神 : 시돈의 아스다롯. 암몬의 밀곰, 몰렉, 모압의 그모스.
11. 남북이 갈리울 것을 예언한 선지자(실로 사람 아히야)
12. 르호보암을 왕으로 세운 곳 : 세겜에 갔으나 여로보암에 쫓겨 예루살렘에 세움.
13. 여로보암에 속한 자들이 말로를 예언한 선지자 : 아히야(공중의 새와 들의 짐승이 먹으리라)
14. 유다왕으로 아세라를 만든 왕후를 폐위시킨 왕 : 아사.
15. 바아사의 집을 멸하고, 왕이 된 자 : 시므리(예후의 예언)
16. 성에 불을 놓고 죽은 자 : 시므리(오므리가 공격함)
17. 아합 : 오므리의 아들로 시돈 사람 엣바알을 아내로 맞음.
18. 엘리야 : 디셉사람으로 아합 시대에 활동.
19. 엘리야가 숨은 곳(요단앞 그릿 시냇가)
20. 엘리야에게 대접한 과부(사르밧 과부)
21. 아합의 궁내대신으로 선지자 100인을 50인씩 굴에 숨기고 떡과 물을 준 자 : 오바댜
22. 갈멜산 : 아합의 선지자와 대결, 바알 450인 아세라 400인.
23. 바알, 아세라 선지자를 죽인 곳(기손 시내)
24. 엘리야가 로뎀나무 아래서 죽기를 원할 때 하나님이 하신 일→천사가 어루만지며 일어나 먹으라 함(2회) 숯불에 구운 떡과 한병물(40주야를 행하여 호렙 산에 이름)
25. 호렙산에서 엘리야에게 나타나심 : 크고 강한 바람(×). 지진(×), 불(×), 세미한 소리(○).
26. 엘리야가 기름부은 세 사람 : 하사엘→(아람왕), 예후→(이스라엘왕). 사밧의 아들 엘리사→(선지사)
27. 미가야의 뺨을 친 사람(시드기야)
28. 이세벨이 뺏은 포도원 : 나봇의 포도원(엘리야가 책망)

29. 엘리야가 승천할 때 엘리사를 이끈 과정→길갈~벧엘~여리고~요단~승천.
30. 엘리사의 이적 : ① 여리고에서 소금으로 물을 고침.
    ② 벧엘에서 대머리라 조롱한 아이 42명을 암콤 2마리가 찢음.
    ③ 개천을 파서 물을 내게 함.
    ④ 생도의 부인 기름1병으로 빚을 갚게 함.
    ⑤ 수넴여인→아이를 낳음과 죽었던 아이를 살려줌.
    ⑥ 길갈에서 들외로 국 끓이고 가루를 넣어 독을 제거함.
    ⑦ 보리떡 20, 채소로 100명 먹임.
    ⑧ 요단에서 도끼를 떠오르게 함.
31. 아람왕이 엘리사를 포위할 때 불말과 불수레로 막고 그들을 사마리아 성으로 이끔.
32. 아람왕 벤하닷의 침공 : 문둥이를 보고.
33. 이세벨을 죽인 자(예후)
34. 요아스가 즉위 : 7세(성전수리)
35. 히스기야 14년에 유다에 침략한 왕(앗수르 산헤립)
36. 히스기야 시대 선지자(이사야)
37. 히스기야가 왕궁기물을 보여준 왕 : 부로락 발라단(바벨론)
38. 므낫세 즉위 : 12세때
39. 요시아 즉위 : 8세때, 18년에 사반이 두루마리를 읽음으로 성전수리, 우상을 몰수히 제거
40. "당신의 영감이 갑절이나 내게 있기를 구하나이다"(왕하2 : 9) 엘리사가 엘리야에게 한 말.
41. 이스라엘이 남북으로 갈라진 것은 어느왕이 죽은 후인가(솔로몬)
42. 솔로몬을 방문한 여왕(스바여왕)

43. 여로보암이 단과 벧엘에 금송아지를 세운 이유
    (하나뿐인 성전이 유다왕국 예루살렘에 있어 백성이 제사 드리러
    올라 갔다가 마음을 르호보암에게 돌려 자신을 배반할까 봐서)
44. 이세벨의 남편(아합)
45. 아합이 나봇의 포도원을 강탈했을 때 책망하고 경고한 선지자(엘
    리야)
46. 벧엘로 올라가다가 "대머리"라고 조롱받은 자(엘리사)
47. 7일간 왕노릇한 자(시므리)
48. 엘리사를 위해 다락방을 지은 자(수넴여인)
49. 유다왕 중 제일 오래 왕 노릇(므낫세)
50. 여호야김의 본명(엘리아김)

〈역대상하〉

1. 다윗이 그 산성에 거한 고로 다윗성이라 일컬은 성은? (시온성)
2. 제사장의 반열을 나눈 왕(다윗)
3. 아합이 길르앗 라못을 칠 때 여호와께 물어 보라고 한 이스라엘 왕
   은? (여호사밧)
4. 여호사밧이 물을 때 전쟁에서 패하리라 예언(미가야)
5. 율법책을 가지고 유다를 순행하며 인민을 가르침(여호사밧)
6. 대제사장 여호야다의 아들 스가랴를 돌로 죽게 한 임금→요아스.
7. 웃시야의 문둥병 원인(성전에서 분향하다가)
8. 히스기야 : 십일조, 유월절, 성전중수
9. 다윗이 인구조사 계획을 죄라고 말린 사람(요압)
10. 솔로몬이 성전건축시 도운 왕(두로의 히람왕)
11. 아합과 친근했던 유다왕(여호사밧)
12. 끝까지 여호와만 섬기고 의뢰한 왕(여호사밧, 히스기야, 다윗)
13. 여호야다가 죽자 요아스가 우상숭배를 하는 것을 말리다 돌에 맞

아 죽은 여호야다의 아들(스가랴)
14. 솔로몬이 1천 번제를 드린 곳(기브온)
15. 히스기야를 도운 선지자(아모스의 아들 이사야)
16. 므비보셋의 원 이름(므비바알)

〈에스라〉

1. 에스라 : 스라야의 아들. 이사랴의 손자, 힐기야의 증손, 學士, 제사장
2. 성전을 건축하라고 보낸 왕 : 고레스(원년)
3. 유다와 예루살렘에 거하는 유대인에게 예언한 선지자들(학개. 스가랴)
4. 성전 재건이 필함 : 다리오왕 6년
5. 성전건축 방해 : 닷드내, 스달보스내
6. 포로에서 돌아온 이스라엘이 가장 먼저 한 일(하나님의 단을 세움)

〈느헤미야〉

1. 느헤미야 : 아닥사스다왕의 술맡은 관원
2. 성곽 건축 방해(비웃음) : 호돈사람 산발랏, 암몬사람 도비야, 아랍사람 게셈.
3. 양문 건축자(엘리아십)
4. 느헤미야가 성곽을 몇일 만에 완성했는가(52일)

〈에스더〉

1. 에스더 이전의 아하수에로 왕의 왕후(와스디)
2. 부림절 : 아달월 14, 15일

3. 아하수에로왕을 살해하려 한 자(빅단, 베레스)
4. "죽으면 죽으리라"〔에4 : 16〕
5. 에스더의 뜻 : 「별」
6. 하만과 모르드개 사건과 관련된 절기(부림절 - 아달월 14, 15일)
7. 에스더와 관계된 절기(부림절)
8. 아하수에로 왕은 어느 지방 치리자(인도로 부터 구스까지 127도)

〈욥 기〉

1. 욥 : 우스 땅, 순전하고 정직하며 하나님을 경외하고 악에서 떠난 자.
2. 욥의 재산 : 양 7,000, 약대 3,000, 소 500겨리, 당나귀 500겨리.
3. 욥의 세 친구 : 데만사람 엘리바스. 수아사람 발닷, 라아마사람 소발.
4. 엘리후 : 람 족속 부스 사람 바라겔의 아들.
5. 욥의 3딸 : 여미마, 굿시아, 게렙합북.
6. 욥이 살던 우스는 어느 땅에 속했나(에돔 우스는 에돔의 옛 이름임)
7. 욥이 병의 고통중에 저주했던 것(생일)
8. 욥기에 가장 많이 등장하는 기사(욥과 3친구와의 대화)
9. 욥의 자녀(7남 3녀)
10. 하나님께서 욥에게 두번째 설명하실 때 예를 든 동물(하마와 악어)

〈시 편〉

1. 구분 : 1편(1-41), 2편(42-72), 3편(73-89), 4편(90-106), 5편(107-150).
2. 최長 : 119 : 176절, 최短 : 117 : 2
3. 다윗이 압살롬을 피할 때 지은 시(3편)

4. 시22편 : 예수님의 죽음을 노래(십자가상)
5. 온유한 자는 땅을 차지한다 : 시 37 : 11, 마5 : 5
6. 하나님이 구하시는 제사는 : 상한 심령(시51편)
7. 시86편 : "다른 신을 두지 말고 이방신에게 절하지 말라"
8. 모세의 시 :「90편」
9. 90 : 10→"우리의 년수가 칠십이요 강건하면 팔십이라도 그 년수의 자랑은 수고와 슬픔뿐이라."
10. 인생의 허무함을 노래한 시 : 103편 15절→"인생은 그 날이 풀과 같으며 그 영화가 들의 꽃과 같다"
11. "내 하나님이여 내 하나님이여 어찌 나를 버리셨나이까?"→22 : 1
12. "자식은 여호와의 주신(기업)이요. 태의 열매를 그의(상급)이로다."
13. "눈물을 흘리며 씨를 뿌리는 자는 기쁨으로 거두리로다"(시126 : 5)
14. "네 집 내실에 있는 네 아내는 결실한 포도나무 같으며 네 상에 둘린 네 자식은 어린 감람나무 같으리로다."〔128 : 3〕
15. 146~150편의 공통점 ("할렐루야")
16. 모든 원수와 사울의 손에서 구원하심을 노래(18편)
17. 성전낙성가(시 30편)
18. 마스길의 교훈 : 아앨롓 샤할 : 사슴이란 곡조에.
19. 아비멜렉 앞에서 미친 체 하다가 쫓겨나서 지은 시(34편)
20. 제2권(42~49) : 고라 자손의 시
21. 아삽의 시(50편)
22. 도엑이 사울에게 다윗이 아히멜렉에게 있음을 고발(52편)
23. 십인이 사울에게 다윗이 숨음을 고함(54편)
24. 다윗이 가드에서 블레셋인에게 잡힘(56편)
25. 다윗이 사울을 피해 굴에 있을 때(57편)
26. 사울이 사람을 보내 다윗을 죽이려고 그 집을 지킬 때 지은 시(59

편)
27. 요압이 에돔을 쳐서 1만 2,000인을 죽일 때(60편)
28. 다윗이 유다광야에서 있을 때(63편)
29. 솔로몬의 시(72편)
30. 다윗의 기도(86편)
31. 안식일의 찬송시(92편)
32. 감사의 시(100편)
33. 곤고한 자의 마음이 상하여 그 근심을 여호와께 토하는 기도(102편)
34. 성전에 올라가는 노래:120~126, 127(솔로몬), 128~131, 133~135.
35. 다윗이 굴에 있을 때 지은 시(142)
36. "호흡이 있는 자마다 여호와를 찬양할지어다 할렐루야"(시150:6)
37. "엘리 엘리 라마 사박다니"(시22:17은 어디에 인용되었나)(마 27:46)
38. 다윗의 참회시(117편)
39. 그리스도에 관한 예언(22편)
40. 시51편과 관계 있는 여자는? (우리아의 아내 밧세바)
41. 시편의 기자(다윗, 모세, 솔로몬, 에단, 고라자손, 아삽, 미상 50편)
42. 시3편과 관계된 아들(압살롬)
43. 인생에 대한 성경의 표현
   ① 창세기-나그네 ② 욥기 7:7-한 호흡
   ③ 약 4:4-안개 ④ 시편-연기, 그림자
44. 시 117편은 몇 절인가? (2절)
45. 시 119편은 몇 절인가? (176절)
46. 여호와께서 그 사랑하시는 자에게 주는 것(잠)
47. 시 136편의 후렴 구를 써라(그 인자하심이 영원함이로다)

48. 시 18편은 사무엘서 어느 장과 거의 같은가(22장)

<잠 언>

1. 잠언의 기자 : 솔로몬, 아굴, 르무엘
2. "너는 범사에 그를 인정하라 그리하면 네 길을 지도하시리라"→잠 3 : 6
3. 의인의 길은 무엇과 같다 했나? (돋는 햇볕)
4. 여호와를 의뢰하고 네 (명철)을 의지하지 말라.
5. 경우에 합당한 말→은쟁반에 금사과.
6. 노인의 면류관? (손자)
7. 솔로몬의 잠언은 어느 왕의 신하들이 편집하였는가?→(히스기야)
8. 마음이 경영은 사람에게 있어도 말의 응답은 여호와께로서 난다 (16 : 19)
9. 땅에서 작고 가장 지혜로운 것 : 개미·사반·메뚜기·도마뱀.
10. 현숙한 여인의 잠언 : 르무엘의 잠언(31장)
11. 진주보다 그 값이 더하다. : 현숙한 여인
12. "교만은 패망의 선봉이요 거만한 마음은 넘어짐의 앞잡이니라" (16 : 18)
13. "마땅히 행한 길을 아이에게 가르치라 그리하면 늙어도 그것을 떠나지 아니하리라"(22 : 6)
14. 아굴의 잠언(30장)
15. 르무엘의 잠언(31장)
16. 생명의 근원은 어디서 난다고 했는가(마음)
17. 유덕한 여자는 (존영)을 얻고, 근면한 남자는 (재물)을 얻느니라.
18. 마음의 (경영)은 사람에게 있어도 말의 (응답)은 여호와께로서 나느니라.
19. 면류관과 관계 있는 것

① 손자-노인　② 백발-노인　③ 어진 여인-지아비
20. 잠언기자들의 주된 교훈
　　솔로몬-지혜, 아굴-생활, 르므엘-숙녀,
21. 구약의 시가서(욥, 시, 잠, 전, 아)

　　　　　　　　〈전도서〉

1. "전도자가 가로되 헛되고 헛되며 헛되고 헛되니 모든 것이 헛되도다"(1 : 2)
2. "너의 청년의 때 곧 곤고한 날이 이르기전, 나는 아무 낙이 없다고 할 해가 가깝기 전에 너의 창조자를 기억할찌라"(12 : 1)
3. 천하의 범사가 기한이 있고 모든 목적이 이룰 때가 있나니~〔전3장〕
4. "하나님은 모든 행위와 모든 은밀한 일을 선악간에 심판하시리라"(전12 : 14)
5. 부자의 해로움(배부름으로 자지 못함)
6. 지혜자의 말씀은 무엇과 같은가(찌르는 채찍)

　　　　　　　　〈아 가〉

1. 솔로몬의 아가서의 주인공(술람미 여인)
2. 솔로몬의 포도밭(바알하몬)

　　　　　　　　〈이사야〉

1. 이사야의 활동시기 : 유다왕 웃시야, 요람, 아하스, 히스기야
2. 이사야 : 아모스의 아들
3. "내가 여기 있나이다 나를 보내소서"(사6 : 8)
4. 이사야의 뜻("여호와는 구원이시다"의 뜻)

5. 이사야서의 제목(오실 메시야)
6. "너희 죄가 주홍같을지라도 눈과 같이 희어질 것이요 진홍같이 붉을지라도 양털같이 되리라"〔1 : 18〕
7. "이새의 줄기에서 한 싹이 나며 그 뿌리에서 한 가지가 나서 결실할 것이요" 11 : 1
8. "보라 처녀가 잉태하여 아들을 나을 것이요 그 이름을 임마누엘이라 하라"〔7 : 14〕
9. 앗수르 왕 산헤립의 침략을 받고 여호와께 나온 왕→(히스기야)
10. 리워야단 : 꼬불꼬불한 뱀
11. 그가 찔림은 우리의 허물을 인함이요 그가 상함은 우리의 죄악을 인함이라. 그가 징계를 받음으로 우리가 평화를 누리고 그가 채찍에 맞으므로 우리가 나음을 입었도다"〔53 : 5〕
12. "풀은 마르고 꽃은 시드나 우리 하나님의 말씀은 영영히 서리라" 〔40 : 8〕
13. "상한 갈대를 꺾지 아니하시며 꺼져가는 등불을 끄지 아니하고 진리로 공의를 베풀 것"〔42 : 3〕
14. "내집은 만인이 기도하는 집이라 일컬음이 될 것임이라"
15. "너희 목마른 자들아 물로 나아오라 돈 없는 자도 오라 너희는 와서 사먹되 돈 없이 값 없이 와서 포도주를 젖을 사라"〔55 : 1〕
16. "너희는 여호와를 만날 만한 때에 찾으라 가까이 계실 때에 그를 부르라"〔55 : 6〕
17. 헵시바→나의 기쁨이 그에게 있다.
18. "보라 내가 새 하늘과 새 땅을 창조하나니 이전 것은 기억되거나 마음에 생각나지 아니할 것이라"〔65 : 7〕
19. 이사야의 경고 : ① 유다와 예루살렘 ② 바벨론
20. 웃시야 죽던 해에 본 환상 : 주께서 높이 들린 보좌에 앉아계심. 제단숯불.
21. 그루터기 : 밤나무, 상수리나무

22. 이사야의 아들 : 스알야숩
23. 마헬살랄하스바스(노략이 속함)
24. 「9 : 6」→그이름은 ① 기묘자라 ② 모사라 ③ 전능하신 하나님 ④ 영존하시는 아버지 ⑤ 평강의 왕
25. 이스라엘 민족의 막대기(앗수르)
26. 모압의 경고 : "모압의 여자들 새같이 흩어짐"
27. 다메섹 경고 : "성읍 모양을 이루지 못하고 무더기가 됨"
28. 애굽의 경고 : "빠른 구름을 타고 임하신다"
29. 이스라엘과 더불어 세계 中에 복이 될 나라들(앗수르, 애굽)
31. 해변 광야에 관한 경고("속이는 자는 속이고~")
32. 두로에 대한 경고 : "다시스의 선척들아 너희는 슬피 부르짖을지어다"
33. 가만히 앉은 라합 : 애굽
34. "여호와의 책을 자세히 읽어보라 이것이 하나도 빠진 것이 없고 하나도 그 짝이 없는 것이 없으리니"[사 34 : 16]
35. "내가 너를 지명하여 불렀나니 너는 내 것이라"[43 : 1]
36. 4대 선지서(사, 렘, 겔, 단)
37. 고난 받으신 예수 그리스도를 생생하게 묘사한 예언의 말씀(사53장, 시22편)
38. 이스라엘을 포도나무로 비유한 말씀 있는 곳(사 5장)
39. 예수의 처녀 탄생 예언은(사7 : 14)
40. 대선지서 저자
    이사야-여호와는 구원
    예레미야-눈물의 선지자
    다니엘-벨드사살
    에스겔-하나님께서 강하게 하신다
41. 이사야 45장과 관계된 이름(고레스)
42. 이사야 6장에서 이사야 입술에 숯을 댄 천사는(스랍)

〈예레미야〉

1. 활동시기 : 요시아부터 여호야김, 시드기야
2. 예레미야 : 베냐민 땅 아나돗의 제사장 힐기야 아들
3. 이상중에 본 나무 : 살구나무
4. 가마면이 북에서 부터 기울어짐 : 재앙이 북방에서 일어나 이스라엘 거민에게 임할 것
5. 오지병을 사서 힌놈 골짜기에 깨뜨림 : 이스라엘 파멸
6. 바벨론 포로로 가던 중 라마에서 석방되었는데 누구로 부터인가 : 느부살라단.
7. 유다왕 시드기야에게 바벨론 침략을 비유로 자신의 목에 걸었던 것 →나무 멍에, (하나냐가 꺾어서 쇠멍에를 맴).
8. 유다인이 포로 잡혀간 횟수(느브갓네살 7년, 18년, 23년) : 3회
9. 예레미야를 때리고 착고를 채운 사람(바스훌)
10. 예레마야를 보호한 사람(사반의 아들 아히감)
11. 예레미야에게 이른 말씀을 기록한 사람(바룩)
12. 끓는 가마(바벨론 군대)
13. 바룩이 기록한 것을 불태운 왕(여호와김)
14. "너는 내게 부르짖으라 내가 네게 응답하겠고 네가 알지 못하는 크고 비밀한 일을 네게 보이리라"〔33 : 3〕
15. 예레미야를 구덩이에서 구한 구스인(에벳멜렉)
16. 이스라엘 멸망(호세아 왕 9년 B.C 722)
    유다의 멸망(시드기야 왕 11년 B.C 586)
17. 라마에서 슬퍼하며 통곡하는 소리가 들리니 라헬이 그 자식을 위해 애곡하는 것이니라. (렘31장 : 15 - 마2 : 10)

〈예레미야 애가〉

1. 여호와의 자비하심은 〈무궁〉하시다
2. 사람의 화목은 〈지극히 높으신 자의 입에서〉 나온다.
3. 예루살렘의 황폐를 노래한 성경(예레미야 애가)

〈에스겔〉

1. 활동시기 : 여호야긴이 사로잡힌 지 5년부터
2. 에스겔 : 부시의 아들(그발 강가에서 말씀이 임함)
3. 바벨론에 납치되었던 포로선지 : 에스겔
4. 이상으로 본 네 생물 : 사자, 소, 사람, 독수리
5. 두루마리를 받아 먹은 선지자(에스겔)
6. 좌편으로 390일. 우편으로 40일 누워 이스라엘과 유다족속의 죄를 담당함.
7. 에스겔이 처음 물을 건널 때 (1천척)발목, 다음은 무릎, 다음은 허리, 네번재는 강이 됨.
8. 오홀라(형) : 사마리아
9. 여호와 삼마 : 여호와께서 거기 계시다.
10. 에스겔의 골짜기의 뼈들은(이스라엘족속)
11. 4가지 중한 재앙(칼, 기근, 사나운 짐승, 온역)
12. 에스겔이 묵시를 받은 곳(그발강가)
13. 베옷입고 먹그릇 가진 자가 가까이 못할 사람
    ① 이마에 표있는 사람 ② 가증한 일로 탄식하여 우는 자
14. 이스라엘 백성을 포도나무로 비유한 말씀
    ① 시80 : 8, 14 ② 사5 : 1-7 ③ 렘2 : 21
    ④ 호10 : 1 ⑤ 겔15 : 2
15. 예루살렘과 사마리아의 음행이란

(그들의 우상숭배)
16. 이스라엘의 헤어진 양을 모으는 목자(여호와)
17. 에스겔과 사도요한은 각각 어디서 흘러나오는 물을 보았는가?
    〈에스겔〉: 성전문지방밑에서 물이 나와서 동으로 부터 흐름
    〈요한〉: 하나님과 어린양의 보좌로부터 생명수의 강이 흐름

〈다니엘〉

1. 활동시기 : 여호야김시대에 포로로 바벨론으로 감
2. 친구 : 하나냐(사드락)
        : 미사엘(메삭)
        : 아사랴(아벳느고)
3. 다니엘 : 벨드사살이라 칭함.
4. 느부갓네살의 꿈 : 머리는 정금, 가슴과 팔은 은, 배와 넓적 다리는 놋, 종아리는 철, 발은 철과 진흙, 뜨인 돌이 발을 치니 바람에 흩어지고 돌이 가득.
5. 벽에 이상한 글이 나타날 때의 왕 : 벨사살
6. 메네 메네 데겔 우바르신 : 하나님의 왕의 년수를 세어 끝나게 하심. 왕이 저울에 달려서 부족함이 뵈였다. 왕의 나라가 메데, 파사사람에게 준 바 되었다.
7. 사자굴에 던져질 때 다니엘의 왕 : 다리오
8. 다니엘이 이상중에 받은 복된 마지막 날의 상징적인 일수? (1335일)
9. 꿈에 본 이상 : 사자, 곰, 표범, 열뿔 달린 짐승.
10. 다니엘이 바벨론에서 사자로에 던져질때 사건은 어느 왕때인가(다리오)
11. 한글 성경엔 선지서, 히브리성경엔 성문서인 것(다니엘)
12. 왕의 진미와 채식으로 시험한 기간(열흘)
13. 다니엘이 바벨론 도착시의 왕(느부갓네살왕)

14. 느부갓네살이 금신상을 세운 곳(두라평지)
15. 가브리엘천사
    ① 예수 탄생을 마리아에게 예언
    ② 사가랴에게 세례요한 탄생예언
    ③ 다니엘이 본 이상을 가르쳐 준 천사
16. 다니엘이 본 4짐승은 무엇을 상징
    ① 바벨론 ② 바사 ③ 헬라 ⑤ 로마
17. 대환란 때 민족을 호위할 자(미가엘)

〈호세아〉

1. 활동시기 : 웃시야, 요담, 아하스, 히스기야가 유다왕이 된 시기, 요아스의 아들 여로보암이 이스라엘 왕이 된 시기.
2. 고멜을 통한 두 자식 : 딸→로루하마, 아들→로암미
3. 로루하마(긍휼이 여김을 받지 못하는 자)
4. 고멜을 사 온 액수(은15개, 보리 한 호멜 반)
5. "오라 우리가 여호와께로 돌아가자 여호와께서 우리를 찢으셨으나 도로 낫게 하실 것이요"(6 : 1)
6. "나는 인내를 원하고 제사를 원치 아니하며 번제보다 하나님을 아는 것을 원하노라"(6 : 6)
7. 북국 이스라엘의 선지자로 이스라엘의 심판을 예언했던 브에리의 아들(호세아)
8. 호세아 선지자가 백성이 왜 망한다고 했는가(4 : 6) (지식)
9. 호세아의 中心思想(심판과 사랑)

〈요 엘〉

1. 활동시기 : 요아스 왕때.

2. 브두엘의 아들
3. 팟종이, 메뚜기, 늣, 황충.
4. "너희는 옷을 찢지 말고 마음을 찢고 너희 하나님 여호와께 돌아올 찌어다"(욜2 : 13)
5. "누구든지 주의 이름을 부르는 자는 구원을 얻으리라"(2 : 32)롬10 : 13
6. "그 후에 내가 내 신을 만인에게 부어 주리니 너희 자녀들이 장래 일을 말할 것이며"(요엘2 : 28, 행2 : 17)
7. 여호와께서 만국을 어디로 모으고 국문하리라 하셨나(여호사밧골짜기)

〈아모스〉

1. 활동시기 : 유다와 웃시야
   이스라엘 요아스의 아들 여로보암.
2. 아모스 : 드고아의 목자
3. "오직 공법을 물같이 정의를 하수같이 흘릴지로다"→5 : 24
4. 이상을 봄 : 황충, 불, 다림줄
5. 여호와께서 (이스라엘)족속에게 이르기를 너희는 (나)를 찾으라. 그리하면 (살)리라(5 : 4)
6. 너희는 살기 위하여 (선)을 구하고 (악)을 구하지 말지어다. 만군의 하나님 여호와께서 너희의 (말)과 같이 너희와 함께 하시리라 (5 : 14)
7. 내가 (기근)을 땅에 보내리니 (양식)이 없어 주림이 아니며 (물)이 없어 갈함이 아니오 여호와의 (말씀)을 듣지 못한 기갈이라(8 : 11)

〈오바댜〉

1. 오바댜서는 누구를 향한 묵시인가(에돔)
2. 구약성경 중 가장 짧은 책(오바댜)
3. 오바댜서의 중심 족속(에돔)

〈요 나〉

1. 니느웨로 가라할 때 도피하려 한 곳(다시스)
2. 니느웨의 좌우분별 못하는 자(12만여명)
3. 요나에게 하나님께서 준비하신 것(큰 물고기, 박덩쿨)
4. 요나가 노한 까닭
   (하나님이 그들에게 내리리라 말씀하신 재앙을 내리지 않으시므로)

〈미 가〉

1. 활동시기 : 유다왕, 요담, 아하스, 히스기야
2. 미가서의 묵시 대상(사마리아와 예루살렘)
3. "베들레헴 에브라다야 너는 유다 족속중에 작을지라도 이스라엘을 다스리는 자가 네게서 내게로 나올 것이다" (5 : 2)

〈나 훔〉

1. 나훔서의 경고 대상(니느웨)

〈하박국〉

1. "의인은 그 믿음으로 말미암아 살리라"(2 : 4)

2. "여호와여 주는 주의 일을 이 수년내에 부흥케 하옵소서 이 수년내에 나타내시옵소서"(3 : 1]
3. "오직 의인은 믿음으로 말미암아 살리라"라는 말씀이 있는 성경(합 2 : 4, 롬1 : 17, 갈3 : 11, 히10 : 38)

〈스바냐〉

1. 활동시기 : 유다왕 요시야 시대
2. 스바냐 : 히스기야의 현손, 구시의 아들

〈학 개〉

1. 활동시기 : 다리오왕 2년 6월부터
2. 학개를 통한 하나님의 말씀 : 유다총독 스룹바벨 대제사장 여호수아에게 임함.
3. 성전건축을 권고한 선지자.
4. 스룹바벨의 성전의 영광이 이전 영광보다 크리라.(2 : 9)

〈스가랴〉

1. 활동시기 : 다리오 2년 8월
2. 구약의 계시록(스가랴)
3. 스가랴가 밤에 본 이상 : 홍마를 타고 화석류 나무 사이에 선 사람. 뒤에 백마, 홍마, 자마가 있음→여호와께서 땅에 두루 다니라고 보낸 자들.
4. 척량줄 : 예루살렘을 척량
5. 순금등대와 일곱 등잔, 일곱관
6. 등대 좌우의 두 감람나무 : 기름발리운 자 둘

7. 날아가는 두루마리(장이 20규빗, 광이 10규빗)
8. 두루마리 : 지면에 두루 행하는 저주
9. 4병거 : ① 홍마 ② 흑마 ③ 백마 ④ 어룽지고 건장한 말
10. 「순」: 여호와의 집을 건축할 것
11. "나귀를 타나니 곧 새끼니라"[슥9 : 9]
12. 「은 30을 달아 내 고가를 매김. 토기장이에게 던짐」→[슥11 : 12-13]
13. 온 땅의 1/3은 남고 불 가운데 던져 금같이 단련되고, 2/3은 멸절
14. 「여호와께 성결」: 초막절에 말방울까지 기록
15. 이스라엘 사람들이 예루살렘 멸망을 기념하기 위하여 1년에 몇 번 금식(4, 5, 7, 10월) 등 4번

<말라기>

1. 이스라엘에 하신 경고. (더러운 제물 드림)
2. "에서는 미워하고 야곱은 사랑하였다"[말1 : 2-3]
3. "만군의 여호와가 이르노라 너희의 온전한 십일조를 창고에 들여 나의 집에 양식이 있게 하고 그것으로 나를 시험하여 내가 하늘 문을 열고 너희에게 복을 쌓을 곳이 없도록 붓지 아니 하나 보라"[말3 : 10]
4. "내 이름을 경외하는 너희에게는 의로운 해가 떠 올라서 치료하는 광선을 발하리니 너희가 나가서 외양간에서 나온 송아지같이 뛰리라"[4 : 2]
5. 구약성경의 제일 마지막 책(말라기)
6. 하나님의 것을 도적질하는 것에 해당한 헌금(십일조)
7. 레위로 더불어 세운 언약(생명과 평강의 언약)

성경예제 ─────────────〈신 약〉

〈마태복음〉

1. 아브라함~예수까지 몇代? (42代)
    ① 아브라함~다윗 14代
    ② 다윗~바벨론 이거 14代
    ③ 바벨론 이거~예수 14代
2. 베들레헴에서 나실 것 인용(미가5 : 2)
3. 애굽으로의 피난 예언 인용 성구(호11 : 1)
4. 라헬의 통곡 : 렘31 : 15
5. 「임마누엘」: "하나님이 우리와 함께 계시다"〔사7 : 14〕
6. 「주기도문」: 마6 : 9~13〔눅 11 : 2-4〕
7. 세례요한을 예고한 선지자(이사야)
8. 마7 : 7→"구하라 그러면 너희에게 주실것이요 찾으라 그러면 찾을 것이요 문을 두드리라 그러면 너희에게 열릴 것이니"
9. "좁은문으로 들어가라"〈마6 : 33〉
10. 「12제자」: 베드로, 안드레, 야고보, 요한, 빌립, 바돌로매, 도마, 마태, 알패오의 아들 야고보, 다대오, 가나안인 시몬, 가룟유다.
11. "수고하고 무거운 짐진 자들아 다 내게로 오라 내가 너희를 쉬게 하리라"〔마11 : 28〕
12. 씨 뿌리는 비유(마13장)
13. 「13장」의 비유들 : 알곡과 가라지, 겨자시, 누룩, 보화와 진주, 씨 뿌리는 비유, 그물
14. 오병이어 역사 : 〔마14장〕
15. "주는 그리스도시요 살아계신 하나님의 아들이시니이다"〔마16:16〕
16. 예수님의 예루살렘 입성을 예언한 성구(슥9 : 9)
17. "내 집은 만인이 기도하는 집이라"는 어느 성구 인용인가?〔사56:7〕

18. 크고 첫째 되는 계명→"네 마음을 다하고 목숨을 다하고 뜻을 다하여 주 너의 하나님을 사랑하라."
19. 「마25장」의 비유 : 열 처녀, 달란트, 양과 염소
20. 「가상칠언」
   ① 아버지여 저희를 사하여 주옵소서~(눅23 : 33)
   ② 오늘 네가 나와 함께 낙원에 있으리라(눅23 : 43)
   ③ 여자여 보소서 아들이니이다(요19 : 26)
   ④ 엘리 엘리 라마 사박다니(마27 : 46)
   ⑤ 내가 목마르다(요19 : 28)
   ⑥ 다 이루었다. (요19 : 30)
   ⑦ 아버지여 내 영혼을 아버지 손에 부탁하나이다. (눅23 : 46)
21. 예수께서 음란한 세대에 보일 표적은 어느 선지자의 표적밖에 없다 하셨나? (요나)
22. 예수님의 수세시 "이는 내 사랑하는 아들이요 내 기뻐하는 자"라고 하신 것을 보아 예수님의 하나님 아들 됨은? (수세이전에도 하나님의 아들이셨는데, 수세시에도 여전히 하나님의 아들이다)
23. 마태복음 족보에 나오는 여자(다말, 라합, 룻, 마리아)
24. 세례요한이 그리스도에 관하여 증거한 내용
   ① 세상 죄를 지고 가는 어린 양(요 1 : 29)
   ② 내 뒤에 오시는 이가 나보다 앞선 이(요1 : 15)
   ③ 내 뒤에 오시는 이는 나보다 능력이 많으신 이(마3 : 11)
   ④ 성령과 불로 세례를 주실 이(마3 : 11)
25. "요한의 세례가 어디로서 왔는가"고 예수께서 대제사장과 장로들에게 물었을 때 왜 대답을 못했는가
   ① 하늘로서라 하면 어찌 저를 믿지 아니하였느냐 할 것이요
   ② 사람에게로서라 하면 모든 사람이 요한을 선지자로 여기니 백성이 무섭다
26. 마2 : 6의 "유대땅 베들레헴아 너는 유대 고을중에 가장 작지 아니

하도다. 네게서 한 다스리는 자가 나와서……"는 구약 어디의 인용인가(미5 : 2)
27. 황금율은 어디에 기록되었는가(마7 : 12)
28. 마28 : 19~20은(예수님의 지상명령)
29. 산상보훈은 어느 책 어느 장(마5, 6, 7, 장)
30. 동방박사들의 방문을 기록한 복음서(마태복음)
31. 골고다(Golgotha) : 해골이라는 뜻으로 히브리어다.
    라틴어로는 '갈보리'라고 한다.
32. 마3 : 17 "이는 내 사랑하는 아들이요, 내 기뻐하는 자라"
    ① 언제 한 말(예수님이 세례받고 올라 오실 때)
    ② 누구에게 한 말(예수님에게 하나님께서)
33. 예수님이 독사의 자식이라고 부른 사람들(바리새인, 사두개인)
34. 예수님께서 처음으로 전파하신 말씀
    〈회개하라 천국이 가까왔느니라〉
35. 예수님이 갈릴리 해변에서 부른 제자
    (베드로, 안드레, 야고보, 요한)
36. 예수님의 이름 3가지(그리스도, 예수, 임마누엘)
37. 예수님을 유대인의 왕으로 먼저 안 이(동방박사)

〈마가복음〉

1. 베다니 문둥이 시몬의 집 : 한 여인이 순전한 나드 한 옥합을 깨뜨림.
2. 회당장 야이로의 딸을 예수께서 살리실 때 하신 말씀(달리다굼) 5 : 41.
3. 공관복음서 중 예수님의 족보가 없는 책 (마가)
4. 막10 : 29 예수와 그(복음)을 위하여 집이나 형제나 어미나 아비나 자식이나 전토를 버린자는 금세에 있어 집과 형제와 모친과 자매와 자

식과 (전토)를 (백배)나 받되, (핍박)을 겸하여 받고 내세에 (영생)을 받지 못할 자가 없느니라.
5. 사하심을 얻지 못하는 죄(성령훼방)
6. 변화산에 나타낸 구약시대 인물(엘리야, 모세)
7. 변화산에 같이 간 제자(베드로와 야고보와 그 형제 요한)
8. 부활하신 주님을 최초로 만난 여인(막달라 마리아)
9. 예수님을 자색옷과 가시 면류관을 씌운 곳(브라이도리온)

〈누가복음〉

1. 세례요한의 부모 : 사가랴, 엘리사벳
2. 아기 예수를 보고 증거한 늙은 여자 선지자 : 안나
3. 수신인 : 데오빌로 각하
4. 12해 혈루증 여인 : 야이로의 딸을 고치러 가던 중 치료하심.
5. 탕자가 회개하고 돌아올 때 아버지께 한 말(눅15 : 21)
   ① 하늘과 아버지께 죄를 얻었아오니
   ② 지금부터는 아버지의 아들이라 일컬음을 감당치 못하겠나이다.
      * "나를 품꾼의 하나로 보소서"는 아버지만나기 전의 독백임(요 15 : 19)
6. 탕자의 비유는 어디에(눅15장)
7. 세례요한의 출생을 소개하는 복음서(누가복음)
8. 죽어서 메고 나가는 과부의 독자를 살리신 성(나인성)
9. 예수님께서 살리신 자들
   (나인성 과부의 아들, 나사로, 야이로의 딸)
10. 10문둥이 중 예수님께 와서 사례한 문둥이(사마리아인)
11. 예수님의 빈 무덤을 본 사람
    (막달라 마리아, 요안나, 야고보의 모친 마리아, 베드로)

〈요한복음〉

1. 「요1 : 1」 : "태초에 말씀이 계시니라 이 말씀이 하나님과 함께 계셨으니 이 말씀은 곧 하나님이시니라"
    ① 말씀은 누구인가? (예수 그리스도)
    ② 말씀과 하나님은 어떻게 구별되는가? (말씀은 성자, 하나님은 성부)
2. 「1 : 12」 : "영접하는 자 곧 이름을 믿는 자들에게는 하나님의 자녀가 되는 권세를 주셨으니"
3. 예루살렘 성전이 몇 년간 건축(46년)
4. 「요4 : 24」 : "하나님은 영이시니 예배하는 자가 신령으로 진정으로 예배할찌니라"
5. 「요6 : 68」 : "주여 영생의 말씀이 계시매 우리가 뉘게로 가오리까" (베드로)
6. 「요8 : 32」 : "진리를 알찌니 진리가 너희를 자유케 하리라"
7. 실로암의 뜻 : 보냄을 받았다.
8. 「요11 : 25」 : "나는 부활이요 생명이니 나를 믿는 자는 죽어도 살겠고"
9. 「요14 : 6」 : "내가 곧 길이요 진리요 생명이니 나로 말미암지 않고는 아버지께로 올 자가 없느니라"
10. 포도나무 비유 : 요15장
11. 탕자 비유 : 눅15장
12. 「요14 : 1」 : "너희는 마음에 근심하지 말라 하나님을 믿으니 또 나를 믿으라"
13. 「요12 : 24」 : "한 알의 밀이 땅에 떨어져 죽지 아니하면 한 알 그대로 있고 죽으면 많은 열매를 맺느니라"
14. 보혜사를 보내시면 ① 죄 ② 의 ③ 심판에 대하여 책망하실 것
15. "내 어린 양을 먹이라" "내 양을 치라" "내 양을 먹이라"

16. 제자들의 발을 씻기심 : 유월절 전[13장]
17. 그리스도 부활 후 도마의 신앙고백 내용(요20 : 28)
    (나의 주시며 나의 하나님이시니이다)
18. "세상 죄를 지고 가는 하나님의 어린 양을 보라"고 한 사람과 그 어린 양은 ?
    (세례요한-예수님)
19. 예수님의 십자가에 써 붙인 죄패에는 어느 언어로 씌였는가(요19 : 20)
    (히브리, 로마, 헬라)
20. 예수를 믿는자는 "무엇"을 얻으며, 사망에서 "어디로" 옮겨 지는가(요5 : 24)
    (영생을 얻으며, 사망에서 생명으로 옮겨짐)
21. 빌립이 다니엘에게 예수님을 전도할 때 한 말(3글자)
    〈와 보라〉
22. 베데스다 연못가의 38년된 병자고친 날(안식일)
23. 친구를 위한 제일 큰 사랑(자기목숨을 버리는 것)

〈사도행전〉

1. 가룟유다를 대신한 사도(맛디아)
2. "누구든지 주의 이름을 부르는 자는 구원을 얻으리라"(행2 : 21)
3. 마술사 시몬을 전도한 사람 : 빌립이 사마리아성에서
4. 사울에게 찾아가 안수한 사람(아나니아)
5. 베드로가 살린 여제자 : 도르가(다비다)
6. 두아디라의 자주장사 : 루디아(빌립보교회 최초 신자)
7. 최초로 그리스도인 칭호를 받은 곳(안디옥)
8. 흉년을 예언한 사람(아가보)
9. 선교사를 최초로 파송한 교회(안디옥 교회)

10. 안디옥 교회의 두 선교사(바울과 바나나)
11. 바울과 바나바를「허메」와「쓰스」신이라고 한 곳(루스드라)
12. 2차전도 여행의 동반자(실라)
13. "주 예수를 믿으라 그리하면 너와 네 집이 구원을 얻으리라"(16 : 31)
14. 학문이 많고 성경에 능하며 알렉산드리아인으로 세례요한의 세례만 알았던 자 : (아볼로)
15. 예수를 빙자하여 악귀들린 자에게 명한 자(스게와의 2 아들)
16. 에베소에서 아리스다고와 가이오를 고발한 은장색(데메드리오)
17. 로마 여행 중 풍랑(유라굴로)을 만날 때 배에 탔던 사람 : 276명(멜레데섬에 닿음).
18. 7집사 : 스데반, 빌립, 브로고로, 니가노르, 디몬, 바메나, 안디옥인 니골라
19. 바울의 전도여행 : 제1차 여행 : 안디옥~안디옥
    제2차 여행 : 안디옥~안디옥
    제3차 여행 : 안디옥~예루살렘
20. 거짓 선지자 바예수를 만남 : 비보(엘루마→소경이 됨)
21. 바나바와 헤어짐 : 제2차 때 실라와 동행
22. 디모데에게 할례 : 더베 루스드라
23. 마게도냐로 오라는 환상을 본 곳(드로아)
24. 귀신들린 여인 치료 후 투옥(빌립보)
25. "범사에 종교성이 많도다"(아덴)
26. 아굴라와 브리스길라를 만남(고린도)
27. 바울이 머리를 깎은 곳(겐그레아)
28. 벨릭스 총독의 부인(드루실라)
29. "바울아 네가 미쳤도다, 네 많은 학문이 너를 미치게 한다"(베스도 총독)
30. 빌립보에서 최초로 개종한 여자는(자주장사 루디아)

31. 어느 곳 사람들이 보다 더 간절한 마음으로 성경을 상고했는가(행 17 : 11) (베뢰아사람)
32. 바울사도에 의해 첫번째로 유럽에 복음이 전해진 도시(
33. 베드로의 첫 설교의 본문은 어느 성경 인용인가(요엘)
34. 스데반집사의 설교내용은 어느 성경에 근거했는가? (창세기, 출애굽기, 사무엘, 열왕기, 역대기)
35. 스데반집사의 설교는 어느 성경 어느 장인가(사도행전 7장)
36. 7집사를 택한 동기와 그 직분의 자격
    동기 : 헬라파 유대인들이 자기의 과부들이 매일 구제에 빠져 히브리파 사람을 원망하므로 사도는 말씀에 전무하고 구제의 일을 맡기기 위해
    자격 : ① 성령 충만 ② 지혜충만 ③ 칭찬듣는 자
37. 사두개인과 바리새인의 비교

	사두개인	바리새인
정경	전통거절, 기록된 율법만 정경	전통과 구약 전체 정경으로 받음
부활	부인	인정
심판과 상급	부인	인정
영적존재	천사와 악마존재부인	인정
예정론	자유의지 강조	하나님의 예정
사회적신분	소수의 지배계급	다수의 평민

38. 구스내시에게 전도한 사람〈빌립〉: 사53을 읽고 있을 때
39. 야고보를 죽이고 베드로를 옥에 가둔 왕(헤롯)
40. 바울강론 듣다가 3층에서 떨어져 죽었다 바울이 다시 살린 청년(유두고)
41. 성령의 권능을 돈 주고 사려한 사람(시몬)
42. 바울이 바나바와 갈려 떠날 때 동반자(실라)
43. 에베소 사람들은 바울이 가기 전 뉘게서 복음을 들었나(아볼로)

44. 베드로는 몇 번 옥에 갇혔나(4장, 12장 : 2회)

<로마서>

1. "오직 의인은 믿음으로 말미암아 살리라"(롬1 : 17 합2 : 4)
2. "우리가 환란중에도 즐거워하나니 이는 환란은 인내를, 인내는 연단을, 연단은 소망을 이루는 줄 앎이로다"(5 : 3~4)
3. : 롬5 : 8」: "우리가 아직 죄인 되었을 때에 그리스도께서 우리를 위하여 죽으심으로 하나님께서 우리에게 대한 자기의 사랑을 확증하셨느니라"
4. '죄의 삯은 사망이요 하나님의 은사는 그리스도 예수 우리 주안에 있는 영생이니라"(6 : 23)
5. "현재의 고난은 장차 우리에게 나타날 영광과 족히 비교할 수 없도다"(8 : 18)
6. 「合力하여 善을 이룸」(8 : 28)
7. "또 미리 정하신 그들을 부르시고 부르신 그들을 또한 의롭다 하시고 의롭다 하신 그들을 또한 영화롭게 하셨느니라"(8 : 30)
8. "사람이 마음으로 믿어 의에 이르고 입으로 시인하여 구원에 이르느니라"(10 : 10)
9. "주의 이름을 부르는 자는 구원을 얻으리라"(10 : 13)
10. "너희는 이 세대를 본 받지 말고 오직 마음으로 새롭게 함으로 변화를 받아 하나님의 선하시고 기뻐하시고 온전하신 뜻이 무엇인지 분별하도록 하라"(12 : 2)
11. 바울의 보호자가 된 겐그레아 교인 : 자매 「뵈뵈」
12. '아시아에서 그리스도께 처음 익은 열매 : 에베네도
13. 사도바울이 '그는 내 어머니라.'(루포와 그 어머니)
14. "사랑은 율법이 완성이니라"(13 : 10)
15. "한 사람으로 말미암아 죄가 세상에 들어오고, 죄로 말미암아 사

망이 왔나니"(롬 5 : 12)
16. 칭의란(예수 그리스도의 십자가 공로를 믿는 자를 의인으로 보시는 것)
17. "육신의 생각은 사망이요, 영의 생각은 생명과 평안이니라"(롬8 : 6)
18. "내가 (복음)을 부끄러워하지 아니하노니 이 (복음)은 모든 믿는 자에게 (구원)을 주시는 하나님의 (능력)이 됨이라(1 : 16)
19. 세상에 사망이 왕노릇하게 된 것은(한 사람 아담의 죄로 인하여)
20. 롬 1장에서 복음이란
    (모든 믿는 자에게 구원을 주시는 하나님의 능력)
21. 바울서신 13권중 제일 긴 편지(로마서)
22. 하나님의 나라는 (먹는)것과 (마시는)것이 아니요 오직 (성경)안에서 (의)와 (평강)과 (희락)이라(14 : 17)

〈고린도전후서〉

1. "겉 사람은 후패하나 우리의 속은 날로 새롭도다"→고후 4 : 16
2. "고린도 교회의 분쟁→바울파, 아볼로파, 게바파, 그리스도파"
3. "맡은 자들에게 구할 것은 충성이니라"[고전4 : 2]
4. 바울이 믿는 사람들을 가리켜 무엇이라 했나?
   그리스도의 향기, 편지, 하나님의 성전
5. 고린도후서 : 디모데와 바울이 발신(고린도와 아가야의 성도에게)
6. 고린도전서 : 바울과 소스데네가 발신(고린도 성도에게)
7. 풍부한 연보를 넘치도록 한 교회(마게도냐 교회)
8. 아가야의 첫 열매(스데바나의 집)
9. "누구든지 그리스도안에 있으면 새로운 피조물이라 이전 것은 지나갔으니 보라 새 것이 되었도다"[고후5 : 27]
10. 바울의 고난 : 유대인들에게 40에 하나 감한 매를 5번, 3번 태장으

로 맞고, 한 번 돌로 맞고, 3번 파선, 1주야를 깊음에서 지냄
11. 「고후13 : 13」 : "주 예수 그리스도의 은혜와 하나님의 사랑과 성령의 교통 하심이 너의 무리와 함께 있을찌어다."
12. 예수그리스도께서 부활하시지 않았다면, 무엇이 헛 것이라 바울이 말했는가(우리의 전하는 것도, 믿음도)
13. 십자가의 도는(멸망하는 자에게는 미련한 것이나 구원을 얻는 우리에는 하나님의 능력이다.)
14. 바울은 고린도서에서 그리스도예수안에서 내가 너희를 낳았다고 했는데 무엇으로 나았는가(복음)
15. 사도 바울의 주안에서 내 사랑하고 신실한 아들(디모데)
16. 저희 중에 어떤 이들이 주를 시험하다가 뱀에게 멸망당하였나니(민 21장)
17. 이 편지를 함께 쓴 사람(소스데네)

〈갈라디아서〉

1. 다른 복음 좇음을 책망(갈라디아 교회)
2. 헬라인으로 가만히 들어온 거짓 형제(디도)
3. 바울과 바나바에게 교제의 악수를 함(야고보, 게바, 요한)
4. 게바를 책망한 곳(안디옥)
5. 「2 : 20」"내가 그리스도와 함께 십자가에 못박혔나니 그런즉 이제는 내가 산 것이 아니요 오직 내 안에 그리스도께서 사신 것이라. 이제 내가 육체 가운데 사는 것은 나를 사랑하사 나를 위하여 자기 몸을 버리신 하나님의 아들을 믿는 믿음 안에서 사는 것이라"
6. 몽학선생은? (율법)
7. 성령의 9가지 열매 : 사랑, 희락, 화평, 오래참음, 자비, 양선, 충성, 온유, 절제
8. "내게는 우리 주 예수 그리스도의 십자가 외에 결코 자랑할 것이 없

으니"〔갈6 : 14〕
9. 갈라디아서와 내용이 유사한 서신은(롬, 고전, 후)
10. 바울의 자랑거리(약한 것, 십자가)

〈에베소서〉

1. 에베소서 1章→"예정"
2. 바울서신의 총제목 : "오직 의인은 믿음으로 말미암아 살리라."
3. 바울서신을 代書한 사람(더디오)
4. "몸이 하나이요 성령이 하나이니"(4 : 4)
5. 옥중서신=엡, 빌, 골, 몬.
6. "오직 지혜 있는 자 같이 하여 세월을 아끼라"(5 : 15-16)
7. 에베소서에서 하나 된 것(몸, 성령, 소망, 주, 믿음, 세례, 하나님)
   "엡5 : 16" : "오직 지혜있는 자 같이 하여 세월을 아끼라"
   「엡6 : 1」: "자녀들아 주 안에서 부모에게 순종하라"
   「5 : 31」: "사람이 그 부모를 떠나 그 아내와 합하여 그 둘이 한 육체가 될지니"
8. 유오디아와 순두게를 권함(엡4 : 2)
9. "몸이 하나이요 성령이 하나이니"(엡4 : 4)
10. 그리스도의 전신갑주를 입으라 (엡6 : 11)→진리로 허리띠, 의의 흉배, 평안의 복음의 예비한 것으로 신을 신고 믿음의 방패, 구원의 투구, 말씀 성령의 검

〈빌립보서〉

1. 발신인 : 바울과 디모데
2. "너희는 이 마음을 품으라 곧 그리스도 예수의 마음이니"〔2 : 5〕
3. "주 안에서 항상 기뻐하라 내가 다시 말하노니 기뻐하라"〔빌4 : 4〕

4. "내게 능력 주시는 자 안에서 내가 모든 것을 할 수 있느니라"[4 : 13]
5. 나의 형제요 함께 군사된 자로 나의 쓸 것을 돕는 자 : 에바브로디도(2 : 25)
6. 유오디아와 순두게를 권함(4 : 2)
7. 항상 복종하여 두렵고 떨림으로 너희 구원을 이루라[2 : 12]
8. "그는 나의 형제요, 함께 수고하고, 함께 군사된 자요, 너희 사자로 나의 쓸 것을 돕는 자라" 그는 누구인가 [에바 브로디도]
9. 나의 형제요 함께 군사된 자로 나의 쓸 것을 돕는 자→에바브라디도[빌2 : 25]

〈골로새서〉

1. "위엣 것을 생각하고 아랫을 생각지 말라"[골 3 : 2]
2. 바울을 돕던 의사[누가]

〈데살로니가 전후서〉

1. 발신인 : 바울, 실루아노, 디모데가 문안
2. 「살전5 : 16~18」"항상 기뻐하라 쉬지 말고 기도하라 범사에 감사하라 이는 그리스도 예수 안에서 너희를 향하신 하나님의 뜻이니라"
3. "누구든지 일하기 싫거든 먹지도 말게 하라." 살후 3 : 11[창3 : 19]
4. "평강의 주께서 때마다 일마다 너희에게 평강을 주시기를 원하노니" [살후3 : 16]

〈디모데 전후서〉

1. 디모데를 에베소에 머물게 한 이유 : 다른 교훈을 가르치지 말며 신

화와 끝없는 족보에 착념치 말라고 함.
2. "죄인 중에 내가 괴수라"〔딤전2 : 15〕
3. "하나님은 모든 사람이 구원을 받으며 진리를 아는데 이르기를 원하느니라"〔딤전2 : 4〕
4. 감독과 집사의 자격 : 딤전3장
5. 디모데 외조모 : 로이스, 모친 : 유니게
6. 아시아에 있는 사람이 바울을 버림 : (부겔로·허모게네)
7. "경주하는 자가 법대로 경주하지 않으면 면류관을 얻지 못할 것이며"(딤후2 : 5)
8. "바울이 사단에게 내어 줌 : 후메네오, 알렉산더.
9. 모세를 대적한 자 : 얀녜와 얌브레
10. 「딤후3 : 16」"모든 성경은 하나님의 감동으로 된 것으로 교훈과 책망과 바르게 함과 의로 교육하기 유익하니"
11. 이 세상을 사랑하며 나를 버리고 데살로니가로 간 자"(데마)
12. "때를 얻든지 못 얻든지 항상 힘쓰라"〔딤후4 : 2〕
13. 창 1장과 딤전4 : 1-이하의 말씀을 서로 비교하여 보면 하나님의 지으신 것은? (선하다)
14. 목회서신(딤전·후, 딛)

〈디도서〉

1. 수신자 : 디도(같은 믿음을 따라 된 나의 참 아들)
2. 장로, 감독의 자격 : 디도서 1장
3. 거짓말장이, 악한 짐승, 배만 위하는 게으름장이 : 그레데인
4. "어리석은 변론, 족보 이야기, 분쟁, 율법에 대한 다툼을 피하라"
〔디도3 : 9〕

〈빌레몬서〉

1. 발신 : 바울, 디모데
2. 수신 : 벨레몬, 자매, 압비아, 아킵보
3. 옥에 갇힌 중 얻은 믿음의 아들 : 오네시모
4. 신약에서 한 장씩 있는 책 4권의 이름은?
   (빌레몬서, 요한2서, 요한3서, 유다서)

〈히브리서〉

1. "하나님의 말씀은 살았고 운동력이 있어~"〔히4 : 12〕
2. "너는 내 아들이니 오늘날 너를 낳았다"〔히5 : 5〕
3. 멜기세덱 : 살렘왕, 지극히 높으신 하나님의 제사장
4. "피흘림이 없는 즉 사함이 없느니라"〔히9 : 22〕
5. "한 번 죽는 것은 사람에게 정하신 것이요 그 후에는 심판이 있으리니"〔히9 : 27〕
6. "믿음은 바라는 것들의 실상이요 보지 못한 것들이 증거니"〔히11 : 1〕
7. "믿음의 주요 또 온전케 하시는 이인 예수를 바라 보자"〔히12 : 2〕
8. "예수 그리스도는 어제나 오늘이나 영원토록 동일 하시니라"〔히13 : 8〕
9. "하나님의 말씀은 살았고 운동력이 있어 좌우에 날선 어떤 것보다도 예리하여 혼과 영과 및 관절과 골수를 찔러 쪼개기까지 하며 또 마음의 생각과 뜻을 감찰하나니"〔히4 : 12〕
10. 신약중 저자가 분명치 않은 성경〈히브리서〉
11. 언약궤 내용물
    ① 만나금항아리 ② 아론의 싹난 지팡이
    ③ 언약의 두돌판

12. 히11장=믿음
13. 모세는 하나님집의 〈사환〉 그리스도는 그의 집 맡은 〈아들〉

〈야고보서〉

1. 수신 : 흩어진 12지파
2. "내 형제들아 너희가 시험을 만나거든 온전히 기쁘게 여기라"〔1:2〕
3. "욕심이 잉태한 즉 죄를 낳고 죄가 장성한 즉 사망을 낳느니라"〔1:15〕
4. "너희중에 누구든지 지혜가 부족하거든 모든 사람에게 후히 주시고 꾸짖지 아니하시는 하나님께 구하라 그리하면 주시리라"〔1:5〕
5. "영혼없는 몸이 죽은 것 같이 행함이 없는 믿음은 죽은 것이니라"〔2:26〕
6. "선생된 우리가 더 큰 심판"〔약3:1〕
7. "너희 중에 고난 당하는 자가 있느냐"→약5:13-14(기도, 찬송, 교회장로를 청할 것)
8. 시험받고 참는 자는 무슨 상을 받는가〈생명의 면류관〉

〈베드로 전후서〉

1. 수신 : 본도, 갈라디아, 갑바도기아, 아시아, 비두니아에 흩어진 나그네
2. "갓난 아이들 같이 순전하고 신령한 젖을 사모하라"→〔벧전2:1〕
3. "오직 너희는 택하신 족속, 왕 같은 제사장, 거룩한 나라, 그의 소유된 백성이니〔벧전2:9〕
4. "근신하라 깨어라 너희 대적 마귀가 우는 사자와 같이 두루 다니며 삼킬 자를 찾나니"〔벧전5:8〕

5. 「벧후1：5～7」："너희 믿음에 덕을, 덕에 지식을, 지식에 절제를, 절제에 인내를, 인내에 경건을, 경건에 형제 우애를, 형제 우애에 사랑을 공급하라"
6. "예언은 언제든지 사람의 뜻으로 낸 것이 아니요 오직 성령의 감동하심을 입은 사람들이 하나님께 받아 말한 것임이라"〔벧후1：21〕
7. 믿음의 결국(영혼 구원)

〈요한 1, 2, 3서〉

1. "태초부터 있는 생명의 말씀에 관하여는 우리가 들은 바요 눈으로 본 바요 주목하고 우리 손으로 만진 바라"〔요일1：1〕
2. "만일 우리가 우리 죄를 자복하면 저는 미쁘시고 의로우사 우리 죄를 사하시며 모든 불의에서 우리를 깨끗게 하실 것이요."〔요일1：9〕
3. "사랑하는 자들아 우리가 서로 사랑하자~〔요일47-8〕
4. 증거하는 이가 셋이니→성령, 물, 피
5. "또 증거는 이것이니 하나님이 우리에게 영생을 주신 것과 이 영생이 그의 아들안에 있는 그것이니라"〔요일5：11〕
6. 택하심을 입은 부녀와 자녀에게 편지→〔요2서〕
7. 「가이오에게 편지」→요3서
8. "사랑하는 자여 네 영혼이 잘 됨같이 네가 범사에 잘되고 강건하기를 내가 간구하노라"〔요3서1：1〕
9. 요일4장에 의하면 적그리스도는(그리스도의 육체로오심 부인)

〈유다서〉

1. 발신 : 예수 그리스도의 종, 야고보의 형제
2. 쓴 이유 : 가만히 들어온 사람 몇이 있으므로

〈계시록〉

1. 칭찬만 받은 교회 : 서머나, 빌라델비아
2. 책망만 받은 교회 : 사데, 라오디게아
3. 에베소 교회 : ① 오른 손에 일곱별 일곱 금촛대 사이에 왕래 하시는이
    ② 처음 사랑을 버림
    ③ 니골라당을 미워함, 인내, 수고, 행위를 안다.
    ④ 이기는 그에게는 내가 하나님의 낙원에 있는 생명나무 과실을 주어 먹게 함
4. 서머나 교회 : ① 처음이요 나중이요 죽었다가 살아나신 이
    ②
    ③ 네 환란, 궁핍을 안다. 실상은 부요한 자
    ④ "네가 죽도록 충성하라 그리하면 내가 생명의 면류관을 네게 주리라"(2 : 10)
    ⑤ 이기는 자는 둘째 사망의 해를 받지 아니함.
5. 버가모 교회 : ① 좌우에 날선 검을 가진 이
    ② 발람의 교훈을 지키는 자들이 있다. 니골라 당의 교훈을 지키는 자도 있다 . 회개하라.
    ③ 안디바가 죽임당할 때도 믿음을 버리지 않음
    ④ 이기는 그에게는 감추었던 만나를 주고 흰 돌을 줄 것, 돌 위에 새 이름을 기록.
6. 두아디라 교회 : ① 그 눈이 불꽃 같고 그 발이 빛난 주석과 같은 하나님의 아들.
    ② 사업, 사랑, 믿음, 섬김 , 인내를 안다. 네 나중 행위가 처음 것보다 많도다.
    ③ 자칭 선지자 이세벨을 용납함.
    ④ 너희에게 있는 것을 굳게 잡으라 이기는 자에게

　　　　　　　　는 만국을 다스릴 권세를 주리니, 새벽별을 주리
　　　　　　　　라.
7. 사데 : ① 하나님의 일곱 별과 일곱 영을 가지신 이
　　　　　② 살았다 하는 이름을 가졌으나 실상은 죽은 자
　　　　　③ 회개하라 일깨지 않으면 도적같이 임할 것.
　　　　　④ 더럽히지 아니한 자 몇 명이 흰 옷을 입고 나와 함께 다닐
　　　　　　 것
　　　　　⑤ 이기는 자는 흰 옷을 입을 것. 그 이름을 생명책에서 반드
　　　　　　 시 흐리지 않고 시인.

8. 빌라델비아 : ① 거룩하고 진실하사 다윗의 열쇠를 가지신 이
　　　　　　　② 적은 능력을 가지고도 내 말을 지키며 내 이름을 배
　　　　　　　　 반치 아니함을 안다.
　　　　　　　③ 네가 가진 것을 굳게 잡아 아무도 네 면류관을 빼앗
　　　　　　　　 지 못하게 하라.
　　　　　　　④ 이기는 자는 내 하나님 성전의 기둥이 되게 한다.
9. 라오디게아 : ① 아멘, 충성되고 참된 증인 하나님의 창조의 근본이
　　　　　　　　 신 이
　　　　　　　② 차지도, 더웁지도 않다.
　　　　　　　③ 부자라 하지만 벌거벗고 곤고하고 눈멀고 가련한 것
　　　　　　　　 은 모른다.
　　　　　　　④ 흰 옷을 사 입고 안약을 사서 눈에 바르라, 열심을
　　　　　　　　 내라.

※ "볼지어다 내가 문 밖에서 서서 두드리노니 누구든지 내 음성을 듣
고 문을 열면 내가 그에게로 들어가 그로 더불어 먹고 그는 나로 더불
어 먹으리라"(3 : 20)
　　　　　　　⑤ 이기는 그에게는 내 보좌에 함께 앉게 한다.

10. 일곱 별→일곱 교회의 사자
    일곱 촛대→일곱 교회
11. 이스라엘 지파중 인 맞은 자의 수 : 14만 4천 〔7 : 4〕
12. 네 생물 : 사자, 송아지, 사람, 독수리
13. ① 일곱인 ② 일곱나팔 ④ 일곱대접
14. 무저갱의 사자 : 아바돈(헬라음) 아불루온(히브리음)
15. 아마겟돈 : 세 영이 왕들을 모음.
16. 하늘이 열리고 백마와 장자의 이름 : 충성, 진실
17. 「계 22 : 21」: "주 예수의 은혜가 모든 자들에게 있을지어다 아멘"
18. "새 하늘과 새 땅"에 대한 기록은 어디에 있는가? (계21장)
19. 성경에서 더하거나 그것을 제하여 버리지 말아야 한다는 뜻으로 기록된 성경책과 장(계22 : 18-19)
20. 자칭 선지자라 하는 이세벨을 용납한 교회(두아디라교회)
21. 금대접에 담긴 향(성도의 기도)
22. 사단의 4가지 이름(큰 용, 옛뱀, 마귀, 사단)
23. 혼인잔치에 신부가 입을 세마포(성도들의 옳은 행실)
24. 새 예루살렘에 없는 것(사망, 애통, 곡함, 아픈 것)

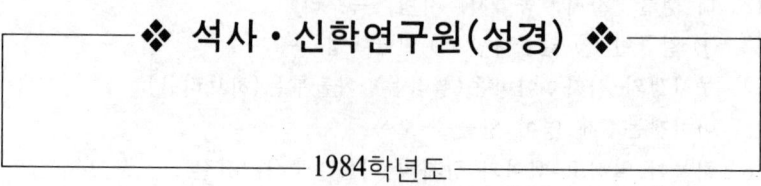

❖ 석사·신학연구원(성경) ❖
1984학년도

＊다음 문제를 읽고 그 내용에 맞는 번호를 별지의 같은 번호란에 "＋" 표시를 하시오.(답이 둘 이상일 수도 있고 없을 수도 있음)

1. 태초에 하나님께서 천지를 창조하실 때 ?
   ① 말씀없이 홀로 하셨다.
   ② 말씀이 없이는 하나도 되어진 것이 없었다.
   ③ 하나님의 신(성령)이 함께 창조하셨다.

2. 아브라함에게 약속하신 말씀은 그 씨로 인한 그의 자손이 ?
   ① 하늘의 별같이 많다.
   ② 이스라엘 백성으로 국한되어 그 수가 바다의 모래같이 많다.
   ③ 택자가 14만 4천명쯤 된다는 뜻으로 말씀하셨다.

3. 아브라함이 독자 이삭을 하나님께 바칠 때 그는 ?
   ① 여호와 이레로 하나님께서 양을 준비하신 줄로 미리 알고 있었다.
   ② 마음이 불안하여 속으로 하나님을 원망했다.
   ③ 이삭을 다시 살리실 줄로 믿었다.

제1부 성 경   71

4. 모세가 바로의 공주의 아들로 누릴 수 있는 모든 영광을 버린 이유가 아닌 것은?
① 하나님의 백성과 함께 고난받기를 기뻐했기 때문에
② 그리스도를 위하여 받는 능욕을 애굽의 모든 보화보다 더 큰 재물로 여겼기 때문에
③ 이스라엘의 영도자가 될 것을 꿈 꾸었기 때문에

5. 여리고 성이 무너진 것은?
① 이스라엘이 공격했기 때문에
② 이스라엘의 믿음으로
③ 큰 지진이 일어났기 때문에

6. 음란한 세대가 표적을 구할 때 예수께서는 어느 선지자의 표적밖에는 보일 표적이 없다고 하셨는가?
① 엘리사   ② 다니엘의 세 친구   ③ 요나

7. 구약성경이 아닌 것은?
① 오바댜서   ②빌레몬서   ③ 미가서

8. 도마가 그리스도의 부활 후 신앙 고백한 내용은?
① 당신은 하나님께로서 오신 선생이로소이다.
② 나의 주시며 나의 하나님이시니이다.
③ 주는 그리스도시요 살아계신 하나님의 아들이로소이다.

9. 성령의 아홉가지 열매가 아닌 것은?
① 사랑   ② 쾌락   ③ 화평

10. 세상 죄를 지고 가는 어린양을 보라고 한 사람은?

① 사도 요한　　　② 세례 요한　　　③ 베드로

11. 요3장에 의하면 성령으로 거듭나지 않고는
    ① 하나님 나라를 볼 수 없다.
    ② 하나님 나라에 들어 갈 수 없다.
    ③ 새 사람이 될 수 없다고 하셨다.

12. 예수님께서 대제사장들과 서기관들에게 고난을 받고 제 삼일에 살아나야 한다고 하실 때 사도들은?
    ① 이것을 쉽게 이해하였다.
    ② 그들의 눈이 가리워 이해하지 못하였다.
    ③ 베드로는 잘 이해하였다.

13. 보혜사 혹은 진리의 성령에 관한 말씀이 있는 곳은?
    ① 롬3장　　　② 시편14편　　　③ 산상보훈

14. 만일 우리가 우리 죄를 자백하면 저는 미쁘시고 의로우사 우리 죄를 사하신다는 말씀이 있는 성경은?
    ① 요한이서　　　② 요한일서　　　③ 요한삼서

15. 요일 4장에 의하면, 적그리스도는?
    ① 예수께서 육체로 오신 것을 부인한다.
    ② 영으로 오신 것을 부인한다.
    ③ 그리스도를 대적한다.

16. 다음 말씀은 성경 어디에 있는가?
    "한 사람으로 말미암아 죄가 세상에 들어오고, 죄로 말미암아 사망이 왔나니"

① 고전 15 : 21　　② 롬 5 : 12　　③ 창 2 : 17

17. 다음 말은 누가 누구에게 한 말인가?
"당신의 영감이 갑절이나 내게 있기를 구하나이다"
① 엘리사가 엘리야에게
② 베드로가 예수님께
③ 다윗이 하나님께

18. 예수님은 마귀의 시험을 무엇으로 물리치셨는가?
① 성령　　② 능력　　③ 말씀

19. 예수님께서 율법을 어떻게 하려 오셨는가?
① 폐하려고　　　　② 완전케 하려고
③ 보충하려고　　　④ 고치려고 오셨다.

20. 다음 글을 읽고 물음에 답하라.
"돌감람나무인 네가 그들 중에 접붙임이 되어 참감람나무 뿌리의 진액을 함께 받는 자 되었은 즉"
윗 글에서 참감람나무는 이스라엘을 가리킨다. 돌감람나무는 무엇을 의미하는가?
① 헬라인　　② 유대인　　③ 이방인

21. 다음에서 로마서와 관계없는 말씀은 어느 것인가?
① 오직 의인은 믿음으로 말미암아 살리라.
② 현재의 고난은 장차 우리에게 나타날 영광과 족히 비교할 수 없도다.
③ 너희 안에 이 마음을 품으라 곧 그리스도 예수의 마음이니
④ 누가 우리를 그리스도의 사랑에서 끊으리요, 환난이나 곤고나 핍

박이나 기근이나 적신이나 위험이나 칼이랴!

22. 다음 유월절 양과 무관한 것은?
   ① 1년된 수컷
   ② 염소
   ③ 양의 피로 집 문 좌우 인방에 바름
   ④ 밤에 고기를 물에 삶아 남김없이 먹음.

23. 솔로몬과 관계 있는 것은 다음 중 어느 것인가?
   ① 다윗의 장자
   ② 그의 생존시에 블레셋군과의 싸움이 항상 있었음.
   ③ 만년에 이방신을 섬김으로 계명을 범함.
   ④ 그의 생존시에 왕국이 둘로 나뉨

24. 빌립보에서 루디아가 바울의 전도를 듣고 예수를 믿게 된 원인은?
   ① 루디아가 총명했기 때문에
   ② 주께서 루디아의 마음을 열어 주셨기 때문에
   ③ 바울이 이적을 행했기 때문에

25. "내 하나님이여, 내 하나님이여 어찌 나를 버리셨나이까…"는?
   ① 눅 23:26
   ② 시 22:1
   ③ 마 27:46에 있다.

26. 창세기 3:15절은 다음 중 어느 것과 관계되는가?
   ① 타락사건 계시
   ② 뱀이 여자에게 실과를 따 먹도록 유혹하다.
   ③ 인간구원에 대한 하나님의 약속

④ 범죄로 인한 인류의 저주에 관한 선언.

27. 요한계시록에서 "새 하늘과 새 땅"에 관하여 가르치는 곳은?
    ① 22장   ② 21장   ③ 20장

28. 칭의란 무엇인가?
    ① 칭의란 무조건적 용서를 말한다.
    ② 칭의란 예수 그리스도의 십자가 공로를 믿는 자를 의인으로 보시는 것.
    ③ 칭의란 행실이 깨끗한 의인을 가리키는 말이다.

29. "아버지와 아들과 성령의 이름으로 세례를 주라"(마 28:19)와 엡 4:1-6의 말씀을 비교하여 볼 때 성부, 성자, 성령께서 일체이심을 무엇으로 알 수 있는가?
    ① 이름이 단수임을 보아서
    ② 하나의 세례임을 보아서
    ③ 성부, 성자, 성령이라는 이름은 단지 이롬 뿐이고 그 배후에 하나님이 계시기 때문에

30. 예수께서 세례를 받으실 때에 "이는 내 사랑하는 아들이요, 내 기뻐하는 자라"고 하셨음을 보아, 예수님은?
    ① 이 때 하나님의 아들이 되셨다.
    ② 이 후 점진적으로 하나님의 아들이 되셨다.
    ③ 수세 이전에도 하나님의 아들이셨는데, 수세시도 여전히 하나님의 아들이시다.

❖ 석사・신학연구원(성경) ❖

— 1985학년도 —

1. "태초에 말씀이 계시니라. 이 말씀이 하나님과 함께 계셨으니, 이 말씀은 곧 하나님이시니라."(요 1 : 1-2)라는 말씀을 가지고 다음과 같은 잘못된 삼단논법을 설정했다. 어느 번호의 명제가 잘못되었기에 잘못된 결론이 나왔는가?
   ① 말씀은 하나님이시다.
   ② 하나님은 성부이시다.
   ③ 그러므로 말씀은 성부이시다.

2. 창1장과 딤전 4 : 1- 이하의 말씀을 서로 비교하여 보면, 하나님의 지으신 모든 것이?
   ① 악하다
   ② 선하다
   ③ 악하지도 않고, 선하지도 않다.

3. 하나님께서 자기의 형상으로 사람을 창조하실 때, 누구를 닮도록 지으셨는가?
   ① 하나님 아버지만의 형상

② 장차 육신을 입으실 성자 그리스도의 형상
③ 삼위 하나님의 형상

4. 사람이 흙으로 지음 받았기 때문에 흙으로 돌아 가리라는 말씀(창 3 : 19)은 아담과 하와의 범죄로 말미암은?
① 형벌이다.
② 자연적인 현상을 설명한 것이다.
② 형벌이 아니다.

5. 선악과 나무의 실과를 따먹으면, 정녕 죽으리라는 말씀을 롬5 : 12과 비교하여 보면, 이 말씀들은?
① 아담에게만 적용된다.
② 아담과 하와에게만 적용된다.
③ 모든 인류에게 적용된다.

6. 노아 홍수의 이유는?
① 사람이 땅위에 번성했기 때문에
② 그들의 날이 일백 이십년이 되었으므로
③ 네피림이 있었으므로
④ 그들이 육체가 되었으므로

7. 하나님께서 노아 홍수 후 땅을 저주하지 아니하신 동기는 사람의 마음의 계획하는 바가 어려서부터?
① 악했기 때문에
② 선했기 때문에
③ 순진했기 때문에

8. 아브라함이 이삭을 제물을 바칠 때 양을 준비하신 일로 인하여 생

긴 말은?
① 여호와 닛시 ② 여호와 이레
③ 갈르엣 ④ 여갈사하두다

9. 얍복강변에서 생긴 사건과 관련된 것은?
① 브니엘 ② 갈르엣
③ 사다리 ④ 루스

10. 할례로 인하여 피남편이란 칭호를 얻은 자는?
① 아브람 ② 이삭
③ 모세 ④ 아론

11. 유월절과 무관한 것은?
① 쓴 나물 ② 무교절
③ 아사셀양 ④ 문설주와 팥죽

12. 십계명이 소개된 곳은?
① 출20장 ② 출24장
③ 출18장 ④ 출30장

13. 십계명중 제8계명은 어느 것인가?
① 도적질하지 말라 ② 부모를 공경하라
③ 거짓 증거하지 말라 ④ 살인하지 말라

14. 3대 절기에 속하는 것은?
① 칠칠절 ② 오순절
③ 월삭 ④ 부림절

15. 도피성은 어떤 자가 피하는 곳인가?
    ① 부모를 죽인 자
    ② 성전의 성물을 더럽힌 자
    ③ 부지중 모살한 자
    ④ 하나님을 모독한 자

16. 하만과 모드르개 사건과 관련이 없는 것은?
    ① 에스더   ② 부르
    ③ 아빕월   ④ 부림절

17. "구원"이란 의미를 내포하지 않는 말은?
    ① 여호수아   ② 모세
    ③ 호산나   ④ 할렐루야

18. 다음은 시편에 관한 것이다. 관계 있는 번호를 괄호 안에 넣으시오.
    ① 제일 긴 편   ① 51편
    ② 제일 짧은 편   ② 119편
    ③ 다윗의 참회시   ③ 22편
    ④ 그리스도의 고난 예언 ④ 117편

19. 고난 받으신 예수 그리스도를 생생하게 묘사한 예언의 말씀은?
    ① 이사야 49장   ② 이사야 53장
    ③ 예레미야 애가 3장   ④ 시편 119편

20. 구약성경 중 가장 짧은 책은?
    ① 학개   ② 스바냐
    ③ 오바댜   ④ 나훔

21. 갈라디아서 3장 1-5절의 말씀에 성령으로 시작했다가 육체로 끝난다는 뜻은?
    ① 성령의 은사를 무시한다.
    ② 복음을 믿는 믿음에서 율법으로 돌아간다.
    ③ 성령을 좇지 않고 육체의 욕심을 따른다.

22. 다음을 서로 연결하라.
    ① 바울   ① 사울
    ② 바요나   ② 보아너게
    ③ 요한   ③ 시몬
    ④ 호세아   ④ 벤브에리

23. 열 두 제자가 아닌 사람은?
    ① 베드로   ② 세베대
    ③ 바돌로매   ④ 다대오

24. 마태복음 족보에 나오는 여자는 누구인가?
    ① 살몬   ② 오벳
    ③ 다말   ④ 라헬

25. 세례요한이 그리스도에 관하여 증거한 내용(요 1:29-34)이 아닌 것은?
    ① 세상 죄를 지고 가는 어린양
    ② 성령으로 세례를 주실 이
    ③ 내 앞에 오는 사람이 나보다 앞선 이

26. "너희가 성경에서 영생을 얻는 줄 생각하고 성경을 상고하거니와 이 성경이 곧 내게 대하여 증거하는 것이로다"라는 말씀은 성경 어

제 1 부 성 경　81

디에 있는가?
① 요21장　　　② 요22장　　　③ 요5장

27. 탕자가 회개하여 아버지께 돌아올 때(눅 15 : 21), 그 아버지께 말한 것이 아닌 것은?
① "아버지여 내가 하늘과 아버지께 죄를 얻었사오니"
② "지금부터는 아버지의 아들이라 일컬음을 감당치 못하겠나이다."
③ "나를 품꾼의 하나로 보소서"

28. 빌립이 아버지를 보여 달라고 할 때 나를 본 자는 곧 아버지를 보았느니라고 하셨음을 보아(요 14 : 8-19),
① 아버지는 곧 아들이시다.
② 아버지께서 아들이 되셨다.
③ 아버지와 아들은 하나이시다.
④ 아버지와 아들은 서로 비슷하다.

29. 변화산상에서 예수님의 영광을 본 제자들은 예수님의 말씀을?
① 잘 듣고 큰 기쁨에 넘쳤다.
② 듣고 큰 슬픔에 잠겼다.
③ 잘 듣지도 아니했고, 깨닫지도 못했다.

30. "요한의 세례가 어디로서 왔는가(마 21 : 25)고 예수께서 대제사장들과 장로들에게 물었을 때 왜 대답을 못했는가?
① 하늘로서라 하면 (　　　　　)할 것이요
② 사람에게로서라 하면, (　　　　　)로 여기니

31. 요 3 : 1-14에 의하면 거듭남이란?
① 옛 영혼은 사라지고, 새 영혼이 들어옴을 의미한다.

② 위에서 성령으로 남을 의미한다.
③ 하늘의 새 생명이 들어와 옛 사람과 교환됨을 의미한다.

32. 마 22장 42-45에 의하면 예수는 다윗의 자손이기 때문에 ?
① 다윗이 그리스도를 주라고 부를 수 없었다.
② 다윗이 그리스도를 주라고 불렀다.
③ 다윗이 실제로 주라고 부른 일은 없었다.

33. 회당장의 죽은 딸을 살리실 때 하신 예수님의 말씀은 ?
① 에바다   ② 고르반
③ 달리다굼   ④ 사박다니

34. 요한복음 15장과 16장에 예수님께서 제자들에게 말씀하시기를 보혜사 성령이 오시면 ?
① 너희가 성령의 충만함을 받아 장래 일을 예언할 것이다.
② 성령이 자의로 말씀하시고, 장래 일을 깨닫게 할 것이다.
③ 성령이 자의로 말하지 않고 듣는 것을 말하여, 나를 증거하실 것이다.
④ 성령이 너희를 진리 가운데로 인도하시며, 독자적으로 자기의 영광을 나타내실 것이라고 하셨다.

35. 예수께서는 예루살렘에서 대제사장들과 서기관들에게 고난을 받고 제삼일에 살아나야 한다고 하실 때 ?
① 사도요한은 쉽게 이해하였다.
② 모든 제자들이 눈이 가리워 이해하지 못하였다.
③ 베드로는 잘 이해하였다.

36. 예수님의 십자가에 써 붙인 죄패는 어느 언어로 기록되었나 ?

① 헬라어, 아람어, 로마어
② 로마어, 히브리어, 아람어
③ 라틴어, 헬라어, 아람어
④ 헬라어, 로마어, 히브리어

37. 십자가상에서 말씀하신 것이 아닌 것은?
① 내가 목마르다.
② 여자여 보소서 아들이니이다.
③ 나를 위하여 울지 말고 너희와 너희 자녀를 위해 울라
④ 아버지여 저희를 사하여 주옵소서.

38. "네가 오늘 나와 함께 낙원에 있으리라"는 어디에 있는 말씀인가?
① 마 27 : 46
② 눅 23 : 43
③ 요 19 : 21
④ 막 15 : 33

39. 예수님이 운명하신 뒤에 일어난 사건이 아닌 것은?
① 땅이 진동했다.
② 무덤이 열리고 자던 성도가 많이 일어났다.
③ 성소 휘장이 찢어졌다.
④ 온 땅에 어두움이 임했다.

40. 도마가 그리스도의 부활 후 신앙고백한 내용은?
① 당신은 하나님께로 오신 선생이로소이다.
② 나의 주시며 나의 하나님이시니이다.
③ 주는 그리스도시요 살아계신 하나님의 아들이로소이다.

41. 어느 곳 사람들이 보다 더 간절한 마음으로 성경을 상고했는가?
   (행 17 : 11)

① 데살로니가 사람들   ② 베뢰아 사람들
③ 아테네 사람들   ④ 고린도 사람들

42. "육신의 생각은 사망이요, 영의 생각은 생명과 평안이니라"(롬 8 : 6)의 말씀과 "만일 너희 속에 하나님의 영이 거하시면, 너희가 육신에 있지 아니하고, 영에 있나니"(롬 8 : 9)라는 말씀을 서로 상고하여 보면?
   ① 사람의 육체는 더럽다.
   ② 사람의 영은 깨끗하다.
   ③ 사람의 영과 육체가 아울러 육신이므로, 그 육신의 생각은 사망이다.

43. 다음에서 로마서와 관계없는 말씀은 어느 것인가?
   ① 오직 의인은 믿음으로 말미암아 살리라.
   ② 현재의 고난은 장차 우리에게 나타날 영광과 족히 비교할 수 없도다.
   ③ 너희 안에 이 마음을 품으라 곧 그리스도 예수의 마음이니
   ④ 누가 우리를 그리스도의 사랑에서 끊으리요, 환란이나 곤고나 핍박이나 기근이나 적신이나 위험이나 칼이랴.

44. 고린도전서 1장-2장에 기록된 감추어진 복음의 비밀을 아는 데에는?
   ① 우리 영혼의 신비적인 통찰력이 필요하다.
   ② 세상 지혜를 갖추는 것이 도움이 된다.
   ③ 오직 성령의 가르침을 통하여 가능하다.
   ④ 하나님의 깊은 것을 알 수 있는 특별한 예언의 은사가 필요하다.

45. "내가 ①(   )을 부끄러워하지 아니하노니 이 ②(   )은 모든 믿

는 자에게 ③(　)을 주시는 하나님의 ④(　)이 됨이라."

46. 빌 2 : 6-11에 의하면 예수 그리스도는 아버지 하나님과
   ① 동등하시다.
   ② 동등일 수는 없다.
   ③ 동등치 않기 때문에 자기를 비어 종의 형체를 취하셨다.

47. 사도 바울의 서신에 없는 말씀은?
   ① 성령이 말할 수 없는 탄식으로 기도하시는 일
   ② 돈을 사랑함이 일만 악의 뿌리가 된다는 것
   ③ 나의 나된 것은 하나님의 은혜로다.
   ④ 당을 짓는 자며, 육체에 속한 자며, 성령은 없는 자니라.

48. "하나님의 말씀은 살았고 운동력이 있어 좌우에 날선 어떤 검보다도 예리하여 혼과 영과 및 관절과 골수를 찔러 쪼개기까지 하며 또 마음의 생각과 뜻을 감찰하나니"(히 4 : 12)라는 말씀과 "성령의 검 곧 하나님의 말씀을 가지라"(엡 6 : 17)는 말씀과 관계가 없는 사상은?
   ① 성경은 성령께서 사용하시는 수단이다.
   ② 사람이 죽을 때 혼과 영과 몸의 요소로 분리된다.
   ③ 하나님의 말씀이 사랑의 모든 깊은 곳까지도 감찰한다는 것

49. 계시록의 마지막 귀절은?
   ① 아멘 주 예수여 어서 오시옵소서
   ② 나는 알파요 오메가라
   ③ 주 예수의 은혜가 모든 자들에게 있을지어다.
   ④ 내가 진실로 속히 오리라.

50. 예수 그리스도의 부활에 관한 말씀은 성경 어디 어디에 있는가 ?
    아는대로 적으시오.

❖ 석사·신학연구원(성경) ❖

──── 1986학년도 ────

1. 다음 성경 중에서 메시야 예언과 무관한 것은 어떤 성경 구절인지를 지적하라.
   ① 이사야 53장　　② 미가 4장
   ③ 이사야 35장　　④ 시편 2편

2. 아사셀 제물에 대하여 올바른 것은 다음 중 어느 것인가?
   ① 반드시 1년된 수양으로 선택해야 한다.
   ② 제비 뽑되 여호와를 위하여 뽑힌 것을 택해야 한다.
   ③ 아사셀 양을 광야로 보낸 뒤에 제사장이 속죄 제사를 드려야 한다.
   ④ 선택된 산 제물의 머리 위에 제사장이 안찰하여 백성의 모든 죄를 고하고 광야로 보내야 한다.

3. 다음 중 고난 받으실 예수 그리스도를 예언한 말씀은?
   ① 이사야 9장　　② 시편 22편
   ③ 에스겔 36장　　④ 예레미야 24장

4. 모세(출애굽기 4:1-13)와 이사야(이사야 6:1-8)와 예레미야(예레미야 1:5-9)등이 하나님으로부터 소명을 받는 과정에서 공통적으로 나타난 현상은 본문에 나타난 대로 하면 무엇인가?
   ① 감사와 찬송   ② 자신감과 성취욕
   ③ 자기부인   ④ 불순종

5. 창세기 3:1-6과 로마서 5:12-15, 고린도전서 15:22등의 말씀을 비교하여 볼 때, 세상에 사망이 왕노릇하게 된 것은?
   ① 하와의 죄로 인하여
   ② 아담 한 사람의 죄로 인하여
   ③ 옛 뱀 마귀의 죄로 인하여

6. 이스라엘을 포도나무로 비유한 말씀은 어디에 있는가?
   ① 요한복음 15장   ② 이사야 5장
   ③ 하박국 3장   ④ 갈라디아서 6장

7. 사사기의 역사에 소개된 이스라엘의 첫 사사와 마지막 사사는?
   ① 에훗과 압돈   ② 옷니엘과 압돈
   ③ 옷니엘과 삼손   ④ 에훗과 삼손

8. 사무엘이 노년에 범한 실수는?
   ① 두 아들을 이스라엘의 사사로 세운 일
   ② 신접한 여인을 통해 나타난 일
   ③ 사울을 왕으로 세운 일
   ④ 사울을 올바로 꾸짖지 못한 일

9. 다음 중 예레미야와 관계된 것은?
   ① 유다의 바벨론 포로와 해방을 예언함

② 이스라엘의 멸망을 예언함.
③ 유다의 열 지파가 앗수르에 포로될 것을 예언함.
④ 이스라엘의 바벨론 포로와 회복을 예언함.

10. 호세아 선지자에 관해 올바른 것은?
① 남국 유다의 선지자로서 북국 이스라엘을 쳐서 예언했다.
② 디블라임의 아들로서 남국 유다를 쳐서 예언했다.
③ 북국 이스라엘의 선지자로 이스라엘의 심판을 예언했다.
④ 북국 이스라엘의 선지자로서 유다의 심판을 예언했다.

11. 아론의 축도는 성경 어디에 나오는가?
① 민수기 6 : 24－26   ② 신명기 20 : 3－4
③ 레위기 8 : 18   ④ 출애굽기 28 : 38

12. 다음은 마태복음 2 : 6의 말씀이다. 구약성경 어느 곳의 인용인가?
"또 유대땅 베들레헴아 너는 유대 고을 중에 가장 작지 아니하도다. 네게서 한 다스리는 자가 나와서…"
① 이사야 40장   ② 스바냐 3장
③ 스가랴 2장   ④ 미가 5장
⑤ 이사야 9장

13. "의인은 믿음으로 살리라"는 말씀이 기록되지 않은 성경은?
① 히브리서   ② 로마서
③ 호세아   ④ 하박국
⑤ 갈라디아서

14. 갈라디아서와 내용이 유사한 서신은?

① 골로새서　　　② 에베소서
③ 로마서　　　　④ 빌립보서

15. 황금율은?
  ① 기독교의 사랑에 대한 계명을 말한다.
  ② 고린도전서 13장을 말한다.
  ③ 마태복음 7 : 12을 말한다.

16. 마태복음 28 : 16-20은?
  ① 예수님의 부활 기록이다.
  ② 예수님의 지상 명령이다.
  ③ 구제 규정이다.
  ④ 사회 윤리의 강령이다.

17. 누가복음 15장에는 무엇이 기록되어 있는가?
  ① 포도원 비유　　　② 천국 비유
  ③ 탕자 비유　　　　④ 기도의 비유

18. 공관복음서 중에서 예수님의 족보가 없는 책은?
  ① 마태복음　　　　② 마가복음
  ③ 누가복음

* 다음 성경 귀절을 읽고 알맞는 장 절을 아래 보기에서 고르시오.

19. "다른 이로서는 구원을 얻을 수 없나니 천하 인간에 구원을 얻을 만한 다른 이름을 우리에게 주신 일이 없음이니라."

20. "주는 것이 받는 것보다 복이 있다."

21. "너희 몸을 하나님이 기뻐하시는 거룩한 산 제사로 드리라"

22. "죽도록 충성하라 그리하면 내가 생명의 면류관을 네게 주리라"

───────────〈보 기〉───────────
① 사도행전 20 : 35   ② 로마서 12 : 1
③ 요한계시록 2 : 10   ④ 사도행전 4 : 12
⑤ 고린도전서 6 : 2   ⑥ 마태복음 7 : 10

23. "바다에 큰 놀이 일어나 물결이 배에 덮이게 되었으되, 예수는 주무시는지라"와 "바람과 바다를 꾸짖으신대 아주 잔잔하게 되거늘 제자들이 기이히 여겨 가로되 이 어떠한 사람이기에…"(마태복음 8 : 24, 26 : 27)라는 증거를 볼 때, 과연 예수는 어떤 분이신가?
① 참 사람일 뿐이다.
② 참 하나님일 뿐이다.
③ 참 사람인 동시에 참 하나님이시다.
④ 사람인 동시에 하나님일 수는 없고, 그는 우리 중보자로서 참 사람도 아니고, 참 하나님도 아닌 중간 존재이시다.

24. 요한 일서 4장에 의하면 적그리스도는?
① 예수께서 육체로 오신 것을 부인한다.
② 영으로 오신 것을 부인한다.
③ 그리스도를 대적한다고 본다.

25. 에스더서와 관련된 절기는 무엇인가?

26. 시편은 몇 권으로 나뉘어져 있는가?

27. 구주에 관한 첫 성경 어느 장, 어느 절의 무슨 말씀인가?

28. 이스라엘이 남북으로 갈라진 것은 어느 왕이 죽은 후인가?

29. 예수의 처녀 탄생의 예언은 구약 어느 책, 어느 장에 있는가?

30. 십계명은 성경 어느 책, 어느 장에 있는가?

31. 새 마음을 준다는 언약은 성경 어느 책, 어느 장에 있는가?

32. 이스라엘 백성 중 여자로서 사사사 된 이의 이름은?

33. 예수님의 산상보훈은 성경 어느 책, 어느 장에 있는가?

34. 동방박사들의 방문을 기록한 복음서는?

35. 바울 사도에 의해 첫번째로 유럽에 복음이 전해지는 도시는?

36. 베드로의 첫 설교의 본문은 어느 성경을 인용한 것인가?

37. 스데반 집사의 설교는 성경 어느 장에 나타나는가?

38. 예수께서 부활하지 아니하셨다면, 무엇이 헛것이라고 하는가?

39. 예수를 믿는 자는 "무엇"을 얻으며, 사람에서 "어디로" 옮겨지는가? (요한복음 5:24 참조).

40. 성경에 더하거나 그것에서 제하여 버리지 말아야 한다는 뜻으로 기록된 말씀이 성경 어느책, 어느 장에 있는가?

41. 무슨 이유로 모세는 가나안에 들어가지 못했는가?

42. 노아시대에 하나님께서 홍수로 심판하신 이유는?

43. 신약에서 한 장씩 있는 책 4권의 이름은?

44. 요한계시록 2장, 3장에 나타난 소아시아 7교회를 열거하고 그 특징을 설명하시오.

45. 나실인이 서원하고 구별하는 날 동안에 금해야 하는 것들이 무엇이었는가?

46. 레위기에 나오는 제사 5가지를 써라

47. 갈라디아서에서 말하는 성령의 9가지 열매를 열거하시오.

48. 괄호 속을 채우시오.
 "서서 (　)로 너희 허리 띠를 띠고 (　)의 흉배를 붙이고 평안의 (　)의 예비한 것으로 신을 신고 모든 것 위에 (　)의 방패를 가지고 이로써 능히 악한 자의 화전을 소멸하고 (　)의 투구와 성령의 검 곧 하나님의 (　)을 가지라"(에베소서 6：14-17)

49. 사도행전에서 일곱집사를 택한 동기와 그 직분의 자격은 무엇인가?
 ① 동기?

② 자격 ?

50. 호세아서의 중심사상을 설명하시오.

❖ 석사・신학연구원(성경) ❖

— 1987학년도 —

1. 다음 성경귀절을 읽고 알맞은 장절을 아래 보기에서 고르시오.
   ① 내가 그리스도를 본받은 자 된것 같이 너희는 나를 본받는 자가 되라.
   ② 남을 판단하는 것으로 네가 너를 정죄함이니
   ③ 의인은 없나니 하나도 없으며 깨닫는 자는 없고
   ④ 오직 의인은 믿음으로 살리라
   ⑤ 내가 율법이나 선지자나 폐하러 온 것이 아니오 완전케 하려 함이다.

   〈보 기〉
   롬 1장 롬 2장 롬 3장 고전 11장 마 7장 마 5장

2. "골고다"에 대해 답하라.
   ① 어느 나라 말(   )
   ② 또 하나의 다름 이름(   )
   ③ 무슨 뜻(   )

3. 다음 중 관계있는 것끼리 연결하라.
   ① 데나리온   헬라 동전
   ② 랩돈   금, 은의 수량
   ③ 고드란트   로마 동전
   ④ 므나   은전

4. 다음 글에서 밑줄 그은 것은 구체적으로 무엇을 말하나?
   ① 네 자손이 ② 이방에서 객이 되어 ③ 그들을 섬기겠고… 네 자손은 사대만에 ④ 이땅으로 돌아오리니 이는 아모리 족속의 죄악이 아직 관영치 아니함이니라.
   ①   ②   ③   ④

5. 관계 있는 것끼리 연결하라.
   ① 맥추절   ㉠ 그 날에 네가 애굽에서 나왔음이라.
   ② 수장절   ㉡ 네가 수고하여 이룬 것을 연중에 밭
   ③ 무교절   에서 거두어 저장함이라
   ④ 초막절   ㉢ 네가 수고하여 뿌린 것의 첫 열매를
   ⑤ 칠칠절   거두리라
                 ㉣ 토지소산 거두기를 마치거든 7월 15
                    일부터 7일동안 여호와의 절기를 지
                    키라
                 ㉤ 처음 익은 열매를 드리는 절기

6. 주기도문은 성경 어느책 어느 장에 있는가?

7. 마 1장에 소개된 예수님의 족보에 나타난 여자 이름 셋을 쓰라.

8. 노아 홍수 후에 하나님이 맺으신 언약과 무지개에 관해 다음을 답

하라.
① 누구와 맺은 언약인가?
② 무지개와 언약의 관계는 무엇인가?
③ 언약의 내용은?
④ 누가 보고 기억토록 하기 위함인가?

9. 가룟 유다 대신 선택된 사도 이름은?

10. 출애굽기 10대 재앙 중 첫 것과 마지막 것은 무엇인가?

11. 12소선지서의 이름을 써라.

12. 요한계시록에서 처음 사랑을 잃었다고 책망 받은 교회명은 무엇인가?

13. 관계있는 것끼리 연결하라.
① 최초의 중혼자   ㉠ 두발 가인
② 수금과 퉁소 잡는 자의 조상   ㉡ 라멕
③ 육축지는 자의 조상   ㉢ 유발
④ 동철로 날카로운 기계를 만드는 자   ㉣ 야발
⑤ 가인의 아들   ㉤ 에녹

14. 요 1:1-2의 "이 말씀이 하나님과 함께 계셨으니 이 말씀은 곧 하나님이시라"에서
① 말씀과 하나님은 어떻게 구별되는가?

15. 마 3:17 "이는 내 사랑하는 아들이요, 내 기뻐하는 자라"는 말씀은 언제 누구에게② 하신 말씀인가?

① 언제 :　　　　② 누구에게 :

16. 괄호 안을 채우라.
　예수와 그 (　)을 집이나 형제나 어미나 아비나 자식이나 전토를 버린 자는 금세에 있어 집과 형제와 자매와 모친과 자식과 (　)를 (　)나 받되, (　)을 겸하고 받고 내세에 (　)을 받지 못할 자가 없느니라.

17. 소아시아 7교회 중 마지막으로 지적된 교회 이름은 무엇인가?

18. 다음 괄호를 메우라.
　그가 찔림은 우리의 (　)을 인함이요 그가 상함은 우리의 (　)을 인함이라 그가 (　)를 받음으로 우리가 (　)를 누리고 그가 채찍에 맞음으로 우리가 (　)을 입었도다.
19. 사도요한이 주님으로부터 받은 별명은 무엇인가?

20. 관계 있는 것기리 연결하라.
　① 이사야　　　　　㉠ 브에리의 아들
　② 예레미야　　　　㉡ 벨드사살
　③ 다니엘　　　　　㉢ 여호와는 구원
　④ 호세아　　　　　㉣ 눈물의 선지자

21. 구약 중 가장 짧은 책은 무엇인가?

22. 예수의 부활에 대한 바리새인과 사두개인의 견해 차이는 무엇인가?

23. 십자가에 달린 예수님의 죄패를 기록한 3개 언어는 무엇인가?

24. 롯의 자손이 이룬 두 족속의 이름은 무엇인가?

25. 관계있는 것끼리 연결하라.
    ① 아브라함   ㉠ 여호와 샬롬
    ② 야곱   ㉡ 엘벧엘
    ③ 기드온   ㉢ 여호와 닛시
    ④ 모세   ㉣ 브엘세바

26. 다음은 무엇에 대하여 말하고 있나?
    ① 그 이슬이 마른 후에 광야 지면에 작고 둥글며 서리 같이 세미한 것이 있는지라(   )
    ② 그 후에도 하나님의 아들들이 사람의 딸을 취하여 자식을 낳았으니 그들이 용사라(   )
    ③ 그 모든 남자는 할례를 받은 후에야 가까이 하여 지킬찌니 할례 받지 못한 자는 먹지 못할 것이니라(   )
    ④ 자기 몸을 구별하여 여호와께 드리거든 포도주와 독주를 멀리하며 그 서원을 하고 구별하는 모든 날 동안 삭도를 도무지 그 머리에 대지 말 것이라(   )

27. "아골 골짜기"란 말의 뜻과 유래를 설명하라.

28. 이스라엘의 12지파 명을 써라.

29. 유월절에 먹는 음식 3가지를 써라.

30. 다음 중 아람어로 기록된 부분이 있는 성경은?
    ① 룻기   ② 에스라   ③ 느헤미야
    ④ 잠언   ⑤ 에스더

31. 다음 중 먹지 말라고 명한 소제물은 어느 것인가?
    ① 족장의 소제물　　　　② 이스라엘 온 회중의 소제물
    ③ 제사장직의 소제물　　④ 레위인의 소제물

32. 다음 중 성문서에 속하지 않는 것은?
    ① 시편　　② 잠언　　③ 에스라
    ④ 스가랴　⑤ 예레미야 애가

33. 다음 중 역사서에 속하는 것은?
    ① 룻기　　　　② 잠언
    ③ 에스더서　　④ 에스라

34. 아담이 아내를 하와라 칭한 이유는?
    ① 뼈중의 뼈요 살중의 살이므로
    ② 남자에게서 취하였으므로
    ③ 갈빗대를 취하여 만들었으므로
    ④ 산 자의 어미가 됨이었으므로

35. 유월절 제사에 관해 맞는 것은?
    ① 어린양을 하나씩 취해야 한다.
    ② 어린양 이외에 다름 짐승을 잡을 수 없다.
    ③ 우슬초로 양의 피를 문 인방과 좌우 설주에 뿌려야 한다.
    ④ 매인이 어린양을 하나씩 취해야 한다.

36. 다음 중 소제와 무관한 것은?
    ① 소금　　② 유향　　③ 기름
    ④ 꿀　　　⑤ 누룩　　⑥ 불사름

37. 동방 박사들이 아기 예수께 경배한 곳은 다음 중 어디인가?
    ① 말 구유   ② 집   ③ 라마   ④ 나사렛

38. 다음 중 하나님이 아담에게 하신 말씀은?
    ① 너의 후손도 여자의 후손과 원수가 되게 하리니
    ② 네가 어찌하여 이렇게 하였느냐
    ③ 둘이 연합하여 한 몸을 이룰지로다
    ④ 땅은 너로 인하여 저주를 받고
    ⑤ 네가 땅에서 저주를 받으리니

39. 다음 말씀은 성경 어디에 있는가?
    "한 사람으로 말미암아 죄가 세상에 들어오고 죄로 말미암아 사망이 왔나니"
    ① 창세기   ② 에베소서   ③ 로마서
    ④ 갈라디아서   ⑤ 고린도전서

40. 이사야 53장에 나타난 예수님과 관계 있는 사건은?
    ① 예수님의 세례 받으심
    ② 예수님이 이적들을 행하심
    ③ 예수님의 예루살렘 입성
    ④ 예수님의 수난과 십자가 위의 죽음

41. 다음 중에서 목자 출신의 선지자는 누구인가?
    ① 아모스   ② 요엘
    ③ 호세아   ④ 에스겔

42. 그리스도인이란 칭호가 탄생한 지명은 다음 중 어디인가?
    ① 사마리아   ② 예루살렘

③ 두아디라   ④ 안디옥   ⑤ 에베소

43. 다음 중 옥중 서신은 어느 것인가?
    ① 고린도전서   ② 갈라디아서
    ③ 빌립보서   ④ 디모데전서

44. 선지자 이사야에 대해 올바로 말한 것은?
    ① 북국 이스라엘과 바벨론에 대해 주로 예언했다.
    ② 북국 이스라엘의 선지자로 유다가 앗수르로 부터의 회복을 예언했다.
    ③ 북극 이스라엘의 선지자로 예레미야와 같은 시기에 사역했다.
    ④ 아모스의 아들로서 주로 남국 유다에 대해 예언했다.

45. 세례 요한의 출생을 소개하는 복음서는 다음 중 어느 것인가?
    ① 마태   ② 마가   ③ 누가   ④ 요한

46. 번제와 화목제에 대하여 올바른 것은?
    ① 번제는 흠없는 수컷으로 드리는데 화목제는 암수 구별이 없다.
    ② 화목제는 제물에 안수하지 않으나 번제에는 안수해야 한다.
    ③ 번제는 비둘기를 제물로 드릴 수 없다.
    ④ 화목제는 비둘기를 제물로 드릴 수 없다.

47. "보라 처녀가 잉태하여 아들을 낳을 것이요 그 이름을 임마누엘이라 하리라"
    ① 미가 4장   ② 이사야 7장
    ② 이사야 9장   ④ 빌레몬 2장
    ⑤ 미가 5장

48. "예수께서 70인을 전도하려 보내시면서 하신 말씀이 아닌 것은?
    ① 너희를 보냄이 어린양을 이리 가운데 보냄과 같도다.
    ② 길에서 아무에게도 문안하지 말며
    ③ 이 동네에서 너희를 핍박하거든 저 동네로 피하라
    ④ 추수할 일군들을 보내어 주소서 하라

49. 감독직의 자격을 규정한 성경은 다음 중 어느 것인가?
    ① 행 6장   ② 행 5장   ③ 딤전 3장
    ④ 딤후 3장   ⑤ 딛 2장

50. 하나님께서 다윗에게 성전 건축을 허락치 않은 이유로 옳은 것은?
    ① 다윗이 전쟁으로 피를 많이 흘렸으므로
    ② 다윗이 우리야의 아내를 취한 죄 때문에
    ③ 성전 건축을 위한 재료가 충분히 준비되지 않으므로
    ④ 성전 건축의 목적이 불분명하므로

❖ 석사・신학연구원(성경) ❖

──── 1988학년도 ────

1. 가인의 계보와 셋의 계보에 공통적으로 들어 있는 이름은 어느 것인가?
   ① 야렛   ② 므후야엘
   ③ 라멕   ④ 므드사엘

2. 요셉에게 바로가 준 새 이름은 무엇인가?
   ① 아스낫   ② 사브낫바네아
   ③ 보디베라   ④ 아스그나스

3. 다음 중 오축에 속하지 않은 것은?
   ① 에스라서   ② 아가서
   ③ 애가서   ④ 전도서

4. 이사야 45장과 관계된 이름은 다음 중 어느 것인가?
   ① 벨과 느보   ② 임마누엘
   ③ 렘 34장   ④ 이사야 41장

5. 다음 중 예수 탄생과 관련된 장은 어느 것인가 ?
   ① 시 22편   ② 미가 5장
   ③ 렘 34장   ④ 이사야 41장

6. "아사셀"이란 말의 뜻으로 적합한 것은 ?
   ① 속량함   ② 내어 놓음
   ③ 얹어 놓음   ④ 방황함

7. 다음 중 요셉에 대해 바르게 말한 것은 어느 것인가 ?
   ① 은 삼십에 형들에 의해 팔림
   ② 막벨라 굴에 장사됨
   ③ 일백 십세에 죽음
   ④ 애굽의 대흉년 뒤 온 제사장의 딸과 결혼함

8. "치리자의 지팡이가 그 발 사이에서 떠나지 아니하시기를 실로가 오시기까지 미치리니"는 누구에게 관계된 예언인가 ?
   ① 요셉   ② 유다
   ③ 에브라임   ④ 므낫세

9. 라헬이 장사된 곳으로 에브랏이라고 불리우던 장소는 어디인가 ?
   ① 숙곳   ② 시돈
   ③ 예루살렘   ④ 베들레헴

10. 다음 중 생에 동안에 피난한 경험이 없는 사람은 누구인가 ?
    ① 요셉   ② 야곱
    ③ 모세   ④ 예수

11. 솔로몬의 아들 르호보암의 통치시 나라가 분열될 때 지파들은 어

떻게 나누어졌나 ?
① 이스라엘 10지파, 유다 2지파
② 이스라엘 2지파, 유다 10지파
③ 이스라엘 6지파, 유다 6지파
④ 이스라엘 7지파, 유다 5지파

12. 다음 중 예수님으로부터 독사의 자식들이라고 지탄 받은 자들은 ?
① 제사장들　　② 사두개인들
③ 서기관들　　④ 율법사들

13. 다음 중 나머지 3개와 동떨어진 것은 어느 것인가 ?
① 이스라엘의 열 두 정탐군의 가나안 탐지 기간
② 다윗에게 내린 온역재앙 기간
③ 예수님 부활후 제자들에게 보이신 기간
④ 야곱의 시신에 향재료를 넣던 기간

14. 안식년에 대해 바르게 말한 것을 지적하라.
① 안식년에 스스로 난 곡물을 거둘 수 있다.
② 일곱 안식년 즉 제49년은 희년으로 지킨다.
③ 안식년에 다스리지 아니한 포도나무의 맺은 열매를 거둘 수 없다.
④ 안식년에 남녀 종과 품군들은 자유를 주어 보내야 한다.

15. 애굽에 내린 재앙 중 사무엘상에도 나타나는 재앙은 어느 것인가 ?
① 우박　　② 메뚜기
③ 독종　　④ 피

16. 이스라엘 백성이 광야에서 울며 가로되 애굽에서 먹던 음식이 생각난다고 하면서 열거한 것중 모두 올바른 것은 어느 것인지 지적

하라.
① 마늘과 외   ② 수박과 겨자
③ 생선과 자두   ④ 고기와 호도

17. 다음 중 모세의 아들은 누구인가?
    ① 엘리사반   ② 엘르아살
    ③ 엘리아십   ④ 엘리에셀

18. 갈렙의 아우로서 이스라엘의 사사가 된 자는 누구인가?
    ① 에훗   ② 옷니엘
    ③ 기드온   ④ 야일

19. 이스라엘이 광야에서 먹던 만나는 언제 그쳤나?
    ① 모세가 죽은 직후
    ② 시내산에서 십계명을 받은 후
    ③ 요단강을 건너고 여리고에 다달았을 때
    ④ 가나안 지경에 이르기 하루 전에

20. 이스라엘 백성이 광야에서 고기를 탐하다가 하나님으로부터 받은 재앙으로 생겨난 지명은 어느 것인지 지적하라.
    ① 기브롯핫다와   ② 베레스웃사
    ③ 알몬디블라다임   ④ 이예아바림

21. "에벤에셀"과 관계된 자는 누구인가?
    ① 다윗   ② 솔로몬
    ③ 사울   ④ 사무엘

22. 불뱀 재난이 나타난 이유로 적합하지 않은 것은 어느 것인가?

① 백성이 물 때문에 불평했으므로
② 백성이 음식 때문에 불평했으므로
③ 백성이 길 때문에 마음이 상했으므로
④ 백성이 우상 숭배로 하나님을 모독했으므로

23. 다음 중 올바른 것을 골라라.
① 소재에는 소금과 꿀을 넣어야 한다.
② 화목제의 희생제물로 소를 드릴 때에는 흠없는 수컷으로 드려야 한다.
③ 평민이 제물로 어린 양을 드릴 때에는 흠없는 암컷을 드린다.
④ 비둘기는 속죄 재물이 되지 못한다.

24. 다음 중 "별"이란 뜻을 가진 이름을 지적하라.
① 에스라   ② 느헤미야
③ 에스더   ④ 아하수에로

25. 욥이 살던 '우스'는 다음 중 어느 땅에 속하는가?
① 갈대아   ② 에돔
③ 다메섹   ④ 레바논

26. "현숙한 여인은… 그 값은 진주보다 더하다"는 구절은 다음 중 어디에 기록되어 있는가?
① 잠언 18장   ② 잠언 28장
③ 잠언 31장   ④ 잠언 33장

27. 이사야에 대해 바로 말한 것을 지적하라.
① 주로 유다와 예루살렘에 대한 예언을 했다.
② 주로 북국 이스라엘에 대한 예언을 했다.

③ 웃시야 시대까지 활동한 선지자이다.
④ 호세아 선지자보다 약 2세기전 시대의 인물이다.

28. 예레미야를 바로 설명한 것은 어느 것인가 ?
① 히스기야 왕이 병들어 죽게 될 것이라고 예언한 선지자이다.
② 앗수르에 포로로 잡혀가다가 라마에서 석방된 선지자이다.
③ 제사장 힐기야의 가문에 태어난 선지자이다.
④ 히스기야 왕에 대한 불길한 예언으로 유다왕의 궁중에 있는 뜰에 갇혔던 선지자이다.

29. "라마에서 슬퍼하며 통곡하는 소리가 들리니 라헬이 그 자식을 위하여 애곡하는 것이라"는 말씀은 다음 중 어느 곳에 기록되어 있는가 ?
① 렘 4장   ② 마 2장
③ 렘 31장   ④ 렘 33장

30. 다니엘이 바벨론에서 사자굴에 던져진 사건은 어느 왕 때인가 ?
① 느브갓네살   ② 벨사살
③ 아하수에로   ④ 다리오

31. 에돔에 대한 경고 말씀을 한 선지자는 누구인가 ?
① 아모스   ② 하박국
③ 나훔   ④ 오바댜

32. "그 후에 내가 내 신을 만민에 부어 주리니 너희 자녀들이 장래 일을 말할 것이며…"라고 한 말씀이 기록된 곳을 지적하라.
① 눅 12장   ② 요엘 2장
③ 행 3장   ④ 말라기 3장

33. 다음 중 한글성경에서 선지서에, 히브리어 성경에는 성문서에 포함시킨 책은?
    ① 예레미야서   ② 에스겔서
    ③ 다니엘서   ④ 사무엘서

34. 가룟 유다가 예수님을 판돈에 대하여 올바로 진술한 것은?
    ① 유다가 심히 뉘우쳐 토기장이의 밭을 사서 성소에 기탁하였다.
    ② 대제사장들과 장로들이 그 은을 거두어 성전고에 넣어 두었다.
    ③ 그 은으로 산 밭은 나그네의 묘지란 뜻으로 본 방언에 아겔다마라 일컬었다.
    ④ 은 삼십은 구약 스가랴서에 예언된 금액 그대로였다.

35. 예수님의 탄생에 관해 바로 말한 것을 지적하라.
    ① 이사야 7장에 그의 출생이 예언되었다.
    ② 다윗의 고향 갈릴리 베들레헴에서 탄생하였다.
    ③ 세례요한 보다는 1년 늦게 출생하였다.
    ④ 그의 족보가 누가복음 2장에도 나타난다.

36. 누가복음 16장에서 부자와 나사로의 비유가 소개된다. 주제로서 적합한 것은 다음 중 어느 것인가?
    ① 현세에서 부자는 천국에 들어가기 어렵다.
    ② 현세에서 가난한 자는 신실한 신앙을 갖기 쉽다.
    ③ 하나님과 재물을 겸하여 섬길 수 없다.
    ④ 재물이 많은 자는 인색하다.

37. 다음 중 예수께서 하신 말씀이 아닌 것은 어느 것인가?
    ① 악을 행하는 자마다 빛을 미워하며 빛으로 오지 아니하나니
    ② 죄를 범하는 자마다 죄의 종이라

③ 하나님이 원가지들도 아끼지 아니하셨은즉 너도 아끼지 아니하시리라

④ 내가 너를 위하여 네 믿음이 떨어지지 않기를 기도하였노니 너는 돌이킨 후에 네 형제를 굳게 하라.

38. 다음 중 동전이 아닌 것을 지적하라.
　① 렙돈　　　　　　② 고드란트
　③ 드라크마　　　　④ 앗사리온

39. 예수님께서 자신을 가리켜서 하신 말씀이 아닌 것은?
　① 문　　　　　　　② 참빛
　③ 생명　　　　　　④ 생명의 빛

40. 다음 구절의 괄호를 채워라.
　이 (　)은 모든 믿는 자에게 (　)을 주시는 하나님의 (　)이 됨이라.

41. 옥중 서신에 속하지 않은 것은?
　① 갈라디아서　　　② 빌레몬서
　③ 골로새서　　　　④ 에베소서

42. 자칭 선지라라 하는 여자 이세벨을 용납한 일곱교회 중 하나는?
　① 서머나　　　　　② 두아디라
　③ 버가모　　　　　④ 사데

43. 주기도문은 다음 중 어디에 기록되었나?
　① 마 5장　　　　　② 막 10장
　③ 눅 11장　　　　 ④ 마 8장

44. 관계된 것의 번호를 B항에 골라 써라.
    A항   B항
    ① 보너게란 별명의 소유자   a. 야고보
    ② 유두고를 살린자   b. 빌립
    ③ 헤롯에 의해 희생된 자   c. 요한
    ④ 일곱 집사 중 하나인 자   d. 베드로
    ⑤ 너희가 나그네로 있을 때   e. 바울
       두려움으로 지내라고 한 자

45. 다음 중 교리서신은 어느 것인지 지적하라.
    ① 베드로전·후서   ② 갈라디아서
    ③ 고린도전·후서   ④ 디도서

46. 바울 서신을 열거하라.

47. 노아 홍수의 이유를 설명하라.

48. 신, 구약 성경 중 한장씩 있는 책 5권의 이름을 열거하라.

49. 마태복음 1장의 예수님 족보는 3구분 되어 있다. 어떻게 구분되었는지 써라.

50. 신약성경을 넷으로 구분해서 설명하라.

❖ 석사·신학연구원(성경) ❖

──── 1989학년도 ────

1. 다음 중 창세기 1장과 2장의 설명으로서 가장 맞는 것은 어느 것인가?
   ① 1장 우주창조, 2장 재설명
   ② 1장 천지창조, 2장 1장에 대한 상세한 설명
   ③ 1장 6일창조, 2장 제3일 제4일 제6일 창조
   ④ 1장 6일창조, 2장 인간창조

2. 창 6:5과 8:21에서 보여주는 홍수 전후의 인간의 상태는 어느 것인가?
   ① 어릴 때와 장성했을 때의 인간심성이 다르다.
   ② 여전히 부패하였다.
   ③ 홍수 이전에는 악했으나 홍수 심판후에는 심성이 선해졌다.
   ④ 홍수 이전에는 선했으나 홍수 이후에는 악해졌다.

3. 창 9:9-17에 홍수 후에 노아와 그와 함께 한 아들들에게 하신 언약이 적용되는 범위는?
   ① 선택된 백성 모두에게
   ② 노아와 8식구에게

③ 노아의 후손과 모든 인류에게
④ 사람을 포함한 모든 생물에게

4. 시날평지에 바벨탑을 쌓은 사람들의 범죄 이유는?
① 혼잡한 언어를 한 구음으로 통일하려 했기 때문
② 온 지면에 흩어지려고 의논했기 때문
③ 이름을 내고 온 지면에 흩어짐을 면하려 했기 때문
④ 대 꼭대기를 하늘까지 닿게하려 했기 때문

5. 야곱이 에서에게서 뺏은 것은?
① 장자의 명분
② 장자의 명분과 그 축복
③ 에서의 재산
④ 에서의 축복과 장자권

6. 모세가 이스라엘을 구원코자 애굽으로 가는 도중에 십보라가 피남편이라고 한 이유는? (출 4 : 25-26)
① 모세가 애굽인을 쳐 죽인 일이 있기 때문에(출 2 : 11-12)
② 모세가 차돌을 취하여 십보라의 아들들의 양피를 베었으므로
③ 십보라가 차돌을 취하여 그 아들들의 양피를 베어 모세의 발 앞에 던지면서 할례를 주었으므로
④ 모세가 피로 구속하려 오실 메시야의 모형임을 십보라가 확실히 믿었으므로

7. 이스라엘이 광야생활을 할 때 임했던 구름과 불에 관하여 올바른 것은?
① 밤에는 낮의 구름이 없어지고 불만 보였다.
② 밤에도 구름이 그대로 있었으나, 구름 속의 불이 보였다.
③ 구름 속에는 하나님의 영광이 없었으나 불에는 반드시 있었다.

④ 흐린 날에는 낮에도 불모양 같은 것이 나타났다.

8. 모르드개와 에스더의 사건이 구속사에 남긴 큰 공헌은?
① 원수의 흉계는 마침내 성도에게는 전화위복이 된다는 산 교훈을 주었다는 것
② 에스더의 일사각오를 통하여 죽고자 하는 자는 살고 살고자하는 자는 죽는다는 구원의 진리를 주었다는 것
③ 이방민족과 사탄의 궁극적 패배를 상징적으로 보여주었다는 것
④ 유대민족의 존속으로 메시야가 약속대로 오시게 된다는 것

9. 이스라엘아 들으라……이 말씀을 너는 마음에 새기고, 네 자녀에게 부지런히 가르치며……란 성경 귀절은 어느 성경에 있는 내용인가?
① 신 5 : 1-21   ② 출 20 : 3-17
③ 신 6 : 4-9   ④ 출 14 : 10-14

10. 모세와 아론이 바로왕에게 이스라엘 백성의 해방을 요구한 이유는 무엇인가?
① 애굽의 종노릇에서 해방하기 위해
② 가나안 땅으로의 귀환을 위해
③ 하나님을 섬기고 그에게 희생을 드리기 위해
④ 모세가 이스라엘의 통치자가 되기 위해

11. 예레미야 선지자는 어느 시대에 활동한 사람인가?
① 웃시아왕 시대   ② 요시아왕 시대
③ 여로보암 2세 때   ④ 여호아아스 시대

12. "의인은 믿음으로 말미암아 살리"란 말씀이 구약성경 어디에 나타나는가?

① 학개선지서 ② 요나서
③ 에스라서 ④ 하박국서

13. 제4장 에스라를 일명 학사라고 부르는 이유는?
   ① 여호와의 율법을 잘 아는 자이기 때문
   ② 율법을 잘 알고 준행하여 제자들을 잘 가르치기 때문
   ③ 율법대로 제사를 잘 드렸기 때문
   ④ 율법을 잘 듣고 배우는 자이기 때문

14. 다음은 어느 한 사건에 관계되는 낱말들이다. 시간적으로 가장 동떨어진 것은?
   ① 에벤 에셀 ② 언약궤
   ③ 블레셋 ④ 아비멜렉

15. 사무엘이 사울과 다윗에게 기름을 부어 왕으로 세웠을 때 나타난 증거로 올바른 것은 어느 것인가?
   ① 사울에게는 여호와의 신이 크게 임하여 예언이 있었으나 다윗은 여호와의 신에게 크게 감동되었으면서도 예언이 없었다.
   ② 사울은 여호와의 신에 크게 감동되었으나, 예언은 없었고 다윗은 있었다.
   ③ 다윗은 예언하는 선지자들을 만났을 때 예언했으나, 사울은 선지자들이 기거하는 곳에 머물 때에 예언하였다.
   ④ 다윗은 선지자들이 기거하는 곳에 머물 때에 예언했으나 사울은 선지자들의 영접을 받자마자 예언하였다.

16. 바벨론에서 제2차로 포로 귀환한 뒤 예루살렘에서 일어난 일대 부흥운동은 누가 어떻게 시작했는가?
   ① 느헤미야 자신과 그의 자복과 회개

② 스룹바벨의 회개와 성전 건축
③ 방백들과 두목들이 이방여인 취한 것을 회개함
④ 에스라의 탄식과 회개

17. 느헤미야서에 나타난 초막절 행사에 백성들이 첫날부터 울음을 터트린 이유는?
① 에스라가 회개함을 보고
② 옛 성전을 회상한 노인들이 성전의 전지대 놓음을 보고
③ 에스라가 율법책을 읽을 때 죄가 생각나서
④ 포로 귀환의 감격을 누르지 못해서

18. 솔로몬이 성전을 건축하고 헌당할 때, 제사장이 그 구름으로 인하여 능히 서서 섬기지 못한 이유가 무엇인가?
① 구름이 너무 짙어서 앞을 볼 수 없었으므로
② 옹기점 연기 같은 것이 구름과 함께 가득차 있었으므로
③ 여호와의 영광이 가득차 있어서 제사장이 그 속으로 들어갈 수 없었으므로
④ 감격하여 기쁨의 눈물을 멈출 수 없었으므로

19. 유월절 양고기와 무교병을 먹을 수 있는 자는?
① 이스라엘 본자손
② 이스라엘 자손중 종을 제외한 자
③ 이스라엘 자손과 돈으로 할례 받은 종들
④ 이방인을 제외한 할례받은 모든 자

20. 여호와께서 그 종 다윗을 위하여 유다 멸하시기를 즐겨하지아니하였으니 이는 저와 그 자손에게 무엇을 항상 주겠다고 약속하였기 때문인가?
① 기름 부음 받은 종   ② 은혜

③ 등불   ④ 지팡이

21. 르호보암의 아들 아사가 일대개혁을 단행할 때 한가지 못한 것은 무엇인가?
    ① 열조들이 지은 우상을 제거하는 일
    ② 아세라상을 만든 태후의 위를 폐비하는 일
    ③ 산당을 없애는 일
    ④ 제사를 없애는 일

22. 하나님께서 아브라함을 의로 여기신 때는?
    ① 할례 받기 전   ② 할례 받을 때
    ③ 할례 받은 후   ④ 할례를 아들에게 베풀 때

23. 여호와의 사자가 떨기나무 불꽃 가운데서 나타나자, 모세가 이 광경을 보려고 가까이 왔을 때, 여호와께서 보시고, 하나님께서 떨기나무 가운데서 그를 부르셨는데(출 3 : 2-4), 여기서 문맥상으로는 :
    ① 여호와의 사자와 여호와와 하나님은 같은 분
    ② 각각 다른 분
    ③ 여호와와 하나님은 같은 분이고, 여호와의 사자는 천사
    ④ 사자는 성령 하나님, 여호와는 성자 하나님, 하나님은 성부 하나님

24. 시내산 위의 여호와의 영광이 무엇으로 보였는가?
    ① 맹렬한 불같이   ② 구름 기둥
    ③ 구름 속의 무지개같이   ④ 불꽃 같은 사람처럼

25. 가난한 자와 타국인을 위하여 밭의 곡식을 남겨 두라고 하신 여호와께서 사람을 공의로 재판하는 길을 보이시기를 :
    ① 가난한 자의 편을 들어야 하고, 세력있는 자라고 두호하지 말아야 한

다.
② 가난한 자의 편을 들지 말고, 세력있는 자를 두호해야 한다.
③ 가난한 자의 편을 들지 말고, 세력있는 자의 편도 들지 말아야 한다.
④ 가난한 자의 편을 들되, 세력있는 자를 고의로 억압하지 말아야 한다.

26. 민 11 : 25-26에 의하면 여호와의 신이 장로들에게 임한 증거는?
① 방언　　　　　　　　② 예언
③ 회개　　　　　　　　④ 엎드러짐

27. 선지자나 꿈꾸는 자가 신들을 섬기자고 할 때 다음중 어느 경우에 그를 좇아야 하나?
① 그가 이적과 기사를 보일 때
② 하나님 성전에 앉아 말씀을 증거하고 축복한 경우
③ 그의 메시지가 하나님의 말씀과 일치 할 경우
④ 얼굴에 광채가 나타나고, 자기를 선지자나 사도라고 할 경우

28. 폭풍 가운데서 욥에게 말씀하시는 하나님의 음성을 들은 욥의 반응은?
① 아무말도 못하고 스스로 한탄하며 티끌과 재 가운데서 회개하였다.
② 몇마디 대답을 한 후, 한탄하고 회개하였다.
③ 친구들을 위하여 기도하고 회개하였다.
④ 친구들을 꾸짖고 회개하였다.

29. 갈렙과 여호수아가 가나안 땅을 탐지한 후, 믿음으로 보고할 때, 이스라엘 온 회중이 보인 즉각적인 반응과 동시에 나타난 하나님의 반응은? (민 14 : 10)
① 온 회중이 크게 슬퍼한 때, 하나님은 진노하셨다.
② 환영하는 편과 10족장의 말을 믿는 편으로 나누어졌을 때, 하나님은 두 족장 편을 드셨다.

③ 온 회중이 두 족장을 돌로 치려함과 동시에 여호와의 영광이 회막에서 나타났다.
④ 온 회중이 두 족장과 모세에게 항의할 때 하나님의 진노가 나타났다.

30. 무너진 여리고성을 다시 재건하는 자는(수 6 : 26)？
① 복을 받는다.
② 저주를 받는다.
③ 복이나 저주나 아무것도 받지 않는다.
④ 백성에게서 끊어진다.

31. 다음을 읽고 공통된 정황(수단)을 지적하라.
 • 이스라엘은 홍해를 육지같이 건넜으나, 애굽 사람들은 이것을 시험하다가 빠져 죽었으며
 • 여호수아와 이스라엘은 칠일 동안 여리고를 두루 다니매, 성이 무너졌으며,
 • 기생 라합은 정탐군을 평안히 영접하였으므로 함께 멸망치 아니하였도다
① 믿음　　　　　　② 담력
③ 소망　　　　　　④ 기도

32. 가난한 형제가 나와 함께 거할 때 네가 행해서는 안되는 일은？ (신 15 : 1-11)
① 매 7년마다 꾸어 준 돈을 독촉하지 말고 면제해야 한다.
② 가난한 형제에게 마음을 강히 하지 말고 반드시 손을 펴서 그 요구하는 대로 쓸 것을 넉넉히 꾸어 주어야 한다.
③ 면제년이 가까웠을 때는 꾸어 주지 아니해도 된다.
④ 이방인에게는 독촉해도 된다.

33. 여리고 성을 엿새 동안 한 번씩 돌고, 마지막 날에는 일곱번 돌면서 나팔을 불고, 백성이 큰 소리로 외치면, 성벽이 무너지리라는 계략은 어디서 나왔는가? (수 5 : 13-14, 6 : 1-5)
   ① 눈의 아들 여호수아에게서
   ② 여호와에게서
   ③ 모세에게서
   ④ 여호와의 사자에게서

34. 홍해를 건너게 하심같이 요단물을 마르게 하신 하나님께서 이스라엘 자손들(출애굽한 자들의 2세)에게 할례를 행하라고 하신 이유는? (수 5 : 2-7)
   ① 광야에서 할례를 받았으나, 순종치 아니했으므로, 가나안 땅 정복을 위해서는 다시 받을 필요가 있었다.
   ② 애굽에서 나온 후 할례를 받은 자는 다 죽었고, 그 후손들은 아직 할례를 받지 아니했으므로
   ③ 마음의 할례를 다시 받아야 하므로
   ④ 물세례와 성령세례의 예표를 보여주기 위해서

35. 사사기에 나타난 정부형태로 맞는 것은?
   ① 족장정치   ② 무정부형태
   ③ 군주제   ④ 무단정치

36. 하나님은 군주제도를 원하셨는가?
   ① 그렇다   ② 아니다
   ③ 성경엔 언급이 없다

37. 이스라엘이 유다와 이스라엘로 나누어진 이유로 틀린 것은?
   ① 솔로몬의 아들들이 많았으므로

② 화합의 정치를 하지 않았기에
③ 하나님의 뜻이기에
④ 르호보암이 노인 말을 안 듣고 소년의 말을 들었기 때문에

38. 여호와 하나님이 보시기에 정직히 행치 못한 유다왕은?
① 히스기야   ② 요아스
③ 므낫세   ④ 여호사밧

39. 군주제를 주신 하나님의 뜻으로 틀린 것은?
① 다윗 왕조의 흐름
② 지상 정부형태의 온전한 본
③ 통치형태보다 통치자의 태도의 중요성
④ 메시야 왕국의 예표

40. 예수님의 원하신 정부 형태는?
① 제국주의   ② 무정부주의
③ 사회주의   ④ 성경엔 언급이 없다

41. 예수님이 가장 친했던 부류
① 에세네파   ② 죄인들
③ 열심당원   ④ 민중

42. 예수님의 탄생의 예언과 역사를 가장 많이 다루고 있는 성경은 다음 중 어느 성경인가?
① 마태복음   ② 요한복음
③ 마가복음   ④ 누가복음

43. 예수님이 열두제자를 부르신 사건의 기록된 성경이 아닌 것은?

① 마태복음　　　　　② 마가복음
③ 누가복음　　　　　④ 요한복음

44. 마태복음 5-7장의 내용은 예수님의 산상 설교라 부른다. 그 내용에 부합하지 않은 것은?
① 8복에 관한 것
② 모세의 율법을 새로이 해석한 것
③ 사람에 관하여
④ 저항과 항거에 대해

45. 마태복음 13장에 예수님은 천국에 관한 비유를 담고 있다. 그 비유들은 모두 몇 가지인가?
① 4가지　　　　　② 5가지
③ 6가지　　　　　④ 7가지

46. 바울이 데살로니가 교회에 편지할 때 "아무 말도 할 것이 없거나 쓸 것이 없다"고 한 것이 아닌 것은?
① 믿음에 관해
② 이단을 멀리함에 대해
③ 형제 사랑에 관해
④ 때와 시기에 관해

47. 발람의 교훈을 지키는 자들이 있었던 교회는?
① 에베소 교회　　　② 버가모 교회
③ 두아디라 교회　　④ 사데 교회

48. 합 2:4의 "의인은 믿으로 살리라"는 말씀을 바울이 로마서에서 인용하고 있다. 또한 신약 어디에 같은 내용이 나타나는가?

① 히브리서　　　　　② 빌립보서
③ 갈라디아서　　　　④ 에베소서

49. 아담 안에서 모든 사람이 죽은 것같이 그리스도 안에서 모든 사람이 삶을 얻는다는 대표의 원리는 고전 15장에 나타난다. 같은 사상이 나타나는 곳은?
① 갈 6장　　　　　② 롬 5장
③ 힙 3장　　　　　④ 엡 5장

50. 다음 중 사도행전에 기록된 설교에 해당되지 않는 것은?
① 빌립의 설교　　　② 바울의 설교
③ 아볼로의 설교　　④ 게바의 설교

51. 하나님의 뜻대로 하는 근심은 구원에 이르게 하는 회개를 이루고 세상 근심은 사망을 이룬다는 말씀은 성경 어디에 나오는가?
① 로마서　　　　　② 데살로니가전서
③ 고린도후서　　　④ 디모데후서

52. 다음은 팔복 교훈이다. 빈칸을 채우고 관계있는 것의 번호를 답안지에 적어라.
① 심령가난　　　　　㉠ 위로
② 애통　　　　　　　㉡ 땅 상속
③ 온유　　　　　　　㉢ 긍휼히 여김 받음
④ 의를 사모　　　　㉣ 하나님을 봄
⑤ 긍휼히 여김　　　㉤ 큰상
⑥ 마음 청결　　　　㉥ 천국소유
⑦ 화평케 함　　　　㉦ 배부름
⑧ 핍박 받음　　　　㉧ ☐☐☐☐☐

53. 감독의 직분을 얻을 자에 관해 딤후 3장에 언급된 조건들을 아는 대로 써라.

54. 성찬에 합당하게 참여하는 자의 할 일은 무엇인가?
 (1)
 (2)

55. 예수는 무엇을 위하여 내어줌이 되고 무엇을 위하여 살아나셨는가(롬 4 : 25)?
 (1)   (2)

56. 옳으면 ○표, 틀리면 ×를 하라.
 "살리는 것은 영이니 육은 무익하니라"(요 6 : 63)는 예수님의 말씀이 의미하는 바는 우리의 영혼과 몸을 대조시킨 것으로서 영혼은 거룩하고 선한 반면, 몸은 무가치하고 죄악되다는 것을 의미한다. (   )

❖ 석사·신학연구원(성경) ❖
1990학년도

I. 다음 문제에서 맞는 것을 골라라. (문 1~45번, 각 1점씩)

1. 다음 중 창세기 1장과 9장에 공통적으로 기록된 말씀은 어느 것인가?
   ① 생육하고 번성하여 땅에 편만하라.
   ② 하나님이 자기 형상대로 사람을 지었음이라.
   ③ 모든 생물을 다스리라.
   ④ 생육하고 번성하여 땅에 충만하라.

2. 하나님께서 모세에게 "내가 그들의 형제 중에 너와 같은 선지자 하나를 일으키겠다"고 하신 말씀은 다음 중 어디에 기록되었나?
   ① 민 16장   ② 출 20장   ③ 신 18장   ④ 민 17장

3. 다음 중 나머지 세 개와 관계 없는 것은 어느 것인가?
   ① 버드나무   ② 싯딤나무
   ③ 아카시아 나무   ④ 조각목

4. 요셉의 장자 이름은 무엇인가?
   ① 에브라임   ② 므낫세   ③ 마길   ④ 나답

5. 롯의 딸이 낳은 아들에게서 생긴 민족은 어느 것인가?
   ① 모압   ② 압몬   ③ 에돔   ④ 갓몬

6. 십보라가 행한 일이 아닌 것은 어느 것인가?
   ① 차돌을 취해 아들의 양피를 벰
   ② 하나님을 두려워하여 왕명을 어김
   ③ 모세와 아들을 구해 냄
   ④ 아들을 데리고 이드로에게로 감

7. 유월절 양에 대해 올바로 말한 것은 어느 것인가?
   ① 식구의 수와 관계 없이 반드시 매 집마다 한 마리를 취한다.
   ② 식구의 수와 관계 없이 인수에 따라서 매 인마다 한 마리를 취한다.
   ③ 해질 때에 제사장이 양을 잡는다.
   ④ 내장도 불에 구워 먹는다.

8. 이스라엘이 광야에서 고생한 것을 기억하기 위해 지키는, 절기와 추수를 기념하여 지키는 절기는 어느 것인가?
   ① 초실절 – 칠칠절   ② 초막절 – 초실절
   ③ 칠칠절 – 수전절   ④ 초막절 – 장막절

9. 저주가 되게 하는 쓴 물을 마시는 자는 다음 중 누구인가?
   ① 의심받는 남편이   ② 의심받는 여인이
   ③ 의심받는 정부가   ④ 의심받는 처녀가

10. 여분네가 속한 지파는 어느 것인가?
    ① 유다   ② 단   ③ 에브라임   ④ 잇사갈

11. 그리심산과 에발산에서 행해진 것은 다음 중 어느 것인가?

① 그리심 산에서 단이 축복 받음
② 그리심 산에서 아셀이 축복 받음
③ 에발산에서 잇사갈이 저주 받음
④ 에발산에서 갓이 저주 받음

12. 도피성에 관하여 올바른 것은 어느 것인가?
   ① 살인자가 판결시까지 죽지 않게 하기 위함
   ② 이스라엘 백성을 그릇 살인한 자가 영구 도피하기 위함
   ③ 요단 이편과 가나안 땅에 각각 6성읍씩
   ④ 할례받은 자로서 그릇 살인한 자가 도피하도록

13. 자기 이름을 '마라'라고 칭해 달라고 한 자는 누구인가?
   ① 룻   ② 에스더   ③ 나오미   ④ 오르바

14. 솔로몬의 성전과 궁궐은 몇년 동안 완성되었나?
   ① 17년   ② 18년   ③ 40년   ④ 20년

15. 요엘 선지자의 부친은 누구인가?
   ① 부시   ② 힐기야   ③ 아모스   ④ 브두엘

16. 이스라엘 백성들이 가나안 땅을 차지하고 기업분배를 할 때 두 라이벌인 에브라임 지파와 유다 지파 중앙에 완충 역할을 위해 중요한 전략지역인 비스바, 기브아, 기브온, 기럇여아림 등의 요새를 지키게 된 지파의 이름은 무엇인가? 택일하라.
   ① 잇사갈   ② 아셀   ③ 시므온   ④ 베냐민

17. 세례 요한은 자기 뒤에 오실 메시아가 무엇으로 세례를 줄 것이라 말하는가?

① 물　　　② 심판　　　③ 불　　　④ 홍수

18. 마태복음에서 12제자 파송 담화는 몇 장에 나오는가?
    ① 10장　　② 8장　　③ 13장　　④ 11장

19. 예수께서 12제자를 선택하실 때 전도의 사명과 귀신을 내어 쫓는 권세를 주셨는데, 그들에게 주신 또 다른 한 가지 특권은 무엇인가?
    ① 방언　　　　　　　　② 독립심
    ③ 예수와 함께 있는 특권　④ 기도

20. 누구든지 성령을 훼방하는 자는 사하심을 영원히 받지 못한다는 경고의 말씀은 예수를 비난하는 서기관들에게 한 것인데 그 비난은 무엇인가?
    ① 죄인과 함께 먹고 마신다는 비난
    ② 창녀와 함께 대화한다는 비난
    ③ 안식일에 밀밭을 거닌다는 비난
    ④ 예수가 바알세불에게 지폈다는 비난

21. 군대 귀신을 고친 장소는 이방 지역인데 마가복음에 의하면 그 곳은 어디인가?
    ① 거라사　　② 두로　　③ 시돈　　④ 벳새다

22. 예수 탄생시 천하에 다 호적하라고 명한 로마 황제의 이름은?
    ① 벨릭스　　　　　② 베스도
    ③ 아그립바　　　　④ 가이사 아구스도

23. 예수께서 공생애를 시작하는 나사렛 처음 설교를 그의 고향 사람들이 거부했을 때, 예수께서 인용한 구약의 두 이방인은 누구 누구인가? 두 개를 골라라.

① 모압에서 온 룻 　　　　② 시온 땅 사렙다 과부
③ 수리아 사람 나아만 　　　④ 기생 라합

24. 마태복음에서는 팔복 교훈이 5장에 나오는데, 누가복음에서는 어디에서 나오는가?
　　① 8장　　② 7장　　③ 6장　　④ 5장

25. 세례 요한의 제자였다가 나중에 예수의 제자가 된 두 사람 중 베드로를 전도한 사람은 누구인가?
　　① 야고보　　② 나다나엘　　③ 안드레　　④ 빌립

26. 예수의 제자 중 과거 열심당원(셀롯당)이었던 사람은 누구인가?
　　① 가룟 유다 　　　　② 시몬
　　③ 다대오 　　　　　 ④ 작은 야고보

27. 바울이 루스드라에서 믿는 유대인 어머니와 헬라인 부친을 둔 누구를 만나 제자로 삼았는가?
　　① 디모데　　② 디도　　③ 누가　　④ 마가

28. 바울이 의와 절제와 심판에 대해 강론했을 때 두려워했던 유대총독이었으며 바울을 심문했던 사람은 누구인가?
　　① 벨릭스　　② 베스도　　③ 빌라도　　④ 아그립바

29. 바울이 죄수의 몸으로 로마에 잡혀온 이후로 그의 셋집에서 몇년을 더 복음 전도하였는가?
　　① 3년　　② 2년 반　　③ 2년　　④ 1년

30. "사랑은 율법의 완성이라"는 말씀은 신약성경 어디에 기록되었는가?

① 갈 5 : 24   ② 고전 13 : 5   ③ 엡 4 : 21   ④ 롬 13 : 10

31. 야고보에게서 온 어떤 할례자들을 두려워하여 잠시 복음을 저버리고 외식에 유혹된 삶들 가운데 포함되는 사람은?
    ① 디모데   ② 바나바   ③ 요한   ④ 디도

32. 에베소서에서 빛의 열매에 포함되지 않는 것은 무엇인가?
    ① 모든 착함   ② 의로움   ③ 사랑   ④ 진실함

33. 빌립보 교회를 창립한 여자들 가운데 포함되는 사람은 누구인가?
    ① 뵈베   ② 글레멘드   ③ 유니게   ④ 마리아

34. 데살로니가 교회는 바울의 몇차 전도여행 때 세워진 교회인가?
    ① 1차   ② 2차   ③ 3차   ④ 4차

35. 바울이 데살로니가 교회의 근황을 듣기 위해서 데살로니가로 파송한 인물은?
    ① 누가   ② 디도   ③ 디모데   ④ 실라

36. 천년왕국을 말하는 곳은 계시록 몇 장인가?
    ① 17장   ② 19장   ③ 20장   ④ 22장

37. 아시아의 일곱 교회 중에 발람의 교훈을 따르는 계시록의 교회는?
    ① 에베소 교회   ② 사데 교회
    ③ 두아디라 교회   ④ 버가모 교회

38. 예수님이 제자들의 발을 친히 씻기신 때는 언제인가?
    ① 유월절날   ② 유월절 전날

③ 유월절 오후　　　　　　④ 유월절 이틀 전

39. 아나니아와 삽비라의 이야기가 기록된 곳은 어디인가?
① 행 3장　　② 행 4장　　③ 행 5장　　④ 행 7장

40. '십자가의 도가 멸망하는 자에게는 미련한 것이요 구원 얻은 우리에게는 하나님의 능력이라'는 말씀은 어디에 기록되었나?
① 고전 1장　　② 고전 3장　　③ 고후 4장　　④ 고후 5장

41. 디모데의 외조모는 누구인가?
① 순두개　　② 유니게　　③ 로이스　　④ 허모네

42. 베드로전서는 다음 분류 가운데 어디에 속하는가?
① 목회서신　　② 공동서신　　③ 옥중서신　　④ 교리서신

43. 딤후 3:16은 다음 중 어느 내용을 설명하는가?
① 영감　　② 조명　　③ 목회　　④ 교리

44. 야고보서에서 사람의 혀에 대한 비유로 사용된 것은 무엇인가?
① 불과 연기　　② 재갈　　③ 배의 키　　④ 나무

45. 고린도전서 12장에 나오지 않는 은사는 다음 중 어느 것인가?
① 지혜의 은사　　　　　② 서로 돕는 은사
③ 긍휼을 베푸는 은사　　④ 다스리는 은사

II. **다음 빈 칸을 채워라.** (문 46~51번, 각 1점씩)
여선지자 드보라가 이스라엘의 사사로서 활약을 할 때(삿 4장) 이스라엘

은 가나안 왕(46.   )에 의해 고난을 당하고 있었으며, 해방을 위해 바락을 불러 전투를 준비하게 하매 그들이 이스라엘 평원에 홀로 우뚝 솟은 (47.   ) 산에 운집해 있을 때 가나안의 군대장관이었던 (48.   )가 철병거 900승을 이끌고 기손강 근처에 모이게 된다. 여호와께서 바락과 함께 하심으로 이 가나안 군이 파하고, 그 장군은 도보로 도망을 했으나 결국 이 사나이 대장부가 어느 가냘픈 여인(49.   )의 손으로 죽음을 당하게 된다. 같은 사사기에서 기드온의 아들 중 (50.   )가 그의 아버지가 죽은 후 왕으로 행세하려다가 그를 듣지 않은 세겜 사람들을 죽이고 데베스의 망대에 모여 있는 사람들을 다 불태워 죽이려다가 한 여인이 평소 사용하던(51.   ) 윗짝을 그의 머리에 던지니 그의 두개골이 깨어져 죽음을 당하게 되었다.

Ⅲ. 성경의 책들을 찾는데 우리의 골머리를 아프게 하는 부분은 역시 소선지서일 것이다. 그 순서를 기억하는지, 다음 빈칸을 순서대로 기록하라. (문 52~57번, 각 1점씩)
1) 호세아   2) (52.   )   3) 아모스   4) (53.   )
5) 요나   6) 미가   7) (54.   )   8) (55.   )
9) 스바냐   10) (56.   )   11) (57.   )   12) 말라기

Ⅳ. 다음 문제는 결혼에 관한 성경적 자료에서 뽑아낸 것이다. 맞는 것을 고르시오. (문 58~66번, 각 2점씩)
58. 창조시에 나타난 남녀관계에 대해 틀린 것은 어느 것인가?
  ① 돕는 배필   ② 남성우위
  ③ 남자가 장가를 감   ④ 결혼제도

59. 성경상 최초로 일부다처제를 도입한 사람은 누구인가?

① 야곱　　② 이랏　　③ 므드사엘　　④ 라멕

60. 철저한 일부일처제와 관계 있는 사람은 누구인가?
① 롯　　② 아브람　　③ 야곱　　④ 이삭

61. 구약에서 피임을 죄로 여긴 대표적인 경우는 누구인가?
① 다말　　② 오난　　③ 셀라　　④ 이스마엘

62. 유다 왕 르호보암의 아내들과 첩들의 합한 수는 대략 몇 명인가?
① 80명　　② 100명　　③ 120명　　④ 150명

63. 다음 중 여성의 기능을 가장 잘 보여준 성경은 어디인가?
① 창세기　　② 아가서　　③ 잠언서　　④ 전도서

64. 신약이 말하는 남녀관계에 대해 그 강조점에 따라 순서를 쓰시오.
① 결혼제도　　　　　② 즐거움으로서의 성관계
③ 독신(특히 여성)　　④ 종족보존을 위한 성관계

65. 부활 때 나의 가족을 다시 만나 계속 가족생활을 영위하리라는 생각은?
① 성격적이다　　　　② 비성경적이다
③ 성경에는 언급이 없다

66. 교회에서의 여성 교역에 분명한 어조로 제약을 둔 성경 기자는 누구인가?
① 베드로　　② 요한　　③ 누가　　④ 바울

V. 다음에서 관계 있는 것끼리 연결하여 맞는 번호를 기록하라. (문 67~70, 각 2점씩)

67. 나훔   68. 아모스   69. 오바댜   70. 미가
   1) 사마리아와 온 예루살렘에 관한 묵시 기록
   2) 목자 출신
   3) 에돔에 대한 경고   4) 니느웨에 대한 경고

VI. **다음에 소개된 선지자는 누구인가?** (문 71~76번, 각 2점씩)
71. 창녀와 결혼한 선지자

72. 하나님께서 결혼을 하지 말라고 한 선지자

73. 아내가 죽어도 하나님께서 울지 말라고 한 선지자

74. '의인은 믿음으로 살리라'고 한 선지자

75. 친척으로부터 밭을 산 선지자

76. 스알야숩과 마할살랄하스바스라는 아들을 가진 선지자

VII. **다음 질문에 답하여라.** (문 77~81번, 각 3점씩)
77. 정의와 공평을 부르짖던 선지자 아모스가 어느날 사마리아 산에 등장하여 인근 주위에 있는 나라들, 다메섹, 가사, 두로, 에돔, 암몬, 모압의 죄를 서너가지씩 맹렬히 책망할 때, 그 동네 사람들은 박수를 쳤다. 이 성원을 힘입어 그는 마지막으로 두 나라의 죄를 칠 때 청중들의 얼굴이 일그러졌다. 그 두 나라의 이름을 순서대로 써라.

78. 시 1편에서 악인과 의인은 어떤 은유로서 대조되었는가?

79. 시 51편은 표제에 따르면, 이 다윗이 밧세바와 동침한 후 선지자 나단이 저에게 온 때에 쓴 시라고 한다. 여기에서 시인은 하나님에게 '우슬초'로 자신의 죄를 씻어 달라고 기도한다. 여기서 말하는 우슬초는 어떤 것인가?

80. 전도서를 이끌어 가는 회의주의와 염세주의는 전도자의 최종적인 메시지에 의해 재조명되어져 이 책이 궁극적으로 쇼펜하우어적인 염세주의가 아니라 '해 아래서의' 관찰인 것을 드러내 준다. 전도자의 최종적인 메시지가 무엇인가? (전 12 : 13~14)

81. 아가서는 그 원래의 배경에 있어서 누구와 누구의 사랑의 연가로 소개되고 있는가?

Ⅶ. 다음 질문에 대하여 아는 바를 약술하라. (문 82~83번, 각 5점씩)

82. 이스라엘 백성은 여호수아의 인도하에 여리고와 아이를 점령한 후에 가나안 땅 내륙의 남북을 잇는 중요 도로 상에 있는 전략적 도시인 벧엘, 기브온과 예루살렘을 공격하지 않고 훨씬 북쪽에 있는 사마리아 지역의 한 중요한 동네로 올라가 신 27장에서 명한 것을 먼저 행한다. 그 동네의 이름은 무엇이며, 거기에 있는 두 산의 이름은 무엇이며, 그 두 산 기슭에서 그들은 무엇을 하였는가? (수 8 : 30~35) (5점)

83. 창 1 : 1~2 : 3과 2 : 4~25은 우주와 인간의 창조를 묘사하는 데 있어서 어떻게 다른가?

❖ 석사・신학연구원(성경) ❖

―― 1991학년도 ――

Ⅰ. 구약성경에 토지와 밀접한 연관을 가지고 왕과 선지자가 대결하고 있는 사건이 열왕기상 21장에 있는 나봇의 포도원 기사이다.

아래 문제에 답하여라. (공란을 채우라)

1. 왜 나봇은 자기의 포도원을 왕에게 팔기를 거절했는가?
"내 열조의 (　　)을 왕에게 주기를 여호와께서 금하실찌로다"(3절)

2-3. 아합의 아내 이세벨은 위증을 통해 이 사람을 돌로 쳐 죽이기로 음모를 꾸민다.
그 위증을 따르면 이 포도원의 주인은 "(　　)과 (　　)을 저주하였다."

4-5. 이 무죄한 피를 흘리고 남의 피를 흘린 죄를 심판하기 위해 하나님께서는 그의 종 (　　)를 보내어 선언하시기를 "포도원 주인의 피를 흘린 곳에서 (　　)가 이(가) 네 몸의 피도 해으리라"고 선언하신다.

6-7. 아합은 이 경고를 듣고 놀라서 "그 옷을 찢고 (　　)로 몸을 동이고

금식하고 굵은 베에 누우며 행보(   )도 천천히 하였다."

8. 놀랍게도 하나님께서는 아합의 회개(?)를 보시고 그의 선지자를 오히려 교훈하시며 "아합이 내 앞에서 (   )을 보느냐? 저가 내 앞에서 (   )을 인하여 내가 재앙을 저의 시대에 내리지 아니하고 다음 시대에 내릴 것이라"고 하신다. (괄호 안에 같은 말이 들어감)

II. 다음은 마태복음에 나오는 대화이다. 읽고 물음에 답하라.
A : "사람들이 (a   )를 누구라 하느냐?
B : "더러는 세례 요한 더러는 엘리야 어떤 이는…(중략)…라고 합니다."
C : "너희는 나를 누구라 하느냐?"
D : "(b   ) 살아계신 하나님의 아들이십니다."
E : "(c   ) 내가 복이 있다…(후략)"

9. (a)에 어떤 단어가 들어가야 하는가?

10. (b)에 들어가야 할 문장은?

11. (c)에는 사람의 이름이 들어가야 한다. 이 사람은 화자 A, B, C, D, E중 어느 것과 동일인인가? 그 기호를 쓰라.

12. 이 대화가 있었던 장소는?

13-15. 유대인들의 3대 절기는 무엇 무엇인가?

III. 다음의 질문에 맞는 답의 답안지 번호를 검게 칠하라.

16. 아람나라의 군대장관 나아만은 요단강에서 몇번 목욕을 한 후에 나았는가?
    ① 세번   ② 네번   ③ 다섯번   ④ 일곱번

17. 서로 관계가 없는 것은?
    ① 갈릴리바다   ② 디베랴바다
    ③ 게네사렛 호수   ④ 기드론 호수

18. 고린도전서 13장에 들어 있는 말씀은?
    ① 모든 믿음이 있을찌라도 사랑이 없으면 내가 아무 것도 아니다.
    ② 사랑엔 거짓이 없나니 악을 미워하고 선에 속하라.
    ③ 우리가 말과 혀로만 사랑하지 말고 오직 행함과 진실함으로 하자.
    ④ 우리가 이웃에게 악을 행치 아니하나니 사랑은 율법의 완성이니라.

19. 예레미야는 "끓는 가마"의 환상을 보았다. 이것이 상징하는 나라는?
    ① 앗시리아   ② 메대
    ③ 페르시아   ④ 바벨론

20. 천국을 설명하기 위하여 예수님께서 사용하신 비유에 들지 않는 것은?
    ① 누룩   ② 진주   ③ 겨자씨   ④ 그물

21. 지명( )이 아닌 것은?
    ① 달마누다   ② 달리다굼   ③ 밤빌리아   ④ 본도

22. 짝지어진 것이 직접 관계가 없는 것은?
    ① 다윗 - 빵   ② 엘리야 - 까마귀
    ③ 베드로 - 닭   ④ 솔로몬 - 백합화

23. 대머리로 조롱을 받았던 사람은 누구인가?
   ① 엘리야   ② 삼손   ③ 엘리사   ④ 아모스

24. 히브리서 11장에 언급되지 않은 사람은?
   ① 여호수아   ② 모세   ③ 기드온   ④ 바락

25. 산상보훈에 수록되어 있지 않은 말씀은 어느 것인가?
   ① 무릇 자기를 높히는 자는 낮아지고 자기를 낮추는 자는 높아지리라.
   ② 비판을 받지 아니하려거든 비판하지 말라.
   ③ 너희 빛을 사람 앞에 비춰게 하라.
   ④ 너희가 하나님과 재물을 겸하여 섬기지 못하느니라.

26. 고레스는 어느 나라의 왕인가?
   ① 바벨론   ② 앗시리아   ③ 페르시아   ④ 유다

27. 서로 관계가 없는 이름은?
   ① 요셉   ② 맛디아   ③ 유스도   ④ 바사바

28. 여호와의 율법책으로 유다를 순행하며 백성을 가르치게 한 왕은?
   ① 다윗   ② 여호사밧   ③ 히스기야   ④ 아사

29. 보기에 기록된 예수님의 예언들이 가리키는 사건들을 이른 것부터 시기 순으로 바르게 배열한 것은?
   (보기) a. 갈릴리로 가리라 b. 동서로부터 많은 사람이 올 것이다. c. 다 나를 버리리라 d. 많은 사람의 사랑이 식어질 것이다. e. 내게서 떠나가라 하리라.
   ① c-d-a-b-e   ② b-c-a-d-e
   ③ a-b-d-c-e   ④ c-a-b-d-e

30. 에스라가 예루살렘에 돌아오는데 도움을 준 왕은?
   ① 고레스   ② 다리오   ③ 아닥사스다   ④ 아하수에로

31. 세례요한의 말이 아닌 것은?
   ① 회개하라 천국이 가까이 왔다.
   ② 보라 세상 죄를 지고가는 하나님의 어린 양이다.
   ③ 독사 새끼들아 너희가 어떻게 지옥의 판결을 피하겠느냐?
   ④ 회개에 합당한 열매를 맺고 아브라함이 우리 조상이라고 생각하지 말라

32. 다음 보기는 로마서의 한 절이다. ( ) 안에 들어갈 말은?
   (보기) "그런즉 유대인의 나음이 무엇이며 할례의 유익이 무엇이뇨? 범사에 많으니 첫째는 저희가 ( )을 맡았음이니라"
   ① 하나님의 축복   ② 하나님의 계명
   ③ 하나님의 약속   ④ 하나님의 말씀

33. 바울사도의 서신 중 공통점이 없는 것은?
   ① 디모데전서   ② 골로새서
   ③ 로마서   ④ 에베소서

IV. 구약성경의 어떤 책을 따르면 바벨론의 마지막 왕이 큰 잔치를 배설하게 되었는데 그 때에 손가락이 나타나서 벽에 ○메네 메네 데겔 우바르신. 이란 글을 썼다.
   아래의 질문에 답하라.

34. 벽에 나타난 손가락은 누구의 것이었는가?
   ① 하나님   ② 천사   ③ 사람   ④ 짐승

35. 글자를 보고 왕이 놀란 것을 표현하는데 사용되지 않은 것은?
    ① 얼굴 빛이 변함   ② 넓적 다리의 마디가 녹는 듯함
    ③ 맥이 빠짐   ④ 무릎이 서로 부딪힘

36. 다니엘이 이 글을 풀 때 그에게 바벨론에서 몇 번째의 관직이 약속 되었는가?
    ① 첫째   ② 둘째   ③ 셋째   ④ 넷째

37. 이 왕의 이름은 무엇인가?

38. "메네 메네 데겔 우바르신"에서 마지막 단어 "우바르신"의 기본적인 뜻은?

V. 다음은 각 복음서의 제 13장을 요약한 것이다. 옳다고 생각되는 복음서의 이름을 쓰라.
39. 제자들의 발을 씻기심 :
40. 종말에 관한 교훈 :
41. 천국의 비유 :
42. 갈릴리에서의 여러가지 사역과 예루살렘으로의 여행 :

VI. 우리는 창세기의 마지막 장에서 "당신들은 나를 하였으나 하나님은 그것을 선으로 바꾸사 오늘과 같이 만민의 생명을 구원하게 하시려 하셨다"는 신앙고백을 읽게 된다.
43. 여기서 "나"는 누구이며,

44. "당신들"은 누구를 가리키는가?

45. 예수님께서 어떤 문제와 관련하여 보기의 비유들을 사용하셨는가?
   (보기) 혼인집 손님들과 신랑, 생베조각과 낡은 옷, 새 포도주와 새부대

46 - 47. 보기와 같은 말을 주고 받은 두 사람은 누구인가?
   (보기) 너희에게 고기가 있느냐, 사탄아 내 뒤로 물러가라,
          나를 따르라,   주여 나를 떠나소서

48 - 49. 십자가의 수난을 예시하고 있는 대표적인 예언을 구약의 이사야서
        와 시편에서 찾는다면 이사야( )장과 시편( )편을 지목할 수 있
        다.

Ⅶ. 신약에 인용된 다음의 귀절들은 각각 어떤 지명과 관계가 있는가.
50. 흑암에 앉은 백성이 큰 빛을 보았고 사망의 땅과 그늘에 앉은 자들에게
    빛이 비취었도다.

51. 주의 성령이 내게 임하셨으니 이는 가난한 자에게 복음을 전하게 하시
    려고 내게 기름을 부으시고…

52. 너는 유대 고을 중에서 가장 작지 아니하도다

53. 시온의 딸에게 이르기를 네 왕이 네게 임하나니…

Ⅷ. 아래의 선지자는 누구인가.
54. 그의 아들의 이름은 스알야숩이다.

55. 사촌으로부터 아나돗에 있던 밭을 샀다.

56. 소선지서에 나타나는데 "칼을 쳐서 보습을 만들고 창을 쳐서 낫을 만들 것이다"라고 말했다.

57. 유다와 요셉이라는 막대기를 연합하여 하나가 되게 하다.

58. "너희의 구하는 바 주가 홀연히 그 전에 임하리니 곧 너희의 사모하는 바 언약의 사자가 임할 것이라."

59 - 60. 예수께서 운명하실 때 일어났던 기적 중 "흑암과 무덤이 열렸던 것"외에 남은 두가지는?

❖ 석사 · 신학연구원(성경) ❖

──────── 1992학년도 ────────

다음 성경문제는 모두 40문제이며 문제당 3점이다.

1. 우리가 사랑하는 시편 1편에는 여러가지 대조가 나타난다. 올바른 대조가 아닌것을 골라라.
   ① 악인의 길과 의인의 길 ② 시냇가에 심은 나무와 바람에 날리는 겨
   ③ 복있는 자와 복없는 자   ④ 형통하는 자와 그렇지 않은자

2. 이사야는 예루살렘 여인들의 사치 생활을 꾸짖는다. 그들의 장식품에 해당되지 않는 것은?
   ① 반달장식   ② 화관   ③ 호신부   ④ 금목걸이

3. 다음 말씀은 어느 서신에 나오는가?
   "만일 땅에 있는 우리의 장막 집이 무너지면 하나님께서 지으신 집 곧 손으로 지으신 것이 아니요 하늘에 있는 영원한 집이 우리에게 있는 줄 아나니……"
   ① 고린도전서   ② 고린도후서   ③ 빌립보서   ④ 에베소서

4. 다음 중 로마서와 갈라디아서 사이의 공통점이 아닌 것은 어느 것인가?

① 유대인들과 이방인들의 관계   ② 강한자들과 약한자들의 관계
③ 바울의 이방인들을 위한 사도직   ④ 성령을 좇는 삶과 육신을 좇는 삶

5. 감독과 집사의 자격을 논하는 서신은 어느 것인가?
① 디모데 전서   ② 디모데 후서   ③ 야고보서   ④ 베드로 전서

6. 다음중 적절히 짝지워지지 않은 것은 어느 것인가?
① 골로새서—교회의 선교사명
② 갈라디아서—그리스도인의 자유
③ 고린도후서—진정한 사도의 표징들
④ 에베소서—교회안에서 유대인들과 이방인들의 하나됨

7. 다음중 적절히 짝 지워지지 않은 것은 어느 것인가?
① 야고보서—인색한 부자들에 대한 경고
② 히브리서—구원 받은자의 두번째 회개 불가능
③ 베드로후서—통치자들에 대한 순종의 의무
④ 요한 1 서—형제 사랑의 계명

8. 다음은 창조기사와 관련된 내용이다. 다음 짝지어진 것 중 틀린 것은?
① 셋째날—각종채소   ② 넷째날—물고기
③ 다섯째날—각종새   ④ 여섯째날—짐승

9. 이스라엘의 지혜자가 말하는 "은 쟁반에 금사과"는 무엇을 가리키는가?
① 듣기 좋은 말   ② 좋은 기별
③ 아부하는 말   ④ 경우에 합당한 말

10. 아래의 선지자 중 거짓 선지자가 아닌 사람은?
① 시드기야   ② 미가야   ③ 하나냐   ④ 발람

11. 다윗이 늙어서 이불을 덮어도 따뜻하지 않을 때 그 신복들이 아리따운 동녀 아비삭을 구하여 왕의 품에 두려고한다. 이 여인은 어느 동네 출신인가?
① 베들레헴　　② 갈릴리　　③ 수넴　　④ 예루살렘

12. 하박국서의 주제와 거리가 먼 것은 어느 것인가?
① 어찌하여 선민의 사회에 간악, 패역, 강포, 분쟁이 있습니까?
② 내가 바알의 제사장을 진멸하리라.
③ 그러나 의인은 믿음으로 살리라.
④ 주는 주의 일을 이 수년 내에 부흥케 하소서

13. 나는 유다왕 요시야 때에 하나님의 말씀을 받았다. 나의 4대 할아버지는 이스라엘을 다스린 히스기야 왕이다. 나는 나의 백성들에게 여호와의 큰 날이 임할 것을 경고하였다. 나는 누구인가?
① 스바냐　　② 나훔　　③ 요엘　　④ 미가야

다음은 각 복음서와 사도행전의 제 3장에서 한 구절을 발췌한 것이다. 관계있는 책을 골라 번호를 기입하시오.

보기 :
① 마가복음　② 누가복음　③ 요한복음　④ 사도행전　⑤ 마태복음

(보기) 이제 허락하라　(5)

14. 그는 흥하여야 하겠고 나는 쇠하여야 하리라　(　)

15. 너희는 선지자들의 자손이요 또 하나님이 너희 조상으로 더불어 세우신 언약의 자손이라　(　)

16. 누구든지 하나님의 뜻대로 하는 자는 내 형제요 자매요 모친이니라
 (   )

17. 옷 두벌 있는 자는 옷 없는 자에게 나눠줄 것이요 먹을 것이 있는 자도 그렇게 할 것이니라 (   )

18. 구약의 절기 중 신자의 성결한 삶을 뜻하는 절기는 무엇인가?
 ① 유월절　　② 무교절　　③ 초실절　　④ 오순절

19. 다음 신명기와 관련된 기사 중에서 관련이 없는 것은?
 ① 모세의 고별 설교로 구성되었다.
 ② 지리적 배경은 여리고와 모압 평지이다.
 ③ 중심 주제는 언약의 확인이다.
 ④ 내용은 마지막 1년 동안에 있었던 일을 담은 것이다.

20. 다음은 유월절과 관계가 있는 내용이다. 유월절에는 몇 일 동안 무교병을 먹어야 하며 만일 이를 어겼을 경우 어떻게 된다고 말씀하셨는가?
 ① 3일, 이스라엘에서 끊어진다.　　② 3일, 문둥병에 걸린다.
 ③ 7일, 이스라엘에서 끊어진다.　　④ 7일, 문둥병에 걸린다.

21. 바울 사도가 예루살렘에서 체포된 후(행 21, 30) 자신을 변호할 때 만난 사람이 아닌 사람은?
 ① 버니게　　② 아그립바　　③ 드루실라　　④ 율리오

22. 마태복음 18장은 오래 전부터 "교회(론) 설교"라 불리운다. 이 설교에 나오지 않는 숫자는?
 ① 70×7　　② 70　　③ 99+1　　④ 10000

23. 다음 성구는 구약 어느 책에 나오는가?
"세계가 다 내게 속하였나니 너희가 내 말을 잘 듣고 내 언약을 지키면 너희는 열국 중에서 내 소유가 되겠고 너희가 내게 대하여 제사장 나라가 되며 거룩한 백성이 되리라"
① 창세기　② 출애굽기　③ 신명기　④ 이사야

24. 나실인이 지켜야 할 것이 아닌 것은?
① 포도주나 독주를 마시지 않는다. ② 포도즙도 멀리한다.
③ 생포도와 건포도도 먹지 않는다. ④ 육식도 하지 않는다.

25. 다음은 창세기에 나오는 계보이다. 그 순서가 맞는 것은?
① 에녹―므두셀라―라멕―노아　② 므두셀라―라멕―에녹―노아
③ 에녹―라멕―므두셀라―노아　④ 므두셀라―에녹―라멕―노아

26. 다음 성경 귀절 중 괄호에 들어갈 알맞는 말은 무엇인가?
"여호와는 네게 (　)을 주시고 너를 지키시기를 원하며 여호와는 그 얼굴로 네게 비취사 (　)베푸시기를 원하며 여호와는 그 얼굴을 네게로 향하여 도사 (　)주시기를 원하노라 하라"
① 복, 은혜, 평강　　　② 복, 은혜, 복
③ 복, 은혜, 은혜　　　④ 복, 자비, 평강

27. 예수를 재판할 때 빌라도가 한 말이 아닌 것은?
① 네가 하나님의 아들이냐　② 네가 유대인이냐
③ 네가 왕이 아니냐　　　　④ 진리가 무엇이냐

28. "신사적이어서 간절한 마음으로 말씀을 받고 이것이 그러한가 하여 날마다 성경을 상고"한 사람들은?
① 데살로니가 사람들　　　② 빌립보 사람들

③ 알비볼리 사람들　　　　④ 베뢰아 사람들

29. 다음 에덴에 관한 기사 중 공통성이 없는 것은?
① 비손　　② 기혼　　③ 힛데겔　　④ 티그리스

30. 장대위에 달린 놋뱀의 사건은 구약의 어느 책에 나오는가?
① 민수기　　② 신명기　　③ 출애굽기　　④ 이사야

31. 예수님의 말씀 중 "내가 분쟁케 하기 위하여 왔다"고 하실 때 그 예로 언급하신 관계가 아닌 것은?
① 부자　　② 모녀　　③ 부부　　④ 고부

32. 다음 (   ) 안에 들어갈 말은?
"(   )이 너희를 미워하면 너희보다 먼저 나를 미워한 줄 알라 너희가 세상에 속하였으면 (   )이 자기의 것을 사랑할 터이나 너희는 세상에 속한 자가 아니요 도리어 세상에서 나의 택함을 입은 자인고로 (   )이 미워하느니라"
① 사람들　　② 불신자들　　③ 악한 자들　　④ 세상

33. 모세에 대한 언급이 안 나오는 서신은 어느 것인가?
① 로마서　　② 고린도전서　　③ 고린도후서　　④ 갈라디아서

34. 공통점을 가지고 있는 세 서신들과 다른 한 서신은 어느 것인가?
① 갈라디아서　　② 빌립보서　　③ 빌레몬서　　④ 로마서

35. 고린도전서에서 바울이 다루는 고린도 교회의 문제들 중에 들어 있지 않은 것은 어느 것인가?
① 율법의 행위로 의인됨　　② 지혜 자랑

③ 성도덕 문란   ④ 금욕주의

36. "근신하라, 깨어라, 너희를 대적하는 마귀가 우는 사자 같이 두르다니며 삼킬자를 찾나니……"이말씀은 어느 서신에 나오는가?
① 야고보서   ② 베드로전서   ③ 요한 1 서   ④ 유다서

37. 히브리서에서 하나님의 아들 예수 그리스도 우월성을 강조함에 있어 그와 비교의 대상으로 나타나지 않는 구약의 인물은 누구인가?
① 모세   ② 아론   ③ 여호수아   ④ 다윗

38. 내가 살던 시대에 요시야 왕이 율법책을 발견하였다. 그 안에는 피할 수 없는 하나님의 심판이 담겨 있었다. 왕은 많은 선지자가 있는데도 불구하고 유독 나에게 사람을 보내어서 이 재앙을 피할 수 있는 길이 있는지 물었다. 나는 피할 수 없다고 대답하였다. 나는 누구인가?
① 예레미야   ② 오바댜   ③ 아모스   ④ 훌다

39. 아래의 성경 중 하나님의 백성과 그를 대적하는 자의 갈등을 첨예하게 그리면서 죽음의 위기를 당하던 하나님의 백성이 역전을 하는 모티프를 가장 두드러지게 말해주는 책은 어느 것인가?
① 느헤미야   ② 욥기   ③ 에스더   ④ 에스라

40. 우리가 살고 있던 시대에는 여성의 지위가 그렇게 높지 않았다. 만약에 아버지가 아들이 없이 세상을 떠나면 유산은 딸에게 오지 않았다. 우리는 이것이 불공평하다고 생각하고 모세에게 항의를 하였지만 모세도 처음에는 어쩔 줄 몰랐다. 하나님께서 이것을 아시고 「사람이 죽고 아들이 없으면 그 기업을 그 딸에게 돌릴 것이니라"고 말씀하셨다. 우리의 이름은 말라, 노아, 호글라, 밀가, 디르사이다. 우리 아버지의 이름은 무엇인가?
① 엘르아살   ② 슬로보핫   ③ 암미나답   ④ 고라

❖ 목회연구원(성경) ❖

1990학년도

Ⅰ. 다음 질문에 맞는 답을 골라 맞는 번호를 색칠하라. (문 1~47번, 각 1점씩)

1. 다음 중 창세기 1장과 9장에 공통적으로 기록된 말씀은 어느 것인가?
   ① 생육하고 번성하여 땅에 편만하라
   ② 하나님이 자기 형상대로 사람을 지었음이라
   ③ 모든 생물을 다스리라
   ④ 생육하고 번성하여 땅에 충만하라

2. 다음 중 국역성경에는 선지서에, 히브리어 성경에는 성문서에 포함된 것은 어느 것인가?
   ① 에스겔   ② 다니엘   ③ 학개   ④ 아모스

3. 하나님께서 모세에게 "내가 그들의 형제 중에 너와 같은 선지자 하나를 일으키시겠다고 하신 말씀은 다음 중 어디에 기록되었나?
   ① 민 16장   ② 출 20장   ③ 신 18장   ④ 민 17장

4. 요셉의 장자 이름은 무엇인가?

① 에브라임　　② 므낫세　　③ 마길　　④ 나답

5. 십브라가 행한 일은 어느 것인가?
　① 차돌을 취해 아들의 양피를 벰
　② 하나님을 두려워하여 왕명을 어김
　③ 모세와 아들을 구해냄
　④ 아들을 데리고 이드로에게로 감

6. 애굽의 열 재앙 가운데 제 5번째 재앙은 어느 것인가?
　① 독종　　② 악질　　③ 흑암　　④ 우박

7. 유월절 양에 대해 올바로 말한 것은 어느 것인가?
　① 식구의 수와 관계 없이 반드시 매 집마다 한 마리를 취한다.
　② 식구의 수와 관계 없이 인수에 따라서 매 인마다 한 마리를 취한다.
　③ 해질 때에 제사장이 양을 잡는다.
　④ 내장도 불에 구워 먹는다.

8. 이스라엘이 광야에서 고생한 것을 기억하기 위해 지키는 절기와 추수를 기념하여 지키는 절기는 어느 것인가?
　① 초실절-칠칠절　　　　② 초막절-초실절
　③ 칠칠절-수전절　　　　④ 초막절-장막절

9. 저주가 되게 하는 쓴 물을 마시는 자는 다음 중 누구인가?
　① 의심 받는 남편이　　　② 의심 받는 여인이
　③ 의심 받는 정부가　　　④ 의심 받는 처녀가

10. 싯딤에서 24,000명이 죽은 사건과 관계된 것은 어느 것인가?
　① 우상을 섬김으로 하나님이 비느하스를 통해 징계함

② 모세를 원망함으로 불뱀에 물려 죽음
③ 음행으로 염병이 발생함
④ 예물을 모독하여 악질이 발생함

11. 그리심 산과 에발산에서 행해진 것은 다음 중 어느 것인가?
   ① 그리심 산에서 단이 축복 받음
   ② 그리심 산에서 아셀이 축복 받음
   ③ 에발산에서 잇사갈이 저주 받음
   ④ 에발산에서 갓이 저주 받음

12. 도피성에 관하여 올바른 것은 어느 것인가?
   ① 살인자가 판결시까지 죽지 않게 하기 위함
   ② 이스라엘 백성을 그릇 살인한 자가 영구 도피하기 위함
   ③ 요단 이편과 가나안 땅에 각각 6성읍씩
   ④ 할례받은 자로서 그릇 살인한 자가 도피하도록

13. 다음 중 가나안의 일곱 족속이 아닌 것은 어느 것인가?
   ① 여브스   ② 히위   ③ 아말렉   ④ 가나안

14. 다윗이 인구조사를 한 죄로 인하여 받은 벌은 어느 것인가?
   ① 3개월 동안 대적에게 쫓김   ② 어린 아들이 사망함
   ③ 삼년 동안 기근   ④ 온역이 이스라엘에게 내림

15. 솔로몬의 성전과 궁궐은 몇년 동안 완성되었나?
   ① 17년   ② 18년   ③ 40년   ④ 20년

16. 이스라엘 백성들이 가나안 땅을 차지하고 기업분배를 할 때 두 라이벌인 에브라임 지파와 유다 지파 중앙에 완충 역할을 위해 중요한 전략지역

인 미스바, 기브아 기브온, 기랏여아림 등의 요새를 지키게 된 지파의 이름은 무엇인가? 택일하라.
① 잇사갈　　② 아셀　　③ 시므온　　④ 베냐민

17. 마태복음에서 12제자 파송 담화는 몇 장에 나오는가?
① 10장　　② 8장　　③ 13장　　④ 11장

18. 베드로가 "주는 살아계신 하나님의 아들이시니이다"라고 고백한 장소는 어디인가?
① 나사렛　　　　　　② 여리고
③ 가이사랴 빌립보　　④ 게네사렛

19. 예수께서 12제자를 선택하실 때 전도의 사명과 귀신을 내어쫓는 권세를 주셨는데, 그들에게 주신 또 다른 한 가지 특권은 무엇인가?
① 방언　　　　　　　② 독립심
③ 예수와 함께 있는 특권　④ 기도

20. 누구든지 성령을 훼방하는 자는 사하심을 영원히 받지 못한다는 경고의 말씀은 예수를 비난하는 서기관들에게 한 것인데 그 비난은 무엇인가?
① 죄인과 함께 먹고 마신다는 비난
② 창녀와 함께 대화한다는 비난
③ 안식일에 밀밭을 거닌다는 비난
④ 예수가 바알세불에게 지폈다는 비난

21. 딤후 3 : 16은 다음 중 어느 내용을 설명하는가?
① 영감　　② 조명　　③ 목회　　④ 교리

22. 군대 귀신을 고친 장소는 이방 지역인데 마가복음에 의하면 그 곳은 어

디인가?
① 거라사 ② 두로 ③ 시돈 ④ 벳새다

23. 마가복음에서 예수께서 예루살렘에 입성하시기 전 최후에 행하신 치유 사건은 무엇인가?
① 소경 바디메오 치유 사건 ② 성전을 깨끗케 하신 일
③ 거라사의 귀신들린 자 고침 ④ 오병이어 사건

24. 예수 탄생시 천하에 다 호적하라고 명한 로마 황제의 이름은?
① 벨릭스 ② 베스도
③ 아그립바 ④ 가이사 아구스도

25. 예수께서 공생애를 시작하는 나사렛 처음 설교를 그의 고향 사람들이 거부했을 때 예수께서 인용한 구약의 두 이방인은 누구 누구인가?
① 모압에서 온 룻 ② 시온 땅 사랩다 과부
③ 수리아 사람 나아만 ④ 기생 라합

26. 선한 사마리아인의 비유는 공관복음서 어디에만 나오는가?
① 눅 11장 ② 마 15장 ③ 막 12장 ④ 눅 10장

27. 세례 요한이 제자였다가 나중에 예수의 제자가 된 두 사람 중 베드로를 전도한 사람은 누구인가?
① 야고보 ② 나다나엘 ③ 안드레 ④ 빌립

28. 예수의 제자 중 과거 열심당원(셀롯당)이었던 사람은 누구인가?
① 가롯 유다 ② 시몬 ③ 다대오 ④ 작은 야고보

29. 스데반 순교 사건 이후 처음으로 사마리아 전도를 시작한 사람은 누구

인가 ?
① 아볼로　　② 디모데　　③ 베드로　　④ 빌립

30. 바울이 루스드라에서 믿는 유대인 어머니와 헬라인 부친을 둔 누구를 만나 제자로 삼았는가?
① 디모데　　② 디도　　③ 누가　　④ 마가

31. 글라우디오 황제 때 유대인 추방령으로 인해 고린도에 온 사람들 가운데 바울과 같이 장막을 만드는 일을 하며 선교 사역을 도운 사람들은 누구인가?
① 아나니아와 삽비라　　② 디모데와 마가
③ 브리스길라와 아굴라　　④ 오네시보로와 루디아

32. 바울이 의와 절제와 심판에 대해 강론했을 때 두려워했던 유대총독이었으며, 바울을 심문했던 사람은 누구인가?
① 벨릭스　　② 베스도　　③ 빌라도　　④ 아그립바

33. '사랑은 율법의 완성이라'는 말씀은 신약성경 어디에 기록되었는가?
① 갈 5:24　　② 고전 13:5　　③ 엡 4:21　　④ 롬 13:10

34. 고린도전서 12장에 나오지 않는 은사는 다음 중 어느 것인가?
① 지혜의 은사　　② 서로 돕는 은사
③ 긍휼을 베푸는 은사　　④ 다스리는 은사

35. 에베소서에서 빛의 열매에 포함되지 않는 것은 무엇인가?
① 모든 착함　　② 의로움　　③ 사랑　　④ 진실함

36. 빌립보 교회를 창립한 여자들 가운데 포함되는 사람은 누구인가?

① 뵈베 ② 글레멘드 ③ 유니게 ④ 마리아

37. 골로새 교회를 세웠고 골로새 교인들을 목회한 사람은?
① 디모데 ② 디도
③ 에바브라 ④ 에바브라디도

38. 바울이 데살로니가 교회의 근황을 듣기 위해서 데살로니가로 파송한 인물은?
① 누가 ② 디도 ③ 디모데 ④ 실라

39. 천년왕국을 말하는 곳은 계시록 몇 장인가?
① 17장 ② 19장 ③ 20장 ④ 22장

40. 아시아의 일곱 교회 중에 발람의 교훈을 따르는 계시록의 교회는?
① 에베소 교회 ② 사데 교회
③ 두아디라 교회 ④ 버가모 교회

41. 예수님이 제자들의 발을 친히 씻기신 때는 언제인가?
① 유월절날 ② 유월절 전날
③ 유월절 오후 ④ 유월절 이틀 전

42. 아나니아와 삽비라의 이야기가 기록된 곳은 어디인가?
① 행 3장 ② 행 4장 ③ 행 5장 ④ 행 7장

43. 행위를 강조한 야고보서에 대조적으로 믿음을 강조한 서신은 어느 것인가?
① 에베소서 ② 빌레몬서 ③ 빌립보서 ④ 갈라디아서

44. "십자가의 도가 멸망하는 자에게는 미련한 것이요 구원 얻는 우리에게는 하나님의 능력이라"는 말씀은 어디에 기록되었나?
   ① 고전 1장   ② 고전 3장   ③ 고후 4장   ④ 고후 5장

45. 디모데의 외조모는 누구인가?
   ① 순두개   ② 유니게   ③ 로이스   ④ 허모네

46. 야고보서에서 사람의 혀에 대한 비유로 사용된 것은 무엇인가?
   ① 불과 연기   ② 재갈   ③ 배의 키   ④ 나무

47. 베드로전서는 다음 분류 가운데 어디에 속하는가?
   ① 목회서신   ② 공동서신   ③ 옥중서신   ④ 교리서신

II. **다음 빈 칸을 채워라.** (문 48~53번, 각 1점씩)

여선지자 드보라가 이스라엘의 사사로서 활약을 할 때(삿 4장) 이스라엘은 가나안 왕(48.   )에 의해 고난을 당하고 있었으며, 해방을 위해 바락을 불러 전투를 준비하게 하매 그들이 이스라엘 평원에 홀로 우뚝 솟은 (49.   ) 산에 운집해 있을 때 가나안의 군대장관이었던 (50.   )가 철병거 900승을 이끌고 기손강 근처에 모이게 된다. 여호와께서 바락과 함께 하심으로 이 가나안 군이 파하고, 그 장군은 도보로 도망을 했으나 결국 이 사나이 대장부가 어느 가냘픈 여인(51.   )의 손으로 죽음을 당하게 된다. 같은 사사기에서 기드온의 아들 중 (52.   )가 그의 아버지가 죽은 후 왕으로 행세하려다가 그를 듣지 않은 세겜 사람들을 죽이고 데베스의 망대에 모여 있는 사람들을 다 불태워 죽이려다가 한 여인이 평소 사용하던(53.   ) 윗짝을 그의 머리에 던지니 그의 두개골이 깨어져 죽음을 당하게 되었다.

Ⅲ. 성경의 책들을 찾는데 우리의 골머리를 아프게 하는 부분은 역시 소선지서일 것이다. 그 순서를 기억하는지, 다음 빈칸을 순서대로 기록하라. (문 54~59번, 각 1점씩)
   1) 호세아   2) (54.   )   3) 아모스   4) (55.   )
   5) 요나   6) (56.   )   7) (57.   )   8) 하박국
   9) (58.   )   10) (59.   )   11) 스가랴   12) 말라기

Ⅳ. 다음에 소개된 선지자는 누구인가. (문 60~71번, 각 2점씩)
60. 이스라엘을 다스릴 자가 베들레헴에서 나온다고 말한 선지자

61. 창녀와 결혼한 선지자

62. 하나님께서 결혼을 하지 말라고 한 선지자

63. 아내가 죽어도 하나님께서 울지 말라고 한 선지자

64. '의인은 믿음으로 살리라'고 한 선지자

65. 친척으로부터 밭을 산 선지자

66. 스알야숩과 마할살랄하스바스라는 아들을 가진 선지자

67. 여호와의 크고 무서운 날 전에 엘리야가 나타나리라고 예언한 선지자

68. 스룹바벨을 하나님의 인장 반지라고 말한 선지자

69. 벽에 있는 글을 읽은 선지자

70. 두루마리를 먹은 선지자

71. 그의 두루마리를 칼로써 짜르는 것을 본 선지자

Ⅴ. 다음 문제는 결혼에 관한 성경적 자료에서 뽑아낸 것이다. 맞는 것을 고르시오. (문 72~79번, 각 2점씩)

72. 창조시에 나타난 남녀관계에 대해 틀린 것은 어느 것인가?
① 돕는 배필　　　　　② 남성우위
③ 남자가 장가를 감　　④ 결혼제도

73. 철저한 일부일처제와 관계 있는 사람은 누구인가?
① 롯　　② 아브람　　③ 야곱　　④ 이삭

74. 구약에서 피임을 죄로 여긴 대표적인 경우는 누구인가?
① 다말　　② 오난　　③ 셀라　　④ 이스마엘

75. 유다 왕 르호보암의 아내들과 첩들의 합한 수는 대략 몇 명인가?
① 80명　　② 100명　　③ 120명　　④ 150명

76. 다음 중 여성의 기능을 가장 잘 보여준 성경은 어디인가?
① 창세기　　② 아가서　　③ 잠언서　　④ 전도서

77. 부활 때 나의 가족을 다시 만나 계속 가족생활을 영위하리라는 생각은?
① 성경적이다　　　　　② 비성경적이다
③ 성경에는 언급이 없다

78. 교회에서의 여성 교역에 분명한 어조로 제약을 둔 성경 기자는 누구인가?
   ① 베드로   ② 요한   ③ 누가   ④ 라멕

79. 성경상 최초로 일부다처제를 도입한 사람은 누구인가?
   ① 야곱   ② 이삭   ③ 므드사엘   ④ 라멕

VI. 다음에서 서로 관계있는 것끼리 연결시켜 번호를 기록하라. (문 80~83번, 각 2점씩)

80. 하갈   1) 벤암미
81. 하란   2) 이스가
82. 나홀   3) 브엘다해로이
83. 롯   4) 브두엘

VII. 다음 질문에 답하여라. (문 84~88번, 각 3점씩)

84. 정의와 공평을 부르짖던 선지자 아모스가 어느날 사마리아 산에 등장하여 인근 주위에 있는 나라들, 다메섹, 가사, 두로, 에돔, 암몬, 모압의 죄를 서너가지씩 맹렬히 책망할 때 그 동네 사람들은 박수를 쳤다. 이 성원을 힘입어 마지막으로 두 나라의 죄를 칠 때 청중들의 얼굴이 일그러졌다. 그 두 나라의 이름을 순서대로 써라.

85. 시 1편에서 악인과 의인은 어떤 은유로서 대조되었는가?

86. 잠언의 표제에 따르면 (1:1)이 잠언의 누구의 작품인가?

87. 아가서는 그 원래의 배경에 있어서 누구와 누구의 사랑의 연가로 소개

되고 있는가?

88. 시 51편은 표제에 따르면 다윗이 밧세바와 동침한 후 선지자 나단이 저에게 온 때에 쓴 시라고 한다. 여기에서 시인은 하나님에게 '우슬초'로 자신의 죄를 씻어달라고 기도한다. 여기서 말하는 우슬초는 어떤 것인가?

Ⅷ. 다음 질문을 아는대로 약술하라. (문 89~90번, 각 5점씩)

89. 이스라엘 백성은 여호수아의 인도하에 여리고와 아이를 점령한 후에 가나안 땅 내륙의 남북을 잇는 중요 도로 상에 있는 전략적 도시인 벧엘, 기브온과 예루살렘을 공격하지 않고 훨씬 북쪽에 있는 사마리아 지역의 한 중요한 동네로 올라가 신 27장에서 명한 것을 먼저 행한다. 그 동네의 이름은 무엇이며, 거기에 있는 두 산의 이름은 무엇이며, 그 두 산 기슭에서 그들은 무엇을 하였는가? (수 8:30~35) (5점)

90. 창세기 초두의 우주창조와 계시록의 마지막에 있는 신천신지의 창조 사이에 유사한 점과 차이점을 설명하라.

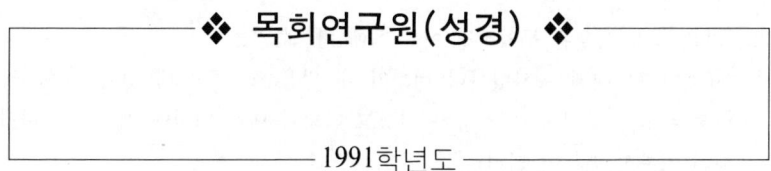

❖ 목회연구원(성경) ❖

―― 1991학년도 ――

석사·신학연구원 시험문제와 동일

❖ 목회연구원(성경) ❖

———— 1992학년도 ————

다음 성경문제는 모두 40문제이며 문제당 3점이다

1. 바울 사도가 예루살렘에서 체포된 후(행 21, 30) 자신을 변호할 때 만난 사람이 아닌 사람은?
   ① 버니게   ② 아그립바   ③ 드루실라   ④ 율리오

2. 마가복음은 모두 몇장으로 되어 있는가?
   ① 21장   ② 16장   ③ 24장   ④ 15장

3. 다음 성경 귀절은 구약성경 어느 책에 나오는가?
   "세계가 다 내게 속하였나니 너희가 내 말을 잘 듣고 내 언약을 지키면 너희는 열국 중에서 내 소유가 되겠고 너희가 내게 대하여 제사장 나라가 되며 거룩한 백성이 되리라"

   ① 창세기   ② 출애굽기   ③ 신명기   ④ 이사야

4. 베냐민 지파 게라의 아들로 모압왕 에글론을 살해한 사사는 누구인가?
   ① 옷니엘   ② 에훗   ③ 기드온   ④ 삼손

5. 다음은 창세기에 나오는 계보이다. 그 순서가 맞는 것은?
   ① 에녹—므두셀라—라멕—노아　② 므두셀라—라멕—에녹—노아
   ③ 에녹—라멕—므두셀라—노아　④ 므두셀라—에녹—라멕—노아

6. 하나님께서 아브라함에게 마지막으로 의인 몇 명만 있어도 소돔을 멸하시지 않겠다고 말씀하셨는가?
   ① 5명　　② 10명　　③ 20명　　④ 30명

7. 예수를 재판할 때 빌라도가 한 말이 아닌 것은?
   ① 네가 하나님의 아들이냐　② 네가 유대인이냐
   ③ 네가 왕이 아니냐　　　　④ 진리가 무엇이냐

8. 누가복음에 수록된 비유가 아닌것은?
   ① 선한 사마리아인의 비유
   ② 불의한 청지기 비유
   ③ 일만 달란트 빚진자 비유
   ④ 부자와 나사로 비유

9. 다음 에덴에 관한 기사 중 공통성이 없는 것은?
   ① 비손　　② 기혼　　③ 힛데겔　　④ 티그리스

10. 장대위에 달린 놋뱀의 사건은 구약의 어느 책에 나오는가?
    ① 민수기　② 신명기　③ 출애굽기　④ 이사야

11. 우리가 사랑하는 시편 1편에는 여러가지 대조가 나타난다. 올바른 대조가 아닌것을 골라라.
    ① 악인의 길과 의인의 길　② 시냇가에 심은 나무와 바람에 날리는 겨
    ③ 복있는 자와 복없는 자　　　④ 형통하는 자와 그렇지 않은자

12. 이사야는 예루살렘 여인들의 사치 생활을 꾸짖는다. 그들의 장식품에 해당되지 않는 것은?
① 반달장식　　② 화관　　③ 호신부　　④ 금목걸이

13. "옛적에 선지자들로 여러부분과 여러모양으로 우리 조상들에게 말씀하신 하나님이 이 모든 날 마지막에 (　　) 우리에게 말씀하셨으니……"
히브리서의 이 말씀 중에 괄호안에 들어 갈 말은 어느 것인가?
① 그리스도로　　② 아들로　　③ 성령으로　　④ 사도들로

14. 다음 중 로마서와 갈라디아서 사이의 공통점이 아닌 것은 어느것인가?
① 유대인들과 이방인들의 관계　　② 강한자들과 약한 자들의 관계
③ 바울의 이방인들을 위한 사도직　　④ 성령을 좇는 삶과 육신을 좇는 삶

15. 감독과 집사의 자격을 논하는 서신은 어느 것인가?
① 디모데 전서　　② 디모데 후서　　③ 야고보서　　④ 베드로 전서

16. 다음중 옳게 짝지워지지 않은 것은 어느 것인가?
① 고린도후서— 위로의 하나님
② 에베소서—그리스도는 우리의 화평
③ 골로새서— 자기를 비우신 예수그리스도의 마음
④ 베드로전서—믿음의 시련을 인내함

17. 다음중 적절히 짝 지워지지 않은 것은 어느 것인가?
① 야고보서—인색한 부자들에 대한 경고
② 히브리서—구원 받은자의 두번째 회개 불가능
③ 베드로후서—통치자들에 대한 순종의 의무
④ 요한 1 서— 형제 사랑의 계명

18. 다음 중 창세기 9장에 나오는 "가나안의 아비"는 누구를 가리키는가?
   ① 셈　　　　② 함　　　　③ 야벳　　　　④ 노아
19. 이스라엘의 지혜자가 말하는 "은 쟁반에 금사과"는 무엇을 가리키는가?
   ① 듣기 좋은 말　　　　② 좋은 기별
   ③ 아부하는 말　　　　④ 경우에 합당한 말

20. 아래의 선지자 중 거짓 선지자가 아닌 사람은?
   ① 시드기야　　② 미가야　　③ 하나냐　　④ 발람

21. 예루살렘에서 있었던 일이 아닌 것은?
   ① 아나니아가 사울을 안수함
   ② 스데반의 설교
   ③ 베드로의 발을 씻기심
   ④ "다윗의 자손"에 관한 예수의 설교

22. 다음 (　) 안에 들어갈 말은?
   "(　　)이 너희를 미워하면 너희보다 먼저 나를 미워한 줄 알라 너희가 세상에 속하였으면 (　　)이 자기의 것을 사랑할 터이나 너희는 세상에 속한 자가 아니요 도리어 세상에서 나의 택함을 입은 자인고로 (　　)이 미워하느니라"
   ① 사람들　　② 불신자들　　③ 악한 자들　　④ 세상

23. 다음 세개는 공통점을 갖고 있다. 그들과 다른 것은 어느 것인가?
   ① 실루아노　　② 디도　　③ 빌레몬　　④ 소스데네

24. 다음 중 공통점을 가지고 있는 세 서신들과 다른 한 서신은 어느 것인가?

① 갈라디아서   ② 빌립보서   ③ 빌레몬서   ④ 로마서

25. 고린도전서에서 바울이 다루는 고린도 교회의 문제들 중에 들어 있지 않은 것은 어느 것인가?
① 율법의 행위로 의인됨   ② 지혜 자랑
③ 성도덕 문란   ④ 금욕주의

26. "근신하라, 깨어라, 너희를 대적하는 마귀가 우는 사자 같이 두르다니며 삼킬자를 찾나니 ……"이 말씀은 어느 서신에 나오는가?
① 야고보서   ② 베드로전서   ③ 요한 1 서   ④ 유다서

27. 히브리서에서 하나님의 아들 예수 그리스도 우월성을 강조함에 있어 그와 비교의 대상으로 나타나지 않는 구약의 인물은 누구인가?
① 모세   ② 아론   ③ 여호수아   ④ 다윗

28. 내가 살던 시대에 요시야 왕이 율법책을 발견하였다. 그 안에는 피할 수 없는 하나님의 심판이 담겨 있었다. 왕은 많은 선지자가 있는 데도 불구하고 유독 나에게 사람을 보내어서 이 재앙을 피할 수 있는 길이 있는지 물었다. 나는 피할 수 없다고 대답하였다. 나는 누구인가?
① 예레미아   ② 오바댜   ③ 아모스   ④ 훌다

29. 아래의 성경 중 하나님의 백성과 그를 대적하는 자의 갈등을 첨예하게 그리면서 죽음의 위기를 당하던 하나님의 백성이 역전을 하는 모티프를 가장 두드러지게 말해주는 책은 어느 것인가?
① 느헤미야   ② 욥기   ③ 에스더   ④ 에스라

30. 우리가 살고 있던 시대에는 여성의 지위가 그렇게 높지 않았다. 만약에 아버지가 아들이 없이 세상을 떠나면 유산은 딸에게 오지 않았다. 우리는

이것이 불공평하다고 생각하고 모세에게 항의를 하였지만 모세도 처음에
는 어쩔 줄 몰랐다. 하나님께서 이것을 아시고 "사람이 죽고 아들이 없으
면 그 기업을 그 딸에게 돌릴 것이니라"고 말씀하셨다. 우리의 이름은 말
라, 노아, 호글라, 밀가, 디르사이다. 우리 아버지의 이름은 무엇인가?
① 엘르아살   ② 슬로보핫   ③ 암미나답   ④ 고라

31. 다윗이 늙어서 이불을 덮어도 따뜻하지 않을 때 그 신복들이 아리따운
동녀 아비삭을 구하여 왕의 품에 두려고한다. 이 여인은 어느 동네 출신
인가?
① 베들레헴   ② 갈릴리   ③ 수넴   ④ 예루살렘

32. 하박국서의 주제와 거리가 먼 것은 어느 것인가?
① 어찌하여 선민의 사회에 간악, 패역, 강포, 분쟁이 있습니까?
② 내가 바알의 제사장을 진멸하리라.
③ 그러나 의인은 믿음으로 살리라
④ 주는 주의 일을 이 수년 내에 부흥케 하소서

33. 나는 유다왕 요시야 때에 하나님의 말씀을 받았다. 나의 4대 할아버지
는 이스라엘을 다스린 히스기야 왕이다. 나는 나의 백성들에게 여호와의
큰 날이 임할 것을 경고하였다. 나는 누구인가?
① 스바냐   ② 나훔   ③ 요엘   ④ 미가야

다음은 각 복음서와 사도행전의 제 3장에서 한 구절을 발췌한 것이다. 관
계 있는 책을 골라 번호를 기입하시오

보기:
① 마가복음 ② 누가복음 ③ 요한복음 ④ 사도행전 ⑤ 마태복음

(보기) 이제 허락하라 (5)

34. 그는 흥하여야 하겠고 나는 쇠하여야 하리라 ( )

35. 너희는 선지자들의 자손이요 또 하나님이 너희 조상으로 더불어 세우신 언약의 자손이라 ( )

36. 누구든지 하나님의 뜻대로 하는 자는 내 형제요 자매요 모친이니라 ( )

37. 옷 두벌 있는 자는 옷 없는 자에게 나눠줄 것이요 먹을 것이 있는 자도 그렇게 할 것이니라 ( )

38. 구약의 절기 중 신자의 성결한 삶을 뜻하는 절기는 무엇인가?
① 유월절　　② 무교절　　③ 초실절　　④ 오순절

39. 다음 신명기와 관련된 기사 중에서 관련이 없는 것은?
① 모세의 고별 설교로 구성되었다.
② 지리적 배경은 여리고와 모압 평지이다.
③ 중심 주제는 언약의 확인이다.
④ 내용은 마지막 1년 동안에 있었던 일을 담은 것이다.

40. 다음은 유월절과 관계가 있는 내용이다. 유월절에는 몇 일 동안 무교병을 먹어야 하며 만일 이를 어겼을 경우 어떻게 된다고 말씀하셨는가?
① 3일, 이스라엘에서 끊어진다.　② 3일, 문둥병에 걸린다.
③ 7일, 이스라엘에서 끊어진다.　④ 7일, 문둥병에 걸린다.

◆ 신학대학원(성경) ◆

―― 1993학년도 ――

* 답은 답안지에 작성하시오, 객관식 문제는 답안지의 해당 번호 칸을 검게 표하시오.
* 배점은 객관식 2점, 주관식 3점, 합 120점입니다.

1. 예수님을 참 포도나무로 하나님을 농부로 묘사한 곳은 요한복음의 어디인가?
   ① 13장   ② 14장   ③ 15장   ④ 16장

2. 잠언서에는 여러 사람들의 잠언들이 담겨 있다. 다음 중 잠언서에 실려 있는 잠언의 저자나 편집자가 아닌 사람(들)은 누구인가?
   ① 솔로몬   ② 히스기야의 신하들
   ③ 므루엘   ④ 다윗

3. 다음 사람들 중에서 가나안 땅에 들어간 사람은 누구인가?
   ① 고라   ② 아간   ③ 나답   ④ 아비후

4. 앗수르(=앗시리아)가 유대로 쳐들어 왔을 때 그 당시 유대의 왕은 다음 중 어떤 선지자에게 도움을 구했는가?
   ① 예레미야   ② 이사야   ③ 미가   ④ 아모스

5. 마태복음 25장에 나오는 비유가 아닌 것은 어느 것인가?
   ① 무화과 나무의 비유   ② 양과 염소의 비유
   ③ 달란트 비유   ④ 열 처녀의 비유

6. 하나님께 신명기에 왜 사람들이 "집을 건축할 때 지붕에 난간을 만들어야 한다"고 명령하셨는가?
   ① 도둑이라도 떨어지지 않게 하시려고
   ② 지붕에 올라가 기도할 수 있게 하시려고
   ③ 비가 집안에 들이치는 것을 막게 하시려고
   ④ 율법을 써 놓을 수 있게 하시려고

7. 십계명에 들어 있지 않는 계명은 어느 것인가?
   ① 거짓증거하지 말라   ② 탐내지 말라
   ③ 거짓맹세하지 말라   ④ 도적질 하지 말라

8. 포로 후기의 선지자로서 학개와 함께 성전 건축에 힘을 쓴 선지자는 누구인가?
   ① 스룹바벨 ② 스가랴 ③ 스바냐 ④ 스알디엘

9. 그리스도와의 천년 통치를 묘사한 광경은 요한 계시록 어디에 수록되어 있는가?
   ① 19:1-4 ② 20:1-3 ③ 21:1-4 ④ 20:4-6

10. 다음은 사울과 다윗의 관계를 정리한 것이다. 이 중 옳지 않은 것은?
    ① 왕과 신하임   ② 장인과 사위임
    ③ 서로 싸우는 적대관계 ④ 같은 지파에 속한 친척관계

11. 다음의 여러 왕들 중에서 사마리아를 멸망시킨 앗수르(=앗시리아)의 왕은

누구인가?
① 살만에셀　② 산헤립　③ 에살핫돈　④ 아드람멜렉

12. 다니엘은 그의 책 11장에서 약 45절에 걸쳐 두 왕의 대결을 길고도 복잡하게 설명하고 있다. 이 두 왕은 주로 약속의 땅 팔레스타인을 중심으로 해서 싸우기 때문에 이 대결은 이스라엘 역사에 아주 큰 영향을 미쳤다. 그들 중 한 왕은 예루살렘에 '멸망의 가증한 것'을 세웠다. 이 두 왕은 누구인가?
① 동방왕과 서방왕　　② 북방왕과 동방왕
③ 남방왕과 북방왕　　④ 남방왕과 동방왕

13. 유월절에 관하여 그릇된 설명을 한 것은 어느 것인가?
① 흠 없고 일 년 된 수양을 잡아먹었다.
② 무교병, 쓴 나물, 삶은 양고기를 먹었다.
③ 해질 때문의 좌, 우, 위 기둥에 양의 피를 발랐다.
④ 아침까지 먹지 못한 고기는 불에 태워 없앴다.

14. 마태복음 5장에 다루어지는 주제가 아닌 것은?
① 화목　　② 구제　　③ 욕설　　④ 복수

15. 아래의 말씀 중 말라기의 내용이 아닌 것은 무엇인가?
① "내가(=하나님) 야곱을 사랑하였고 에서는 미워하였다"
② "너는 왜 너의 어려서 취한 아내를 버리는가?"
③ "여호와께서 네게 구하는 것은 겸손히 네 하나님과 함께 행하는 것이니라"
④ "너희 구하는 주가 홀연히 그 성전에 임하리라"

16. 출애굽한 이스라엘 백성이 광야에서 보내는 40년 동안 하나님께 불평한 문제에 속하지 않는 것은?
① 의복　　② 양식　　③ 고기　　④ 물

17. 그리스도에 관한 이단설이 취급되는 서신이 <u>아닌</u> 것은 어느 것인가?
    ① 골로새서   ② 고린도전서   ③ 에베소서   ④ 요한 일서

18. 나는 잃어버린 영토를 찾기 위해 연합군을 조직하여 전쟁터로 향했으나 어떤 선지자의 경고를 듣고 무서워 왕복을 벗어버리고 병사로 위장하였다. 나는 누구인가?
    ① 여호사밧   ② 요시야   ③ 요아스   ④ 아합

19. 가나의 혼인잔치를 언급하는 복음서는 어느 것인가?
    ① 마태복음   ② 마가복음   ③ 누가복음   ④ 요한복음

20. 마가복음 13장에 나오는 내용이 <u>아닌</u> 것은 어느 것인가?
    ① 성전청결 사건   ② 천지격변 현상
    ③ 인자의 재림   ④ 환난과 핍박

21. 모세가 시내산에 올라가 하나님께 율법을 받고 있는 동안 산아래에서 금송아지를 만든 사람(들)은 누구인가?
    ① 고라   ② 아론
    ③ 레위 자손들   ④ 이스라엘 백성들

22. 하나님께 화가 치밀어 올라 스스로 죽기를 구하면서 "사는 것보다 죽는 것이 내게 나으니이다"고 말한 사람은 누구인가?
    ① 요나   ② 욥   ③ 엘리야   ④ 에레미야

23. 은사(恩師)들에 관한 언급이 나오지 <u>않</u>는 바울서신은 어느 것인가?
    ① 로마서   ② 고린도전서
    ③ 에베소서   ④ 갈라디아서

24. 고린도전서 11장의 내용과 관련이 없는 것은 어느 것인가?
    ① 예배 때 머리에 수건을 쓰는 문제
    ② 결혼문제
    ③ 주의 만찬에 관한 교훈
    ④ 부자와 가난한 자의 차별문제

25. 다음 여인 중에서 마태복음의 족보에 그 이름이 나오지 않는 사람은?
    ① 이삭의 아내 리브가   ② 살몬의 아내 라합
    ③ 나오미의 며느리 룻   ④ 오난의 형수 다말

26. 다음은 이스라엘의 어떤 사사와 그와 관계된 것을 연결한 것이다. 잘못 연결된 것은?
    ① 에훗-왼손잡이   ② 드보라-여선지자
    ③ 기드온-바락이 주도한 야일의 전투 ④ 삼손-다곤 신당의 파괴

27. 예루살렘을 중심으로 일하며 냉전의 시대가 끝나고 "칼을 쳐서 보습을 만들며 창을 쳐서 만들 것"을 바라본 선지자가 있었다. 이 선지자는 누구인가?
    ① 아모스   ② 미가   ③ 에스겔   ④ 스바냐

28. "온 율법을 지키다가 그 하나에 거치면 모두 범한 자가 되나니"라는 성구는 성경 어디에 나오는가?
    ① 야고보서   ② 로마서
    ③ 갈라디아서   ④ 히브리서

29. 다음에 열거한 것은 애굽에서 나온 이스라엘 백성이 어떤 행사에서 하나님께 드린 예물의 이름이다. 이 행사는 어떤 것이었는가?"은 반 열 둘, 은 바리열 둘, 금 숟가락 열 둘, 번제물(수송아지 열 둘, 수양 열 둘, 일년 된 어린 수양 열 둘), 속죄제물(수염소 열 둘), 화목제물(황소 스물 넷, 수양 예순,

숫염소 예순, 일년 된 어린 수양 예순)"
① 율법을 받고 ② 가나안 땅을 밟고
③ 성전을 세우고 ④ 성막을 만들고

30. 이 시편은 솔로몬의 시로서 새로 뽑힌 통치자를 위하여 드리는 기도이다. 시인은 새 왕이 가난한 자, 궁핍한 자를 돌보기를 구하며, 또한 스바와 시바의 왕이 새 왕에게 예물을 드리기를 구한다. 시인은 새 왕은 은혜로운 통치가 "벤 풀에 내리는 비 같고, 땅을 적시는 소낙비 같기를"구한다. 이 시는 제 몇 편인가?
① 2편 ② 45편 ③ 72편 ④ 110편

31. 나는 앗수르(=앗시리아) 대군에게 짓밟혀 버려진 땅 스불론과 납달리와 요단 저편 이방의 갈릴리에 큰 빛이 비칠 것을 바라보았다. 마태는 나의 이 예언이 예수 그리스도에게서 이루어졌다고 해석하였다. '나'는 누구인가?

32. 다음 성구의 괄호 안에 와야 할 단어는 무엇인가?
"인자의 온 것은 섬김을 받으려 함이 아니라 도리어 섬기려 하고 자기 목숨을 많은 사람의 (   )로 주려 함이니라"

33. 다음은 하나님께서 모세에게 주신 율법에 근거하여 여호수아가 선정한 성들의 이름이다. 이 성들의 공통점은 무엇인가? 한 단어로 답하라.
"갈릴리 게데스, 세겜, 기럇 아르바(=헤브론), 베셀, 길르앗 라못, 바산 골란"

34. 바울 사도는 유대인이나 이방인 모두가 "믿음으로 의롭다 함을 받는다"는 교리가 자신이 최근에 만든 인간적인 교리가 아님을 논증하기 위하여 창세기에 나오는 아브라함에게 호소하고있다. 그는 이 교리를 창세기 몇 장에서 인용하였는가?

35. 다음과 같은 정결 의식은 어떤 병이 나았을 때를 위한 것인가?
"첫째 날: 산 새 두 마리를 드린다. 일곱째 날: 모든 털을 민다. 여덟째 날: 어린 수양 두 마리와 일 년 된 흠 없는 어린 암 양 한 마리를 드린다."

36. 스테반의 순교 사건으로 인해서 비로소 처음으로 사마리아에 선교를 시작한 사람은 누구인가?

37-38. 선지자로서의 나의 사역은 너무나 어려웠다. 내가 전해주는 말이 듣기 싫다고 나의 왕은 내 두루마리를 겨울 화로 불에 던져 다 태워 버린 적도 있었다. "나"는 누구이며(37) 또 이 한심한 왕은 누구인가(38)?

39. 계시록의 일곱 교회 중에서 '거짓 여선지자 이세벨'을 용납한 문제로 책망을 받은 교회의 이름은?

40. 십계명에 따르면 하나님은 자신을 미워하는 자의 죄를 갚되 삼사대까지 갚겠다고 하셨다. 그러나 나는 "아버지가 신포도를 먹었어도 아들의 이가 실 수는 없기 때문에" 이것은 공평하지 않다고 말했다. 그랬더니 주님은" 아비의 죄악을 아들이 담당하지 아니 할 것이다"고 선언하셨다. '나'는 누구인가?

41. 오순절 성령 강림이 있는 직후에 베드로가 구약의 한 예언서를 인용하면서 성령 강림의 종말론적 의미를 설명하였다. 그 예언서의 이름은 무엇인가?

42. 사무엘하 12장에 다음과 같은 비유가 나온다. 이 비유에서 가난한 사람은 누구를 가리키는가?
"어떤 행인이 한 부자에게 오매 부자가 자기의 양과 소를 아껴 자기에게 온 행인을 위하여 잡지 아니하고 이웃에 사는 가난한 사람의 양 새끼를 빼앗아다가 자기에게 온 사람을 위하여 잡았다."

43. 창세기에서 인용한 다음 구절에 나오는 '너' 는 누구를 가리키는가?

"너를 축복하는 자에게는 내가 복을 내리고 너를 저주하는 자에게는 내가 저주하리니 땅의 모든 족속이 너를 인하여 복을 얻을 것이니라"

44. 세계사에서 이름난 어떤 왕의 술관원으로 있다가 후에 성경의 책 한 권을 썼던 선지자는 누구인가?

45. 신약성경의 서신들 중에서 다음과 같은 마지막 인사말이 들어 있는 서신의 이름은 무엇인가?

"함께 택하심을 받은 바벨론에 있는 교회가 너희에게 문안하고 내 아들 마가도 그리하느니라"

46. 다음의 글 중 이것은 무엇을 말하는가?

"이스라엘 백성이 애굽에서 나올 때 이것도 가지고 나왔는데, 그것은 주인이 이렇게 하도록 부탁했기 때문이다. 출애굽한 이스라엘 대군이 모두 죽고 새로운 세대가 마침내 가나안 땅을 밟았을 때도 그들은 이것을 가지고 있었다. 여호수아가 죽은 후에 이스라엘 백성은 이것을 세겜에 내려놓고 더 이상 가지고 다니지 않았다. 그래서 여호수아서의 기자는 이 세겜 땅을 그 주인의 기업이 되었다고 기록했다."

47. 나는 남방 유다가 멸망할 즈음에 바벨론이 멸망할 것을 예언하였다. 나는 "주께서 주의 일을 이 수년내에 부흥케 하옵소서"라는 기도를 드린 적이있다. 이 기도는 원래 '바벨론을 빨리 멸망시키옵소서'라는 뜻으로 드린 기도였는데 요즈음은 교회부흥을 위한 기도로 사용되고 있기 때문에 내 심기가 심히 불편하다. 나는 한 때 파수하는 곳에서 하나님께서 나에게 주실 말씀을 기다리기도 했다. 이 '나' 는 누구인가?

48. 다음과 같은 성경구절이 기록되어 있는 바울 서신의 이름은 무엇인가?

"주께서 호령과 천사장의 소리와 하나님의 나팔로 친히 하늘로 좇아 강림하시리니 그리스도 안에서 죽은 자들이 먼저 일어나고 그 후에 우리 살아남은 자도 저희와 함께 끌려 올려 주를 영접하게 하시리니 그리하여 우리가 항상 주와 함께 있으리라."

49. 여호수아가 가나안의 다섯 왕들과 전투할 때 날이 짧아 안타까운 나머지 기도했더니 "태양이 머물고 달이 그쳤다". 그런데 구약 성경에 기록된 책 이외에도 이러한 내용이 기록되어 있었다고 한다. 그 책의 이름은 무엇인가?

50. 히브리인의 도량형 중 팔꿈치로부터 가운데 손가락 끝까지의 길이(=약 46cm)를 가리키는 단위를 무엇이라고 하는가?

◆ 신학대학원(성경) ◆

―― 1994학년도 ――

* 답은 답안지에 작성하시오. 객관식 문제는 답안지의 해당 번호칸을 검게 표하시오.
*(1-30) 객관식문제(문제당 2점)

1. 솔로몬이 성전을 건축하기 시작한 해는 출애굽한 후 몇 년째 되던 해인가?
   ① 400년   ② 430년   ③ 440년   ④ 480년

2. 여호수아가 여리고성을 점령한 후 "누구든지 이 여리고성을 재건하는 자는 여호와 앞에서 저주를 받을 것이라 그 기초를 쌓을 때에 장자를 잃을 것이요 문을 세울 때에 계자를 잃으리라"하였다. 열왕기서에 따르면 이 저주가 그대로 이루어진다. 이 저주가 이루어진 시대는 언제였는가?
   ① 예후   ② 여로보암   ③ 아합   ④ 르호보암

3. 이 저주와 상관이 <u>없는</u> 사람은 누구인가?
   ① 아비람   ② 스굽   ③ 히엘   ④ 아사라

4. "은은 나는 광이 있고 연단하는 금은 나는 곳이 있으며 철은 흙에서 취하고

동은 돌에서 녹여 얻는다. 그러나 지혜는 어디서 얻으며 명철의 곳은 어디인가?"라고 말한 지혜자는 누구인가?
① 엘리바스   ② 엘리후   ③ 솔로몬   ④ 욥

5. 옛적 이스라엘 중에 모든 것을 무르거나 교환하는 일을 확정하기 위하여 사람이 그 신을 벗어 그 이웃에게 주어 증명하는 전례가 있었다. 이 관습은 어느 성경책이 나오는가?
① 사사기   ② 룻기   ③ 사무엘서   ④ 예레미야

6. 후일에 말방울에까지 "여호와께 성결"이란 말이 기록될 것을 바라본 선지자는 누구인가?
① 요엘   ② 스가랴   ③ 학개   ④ 하박국

7. 아브라함이 몇살 때 그와 그 온 집이 할례의 예식을 행했는가?
① 75세   ② 86세   ③ 99세   ④ 100세

8. 이스라엘 백성이 애굽에서 모세의 인도로 광야에 나왔을 때 사흘길을 행하여 물을 얻지 못하다가, 마침내 물을 발견하고서도 써서 마시지 못해 모세에게 원망한 곳은?
① 엘림   ② 마라   ③ 신광야   ④ 르비딤

9. 물이 없으므로 불평하는 이스라엘 백성들 앞에서 모세가 하나님의 명령을 어기고 반석을 두 번 친곳은?
① 호르산   ② 비스가산   ③ 바란광야   ④ 가데스

10. 출애굽기 20장에 기록된 십계명이 반복되어 기록되어 있는 곳은 신명기 몇장인가?
① 1장   ② 5장   ③ 12장   ④ 33장

11. 사사기에 기록된 순서에 따르면, 이스라엘 민족의 첫 사사의 이름은?
    ① 삼손   ② 에훗   ③ 삼갈   ④ 옷니엘

12. 다음 중 서로 관계가 먼 사람은 누구인가?
    ① 게르손   ② 헤만   ③ 그핫   ④ 므라리

13. 다음 중 야곱과 관련해서 해당되지 않는 사항은?
    ① 벧엘   ② 갈르엣   ③ 숙곳   ④ 브엘세바

14. 다음 중 시내산에서 받은 3대 절기와 관계없는 사항은?
    ① 무교절   ② 맥추절   ③ 초막절   ④ 수장절

15. 다윗이 인구 조사한 후 받은 재앙은?
    ① 기근   ② 피신   ③ 온역   ④ 집안재앙

16. 다음 중 말라기서와 관계없는 것은?
    ① 이상 - "내가 눈을 들어 본즉...."
    ② 권면 - "온전한 십일조...로 나를 시험하여"
    ③ 탄식 - "너희가 눈먼 희생을.... 이제 그것을 너희 총독에게 드려보라"
    ④ 심판 - "그의 임하는 날을 누가 능히 당하리요"

17. 다음 중 예레미야의 소명과 관계없는 것은?
    ① 예정   ② 파괴   ③ 건설   ④ 적극성

18. 기업분배에 있어 아래의 지파들 중 지역적 연관성이 약한 지파는?
    ① 납달리   ② 므낫세   ③ 르우벤   ④ 갓

19. 다음 중 섬 이름이 아닌 것은?

① 그레데   ② 가우다   ③ 구브로   ④ 뵈닉스

20. 네 복음서에 모두 수록되어 있는 기사는?
   ① 오병이어로 오천명을 먹이심 ② 야이로의 딸을 살리심
   ③ 풍랑을 잠잠케 하심   ④ 물 위로 걸어가심

21. 마태복음에 나오는 다음의 비유들은 어떤 말을 끝나는가?
   <악한종의 비유, 달란트 비유, 그물 비유, 가라지 비유>
   ① (슬피)울며 이를 갊이 있으리라
   ② 귀있는 자는 들으라
   ③ 그 날과 그 때는 아무도 모른다
   ④ 그런즉 깨어 있으라

* 아래의 비유와 이 비유들이 수록되어 있는 복음서를 서로 연결하라(22-24)

22. 잃은 동전 비유   ( )   ① 마태복음
23. 그물 비유   ( )   ② 마가복음
24. 자라나는 씨 비유 ( )   ③ 누가복음
                              ④ 요한복음

25. 바울이 서두에 자신이 "사도"임을 언급하지 않은 편지는?
   ① 로마서   ② 갈라디아서   ③ 고린도후서   ④ 빌립보서

26. 성령의 은사들과 그에 따른 교회 내의 직분들에 대한 가르침을 담고 있지 않는 편지는?
   ① 로마서   ② 에베소서   ③ 골로새서   ④ 고린도전서

27. 부부관계, 부모와 자식 관계, 또는 상전과 종 관계에 대한 가르침을 담고

있지 않는 편지는?
① 에베소서　　　　② 골로새서
③ 야고보서　　　　④ 베드로전서

28. 예루살렘 교회를 위한 헌금을 언급하고 있지 않는 편지는?
① 로마서　② 고린도전서　③ 갈라디아서　④ 빌립보서

29. 다음 중 왼쪽의 서신이 오른쪽의 내용을 담고 있지 않는 것은?
① 고린도전서 - 그리스도의 몸인 교회와 그 몸의 머리인 그리스도
② 히브리서 - 성육신하여 우리의 고난에 동참한 하나님의 아들
③ 요한일서 - 적그리스도
④ 디모데후서 - 부활이 이미 지나갔다는 이단설

30. 다음 중 왼쪽의 책이 오른쪽의 것을 담고 있지 않는 것은?
① 로마서 - 바울의 선교 계획
② 고린도후서 - 참 사도와 거짓 사도
③ 갈라디아서 - 바울과 예루살렘 사도들과의 합의
④ 야고보서 - 과부들을 대접할 것

* 주관식 문제(31-50) - 문제당 3점

* 다음 문제들의 괄호 안을 채워라(31 - 36)

31. "제 (　)년을 거룩하게 하여 전국 거민에게 (　)를 공포하라"

32. "사랑은 (　)같이 강하고 투기는 (　)같이 잔혹하며 불같이 일어나나니"

33. 하나님께서 모세를 통하여 말씀하신대로, 여호수아는 이스라엘 백성을 그 지파대로 둘로 나누어 두 산 위에 서서 축복과 저주하는 율법의 모든 말씀을 낭독했다. 이 두 산의 이름은 (   ) 과 (   )이었다.

34. 여성이 구원사에 끼친 영향을 단편 소설처럼 보여주는 책은 (   )이며 그 때 유래한 절기는 (   )절이다.

35. "예수는 우리 (   )을 위하여 내어줌이 되고 우리를 (   )하심을 위하여 살아나셨느니라."

36. "그런즉 하나님이 우리가 주 예수 그리스도를 믿을 때에 주신 것과 같은 (   )을 저희에게도 주셨으니 내가 누구관대 하나님을 능히 막겠느냐?"

* 다음 물음에 답하라(37 - 47)

37. 모세가 만든 놋뱀은 후일에 우상이 되어 이스라엘 자손들이 그것을 향하여 분향하였다. 이것을 깨끗이 부수어 버린 왕은 누구인가? (   )

38. 이스라엘 고대 율법에 따르면, 사람이 소를 도적질하여 잡거나 팔면 소 하나에 소 다섯을 갚아야 했다. 양을 훔쳤을 때는 몇 마리로 변상해야 했는가? (   )

39. 압살롬 반란 때, 결정적으로 압살롬의 모사 아히도벨의 전략을 깨뜨리고 다윗을 도운 모사의 이름은? (   )

40. 성막의 성소를 밝히기 위해 등잔에 사용된 기름은 무엇인가? (   )

41. 예수께서 나귀타고 예루살렘에 입성하실 것을 예언한 구약의 선지자는 누구

인가? (   )

42. "주 여호와께서 가라사대 보라 날이 이를찌라 내가 기근을 땅에 보내리니 양식이 없어 주림이 아니며 물이 없어 갈함이 아니요 여호와의 말씀을 듣지 못한 기갈이라"라고 예언한 선지자는? (   )

43. 이스라엘 백성이 하나님께 드린 제사 중에 레위기 2장에 나오는 피없는 제사의 이름은? (   )

44. 이스라엘 백성이 군주제를 요구한 동기 한가지만 써라.
(   )

45. 다음 성경 장들의 공통된 내용은 무엇인가? 여섯자 이내로 답하라.
<마태복음 10장, 마가복음 3장, 누가복음 6장, 사도행전 1장>
(   )

46. 다음 성경 장들의 공통점은 무엇인가? 열자 이내로 답하라.
<마태복음 4장, 마가복음 1장, 누가복음 5장, 요한복음 1장>
(   )

47. "나는 버릴 권세도 있고 다시 얻을 권세도 있다." "성경은 폐하지 못한다." "내가 아버지의 이름으로 행하는 일들이 나를 증거한다." "저희를 내손에서 빼앗을 사람이 없다." "이리는 양을 늑탈하고 해친다." 위의 말씀은 어느 복음서 제 몇 장에 나오는가?
(복음   장)

✽ 다음 말씀들은 신약 성경의 어떤 책에 나오는가? (48 - 50)

제 1 부 성 경   187

48. "하나님께서 허락하시면 우리가 이것을 하리라. 한 번 비췸을 얻고 하늘의 은사를 맛보고 성령에 참예한바 되고 하나님의 선한 말씀과 내세의 능력을 맛보고 타락한 자들은 다시 새롭게하여 회개케 할 수 없나니 이는 자기가 하나님의 아들을 다시 십자가에 못박아 현저히 욕을 보임이라."
(   )

49. "주의 날이 밤에 도적 같이 이를 줄을 너희 자신이 자세히 앎이라..... 형제들아 너희는 어두움에 있지 아니하매 그 날이 도적 같이 너희에게 임하지 못하리니 너희는 다 빛의 아들이요 낮의 아들이라 우리가 밤이나 어두움에 속하지 아니하나니 그러므로 우리는 다른 이들과 같이 자지 말고 직 깨어 근신할찌라." (   )

50. "주는 영이시니 주의 영이 계신 곳에는 자유함이 있느니라 우리가 다 수건을 벗은 얼굴로 거울을 보는 것 같이 주의 영광을 보매 저와 같은 형상으로 화하여 영광으로 영광에 이르니 곧 주의 영으로 말미암음이니라."
(   )

◆ 신학대학원(성경) ◆

1995학년도

A. 객관식 문제(문제당 2점)

1. 창세기에는 아내를 누이라고하는 사건이 세 번 등장한다. 어느 장들에서인가?
   ① 12장, 21장, 25장　　② 12장, 20장, 26장
   ③ 13장, 20장, 24장　　④ 13장, 21장, 26장

2. 요한계시록에 언급된 일곱 교회에 들지 않는 교회는?
   ① 서머나 교회　　② 두아디라 교회
   ③ 안디옥 교회　　④ 버가모 교회

3. 다음 중 권력의 허망함을 가장 두드러지게 보여주는 책은?
   ① 잠언　　② 전도서　　③ 아가서　　④ 시편

4. 나는 너희를 치료하는 여호와임이니라는 선언이 있었던 장소는?
   ① 맛사　　② 르비딤　　③ 마라　　④ 엘림

5. 요한 계시록 22장에 수록된 예수님의 말씀이 <u>아닌</u> 것은?

① 내가 진실로 속히 오리라
② 각 사람에게 그 일한 대로 갚아주리라
③ 이 책의 예언의 말씀을 지키는 자가 복이 있으리라
④ 나중까지 견디는 자가 구원을 얻으리라

6. 다음 중 축복의 예언과 관련이 없는 예언서는?
   ① 호세아   ② 요엘   ③ 아모스   ④ 나훔

7. 모세가 구스 여인을 취한 것을 빌미로 미리암이 모세를 비방하다 문둥병이 걸렸을 때 얼마간 진 안에 들어오지 못하게 했는가?
   ① 열흘   ② 사흘   ③ 팔일   ④ 칠일

8. 다음은 유다서 20절이다. ( )안에 들어갈 단어로 짝지워진 것은?
   '사랑하는 자들아 너희는 너희의 지극히 거룩한 (   )위에 자기를 건축하며 (   )으로 기도하라'
   ① 믿음-성령   ② 은혜-열심   ③ 행실-중심   ④ 사랑-진심

9. 다음 중 이방 민족에 대한 심판과 관계 없는 예언서는?
   ① 말라기   ② 스가랴   ③ 나훔   ④ 오바댜

10. 유다 지파와 요셉 지파가 가나안 땅을 분배받은 장소는?
    ① 길갈   ② 실로   ③ 세겜   ④ 모압 평지

11. 요한복음의 마지막 구절은?
    ① 이 세상이라도 이 기록된 책을 두기에 부족할 줄 아노라.
    ② 보지 못하고 믿는 자들은 복되도다.
    ③ 아버지께서 나를 보내신 것 같이 나도 너희를 보내노라.
    ④ 내가 세상 끝날까지 너희와 항상 함께 있으리라.

12. '너희는 여호와를 만날 만한 때에 찾으라 가까이 계실 때에 그를 부르라'는 문장이 들어 있는 곳은?
    ① 렘 54장   ② 사 54장   ③ 렘 55장   ④ 사 55장

13. 사사기 17-21장은 사사기의 부록으로 흔히 불리우는데, 크게 2개의 이야기로 나뉜다. 17-18장은 <u>미가</u>의 이야기요, 19-21장은 <u>베냐민</u> 지파의 이야기이다. 이 두 이야기는 여러 가지 공통점이 있다. 공통점이 <u>아닌</u> 것은?
    ① 레위인의 등장
    ② 실로와 연관됨
    ③ 성적 범죄
    ④ 왕이 없으므로 각자 자기 소견에 옳음 대로 행동함

14. 마태복음 25장에 나오는 비유가 <u>아닌</u> 것은?
    ① 달란트 비유   ② 혼인 잔치 비유
    ③ 양과 염소의 비유   ④ 열 처녀 비유

15. 아내의 죽음을 예언하면서도 슬퍼할 수 없었던 선지자는?
    ① 요엘   ② 예레미야   ③ 에스겔   ④ 호세아

16. 블레셋이 하나님의 궤를 빼앗은 것 때문에 블레셋 도시들이 재앙을 당하였다. 다음 중 재앙을 당한 도시가 <u>아닌</u> 것은?
    ① 가사   ② 가드   ③ 아스돗   ④ 에글론

17. 신약 성경의 책들 중 바른 순서로 연결된 것은?
    ① 빌레몬서 - 디도서 - 히브리서
    ② 히브리서 - 야고보서 - 베드로전서
    ③ 골로새서 - 빌립보서 - 데살로니가전서
    ④ 고린도후서 - 에베소서 - 갈라디아서

18. 아모스가 본 이상에 해당되지 않는 것은?
    ① 순금 등대   ② 다림줄
    ③ 과일 광주리   ④ 황충(메뚜기)

19. 솔로몬이 성전을 건축한 후 드린 기도는 열왕기상 몇장에 나오는가?
    ① 왕상 5장   ② 왕상 6장   ③ 왕상 7장   ④ 왕상 8장

20. 고린도전서의 각 장중 특징을 바로 설명한 것은?
    ① 13장 - 부활   ② 12장 - 몸과 지체
    ③ 11장 - 은사   ④ 14장 - 사랑

21. 다니엘이 꿈에서 본 짐승이 아닌 것은?
    ① 사자   ② 독수리   ③ 곰   ④ 표범

22. 다윗이 우리아의 아내와 불륜을 일으켰을 때 이스라엘은 누구와 전쟁을 하고 있었는가?
    ① 모압   ② 암몬   ③ 수리아   ④ 아람

23. 다음 성경의 각 장들은 어떤 주제를 강조하는가?
    요한복음 15장, 마태복음 7장, 요한일서 3장, 야고보서 2장
    ① 행위   ② 인내   ③ 은사   ④ 말조심

24. 욥과 친구들의 논쟁 후 여호와께서 나타나 하신 첫 말씀은?
    ① 네가 어느 때까지 이런 말을 하겠느냐
    ② 너는 하늘을 우러러 보라 네 위의 높은 궁창을 바라보라
    ③ 무지한 말로 이치를 어둡게 하는 자가 누구냐
    ④ 너희가 어느 때까지 말을 찾겠느냐

25. 룻과 가장 관계가 먼 인물은?
   ① 보아스   ② 기론   ③ 오벳   ④ 베레스

26. 다음은 요한 3서 4절의 인용이다. (   )안에 들어갈 낱말은?
   "내가 내 자녀들이 (   )안에서 행한다 함을 듣는 것 보다 더 즐거움이 없도다"
   ① 사랑   ② 은혜   ③ 믿음   ④ 진리

27. 다음 중 여호와의 율법을 찬미하는 내용과 관계 없는 시편은?
   ① 시편 1편   ② 시편 19편
   ③ 시편 69편   ④ 시편 119편

28. 아브라함이 이삭을 제물로 바치려고 했을 때 아브라함이 가지고 있었던 믿음은 히브리서에 의하면 어떤 것인가?
   ① 제사할 양을 하나님께서 친히 준비하실 것
   ② 이삭을 다시 살리실 것
   ③ 이삭을 죽이지 못하도록 하실 것
   ④ 하나님께서 상 주실 것

29. 빌레몬서는 바울 사도가 오네시모를 위하여 빌레몬이란 사람에게 써 보낸 편지였다. 빌레몬과 오네시모의 관계는?
   ① 스승과 제자   ② 목회자와 교인
   ③ 주인과 종   ④ 상관과 부하

30. 디도는 어디에서 교회 일을 돌보고 있었는가?
   ① 아덴   ② 고린도   ③ 고스   ④ 그레데

제 1 부 성 경   193

B. 주관식 문제

* 다음 문제들의 괄호안에 들어갈 단어를 써 넣으라. (문제당 4점)

31. 나의 고통이 계속하며 상체가 중하여 낫지 아니함을 어찜이니이까? 주께서는 내게 대하여 (   )이 말라서 속이는 (   ) 같으시리이까? (렘 15:18)

32. 이에 내가 그 명대로 대언하엿더니 (   )가 그들에게 들어가매 그들이 곧 살아 일어나서 서는데 극히 큰 (   ) 더라 (겔 37:10)

33. 주 여호와께서 가라사대 보라 날이 이를지라. 내가 (   )을 땅에 보내리니 양식이 없어 주림이 아니요, 물이 없어 갈함이 아니요, 여호와의 말씀을 듣지 못한 (   ) 이라 (암 8:11)

34. 대저 사람은 자기의 시기를 알지 못하나니 (   )가 재앙의 그물에 걸리고 (   )가 올무에 걸림 같이 인생도 날이 홀연히 임하면 거기 걸리느니라(전 9:12)

35. 말씀을 멸시하는자는 (   )을 이루고 계명을 두려워하는 자는 (   )을 얻느니라(잠 13:13)

36. 시스라 군대 장관을 격파하는데 공헌한 두 여장부의 이름은 (   )와 (   )이다.

* 다음 물음에 답하라(문제당 3점)

37. (   )안에 6자로 된 말을 넣으라.

'나는 여호와로라. 내가 아브라함과 이삭과 야곱에게 (   )으로 나타났으나 나의 이름을 여호와로는 그들에게 알리지 아니하였고(출 6:2-3)'

38. 예수님께서 사역을 시작하셨을 때 로마 황제는 누구였는가?

39. 사도 요한은 어디서 요한계시록을 썼는가?

40. 다윗의 요구를 거절하였다가 다윗이 보복하려 했다는 소식을 듣고 낙담하여 몸이 돌과 같이 되었다가 죽은 사람의 이름은 무엇인가?

41. 사도행전 9장에서 누가 사울에게 안수하였는가?

42. 마태복음 11장 28-30절에서 예수님은 자신을 따르는 사람들이 지켜야 할 의무를 무엇에다 비유했는가?

43. 이스라엘의 병거와 마병으로 불리운 선지자는 누구인가?

44. 마가복음 7장 6-7절에 인용된 다음과 같은 말씀은 무엇을 비판하기 위함이었는가?
"이 백성이 입술로는 나를 존경하되 마음은 내게서 멀도다. 사람의 계명으로 교훈을 삼아 가르치니 나를 헛되이 경배하는도다."

45. 다음은 예수께서 하신 말씀이다. 밑줄 친 부분은 구체적으로 어떤 일인가?
"온 천하에 어디서든지 복음이 전파되는 곳에는 <u>이 여자의 행한 일도</u> 말하여 저를 기념하리라."

46. 바벨론에서 귀환한 후 유대 공동체의 삶의 중심에 율법을 세우기 위하여 애를 쓴 학사 겸 제사장은 누구인가?

47. 구약 성경에서 어떤 사건을 확증하기 위해 요구되는 최소 증인은 둘이다. 요한복음 8장에서 예수님은 자신의 진실성을 증거하기 위하여 두 증인을 제시했는데, 그중 한 분은 <u>하나님 아버지</u>였다. 다른 한 분은 누구인가?

48. 야고보서 3장에 다음과 같은 비유가 나온다. 이 비유에서 '키'는 무엇을 가리키는가?
 "또 배를 보라. 그렇게 크고 광풍에 밀려가는 것들을 지극히 작은 키로 사공의 뜻대로 운전하나니...."

신학대학원(성경)

1996학년도

1. 다음은 시편 69편 25절과 109편 8절을 신약이 인용한 것이다. 누구를 지시하기 위하여 인용하였는가?

   > "그의 거처로 황폐하게 하시며 거기 거하는 자가 없게 하소서"
   > "그 직분을 타인이 취하게 하소서"

   ① 바사바   ② 유스도   ③ 유다   ④ 맛디아

2. 미가 4:2의 말씀 중에서 괄호 안에 들어갈 말은?
   "오라 우리가 여호와의 산에 올라가서 야곱의 하나님의 전에 이르자. 그가 그 도로 우리를 가르치실 것이라. 우리가 그 길로 행하리라. 이는 율법이 시온에서부터 나올 것이요 (   )이(가) 예루살렘에서부터 나올 것임이라."
   ① 능력   ② 위로   ③ 여호와의 말씀   ④ 한 왕

3. 마태복음 2:6의 구약 예언에서 괄호안은 무엇인가?
   "또 유대 땅 베들레헴아 너는 유대 고을 중에 가장 작지 아니하도다. 네게서 한 다스리는 자가 나와서 내 백성 이스라엘의 (   )가(이) 되리라"
   ① 구주   ② 왕   ③ 목자   ④ 종

4. 사울이 회심하여 바울 사도가 된 사건의 기록이 등장하지 않는 장은 어떤 것인가?
   ① 사도행전 22장 ② 사도행전 15장 ③ 사도행전 9장 ④ 사도행전 26장

5. 요단강 동쪽 지역에 땅을 분배받지 아니한 지파는?
   ① 스불론   ② 므낫세   ③ 갓   ④ 르우벤

6. 다음은 로마서 14장 3절이다. 이 내용과 관련이 있는 주제는 무엇인가?

   | 먹는 자는 먹지 않는 자를 업신여기지 말고 먹지 못하는 자는 먹는 자를 판단하지 말라 이는 하나님이 저를 받으셨음이니라 |

   ① 우상의 제물 ② 할례   ③ 방언   ④ 믿음

7. 이사야가 활동하던 때의 왕이 아닌 것은?
   ① 요담   ② 히스기야   ③ 아하스   ④ 므낫세

8. 마태복음 4:1-11에서 예수님께서 마귀로부터 시험받으실 때 그에 대한 대답으로 인용한 구약 성경은 (   )이다.
   ① 출애굽기   ② 이사야   ③ 신명기   ④ 시편

9. 잠언의 저자 및 편집자와 관계가 없는 사람은?
   ① 다윗 왕   ② 솔로몬 왕   ③ 히스기야 왕   ④ 르무엘 왕

10. 사사기 1장에서 유다 지파와 함께 올라가서 가나안인들과 싸운 지파는?
    ① 베냐민   ② 단   ③ 시므온   ④ 납달리

11. 다음 괄호 안에 들어갈 말만으로 묶어진 것은 어느 것인가?

> 하나님의 나라는 먹는 것과 마시는 것이 아니요 오직 성령 안에서 ( )와/과 ( )과/와 ( )(이)라 이로써 그리스도를 섬기는 자는 하나님께 기뻐하심을 받으며 사람에게도 칭찬을 받느니라 (로마서 14:17-18)

① 의-평강-희락　② 믿음-소망-사랑
③ 인내-온유-절제　④ 찬송-기도-구제

12. 열국에 대하여 예언한 선지자가 <u>아닌</u> 것은?
① 미가　② 예레미야　③ 에스겔　④ 아모스

13. 아가서에 등장하는 인물이 <u>아닌</u> 사람은?
① 예루살렘 여자들　② 이스라엘 용사 중 60인
③ 포도원 지기　④ 레바논 여인들

14. 마태복음에서 예수님께서 비유를 마치시고 이르시되, "그러므로 천국의 제자된 ( )마다 마치 새것과 옛것을 그 곳간에서 내어오는 집주인과 같으니라"(마13:52) 고 하였다. 괄호 안에 적절한 말은 무엇인가?
① 일군　② 서기관　③ 제사장　④ 사람

15. 아래의 침략자-구원자의 쌍 중에서 <u>잘못</u> 연결된 것은?
① 모압-에훗　② 암몬-옷니엘　③ 미디안-기드온　④ 하솔 왕-드보라

16. 다음의 글 중 어느 것이 신약성경과 요한계시록의 마지막 구절인가?
① 주 예수여 어서 오시옵소서 아멘
② 주 예수의 은혜가 모든 자들에게 있을찌어다. 아멘
③ 나 예수는 교회들을 위하여 내 사자를 보내어 이것들을 너희에게 증거

하게 하였노라
④ 나는 알파와 오메가요 처음과 나중이요 시작과 끝이라

17. 이스라엘의 회복을 예언한 선지자가 <u>아닌</u> 것은?
① 이사야   ② 하박국   ③ 미가   ④ 예레미야

18. 히브리서 기자에 따르면, 원래 시편에서 "저를 천사보다 조금 못하게 하셨다"라는 본문을 "저를 잠깐 동안 천사보다 못하게 하셨다"로 재해석하고 있다. 히브리서 기자는 시편 몇편을 인용하고 있는가?
① 6편   ② 8편   ③ 18편   ④ 36편

19. 마가복음 기사중 가이사랴 빌립보에서 예수님이 제자들에게 "너희는 나를 누구라 하느냐?"라고 물으실 때 베드로의 답변은(막 8:29)?
① 주는 그리스도시니이다.
② 주는 그리스도시오 살아계신 하나님의 아들이시니이다.
③ 주는 하나님의 그리스도시니이다
④ 주는 하나님의 아들이시니이다.

20. 하나님의 궤로 인해 머리와 두 손을 잃게 된 다곤의 신상이 있던 블레셋 도시는?
① 가사   ② 에그론   ③ 아스글론   ④ 아스돗

21. 다음 중 요한계시록 1장에 나오는 상징이 <u>아닌</u> 것은?
① 금촛대   ② 별   ③ 날선 검   ④ 일곱 사자

22. 선지자 학개 시대에 열국을 주도하던 왕은?
① 느브갓네살   ② 사르곤   ③ 다리오   ④ 므로닥발라단

23. 아래의 시편들은 하나님의 성 시온의 영광을 노래한다. 이들 중 공통성이 없는 시편은?
① 46편   ② 48편   ③ 78편   ④ 87편

24. 변화산 아래에서 제자들이 귀신을 쫓아 내지 못하였을 때 예수님이 제자들에게 하신 말씀중 괄호 안에 들어갈 말은?
"(   ) 외에는 다른 것으로 이런 유가 나갈 수 없느니라"(막 9:29)
① 성령   ② 찬송   ③ 능력   ④ 기도

25. 사울의 딸 미갈과 결혼한 적이 있던 인물은?
① 아드리엘   ② 발디엘   ③ 바후림   ④ 아사헬

26. 다음 인용구는 성경 중 어떤 책에 나오는 말씀인가?

> 또 하나님의 집 다스리는 큰 제사장이 계시매 우리가 마음에 뿌림을 받아 양심의 악을 깨닫고 몸을 맑은 물로 씻었으니 참 마음과 온전한 믿음으로 하나님께 나아가자

① 야고보서   ② 레위기   ③ 히브리서   ④ 요한계시록

27. 스가랴 선지자 시대의 대제사장은?
① 여호수아   ② 사독   ③ 이다말   ④ 엘리에셀

28. "우리가 바벨론의 여러 강변에 앉아서 시온을 기억하며 울었다"고 읊조리는 시편은 5권의 시편 중 제 몇 권에 있는가?
① 2권   ② 3권   ③ 4권   ④ 5권

29. "인자의 온 것은 섬김을 받으려 함이 아니라 도리어 섬기려 하고 자기 목숨

을 많은 사람의 대속물로 주려 함이니라"의 구절은 마가복음 어느 장에 있나?
① 막 8장   ② 막 9장   ③ 막 10장   ④ 막 11장

30. 왕상 19장에서 하나님이 엘리야에게 기름부으라 한 인물이 아닌 자는?
① 아하시야   ② 예후   ③ 하사엘   ④ 엘리사

31. 고린도전서 15장에서 예수님의 부활과 관계하여 나오는 숫자가 아닌 것은?
① 120   ② 3   ③ 12   ④ 500

32. 말라기 선지자의 선포의 내용이 아닌 것은?
① 여호와의 크고 두려운 날   ② 온전한 십일조
③ 불렛셋의 심판   ④ 야곱에 대한 사랑

33. 욥기의 마지막 부분에는 여호와의 말씀이 폭풍가운데 임한다. 이 단락에 등장하는 동물에 속하지 않는 것은?
① 타조   ② 악어   ③ 하마   ④ 사자

34. 누가복음 1장에 나오는 사가랴는 누구인가? 아래 사항중 해당되지 않는 것은?
① 선지자   ② 제사장   ③ 세례 요한의 아버지   ④ 엘리사벳의 남편

35. 다음 중 창조때부터의 족보가 나오는 성경은?
① 룻기   ② 열왕기   ③ 역대기   ④ 사무엘서

36. 연속되는 신약성경의 책이름을 모은 것이다. 잘못 된 것은?
① 고린도후서-갈라디아서-에베소서-골로새서
② 골로새서-데살로니가전서-데살로니가후서-디모데전서

③ 디모데후서-디도서-빌레몬서-히브리서
④ 히브리서-야고보서-베드로전서-베드로후서

37. 예레미야의 새언약에서 하나님의 법이 기록될 곳은?
① 들판   ② 기억   ③ 마음   ④ 머리

38. 잠언에 나타난 우매의 모습과 <u>다른</u> 것은?
① 음녀   ② 이방계집   ③ 악처   ④ 기생

39. 누가복음 3:1-2에서 언급된 디베료 가이사가 위에 있을 때 분봉왕으로 임명된 자들이 아닌 사람은?
① 헤롯   ② 빌립   ③ 루사니아   ④ 안나스

40. 다음 중 이스라엘의 수치를 굴러가게 했다는 뜻을 가진 이름은?
① 싯딤   ② 길르앗   ③ 길갈   ④ 세일

41. 에스라에게 여호와의 율법을 가르치도록 명한 왕은?
① 고레스   ② 아닥사스다   ③ 아하수에로   ④ 벨드사살

42. "사랑하는 자들아 영을 다 믿지 말고 오직 영들이 하나님께 속하였나 시험하라 많은 거짓 선지자가 세상에 나왔음이니라"는 말씀은 다음 중 어떤 책에 나오는 말씀인가?
① 요한 1서   ② 디모데후서   ③ 빌레몬서   ④ 디도서

43. 자신의 예언의 두루마리가 불태움을 당했던 선지자는?
① 이사야   ② 예레미야   ③ 아모스   ④ 나훔

44. 적장의 이마에 장막 말뚝을 놓고, 방망이로 찍어 죽인 여인과 관계<u>없는</u> 사

항은?
① 헤벨의 아내 ② 야엘   ③ 겐 사람   ④ 소라 사람

45. 다음 중 모세의 사망을 기록한 곳은?
① 신 32장   ② 신 33장   ③ 신 34장   ④ 신 35장

46. 왕상 22장에서 아합이 길르앗 전투에 올라가면 죽게 될 것을 선언한 선지자는 누구인가?
① 미가야   ② 시드기야   ③ 엘리야   ④ 무명의 선지자

47. "너희는 벧엘에 가서 범죄하며 길갈에 가서 죄를 더하며 아침마다 너희 희생을, 삼일마다 너희 십일조를 드리라"(4:4)고 말함으로써 오히려 범죄를 더 많이하여 심판을 자초하라고 선포한 이상한 선지자는?
① 아모스   ② 말라기   ③ 미가   ④ 스가랴

48. 욥기에 등장하는 인물이 아닌 사람은?
① 부아 사람 빌닷   ② 나아마 사람 소발
③ 부스 사람 엘리후   ④ 데만 사람 엘리바스

49. 사사기 9장의 요담의 우화에 등장하지 않는 나무는?
① 무화과 나무 ② 감람나무   ③ 사과나무   ④ 포도나무

50. 누가복음에서 주기도문은 어느 장에 있는가?
① 눅 10장   ② 눅 11장   ③ 눅 12장   ④ 눅 13장

51. 사사기 5장 드보라의 노래에 등장하지 않는 지파는?
① 에브라임   ② 베냐민   ③ 잇사갈   ④ 유다

52. 다음 중 야곱이 명명한 이름이 아닌 것은?
    ① 브니엘   ② 이스라엘   ③ 엘 벧엘   ④ 엘 엘로헤이이스라엘

53. "너희는 사도들과 선지자들의 터 위에 세우심을 입은 자라 그리스도 예수께서 친히 모퉁이 돌이 되셨느니라 그의 안에서 건물마다 서로 연결하여 주안에서 성전이 되어 가느니라"는 말씀은 어떤 책에 수록되어 있는 말씀인가?
    ① 빌립보서   ② 골로새서   ③ 에베소서   ④ 유다서

54. 니느웨에 대해서만 집중적으로 예언한 선지자는?
    ① 학개   ② 하박국   ③ 스바냐   ④ 나훔

55. 하늘에서 불을 불러내려 대적을 사르게 한 자는 누구인가?
    ① 엘리야   ② 엘리사   ③ 스가랴   ④ 스마야

56. 가롯 유다가 나간 후에 예수께서 제자들에게 하신 말씀 중 요한복음 13장 35절에서 "너희가 서로 (   )하면 이로써 모든 사람이 너희가 내 제자인 줄 알리라"에서 괄호에 적절한 말은 무엇인가?
    ① 용서   ② 기도   ③ 사랑   ④ 화평

57. 벧엘에 대한 아래의 설명 중 옳은 것은?
    ① 본명은 브엘라해로이이다   ② 본명은 하나님의 집이다
    ③ 엘벧엘과 동일한 장소이다   ④ 루스더라와 동일 장소이다

58. 유대인들에게 한 사람이 백성을 위해 죽는 것이 유익하다고 권고한 자는 누구인가?(요 18:14)
    ① 헤롯   ② 안나스   ③ 가야바   ④ 빌라도

59. 성전 건축을 마치고 드린 솔로몬의 기도는 어디에 나타나는가?

① 왕상 7장 ② 왕상 8장 ③ 왕상 5장 ④ 왕상 6장

60. 다음 라반에 대한 설명중 <u>틀린</u> 것은 무엇인가?
    ① 야곱의 장인이다   ② 브두엘의 아들
    ③ 밀가의 외손자이다 ④ 에서의 외삼촌이다

* 답안지의 61번부터 80번까지는 공란으로 할 것.

◆ 신학대학원(성경) ◆

―― 1997학년도 ――

다음 문제들의 답을 고르시오 (1번-60번)

1. 여호와의 명령에 따라 두루마리를 먹자 입에서 달기가 꿀 같았던 선지자는 누구인가?
   ① 이사야   ② 예레미야   ③ 에스겔   ④ 다니엘

2. '오직 의인은 믿음으로 말미암아 살리라'는 성구가 나오지 <u>않는</u> 성경은 어느 것인가?
   ① 하박국   ② 골로새서   ③ 갈라디아서   ④ 히브리서

3. 아가서 8:6의 말씀 중 괄호 안에 들어갈 말은 무엇인가?
   "너는 나를 인같이 마음에 품고 도장같이 팔에 두라. 사랑은 (   )같이 강하고 투기는 음부같이 잔혹하며 불같이 일어나니 그 기세가 여호와의 불과 같으니라."
   ① 죽음   ② 바람   ③ 물   ④ 불

4. "예수 그리스도께서 십자가에 못박히신 것이 너희 눈 앞에 밝히 보이거늘 누가 너희를 꾀더냐... 너희가 성령을 받은 것은 율법의 행위로냐 듣고 믿음

으로냐"는 책망의 말은 바울이 어느 교회의 사람들에게 쓴 것인가?
① 데살로니가 ② 로마 ③ 갈라디아 ④ 에베소

5. "이는 네가 수고하여 밭에 뿌린 것의 첫 열매를 거둠이니라"는 다음 중 어느 절기와 관계가 있는가?
① 칠칠절 ② 맥추절 ③ 무교절 ④ 수전절

6. 시편 123:1-2에서 괄호 안에 들어갈 말은 무엇인가?
"하늘에 계신 주여 내가 눈을 들어 주께 향하나이다. 종의 눈이 그 상전의 (   )을, 여종의 눈이 그 주모의 (   )을 바람같이 우리 눈이 여호와 우리 하나님을 바라며 우리를 긍휼히 여기시기를 기다리나이다."
① 얼굴 ② 은총 ③ 보상 ④ 손

7. '저희가 하나님께 열심히 있으나 지식을 좇은 것이 아니라. 하나님의 의를 모르고 자기 의를 세우려고 힘써 하나님의 의를 복종치 아니하였느니라. 그리스도는 모든 믿는 자에게 의를 이루기 위하여 율법의 마침이 되시느니라'는 말씀이 있는 성경은?
① 갈라디아서 ② 로마서 ③ 데살로니가전서 ④ 에베소서

8. 다음의 밑줄친 부분이 옳은 것은?
"가나안은 ①셈의 종이 되고 하나님이 ②셈을 창대케 하사 ③함의 장막에 거하게 하시고, 함은 ④야벳의 종이 되게 하시기를 원하노라"

9. 하나님을 "좀 같은" 분으로 묘사한 선지자는 누구인가?
① 호세아 ② 요엘 ③ 아모스 ④ 에스겔

10. 다음 말 중에서 예수님의 탄생과 관계된 꿈에 계시되지 않은 것은?
① "이는 그가 자기 백성을 저희 죄에서 구원할 자이심이라"

② "헤롯에게로 돌아가지 말라"
③ "네게서 한 다스리는 자가 나와서 내 백성 이스라엘의 목자가 되리라"
④ "내가 네게 이르기까지 거기 있으라"

11. 잠언 19장에서 "이어 떨어지는 물방울"로 묘사되고 있는 인물은 누구인가?
① 미련한 아들 ② 거짓 증인 ③ 노한 왕　　④ 다투는 아내

12. 다음의 말씀 중 산상설교의 팔복에 들지 않는 것은?
① 온유한 자는 복이 있다　　② 화평케 하는 자는 복이 있다
③ 가난한 자는 복이 있다　　④ 마음이 청결한 자는 복이 있다

13. 아래 전도서 10:2 말씀 중 괄호 안에 들어갈 말은 무엇인가?
"지혜자의 마음은 (　)에 있고, 우매자의 마음은 (　)에 있느니라."
① 오른편-왼편 ② 하늘-땅　③ 지식-재물　④ 가슴-배

14. 예수님께서는 가끔 구약성경이나 장로들의 전승과 비교하시면서 제자들을 교훈하신 적이 있다. 다음 중에서 이런 유형으로 주신 교훈이 아닌 것은?
① "살인하지 말라"-"형제에게 노하는 자마다 심판을 받는다"
② "도적질하지 말라"-"네게 구하는 자에게 주며 네게 꾸고자 하는 자에게 거절하지 말라"
③ "네 이웃을 사랑하고 네 원수를 미워하라"-"너희를 핍박하는 자를 위하여 기도하라"
④ "눈은 눈으로 이는 이로 갚으라"-"너로 억지로 오리를 가게 하거든 그 사람과 십리를 동행하라"

15. 다음 중 유월절과 관계된 달은?
① 압월　　② 아달월　　③ 야르월　　④ 니산월

16. 여호와께서 여름 실과 한 광주리를 보이시며 "이스라엘 백성의 끝이 이르렀다"고 한 선지자는   누구인가?
    ① 호세아   ② 예레미야   ③ 아모스   ④ 이사야

17. 고린도전서 6장에 기술된 고린도 교회의 문제는?
    ① 근친상간의 음행 ② 법정송사 ③ 영적 은사 ④ 우상제물 먹는 문제

18. 유월절 제사에 관해 올바로 말해진 것은?
    ① 고기는 반드시 삶아 먹되 아침까지 두지 말며
    ② 해지기 전에 제사장이 양을 잡고
    ③ 내장은 똥과 함께 소화하라
    ④ 사람의 식량을 따라서 너희 어린양을 계산할 것이며

19. 다음 구절은 어느 선지서에 나오는 말씀인가?
    "화 있을진저 피 성이여 그 속에서는 궤휼과 강포가 가득하며 늑탈이 떠나지 아니하는도다. 획획하는 채찍 소리, 굉굉하는 병거바퀴 소리, 뛰는 말, 달리는 병거, 충돌하는 기병, 번쩍이는 칼, 번개 같은 창, 살륙 당한 떼, 큰 무더기 주검, 무수한 시체여, 사람이 그 시체에 걸려 넘어지니."
    ① 나훔   ② 하박국   ③ 스바냐   ④ 요엘

20. 주의 성찬에 관한 말씀이 기록된 곳이 <u>아닌</u> 것은?
    ① 고린도 전서 11장   ② 마태복음 26장
    ③ 마가복음 14장   ④ 갈라디아서 2장

21. 다음 중 하나님께서 아브라함에게 하신 말씀은?
    ① 너 누운 땅을 너와 네 자손에게 주리니
    ② 애굽으로 내려가지 말고 내가 네게 지시하는 땅에 거하라
    ③ 나의 하려는 것을 아브라함에게 숨기겠느냐

④ 그로 번성케 할찌라 그가 열두 방백을 낳으리니

22. 에바 가운데 한 여인이 앉아 있는 환상을 본 선지자는 누구인가?
   ① 스가랴   ② 에스겔   ③ 다니엘   ④ 아모스

23. '자기의 육체를 위하여 심는 자는 육체로부터 썩어진 것을 거두고 성령을 위하여 심는 자는 성령으로부터 영생을 거두리라'는 말씀은 성경의 어디에 있는가?
   ① 고린도 전서 ② 갈라디아서 ③ 디모데전서   ④ 에베소서

24. 다음 중 모세에 관해 바르게 말한 것은 어느 것인가?
   ① 양부모 모두가 레위족이다
   ② 아내의 부친은 이드로, 조부는 드우엘이다
   ③ 느보산에 매장되었다
   ④ 구스여자 그두라를 후처로 취했다

25. 아래 말씀은 어느 선지서에 나오는가?
   "많은 백성이 가며 이르기를 오라 우리가 여호와의 산에 오르며 야곱의 하나님의 전에 이르자 그가 그 도로 우리에게 가르치실 것이라 우리가 그 길로 행하리라 하리니 이는 율법이 시온에서부터 나올 것이요 여호와의 말씀이 예루살렘에서부터 나올 것임이니라."
   ① 미가   ② 예레미야   ③ 에스겔   ④ 이사야

26. 아래의 글에서 "그"는 누구인가?
   "그는 나의 형제요 함께 수고하고 함께 군사된 자요, 너희 사자로 나의 쓸 것을 돕는자라, 그가 너희 무리를 간절히 사모하고 자기 병든 것을 너희가 들은 줄 알고 심히 근심한지라. 저가 병 들어 죽게 되었으나 하나님이 저를 긍휼히 여기셨고 저뿐 아니라 또 나를 긍휼히 여기사 내 근심 위에 근심을

면하게 하셨느니라" (빌 2:25-27)
① 디모데   ② 디도   ③ 에바브로디도   ④ 데마

27. 요셉에 관해 바르게 설명한 것은?
① 110세에 사망하여 막벨라 밭에 장사되었다
② 그의 유골은 모세가 출애굽시 가지고 나왔다
③ 120세에 사망하여 애굽에서 장사되었다
④ 온 제사장의 딸 아스낫을 자원하여 아내로 취했다

28. "베들레헴 에브라다야 너는 유다 족속 중에 작을지라도 이스라엘을 다스릴 자가 네게서 내게로 나올 것이라 그의 근본은 상고에 태초에니라"고 예언한 선지자는 누구인가?
① 이사야   ② 스가랴   ③ 에스겔   ④ 미가

29. 예수님의 지시사항 중 바르게 연결되지 <u>않은</u> 것은?
① 기도-골방에 들어가 문을 닫고 하라
② 구제-보물을 하늘에 쌓아두라
③ 금식-머리에 기름을 바르고 얼굴을 씻으라
④ 기도-이방인과 같이 중언부언하지 말라

30. 애굽에 내린 열 재앙 중 여호수아에서도 나타내는 재앙은?
① 우박   ② 메뚜기   ③ 독종   ④ 흑암

31. 아가서에 나오지 <u>않는</u> 나무는 무엇인가?
① 백향목   ② 사과나무   ③ 잣나무   ④ 상수리 나무

32. 다음 중에서 산상설교에 등장하지 <u>않는</u> 비유는?
① 좁은 문 좁은 길 비유   ② 티와 들보의 비유

③ 양과 염소의 비유   ④ 좋은 나무와 좋은 열매의 비유

33. 블레셋 족속들은 에벤에셀 전투에서 빼앗은 법궤를 자기 나라로 가져갔다 다음 중 법궤와 연결되지 <u>않은</u> 지명은?
    ① 아스돗   ② 에그론   ③ 가드   ④ 가사

34. 다음은 마태복음 10장 6절이다. ( )안에 들어갈 말은 어느 것인가?
    "이방인의 길로도 가지 말고 사마리아인의 고을에도 들어가지 말고 차라리 ( )집의 잃어버린 양에게로 가라"
    ① 유대인   ② 이스라엘   ③ 예루살렘   ④ 그리스도

35. 에벤에셀 전투 이후 다윗 시대에 예루살렘에 안주하기까지 법궤는 여러 곳으로 옮겨 다녔다. 다음 중 법궤와 관련되지 <u>않은</u> 항목은?
    ① 아비나답   ② 벧세메스   ③ 헤브론   ④ 기럇여아림

36. 다음은 신명기 18장에 명시된 선지자에 대한 내용이다. 괄호 안에 들어 갈 말들이 바른 순서로 짝지어 진 것은?
    "만일 선지자가 있어서 ( )으로 말한 일에( )도 없고 ( )도 없으면 이는 ( )하신 것이 아니요, 그 선지자가 방자히 한 말이니 너는 그를 두려워 말지니라."
    ① 여호와의 명령-표적-증험-여호와의 말씀
    ② 여호와의 이름-표적-성취함-여호와의 명령
    ③ 여호와의 명령-증험-표적-여호와의 말씀
    ④ 여호와의 이름-증험-성취함-여호와의 말씀

37. 다음의 구약인용은 예수님께서 무엇을 비판하실 때 인용하신 것인가?
    "이 백성이 입술로는 나를 존경하되 마음은 내게서 멀도다. 사람의 계명으로 교훈을 삼아 가르치니 나를 헛되이 경배하는도다."

① 손을 씻지 않고 음식을 먹음
② 장로들의 유전을 지키지 않음
③ 금식에 지나치게 치중함
④ 장로들의 유전 때문에 계명을 버림

38. 다음 중 잘못 짝 지워 진 것은?
    ① 나오미-엘리멜렉 ② 룻-기룐 ③ 룻-말론 ④ 나오미-마라

39. 사울이 왕이 될 때 대관식이 거행된 곳은 어디인가?
    ① 게바   ② 미스바   ③ 세겜   ④ 기브온

40. 감독의 자격에 합당하지 않은 것은?
    ① 책망할 것이 없는 사람   ② 아내가 하나만 있는 자
    ③ 돈을 사랑치 않는 자   ④ 새로 입교한 자

41. 사울은 하나님께 배반함으로 왕권이 종결되리라는 언질을 받는다. 그 이유가 아닌 것은?
    ① 길갈에서 제사장 직분을 남용했다
    ② 아말렉과의 전투에서 헤렘의 규칙을 따르지 않았다
    ③ 신접한 여인을 만나 사무엘의 영혼을 불러 달라 하였다
    ④ 아각과의 전쟁에서 그와 많은 짐승들을 살려두었다

42. 혀를 배의 작은 키로 비유하여 "혀는 곧 불이요 불의의 세계라 혀는 우리 지체 중에서 온 몸을 더럽히고 생의 바퀴를 불사르나니 그 사라는 것이 지옥 불에서 나느니라"하며 혀를 조심하라는 조언이 있는 말씀은 야고보서 어디에 있는가?
    ①야고보서 1장 ②야고보서 2장 ③야고보서 3장 ④ 야고보서 4장

43. 다음 중 올바른 것은?
   ① 악인에게 내리는 태형은 30대를 넘기지 못한다
   ② 남의 소를 도둑질하여 판 것이 적발된 경우 그는 4마리를 배상해야 한다
   ③ 도둑질한 소가 도둑의 손에 살아있을 경우 그는 갑절을 배상해야한다
   ④ 남의 양을 도둑질하여 판 것이 적발된 경우 그는 5마리를 배상해야 한다

44. 사울은 다윗을 죽이기 위해 여러 번 암살을 시도하였다. 다윗이 놉으로 도망가자 사울은 도엑을 시켜 놉에 있는 제사장들을 죽이기 하였다. 그 때 살아남아 다윗에게 나아갔던 제사장의 이름은 무엇인가?
   ① 아히멜렉   ② 엘리에셀   ③ 사독   ④ 아도니야

45. 요한에게 나타난 인자같은 이의 모습의 묘사에 해당되지 않는 것은?
   ① 가슴의 금띠   ② 불꽃같은 눈
   ③ 많은 물소리같은 음성   ④ 양손의 날선 검

46. 사울이 전쟁에서 죽자 어느 지역 사람들이 그의 사체를 가져다가 묻었는가?
   ① 기브온   ② 시글락   ③ 길르앗 야베스   ④ 라마

47. "너희가 십일 동안 환난을 받으리라 네가 죽도록 충성하라 그리하면 내가 생명의 면류관을 네게 주리라"고 주께서 말씀하신 교회는?
   ① 빌라델피아   ② 서머나   ③ 사데   ④ 라오디게아

48. 다윗의 생애 말기에 일어난 일이 아닌 것은?
   ① 인구 조사   ② 장막 건설과 법궤 옮김
   ③ 압살롬의 반역   ④ 예루살렘 정복

49. 어린양이 일곱인으로 봉한 책을 보좌에 앉으신 이에게서 받아들자 네 생물과 24장로들이 어린양 앞에 엎드려 각각 거문고와 향이 가득한 금 대접을 가졌는데 이 향은 무엇인가?
   ① 땅 위에서 한 행위   ② 성도의 기도   ③ 성도의 구제   ④ 성도의 열심

50. 다윗은 솔로몬을 공동 통치자로 세우는데 이 때 솔로몬 편에 가담하지 않은 자는 누구인가?
   ① 아비아달   ② 나단   ③ 브나야   ④ 사독

51. 예수님의 다음 대답은 심문/재판 과정에서 누구에게 한 것인가?
   "내가 그니라 인자가 권능자의 우편에 앉은 것과 하늘 구름을 타고 오는 것을 너희가 보리라"
   ① 대제사장에게   ② 헤롯에게   ③ 빌라도에게   ④ 유대 지도자들에게

52. 솔로몬은 왕으로 세움을 받은 뒤 반대세력을 처단한다. 처단 받은 사람에 속하지 않는 자는 누구인가?
   ① 시므이   ② 아비아달   ③ 아히멜렉   ④ 요압

53. 성경 저자는 북방 이스라엘 왕국의 왕들을 평가하면서 "느밧의 아들 여로보암의 죄에서 떠나지 않았다"는 표현을 자주 사용하는데 이 평가를 듣지 않았던 왕은?
   ① 살룸   ② 아하시야   ③ 스가랴   ④ 오므리

54. 다음의 비유들 중 누가복음에 나오는 것으로만 짝지어진 것은?
   ① 일만달란트 빚진 자-밤에 자라는 씨-양의 문
   ② 거지 나사로-열 처녀-포도원주인과 두 아들
   ③ 선한 사마리아인-악한 청지기-탕자
   ④ 지혜로운 자와 미련한 자-그물-달란트

55. 예후는 혁명에 성공하면서 수많은 사람들을 숙청하였다. 이 때 숙청되지 <u>않은</u> 자의 이름은?
   ① 여호람   ② 아달랴   ③ 이세벨   ④ 아하시야

56. 다음의 노래는 누구의 출생을 위한 것이었는가?
   "이 아이여 네가 지극히 높으신 이의 선지자라 일컬음을 받고 주 앞에 앞서 가서 그길을 예비하여 주의 백성에게 그 죄사함으로 말미암는 구원을 알게 하리니 이는 우리 하나님의 긍휼을 인함이라 이로서 돋는 해가 위로 부터 우리에게 임하여 어두움과 죽음의 그늘에 앉은 자에게 비취고 우리 발을 평강의 길로 인도하시리로다"
   ① 삼손   ② 사무엘   ③ 유다   ④ 요한

57. 유다왕 요시아의 치적이 <u>아닌</u> 것을 고르라
   ① 언약 갱신 ② 성전 수축 ③ 유월절 준수 ④ 앗시리아의 전쟁

58. 다음은 예수님의 말씀이다. ( )안에 들어갈 단어는?
   "너희가 나를 선생이라 또는 주라 하니 너희 말이 옳도다. 내가 그러하다. 내가 주와 또는 선생이 되어 너희 (   )을 씻겼으니 너희도 서로 (   )을 씻기는 것이 옳으니라"
   ① 발   ② 손   ③ 손과 발   ④ 몸

59. 사사시대에 이스라엘의 대적과 그에 맞서 싸운 사사가 바르게 연결된 것은?
   ① 암몬-입다 ② 모압-입산 ③ 가나안-에훗 ④ 미디안-드보라

60. 다음의 말씀 중에서 밑줄 친 사람은 누구를 지시하는가?
   "<u>위로부터 오시는 이</u>는 만물 위에 계시고 땅에서 난 이는 땅에 속하여 땅에 속한 것을 말하느니라. <u>하늘로서 오시는 이</u>는 만물 위에 계시나니 <u>그가</u> 그

보고 들은 것을 증거하되 그의 증거를 받는 이가 없도다 그의 증거를 받는 이는 하나님을 참되시다 하여 인쳤느니라"
① 세례 요한   ② 예수님   ③ 모세   ④ 엘리아

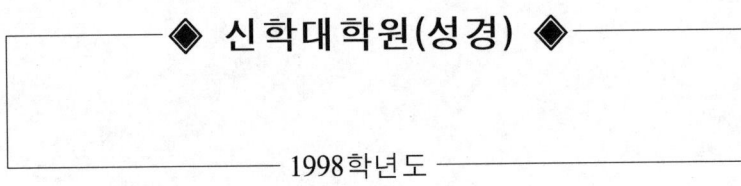

1998학년도

1. 다음 중 여호와의 총회에 들어 올 수 있는 자는 누구인가?
   ① 에돔 사람과 애굽 사람에 속한 삼대 후손
   ② 신랑이 상한 자나 신이 쇠약한 자
   ③ 암몬 사람과 모압 사람에 속한 삼대 후손
   ④ 암몬 사람과 애굽 사람에 속한 삼대 후손

2. 다음은 신약성경의 책과 그 마지막 절을 연결한 것이다. <u>옳지 않은 것은?</u>
   ① 마가복음: 제자들이 나가 두루 전파할새 주께서 함께 역사하사 그 따르는 표적으로 말씀을 확실히 증거하시니라.
   ② 사도행전: 담대히 하나님 나라를 전파하며 주 예수 그리스도께 관한 것을 가르치되 금하는 사람이 없었더라.
   ③ 요한복음: 예수의 행하신 일이 이 외에도 많으니 만일 낱낱이 기록된다면 이 세상이라도 이 기록된 책을 두기에 부족할 줄 아노라
   ④ 누가복음: 지혜로우신 하나님께 예수 그리스도로 말미암아 영광이 세세무궁토록 있을지어다. 아멘

3. 여호수아의 군대가 요단강을 건널 때 언약궤를 맨 제사장들의 발이 강물에 닿자 요단강 물은 어디까지 물러 갔는가?

① 아담　　② 아라바　　③ 길갈　　④ 아벨므홀라

4. 예레미야의 글을 받아 쓴 서기관의 이름은 누구인가?
① 바르실레　② 바락　③ 바룩　④ 바라겔

5. 야곱과 관계없는 것은 어느 것인가?
① 그가 장사 될 때 아벨미스라임이란 땅 이름이 생겼다
② 가나안 땅 마므레 앞 막벨라 밭에 장사되었다
③ 향 재료를 그의 몸에 넣는데 사십 칠일이 걸렸다
④ 장지는 요셉이 아비를 위하여 산 것이었다

6. 다음에서 '도적질하지 말라'는 계명이 있는 곳은?
① 출 20장과 레 16장　　② 레 20장과 신 11장
③ 출 20장과 신 6장　　④ 레 19장과 신 5장

7. "비록 우리에 양이 없으며 외양간에 소가 없을지라도 나는 여호와를 인하여 즐거워하리라"라고 말한 선지자는 누구인가?
① 스바냐　② 하박국　③ 나훔　④ 예레미야

8. 야고보서에 나오는 구약의 인물이 아닌 자는 누구인가?
① 아브라함　② 다윗　③ 욥　④ 엘리야

9. 승천하신 예수님의 약속대로 성령이 임하시기를 기다리면서 예수님의 제자들이 오순절 날 했던 일은 무엇이었나?
① 마가 요한의 다락방에서 열심히 기도하고 있었다
② 유다가 죽음으로 한 자리가 빈 사도직을 맡을 사람을 선출했다
③ 모두가 한 장소에 모여 있었다
④ 사도의 가르침을 받아 서로 교제하고 함께 음식을 먹었다

10. 가나안 정복 기간에 완전한 '헤렘'(모든 것을 멸절하여 여호와께 전적으로 바침)으로 거민과 함께 완전히 파괴하였지만 불로 태우지 않은 도시는 어느 곳인가?
    ① 여리고   ② 아이   ③ 하솔   ④ 막게다

11. 관계 있는 것끼리 올바로 연결된 것은 어느 것인가?
    ① 모세와 온 회중의 목전에서 미디안 여인을 데리고 장막을 들어감 -> 시므리
    ② 당을 지어 모세를 거스림 -> 다단과 온
    ③ 명하지 않은 다른 불을 담아 분향 -> 이다말
    ④ 안식일에 나무하다가 발견됨 -> 고스비

12. 여호수아는 모세의 율법 책에 기록된대로 축복과 저주의 말씀을 낭독한다. 그 저주는 어느 산에서 낭독되었나?
    ① 그리심산   ② 에발산   ③ 비스가산   ④ 모리아산

13. "무엇보다도 열심히 서로 사랑할지니 사랑은 허다한 죄를 덮느니라"는 말씀은 어디에 나오는가?
    ① 로마서   ② 고린도전서   ③ 요한일서   ④ 베드로전서

14. 사도행전 7장에 스데반의 최후가 기록되어 있다. 그가 죽기 전에 한 말이 <u>아닌</u> 것은?
    ① 주 예수께 받은 사명 곧 하나님의 은혜의 복음 증거라는 일을 마치려 함에는 나의 생명을 조금도 귀한 것으로 여기지 아니하노라
    ② 주여 이 죄를 저들에게 돌리지 마옵소서
    ③ 이제 너희는 그 의인을 잡아준 자요 살인한 자가 되나니 너희가 천사의 전한 율법을 받고도 지키지 아니하였도다
    ④ 주 예수여 내 영혼을 받으시옵소서

15. 이스라엘 백성이 고기를 탐하다가 얻은 지명은 어느 곳인가?
    ① 기랏여아림 ② 다베라 ③ 기브롯핫다와 ④ 하봇야일

16. 엘리사가 죽을 병에 들었을 때 이스라엘의 어느 왕이 찾아와서 눈물을 흘리며 "내 아버지여 내 아버지여 이스라엘의 병거와 마병이여"라고 말했는가?
    ① 여호사밧 ② 요아스 ③ 여호아하스 ④ 여호야다

17. 요한복음 13장에는 예수님께서 자신이 잡히시고 죽임을 당하실 것을 미리 아신 예수님께서 제자들의 발을 씻겨 주신 사건이 기록되어 있다. 다음 중 어떤 것이 이 사건과 관계없는 것인가?
    ① 예수님께서는 음식을 잡수시다가 제자들의 발을 씻겨주셨다.
    ② 예수님은 먼저 겉옷을 벗으시고 수건으로 허리를 동이시고 대야에 물을 담아 제자들의 발을 씻기시고 두르신 수건으로 발을 닦아 주셨다.
    ③ 예수님은 베드로에게서 시작하여 제자들이 앉은 순서대로 차곡차곡 한 명도 빠짐없이 그들의 발을 씻겨 주셨다.
    ④ 예수님께서 이런 행동을 하신 것은 자신의 제자들이 서로를 섬기도록 하시려고 본을 보이신 것이다.

18. 빌레몬서의 수신자의 이름들 중에 해당되지 않는 사람은?
    ① 빌레몬 ② 오네시모 ③ 압비아 ④ 아킵보

19. 바울 사도가 유럽에서 처음 복음을 전한 도시는 빌립보로 알려져 있다. 사도행전 16장에 기록된 빌립보의 전도 사역과 관계가 없는 것은?
    ① 드로아에 머물던 바울은 환상을 보고 배로 마게도냐 지방에 도달했다.
    ② 유대인들이 세운 회당에서 메시야와 율법에 대해 토론하며 예수님을 그리스도로 증거했다.
    ③ 그리스도의 이름으로 귀신을 쫓아낸 것이 화근이 되어 감옥에 갇혔다.

④ 이방인인 루디아와 그 식구들, 간수와 그 식구들이 예수님을 믿고 세례를 받았다.

20. 다음 중 모세와 무관한 것은 어느 것인가?
① 구스 여인 그두라를 후처로 취했다
② 여호와닛시
③ 미디안 제사장의 딸을 아내로 취했다
④ 부친도 레위족 모친도 레위족이었다

21. 요단 동편 지역에 속하지 않은 지파는 어느 것인가?
① 르우벤　② 갓　③ 므낫세　④ 아셀

22. 동정녀 탄생을 예언하는 이사야 7장에 등장하지 않는 인물은 누구인가?
① 아하스　② 스알야숩　③ 르신　④ 히스기야

23. 장로와 감독의 자격에 대해 기술한 서신은 다음 중 어느 것인가?
① 로마서　② 디모데후서 ③ 디도서　④ 에배소서

24. 마태복음 10장은 예수님의 파송설교로 알려져 있다. 이 설교에서 예수님께서 하신 말씀이 아닌 것은?
① 이방인의 길로도 가지 말고 사마리아인의 마을에도 들어가지 말라
② 아비나 어미를 나보다 더 사랑하는 자는 내게 합당치 않고 아들이나 딸을 나보다 더 사랑하는 자도 내게 합당치 아니하다.
③ 거룩한 것을 개에게 주지 말며 너희 진주를 돼지 앞에 던지지 말라
④ 너희에게는 머리털까지 다 세신 바 되었으니 두려워하지 말라 너희는 많은 참새보다 귀하니라

25. "사람에 주께 선한 것이 무엇임을 네게 보이셨나니 여호와께서 네게 구하시

는 것이 오직 공의를 행하며 인자를 사랑하며 겸손히 네 하나님과 함께 행하는 것이 아니냐!"는 누구의 말인가?
① 미가   ② 스바냐   ③ 아모스   ④ 스가랴

26. 사사들은 주된 역할은 이방민족의 압제에서 백성들을 구하는 일이었다. 짝이 틀린 것은?
① 입산 - 암몬족   ② 삼손 - 블레셋족
③ 기드온 - 모압족   ④ 드보라 - 가나안족

27. 마태복음 18장은 교회설교로 알려져 있다. 이 설교에서 예수님께서 하신 말씀이 아닌 것은 어느 것인가?
① 만일 네 손이나 네 발이 너를 범죄케 하거든 찍어 내버리라 불구자나 절뚝발이로 영생에 들어가는 것이 두 손과 두 발을 가지고 영원한 불에 던지우는 것보다 낫다.
② 이 소자 중에 하나라도 잃어지는 것은 하늘에 계신 너희 아버지의 뜻이 아니다
③ 두 세 사람이 내 이름으로 모인 곳에는 나도 그들 중에 있느니라
④ 불법이 성하므로 많은 사람의 사랑이 식어지리라 그러나 끝까지 견디는 자는 구원을 얻으리라

28. 아브라함의 아내 사라에 대해 바른 설명이 아닌 것은?
① 일백 이십 육세를 살았다
② 은 사벡세겔에 산 무덤에 묻혔다
③ 가나안 땅 기럇아르바에서 죽었다
④ 가나안 땅 헤브론에서 죽었다

29. 엔돌의 여인과 상관이 없는 사항은 무엇인가?
① 사울   ② 신접자   ③ 사무엘   ④ 브올의 죄

30. "사랑하는 자들아 너희는 너희의 지극히 거룩한 믿음 위에 자기를 건축하며 성령으로 기도하며 하나님의 사랑 안에서 자기를 지키며 영생에 이르도록 우리 주 예수 그리스도의 긍휼을 기다리라"는 말씀은 어디에 나오는가?
   ① 요한일서   ② 히브리서   ③ 유다서   ④ 요한삼서

31. 사무엘은 사울에게 기름부음을 행함으로써 하나님의 사람으로 그를 왕으로 삼는 표시를 하였다. 사무엘은 사울에게 기름을 붓고 난 뒤 몇가지 징조가 주어질 것이라고 말하였다. 그 징조가 아닌 것은 어느 것인가?
   ① 사울이 황홀경에 빠진 선지자의 무리를 만날 것이다
   ② 사울이 다볼의 상수리나무에서 벧엘에 예배하러 올라가는 세 사람을 만나 그들에게서 떡 두 덩어리를 얻게 될 것이다
   ③ 라헬의 묘실 곁에서 잃어버렸던 암나귀를 찾을 것이다
   ④ 사울이 하나님의 산(KJV:기브앗 엘로임<기브온>)에 갔을 때 선지자들의 행렬에 참여할 것 이다.

32. 마태복음 25장에는 종말과 관계된 예수님의 비유가 수록되어 있다. 다음 중에서 하나는 다른 곳에 수록되어 있는 비유이다. 어느 것인가?
   ① 양과 염소의 비유: 예수님께서 다시 오실 때 심판의 보좌에 앉아 의인과 악인을 심판하신다. 의인은 양과 같이 오른 편에 악인은 염소와 같이 왼 편에 구분된다.
   ② 알곡과 가라지 비유: 천국은 좋은 씨를 제 밭에 뿌린 사람과 같다. 알곡과 가라지는 같은 밭에서 추구 때까지 함께 자란다. 추수는 알곡과 가라지를 구분하는 심판을 의미한다.
   ③ 열 처녀 비유: 천국은 등을 들고 신랑을 맞으러 나간 열 처녀와 같다. 다섯은 미련하고 다섯은 슬기로왔다. 여분의 기름을 준비하고 있었던 처녀들은 어린 양의 혼인 잔치에 들어가고 기름이 떨어진 처녀들은 들어가지 못한다.

④ 달란트 비유: 임금이 종들을 불러 달란트를 주고 떠났다. 다섯 달란트 받은 종과 두 달란트 받은 종은 열심히 장사하여 배를 남겼다. 한 달란트 받은 사람은 땅에 묻어 두었다. 주인이 돌아왔을 때 열심히 일한 종들은 왕의 칭찬을 받지만 한 달란트 받은 종은 쫓겨난다.

33. 다음 중 애굽의 우박재앙과 관계 있는 것은 어느 것인가?
    ① 애굽의 모든 생축은 다 죽었으나 이스라엘 자손의 생축은 하나도 죽지 아니한지라
    ② 사람과 짐승을 무론하고 무릇 밭에 있는 것을 쳤으며
    ③ 애굽 온 땅에 이르러 그 사방에 내리매
    ④ 애굽 전경에 나무나 밭의 채소나 푸른 것은 남지 아니하였더라

34. 욥의 고통에 대해 충고를 준 세 사람의 친구가 있었다. 친구가 아닌 사람은 누구인가?
    ① 엘리바스   ② 엘리후   ③ 빌닷   ④ 소발

35. 성경 안에서 출애굽의 연대를 제시하는 본문(왕상6:1)에 따르면 솔로몬의 성전을 건축과 출애굽 사이에는 얼마나 긴 세월이 흘렀는가?
    ① 360년   ② 400년   ③ 440년   ④ 480년

36. "돈을 사랑함이 일만 악의 뿌리가 되나니 이것을 사모하는 자들이 미혹을 받아 믿음에서 떠나 많은 근심으로써 자기를 찔렀도다 오직 너 하나님의 사람아 이것들을 피하고 의와 경건과 믿음과 사랑과 인내와 온유를 좇으며"라는 말씀은 바울이 누구에게한 훈계였는가?
    ① 빌레몬   ② 디도   ③ 디모데   ④ 유다

37. 다음은 예수님의 초기 갈릴리 사역 중에서 몇 개를 열거한 것이다. 이 중 마가복음 1장에 기록되어 있는 것은?

① 시몬 베드로의 장모를 고쳐주심
② 예수님이 동정녀 마리아에게서 탄생하심
③ 나사렛을 떠나 가버나움으로 이사하심
④ 갈릴리 호수에서 많은 고기를 잡게 하신 일로 인해 베드로가 예수님 앞에 무릎을 꿇고 죄인임을 고백함

38. 나실인의 법으로 다음 중 올바른 것은 어느 것인가?
① 포도주와 독주, 포도주의 초나 독주의 초를 마시지 못하나 건포도만은 취할 수 있다
② 어떤 경우에도 머리를 삭도로 밀 수 없다
③ 구별하는 날이 찬 후 법에 따라 제사들을 모두 드린 후에는 포도주를 마실 수 있다
④ 구별하는 날 동안에 어떤 시체는 물론 형제자매의 시체도 가까이 할 수 없으나 부모의 시체만은 가까이 할 수 있다.

39. "악에게 지지말고 선으로 악을 이기라"라는 말씀은 로마서 몇 장에 나오는 말씀인가?
① 롬 11장 ② 롬 12장 ③ 롬 13장 ④ 롬 14장

40. 마가복음 5장에 예수님께서 야이로의 죽은 딸을 살려주신 사건이 기록되어 있다. 다음 중 예수님께서 이 때 하신 말씀이 <u>아닌</u> 것은?
① 먹을 것을 주라
② 이 일을 아무에게도 알리지 말라
③ 아이의 빵을 빼앗아 개들에게 던지는 것이 옳지 않다
④ 이 아이가 죽은 것이 아니라 잔다

41. 다음은 유출병 환자에 관한 규례이다. 올바로 설명한 것은 어느 것인가?
① 유출병 있는 자가 만진 질그릇은 물로 씻고 목기는 소화하라

② 유출병 있는 자의 자리에 앉는 자는 자리와 옷을 물로 빨고 손을 씻을 것이며

③ 유출병 있는 자가 물로 손을 씻지 아니하고 아무든지 만지면 그 자는 손을 씻고 저녁까지 부정하리라

④ 유출이 깨끗하여지거든 그 몸이 정결하기 위하여 칠 일을 계산하여 옷을 빨고 흐르는 물에 씻을 것이며

42. 학의 날개같은 날개를 달고 시날 땅으로 나르는 두 여인의 환상을 본 선지자는 누구인가?
① 다니엘   ② 에스겔   ③ 스가랴   ④ 말라기

43. 바울이 고린도전서 1장에서 자신이 세례 준 사람들을 언급하였는데 그 중에 속하지 않는 사람은 누구인가?
① 그리스보   ② 가이오   ③ 아킵보   ④ 스데바나의 집 사람

44. 마가복음 14장에 예수님의 예고대로 베드로가 실패한 사건이 기록되어 있다. 다음 중에서 이 때 베드로가 한 일이 <u>아닌</u> 것은?
① 예수님을 모른다고 했다   ② 예수님을 욕했다
③ 예수님을 저주했다   ④ 예수님을 모른다고 맹세했다

45. 다음은 요셉의 형제들이 요셉을 팔 때 광야에서 한 말이다. 르우벤이 한 말은 어느것인가?
① 아이가 없도다 나는 나는 어디로 갈까
② 그는 우리의 동생이요 우리의 골육이니라
③ 그 꿈이 어떻게 되는 것을 우리가 볼 것이니라
④ 피를 흘리지 말자 우리가 우리의 동생을 죽이고 그의 피를 은익한들 무엇이 유익하리오

46. 대제사장 여호수아가 더러운 옷을 입고 있는 환상을 본 선지자는 누구인가?
   ① 이사야   ② 스가랴   ③ 에스겔   ④ 예레미야

47. 갈라디아서 2장에서 바울이 게바(베드로)의 외식을 언급하면서 그 외식에 미혹된 사람을 언급하였는데 그 사람은 누구인가?
   ① 바나바   ② 디모데   ③ 실라   ④ 디도

48. 누가복음 3장에는 세례 요한이 사역을 시작할 때의 역사적인 상황이 간략하게 기록되어 있다. 다음 중에서 <u>틀린</u> 것은?
   ① 티베리우스(= 디베료)가 로마의 황제였다.
   ② 퀴레니우스(= 구레뇨)가 수리아 지역의 총독이었다
   ③ 폰티우스 필라투스(= 빌라도)가 유대/사마리아 지역의 총독이었다
   ④ 안나스와 가야바가 대제사장이었다

49. "나의 깨달은 것이 이것이라 곧 하나님이 사람을 정직하게 지으셨으나 사람은 많은 꾀를 낸 것이니라"라는 말씀이 들어있는 성경은 어느 것인가?
   ① 전도서   ② 잠언   ③ 시편   ④ 욥기

50. "보라 지금은 은혜 받을만한 때요 보라 지금은 구원의 날이로다"라고 말한 성경은 어디인가?
   ① 고전 5장   ② 고후 5장   ③ 고전 6장   ④ 고후 6장

51. 누가복음 12장에 나오는 재물을 쌓는 부자의 비유를 예수님께서 말씀 하신 동기는 다음 중 어느 것이었는가?
   ① 한 부자 청년이 예수님에게 와서 어떻게 하면 영생을 얻을 수 있는지 물었다
   ② 사두개인과 서기관들이 돈을 좋아하는 것을 보시고

③ 부자들이 자기의 소유 중 극히 일부를 헌금하면서도 자랑하듯이 헌금
   궤에 돈을 넣는 것을 보시고
④ 어떤 사람이 찾아와 유산을 독차지하려는 형을 말려 줄 것을 예수님께
   요청했다.

52. 이삭의 처 리브가에게 일어난 사건은 어느 것인가?
    ① 그랄 왕 아므라벨이 취하려 하였다
    ② 블레셋 왕 아비멜렉이 취하려 하였다
    ③ 애굽 왕 바로가 취하려 하였다
    ④ 그랄 왕 아비멜렉이 취하려 하였다

53. 날아가는 두루마리의 이상을 본 선지자는 누구인가?
    ① 에스겔   ② 다니엘   ③ 이사야   ④ 스가랴

54. "술취하지 말라 이는 방탕한 것이니 오직 성령의 충만을 받으라"고 명한 바
    울 서신은?
    ① 갈라디아서 ② 에베소서 ③ 골로새서 ④ 빌립보서

55. 누가복음 23장에서, 빌라도가 예수님을 놓아주기 위하여 했던 행동이 <u>아닌</u>
    것은?
    ① 예수님의 고향 갈릴리를 관할하고 있었던 헤롯에게 보내었다.
    ② 직접 심문했지만 죄를 찾지 못했다고 여러 번 말했다.
    ③ 때려서 놓겠다고 유대 지도자들과 백성들에게 여러 번 제안했다.
    ④ 물에 손을 씻으며 자신은 예수님의 죽음에 책임이 없음을 보였다.

56. "너는 하나님 앞에서 함부로 입을 열지 말며 급한 마음으로 말을 내지 말라
    하나님은 하늘에 계시고 너는 땅에 있음이라"는 말씀은 어디에 나타나는
    가?

① 시편　　② 잠언　　③ 전도서　　④ 욥기

57. 요한복음 8장에는 간통 중에 잡힌 여인을 예수님께 데리고 와서 어떻게 할는지를 묻는 사건이 기록되어 있다. 이 사건과 관계가 없는 것은 다음 중 어떤 것인가?
   ① 사두개인들과 백성의 장로들이 이 여인을 예수님께 데리고 왔다.
   ② 여인을 데리고 온 사람들은 그들이 이 사건을 어떻게 처리하면 좋을 지를 몰라서가 아니라 예수님을 고소할 조건을 얻기 위해서 이렇게했다.
   ③ 예수님은 죄가 없던 사람이 먼저 여자에게 돌을 던지라고 말씀하셨다
   ④ 여자를 고소하던 사람들은 양심의 가책을 받았고 나이 많은 사람들로 부터 시작하여 나이 적은 사람까지 하나씩 하나씩 가버렸다.

58. 노아 홍수 사건의 서술로 적당한 것은 어느 것인가?
   ① 물이 일백 오십일을 땅에 창일하였다
   ② 오십일을 지나서 까마귀를 내어 놓았다
   ③ 여호와께서 노아와 그의 여덟 식구들과 무지개 언약을 맺으셨다
   ④ 까마귀가 돌아오지 않자 비둘기를 내어 보냈더니 삼일 뒤에는 감람 새 잎사귀를 입에 물고 왔다.

59. 바벨론의 그발강가에서 부르심을 입은 선지자의 이름은?
   ① 다니엘　　② 에스겔　　③ 예레미야　　④ 스바냐

60. 홍해사건을 세례로 광야의 사건들(만나와 메추라기와 반석의 물)을 성찬으로 해석한 곳은 고린도전서 몇 장인가?
   ① 고전 7장　　② 고전 8장　　③ 고전 9장　　④ 고전 10장

◆ 신학대학원(성경) ◆

──── 1999학년도 ────

1. 한글 개역성경을 보면, 창세기 기자는 만물을 창조하신 하나님께 흡족해 하신 것을 "하나님의 보시기에 좋았더라" 혹은 "심히 좋았더라"는 표현으로 나타내고 있다. 이와 같은 표현과 관련된 설명 중 옳은 것은?
① 창조 6일 가운데 매일 매일 말씀하셨는데, 이는 하나님의 창조가 하나님의 뜻이나 성품에 잘 조화되는 상태였음을 보여준다.
② 이것은 창조된 세계가 그 자체로서 충족하기 때문에 더 발전될 필요가 없으며, 계시록에 묘사되어 있는 영광의 상태와 동일하다는 것을 함축한다.
③ 이표현 가까이에는 대개 "아침이 되며 저녁이 되니"란 문자적 표현이 동반되어 있다.
④ 물질 개악설은 성경에 위배되는데, 창조시 선했던 피조 세계는 인류의 타락 이후 변화가 왔다.

2. 다음은 계시록 초두에 나오는 구절이다. 생략된 부분을 괄호 처리를 하였는데 전후 내용에 비추어 거기에 들어가야 알맞은 표현은 무엇인가?
(성경구절: "이 예언의 말씀을 읽는 자와 듣는 자들과 그 가운데 기록한 것을 (   )들은 복이 있나니 때가 가까움이라")

① 기억하는 자 ② 지키는 자 ③ 전하는 자 ④ 가르치는 자

3. 하나님께서는 레11장에서 정결한 것과 부정한 것을 구분 해 놓고, 부정한 것을 먹지 못하게 하셨다. 관련 설명 중 가장 합당한 것은?
① 그것은 단순히 위생법으로서 의미를 지니며, 고온 다습한 생활환경 가운데서 살았던 이스라엘 백성에 대해 하나님께서 그들의 육신적인 안녕을 배려하여 제정하신 것이다.
② 짐승 중 굽이 갈라져 쪽발이 되고 새김질하는 것은 먹을 수 있으며, 따라서 토끼도 먹을 수 있는 짐승이었다.
③ 행15장의 예루살렘 공의회에서도 피와 목매달아 죽인 것은 멀리하라고 하였으므로 신약교회 역시 이 레11장의 규례를 문자적인 의무조항으로 준수해야 하며, 그리함으로써 규례의 본래적인 목적에 도달할 수 있게 된다.
④ 이 규례를 제정하신 이유는 하나님의 거룩한 백성들이 우상을 섬기는 이방인들과 혼잡스러운 교류를 막기 위함이었다. 즉 정결한 음식과 부정한 음식을 구분한 이 규례는 유대인과 이방인을 구별하게 하는 수단이었으며, 하나님께서 이스라엘을 선택하셨다는 상징이었다.

4. 베드로전서는 수신자의 상황이나 전체의 메시지에 비추어 볼 때 다음 술어들 중에서 어떤 것이 전체 메시지의 내용과 가장 잘 들어맞는가?
① 사랑   ② 믿음   ③ 소망   ④ 순종

5. 다음은 출애굽기와 관련된 설명이다. 다음 중 옳지 않은 것은?
① 이 책의 주제는 한 마디로 구속이다. 이 구속은 하나님의 언약에 기초한 것으로서 조상들에게 약속하신 것이 점차 발전되어 왔다.
② 유월절 양의 죽음은 예수 그리스도 안에서 성취되었다.
③ 십계명(출20:1-17)을 주심으로 성경적인 윤리와 도덕의 기초를 확고히 하였는데, 출애굽기의 근본 의도는 계명을 지킴으로 영생 얻는 보편적인 원리를 제시하려는데 있었다.

④ 출애굽기는 예배에 관한 사상으로 끝을 맺고 있다. 성막 중심의 제도와 규율이 하나님의 임재와 더불어 강조되어 있다.

6. 다음은 야고보서에 나오는 구절인데 답이 될만한 부분을 생략하였다. 야고보서 전체의 사상 뿐만 아니라 인용구절의 후반부 내용에 비추어 볼 때 '너희는'은 어떤 종류의 사람을 가리키는가?
 * 성경말씀: "너희는..... 거울로 자기의 생긴 얼굴을 보는 사람과 같으니 제 자신을 보고 가서 그 모양이 어떠한 것을 곧 잊어버리거니와"
 ① 성을 내는 자   ② 시험을 참지 못하는 자
 ③ 의심하는 자   ④ 말씀을 듣기만 하는 자

7. 레위기와 관련된 다음의 진술들 가운데 잘못된 것은?
 ① 레위기는 거룩하신 하나님께 나아가는 방법과 사람이 하나님과 교제하는 방법을 보여준다.
 ② '내가 거룩하니 너희도 거룩하라'는 말씀은 레위기 전체의 주제이다
 ③ 레위기는 인간 노력의 결과로서의 거룩에 대한 가능성을 어느정도 열어 두고 있다.
 ④ 레위기에 나타난 의식법은 장차 오실 그리스도에 대한 예표와 비유로서 중요한 의미를 지닌다.

8. 히브리서 5장 11-14절에는 독자들이 말씀의 교훈을 받은지 오래되었으나 아직도 젖이나 먹고 단단한 음식을 먹지 못하는 유아기적 상태를 꾸짖는 내용이 나온다. 이와 비슷한 권면이 바울서신 가운데도 나오는데 어디에 나오는가?
 ① 고린도전서 ② 갈라디아서 ③ 데살로니가전서 ④ 목회서신

9. 다음은 신명기에 관한 설명이다. 다음 중 부적절한 것은?
 ① 신명기에 담겨진 여러 사상들은 근본적으로 하나님과 그의 백성사이에 맺어진 '언약'의 관점에서 이해되어야 한다. 그런데 그 언약 관계의 근본 원

리는 사랑이다.
② 십계명(신 5:7-21)은 언약 백성의 삶을 규정하고 특징지어 주는 기본적인 명령이다. 그런데 그것은 '하지말라'는 형식의 9가지 명령과 '하라'는 형식의 1가지 명령으로 구성되어 있다.
③ 신명기서에는 모세가 행한 세 편의 설교(1:6-4:43, 4:44-26:19, 27:1-30:20)가 나오는데, '축복과 저주'에 대한 설교는 마지막에 속한다.
④ 모세는 느보 산에서 약속의 땅을 바라본 후, 일백이십세를 일기로 세상을 떠났다. 모세가 약속의 땅에 들어가지 못한 것은 하나님의 일반적인 자연적인 섭리에 속한다.

10. 목회서신(딤전, 딤후, 디도서)은 바울의 후기서신이다. 여기서 교회 내적으로 발생한 여러 문제들 가운데 직접적인 관계가 없는 것은 어느 것인가?
① 율법에 대한 그릇된 이해   ② 이단적 부활사상
③ 영적 지도자에 대한 무시   ④ 바울의 사도적 권한에 대한 부인

11. 다음은 호세아서에 대한 설명이다. 잘못된 것은?
① 호세아서는 12 소선지서 중에 속하며, 본서의 저자 호세아란 이름은 구원을 뜻한다.
② 하나님과 유대 백성의 계약 관계는 결혼에 비유되었으며, 북조 이스라엘이 우상숭배로 흐른 것은 영적 음행이었다.
③ "여호와는 그의 기념 칭호니라"(호12:5)는 말씀은 영원 자존자로서 계약하신 바를 반드시 이루시는 하나님이심을 그의 특징으로 하신다는 의미이다.
④ "이스라엘아 너는 행음하여도 유다는 죄를 범치 말아야 할 것이라"(호 4:15)고 외친 호세아는 원래 남조 유다의 시민이었다.

12. 데살로니가교회는 짧은 기간 동안에 개척된 교회이면서도 큰 성장을 이룬 모범적 교회였다. 그럼에도 교회내에 벌써 적지 않은 문제들이 생겼는데 교회를 어지럽힌 문제들로 관계가 없는 것은 어느 것인가?

① 유대주의자들의 침투　② 재림에 대한 지나친 기대
③ 성적인 문제　　　　　④ 예언에 대한 무시

13. 다음 중 욥기에 관한 잘못된 진술을 고르시오.
    ① 욥기에서 취급하는 주제는 온 세상의 주관자 되시는 하나님의 선하심과 전능하심을 믿는 사람들이 때로 품게 되는 의문점에 관한 것이다. 즉 신정론(神政論)의 문제와 관련된다.
    ② 욥의 경우, 고난은 결코 하나님에 의해 버림받은 표시가 아니었다. 그것은 하나님의 섭리를 따라 주어지는 것이었다.
    ③ 욥의 세 친구 엘리바스, 빌닷, 엘리후는 모두 다 사람들이 행위에 따라 이 땅에서 하나님의 상급과 심판 받는다고 주장했다.
    ④ 엘리후는 욥의 현재의 태도를 비판했다. 즉 그는 욥의 항의가 비록 사실일지라도 자신의 의를 지나치게 내세우는 것은 잘못이라고 책망했다.

14. 누가가 서술하는 탄생기사에는 베들레헴에(어떤 사람)들이 와서(어느 장소)에 있는 아기 예수를 경배하였다고 하는지에 대한 괄호 안의 적절한 단어들은 다음 중 어느 것인가?
    ① 동방박사, 집　② 목자, 집　③ 동방박사, 구유　④ 목자, 구유

15. 다음은 하박국서에 관련된 설명이다. 그 중 옳지 않은 것은?
    ① 선지자 하박국은 자기 백성을 비난하고자 나선 것이 아니었다. 그렇다고 국수주의적 민족주의에 빠져 있었던 것도 아니었다.
    ② 그가 전달하고자 했던 선포의 내용은 불의하고 비도덕적인 어두움의 세력이 세계를 통치하는 데 대한 의인의 고뇌였다.
    ③ 사람은 어느 한 순간만을 생각할 때 하나님의 섭리를 이해하기 어려울 때가 많다. 하박국은 더 악한 앗수르를 들어 유다의 불의를 심판하시겠다는 하나님의 뜻을 이해하기 어려웠다.
    ④ 오직 의인은 믿음으로 살리라는 하박국서의 중요한 주제는 로마서와 갈라

디아서 그리고 히브리서에서 더욱 발전되었다.

16. 다음은 에베소서 2:8에 있는 구절이다. 괄호 안에 생략 된 술어들을 순서대로 옳게 연결지은 항목은 어느 것인가?
    * 성경구절: "너희가 그 (   )로/으로 인하여 (   )로/으로 말미암아 (   )을/를 얻었나니 이것이 너희에게서 난 것이 아니요 하나님의 (   )라"
    ① 은혜-믿음-선물-구원   ② 믿음-구원-선물-은혜
    ③ 믿음-은혜-의롭다 함-선물   ④ 은혜-믿음-구원-선물

17. 다음은 멜기세덱에 관한 설명이다. 예문 중 옳지 않은 것은?
    ① 히브리서 기자는 멜기세덱에 관하여는 할 말이 많으나, 이해할 수 있는 인간의 지각이 둔하여 해석하기 어려우므로 언급하지 않겠다고 했다.
    ② 아브람이 그돌라오멜과 동맹한 여러 왕을 격퇴하고 돌아올 때, 멜기세덱은 떡과 포도주를 가지고 나와 아브람을 영접하면서 축복해 주었으며, 아브람은 멜기세덱에게 전리품의 신분의 일을 드렸다.
    ③ 이사야서에 의하면 그리스도는 멜기세덱의 반차를 좇아서 영원한 제사장이 될 것이라고 예언되어 있다.
    ④ 전통적으로 의(義)의 왕으로 해석되는 멜기세덱은 그리스도의 예표적 인물로 볼 수 있다.

18. 에스겔서와 관련된 다음의 설명들 가운데 가장 부적절한 것은?
    ① 에스겔이 포로가 되어 그발 강가에 있을 때 여호와의 말씀이 임하였는데, 이 말씀이 임하기 전부터 그는 이미 제사장이었다.
    ② 에스겔서에서 두드러지게 강조되는 사상은 「하나님의 절대 주권」이다. "그들이 나를 여호와인 줄 알리라"는 구절과 유사구들이 많이 나타난다.
    ③ 에스겔서에 나타난 신관을 보면 언약에 근거하여 여호와는 이스라엘의 하나님이시라는 국지적 신(神)이해가 강조되어 있다.
    ④ 에스겔이 본 「성전 문 밑에서 흘러나오는 생명수」에 대한 이상 가운데 깊은 물은 그리스도로 말미암는 구속의 은혜를 상징하는 것으로 해석될

수 있다.

19. 바울의 서신들 중에서 소위 '옥중서신'으로 불리워지는 편지들이 있다. 여기에 포함되지 않는 바울의 편지들은 어느 것인가?
   ① 갈라디아서   ② 에베소서   ③ 빌립보서   ④ 빌레몬서

20. 다음은 잠언서에 관련된 설명이다. 다음 중 가장 부적절한 설명은?
   ① 유대인들은 구약성경을 율법, 선지서, 성문서로 구분하는데, 시편, 욥기, 잠언, 전도서는 성문서에 속한다.
   ② 이 책은 하나님을 경외함으로 얻게되는 지혜로운 삶을 강조한다. 의로운 사람은 하나님이 보시기에 지혜롭기 때문에 지혜로운 사람은 곧 경건한 사람이다.
   ③ 잠언서 초두에 "다윗의 아들 이스라엘 왕 솔로몬의 잠언이라"(1:1)고 밝혀져 있는 바와 같이 잠언서 전체의 저자는 솔로몬이라는 것이 정설이다.
   ④ "너희 행사를 여호와께 맡기라", "너는 내일 일을 자랑하지 말라", "너는 악인의 형통을 부러워하지 말며", "백발은 영화의 면류관이라"는 등의 말씀은 모두 잠언서에서 발견된다.

21. 갈라디아서 1:11-2:10까지의 단락은 갈라디아서 논의의 중요한 부분이다. 다음 것들 중에서 주로 어떤 내용이 전개되고 있는지 찾으라.
   ① 이신칭의 복음의 전개   ② 유대주의자들에 대한 논박
   ③ 바울의 자서전적 진술   ④ 이방 선교의 정당성 논증

22. 다음은 다니엘서에 대한 설명이다. 다음 중 잘못된 것은?
   ① 왕족으로서 어린 나이에 바벨론으로 포로 되어간 다니엘은 그곳에서 갈대아 사람들의 지혜와 학문으로 교육을 받았다.
   ② 다니엘은 꿈과 환상을 해석하는 특별한 은사를 받아 벨사살 왕의 두 꿈을 해석할 수 있었다(2장, 4장).
   ③ 성경에서 다니엘에 관하여는 본서 이외, 구약의 다른 책에서 그리고 특별

히 신약에서 그 기록을 발견할 수 있다.
④ 본서는 묵시 문헌의 일종이다. 묵시 문학은 상징주의를 사용하여 세계의 종말 사건들을 묘사하는 특징을 지니고 있다. 그런 점에서 본서는 계시록과 상통한다.

23. 고린도후서 3장은 옛 언약과 새 언약을 대비하는 신학적으로 중요한 단락이다. 두 언약의 대비에 있어서 서로 반제(antithesis)의 짝을 이루는 것으로 적당치 않은 것은 다음 어느 것인가?
① 의문-영
② 정죄의직분-영광의 직분
③ 은폐의 직분-계시의 직분
④ 돌비-육의 心

24. 다음은 요엘서와 관련된 설명이다. 다음 중 부적절한 진술은?
① 본서의 저자는 브두엘의 아들 요엘로서, 자신에 대한 소개가 끝나자마다 여호와의 날의 징조인 메뚜기 재앙에 대해 예언하였다.
② 요엘서는 2가지 중요한 핵심으로 요약될 수 있다. 그 첫째는 의의 교사로 나타나는 메시야 예언이며, 둘째는 성령강림의 약속이다.
③ 하나님께서는 메시야를 보내어 주신 후, 성령 부어주실 것을 본서를 통해 말씀하고 계시며, 신약 시대에 이르러 오순절 성령강림의 놀라운 현상에 대해 베드로는 요엘서의 약속에 대한 성취로 해석하였다.
④ 메시야 약속, 성령강림의 약속과 더불어 본서에 남아있는 또 다른 예언은 종말에 관한 것이다. 요엘서에 나타난 종말의 성격은 전적 심판으로만 일관되어 있다.

25. 고린도전서 1-2장은 고린도교회가 당면한 여러 문제들에 대한 바울의 신학적 처방전과 같은 부분이다. 신학적 처방을 담고 있는 이 단락에 주요하게 나타나는 핵심 사상이나 개념이 아닌 것은 다음 어느 것인가?
① 십자가의 복음
② 하나님의 지혜
③ 세상의 지혜
④ 하나님의 영

26. "너희가 내 암송아지로 밭갈지 아니하였더면 나의 수수께끼를 능히 풀지 못하였으리라"는 속담의 내용 및 이야기와 연관이 가장 약한 것은 무엇인가?
   ① "먹는 자에게서 먹는 것이 나오고 강한 자에게서 단 것이 나왔느니라"
   ② "삼손이 가서 여우 삼백을 붙들어서 그 꼬리와 꼬리를 매고 홰를 취하고 그 두 꼬리사이에 한 홰를 달고 홰에 불을 켜고 그것을 블레셋 사람의 곡식 밭으로 몰아 들여서 곡식단과 아직 베지 아니한 곡식과 감람원을 사른지라"
   ③ "너는 네 남편을 꾀어 그 수수께끼를 우리에게 알리게 하라 그렇지 아니하면 너와 네 아비의 집을 불사르리라"
   ④ "삼손이 여호와의 신에게 크게 감동되어 손에 아무것도 없어도 그 사자를 염소 새끼를 찢음 같이 찢었으나 그는 그 행한 일을 부모에게도 고하지 아니하였고"

27. 로마서 4장에는 바울의 이신칭의(justification by faith)의 구원론을 뒷받침 하기 위해 구약의 아브라함 이야기를 논거로 삼고 있다. 로마서 4장의 중요한 논거가 되는 구약의 결정적인 구절은 다음 어느 것인가?
   ① 창세기 12:3   ② 창세기 15:6   ③ 창세기 17:10   ④ 창세기 17:16

28. 아래의 십계명 중 출애굽기에서 신명기로 넘어가면서 변화가 생긴 계명은 몇번째 계명인가?
   ① 1계명   ② 3계명   ③ 4계명   ④ 9계명

29. 사도행전 15장에서 야고보를 통해 예루살렘 공의회가 이방교회에게 금한 사항들이 아닌 것은 다음 중 어느 것인가?
   ① 우상숭배   ② 음행   ③ 할례   ④ 목매어 죽인 것

30. 아래의 구절들 중에서 상호 관련성이 약한 구절은 무엇인가?
   ① "여호와께서 그 터를 바다 위에 세우심이여 강들 위에 건설 하셨도다"
   ② "한 시내가 있어 나뉘어 흘러 하나님의 성 곧 지극히 높으신 자의 장막의 성소를 기쁘게 하도다"

③ "터가 높고 아름다워 온 세계가 즐거워함이여 큰 왕의 성 곧 북방에 있는 시온산이 그러하도다"
④ "하나님의 성이여 너를 가리켜 영광스럽다 말하는도다"

31. 누가복음에서 예수의 운명하심을 본 백부장이 발설한 말은 다음 중 어느 것인가?
    ① 이는 진실로 하나님의 아들이었도다
    ② 이 사람은 정녕 의인이었도다
    ③ 이는 진실로 그리스도였다
    ④ 이 사람은 정녕 선지자이었도다

32. 아래의 네가지 사항중 공통적인 내용에서 벗어난 것은 어느 것인가?
    ① "이스라엘 자손이 이때까지 향하여 분향하므로 그것을 부수고 느후스단이라 일컬었더라"
    ② "아론이 그들의 손에서그 고리를 받아 부어서 각도로 새겨 송아지 형상을 만드니 그들이 말하되 이스라엘아 이은 너희를 애굽 땅에서 인도하여 낸 너희 신이로다 하는지라"
    ③ "슬프도소이다 이 백성이 자기들을 위하여 금신을 만들었사오니 큰 죄를 범하였나이다"
    ④ "무리가 술을 마시고는 그 금, 은, 동, 철, 목, 석으로 만든 신들을 찬양하니라"

33. 눈 23:1-2에서 무리가 예수를 빌라도에게 끌고 가서 그를 고소한 내용이 아닌 것은 다음 중 어느 것인가?
    ① 백성을 미혹케 함   ② 가이사에게 세 바치는 것을 금함
    ③ 자칭 왕 그리스도라 함   ④ 성전을 헐라 함

34. 사사기 5장은 드보라가 가나안 왕 야빈을 물리친 후에 부르는 승전가이다. 여기에 등장하지 않는 인물(혹은 그룹)은 누구인가?

① 이스라엘 열두지파 두령들 ② 야엘 ③ 시스라의 어머니 ④ 시녀들

35. 겟세마네에서 예수님이 기도하실 새 "사자가 하늘로부터 예수께 나타나 힘을 돕더라"고 기술하고 있는 복음서는 다음 중 어느 복음서인가?
    ① 마태복음   ② 마가복음   ③ 누가복음   ④ 요한복음

36. 다니엘서에 등장하지 않는 이방의 왕은 누구인가?
    ① 고레스   ② 다리오   ③ 아닥사스다   ④ 벨사살

37. "인자의 온 것은 잃어버린 자를 찾아 구원하려 함이라"고 한 예수님의 선언은 다음 중 어느 기사에 나오는 것일까요?
    ① 탕자의 비유   ② 잃은 양을 찾은 비유
    ③ 드라크마를 찾은 비유   ④ 삭개오 사건

38. 아래에서 "신"의 용도 중 공통적인 사항에서 벗어 난 것은 어느 것인가?
    ① "이에 그 기업 무를 자가 보아스에게 이르되 네가 너를 위하여 사라 하고 그 신을 벗을지라"
    ② "귀한 자의 딸아 신을 신은 네 발이 어찌 그리 아름다운가"
    ③ "그 형제의 아내가 장로들 앞에서 그에게 나아가서 그의 발에서 신을 벗기고 그 얼굴에 침을 뱉으며"
    ④ "모압은 내 목욕통이라 에돔에는 내 신을 던지리라"

39. 예수께서 열두 제자를 전도 파송 하시고 그들이 돌아와 전도 보고하는 사이에 세례 요한의 죽음에 관한 기사를 자세히 소개하고 있는 복음서는 다음 중 어느 복음서인가?
    ① 마태복음   ② 마가복음   ③ 누가복음   ④ 요한복음

40. 에덴 동산에 나타나지 않는 것은 어느 것인가?
    ① 강   ② 나무   ③ 보석   ④ 샘

41. 예수께서 십자가에 못 박히신 시간(막 15:25)은 제 몇 시였는가?
   ① 제3시   ② 제5시   ③ 제6시   ④ 제9시

42. "아비가 신 포도를 먹었으므로 아들의 이가 시다"는 속담의 뜻과 가장 거리가 가까운 성경 구절은 어느 것인가?
   ① "범죄하는 그 영혼이 죽으리라"
   ② "내 율례를 좇으며 내 규례를 지켜 진실히 행할진대 그는 의인이나 정녕 살리라"
   ③ "나를 미워하는 자의 죄를 갚되 아비로부터 아들에게로 삼 사대까지 이르게 하리라"
   ④ "만일 악인이 그 행한 악을 떠나 법과 의를 행하면 그 영혼을 보전하리라"

43. 변화산 기사 후에 귀신들린 한 아들을 고친 기사에서 제자들이 "왜 자기들은 귀신을 쫓아내지 못하였나이까"라고 종용히 묻는 질문에 예수님이 '너희 믿음이 적은 연고다'라고 대답한 복음서는 다음 중 어느 복음서인가?
   ① 마태복음   ② 마가복음   ③ 누가복음   ④ 요한복음

44. 솔로몬의 왕위 즉위식과 관계가 없는 사항은?
   ① "이에 율법서를 봉독하고"
   ② "솔로몬을 다윗 왕의 노새에 태우고"
   ③ "인도하여 기혼으로 가서"
   ④ "성막 가운데서 기름 뿔을 가져다가 솔로몬에게 기름을 부으니"

45. 예수님께서 곧 시험 당할 베드로를 향하여 "내가 너를 위하여 네 믿음이 떨어지지 않기를 기도하였다"는 말이 복음서는 다음 중 어느 복음서인가?
   ① 마태복음   ② 마가복음   ③ 누가복음   ④ 요한복음

46. 아래에 "칠배"의 공통적인 용법에서 벗어난 것은 어느 것인가?

① "가인을 위하여는 벌이 칠배일진대 라멕을 위하여는 벌이 칠십 칠배이리로다"
② "주여 우리 이웃이 주를 훼방한 그 훼방을 저희 품에 칠배나 갚으소서"
③ "달빛은 햇빛 같겠고 햇빛은 칠배가 되어 일곱날의 빛과 같으리라"
④ "도적이 만일 주릴 때에 배를 채우려고 도적질하면 사람이 그를 멸시치는 아니하려니와 들키면 칠배를 갚아야 하리니"

47. 오병이어의 이적기사 중에 아이가 이것들(떡과 물고기)을 가져왔다고 언급하고 있는 복음서는 다음 중 어느 것인가?
① 마태복음　　② 마가복음　　③ 누가복음　　④ 요한복음

48. 이사야 선지자는 "무리가 그 칼을 쳐서 보습을 만들고 그 창을 쳐서 낫을 만들 것이며 이 나라와 저 나라가 다시는 칼을 들고 서로 치지 아니하며 다시는 전쟁을 연습지 아니하리라"는 날을 바라 보았다. 그러나 그와 정반대로, "너희는 보습을 쳐서 칼을 만들지어다 낫을쳐서 창을 만들지어다"라고 권면한 선지자가 있었다. 그는 누구인가?
① 나훔　　② 요엘　　③ 아모스　　④ 미가

49. 벳새다의 소경을 고친 기사가 있는 복음서는 다음 중 어느 복음서인가?
① 마태복음　　② 마가복음　　③ 누가복음　　④ 요한복음

50. 아브라함의 종은 이삭을 위한 아내를 찾으러 갈 때 무엇을 타고 갔는가?
① 나귀　　② 말　　③ 노새　　④ 낙타

❖ 석사 · 신학연구원(성경) ❖

──────── 2000학년도 ────────

1. 마태복음 6장은 유대인의 참된 경건이 무엇인지에 대하여 서술하고 있는데 아래의 것들 중에 논의되지 않은 것은 어느 것인가?
   ① 안식일 준수   ② 기도
   ③ 구제   ④ 금식

2. 세례 요한에 대한 기사(마태복음 11장)에 따르면 요한이 와서 먹지도 마시지도 아니하였을 때 이 세대 사람들은 그를 어떻게 취급하였는가?
   ① 의로운 사람이니라   ② 하나님의 선지자라
   ③ 귀신이 들렸다   ④ 가장 큰 자라

3. 스가랴서에 나오는 환상이 아닌 것은?
   ① 날아가는 두루마리   ② 화석류 나무 사이의 네 마리 말
   ③ 칼을 든 사람   ④ 순금 등대와 두 감람나무

4. 수로보니게 여인이 예수님께 나아와서 무엇을 간구하였는가?
   ① 병 고침   ② 축귀(逐鬼)
   ③ 제자도의 질문   ④ 비유에 관한 질문

5. 예수님께서 제자들에게 가르쳐 주신 주기도문은 누가복음의 어디에 있는가?
   ① 눅 9장   ② 눅 10장
   ③ 눅 11장   ④ 눅 12장

6. 잠언에 나타나는 아래 묘사는 무엇에 관한 묘사인가?
   "두령도 없고 간역자도 없고 주권자도 없으되 먹을 것을 여름 동안에 예비하며 추수 때에 양식을 모으느니라."
   ① 독수리   ② 지혜로운 자
   ③ 슬기로운 자   ④ 개미

7. 누가복음에만 나오는 비유가 아닌 것은 다음 중 어느 것인가?
   ① 잃어버린 양의 비유   ② 잃어버린 동전의 비유
   ③ 선한 사마리안의 비유   ④ 불의한 청지기 비유

8. 요한복음을 기록한 목적("오직 이것을 기록함은…")이 분명하게 기술된 곳은 다음 중 어디인가?
   ① 요 18장   ② 요 19장
   ③ 요 20장   ④ 요 21장

9. 솔로몬 행각에서 "나와 아버지는 하나이시니라"(요 10:30)라고 예수님께서 말씀하신 것은 어느 절기 가까이에서 일어난 일이라고 성경은 말하는가?
   ① 초막절   ② 유월절
   ③ 수전절   ④ 오순절

10. 요한복음에서는 가롯 유다의 신상에 대한 언급이 여러 곳에 있다. 아래의 예 중에 그것과 관련되지 않은 곳은 다음 중 어느 것인가?

① 요 6장 ② 요 8장
③ 요 12장 ④ 요 13장

11. "그런즉 하나님 앞에서 사람이 어찌 의롭다 하며 부녀에게서 난 자가 어찌 깨끗하다 하랴? 하나님의 눈에는 달이라도 명랑치 못하고 별도 깨끗지 못하거든 하물며 벌레인 사람, 구더기인 인생이랴" 위의 말은 욥기에서 누가 한 말인가?
    ① 소발 ② 빌닷
    ③ 엘비바스 ④ 엘리후

12. 스데반과 올바로 관련된 것이 아닌 것은 다음 중 어느 것인가?
    ① 믿음과 성령이 충만한 사람
    ② 큰 기사와 표적을 행함
    ③ 예수가 성전을 헐리라고 말함
    ④ 하나님은 손으로 지은 곳에 계시지 아니한다고 말함.

13. 전도자 빌립의 사역과 관련된 것이 아닌 것은 다음 중 어느 것인가?
    ① 마술사 시몬의 세례
    ② 시몬이 돈주고 성령 주는 권능을 사고자 함
    ③ 이사야 53장을 풀어 복음전파
    ④ 간다게의 국고를 맡은 내시의 세례

14. 에베소에서 바울이 사역하던 중 있었던 일이 아닌 것은 다음 중 어느 것인가?
    ① 데메드리오의 군중 선동사건 ② 두란노 서원에서의 강론
    ③ 강론 중 유두고의 낙상 ④ 마술하는 자들의 축귀 소동

15. 마가복음 4장에는 '하나님 나라'를 비유하는 비유들이 여럿 언급된

다. 4장에서 언급되지 않는 천국 비유는 무엇인가?
① 등불의 비유　　　　② 밭 속에 감추인 보배 비유
③ 스스로 자라 열매 맺는 나무 비유　④ 겨자씨 비유

16. 선한 사마리아 사람의 비유는 복음서 중 어디에서 언급되고 있는가?
① 마태복음　　　　② 마가복음
③ 누가복음　　　　④ 요한복음

17. 모리아 산이 위치한 곳은?
① 베들레헴　　　　② 브엘세바
③ 예루살렘　　　　③ 밧단아람

18. 다음 구절은 재판을 받던 바울의 자기 변호 진술이다: "말이 적으나 많으나 당신 뿐 아니라 오늘 내 말을 듣는 모든 사람도 다 이렇게 결박한 것 외에는 나와 같이 되기를 하나님께 원하노이다." 바울의 이 자기변호 진술을 할 때 현장에 있었던 사람이 아닌 사람은 다음 누구인가?
① 벨릭스　　　　② 아그립바
③ 버니게　　　　④ 베스도

19. 하나님의 주권적 자유를 강조하기 위해 바울은 로마서에서 "토기장이의 비유"를 언급하는데, 로마서 몇 장에서 이를 언급하는가?
① 8장　　　　② 9장
③ 10장　　　　④ 11장

20. 다음은 고린도전서 1장 30절에 나오는 구절이다: "너희는 하나님께로부터 나서 그리스도 예수 안에 있고 예수는 하나님께로서 나와서 우리에게 (　)과/와 (　)과/와 (　)과/와 (　)이/가 되셨으

니". 괄호 안에 생략된 단어들을 올바르게 나열한 것은 다음 어느 것인가?
① 구속함-의로움-사랑-거룩함   ② 지혜-거룩함-구속함-의로움
③ 능력-거룩함-의로움-지혜   ③ 지혜-의로움-거룩함-구속함

21. 엘리와 그 아들들에 관한 설명으로 잘못된 것은?
① 홉니의 아들은 이가봇이었다.
② 하나님의 궤는 빼앗겼고 엘리의 두 아들은 죽임을 당하였다.
③ 엘리는 나이 98세에 죽었다.
④ 엘리는 이스라엘의 사사로 40년을 지냈다.

22. 바울은 신자에게 요구되는 중요한 덕목을 "믿음, 소망, 사랑"으로 요약하고 있다. 이 세가지 덕목을 한 구절에서 직접적으로나 간접적으로 언급하지 않는 구절은 다음 어느 곳인가?
① 고전 13:13   ② 갈 5:5-6
③ 골 1:4-5   ④ 빌 1:9-10

23. 범죄하는 기독교인들에게 "하나님 나라를 유업(기업)으로 받지 못할 것이라"고 경고하는 구절들이 바울서신에서 자주 등장하는데, 이런 경고 구절들이 등장하지 않는 구절은 다음 어디인가?
① 살후 2:10   ② 고전 6:9-10
③ 갈 5:21   ④ 엡 5:5

24. "세상의 초등학문"이란 말이 언급되는 구절들이 바울서신에서 몇 차례 언급된다. 언급되는 바울서신들을 올바로 짝지은 것은 다음 어느 것인가?
① 빌립보서-예배소서   ② 로마서-고린도전서
③ 갈라디아서-골로새서   ④ 고린도후서-디모데전서

25. 바울서신에서 "오직 믿음으로 말미암아 의롭다 함을 얻는다"는 이 신칭의(justification by faity) 교리가 직접적으로 언급되지 않는 곳은 다음 어느 서신인가?
    ① 고린도전서　　　　② 갈라디아서
    ③ 로마서　　　　　　④ 데살로니가전서

26. 데살로니가 교회의 설립에 직접적으로 관여되지 않은 사람은 다음 누구인가?
    ① 누가　　　　　　　② 디모데
    ③ 야손　　　　　　　④ 실라

27. 다음 구절은 신약 저술 중에서 어디에서 나오는 구절인가?
    "이 후로는 종과 같이 아니하고 종에서 뛰어나 곧 사랑받는 형제로 둘 자라"
    ① 골로새서　　　　　② 디모데전서
    ③ 빌레몬서　　　　　④ 빌립보서

28. 야고보서 기자는 "행함이 없는 믿음"의 오류에 대해 비판하는데 이를 무엇에 비유하여 비판하는가?
    ① 열매 없는 나무　　② 단물과 쓴물을 내는 샘
    ③ 영혼이 없는 몸　　④ 요동하는 바다 물결

29. 요한은 계시록에서 완성된 천국을 새 예루살렘으로 비유하는데, 성 안에 들어가지 못할 자들을 22장 끝머리에서 언급한다. 올바로 열거된 자들의 목록은 다음 어느 것인가?
    ① 믿지 않는자-행음자-탐욕하는 자-살인자들
    ② 개들-술객들-행음자들-우상숭배자들-거짓말하는 자들
    ③ 도적들-방탕한 자들-술객들-술취하는 자들-살인자들

④ 술객들-간음자들-우상숭배자들-후욕하는 자들-탐욕하는 자들

30. 다음의 말은 누가 욥에게 한 것인가? "네가 바다 근원에 들어갔었느냐? 깊은 물밑으로 걸어다녔었느냐"
    ① 엘리후   ② 소발
    ③ 엘리바스   ④ 하나님

31. 아래 본문은 시편 126편 4절의 말씀이다. 괄호 안에 들어갈 말은?
    "여호와여 우리의 포로를 (   ) 같이 돌리소서. 눈물을 흘리며 씨를 뿌리는 자는 기쁨으로 거두리로다."
    ① 남방 시내들   ② 바람
    ③ 시냇물   ④ 회오리바람

32. (   )의 눈은 골짜기의 까마귀에게 쪼이고 독수리 새끼에 먹히게 될 것이라고 잠언 기자는 말한다.
    ① 색을 탐하는 자   ② 어미 순종하기를 싫어하는 자
    ③ 거만한 자   ④ 방탕한 자

33. 아가서 기자가 술람미 여인의 외모를 묘사하면서 "상아 망대" 같다고 한 몸의 부위는 어디인가?
    ① 허리   ② 코
    ③ 목   ④ 이마

34. 바울이 유대인이나 이방인이나 "오직 믿음으로 의롭다 함을 얻는다"는 이신칭의 복음을 논증하기 위해 중요하게 원용하는 구약 구절이 아닌 것은 다음 어느 것인가?
    ① 창세기 12:3   ② 하박국 2:4
    ③ 창 15:6   ④ 신명기 7:6

35. 하나님에 대한 아래와 같은 묘사는 어느 선지자의 묘사인가?
    "이스라엘의 소망이시요 곤란한 때의 구원자시여 어찌하여 이 땅에서 거류하는 자 같이, 하룻밤을 유숙하는 행인같이 하시나이까? 어찌하여 놀라 벙벙하는 자 같으시며 구원치 못하는 용사 같으시니이까 여호와여 주는 오히려 우리 중에 계시고 우리는 주의 이름으로 일컬음을 받는 자이오니 우리를 버리지 마옵소서."
    ① 이사야   ② 에스겔
    ③ 아모스   ④ 예레미야

36. 다음에서 고기를 탐하다가 생긴 지명은 어느 것인가?
    ① 기럇여아림   ② 기브롯 핫다아와
    ③ 하봇야일   ④ 다베라

37. 에스겔이 하늘이 열리면서 네 생물의 형상을 본 곳은 어디인가?
    ① 유브라데 강   ② 바벨론 강변
    ③ 시날 평지   ④ 그발 강

38. 극상품 포도나무를 심었는데 들 포도를 맺혔다는 하나님의 애가는 어느 선지자의 글에 나오는가?
    ① 예레미야   ② 이사야
    ③ 에스겔   ④ 호세아

39. 이사야 45:15을 인용하였다. 아래 괄호 안에 들어갈 말은?
    "구원자 이스라엘의 하나님이여 진실로 주는 스스로 (   ) 이시니이다."
    ① 숨어 계시는 하나님   ② 은밀히 말하지 아니하는 하나님
    ③ 구원을 베푸는 하나님 ④ 거룩한 하나님

40. 사도행전에서는 말씀 듣는 사람들 위에 성령이 내려오셔서 부어주시는 사건 혹은 성령 받는 사건이 기록된 곳이 여러 번 언급되었는데 여기에 해당되지 않는 곳은 다음 중 어디인가?
    ① 예루살렘   ② 사마리아
    ③ 가이사랴   ④ 안디옥

41. "그러나 내가 야곱을 사랑하였고 에서는 미워하였으며"라는 어구가 나오는 선지서는 어디인가?
    ① 학개   ② 말라기
    ③ 스가랴   ④ 이사야

42. 아래의 글은 어느 선지서에 나오는가?
    "내가 저희를 음부의 권세에서 속량하며 사망에서 구속하리니 사망아 네 재앙이 어디 있느냐? 음부야 네 멸망이 어디 있느냐? 뉘우침이 내 목전에 숨으리라"
    ① 이사야   ② 예레미야
    ③ 에스겔   ④ 호세아

43. 아래의 괄호 안에 들어갈 말은?
    "때에 주께서 자다가 깬 자 같이, (   )로 인하여 외치는 용사같이 일어나사(시 78:65)."
    ① 포도주   ② 분노
    ③ 번개   ④ 지혜

44. 아모스가 본 여름 실과 한 광주리가 드러내는 의미는 무엇인가?
    ① 이스라엘의 풍성함   ② 이스라엘의 끝
    ③ 이스라엘의 분노   ④ 이스라엘의 구원

45. 예수 그리스도의 대제사장직을 구약의 "멜기세덱"의 사역에 비유하는 히브리서의 교훈은 몇 장에 걸쳐 언급되는데 멜기세덱에 관한 논의가 언급되지 않는 장은 다음 어느 장인가?
    ① 5장　　　　　　　　② 6장
    ③ 7장　　　　　　　　④ 8장

46. 선지서 중에 니느웨가 언급되지 않은 책은?
    ① 요나　　　　　　　　② 나훔
    ③ 스바냐　　　　　　　④ 호세아

47. 오바댜서는 어느 이방 국가와 연관되어 있는가?
    ① 모압　　　　　　　　② 에돔
    ③ 암몬　　　　　　　　④ 두로

48. 에덴 동산의 설명으로 옳은 것은?
    ① 그곳에서 발원한 네 강 중 둘째 강의 이름은 기혼이라 하윌라 온 땅에 둘렸으며
    ② 하나님이 그 사람을 이끌어 에덴 동산에 두사 쉬게 하시고
    ③ 동방에 한 동산을 창설하시고 그 동산을 에덴이라 하시니
    ④ 하윌라 온 땅에는 금과 베델리엄과 호마노도 있으며

49. 다음은 신약에서 언급되는 유명한 구절이다: "인자의 온 것은 섬김을 받으려 함이 아니라 도리어 섬기려 하고 자기 목숨을 <u>많은 사람의 대속물</u>로 주려 함이니라." 밑줄을 친 "많은 사람의 대속물"이란 평행적 표현이나 구절이 언급되지 않는 곳은 다음 어디인가?
    ① 디모데전서 2:6　　　② 마태복음 20:28
    ③ 누가복음 22:30　　　④ 마가복음 10:45

50. 다음 중 나실인 법을 설명한 곳은?
    ① 레 21장   ② 민 6장
    ③ 민 19장   ④ 레 15장

❖ 석사 · 신학연구원(성경) ❖

─ 2001학년도 ─

1. 다음은 족속들의 이름이다. 조상의 이름이 잘못 연결된 것은 어느 것인가?
   ① 모압 - 모압
   ② 갑도림 - 블레셋
   ③ 벤암미 - 암몬
   ④ 가나안 - 스말

2. 아래의 본문 중 주제의 관련성이 약한 것은 어떤 것인가?
   ① "여호와께서 내게 기름을 부으사 가난한 자에게 아름다운 소식을 전하게 하려 하심이라"
   ② "여호와의 은혜의 해와 우리 하나님의 신원의 날을 전파하여 모든 슬픈 자를 위로하되"
   ③ "제칠년에는 쉬어 안식하게 할지니 여호와께 대한 안식이라 너는 그 밭에 파종하거나 포도원을 다스리지 말며"
   ④ "그들로 의의 나무 곧 여호와의 심으신 바 그 영광을 나타낼 자라 일컬음을 얻게 하려 하심이니라"

3. 다음 중의 성의 이름이 아닌 것은 어느 것인가?
   ① 레센
   ② 에녹
   ③ 소할
   ④ 게데스

4. 예수님의 광야시험에 대하여 시험의 내용보다는 시험의 결과에 대해서만 언급하고 있는 복음서는 다음 중 어느 것인가?
   ① 마태복음　　　　　② 마가복음
   ③ 누가복음　　　　　④ 요한복음

5. 바울서신들 중에 자신의 사도직을 변호한 서신을 고린도후서라고 부른다. 그 중에 고린도후서 10-13장의 주제는 무엇인가?
   ① 연보　　　　　　　② 자유와 권리
   ③ 약함의 사도　　　　④ 화목의 사명

6. 다음은 도피성에 관한 설명들이다. 올바르게 설명된 것은?
   ① 길르앗 라못은 르우벤 지파를 위한 도피성이었다
   ② 바산 골란은 므낫세 지파를 위한 도피성이었다
   ③ 베셀은 갓 지파를 위한 도피성이었다
   ④ 헤스본은 유다 지파를 위한 도피성이었다.

7. 예수께서 세리들과 함께 식사하실 때 바리새인들이 그를 비판하자, "너희는 가서 내가 긍휼을 원하고 제사를 원치 아니하노라 하신 뜻이 무엇인지 배우라 내가 의인을 부르러 온 것이 아니요 죄인을 부르러 왔노라 하시니라"고 대답하셨다. 여기에서 예수께서는 누구의 말씀을 인용하고 있는가?
   ① 이사야　　　　　　② 예레미야
   ③ 호세아　　　　　　④ 하박국

8. 요한계시록에서 검은 말을 탄 자의 손에 저울을 가진 것을 요한이 보게된 것은 보좌의 앉으신 이의 손에 있는 책의 몇 번째 인이 떼어질 것인가?

① 첫째 인　　　　　　② 둘째 인
③ 셋째 인　　　　　　④ 넷째 인

9. 다음은 민수기 34장 13절의 내용이다. "모세가 이스라엘 자손에게 명하여 가로되 이는 너희가 (　　) 얻을 땅이라, 이것을 (　　)와 (　　) 지파에게 주라고 하셨나니"에서 괄호 안에 들어갈 말을 올바로 나열한 것은?
　① 장차, 열, 지파, 둘　　② 들어가서, 너희, 너희 모든
　③ 기업으로, 레위 지파, 유다　　④ 제비뽑아, 아홉 지파, 반

10. 예수께서 비유로 무리들을 가르치신 방법에 대한 정당성에 대해, 선지자의 말씀을 인용하시며, "내가 입을 열어 비유로 말하고 창세부터 감추인 것들을 드러내리라 함을 이루려 하심이니라"고 말씀하셨다. 이 본문은 구약성경 중에서 어디에 나타나는가?
　① 신명기　　　　　　② 역대기
　③ 시편　　　　　　　④ 이사야

11. 도피성에 관한 설명으로 잘못된 것은 어느 것인가?
　① 레위인에게는 여섯 성읍을 주었다
　② 어쩔 수 없이 고살한 자가 재판할 때까지 도피할 수 있도록 하였다
　③ 요단 이 저편에 각각 세 성읍씩 두었다
　④ 살인자는 규례에 따라 판결된 뒤에 그가 피하였던 도피성으로 보내진다

12. 으뜸되기를 좋아하는 디오드레베에 대한 책망이 있는 곳은 다음 중 어디인가?
　① 유다서　　　　　　② 요한 일서

③ 요한 이서   ④ 요한 삼서

13. 여호와께서 모세에게 말씀하시기를 "백성들의 두령들을 잡아 태양을 향해 목 매어 달라"고 하신 이유로 적당한 것을 지적하라.
    ① 시므리와 고스비가 몰렉에게 자식을 드렸으므로
    ② 엘르아살과 비느하스가 하나님께 반역하였으므로
    ③ 이스라엘이 바알브올에게 부속되었으므로
    ④ 정탐꾼 중 대다수가 가나안을 정탐하고 그 땅을 악평하였으므로

14. 다음 중 모세에 관한 설명으로 타당한 것은?
    ① 모압 땅에서 죽어 백성들에 장사되었다
    ② 장인 이름으로는 이드로, 드우엘, 호밥 등이 나타난다
    ③ 미리암과 아론이 그를 비방할 때 여호와께서 "이 사람 모세는 온유함이 지면의 모든 사람보다 승하도다"고 하였다
    ④ 그는 눈의 아들 호세아를 여호수아라고 불렀다

15. 야고보서에 나오는 구약의 인물이 아닌 사람은 다음 중 어느 것인가?
    ① 아브라함   ② 다윗
    ③ 욥   ④ 엘리야

16. 다음은 이스라엘이 광야에서 고기를 탐하던 사건에 관한 설명이다. 올바른 것을 지적하라.
    ① 이스라엘 중에 섞여 사는 무리가 먼저 탐욕을 품었다
    ② 장로들이 장막 문에서 우는 것을 모세가 들었다

③ 모세는 백성의 보행자가 출입하는 자만 오십만 명인데 어떻게 일 개월 간 고기를 먹게 하시겠느냐고 했다
④ 고기가 잇 사이에 씹히기도 전에 여호와께서 진노하사 기브롯 핫다와라고 칭하셨더라

17. 다음은 족속들을 일컫는 이름들이다. 올바른 이름이 짝 지워 진 것은?
① 암몬 족속 → 게벨
② 모압 족속 → 삼숨밈
③ 아낙 족속 → 르바임
③ 호리 족속 → 에밈

18. 가롯 유다가 예수를 배반하고 자살한 후, 베드로는 "셩령이 다윗의 입을 의탁하사 예수 잡는 자들을 지로한 유다를 가리켜 미리 말씀하신 성경이 응하였으니 마땅하도다"라며, "시편에 기록하였으되 그 직분을 타인이 취하에 하소서 하였도다"라고 말했다. 베드로는 어느 시편을 인용하고 있는가?
① 68편
② 69편
③ 108편
④ 109편

19. 아래의 괄호에 공통적으로 들어갈 말을 찾으시오.
"둘이 다 블레셋 사람의 부대에게 보이매 블레셋 사람이 가로되 보라 (   ) 사람이 그 숨었던 구멍에서 나온다 하고… 전에 블레셋 사람과 함께 하던 (   ) 사람이 사방에서 블레셋 사람과 함께 와서 진에 들어왔더니 그들이 돌이켜 사울과 요나단 함께 한 이스라엘 사람과 합하였고"(삼상 14:11, 21)
① 유다
② 이스라엘
③ 히브리
④ 산지

20. 다음 중 에덴 동산의 설명으로 적당한 것은 어느 것인가?
    ① 에덴에서 발원한 둘째 강의 이름은 비손이었다
    ② 하윌라 땅에는 금이 있었다
    ③ 셋째 강은 구스 온 땅에 둘렸다
    ④ 넷째 강은 힛데겔이라 앗수르 서편으로 흘렀더라

21. 홍해사건을 세례로 광야의 사건들(만나와 메추라기와 반석의 물)을 성찬으로 해석한 곳은 고린도전서 몇 장인가?
    ① 고전 7장   ② 고전 8장
    ③ 고전 9장   ④ 고전 10장

22. 룻기 4장에 나오는 족보 가운데 7번째 인물은 누구인가?
    ① 보아스   ② 오벳
    ③ 이새   ④ 다윗

23. 다음은 사건과 그 사건이 발생한 장소를 소개한다. 사건과 장소가 잘못 연결된 것은 어느 것인가?
    ① 미리암이 모세를 비방하다가 징계를 받음 - 하세롯
    ② 그 곳에 아낙 자손 아히만과 세새와 달매가 있었음 - 헤스론
    ③ 아론이 죽어서 거기 장사되었음 - 모세라
    ④ 여호와께서 가서 얻을 땅으로 인도하여 들이실 때 저주를 선포할 곳 - 에발 산

24. 여호수아 20장에는 도피성이 6군데 나온다. 다음 중 도피성이 아닌 곳은?
    ① 갈릴리 게데스   ② 벧엘

③ 세겜 ④ 베셀

25. 사도행전에서 예루살렘의 성령강림과 유사한 사건이 일어난 장소들이 아닌 곳은 다음 중 어느 곳인가?
    ① 사마리아 ② 가이사랴
    ③ 안디옥 ④ 에베소

26. 예수께서 해롯을 피하여 애굽으로 피난 간 사건은, "주께서 선지자로 말씀하신 바 애굽에서 내 아들을 불렀다 함을 이루려 하심이니라"로 새롭게 해석되고 있다. 여기의 선지자는 누구인가?
    ① 호세아 ② 미가
    ③ 이사야 ④ 스바냐

27. 사사기 1장에서 "아모리 사람이 산지로 쫓아들이고 골짜기에 내려오지 못하도록한"(개역) 이스라엘 지파는 누구인가?
    ① 베냐민 ② 스불론
    ③ 잇사갈 ④ 단

28. 솔로몬의 왕위 즉위식과 관계가 없는 사항은?
    ① "이에 율법서를 봉독하고"
    ② "솔로몬을 다윗 왕의 노새에 태우고"
    ③ "인도하여 기혼으로 가서"
    ④ "성막 가운데서 기름 뿔을 가져다가 그에게 기름을 부으니"

29. 과부를 돌보는 일을 특별히 목회적으로 권면한 장은 어느 것인가?

① 딤전 2장   ② 딤전 3장
③ 딤전 4장   ④ 딤전 5장

30. 다음 중 올바로 짝지워 진 것을 골라라.
    ① 맛사 - 므리바라고도 부른다
    ② 르비딤 - 아모리와 싸운 곳이다
    ③ 기브롯 핫다와와 - "탐욕의 불길"이란 의미이다
    ④ 에스골 - 이스라엘이 포도송이를 막대기에 꿰어지고 가는 가나안 사람을 보았다

31. 예수께서는 세례 요한이 "선지자 보다 나은자"라고 말씀하시며, "기록된 바 보라 내가 내 사자를 네 앞에 보내노니 저가 네 길을 네 앞에 예비하리라 하신 것이 이 사람에 대한 말씀이니라"고 하셨다. 이 예언의 말씀을 한 선지자는 누구인가?
    ① 이사야   ② 요엘
    ③ 에스겔   ④ 말라기

32. 아래의 말씀은 다음 중 어느 서신에 나오는 말씀인가?
    "오직 우리가 너희 가운데서 유순한 자 되어 유모가 자기 자녀를 기름과 같이 하였으니 우리가 이같이 너희를 사모하여 하나님의 복음으로만 아니라 우리 목숨까지 주기를 즐겨함은 너희가 우리의 사랑하는 자 됨이니라"
    ① 고린도전서   ② 고린도후서
    ③ 데살로니가전서   ④ 데살로니가후서

33. 사무엘의 아들 요엘과 아비야가 사사가 되어 다스린 지역은?
    ① 헤브론   ② 브엘세바

③ 길갈   ④ 벧엘

34. 어떤 선지자의 말을 빌어 "그레데인은 항상 거짓말쟁이며 악한 짐승이며 배만 위하는 게으름장이라"고 말한 서신은?
    ① 디도서   ② 디모데전서
    ③ 디모데후서   ④ 빌레몬서

35. 아래 글은 열왕기 기자가 다윗이 노년에 스스로 왕으로 선포한 다윗의 아들 아도니야에 대해 언급한 말이다. 괄호 안에 들어갈 인물은? "저는 (   )의 다음에 난 자요 체용이 심히 준수한 자라 그 부친이 네가 어찌하여 그리하였느냐 하는 말로 한 번도 저를 섭섭하게 한 일이 없었더라."
    ① 암논   ② 솔로몬
    ③ 압살롬   ④ 삼무아

36. 아래의 구절들 중에서 상호 관련성이 약한 구절은 무엇인가?
    ① "여호와께서 그 터를 바다 위에 세우심이여 강들 위에 건설하셨도다"
    ② "한 사내가 있어 나뉘어 흘러 하나님의 성 곧 지극히 높으신 자의 장막의 성소를 기쁘게 하도다"
    ③ "터가 높고 아름다워 온 세계가 즐거워함이여 큰 왕의 성 곧 북방에 있는 시온산이 그러하도다"
    ④ "하나님의 성이여 너를 가리켜 영광스럽다 말하는도다"

37. 다윗이 "저희로 땅에 엎드리게 하고 줄로 재어 그 두 줄 길이의 사람은 죽이고 한 줄 길이의 사람은 살린" (개역) 백성은 어디 백성인가?

① 에돔 ② 암몬
③ 블레셋 ④ 모압

38. 누가복음 15장에 나오는 세 비유에서 모두 강조하고 있는 공통된 주제가 아닌 것은 다음 중 어느 것인가?
    ① 잃은 자의 구원 ② 자비를 베풂
    ③ 죄인의 회개 ④ 구원의 기쁨

39. "그 후에 내가 내 신을 만민에게 부어 주리니 너희 자녀들이 장래 일을 말할 것이며 너희 늙은이는 꿈을 꾸며 너희 젊은이는 이상을 볼 것이며"라는 요엘의 예언과 주제에 있어서 연관성이 가장 약한 구절은 어떤 것인가?
    ① "여호와께서 구름 가운데 강림하사 모세에게 말씀하시고 그에게 임한 신을 칠십 장로에게도 임하게 하시니 신이 임하신 때에 그들이 예언을 하다가 다시는 아니하였더라"
    ② "엘리사가 가로되 당신의 영감이 갑절이나 내게 있기를 구하나이다"
    ③ "여호와의 크고 두려운 날이 이르기 전에 해가 어두워지고 달이 핏빛 같이 변하려니와 누구든지 여호와의 이름을 부르는 자는 구원을 얻으리니"
    ④ "저희가 다 성령의 충만함을 받고 성령이 말하게 하심을 따라 다른 방언으로 말하기를 시작하니라"

40. 에스라 1장에 의하면 고레스 왕이 성전 기물을 누구에게 붙여 예루살렘으로 가져가게 하였는가?
    ① 에스라 ② 스룹바벨
    ③ 세스바살 ④ 예수아

41. 솔로몬이 갈릴리 땅의 성읍 이십을 히람에게 주었으나, 히람이 이 성읍을 보고 마음에 들지 아니하여 이 지역에 붙인 이름이 있는데, 무엇인가?
   ① 가불   ② 다드몰
   ③ 다아낙 ④ 바알랏

42. 예수께서 시험받으실 때, 마귀는 "네가 만일 하나님의 아들이어든 뛰어내리라 기록하였으되 저가 너를 위하여 그 사자들을 명하시리니 저희가 손으로 너를 받들어 발이 돌에 부딪히지 않게 하리로다 하였느니라"고 말하였다. 그가 인용하고 있는 말씀은 어디에 나타나는가?
   ① 신명기 6장   ② 시편 91편
   ③ 이사야 31장 ④ 스가랴 5장

43. 아하시야가 병들었을 때 사자를 보내 물은 신은 누구인가?
   ① 사돈의 신 바알   ② 모압의 신 그모스
   ③ 에그론의 신 바알세붑 ④ 암몬의 신 밀곰

44. 예수께서는 어떤 절기 끝날에 "누구든지 목마르거든 내게로 와서 마셔라 나를 믿는 자는 성경에 이름과 같이 그 배에서 생수의 강이 흘러 나리라"(요 7:37-38)고 외쳤는가?
   ① 초막절 ② 유월절
   ③ 오순절 ④ 수전절

45. 아래에 나타난 "칠배"의 용법 중 공통점에서 약간 벗어난 것은 어느 것인가?
   ① "가인을 위하여는 벌이 칠배일진대 라멕을 위하여는 벌이 칠십 칠배이리로다"

② "주여 우리 이웃이 주를 훼방한 그 훼방을 저희 품에 칠배나 갚으소서"
③ "달빛은 햇빛 같겠고 햇빛은 칠배가 되어 일곱날의 빛과 같으리라"
④ "도적이 만일 주릴 때에 배를 채우려고 도적질하면 사람이 그를 멸시치는 아니하려니와 들키면 칠배를 갚아야 하리니"

46. 예레미야가 예레미야서 24장에서 본 환상 중에 좋은 무화과 나무는 누구를 가리키는가?
    ① 바벨론에 잡혀간 유다 포로   ② 가나안 땅에 남은 자
    ③ 시드기야   ④ 예레미야

47. 선지서와 이방 민족의 연결이 잘못된 것은?
    ① 오바댜-에돔   ② 요나-니느웨
    ③ 나훔-갈대아   ④ 하박국-갈대아

48. 아들 삼십과 딸 삼십을 두고, 딸들은 타국으로 시집 보내고, 아들들을 위해서는 타국에서 여자 삼십을 데려온 사사는?
    ① 엘론   ② 압돈
    ③ 야일   ④ 입산

49. "돈을 사랑함이 일만 악의 뿌리가 되나니 이것을 사모하는 자들이 미혹을 받아 믿음에서 떠나 많은 근심으로써 자기를 찔렀도다 오직 너 하나님의 사람아 이것들을 피하고 의와 경건과 믿음과 사랑과 인내와 온유를 좇으며"라는 말씀은 바울이 누구에게 한 훈계였는가?
    ① 빌레몬   ② 디도

③ 디모데   ④ 유다

50. 예수께서는 자신의 메시야직을 "건축자들의 버린 돌이 모퉁이의 머릿돌이 되었다"는 말씀으로 설명하셨다. 그는 어디에서 이 비유를 가져오셨는가?
   ① 시편 66편   ② 시편 99편
   ③ 시편 110편   ④ 시편 118편

❖ 석사·신학연구원(성경) ❖

2002학년도

1. 다음 신약 저자들 가운데 가장 많은 양(구절)의 글을 남긴 저자는 누구인가?
   ① 마태   ② 요한
   ③ 바울   ④ 누가

2. "인자의 온 것은 섬김을 받으려 함이 아니라 도리어 섬기려 하고 자기 목숨을 많은 사람의 대속물로 주려 함이니라." 이 평행 구절을 담고 있는 복음서의 짝을 올바로 연결시킨 것은 어느 것인가?
   ① 마태-마가   ② 마가-누가
   ③ 마태-누가   ④ 누가-요한

3. 다음 구절들 중에 '열매/과실' 언어를 포함하고 있지 않는 구절은 어느 것인가?
   ① 마 3:1-12   ② 막 4:1-20
   ③ 요 10:1-18   ④ 갈 5:16-24

4. 요한복음의 '영생' 개념이 다음 복음서의 개념들 중 어느 것에 가장 평행이 되는가?

① 전도 ② 하나님의 나라
③ 성령 ④ 말씀

5. 마가복음의 성전청결 사건 중에서 예수께서 "강도의 굴혈"이란 말을 직접 인용한 예언서는 어느 것인가?
① 이사야서 ② 에스겔서
③ 예레미야서 ④ 스가랴서

6. 영생을 얻는 길에 대하여 예수께 답변하는 과정에서 (눅 10:25-28) 율법사가 인용했던 구약의 두 구절을 제대로 짝 지어 놓은 것은 다음 어느 것인가?
① 신 6:5/레 19:18 ② 출 20:10/민 31:16
③ 신 8:1/신 30:16 ④ 신 30:16/겔 18:9

7. 마가복음에서 예수께서 자신의 수난에 대해 몇 번 예고 하셨는가?
① 1번 ② 2번
③ 3번 ④ 4번

8. 예루살렘 멸망에 대한 예수의 예언을 담고 있는 장이 아닌 것은?
① 마 23장 ② 막 13장
③ 눅 19장 ④ 눅 21장

9. 다음 구절들 가운데 이방인과 직접 관련이 없는 구절은 어느 것인가?
① 막 11:15-18 ② 눅 4:24-27
③ 요 12:20-24 ④ 롬 9:1-13

10. 니고데모와 대화에서 언급된 것이 아닌 것은 어느 것인가?

① 하나님 나라　　　　② 표적
③ 바람과 불　　　　　④ 놋뱀을 든 사건

11. 요 6장에서 '떡/양식'의 이미지는 예수의 어떤 사역과 <u>가장 직접</u> 연결되는가?
    ① 성육신　　　　　② 십자가
    ③ 말씀 교훈　　　　④ 성만찬

12. 사도행전에서 사마리아 선교가 시작된 직접적인 계기는 어느 것인가?
    ① 베드로 체포　　　② 아나니아와 삽비라 사건
    ③ 스데반 순교　　　④ 고넬료 사건

13. 베드로의 오순절 설교에서 올리심을 받은 예수를 다윗의 왕권을 이어받은 메시야로 동일시하려고 인용한 시편 구절은 다음 어느 것인가?
    ① 시 16:8-11　　　② 시 2:7
    ③ 시 110:1　　　　④ 시 68:18

14. 마술사들이 은 오만이나 값이 나가는 마술책들을 불사른 지역은 어디인가?
    ① 고린도　　　　　② 에베소
    ③ 아덴　　　　　　④ 빌립보

15. 바울이 다음 진술을 할 때 그 앞에 있었던 사람이 아닌 사람은 누구인가? "말이 적으나 많으나 당신 뿐 아니라 오늘 내 말을 듣는 모든 사람도 다 이렇게 결박한 것 외에는 나와 같이 되기를 하나님께 원하노이다."

① 벨릭스   ② 베스도
③ 아그립바   ④ 버니게

16. 로마서 서론(1:1-17)에 언급된 저술 목적과 직접 관계가 없는 것은 어느 것인가?
    ① 로마 신자들에게 복음을 전함
    ② 신령한 은사들을 나누어 줌
    ③ 믿음의 교제를 통한 상호간의 위로
    ④ 이방 선교에 대한 후원

17. 다음 장들 가운데 아브라함에 관한 언급이 없는 부분은 어느 곳인가?
    ① 마 3장   ② 요 8장
    ③ 롬 10장   ④ 갈 4장

18. 바울이 자신의 이신칭의 (justification by faith) 복음을 직접적으로 뒷받침하기 위해 인용하는 구약 구절이 아닌 것은 어느 것인가?
    ① 창 15:16   ② 합 2:4
    ③ 신 30:11-14   ④ 사 52:7

19. 로마서 9-11장에서 애굽 왕 바로는 다음 어떤 것을 암시적으로 지칭하는가?
    ① 이스라엘   ② 육신의 자녀
    ③ 진노의 그릇   ④ 소돔과 고모라

20. 로마서 8장에서 예수의 구원 사역과 직접적으로 연관되어 언급되는 주제가 아닌 것은 무엇인가?
    ① 율법을 지킬 의무에서 면제됨

② 몸의 구속을 기다리게 함
③ 피조물의 해방과 자유
④ 하나님의 형상의 회복

21. 고후 3-4장에서 암시적으로 언급된 바가 없는 구약 구절은 어느 것인가?
    ① 창 1:3   ② 렘 31:33
    ③ 출 34:33   ④ 레 18:5

22. 갈라디아서의 핵심에 가장 가까운 주제는 무엇인가?
    ① 참 아브라함의 후손의 정체성 확인
    ② 율법의 정죄에서 자유와 해방
    ③ 갈라디아인들의 분쟁에 대한 권면
    ④ 성령을 좇아 행하는 삶

23. 십자가를 통한 유대인과 이방인의 화목과 일치를 강조하는 예배소서의 장은 어디인가?
    ① 2장   ② 3장
    ③ 4장   ④ 5장

24. 빌립보서의 저술 목적과 관계가 없는 것은 어느 것인가?
    ① 바울에게 보내준 헌금에 대한 감사표현
    ② 빌립보 성도들의 사랑과 화목의 삶에 대한 칭찬
    ③ 유대주의자들의 침투에 대한 경고
    ④ 자신의 투옥 생활에 대한 권면

25. 골로새 교회에 침투한 거짓 교사들의 정체와 관련이 없는 것은 어느 것인가?

① 자유방임주의　　　　② 영지주의적 거짓 철학
③ 천사숭배　　　　　　④ 금욕주의

26. 목회서신(딛 2:14)에서 예수 그리스도의 구속의 목적으로 직접 언급되는 것은 다음 어느 것인가?
    ① 복음 전파　　　　　② 선한 일
    ③ 영생의 소망　　　　④ 말씀 순종

27. 히브리서에서 옛 언약과 새 언약을 대조하면서 구약 예레미야 31:33과 겔 36:25를 직접 인용하여 새 언약의 우월성을 말하는 장은 어디에 있는가?
    ① 7장　　　　　　　　② 8장
    ③ 9장　　　　　　　　④ 10장

28. 베드로전서에서 하나님의 교회를 비유하는 이미지가 아닌 것은 어느 것인가
    ① 산 돌　　　　　　　② 집
    ③ 제사장　　　　　　　④ 머릿돌

29. 요한일서에 특징적으로 언급되는 이원론적 대립 구조에 해당하지 않는 술어 표현은 어느 것인가?
    ① 진리의 영과 미혹의 영　② 빛과 어둠
    ③ 진리와 거짓　　　　　　④ 끝까지 믿음을 지키는 자

30. 요한계시록에서 직접적으로 언급된 축복 선언이 아닌 것은 어느 것인가?
    ① 예언의 말씀을 지키는 자　② 자신의 옷을 지키는 자
    ③ 두루마기를 빠는 자　　　　④ 끝까지 믿음을 지키는 자

31. 창 18:19에 따르면 하나님께서 아브라함과 그의 후손을 택하신 목적은 무엇인가?
   ① 열방의 복의 근원이 되기 위해서
   ② 가나안 땅을 유업으로 주기 위해서
   ③ 의와 공도를 행하게 하기 위해서
   ④ 믿음의 조상이 되게 하기 위해서

* 신약에서 인용된 아래 문구를 보고 32-34번 문제를 답하라:

> "기록된바 내가 너를 많은 민족의 조상으로 세웠다 하심과 같으니 그의 믿은바 하나님은 ① 죽은 자를 살리시며 없는 것을 있는 것 같이 부르시는 이시니라 아브라함이 바랄 수 없는 중에 바라고 믿었으니 이는 네 후손이 ② 이 같으리라 하신 말씀대로 많은 민족의 조상이 되게 하려 하심을 인함이라"

32. 상기 신약의 인용구는 바울의 한 저술에서 인용된 것이다. 밑줄을 친 ①의 내용은 구약 어디에 있는 사건을 지칭하는 구절인가?
   ① 창 15장   ② 창 16장
   ③ 창 19장   ④ 창 22장

33. 상기 인용문 ①의 내용은 신약의 또 다른 저술에서도 언급되는데 어디에 있는가?
   ① 마 3:8-12   ② 롬 4:1-18
   ③ 갈 4:21-31   ④ 히 11:17-19

34. 상기 인용문의 ②의 말씀은 창세기 어디에 있는 말씀을 암시하는 말인가?
   ① 창 12:3   ② 창 15:5

③ 창 17:6   ④ 창 18:19

35. 출애굽 사건과 관련하여 이스라엘 백성을 하나님의 '아들'로 부르기 시작한 구절은 다음 어느 것인가?
    ① 출 4:22-23   ② 출 13:13
    ③ 출 14:13   ④ 출 32:13

* 다음은 신약의 한 저술에서 인용한 구절이다. 36-37번의 질문에 답하라.

> (   )가(이) 이스라엘에 관하여 외치되 ① 이스라엘 뭇 자손의 수가 비록 바다의 모래 같을지라도 남은 자만 구원을 얻으리니 주께서 땅 위에서 그 말씀을 이루사 필하시고 끝내시리라 하셨느니라 또한 (   )가(이) 미리 말한 바 ② 만일 만군의 주께서 우리에게 씨를 남겨 두시지 아니하셨더면 우리가 소돔과 같이 되고 고모라와 같았으리로다 함과 같으니라

36. 위 신약 인용문은 어디에서 나온 구절인가?
    ① 누가복음 2장   ② 로마서 9장
    ③ 갈라디아서 4장   ④ 요한계시록 7장

37. ①과 ②에 인용된 구약 예언서의 구절을 올바로 조합시켜 놓은 것은 어느 것인가?
    ① 렘 18:22-렘 31:32   ② 사 10:22-사 1:9
    ③ 겔 5:4-겔 36:25   ④ 호 1:10-사10:23

38. 이스라엘 백성이 부정한 물건을 만진 후에 이를 깨닫고 하나님께

드리는 제사의 종류는 다음 어느 것인가?
① 화목제　　　② 번제
③ 속건제　　　④ 소제

39. 레위기 25장은 무엇에 관한 장인가?
① 속죄 제사　　② 희년법
③ 정결법　　　④ 절기

40. 유대인의 3대 명절에 속하지 않는 절기는 어떤 것인가?
① 유월절　　　② 오순절
③ 초막절　　　④ 무교절

41. "뱀에 물린 자마다 놋뱀을 쳐다본 즉 살더라"는 구약 저술과 그것을 예수의 십자가 사건에 적용한 신약의 저술을 올바로 연결시킨 것은 다음 어느 것인가?
① 신명기-로마서　　② 민수기-요한복음
③ 출-갈라디아서　　④ 민수기-누가복음

42. 구약에서 십계명 전문이 두 번에 걸쳐 등장하는 데 이를 제대로 조합시킨 것은 어느 것인가?
① 출 19장-신 4장　　② 출 20장-신 5장
③ 출 21장-신 7장　　④ 출 22장-신 8장

43. 솔로몬 시대 이후 남과 북 왕조가 분열된 뒤에 왕이 되려고 온 이스라엘 백성과 협상을 벌였던 왕과 장소를 올바로 연결시킨 것은 다음 어느 것인가?
① 여로보암-벧엘　　② 르호보암-세겜
③ 여로보암-세겜　　④ 르호보암-벧엘

44. 엘리야와 엘리사가 가뭄 때에 도와준 여인들을 올바로 연결지은 것은 어느 것인가?
   ① 엘리야: 여리고의 사르밧 과부-엘리사: 시돈의 수넴 여인
   ② 엘리야: 여리고의 수넴 여인-엘리사: 시돈의 사르밧 과부
   ③ 엘리야: 시돈의 사르밧 과부-엘리사: 여리고의 수넴 여인
   ④ 엘리야: 시돈의 수넴 여인-엘리사: 여리고의 사르밧 과부

* 다음은 신약에서 인용한 구절이다.

> ① 저희 중에 어떤 이들과 같이 너희는 우상 숭배하는 자가 되지 말라 기록된바 백성이 앉아서 먹고 마시며 일어나서 뛰논다 함과 같으니라 ② 저희 중에 어떤 이들이 간음하다가 하루에 이만 삼천 명이 죽었나니 우리는 저희와 같이 간음하지 말자 ③ 저희 중에 어떤 이들이 주를 시험하다가 뱀에게 멸망하였나니 너희는 저희와 같이 원망하지 말라 ④ 저희 중에 어떤 이들이 원망하다가 멸망시키는 자에게 멸망하였나니 너희는 저희와 같이 원망하지 말라

45. ①번 사건은 다음 어느 곳에 기록된 사건인가?
   ① 출애굽기 32장 사건   ② 출애굽기 34장 사건
   ③ 민수기 14장 사건   ④ 민수기 21장 사건

46. ②번 사건은 다음 어느 곳에 기록된 사건인가?
   ① 민수기 161장 사건   ② 민수기 21장 사건
   ③ 민수기 25장 사건   ④ 민수기 27장 사건

47. ④번 사건은 다음 어느 사건을 말하는가?
   ① 황금송아지 숭배 사건   ② 고라의 반역 사건

③ 바알브올 사건　　　　　④ 불뱀 사건

48. 시편의 저자가 아닌 사람은 누구인가?
    ① 모세　　　　　　　　② 에단
    ③ 고라자손　　　　　　④ 야살

49. 바울 사도는 시편의 한 구절을 약간 변형된 형태로 인용하여 성령이 오시게 된 근거를 설명하는 구절로 삼고 있다: "그러므로 이르기를 그가 위로 올라가실 때에 사로잡힌 자를 사로잡고 사람들에게 선물을 주셨다 하였도다"(엡 4:8). 이 구절은 시편 어느 곳에서 인용된 구절인가?
    ① 시 2:7　　　　　　　② 시 16:10
    ③ 시 68:18　　　　　　④ 시 110:1

50. 다음은 이사야 56:1을 인용한 것이다. 이 구절은 로마서를 이해할 때 아주 중요한 배경이 되는 구절인데 다음 괄호 안에 들어갈 말들을 순서대로 짝지어 놓은 것은 어느 것인가?
    "여호와께서 이같이 말씀하시되…나의 (　　　)가(이) 가까이 왔고 나의 (　　　)이(가) 쉬 나타날 것임이니라"
    ① 공평-구원　　　　　　② 도움-의
    ③ 구원-의　　　　　　　④ 도움-구원

51. 시편 중에서 "멜기세덱의 반차"란 표현이 등장하는 곳은 어느 시편인가?
    ① 16편　　　　　　　　② 68편
    ③ 110편　　　　　　　 ④ 112편

52. 다음은 신약의 한 구절에서 인용된 것으로서 구약의 새 언약에 관한 예언을 담고 있다. 신, 구약의 구절들 가운데 이 구절에 함축된

내용과 직접 관계가 있는 성경 저술들을 서로 연결한 것은 어느 것인가? "너희는 우리로 말미암아 나타난 그리스도의 편지니 이는 먹으로 쓴 것이 아니요 오직 살아계신 하나님의 영으로 한 것이며 또 돌비에 쓴 것이 아니요 오직 육의 심비에 란 것이라"
① 이사야-예레미야-에스겔-고린도후서
② 예레미야-에스겔-고린도후서-히브리서
③ 이사야-예레미야-로마서-고린도후서
④ 예레미야-에스겔-고린도전서-고린도후서

53. 다니엘서에서 "메네 메네 데겔 우바르신"의 글자 표현과 관련된 바벨런 왕은 누구이고 이 글이 발견되는 저술은 어느 것인가?
① 느브갓네살-스가랴서   ② 느브갓네살-다니엘서
③ 벨사살-다니엘서   ④ 벨사살-느헤미아서

54. 예수께서는 자신을 '인자(人子)'라고 부르셨는데, 많은 학자들은 구약 예언서 가운데서 그 배경을 찾고 있다. 어느 곳에 있는 말씀이 가장 적절하게 해당되는가?
① 다니엘 7:13-14   ② 다니엘 10:5
③ 에스겔 3:1   ④ 에스겔 21:1

55. 다음은 요한계시록에서 인용된 한 구절이다. 이 구절은 구약 예언서 어느 곳에 있는 구절을 가장 직접적으로 지시하는가?
"또 저가 수정같이 맑은 생명수가 강을 내게 보이니 하나님과 및 어린 양의 보좌로부터 나서 길 가운데로 흐르더라 강 좌우에 생명나무가 있어 열두 가지 실과를 맺히되 달마다 그 실과를 맺히고 그 나무 잎사귀들은 만국을 소성하기 위하여 있더라"(계 22:1-2)
① 에스겔 36:25-28   ② 에스겔 47:1-12
③ 스가랴 4:6   ④ 스가랴 14:8

56. 하박국서에 나오는 구절들이 아닌 것을 찾으라..
    ① "여호와여 주는 주의 일을 이 수년 내에 부흥케 하옵소서"
    ② "나는 여호와를 인하여 즐거워하며 나의 구원의 하나님을 인하여 기뻐하리로다"
    ③ "의인은 그 믿음으로 말미암아 살리라"
    ④ "주의 말씀대로 나를 소성케 하소서"

57. 학개 선지자가 예언했던 시대의 상황과 인물이 잘못 연결된 것은 어느 것인가?
    ① 다리오   ② 스가랴
    ③ 스룹바벨   ④ 나훔

58. "나는 인애를 원하고 제사를 원치 아니하며 번제보다 하나님을 아는 것을 원하노라". 이 구약 인용구는 어떤 예언서에 나오는 구절인가?
    ① 이사야서   ② 예레미야서
    ③ 호세아서   ④ 아모스서

59. 후기 구약 예언서들 가운데 외적인 제사와 종교 의식에 대해 가장 강조하지 않는 예언서는 어느 것인가?
    ① 학개   ② 스바냐
    ③ 하박국   ④ 말라기

60. 이스라엘의 선미적 베타주의를 넘어서서 비교적 이스라엘 신앙의 보편성을 많이 강조하는 구약의 저술들 가운데 들지 않는 것은 어느 것인가?
    ① 에스라   ② 이사야
    ③ 요나   ④ 창세기

❖ 목회연구과정(성경) ❖

2002학년도

1. 에스겔 14장에 열거된 구약의 의로운 인물 셋은 누구인가?
   ① 에녹에서 엘리아
   ② 아브라함 엘리아 다니엘
   ③ 노아 다니엘 욥
   ④ 노아 에녹 아브라함

2. "의인은 믿음으로 말미암아 살리라" 는 내용이 기록된 곳은?
   ① 합1장
   ② 롬2장
   ③ 히11장
   ④ 갈3장

3. (   )에 지시된 관계를 잘못 연결한 것은?
   ① 에스바알-이스보셋(같은 사람)
   ② 베노니-베냐민(개명 전후의 이름)
   ③ 베레스 -세라(다말의 아들)
   ④ 므립바알-므비보셋(형제)

4. 다음 중 올바로 설명된 것은 어느 것인가?
   ① 고살자는 도피성에 보호될 수 없으나 모살자는 재판 시까지 보호될 수 있다.
   ② 회중이 그릇 살인한 자를 판결하여 피를 보수하는 자의 손에서

건져내어 고향으로 돌려보낼 수 있다.
③ 모살자는 증인 두 사람의 말을 따라서 속전을 받을 수 있다.
④ 피를 보수하는 자가 대제사장이 죽기 전에 도피성 밖으로 나온 살인자를 죽여도 유죄하지 않다.

5. 모세와 아론에 대하여 올바로 설명한 것은?
   ① 바로 앞에 설 때에 모세는 80세 아론은 83세였다.
   ② 모세가 지팡이를 들어 땅의 티끌을 치매 온 땅의 티끌이 이가 되었다.
   ③ 부친은 웃시엘 모친은 요게벳이었다.
   ④ 아론은 모세 앞에서 자기 옷을 아들 엘르아살에게 입히고 호르산에서 죽었다.

6. 야곱이 돌무더기를 쌓고 부른 이름은 어느 것인가?
   ① 여갈사하두다   ② 미스바
   ③ 기랴다임   ④ 므슬람

7. 다음 중 "오른손의 아들"이란 의미의 이름은?
   ① 베냐민   ② 게르솜
   ③ 이드로   ④ 미디안

8. 다음 중 아브라함에 대한 설명으로 잘못된 것은?
   ① 구십 팔세 때 아브라함으로 개명되었다.
   ② 사라가 죽은 뒤에도 아내를 얻어 아들들을 낳았다.
   ③ 가나안에 거한지 십년 후에 하갈을 첩으로 얻었다.
   ④ 사라가 죽은 뒤에 이삭을 장가보냈다.

9. 다음 중 기드온이 여호와을 위하여 거기서 단을 쌓고 부른 이름

은?
① 여호와 살롬　　　　② 여호와 삼마
③ 여호와 닛시　　　　④ 여호와 로에

10. 선한 사마리아 사람의 비유는 다음 중 어디에 기록되어 있나?
① 마태복음　　　　② 마가복음
③ 누가복음　　　　④ 요한복음

11. 다음 중 사복음서에 모두 기록되지 않은 사건은 어느 것인가?
① 풍랑을 잠잠케 하심　　② 성전을 청결케 하심
③ 세례 받으심　　　　　④ 오병이어의 이적을 행하심

12. 다음의 말씀을 끝맺는 말은 다음 중 어느 것인가? "사랑하는 자들아 영을 다 믿지 말고 오직 영들이 하나님께 속하였나(　　)"
① 깊이 생각하라.　　② 주의하라.
③ 시험하라.　　　　④ 조심하라.

13. 예수께서 독사의 새끼들이라고 칭하신 자들은 누구인가?
① 지옥의 자식을 만드는 자들
② 거짓 선지자들
③ 성전에서 길게 기도하는 자들
④ 예수를 죽이려고 하는 서기관들과 바리새인들

14. 롬8장에서 탄식하는 자가 아닌 것은?
① 피조물　　　　　② 성령
③ 하나님의 아들들　　④ 우리

15. 다음 중 축도로 끝나지 않는 서신은 어느 것인가?

① 갈라디아서　　　　　② 야고보서
③ 디모데후서　　　　　④ 빌립보서

16. 다음의 말씀이 기록되는 성경구절은?
"오호라 나는 곤고한 사람이로다 이 사망의 몸에서 누가 나를 건져내랴!"
① 롬8장 20절　　　　② 롬7장 24절
③ 롬9장 20절　　　　④ 롬6장 7절

17. 다음은 요엘 1장 4절에 나타난 재난의 순서를 상징해 준다. 올바른 순서는 다음 중 어느 것인가?
① 팟종이-메뚜기-늣-황충　　② 메뚜기-팟종이-늣-황충
③ 메뚜기-팟종이-황충-늣　　③ 팟종이-늣-메뚜기-황충

18. 다음에서 "주 예수그리스도를 변함없이 사랑하는 모든 자에게 은혜가 있을찌어다"라는 축도로 끝난 서신은 어느 것인가?
① 고린도전서　　　　② 빌립보서
③ 빌레몬서　　　　　④ 에베소서

19. 얼핏 보면 허무주의를 말하는 것 같으나 청년의 때에 가져야 할 신앙을 교훈하는 내용은 다음 중 어디에 소개되나?
① 잠9장　　　　　　② 전10장
③ 잠11장　　　　　 ③ 전12장

20. 이사야서 53장은 고난받는 종을 노래한다. 잘못 말해진 것은?
① 그 무덤이 악인과 함께 되었다.
② 여호와께서 그로 상함 받게 하시기를 원하셨다.
③ 여호와께서 그의 영혼을 사망에 이르게 하셨다.

④ 그는 범죄자를 위해 기도하였다.

21. 다음의 （　）안에 들어갈 말이 올바로 연결된 것을 찾으라.
 "멸망의 가증한 것이 （　）곳에 선 것을 보거든 그때에（　）"
 ① 서지 못함-유대에 있는 자들은 산으로 도망할...
 ② 서있을 만한-지붕위에 있는 자들은 내려가지도...
 ③ 있지 못할-아이 밴 자들과 젓먹이는 자들에게...
 ④ 설 수 없는-밭에 있는 자들은 겉옷을 가지러 뒤로 돌이키지...

22. "지극히 높은 곳에서는 하나님께 영광이요 땅에서는 기뻐하심을 입은 사람들 중에 평화로다"란 찬송을 부른 자들은 누구인가?
 ① 목자들　　　　　　② 천군과 천사들
 ③ 천사들　　　　　　④ 하늘의 영물들

23. 세례요한의 출생에 대하여 잘못 말한 것은?
 ① 모친이 부친의 이름을 따라 사가랴라고 이름지으려고 하였다.
 ② 마리아가 모친을 찾아 문안 할 때 아이가 복중에서 뛰어 놀았다.
 ③ 부친이 서판에 요한이라고 썼다.
 ④ 부친은 요한의 출생을 믿지 못하므로 잠시 벙어리가 되었다.

24. 스데반은 설교에서 영광의 하나님이 아브라함에게 나타나신 때는 언제라고 했나?
 ① 하란에 거할 때　　　　② 메소포타미아에 있을 때
 ③ 부친이 죽고 하란을 떠날 때　④ 시방 거하는 이땅으로 옮길때

25. 바울은 기독교 역사상 가장 위대한 스승이었다. 그에 대하여 바로 말한 것은?

① 눈이 멀었을 때 유다라는 사람의 집에서 기거하였다.
② 예루살렘에서 광주리에 담아 성에서 담아 내렸다.
③ 가말리엘 지파였다.
④ 장성하여 로마 시민권을 얻었다.

26. 예수님께서 마귀에게 시험받으신 사건에 대하여 잘못 설명한 것은?
① 성령이 예수를 광야로 몰아내신지라.
② 들짐승과 함께 계시니 천사들이 수종들더라.
③ 이에 마귀는 떠나고 천사들이 수종들더라.
④ 사십 일간 주야로 마귀에게 이끌리어 시험받으시더라.

27. 선지자 이사야의 글로 서두를 시작하는 복음서는?
① 마태복음　　　　② 마가복음
③ 누가복음　　　　④ 요한복음

28. 예수께서 70인 전도단과 나누신 말씀이다. 다음 중 70인 전도단이 한 말은?
① 주여 주의 이름으로 병자를 고쳤나이다.
② 사단이 하늘로서 번개같이 떨어지는 것을 보았나이다.
③ 귀신들도 우리에게 항복하더이다.
④ 앉은뱅이를 고쳤나이다.

29. 마가복음 10:45에서 말하는 예수께서 오신 목적은 다음 중 어느 것인가?
① 하늘나라 건설　　② 섬기려 하심
③ 비밀을 말하시려 함　④ 성령으로 세례를 주시려 하심

30. 다음은 예수께서 서기관들을 꾸짖으신 막12;37의 내용이다.
    "다윗이 그리스도를 주라 하였은즉 어찌 그의 자손이 되겠느냐?"
    이 말씀을 들은 백성의 반응은 다음 중 무엇이었나?
    ① 즐겁게 듣더라   ② 참람하다 하더라
    ③ 돌을 들어 치려 하더라   ④ 더 이상 묻는 이가 없더라

31. 롬1:28-32에 열거된 사형에 해당하는 죄의 목록이 올바로 연결된
    것은?
    ① 인신매매, 사취, 음행
    ② 살인, 부모거역, 배역함
    ③ 경건치 않음, 불의, 사기
    ④ 사람을 후림, 패역, 악독이 가득함

32. 다음 중에서 "만국의 보배가 이르리니"란 말씀이 기록된 곳은?
    ① 하박국 3:4   ② 미가 2:3
    ③ 나훔 3:2   ④ 학개 2:7

33. 성찬에 관해 언급하지 않는 곳은?
    ① 고전 11장   ② 마 26장
    ③ 눅 22장   ④ 막 13장

34. 바울사도가 "너희가 눈이라도 빼어 나를 주었으리라"고 한 교회
    는?
    ① 에베소 교회   ② 고린도 교회
    ③ 갈라디아 교회   ④ 안디옥 교회

35. 다음 중 올바로 연결된 것은?
    ① 진리-평안의 복음   ② 믿음-허리띠

③ 구원-투구 ④ 의-신

36. 요한복음 2장에서 예수님은 성전을 청결케 하셨다. 그 때 밖으로 내쫓으신 것은?
① 양이나 소 ② 양과 소와 비둘기
③ 돈 바꾸는 사람 ④ 비둘기 파는 사람

37. 예수께서 하신 말씀 "너희 조상 아브라함은 나의 때 볼 것을 즐거워하다가 보고 기뻐하였느니라"는 다음 중 어디에 기록되었나?
① 눅 9:20 ② 막 4:18
③ 요 8:56 ④ 눅 7:48

38. 아론의 아들 중 살아 남은 아들은 누구인가?
① 미사엘 ② 이다말
③ 나답 ④ 엘사반

39. 다음의 ( )에 들어갈 잠언의 교훈은 무엇인가?
"( )굳게 잡아 놓치지 말고 지키라 이것이 네 생명이니라"
① 교훈을 ② 명철을
③ 훈계를 ④ 지혜를

40. 다음의 성전 찬양 구절은 어느 선지자의 말씀인가?
"오직 여호와는 그 성전에 계시니 온 천하는 그 앞에서 잠잠할지니라"
① 하박국 ② 스가랴
③ 학개 ④ 스바냐

41. 잠언서에 유일하게 나타나는 어머니의 훈계는 다음 중 어디에 소개되고 있나?

① 16:12 ② 26:4
③ 27:6 ④ 31:1

42. 다음의 ( )에 들어갈 말들이 올바로 짝 지워진 것은?
"그러므로 이제 그리스도( )에게는 결코 정지됨이 없나니 이는 그리스도 예수 안에 있는( )의 ( )이 죄와 사망의 법에서 너를 해방하였음이라."
① 안에 있는 자-생명-속전의 법
② 예수를 믿는 자-구원-능력
③ 예수께 속한 자-생명-죄 속함
④ 예수 안에 있는 자-생명-성령의 법

43. 야이로의 딸이 죽었을 때 예수께서 그녀의 집에 데리고 들어가신 제자들의 이름이 올바로 연결된 것은?
① 베드로, 요한, 야고보 ② 누가, 야고보, 요한
③ 베드로, 요한, 누가 ④ 야고보. 누가, 마가

44. 우물가에서 예수를 만났던 사마리아 여인이 한 말에 대하여 올바로 말한 것은?
① 자기 조상들은 그리심 산에서 예배해야 한다고 가르쳤다고 함
② 자기는 메시야 곧 그리스도라 하는 이가 오실 줄을 안다고 함
③ 남편이 있다는 말이 옳다고 함
④ 물동이를 버려두고 동네에 들어가서 "와 보라 이는 선지자가 아니냐"고 함

45. 솔로몬 행각에 대하여 바르게 말한 것은?
① 예수께서 38년 된 중풍 환자를 고쳐주셨다.
② 사도들이 많은 이적들을 행한 곳이다.

③ 예수께서 붙잡히셨다가 나오신 곳이다.
④ 베드로와 요한이 붙잡혀왔을 때 요한이 군중들에게 연설한 곳이다.

46. 말라기 선지자가 여호와께서 크고 두려운 날이 이르기 전 선지 엘리야를 보내서 하시겠다고 한 일은 다음 중 어느 것인가?
① 자녀들의 마음을 그들의 아비에게 돌이키게 함
② 엘리사에게 준 것과 같은 영감을 부어줌
③ 모세에게 명한 법을 기억하게 함
④ 이스라엘의 남은 자가 돌아오게 함

47. 다음은 사사들과 그들이 대치하던 적국들을 묶어 놓은 것이다. 잘못 연결된 것은?
① 옷니엘-메소포타미아   ② 기드온-미디안
③ 입다-암몬   ④ 드보라-아말렉

48. 요한 일서가 말하는 바 가인이 아벨을 죽인 이유로써 올바른 것은?
① 아우를 시기하였기 때문
② 아우의 행위가 의로웠기 때문
③ 마귀의 유혹을 물리치지 못하였기 때문
④ 하나님의 사랑을 홀로 차지하려하였기 때문

49. 솔로몬은 시인 중의 시인이다. 왕상 4:32은 그가 부른 노래의 수를 자랑한다. 다음 중 어느 것인가?
① 일천 셋   ② 일천 열 하나
③ 일천 다섯   ④ 일천 일곱

50. 이사야 5장이 화가 있을 것이라고 한 자에 해당하지 않는 자는 어떤 자인가?
   ① 의인에게서 그 의를 빼앗는 자
   ② 뇌물로 인하여 악인을 의롭다 하는 자
   ③ 악을 선하다고 하고 선을 악하다고 하는 자
   ④ 스스로 떠들며 오만한 자

51. 요한이 예수님을 "신들메 풀기도 감당치 못하겠다"고 소개하고 세례를 주던 장소는?
   ① 가버나움   ② 베다니
   ③ 벳세다   ④ 갈릴리

52. 유대인들은 고르반의 근본정신을 고의로 왜곡시켰다가 예수님께 심한 질책을 받았다. 예수께서 꾸중하신 이유로 올바른 것은?
   ① 하나님께 예물을 인색하게 드렸기 때문
   ② 부모공경을 회피하였기 때문
   ③ 형제간에 유산을 더 많이 차지하려 했기 때문
   ④ 장로들에게만 잘 보이려고 했기 때문

53. 다음 중 아레오바고와 무관한 설명은 무엇인가?
   ① 바울이 붙들려 간 곳이다.
   ② 아덴에 위치한 회의소이다.
   ③ 바울이 예수의 부활을 전파하는 곳이다.
   ④ 아레오바고 관원들의 도움으로 바울이 풀려난 곳이다.

54. 오네시보로는 바울과 어떤 관계인가?
   ① 바울이 로마에 있을 때 자주 찾아온 성도
   ② 아시아에 사는 사람인데 바울을 버린자

③ 바울의 매인 사슬을 풀어 준 자
④ 고린도 교회의 신자

55. 다음 중 롬 13:1의 내용을 올바로 요약한 것은?
   ① 어두움의 일을 벗으라
   ② 서로 우애하고 존경하라
   ③ 권세에 굴복하라
   ④ 사랑의 빛 외에는 아무 빛도 지지 마라

56. 바울 사도가 우상 제물에 대하여 가르친 내용을 올바로 소개한 것은?
   ① 내가 신앙이 약하면 먹지 않는 것이 좋다.
   ② 가급적 먹을 필요는 없다.
   ③ 하나님에 관한 분명한 신앙을 가진 자는 먹어도 가하다.
   ④ 남들이 볼 때는 먹지 않는 것이 좋다.

57. 히브리서 11장은 믿음장이라고 부른다. 믿음의 내용을 설명한 뿐 아니라 훌륭한 조상들의 믿음의 행적을 소개한다. 여기에 언급되지 않은 사람은 다음 중 누구인가?
   ① 노아   ② 모세
   ③ 기생 라합   ④ 여호수아

58. 다니엘이 궁창의 빛과 같이 빛날 것이라고 한 자는 누구인가?
   ① 많은 사람을 돌아오게 한 자
   ② 지혜있는 자
   ③ 일천 삼백 삼십 오일을 기다린 자
   ④ 깨어 영생을 얻는 자

59. 예수께서는 아벨을 죽인 가인의 피 값을 누구에게 전가하신다고
    하셨나?
    ① 율법사들과 사두게인들   ② 제사장들
    ③ 그리스도라고 칭하는 자   ④ 이 세대

60. 다음은 서기관들과 바리새인들을 질책하신 내용이다. (   )안에
    들어갈 말이 올바른 순서대로 나열 된 것은? "너희가 박하와 회향
    과 근채의 십일조를 드리되 율법의 더 중한 바 (   )(   )(   )
    버렸도다."
    ① 뜻과-정성과-인애는   ② 의와-인과-신은
    ③ 정성과-질과-인정은   ④ 정신과-의미와-인의는

❖ 석사 · (성경) ❖

2003학년도

---

*문제를 자세히 읽고, 답을 찾아, 답안지의 같은 번호에 정확하게 표시하시오.

1. 다음 네 명의 인물 중 서로 관계가 가장 먼 사람은 누구인가?
   ① 라멕
   ② 아다
   ③ 가인
   ④ 씰라

2. 예수님의 친인척으로 알려진 사람들 중 복음서에 나오는 사람은 누구인가?
   ① 백부
   ② 이모
   ③ 숙부
   ④ 고모

3. 사도행전 5장에 적혀 있는 아나니아와 삽비라의 사건에서 베드로 사도가 아나니아에게 한 말이 <u>아닌</u> 것은?
   ① "어찌하여 사단이 네 마음에 가득하여 네가 성령을 속이고 땅 값 얼마를 감추었느냐?
   ② "땅이 그대로 있을 때에는 네 땅이 아니며 판 후에도 네 임의로 할 수가 없더냐?"
   ③ "어찌하여 이 일을 네 마음에 두었느냐 네가 사람에게 거짓말

한 것이 아니요 하나님께로다"
④ "네가 주의 영을 시험하려 하였으니 이제 사람들이 너를 메어 내가리라"

4. 사사기 9장에 나오는 요담의 우화에서 왕이 되어 달라는 제안을 받자 "나의 단 것, 나의 아름다운 실과를 내가 어찌 버리고 가서 나무들 위에 요동하리요"라고 거절한 나무는?
① 감람 나무 ② 포도 나무
③ 무화과 나무 ④ 종려 나무

5. 바벨론 포로기는 이스라엘에게 죄책감과 방향 상실의 시기였다. 바벨론 포로에 대한 다양한 반응 중 "우리 열조는 범죄하고 없어졌고 우리는 그 죄악을 담당하였나이다"라는 반응은 어디에 나오는가?
① 예레미야 애가 5장 ② 에스겔 2장
③ 예레미아 4장   ④ 이사야 38장

6. 고린도 교회의 분쟁과 관련된 이름이 아닌 것은?
① 그리스도 ② 게바
③ 야고보   ④ 바울

7. "어떤 사람에게 빚진 자가 둘이 있어 하나는 오백 데나리온을 졌고 하나는 오십 데나리온을 졌는데 갚을 것이 없으므로 둘 다 탕감하여 주었다. 둘 중에 누가 저를 더 사랑하겠느냐?"(눅 7:41-42)에서 밑줄 친 '저'는 누구에 대한 비유인가?
① 바리새인 시몬 ② 예수님
③ 하나님   ④ 죄인으로 공인된 한 여자

8. 다음 묘사는 누구를 가리키는 것인가?
   "그 부친의 행한 모든 길로 행하여 그 부친의 섬기던 우상을 섬겨 경배하고 그 열조의 하나님 여호와를 버리고 그 길로 행치 아니하더니 그 신복들이 반역하여 왕을 궁중에서 죽이매 ..."
   ① 요아스　　　　　　　② 스가랴
   ③ 베가　　　　　　　　④ 아몬

9. 고린도 후서 6장 14-15절이다. (　) 안에 들어가야 할 이름은 무엇이라고 생각하는가?
   "너희는 믿지 않는 자와 멍에를 같이 하지 말라 의와 불법이 어찌 함께 하며 빛과 어두움이 어찌 사귀며 그리스도와 (　　) 이 어찌 조화되며 믿는 자와 믿지 않는 자가 어찌 상관하며"
   ① 바알세불　　　　　　② 벨리알
   ③ 사단　　　　　　　　④ 다이모니온

10. 다음 중 도피성이 아닌 도시는 어디인가?
    ① 갈릴리 게데스　　　② 베셀
    ③ 실로　　　　　　　④ 바산 골란

11. 사두개인들이 예수님께 "칠 형제가 있었는데 맏이 아내를 취하였다가 자식이 없이 죽고 그 둘째와 셋째가 저를 취하고 일곱이 다 그와 같이 자식이 없이 죽고 그 후에 그 여자도 죽었습니다"고 말을 한 후 던진 질문은 무엇이었나?
    ① 부활 때에 여자는 누구의 아내가 되겠습니까?
    ② 이래도 부활이 정말 있겠습니까?
    ③ 그들은 모세의 법을 제대로 지켰습니까?
    ④ 율법대로 한다면 여자는 누구의 아내입니까?

12. 욥기에서 중요한 한 전환점이 되는 장으로서 "그러나 지혜는 어디서 얻으며 명철의 곳은 어디인고"라는 어구가 나오는 것은 몇 장인가?
    ① 욥기 25장   ② 욥기 26장
    ③ 욥기 27장   ④ 욥기 28장

13. "너희가 아들인고로 하나님이 그 아들의 영을 우리 마음 가운데 보내사 (   ) 아버지라 부르게 하셨느니라. 그러므로 네가 이 후로는 종이 아니요 아들이니 아들이면 하나님으로 말미암아 유업을 이을 자니라"(갈 4:6-7)에서 (   ) 안에 들어가야 할 가장 좋은 단어는?
    ① 아바   ② 우리
    ③ 하나님   ④ 하늘

14. 다음 괄호 안에 들어갈 단어 쌍은 무엇인가?
    "내 백성이 (   )을/를 향하여 묻고 그 (   )은/는 저희에게 고하나니 이는 저희가 음란한 마음에 미혹되어 그 하나님의 수하를 음란하듯 떠났음이니라"(호 4:12)
    ① 바알-아세라   ② 헛된 것-이방 신
    ③ 주상-목상   ④ 나무-막대기

15. 다음 이름들 가운데서 마태복음 1장 1-16절에 기록된 예수님의 족보에 나오지 않는 이름은?
    ① 라합   ② 우리아
    ③ 헬리   ④ 맛단

16. "저희는 독수리보다 빠르고 사자보다 강하였다"고 묘사된 인물은 누구인가?
    ① 사울과 요나단   ② 요압과 아비새

③ 브나야와 아사헬　　　④ 엘르아살과 삼마

17. 에베소서의 한 구절이다. 이 인용구에 이어서 나오는 말씀으로 가장 적당한 것은 어느 것이라고 생각하는가?
　　"그런즉 거짓을 버리고 각각 그 이웃으로 더불어 참된 것을 말하라."(엡 4:25)
　　① "이는 마귀가 조금도 틈을 타지 못하게 하려 함이라."
　　② "이는 우리가 서로 지체가 됨이니라."
　　③ "성령의 하나 되게 하신 것을 힘써 지키게 하려 함이라."
　　④ "이방인의 허망함을 따라 행하지 않게 하려는 것이라."

18. 애굽인들이 이스라엘 자손의 역사를 엄하게 한 내용이 <u>아닌</u> 것은 무엇인가?
　　① 흙 이기기　　　　　② 무거운 짐 옮기기
　　③ 벽돌 굽기　　　　　④ 농사

19. 마태복음 27장 24절에서 총독 빌라도가 손을 씻은 까닭은 무엇인가?
　　① 예수님의 유죄를 확증하기 위하여
　　② 손에 묻은 예수님의 피를 닦기 위하여
　　③ 자신의 무죄를 입증하기 위하여
　　④ 관례를 따라 사형을 언도하기 위하여

20. 신명기 27장 15-26절에는 저주받을 12가지의 행위자가 나온다. 그 중에 하나가 아닌 것은 무엇인가?
　　① 그 부모를 경홀히 여기는 자
　　② 소경으로 길을 잃게 하는 자
　　③ 그 이웃의 지계표를 옮기는 자

④ 안식일을 범하는 자

21. 다음 글 중에서 "우리"와 "나" 가운데 포함되어 있다고 볼 수 <u>없는</u> 사람은 누구인가?
"오호라 <u>나</u>는 곤고한 사람이로다 이 사망의 몸에서 누가 <u>나</u>를 건져 내랴 <u>우리</u> 주 예수 그리스도로 말미암아 하나님께 감사하리로다 그런즉 <u>내</u> 자신이 마음으로는 하나님의 법을, 육신으로는 죄의 법을 섬기노라."
① 바울
② 브리스길라와 아굴라
③ 뵈뵈
④ 오네시모

22. 다음 중 포로가 된 왕은 누구인가?
① 여호아하스
② 여호야김
③ 시드기야
④ 호세아

23. 다음 중 같은 바다/호수의 다른 이름이 <u>아닌</u> 것은?
① 기드론 호수
② 갈릴리 바다
③ 게네사렛 호수
④ 디베랴 바다

24. 예레미야는 유다의 죄가 심각함을 지적하면서 아래와 같이 말하였다. 괄호 안에 들어갈 어구는 무엇인가?
"유다의 죄는 (   )(으)로 기록되되 그들의 마음 판과 그들의 단 뿔에 새겨졌거늘 ..."(렘 17:1)
① 여호와의 손가락
② 금강석 끝 철필
③ 지워지지 않는 글자
④ 먹

25. 바울 서신의 연속된 몇 구절을 인용한 것이다. 바울은 무엇을 알리기 위하여 이 글을 썼는가?

"육체는 다 같은 육체가 아니니 하나는 사람의 육체요 하나는 짐승의 육체요 하나는 새의 육체요 하나는 물고기의 육체라 하늘에 속한 형체도 있고 땅에 속한 형체도 있으나 하늘에 속한 자의 영광이 따로 있고 땅에 속한 자의 영광이 따로 있으니 해의 영광도 다르며 달의 영광도 다르며 별의 영광도 다른데 별과 별의 영광이 다르다."
① 교회 내 여러 구성원들의 각기 다른 역할을 가르치기 위하여
② 신자들이 가진 성격과 특기 재능이 다양함을 가르치기 위하여
③ 죽은 자의 부활이 어떠한가를 설명하기 위하여
④ 성령께서 나누어주시는 다양한 은사를 설명하기 위하여

26. 기드온의 이야기와 관련이 없는 인물은 누구인가?
① 가알　　　　　　　② 세바
③ 살문나　　　　　　④ 오렙

27. 다음은 사도행전 7장의 일부이다. 이 말이 있은 다음에 어떤 사건이 일어났는가?
"목이 곧고 마음과 귀에 할례를 받지 못한 사람들아 너희가 항상 성령을 거슬러 너희 조상과 같이 너희도 하는도다 너희 조상들은 선지자 중에 누구를 핍박치 아니하였느냐 의인이 오시리라 예고한 자들을 저희가 죽였고 이제 너희는 그 의인을 잡아준 자요 살인한 자가 되나니 너희가 천사의 전한 율법을 받고도 지키지 아니하였도다."
① 유대인들이 이 말한 사람을 위협하고 놓아주었다.
② 유대인들이 이 말한 사람을 돌로 쳐 죽였다.
③ 밤에 천사가 이 말한 사람을 옥에서 구출하였다.
④ 가말리엘의 충고로 이 말한 사람을 채찍질한 후 놓아주었다.

28. "내가 좋은 포도 맺기를 기다렸거늘 들 포도를 맺혔도다"라고 노래하는 소위 포도원의 노래는 이사야 몇 장에 나오는가?
   ① 8장   ② 7장
   ③ 6장   ④ 5장

29. 어느 것이 성경의 마지막 절, 마지막 문장인가?
   ① 아멘, 주 예수여 어서 오시옵소서.
   ② 주 예수의 은혜가 모든 자들에게 있을찌어다. 아멘
   ③ 내가 세상 끝 날까지 너희와 항상 함께 있으리라.
   ④ 구원하심이 보좌에 앉으신 하나님과 어린양에게 있도다. 아멘.

30. 역대상 28장 5절 가운데 괄호 안에 들어갈 말은 무엇인가?
   "여호와께서 내게 여러 아들을 주시고 그 모든 아들 중에서 내 아들 솔로몬을 택하사 (   )의 나라 위에 앉혀 이스라엘을 다스리게 하려 하실새"
   ① 여호와   ② 유다
   ③ 다윗   ④ 제사장

31. 바울 사도가 어떤 편지에 "너희 안에 이 마음을 품어라 곧 그리스도 예수의 마음이다"고 썼을 때 그가 생각하고 있었던 사람들 즉 "너희"는 누구라고 생각하는가?
   ① 유오디아와 순두게의 집안 식구들
   ② 고린도 교회의 감독들과 집사들
   ③ 빌립보 교회의 모든 교인들
   ④ 에베소 교회의 모든 교인들

32. 잠언 26장에 "마치 여름에 눈오는 것과 추수 때에 비오는 것과 같은 것"으로 비유되는 모습은 무엇인가?

① 미련한 자에게 재산　② 미련한 자에게 영예
③ 악인에게 형통　　　④ 악인에게 재물

33. 아모스가 본 환상이 <u>아닌</u> 것은 무엇인가?
① 여름 실과 한 광주리　② 척량 줄
③ 황충　　　　　　　　④ 다림 줄

34. 디두모 도마와 관련이 <u>없는</u> 것은?
① 예수님이 병들어 죽은 나사로에게 가려 하시자 "우리도 주와 함께 죽으러 가자"고 말하였다.
② "주여 어디로 가시는지 우리가 알지 못하거늘 그 길을 어찌알겠습니까?
③ 열 두 제자 가운데 한 명으로서 의심이 특히 많았던 사람으로 알려져 있다.
④ 예수님의 못 자국을 만져보고 예수님의 옆구리에 손을 넣어보고서야 예수님의 부활을 믿은 인물이다.

35. 아래의 선언은 어느 선지서에 나오는가?
"그가 여호와의 전을 건축하고 영광도 얻고 그 위에 앉아서 다스릴 것이요 또 재사장이 자기 위에 있으리니 이 두 사이에 평화의 의논이 있으리라 하셨다 하고"
① 이사야　　　　　　② 학개
③ 말라기　　　　　　④ 스가랴

36. 다음 인용문들 중에서 요한 1서에 적혀 있지 <u>않은</u> 것은?
① "만일 우리가 서로 사랑하면 하나님이 우리 안에 거하시고 그의 사랑이 우리 안에 온전히 이루느니라."
② "그가 우리를 위하여 목숨을 버리셨으니 우리가 이로써 사랑을

알고 우리도 형제들을 위하여 목숨을 버리는 것이 마땅하니라."
③ "부녀여, 내가 이제 네게 구하노니 서로 사랑하자 이는 새 계명 같이 네게 쓰는 것이 아니요 오직 처음부터 우리가 가진 것이라."
④ "자녀들아 우리가 말과 혀로만 사랑하지 말고 오직 행함과 진실함으로 하자."

37. 레위기 8장에서 아론과 그 아들들을 안수하여 위임할 때 수양의 피를 바르지 않는 몸의 부위는 어디인가?
① 오른 뺨　　　　　　② 오른 손 엄지가락
③ 오른 발 엄지가락　　④ 오른 귓부리

38. 요한복음 9장에서 태어날 때부터 앞을 보지 못한 한 사람을 고쳐 주시려고 예수님이 하신 행동이 <u>아닌</u> 것은?
① 땅에 침을 뱉으셨다.　　② 침으로 진흙을 이기셨다.
③ 이긴 진흙을 눈에 바르셨다.　④ 눈에 묻은 진흙을 떼어 내셨다.

39. 씨뿌리는 자 비유에서 가시떨기 사이에 떨어진 씨는 다음 중 무엇을 연상케 하려는 것인가?
① 감정적, 열광적으로 예수님의 말씀을 받았으나 실천하지 못한 사람들
② 재물에 대한 걱정, 욕심 때문에 예수님의 말씀을 따르지 못한 사람들
③ 예수님의 말씀 때문에 일어나는 억압, 박해 등을 극복하지 못한 사람들
④ 예수님의 말씀을 순 지식으로 받아들여 행동으로 옮기지 못한 사람들

40. 다음 중 룻의 아들 오벳과 관련이 <u>없는</u> 것은 무엇인가?
① 기룐의 이름을 이을 자　　② 나오미의 노년의 봉양자
③ 나오미의 기업을 무를 자　　④ 나오미의 생명의 회복자

41. 요한 계시록 1장에서 요한이 본 것으로 기록되어 있지 <u>않은</u> 것은?
    ① 일곱 금 촛대   ② 사망과 음부의 열쇠
    ③ 오른 손의 일곱 별   ④ 양날 선 칼

42. 다음 인물 중 서로 관련이 가장 없는 인물은 누구인가?
    ① 라이스   ② 에브라임 산지 미가
    ③ 아론의 손자 비느하스   ④ 단 자손

43. 요한 계시록 12장에는 한 여자의 이상이 나온다. 이 여자와 관계가 <u>없는</u> 것은?
    ① 열 두 별의 면류관을 쓰고 있었다.
    ② 여자가 아들을 낳았으나 하늘로 올려갔다.
    ③ 용과 싸워 용을 땅으로 내어쫓았다.
    ④ 광야로 도망하여 한 때와 두 때와 반 때를 보냈다.

44. 사도행전 19장의 에베소에서 있었던 사건들 중 바울 사도와 관련되어 있지 <u>않은</u> 것은?
    ① 아볼로를 데려다가 하나님의 도를 자세하게 가르쳤다.
    ② 데메드리오가 사람들을 선동하여 소동을 일으키게 하였다.
    ③ 스게와의 일곱 아들이 악귀 들린 사람에게 혼이 났다.
    ④ 두란노 서원에서 두 해 동안 날마다 설교하였다.

45. 민 24장에서 브올의 아들 발람을 가리키는 묘사가 <u>아닌</u> 것은 무엇인가?
    ① 엎드려서 눈을 뜬 자   ② 하나님의 말씀을 듣는 자
    ③ 전능자의 이상을 보는 자   ④ 눈을 크게 뜬 자

46. 세례 요한이 한 말일 수 없는 것은?
   ① "성령이 비둘기 같이 하늘로서 내려와서 그의 위에 머물렀더라."
   ② "좋은 열매 맺지 아니하는 나무마다 찍혀 불에 던지우리라."
   ③ "하늘로서 소리가 나서 이는 내 사랑하는 아들이요 하는지라."
   ④ "나는 주의 길을 곧게 하라고 광야에서 외치는 자의 소리이다."

47. 아래의 괄호 안에 들어갈 말은 무엇인가?
   "여호수아가 이스라엘 자손에게 이르되 이리 와서 너희 하나님 여호와의 말씀을 들어라 하고 또 말하되 사시는 하나님이 너희 가운데 계시사 가나안 족속과 헷 족속과 히위 족속과 브리스 족속과 기르가스 족속과 아모리 족속과 여부스 족속을 너희 앞에서 정녕 쫓아내실 줄을 이 일로 너희가 알리라. 보라 (   )의 언약궤가 너희 앞서 요단으로 들어가나니"(수 3:9-11).
   ① 만군의 여호와   ② 그룹 사이에 계시는 여호와
   ③ 하나님   ④ 온 땅의 주

48. 다음 인용구들은 신약성경의 어떤 책에 나오는가?
   "욕심이 잉태한 즉 죄를 낳고 죄가 장성한 즉 사망을 낳느니라."
   "내 사랑하는 형제들아 너희가 알거니와 사람마다 듣기는 속히하고 말하기는 더디하며 성내기도 더디 하라."
   "만일 너희가 외모로 사람을 취하면 죄를 짓는 것이니 율법이 너희를 범죄자로 정하리라."
   "오직 너희의 그렇다 하는 것은 그렇다 하고 아니라 하는 것은 아니라 하여 죄 정함을 면하라."
   ① 마태복음   ② 베드로전서
   ③ 히브리서   ④ 야고보서

49. 예루살렘을 향하여 "평강이 없으나 평강의 묵시를 본다"고 주장하

는 이스라엘의 거짓 선지자들을 비난한 선지자는 누구인가?
① 이사야 ② 에스겔
③ 나훔 ④ 스바냐

50. "예루살렘에 수전절이 이르니 때는 (　　)이라"(요 10:23)의 괄호 안에 들어가야 할 단어는 어느 것인가?
① 겨울 ② 가을
③ 여름 ④ 봄

51. 사무엘하 23장에서 다윗이 먹고 싶어한 우물물은 어디의 우물물인가?
① 예루살렘 성문 곁 우물물 ② 베들레헴 성문 곁 우물물
③ 베다니 성문 곁 우물물 ④ 베데스다 연못 우물물

52. 바울 서신 중 "내가 너를 그레데에 떨어뜨려 둔 이유는 부족한 일을 바로 잡고 나의 명한 대로 각 성에 장로들을 세우게 하려 함이니"에서 "너"는 누구를 가리키는가?
① 실바 ② 빌레몬
③ 디도 ④ 디모데

53. 느헤미야 4장에서 느헤미야가 성벽을 건축하려는 시도를 보고 암몬 사람 도비야가 다음과 같이 비아냥 거렸다. 괄호 안에 들어갈 짐승은 무엇인가?
"저들의 건축하는 성벽은 (　)가 올라가도 곧 무너지리라 하더라."
① 참새 ② 염소
③ 여우 ④ 개

54. 다음은 누가복음 9장 61-62절이다. (   )에 들어가야 할 단어는 무엇인가?
    "또 다른 사람이 가로되 주여 내가 주를 좇겠나이다 마는 나로 먼저 내 가족을 작별케 허락하소서 예수께서 이르시되 손에 (   )를 잡고 뒤를 돌아보는 자는 하나님의 나라에 합당치 아니하니라"
    ① 괭이　　　　　　　　② 쟁기
    ③ 고삐　　　　　　　　④ 십자가

55. 아가서 7장에서 술람미 여인의 몸을 묘사하는 가운데, "다메섹을 향한 레바논 망대" 같다고 한 것은 어느 부분을 묘사한 것인가?
    ① 코　　　　　　　　　② 키
    ③ 목　　　　　　　　　④ 다리

56. 아래 예언은 어느 선지서에 나오는가?
    "화 있을진저 피 성이여 그 속에서는 궤휼과 강포가 가득하며 늑탈이 떠나지 아니하는도다. 휙휙하는 채찍 소리, 굉굉하는 병거바퀴 소리, 뛰는 말, 달리는 병거, 충돌하는 기병, 번쩍이는 칼, 번개같은 창, 살육 당한 떼, 큰 무더기 주검, 무수한 시체여 사람이 그 시체에 걸려 넘어지니."
    ① 하박국　　　　　　　② 스가랴
    ③ 나훔　　　　　　　　④ 요엘

57. 로마서 12장의 마지막 부분을 인용한 것이다. 이 인용구 다음에 와야 할 문장으로 가장 적절한 것은 어느 것인가?
    "내 사랑하는 자들아 너희가 친히 원수를 갚지 말고 진노하심에 맡기라 기록되었으되 원수 갚는 것이 내게 있으니 내가 갚으리라고 주께서 말씀하시니라 네 원수가 주리거든 먹이고 목마르거든 마시우라 그리함으로 네가 숯불을 그 머리에 쌓아 놓으리라."

① "악에게 지지 말고 선으로 악을 이기라."
② "너희를 핍박하는 자를 축복하고 저주하지 말라."
③ "너희 원수를 사랑하며 박해자들을 위해 기도하여라."
④ "사랑의 빚 외에는 아무에게 아무 빚도 지지 말아라."

58. 다음 중 같은 부류의 사람이 <u>아닌</u> 자는 누구인가?
    ① 하닷   ② 르손
    ③ 여로보암   ④ 르호보암

59. 예수님이 가버나움 근처의 한 산에서 하신 설교를 산상설교라고 한다. 다음 중 산상설교에 들어 있지 <u>않은</u> 말씀은 어느 것인가?
    ① 네 오른 뺨을 치거든 왼편도 돌려 대라
    ② 눈이 나쁘면 온 몸이 어두울 것이다.
    ③ 한 사람이 두 주인을 섬기지 못한다.
    ④ 주는 것이 받는 것보다 복이 있다.

60. 법궤가 재앙을 내린 블레셋의 도시가 아닌 곳은 어디인가?
    ① 기사   ② 에그론
    ③ 아스돗   ④ 가드

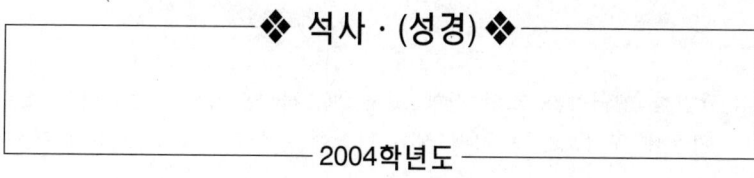

―――― 2004학년도 ――――

1. 누가복음에서 예수님의 족보는 어디에 나오는가?
   ① 눅1장   ② 눅2장
   ③ 눅3장   ④ 눅4장

2. 개혁주의 신학은 하나님의 주권을 신학의 중심으로 삼는다. 구약성경에는, "질그릇 조각 중 한 조각 같은 자가 자기를 지으신 자로 더불어 다툴진대 화 있을진저 진흙이 토기장이를 대하여 너는 무엇을 만드느뇨 할 수 있겠으며 너의 만든 것이 너를 가리켜 그는 손이 없다 할 수 있겠느뇨?"라고 말하며, 신약성경에서는, "토기장이가 진흙 한 덩이로 하나는 귀히 쓸 그릇을, 하나는 천히 쓸 그릇을 만드는 권이 없느냐?"라고 묻는다. 이 두 본문은 성경 가운데 어디에 나타나는가?
   ① 사44장, 롬9장   ② 사44장, 롬10장
   ③ 사45장, 롬9장   ④ 사45장, 롬10장

3. 예수께서 성전 입성 후에 예루살렘에서 종교지도자들과 여러 가지 주제로 논쟁을 하였다. 이것을 논쟁기사(주로 막 11-12장)라고 부른다. 악한 포도원 농부에 대한 비유(막 12:1-12)후에 주어진 논쟁

의 주제가 아닌 것은 다음 중 어느 것인가?
① 권세논쟁   ② 조세(조공)논쟁
③ 부활논쟁   ④ 계명논쟁

4. 탈진한 엘리야가 호렙 산에 갔을 때, 하나님께서는 엘리야를 신현 가운데 찾아오신다. 이때 신현 현상에 포함되지 않은 것은 어느 것인가?
① 바람   ② 우레
③ 지진   ④ 불

5. 세례 요한에 대한 기사 중에 세례 요한이 회개의 열매를 언급하면서 특별히 군병들에게 해야 할 일 즉, 강포(强暴)와 무소(誣訴)와 요(料)에 대하여 주의를 명한 복음서는?
① 마태복음   ② 마가복음
③ 누가복음   ④ 요한복음

6. 이사야 36-39장은 이사야서의 전반부와 후반부를 연결하는데 결정적으로 중요한 역할을 한다. 이 네 장의 내용을 순서에 따라 올바로 연결한 것은 어느 것인가?
① 히스기야의 병-바벨론 사신의 방문-산헤립의 침공-히스기야의 구원 기도
② 산헤립 침공-히스기야의 구원 기도-히스기야 병-바벨론 사신의 방문
③ 산헤립 침공-히스기야의 병-히스기야의구원기도-바벨론 사신의 방문
④ 히스기야의 병-히스기야 기도-산헤립 침공-바벨론 사신 방문

7. 마태복음 13장의 천국비유 중에 마태복음에만 나오는 비유는 다음

중 어느 것인가?
① 겨자씨 비유 ② 가라지 비유
③ 씨뿌리는 자의 비유 ④ 등불 비유

8. 아래의 인물들은 한 가지 주제에 있어서 서로 밀접한 연관성을 갖고 있다. 공통적인 주제에서 벗어난 한 쌍의 인물은 누구인가?
① 히스기야-요시야 ② 모세-여호수아
③ 다윗-솔로몬 ④ 엘리야-엘리사

9. 요 7:37-38의 "명절 끝날 곧 큰 날에 예수께서 서서 외쳐 가라사대 누구든지 목마르거든 내게로 와서 마시라 나를 믿는 자는 성경에 이름과 같이 그 배에서 생수의 강이 흘러나리라 하시니"하는 외침을 하게된 그 명절은 어떤 명절인가?
① 부림절 ② 무교절
③ 수전절 ④ 초막절

10. 시편 68:15-16절에서는 여러 산들이 하나님이 거하시는 산을 시기한다. "바산의 산은 하나님의 산임이여 바산의 산은 높은 산이로다 너희 높은 산들아 어찌하여 하나님이 거하시려 하는 산을 시기하여 보느뇨 진실로 여호와께서 이 산에 영영히 거하시리로다." 높은 산들이 시기하는 하나님의 산은 어느 산인가?
① 시내산 ② 헬몬산
③ 시온산 ④ 북방산

11. '히브리서의 겟세마네'라고 지칭되는 말씀인 "그는 육체에 계실 때에 자기를 죽음에서 능히 구원하길 이에게 심한 통곡과 눈물로 간구와 소원을 올렸고 그의 경외하심을 인하여 들으심을 얻었느니라"라는 표현은 예수의 대제사장직의 인성적인 면을 강조한 것으

로써 이 말씀은 히브리서 몇 장에 있는가?
① 히4장 ② 히5장
③ 히6장 ④ 히7장

12. 아래의 본문은 시편 68:11-14절의 말씀이다. "주께서 말씀을 주시니 소식을 공포하는 여자가 큰 무리라 여러 군대의 왕들이 도망하고 도망하니 집에 거한 여자도 탈취물을 나누도다 너희가 양우리에 누울 때에는 그 날개를 은으로 입히고 그것을 황금으로 입힌 비둘기 같도다 전능하신 자가 열왕을 그 중에서 흩으실 때에는 살몬에 눈이 날림 같도다". 여기에 묘사된 전쟁은 구약성경의 유명한 전투 중 어느 것을 가리키는가? 본문에 나타난 다양한 모티프와 주제를 착안하여라.
① 드보라의 다볼산 전투 ② 다윗의 암몬 전투
③ 여호수아의 예루살렘 전투 ④ 다윗의 블레셋 전투

13. 히브리서의 주제 중 하나는 탁월하신 예수 그리스도를 설명하는 것으로 이 중 서신에서 강론을 비교의 대상이 아닌 것은 다음 중 어느 것인가?
① 모세 ② 천사
③ 선지자 ④ 레위

14. 유다 왕국의 마지막 시기에 짧게 다스린 왕으로서, 느부갓네살에게 포위를 당하고, 결국 "방백과 모든 용사 합 일만 명과 모든 공장과 대장장이"까지 빼앗긴 왕은 누구인가?
① 여호야긴 ② 호세아
③ 시드기야 ④ 그달리야

15. 바울이 고린도 전서에서 세례 문제를 언급하면서 이 사람들 외에

는 다른 사람들에게는 세례를 준 적이 없다고 하였는데 여기에 해당되지 않는 사람은 누구인가?
① 그리스보　　　　② 누기오
③ 스데바나　　　　④ 가이오

16. 구약성경에서 하나님의 심판으로 문둥병이 든 자 가운데, '그 이마에서 부터' 문둥병이 든 사람은 누구인가?
① 미리암　　　　　② 나아만
③ 게하시　　　　　④ 웃시야

17. 사도 바울이 자신이 부득불 약한 것을 자랑한다고 하면서 "주 예수의 아버지 영원히 찬송할 하나님이 나의 거짓말 아니하는 줄을 아시느니라 다메섹에서 아레다 왕의 방백이 나를 잡으려고 다메섹 성을 지킬 쎄 내가 광주리를 타고 들 창문으로 성벽을 내려가 그 손에서 벗어났노라"(고후 11:31-33)라고 말한 사건은 사도행전 어디에 언급된 사건인가?
① 행9장　　　　　② 행10장
③ 행11장　　　　④ 행12장

18. 선지자 엘리사가 그의 종을 보내어 안수하게 한 아람의 왕으로서, 장차 이스라엘을 침범하여 "아이 벤 여인의 배를 가를 자"로 예언된 왕은 누구인가?
① 벤하닷　　　　　② 하사엘
③ 르신　　　　　　④ 르말리야

19. 마 6장에서 언급되고 있는 유대인 경건의 세 가지에 해당되지 않는 것은 다음 중 어느 것인가

① 기도 　　　　　　② 고르반
③ 금식 　　　　　　④ 구제

20. 선지자 엘리사는 임종 직전에 이스라엘의 왕에게 안수하며, 창문을 열고 화살을 쏘라고 하며, "이는 여호와의 구원의 살이니 곧 아람에 대한 구원의 살입니다"라고 말한다. 엘리사는 어느 방향을 향하여 쏘라고 하였는가?
    ① 동 　　　　　　② 서
    ③ 남 　　　　　　④ 북

21. 갈 3장에서 언급하고 있는 논쟁의 내용이 아닌 것은 다음 중 어느 것인가?
    ① 할례문제 　　　　② 율법의 행위와 믿음
    ③ 아브라함의 자손 　④ 성령받음

22. 다니엘서 7장에는 네 마리의 짐승이 등장하여, 온 세상을 지배할 것을 그리고 있다. 네 짐승의 순서와 묘사에 있어서 서로 일치하지 않는 것은 어느 것인가?
    ① 첫째짐승 : 독수리 날개를 가지며, 사람처럼 두 발로 서게 됨
    ② 둘째짐승 : 입의 이 사이에 갈빗대 세 개를 물고 있음
    ③ 셋째짐승 : 등에 날개 넷이 있으며, 머리 넷이 있음
    ④ 넷째짐승 : 큰 철 이를 가지며, 뿔에 사람 눈 같은 것이 있음

23. 엡 4장에 나오는 말씀이 아닌 것은 다음 중 어느 것인가?
    ① 교회는 그의 몸이니 만물 안에서 만물을 충만케 하시는 자의 충만이니라
    ② 평안의 매는 줄로 성령의 하나 되게 하신 것을 힘써 지키라
    ③ 주도 하나이요 믿음도 하나이요 세례도 하나이요 하나님도 하

나이시니 곧 만유의 아버지시라 만유 위에 계시고 만유를 통일
하시고 만유 가운데 계시도다
④ 오직 사랑 안에서 참된 것을 하여 범사에 그에게까지 자랄찌라
그는 머리니 곧 그리스도라

24. 아래에서 '셉나'에 대한 묘사 중 잘못된 것은 어느 것인가?
① 국고를 맡은 자
② 자기를 위하여 반석에 묘실을 파둔 자
③ 다윗 집의 열쇠를 맡은 자
④ 공처럼 둘둘 말려 광야에 던져질 자

25. 빌 4장에 나오는 말씀이 아닌 것은 다음 중 어느 것인가?
① 주안에서 항상 기뻐하라 내가 다시 말하노니 기뻐하라
② 내게 능력 주시는 자 안에서 내가 모든 것을 할 수 있느니라
③ 오직 우리가 어디까지 이르렀든지 그대로 행할 것이라
④ 나의 하나님이 그리스도 예수 안에서 영광 가운데 그 풍성한 대로 너희 모든 쓸 것을 채우시리라

26. 이사야서에 나타난 열국의 심판 예언에 포함되지 않은 나라는 어느 것인가?
① 블fp셋   ② 엘람
③ 모압   ④ 두마

27. "우리가 그를 전파하여 각 사람을 권하고 모든 지혜로 각 사람을 가르침은 각 사람을 그리스도 안에서 완전한 자로 세우려 함이니 혹 모든 지혜로 각 사람을 권하고 이를 위하여 나도 내 속에서 능력으로 역사하시는 이의 역사를 따라 힘을 다하여 수고하노라". 위의 이 말씀은 바울서신 중에 어디에 있는 말씀인가?

① 갈라디아서　　　　　② 빌립보서
③ 에베소서　　　　　　④ 골로새서

28. 이사야서에서 '메시야 예언'과 무관한 본문은 어느 것인가?
① 6장　　　　　　　　② 7장
③ 9장　　　　　　　　④ 11장

29. 데살로니가 교회를 향한 바울의 감사기도 내용(살전 1장)이 아닌 것은 어느 것인가?
① 믿음의 역사와 사랑의 수고와 소망의 인내
② 흑암의 권세에서 사랑의 아들의 나라로 옮기심
③ 마게도니아와 아가야 모든 믿는 자의 본이 됨
④ 많은 환난가운데에서 성령의 기쁨으로 도를 받음

30. 창세기에는 한 민족과 나라를 이룬 여러 족장들이 등장하고 있으며, 그들의 사적을 "계보, 후예, 대략" 등으로 표현하고 있다. 창세기에 등장하는 아래의 인물들 가운데에서, "계보"를 이루지 않는 인물은 누구인가?
① 이스마엘　　　　　② 데라
③ 롯　　　　　　　　④ 에서

31. 바울이 '내가 죄인 중에 괴수'라고 말한 말씀은 누구에게 한 말인가?
① 디도에게　　　　　② 디모데에게
③ 빌레몬에게　　　　④ 오네시모에게

32. 아래의 본문은 이사야서에서 발췌한 것이다. "여호와께서 그 거하시는 온 시온산과 모든 집회 위에 낮이면 구름과 연기, 밤이면

화염의 빛을 만드시고 그 모든 영광 위에 천막을 덮으실 것이며 또 천막이 있어서 낮에는 더위를 피하는 그늘을 지으며 또 풍우를 피하여 숨는 곳이 되리라"(사4:5-6). 본문의 배경적 영상과 무관한 것은 어느 것인가?
① 시내산   ② 출애굽
③ 성막   ④ 솔로몬 성전

33. 감독의 자질인 '감독은 책망할 것이 없으며 한 아내의 남편이 되며 절제하며 근신하며 아담하며 나그네를 대접하며 가르치기를 잘하며 술을 즐기지 아니하며 구타하지 아니하며 오직 관용하여 다투지 아니하며 돈을 사랑치 아니하며 자기 집을 잘다스려 자녀들로 모든 단정함으로 복종케 하는 자라야 할찌며 (사람이 자기 집을 다스릴 줄 알지 못하면 어찌 하나님의 교회를 돌아보리요) 새로 입교한 자도 말찌니 교만하여져서 마귀를 정죄하는 그 정죄에 빠질까 함이요 또한 외인에게서도 선한 증거를 얻은 자라야 할찌니 비방과 마귀의 올무에 빠질까 염려하라"에 대한 말씀이 있는 곳은 다음 중 어디인가?
① 딤전2장   ② 딤전3장
③ 딤전4장   ④ 딤전5장

34. 어린 사무엘이 하나님으로부터 처음 받은 신탁의 내용과 직접적으로 상관이 없는 내용은 어느 것인가?
① 그것을 듣는 자마다 두 귀가 울리리라
② 그 집의 죄악은 제물이나 예물로나 영영히 속함을 얻지 못하리라
③ 영광이 이스라엘에서 떠났다
④ 자기 아들들이 저주를 자청하되 금하지 아니하였음이니라

35. 바울이 디모데에게 자신이 떠날 기약이 가까웠음을 알고 올 때

에 데리고 오라고 한 사람은 누구인가?
① 누가   ② 마가
③ 디도   ④ 두기고

36. 사사기에 등장하는 여인들 중 소개가 잘못된 사람은?
① 이스라엘의 어머니 드보라
② 겐 사람 헤벨의 아내 야엘
③ 입다의 어머니인 길르앗의 기생의 첩
④ 유다 헤브론 출신으로 레위인의 첩이 된 여인

37. "오직 의인은 믿음으로 말미암아 살리라"는 말씀은 히부리서 어디에 나오는 말씀인가?
① 10장   ② 11장
③ 12장   ④ 13장

38. 위의 지문과 연관된 사항으로서, 이후 레위에 대한 야곱의 저주는 변하여 축복이 되었다. 레위 지파의 변화된 운명을 다루는 본문이 아닌 것을 고르라
① 시 106   ② 시 135
③ 출 32장   ④ 신 33장

39. 야고보가 서신에서 다루고 있는 주제에 대하여 아름다운 모범으로 제시하고 있는 구약인물이 아닌 사람은 다음 중 누구인가?
① 욥   ② 라합
③ 엘리야   ④ 모세

40. 족장 야곱은 임종 직전 그의 12아들에 대하여 축복과 저주를 내린다. 그 때, 그는 레위와 시므온에 대한 저주를 선언하였다. "시

므온과 레위는 형제요 그들의 칼은 잔해하는 기계로다... 그 노염이 혹독하니 저주를 받을 것이요 분기가 맹렬하니 저주를 받을 것이라 내가 그들을 야곱 중에서 나누며 이스라엘 중에서 흩으리로다"(창 49:5, 7). 시므온과 레위의 분노가 폭발한 사건과 무관한 사항은 어느 것인가?
① 디나　　　　　　　② 할례
③ 하몰　　　　　　　④ 벧엘

41. "모든 육체는 풀과 같고 그 모든 영광이 풀의 꽃과 같으니 풀은 마르고 꽃은 떨어지되 오직 주의 말씀은 세세토록 있도다"라는 말씀은 다음 중 어디에 나오는 말씀인가?
① 약1장　　　　　　② 벧전1장
③ 벧후1장　　　　　④ 히1장

42. 아래에서 갈렙에 대한 설명 중 잘못된 것은 어느 것인가?
① 요셉지파 여분네의 아들
② 헤브론에 있는 아낙의 소생을 쫓아냄
③ 그나스의 아들인 옷니엘의 장인
④ 딸 악사에게 윗샘과 아랫샘을 주었음

43. 요한 사도가 형제의 궁핍함을 보고도 도와줄 마음이 없으면 하나님의 사랑이 없는 것이라고 하면서 "자녀들아 우리가 말과 혀로만 사랑하지 말고 오직 행함과 (　　)로/으로 하자"라고 말씀하였는데 괄호에 들어갈 내용은 무엇인가?
① 믿음　　　　　　　② 자비
③ 인내　　　　　　　④ 진실함

44. 구약성경의 역사서에서 유월절을 지켰다는 보고가 몇 번 나타나

고 있다. 아래에서 유월절 행사를 거행한 사람과 그 본문의 연결
이 올바르지 않은 것은 어느 것인가?
① 여호수아(수5)   ② 솔로몬(왕상8)
③ 히스기야(대하30)   ④ 요시야(왕하23)

45. 요한이 요한삼서에서 "악한 말로 우리를 망령되이 폄론하고도
유위부족하여 형제들을 접대치도 아니하고 접대하고자 하는 자
를 금하여 교회에서 내어쫓는" 사람으로 언급한 사람은?
① 두기고   ② 아리스다고
③ 알렉산더   ④ 데메드리오

46. 모세는 신명기 1:2에서 출애굽의 여정을 회고하면서, "호렙 산에
서 세일 산을 지나 가데스 바네아에까지 (   )일 길이었더라"
고 한다. 이후에, 어느 고고학자가 이 길을 걸어 보았더니, 과연
성경의 날 수와 같은 시간이 걸렸다고 하였다. 몇 일 길이었을
까?
① 11일   ② 12일
③ 13일   ④ 14일

47. 롬 8장에 나오는 내용이 아닌 것은 다음 중 어느 것인가?
① 성령   ② 세례
③ 하나님의 사랑   ④ 고난

48. 아래의 지명과 사건들 가운데에서 민수기에 등장하지 않는 것은
어느 것인가?
① 다베라   ② 맛사
③ 에스골   ④ 가데스 바네아

49. 사도행전에서 오순절 성령강림의 사건과 유사한 모습으로 성령
 의 역사(성령 받음)가 있었던 곳으로 묘사된 지역이 아닌 것은
 다음 중 어느 것인가?
 ① 사마리아   ② 가이사랴
 ③ 고린도   ④ 에베소

50. 오경에서 가장 심각한 거짓 선지자로 등장하고 발람의 이야기에
 서 사실과 다른 내용은 어느 것인가?
 ① 여호와의 사자는 종려나무 사이 좁은 길에 서서 발람의 나귀를
    막으셨다.
 ② 미디안인은 이스라엘이 '소가 밭의 풀을 뜯어먹음 같을 것'
    처럼 두려워하였다.
 ③ 발람은 장차 이스라엘이 '사자와 같을 것'이라고 예언하였다.
 ④ 발람은 장차 이스라엘이 '들소와 같을 것'이라고 예언하였다.

51. 예수께서 십자가에 달리신 순간부터 마치 카운터다운 하는 것처
 럼 시간 별(제 삼 시; 제 육 시; 제 구 시)로 사건을 언급하며
 묘사하고 있는 복음서는 어느 복음서인가?
 ① 마태복음   ② 마가복음
 ③ 누가복음   ④ 요한복음

52. 엘리야는 아합에게 기근을 선포한 후, 사르밧 과부의 집으로 피
 신하여 지내다가, 그 집 아들이 갑자기 죽게 되자, "여호와께 부
 르짖어 가로되 나의 하나님 여호와여 주께서 또 내가 우거하는
 집 과부에게 재앙을 내리사 그 아들로 죽게 하셨나이까 하고"
 기도드린다(왕상17:20). 엘리야의 기도는 구약성경의 약자 보호법
 에 근거하고 있다. 그가 근거하고 있는 본문은 어디에 있는가?
 ① 출 20장   ② 출 21장

③ 출 22장　　　　　　④ 출 23장

53. 바울과 실라가 <u>세 안식일 동안</u> 성경을 가지고 그리스도가 해를 받아 죽은 자 가운데서 다시 살아나야 할 것을 증명하고 예수가 그리스도라고 증거함으로써 경건한 헬라인들과 귀부인들이 권함을 받고 그들을 좇게 되자 유대인들이 시기하여 바울과 실라를 잡으려고 하였지만 발견치 못하자 대신 야손과 그 형제를 끌고 난리를 피운 곳은 어디인가?
　① 고린도　　　　　　② 아덴
　③ 베뢰아　　　　　　④ 데살로니가

54. 하나님께서 시내 산에서 모세에게 십계명을 주신 이후에, 다양한 "판례들"(case laws)을 주신다. 이 가운데 특히 싸움에 일어난 신체 상해에 연관하여 배상에 관한 법들이 제시되고 있는데, 여기에 포함되지 않은 것은 어느 것인가?
　① 싸우다가 귀를 찢은 경우　② 돌로 쳐 다치게 한 경우
　③ 싸우다가 눈을 상하게 한 경우　④ 이를 쳐서 빠뜨린 경우

55. 베드로 사도가 벧전 5장에서 "그리스도의 고난의 증인이요 나타날 영광에 참예할 자"로서 장로들에게 권면한 말씀에 해당되는 것이 아닌 것은 다음 중 어느 것인가?
　① 부득이 함으로 하지 말고 오직 하나님의 뜻을 좇아 자원함으로 하라
　② 더러운 이(利)를 위하여 하지 말고 오직 즐거운 뜻으로 하라
　③ 선하고 관용한 자들에게만 아니라 또한 까다로운 자들에게도 순복하라
　④ 맡기운 자들에게 주장하는 자세를 하지 말고 오직 양 무리의 본이 되라

56. 하나님께서 이스라엘 백성들을 애굽에서 이끌어 내시기 위하여 10대 재앙을 내리신다. 아래의 본문들 가운데에서 십대 재앙 기사의 전통을 담고 있지 않는 본문은 어느 것인가?
    ① 출 7-12   ② 이사야 51
    ③ 시 78   ④ 시 105

57. 사도 요한이 하늘에 열린 문을 보고 올라가 보니 유리바다와 일곱 등불과 하늘보좌와 이십 사 보좌들과 그리고 그 하늘보좌 가운데와 주위에 있는 네 생물을 보았는데 이 네 생물들의 모습이 아닌 것은 다음 중 어느 것인가?
    ① 사자   ② 양
    ③ 송아지   ④ 독수리

58. 아래에 샘플로 제시된 네 가지 본문은 이야기의 전체적 주제에 있어서 밀접한 유사성을 지니고 있다. 이 가운데, 유사성이 가장 빈약한 것은 어느 것인가?
    ① 야곱은 홀로 남았더니 어떤 사람이 날이 새도록 야곱과 씨름하다가(창32:24)
    ② 여호와께서 길의 숙소에서 모세를 만나사 그를 죽이려 하시는지라(출4:24)
    ③ 여호수아가 여리고에 가까웠을 때에 눈을 들어 본즉 한 사람이 칼을 빼어 손에 들고 마주 섰는지라(수4:13상)
    ④ 다니엘아 두려워하지 말라....내가 네 말로 인하여 왔느니라. 그런데 바사 국군이 이십일 일 동안 나를 막았으므로 내가 거기 바사국 왕들과 함께 머물러 있더니 군장 중 하나 미가엘이 와서 나를 도와주므로....내가 이제 왔노라.(단10:12-14)

59. 처음 사랑을 버렸다고 책망을 받으며 회개하여 처음 행위를 가

지라는 권면을 받은 교회는 다음 중 어느 교회인가?
① 에베소 교회 ② 서머나 교회
③ 빌라델피아 교회 ④ 라오디게아 교회

60. 천지창조 기사에서 하나님께서 "복을 주셨다"는 대상에서 제외된 것은 무엇인가?
① 물고기 ② 초목
③ 사람 ④ 안식일

석사(성경)
2005학년도

1. 욥이 말한 것 중에, "내가 알기에는 나의 구속자가 살아 계시니 후일에 그가 땅 위에 서실 것이라. 나의 이 가죽, 이것이 썩은 후에 내가 육체 밖에서 하나님을 보리라"(욥 19:25-26)는 욥의 이 말은 누구의 말에 대한 대답인가?
   ① 욥의 아내　　　　　② 데만 사람 엘리바스
   ③ 수아 사람 빌닷　　　④ 나아마 사람 소발

2. 다음 중에서 뱀이 하와에게 한 말이 아닌 것은 어느 것인가?
   ① 하나님이 참으로 너희더러 동산 모든 나무의 실과를 먹지 말라 하시더냐
   ② 먹음직도 하고 보암직도 하고 지혜롭게 할 만큼 탐스럽기도 한 나무인지라
   ③ 너희 눈이 밝아 하나님과 같이 되어 선악을 알줄을 하나님이 아심이니라
   ④ 너희가 결코 죽지 아니하리라

3. 노아가 농업을 시작하여 포도나무를 심었더니 포도주를 마시고 취하여 그 장막 안에서 벌거벗은 사건으로 노아의 저주를 받은 사람

은 누구인가?
　　① 셈　　　　　　　　② 함
　　③ 야벳　　　　　　　④ 가나안

4. 아브라함과 그 집안 모든 남자들이 할례를 행한 때는 아브라함의 나이 몇 세 때였는가?
　　① 칠십 오세　　　　② 팔십 육세
　　③ 구십 구세　　　　④ 백세

5. 가나안 땅 마므레 앞 막벨라 밭에 있는 굴과 연관하여 관계가 없는 인물은 누구인가?
　　① 라헬　　　　　　② 레아
　　③ 리브가　　　　　④ 사라

6. "그 때에 맹세로 무리를 경계하여 가로되 이 여리고 성을 누구든지 일어나 건축하는 자는 여호와 앞에서 저주를 받을 것이라 그 기초를 쌓을 때에 장자를 잃을 것이요 문을 세울 때에 계자를 잃으리라 하였더라"는 예언과 관계있는 인물은 누구인가?
　　① 노아　　　　　　② 아브라함
　　③ 모세　　　　　　④ 여호수아

7. 이스라엘 자손이 가나안 정복 후에 처음으로 회막을 세운 곳은 어디인가?
　　① 헤브론　　　　　② 실로
　　③ 예루살렘　　　　④ 벧엘

8. 여호수아가 죽은 후에 이스라엘에 첫 사사가 된 사람은 누구인가?
　　① 에훗　　　　　　② 바락

③ 기드온 ④ 옷니엘

9. 사무엘이 해마다 순회하며 이스라엘을 다스린 장소와 관련이 없는 것은 어느 것인가?
① 베들레헴 ② 벧엘
③ 길갈 ④ 미스바

10. "여호와께서 번제와 다른 제사를 그 목소리 순종하는 것을 좋아하심 같이 좋아하시겠나이까 순종이 제사보다 낫고 듣는 것이 수양의 기름보다 나으니 이는 거역하는 것은 사술의 죄와 같고 완고한 것은 사신 우상에게 절하는 죄와 같음이라 왕이 여호와의 말씀을 버렸으므로 여호와께서도 왕을 버려 왕이 되지 못하게 하셨나이다"라는 예언과 관련된 선지자와 왕이 바르게 연결된 것은 어느 것인가?
① 사무엘과 사울 ② 사무엘과 다윗
③ 나단과 솔로몬 ④ 나단과 르호보암

11. 길르앗에 우거하는 자 중에 디셉 사람 엘리야의 활동이 처음으로 소개된 곳은 다음 중 어느 곳인가?
① 열왕기상 13장 ② 열왕기상 17장
③ 열왕기하 13장 ④ 열왕기하 17장

12. 성전과 왕궁을 20년 동안 건축하는 일에 도움을 준 두로 왕 히람에게 솔로몬이 보답으로 준 갈릴리 땅 성읍 이십이 마음에 들지 않아서 히람은 이를 무슨 땅이라고 이름하였는가?
① 기브온 ② 밀로
③ 가불 ④ 게셀

13. 다음 중 남쪽 유다왕국의 왕이 아닌 사람은 누구인가?
    ① 아하시야   ② 호세아
    ③ 아마샤   ④ 히스기야

14. 아합 왕 시대에 선지자 미가야의 뺨을 때린 거짓 선지자의 이름은 무엇인가?
    ① 벤하닷   ② 하사엘
    ③ 오바댜   ④ 시드기야

15. 학사 겸 제사장 에스라의 회개 기도가 기록된 곳은 에스라서 몇 장인가?
    ① 2장   ② 3장
    ③ 7장   ④ 9장

16. 왕비 에스더와 모르드개와의 관계를 바르게 말한 것은 어느 것인가?
    ① 삼촌사이   ② 사촌사이
    ③ 부녀사이   ④ 남매사이

17. 여호와께서 폭풍 가운데로 욥에게 나타나셔서 가장 먼저 하신 말씀은 다음 중 어느 것인가?
    ① 무지한 말로 이치를 어둡게 하는 자가 누구냐
    ② 너는 대장부처럼 허리를 묶고 내가 네게 묻는 것을 대답할찌니라
    ③ 네가 땅의 기초를 놓을 때에 네가 어디 있었느냐 네가 깨달아 알았거든 말할찌니라
    ④ 네가 능히 낚시로 악어를 낚을 수 있겠느냐

18. "성전에 올라가는 노래"가 시작된 시편은 다음 중 어느 것인가?

① 42편 ② 73편
③ 120편 ④ 146편

19. 솔로몬의 시편으로 바르게 연결된 것은 어느 것인가?
    ① 23편, 69편 ② 72편, 127편
    ③ 73편, 74편 ④ 87편, 88편

20. 다음 중 잠언 22장 6절 말씀은 어느 것인가?
    ① 포도주는 거만케 하는 것이요 독주는 떠들게 하는 것이라 무릇 이에 미혹되는 자에게는 지혜가 없느니라
    ② 마땅히 행할 길을 아이에게 가르치라 그리하면 늙어도 그것을 떠나지 아니하리라
    ③ 마음의 경영은 사람에게 있어도 말의 응답은 여호와께로서 나느니라
    ④ 고운 것도 거짓되고 아름다운 것도 헛되나 오직 여호와를 경외하는 여자는 칭찬을 받을 것이라

21. 다음 중 이사야 1장 18절 말씀은 어느 것인가?
    ① 보라 내가 너로 그 온 땅과 유다 왕들과 그 족장들과 그 제사장들과 그 땅 백성 앞에 견고한 성읍, 쇠기둥, 놋성벽이 되게 하였은즉
    ② 여호와여 우리를 주께로 돌이키소서 그리하시면 우리가 주께로 돌아가겠사오니 우리의 날을 다시 새롭게 하사 옛적 같게 하옵소서
    ③ 제 삼십년 사월 오일에 내가 그발강 가 사로잡힌 자 중에 있더니 하늘이 열리며 하나님의 이상을 내게 보이시니
    ④ 주여호와께서 말씀하시되 오라 우리가 서로 변론하자 너희 죄가 홍 같을찌라도 눈과 같이 희어질 것이요 진홍 같이 붉을찌라도

양털 같이 되리라

22. "내가 한 목자를 그들의 위에 세워 먹이게 하리니 그는 내 종 다윗이라 그가 그들을 먹이고 그들의 목자가 될찌라"는 말씀을 예언한 선지자는 누구인가?
    ① 이사야   ② 예레미야
    ③ 에스겔   ④ 다니엘

23. "여호와께서 네게 이르시되 너는 아이라 하지 말고 내가 너를 누구에게 보내든지 너는 가며 내가 네게 무엇을 명하든지 너는 말할지니라" 하는 말씀을 들은 선지자는 누구인가?
    ① 사무엘   ② 다니엘
    ③ 학개   ④ 예레미야

24. "누가 지혜가 있어 이런 일을 깨달으며 누가 총명이 있어 이런 일을 알겠느냐 여호와의 도는 정직하니 의인이라야 그 도에 행하리라 그러나 죄인은 그 도에 거쳐 넘어지리라"는 말씀이 기록된 곳은 다음 중 어느 곳인가?
    ① 잠언   ② 전도서
    ③ 호세아   ④ 시편

25. "그 후에 내가 내 신을 만민에게 부어주리니 너희 자녀들이 장래 일을 말할 것이며 너희 늙은이는 꿈을 꾸며 너희 젊은이는 이상을 볼 것이며 또 내가 내 신으로 남종과 여종에게 부어 줄 것이며 내가 이적을 하늘과 땅에 베풀리니 곧 피와 불과 연기 기둥이라"는 말씀을 예언한 선지자는 누구인가?
    ① 요엘   ② 오바댜
    ③ 말라기   ④ 에스겔

26. "주 여호와께서 가라사대 보라 날이 이를찌라 내가 기근을 땅에 보내리니 양식이 없어 주림이 아니며 물이 없어 갈함이 아니요 여호와의 말씀을 듣지 못한 기갈이라"는 말씀을 예언한 선지자는 누구인가?
    ① 학개   ② 스바냐
    ③ 스가랴   ④ 아모스

27. "사람아 주께서 선한 것이 무엇임을 네게 보이셨나니 여호와께서 네게 구하시는 것이 오직 ( )를 행하며 ( )를 사랑하며 ( ) 네 하나님과 함께 행하는 것이 아니냐"는 미가서 6장 8절의 말씀에서 빈 칸에 알맞은 말이 바르게 연결된 것은 어느 것인가?
    ① 인자, 공의, 정직하게   ② 의, 자비, 바르게
    ③ 공의, 인자, 겸손히   ④ 자비, 의, 온유하게

28. "그가 찔림은 우리의 ( )을 인함이요 그가 상함은 우리의 ( )을 인함이라 그가 징계를 받음으로 우리가 ( )를 누리고 그가 채찍에 맞음으로 우리가 ( )을 입었도다"라는 이사야 53장 5절의 말씀에서 빈 칸에 들어갈 말이 바르게 연결된 것은 어느 것인가?
    ① 허물, 범죄함, 치유, 사함   ② 죄악, 악함, 교제, 화목
    ③ 악함, 죄악, 용서, 구속   ④ 허물, 죄악, 평화, 나음

29. 다리오왕 이년에 학개 선지자에게 임한 여호와의 말씀이 같은 해도 또 어느 선지자에게 임하였는가?
    ① 호세아   ② 하박국
    ③ 스가랴   ④ 말라기

30. 말라기 선지자가 장차 오리라고 예언한 선지자의 이름은 무엇인가?

① 모세　　　　　　② 엘리야
③ 다니엘　　　　　④ 아모스

31. "새 포도주는 새 부대에 넣어야 둘이 보전되느니라"는 말씀은 무슨 질문 끝에 나온 말씀인가?
    ① 구제　　　　　　② 금식
    ③ 안식일　　　　　④ 제사

32. 다음 중 예수님께서 안식일에 행하지 않은 일은 무엇인가?
    ① 이삭을 잘라 먹음　　② 손 마른 자를 고침
    ③ 회당에 들어감　　　④ 열병을 고침

33. 베드로와 요한에게 고침 받은 앉은뱅이는 몇 살 가량이었는가?
    ① 20여세　　　　　② 30여세
    ③ 40여세　　　　　④ 50여세

34. 다음 중 성령을 먼저 받고 나중에 세례를 받은 사람(들)은 누구인가?
    ① 에디오피아의 내시　② 에베소의 제자들
    ③ 고넬료　　　　　　④ 빌립보 감옥의 간수

35. 바울이 자신의 서원에 따라 머리(털)를 깎은 곳은 어디인가?
    ① 빌립보　　　　　② 겐그레아
    ③ 에베소　　　　　④ 고린도

36. 다음 중 빌라도 앞에서 예수님의 태도가 아닌 것은 무엇인가?
    ① 아무 말씀도 없이 침묵하심
    ② "네 말이 옳다"고 인정하심

③ 자신이 무죄임을 변명하심
④ "나의 나라는 땅에 속하지 않았다"고 주장하심

37. 부활하신 예수님을 가장 먼저 본 사람은 누구인가? (막16:9)
① 베드로　　　　　　　② 막달라 마리아
③ 살로메　　　　　　　④ 야고보의 어머니 마리아

38. "해가 돋고 뜨거운 바람이 불어 풀을 말리우면 꽃이 떨어져 그 모양의 아름다움이 없어지나니(　)도 그 행하는 일에 이와 같이 쇠잔하리라"에서 (　)에 해당하는 말은 다음 중 어느 것인가?
① 부한 자　　　　　　② 권세 있는 자
③ 능력 있는 자　　　　④ 아름다운 자

39. 요한1서에 나오는 적그리스도의 특징은 무엇인가?
① 예수가 그리스도임을 부인하는 자
② 자칭 하나님이라 하는 자
③ 하나님의 성전에 앉은 자
④ 양의 옷을 입은 자

40. 바울이 회심하고 3년이 지난 후 사도들을 만난 이야기를 기록한 것은 어느 성경인가?
① 고린도 전서　　　　② 로마서
③ 에베소서　　　　　　④ 갈라디아서

41. 베드로가 권면한 신의 성품에 참여하는 순서로 옳은 것은 어느 것인가?
① 믿음-지식-덕-절제-인내-경건-형제우애-사랑
② 믿음-절제-덕-지식-경건-인내-형제우애-사랑

③ 믿음-덕-지식-인내-경건-절제-형제우애-사랑
④ 믿음-덕-지식-절제-인내-경건-형제우애-사랑

42. 바울이 에베소 교회에 권면한 영적 전투의 대상이 아닌 것은 어느 것인가?
① 권세   ② 세상 주관자
③ 혈과 육   ④ 악의 영

43. "오직 우리의 시민권은 하늘에 있는지라"는 말씀은 어느 성경에 기록되어 있는가?
① 에베소서   ② 빌립보서
③ 갈라디아서   ④ 골로새서

44. "규모 없이 행하여 도무지 일하지 아니하고 일만 만드는 자들이 있다"고 책망 받은 교회는 어느 교회인가?
① 고린도교회   ② 골로새교회
③ 데살로니가교회   ④ 버가모교회

45. 디모데전서에 나타난 신화와 족보에 대한 경계의 목적에 해당되지 않는 것은 무엇인가?
① 거짓과의 싸움   ② 청결한 마음
③ 선한 양심   ④ 믿음으로 나는 사랑

46. 망령되고 헛된 말을 하여 바울의 경계 대상이 된 자들은 누구누구인가?
① 브리스가와 아굴라   ② 후메내오와 빌레도
③ 우리바노와 스다구   ④ 드루배나와 드루사

47. 히브리서 11장의 믿음의 조상의 대열에 이름이 올라 있지 않은 사람은 누구인가?
    ① 아론   ② 라합
    ③ 바락   ④ 입다

48. "예수를 너희가 보지 못하였으나 사랑하는도다. 이제도 보지 못하나 믿고 말할 수 없는 영광스러운 즐거움으로 기뻐하니 믿음의 결국 곧 (   )을 받음이니라"에서 (   )에 해당되는 말은 다음 중 어느 것인가?
    ① 선한 양심   ② 천국
    ③ 영혼의 구원   ④ 성령 충만

49. 차지도 덥지도 않아 미지근하다고 책망 받은 교회는 어느 교회인가?
    ① 두아디라 교회   ② 사데 교회
    ③ 라오디게아 교회   ④ 빌라델비아 교회

50. 누가복음의 천국잔치 비유에서 잔치 초청을 사양한 사람들의 이유가 아닌 것은 어느 것인가?
    ① 밭을 샀기 때문에   ② 소를 샀기 때문에
    ③ 장가들었기 때문에   ④ 부친이 죽었기 때문에

51. "나는 부활이요 생명이니 나를 믿는 자는 죽어도 살겠고"라는 말씀과 관련되는 것은 무엇인가?
    ① 오병이어 사건   ② 나사로를 살리심
    ③ 명절(초막절) 행사   ④ 성전 청결 사건

52. "너희가 서로 사랑하면 이로써 모든 사람이 너희가 내 (   )인줄

알리라"에서 (   )에 해당되는 말은 다음 중 무엇인가?
① 친구 ② 사도
③ 형제 ④ 제자

53. 베드로가 부활하신 예수님의 말씀대로 해서 잡은 물고기 수는 몇 마리였는가?
① 153 ② 154
③ 155 ④ 156

54. 다음 천국 비유들 가운데 마태복음 13장에 들어있지 않은 것은 무엇인가?
① 좋은 씨를 제 밭에 뿌린 사람의 비유 ② 겨자씨 한 알의 비유
③ 밭에 감춰진 보화의 비유 ④ 포도원과 집 주인의 비유

55. 예수님의 제자가 되는 조건과 관련된 내용이 아닌 것은 어느 것인가?
① 망대 건축에 드는 비용 계산에 대한 이야기
② 다른 나라(임금)와 전쟁하려는 왕의 전략적인 계산에 관한 이야기
③ 맞을 잃은 소금에 대한 이야기
④ 주검이 있는 곳에 독수리가 모인다는 이야기

56. 바울을 죽이기 전에는 먹지도 마시지도 않겠다고 결심한 사람들의 수는 몇 명이었는가?
① 30명 ② 40명
③ 50명 ④ 60명

57. "하나님의 아들 예수 그리스도 복음의 시작이라"고 시작되는 복음서는 무슨 복음서인가?

① 마태복음 ② 마가복음
③ 누가복음 ④ 요한복음

58. 바울이 교회에서 생활비를 받지 않으려는 이유가 아닌 것은 무엇인가?
   ① 그리스도의 복음 전파에 장애가 없도록 하기 위해서
   ② 복음 전하는 자의 직분을 맡았기 때문에
   ③ 받으면 화가 임할 것이기 때문에
   ④ 더 많은 사람을 얻기 위해서

59. "우리가 이 보배를 (   )에 가졌으니 이는 능력의 심히 큰 것이 하나님께 있고 우리에게 있지 아니함을 알게 하려 하심이라"에서 (   )에 해당하는 말은 다음 중 어느 것인가?
   ① 질그릇 ② 속사람
   ③ 육체 ④ 우리 마음

60. 넷째 천사가 나팔을 불었을 때 생긴 일은 무엇인가?
   ① 무저갱이 열림 ② 바다의 삼분의 일이 피가 됨
   ③ 네 천사가 놓임 ④ 해, 달, 별의 삼분의 일이 어두워짐

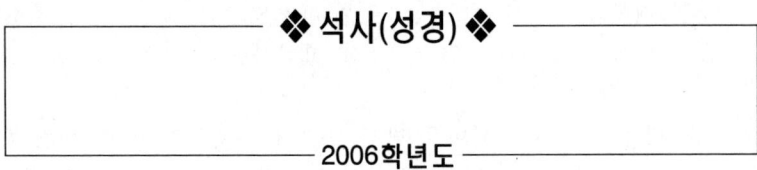

석사(성경)

2006학년도

1. 다음 중 아브라함의 나이와 관련하여 맞지 <u>않는</u> 것은 어느 것인가?
   ① 하란을 떠날 때 65세였다.
   ② 아브람에서 아브라함으로 이름이 바뀐 때는 99세였다.
   ③ 이스마엘을 낳았을 때 86세였다.
   ④ 아브라함이 죽을 때 나이는 175세였다.

2. "일어나라 빛을 발하라. 이는 네 빛이 이르렀고 여호와의 영광이 네 위에 임하였음이니라."는 구절은 성경 어느 곳에 나오는가?
   ① 이사야 50장 ② 이사야 55장 ③ 이사야 60장 ④ 이사야 65장

3. 다음 중 창 35장에 나오는 사건은 무엇인가?
   ① 아브람을 부르심   ② 야곱이 이삭을 속임
   ③ 야곱이 벧엘로 올라감   ④ 요셉의 꿈

4. 요셉이 형제들에게 "나를 이리로 보낸 자는 당신들이 아니요 하나님이라"고 고백한 사건은 창세기 몇 장에 나오는가?
   ① 창세기 35장 ② 창세기 40장 ③ 창세기 45장 ④ 창세기 49장

5. 하나님이 모세를 부르실 때 하신 말씀이 <u>아닌</u> 것은 어느 것인가?
   ① "너의 선 곳은 거룩한 땅이니 네 발에서 신을 벗으라"
   ② "너로 내 백성 이스라엘 자손을 애굽에서 인도하여 내게 하리라."
   ③ "내가정녕 너와 함께 있으리라"

④ "내가 네게 능력의 지팡이를 들려주리라"

6. 12지파 중 가나인 땅을 분배 받았으나 그 성읍들의 거민을 쫓아내지 못하자 가나안 사람이 결심하고 그 땅에 거하였는데 나중에 겨우 이들에게 사역을 시키고 함께 거한 지파는 다음 중 어느 것인가?
   ① 에브라임   ② 므낫세   ③ 르우벤   ④ 갓

7. 다음 룻기 4장에 나오는 족보로 옳은 것은 어느 것인가?
   ① 베레스-오벳-보아스-다윗   ② 보아스-베레스-오벳-다윗
   ③ 베레스-살몬-보아스-다윗   ④ 보아스-베레스-살몬-다윗

8. 다음 성경 구절 중 ( )에 각각 들어갈 알맞은 말은 무엇인가?
   "순종이 제사보다 낫고 듣는 것이 숫양의 기름보다 나으니 이는 ( )하는 것은 사술의 죄와 같고 ( )한 것은 사신 우상에게 절하는 죄와 같음이라."
   ① 거역, 완고 ② 배도, 불순종 ③ 불순종, 거짓말 ④ 배도, 거짓말

9. 다음 중 레위기에 나오는 규례가 <u>아닌</u> 것은?
   ① 제사 제도   ② 문둥병 규례
   ③ 성적 부도덕에 대한 규례   ④ 왕 임직 규례

10. 다윗이 우리아의 아내 밧세바를 범한 사건과 관련된 내용이 아닌 것은 어느 것인가?
    ① 사무엘상 11장에 기록되어 있다.
    ② 암몬과의 전투 기간 중에 발생했다.
    ③ 나단의 경고를 받고 다윗이 회개했다.
    ④ 우리아를 전쟁터에서 죽게 했다.

11. 성전 터와 직접 관련이 없는 것은 어느 것인가?
    ① 아라우나의 타작마당 ② 모리아산 ③ 솔로몬의 성전 ④ 갈멜산

12. 히스기야 왕이 병에서 고침받은 사건과 관련이 없는 것은 어느 것인가?
    ① 히스기야가 "네가 죽고 살지 못하리라"는 경고를 받았다.
    ② 히스기야가 낯을 벽으로 향하고 선하게 행한 것을 기억해달라며 심히 통곡했다.
    ③ 히스기야가 십삼 년의 생명을 연장 받았다.
    ④ 히스기야가 자기 성을 앗수르 왕의 손에서 건져주신다는 약속을 받았다.

13. "여호와의 군대 장관이 (   )에게 이르되 네 발에서 신을 벗으라. 네가 선 곳은 거룩하니라. (   )가 그대로 행하니라." 의 (   ) 안에 들어갈 이름은 어느 것인가?
    ① 갈렙　　② 야곱　　③ 모세　　④ 여호수아

14. 마음을 다하고 성품을 다하고 힘을 다하여 여호와를 향하고 모세의 모든 율법을 온전히 준행했으며 전에도 후에도 그와 같은 자가 없었다고 높이 평가 받은 왕은 다음 중 누구인가?
    ① 아사　　② 여호사밧　　③ 히스기야　　④ 요시야

15. 제1, 2차 포로 귀환자에 포함되어 있지 않는 사람은 누구인가?
    ① 스룹 바벨　② 다니엘　　③ 느헤미아　　④ 모르드개

16. 그 때에 이스라엘에 (   )이 없으므로 사람이 각각 그 소견에 옳은 대로 행하였더라. (   )에 맞는 것은 어느 것인가?
    ① 왕　　② 제사장　　③ 의인　　④ 하나님의 사람

17. 다음 시편 51편과 직접 관련이 없는 것은 어느 것인가?
    ① 다윗이 밧세바와 동침한 후 기록한 회개의 시이다.
    ② "우슬초로 나를 정결케 하소서 내가 정하리이다."
    ③ "내영혼아 여호와를 송축하라."
    ④ "내 안에 정직한 영혼을 새롭게 하소서."

18. 예레미야 46장 이하에 나오는 열국에 대한 예언 중에 포함되어 있지 않은 것은 어느 것인가?
    ① 블레셋에 대한 예언   ② 모압과 암몬에 대한 예언
    ③ 바벨론 멸망에 대한 예언 ④ 예루살렘의 회복에 대한 예언

19. 다음은 여호수아 24장의 말씀이다. "그러므로 이제는 여호와를 경외하며 (   )과 (   )으로 그를 섬길 것이라. 너희의 열조가 강 저편과 애굽에서 섬기던 신들을 제하여 버리고 여호와만 섬기라." (   )에 들어갈 가장 적당한 말은 무엇인가?
    ① 믿음, 열정   ② 성실, 진정   ③ 믿음, 소망   ④ 진실과 믿음

20. 다음은 왕과 함께 활동한 이스라엘 사람들이다. 관계가 잘못 연결된 것은 어느 것인가?
    ① 아하수에로-모르드개   ② 아닥사스다-느헤미야
    ③ 다리오-다니엘   ④ 고레스-에스라

21. "지혜"와 관련된 다음 내용 중 잠언에 기록되어 있는 말이 아닌 것은 어느 것인가?
    ① 스스로 지혜롭게 여기지 말찌어다. 여호와를 경외하며 악을 떠날찌어다.
    ② 지혜는 유업같이 아름답고 햇빛을 보는 자에게 유익하도다.
    ③ 지혜는 그 얻은 자에게 생명나무라, 지혜를 가진 자는 복되도다.
    ④ 지혜를 얻으며 명철을 얻으라 내 입의 말을 어기지 말라

22. 다음은 느부갓네살 왕이 꿈을 꾸고 다니엘이 해석한 것이다. 짝이 잘못 된 것은 어느 것인가?
   ① 우상의 머리-정금
   ② 가슴/팔-은
   ③ 배/넓적다리-철
   ④ 발-철/진흙

23. 다음 이사야에 관한 설명 중에서 틀린 것은 어느 것인가?
   ① 유다왕 웃시야와 아하스와 히스기야 시대에 활동한 선지자이다.
   ② 웃시야 왕이 죽던 해에 주께서 높이 들린 보좌에 앉으신 것을 보았다.
   ③ 히스기야 왕이 병들어 죽게 되어 있을 때에 너는 네 집에 유언하라 네가 죽고 살지 못하리라고 전했다.
   ④ 아하스 왕에게 보라 처녀가 잉태하여 아들을 낳을 것이요 그 이름을 임마누엘이라 하리라고 예언했다.

24. "오라 우리가 여호와께로 돌아가자 여호와께서 우리를 찢으셨으나 도로 낫게 하실 것이요 우리를 치셨으나 싸매어 주실 것임이라." 는 성구는 성경 어느 것에 나오는가?
   ① 예레미야 ② 에스겔 ③ 호세아 ④ 미가

25. 스가랴서에 나오지 않는 환상은 어느 것인가?
   ① 타는 불꽃
   ② 척량줄을 가진 사람
   ③ 날아가는 두루마리
   ④ 에바 속 여인

26. 다음 유다 왕들 중에서 즉위할 때 가장 나이가 어렸던 왕은 누구인가?
   ① 므낫세 ② 웃시야 ③ 히스기야 ④ 요시야

27. "의인은 믿음으로 말미암아 살리라"고 외친 선지자는 누구인가?
   ① 요엘   ② 요나   ③ 하박국   ④ 학개

28. "너는 청년의 때 곧 곤고한 날이 이르기 전, 나는 아무 낙이 없다고 할 해가 가깝기 전에 너의 창조자를 기억하라"는 구절은 어느 성경에 나오는가?
   ① 욥기   ② 전도서   ③ 잠언   ④ 시편

29. 다음 내용 중 욥과 관련이 없는 것은 어느 것인가?
   ① 우르 땅 사람이었다
   ② 순전하고 정직하여 악에서 떠난 사람이었다
   ③ 세 친구로 알려진 엘리바스, 빌닷, 소발이 있었다
   ④ 후에 그 전 소유보다 갑절이나 더 받았다.

30. 이스라엘 백성들이 출애굽하고 홍해를 건넌 후 모세와 이스라엘 자손들이 하나님께 올린 감사의 찬양이 담긴 성경 장은 다음 중 어디인가?
   ① 민 15장   ② 출 15장   ③ 민 24장   ④ 출 24장

31. 마태복음 5장이 팔복 중에서 그 순서가 맞게 짝지어 놓은 것은 어느 것인가?
   ① 온유한자-화평케 하는 자-애통하는 자-의에 주리고 목마른 자
   ② 애통하는 자-온유한 자-의에 주리고 목마른 자-긍휼히 여기는 자
   ③ 의에 주리고 목마른 자-애통하는 자-마음이 청결한 자-화평케 하는 자
   ④ 마음이 청결한 자-의를 위하여 핍박을 받은 자-화평케 하는 자-온유한 자

32. "오네시보로"에 관한 설명 중 틀린 것은 어느 것인가?

① 로마로 간 일이 있었다
② 에베소 교회의 성도였다
③ 최선을 다하여 바울을 도운 성도였다
④ 본래 노예였는데 바울이 해방시켜 주었다.

33. 다음 성경구절은 어느 성경 몇 장에 나오는가?
"하나님의 말씀을 너희에게 이르고 너희를 인도하던 자들을 생각하며 저희 행실의 종말을 주의하여 보고 저희 믿음을 본받으라"
① 고린도전서 11장　　② 히브리서 13장
③ 디모데전서 6장　　④ 베드로후서 3장

34. 다음에서 마 18장에 나오지 않는 성경구절은 어느 것인가?
① "주여 형제가 내게 죄를 범하면 몇 번이나 용서하여 주리이까 … 예수께서 가라사대 네게 이르노니 일곱 번뿐 아니라 일흔 번씩 일곱 번이라도 할지니라."
② "누구든지 나를 믿는 이 소자 중 하나를 실족케 하면 차라리 연자 맷돌을 그 목에 달리우고 깊은 바다에 빠뜨리우는 것이 나으니라."
③ "네 형제가 죄를 범하거든 가서 너와 그 사람과만 상대하여 권고하라 만일 들으면 네가 네 형제를 얻은 것이요 …만일 듣지 않거든 한두 사람을 데리고 가서 두세 증인의 입으로 말마다 증참케 하라."
④ "너희는 가로되 누구든지 아비에게나 어미에게 말하기를 내가 드려 유익하게 할 것이 하나님께 드림이 되었다고 하기만 하면 그 부모를 공경할 것이 없다 하여 너희 유전으로 하나님의 말씀을 폐하는도다."

35. 야고보서에 기록되어 있지 않은 성경구절은 어느 것인가?
① "돈을 사랑치 말고 있는 바를 족한 줄로 알라 그가 친히 말씀

하시기를 내가 과연 너희를 버리지 아니하고 너희를 떠나지
아니하리라 하셨느니라."
② "시험을 참는 자는 복이 있도다 이것에 옳다 인정하심을 받은
후에 주께서 자기를 사랑하는 자들에게 약속하신 생명의 면류
관을 얻을 것임이니라."
③ "하나님 아버지 앞에서 정결하고 더러움이 없는 경건은 곧 고
아와 과부를 그 환난 중에 돌아보고 또 자기를 지켜 세속에
물들지 아니하는 이것이니라."
④ "오직 위로부터 난 지혜는 첫째 성결하고 다음에 화평하고 관
용하고 양순하며 긍휼과 선한 열매가 가득하고 편벽과 거짓이
없나니

36. 다음은 요한계시록의 일곱 교회와 이 일곱 교회에 주신 교훈을
짝지은 것이다. 이 가운데 서로 맞지 않는 것은 어느 것인가?
① 버가모교회-"네게도 니골라당의 교훈을 지키는 자들이 있도다
회개하라 그리하지 아니하면 내가 네게 속히 임하여 내 입의
검으로 그들과 싸우리라."
② 라오디게아 교회-"볼지어다 내가 문 밖에 서서 두드리노니 누
구든지 내 음성을 듣고 문을 열면 내가 그에게로 들어가 그로
더불어 먹고 그는 나로 더불어 먹으리라."
③ 두아디라 교회-"볼지어다 내가 그를 침상에 던질 터이요 또 그
로 더불어 간음하는 자들도 만일 그의 행위를 회개치 아니하면
큰 환난 가운데 던지리라."
④ 서머나 교회-"이기는 자는 이와 같이 흰 옷을 입을 것이요 내
가 그 이름을 생명책에서 반드시 흐리지 아니하고 그 이름을
내 아버지 앞과 그 천사들 앞에서 시인하리라."

37. 빌라도가 예수르 재판할 때 그의 아내가 사람을 보내서 "저 옳
은 사람에게 아무 상관도 하지 마소서" 하고 부탁했다는 이야

기는 복음서 중 어느 책에 나오는가?
① 요한복음   ② 마태복음   ③ 누가복음   ④ 마가복음

38. 다음 중에서 사도행전에 기록되어 있지 <u>않은</u> 내용은 어느 것인가?
① 욥바에 다비다(번역하면 도르가)라고 하는 여 제자가 있었는데 선행과 구제하는 일이 심히 많았다.
② 헤롯이 두로와 시돈 사람들에 대하여 노여움이 많았지만 이 사람들이 그 지방에서 나는 양식을 쓸 수밖에 없는 형편이어서 왕의 침소 맡은 신하 브라스도를 통해 화목할 것을 청했다.
③ 보블리오의 부친이 열병과 이질에 걸려 누워있을 때 바울이 그에게 안수하여 낫게 했다.
④ 스데바나의 집은 성도들을 섬기는 일에 있어서 아가야의 첫 열매라고 해도 과언이 아닐 만큼 훌륭하기 때문에 함께 수고하는 자들은 그에게 복종해야 한다.

39. 다음 성구 중에서 고린도후서에 기록되어 있지 <u>않은</u> 것은 어느 것인가?
① "항상 우리를 그리스도 안에서 이기게 하시고 우리로 말미암아 각처에서 그리스도를 아는 냄새를 나타내시는 하나님께 감사하노라."
② "너희는 우리로 말미암아 나타난 그리스도의 편지니 이는 먹으로 쓴 것이 아니요 오직 살아계신 하나님의 영으로 한 것이며 또 돌비에 쓴 것이 아니요 오직 육의 심비에 한 것이라"
③ "내가 복음을 전할지라도 자랑할 것이 없음은 내가 부득불 할 일임이라 만일 복음을 전하지 아니하면 내게 화가 있을 것임이로다."
④ "우리가 이 보배를 질그릇에 가졌으니 이는 능력의 심히 큰 것이 하나님께 있고 우리에게 있지 아니함을 알게 하려 함이라."

40. 마태복음 1장에 기록된 예수 그리스도의 족보에는 여자 이름이

모두 몇 개 포함되어 있는가?
① 3명　　　② 4명　　　③ 5명　　　④ 6명

41. 복음서 중에서 씨뿌리는 비유를 포함하고 있는 책들로 짝지어진 것은 어느 것인가?
① 마가/누가복음　　　② 마태/마가복음
③ 마태/마가/누가복음　　　④ 마태/누가복음

42. 다음 중에서 요한 복음 11장에 나오는 나사로의 이야기와 내용이 <u>다른</u> 것은 어느 것인가?
① 예수는 나사로가 병들었다는 말을 듣고도 베다니에 이틀을 더 유하셨다
② 예수는 나사로가 죽은 후 나흘 만에 찾아오셨다
③ 이 이야기는 대제사장 가야바 때 있었던 일이다
④ "나사로가 죽었느니라" 라고 예수가 말씀하셨을 때 디두모라고 하는 도마가 다른 제자들에게 우리도 주와 함께 죽으러 가자고 말했다.

43. 다음은 바울이 로마서에서 무할례에 관하여 설명한 것이다. 이 가운데 성경과 <u>다른</u> 것은 어느 것인가?
① 무할례자가 율법의 제도를 지키면 그 무할례를 할례와 같이 여긴다
② 율법을 온전히 지키는 무할례자가 율법을 범하는 할례자를 판단할 수 있다
③ 마음에 할례를 한 표면적 유대인이 진정한 유대인이다
④ 할례는 유익한 것이나 율법을 범하면 할례가 무할례가 된다

44. 다음 중 성경책과 그 내용이 서로 맞지 않게 짝지어진 것은 어느 것인가?

① 골로새서-바울은 아내들로 하여금 남편에게 복종할 것을 권유하고 남편들은 아내를 사랑하며 괴롭게 하지 말 것을 교훈했다.
② 갈라디아서-바울은 그리스도께서 자유케 하려고 자유를 주셨다고 하면서 그 자유를 굳게 잡아 다시는 종의 멍에를 메지 말라고 당부했다
③ 빌립보서-바울은 자신이 함께 있을 때 뿐만 아니라 없을 때에도 항상 복종하여 두렵고 떨림으로 구원을 이룰 것을 부탁했다.
④ 에베소서-바울은 교인들 가운데 그리스도 십자가의 원수로 행하는 자들이 있음을 눈물을 흘리면서 안타까워했다

45. 아굴라에 관한 설명 중 <u>틀린</u> 것은 어느 것인가?
 ① 브리스길라가 그의 아내였는데 부부가 다 이방인이었다
 ② 천막 만드는 것이 직업이었다
 ③ 아볼로에게 하나님의 도를 가츠쳤다
 ④ 가정교회가 그의 집에서 모이고 있었다

46. 사도행전 20:17-38은 사도바울이 행한 유명한 고별설교이다. 다음 중 설교내용에 포함되어 있지 <u>않은</u> 것은 어느 것인가?
 ① "내가 아무의 은이나 금이나 의복을 탐하지 아니하였다."
 ② "내 말과 전도함이 지혜의 권하는 말로 하지 아니하고 다만 성령의 나타남과 능력으로 했다."
 ③ "유익한 것은 무엇이든지 공중 앞에서나 각 집에서나 꺼림이 없이 전하여 가르쳤다."
 ④ "모든 사람의 피에 대하여 내가 깨끗하므로 꺼리지 않고 하나님의 뜻을 전하였다."

47. 유다서의 내용과 관계 <u>없는</u> 것은 어느 것인가?
 ① 하나님의 은혜를 색욕거리로 바꾼 몇몇 사람이 교회에 가만히 들어왔음을 고발하고 있다

② 자기 지위를 지키지 않고 자기 처소를 떠난 천사들을 큰 날의 심판 때까지 영원한 결박으로 흑암에 가둔 사실을 밝히고 있다
③ 예수 그리스도께서 육체로 임하심을 부인하는 적그리스도에 대하여 경계하고 있다.
④ 천사장 미가엘이 모세의 시체에 대하여 마귀와 다투었음을 기록하고 있다

48. 목회서신 즉 디모데전후서와 디도서에 언급된 감독의 자격에 관한 내용 중 틀린 것은 어느 것인가?
① 외인에게서 선한 증거를 얻어야 한다
② 미쁜 말씀의 가르침을 그대로 지켜야 한다
③ 절제하며 근신하며 아담해야 한다
④ 깨끗한 양심에 믿음의 비밀을 가진 자라야 한다

49. 다음에 나오는 사람들의 이름이 모두 기록되어 있는 성경책은 어느 것인가?
부켈로, 허모게네, 가보, 그레스게, 안네, 글라우디아, 부에, 으불로, 얌브레
① 로마서 ② 디모데후서 ③ 고린도후서 ④ 에베소서

50. 히브리서 11장은 믿음장이라고 불린다. 본장에 등장하지 <u>않는</u> 믿음의 조상은 누구인가?
① 입산   ② 사라   ③ 라합   ④ 바락

51. 베드로전서와 후서에 기록되어 있지 <u>않은</u> 내용은 어느 것인가?
① 만물의 마지막이 가까웠음을 경계하면서 무엇보다도 열심히 서로 사랑할 것을 권고
② 소돔과 고모라 성에 살던 롯을 고통하는 의인으로 묘사
③ 영을 다 믿지 말고 오직 영들이 하나님께 속하였는지의 여부를

시험할 것을 당부
④ 주님의 재림이 도적같이 이를 것을 경고

52. 요한계시록에 나오는 네 생물-흰말, 붉은 말, 검은 말, 청황색 말-을 탄자들의 역할을 설명하는 것 가운데 <u>잘못</u> 된 것은 어느 것인가?
① 붉은 말을 탄 자-큰 칼을 받아가지고 땅에서 화평을 제하여 버리며 서로 죽이게 함
② 청황색 말을 탄 자-땅의 짐승으로서 사망이라는 이름을 가지고 땅 사분 일의 권세로 흉년과 사망을 가져옴
③ 검은 말을 탄 자-손에 자를 가졌음
④ 흰 말을 탄자-활을 갖고 면류관을 받고 나가서 계속 승리하려고 함

53. 데살로니가전서와 후서에 기록되어 있지 <u>않은</u> 내용은 어느 것인가?
① 자기 가족을 돌보지 않는 자는 믿음을 배반한 자요 불신자보다 더 악한 자라고 엄히 경고함
② 바울은 데살로니가를 여러 차례 방문하려고 시도하였으나 뜻을 이루지 못했음을 변명함
③ 주의 재림의 날이 가까웠다고 해서 동요하거나 두려워하지 말 것을 권면함
④ 형제 사랑에 관해서는 더 쓸 것이 없을 정도로 사랑의 교제가 넘침을 칭찬함

54. 고린도전서 13장은 사랑장이라고 불린다. 본장에 기록되어 있지 <u>않은</u> 내용은 어느 것인가?
① 사랑은 불의를 기뻐하지 않는 것이다

② 사랑은 자기의 유익을 구하지 않는 것이다
③ 사랑은 악한 것을 생각하지 않는 것이다
④ 사랑은 미워하지 않는 것이다

55. 바울은 가이사랴에서 죽음을 각오하고 예루살렘으로 올라와 체포되어 심문을 받았다. 당시 대제사장과 총독을 바르게 짝지어 놓은 것은 어느 것인가?
    ① 아나니아-벨릭스   ② 아나니아-베스도
    ③ 가야바-베스도   ④ 가야바-벨릭스

56. 사도행전 15장에서 이방인의 할례 문제로 논란이 있었을 때 베드로의 설명을 듣고 야고보가 이방인 중에서 하나님께 돌아오는 자들을 더 이상 괴롭게 하지말고 그들이 멀리 해야 할 것만을 편지로 써 보내자고 제안했다. 그 편지에 들어있던 내용이 <u>아닌</u> 것은 어느 것인가?
    ① 목메어 죽인 것   ② 거짓말   ③ 피   ④ 음행

57. 요한복음에 나오는 다음 기사 중에서 <u>틀린</u> 것은 어느 것인가?
    ① 예수께서 날 때부터 소경된 사람의 눈에 진흙을 이겨 발라서 뜨게 하실 때 그에게 말씀하셨던 첫 마디는 "실로암에 가서 씻으라"였다
    ② 사마리아에 있는 수가라 하는 동네에서 예수에게 물을 준 여인이 예수에게 했던 첫 마디는 "당신은 유대인으로서 어찌하여 사마리아 여자 나에게 물을 달라 하시나이까"였다
    ③ 갈릴리 가나 혼인 잔치에서 예수가 말씀하신 첫 마디는 "항아리에 물을 채우라"였다
    ④ 부활하신 예수께서 디베랴 바다에서 제자들을 만나서 하신 첫 마디는 "얘들아 너희에게 고기가 있느냐"였다

58. 예수께서 하신 다음의 말씀들은 사복음서 중 어느 책에 기록되어 있는가?
"보라 이는 참 이스라엘 사람이라 그 속에 간사한 것이 없도다"
"보라 네가 나았으니 더 심한 것이 생기지 않게 다시는 죄를 범치 말라"
"보라 너희가 다 각각 제 곳으로 흩어지고 나를 혼자 둘 때가 오나니 벌써 왔도다. 그러나 내가 혼자 있는 것이 아니라 아버지께서 나와 함께 계시느니라"
"보라 네 어머니라"
① 누가복음　　② 요한복음　　③ 마태복음　　④ 마가복음

59. 예수의 다음 말씀은 어느 사건 후에 하신 것인가?
"진실로 너희에게 이르노니 너희가 만일 믿음이 한 겨자씨만큼만 있으면 이산을 명하여 여기서 저기로 옮기라 하여도 옮길 것이요 또 너희가 못할 것이 없으리라"
① 어느 사람이 데리고 온 간질 들린 아이를 고치신 후
② 네 명의 친구가 데리고 온 중풍병자를 고치신 후
③ 물고기 두 마리와 떡 다섯 덩어리로 오천 명을 먹이신 후
④ 수로보니게 여인의 더러운 귀신들린 어린 딸을 고치신 후

60. 예수께서 "누구든지 성령을 훼방하는 자는 사하심을 영원히 얻지 못하고 영원한 죄에 처하느니라"고 말씀하신 때는 언제인가?
① 서기관들이 예수가 귀신의 왕을 힘입어 귀신을 쫓아낸다고 비난했을 때
② 서기관들이 예수를 먹기를 탐하는 자라고 힐난했을 때
③ 서기관들이 예수의 제자들은 먹을 때 손을 씻지 않고 먹으므로 장로의 유전을 범한다고 비난했을 때
④ 서기관들이 예수는 죄인들의 친구라고 조롱했을 때

제2부
논 문

●

필독 모범예제 52개
최근 논쟁되는 주제들(16개)

I. 논문(논술)시험 준비시 유의사항

1. 평소 한국교회에 관한 신학적 입장을 밝힌 책을 많이 읽을 것
2. 제 문제에 관해 성경적·신학적 비판력을 키울 것
3. 논문(논술) 작성법을 완전 숙지할 것
4. 2007학년도 입시에서는 논문에 큰 비중이 예상 된다
5. 특히 2007학년도 입시에는 작금의 사회적, 신학적 관심사항 중에서 출제할 예정이며, 주제에 관한 자신의 생각과 가치관을 기독교적 시각으로 여하히 논술하는가를 측정한다. 아울러 논리 전개 과정에서의 문장 표현력과 어휘력, 문법 등을 함께 측정한다.

II. 논문(논술) 작성시 유의사항

1. 논문(논술) 작성법에 의하여 작성할 것
2. 서론, 본론, 결론(혹은 기, 승, 전, 결의 구성)이 명확해야 한다
3. 철자와 띄어쓰기를 정확히 할 것

4. 문장의 구성에 있어서 논리가 정연할 것
5. 뚜렷한 자기주장이 있어야 할 것
6. 행 바꿈 등에 있어서 주의할 것
7. "왜냐하면 ～이다"로 하지 말고 "왜냐하면 ～이기 때문이다"로 할 것
8. 원고지는 810자(30×27)원고지 2매가 주어지므로 2매 이상은 가급적 쓰지 말고 주어진 원고로 내용을 충분히 소화할 것
(근래에는 양면패지 2p(앞, 뒤)가 주어진다.)

III. 참고서적

1. 총신대학 신학대학원 입학가이드('84-2006). 편찬위원회편. 서울: 아가페문화사.
   (최근에 논쟁되고 있는 것들과 신학지남을 중심으로 집필한 실전 52개 예제를 필독 할 것)
2. 신충훈. 논술을 위한 논리(성경속 논리 따라잡기). 서울: 아가페문화사

IV. 필독 모범예제 목차

I. 구약
1. 선지서에 나타난 언약신학에 대하여 논하라
2. 구약에 나타나는 내러티브의 역사성에 대하여 논하라

I. 신약
3. 고전 1:18-25(십자가의 도)에 대하여 논하라
4. 이신칭의와 인간의 행위의 관계를 논하라
5. 요한복음의 믿음개념을 논하라

III. 교리
6. 인간의 행위와 구원의 신학적 관계를 논하라
7. 그리스도와의 신비적 연합의 성경적 의미를 설명하라
8. 개혁신학의 죄에 대한 이해를 논하라

IV. 기독교 역사
A. 서양
9. 장로교 정치제도의 기원을 설명하라
10. 초대교회의 십일조에 대하여 논하라
11. J.G. Machen의 생애와 사상을 논하라
12. 미국 복음주의에 대하여 논하라
13. 바르트 신학에 대하여 비판하라

B. 한국
14. 1907년 부흥운동을 중심으로 본 성령운동과 교회갱신을 논하라
15. 조직 신학자 박 형룡의 신학과 사상에 대하여 논하라
16. 한국 복음주의의 역사를 논하라

V. 기독교 교육
17. 한국 개화기의 기독교 교육을 논하라
18. 역사적 캐터키즘의 목회적 의미를 논하라

VI. 교회
19. 교회, 세상, 그리고 하나님 나라의 관계를 논하라
20. 영적 전쟁을 위한 한국교회의 자세를 논하라
21. 한국교회의 위기극복을 위한 대안을 제시하라
22. 빈야드 예배를 비판하고 한국교회의 예배에 대해 논하라

VII. 선교
23. 복음과 문화의 관계에 대해서 논하라
24. 에큐메닉 선교신학에 대해서 분석하라
25. 한국의 해외선교에 대하여 복음주의적 관점에서 논하라

VIII. 목회, 상담
A. 목회
26. 설교에 있어서 수사학적 사고의 중요성에 대해서 논하라
B. 상담
27. 청소년의 약물남용과 교회의 대책을 논하라
28. 고전 13:4-7을 중심으로 본 사랑과 인격장애의 관계를 논하라

IX. 기타
A. 성경, 성경해석, 신학, 신학교육
29. 성경번역과 신학의 관계를 논하라
30. 포스트모더니즘과 개혁주의 신학의 과제에 대해서 논하라
31. 종교다원주의와 구속신앙에 대해서 논하라
32. 개혁주의에 대하여 논하라

B. 여성
33. 여성 목사안수에 대한 주장과 전통적 입장에 대해서 논하라
34. 한국교회에서의 여성 사역자의 역할에 대해서 논하라

C. 기타(대한예수교 장로회 합동측은 매장과 화장, 모두 성경적이라 결정)
35. 한국교회와 바람직한 장례문화에 대해서 논하라
36. 성경에 나타난 죽음과 장례문화의 이론적 근거를 제시하라

X. 최근에 논쟁 되고 있는 주제들(16개 예제)
37. 단군 신상의 건립에 대한 교회의 대응
38. 기독교적 관점에서 본 생명복제
39. 환경문제에 대한 기독교의 입장
40. 동성연애를 어떻게 볼 것인가?
41. 성적타락에 대한 교회의 대응
42. UFO에 관한 성경적 해석
43. 시민운동에 대한 기독교적 입장
44. 사이버 문명과 기독교회의 대처방안
45. 안락사에 관한 소고
46. 세계화와 교회
47. 주 5일 근무제가 교회에 미칠 영향
48. 일본의 역사 교과서 왜곡에 관한 교회의 대응
49. 지역감정 치유를 위한 교회의 역할
50. 외모지상주의에 대한 성경적 입장
51. 고령화 사회에 대한 교회의 대처방안
52. 이단의 정의(이단 식별론과 유형들<서양, 한국>)

I. 구약

1. 선지서에 나타난 언약신학에 대하여 논하라

I. 포로기 이전 선지자들: 아모스와 호세아

아모스는 여호와의 요구하는 바가 이스라엘 백성의 마음에서 사라져 버렸다고 통탄하면서 바른 길을 행하지 않고 포악과 겁탈을 행하는 백성들이 언약요구를 이행하지 못한 사실을 지적하면서 하나님과 백성들 사이에 주어졌던 언약이 파기되었음을 선포한다. 호세아의 "하나님을 아는 지식"이라는 용어도 백성들이 여호와와 맺은 모든 약속을 버렸다는 사실과 연결되어 있다. 선지자들은 이스라엘의 죄를 나열하고 있는데, 첫째, 사회적 범죄로서 그들은 가난한 자들을 압제하였고(암 8:4), 시장에서 거짓이 횡행하고(암 8:5), 보호받지 못한 자들을 노예로 팔았고(암 8:6), 상아의 침상에 누우며(암 6:4), 여자들이 사치와 쾌락으로 일삼았다(암 4:1). 둘째, 종교적 범죄인데 종교지도자들(호 4:9), 지도자 계층(호 5:4) 뿐 아니라, 백성들마저 모두 "하나님의 지식"을 거절하여 하나님을 언약의 주로 알지 못하고 배반했다. 선지자들은 반복하여 이는 하나님이 원하시는 바가 아니며 하나님께로 돌아오라고 백성들을 선포한다. 하나님이 백성들에게 요구하신 것은 돌아와 주어진 언약의 책임을 다하는 일이었다. 백성들에게 회개를 촉구하였던 선지자들은 백성들이 순종할 수 있는 능력을 지녔음을 전제하였다. 그러므로 그들이 회개한다면 하나님과 이스라엘은 출애굽 때의 그 이상적인 관계를 다시 누릴 수 있다고 외쳤다(호 2:15b; 11:1; 13:5a).

II. 포로기 이후 선지자들: 학개, 스가랴, 말라기

포로기 이후 선지자들도 백성들이 범한 죄들을 책망하면서 이들이 선포된 언약규례를 지키지 아니하면 이전 세대와 같은 징벌이 주어질 것이라고 선포한다. 이런 선포는 하나님과의 언약관계가 아직도 존속하고 있음을 전제하고 있다. 그들은 예레미야와 에스겔과 같이 옛 언약이 파기되어 새로운 언약이 주어질 것이라고 선포하지 않고, 옛 언약을 파기한 죄로 포로로 끌려갔지만 아직도 옛 언약은 유효하다고 보았다. 그러므로 아직도 언약은 계속될 수 있으며 회개하고 하나님께 돌아와 옛 언약 곧 열조의 언약을 준수해야 한다. 회개하고 돌아온 자들은 여호와의 백성이 될 것이며, 여호와는 그들의 하나님이 될 것이다. 언약문 맥에서 포로기 이전 선지자들과 포로기 이후 선지자들이 선포한 것은 세 가지로 요약된다. 첫째, 하나님과 백성들 사이에 언약관계가 오래 전부터 존속되고 있다. 둘째, 백성들이 여호와의 언약을 파기함으로 하나님의 진노가 불가피해졌다. 셋째, 그러나 그들은 백성들이 능동적 존재로서 보아 회개의 능력이 있음을 전제하였다.

III. 포로기 선지자들: 예레미야와 에스겔
1) 초기 사역

예레미야는 언약에 대한 불순종으로 인하여 징계가 백성들에게 주어졌다고 선포하면서 백성들이 생수의 근원 되는 하나님을 버리고 언약책임을 무시하여 하나님의 진노를 일으켜 스스로 웅덩이를 판 것을 죄로 지목한다. 그들은 가난한 자와 고아들의 송사를 왜곡하고(렘 5:28), 이웃끼리 서로 속이며(렘 9:5f), 의와 진리를 무시하였다(렘 5:1f). 에스겔은 백성들이 언약의 주를 배반한 자들이라고 부르면서 사회의 모든 계층을 비난하고 있다(겔 22:24-29).

예레미야는 언약에 순종하여 하나님께 돌아오면 언약적 파기가 치유될 수 있다고 보았다. 예레미야 역시 포로기 전후 선지자들과 같이 백성들에게서 회개의 가능성을 보았는데, 그것을 요시아에 의하여 수행된 종교개혁(612년)에서 찾으려 하였다. 그러나 개혁을 주도하던 요시아가 애굽의 느고에 의하여 갑작스레 죽임을 당하게 되면서(609년) 상황은 반전되었다. 렘 7장의 성전설교에는 요시아의 개혁정책은 율법을 준수하여 백성들의 내적인 변화와 삶을 변화시키기보다는 겉치레의 제의만 화려하게 치르게 만든 것으로 나타난다. 따라서 그는 하나님의 말씀에 순종치 않으면 제사행위는 무의미한 것이라고 선포하고 있다. 개혁의 실패로 예레미야는 윤리나 제사 등에 관한 법의 외형이 유효한지 의문시하게 되었고, 인간이 하나님을 올바로 순종하기 위해서는 단순히 외형적인 법이 아닌 그 이상의 어떤 것이 필요하다는 것을 인식하게 되었다. 그는 인간의 죄성을 보고서 하나님의 전적인 간섭이 없이는 인간이 스스로 선을 행할 수 없는 존재임을 알게 되었다.

2) 후기 사역: 새 언약의 선포(렘 31:31-34; 겔 36:24-28)

예레미야는 새 언약은 율법이 마음에 기록될 것이라고 선포한다. 하나님이 인간의 마음에 그의 법을 심는 새 언약은 백성들이 하나님을 즉시 알게 되고 죄가 사하여져 다시는 기억되지 않을 것이다. 예레미야는 옛 언약에 내재된 것 이상으로 새 언약의 규정에 어떤 변화를 예언하지 않았다. 왜냐하면 율법이 옛 언약의 실패의 원인이 아니기 때문이다. 실패의 원인은 인간 내부에 있었지 율법에 있었던 것은 아니다. 새 언약의 계획에서 언약의 본질인 율법은 동일하지만 그것의 시행양상은 다르게 나타날 것이다. 역사적 관점에서 보면 예레미야 31장 33절은 모세 언약에서 율법이 기록된 장소와 대조된다. 옛 언약에서는 돌비에 기록되었으나 새 언약에서는 하나님이 그의 법을 인간의 마음에 기록할 것이다. 그는 율법이 외적 형태로 존속되는 한 스스로 하나님을 향하여 걸어갈 수 없는 인간들에게는 지켜질 수 없다고 판단하였다.

새 언약은 율법이 마음에 기록되는 율법의 내면화에 국한되지 않고 하나님이 인간의 마음에 역사하시는 재창조의 소산으로 보아야 한다. 예레미야가 그의 예언에서 보이고자 하는 것은 율법의 내재적 측면이 아닌 이러한 재창조될 새로운 인간의 모습이다. 하나님과 자기 백성사이에 어떤 형태의 중재자를 필요로 하지 않기 때문에 새 언약에서는 인간의 순종이라는 "의심스러운 요소"가 완전히 제거되어 백성은 자발적으로 하나님께 올바로 순종하게 될 것이다. 오는 시대에는 죄의 용서는 반복적으로 짐승을 잡아드리는 제사를 통해서가 아니라, 하나님의 단번 사죄를 통해 주어진다. 이 같은 예언의 성취로서 그리스도의 온전한 속죄로 인하여 하나님은 백성들의 마음에 경외심을 심기 위해 죄로 더러워진 마음에서 죄를 제거함으로 그들의 마음을 고치신다. 예레미야의 새 언약 예언은 포로기 이전 뿐 아니라 포로기 이후 선지자들의 언약 메시지와 급격한 단절을 이룬다. 그는 요시아의 종교개혁이 실패로 끝난 사실에서 이런 사상이 비현실적임을 깨닫게 되었고, 백성들은 스스로 언약에 순종할 수 없으므로 하나님만이 백성들이 잘못을 교정하실 수 있음을 알게 되었다.

에스겔의 새 언약(겔 36:22-32)에서는 새 언약의 성취는 이스라엘의 행위에 기인한 것이 아니요 다만 하나님의 신실하심 때문이다. 이러한 성취는 하나님이 자신의 이름을 거룩하게 하시는 과정에서 주어진다. 하나님은 온 나라들에 흩어진 백성들을 불러모으시고 백성들을 모든 더러운 것과 우상숭배에서 정결케 함으로 새 마음을 갖게 한다. 예레미야는 이를 하나님이 토라를 마음에 기록하여 수행하실 것이라고 말하였는데 에스겔은 좀 더 구체적으로 표현하여 문제가 되는 기관을 떼내어 새로운 기관으로 대체할 것이라고 말한다. 마음을 변화시키는 것 말고도 에스겔은 사람 안에 하나님의 영을 부어줄 것이라고 예언하였다. 하나님은 백성들을 재창조하여 다시 그에게 순종하도록 인도하실 것이다.

IV. 결론

에스겔과 예레미야는 새 언약 체결시에 어디서도 백성들은 언약에 맹세하거나 이를 유효하게 만들기 위해 서원할 것을 언급하지 않았다. 하나님이 언약 체결을 자신의 손으로 이행하기에 어느 것도 요구된 적이 없다. 이는 백성들이 하나님의 뜻에 반하여 행동할 수 없도록 창조되기 때문이다. (이 글은 신학지남, 253호, 김 의원, "선지서에 나타난 언약신학 연구"에서 발췌된 것이다. 또한 1994, 241호, 김 정우, "새 창조에 나타난 성령의 사역: 새 언약의 영"; 김 의원, "모세언약에 나타난 이스라엘의 축복"을 참조하라.)

2. 구약에 나타나는 내러티브의 역사성에 대하여 논하라

I. 서론

오늘날 근본주의자들은 구약 성경 역사에 대한 이해에서 딜레마에 빠져있다. 전통적으로 구약 성경은 하나님의 뜻이 계시된 역사로 간주되어 왔고, 19세기 이후의 역사 실증주의자들의 사실을 존중하는 사상에 영향을 받아 구약 성경 역사는 해석이 가미되지 않은 사실의 재구성, 즉 비디오 테이프 역사라고 생각하게 되었다. 그러나 최근에 구약성경 역사는 단순히 과거의 사건들을 재구성한 연대기가 아니라 내러티브라는 장르로 이루어져 있는 문예 작품이라는 이론이 대두되었다. 그러나 역사와 예술을 상호 보완적으로 이해하지 못한 근본주의자들은 역사적인 것과 문학적인 것은 공존할 수 없다고 생각하고 있다. 성경은 역사성과 문학성을 동시에 소유할 수는 없는 것인가? 만일 가능하다면 역사성과 문예성은 어떻게 연관되는가? 이 글에서는 이 관계를 점검해 볼 것이다.

II. 성경은 역사화된 픽션인가? 역사인가?

장르비평이 발전하면서 성경의 역사성을 부정하는 이들이 늘어가고 있다. 그들은 성경 내러티브는 역사화된 픽션 혹은 픽션화된 역사라고 말한다. 신문학 비평을 대중화시킨 로버트 알터는 히브리 성경은 비록 소설가처럼 픽션의 전략과 기술을 사용하고 있지만 분명히 역사에 기초하고 있다고 주장한다. 모든 내러티브 안에는 그것이 실제로 일어난 일이라고 주장하는 역사 내러티브이거나 삶을 잘 묘사하고 있으나 결코 일어난 적이 없는 사건들을 묘사하는 허구적인 내러티브이든 간에 일정한 픽션적 요소가 있다는 것이다. 그러나 성경 역사를 "역사화된 픽션"으로 보는 것은 옳지 못하다. 성경 기자는 다양한 허구의 인물과 용어와 그들의 심리를 허구로 만들어내지 않았기 때문이다. 구약의 역사 내러티브는 역사화된 픽션이 아닌 실제로 사건을 기록한 역사이다. 그러나 전 이해나 문맥이 없이 가시적인 구조만으로는 픽션과 역사를 구분하는 일이 쉽지 않다. 사무엘하 12장에 기록된 가난한 자의 암양 한 마리를 탐하는 부자의 비유에 대해 다윗은 나단의 이야기가 픽션인줄 알 수가 없었다. 이것은 드러난 구조상으로는 불가능하기 때문이다. 픽션은 진실과 일치하지 않고 논픽션은 진실과 일치한다는 기준은 완벽하게 옳은 것은 아니다. 역사와 픽션은 사실과 비사실을 언어의 형태로 모아 놓은 것이 아닌 장르로 보아야 한다.

구약 성경이 내러티브라는 장르와 전략을 사용하고 있는 것은 사실이다. 구약의 저자들은 자신이 묘사하고 있는 일이 실제로 일어난 일이라고 주장한다. 성경이 단순히 인간 문서라면 믿을 수 없을지 모르지만, 하나님의 말씀이라면 믿을 수 있는 것이다. 이처럼 성경을 성령의 감동으로 기록된 글로 믿고 받아들이기만 한다면 진리 가치의 문제가 해결된다. 성경의 내레이터는 성령의 절대적인 감동과 도우심으로 인해 아무도 접근할 수 없는 정보를 알 뿐 아니라 항상 진리만을 말한다.

III. 구약 성경 내러티브는 비디오 테이프 역사는 아니다

구약 성경 내러티브가 역사적인 사건들을 기술하고 있지만 일지나 연감 혹은 연대기 같은 종류의 비디오 테이프 역사는 아니다. 가공할 현대 무기에 의한 전쟁이 일어나고 있는 현장을 설명 없이 비디오 테이프만으로 이해하기는 쉽지 않다. 이처럼 성경의 역사가 단지 언어로 표현된 비디오 이미지만으로 구성되어

있다면 읽는 독자들은 이해하기 어려울 것이다. 역사 기록은 역사 실증주의자들이 주장하는 "실제로 일어난 일"의 기록만은 아니다. 하지만 근본주의자들은 사실을 숭배하고 있는데 이것은 계시사건에 대한 해석을 평가절하 할 위험이 있다. 역사적 사건을 통한 하나님의 계시는 자연을 통한 계시와 마찬가지로 하나님을 드러내지만 기록된 계시가 없이는 불완전하다. 즉 사건 자체만으로 계시가 불충분하기 때문에 해석이 필요한 것이다. 계시로 나타난 구약 역사 본문은 단순히 사건의 재구성이 아니라 특정한 관점, 즉 선지자적 관점으로 해석된 역사이다.

IV. 그림으로서의 역사

성경기자는 과거 사실의 제한 아래 창조적 기여를 하였으며 하나님께서는 성령의 영감으로 이들의 작업이 오류가 없도록 역사하셨다. 이 과정에서 역사가는 사건의 내재적 구조를 찾아내고, 이에 따라 적절한 사건들을 선택하여 의미 있는 순서로 배열해야 하며, 어떻게 이 사건들을 그리며, 어느 정도 상세하게 묘사할 것인지 선택하는 과정에서 창조적 기여를 하게되는 것이다. 그러나 이 선택 과정이 주관적인 것은 아니다. 성경 기자가 내러티브 형식을 취했다고 하더라도 없던 것을 창작해 내거나 허구의 인물을 만들어낼 자유는 없었기 때문이다. 역사란 시작과 중간과 끝이 있는 플롯의 형태를 띠지 않을 수가 없는데 구약성경 역사도 마찬가지이다. 구약 내러티브 본문은 사건을 있는 그대로 기록한 연대기로서의 역사가 아니라 특정한 메시지와 케리그마를 담고 있는 플롯으로서의 역사 형식을 취하고 있다. 롱맨은 내러티브 양식으로 진리를 투영하면 독자는 더욱 쉽게 진리에 접근할 수 있고 문학적 양식으로 각색되면 더욱 자명한 이치로 재인식되기 때문에 성경 기자가 이야기 형식을 취했다고 주장한다.

성경 기자는 단순히 과거의 사건을 비인간적 관심사가 아니라, 함축의 예술을 통해 인간적 관심사로 기술하고 있다. 그래서 성경 역사 내러티브에는 많은 문예적 기법이 사용되고 있다. 화자의 시점과 인물 시점은 빈번하게 바뀐다. 성경 기자는 매우 복선적인 인간의 삶을 드러내고 대화를 통해 사건을 전개해 나가면서 도덕적, 심리적 인물들과 감정적인 인간 관계를 극적으로 묘사하고 있다. 구약의 역사는 실재를 복사한 사진이 아니라 문예성으로 감동적인 해석이 가미되었기에 사진보다 더 완벽한 실재의 재현일 수도 있는 "그림으로서의 역사"이다. 그림은 사진보다 더 좋은 해석적 자료가 될 수 있으므로 이러한 해석적 능력을 가진 기자가 성령의 영감으로 그림을 그렸다고 할 때 성경이 성령의 영감으로 기록된 하나님의 말씀임을 받아들인다면 우리는 성경기자의 그림을 신뢰할 수 있는 것이다.

V. 결론

구약 성경이 역사성과 문예성을 갖는다. 오늘날 문예적 접근을 통하여 하나님의 말씀을 보다 새롭고 의미있게 드러낼 수 있게 된 것은 큰 소득이라 할 수 있다. 그렇다면 적은 위험이 있다하더라도 새로운 해석법에 대해 귀를 기울일 가치가 있다. 해석학적 유연성을 상실하고 폐쇄적이 되어 인위적 장벽을 세우는 것은 더 큰 화를 부를 수 있다. 성경은 지금도 성령을 통하여 우리의 순종을 요구하며 다가오시는 살아계신 하나님의 정확무오한 계시이기 때문이다. (이 글은 신학지남, 1998, 255호, 김 지찬, "구약 내러티브의 역사성: 사진이 아닌 그림으로의 역사"에서 발췌된 것이다.)

II. 신약

3. 고전 1:18-25(십자가의 도)에 대하여 논하라

I. 본문

18. 십자가의 도가 멸망하는 자들에게는 미련한 것이요 구원을 얻는 우리에게는 하나님의 능력이라 19. 기록된바 내가 지혜 있는 자들의 지혜를 멸하고 총명한 자들의 총명을 폐하리라 하였으니 20. 지혜있는 자가 어디 있느뇨 선비가 어디 있느뇨 이 세대에 변사가 어디있느뇨 하나님께서 이 세상의 지혜를 미련케 하신 것이 아니뇨 21. 하나님의 지혜에 있어서는 이 세상이 자기 지혜로 하나님을 알지 못하는고로 하나님께서 전도의 미련한 것으로 믿는 자들을 구원하시기를 기뻐하셨도다 22. 유대인은 표적을 구하고 헬라인은 지혜를 찾으나 23. 우리는 십자가에 못 박힌 그리스도를 전하니 유대인에게는 거리끼는 것이요 이방인에게는 미련한 것이로되 24. 오직 부르심을 입은 자들에게는 유대인이나 헬라인이나 그리스도는 하나님의 능력이요 하나님의 지혜니라 25. 하나님의 미련한 것이 사람보다 지혜있고 하나님의 약한 것이 사람보다 강하니라.

II. 서론

바울은 고린도 교회의 분쟁문제 뿌리에 "소피아"(지혜) 논쟁이 있는 것을 보면서 1:18-25에서 복음은 세상적인 지혜가 아니라는 것을 밝혔다. 세상적인 지혜의 시각으로 보면 복음은 오히려 미련한 것이다. 그러나 그는 세상적으로 미련하고 무능하게 보이는 십자가의 복음이 실상은 믿는 자들을 구원하시는 하나님의 능력이라고 주장한다. 복음의 핵심인 십자가의 말씀은 세상적인 지혜로 보면 무능하고 불합리하지만 궁극적으로는 하나님의 지혜와 능력이다(1:18-25). 하나님이 부르신 자들도 지혜롭고 유능한 자들이 많지 않다. 이것은 아무도 주님 외에 인간을 자랑하지 못하게 하기 위한 것이다(1:26-31). 바울은 복음을 전할 때는 인간의 지혜로 한 것이 아니라, "성령의 나타남과 능력"으로 하였다. 신령한 지혜는 성령으로야 분별하고 성령으로 분별한 것을 전할 때는 하나님의 능력에 근거한 믿음을 갖기 때문이다(2:1-5). 이 글에서는 복음의 핵심(1:18-25)에 대하여 살펴보고자 한다.

III. 주석

18절: 바울은 십자가의 말씀이 멸망하는 자들에게는 미련한 것이요, 구원 얻은 자들에게는 하나님의 능력이라고 한다. 헬라적 세계관에 따라 십자가에 달린 죄수가 메시야라는 것을 미련하게 보는 자들은 복음에 대한 현재적 반응에서 멸망과정에 있고, 그것이 단순한 지혜 체계가 아니라 믿는 자들을 구원하시는 하나님의 능력이라고 받아들이는 자들은 구원과정에 있다.

19절: 하나님께서 이스라엘 백성의 외식적인 행동에 대한 형벌로 그들의 지혜를 무효케 하셨다(사 29:14). 하나님은 이스라엘 백성이 하나님을 무시하고 앗수르나 이집트를 따라 갈 때 오히려 그것이 그들에게 파멸이 되도록 하심으로서 그들을 부끄럽게 하신 것이다. 이처럼 하나님을 모르는 인간의 지혜로는 십자가의 복음을 깨닫지 못하며, 하나님께서는 그런 지혜자들에게 복음을 은닉하시고, 십자가를 통하여 그들의 지혜를 부끄럽게 하신다.

20절: 하나님께서는 하나님을 무시하는 인간의 지혜를 능가하시기 때문에 그리스도 이외의 세상적인 지혜로 복음을 깨달을 자가 없다. 바울은 이 점을 수사학적인 의문문으로 제시한다.

21절: "하나님의 지혜"는 피조물에 나타난 하나님의 지혜가 아니라, 문맥상 십자가형의 죄수가 메시야라는 하나님의 지혜이므로 이 세상 사람들이 스스로 복음을 깨달을 수 없는 것이다. 하나님은 그 죄수가 우리의 구원자라는 선포를 통하여 믿는 자들을 구원하시기를 기뻐하셨다. 십자가의 말씀이 세상 현인들의 눈에는 어리석어 보이지만 그것은 하나님의 주권적인 구원방법인 것이다.

22절: 이 세상 현인들이 십자가의 도를 깨닫지 못하는 예가 표적 지향적인 유대인들과 지혜 지향적인 헬라인들의 욕구로서 제시되었다. 유대인들은 자기들을 위한 하나님의 절대능력의 현현, 즉 표적을 구하는 성향을 가지고 있고, 헬라인들은 철학과 수사학 등 학문적 이성을 추구하는 성향을 가지고 있다. 이 둘은 하나님의 계시보다 인간의 기준을 더 숭배하는 인류의 우상숭배를 대변한다.

23절: 표적과 지혜를 요구하는 인류에게 십자가형에 처한 구원자(메시야=그리스도)는 어불성설이다. 십자가는 로마시대에 죄수가 당하는 최악의 치욕과 저주와 수치의 형틀이었다. 이것이 어떻게 인류구원의 수단이 될 수 있다는 것인가? "십자형 죄수=인류의 구원자"란 등식은 얼음과 불처럼 도무지 양립할 수 없는 것이 공존하는 것처럼 보인다. 그것이 표적 지향적인 유대인들에게는 걸림돌이고 지혜 지향적인 헬라인들에게는 어리석음이다. 유대인들이 볼 때 십자가는 예수가 메시야가 아니라는 결정적인 증거이고, 헬라인들이 볼 때 십자가는 불합리이며 미신이다.

24절: 그러나 부르심을 입은 자들에게는 그리스도가 하나님의 지혜요, 능력이다. 세상의 지혜와 능력으로는 사람들을 죄와 사망에서 건져내지 못하지만, 예수의 십자가는 부르심을 입은 자들을 구원한다. 그리스도는 최고의 지혜이며 능력이다.

25절: 바울은 하나님의 지혜와 능력에 도전하는 인간의 어리석음을 지적하기 위해 "하나님의 미련이 사람들보다 지혜롭고, 하나님의 연약이 사람들보다 강하다"라고 모순어법을 구사하고 있다. 미련함과 연약함은 감히 하나님에게 해당될 수 없는 것이지만, 하나님의 미련은 모든 인간 지혜보다 더 지혜롭고, 하나님의 연약은 모든 인간의 능력보다 강하다. 십자가는 최고의 스켄달이요, 최고의 역설이다. (이 글은 신학지남, 1996, 249호, 권 성수, "고전 1:18-25주석"에서 발췌된 것이다.)

4. 이신칭의와 인간의 행위의 관계를 논하라

I. 서론

박 윤선은 바울의 이신칭의 복음을 윤리적 행위를 강조하는 마태복음의 산상보훈과 연결시킬 때 논리적인 어려움을 겪었다. 믿음을 강조하는 바울의 교훈과 행위를 강조하는 예수의 말씀들은 박 윤선이 보기에 모순처럼 보였기 때문에 마태복음의 산상설교를 그리스도인의 삶과 직접적인 관련이 없는 율법으로 간주할 수밖에 없었다. 이것은 바울의 이신칭의 교리가 행위를 불필요하게 만든다는 오해에서 비롯된 것이다. 이 논문에서는 바울의 이신칭의 구원론이 그의 윤리신학과의 연관성을 다룰 것이다.

II. 현대의 이론들

바울신학에서 특징적인 것은 구원론적 직설법이 윤리적인 명령법의 근거가 된다는 것이다. 구원론적 직설법은 우리의 구원을 위해 과거에 일어난 사건뿐만 아니라 새로운 은총의 통치 영역에 들어서게 된 현재의 상황과도 밀접한 관련을 맺고 있다. 이신칭의 교리는 이방인들에게 율법의 행위들을 구원의 필수조건으로 내세우던 유대적 이해와 맞물려 있기 때문에 일차적으로 부정적 논쟁으로 사용되는 것이 사실이다. 칭의 교리는 바울신학에서 윤리와 관련하여 긍정적인 작용을 하지 못한다는 주장이 있어왔다. 그래서 슈바이처는 윤리는 이신칭의와 연결되기보다는 그리스도와 함께 죽고 함께 산다는 바울의 신비적 연합의 교리에 밀접하게 연결된다고 한다. 즉, 그리스도와 연합한 사람은 자신의 개성을 상실하게 되고 연합한 그리스도의 인격성의 발현을 하게 된다(갈 2:19-20). 그러므로 윤리는 하나님의 은총에 대한 응답으로서 그리스도와의 신비적 연합에서 비롯되는 자연적 산물에 불과하며 이때 인간의 창조적 개성은 상실하게 된다고 한다. 슈바이처는 칭의 교리가 법률적 주장에 불과하기 때문에 이것만 가지고는 죄인이 선행을 할 수 있게된 것을 설명할 수 없기 때문이라고 주장한다. 그러나 이러한 이론은 몇 가지 약점을 지니고 있다. 첫째, 바울의 구원론에서 법률적인 주장은 신비적인 것과 날카롭게 구분되지 않는다. 바울은 이 두 가지를 상호 교환적으로 사용하고 있다(갈 2:16-20). 둘째, 믿음에 대한 이러한 강조점은 슈바이처의 신학에 나타나는 기독교인의 삶에 대한 기계적 이해가 바울의 윤리사상을 제대로 평가하지 못한 것임을 보여준다. 셋째, 바울의 이신칭의 교리가 선행의 윤리로 인도되지 않았다는 주장과 연관된다. 샌더스도 바울이 결코 이신칭의와 윤리를 함께 연결짓는 논의를 제시한 바가 없다는 점을 강조한다. 그러나 그는 바울의 이신칭의 교리가 윤리로 나아가는 길을 차단시켰다는 슈바이처의 주장이 논의를 과도하게 단순화시킨데서 기인한다는 것이다. 샌더스의 이런 주장은 정확한데 드보는 이에 대해서 "칭의는 처음 입구, 처음 행위를 나타내며 신자의 온전한 의에서 절정에 달하게 된 전체의 과정의 시작을 가리킨다"고 말한다. 결과적으로 윤리가 형식적으로 이신칭의 자체에 연관된 것은 아닐지라도 칭의가 윤리적 행위에 아무런 함축이 없다고 말하는 것은 오류이다.

III. 칭의와 성령

갈라디아서 5장 5절에서 바울은 그리스도를 믿을 때만이 신자가 성령의 능력으로 확신을 가지고 의의 소망을 기다릴 수 있다고 한다. 또한 로마서 8장 10절에서 성령은 신자를 하나님과의 새로운 관계에 끌어들이고 그를 그리스도 안에서 새로운 순종의 삶 가운데로 인도하는 분으로 묘사된다. 고린도전서 6장 11절에서 바울은 보다 직접적으로 칭의를 성령의 사역에다 연결시킨다. 여기서 바울은 성화와 칭의를 세례시에 그리스도의 이름으로 하나님의 영 안에서 이루어지는 동일한 사건으로 연결해 놓고 있다.

IV. 하나님의 능력, 믿음 그리고 윤리적 행위
1) 믿음의 두 가지 측면
윤리는 하나님의 선행하는 은총없이 존재할 수 없다. 여기서 믿음은 사람이 칭의의 은혜와 성령의 선물을 받아들일 뿐만 아니라 선행을 할 수 있는 능력을 얻기 위해 내주하는 성령에 끊임없이 의존하게 하는 수단으로 작용한다. 그러나 믿음은 능동적인 측면이 있으므로 신자는 하나님의 은총에 응답하여 선한 삶을 추구해야 한다. 그렇다면 믿음의 수용적 측면이 어떻게 선한 삶을 적극적으로 추구하게 만드는 능동적 측면을 내포하는가? 믿음은 본질적으로 인간의 수용적 행위이며 이로 인해서 사람은 하나님께서 그리스도 안에서 행하신 일을 자신을 위해 받아들인다. 바울에게 있어서 이런 수용적 행위는 복음의 말씀을 믿음으로 들을 때 시작된다(롬 10:17). 그렇지만 구원하는 믿음은 선행으로 나타나야 한다. 믿음은 정체된 사실이 아니라 살아있는 인간행위이며 자동적인 것이 아니다. 바울이 끊임없이 그의 독자들에게 믿음 안에서 굳게 서서(롬 11:20; 고전 15:58; 빌 4:1) 그들을 통제하는 죄, 육체의 세력들과 싸우라고 권면하는 이유가 여기에 있다(롬 6:12f; 8:13).

2) 믿음의 윤리적 작용
바울은 데살로니가전서 1장 3절에서 믿음과 행위를 결합시킨다. 믿음은 하나님의 구원행위에 대한 인간의 절대적인 헌신이기 때문에 공동체를 위한 선행으로 표현될 수밖에 없다. 믿음으로 일하고 수고하고 소망을 가지고 인내하는 것은 데살로니가인들의 책임있는 행위들임에 틀림없지만, 바울은 동시에 그것들을 하나님의 은총 행위라는 관점에서 바라보면서 감사하고 있다. 또한 바울은 갈라디아서 5장 6절에서 사랑으로 역사하는 믿음의 능동적인 측면을 부각시킨다.

"사랑을 통해 일하는 믿음"은 인간의 독립적인 행동이 아니라 은총의 행위에 대한 반응이다. 기독교 윤리의 독특한 성격은 믿음이 선행하는 하나님의 은총의 행위라는 점이며 이 때문에 능동적으로 선을 행할 수 있는 것이다. 하나님의 능력을 훼손하지 않고도 선을 실천해야 하는 신자의 책임을 강조하는 것이 바울윤리의 특징이다.

V. 이신칭의와 행위심판

믿음으로 말미암는 칭의가 윤리적 행위와 직접 연관되는 일은 드물지만 칭의가 비록 행위가 아니라 믿음/은혜에 기초한다고 할지라도 그것은 윤리적 삶과 행위의 신학적 근거가 된다. 왜냐하면 칭의는 새로운 은총의 통치권 안으로 들어가는 구원사건이고, 칭의를 가능케 하는 믿음이 전폭적인 헌신의 성격을 지니기 때문이다. 또한 칭의가 믿음과 배타적으로 관계를 맺고 있는 것과는 반대로 최후심판은 항상 행위와 연결된다(롬 2:6-8; 8:13; 14:10-12). 바울이 한편에서는 오직 믿음/은혜로 의롭다 함을 얻는다고 해놓고 마지막 심판에서는 행위로 말미암아 심판을 받는다고 하는 이유는 어디에 있는가? 개혁파 신학자들은 바울의 심판 개념들을 그의 칭의교리의 당연한 논리적 귀결이라고 해석한다. 칭의에서 약속된 하나님의 성실에 기초한 확신을 무시하고 순종만 강조하는 것은 신율법주의나 도덕적 칭의론의 오류에 빠질 수 있다. 그러나 하나님의 은혜와 신실성을 강조한다고 해서 신자가 선행으로 견인해야 할 책임이 면제되는 것은 아니다. 신자가 칭의를 경험하는 순간 그는 새로운 책임의 실제로 들어선다. 바울은 잘못된 삶을 사는 신자들을 권면하여 다시 소망과 확신의 자리로 인도하고자 한다(고전 6:9, 10; 갈 5:19; 엡 5:4).

VI. 결론

바울의 사상에서는 믿음과 행위가 본질적으로 서로 연결되어 있다. 바울의 저술에서 행위란 술어가 등장하는 대다수의 경우들은 불신자의 행위나 율법의 행위들을 묘사하기보다는 신적인 명령에 의해 수행된 신자의 행위를 표현하는 것들이다. 이 모든 일(행위)은 그리스도의 교회를 창조하는 일 뿐만 아니라(고후 3:4-4:6) 그리스도의 몸으로서 그의 교회를 세우는 일을 돕는 역할을 한다(엡 4:12). 영구적 가치를 지닌 이런 선행들은 칭의의 목적이다. 칭의는 그리스도의 구속사역에 기초하여 죄인들에게 무죄를 선언하는 법률적 선언일 뿐만 아니라 그들을 죄의 세력에서 해방하여 은총의 새로운 종말론적 통치로 인도하여 새 피조물로 살 수 있게 한 종말론적 사건이다(고후 5:17). 따라서 칭의는 악의 세력에서 해방되는데서 멈추지 않고 선행에 열심인 하나님의 백성을 창조하는 목적과 연계되어 있다. (이 글은 신학지남, 253호, 이 한수, "이신칭의와 선행의 윤리"에서 발췌된 것이다.)

5. 요한복음의 믿음개념을 논하라

I. 서론

요한복음이 예수에 대한 믿음을 권면하고 독려하는 복음서라는 것은 이미 확증된 사실이다. 요한복음의 저자는 믿음에 대하여 집중적인 관심을 가지고 있었으므로, 이 글은 저자가 믿음의 개념을 어떻게 전개하고 있는지를 바로 파악하기 위해서 믿는다는 단어의 사용구문, 믿음의 대상과 주체, 믿음과 표적의 관계, 믿음과 불신의 이유, 그리고 믿음의 결과 등을 연구해 보고자 한다.

II. "믿는다"는 동사의 구문

저자는 믿는다는 동사를 여러 가지 구문으로 사용하고 있다. 즉, 목적격을 취하는 경우, 독립적으로 사용되는 경우, 목적어로 단지 여격만 취하는 경우, 절과 함께 사용되는 경우이다. 동사의 경우 진정한 믿음을 가리키고 그것이 목적어로 여격을 취하는 경우 개인적인 헌신이 결여된 단순한 신앙을 가리키는 것이라고 주장한다. 그러나 이 표현의 어법에 따라 이 둘의 의미를 철저하게 구별하는 것은 지양되어야 한다. 요한이 믿음을 언급할 때 항상 동사만을 사용하고 한 번도 명사를 사용하지 않았다는 것이 믿음의 역동적이고 적극적인 개념을 강조하기 위한 것이라는 주장도 지나친 것이다. 독특한 표현과 함께 영생을 얻는 믿음을 현재 시제로만 사용하는 것은 믿음이 예수에 대한 영구적인 신뢰의 인격적인 관계임을 보여준다.

III. 믿음의 대상

요한복음에서 믿음의 대상은 인격적인 대상과 물리적 혹은 사실적인 대상으로 나뉠 수 있다. 믿음의 대상이 되는 인물은 예수 그리스도, 하나님, 그리고 모세로 제한되어 있다. 믿음의 대상으로 하나님은 그리스도를 세상에 보내신 분으로 세 번 언급된다. 그리스도는 단지 그의 한 국면이 아니라 모든 표적과 강화를 통하여 계시된 믿음의 대상으로 나타난다. 그리스도가 차지하는 독보적인 위치는 믿음의 인격적인 대상이 얼마나 기독론적인지 잘 보여준다. 진정으로 예수를 믿는 것은 그를 단지 맹목적으로 믿는 것이 아니라 행하시고 말씀하신 자로서 믿는 것이다. 하나님께서 사람들에게 영생을 얻는데 요구하는 유일한 일은 예수를 믿는 것이다.

IV. 요한복음에서의 믿음

표적에 근거한 신앙의 문제는 본질적으로 표적들이 가리키는 계시에 대한 인식과 직결되어 있기 때문에 요한복음에서 표적들의 계시적인 기능에 대한 이해는 절대적으로 중요하다. 공관복음에서 비유들이 천국 진리의 계시와 은폐의 기능을 하는 것과 같이 요한복음의 표적들은 예수님의 정체와 신분에 대한 계시와 은폐의 기능을 하고 있다. 즉, 그것들은 예수께서 행하시는 표적들의 바른인식을 통해 그를 믿을 것을 독자들에게 촉구하는 그의 도전이다. 표적들에 대한 바른 이해는 보다 더 깊은 신앙에 도달하게 도와주나 표적들에 대한 오해는 예수에 대한 잘못된 태도를 가져다준다. 믿는자들에게 기적들은 그들의 신앙에 영양분을 공급하지만 믿지 않는 자들에게는 표적들이 수없이 반복된다고 해도 믿음을 가져다주지 않는다.

믿음이 없이는 예수께서 의도하신 목적대로 표적들을 볼 수 없다. 믿음과 정확하게 표적들을 보는 것은 예수의 표적들을 실제적으로 대면함과 병행한다. 그러나 이러한 상황은 예수께서 행하신 표적들이 영원히 계속되는 것이 아니기 때문에 모든 세대의 신자들에게 이상적인 것은 아니다. 요한복음의 저자는 예수의 과거 표적들에 대한 바른 해석을 기록함으로 독자들로 하여금 예수에 대한 굳건한 신앙에 이르게 하고자 하는 의도를 가지고 있었다. 독자들이 성숙한 믿음에 도달하는데 중요한 도움을 제공하는 것은 표적들 자체가 아니라 표적들에 대한 바른 해석이다.

사람들이 예수를 고의적으로 거부한 사실은 예수를 믿으라고 도전하는 예수의 계속된 증거, 사역, 표적들에도 불구하고 그들의 믿지 아니한 이유를 설명할 수 있는 모든 이유는 아니다. 요한복음에서 믿음의 결과는 현재적인 측면과 미래적인 측면을 가진다. 믿음의 현재적인 결과로 신자들은 하나님의 자녀들이 될 수 있는 법적인 권세를 가진다. 예수를 믿는 자들이 영생을 소유하고 있다는 사실은 그들에게 더 이상 정죄가 없다는 것과 그들이 이미 죽음에서 생명으로 옮겨졌다는 것을 의미한다. 믿는자들은 이미 영생을 소유했지만 마지막 날에 영생을 소유하게 될 것이다. 그러므로 요한복음은 믿음의 현재적인 결과와 미래적인 결과를 사이에 균형을 유지하고 있으며, 이 점에서 요한복음은 실현된 종말론도 실존적인 종말론도 지지하지 않는다.

V. 결론

요한복음의 저자는 믿음에 대하여 형식적으로 다양한 측면으로 말하지 않고 구체적으로 이야기하고 있다. 저자에게 있어서 믿음은 근본적으로 그리스도 중심적이다. 그리고 믿음의 결과는 현재적인 측면과 미래적인 면을 동시에 가지고 있다. 또한 믿음의 현재적인 축복은 마지막 날에 최종적으로 완성될 미래적인 축복과 불가분리의 관계에 있다. 요한복음이 말하는 영생을 가져오는 믿음은 계속적으로 예수의 말씀과 표적들로부터 영적인 영양분을 섭취함으로 점진적으로 성장하고 성숙하는 것이다. 영생은 이미 주어지고 약속된 것에 대한 끊임없이 계속되는 믿음이다. (이 글은 신학지남, 1998, 257호, 유 상섭, "요한복음에서 믿음 개념"에서 발췌된 것이다.)

III. 교리

6. 인간의 행위와 구원의 신학적 관계를 논하라

I. 서론
　기독교인의 구원에 있어서 하나님의 구속사역이 하나님의 일로서 하나님 편에서 독자적으로 계획되고 집행되어 일방적으로 적용된다 하더라도, 구원은 단순히 하나님의 일로만 끝나는 것이 아니다. 기독교에서는 종교와 윤리, 신앙과 생활이 서로 분리되지 않는다. 즉, 신앙은 생활을 포함하고 생활로 표현되어야 하며, 생활은 신앙에서 나오거나 신앙을 강화해야 한다. 예수께서는 죄를 회개하도록 하기 위하여 죄인들을 부르셨다. 회개란 새로운 삶으로서 인간의 사고와 감정, 의지 그리고 행동과 전 삶이 하나님의 은혜로 달라져야 한다는 의미이다. 그리스도인들의 윤리적인 삶은 필수적인 것으로 예수 그리스도를 통한 은총과 선포와 이 은총에 일치하는 새로운 삶에 대해 복음서에는 하나님의 은총과 명령, 혹은 하나님 나라와 윤리의 관계로 표현되어 있고, 바울서신에는 "예수님의 구속사역"이나 "성령의 은사와 사역" 그리고 "믿음의 삶의 관계"로 표현되어 있다. 그러므로 이 글에서는 하나님의 은혜인 구원에 대한 응답과 표지로서의 인간의 믿음이 동반된 행위의 의미를 고찰함으로 우리에게 나타나는 구원의 결과, 효과 혹은 신적 사역의 흔적을 다루려 한다.

II. 하나님의 나라와 윤리의 관계
1) 하나님 나라의 의미
　하나님의 나라는 하나님의 신적 사역을 의미하지만, 구약성경에서는 주로 이스라엘에 미치는 하나님의 사역에 대한 구원론적 의미로 사용된다. 구약에서 하나님 나라에 대한 뿌리를 찾을 때 하나님의 통치만이 아니라, 이스라엘을 향한 하나님의 요구도 간과해서는 안 된다. 즉, 구약시대에 율법을 지키는 것은 율법주의나 행위구원을 목적으로 하는 것이 아니라 하나님의 사랑과 은총에 대한 진정한 감사의 표현이다.
　신약성경에 사용된 하나님 나라 혹은 천국이란 하나님의 통치가 하나님의 아들, 예수 그리스도의 인격과 삶과 그의 구속사역으로 나타났다는 의미이다. 이 하나님의 통치는 마지막까지 이어지는데 이 종말론도 시간과 장소보다는 기독론적 요소가 핵심이 된다. 이렇게 천국은 예수를 믿는 사람에게 종말론적인 은혜와 축복, 선물을 가져오지만 다른 한편으로는 하나님의 사역에 부합하는 명령을 수반하는데 이는 윤리성 내지 행위의 문제와 직접 연결된다.

2) 천국과 윤리의 한계에 관한 재해석

첫째, 예수께서 선포한 천국을 순전히 미래적인 것으로만 이해하려는 신학자들에 의하면 예수님은 선지자들과 같이 미래의 구원의 소식을 전파하고 기대하며 구원의 소망을 새롭게 부각시킨 분이다. 천국이나 천국에 관계된 모든 요소들은 윤리의 출발점이 아니라 윤리의 목표로만, 윤리는 이 목표에 도달하는 길, 방편 혹은 필요조건으로만 관계한다. 둘째, 예수께서 선포하신 천국을 현재적인 것으로만 설명하는 사람들에 의하면 성경이 예고하고 경고하는 마지막 날과 그 날 일어날 일들은 모두 문학적 표현양식 내지 특수한 신학적 표현일 뿐이다. 이 주장은 "이스라엘-율법"이라는 구약적 모델을 "교회-예수의 교훈"이라는 신앙적 모델로 바꾼 것에 지나지 않는다. 천국의 현재성에 치중한 보다 통속적인 견해는 천국의 미래적 국면을 인정하면서도 천국의 현재 실제적인 국면과 믿음만을 직접 연결하고 윤리는 천국과는 별 상관없는 개념으로 취급하는 것이다. 위의 두 견해는 천국의 현재성과 미래성 중 하나에 치우치고 하나님의 구원사역에 직면한 인간의 삶을 편파적이고 단편적으로 다룬다. 미래적 해석은 성경이 말하는 축복의 현재적 은혜를 간과하고, 현재적 해석은 성경이 말하는 윤리의 책임을 설명하기 어렵다.

천국의 양면성과 같이 행위와 윤리도 두 가지 기능을 가진다. 미래의 천국과 관련하여 행위는 천국에 들어가기 위한 전제조건이요, 현실적이고 실제적인 구원을 의미하는 천국의 현재성과 관련하여 행위는 하나님의 은혜와 구원의 결과, 열매, 증거, 표식 혹은 하나님의 통치의 자연스러운 발로이다. 천국과 윤리는 뿌리와 열매, 원인과 결과로 연결된다. 하나님의 통치 아래서 하나님의 축복을 경험한 사람은 하나님의 뜻에 일치하는 삶을 살 수 있고 또 살아야하며, 그렇게 살아갈 때 그가 받은 축복을 스스로 증거하는 셈이 된다. 그리고 또한 하나님의 뜻을 따르는 삶은 오고 있는 하나님의 나라에 들어가기 위한 전제조건이 되고 하나님의 나라는 행위에 대한 하나님의 약속, 보상, 영원한 축복의 역할을 한다. 하나님은 사람들에게 하나님의 아들의 자격을 부여한다. 하나님의 아들은 윤리적 명령과 규범의 근거이다. 이 때 아들의 모델로 제시되는 행동은 아버지의 행동 혹은 그리스도의 삶이다.

3) 죄용서: 인자는 죄를 용서하는 특권을 가졌다. 예수를 통한 죄 용서는 모든 민족 모든 사람들에게 전파되어야 할 하나님의 구원의 기쁜 소식이다. 따라서 하나님의 죄용서는 우리도 다른 사람을 위하여 희생할 수 있어야 하며(요일 3:16) 무슨 혐의가 있어도 서로 용납하고 허물과 실수를 용서해 주어야 한다는 (골 3:13; 엡 4:32) 윤리의 동기를 유발한다. 하나님의 용서가 인간의 용서의 결과나 목적으로 말해지는 곳도 있다(마 5:7; 약 2:13). 그 외에도 주기도문을 가르치면서 예수님은 인간의 용서를 하나님의 용서를 비는 근거 혹은 전제로 말씀하셨다(마 6:12; 눅 11:4). 죄용서에 관한 문제가 가장 잘 표현되었으면서도 가장 곤란한 문제를 일으키는 것이 마 18:21-35에 수록되어 있는 일만 달란트 빚진 종의 비유이다. 엄청난 빚을 탕감받은 종이 동료에게 행한 것은 용서를 받고도 이웃에 대해 관용하지 않는 신자들의 대표적인 모습이다. 이 비유에서 하나님의 은혜는 믿는 사람들에게 주어지는 축복과 특권, 은총이면서 동시에 윤리적 명령의 근거와 동기로 작용하고 하나님의 용서의 조건으로 사용된다.

4) 사랑: 사랑은 하나님께 속한 것이요 하나님에게서 시작되는 것이다(요일 4:7-10). 독생자를 세상에 보내신 하나님의 사랑의 목적은 아들을 믿는 자마다 멸망하지 않고 영생을 얻게 하시기 위함이다(요 3:16). "네 이웃을 네 몸과 같이 사랑하라"는 명령은 구약시대부터 종교적 명령과 짝을 이루던 계명인데(레 19:18) 신약시대에 와서도 예수님에 의하여 모든 계명들의 강령으로 인정되었다(마 22:39). 하나님께서 먼저 베푸셨다는 신적 사랑이 윤리적 사랑의 동기로 제시되고 그것이 윤리적인 사랑을 낳는다. 윤리적 사랑은 신적 사랑의 열매요 그 사랑에 대한 인간적인 응답이다. 요 14장에는 예수님을 사랑하는 것이 예수님의 계명을 지키는 것이라고 나와 있다. 즉, 하나님의 사랑이 윤리적 사랑의 목표가 되며 윤리적 사랑은 하나님의 사랑의 조건이 된다.

III. 결론적 요약

예수께서 선포하시고 이 땅에 시작케 하신 하나님의 나라는 하나님의 은혜 즉 구원의 선언과 이 은혜에 상응하는 구원의 명령을 함께 내포하는 것이다. 그래서 복음은 천국을 선포하면서 동시에 회개와 회개에 합당한 열매를 함께 요구한다(마 3:8; 눅 3:8). 예수께서는 마 5:17-20에서 자신의 사역을 구약성경과 연결시키면서 "율법과 선지자들"(구약성경)을 폐지하러 오신 것이 아니라 완성시키려 오셨다고 말씀하신다. 예수님은 특수하게 자신을 믿는 제자들을 좋은 나무로 그리고 그들에게서 만들어지는 삶의 좋은 결과들을 좋은 열매로 비유하셨다(마 7:17-18; 눅 6:43). 열매와 나무는 도덕적이거나 사회적인 비유가 아니라 예수님과의 관계를 따지고 하나님을 믿는 사람들의 신앙의 삶을 지시하는 종교적인 비유이다. 그렇지만 열매가 없거나 있어도 나쁠 때 그 나무를 잘라 버리신다는 말씀(마 3:10; 7:19; 눅 3:9)을 우리는 행위구원의 의미로 이해해서는 안된다. 여기서 심판의 이유는 열매가 없음으로, 또는 나쁜 열매를 맺음으로 나쁘고 무가치한 나무라는 것을 스스로 증거하기 때문이다.

예수님에 대한 믿음은 예수님의 사역초기와 말기, 혹은 십자가와 부활 그리고 승천이나 이후의 모든 시대를 관통하는 기독교의 핵심이다. 우리는 복음을 통하여 예수님이 누구이며 무슨 일을 하셨는지 배우고 이것을 믿음으로 받아들인다. 그러나 믿음은 단순히 기독론적 지식을 소유하는 것이 아니라, 세상의 주님이시요 그리스도로 살아계신 분을 인격적으로 의존하는 것이다. 하나님을 향한 태도가 반영되는 예수님을 향한 믿음과 하나님의 뜻을 따름이 반영되는 예수님의 교훈에 순종함은 하나로 결합되어 전체로 기독교인의 "믿음의 삶" 혹은 "사랑으로 역사하는 믿음"(갈 5:6)을 형성한다. 이런 의미에서 인간의 행위는 믿음에 첨가되는 요소이며, 믿는 사람들에게 요구되는 구원론적 요소로 "믿음" 못지 않게 기독교의 근본원리이다. 산상설교의 결론인 마 7:21-27에서 볼 수 있듯이 그들이 주님이라고 부른다고 해서 모든 사람이 자동적으로 천국을 상속받는 것은 아니라 하나님의 뜻을 행해야 하며 그래야 천국에 들어간다. 믿음과 행위는 구원론에 관한 한 결코 서로 대립관계에 있지 않고 그 역할이 상호 보완적으로 믿음이 없이는 예수님의 제자들은 존재하지 않으며, 행위가 결여된 곳에도 제자들은 존재하지 않는다. 교회는 예수님에 대한 믿음에 기초하여 모인 믿는 사람들의 공동체로서 그들의 삶은 그들이 믿음으로 예수님과 결합되어 있다는 것을 나타내 보여주는 증거이자 미래의 영원한 나라를 소유하게 되는 조건이다. (이 글은 신학지남 1996, 247, 248호, 정 훈택 "행위의 구원론적 의미(V, VI)"에서 발췌, 편집된 것이다. 또한 1994, 241호, 김 세윤, "그리스도인의 구원과 고난에 대한 예수의 가르침"을 참조하라.)

※위의 글은 "행위의 구원론적 의미(Ⅰ): 역사적 조명," (신학지남, 1991, 여름);

"행위의 구원론적 의미(II): 행위에 관한 박윤선의 평가(1)," (신학지남, 1993, 가을); "행위의 구원론적 의미(III): 행위에 관한 박윤선의 평가(2)," (신학지남, 1993, 겨울); "율법논의의 과제와 그 실마리" (신학적 도약) pp.107-146 혹은 "기독교윤리의 근거와 그 실마리" (신학적 도약) pp.147-183 등의 오래 전에 시작된 이 연구의 결론부에 해당한다.

7. 그리스도와의 신비적 연합의 성경적 의미를 설명하라

I. 서론

뉴 에이지 운동의 광범위한 여파로 현대인은 스스로 의식하지도 못한 채 극단적인 자율주의적 경향으로 나아가고 있으며 이러한 사조들로부터 미묘한 신격화의 암시를 받고 있다. 이와 같은 움직임은 자율주의적인 종교들에서는 익숙한 것이 되어 왔다. 기독교 역사를 보면 왜곡된 중세에는 이교사상과 신플라톤주의의 영향으로 기독교의 중요한 진리인 "영광의 상태"의 교리에 대한 오류가 심각해짐으로 기독교회가 자율주의적인 경향으로 추락하였다. 그 후에도 그리스도의 연합이란 개념이 성경 외적인 여러 요인들에 의해 변형된 시각들로 나타나곤 하였다. 그러나 신비적 연합이란 단순한 개념으로 사용되지 않는다. 이 글에서는 그리스도와 그의 백성들 사이의 관계에 대해 성경이 진술하고 있는 이 신비적 연합의 개념을 정의하여 그 연합의 실체가 지니는 부요함을 드러내기 위해 성경의 자료들을 연구함으로서 그 윤곽을 정리해 보려고 한다.

II. 성경적인 근거

그리스도와의 연합의 개념은 성경에서 자주 언급되어 있는데 우리의 구체적인 삶 속에 나타나는 적용 범위는 매우 넓고 광범위하다. 그리스도와의 연합은 믿는 자들과 그리스도 사이의 여러 가지 다양한 관계들을 묘사하는데 사용된 표현이다. 우리는 하나님의 영원한 계획 속에서 "엔 크리스토"의 사상을 발견하게 된다. 그리고 같은 문맥에서 우리가 하나님의 영광을 찬송하기 위한 목적으로 살도록 예정함을 입은 것 역시 그리스도 안에서였다. 그러므로 하나님께서는 먼저 우리를 선택하시고 그 후에 우리로 하여금 그리스도와 관련되도록 결정하신 것이 아니다. 성부께서 우리를 그리스도께서 이루실 사역의 결과에 동참할 자들로 여기신다. 구속의 언약에서 그리스도께서는 성부와의 관계에서 자발적으로 선택받은 자의 머리와 보증이 되셔서 그의 임무를 완수하셨다.

성부께서는 예수 그리스도께서 지상에 계시는 동안에도 믿는 자들을 여전히 그리스도 안에 있는 존재들로 간주하셨다. 그것은 구속의 언약에서부터 그리스도는 자기 백성의 중보자라는 데에서 발견된다. 따라서 성부께서는 성자께서 우리를 대신하여 행하신 모든 것에 대해서는 그것이 무엇이든지 간에 당신의 백성이 행한 것으로 간주하신다. 그러므로 그리스도와의 연합이란 결코 실재화 될 수 없는 플라톤적 관념 세계에 속한 것이 아니다.

우리의 삶 속에서 이루어지는 그리스도와의 연합이란 그리스도를 믿는 모든 신자들이 그리스도 안에서 한 몸을 이루는 것이며, 그리스도와 함께 죽고 사는 삶이다. 우리가 그리스도와 함께 죽고 다시 살아났기 때문에 죄로 우리 몸에 왕 노릇하지 못하게 하여 우리의 지체를 의의 병기로 하나님께 드려야 한다. 모든 복은 당연히 그리스도 안에 있는 자들에게만 주어지게 되는 것이다. 그러므로 우리의 인격적인 결단에 따른 모든 행위들이 그리스도 안에서 이루어진다.

그리스도께서 우리 안에 거하시며, 믿는 자들 가운데 임하신다. 그리스도와 믿는 자들과의 인격적인 교제는 전 우주적인 범위에까지 넓혀진다. 그리스도와 우리의 관계처럼 성부와 성령의 관계도 마찬가지이다. 신약성경은 그리스도인의 삶을 모든 사고와 행동에 있어서 그리스도를 닮기 위해 투쟁하는 자의 모습으로 묘사하고 있다. 성경은 자력 구원론적인 차원에서의 모방 노력을 인정하지 않으며 은혜로 마치는 구원론적인 구조속에서 인간의 책임이 요구한다. 그리스도를 본받아 그의 고난에 참여케 하는 목적은 방향없는 고난이 아니요 목적을 향한 섭리와 관련하여 주어지는 영광을 위해 준비된 과정이다. 우리가 그리스도를 닮는 일은 원래 하나님께서 의도하신 바이다. 신비적 연합의 연대적인 그러나 상호간의 유기적인 차원이 놓여 있는 것이다.

III. 결론

기독교의 사활이 달려 있는 그리스도와의 연합교리와 관련하여 이 연합이 다음과 같은 의미를 지닌다. 첫째, 이 연합은 무엇보다 신비적 연합이다. 둘째, 그리스도의 몸으로서의 연합이다. 셋째, 광범위한 영역을 포괄한다. 넷째, 그리스도와의 신비적 연합은 하나님의 은혜로만 이루어진다. 다섯째, 그것은 결코 관념세계에 머물지 않는다. 여섯째, 인격적 교제 혹은 교통이 이 연합의 본질을 이룬다. 일곱째, 삼위신적인 교통으로 진전된다. 여덟째, 이로부터 기인된 칭의와 성화 사이의 관계를 균형있게 한다. 아홉째, 그리스도와의 연합 교리는 다른 모든 종교들과 유사 기독교적 사상체계로부터 기독교를 구별하는 경계선 역할을 한다. (이 글은 신학지남, 1998, 257호, 최 홍석, "그리스도와의 신비적 연합- 그 성경적 의미"에서 발췌된 것이다.)

8. 개혁신학의 죄에 대한 이해를 논하라

I. 서론

일반적으로 개혁파 교의학이 신학적 인간론을 다룰 때는 원죄 아래 있는 인간, 죄의 아래 있는 인간과 언약 아래 있는 인간을 구분한다. 이는 성경이 제시하는 창조-타락-구속이란 구속사적 관점에서 인간의 본질을 파악하는 것에서 유래된 것이다. 그렇지만 오늘날 이 관점을 포기하거나 견지하기를 꺼려하는 경향들이 존재하고 있다. 그러므로 이 글에서는 죄의 문제를 통해 아담과 그리스도와 현대인들을 분리시키는 펠라기우스적인 가설의 오류를 밝힐 것이다.

II. 죄의 기원

천상에서 하나님과의 첫 번째 틈이 생겼다. 천사들의 타락을 암시하는 몇몇 성경 구절이 있기는 하나 타락의 시기에 관한 구체적인 언급은 없다. 천사들의 세계에서 먼저 시작되고 그 후 인간계에 나타나기 시작한 죄는 여전히 수수께끼로 남는다. 죄란 설명되지 않는 잘못이며 불합리하고 비논리적인 것이다. 천사의 세계로부터 인간의 세계로 들어온 죄에 관해 기록되어 있는 창세기 3장을 신화로 보는 견해들도 있으나 개혁신학에서는 역사적 사건에 대한 기술로 믿는다. 아담의 타락은 그와 인류 사이에 놓여있는 연대성 때문에 모든 인류들에게 결정적인 영향으로 나타난다.

III. 죄의 전가와 대표의 원리

기독교회는 역사적으로 아담의 죄와 그의 후손들의 죄 사이의 연대성을 고백해왔다. 그러나 3-4세기의 헬라 교부들은 그 관계를 무시하였고, 라틴 교부들은 인과적 연관성을 인정하였다. 동방교회에서는 죄에 대해서 자유의지를 더 강조했고 원죄를 강조했던 터틀리안의 견해는 거부되었다. 그후 동방교회는 펠라기우스주의로 서방교회는 어거스틴주의로 기울어지게 되었다. 펠라기우스의 사상은 죄의 전가가 없다는 것이나 아우구스티누스는 죄의 전가를 가르쳤다. 그리고 반펠라기우스적인 제 3의 유형이 중세 교회에 보편화되었다. 개혁파는 아우구스티누스의 이론을 따랐고, 소시니안파는 펠라기우스에 동조하였으며, 항론파는 반펠라기우스적 경향으로 기울었다. 그 이후 나타난 계몽주의와 진화론적 철학사조가 결합되면서 인과적인 연관이 없다는 견해가 다시 시작되었다. 그러나 아담과 그리스도의 대표원리는 성경에 근거한 중요한 기독교 교리이다. 화란의 꽈이터르트는 아담의 역사성을 부인하고 독일의 필러는 예수와 현대인들을 분리하였다. 이는 아담의 죄의 전가와 그리스도의 의의 전가를 무시하는 오류에 직면하며, 기독교의 정체성에 결정적인 위기를 초래하게 된다.

IV. 롬 5:12-21의 해석

바울은 이 본문에서 아담의 죄로 말미암아 인간이 저주받은 일과 관련하여 그리스도의 의에 근거하여야 가능한 칭의론을 역설하고 있다. 죄와 은총의 대비는 12, 18, 19절에서 드러난다. 한 사람의 범죄로 모든 사람이 정죄에 이른 것같이 한 사람의 의로 말미암아 모든 사람이 의롭게 되었다는 것이 18-19절의 요지이다.

아담과 모든 사람과의 관계에 대하여 펠라기안들은 아담은 단지 인간들로 하여금 죄인되게 한 우연한 원인이었다고 하며, 영혼선재설을 주장하는 이들은 아담은 선재 상태에서 범죄하여 인간들로 하여금 정죄받은 영혼으로 태어나게 한 정죄받은 영혼의 인도자였다고 한다. 간접 전가설을 주장하는 자들은 아담이 범한 죄에 대한 책임이 그의 후손들에게 전가되되 직접 전가되는 것이 아니라 자연적인 생식과정을 통해 아담으로부터 내면적인 부재성을 물려받는다고 한다. 실재론자들은 아담은 한 개인이었을 뿐 아니라 온 인류였기 때문에 아담으로부터 기원된 모든 개개인들 역시 아담과 동일한 죄책과 오염을 지닌다고 주장한다. 그러나 이러한 주장들은 문맥을 충실하게 고려한 추론이라기보다 한 자구에 지나치게 의존하거나 철학적인 전제아래 자신의 사상체계에 적합하도록 해석하는 우위론적 해석 경향이다.

12-14절: 12절의 "세상에 들어오고"란 표현은 죄가 세상에 존재하기 시작했다는 것 이상을 의미하는 인류는 죄인이 되었다는 의미이다. 14절에서 아담으로부터 모세까지 아담의 범죄와 같은 죄를 짓지 아니한 자들 위에도 사망이 왕노릇

하게 되었다는 것은 아담과 인류가 필연적으로 연결되어 있음을 말해준다. 이런 의미에서 아담은 오실 자의 표상이요, 그리스도는 마지막 아담이며, 언약적 관점이 관계의 성격을 규정한다. 12절은 아담의 후손들이 자신들의 행위 이전에 이미 첫 아담의 범죄에 동참해서 죄의 결과인 사망에 이르게 되었다는 의미로 해석된다.

12-19: 그리스도가 구원받을 인생들의 의의 원인이라면 아담은 타락한 인간들의 죄의 원인이다. 16-17절 사이에 놓여있는 병행 관계를 생각할 때 한 사람 아담의 죄와 많은 사람의 죽음 사이에는 인과관계가 있다. 이 인과관계는 아담의 죄가 많은 사람들의 사망에 대하여 그 법적 근거가 된다는 의미로 죄-정죄-사망과 의-칭의-생명이 대비되는 복합사건이다. 죄에는 필연적으로 정죄와 사망이 따르고 의에는 칭의와 생명이 생성된다. 이것은 아담과 그리스도와의 연대관계가 있고 난 후 일어나는 것이다. 그러므로 12절은 아담의 후손들이 자신들의 행위 이전에 아담의 첫 범죄에 동참하게 되고 그래서 죄의 결과인 정죄와 사망에 이르게 된다는 의미이다.

V. 결론

롬 5:12-19은 교회와 그리스도인들의 죄의 보편성과 심각성에 대해서 경고하고 있다. 오늘의 교회는 기독교 보편주의에 대한 경계를 소홀히 해서는 안된다. 기독교는 세속적 가치관이나 사상을 뛰어넘는 특수성을 지니므로 문제를 파악하고 실천하는 일에 있어서 기독교적인 정체성을 유지하면서 사역해야 한다. 죄의 세력에 대한 은총의 승리를 확신하는 그리스도인들은 이 모든 분투와 영적인 싸움이 결코 헛된 일이 아니기에 오늘의 삶의 의미를 영원의 빛 아래서 새롭게 발견하며 기뻐할 수 있다. 오늘날 교의학은 성경 의존적이며, 삶을 지향하는 교의학이 되어 신학과 교회에 봉사해야 한다. (이 글은 신학지남, 1998, 256호, 최 홍석, "죄에 대한 개혁신학적 이해"에서 발췌된 것이다.)

IV. 기독교 역사

A. 서양

9. 장로교 정치제도의 기원을 설명하라

I. 서론

 이 글은 장로교 정치제도의 기원을 고찰하기 위하여 칼빈의 장로제도에 대한 근원과 발전을 역사적으로 밝히면서 그의 성경적인 견해를 조명할 것이다. 그리고 칼빈의 장로정치에 대한 성경적인 입장을 객관적으로 이해하기 위해서 구약, 신약, 그리고 초대교회에 나타난 장로제도에 대한 제 이론들을 검토할 것이다.

 II. 칼빈의 장로정치제도의 기원

 칼빈의 장로정치제도의 아이디어는 교회를 말씀 위에 세우기 위해 독창적으로 창안한 것은 아니다. 그의 사상은 스트라스부르그의 종교지도자 마틴 부처(Martin Bucer)등 다른 종교개혁자들로부터 많은 영향을 받은 것이다. 16세기 개혁교회의 장로정치제도는 15세기 중반 이후 보헤미안-모라비안 형제들의 연합에서부터 출발한 것으로 이 공동체에서는 일찍이 장로가 교회의 중요한 감독기관으로 존재했다. 그들은 장로들을 목사들로 간주했으며 목사의 직분이야말로 교회의 가장 근본적인 직분으로 보았다. 이들 형제단과 더불어 이곳의 개혁교회의 정치제도에 영향을 주었던 사람은 바질(Basil)의 종교개혁자 오에코람파디우스(Oecolampadius)였다. 그는 장로 위원회는 12명의 책임 있고, 평판이 좋은 사람들로 구성되어야 하며, 4명의 목사들, 4명의 시당국 대표들, 그리고 4명의 일반시민의 대표로 구성되어야 한다고 주장하였다. 그의 개혁은 그의 사후 시 당국에 의해 폐지되었지만 후에 스트라스부르그와 제네바에 영향을 미쳤다.

 칼빈이 스트라스부르그를 방문한 것은 이들에 의해 새로운 교회정치제도의 환경이 조성된 시기로 특히 부처가 오에코람파디우스의 영향을 받아 장로정치제도를 적용하던 시기였다. 스트라스부르그의 시의회는 오에코람파디우스의 위원회와 같은 교회관리인단(a Board of Kirchenpfleger)을 1532년에 세웠다. 이 위원회는 설교를 감독하였고 교회의 유익을 위하여 청중들과 회합을 갖기도 하였다. 1533년에 열렸던 총회는 스트라스부르그 규정을 제정하였고 이것은 부처에게 장로정치제도를 도입하는 계기가 되었다. 1550년 에드워드 4세에게 보내는 글에서 부처는 스트라스부르그와 영국개혁교회의 직제에 관해 말하면서 설교하고, 가르치는 장로와 이들을 도우면서 치리하는 평신도 장로를 둘 것을 주장하였고, 이들을 중심으로 교회를 운용하도록 기술하였다. 그리고 가난한 사람들을 위한 구제와 관용을 위해서는 집사제도를 두어야 한다고 하였다.

III. 부처와 칼빈

칼빈은 1538년 스트라스부르그로 피신하기 전에 제네바에서 개혁교회를 이끌면서 개혁교회치리를 위해 세 개의 교육지침서를 내놓았다. 그가 내놓은 이 지침서들에는 치리나 설교 그리고 교육에 대한 강조가 나타나지만 이를 수행하기 위한 특별한 직분의 이름인 장로 직분은 언급되지 않는다. 비록 장로직이라는 확정적인 표현은 없지만 칼빈이 어떤 형태의 지도자들이 목사와 함께 교인들의 영적훈련을 위해 필요함을 인식했음에는 틀림없다. 3년간 부처와 함께 스트라스부르그에서 지낸 후에 다시 제네바에 돌아왔을 때 그는 장로직제와 같은 구체적인 교회직제를 주장하였으며 이는 부처의 개혁을 통해 경험한 것들이다.

치리에 관한 칼빈의 견해는 기독교강요 1536년과 1539년판에 나타나지만 장로직분보다는 집사직과 그것의 기원을 언급하고 있다. 기독교강요 1541과 1545년 판에서 칼빈은 "교회의 직분들," "교회의 재판권"이라는 제하에서 장로직을 다루고 있다. 그는 두 종류의 장로를 말씀의 사역과 구별해서 말하고, 영적인 직분을 강조하고 있으며 이와 연관지어서 교회의 열쇠의 권한으로 발전시키는 개념은 1545년의 성경주석에서 나타난다. 칼빈은 1561년 딤전 5:17의 설교에서 장로의 가르치는 기능과 다스리는 기능을 분리하고 이것을 하나님이 명한 것으로 간주한다. 그러므로 칼빈이 3년간 부처와 함께 스트라스부르그에 있었던 해를 기점으로 직분이 이전보다 훨씬 분명하게 정의되며, 이 직분의 의무들은 교회의 통치와 연계되고, 장로제도는 초대교회와 성경과 연계되어 그 권위가 확고하게 되었다. 그는 두 종류의 장로직제를 주장하였고 이것을 영속적인 것으로 보았다. 그러므로 칼빈의 장로직분에 대한 사상은 그의 아이디어가 아니라 올바른 교회를 위해 정립된 개혁자들의 공통된 견해였다.

IV. 칼빈의 장로정치제도

칼빈은 장로직은 목사와 같이 교회의 원천이며 영속성이 있다고 보았다. 그에게 치리를 위해 평신도 사역자로 세운 장로직의 리더쉽은 목사와의 관계에서 이해되며, 세 가지 관점을 가지고 있다. 첫째, 신앙의 조항들을 설명하고 만드는 권한으로 이것은 오직 성경에 의해서만 가능하다. 둘째, 법을 제정하는 권한이며 이것은 셋째 권한과 밀접하게 연관되어 있다. 칼빈에게 있어서 가장 중요한 교회직분자의 권한은 세 번째의 권한인 재판 관할권이다. 그는 이를 베드로에게 준 교회의 열쇠의 권한으로 보았고 이는 곧 도덕에 관한 치리였다. 치리의 권한은 교회의 기능이므로 성직계급과 장로회의 독재는 결코 허용될 수 없다. 그러므로 이러한 원리를 살리기 위해서 경건하고 엄정하고 정상적인 사람들로 구성된 원로회, 즉 두 종류의 장로들로 구성된 도덕적 감독기관을 제도화하게 되었던 것이다.

기독교강요에 언급된 교회의 치리를 위한 장로들의 직분을 위한 성경구절은 롬 12:8("다스리는 자는 부지런함으로")이다. 칼빈에 따르면 평행선에 있는 시민사회와 교회공동체에는 각자의 통치기구가 존재한다. "다스리는 자"는 일반시민정부의 통치개념과 구조적으로 동일시되고 있다. 이러한 사상은 롬 12:8에 대한 16세기 지성인들의 대표적인 주해였다. 그러나 칼빈은 롬 12:8을 설명할 때 개혁자들이 인용했던 대하 19:6을 인용하지 않는다. 아마도 그는 장로직은 구약의 법정적 규례에 의거하지 않으며 일반통치 개념과는 다르다는 점을 나타내려고 했던 것 같다. 장로직은 치리의 사역이며 말씀과 성례의 사역과는 분명히 구분되므로 평신도 직제이다. 또한 고전 12:28은 칼빈에게 교회 직제의 다스림과 재판권 부분을 위해 신학적인 구조를 제공한다. 그는 고전 12:28을 딤전 5:17과 연계하여 평신도로서의 장로의 직분과 목회자의 직분이 다름을 설명하는데 이것은 부처의 입장이었고 개혁자들의 전통이었다. 딤전 5:17에서 칼빈은 장로의 직분을 교회의 치리의 직분으로 사도시대로부터 전승되어온 교회의 영원한 부분으로서 이해하며 장로의 치리에 대한 평신도 사역기능을 강조한다.

V. 장로정치제도의 성경적 조명

"장로"는 "보다 더 나이가 든 자"를 의미하며, 보통 사람보다 여러 면에서 위상이 높은 사람을 뜻할 때 사용되었다. 구약과 유대 문헌 속에서는 의미는 다르지만 이 명칭은 고대 이방 민족 공동에서도 사용되어 왔기 때문에 기독교의 전유물은 아니다.

1) 장로정치제도의 성경적 의미

구약에서 장로가 처음 언급된 것은 이스라엘 공동체에서가 아니라 애굽의 민족공동체에서 이다(창 50:7; 출 3:18). 구약에 나오는 100회 이상의 이 용어 중 46회가 모세오경에 나오는데, 이는 모세의 지도 아래 민족 공동체의 지도체제를 형성하여 모세와 여호수아의 협조자로 광야생활을 유지하기 위함이었다. 바벨론 포로기에 접어들면서 장로들은 이스라엘 민족의 신앙유산을 보존하고 계승하는 역할을 하였다. 이러한 체제가 민족공동체의 중심역할을 하다가 겔 8:11에서는 백성들의 대표자로 부상하는데 이것은 주전3-2세기에 예루살렘에서 70인이 멤버인 산헤드린으로 발전되었다. 가나안 정복 이후 장로들은 정치적인 직무에 종사했고 전시에는 왕을 충고하고, 왕국시대에는 성직자의 역할을 감당하기도 했다.

포로기 이후에 장로들은 유대공동체의 예배처소였던 회당에서 민족신앙을 전승하였다. 이들은 회당장 밑에서 가르치는 일과 다스리는 일을 도왔는데, 특히 가르치는 일로 부름 받을 경우 안수를 받게 되었다. 이 장로들의 모임인 장로회는 전 회중을 돌보며 회당은 각자 당회와 치리회를 갖고 있었다. 회당은 장로중심의 정치체제로 형성되었고 지역 자치기관으로 지역공동체의 민,형사 및 종교적인 문제를 결정하는 법정구실을 했다.

신약성경에는 장로라는 명칭이 65회 나타난다. 신약시대와 초대교회의 장로직은 이미 예수님 당시에 존재하고 있던 구약의 전통을 따른 산헤드린과 회당의 장로제도에 그 기초를 둔다. 그런데 예수님 당시의 장로들은 유대교의 전통과 신앙을 고수하기 위해 예수와 제자들의 방해 세력으로 등장했지만, 예수 승천 후 신약교회는 유대교 장로들과 상응하는 교회조직을 갖게 되면서 장로정치제도를 수용하였다. 사도시대의 교회는 사도를 중심으로 운영되었지만 사도도 장로로 불리워졌다. 사도시대의 장로들은 유대교 회당의 장로 역할에서 발전하여 교회의 영적인 일을 위한 중요한 위치에 있었다. 그들은 사도들의 회의에 참여하고 지방에서 모금된 헌금을 수령하고, 사람들을 돌보며, 설교하고 가르치며 권면하고 교육하였다. 또한 장로의회를 만들기도 하고 사도적 전승의 계승자요 보전자라는 명예칭호로 사용되기도 했다. 요한계시록에는 순교자들과 함께 거룩한 존재로 인식되고 제의적 기도와 간구의 기능을 담당하는 교회의 대표로 묘사되어 있다.

　신약의 장로제도는 통치의 성격보다는 섬김을 통한 훈련과 치리의 성격이 강하고 회당장이나 회당의 조직을 그대로 전수하고 모방하기보다는 신약교회의 새로운 공동체의 체질과 성격과 맞도록 고안되었다. 유대인의 회당은 장로들에 의해 유지되었는데 이들은 유대인의 권익을 위해 로마시대에는 로마정권과의 문제, 신앙의 전승을 위한 율법의 준수와 구제를 위해서도 노력했다. 이러한 전통은 산헤드린에 전승되어 종교와 율법, 시민 생활을 감독, 지도하였다. 산헤드린이나 회당의 장로들은 소속된 지역의 행정적인 감시, 율법해석, 범법자들에 대한 형벌을 가했는데 이러한 장로제도는 쿰란 공동체에도 존재하였다. 그러므로 신약교회가 이 제도를 모방한 것은 자연스러운 일이었다.

　신약시대 이후에 초대교회의 장로는 사도직분 외에 다른 목사나 감독을 지칭하는 의미에서 문제가 야기되고 있다. 초대교회에서 특별한 영적 은사를 가진 장로를 감독으로 승격시키긴 했지만 모든 장로들이 다 감독은 아니었고 성만찬에 참여하는 자만이 감독의 사역을 하였다. 그렇지만 안디옥의 감독이었던 이그나티우스에서부터 장로가 감독 다음의 제 2서열로 명확하게 드러난다. 장로들은 교회의 성직제도를 돕거나 교회의 자문위원으로 봉사하면서 감독을 보필했고 교회 치리를 위해 보조적인 역할을 했지만 사도시대 이후에 성직에 가담했는지는 분명치 않다.

　2) 장로교 정치제도의 성경적 기원

　장로정치제도는 감독(목사)과 장로, 그리고 가르치고 설교하는 장로와 다스리는 장로와의 관계가 관건이 된다. 감독과 장로와의 관계는 교회의 직제를 두 개로 보느냐 아니면 세 개로 보느냐에 따라 다르게 정의된다. 두 개의 직제로 볼 경우 감독과 장로를 동일한 직분으로, 집사를 구제를 위한 봉사자로 간주한다. 바울은 행 20:17에서 언급한 장로들을 28절에 가서는 감독이라 지칭했고, 딛 1:5에서 디도에게 장로들을 임명한 후 7절에 가서 그들을 감독 혹은 관찰자들로 명명하였다. 딤전 3:2에서 바울은 교회에서 가르치고 다스리는 자들을 감독이라 했고 딤전 5:17에서는 가르치는 자들의 보수문제를 논의할 때 장로 혹은 연장자라고 부른다. 그러므로 감독과 장로는 교회에서 동일한 직분이었음을 알 수 있다. 또 벧전 5:1을 보면 베드로가 하나님의 사람을 관찰하는 의무에서 자신을 동료 장로로 표현했고, 딤전 4:14에서 장로들의 안수 행렬에 바울도 끼어 있었던 것과 같이 사도들을 장로로 칭하기도 했는데 에베소 교회에서는 직분자들을 감독과 장로로 언급하다가 이들을 전도자, 목사, 선생들로 지명한 것(엡 4:11)을 볼 때 감독과 장로라는 용어가 동일한 기능을 할 경우 다른 직명을 포함하기도 했고, 사역에 있어서 특별한 구별 없이 행해졌음을 알 수 있다. 그리하여 장로와 감독은 하나의 성직으로 인식되어 집사와 구분하여 이직분론의 근간을 이룬다.

삼직분론은 장로직의 기능이 엄연히 2개로 구분된다(딤전 5:17)고 보는 견해로 모든 장로들이 가르치고 교훈하고 견책할 수 있지만, 특별히 하나님으로부터 가르치는 은사의 소명을 받은 자들이 있는데, 바울은 이들을 목회사역으로 지명하고 있다(딤전 4:1-7). 바울은 목회자(감독)로 구분되는 장로를 유급인으로 봄으로서 말씀전하는 자들의 권위와 사역의 중요성을 강조했다. 이러한 맥락에서 바울은 가르치는 자와 다스리는 자로 구분하였다(고전 12:28). 그러나 감독/장로의 구분을 장로의 2개의 기능을 기초로 구분하는 문제는 신약의 여러 곳에서 하나의 직분으로 보는 경우 때문에 어려움이 있다.

엡 4:11에 언급한 사도, 예언가, 전도자, 목사, 교사들의 직분을 분석해 볼 때 장로라는 언급은 없어도 헬라어의 목자들 곧 지도자를 지칭하는 목사라는 말속에 장로들이 포함되기 때문에 여기서 사용된 목사는 에베소 교회를 총괄해서 지도하는 그룹들을 지칭한다. 또 행 20:28에서 감독자의 직능의 표시인 "친다"는 말은 목회사역을 의미하므로 교회 지도자들 전체가 감독이나 장로로서 목회사역을 한다는 뜻이며 여기에는 교사들까지 포함된다. 결국 바울은 모든 장로들이 목사나 교사의 직분이 될 수 있음을 시사하지만, 그들 가운데 설교하고 가르치는 목사(장로)와 다스리는 장로(목사)로 그 기능을 구분하고 있다.

VI. 결론

칼빈의 장로정치제도와 성경적인 장로정치제도를 살펴본 우리는 무엇보다도 칼빈과 같은 종교개혁자들의 말씀중심의 교회개혁과 복음전파를 위해 시대에 걸맞는 복음의 그릇을 창출해 낼 수 있어야 할 것이다. (이 글은 신학지남, 1996, 247호, 홍 치모, "장로제의 기원에 관한 역사적 고찰"과 1997, 251, 252호, 심창섭, "장로교 정치제도의 기원은 무엇인가?(I, II)"에서 발췌, 편집된 것이다.)

10. 초대 교회의 십일조에 대하여 논하라

I. 서론

초대교회는 십일조에 관해 어떤 입장을 취하고 있었을까? 이 질문에 대한 연구는 두 가지 중요한 신학적 문제를 다루게 된다. 그 하나는 현재 우리의 십일조 생활에 대한 성서적 조명이며, 다른 하나는 초대교회가 초기부터 유대교로부터 구별되는 독특한 종교집단임을 알려주는 주제로서의 연구이다.

II. 구약에서의 십일조

창세기 14장 20절의 내용은 히브리서 7장에서 해석되고 있다. 이 곳에 나타난 십일조의 의미는 감사의 표현인 동시에 축복의 수단이다(창 14:19; 히 7:6-7). 나아가 모든 축복이 궁극적으로 하나님의 것임에 대한 선언이기도 하다(창 14:18; 히 7:1-3). 신 14:22-23은 십일조의 목적이 하나님께 대한 순종의 표시이며, 하나님 경외함을 표현하는 길이다. 레 27:31-33 또한 십일조 드리는 자의 마음을 염두에 둔 경고의 규정이다. 삼상 8장에는 사무엘이 왕 제도를 설명하면서 십일조 시행하는 자가 잘못된 자세를 가졌을 때에 이 제도가 수탈의 도구로 사용될 수 있음을 지적한다(삼상 8:15-17). 십일조의 용도는 분깃 없는 레위인을 위한 기름과(신 14:27; 민 18:21) 가난한 자를 위한 기금으로 이해되었다(신 14:28; 26:12).

느헤미야 10장과 13장에서 십일조에 대한 강조가 새삼 등장하는 것은 제 2성전 시대의 경제-종교적 시대상을 반영한 것이다. 십일조를 드리는 것은 성전에 대한(하나님께 대한) 충성심의 표현이기도 했다(대하 31:5). 말라기 3장에서 하나님께서 질책하시는 것은 이스라엘 백성의 십일조를 드리지 않음 이면에 팽배한 하나님을 섬기지 않으려는 의지였다(말 3:16, 18). 이러한 맥락에서 보면 십일조론은 말세를 당하는 백성들이 어떻게 하나님께 돌아갈까에 대한 답변으로 주어진다. "온전한 십일조"란 전심으로 하나님을 섬긴다는 표현으로 성실하며 풍족하게 드리는 헌물을 의미한다. 드림의 목적은 하나님의 집/통치를 풍성케 하기 위함이며, 누가 어떻게 사용하는가는 시대나 형편에 따라 다를 수 있었다.

III. 1세기 유대인들의 십일조 생활

1세기 유대인들은 십의 2조를 드렸다. 토빝 1:7에 의하면 처음 십일조는 예루살렘 성전의 유지를 위함이요, 두 번째 십일조는 성지 순례를 위한 비용으로 사용하기 위함이었다. 십일조 외에 18세 이상의 이스라엘 성년 남자는 매년 반 세겔(두 드라크마)의 성전세를 드렸는데(출 30:11-16) 이는 매일 드리는 제사(2회)의 제물을 마련하는 비용으로 사용되었다. 바리새인들은 출 30:11-16에 규정된 반 세겔을 매년 납부한 것에 반해 쿰란 공동체는 평생 한번 납부하는 것으로 출 30:11-16을 해석했다. 이러한 모습은 성전과 율법에 대해서는 인정하면서도 현재의 제사장들과 그들이 드리는 부정한 제사를 인정할 수 없었던 상태를 보여준다. 윌리엄 홀버리(William Horbury)는 이런 맥락에서 예수님의 반 세겔세에 대한 견해가 부정적이었다고 해석한다. 반 세겔은 유대인들이 하나님이 통치에 속했음을 확인하는 것이지만 예수님의 가르침은 더 이상 이런 절차가 필요 없음을 명백히 하고 있기 때문이다. 따라서 초대기독교인들과 복음서 기자들이 예루살렘 성전에 가졌던 충성심은 더 낮았을 것이다.

IV. 초대교회의 십일조 관

세 복음서는 공통된 논리를 펼치고 있는데 먼저 바리새인들의 십일조 생활을 비판한 후 자신들의 십일조 관을 밝힌다: "그러나 이것도 행하고 저것도 버리지 말아야 할 것이니라." 그러나 각 복음서마다 바리새인들의 문제점을 지적하는 내용이 다르다. 마태는 바리새인들이 가르치던 십일조의 대상물을 박하, 회향, 근채로 규정하며 이들이 간과했던 "더 중요한 덕목"으로 "의와 인과 신"이라고 지적한다. 누가는 바리새인들이 시행하던 십일조의 대상품목을 박하, 운향, 모든 채소였다고 소개하며, 또 저들이 저버린 덕목도 "공의와 하나님께 대한 사랑"이라고 한다. 마태복음에서는 십일조 대상품목에 대한 철저한 준수가 아니라 오히려 삶을 통해 실현하는 "의와 인과 신"이 중요하다는 점을 강조하고 있지만 누가는 간과된 "더 중요한 덕목"을 하나님의 품성에서 비롯된 성도의 생활 모습에 두었다. 그렇지만 논점은 앞선 두 문제점보다는 "이것도 행하고 저것도 버리지 말아야 할지니라"는 구절 해석에 있다. 대부분의 주석가들은 "이것도"와 "저것도"가 서로 대조관계에 있는 것으로 이해한다. 그렇게 되면 간과된 더 중요한 덕목도 행하고 십일조도(터무니없이 율법규정 이상으로 부과된) 지키라는 가르침이 되고 만다. 문법적으로 자연스러운 해석은 "저것도"가 "이것도"를 받고 있다고 보는 것이다. "저것도"가 의미하는 것은 문법적으로 "이것도"에 대한 강조를 위한 반복일 수도 있다. 이렇게 되면 복음서 기자는 십일조 드리는 자세/덕목을 강조할 뿐 십일조의 대상물이나 십일조 법에는 무관심 내지는 반대의 입장을 표시하고 있는 것으로 이해할 수 있다. 다른 해석 가능성은 십일조의 품목이 아니라 바른 십일조 정신에 바탕을 둔 바른 "십일조 이행"으로 이해하는 것이다. 그렇다면 여기서 십일조는 초대 교회를 운영하기 위한 재정적 지원을 의미했을 것이다. 초대교회 십일조 원리는 말라기 3장의 가르침이 예수님 안에서 성취된 공동체에 새롭게 적용된 것으로 보인다.

V. 결론

복음서 기자들은 성전에 납부하던 십일조를 거부했음에 틀림없다. 성전에 대한 물질적 책임을 이행하지 않았던 공동체로는 초대교회 이외에도 쿰란 공동체가 있었다. 후자가 성전의 구원론적 중심성을 인정한 채 제사장과 제사제도 시행을 비판하면서 자신들이 참 제사장인 것을 주장한 반면, 초대교회는 성전의 구원론적 중심성 자체를 부인했다. 그러므로 마태복음과 누가복음에 나타난 것처럼 초대교회의 십일조관은 하나님을 바로 섬긴다는 표현이었으며, 이는 바른 삶의 모습으로 구현되어야 하는 것이었다. 따라서 십분의 일이라는 숫자는 더 이상 율법적 구속력이 없으며 가이드라인일 뿐이다. 그러므로 교회의 필요가 많으면 십분의 일 이상을 헌납할 수 있다. 십일조를 예상하고서 교회의 예산을 세우는 것이 현실적일지는 모르나 성경적이지는 않다. 십일조는 목사의 영향력 있는 설교나 좋은 교육프로그램의 대가로 얻어지는 개교회의 수입이 아니라 하나님의 교회전체의 필요를 위해 드려진 것이므로 교회는 바른 목표를 가지고 사용하여야 한다. 잉여분은 주위의 어려운 교회 및 개척교회와 나누어 쓰며, 교회가 세워지고 말씀이 흥왕해지는 사업으로 돌려져야 한다. (이 글은 신학지남, 1997, 250호, 한 규삼, "초대 교회와 십일조"에서 발췌, 편집된 것이다.)

11. J.G. Machen의 생애와 사상을 논하라

I. 서론

이 글에서는 1920년에서 1930년 직후 미국 북장로교회에서 발생했던 근본주의와 자유주의와의 싸움에서 주역을 담당하며 장로교 교리를 파수했던 메이첸의 생애와 사상을 역사적으로 고찰해 보고자 한다. 이 작업은 우리에게 오늘날 장로교회가 서 있어야 할 신학적 위치를 재고해 보도록 도울 것이다.

II. 가정 배경과 학창시절

메이첸은 1881년 7월 28일 미국 메릴랜드주 발티모에서 출생하였다. 아버지는 유능한 변호사로서 발티모시의 유지로 활약하고, 그의 어머니는 문학에 소양이 많아서 "The Bible in Browing"이라는 책을 출판하기도 했다. 그는 어머니의 영향으로 신학자였지만 시를 좋아하였고 생물학, 천문학에도 관심이 많았다. 그는 어릴 때부터 철저한 신앙교육을 받았고, 특히 웨스트민스터 신앙고백서 소요리문답은 빼놓을 수 없는 교과서였다. 사립학교를 졸업한 후(17세) 발티모시에 있는 존스 홉킨스에 입학하여 라틴어와 헬라어를 전공하였고, 우등생으로 대학을 졸업한 그는 1년간 대학원 과정을 밟고 있다가 1902년 9월 미국 장로교 신학의 본산인 프린스톤 신학교에 입학하였는데 그때는 찰스 핫지를 이은 B.B. 워필드가 세계적 칼빈주의 신학자로서 명성을 얻고 있던 때였다. 그는 1905년 신학사 학위를 취득하고 신학연구를 계속하기 위하여 독일의 말부르그와 괴팅겐 대학에 각각 한 학기동안 체류하면서 소위 구 자유주의 신학자들의 학문을 접하게 되었다. 이 무렵부터 메이첸은 신앙과 학문에 대하여 고민하기 시작하였다. 독일유학을 마치고 고국에 돌아온 그는 모교에서 헬라어와 신약성경을 강의하는 전임강사로 8년 동안 있었고, 1914년 조교수로 일하면서 목사안수를 받았다.

III. 프린스톤에서 웨스트민스터로

1914년 프린스톤 신학교의 학장으로 Patton의 후임으로 J.R. Stevenson이 취임하였다. 스티븐슨 학장은 프린스톤 신학교를 전 장로교회를 대표하는 신학교로 만들려 하였으므로 칼빈주의를 거부하며, 포용적이며 타협적일 수밖에 없었다. 구프린스톤의 전통을 고수했던 메이첸은 그의 정책에 염려를 표시했고, 이 대립은 워필드가 서거하자 표면화 되었다. 스티븐슨 교장의 취임이후 교수회의 때 사회자 역할만 하던 교장의 권한이 학사문제 및 기타 행정에 관여하는 등 그 권한이 강화되었다. 원래 구 프린스톤의 이사회는 이원체제로 운영이사회와 재단이사회가 있었는데, 운영이사회와 교수이사회의 다수는 보수주의자들이었고, 학장과 소수의 운영이사와 교수들, 그리고 다수의 재단이사들은 미국 북장로교회의 신학교내에서 포용정책을 추진하고 있었다.

스티븐슨과 메이첸의 대립의 배경은 첫째, 워필드가 서거하기 직전 프린스톤의 어드만이 19개의 복음적 교파와 연합하자는 합동안을 제시했는데, 이때 스티븐슨이 동의하자 합동안을 발의하는 제안문의 서론이 신학적으로 애매하고 그 합동안에는 목사들이 신조에 서명할 것을 요구하는 조항이 없다는 이유로 메이첸은 반대하였다. 둘째, 메이첸이 프린스톤 근처에 있는 제일 장로교회의 설교목사로 임명되었을 때 그 교회에 출석하는 미국 북장로교회의 목사이자 프린스톤의 영문학 교수인 Dyke가 "분리주의적 비성경적 설교"라고 메이첸을 비난하면서 교회출석을 거부하게 된 사건이 있었다. 결국 메이첸은 사임하게 되고, 후임으로 어드만이 임명되었다. 어드만은 메이첸의 동료이고 보수주의적인 신학사상을 가지고 있으나 자유주의에 대해 포용적이고 미온적인 입장을 가지고 있었다. 그런 그가 스티븐슨의 천거로 1724년 미국북장로교 총회장에 출마하여 패배했으나 1925년에는 당선되었다. 이로 인해 메이첸은 자연히 고립되었고, 스티븐슨의 정치적 발판은 더욱 강화되었다. 당시 미국 북장로교안의 보수와 진보의 갈등은 진보파의 승리라기 보다 온건파의 승리였지만, 이들은 1929년 메이첸이 떠난 이후 급속히 몰락하여 1940년 이전에 자유주의자들에게 교권을 완전히 내어주고 말았다. 셋째, 1925년 중부 대서양 신학대학 협의회에 참석하고 돌아온 프린스톤의 학생대표들이 복음주의 학생연맹을 조직하였는데, 이때 스티븐슨과 어드만은 불화와 분열의 씨가 된다하여 그 조직을 반대하게 되었다. 학생회는 어드만이 지도교수가 되는 것을 반대하여 교수회에 새로운 지도교수를 요청하였고, 교수회는 메이첸의 동의로 로비트 월슨 교수를 선정하였다. 미국 북장로교회의 행정이 중앙집권화되면서 신학적으로 칼빈주의를 이탈하고 있을 때, 프린스톤의 교수 12명과 학생들은 사상적으로 단결의 모습을 보여 주었던 것이다.

메이첸이 워필드 후임으로 프린스톤의 변증학 정교수로 천거를 받아 양측 이사회의 승인을 얻고 총회의 인준을 받으려 할 때, 스티븐슨은 프린스톤의 교수들의 교류가 원만해 질 때까지 보류해 달라는 것과 특별조사위원회를 구성하여 신학교의 현황을 조사해 달라는 요청에 교장으로서 독단적으로 월권을 행사해서 2개의 이사회를 하나로 통합하였다. 결국 다수의 보수주의자들로 구성되어 있던 운영이사회는 해체되었고 메이첸은 23년간 봉직하던 프린스톤을 떠나, 1929년 9월 R.D. Wilson, O.T. Allis, 그리고 Van Til 및 재학생 20명, 신입생 30명과 함께 웨스트민스터 신학교를 개설하게 되었다.

웨스트민스터 신학교 설립 후 3년동안 교계는 잠잠했다. 메이첸은 신학교를 따로 설립하긴 했지만, 미국 북장로교회를 떠난 것은 아니었다. 1930년 메이첸은 Christianity Today 5월호에 현대주의와 역사적 정통적 기독교는 한 울타리 안에 공존할 수 없다는 경고를 하면서, 비타협적인 진리 수호자들은 절대 타협하지 말 것을 당부하였고, 10월호에는 미국 북장로교회 Speer가 쓴 글에 대한 서평에서 이 두 부류 어디에도 속하지 않는 제 3의 입장을 취하는 자들을 평화주의자, 관용주의자, 관망주의자라고 하면서 비판하였다. 이로써 그는 R.E. Speer와 정면으로 대결하게 되었다.

1930년 북장로교 총회는 점차 중앙집권화 성격을 지니기 시작했는데, 자유주의 성향을 띤 인사들이 중요기관에 자리를 잡게되자 교단의 자유화가 가속화되었고, 이러한 가운데 "선교의 재고"라는 책이 간행된 것이다. 여기의 위원회의 위원장, T.R. Mott가 불미스러운 일로 해임되자 재정간사로 있던 북장로교회 외지선교국 부국장인 Speer가 위원장이 되었는데, 당시 이 보고서가 출간되자 Mott는 재정적 지원자인 Rockefeller 2세에게 감사의 뜻과 함께 찬사를 보내면서 좋은 인상을 보이려 했다. 그러나 보수주의 목사들은 분노를 금치 못했다. 왜냐하면 이러한 찬사는 결국 현대주의자들은 보수주의자들이 오랫동안 장악하고 있던 선교기관까지 점령할 수 있는 준비가 되었다는 것과 과거와는 달리 현대주의자들의 수가 보수주의자보다 능가하고 있음을 말해주고 있기 때문이었다. 또한 이 보고서에 관해 소설 "대지"로 잘 알려진 펄벅도 중국선교는 복음보다 물질원조가 앞서야 한다며 보수주의자들을 자극하였다. "선교의 재고"는 전 7권으로 되어 있는데 이 보고서는 결과적으로 보수적 복음주의자들에게 복음적 선교활동을 약화시켰고, 자유주의자들에게는 활동의 기회를 만들어 주었다.

IV. 메이첸의 마지막 투쟁

선교문제에 대한 논의가 시작될 때 펄벅은 두번째 글을 게재하면서 미국 북장로교회의 선교정책과 선교사들을 신랄하게 비판하였다. 이 일로 보수주의자들은 분노하게 되었고 메이첸은 그녀를 선교사 직책에서 해임할 것과 기독교 5대 교리를 믿지 않는 선교사들을 선교지에서 소환하여 심문하고 각서를 쓰게 하던가 해임할 것을 총회에 제안하였는데 1933년에 이것은 통과되었다. 그러나 펄벅의 필화사건으로 인한 메이첸의 외지 선교부 정화작업은 실패하게 되었다. 이 같은 상황에서 Griffith는 총회 산하의 외지 선교국에 개입하지 않는 별도의 독립선교국을 천명하고 메이첸을 회장으로 추대하였다.

1934-1936까지 미국 북장로교회는 메이첸의 추종자들에 대해서 노회에서 압박을 가하기 시작했고, 총회헌법을 무시하고 교회를 평화를 파괴하는 자로 간주하여 책벌하였다. 이에 대해 메이첸은 1935년 총회에 재를 청원했으나 기각 당하였다. 그리하여 이들은 새 노회를 조직하고 1936년 6월 11일 필라델피아에서 아메리카 장로교회를 창건, 초대 총회장에 메이첸을 추대하였다. 거의 30년간 보수주의자와 자유주의자의 신논쟁은 포용주의와 평화주의자 그리고 방관주의자들의 애매한 태도와 행동으로 보수주의자들의 패배로 끝나긴 했지만 진리자체의 패배는 아니었다. 새로 출범하는 아메리카 장로교회(정통 장로교회)의 건설을 위해 동분서주한 메이첸은 1937년 1월 1일 미국 서북부 North Dakoda에서 독감으로 세상을 떠났다.

V. 사상

1) 사상적 배경: 메이첸에게 큰 감화와 영향을 준 사람은 그의 어머니였다. 그녀는 메이첸이 중학교를 졸업할 때까지 웨스트민스터 소요리문답을 암송케 하였고 고등학교에 진학하여 대학을 마칠 때까지 웨스트민스터 신앙고백서를 읽도록 하였다. 그것은 메이첸이 영적, 지적 투쟁을 통해서 도달하고 획득한 진리체계로서의 신앙고백이 되었기 때문에 그는 교리적인 문제들을 소홀히 취급할 수 없었던 것이다. 다음은 프린스톤 신학교의 영향이다. 1869년 프린스톤 신학교의 학장인 Patton은 성경의 영감을 강조하였는데 이러한 사상은 워필드를 거쳐 훗날 메이첸에게까지 이어지는 중심적 사상체계가 되었다. 그에게 영향을 준 사람은 B.B. Warfield였다. 그가 남긴 공헌은 총회가 자유주의자들과 싸울

때 성경교리에 대한 해석의 표준을 제시한 것이다. W. Livingstone은 워필드가 성경의 축자영감설을 위축시키거나 반대하는 자들에 대하여 조금의 온정도 베풀지 않았다고 한다. 이러한 진리를 위한 비타협적 정신이 그의 제자인 메이첸에게 이어진 것이다.

2) 성경관: 메이첸의 성경관은 스승인 워필드의 성경관을 그대로 계승한 것이다. 그는 "현대세계에 있어서 기독교 신앙"이라는 책에서 만약 하나님이 성경이 오류에서 자유롭도록 초자연적 방법을 제시하지 않았다고 하면 우리는 성경이 초자연적 책이라는 개념을 포기하지 않으면 안된다고 하였다. "바울종교의 기원"을 간행한 후 메이첸은 신약학자로 인정을 받기 시작하는데 그는 이 책에서 바울의 사상이 헬레니즘의 영향을 받아 다양한 사상을 혼합한 것이 아니라 예수님의 사상을 그대로 전수받아 정확하게 해석하여 표현한 것이라고 주장한다. 바울은 예수당시의 사람으로서 예수가 사망하고 승천한 지 불과 3년 이내에 그의 제자가 되었을 뿐만 아니라 유대교회에 관해서 풍부한 지식을 가졌던 인물이었다고 주장하며 바울이 기독교의 제 2의 창시자로서 예수의 교훈을 근본적으로 변질시켰다는 자유주의자들의 이원론적 해석을 반박한다.

3) 교회관: 메이첸이 분리주의자가 아니라는 사실은 교단이 자신을 축출할 때까지 계속 투쟁하겠다고 자신의 의사를 밝혔던 사실에서 알 수 있다. 1903년 웨스트민스터 신도게요서 개정문제가 제기되었을 때 이에 당황한 북장로교회 내의 보수주의자들은 1910년 기독교의 근본교리 5개조의 확인과 채택을 총회적 차원에서 천명하였고 이어서 1916년 총회와 1923년 총회에서 각각 재확인하였다. 그럼에도 불구하고 미국북장로교회 내의 자유주의자들은 1924년 1월 9일 오번에 모여 성명서를 작성하여 141명이 서명하였다. 이것이 1924년 5월 2일 총회가 개최되기 직전에는 약 1300여명의 북장로교 목사가 서명하였다. 이러한 일이 발생했음에도 불구하고 미국 북장로교는 1924년과 1925년 총회에서 아무런 조치도 없이 묵인하고 말았고, 이때부터 북장로교회 안에서 보수세력은 급속히 쇠퇴하고 자유주의자와 포용주의자들이 현저히 부상하면서 보수주의자들을 압도하게 되었다. 이러한 과정들을 살펴볼 때 메이첸의 교회관은 그가 속해 있는 교단의 신앙고백과 밀접하게 연결되어 있음을 알 수 있다.

V. 결론: 메이첸의 현대사상비판

우리는 메이첸 교수가 쓴 "기독교와 자유주의"에서 자유주의에 대한 그의 사상을 알 수 있다. 그는 속죄적 종교를 부인하게 된 역사적 배경 속에서 근대과학의 대두와 산업화로 인한 인간의 정신적 변화로 나타난 자연주의 사상의 배경에서 자유주의 신학자들은 기독교의 특수성을 종교의 보편적 원리 속에 편입시키고 있다고 지적했다. 그렇지만 그는 칼빈주의요 보수적 정통신학자였음에도 불구하고 인간의 사회생활에 있어서 세부적인 면에 이르기까지 정부의 지나친 간섭이나 통제를 반대하였다. 또한 미국사회의 세속화를 비판하고 반대했지만 고등학교나 대학에서 진화론을 강의하는 것을 반대하지는 않았다. 즉 근본주의자들과 달리 그는 어떤 이론을 극복하거나 비판하기 위해서는 그 내용을 객관적으로 파악한 후에야 비로소 가능하다고 생각하였기 때문이다. 또한 그가 미국에 있어서 남부출신이면서도 연방주의 보다는 주정부의 독립성을 상대적으로 강조했다는 점에서 인종차별주의자가 아닌 인종분리주의자로 생각된다. 우리는 개신교의 미래가 우려되는 오늘날의 혼탁한 문명속에서 메이첸이 견지했던 신학적 자세들을 되돌아보고 우리 장로교회가 나아가야 할 방향을 새롭게 재정비해야 한다. (이 글은 신학지남, 1997, 252, 253호, 홍 치모, "J. Gresham Machen 교수의 생애와 사상"에서 발췌, 편집된 것이다.)

12. 미국 복음주의에 대하여 논하라

I. 서론

1976년 미국의 타임지가 그 해를 복음주의의 해로 명명할 정도로 복음주의 운동은 한 시대의 역사적 운동을 넘어 미국의 기독교 전체를 주도하는 지배적 세력으로 부상했다. 처음 복음주의 운동이 태동할 때는 기독교가 점점 더 세속화되고 있는 시대적인 현상에 비추어 볼 때 그리 큰 세력으로 부상할 것으로 보이지 않았다. 그러나 그것은 복음주의협회가 결성되고 불과 30년만에 미국의 가장 영향력 있는 기독교 운동으로 자리잡게 되었다. 복음주의 운동은 잠자고 있던 수많은 미국교회들을 일깨웠고 미국기독교가 수 백년 동안 견지해왔던 진정한 복음의 전통을 현대에 다시 회복시키는데 기여했다.

II. 복음주의의 정의

복음주의 운동은 전통적인 복음주의 신앙을 견지한다는 의미뿐만 아니라 역사적인 의미에서 신앙사조를 일컬어 광의로 사용되고 있고 그 어원은 종교개혁까지 거슬러 올라간다. 종교개혁자들은 복음주의란 성경의 절대적인 권위를 인정하고 믿음으로만 의롭다함을 받는다는 칭의를 기독교의 근본원리로 받아들이는 것을 의미하였다. 그들은 성경만이 구원에 관한 바른 지식을 제공한다는 형식적 원리와 그리스도의 공의를 믿음으로 하나님 앞에 의롭다함을 받는다는 실질적 원리를 개혁의 원리로 삼았다. 종교개혁자들의 이 고등성경관은 성경과 교부들에 대한 연구를 통해 얻어진 확신이었다. 종교개혁자들이 생명처럼 소중하게 여긴 두 원리 즉 성경이 영감 된 하나님의 말씀이라는 대 원칙과 죄인이 그리스도의 보혈로 말미암아 믿음으로 의로워진다는 원리는 계몽주의 시대 경건주의자들과 청교도들에 의해 계승되어 개신교 신앙의 초석으로 자리잡았다. 1946년에 창설된 복음주의 연맹은 복음주의라는 용어를 정착시켰으며 성경의 영감, 삼위일체, 인간의 전적부패, 그리스도의 중보, 칭의, 성령의 회심과 성화, 그리스도의 재림과 심판, 말씀의 역사, 그리고 세례와 성만찬 등 아홉 가지 근본교리를 자신들의 정체성으로 천명하였다.

III. 근본주의 대 현대주의 논쟁

복음주의 운동이 하나의 운동으로 정착하기 시작한 것은 1870년부터 1925년까지 반세기를 특징지웠던 현대주의 대 근본주의 논쟁 이후였다. 미국은 산업혁명으로 인한 산업화와 독일로부터 오는 고등비평과 영국으로부터 온 다윈의 진화론이 교회에 적지 않은 영향을 미치기 시작하였다. 도시의 증가와 산업화로 인해 영적인 가치를 존중하던 청교도 전통이 도전을 받으면서 물질만능주의 사고가 미국인들의 사고를 지배하기 시작했다. 또한 계몽주의의 과학적 사고에 기초한 독일의 자유주의 신학은 기독교 신앙을 잠식하면서 인본주의와 세속주의를 확대하여 이성이나 과학과 배치되는 신화는 성경에서 제거하였다. 성경은 더 이상 미국인들의 삶의 표준이 되지 못했고 현대주의 운동이 미국 기독교의 중심세력으로 부상하자 복음주의자들도 현대주의 사상을 받아들이고 자신들의 입장을 시대에 맞게 조정하려고 시도했다.

이런 외부로부터의 도전에 미국의 기독교는 극단적 사조로 흐르기 시작해서 복음을 조정하면서 현대사회에 적응해야 한다는 움직임과 이와 대조적으로 전통적인 신앙을 사수하고 현대주의와 맞서 싸워야 한다는 움직임으로 분리되어 나타났다. 이런 대립은 근본주의 대 현대주의의 논쟁으로 이어졌다. 근본주의자들은 기독교를 점점 더 타세적인 모습으로 바꾸어 갔고 현대주의자들은 기독교 신앙을 사회개혁 수단으로 삼아 실용주의로 흘러갔다. 근본주의는 현대주의의 물결에 맞서 반 현대주의 운동에 뜻을 같이 하였으나 한계가 있었다. 근본주의자들은 미국의 기독교를 보호할 수 있는 주도권을 넘겨주게 되는데 그 첫째 이유가 현대주의 대 근본주의 논쟁으로 인한 기독교 공동체의 분열이었다. 둘째는 1925년 금지된 진화론을 가르치면서 발생한 테네시주 스콥스 재판이다. 이 사건은 근본주의자들에 대한 부정적인 시각을 부추겨 근본적인 운동을 더 소극적 운동으로 전락시켰다. 셋째는 근본주의 내의 분열이었다. 따라서 근본주의 운동은 사회와 일반인들에게 분리주의, 반지성주의, 반사회주의 운동으로 인식되고 말았다.

IV. 복음주의 운동의 발흥과 확산

1930년대의 근본주의 운동은 1920년대까지의 근본주의 운동과는 상당한 차이가 있다. 근본주의 운동이 의도와는 달리 분리주의, 반사회주의, 반문화주의의 극단으로 치닫자 비판의 여론이 제기되기 시작했고 개혁 움직임이 일어나 1942년 복음주의 협회(NAE)가 조직되었다. 복음주의 운동은 태동될 때부터 두 가지 분명한 목적을 가지고 있었다. 근본주의자들의 신학적 전통은 계승하면서도 그들이 간과하여 온 대 사회적 책임을 회복하여 미국의 기독교의 조화로운 성장을 추구한다는 것이다. 또 다른 하나는 복음주의 신앙의 정립으로 복음주의자들은 근본주의자들의 신학과 신앙을 계승하면서도 그들이 갖고 있던 분리주의 사상을 철저하게 배제하려고 노력했다. 또한 복음주의 운동은 종말론에 있어서도 다양성을 인정하였다. 성경의 권위를 인정하고 대 사회적인 책임을 다하며 종말론의 다양성을 수용하려는 복음주의자들의 움직임이 새로운 것은 아니었으며, 청교도들과 미국의 복음주의 개신교의 입장을 재확인 한 것이었다. 근본주의로 대변되던 보수주의자들이 1940년대 이후 본래의 근본주의 운동에서 새로운 복음주의 운동을 전개하려는 자들과 근본주의자들로 남기를 원하는 자들의 두 부류로 대별된 것이다. 이제 더 이상 근본주의자들과 보수주의자들은 동일한 의미가 아니었다. 1950년대 들어 복음주의 운동은 적극적인 반향을 일으키며 미국 개신교의 주도적인 세력으로 등장하였다. 복음주의자들은 단순히 신학적인 측면 뿐만 아니라 인종, 경제, 사회정의와 같은 현안들에 대한 토론에 많은 노력을 기울였다. 점점 더 많은 복음주의 지역교회들이 사회적 프로그램을 시작했다. 사회사역을 시작한 교회들이 급속히 늘어나 수백 개의 복음주의 노선의 교회들이 사회사업을 정식 프로그램으로 채택하자 다양한 복음주의 교단들이 사회적 관심을 "하나님의 선교"로 선언하기에 이르렀다.

1960년대 세속화신학과 사신신학이라는 극단적인 방향으로 흐른 미국 현대주의는 미국인들에게 기독교는 더 이상 필요 없다는 인식을 주었지만 반대로 미국인들에게 현대주의는 기독교가 아니라는 위기의식을 주어서 복음주의 운동을 진정한 이 시대의 대안으로 받아들이는 계기를 마련해 주었다. 19세기 이후 현대주의 도전으로 미국의 기독교는 진보적 방향으로 선회했으나 그 영향은 긍정적이기보다는 부정적이었다. 반세기 동안의 갈등 후에 그 대안으로 나타난 미국의 복음주의의 발흥은 전 세계, 특히 제 3세계에 큰 영향을 미치기 시작했다.

V. 결론

복음주의자들이 외쳤던 신학적 통일성은 성경의 무오와 칭의, 그리고 기독교의 사회적 책임이었다. 1940년대 이후 미국의 기독교는 근본주의와 현대주의의 양극단을 체험하면서 그 대안으로 전통적인 신앙을 계승하면서 대사회적인 책임을 다하려는 복음주의라는 정서가 일반화되었다. 1960년 이후 개혁운동과 교회성장은 현대복음주의 운동을 잘 대변해준다. 1970년대 들어 미국의 기독교는 복음주의에서 그 정체성을 발견할 만큼 복음주의는 중심세력으로 부상하였다. (이 글은 신학지남, 1998, 254호, 박 용규, "미국 복음주의의 발흥"에서 발췌된 것이다. 또한 1995, 244호, A.B. 케네디, "빌리 그래함의 협력복음전도와 1950년대 복음주의의 분열"을 참조하라.)

13. 바르트 신학에 대하여 비판하라

I. 서론

칼 바르트(1886-1968)는 교황 요한 23세가 규정하였듯이 우리 시대 최대의 신학자이다. 그는 자유주의 신학에 심취했으나 칼빈과 다른 개혁 신학자들의 신학을 공부하여 보수주의로 회귀했다고 하지만 그의 신정통주의 신학은 정통 개혁 신학의 입장에서는 받아들이기 어렵다. 이 글에서는 그의 신정통주의 신학을 고찰하여 무엇이 정통 개혁주의와 다른지 분석해 볼 것이다.

II. 바르트 신학에 대한 개혁주의적 분석

1) 성경관: 바르트에 의하면 성경은 그 자체로 하나님의 말씀이 아니고 계시도 아니라 하나님의 말씀 혹은 일어난 계시의 증인이다. 성경은 그 자체로 하나님의 계시가 아니므로 교회가 가지고 있는 정경인 기록된 성경은 규범이 되지 못한다. 그는 성경은 직접계시 혹은 하나님의 말씀과 일치시킬 수 없기 때문에 하나님의 말씀이 무엇이지 말할 수 없고 간접적으로 말해야 한다고 주장한다. 즉, 성경은 하나님의 말씀이 되는 사건을 통해서 하나님의 계시가 된다.

만일 성경이 단지 일어난 계시의 회상이고 문서일 뿐이면 성경은 하나님의 말씀이 될 수가 없다. 개혁신학은 성경이 기록된 하나님의 말씀이라고 주장한다. 하나님의 말씀이 되는 사건을 통하여 성경이 하나님의 말씀이 되면 하나님의 말씀은 그 위치를 상실하므로 더 이상 성경이 하나님의 말씀일 수 없다. 모든 기독교 신앙과 신학은 다 성경에서 유래하였고 성경에 근거되어 있다. 그런데 성경이 기록된 하나님의 말씀이 아니면 우리는 어디서 올바른 신앙과 가르침을 얻을 것인가? 누가 성경에서 어떤 것이 바른 하나님의 말씀인지, 교리인지를 확정해 줄 것인가?

2) 삼위일체: 바르트는 전통적인 삼위일체 교리를 전적으로 부인한다. 하나님은 한 위격적 한 하나님이다. 세 위격은 하나님 내에 존재할 수 없다. 따라서 개혁신학에서 말하는 성부 하나님과 성자 하나님 사이에 이루어진 구원협약은 전혀 있을 수 없는 일이다. 바르트는 삼위일체교리는 계시에 의한 것이므로 계시에 의해 생각해야 한다고 한다. 즉 그것은 계시 과정일 뿐이다. 계시에 있어서는 계시자가 있고 계시작용이 있으며 계시된 내용이 있다. 이것은 서로 구분

되나 분리되지 않는데 이것이 바로 삼위일체이다.

　전통적인 기독교의 첫째 교리가 바로 삼위일체교리이다. 이 삼위일체교리는 사람의 머리로는 도저히 이해할 수 없는 신비이다. 전통적인 삼위일체를 배격하는 순간 기독교는 정체성을 잃게 된다.

　3) 예수 그리스도: 바르트의 삼위일체론에는 성육신할 하나님의 위격적 존재가 없다. 예수 그리스도는 시간 내에서 살다가 죽었으므로 끝이다. 예수 그리스도는 하나님의 아들로 삼위일체의 제 2위격으로 선재한 것이 아니고 하나님의 창조목표로 하나님의 경륜안에 선재한다. 그는 역사적인 인물이지만 화해, 곧 신인합일을 이루었기 때문에 하나님의 영원한 아들이다. 바르트는 이 영원한 아들을 전통적인 신학이 말하는 로고스 곧 삼위일체의 제 2위격으로 일치시키는 것을 부인한다. 그런 삼위일체 제 2위격은 화해자 하나님일 수 없다는 것이다. 제 2위격은 숨겨진 하나님이고 사람이 만들어낸 신들의 형상이다. 왜냐하면 그의 신학의 근본은 하나님은 한 인격적 한 하나님이기 때문이다. 그러므로 예수 그리스도는 인격적 하나님으로 영원부터 계신 것이 아니고 하나님의 예정안에 선재한다. 그런 이유로 예수 그리스도가 하나님의 아들로 불리워지게 되는 것이다.

　전통적인 기독교에서는 예수 그리스도는 하나님의 성육신이라는 진리위에 기초하고 있다. 만일 예수 그리스도가 하나님의 성육신이 아니라면 기독교의 근본 토대도 무너지게 된다. 그러므로 바르트의 신학은 결국 근세 자유주의와 동일한 결론으로 귀착되게 된다.

　4) 구원관: 바르트에 의하면 구원은 죄와 사망에서의 구출이고 영생을 얻는 것이 아니라 사람이 신이 되는 것이다. 하나님은 처음부터 사람을 창조한 후 교제를 나누고 그 교제의 당사자인 사람을 끌어올려 자기의 존재에 동참토록 하기 위해서 창조하셨다. 이 하나님의 존재에의 참여가 바로 구원 혹은 화해인데 이 사건이 예수 그리스도 안에서 발생하였다. 따라서 그가 하나님의 영원한 말씀이며, 예수 그리스도 안에서 이루어진 구원 혹은 화해는 바로 하나님과 사람이 그 안에서 연합한 것이다. 이 연합을 통하여 하나님은 인간이 그의 존재에 동참하도록 허락하신다. 하나님은 인간의 반역에도 불구하고 이 일을 이루시므로 사람은 자기의 피조성을 벗고 하나님의 존재를 입는다.

　바르트는 그의 교의학에서 직접적으로 인간이 신이 된다고는 말하고 있지 않지만 하나님의 존재에 동참하는 것이 바로 신이 되는 것을 의미하는 것이 아니면 무엇을 말하는가? 자유주의 신학은 사람이 결국 하나님이 되는 것으로 귀착하고야 마는데 바르트도 동일한 선상에 서있지 않는가?

5) 만인구원론: 바르트에 의하면 하나님은 일부 선택된 자들에게만이 아니라 모든 인류가 하나님의 존재에 동참하도록 허락하신다. 그러므로 전통적 개혁신학에서 말하는 선택과 유기는 옳지 않다. 왜냐하면 모든 인류가 그리스도 안에서 유기되었고 그리스도의 선택안에서 모든 인류가 선택되었기 때문이다. 단지 교회에 속한 자들은 이미 자기의 선택을 의식하고 있지만, 교회 밖의 사람들은 그것을 의식하지 못하고 있다. 그러므로 기독교인들은 그들을 예수 믿도록 전도하는 것이 아니라 그들도 선택되었음을 증거하면 된다.

바르트의 이 만인구원설은 오리겐의 만유회복론과 유사하다. 만인이 다 선택되어 구원에 이르게 되면 전통적인 기독교회가 주장하는 인류의 구원을 위한 하나님의 성육신과 그의 십자가 죽음도 필요 없게 된다. 또한 모든 인류가 다 선택되었으면 교회가 단지 선택의 사실을 증거만 하면 되므로 전도나 선교할 이유가 전혀 없어져서 결국엔 교회가 존속하지 않게 될 것이다.

6) 창조론: 바르트는 창조는 그 자체 때문에 발생한 것이 아니라 하나님이 피조물을 향하여 나타내시는 사랑의 실현인 언약 때문에 발생했다고 주장한다. 사랑의 교제를 나누려면 사랑의 대상이 있어야 하고 그 대상이 활동할 공간이 필요하게 된다. 이 교제를 위해 하나님이 창조를 하신 것이므로 언약이 창조를 선행한다. 따라서 언약은 창조의 내적 근거이다. 하나님은 그의 사랑의 교제에 인간 당사자를 가지시려고 창조를 실행하셨고 세계를 자기 상대의 거주지로 만드셨다. 하나님은 이 교제를 통하여 자기가 사랑이심을 드러내 보이고 그 사랑의 징표로 피조물을 끌어올려 자기의 존재에까지 동참하도록 하심으로 인간을 위한 하나님임을 증명하려고 하셨다.

바르트의 창조에 대한 해석은 실제로 창조가 발생한 것을 전제하고서 이론을 전개한 것처럼 보이지만 실제로는 창조기사를 사가로 보는 것이다. 그러므로 그의 신학에는 역사적 창조가 전혀 존재하지 않는다.

III. 결론

한국교회는 바르트의 신학이 신정통주의라고 명명되어 자유주의와 차이점이 있는 것처럼 보인다고 해서 무조건 수용해서는 안될 것이다. 바르트가 자유주의와 다르다고 하지만 자유주의가 성경 속에 하나님의 말씀이 들어있다고 주장하고 성경가운데서 하나님의 말씀을 찾으려고 노력한데 반해서 바르트는 성경은 하나님의 말씀이 된다고 주장한 것이다. 그리고 예수 그리스도를 한낱 역사적 인물이지만 하나님이라고 호칭하는 것을 주저하지 않았다는 것뿐이다. 즉, 그가 예수에게서 하나님의 계시가 이루어졌고 그를 통해서 하나님이 이루시고자 하는 신인의 합일이 이루어졌다고 믿기 때문에 예수가 순전히 역사적인 인물이라고 생각하고도 그를 하나님이라고 호칭한 것이다. (이 글은 신학지남, 1999, 258호, 서 철원, "바르트신학의 문제점"에서 발췌, 편집한 것이다.)

B. 한국

14. 1907년 부흥운동을 중심으로 본 성령운동과 교회갱신을 논하라

I. 서론

교회사적으로 살펴볼 때 오순절 사건이후로 성령운동은 반드시 교회부흥운동을 수반해 왔다. 1907년에 일어난 평양의 대부흥운동도 성령운동의 한 단면으로 한국 교회사에 있어서 하나의 커다란 전환점을 이루었다. 이 글에서는 한국기독교 역사의 대부흥운동을 살펴보고 성령운동과 교회갱신과의 관계를 살펴볼 것이다.

II. 부흥운동의 발단

부흥운동의 근원인 성령운동의 첫 번째 파장은 1903년 8월에 원산에서 일어났다. 중국에서 선교중이던 남감리교 여선교사 화이트와 원산에 있던 여선교사 맥컬리의 인도로 원산에 있던 여러 선교사들과 한국 성도들이 모여 일주일동안 특별기도를 드리며 성경연구를 하는 중 성령의 역사를 체험하게 되었다. 이 모임이 발전하여 1904년에 원산지역의 감리교 선교사 하디를 비롯한 모든 감리교 선교사들이 모여 성령충만을 주제로 성경공부와 기도회로 모이게 되었는데 죄의 회개가 그 모임의 뚜렷한 특징이었다. 원산에서 시작된 이러한 선교사들의 회개를 통한 부흥운동의 불길은 평양을 비롯하여 전국으로 번지게 되었다.

III. 대부흥운동의 전개

원산에서 일어난 회개운동은 다른 지역으로 퍼져나가 평양과 서울에서 산발적인 부흥운동을 일으켰다. 이러한 부흥운동은 1907년 평양에서 개최된 사경회에서 그 절정을 이루었다. 1907년 1월 6일 밤부터 10일간 장대현교회에서 갖게 된 사경회에서 길 선주 목사와 블레어 목사의 설교를 통하여 선교사와 한국 성도들, 목회자와 교우들 사이에서 죄에 대한 자책감에서 통회하는 회개의 역사가 집단적으로 일어나게 되어 초저녁에 시작된 집회가 새벽까지 계속될 정도로 그 열기는 뜨거웠다. 길 선주 목사의 설교를 통해서 은혜를 체험한 선교사들은 그 동안 교만했던 죄를 한국 성도들 앞에 고백하기도 했으며, 성도들은 공적인 죄의 고백과 함께 남에게 손해를 입힌 죄는 모두 보상해 줌으로 회개를 행동으로 표시하기도 했다. 이러한 성령운동의 여파는 2월에 이르러 감리교 선교사들에게까지 미쳤고 3월에는 장로교 여성성경공부반, 5월에는 장로교 평양신학교를 휩쓸고 서울과 전국교회에 확산되기에 이르렀다.

IV. 대부흥운동의 성격과 교회 갱신

평양의 부흥운동은 원산의 사경회 모임에서 그 기원을 갖는 사경중심의 부흥회였으며, 통성기도와 새벽기도를 일으켰던 기도운동이었으며, 회개운동이었고, 초교파적으로 일어났던 연합운동이었다. 그러므로 평양의 대부흥운동은 전도운동이었다기보다는 성령역사로 시작된 교회의 갱신운동이었다. 1907년 대부흥운동을 교회갱신의 차원에서 그 결과를 요약해 보면 다음과 같다. 첫째, 성경공부 중심의 사경운동이 일어났다. 둘째, 교회 부흥과 질적 성장을 가져왔다. 대부흥운동 이후로 전국교세는 5년 동안 3배가 넘게 부흥되었을 뿐만 아니라, 교인들의 질적 성장으로 불신자들의 칭송의 대상이 되었다. 셋째, 국내외 전도, 선교운동이 전개되었다. 장로회 교회는 1907년 이 기풍목사를 제주도로 파견했으며, 1908년에는 평양 여전도회가 이 광선선교사를 제주도로, 그리고 남감리교는 이 화춘을 간도로 파견했다. 이처럼 1907년부터 1910년 사이에 한국교회는 일본, 중국, 만주, 연해주 일대에 많은 선교사들을 파송하여 선교운동에 힘썼다.

V. 결론

1907년 운동은 비기독교인을 교화하려는 전도운동이라기 보다는 기성신자들, 특히 선교사와 목회자들이 기도와 사경을 통한 성령체험을 갖게 한 회개운동이요, 갱신운동이었다. 이제 한국교회는 하나님이 한국백성이 고달프고 어려울 때 한국교회에 허락하신 1907년의 영적유산을 한낱 역사의 유물로 묻어둘 것이 아니라 오늘의 현실 앞에서 다시 한번 하나님의 자비하심으로 제 2의 성령의 역사가 일어나 새로운 교회 갱신 운동이 일어나기를 기도해야 할 것이다. 그러면 오늘의 교회갱신운동은 어떤 것이어야 하는가? 그것은 1907년과 같이 한국 교회의 영적갱신운동이 목회자들, 장로들, 신학교수들, 교회지도자들로부터 먼저 일어나는 것이어야 한다. 17세기 화란의 개혁파 경건주의 운동의 지도자 라바디는 이렇게 말했다: "건전한 교회개혁은 교역자의 개혁에서 시작된다." (이 글은 신학지남, 1996, 248호, 김 의환, "성령운동과 교회갱신"에서 발췌된 것이다.)

15. 조직신학자 박 형룡의 신학과 사상을 논하라

I. 서론

그 동안 합동교단의 큰 스승인 박 형룡의 업적과 면모에 비해 그의 신학과 사상에 대한 후학들의 연구가 상대적으로 빈약했던 것이 사실이다. 그러므로 이 글에서는 그의 신학과 사상에 대한 새로운 평가를 시도할 것이다.

II. 박 형룡의 신학적 배경

박 형룡은 일제 식민통치하에서 한민족의 교육과 개화에 공헌한 평양 숭실전문학교에서 수학하고 선교사의 도움으로 중국 금릉대학에서 공부를 계속했다. 그러므로 그가 당시 선교사들의 영향을 받았음을 짐작할 수 있다. 그렇지만 그의 신학배경은 그가 신학사와 신학석사를 마친 1923-1926년 구 프린스톤 신학교에서 비롯되었다고 볼 수 있으므로 그의 신학적 배경을 파악하기 위해서는 그가 유학한 1923년을 전후한 프린스톤 신학교와 그 학교가 속한 미합중국 장로교회(북장로교회)의 신학전통을 살펴보아야 한다.

프린스톤 신학교가 설립된 1812년부터 프린스톤 신학교의 이사회가 재편성되어 칼빈주의 신학을 포기하고 종교다원주의를 채택한 1929년까지의 신학을 1929년 이후 현재까지의 신학과 대조하여 구 프린스톤 신학이라고 부른다. 구 프린스톤 신학의 대표자들로는 A. 알렉산더, C. 하지, A.A. 하지, B.B 워필드, 그리고 G. 메이첸 등이 있다. 박 형룡이 프린스톤 신학교에 유학한 1923년은 미 합중국 장로교회가 근본주의 대 현대주의 논쟁에 휘말렸던 시기이고 교단의 자유주의 세력에 대항하던 워필드 사후 2년째로 구 프린스톤의 마지막 학자 메이첸이 자유주의와의 논쟁에서 보수연합세력의 지도자로 부상한 해이다.

III. 조직신학자 박 형룡의 신학과 사상

첫째, 조직신학자 박 형룡의 신학은 1977년에 발간된 "박형룡 박사 저작전집"에 잘 수록되어 있는데, 이중 제1권부터 제7권까지는 교의신학이다. 조직신학자로서 그에 대한 평가는 이 전집의 머리말에 쓰인 "이 책은 다른 사람들의 화원에서 꺾어 모은 꽃다발도 되지 못한다"는 말로 인해 상대적으로 그의 독창성에 대한 논의가 약화되기도 했다. 그가 루이스 벌콥의 조직신학을 번역하여 신학교 교재로 사용한 것 때문에 그의 교의신학이 벌콥의 조직신학에 전적으로 의존했다고 하지만 박 형룡은 서양의 탁월한 학자들의 글을 섭렵하되 역사적 개혁주의인 정통칼빈주의라고 하는 자신의 관점에 비추어 독창적으로 작업한 신학자였다.

둘째, 박 형룡의 교의신학은 세계교회에 한국신학의 가능성을 열어놓은 것으로 평가된다. 벌콥의 "조직신학"에서는 "종말론(말세론)"을 사용하고 있는데 비해 박 형룡은 "내세론"이라고 명명하고 하나님 나라의 현재성과 미래성을 "이미와 아직"의 구속사적 관점에 비추어 종말론을 서술하고 있으며, 벌콥의 "조직신학"에서와 같이 서구의 대부분의 학자들이 무천년설의 입장을 선호하고 변호하고 있는데 비해 박 형룡은 역사적 천년기 전 재림론의 입장에서 내세론을 서술하고 있다. 이러한 서술은 요한계시록을 역사적 천년기전 재림론의 입장에서 주석한 박 윤선과 더불어 대한예수교장로회의 신학적 전통이 되었다.

셋째, 박 형룡의 신학은 구 프린스톤 신학으로 대표되는 영미 계통의 장로교 신학과 화란계통의 개혁신학의 조화를 이룬 것이다. 그의 교의신학은 바빙크의 개혁교의학을 집대성한 루이스 벌콥의 조직신학을 기초로 하여 그가 수학한 구 프린스톤 신학교의 계승자들, 특히 C. 하지, A.A. 하지, 워필드, 메이첸등의 글과 미국 남장로교회의 전통을 대표하는 댑니, 손웰의 글을 인용한 것이다. 그는 영미계통의 신학뿐만 아니라, 이에 화란계통의 신학을 접목하여 역사적 개혁주의, 청교도적 장로교주의 전통을 한국교회에 정착시켰다.

박 형룡의 신학적 입장은 개혁파 신학자들의 전통적인 신앙사조를 따라 성경무오의 입장을 고수하고, 구주대륙의 칼빈개혁주의에 영미의 청교도 사상을 가미하여 웨스트민스터 표준에 구현된 신학이다. 그는 해방이후 대한예수교 장로회의 신학적 전통에 대해 "해방 광복 이후 우리 보수측 장로교계에서는 매몰되었던 개혁주의 신학의 회복에 열중하면서 개혁주의란 말이 점차로 많이 사용되고 있다. 우리는 이미 소유하고 있는 청교도적 개혁주의 장로교회의 신학적 전통을 확고히 보수하면서 그것의 해설에 필요한 보완을 행한 것 뿐이다"고 하였다. 그는 일평생 역사적 개혁주의, 정통 칼빈주의, 청교도적 장로교의 신학전통을 한국교회에 정착시키기 위해 노력하였다. 그렇지만 저작전집 중 제 5권 "교의신학 구원론"은 바빙크와 벌콥에 의존하여 전적으로 구원순서에 집중되어 일반은총 외에 "구원의 각론"으로 9단계의 구원순서를 다루고 있다. 이러한 그의 관점은 그리스도의 구속의 은총에 대한 성령의 적용에 관한 단계를 상세히 서술하고는 있으나 오늘날 교회와 개인에게 역사 하시는 성령의 사역의 역동적인 면이 부각되지 못한 점이 있으므로 우리 후학들은 그의 "교의신학 구원론"을 칼빈의 "기독교 강요" 제 3권에 나타난 성령론에 대한 이해와 게할더스 보스와 존 머레이로 이어지는 성경신학에 기초한 조직신학으로 발전시켜야 한다.

IV. 박 형룡의 교의 신학에 대한 긍정적 평가

박 형룡의 교의신학은 여러 신학자들의 신학사상을 혼합한 것으로 자신의 체계적이고 일관된 신학이 없는 것처럼 보일지 모르나 사실 그렇지 않다. 그가 빌려온 칼빈주의 신학자들의 사상은 19C 말부터 20C 초에 형성된 것이어서 후에 발전된 개혁신학의 관점에서 상당한 부분에서 보완이 필요하다. 따라서 최근 한국의 보수 신학계에 소개된 존 머레이, 안토니 후크마, 밀라드 에릭슨, 웨인 그루뎀의 조직신학과 후스톤, 스티븐스, 뱅크스 등의 영성신학에 비추어 박 형룡의 교의신학을 발전적으로 평가할 필요가 있다.

1) 계시와 성경: 교의신학 제 1권에서 보면 박 형룡의 성경교리는 웨스트민스터 신앙고백에 충실하다. 그는 칼빈의 사상에 기초하여 성령이 기자들을 사용하

시되 그들의 인격과 기존의 문헌을 참고하여 성경계시를 기록케 했다는 유기적 영감론을 주장한다. 즉, 성경은 영감으로 기록되었기 때문에 과학적, 역사적, 도덕적으로 오류가 없다는 것으로서 정통신학의 성경무오를 따르고 있다. 그러나 하나님이 성경을 주신 목적과 성경연구의 필요성을 강조하지 않았다.

2) 하나님과 삼위일체: 박 형룡은 하나님 교리에 있어서도 칼빈의 것을 근본적으로 따르는 동시에 삼위일체 교리에 대해서는 웨스트민스터 소요리 문답을 인용하고 있다. 그리고 내용면에서는 벌콥의 자료를 이용했기 때문에 하나님의 존재에 관련된 논증들, 하나님의 이름들, 초월성과 인격성을 드러내기 위한 속성의 분류들, 삼위일체, 그리고 하나님의 사역을 체계적으로 다루고 있다. 이렇게 신론에 있어서는 정통신학에 충실하여 신학적으로 견고하지만, 삼위일체 교리에 있어서 "인격성과 복수성"과 "성경이적의 목적과 추세"에 관한 그의 입장은 불확실하다. 특히 성경이적의 목적과 추세에 대해서 그는 신약시대 이후 하나님이 이적을 행한 사실이 없다는 주장을 받아들이면서 이적을 언제라도 행하실 수 있다고 덧붙이며, 또 기도의 응답을 특별섭리로, 이적을 비상섭리로 구분하는 등 견해의 불확실성을 나타내고 있다.

3) 인간과 죄: 박 형룡은 인간에 대하여 삼분설대신 이분설을 성경적 견해로 보기에 창 2:7을 해석할 때 벌콥의 진술을 번역, 소개하되 인간은 유기적 통일체라고 지적한다. 이것은 히브리인의 인간관이며 존 머레이, 안토니 후크마, 그리고 밀라드 에릭슨 등이 주장하는 바이다. 성경적인 인간은 영육의 통일체이므로 사회적 책임을 갖고 있으므로 안토니 후크마는 인간을 의존적 존재이자 책임적 존재로 이해하고 있지만 박 형룡은 이에 대하여 전혀 언급하고 있지 않다. 그리고 하나님의 형상에 대하여 칼빈이나 후크마처럼 관계적 차원에서 이해하기 보다는 박 형룡은 존재론적 차원에서 도덕적 개념만을 파악하고 있다. 또한 그는 죄를 개인적인 차원에서 다루므로 사회 구조악이나 환경 오염 등은 고려하지 않지만, 후크마와 에릭슨은 죄의 본질과 결과의 관계하에 현대의 인본주의적 자율주의와 사회구조악을 다루고 있다.

4) 그리스도와 하나님나라: 박 형룡의 그리스도에 관한 진술은 영적이고 구원론적이어서 하나님 나라를 사람의 마음속에 확립된 하나님의 통치로 정의하여 그리스도의 영적 왕권을 강조한다. 즉 하나님 나라는 영적 왕국이고 종교적 대상들에 국한된 조직이다. 이것은 그의 기독론과 하나님 나라에 대한 이해가 영

적이며 영혼 구원과 교회의 영역에 제한되어 있는 것을 보여주는 것으로 한국 보수주의 교회는 이러한 박 형룡의 신학 사상의 영향을 받아 정치와 종교의 분리의 현상을 가져왔다. 따라서 그의 기독론에서는 그리스도의 복음의 문화변혁적 힘과 그리스도의 교회가 세상에 빛과 소금으로서 적극 참여하여 그리스도의 통치를 세상의 모든 영역에까지 펼쳐야 하는 적극성이 결여되어 있다.

5) 구원: 그의 구원론은 몇 가지 차이점이 있는데, 첫째 벌콥과는 다르게 성령의 세례와 충만을 다루고 있다. 그는 쉐퍼와 팔마의 성령론에 의지하여 성령세례를 정의하였지만, 머레이와 찰스 피니의 견해에 반대하여 성령세례와 충만을 동일시하지 않고 도덕적, 윤리적인 것으로 이해했다. 따라서 그의 구원론은 성령의 능력, 이적의 은사를 배제하고 사회적 관심과 참여도 고려하지 않기 때문에 구원이 개인차원의 도덕생활에 머물고 있다. 둘째, 벌콥과 존 머레이 처럼 구원의 서정에 따라 구원론을 충실하게 진술하고 있다. 셋째, 후크마와 에릭슨은 성령의 은사와 열매를 상세히 다루고 있지만 그는 거의 언급하지 않는다. 넷째, 그는 칭의 교리에서 성도의 믿음에 대하여 로마서와 야고보서를 조화시켜 정리하였다. 다섯째, 성화와 관련하여 존 머레이는 확정적 성화와 점진적 성화를 구별하였으나 박 형룡은 점진적 성화와 영혼의 구원만을 다루고 있다.

6) 교회: 그의 교회론 역시 벌콥의 조직신학을 번역 소개하고 있으나 찰스 하지와 웨스트민스터 신앙고백에 근거하여 기술하고 있다는 특징이 있다. 그렇지만 그의 교회론은 몇 가지 보안되어야 할 점을 가지고 있다. 첫째, 구원론은 그리스도가 성취한 구원을 개인의 종교생활에 적용하는 사역이고 교회론은 구원받은 성도들이 서로 교통하는 집단적 종교생활을 지도하는 성령의 사역이라고 보기 때문에 근본적인 차이점은 전자는 개인적이고 후자는 집단적인 차이만 있다는 오해를 받을 수 있다. 둘째, 교회의 칭호를 소개함에 있어서 "하나님의 거룩한 나라, 소유된 백성"이라는 표현을 빠뜨렸는데 이것은 곧 교회는 삼위일체 하나님과 관련되어 있다는 것을 이해하지 않은 듯 하다. 셋째, 교회의 성격을 말함에 있어서 존 머레이의 교회관에서 볼 수 있듯이 유형, 무형의 교회에 있어서 유형의 교회가 하나님 나라의 설립과 확장을 위한 수단으로 하나님 나라에 종속된다고 보았다. 이는 하나님 나라를 하나님의 통치의 동적개념으로만 이해한 것 같다. 넷째, 교회의 임무를 예배, 건덕, 증거로 진술하고 있는데, 사회적 관심과 참여까지 포함시켰다면 좋았을 것이다. 다섯째, 웨인 그루뎀처럼 성령의

은사나 밀라드 에릭슨같이 교회의 일치 문제를 거론하지 않았다. 교회의 분열을 예방하기 위해서 필요한 부분이기 때문이다.

7) 종말: 외형상으로 벌콥의 것을 따르고 있으나 종말론의 개념이나 정의에 있어서 그리고 천년왕국에 대한 입장에 있어서 벌콥과 차이가 있고, 천년왕국에 대한 입장을 죠지 래드와 올리비 버즈웰을 따르고 있다. 그는 종말론에 대한 명칭으로 "내세론"을 사용하고 있는데, 그의 영향을 받은 한국 보수주의 교회는 저 세상만을 지나치게 강조하여 이 세상을 무시하는 경향으로 기울었다. 또한 그의 내세론은 종말론을 다룰 때 삼위일체와 관련하여 다루고 있지 않다.

V. 결론

박 형룡의 신학적 배경은 구 프린스톤 신학전통에 있다. 박 형룡의 신학적 업적에 대한 바른 이해와 평가는 총신의 역사와 직결되며, 동시에 21세기를 향한 대한예수교 장로회 총회 산하 교회의 신학적 정체성과 연결돼 있다. 복음이 전파되는 곳에는 그 열매로 사회적 관심과 책임이 있게 마련이다. 따라서 한국 보수주의 교회는 박 형룡의 정통신학을 이어받되 좀더 발전된 개혁신학을 삶의 현장에 적용해야 할 것이다. (이 글은 신학지남, 1997, 252호, 김 길성, "조직신학자 박 형룡박사의 신학과 사상"과 나 용화, "박 형룡의 교의 신학에 대한 발전적 평가"에서 발췌, 편집된 것이다. 또한 1994, 241호, 정 성구, "권두언: 보수신학을 지키자"; "박 아론, "총신의 신학전통과 나의 신학"; 김 길성, "박 아론교수의 신학에 대한 고찰과 평가"; 최 홍석, "총신신학 교육의 자리매김"; 1996, 246호, 박 아론, "역사적 천년기전재림론의 타당성"; 서 철원, "보수신학이란 무엇인가?"를 참조하라.)

16. 한국 복음주의의 역사를 논하라

I. 서론

한국 개신교는 1960년대 이후 분리주의 색채를 강하게 띤 근본주의와 다른 전통적 색채를 가지고 있다. 1952년 신사참배 문제로 고신이, 그 이듬해 성경관 논쟁으로 기장이, 그리고 WCC와의 문제로 통합과 합동이 분열되는 역사 속에서 한국장로교회는 각자의 정체성과 신앙노선에 따라 근본주의 공동체, 토착화 공동체 등으로 분리되었다. 그래서 근본주의와 토착화 신학의 양극을 극복하고 대 사회적 책임을 다하는 기독교 본래의 모습을 회복하려는 일련의 복음주의적 움직임이 일어났다. 이 글은 그 운동의 역사를 개괄해 보고 교회의 미래를 위한 복음주의적 대안을 살펴볼 것이다.

II. 근본주의 운동

교단의 분열은 전통적인 신앙을 계승하려는 이들에게 현대주의 도전 앞에 살아 남는 길은 옛 신앙을 고수하는 것이라는 확신을 갖게 해주었다. 토착화 운동이나 현대주의 움직임에 대항하여 교단을 초월하여 참여하였던 것처럼 근본주의 공동체를 견지하려는 움직임도 교단을 초월하여 나타났다. 그러나 반현대주의를 모토로 시작된 근본주의 운동이 1930년대 이후 점점 변질되었던 것처럼 근본주의 운동의 진영에도 시간이 지나면서 부정적인 요소들이 두드러지기 시작했다. 분리주의, 대 사회적인 책임 결여, 종말론의 강조, 반사회적인 움직임 등이 그 전형적인 예이다. 근본주의 공동체는 교파를 초월하여 한국개신교의 주도적인 세력 가운데 하나로 자리잡으면서 현대주의와 토착화신학 그리고 에큐메니칼 운동의 도전 앞에 보수신앙을 계승하기 위하여 전투적인 색채를 띠게 되었다. 그러나 반WCC세력을 중심으로 결집된 한국 개신교의 근본주의는 교파를 초월해 영향력을 확대해 갔지만, 분리주의, 반문화주의, 그리고 반사회주의 성격의 부정적인 이미지를 지닌 채 전형적인 한국판 근본주의 공동체를 형성하게 된 것이다.

III. 토착화 운동

토착화 신학을 촉진시킨 요인은 여러 방향에서 찾을 수 있다. 첫째, 한국에 뿌리내린 정통주의가 한국의 상황을 고려하지 않고 선교사 및 수입신학을 주장하면서 고수하려는 경직된 정통주의에 대한 반동이었다. 둘째, 당시 해방신학 등 남미의 토착화 신학의 영향이다. 해방신학은 "사회, 정치적 해방을 구원"으로 사회적 행동주의를 복음으로 대치시키는 신학적 혼돈을 초래하였다. 셋째, WCC의 지원이다. 해방신학의 영향으로 WCC가 토착화를 제 3세계의 선교방식으로 공식적으로 채택하고 지원하기 시작하였다. 1960년대와 19 70년대 상당수의 토착화 신학 연구가 WCC의 자금 지원을 받아 진행되었던 것도 그런 배경이다. 마지막으로 한국의 시대적 배경 즉 정치, 사회적 상황이다. 4.19, 유신정권, 산업화 등으로 인한 노동력 착취, 빈부의 격차로 인한 사회적인 모순들과 문제들에 교회가 무관할 수 없다는 생각을 제기하는 사람들이 많이 나타났다.

1960년대 이후 한국의 토착화는 감신을 중심으로 한 문화 토착화, 한신의 정치, 사회참여의 토착화 그리고 연신의 기독교 민족주의 토착화의 세 가지 방향으로 전개되었다. 이들은 토착화의 양상을 달리하기는 했지만 기독교의 한국화라는 원칙적인 면에서는 전적으로 동의하고 있었다. 1960년대 쟁론이 일기 시작한 토착화 신학 운동은 1960년대 후반 토착화의 정의와 한계를 논하는 학문적인 연구가 활발하게 진행되기 시작하였고, 1970년대에는 구체적인 신학적 틀을 갖고 나타나기 시작하였다. 1980년대에는 한국 토착화 신학의 대명사격인 민중신학이 한신대학을 중심으로 토착화 신학의 한 유형으로 정착되기 시작하였다. 또한 토착화의 선구자였던 카톨릭 안에서도 토착화 움직임이 강하게 일어났다. 1990년 박 종천이 "기독교 사상"에 "단군신화의 상생 이념에 대한 신학적 해석"이라는 논문을 발표하면서 "상생의 신학"이 출현했다. 이런 토착화 운동은 한국교회에 신학의 필요와 그 과제를 환기시켜 주었고, 학문의 폭도 넓혀주었으며, 기독교와 문화와의 관계를 진지하게 고찰할 수 있는 기회를 제공하였다. 그렇지만 기독교와 전혀 이질적인 민족 종교와 전통을 접목시킴으로서 복음의 본질을 변질시켰는데 대체로 보수주의를 공격하는 것이 신학의 출발점이 되는 경우가 많았다. 한국의 대표적인 토착화 신학인 민중신학은 한국의 역사적, 사회적, 정치적 컨텍스트를 극대화한 나머지 기독교의 본질을 제공하는 텍스트를 극소화하고 무시하는 오류를 범하였다. 따라서 "초월적인 진리"를 "개별적인 현실"속에 내재시켜 기독교의 유일성을 파괴하였고, 한국사상의 기독교화로 인해 종교 혼합주의를 낳았다.

IV. 복음주의 운동

1960년대에 기독교의 정체성의 문제가 대두되면서 복음주의 운동이 탄생하였다. 토착화 신학과 근본주의 신학의 양극단을 체험한 한국기독교에는 복음주의 방향에서 자신들의 정체성을 발견하고 그 속에서 한국교회의 미래를 모색하려는 움직임이 일어났다. 이런 움직임은 근본주의 운동이나 토착화 운동처럼 단순히 어느 교단의 한 기관이나 특정 신학교에서만 나타난 현상이 아니고 교단을 초월해 진행된 운동이었다. 한국복음주의 운동은 영미에서 일고 있던 복음주의 운동, 특히 1940년대 이후 전개된 미국의 복음주의 운동의 영향을 받았다. 미국 개신교에서 일고 있던 복음주의 운동은 한국교회의 방향과 활로를 모색하는 교계 지도자들에게는 우리가 나갈 방향을 정립하기 위한 하나의 모델이 되었다.

1950년대 한국 내에서의 복음주의가 하나의 종교 운동으로 자리잡기에는 여건이 성숙되지 않았으므로 복음주의 운동이 한국교회의 대안으로 떠오르기 시작한 것은 1960년대 이후였다. 교파를 초월해 시작된 대중전도운동은 1970년대에 일기시작한 복음주의 운동이 짧은 시간안에 교계에 확산되는 원동력이 되었다. 그 가운데 1973년 빌리 그래함 서울 전도대회, 1974년 엑스풀로, 1974, 1977년의 민족복음화 대성회, 1980년 세계복음화 대성회 등이 대표적이다. 1970년대의 복음주의 운동이 하나의 기독교운동으로 발전할 수 있도록 조직적인 틀을 제공해 준 것은 복음주의 운동의 영향을 받거나 미국 복음주의 신학교에서 유학하고 귀국한 국내 복음주의 지도자들이 중심이 되어 1981년 결성한 한국복음주의협의회와 한국복음주의신학회였다.

V. 결론

지금까지 한국 복음주의의 역사를 살펴보았다. 복음주의자들은 "현대문화와의 적절한 교류를 위해 복음의 메시지를 타협한 나머지 세상으로부터 구별되어야 한다는 의식"을 모두 잃어버린 현대주의자들과 반대로 세속에 물들지 않으려고 현대문화로부터 완전히 격리하려는 근본주의자들의 양극단을 경계해야 한다. 복음주의 입장은 성경관에만 국한된 것이 아니라 신학전반에 나타나야 하며, 국가와 사회에 일관되게 이어져야 한다. 또한 교회는 교인들이 어떻게 하나님을 사랑하고 믿고 섬겨야 할 것인지, 그리고 구원받은 성도들이 세상에서 어떤 삶을 살아야 할 것인가를 동시에 일깨워줄 사명이 있다. 왜냐하면 세상에서 문화적 변혁과 실천적 삶을 구현하기 위해서는 교회 안에서뿐만 아니라 세상의 모든 영역에서 믿음으로 그리스도의 주권을 확립해 가야 하기 때문이다. (이 글은 신학지남, 1998, 256호, 박 용규, "한국복음주의의 태동"에서 발췌된 것이다. 또한 1995, 245호, 심 창섭, "한국장로교회 내의 오순절 운동의 평가"를 참조하라.)

V. 기독교 교육

17. 한국 개화기의 기독교 교육을 논하라

I. 서론

　기독교는 역사와 함께 교육사역의 중심에서 많은 공헌을 하였다. 주후 1세기부터 갖은 박해와 수난 속에서 성장해 온 기독교는 하나님의 말씀을 전하고 교육하는데 최선을 다했고, 중세에는 로마 카톨릭 교회가 교육을 주관하였다. 르네상스 이후의 교육은 대학을 중심으로 이루어지다가 종교개혁을 기점으로 큰 변화가 일어나 근대교육이 시작되어 기독교가 교육의 종교로 발전하는데 결정적인 역할을 하였다. 이 글에서는 기독교가 한국의 근대화에 끼친 영향을 교육학적 측면에서 고찰해 볼 것이다.

II. 기독교의 전래와 교육의 여명

　주자학은 우리나라를 비롯한 동양의 한문문화권에 속한 나라에서 보편화된 교육철학이었다. 이것은 우리나라에 봉건교육의 권위주의를 구축하게 되었다. 갑오경장(1894년)이 있기까지 한국 전래 교육제도는 성균관, 사학, 향교, 서원 및 서당으로 구성되어 있었는데, 이들은 체계적인 교육 기관이 아니라 각기 독립된 교육기관이었다. 또한 논어, 맹자, 중용, 대학은 필수교재였고 하나의 철학서로 주자학의 유산을 전승한 것으로서 문화전통으로도 의의를 가진다. 또한 재래 여성교육은 가사를 위한 존재로서 정규제도 없이 실시되었다.
　1866년을 전후로 여러 차례의 카톨릭 박해 사건이 있은 후 대원군의 하야로 신앙의 자유를 얻으려는 노력이 있었다. 1884년 9월 알렌이 한국에 와서 선교의 문을 열었고, 갑신정변 때 민 영익을 치료함으로서 집권층의 신임을 얻어 광혜원을 설립하여 의료선교를 전개했다. 1885년 4월 미국 장로교회에서는 언더우드를, 감리교회에서는 아펜셀러 부부를 선교사로 파송하였고, 같은 해 5월 감리교의 스크랜톤과 그의 어머니가 한국에 왔다. 이들은 교회설립과 의료와 교육선교를 통하여 한국교육의 새로운 전기를 마련하였다.

신교육이란 근대교육, 곧 개화교육을 의미한다. 한국의 신교육은 세계 열강들의 침략에 대한 자주적 개화의식이 바탕을 이룬다. 포르투칼, 화란등에서 신문화를 수용하고 1854년 미국과의 조약을 비롯한 메이지 유신으로 자력부강은 물론 1871년 문교성을 창설하는 등, 아시아에서 처음의 근대적 교육 제도를 확립한 일본에 자극을 받은 한국은 1881년 신사유람단을 일본에 파송하여 새로운 문물을 보게 하거나 유학생들을 파송하여 서양문물을 받아들였다. 우리나라의 근대교육의 수용과정에 대하여 손 인수는 일본과 청나라부터의 수용과 개신교 선교사들로부터의 수용으로 분류한다. 한국 개화기에 신교육 제도를 수용하는데 있어서 신교 선교사들의 학교 설립은 커다란 자극제가 되었다. 이것은 서구의 지성인들에 의한 직접적 전달이어서 더욱 큰 효과를 거둘 수 있었다.

III. 기독교의 선교와 신교육

한국의 초기 선교사들은 복음전파의 목적으로 학교를 설립하여 신교육을 실시하였고, 유능한 기독교 지도자를 양성하기 위하여 신자들을 훈련시켰다. 배재학당을 설립한 아펜셀러는 마 20:26-28을 기초로하여 "欲爲大者當爲人役"이라고 학당훈을 정하였고, 장로교 학교인 정신학교의 경우도 설립목적을 목회자 양성에 두었으며, 최초의 신식 여성교육기관인 이화학당도 설립자 스크랜톤 부인의 선교이념에 따라 십자가의 증거자를 기르는데 그 목적을 두었다.

선교사들에 의한 신교육은 개화사상에 근거하여 근대문명의 전달과 무지로부터 탈피를 위하여 성경과 영어 외에 인문, 사회, 자연과학 등을 가르쳤다. 로마 카톨릭의 부패에 반기를 든 신교의 영향을 받은 구미 민주주의 사상 속에서 성장한 이들 선교사들은 양반중심의 한국사회에 평등사상과 민주주의 사상을 고취시켜 주었다. 이로 인해 여성의 교육이 실시되어 사회 참여가 시작되었고, 민족의 자주정신을 심어줌으로서 민족지도자들을 배출하여 국권회복 운동에 앞장 서게 되었다.

1885년 4월 10일 알렌은 세브란스 의학전문학교의 모체이며 연세대학교 의대의 기원이 된 국립병원인 광혜원을 설립하였고, 1885년 8월에 아펜셀러가 2명의 학생으로 수업을 시작한 학교에 1886년 고종이 "배제학당"이라는 교명을 내려주면서 감리교 선교부의 교육선교가 뿌리를 내리게 되었다. 장로교의 경우 1885년 언더우드가 광혜원에서 화학과 물리학을 가르치다가 1886년 고아원으로 언더우드 학당을 세웠는데, 그것이 1902년 예수교 중학교가 되었고 1905년 경신학교로 교명을 정하면서 오늘의 연세대학교로 성장하였다. 1885년 6월 감리교 여선교사 스크랜톤 부인이 설립한 이화학당은 한국 여성교육기관의 효시가 되었다. 1885년부터 1910년까지 기독교 계통의 학교 수를 보면 모두 796교에 달하며, 그중 신교 교파가 설립한 학교만 666개에 이른다.

IV. 기독교 확장과 교육의 영향

한국 근대교육의 다양한 역사에서 신교를 통한 교육이 가장 결정적인 역할을 하였다. 선교사들을 통해 세워진 학교들은 한국에서 공립 혹은 사립학교를 일으키는 촉매재가 되어 구한말 새로운 교육입국운동의 계기를 마련하였다. 즉, 갑오경장으로 신교육을 위한 제도를 마련하여 전근대적 교육에서 신교육을 실천하는 계기가 되었다. 1895년 1월 7일 고종은 홍범 14조 제 11조에서 개화와 부국강병 및 국가 보존의 첩경이 된다고 신교육의 필요성을 밝혔고, 1895년 2월 정부가 내린 교육조서에 근대국가건설을 위해 교육이 중요하다는 이념을 밝혔다. 이러한 신교육의 실천 방안으로 소학교, 중학교, 사범학교, 외국어학교와 각종 실업학교 등 새로운 학제가 편성되었다. 또한 공립학교 못지 않게 사립학교도 설립되었는데 기독교 신교의 학교설립과 당시 개화 열기에 큰 영향을 받았다. 이런 사학 설립자 가운데는 도산 안창호(평양 대성학교)나 이승훈(정주 오산학교) 같은 기독교도들도 있었다.

을미사변과 을사조약을 계기로 일어나기 시작한 항일운동은 교육구국운동으로 이어졌고, 그 배후에는 선교사들의 영향이 있었다. 선교사들은 교육을 통해 독립을 강조했고, 출애굽 설교는 민족구원을 자극하여 1907년 대부흥을 맞이하

게 되었다. 일본은 기독교세력을 박멸하려고 105인 사건을 조작했으나 외국의
여론으로 실패하고 말았다. 한글을 없애고 창씨개명과 신사참배 강요 등 우리
민족의 정통성을 말살하려는 일본의 동화정책에 대하여 가장 크게 반대한 세력
은 기독교회와 기독학생들이었다. 초기 선교사들은 율법책과 사전들을 편찬하여
한국문화를 외국에 소개하고, 성경과 찬송가를 번역하고, 전도지와 문서, 신문,
잡지 등을 간행하는 등 한민족의 정통성을 계승하는데 헌신했다.

V. 결론

한국의 기독교는 개화기의 교육을 담당하고 발달시켰고 민족의 자주의식과
함께 구국운동으로서의 교육활동을 전개하여 오늘날까지 민족교회를 바탕으로
교육실천을 감당하고 있다. 이제 한국의 기독교는 지난날의 전통을 보완하여 새
로운 문화형성에 적극 참여해야 할 것이다. (이 글은 신학지남, 1996, 247호, 정
정숙, "한국 개화기 교육에 관한 연구"과 1998, 257호, "일제전기의 기독교 여성
교육 연구"에서 발췌, 편집한 것이다. 또한 신학지남, 1994, 240호, 한 춘기, "한
국 초대교회의 교육에 대한 연구"와 1996, 246호, 정 정숙, "한국 기독교 여성교
육에 관한 연구"를 참조하라.)

18. 역사적 캐터키즘의 목회적 의미를 논하라

I. 서론

한국교회는 역사적 캐터키즘의 가치와 그것을 통한 신앙교육의 방법을 잘 알
지 못하고 있는 것 같다. 그 때문에 한국교회는 기독교 신앙의 진리를 이 세대
에도 계속적으로 전파하고 가르치며, 그리스도인들을 양성하는 일에 실패하고
있다. 현재 한국교회의 수적인 성장과 복음전도의 한계는 기독교의 진리와 신앙
을 깨우치는 교육적인 노력을 게을리 한데 근본적인 원인이 있다. 그러므로 이
글에서는 역사적인 캐터키즘의 의의와 가치가 무엇인지 고찰해 보고 그 가치를

새롭게 회복하는 캐터키즘을 통한 신앙교육의 새로운 방법을 적용함으로서 당면한 성인과 청소년 초신자들의 신앙양육을 위한 교육적 책임을 다할 뿐 아니라 복음전도의 한계와 교회성장을 향한 목회의 한계를 극복하는 길로서의 캐터키즘의 의미를 살펴 볼 것이다.

II. 역사적 캐터키즘의 신앙교육적 의미

1) 루터의 캐터키즘: 루터는 1517년 종교개혁을 시작한 후에 1529년에 대,소요리문답서라는 두 권의 책을 출판하였다. 이 책은 종교개혁의 신앙을 밝히고 목사들과 평신도들이 올바른 기독교 신앙을 배우는데 큰 역할을 하였다. 평신도들은 이 책을 먼저 배우고 가정의 자녀들을 가르치도록 하였던 이 책은 17세기에 독일 루터파 교회의 신조로 공식 채택되었다.

루터는 이 책에서 종교개혁의 중요한 명제인 오직 믿음으로만 구원을 얻는 이신칭의의 은혜를 강조하고 있다. 이 책은 사도들의 신앙고백인 사도신경을 중심으로 십계명부터 시작하여 개인적인 하나님과의 교제의 방편인 주기도문에 대해서 가르치고 있다. 이외에도 참회, 성례들에 대해서도 다루고 있다. 이것은 오늘날 교회가 그리스도인들에게 가르쳐야 할 신앙교육과정을 설계할 때에 적용해야 할 중요한 신앙교육의 원리이다. 루터는 캐터키즘에서 질문과 함께 대답을 요구하는 학습방법을 사용하고 있다.

2) 칼빈의 제네바 캐터키즘: 1537년 칼빈은 제네바의 그리스도인들을 가르치기 위하여 신앙교육서를 출판하였다. 그러나 이것은 그가 1538년에 시의회원들과의 충돌로 제네바에서 파렐과 함께 추방됨으로서 더 이상 사용되지 못하였다. 그 이후 칼빈은 1542년 종교개혁을 통하여 구라파에 새롭게 개혁된 교회를 세우기 위하여 교회의 법을 만들고 신앙고백서와 예배모범과 두 번째 캐터키즘을 만들었다.

칼빈은 루터와 달리 사도신경부터 시작하여 그 다음에 십계명과 주기도문을 다루고 있다. 루터는 칭의적 은혜를 가르치려 하였다면 칼빈은 이를 넘어서 믿음, 삶, 영적교제를 추구하는 새로운 교육과정을 제시하고 있다. 칼빈은 율법에 대해서도 그리스도인의 삶의 법으로 해석함으로서 루터보다 훨씬 더 구약에 중요성을 부여하고 있다. 학습방법에 있어서는 루터와 비슷한 질문과 대답의 도식을 사용하고 있지만 적용에 있어서는 더 발전된 학습자 중심적인 모습을 보여주고 있다.

3) 하이델베르거 캐터키즘: 하이델베르거 캐터키즘은 하이델베르거 대학 신학부의 교리학 교수 우르지누스에 의하여 만들어졌다. 후에 개혁교회의 대표로서 올레비아누스 목사는 이 책의 수정을 위한 자문역으로 참여하였는데 독일 팔츠지역의 개혁교회가 공식적으로 이 책을 신앙교육서로 받아들였다. 하이델베르거 신앙교육서는 루터와 칼빈의 사상을 통합하려는 의도로 만들어지게 된 것이다. 이러한 의도에 따라 교육과정도 루터와 칼빈의 캐터키즘에 나타난 의도들이 잘 반영되어 있다. 하이델베르거 캐터키즘은 생사에 있어서 유일한 위로를 발견한 은혜의 삶에 대한 지침으로서 신앙의 윤리적인 성격을 보여주고 있다. 학습방법은 칼빈의 질문과 대답의 도식을 그대로 사용하고 있다. 하이델베르거 캐터키즘은 루터와 칼빈의 것을 극복한 획기적인 것이었으며, 지금도 세계 개혁교회의 신앙을 가르치고 배우는 책으로 사용되고 있다. 특별히 하이델베르거 신앙교육서에는 교회연합의 정신이 들어있다.

4) 웨스트민스터 캐터키즘: 웨스트민스터 캐터키즘은 1643-1648년까지 계속된 영국의 웨스트민스터 총회를 통하여 교회들의 교리적 논쟁을 종식하기 위하여 루터의 대,소요리문답을 본받아 만들어졌다. 이것은 또한 한국교회의 공식적인 신앙교육서이다. 그 내용은 구원의 교리에 대한 것으로 하나님, 인간, 그리스도, 성령의 주제들과 신앙적 삶의 의무에 대한 것으로 십계명, 믿음과 회개, 하나님의 말씀, 성례, 주기도문 등의 주제를 다루고 있다. 학습방법은 역시 연역적으로 간략한 질문과 대답의 형식을 적용하고 있다. 이 책은 교리적인 내용들을 단순히 문답의 형식으로 습득하도록 전개하고 있다.

III. 역사적 캐터키즘의 목회적 기능

1) 신앙을 가르치고 배우게 하는 책: 캐터키즘은 원래 초대교회에서 그리스도

인이 되기를 원하는 초신자들에게 기독교 신앙의 진리를 가르치는 것에서 출발하였다. 이것이 루터에 의하여 최초로 책으로서 만들어지게 된 것으로 캐터키즘은 기독교 신앙의 기본적인 것을 가르치고 배우는 기능을 갖고 있었다. 이러한 기능은 오늘날까지도 교회교육에 필요한 중요한 기능이다.

2) 예전서로서의 기능: 루터의 캐터키즘과 하이델베르거 캐터키즘은 상당한 기간동안 예배에서 읽혀진 책이었다. 또한 이 책들은 초신자들과 청소년들이 배우고 세례와 입교 문답을 거쳐 성찬에 참여하게 하는 것으로서 캐터키즘은 실천적으로 사용되었던 예전적인 기능을 갖고 있었다.

3) 설교서로서의 기능: 칼빈은 원래 캐터키즘을 몇 문항씩 엮어 과목으로 만들었고, 그것을 따라 목사는 주일 오후예배에서 교리적인 설교를 하도록 했다. 하이델베르거 케터키즘도 이것을 받아들였고 오늘날에도 구라파의 개혁교회들은 주일저녁 예배에서 교리설교를 하고 있다.

4) 기도서로서의 기능: 캐터키즘에 적용된 학습방법인 질문과 대답의 도식은 하나님 앞에 기도하는 대화의 기본양식이다. 이러한 캐터키즘의 형태가 개인적인 기도에도 그대로 사용되었다. 사실 루터의 캐터키즘은 평신도들이 직접적인 기도서로 이용되었다.

5) 목회상담서로서의 기능: 캐터키즘은 원래 신앙의 윤리적인 물음들에 대하여 기본적인 대답을 제시한 것이다. 그래서 그 당시 기독교 신앙에 대하여 기본적인 물음을 가진 사람들에게 목회상담적인 기능을 갖고 있었고 그러한 물음에 대답을 제시하는 상담의 기능을 할 수 있었다.

6) 신앙고백서 또는 표준서로서의 기능: 캐터키즘이 신앙고백서로서의 의미를 가지게 된 것은 신앙고백에 대한 논쟁이 대두되면서였다. 그래서 캐터키즘은 언제나 신앙고백과 연결되는 특징을 가지게 되었다.

IV. 역사적 캐터키즘의 적용 한계성

이 책들이 지금 교회에서 사용되기 어려운 첫 번째 이유는 언어표현의 낙후성 때문이다. 그러므로 이것들은 현대적인 언어로 새롭게 표현되어야 하며 교육

대상에 따라 새로운 언어로 해석될 필요가 있다. 캐터키즘의 내용은 성경신학과 교의신학이 제시하는 성경의 교리적이고 윤리적인 이해들이 새롭게 첨가되어야 한다. 역사적 캐터키즘의 학습방법은 주입일변도의 교육에 의존할 수밖에 없었다. 그러므로 오늘날에는 학습의욕을 불러일으킬 수 있는 교육공학적인 새로운 방법이 적용되어야 한다. 현대에는 귀납적인 질문과 대답의 방법이 적극적으로 활용되고 있다.

V. 캐터키즘 교육의 당위성

캐터키즘은 현대교회 초신자들과 성장세대들을 위하여 기독교 신앙의 진리를 교육하는 좋은 방법이다. 이것은 원래 신앙의 초보자들을 위해 기독교 세계관에 기초한 교리적 차원의 내용을 배우도록 만들어진 것이므로 초신자들과 성장세대들에게 신앙의 기초를 확립하는데 도움을 줄 수 있다. 캐터키즘은 성경의 요약으로서 교리적 체계를 중심으로한 교육이기 때문에 신앙에 눈을 뜨게 하며 하나님의 세계에 대한 이해를 확립하고 신앙을 확고히 하게 한다. 그러므로 학습자는 캐터키즘 교육을 통하여 성경전체를 볼 수 있는 안목을 갖게 되고 주관적인 해석을 피할 수 있게 된다. 그래서 캐터키즘을 배우고 가르치는 것은 초신자들과 성장세대들로 하여금 기본적이며 표준적인 신앙의 가르침을 통하여 일치된 그리스도 공동체의 신앙고백으로 인도하는 역할을 하게 된다.

VI. 캐터키즘의 현대 목회적 적용 가능성

오늘날 초신자 교육과 세례준비교육의 중요성을 깨달은 목회자들은 제자훈련의 교육프로그램이나 새신자 교육프로그램을 직접 만들어 3개월, 또는 6개월간 집중적으로 신앙의 기초를 훈련하고 있다. 이러한 시도들은 현대 목회에 새로운 캐터키즘을 적용한 것이라 할 수 있을 것이다. 1948년 바르트는 하이델베르거 캐터키즘을 본 대학 신학부 강의에서 새롭게 해석하는 형식으로 다루었다. 그 외에도 그라프만(Graffmann), 클루스터(Klooster), 윌리암슨(Williamson) 등이 현대적인 언어로 하이델베르거 캐터키즘을 해설하였다. 또한 교회의 청소년들을 가르칠 목적으로 독일의 개혁교회가 현대 교수방법을 적용하여 하이델베르거 캐터키즘을 출판하였다. 각종 선교단체들에서 만들어진 성경공부 교재들을 유사 캐터키즘으로 볼 수 있다. 그러나 이 책들은 교회의 신앙교육을 목표하지 않았으며 오직 예수그리스도를 주님으로 고백하고 그 예수를 이웃에게 전하자는 전도방법으로 만들어진 교육서로서 역사적 캐터키즘을 새롭게 표현한 것들이다. 또한 독일의 루터파 교회가 "독일 기독교 성인을 위한 캐터키즘"이란 이름으로 1975년 내놓은 것이 있다. 이 책은 현대적인 기독교 신앙에 대한 질문과 대답으로 많은 정보를 다루고 있는데, 1969년 카톨릭 교회가 만든 "성인을 위한 신앙의 전파"라는 책에서 영향을 받았다. 이외에도 독일 루터교회는 여행자를 위한 것과 어린이들을 위한 캐터키즘을 만들기도 하였다.

VII. 결론

한국교회는 대부분의 목회자들이 이러한 역사적인 캐터키즘의 신앙교육적인 가치와 중요성을 올바르게 인식하지 못하여 목회에 적극적으로 활용하지 못하고 있다. 교인들에게 신앙의 기초와 체계를 세워주는 일이 요청되는 상황에서 한국교회는 필수적으로 캐터키즘을 새롭게 적용시켜 교육해야 한다. 새로운 캐터키즘 교육은 한국교회를 새롭게 하고 질적, 양적으로 성숙하게 할 것이다. (이 글은 신학지남, 253호, 정 일웅, "역사적 캐터키즘의 현대 목회적 적용에 대한 연구"에서 발췌된 것이다.)

※ 그 외에도 신학지남, 1994, 241호, 정 일웅, "실천신학이란 무엇인가"; 1995, 242호, 황 성철, "칼빈의 문헌에 대한 교육학적 관점에서의 고찰"; 1995, 243호, 정 일웅, "코메니우스의 교육신학사상 연구" 등을 참고하라.

VI. 교회

19. 교회, 세상, 그리고 하나님의 나라의 관계를 논하라

I. 서론

　개혁주의 곧 칼빈주의 신학과 신앙을 표방하는 한국교회가 이 어둡고 타락한 시대에 제사장적이고 선지자적인 교회가 되기 위해서는 바른 신학과 신앙의 방향이 제시되어야 한다. 이 글에서는 교회가 세상에서 하나님께서 기뻐하시고 하나님께 영광 돌리는 교회로 시대적 사명을 감당할 수 있도록 교회와 세상 그리고 하나님 나라에 대한 분명한 관계를 정립해 볼 것이다.

II. 교회와 세상과 하나님 나라의 성경적 의미

　교회는 그리스도의 몸이며, 우리는 그 몸의 한 지체이다. 교회는 세상의 한 가운데에 존재하므로, 교회와 세상, 성도와 세상과의 관계를 바로 알아야 한다. 제임스 오르는 "하나님과 세상에 대한 기독교적인 견해"에서 예수 그리스도와 세상과의 관계, 죄인으로서의 인간과 세상, 예수 그리스도로 말미암은 세상의 새 창조들을 확실히 이해하지 못하면 올바른 신앙관을 갖지 못한다고 하였다. 우리말로 "세상"으로 번역된 헬라어는 공간적인 개념을 갖는 코스모스(Cosmos)와 시간적인 의미의 아이온(Aion)이 있다. 성경에 이 세상이란 말은 약 300여 개 있지만 문맥상 그 내용은 서로 다르다. 첫째 하나님의 창조하신 피조물 전체를 뜻하고(요 1:9-10; 행17:24), 둘째 사람의 거주지(눅 12:30), 셋째 전 인류(마 5:14; 13:38), 넷째 유대인 외의 모든 사람 곧 이방인(롬 11:12; 11:15)을 의미하며, 다섯째 타락한 인간, 죄악의 대명사(요일 5:19; 2:15-17)이며, 여섯째 예수 그리스도의 구원의 대상이 된 세상(요 3:16; 마 5:13, 14)을 의미한다.

　오늘날 한국교회는 하나님 나라에 대해 타계주의적 관념을 갖거나 이원론적 생각을 갖고 있다. 교회사학자 이 만열은 1920년대 3.1운동이 실패하여 독립국가에 대한 소망이 사라지자 많은 사람들이 좌절과 실의에 빠지게 되었는데 이

때 부흥사들이 독립국가는 못 이룬다 할지라도 하나님이 우리의 영원한 처소를 만들어 놓으셨다고 하면서 교인들에게 타계주의적 하나님 나라의 개념을 심어 주었다고 한다. 한국교회는 1930년대의 신사참배, 1940년대 일제의 박해, 1950년대 한국전쟁 등 계속되는 좌절 속에서 하나님 나라에 대한 이원적 개념을 갖게 되었다. 1970년대 들어오면서 개혁주의 신학의 개념에 따라 하나님 나라는 하나님의 주권과 능력이 통치하는 곳으로 이해되게 되었다. 누가복음 17장 21절에서 예수님은 하나님 나라에 대해 "너희 안에," 즉 너희 가운데 있다는 뜻이다. 즉, 하나님의 주권과 통치가 있는 곳이 하나님의 나라이다.

III. 기독교인의 세상이해의 문제점들

세상에 대한 잘못된 이해는 신앙을 오도하고 하나님의 뜻과 부르심에 역행할 수 있다. 또한 세상에 대한 타계주의적 관념이나 이원론적 사상은 허무주의로 전락하여 시한부 종말론 같은 이단을 만들 수도 있다. 기독교 신앙은 허무주의에 기초한 것이 아니고 예수 그리스도의 십자가의 죽으심과 부활에 기초한 역동적이며 생명력 있는 신앙이다. 그러나 세상에 대한 그릇된 이해는 자기 중심적, 도피적, 가학적인 신앙을 갖게 하였다.

한국교회나 세계교회가 가지는 또 다른 유형의 세상이해는 이 세상을 개혁하면 유토피아가 올 것이라는 낙관주의적 세계관이다. 공산주의자들이 혁명을 통해 유토피아를 건설하려 했던 것처럼 기독교회 안에도 낙관주의적 세계관을 가진 사람들은 인간의 힘으로 이 세상을 바꿀 수 있다는 생각을 한다. 자유주의 교회와 신학자들이 보수주의자들이 미처 알지 못했던 세상과 사회에 관심을 가지고 참여한 것은 좋으나 그들의 사회복음으로 세상을 변화시키려 한 것은 낙관주의 사상에서 발생한 것이다. 복음주의 보수적인 신앙을 가진 사람들이 개인의 영적 구원에만 관심을 갖고 세상에 대해 도피적인 신앙을 갖고 있는 반면, 자유주의자들은 초자연적인 기독교를 거부하면서 세상과 사회전반을 그들의 독무대로 삼아버렸다. 그러나 칼빈주의 정통신학과 신앙을 가진 우리들은 이러한 약점을 극복하여 역사에 책임을 지는 선지자적 교회, 민족의 아픔을 끌어안는 제사장의 교회가 되어야겠다.

IV. 칼빈주의의 세상 이해

칼빈주의자들은 세상에 대하여 균형 잡힌 태도를 가지고 있다. 성경은 세상을 하나님께서 자기의 영광을 위하여 창조하셨다고 한다(골 1:17; 계 4:11; 시 19:8; 욥 38:41). 세상은 하나님의 창조물인 동시에 완전성을 비추는 반사경이다. 단지 인간의 죄로 인해 조화를 잃고 고통 가운데 있을 뿐이다. 이 세상을 사랑하시기에 하나님은 외아들을 보내어 하나님과 화목케 하였다. 그러므로 칼빈주의자들은 이 세상을 썩어질 것으로 보지 않을 뿐더러 인간의 힘으로 유토피아를 건설하려 하지도 않는다. 그들은 성경의 원리를 따라서 세상에 살고 있으나 세상에 속한 자는 아니다. 따라서 비록 이 세상이 험하고 우리는 약하지만 주께서 새 하늘과 새 땅을 만들 때까지 하나님의 백성으로서의 사명과 책임을 감당해야 한다. 교회는 하나님의 영광과 주권을 높이는 곳이다. 마 28:19-20은 예수님이 제자들에게 세상을 향한 선교와 교육, 그리고 목회의 명령을 동시에 주신 말씀이다. 이를 수행하기 위해 우리는 세상을 향해 나아가야 한다.

칼빈의 제네바 아카데미를 통한 개혁주의 사상훈련을 통해 지도자들이 배출되었고 그들은 교회와 삶의 전 영역을 변화시키는 주체가 되었다. 그러나 오늘날 우리의 선교는 소극적이고 개교회 실리주의여서 효과적이지 못하다. 또한 우리는 이 선교명령과 함께 문화적 명령도 충실히 이행해야 한다. 터툴리안은 기독교와 고대문화 사이를 엄격히 구분하고 기독교 신앙은 문화에 아무런 책임이 없다고 했다. 이러한 사고는 세상에서의 도피를 경건으로 생각한 것으로 오늘날 우리 주변에서 흔히 볼 수 있는 현상이다. 저스틴 말터는 스토익 사상과 기독교 복음을 융합하려 시도했고, 감리교 목사인 최 병헌은 기독교와 유불선 종교를 함께 수용하는 문화신학으로 종교다원주의로 기울었으며, 가이샤라의 바실은 헬라문화를 기독교문화를 위한 발판으로 보고자 했다. 그러나 히포의 어거스틴은 세계역사를 하나님나라와 세상나라의 끊임없는 투쟁으로 보았고, 이런 그의 사상은 칼빈과 후세에 전해졌다. 그러므로 칼빈주의자들은 복음을 통해 세상문화를 변화시켜야 한다. 체코의 하벨 대통령은 체코는 기독교의 진리, 문화, 가치관으로 통치될 것이라 했고, 민주화된 헝가리의 첫 대통령도 칼빈주의자였다. 세상은 무신론, 인본주의, 물질만능주의가 판을 치고 있다. 하나님은 교회 안에만 계시는 것이 아니라 우리 삶 전 영역에 계신다. 그러므로 우리 칼빈주의자들은 철저한 신전의식을 가지고 세상을 변화시켜야 한다.

V. 결론

위와 같은 교회, 세상, 그리고 하나님의 나라에 대한 바른 이해의 바탕 위에서 한국교회가 나아갈 몇 가지 대안을 제시해 보면, 첫째 교회는 기존의 방어적이고 폐쇄적이며 소극적인 교회정책보다 적극적이고 미래지향적이면서 한국교회 전체의 리더쉽을 발휘하도록 해야 한다. 둘째, 우리교단은 지금까지 외면해 온 사회봉사와 기독교 문화건설에 적극 나서야 한다. (이 글은 신학지남, 1996, 247호, 정 성구 "교회와 세상과 하나님의 나라"에서 발췌된 것이다. 또한 1994, 241호, 정 성구, "칼빈주의와 예술"; 1995, 242호, "칼빈주의와 사회"; 1995, 243호, "세계화와 한국교회의 미래"; 1996, 246호, "권두언: 정보화 사회와 교회," "정보화 사회와 목회"를 참조하라.)

20. 영적 전쟁을 위한 한국교회의 자세를 논하라

I. 서론

성경은 "마귀의 궤계를 능히 대적하기 위하여 하나님의 전신갑주를 입으라"(엡 6:11)고 하였고, "우리의 씨름은 혈과 육에 대한 것이 아니요 정사와 권세와 이 어두움의 세상 주관자들과 하늘에 있는 악의 영들에게 대함이라"(엡 6:12)고 하여 우리는 영적 전쟁을 위해서 완전무장을 해야 하며, 또한 이러한 영적 전쟁이 전면전쟁이라는 사실을 가르쳐 주고 있다.

우리는 지금까지 교회성장이나 세계 선교를 위해 활기차게 일해 왔다. 뿐만 아니라 여러 가지 새로운 방법들을 적용하면서 이룬 한국교회의 부흥과 성장으로 자기도취에 빠져 영적으로 깊은 잠을 자게 되었다. 그러므로 이 글에서는 칼빈주의 신학과 신앙을 표방하는 대한 예수교 장로회의 지도자들인 우리가 어떤 자각과 사명을 가지고 영적 전쟁에 임해야 할 것인지 연구해 볼 것이다.

II. 성경에서 말하는 영적 전쟁

성경은 영적 전쟁에서 시작하여 영적 전쟁으로 마감한다고 해도 좋을 것이다. 창세기 3장 15절 원시 복음의 계시에서는 "내가 너로 여자와 원수가 되게 하고 너의 후손도 여자의 후손과 원수가 되게 하리니 여자의 후손은 네 머리를 상하게 할 것이요, 너는 그의 발꿈치를 상하게 할 것이니라"고 했다. 이 말은 영적 전쟁이 예수 그리스도의 십자가의 현장에까지 철저하게 펼쳐질 것을 예언하신 것이다. 또한 출애굽기의 모세와 바로의 대결에서 모세는 하나님의 능력과 권세를 힘입었고 바로는 사탄의 능력과 권세를 힘입었다. 그러므로 이스라엘의 출애굽은 모세의 승리이기 이전에 창조주이시며 구속주이신 여호와 하나님의 승리였다. 엘리야는 갈멜산에서 바알을 섬기는 자들과 한판의 대결을 벌였는데 이것은 하나님과 거짓 신과의 역사적 대결이다.

오늘날은 갈멜산의 대결보다 더 치열한 영적 전쟁이 벌어지고 있는데도 교회 성장에 지장을 초래한다는 이유로 그것을 인식하는 사람이 드문 현실이다. 예수께서 탄생했을 때 사탄은 헤롯을 통해서 그리스도를 제거하려는 음모를 갖고 있었다(마 2:13-18). 그리고 예수께서 공생애에 들어가기 전인 40일의 금식 후 사탄은 예수께 접근해 메시야권을 박탈하려고 시험을 했지만 예수께서는 말씀으로 승리하셨다(마 4:1-11). 이와 같이 모든 성경이 영적전쟁에 대하여 확실하게 말하고 있음에도 불구하고 현대인들은 이것을 단순히 마음의 갈등이나 유혹쯤으로 생각한다. 그러나 영적전쟁은 끝나지 않았고 지금도 계속되고 있다.

III. 교회의 역사에 있어서의 영적 전쟁의 전개

사도시대 이후 오늘날까지 2천년 기독교회의 역사는 처절한 영적투쟁의 역사이다. 역사적으로 예수그리스도가 하나님과 동등됨을 부정하는 아리우스에 대항한 아타나시우스의 투쟁이 없었다면 교회사의 방향은 전혀 다른 방향으로 흘렀을 것이다. 중세 로마카톨릭은 성경에서 떠난 의식의 종교로 전락하여 세속권력을 쟁취하려고 노력하였다. 여기에 대항하여 루터(M. Luther)와 칼빈(J. Calvin), 낙스(J. Knox) 같은 개혁주의자들의 영적 투쟁은 다시 한 번 기독교를 성경 위에 세우게 하였다. 그러나 18세기의 합리주의와 계몽주의 사상은 개혁교회를 교란시키고 기독교인들을 세속적 관심으로 인도하였다. 그러나 1세기 전의 미국의 에드워즈(J. Edwards)를 중심한 영적 대 각성운동, 그리고 화란의 흐룬 반 프린스터와 아브라함 카이퍼는 자유주의와의 영적 대결을 펼쳤다. 한국교회의 역사에서도 일본이 신앙을 말살하려고 박해했을 때 주 기철, 손 양원, 이 기선 박 관준 같은 순교자들이 있어 한국교회 부흥의 씨앗이 되었다. 오늘날에도 평신도를 교육하여 교회 부흥의 첨병으로 삼는 것도 중요하지만 교회의 지도자들이 영적 전쟁을 실제적으로 의식하는 것이 더 급선무라고 생각한다.

IV. 오늘날의 전면적인 영적 전쟁

오늘날의 영적 전쟁에서 우리는 다음과 같은 것들을 의식해야 한다. 첫째, 세계적인 조직인 로마 카톨릭을 통한 에큐메니즘과 화해라는 이름으로 벌어지는 교회운동이다. 둘째, 대중 문화 속에 파고드는 뉴 에이지 운동을 통한 사탄의 공격이다. 셋째, 교회 안에 들어오는 인본주의와 세속주의는 기독교인의 신앙을 허물어 가고 있다.

우리는 로마카톨릭에 대해 새롭게 인식해야 한다. 그들이 정치적 목표를 위해서 전면에 내세우는 종교 다원주의와 에큐메니즘에 대부분의 세계교회는 빠져 들고 있다. 심지어 많은 사람들이 카톨릭을 개신교의 큰 집 정도로 이해하고 있다. 그들은 기독교의 용어를 구사하면서 대화를 이끌어 가고, 오늘날의 로마 카톨릭 사제들은 루터의 칭의론을 강의한다. 또한 그들은 "거듭남," "구원 경험," "그리스도와의 만남," "성령세례" 등을 사용한다. 그래서 많은 신학자들이 과거의 카톨릭과 현재의 카톨릭을 구별한다. 그러나 1926년 로마 카톨릭 교회의 예수회학자 마르케(J. Markae)가 그의 책 "교회의 승리"에서 정리한 88개의 이단들 중에는 오늘날 그 이름을 가지고 있는 24개의 교회들이 있다. 즉 재침례교, 위그노, 화란 개혁교회, 감리교, 장로교, 루터교, 칼빈주의 등이다.

1960년 로마교황 요한 23세는 그 옛날 콘스탄틴의 수법을 그대로 이용하여 제 2바티칸 공회를 열고 무기를 쓰지 않고 화해책략으로 모든 기독교를 가장 효과적으로 파괴시킨 예수회 출신의 교황이다. 로욜라가 조직한 예수회는 루터의 개혁에 대항하는 반개혁(Counter-Reformation, 1527-1700) 세력의 선두였다. 예수회 조직은 완전한 군대조직으로서 이들은 수도원 은거에 그치지 않고 십자군을 답습, 선교사의 명분을 가지고 국가와 은행합자로 로마 카톨릭 식민지 시대를 열었다. 오늘날 예수회 선교사들이 선교한 소위 천주교국으로 알려진 중남미 국가들은 난잡하고 무절제한 카니발을 갖고 있다. 카니발이란 뜻은 "바알의 제사장"이란 뜻이다. 사실 로마카톨릭은 성경에 기초한 것이 아니고 희랍, 로마의 이교사상과 혼합되어진 카톨릭의 르네상스에서 시작된 것이며, 예수회의 반동 종교개혁은 인간이 만물의 중심이 되는 인본주의 사상에 머물렀다. 우리가 WCC를 외면하는 이유는 그들이 카톨릭의 예수회의 손에 의해 조종되고 있기 때문이다. 벨로(Nino Lo Bello)는 그의 책 "바티칸의 스파이 조직"에서 "바티칸은 세계에서 가장 효율적이고 가장 방대한 스파이 조직을 가지고 있으며, 이들은 러시아의 KGB를 능가하고 있다"고 폭로했다.

오늘날 문화의 영역에 파고드는 뉴 에이지 운동이란 문명을 벗어버리고 새로운 가치관을 통해서 새 시대를 건설하자는 모든 운동을 가리킨다. 그러나 이것 또한 사탄의 전략인데 일찌기 창세기 3장에서 사탄이 말한 네 가지 거짓말이 그들의 사상의 축을 이루고 있기 때문이다. 즉, 너희가 하나님 같이 되리라, 너희가 죽지 아니하리라, 너희가 선악을 알리라, 너희 눈이 밝아지리라는 것이 뉴 에이지 운동의 핵심이다. 뉴 에이지 운동이 태동하게 된 사회학적 원인은 모더니즘을 대표하는 반과학주의이다. 반과학주의와 범신론은 자연주의 또는 자연숭배 사상을 낳게 되었다. 이런 사상이 1970년대부터 미국에 확산되면서 세계적 신흥종교로서 기독교의 복음을 말살하려는 뉴 에이지 운동으로 등장했다. 우리나라에서도 뉴 에이지 운동이 재빠르게 확산되고 있는 것은 본래부터 범신론이나 업보, 해탈사상을 가진 불교가 있고, 모든 진리는 같다는 원불교, 정령숭배에 기초한 샤머니즘, 음양 오행설에 기초한 도교사상, 정신과 기를 강조하는 단학 등이 총체적으로 어우러져 있어 뉴 에이지 운동의 충분한 토양을 제공하기 때문이다. 뉴 에이지 운동은 단순한 사회풍조가 아니라 이단 종교이다. 그것은 기독교 진리를 부정하고 인간의 정신력은 무한하고 죄가 없다며 상황윤리를 만들고 모든 진리를 상대적인 것으로 만들어 버렸다. 뉴 에이지 운동은 하나님을 에너지로 보는 신관, 인간을 신성을 소유한 자로 생각해서 잠재능력 개발을 최우선으로 여기는 인간관, 그리고 영적 각성, 즉 명상으로 도를 닦으면 구원의 경지로 들어갈 수 있다는 구원관을 가지고 있다. 또한 그것은 범신론, 환생론, 일원론, 접신론 그리고 자신의 재창조론 등을 갖고 있다. 이러한 뉴 에이지 운동을 대항하기 위해서 우리는 칼빈주의 신앙, 곧 하나님 중심의 신앙을 가진 바른 세계관 건립을 위해서 교회의 지도자들이 함께 힘을 모아 이 거대한 영적인 세력을 물리쳐야 한다.

V. 결론

오늘날의 이 거대한 영적 전쟁에 대한 대안으로는 우선 교회가 영적으로 깊은 잠에서 깨어나야 한다. 사탄은 우리에게 거저 받은 은혜와 축복을 누리며 이 땅에서 행복하게 살면 된다고 유혹한다. 그래서 오늘날 많은 사람들이 영적 전쟁 자체를 인정하지도 않을 뿐만 아니라 무시하고 있는 것이 한국교회의 실정이다. 또한 영적 전쟁을 위해서는 체계적인 교육이 필요하다. 특히 어린아이와 청소년들을 위한 기독교적 세계관 확립이 시급하다. 그 일환으로 우리는 기독교 주간 학교를 계획해야 하며, 재정능력이 있는 교회들은 기독교 초등, 중등, 고등학교를 세워야 한다. 이렇게 교회는 기독교 학교들을 통해 뉴 에이지 운동의 무신론적, 범신론적, 인본주의, 허무님의 세계관에 대항해서 하나님 중심의 세계관 건립에 앞장서야 할 것이다. 또 교회 안에는 영적 전쟁의 정보를 수집하고 계획, 연구하고 통제할 수 있는 기구가 있어야 한다. 그래서 교회가 이단과 사회, 경제, 정치, 문화, 교육, 예술 등 전 분야에 걸쳐서 어떻게 영적 전쟁에 대비해야 할 것인지 연구해야 한다. 뿐만 아니라 21세기 영적 전쟁에 대처할 수 있도록 실제적이고 구체적인 영적 교육 프로그램이 개발되어야 한다. 즉, 말씀과 기도 운동을 강화해서 세속주의와 인본주의에 맞서 싸워야 한다. (이 글은 신학지남, 1997, 251호, 정 성구, "영적 전쟁을 위한 한국교회의 자각"에서 발췌된 것이다. 또한 1995, 244호, 홍 치모, "교황 바울 3세와 반동종교개혁"을 참조하라.)

21. 한국 교회의 위기 극복을 위한 대안을 제시하라

I. 서론

20세기말의 세상은 엄청난 속도로 변하고 있다. 오늘날 경제적 어려움과 대량 실업사태는 우리만의 문제는 아니고 세계적인 문제이다. 그러나 오늘날 한국교회는 정치, 사회, 경제적 변화보다 더 커다란 위험스런 사상이 들어와서 기독교인들의 신앙을 파괴하고 있다. 그것이 이른 바 포스트모더니즘 즉, 탈 현대주의 사상이다. 이 사상은 지금 정치, 경제, 사회, 문화, 예술, 교육, 신학 등 삶의 모든 영역에 퍼져 기독교를 위협하고 있다. 이 글에서는 고통받는 한국의 현실과 세기말의 기독교를 위협하는 사상 속에 서 있는 한국교회를 진단하고 교회의 나아갈 방향을 모색해 볼 것이다.

II. IMF 체제하에서의 국민적 고통과 한국교회

　세기말의 현상 속에서 정보통신의 발달로 세계는 국경이 없어지고 하나의 공동체가 되었다. 세계 어느 나라도 정치적, 경제적, 문화적으로 자기만을 위해서 살아갈 수 없으며, 상호의존적이며 보완적이 되었다. 그 실례가 바로 IMF 체제하의 한국이다. 지금 한국은 적어도 경제적으로는 독립국이 아니다. 1910년대의 한국교회는 1%도 안되는 교인을 가지고도 민족의 장래와 방향을 선도했다. 그러나 지금 25%의 기독교인이 있다지만 세상을 변화시키기는 커녕 도리어 세상의 영향력을 벗어나지 못하고 있는 형편이다. 그러므로 우리는 영적위기가 온 다음에 경제위기가 왔다는 것을 인식해야 한다. 한국교회는 오늘의 이 절박한 상황에서 분명한 대답을 제시해야 함에도 불구하고 통일된 목소리를 내지 못할 뿐 아니라 기독교의 정체성마저 위협받고 있다. 이런 때에 우리는 오늘의 사회와 세계 그리고 교회의 현황을 파악하여 이 변화의 와중에 개혁교회의 정체성을 지키고 민족의 고난과 십자가를 지는 교회가 되어야 한다.

III. 포스트모더니즘의 도전

　한국이 경제문제로 어려움을 당하고 있는 동안에도 세계는 사상적으로 변모를 거듭하고 있으며 그것은 이미 교회에도 새로운 물결로 다가온지 오래다. 우리 시대의 세계관인 포스트모더니즘은 문화, 역사, 정치, 교육, 법학, 사회학, 언어학, 과학, 신학 등에 광범위하게 영향을 끼치고 있다. 이제 의사들은 과학적 치료와 아울러 마술적 치료법으로 환자를 대하게 될 것이며, 교육에서도 학생들 스스로가 지식을 만들어 낼 수 있도록 운영될 것이다. 이제 더 이상 기록된 문자의 권위를 인정하거나 받아들이지 않는다. 그리고 역사는 오늘의 삶 속에 일어나고 있는 일을 취급한다. 심리학에서는 실체란 단지 독자들의 마음에만 존재한다고 본다. 그리고 법원의 판결은 점차 비원칙적으로 기울어져 가고 있다. 또한 과학자들은 과학을 서구 제국주의의 산물로 몰아 세운다. 이 사조의 영향을 받은 종교가들은 "종교는 오직 당신 자신 안에" 있다고 주지시킨다. 과거 현대주의 자들은 종교를 하나의 미신으로 취급했으나 포스트모더니즘은 기독교 절대성을 없애고 모든 종교는 꼭 같다고 선언한다. 따라서 객관적인 진리가 별도로 존재하는 것이 아니고 인간 스스로 만들어 내는 것이다.

　포스트모더니즘은 구체적으로 우리의 신학과 신앙, 교회 생활에도 영향을 미치고 있다. 1979년 올해의 비평가 상을 받은 엘렌 파켈스는 그의 책 "노스틱 복음"에서 신약 해석에 영지주의를 새롭게 채택했다. 이것은 해체이론을 사용한 대표적인 모델이다. 그리고 조셉 켐벨은 그의 책 "하나님의 가면들"과 유명한 TV시리즈인 "신화의 힘"에서 참된 진리는 상징 언어로 기술된다고 하였다. 또한 페미스트들은 포스트모던 방법론을 동원하여 기독교와 성경을 해체하여 기존의 방법론 위에다 자신들만을 위한 새로운 방법을 대체시키려고 시도한다. 한편 존 브라트 쇼는 포스트모더니즘의 방법론으로 동양의 신비주의를 이용하여 기도운동과 성경을 절충할 수 있다고 보았다.

IV. 오늘의 위기상황에 대한 칼빈주의적 대안

포스트모더니즘은 우리에게 커다란 도전으로 다가오고 있지만 한국교회는 이것에 대해 제대로 대처하지 못하고 있다. 종교다원주의를 지향하는 이 사조의 특징은 모든 것이 상대적이며 다양하다고 보는 것이다. 그 영향으로 기독교에서는 해체주의 이론으로 전통적인 신학을 해체해 버린 결과 이제 신앙의 패턴이 변하게 되었다. 인간의 욕구를 충족시키는 감성적 방법을 동원한 예배가 예배갱신이란 이름으로 발전하고 있다. 사람들은 이제 교리와 신학에는 무관심하게 되어 개인의 생활에서 감정적이고 경험적인 것을 중시한다. 또한 교회의 전통이나 진리의 내용을 무시하고 임의성과 실용성, 간편성을 선호한다.

그러면 이 사조에 대항한 교회의 미래를 위한 대안은 무엇인가? 첫째, 영적으로 깨어나야 한다. 한국의 IMF 사태는 총체적인 파숫군의 부족에서 기인한 것이었다. 둘째, 철저히 성경으로 돌아가야 한다. 포스트모더니즘은 성경의 권위를 무력화시키고 있기 때문이다. 셋째, 지도자 교육을 위한 구체적이고 획기적인 계획이 수립되어서 경건과 학문의 조화를 이루도록 신학교육의 질을 높여야 한다. 넷째, 한국교회의 개혁주의적인 성장의 신학을 세계화하도록 해야 한다. 다섯째, 교회의 지도자들의 도덕성, 윤리성, 이웃 사랑의 회복이다. 한국 교회가 세상을 향해서 빛과 소금의 노릇을 할 수 없었던 것은 우리 자신들의 윤리의식에 문제가 있었기 때문이다.

V. 결론

우리는 오늘의 IMF에 대한 책임이 교회의 영적 어두움에서 기인했음을 깊이 인식해야 한다. 그러므로 교회 안팎으로 도전하는 포스트모더니즘에 대항해서 승리하기 위해서는 교회가 먼저 잘못을 깨닫고 하나님 앞에서 회개하고 그 잘못을 바로 잡아야 한다. 세상은 하나님을 이길 수 없다. 왜냐하면 세상의 거짓된 사상과 신관은 한 번도 하나님을 이긴 적이 없기 때문이다. 하나님 중심의 신앙을 가진 자는 함께 하시는 하나님과 더불어 반드시 승리할 것이다. (이 글은 신학지남, 1998, 255호, 박 아론, "권두언: 한국교회의 신학적 IMF"와 1998, 256호, 정 성구, "한국교회의 위기극복"에서 발췌, 편집된 것이다.)

22. 빈야드 예배(열린예배)를 비판하고 한국교회의 예배에 대해 논하라

I. 서론

성장이 둔화되고 있는 한국교회의 목회자들에게 전도운동의 한 새로운 방법으로 빈야드 운동은 관심의 대상이다. 그러므로 이 글에서는 개혁신학의 관점에서 빈야드 운동의 배경과 의도, 그리고 예배의 형태를 분석해 보고 빈야드 예배의 신학적, 문화적인 면을 평가해 봄으로서 한국교회의 예배문화에 대한 입장을 정리해 볼 것이다.

II. 빈야드 운동의 배경과 의도

빈야드 운동은 존 윔버에 의해 시작된 것으로 알려져 있다. 그는 현재 미국 캘리포니아주 아나하임의 빈야드 크리스챤 펠로우쉽교회의 설립목사이며, 국제 빈야드 사역자 모임의 대표이다. 그는 오래 전에 교회성장에 관심을 가지고 미국의 여러 교단들과 함께 일하고 있을 때 제 3세계에서 일어나고 있는 성령운동을 통한 표적과 기사에 대해 알게 되어 성령에 의한 치유에 관심을 가지게 되었다. 그는 1973년 3월 아내로부터 시작된 성경공부모임으로 교회를 설립하고 치유목회를 하게 되었고 수많은 은사주의자들에게 영향을 미쳤다.

빈야드 운동은 윔버가 1985년 빈야드교회 연합체를 조직하면서부터 시작된다. 이 운동은 예수님과 초대교회에 있었던 특별한 역사가 오늘날도 그대로 재현된다고 믿는 새로운 "오순절 운동-성령의 제 3의 물결"이란 이름으로 전개되었으며 이전에 있었던 오순절 운동과 은사운동과는 구별된다. 빈야드 운동은 첫째 사도행전적인 성령역사의 표적과 기사를 동반한 복음전도, 둘째 교회의 수적인 성장, 셋째 성령의 직접적인 역사를 예배 행위를 통하여 기사화하는 목표아래 복음전도운동과 교회성장운동을 전개하고, 이 세 가지 목표를 이루기 위해서 "능력전도"와 "빈야드 찬양," 그리고 "증거"를 사용한다. 여기서 윔버는 사도행전에 소개되고 있는 사도들의 복음증거 방법을 모방하고, 표적과 기사를 통해 하나님의 능력을 나타내 는 능력전도가 그리스도의 참 제자로 성장해 가는 방법이라고 주장한다.

빈야드 운동은 토론토 블레싱이란 사건과 관련되어 있다. 1994년 1월 20일 캐나다 토론토 국제공항 근처에 있는 빈야드 교회에서 빈야드 운동에 적극 협력하고 있는 랜디 클라크 목사를 초청하여 부흥회를 갖게 되었는데, 이 집회에서 일어난 기이한 현상들이 매스컴을 통하여 전 세계에 알려지게 되었다. 이러한 토론토에서 나타난 특이한 성령 은사의 현상은 원래 남아프리카 출생인 하워드 브라운 목사의 영향에 있었는데 그는 오순절 교회의 목사였고, 클라크 목사는 그의 영향을 받았다고 한다. 그러나 실제로 빈야드 운동이 최근에 관심을 끌게 된 것은 이 토론토 블레싱에 있었다.

III. 빈야드 교회의 예배에 대한 분석과 평가

빈야드 교회의 예배는 형식과 의식을 초월한 예배이다. 예배인도자와 회중의 복장은 자유롭고, 예배의 시작은 있지만 마침에 대한 분명한 표시가 없다. 예배인도자는 빈야드의 찬양을 리드하는 음악전문사역자이다. 이렇게 시작된 예배는 율동을 곁들인 찬송이 40-50분 계속되는데 이때 회중들은 감격하고 눈물을 흘리기도 한다. 이러한 자유스럽게 이루어지는 행위가운데 성령의 내재하심을 경험한다고 한다. 이러한 거룩한 무질서 뒤에 목사가 20-30분 정도의 설교를 하고, 설교가 끝난 후 설교자는 그날 주제에 맞추어 기도받기를 원하는 자들을 앞으로 초대하여 기도전문사역자들과 함께 안수 기도를 한다. 예배를 공식적으로 끝마치는 시간이 정해져 있지 않기 때문에 주기도문이나 축도는 없다. 그러므로 빈야드 운동의 예배는 찬양과 경배, 표적과 기사라는 성령의 직접적인 역사의 행위를 합쳐놓은 것이라고 볼 수 있다.

빈야드 운동과 예배는 지극히 서구적이고 미국적인 문화적 배경을 가지고 있다. 다양한 민족, 다양한 문화, 자본주의와 사회주의적인 가치들이 혼합되어 있는 첨단의 나라, 더우기 종교의 자유가 보장되어 있는 미국은 다양화된 사회이다. 무엇보다 기존의 예배의 형식과 틀 속에서 하나님을 만날 수 없었기 때문에 인위적으로 가공되지 않은 자유로운 분위기 속에서 하나님을 만나려는 욕구는 당연했는지도 모른다. 특히 빈야드 운동에 심취한 부류는 베이비 붐 시대에 탄생한 자들로 자유와 번영을 향유한 세대이다.

빈야드 예배는 시작과 끝이 정해져 있지 않을 뿐 "찬양-말씀-치유"라는 기본 구도를 가지고 있다. 기존교회의 예배구도가 "만남-말씀-봉사"인 것과 비교해보면 기존의 "만남과 봉사" 부분이 "찬양과 치유"의 관계로 변화되었다고 볼 수 있다. 예배는 하나님과 화해하는 제의적 관계가 마련되어야 한다. 그런데 빈야드는 이러한 예전의 신학적 이해 없이 곧 바로 찬양과 경배로 하나님과의 만남이 시작된다. 따라서 신학적으로 성령의 강조는 있으나 그리스도의 십자가의 화해의 표현이 결여되어 있다.

기독교 예배의 모든 순서는 하나님의 말씀을 표현해야 하는데 예배순서 가운데 하나님의 말씀의 의미를 가장 크게 표현하는 것이 바로 설교이다. 말씀을 통하여 회중은 하나님은 누구며, 세상에서 어떤 가치 기준으로 살아야 하며, 인간과 세상의 유일한 소망이 무엇인지에 대한 답을 얻어야 한다. 그런데 빈야드의 예배는 하나님의 말씀과의 관계에서 추구되는 인격적인 만남으로서의 예배가 아니라, 표적과 기사라는 성령의 가시적인 영적체험의 관계에서 하나님의 경험을 예배의 중심에 두고 있다. 예배는 하나님과의 만남의 사건으로 성령의 임재 속에서 이해되어야 한다. 성령은 하나님 자신으로서 우리와 교통하시기 위하여 임재하시는 것인데 빈야드의 예배는 이러한 성령의 이해를 넘어 성령의 직접적인 경험을 가시화하려고 한다.

개신교 예배에서 중요한 또 하나의 요소는 성례의 거행이다. 이것은 예수님의 말씀에 근거한 것으로 하나님과의 만남을 경험하는 수단이다. 그러나 빈야드 교회가 성찬을 강조하고 시행하고 있는지는 알 수 없다. 예배의 모든 순서는 하나님과의 만남을 돕기 위한 매체로서 기독교는 초대교회부터 예배에서 신앙의 표현의 도구로 음악을 사용해 왔다. 그런데 빈야드의 예배는 과도한 음악으로 감정을 고조시켜 그것을 성령의 직접적인 경험과 동일시하고 있다.

IV. 한국교회의 예배문화

지금까지 한국교회의 예배는 정성을 다하여 하나님께 무엇을 드려야 하는 일로 생각하였기 때문에 인도자의 이끌림에 종속되어 수동적이고 경직되어 왔다. 그렇지만 빈야드 예배는 사람들이 예배를 통하여 하나님과의 만남을 직접 경험하도록 자율적인 참여의 장을 만들어 주었다. 또한 빈야드 예배의 도전 중 하나는 성령의 기사와 표적을 동반한 기도의 시간이다. 그러나 우리의 기도는 대표기도로 통용되고 있다. 따라서 목회기도, 중보기도를 예배 후반부에 첨가하는 기도로 보완할 수 있다. 빈야드 예배가 주는 또 하나의 도전은 음악과 영상매체의 이용이다. 이것은 가시적이고 감성적인 부분을 자극할 수도 있지만 적절히 고려하여 한국의 심성과 문화에 알맞는 새로운 찬송들을 개발할 필요가 있다.

V. 결론

한국교회는 예배의 새로운 방향전환과 방법의 추구에 있어서 도전과 혼란을 아울러 경험하고 있다. 그래서 빈야드 운동과 예배의 신학적인 문제를 개혁신학적인 관점에서 수용할 것들을 살펴보았다. 이러한 견해들을 참고로 하여 한국교회의 예배 문화를 풍성케 해야 할 것이다. (이 글은 신학지남, 1996, 247호, 정일웅 "빈야드 운동과 빈야드 예배문화의 비판적 성찰"에서 발췌된 것이다. 또한 1996, 246호, 이 관직, "신학생들의 눈에 비친 한국교회 주일예배"를 참조하라.)

VII. 선교

23. 복음과 문화의 관계에 대하여 논하라

I. 서론

이 글은 먼저 복음과 문화에 대한 신학적 정의를 내리고 그에 따른 다양한 신학적 이해들을 유형화하여 개괄적으로 분석 평가하여 보다 성경적인 복음과 문화에 대한 신학모델을 제시하고자 한다. 또한 실천신학이나 교회성장학에서 중요하게 강조하는 지역교회 성장에 있어서의 문화적 정황에 대한 제 이론들을 사례를 중심으로 신학적으로 평가하고 대안을 제시하고자 한다.

II. 복음과 문화의 신학적 정의

복음과 문화의 관계를 살펴볼 때 복음에는 하나님의 계시도구로 사용된 다양한 문화형태와 상황들이 존재하고 있다. 그러나 성경 안에서도 문화적 상황과 형태의 차이점이 있다. 윌로우 뱅크 보고서는 문화의 기원을 하나님의 창조 언약으로부터 본다. 하나님의 축복으로 부여된 문화에 대한 하나님의 약속과 축복은 인간 범죄 이후 이미 중립성을 상실하고 죄의 영향력과 배후에 있는 사탄의 영향을 받게 되었지만 보통은총으로서의 기능과 역할을 완전히 상실한 것은 아니다. 이것은 구원과는 상관없는 제한적 은총으로 여전히 존속하며 헤르만 바빙크, 아브라함 카이퍼, 그리고 선교신학자인 요하네스 바빙크가 규명했듯이 복음의 접촉점과 선교의 근거가 된다.

1) 문화진화론과 발전주의 이론: 문화진화론은 다윈의 "종의 기원"과 "인간의 출생"에서 취급된 생태학적 발전이론에서 비롯된다. 이 이론의 특징은 보다 발전된 종들만이 생존하게 되어 있으며 열등한 것들은 도태되거나 소멸하게 된다. 그러나 이 이론은 오늘날 문화인류학에서 이미 낡은 이론이 되었다.

2) 문화결정주의 이론: 문화란 지정학적으로 그곳에 살고 있는 인간공동체의 독특한 삶의 경험이 보다 유용하고 발전적인 삶의 정황을 형성하는 것으로 민

족적 특성을 나타낸다. 마가렛 미드, 루쓰 베네딕과 크로보가 주장한 이 이론은 문화가 형성되는데 심리적인 요인을 중요하게 여기며, 생존을 위한 기능적인 측면에서 문화가 결정되어진다고 본다. 이러한 문화결정주의는 결국 기독교의 선교를 거부하게 만들고 상대화되어 다원주의를 주장하게 만든다.

3) 문화기능주의 이론: 이 이론은 문화가 그 속에 살고 있는 사람들의 생존을 위해 필요충분한 역할을 한다는 전제에서 문화를 기능적으로 연구한다. 말리노우스키는 문화란 전체 사회 구성원들을 위한 기본욕구 충족의 장소이며, 그 속에 살고 있는 사람들에게 최적의 삶의 조건을 산출한다. 따라서 문화에 대해 낙관적이며 토착문화의 중요성을 강조하고 문화의 상대성을 인식함으로 다원적 문화의 길을 열어 놓는다. 그러므로 선교무용론을 주장하고 선교를 통한 문화변혁에 부정적이다.

4) 문화구조주의 이론: 레비 스트라우스는 문화 속에 기본적인 규칙들과 상호결속의 원리들이 있어서 문화 속의 모든 것을 통합하는 구조적인 특성이 있음을 주장한다. 그는 집합적인 사회공동체 의식을 중요시하며 이것이 문화의 모든 하위구조 속에 반영되어 문화의 기능과 역할을 조정한다고 본다.

5) 문화상징주의 이론: 게어츠는 문화의 심층구조로서 "세계관"을 제시한다. 이 세계관은 종교적인 특성을 띠고 있는데 사물에 대한 존재론적인 인식과 더불어 정서적이고 윤리적인 측면으로 발전하는 통합구조를 가지고 있다. 이 이론은 세계관을 핵심으로 보기에 성경적 인간관과 일맥상통하나 세계관의 반영으로서의 인간의 상징적 능력이 종교를 통해 절정으로 나타나며 바로 그 상징배후에 하나님의 자기 계시가 보편적으로 나타난다는 전제는 종교다원주의 및 보편구원설에 빠질 위험이 있다.

III. 복음과 문화의 상관성에 대한 제 신학적 모델들

로마카톨릭 교회의 상황화 신학자인 스티븐 비반스는 다섯 개의 신학모델을 제시하고 있다. 이 중 번역의 모델만이 역동적 등가의 모델로서 복음주의 진영에 속하고 인류학적인 모델, 프락시스의 모델, 종합화의 모델 및 초월모델은 WCC의 신학모델에 속한다.

1) 인류학적 모델: 이 모델은 복음에 대한 전이해로 아래로 부터의 신학이 반영된 다드의 윤리신학적 케리그마, 불트만이나 후기 불트만 학파에 속한 신해석

파의 실존주의 신학의 용서와 사랑, 그리고 화해의 케리그마, 메츠의 출애굽 해방의 모티브와 몰트만의 십자가와 부활의 모티브 등과 결속되어서 WCC진영의 선교신학의 기반이 된 호켄다이크의 하나님의 선교사상(Missio Dei)이 반영이 된 모델이다. 이 모델은 인간성의 회복이나 완성을 궁극적인 목표로 삼으며, 민중이 변혁의 주체이다. 하나님의 선교는 인간을 비인간화를 초래하는 제도적 구조악에서 해방시켜 하나님의 샬롬을 구현하는 방편이 된다. 해방신학, 민중신학, 흑인신학, 혁명신학, 여성신학 등이 이 모델에 속해있다.

2) 상징주의 모델: 이것은 문화상징주의 이론을 전제한 모델이다. 폴 틸리히에 의하면 인간은 상징의 언어로 신학을 수행하는데 상징은 실제의 깊이를 드러내고 모든 사물의 존재의 기반이 되는 하나님을 만나게 하는 것이다. 하나님은 자신을 상징을 매개로 하여 모든 종교 속에 나타내시므로 상징은 기독교회의 전유물은 아니다. 카톨릭 학자인 로버트 쉬라이트도 동일한 주장을 한다. 1960년대 중반부터 등장하기 시작한 한국의 토착화 신학은 거의 상징주의 신학의 모델에 속한다. WCC는 이 상징주의 모델을 공식적으로 받아들여 1968년 4차 웁살라 대회를 기점으로 타 종교인들을 살아있는 신앙을 가진 사람들로 규정하고 종교간의 대화 운동을 벌이고 있다.

3) 역동적 등가의 모델: 이 모델은 유진 나이다에 의해 성경 번역의 모델로 제시된 것으로 그는 성경번역의 목표가 현지 문화의 언어 속에서 "성경계시의 의미가 온전하게 전달되는 것"을 지상과제로 삼았다. 그는 이 일에 있어서 참스키의 변형문법이론을 도입하여 언어가 가지고 있는 의미전달 효과의 극대화를 시도한다. 그러나 이 모델의 문제점은 문화를 중립으로 볼 때 특별계시의 간섭 없이도 구원의 하나님을 만날 수 있는 가능성을 인정하는 것이다. 앤쏘니 씨셀톤이 지적하듯이 문화형태 속에 심층구조로서의 세계관이 작용하고 있기에 이러한 세계관의 영향을 무시한 채 문화형태를 성경의미를 전달키 위해 자유롭게 사용하는 것은 혼합주의의 위험성이 있다.

4) 초문화 신학의 모델: 이 모델은 복음과 문화의 관계 속에서 복음의 규범을 강조하여 복음의 역할은 문화변혁의 내용이 되는 것이다. 여기에는 크게 세 가지의 이론이 있다. 첫째, 복음과 문화의 관계를 절대, 초문화, 문화신학으로 구분한다. 둘째, 복음과 문화의 관계 속에서 복음의 규범을 전제하고 복음이 어느 특정 문화에 속한 것이 아니라 문화를 초월하나 문화 속에서 토착신학의 작업

이 이루어지며 성경을 통해서 고찰되어야 한다. 이 신학 유형은 성경의 권위를 중심으로 한 혼합주의를 경계하는 복음주의적 신학모델이나 지나치게 방어적이어서 선교가 무시되기 쉽다. 셋째, 개혁주의 입장의 상황화의 신학유형이 있다. 이것은 성경계시의 완전, 유기적 영감설을 전제로 한다. 성경은 어느 특정문화에 대한 편견 없이 다양한 문화를 계시도구로 사용했다. 이 유형은 성경계시와 복음전달자 그리고 수용자의 관계를 고찰하여 성경을 중심으로 한 끊임없는 문화변혁을 전제한 가장 바람직한 복음과 문화에 대한 신학모델이다.

IV. 지역교회와 문화의 정황과의 관계

교회성장학은 교회성장을 분석하고 측정하며, 성장방법을 전략적으로 제시할 때 사회과학적 이론들을 적절히 사용하려 시도한다. 여기서는 교회성장학의 이론이 반영된 부분을 복음과 문화와의 관계에서 네 가지로 나누어 볼 것이다.

1) 예배와 문화: 교회가 위치한 지역사회와 그 속에 살고 있는 사람들의 성향이나 특징을 고려하지 않는 예배의식은 바람직하지 못하다. 예배란 교회주변의 지역사회 속에 살고 있는 하나님의 사람들의 참여로 이루어지는 것으로서 지역사회의 문화적 요소들이 반영되게 되어있다. 예배란 본질적으로 삼위일체 하나님과 그의 백성들과의 거룩한 영적 교제이며 섬김의 의식이다. 불신자들을 대상으로 한 선교목적의 예배는 평일중 한 날을 정해서 특별집회로서 계획될 수 있다. 주일예배가 문학의 밤 같은 행사나 오락이나 축제놀이로 전락하는 것은 경계해야 될 미국 실용주의의 산물이다.

2) 교회건물과 문화: 교회건물은 역사에서 그 시대의 문화적 요소가 반영되어 있으므로 오늘날의 문화 속에서 교회건물은 패러다임의 변화가 있어야 한다. 교회는 각 문화토양에서 창의성을 가지고 교회의 신학적 본질을 표현하는 일을 소홀히 하지 않았다. 오늘날 특정계층을 염두에 둔 목회철학이 반영된 교회건물은 문화적인 친숙함이나 전통적인 교회건물의 이질성을 피하게 하는 장점이 있으나 교회의 신학적 본질이 상실되어 세속화의 올무에 걸릴 가능성이 있다. 교회건물에는 시대의 문화적 요소들이 무시될 수는 없지만 교회의 본질로서의 거룩성과 사도적 교회의 모습이 표출되어야 한다.

3) 교회음악과 문화: 베이비 붐 머즈나 베이비 버스터즈에게 익숙해 있는 록 음악이 반영된 복음성가나 현대음악기법이 담겨있는 "현대기독교 음악"을 교회

음악으로 사용하여 예배의 활력을 도모하려는 시도는 현대문화를 무시하지 않고 그 문화 속에 젖어 있는 세대를 복음화하려는 선교적 시도로서 긍정적으로 이해될 수 있다. 그러나 록음악이나 현대음악 속에 내재된 이교적 세계관의 영향력을 경시해서는 안된다. 음악형태는 이데올로기와는 상관없는 중립성을 가지므로 얼마든지 기독교적으로 사용할 수 있다는 전제는 위험하다.

4) 교회구조와 문화: 지역교회는 그리스도의 몸인 우주적 교회의 지체로서 어느 특정 대상이나 계층을 위해 존재하지 않는다. 교회가 전략적으로 어느 특정 계층의 사람들을 복음화하려는 시도는 복음을 위한 하나의 과정일 뿐이다. 교회의 전략적인 면에서의 동질단위의 양육이나 훈련구조는 활용될 수 있으나 이것은 과정이요, 도구로서 궁극적으로 다양한 계층과 은사의 사람들로 이루어진 유기체적 몸으로서의 교회로의 성숙한 성장이 있어야 한다.

V. 결론

한국의 보수교회는 문화의 영향력을 과소평가하지 말고 비성경적인 요소들을 분별하여 끊임없이 성경적인 문화변혁을 일으켜서 이것이 선교의 변혁으로서 한국인의 문화 속에 성경적 세계관으로 자리잡도록 해야 한다. 그리고 진보주의적 교회는 복음의 본질을 회복하고 복음 속에서 문화를 검증하고 평가하여 복음과 문화의 균형을 이루어야 한다. 그러므로 한국교회는 복음과 문화의 관계에서 교회성장학의 제 이론들을 신학적으로 분별하여 복음의 본질위에 문화적 토양을 무시하지 않고 복음이 문화를 선도해 나가는 성숙한 교회성장을 도모해야 할 것이다. (이 글은 신학지남, 1997, 251호, 김 성태, "복음과 문화"에서 발췌된 것이다. 또한 1994, 241호, 김 성태, "개혁주의 관점에서 본 도시선교운동의 전략 연구"를 참조하라.)

24. 에큐메닉 선교신학에 대하여 분석하라

I. 서론

오늘의 교회는 선교신학의 양극화로 인하여 복음주의와 에큐메닉 선교진영으로 나누어져 있다. 이러한 분열은 신학적 입장의 차이로 비롯되는데 중도파 입장의 신학자들이 이 격차를 좁히려는 시도를 하고 있지만 그 결과는 그리 만족스럽지 못하다. 이 글에서는 에큐메닉 선교신학의 여러 신학적 명제들과 그 진술들을 개괄하고 그 문제점을 살펴볼 것이다.

II. 에큐메닉 운동의 기원과 발전

18-19세기의 선교기구 및 선교 협의회 운동으로는 윌리암 캐리와 구스타브 바넥의 영향력을 힘입어서 1910년에 개최된 에딘버그 세계선교대회를 들 수 있다. 1925년 스톡홀롬에서 창립된 "생활과 사역"회의와 1927년 로잔에서 창립된 "신앙과 질서" 회의가 1939년 우트레히트에서 잠정적으로 통합되었고, 그로 인해 세계교회협의회가 결성되었는데 그 모임들은 이미 그 자체에 오늘의 에큐메닉 선교신학을 형성할 수 있는 사상적 토양이 마련되어 있었다. 그리고 1948년에 이르러 국제신교협의회가 암스테르담에서 세계교회협의회를 결성하였다.

1) 1948년의 제 1차 WCC대회: 암스테르담에서 "인간의 무질서와 하나님의 설계"라는 주제아래 44개국 147교단 351명의 대표들이 참석한 WCC의 1차 대회가 열렸다. 이 대회는 그리스도를 중심으로 한 교회연합의 필요성을 인식하였고 교회의 협력을 통한 선교의 주창 등 긍정적인 기여를 했으나, 그리스도를 중심으로 한 교회연합이 무엇인지에 대한 교리의 진술이 명확하지 않아 인본주의의 위험을 내재하고 있었다.

2) 1945년의 제 2차 WCC대회: 일리노이주 에반스톤에서 "그리스도는 세상의 희망"이라는 주제를 가지고 42개국 132교단에서 502명의 대표들이 참석하였다. 기독론적 관점에서의 선교신학을 신학적으로 정의하여 교회의 선교사명의 중요성을 논한 긍정적인 측면이 있으나 신학의 비중이 사회변혁과 책임사회 구현으로 치우치게 되었다.

3) 1961년의 제 3차 WCC대회: 인도의 뉴델리에서 197개 교단의 577명의 대표들이 "세상의 빛으로서의 예수 그리스도"라는 주제로 모였다. 선교는 교회뿐 아니라 세속단체와 타종교를 통해서도 수행되는데 이것은 세상에 하나님의 살롬을 구현하는 행위로 나타나며, 교회는 세상에서 착취당해 인간의 존엄성을 상실한 사람들과의 동일시로 인간의 평등과 정의를 위해 투쟁할 때 교회의 선교사명을 수행하게 된다는 인본주의적 선교신학으로 발전하였다.

4) 1963년 멕시코에서의 세계 선교와 전도분과 대회: 1963년 12월 8일부터 19일

까지 멕시코시에서 WCC의 세계선교와 전도분과 대회가 "하나님의 선교와 우리의 과제"라는 주제를 놓고 개최되었다. WCC의 선교신학은 보편구원설로 현존의 신학이나 우주적 그리스도의 개념을 발전시켜 인류학적 종교신학으로 발전되었다.

5) 1968년의 제 4차 WCC대회: 스웨덴의 웁살라에서 "보라 내가 만물을 새롭게 하노라"는 주제로 235회원 교회에서 704명의 대표가 모였다. 필립 포터는 교회의 선교가 요청되는 장소는 바로 세상이요, 사회정의가 요구되는 혁명적 움직임이 있는 곳이라고 주장하였다. 이 이론은 하나님의 선교사상에 근거하고 있다.

6) 1973년 방콕 세계선교와 전도 분과대회: "오늘의 구원"이라는 주제를 가지고 179개국 330여명이 모였다. 이 대회에서는 예수를 단지 인간의 완성의 이상적인 모델로 보고 교회의 인간성의 완성과 연관된 사회정의, 평등, 자유를 위한 투쟁의 행위로 본다. 그러면 예수의 복음 즉 인간완성을 위한 복음이 전파되어진다는 것이다.

7) 1975년 제 5차 WCC대회: 케냐의 나이로비에서 285개 교회의 676명이 참석하였다. 이 대회 역시 하나님의 선교에 입각한 해방신학의 이념을 견지하고 있다.

8) 1980년 멜버른 세계선교와 전도분과 대회: 약 500명의 대표가 모여 "당신의 왕국이여 임하소서"라는 주제아래 하나님 왕국의 현세적이고 미래적인 면을 다 언급하고 있으나, 현세의 삶을 통해 불의한 세상에 왕국구현을 위해 노력할 것을 촉구한다.

9) 1983년 제 6차 WCC대회: 캐나다 벤쿠버에서 "예수 그리스도는 세상의 생명"이라는 주제로 301개 교회 847명의 대표가 참석하였다. 이 대회 직전에 "세례, 성만찬, 직제"와 "선교와 전도: 에큐메닉 입장"이라는 두 개의 문서가 발표되었다. 이 대회 역시 종래 하나님의 선교를 고수하며 보편구원설을 따르고 있다.

10) 1989년 산 안토니오 세계선교와 전도분과 대회: 미국 텍사스주 산 안토니오에서 "당신의 뜻이 이루어지이다: 그리스도의 방법으로 선교를"이란 주제로 4차대회로 열렸다. 복음주의적 신앙고백과 선교 의 용어표현이 나오고 있으나 하나님의 선교사상이 그대로 내재되어 있으며 기독론적 보편구원설을 전제하고 타종교를 진정한 신앙으로 규정하고 있다.

11) 1991년 제 7차 WCC대회: 호주 캔버라에서 317회원교회로부터 842명의 대표가 모여 "성령이여 오소서: 전 피조세계를 새롭게 하소서"라는 주제로 열렸다. 논의의 초점이 성령론에 맞추어졌는데 창조와 구속의 영으로서의 성령의 역할에 대하여 명확한 정의가 결여된 채 인성의 모델이시며, 인성을 회복시키도록

그리스도의 선교를 수행케 하시는 분이라는 수평적 차원의 하나님의 선교를 성령론 입장에서 정리한 것이다.

III. 에큐메닉 선교신학의 주요 주제들
WCC의 선교신학은 광범위한 주제들을 내포하고 있고 그 내용이 포괄적이지만 몇 가지 공통되는 신학적 주제들이 반복해서 나타나며 원래의 것들을 중심으로 발전되는 경향이 있다.
1) 연합과 선교: 연합은 단지 교회나 신자만의 연합으로 이루어지는 것이 아니라 불신자나 타종교인과도 이루어진다.
2) 전도와 사회정의: WCC의 전도는 인본주의적 기독론과 하나님의 선교에 근거하여 사회정의 구현을 통한 인간애의 실천을 통한 선교와 증거이다. 그것은 성경적인 전도와는 상관없는 인본주의적 윤리변혁의 시도이다.
3) 하나님의 선교: 교회만이 하나님 나라의 대변자가 아니고 세상에는 하나님 나라의 대리인이 많이 있는데 그들 모두는 새로운 인간성의 구현을 위해 하나님께 사용되어지는 하나님의 선교도구들이라고 한다. 이것은 인간애의 실현이다.
4) 현존의 선교: 타종교 안에서 이루어지는 인간성 회복을 위한 모든 시도를 그리스도를 계시하는 다른 방편으로 이해하여 구원의 영역에 포함시킨다.
5) 교회론: 교회는 세상에서 그리스도처럼 모든 인성과 자신을 동질화하여 인간성 해방과 사회정의를 구현해야 한다.
6) 종교신학: 복음의 거시공동체 안에 타종교인들을 포함시키고 삼위 하나님의 현존이 타종교인들의 영성으로 나타나고 있다고 본다. 이 현존개념과 하나님의 선교사상을 타종교인과의 대화근거로 보고 그것은 삼위일체적 보편구원설의 방향으로 발전시키고 있다.

IV. 결론
역사적인 발전과정에서 이루어진 에큐메니칼 운동과 WCC를 모른다면 우리는 에큐메닉이란 용어의 진정한 의미를 놓치기 쉽다. 한국의 개혁교회는 에큐메닉 선교신학의 여러 신학적 명제들을 분석하여 보다 성경적이고 복음적인 개혁교회의 선교신학을 확립하는 계기로 삼아야 한다. (이 글은 신학지남, 1998, 255호, 김 성태, "에큐메닉 선교신학의 문제점과 전망"에서 발췌된 것이다.)

25. 한국의 해외선교에 대하여 복음주의적 관점에서 논하라

I. 서론

1960년대 이후 세계선교는 그 이전과 비교할 때 놀라운 변천을 맞았다. 1960년 이전까지는 WCC의 에큐메니칼 운동이 세계선교를 주도하였으나 1960년대 이후부터 WEF나 로잔운동을 주축으로 하는 복음주의 선교운동이 WCC의 선교열을 압도하기 시작했다. 그리고 지금까지 서구를 중심으로 편제되어 있던 세계선교계에 한국을 비롯한 제 2/3세계의 역할이 두드러지고 있으며 그 중에서도 복음주의 교단들이 세계교회와 해외선교를 주도하는 세력으로 부상하고 있다. 반면 진보주의 교단과 교회들의 해외선교열은 냉각되어 가고 있다. 이 글에서는 한국의 해외선교의 역사와 그 현황을 알아보고 앞으로의 선교 방향에 대한 비전을 제시해 볼 것이다.

II. 한국교회 해외선교의 성장

1960년대 이후 한국교회의 해외선교가 활성화되었다는 것은 1996년 현재 한국교회가 파송한 선교사가 4,402명이라는 숫자에서 알 수 있다. 이와 같은 한국교회의 해외 선교운동은 1970년대 복음주의 운동과 더불어 시작되었다. 1907년 독노회가 조직되면서 이 기풍선교사가 제주도로 파송되었고, 1912년 총회가 조직되었을 때 3명의 장로교 선교사들이 산동성에 파송되기도 했지만, 1960년대 이전까지 한국의 해외선교는 그렇게 활발하지 못했다. 1970년대 말과 1980년대 이후 복음주의 운동이 한국교회 저변에 확대되면서 해외선교도 활성화되기 시작했다. 1973년 빌리 그래함 서울 전도집회와 엑스풀로 74 이후 점화된 한국복음주의 운동은 한국교회를 깊은 잠에서 깨워 해외 선교에 눈을 돌리도록 해 주었다. 복음주의 운동은 국내 교회의 영적 갱신과 성장을 촉진시키고 교회의 성장은 개교회와 교단들의 해외 선교사 파송으로 이어졌다. 전통적인 신앙을 견지하면서도 대 사회적인 책임을 감당하려는 이상을 추구해온 복음주의는 복음을 단순히 사변적이거나 개념적으로 생각하지 않고 빚진자의 사명을 감당하기 위하여 노력해왔다.

III. 세계 선교신학의 변천과 선교운동

WCC와 WEF에서 볼 수 있듯이 세계 선교신학은 선교의 방향을 결정하는 중요한 요인으로서 작용해 왔다. 지난 반세기 동안 복음주의 교단과 선교단체들은 점점 더 많은 선교사를 파송해 온 반면, WCC계열의 교단과 선교단체들의 선교사 파송은 급격하게 감소하였다. 복음주의가 해외선교를 장려하여 놀라운 선교열로 이어지게 한 것은 복음주의가 타문화권 선교로 집약되는 19세기 서구 복음주의 선교신학을 계승했기 때문이다. WCC는 비기독교인들과도 연합하여 교회는 복음증거와 봉사를 통해 참 인간성을 실현하며, 보편성을 부정하는 종족주의, 계급주의, 경제, 정치, 사회적인 멸시와 착취에 대항하여 저항하고 투쟁해야 한다고 주장하였다. 즉, 기독교는 모든 종교인들과 불신자들과 함께 하나님의 인간적이고 세속적인 문화와 공동체를 형성하기 위해 노력해야 할 사명을 부여받았다고 천명함으로 인해 선교는 사회복음의 실현도구로 전락하고 말았다.

J.C. Hoekendijk를 비롯한 네델란드 신학자들이 발전시킨 Missio Dei는 선교의 기초를 삼위일체 하나님에 두고, 하나님이 그 아들을 세상에 보내심과 같이 세상에 역사하시므로 우리도 이런 하나님의 선교에 참여해야한다는 선교개념이다. 이 개념에서는 교회가 더 이상 선교의 출발점, 목표, 주체가 아니고 선교하시는 하나님의 도구에 불과하다. Missio Dei 개념은 과거 영혼 구원을 위한 복음전도 중심의 선교개념, 즉 "교회 중심의 선교개념"을 "전인을 위한 총체적 복음"이라는 모토아래 "하나님 중심의 선교개념"으로 대치시킨 것이다. 따라서 Missio Dei에서 중요한 것은 복음전도가 아니라 사회정의의 실현이다. 이것과 맥락을 같이하는 종교 다원주의는 모든 종교는 나름대로의 진리와 구원이 있으므로 어느 종교든지 배타적인 자세를 버리고, 모든 종교가 상호존중하여 공존해야 하므로 선교지의 문화와 종교 또한 존중해야 한다는 관점에서 출발하여 모든 종교는 하나님께 도달하는 다른 길에 불과하기 때문에 구태여 구원받을 그들에게 기독교 복음을 전해야 할 필요성을 느끼지 못하기 때문에 선교열을 냉각시키고 만다. 그러나 복음주의 교회는 기독교와 그리스도의 유일성을 거부하고 복음전파의 필요성을 갖지 않는 종교 다원주의를 거부한다.

이와는 달리 복음주의 선교운동은 복음주의 선교신학의 토대 위에서 진행되어 왔다. 지난 반세기 동안의 복음주의 선교운동의 성장은 세계복음화를 궁극적 목표로 설정한 복음주의 선교신학 때문이다. 1966년의 베를린 세계선교대회는 사회적 책임과 문화적 사명의 중요성을 인식하면서도 선교의 일차적인 목표는 복음전파라는 사실을 분명히 했다. 선교가 극단적으로 복음전파에 치우치는 것은 경계해야 하지만 복음전파는 양보할 수 없는 교회의 가장 소중한 사명이라는 사실을 천명한 것이다. 그래서 복음주의 선교신학은 지난 30년 동안 복음전파와 대사회적 책임과의 상관성을 규명하려는 논의를 계속해 왔다. 1974년 로잔 세계복음화 대회에서 선교사는 복음전파와 대 사회적 사명 모두를 부여받은 자들이므로 복음전파를 위해 파송받은 자 뿐만 아니라 사회적 책임을 위해 파송을 받은 자들 역시 선교사로 규정하도록 하여 선교의 지평을 넓혔다. 복음주의 선교는 문화에 맞게 효과적으로 복음을 전달하여 복음화와 사회, 문화적 책임을 동시에 완수하여 교회성장을 이룩해야 할 사명을 부여받았다는 사실을 일깨워 준 것이다. 바로 이것이 복음주의 선교운동이 복음전파로 이어져 선교지에서 놀라운 교회성장을 이룩한 이유이다. WEF의 해외선교는 복음전파와 사회적 책임의 균형을 이룬 전통적인 복음주의 선교신학에 기초한 해외 선교운동을 전개하여 오늘날의 해외선교운동의 판도를 바꾸어 놓았다. 해외선교운동을 지속적으로 진행할 수 있는 원동력을 제공한 것은 복음전도에 초점을 맞추면서도 끊임없이 사회, 문화적 책임을 환기시킨 복음주의 선교신학의 공로이다.

IV. 제 2/3세계와 한국교회의 활동

복음전도에 초점을 맞추면서 대 사회적인 책임을 강조하는 복음주의 선교신학은 세계선교, 특히 제 2/3세계 교회들에게 선교를 촉진시키는 계기가 되었다. 1995년 현재 전세계 89,160명의 선교사 가운데 45%가 제 2/3세계가 배출한 선교사들이고 그 중의 몇%(4,402명)가 한국이 배출한 선교사이다. 이것은 한국 교회가 세계선교에 기여하는 부분이 결코 적지 않다는 사실을 말해 준다. 1995년 전세계 216개국 4500명 대표들이 참석한 서울 GCOWE'95는 참석자 가운데 3분의 2가 제 3세계 지도자들로 전체 재정의 75%를 제 3세계 국가들이 부담했고, 이 대회를 이끌었던 지도자들 역시 제 3세계 인물들로 세계 선교계에 제 2/3세계의 위상을 알리는 계기가 되었다. 복음주의 운동의 저변확대와 함께 한국교회는 말씀의 토대에 든든히 서서 영적으로 견고하며 질적, 양적으로 계속 성장하여 교회의 복음전파와 사회적 책임, 그리고 선교를 실천함으로서 세계선교계에서 선교신학과 선교를 주도하는 교회가 되어야 할 것이다.

V. 결론

하나님의 선교를 주축으로 한 WCC 에큐메니칼 운동의 선교는 침체를 면치 못한 반면 복음주의 교회들은 놀라운 해외선교의 결실을 거두었다. 복음주의 교회들의 선교는 그 규모와 질적인 면에서 에큐메니칼 운동과는 비교되지 않을 정도의 성장을 보이고 있다. 또한 과거 서구중심의 선교운동이 제 2/3세계 국가의 교회들로 그 구심점과 지도력이 이전되어 가고 있다. 이런 모든 것은 복음주의 운동이 교회의 영적 생명력을 더해주어 그 생명력으로 복음의 빛진자의 사명을 감당하도록 고무하여 해외선교로 이어지도록 한 복음주의 선교신학에서 그 동인을 찾을 수 있다. 한국의 복음주의자들은 전세계 사람들에게 복음을 전할 선교사가 필요하다는 사실을 깊이 인식하고 적극적인 복음전파와 사회적 책임을 다하는 세계선교의 사명을 위해 노력해야 할 것이다. (이 글은 신학지남, 1999, 258호, 박 용규, "한국의 해외선교: 복음주의적 고찰과 평가"에서 발췌된 것이다. 또한 1995, 243호, 김 의환, "세계선교의 역사적 조명"; 박 용규, "한국교회사에 나타난 농촌 선교"; 1995, 245호, 김 의환, "복음주의 운동의 역사적 조명과 선교적 과제"; 김 성태, "복음주의 선교운동의 현주소"; Peter Beyerhous, "아시아의 복음화"; Harvie M. Conn, "Missions and Our Present Moment in History"를 참조하라.)

VIII. 목회, 상담

A. 목회

26. 설교에 있어서 수사적 사고의 중요성에 대해서 논하라

I. 서론

　신약성경에 기록된 예수 그리스도의 가르침은 때로는 극단적으로 표현되어 문자 그대로 실천하기가 어렵다. 예를 들면 막 9:43-47는 신체의 일부분이 범죄케 하면 그곳을 잘라 내라고 기록되어 있다. 온전한 몸으로 지옥에 가는 것보다는 몸의 일부가 절단된 채 하나님 나라에 들어가는 편이 낫다는 것이다. 물론 여기에서 주님은 달리 말하실 수 있는데 과장법을 사용하신 것은 아니다. 과장법이란 독자들이나 청중들에게 저자나 화자의 의도를 정확히 전달하여 그들의 동의를 얻으려는 설득의 장치이다. 주님께서 말하시고자 의도한 것은 주님이 표현한 형식에 의해서만 가장 잘 전달될 수 있기에 그런 형식을 취하신 것이다. 딕슨(P. Dixon)은 "솜씨있는 설득자의 경우에 과장법은 단순히 감정을 불러일으키거나 어떤 행동의 극악무도함을 과장하는 수단만은 아니다. 그것은 또한 이야기 전체를 통하여 서서히 강화되어 온 여러 태도를 한 곳에 집중시키는 구실을 할 수도 있다"라고 말한다. 즉 과장법은 설득의 기술인 것이다.
　수사법은 흔히 "공허하고 진지하지 않은 언어의 기교"로 이해되고 있다. 물론 역사적으로 수사란 단어가 "그저 말 잘하는 기술"이나 "언어의 장식"이란 의미로도 쓰인 것이 사실이다. 그러나 그 책임을 수사법에 돌릴 수는 없다. 성경본문은 수사법이 사용된 문예 본문이다. 그러므로 성경에 쓰여진 수사법을 제대로 이해하기 위해서는 수사란 단어를 재정의 해야 한다. 그러므로 이 글에서는 수사법을 재 정의하여 그것이 성경에 어떤 영향을 가지는지 연구함으로서 그것이 설교에 대해 가지는 중요성을 고찰해 볼 것이다.

II. 수사법의 역사

수사법은 설득의 기술에서 기원한다. 주전 5세기에 시실리섬에 사는 그리스도인들은 당시 지주와 참주의 압제에서 해방되어 그들의 권리를 되찾는 민사소송 절차를 밟기 시작하였다. 이때 이들은 소송을 제기하는 몇 개의 이론적 규칙들을 집대성한 인물들인 코락스(Corax)와 티시아스(Tisias)의 도움을 받았는데 코락스는 수사법의 기술을 가졌던 최초의 사람으로 알려져 있다. 티시아스의 제자인 고르기아스는 아테네에 수사법을 변론술로 도입하면서 변론가는 당면한 문제의 진위에는 개입할 필요가 없다고 주장하였다. 이렇게 되면 수사법은 윤리적인 책임과는 상관없이 자기의 결론을 상대방에게 납득시키는 변론가의 말재주로 전락하게 되는 것이다. 이소크라테스는 수사법을 단순히 말의 수완으로 보는 궤변론자들에 반대하면서 수사법을 건전한 도덕적 기초 위에 세우고자 하였다.

소크라테스는 당시의 궤변론자들이 범죄자를 교묘하게 변호하는 모습을 보고 수사가는 진리에 대한 관심을 가지고 있지 않다고 생각하였다. 진리와 도덕에 무관심한 언어의 기술은 기술이라고 불릴 가치도 없다는 것이다. 그가 수사법에 보인 불만은 서양 사상의 한 전통을 이루었으며 17세기 이후의 경험과학의 등장과 함께 수사법을 완전히 불신하게 되는 한 흐름을 마련하게 되었다. 소크라테스의 비난에 대해 아리스토텔레스는 현실적으로 자기의 주장을 가장 효과적인 방식으로 제시하는 설득의 수단으로서의 수사법의 역할을 강조하고 있다.

키케로는 훌륭하게 말하는 사람은 건전한 사고를 하는 사람이라고 주장하면서 소크라테스에게 반대한다. 말하는 것과 생각하는 것은 긴밀히 연결되어 있으며 서로 대립되는 것으로 이해해서는 안 된다는 것이다. 연설의 주제 내지 소재인 "사물"을 그것이 표현되는 매체인 말과 분리시킬 수 없다는 것이 키케로의 기본 생각이다.

"언어는 사상의 옷이다"라는 유명한 은유를 만들어낸 퀸틸리안은 사상과 말의 불가분성에 대한 키케로의 견해에 완전히 동의하는 것은 아니다. 물론 옷과 사람은 별개이지만 옷은 그것을 입고 있는 사람의 품성을 나타내기 때문에 사람들은 양자를 별개의 것으로 생각하지 않고 전체로서 이해하고 평가한다는 것이다.

키케로는 변론가가 탁월한 수사가가 되기 위해서는 발견-배열-문체-기억-발표의 다섯 가지 능력을 갖추어야 한다고 요약하고 있다. 고전적 이론에 있어서 수사법이란 단순한 언어의 장식의 문제가 아니라 자신의 생각을 조리 있게 전하여 독자나 청중을 설득시키는 모든 과정을 의미하였다. 그러나 점차 수사법의 이론과 실천이 발달함에 따라 수사법이 탁월한 수사가가 갖추어야 할 다섯 가지 항목 가운데서 문체의 장식적 측면인 수식을 강조하게 되었다. 이것이 수사법을 거부하게 만든 이유가 되었다. 수사학은 17세기까지만 하더라도 모든 지식인의 필수과목이었으나 16세기 페트루스 라무스(Petrus Ramus)의 교육개혁에 의해 수사법의 고전적 다섯 개 항목 가운데서 발견과 배열은 논리학의 역할로 제외하고 문체와 발표의 항목만 수사법에 배당하였다. 이 결과로 수사가들이 문체에 주의를 집중하면서 수사법과 문체를 동일시하는 경향을 낳고 말았다.

17세기에 들어서면서 수사법에 대한 거부가 본격화되기 시작한 이유는 수사법이 거짓말의 모태라고 도덕적 이유에서 비난하는 소크라테스의 논리가 받아들여졌고, 수사법이 실질과는 상관이 없는 장식에 불과하다고 생각하였기 때문이다. 또한 로크는 언어의 주된 목적은 의사의 전달인데 비유적 표현이나 수사법은 애매한 표현이나 불필요한 감정을 도입하여 전달을 저해할 수 있기 때문에 제거되어야 한다고 주장하였다. 이러한 경향이 지속되어 18세기초에 이르러서는 "수사가"라는 용어는 멸시하는 말이 되었으며 "수사의 화려함"이라는 표현은 멸시의 의미로 상투적으로 사용되었다.

20세기 중반에 들어서면서 명확한 의사 전달 수단으로서의 수사법에 대한 재정의가 시도되었다. 리챠즈(I.A. Richards)는 1936년 출판한 "수사법 철학"에서 낡은 수사법은 전투적 충동에 지배를 받아 상대방을 설득시키고 소송에 이겨야 한다는 필요성에 지배를 받고 있었던 것에 반해 새로운 수사법은 명확한 의사전달을 가능케 하기 위하여 "오해를 제거하는 방법의 연구"라고 재정의하고 있다. 또한 Chaim Perelmanr과 Olbrechts Tyteca의 "새로운 수사학: 토론에 관한 논문"은 수사학은 문체의 장식으로서가 아니라 설득의 문제라는 새로운 수사학의 기본적 이해를 강화시켰다. 이제 수사학은 문체를 수식하는 단순한 장식이며 연사의 사치라는 인식으로부터 벗어나 설득의 과정에서 생겨난 기교로서 이해되게 되었다. 설득의 기술로서의 수사학의 방향 전환은 새로운 수사법의 가능성을 연 획기적인 인식전환이라 할 수 있다.

III. 수사법과 성경해석

벌턴 맥(Burton L. Mack)은 "초기 기독교인들에 의해 쓰여진 문헌들이 수사학적 구성들로서 읽혀져야 한다는 것은 당연한 것으로 받아들여졌다"고 한다. 마틴 부쳐나 하인리히 보링겔은 바울서신은 퀸틸리안의 눈으로 읽어야 한다고 생각하였다. 수사학은 19세기 대학의 커리큘럼에서 사라져 버렸고, 구약과 신약 성경 연구는 다른 분야에 관심을 쏟기 시작했다. 그러나 이제 수사법은 단순히 언어의 장식이 아님이 드러났다. 특별히 성경에 쓰여진 수사법은 하나님께서 목이 곧은 백성들을 자기에게 돌아오도록 하실 때 사용하신 설득의 기술이다.

전통적으로 수사법은 사고의 비유와 수사적 비유 혹은 도식으로 구분된다. 수사적 비유에는 두운법, 모운법, 교차 대구법, 대조법, 수사학적 질문 등이 있고, 사고의 비유는 직유, 은유, 환유, 제유, 의인법, 과장법, 아이러니 등이 있다. 그리고 전통적으로 사고의 비유에 속한 것으로 분류되지 않지만 수사법의 일종인 알레고리가 있다. 알레고리와 풍자는 밀접히 연관되어 있는데 알레고리란 속뜻을 감추고 다른 사물을 내세워 그것으로 하여금 속뜻을 말하게 하는 언어장치이며, 풍자는 은폐된 현실을 폭로하여 인간의 악과 어리석음을 드러내는 수사적 기교이다. 그리고 알레고리와 풍자가 결합되면 놀라운 설득력을 지닌다.

IV. 알레고리

알레고리는 어떤 원칙도 없이 제멋대로 해석하는 풍유적 설명을 의미하는 것은 아니다. 성경기자가 알레고리로 작성한 본문은 알레고리로 해석해야 한다. 광의의 의미에서 예수께서 행하신 비유도 알레고리의 영역에 속한다. 이 둘을 엄밀히 구분하여 비유는 하나의 중심적인 상응점을 보이고 알레고리는 다양한 상응점을 가지고 있다고 본다면 씨뿌리는 이야기와 막 12:1-9의 악한 농부들의 이야기는 알레고리에 속한다. 모든 문예 작품은 알레고리의 스펙트럼 위의 어디엔가 위치해 있지만, 스펙트럼의 한쪽 끝에는 알레고리성이 드러나고 한쪽 끝에는 알레고리성이 거의 드러나지 않는다. 프라이는 한쪽 끝에 스토리의 구성부분이 일련의 상응하는 개념과 일대일로 대응하는 것을 "지속적 알레고리"라 부른다. 그것의 전형적 예는 존 번연의 "천로역정"이다.

케어드의 지적처럼 우리는 알레고리와 알레고리화를 구분해야 한다. 알레고리는 마땅히 숨은 의미를 찾아내야 올바른 해석을 하는 것이며, 알레고리화는 원래 저자가 의도하지도 않은 의미를 억지로 이야기 위에 부가하는 것이다. 이것은 원래 알레고리가 아닌 것을 알레고리처럼 해석하는 것이기 때문에 문제가 된다. 예를 들면 어거스틴은 선한 사마리아 사람의 비유를 해석하면서 여행자를 아담으로, 예루살렘을 천상의 도시로, 여리고를 죽음의 상징으로, 강도를 사단으로, 제사장과 레위인을 구약으로, 사마리아인을 그리스도로, 짐승을 그리스도의 몸으로, 여관을 교회로, 여관 주인을 바울로 알레고리화 했다.

율리허는 비유는 오직 하나의 비교 대상을 가지는데 반해 알레고리는 많은 비교 대상을 가진다고 하면서 예수님의 비유는 오직 하나의 요점을 가지고 한 가지만을 비교하고 있다고 주장한다. 다드나 예레미아스 같은 학자들도 율리허의 도덕주의 해석은 거부하였지만 일점설은 그대로 받아들였다. 그러나 이런 경향은 지나친 것이다. 예를 들어 "돼지에게 진주를 던지지 말라"는 비유는 오직 한가지 요점만 가지고 있는 것이 아니고 진주의 값을 이해하지 못할 것이라는 것과 진주를 주는 사람이 오히려 해를 받을지도 모르는 위험이 있다는 두 가지 요점이 있다고 보아야 한다.

V. 실례: 포도원의 노래(사 5:1-7)

우리말로 은유 혹은 풍유라고 번역되는 알레고리는 "다른 이야기를 속에 숨기고 있는 한 이야기"라는 의미이다. 구약성경에는 알레고리로 의도된 본문이 많이 있다. 그 중에는 이사야의 "포도원의 노래"(사 5:1-7)가 있다. 이사야 5장의 "포도원의 노래"는 추수절기를 배경으로 이사야가 부른 노래인 것 같다. 이사야는 신랑의 들러리로서 사랑의 노래를 시작한다. 이사야의 친구인 신랑이 그의 신부에 대해서 부른 노래를 이사야가 신랑의 들러리, 즉 메신저로서 신부에게 전달하고 있다. 특별히 포도원에 대한 언급은 이사야의 노래가 사랑의 노래 같은 인상을 준다. 이렇게 사랑의 노래처럼 시작된 이사야의 노래는 2절에서 약간 방향을 선회해서 사랑의 노래라기 보다는 농업에 관한 노래에 가까워지고 있다. 2절 하반절에서는 포도나무와 포도는 문자적인 의미가 아님이 약간 더 명확히 드러난다. 그리고 3절에 가서는 신랑이 들러리를 제치고 직접 호소한다. 실제로는 하나님께서 서서히 유다백성들을 대화의 무대로 끌어들이려는 계획대로 이루어지는 것이다. 4절에서는 실망한 한 포도원 주인의 상한 심정이 나타나고, 5절에 가서는 예루살렘 거민과 유다거민을 3인칭으로 부르지 않고 2인칭으로 부르면서 자신의 직접적인 대화 상대자로 끌어들인다. 결국 포도원의 노래는 사랑의 노래에서 포도원 주인이신 하나님께서 이스라엘 백성들의 죄를 지적하시는 심판의 선언으로 바뀌어진다. 사랑의 노래인줄 알고 마음놓고 귀를 기울이는 가운데 자신들도 모르게 포도원의 노래 한 가운데로 들어와 있던 이스라엘 백성들은 갑자기 심판의 메시지를 듣게 되는 것이다. 이와 같이 포도원의 노래는 알레고리를 사용한 설득의 기술이 얼마나 힘이 있는지 잘 보여준다.

VI. 결론

성경에 사용된 수사법은 흔히 생각하듯이 "공허하고 진지하지 않은 언어의 기교"로 사용되지 않았다. 성경에 사용된 다양한 수사적 기교들은 번쩍이는 장식으로 채워져 있으나 단순한 미사여구가 아니라 독자들을 이해시키고 설득시키기 위한 고도의 장치이다. 만일 하나님께서 수사법을 사용하지 않고 추상적이고 논리적인 명제를 사용해서 말씀하셨다면 유다 백성들은 아예 처음부터 마음의 문을 닫고 들으려고 하지 않았을 것이다. 그러나 하나님께서는 속뜻을 감추고 다른 것을 언급하여 남의 이야기처럼 하는 알레고리를 사용함으로서 이스라엘 백성이 마음을 열고 들을 수 있도록 하셨다. 따라서 설교자는 수사학자가 되어야 한다. 설교자들이 성경본문에 사용된 수사적 장치들을 찾아낸 후에 이 장치들이 메시지 전달에 어떤 기여를 하는지 세심히 연구하고 그것을 전달할 때 수사학적 도구들을 사용해서 메시지를 전달한다면 하나님의 구원역사가 일어나게 될 것이다. 그러나 설교자의 삶이 진지하지 못하거나 설교대로 살지 않는다면 아무리 빼어난 수사학자가 된다하더라도 회중을 감동시키지 못할 것이다. 설교자는 믿음과 도덕성에 탁월한 수사학자가 되어야 한다. (이 글은 신학지남, 1997, 251호, 김 지찬, "설교자는 수사학자가 되어야 한다(1)"에서 발췌된 것이다.)

B. 상담

27. 청소년의 약물남용과 교회의 대책을 논하라

I. 서론

청소년들의 약물복용과 중독은 해를 거듭할수록 증가되고 있으며, 이로 인한 문제들도 심각하다. 그래서 이 글에서는 교회학교 청소년들 가운데서도 찾아볼 수 있는 약물사용 원인들을 살펴보고, 담임목사와 청소년담당 목회자, 교사, 학생, 그리고 학부모들에게 경각심을 불러일으키며, 목회자들의 의식의 변화와 구체적인 사역 가능성들을 제시하려 한다.

II. 약물남용의 이론적 이해

약물남용이란 사용하는 사람 혹은 다른 사람들의 신체적, 정신적, 감정적, 사회적, 그리고 영적인 건강을 위협하거나 해를 끼치는 합법적이거나 비합법적인 어떠한 화학물질을 사용하는 것이고, 결과에 관계없이 어떤 약물을 이용하려고 하는 충동적인 필요 혹은 갈구가 특징인 가장 심각한 형태의 약물남용을 약물의존이라 한다. 중독적인 약물로는 마리화나, 아편, 진정제, 수면제, 흥분제, 코카인, 흡입제, 환각제, 합법적인 약품들, 알콜, 니코틴, 카페인, 그리고 몸속에서 발산되는 화학 물질을 총칭하는 아드레날린 등이 있다. 리치 반 펠트는 청소년들의 약물복용이 호기심, 친구들로부터의 압박감, 재미나 흥분, 모방 심리, 반항심, 도피, 중독 등의 이유 때문이라고 한다. 목회자들은 교회에 출석하는 청소년들 가운데도 마태복음 15장 11절의 말씀을 인용하며 약물사용을 합리화하려는 경향이 있다는 사실을 인식해야 한다.

1) 병모델: 오늘날 미국과 같은 나라들은 알콜중독을 하나의 병으로 이해한다. 의학계와 AA(Alcoholics Anonymous)는 이 모델을 지지하여 의학계는 치료에 있어서 영성에 대한 강조를 하지 않는 반면, AA 협회에서는 회복의 과정에서 영성의 중요성을 강조하고, 병으로서의 개념을 은유적으로 인식한다. 어쨌든 이 병모델은 중독자들에게 사회로부터의 도덕적인 질책과 죄책감, 수치감 등의 부담을 덜어줌으로서 어려움 없이 치료나 재활의 가능성을 열어 주는데 장점이 있다. 그러나 임상 데이터는 이 모델을 지지하지 않으며, 환경의 요소들과 병적

인 기반으로서 학습의 역할을 무시하거나 평가절하 한다. 이 모델은 알콜중독은 치료 할 수 있는 것이지만 결코 완치될 수는 없다는 것을 전제하고 있다.

2) 정신분석학적 모델: 초기 정신분석학적 이론은 약물의존이란 이드의 무의식적인 죽음의 희구와 자기파괴적인 본능, 즉 프로이드의 표현을 빌리자면 사나토스로 이해한다. 하지만 현대의 정신분석학자들은 결핍된 에고의 증상으로 보는 경향이 있다. 이 모델은 상담가들에게 "중독적인 행동의 가능성있는 원인들로서 초기 유년기의 발달과정과 부모의 영향들의 중요성"에 대하여 통찰력을 제공해 준다. 그러나 토마스는 약물에 의존하고 있는 사람들은 빈약한 에고능력을 갖고 있다는 현대의 정신분석학의 전제가 상당한 에고능력을 요구하는 과정인 정신분석으로부터 이들이 도움을 얻을 수 있을 것이라는 모순된 면을 갖고 있고, 불안, 우울증, 낮은 자존감 같은 부정적인 정서상태가 약물중독에 이르게 한다는 견해가 임상조사 결과에 의해 지지를 받지 못한다고 비판한다.

3) 행동주의적 모델: 이 모델은 약물남용이 구입가능, 대안적인 행동의 강화 부족, 그리고 시험적으로 시도해본 것에 대한 처벌의 부족 때문에 일어난다고 본다. 이 모델은 관찰할 수 있고, 객관적이며, 검증할 수 있는 과학적인 접근을 강조하고, 정신분석학적 모델보다 치료기간이 짧고 치료의 효과도 크지만, 약물남용의 원인을 다루지 않고 증상들만 다루고 있다.

4) 가족시스템적 모델: 약물에 의존하는 사람을 개인적인 관점에서 보다 가족제도의 관점에서 접근하는 모델로서 상담가들에게 중독의 행동들에 대하여 대인관계의 영역과 가족제도 속에서 볼 수 있는 눈을 열어주고, 약물 의존적인 가족은 전체로 치료를 돕기 때문에 환자만 치료하는게 아니라 가족 전체의 치료가 필요하다. 그러나 임상연구조사에 대하여 현재까지 그것의 효과성이 검증되고 있지 않다.

이 외에도 사회문화적 모델에서는 술과 담배와 같은 약물에 대한 사회의 일반적인 인식을 지적한다. 영적인 모델로서 약물남용을 이해해 본다면 중독의 과정은 무상화의 과정으로 이해할 수 있으며 삶의 주인이 바뀌는 것과 영적 방향성의 상실, 환상적인 종교체험, 제도적인 교회에 대한 청소년들의 반항심, 또는 영적인 싸움으로도 볼 수 있다. 따라서 목회적 차원에서 이 문제에 접근할 때는 단지 일반이론들을 수용하는 차원에서 그칠 것이 아니라 보다 근원적으로 영적, 초자연적인 영역을 아울러 인식하면서 예방과 치료차원에서 조화롭고 구체적으로 청소년들을 돌보아야 한다.

III. 청소년들의 약물 남용 실태

1993년 6월 1일자 동아일보에 "고3학생 흡연율 세계 1위"라는 기사가 실렸다. 또한 청소년의 흡연 이유가 입시에 따른 중압감, 담배구입 용이(자판기 이용률 59%), 값이 싼 양담배의 과대한 선전, 그리고 피우는 모습이 멋있고, 교복자율화에 따른 무분별이라고 되어 있었다. 4년 전 자료지만 한국소비자보호원이 전국 6대 도시 중고학생을 대상으로 약물남용실태를 조사한 결과 흡연경험자가 21.8%, 환각목적으로 경험한 청소년은 9.8%, 흡연경험자 중 33.4%는 매일, 20.4%는 한 달에 여러 번 정도라고 답했다. 또 복용동기에 대하여 호기심이 84%, 쾌락 51.4%, 가정문제 48%, 성적문제 46.8%, 친구문제 21.5%로 나타났다. 술, 담배 외에도 감기약, 가성제, 수면제, 일반약품, 법적으로 금지된 마약류, 본드, 부탄가스 등을 복용하는 것으로 집계 됐다. 치료가 필요한 중독자만도 1992년 현재 4만 명에 이르는데 반해 치료기관은 전국 통틀어 10여 곳도 되지 않는다.

IV. 청소년 약물 남용에 대한 접근

자기정체성을 확립해가야 하는 과제를 안고 있는 청소년들은 입시위주의 교육환경 속에서 그 과제를 대학 입학 때까지 미루게 되고 상상력과 감정표현, 예술성, 창의성을 수반하는 교육이 배제되어 암기에 치중하는 교육 속에서 상상과 비현실세계, 그리고 현실도피를 경험할 수 있는 약물에 호기심을 갖게 되고, 입시의 중압감, 부모의 기대 등에 따른 과다한 스트레스를 약물에 의존하여 참아내려 한다. 또한 핵가족화, 맞벌이 부부 증가, 이혼율 급증 등의 문제로 가정이 그 기능을 상실하자 청소년들에게 가정은 안식처가 되지 못하며, 따라서 비행청소년 집단에 가입하거나 가출, 혼숙, 약물남용 등을 하게 된다. 그 위에 과잉보호와 무관심의 극단적인 부모의 양육 패턴 속에서 불안감을 느끼고 부모의 지나친 기대에 못 미칠 것에 대한 좌절과 열등감등은 모두 청소년 문제와 약물남용의 원인이 된다.

V. 결론

약물남용과 관련된 목양적 기능은 청소년들을 지도하며 안내하는 것이다. 특히 가족구성원들 간의 용서와 화해가 필요하며 경우에 따라 강한 직언과 권면도 필요하다. 또한 치료 못지 않게 예방이 중요하다. 따라서 예방과 치유차원에서 교회 내에 청소년 상담실을 운영하는 것도 한 방법일 것이다. 넓은 의미에서 중독은 영적으로 하나님과의 수직적인 관계와 이웃과의 수평적인 관계에서 가장 잘 설명될 수 있다. 그러므로 목회자와 교회의 구성원들은 무엇보다도 청소년들이 하나님과 이웃에 대해 원만한 관계에 이르도록 도와야 한다. (이 글은 신학지남, 1996, 247호, 이 관직, "청소년 약물남용에 대한 목회적 대책"에서 발췌된 것이다. 또한 1995, 242호, 김 희자, "사회적 패러다임의 변화에 따른 청소년 교육의 목표"를 참조하라.)

28. 고전 13:4-7을 중심으로 본 사랑과 인격장애의 관계를 논하라

I. 서론

상담자들은 알콜중독자인 부모의 슬하에서 성장기를 거친 사람들을 "알콜중독자의 성인아이들"이라고 부른다. 이들은 대체로 그들의 성장기에 건강하며 적절한 사랑을 받지 못한 사람들이다. 그러므로 이들에게는 고린도전서 13장에 나타나는 사랑의 속성과는 반대되는 인격장애와 많은 공통점을 가진 증상이 나타난다. 이 글에서는 고전 13:4-7과 연계하여 이 유형을 분석해 보고 목회상담의 차원에서 그 해결방안들을 제시해 볼 것이다.

II. 고전 13:4-7의 사랑의 속성과 목회상담에서의 분석
1) 인내: 아가페적인 사랑에는 인내가 요구되어진다. 인내하지 못하는 것의 반대는 성급함과 조바심이다. 인내하시는 하나님의 형상을 회복시키는 것을 목적으로 하는 목회상담은 내담자의 인격에서 부족한 "인내할 수 있는 능력"을 회복시킬 때 그를 인격의 장애로부터 성숙과 성화의 과정으로 인도할 수 있다.

2) 온유: 팔복에서 언급되는 덕목이기도 한 온유함은 하나님의 한 특성이고, 성령의 아홉 가지 열매 가운데 하나로서 대인관계에서 타인을 친절하게 여유를 갖고 대해주는 것을 말한다. 예수 그리스도의 무조건적 사랑을 경험한 사람은 그의 인격 속에 뿌려진 예수의 사랑의 씨앗이 자라기 시작하여 온유한 성품을 가진 예수를 닮아가며 학습하게 된다. 온유함의 반대 개념은 불친절이나 무관심인데 이에 가장 가까운 인격장애는 분열성 인격장애이다. 온유함이 없는 사람은

이웃을 사랑할 수 있는 능력을 상실한 사람이다.

3) 투기하지 아니함: 투기하지 않는다는 것은 타인을 부러워하지 않으며 스스로 만족하는 것이다. 투기는 자족하지 못하는 마음에서 비롯된다. 건강한 인격의 소유자는 자신의 삶에 대하여 감사하고 만족하며 타인이 잘되는 것을 기뻐하며 축하해 준다. 또한 투기는 십계명의 열 번째 계명을 위배하는 것으로 결국에 자신의 삶에도 파멸을 가져올 수 있다.

4) 자랑하지 아니함: 자랑에는 주로 하나님께 칭송을 돌리거나 이웃의 장점을 칭찬하여 드러내는 건강한 자랑과 스스로를 드러내고자 하는 건강치 못한 자랑이 있다. 고린도전서 13장의 "자랑하는 것"은 자신을 부각시키고 다른 사람들을 무시하여 자신의 의로움을 드러내는 것이다. 이것은 자신에 대한 진정한 정체성이 없어 외적 모습과 자신을 동일시하는 "연극성 인격장애"의 경우이다.

5) 교만하지 아니함: 교만은 "일곱가지 치명적 죄"의 하나인데 자기 평가에 있어서 현실적이지도 객관적이지도 못하여 자기를 과대평가하는 것을 말한다. 자신을 있는 모습 그대로 인식하며 수용하는 사람은 교만하지 않으며 대인관계에서도 타인을 존재 그 자체로 용납할 수 있다. 교만과 밀접한 관계가 있는 것은 자기애적 인격장애로 공상적이며, 행동에 있어서도 과대포장이 나타나고, 자기를 흠모할 것을 요구하며, 타인과의 공감의 부족이 그 특징이다.

6) 무례히 행치 아니함: 사랑이란 일반적으로 통용되는 관습과 사회규범을 지킴으로서 타인을 존중하는 것이다. 그러나 타인의 권리를 무시하고 범하는 것은 반사회성 인격장애에 나타나는 특징이다.

7) 자기의 유익을 구치 아니함: 건강한 인격을 가진 사람은 타인과의 관계에서 자신의 유익만을 구하지 않는다. 그는 자신이 타인들과 더불어 살아가는 존재임을 인정하고 상호유익을 위한 삶을 살려 노력한다. 자기의 유익만을 추구하는 개인주의적인 사람은 자기애적 인격장애와 유사한 증상을 갖고 있다. 또한 타인에 대한 관심이 전혀 없는 경우는 분열성 인격장애의 증상과도 관련이 있다.

8) 성내지 아니함: 통제되지 않고 치유되지 않은 마음에서 나오는 분노를 갖고 있는 사람은 죄악에 노출될 가능성이 높다. 쉽게 분노하지 않는 사람은 분노를 적절하게 표현하는 법을 알며, 상대방에게 상처를 주지 않고 자신이 화가 난 것을 알릴 수 있는 사람이다.

9) 악한 것을 생각지 아니함: 개역성경에는 "사랑은 악한 것을 생각지 아니하

는 것"이라고 번역되었지만, NIV에는 "잘못한 것에 대하여 기록해두지 않는 것"이라고 보다 분명한 의미로 번역되어 있다. 즉 사랑은 타인이 자기에게 잘못하고, 실수하고, 상처를 준 것을 마음에 기록해두고 용서하지 않는 것과는 대조적이다. 타인과 자신의 실수를 기록하고 보복심을 품거나 스스로를 학대하는 사람은 은혜를 경험해 보지 못한 사람이다. 자신이나 타인의 잘못을 세밀히 기억하며 잊지 못하는 것은 강박성 인격장애의 증상들이다. 타인의 실수나 잘못을 관대하게 용서하지 못하고, 세부적이며 지엽적인 것에 매여서 그것을 고집하는 것은 건강하지 못한 태도이다. 이와 같은 강박으로부터 자유롭게 되기 위해서는 무조건적인 사랑과 은혜를 지속적으로 경험해야 한다.

10) 불의를 기뻐하지 아니함: 사랑은 "불의를 기뻐하지 않는" 것이다. 그러나 악이 사람의 인격 속에 자리잡거나 대인관계, 사회, 국가에 스며들게 될 때 그것은 정신분열, 공격성, 집단 히스테리 혹은 전쟁으로 표출될 수 있으며, 인간과 사회를 파멸로 이끌어 갈 수 있다. 악은 위장하며 은폐하는 특성이 있기 때문에 인간은 쉽게 인식하기가 어렵다. 불의를 기뻐하는 것과 가장 가까운 인격장애는 타인의 권리를 무시하며 무너뜨리는 반사회적 악의 성향을 가진 인격장애이다. 이와 같은 악의 영향으로부터 치유되려면 그의 인격에 사랑의 원천이 되시는 삼위의 하나님을 영접해야 한다.

11) 진리와 함께 기뻐함: 건강한 인격의 소유자는 악을 행하는 것에서 기쁨을 누리지 않고 적극적으로 진리를 행하는 자이다. 사랑과 건강한 인격을 소유한 사람은 사랑의 근원이 되시며, 길이요, 진리요, 생명이신 예수 그리스도와 더불어 사는 삶에서 기쁨을 누린다. 기독교인은 진리와 일치하는 삶을 지향할 때 예수 그리스도의 인격을 닮는 성화의 과정이 지속된다.

12) 항상 보호해 줌: 건전한 인격의 소유자는 하나님께서 우리의 방패와 보장이 되어주시듯이 도움이 필요한 사람들을 기꺼이 돕는 사람이다. 반면 타인의 보호와 관심을 받아야만 살 수 있는 사람은 돌봄을 받고자 하는 욕구가 지나쳐서 복종적이며, 매달리는 행동과 분리불안을 초래하는 의존성 인격장애의 증상을 가지고 있다.

13) 항상 믿음: 건강의 인격을 가진 사람은 하나님과 타인, 그리고 자신에 대한 신뢰감을 갖고 살아간다. 그러나 모든 것을 불신하며 살아가는 사람들은 편집성 인격장애를 가진 자로서 타인에 대해 불신과 의심을 갖는다.

14) 항상 견딤: 건강한 인격을 가진 사람은 미래에 대한 희망을 잃지 않고 삶의 다양한 스트레스를 극복하며, 결코 삶을 포기하지 않는다. 특히 건강한 인격의 기독교인은 연약하고 불안한 삶에서도 그 안에 보화이신 예수 그리스도가 있기 때문에 어려움이 닥칠 때 낙심하지 않고 사방으로 우겨쌈을 당하여도 싸이지 않고 "능력의 심히 큰 것이 하나님께 있고 우리에게 있지 아니함을"(고후 4:7-8) 알고 "환난은 인내를, 인내는 연단을, 연단은 소망을 이루는 줄"(롬 5:3-4)을 알기 때문에 환난 가운데서도 기뻐하며 살아간다.

III. 결론

고전 13:4-7에 나타난 사랑의 속성은 정신의학에서 분류하고 진단하는 인격장애와 밀접한 관계가 있다. 목회자들은 자신이 갖고 있는 인격장애에 대한 자각과 함께 목회현장의 교인들이 갖고 있는 인격상애의 모습을 신단하고 이해하여 구체적으로 도울 수 있어야 한다. 건전하지 못한 인격에서 불건전한 신앙이 나타나기 때문에 길가나 돌밭, 그리고 가시밭과 같은 심령의 상태를 진단하고 치유하여 옥토와 같은 건강한 인격으로 성장하도록 도울 때 복음의 능력이 삼십 배, 육십 배, 백 배로 나타나는 역사를 볼 수 있을 것이다. (이 글은 신학지남, 1999, 258호, 이 관직, "고전 13:4-7에 나타난 사랑의 속성과 인격장애의 관계성"에서 발췌된 것이다.)

IX. 기타

A. 성경, 성경해석, 신학, 신학교육

29. 성경 번역과 신학의 관계를 논하라

I. 서론

세대의 변천과 함께 우리는 종종 성경에 대한 새로운 번역이 요청된다는 목소리를 듣게 된다. 성경을 번역하는 작업은 그리 간단한 일이 아니다. 왜냐하면 단순한 낱말이나 부호 하나가 달라진다고 하더라도 그것이 진리의 해석에 있어서 심각한 혼잡을 가져올 가능성이 있기 때문이다. 그러므로 여기에서 우리는 번역 작업에 있어서 신학의 불가피성을 현대 성경번역본들과 고대 역본들 속에서 찾아보며, 새 번역 작업에 있어서 신학적인 고려의 중요성을 함께 인식하고, 번역과 신학의 관계를 규명해 보고자 한다.

II. 현대 성경 번역에 나타난 번역과 신학의 관계

1952년 RSV가 미국에서 처음 출판되자 이사야 7장 14절의 "처녀"를 "젊은 여자"로 번역하였다는 이유로 거센 항의를 받았다. 이는 당시 사회적으로 자유와 보수의 냉전이 첨예화된 이유도 있지만 무엇보다도 적절한 신학적 고려를 하지 않았기 때문이다. RSV에 대한 불만으로 NIV가 출판되긴 했지만 보수주의자들의 비판을 피할 수는 없었다.

1993년 우리나라에 표준 새 번역이 나왔을 때 보수교단들은 새 번역의 문제점들을 신랄하게 비판하였다. 예배에 사용하는 성경이 둘로 나누어 질 것을 우려해 한국교회 일치를 위한 간담회가 있었는데, 성경공회 새번역 위원장인 정규오 목사는 표준 새 번역에 대하여 성서공회가 설정한 번역원칙과 번역작품이 보수교단의 성경관에 합당치 않다는 신학적 의문과 함께 성서공회가 한국의 보수교단을 고려하지 않기 때문에 번역에 있어서도 학문적인 차원만 고려하고 신앙적인 정서를 고려하지 않았다고 비판하였다.

III. 성경형성 및 보존과정과 초기 번역에서의 번역과 신학의 관계

성경은 하나님께서 자신의 말씀을 선지자와 사도들을 통해 주시던 과정 속에서 형성되어 왔으며, 마지막 단계에서 이 모든 말씀은 정경으로 닫히게 되었다 (계 22:18-20). 정경과 외경의 구분은 문학적이거나 역사적인 차원보다, 진정한 하나님의 말씀과 인간의 말이라는 신학적인 차원에 있다. 성경은 신앙 공동체의 신앙과 행위의 유일한 규범이 되므로, 정경으로서의 신학적인 고려가 요구된다.

1) 서기관들의 성경보존과 신학작업: 성경의 보존과정에서 서기관들은 18개의 규칙을 만들었는데, 그 주요 관심은 하나님의 이름을 거룩하게 보존하는 것이었다. 이를 위해서 그들은 "여호와께서 아브라함 앞에 섰다"는 창세기 18장 22절의 원문이 하나님을 비하하는 인상을 주기 때문에 "아브라함이 주 앞에 여전히 서 있었다"로 의도적으로 수정하는 등 신인 동형적 표현을 그들의 신앙 정서에 맞는 표현으로 수정했다. 또한 서기관들은 이스라엘 사람이 바알에게 바쳐진 이름을 사용해서는 안되므로 이쉬바알을 이스보셋으로 수정(대상 8:33; 삼하 2:8)하는 것과 같이 종교적, 도덕적 이유로 본문을 수정한다. 후에 맛소라 학파에서는 여러 곳에서 완곡 어법을 사용한다.

2) 대역본(70인역, 사마리아 오경, 탈굼)에 나타난 신학작업: 히브리어 원문을 처음 헬라어로 번역한 70인역은 신인동형적 표현을 합리화, 철학화하여 표제를 변경하거나 사무엘-열왕기를 4권의 왕국사로 바꾸며 역대기와 애가의 표제를 바꾸고 구약은 연대에 따라 새로 분류하는 신학작업을 하였다. 그러나 신학적 주석은 아니며 신학적 관심이 번역의 주된 원리도 아니다. 사마리아 오경은 히브리 성경을 바벨론 포로 후기의 사마리아 공동체를 위해 고대의 철자와 형식을 현대화시키고, 평행구절은 조화시키며, 신학적 해석을 본문에 삽입한 것이다. 또한 그리심산에서의 예배를 위해 십계명을 수정하고 역사, 지리, 신학적 정확성을 위해 본문을 수정하기도 했다. 아람어로 번역한 탈굼 역시 "번역과 확대된 설명, 배우지 않은 사람을 위한 난제와 상충기사 해설, 하나님 이름의 경외, 이스라엘의 존중, 창 49:10-11과 민 24:17-18을 메시야적으로 해석하는 등 후대 신학을 반영하고 설교를 첨가하기도 하는 해석적 입장을 담고 있다. 역본들 속에 이러한 다양한 신학이 반영된 것을 보면 신학이 없는 번역은 상상하기 어려우므로 개인의 신학이 본문을 왜곡하지 않도록 주의해야 하며, 전수된 본문에 충실하면서 본문이 말하고자 하는 신학을 올바로 반영하여 번역해야 한다.

IV. 새 번역에 있어서 고려되어야 할 신학적 차원

1) 성경관: 현대의 많은 번역들이 성경의 영감과 무오성에 관한 비판을 받고 있다. 우리가 성경무오 원칙을 원본에 적용하기는 하지만, 원본은 남아있지 않은데다가 원본과 사본 사이에 수많은 서기관들의 작업이 있어 왔고, 이 과정 속에서 다양한 독법들이 들어오게 되었다. 이 다양한 독법가운데 가장 신빙성 있는 독법을 찾는 작업이 본문비평이다. 따라서 바른 성경관을 가지고 철저한 본문비평과 엄격한 주석을 통해서 번역작업을 해야 할 것이다. 그러므로 웨스트민스터 신앙고백에 근거하여 순수한 독법을 여러 사본과 역본을 통해 찾아내어 하나님의 원래의 말씀을 회복하도록 해야 할 것이다.

2) 기독론: 그리스도의 신성과 연관된 중요 본문들을 보면 번역에 있어서 신학적인 고려가 중요한 것을 알 수 있다.

요한복음 1:18: 개역은 "독생하신 하나님," 표준역은 "독생자이신 하나님," 공동번역과 현대역은 "외아들"로 번역한다. 여기서 우리는 "독생자"와 "외아들"의 차이점을 알아야 한다. 과부의 아들도 외아들로 나타나므로 "독생자" 대신 "외아들"로 번역하면 그리스도의 영원한 선재가 약화되기 때문이다.

사도행전 20:28: 개역은 "하나님께서 자기피로 사신"이라 번역하는데, 여기서 "하나님"은 성자 예수 그리스도를 지칭하여 그리스도의 신성을 뒷받침해 준다. 그러나 공동역은 "하나님께서 당신의 아들의 피로," 표준역은 "하나님께서 자기 아들의 피로"라고 번역한다. 사실 둘 다 중요한 사본들에 근거 하고 있지만, 어떤 사본을 따르느냐에 따라 그리스도의 신성에 대한 입장은 달라진다.

디도서 2:13: 개역은 "복스러운 소망과 우리의 크신 하나님 구주 예수 그리스도의 영광이 나타나기를 기다리게 하셨다"로, 표준역은 "곧 위대하신 하나님과 우리 구주이신 예수 그리스도의 영광이 나타나기를 기다리게 합니다"로 번역한다. 이 두 번역은 두 개의 다른 사본의 전통과 연관되지만, 하나님이란 칭호를 예수 그리스도에게 적용시키지 않으면 신약에서 하나님과 예수 그리스도를 동일시 하는 본문은 현저하게 줄어들게 된다.

3) 직분론: 교회정치와 연관된 용어들도 번역과 신학의 밀접한 관계를 보여준다. 틴데일은 헬라어 Presbyteros를 "사제" 대신 "장로"로 번역함으로서 신약의 장로와 카톨릭의 사제 사이에는 아무런 역사적인 관계가 없다고 했는데, 잭슨은 바로 이 번역 때문에 개신교와 카톨릭 사이에 넘을 수 없는 벽이 만들어졌다고

한다. 또한 개신교 안에서도 교회정치에 관련된 이 단어가 "주교," 혹은 "감독자," 그리고 "감독," "목사"와 같이 달리 번역되고 있음을 보게 된다. 이러한 번역의 이면에는 교회의 정치적인 동기가 깔려 있다.

4) 종말론: 계시록 7:14의 Thlipsis는 전천년설의 증거구절로 여러 번역본들에서 사용하고 있는데, 보통 "큰 환란"으로 번역한다. 그러나 이 단어는 다른 본문(마 24:29; 막 13:19)에서는 그냥 "환란"으로 다르게 번역되고 있어서 문제이다. 그러므로 계시록 7:14에서 개혁과 표준역은 전천년설에 기울어져 있다고 말할 수 있다.

5) 유아세례: 유아세례를 주장하는 자들은 온 가족이 세례를 받는 것에 근거하여 유아세례의 정당성을 주장한다(행 10:24; 11:14; 16:14-15, 30-34; 18:8; 고전 1:16). 그러나 신자의 세례만을 주장하는 침례교에서는 이 가정에 있는 각 사람들은 세례 받기 전에 이미 신자였으므로 유아세례는 없었다고 한다. 또한 행 18:8의 그리스보의 식구들에 대한 기사를 잘 살펴보면, 개역과 표준은 원문의 전치사를 "-와 함께"로 번역했으나 NIV는 "그리고"로 번역하고 있다. 스캇에 의하면 "함께"와 "그리고"는 세례와 믿음의 관계에 있어서 심각한 문제를 일으킨다. 후자는 "X와 그의 온 식구가 믿었다"(X와 그의 집안의 모든 식구들은 신자이다)이지만, 전자의 번역은 "X는 그의 온 식구와 함께 다 믿었다"로서 온 식구들이 다 세례를 받아 믿음의 공동체 안으로 들어왔다는 것을 말해준다. 즉, 행 16:33의 빌립보 간수이야기도 우리나라 번역에는 별 차이가 없지만 NIV 1974판과 1983판 사이에는 상당한 차이가 있음을 알 수 있다.

V. 결론

성경번역은 중립적이고 과학적이고 객관적인 작업이 아니라 신학적 판단이 들어간다. 그러므로 번역자는 성경저자의 신학에 일치하는 번역을 시도해야 하고, 저자를 감동시킨 하나님의 의도를 읽을 수 있어야 한다. 그리고 성경번역에서 신학적 차원이 있음을 고려할 때, 보다 원문에 충실한 번역을 할 수 있다. 또 모든 번역은 현장성을 지니고 있으므로 우리 시대에 우리 언어로 표현하는 것이 우리의 번역작업이다. (이 글은 신학지남, 1996, 247호, 김 정우, "성경 번역과 신학의 관계성에 대한 고찰"에서 발췌한 것이다.)

30. 포스트모더니즘과 개혁주의 신학의 과제에 대해서 논하라

I. 서론

철학과 사상들의 흐름이 현대에 들어서 복잡하고 다양한 양상을 띠면서, 동시에 문화의 다양성이 강조되는 것과 축을 같이 하여 신학적 사고의 흐름도 그 영향 속에서 더욱 더 다양해지고 있다. 전통적인 신학적 사고의 틀과 구조들이 급변하고 있는 이러한 현상은 기독교 신앙의 전통이 현대의 커다란 변화와 어려움에 직면해 있음을 보여준다. 오늘날의 사회 구성과 활동에 있어서 종교적 신념과 체계, 그리고 사유방식, 또한 종교제도나 그 구조는 과거와는 달리 사회 구성체계 안에서 다만 그 주변성을 맴돌고 있다. 이렇게 종교가 주변성을 면치 못하는 것에 대해 보편적 진리의 이름으로 모든 것을 포괄하는 기독교는 어떻게 대응해야 하는가? 또한 기독교 신앙의 이름으로 논의되는 진리의 체계 속에서, 기독교 신앙에 대한 해석의 다양성으로 인해 기독교 내에서도 갈등이 생겨나고 있다. 이러한 다원주의적 상황에서 우리가 나아가야 할 방향은 무엇인가? 그러므로 이 글에서는 포스트모더니즘이 무엇인지 고찰해 보고 다원화된 문화 속에서 개혁주의 신학의 과제와 미래를 진단해 볼 것이다.

II. 포스트모더니즘의 사유

전통적 기독교 신앙은 내외적으로 어려움에 직면해 있다. 왜냐하면 다원주의적 사고가 신학뿐만 아니라 문화와 사회전반에 걸쳐서 이미 광범위하게 진행되고 있기 때문이다. 신학적 사고의 이름을 빌린 종교 다원주의 경향은 20세기초에 일기 시작한 포스트모더니즘의 경향이 정의되었을 때 이미 사람들에게 예고되었다고 할 수 있다. 포스트모더니즘은 지금까지 사람들의 전통적, 또는 보편적 사고를 지향하는 관점을 단편화시켜서 보편성을 지향하는 지식의 체계는 더 이상 설자리를 잃고, 절대적 진리를 향해야 할 신앙은 질타 당하는 "폭군으로서의 이성"과 함께 배척되었다.

근세와 현대까지를 유지해 오던 이성이 배척되자 삶의 보편성도 함께 부정되어 버렸다. 이러한 포스트모더니즘 사상을 배경으로 한 신학적 사고는 개혁주의 전통의 예수 그리스도 중심의 신학적 사고를 신 중심의 신학으로 전환하거나 인간 중심의 사고로 재구성하려는 시도요, 성경 중심의 계시신학에서 다양한 인간 실존의 종교성을 지향하는 모습으로 변경되는 것이다. 그러므로 전통적인 기독교는 탈 전통적 변이에 직면하고 있다. 현대의 개혁주의 과제의 하나는 이러한 사고의 변형을 어떻게 이해해야 하며, 이미 시작된 이 사조가 어떤 방향에서 기독교 신학과 조우하게 될 것인가를 진단해 보는데 있다.

서구의 이성중심의 사고를 대변하는 데카르트의 명제 "나는 생각한다, 고로 존재한다"는 인간 존재와 지식의 근거가 자아에 정초 해 있음을 의미하는 것으로 해석되어 왔으며, 이러한 서구사조는 인간을 이성적 사유의 존재로 인정한다. 이러한 이성적 사유에서 서구의 합리주의적이며, 과학적 사고는 시작되었다. 그러나 이성을 기반으로 한 지식의 체계는 현대의 과학이 발달되면서 미시적 구조 속에서 더 이상 합리적 규칙성을 찾아보기 힘들게 되었다. 이러한 한계를 자각하면서 일어난 운동인 포스트모더니즘은 어떤 특정한 목적 지향적인 모습은 없고, 인간을 둘러싼 문학이나 예술을 비롯한 문화 일반의 영역에서 과거의 전통이나 관습, 또는 인습으로부터 탈피하고자 하는 사조의 흐름이다.

그렇다면 포스트모더니즘이 근대의 합리적 정신, 또는 이성 중심의 본질을 "해체"를 통해 반발하고, 벗어나려고 시도하는 이유는 무엇인가? 이 사조는 계몽주의적 사고에 기초한 현대의 문명은 인간생존에 필요한 다양성을 종식시켜 버리고, 독단적인 이론에 의존한 문명의 추상화를 고집하는 편견에 사로잡히게 되었다고 해석한다. 따라서 전통적인 철학과 신학은 계몽주의적 이성에 기초한 형이상학적 준거에 따라 세워진 것이므로 마땅히 해체되어야 한다고 주장한다.

III. 역사적 근거

우리는 역사적 철학사조에서 포스트모더니즘의 모체가 된 사조들의 경향을 찾아 볼 수 있다. 첫째, 서구의 플라톤 이후의 전통적 형이상학에 대한 통일성을 부정하는 니체의 사고를 들 수 있다. 이러한 서구의 형이상학에 대해 몰락을 예견하듯 "신은 죽었다"는 니체의 외침은 마치 키에르케고르가 헤겔의 정형화되고 체계화된 동일성을 교활한 기만이라고 부정한 것처럼 이성의 산물인 형이상학적 신 개념을 부정한다.

둘째, 서구의 과학주의적 사고방식에 반대하는 낭만주의적 사고도 그 한 원인이다. 낭만주의 사고는 독일의 관념주의 철학자 쉘링에 의해서 영향을 받았는데 이러한 사고는 항상 유동하면서도 포괄하고자 하고, 비결정성과 더불어 닫혀진 구조를 탈피하고자 하므로 포스트모더니즘과 더불어 다원주의적 사고에서 진리를 규정한다.

셋째, 포스트모더니즘은 현대의 과학 철학적 사고와 맥을 같이 한다. 그 동안 유용하게 사용하게 설명되어 오던 과학의 이론이 이제는 더 이상 설명하기 힘든 자연 현상 앞에서 무력화되어 생태학, 경제학, 그리고 사회학 등의 분야에서 조차 "혼돈이론"이라는 이름으로 규정되거나, 또는 결정론적 무작위성을 주장하게 되었다. 따라서 최근에 들어와서 과학의 포스트모던 시대를 선언한 과학철학의 배경에는 모든 학문에 대해 단순히 이론 의존적 구조를 탈피하고 위기에 대응하기 위한 패러다임의 변화에 대처함으로서 편협한 합리주의를 벗어나고자 하는 시도가 들어 있다. 이것의 한 예는 사회과학에서 부각된 것으로 리오타르와 하버마스간의 탈현대 논의이다. 탈현대주의는 지금까지 합리주의로 일관해오던 서구의 과학 정신이 만들어 낸 부산물에 대한 회의적 요소도 들어 있다.

이러한 시도는 이미 다원주의를 주장하는 신학자들 사이에서 더 진보되고 있다. "패러다임의 전환"이라고 일컬어지는 이러한 입장은 "기독론 중심"에서 넓은 의미에서의 "신 중심"의 신학으로의 전환을 주장한다. 이 "신 중심"이라는 개념은 성경을 통해서 자기를 계시하신, 그리고 이 계시된 신에 대한 인간의 인식 즉, 계시 신학의 가능성에 대한 부정을 전제로 하는 것이다. 포괄적인 신앙의 이름아래 다원주의를 주장하는 사람들은 다원주의의 입장을 통해서 기독교 신앙의 우위성 내지 그리스도를 통한 계시의 완결성으로부터 벗어나 다양한 길을 통한 신앙의 가능성이 있음을 주장한다. 사신 신학자로 잘 알려진 반 뷰렌은 기독교가 유일한 종교적 진리라고 말하는 것은 "야만적이며, 국수주의적 입장"이라고 비판하여 복음의 진리와 기독교 신앙과 전통을 위해 목숨을 바친 신앙의 사람들과 그 신앙의 내용을 송두리채 부정하는 결과를 낳았다.

포스트모더니즘이 전통 형이상학의 거부라는 미명아래 서구의 모든 신학을 형이상학의 잔재로 규정하면서, 이러한 신학적 사고를 거부하였다. 이러한 부정의 신학은 다원주의라는 이름아래 "신학"의 이름을 빌려서 오늘날에 그 영향을 행사하고 있다. 다원주의 신학은 형이상학적 체계를 거부하는 키에르케고르의 입장과 관념주의적이며 낭만주의적 사고를 갖는 쉘링의 동일 철학, 그리고 합리적 사고에 치중한 서구의 근대 과학 정신을 비판하고 있으면서, 이것을 전통적 신학에 적용시킴으로 궁극적으로는 탈전통을 향해 나아가고 있다. 기독교 신학을 서구의 과학적 합리주의와 동일한 체계로 보면서, 이를 제국주의적 자세로 배격하는 자세는 이미 기독교 이해의 기초인 신적 초월성과 내재성, 그리고 계시의 신적 기원과 문화적 명령을 자의로 해석하는 우를 범하고 있는 것이다.

IV. 기독교적 대안

사회과학적 측면에서 상대주의와 지적회의주의를 팽배하도록 만든 포스트모더니즘은 서구의 이성중심의 사고에 대한 반발이라고 이해할 수 있다. 신학적 진리를 추구하는 신학자들조차도 기독교 진리가 추구하는 성경적 세계관에 대해서는 아무런 주장을 펼치지 않고 다만, 형이상학의 해체를 주장하는 아노미 (Anomy)를 주장하는 독단으로 기독교 진리가 지금까지 추구하는 변혁적 시도에 대해서는 거의 절망적으로 표현한다는 점에서는 비판을 받아야 한다.

비록 포스트모더니즘이 논리적 체계나 형이상학적 실체를 등한시하고, 그것의 효용과 실체를 부정하면서 오늘날의 상황을 반영하여 보편적 가치체계와 진리를 상실해 가는 시대의 흐름을 잘 분석했다 하더라도, 그 결과는 또 다른 이론화의 작업이요, 또 다른 혼돈과 함께 무질서와 절망, 그리고 철저한 허무주의로 나아가게 될 것이다. 포스트모더니즘의 비판적 정신은 다원주의라는 이름아래 신학적 세계의 "개방성"을 요구한다. 이런 식의 개방성이나 상대성은 지금까지 주장되어 왔던 자연과학의 부정적 측면에서 온 것이다. 그러면 자연 과학의 방법론이 신학적(혹은 종교적)사유에 적용될 수 있는 확실한 근거가 있는가? 종교와 신앙의 세계는 이러한 자연과학적 방법론과는 다른 독특한 체계성을 가지고 가지고 있다. 이성중심(자연과학 중심)의 서구사상의 편향성에 대한 반발로서 인간의 감성적 차원의 강조는 포스트모더니즘에 대한 순 기능을 하고 있는 것으로 해석되는 경향도 있다. 그렇지만 이성적인 과학적 논리성을 보완하는 정서적이며 감정적 차원의 조화로서 포스트모더니즘을 이해하려는 것은 해체를 통한 비판정신을 강조하는 포스트모더니즘을 적절히 파악하지 못하는 것이다.

다원주의적 차원에서 종교를 이해하는 가장 핵심적인 요소는 궁극적인 종교의 진리란 인간의 인식차원에서는 알 수 없으며, 비의성을 지니고 있다는 주장이다. 그러나 기독교의 복음은 그것이 인간의 산물이 아니라 하나님으로부터 주어진 것임을 밝히는 것이다. 기독교의 진리가 강조하는 바는 인간은 계시를 만들어 내는 자가 아니라 단지 수납자요, 동시에 그 계시는 하나님의 뜻을 스스로 밝힘으로서 그 스스로가 계시의 해석자가 되는 것이다.

V. 결론

포스트모더니즘과 종교 다원주의에 직면한 개혁주의 신학은 오늘날의 신학적 다양성 앞에서 왜 그러한 다양한 신학적 논의가 활발하게 논의되고 있는지 깊이 연구해 봐야 한다. 그리하여 이러한 삶의 다양성에 대한 질문에 확실한 해답을 제공해 줄 수 있어야 한다. 그리스도의 신적 주권을 강조하는 개혁주의 신학이 인간에게 주어진 책임이나 문화 창조의 사명을 회피하는데 사용되어서는 안된다. 오히려 그리스도안에서의 하나님의 주권을 믿는 신자는 이 세상에서의 책임을 자각하여 현실에 안주하는 자세에서 벗어나 다원주의적 사고가 주장하는 현실에 대한 부정적인 측면들에 대처하는 성경적 차원의 결단을 보여야 할 것이다. (이 글은 신학지남, 1996, 248호, 문 석호, "포스트모더니즘과 개혁 신앙"에서 발췌된 것이다. 또한 신학지남, 1994, 240호, 박 아론, "권두언: 포스트 모던이즘과 총신의 신학"을 참조하라.)

31. 종교다원주의와 구속신앙에 대해서 논하라

I. 서론

종교다원주의는 기독교만이 유일한 구원종교가 아니라 모든 고등종교가 다 절대자에게 이르는 동일한 길이어서 기독교는 그 종교들 가운데 하나일 뿐이라고 주장한다. 기독교가 종교다원주의를 채택함으로서 기독교의 본래 주장과 본질을 부인하게 되어 초자연적인 요소들을 제거하여 일반 종교와 동일한 수준으로 낮추어지게 되었다. 그러므로 이 글에서는 종교다원주의를 연구하여 그 단점을 비판하고 왜 우리가 그리스도 중심의 구속신앙으로 돌아가야 하는지 그 이유를 제시해 볼 것이다.

II. 종교다원주의의 발달과정

종교개혁은 성경에서 출발하여 오직 성경을 표준과 법칙으로 삼았다. 그런데 개신교회는 18세기 이래 신학에 계몽주의의 이성적 관점을 도입하여 성경비평을 시작하였다. 이성으로 신학하는 것을 알게 된 17세기에는 이신론이 성하였다. 이신론은 하나님의 존재와 창조를 인정하였지만 인간들의 역사에 개입하는 하나님의 특별섭리를 배제하였다. 그리하여 성경은 하나님의 특별계시의 기록이 아니고 이방 종교들의 영향으로 나타난 문서들의 편집이며 성경이 말하고 있는 주장들은 사실일 수가 없게 되었다. 칸트에 따르면 사람은 이성으로 하나님의 존재를 증명할 수 없다. 그래서 철학은 경험의 영역을 그 대상으로 삼게 되었고 신학도 그 방법론으로 물질적인 세계만을 다루게 되었다. 따라서 슐라이어막허는 지식의 신학을 버리고 절대의존의 감정을 도입하였다. 그러나 이런 신학에서는 하나님의 성육신은 불가능하다. 그래서 슐라이어막허를 이은 리츨도 예수 그리스도는 그냥 보통 사람이고 하나님의 성육신이 아니라고 하였다.

이런 자유주의 신학은 20세기에 이르러 더욱 구체화되었다. 불트만은 칸트에서 시작하고 슐라이어막허가 발달시킨 비신화화 작업을 완료하였다. 그래서 불트만 이후에는 초자연적인 것은 다 배제되었다. 이러한 배경을 가지고 신학적으로 종교다원주의를 정립한 칼 라너는 예수 그리스도가 하나님의 성육신임을 부인하여 누구나 다 성육신 할 수 있다고 하였다. 한스 큉은 칼 라너가 주장한 예수 그리스도에게만 신인의 합일이 이루어져 그가 절대적인 구주가 되었다는 주장을 반박한다. 모든 종교는 다 역사 내에서 형성되었으므로 상대적이고 동등하다는 것이 종교다원주의의 결론이다. 칼 바르트에 의하면 모든 인류가 선택되었기 때문에 힌두교도나 불교도나 유대교도나 이슬람교도나 다 동일한 구원에 이르게 작정된 자들이다.

20세기의 3대 신학자로 꼽히는 폴 틸리히에 의하면 종교는 궁극적인 관심이다. 그러므로 예수 그리스도는 하나님의 성육신일 수 없고 다만 그에게 새 존재가 나타났다. 그는 존재에 끝까지 충실했고 투명하였으며 이웃을 위해서 자신을 내주었다. 그러므로 그는 새사람이고 그리스도이다. 그러나 이와 같이 종교가 궁극적 관심이 되면 어떤 종교를 택하든지 상관없게 된다. 기독교가 이방종교들을 정당한 구원의 길로 인정해주면 기독교내에서 종교다원주의가 일어나지 않을 수 없다. 모든 종교가 다 영원한 구원에 이르게 하는 종교들이면 전통적 기독교의 구원론은 보편화될 수 없게 된다.

III. 로마카톨릭의 개방정책

로마교회는 제 2바티칸 공회의(1962-1963)에서 로마교회와 다른 종교들과의 대화를 결정하였다. 바른 삶을 살기 위해 애쓰는 종교는 복음 없이도 구원에 이를 수 있다고 확정하였다. 또 이방종교들에게 나타나는 선과 아름다움도 다 하나님의 일이며 절대자에게 접근할 수 있음을 인정하였다. 이제 기독교 세계에서 종교다원주의는 아무런 거리낌없이 그 위치를 갖게 되어 기독교의 선교는 더 이상 필요 없게 되었다.

IV. 종교다원주의 신학

죤 힉은 영국 국교도에서 장로교로 개종한 이래 제 3세계의 사람들과의 접촉을 통해서 1973년 그의 신앙에 관하여 코페르니쿠스적인 전환을 하였다. 힉에 의하면 종교는 절대자 혹은 신을 역사적인 상황에서 접촉함으로서 시작된다. 이 신 경험이 역사 내에 이루어졌고, 그 경험이 체계화되고 성장하였다. 그러므로 그 신에 대한 전이해와 표현이 상대적인 것은 본래대로의 존재와 그 존재에 대한 경험의 차이가 있기 때문이라고 한다. 모든 종교들이 다 동일한 궁극적인 실재를 상관한다면 본질에 있어서 그들은 다 동일하다. 단지 기독교는 예수 그리스도가 하나님의 성육신이라고 주장하므로 특별한 종교이고 유일한 구원종교라고 주장하여 왔는데 이것은 신화이므로 이제는 종교를 서로 동등하게 볼 수 있다. 죤 힉은 동정녀 탄생, 몸의 부활, 천국과 지옥과 같은 것은 믿을 수 없는 것이라고 하였다. 예수를 신의 아들이라고 했던 것은 당시의 문화적인 배경에서 이루어졌고 특히 제자들의 부활경험에서 비롯된 것이며, 예수를 구세주 혹은 하나님의 아들이라고 부른 것은 애인들의 사랑의 고백의 언어에 속한다고 본다. 예수가 특이한 것은 그가 평생을 살 때 신의식으로 충만해서 살았다는 것이다. 힉은 복음서의 내용을 이제껏 개신교가 해온 비신화화를 수용하여 예수에 대한 전통적인 신앙을 제거함으로서 다른 종교들과의 자연스런 대화를 주장한다.

사마르다는 인도출신의 장로교도인데 1968-1980년까지 세계 교회협의회의 종교대화 담당자로 일하였다. 그는 기독교는 예수를 그리스도로 인정하지만 그도 역사적인 인물이므로 보편적이고 궁극적이라고 할 수 없다고 보았다. 신만이 절대적이고 그 외 모든 역사적인 인물들은 다 상대적이므로 이렇게 모든 종교들의 특수성을 상대화하면 종교들간의 대화를 이룰 수 있다고 보았다.

파니카는 힌두교 아버지와 카톨릭 어머니 사이에서 출생하여 두 종교 전통에서 자라났다. 그는 기독교 학자이면서 힌두교 학자였다. 파니카는 종교간의 대화에서 모든 종교는 근본에서 동일하고 예수 그리스도도 신약에 쓰인 그대로 믿을 것이 아니고 그런 독특한 표현은 다 비신화화하고 또 그런 표현들은 사랑의 언어일 뿐이라고 주장한다. 파니카에 의하면 다른 종교적인 전통은 신적인 실재라는 순백색의 광선이 인간의 경험이라는 프리즘에 투과되어 나타나는 무수한 색깔과 같은 것이라는 것이다. 그는 영원한 로고스가 인간 예수 안에 성육신 했다는 것을 인정한다. 그러나 예수가 유일한 궁극적인 성육신이 아니고 그리스도는 역사적인 예수에게만 한정될 수 없다고 주장한다. 그리스도가 구원의 중보자이지만 그것은 예수만이 구주인 그런 형태가 아니다. 그리스도는 우리들을 끊임없이 초월하면서도 언제나 인간 속에 내재화하는 신비를 지시하는 상징이다. 예수 안에 어떤 신인간적인 원초적인 사실이 있는데 이 원초적인 사실은 다른 종교들에서도 그대로 현시 되었다. 그래서 그는 종교들간의 대화를 통해서 종교는 성장하고 발전하여 인간의 인간화에 이르러 가야 한다고 주장한다.

폴 닛터는 미국 신시내티의 싸비에 대학의 신학부 교수로 일하면서 종교간의 대화를 활발히 시도하고 있다. 닛터는 에른스트 트뢸취의 견해를 따라 모든 종교는 상대적이므로 기독교도 역사적인 현상으로서 상대적이며, 모든 종교도 그 본질에 있어서 동일하다는 결론에 이른다. 닛터는 다른 종교들과의 대화를 위해 전통적인 그리스도 중심적인 모델에서 신중심 모델로 옮아간다. 그는 예수 그리스도를 배타적인 구세주로 고백한 것은 예수 자신의 존재에 관한 진술이라기 보다는 교회가 위협적인 로마의 상황에서 자기들을 지키기 위한 생존언어였다고 주장한다. 그에 따르면 부활은 용서의 경험이 확산된 것이고 예수의 현현과 빈 무덤은 이 경험을 객관화하기 위해서 만들어낸 신화일 뿐이다.

V. 종교다원주의의 기본 원리

1) 모든 종교는 일정한 역사적인 상황에서 절대자 혹은 신을 경험한 것을 체계화한 것이므로 근본적으로 동일하고 동등하다.

2) 예수를 하나님의 성육신이며 그리스도라고 하는 기독교의 교리를 비신화화 해야 한다: 예수를 그리스도와 하나님의 아들로 말하고 그를 하나님의 성육신으로 여긴 것은 후기 교회가 이방 종교들의 영향으로 예수를 자기들의 주라

고 높여서 한 사랑의 고백일 뿐이다.

3) 예수가 중심으로 삼은 신 중심으로 돌아가야 한다: 예수는 자기를 하나님의 아들과 메시야로 말한 적이 없다. 그는 하나님 중심으로 살았고 하나님의 사랑을 구체화하였다. 그런데 예수가 경험한 신은 기독교의 하나님이 아니고 궁극적 실재이므로 그 존재를 신으로 표기할 수 있다.

4) 그리스도는 구주로서 혹은 구원의 원리로서 모든 종교들에게 현시되었다: 그리스도는 예수만이 아니고 모든 종교에 나타난 구원의 상징이다. 그러므로 구원의 제공을 위해 노력한 모든 종교들의 설립자들도 다 그리스도이다.

5) 종교간의 대화는 종교의 존속에 필수적이다: 종교들이 성장, 발전하려면 자기의 종교만 주장하지 말고 서로의 대화를 통한 유익으로 발전해야 한다. 이러한 대화는 종교를 더욱 풍성하게 한다.

VI. 결론

현대신학은 종교개혁의 전통과 성경에 기초해서 신학하는 것이 아니라 계몽주의의 전통에 따라 기독교의 근본을 부정한다. 하나님이 세상을 창조하셨지만 이 창조를 섭리하지 않으신다는 전제로 출발하여 특별계시가 불가능하다고 하여 성경이 특별계시의 기록이라는 기독교의 기본 신앙을 허물어 버렸다. 예수 그리스도는 하나님의 성육신이고 하나님의 아들로서 세상의 구주로 왔으므로 주와 그리스도로 고백되었다. 그런데 신약 비평작업은 이런 주장을 다 파괴하며 전통적 교리들은 이방 종교의 영향에 의해 교회가 만들어 예수에게 붙인 것으로서 예수는 신 의식이 가득하였고 하나님의 현존에서 살았다고 주장해왔다. 그리고 자기 자신을 하나님과 남을 위해서 완전히 내어주었다고 하여 기독교를 인본주의화 했다. 그러나 종교들간의 대화를 위해 기독교만이 자기 해체와 부정을 했지 다른 종교들은 아무런 변화가 없다.

해롤드 카워드(Harold Coward)가 쓴 "종교다원주의와 세계종교"에 의하면 다른 종교들은 그 발생과 전파과정에서 다른 종교들의 영향을 입어 향상된 것을 기술하였다. 그러나 그런 종교들간의 대화를 위해 다른 종교인들이 받을 수 있도록 자기들의 내용을 바꾼 것이 없고 그런 시도도 하지 않는다. 오늘날 기독교가 선교를 하여도 기존의 종교인들을 기독교로 개종시키기는 매우 어렵기 때문에 기독교가 다른 종교와 근본적으로 동일하다는 결론을 끌어낼 수는 없다. 또한 종교다원주의로 세계평화는 오지 않는다. 왜냐하면 종교가 같아도 종족들의 이해가 달라지면 인간은 언제나 서로 싸우기 때문이다. 기독교는 성경대로 하나님 창조주에 의해 이루어진 구원의 역사이다. 인간의 이성으로는 도저히 이해할 수 없지만 하나님의 성육신이 이루어졌고 그 하나님의 성육신이신 예수께서 인류를 죄에서 구원하기 위해서 십자가에서 피흘려 죽으셨다. 창조주는 이 창조를 죄 아래 두사 멸망하도록 방치하시지 않고 구원하시기로 하셔서 하나님의 방식으로 역사적 구원사역이 이루어진 것이다. 다른 고등종교들에도 교리와 내세에 대한 관념, 그리고 윤리체계가 있어서 기독교와 비슷해 보일지 모른다. 그러나 예수 그리스도와 그의 영원한 대속을 믿는 기독교가 다시 부흥하여 본래의 힘을 회복한다면 종교다원주의는 하나의 유행으로 남을 것이다. (이 글은 신학지남, 250호, 서 철원, "종교다원주의와 구속 신앙"에서 발췌, 편집한 것이다. 또한 1994, 241호, 서 철원, "카알 라아너의 기독론"; 1995, 242호, 서 철원, "현대신학의 동향"; 김 길성, "프린스톤 신학교의 재편성과 종교다원주의 수용"를 참조하라.)

32. 개혁주의에 대하여 논하라

I. 서론

교회사적으로 쯔빙글리와 칼빈의 입장에 서 있는 개혁주의는 종교개혁에서 파생된 사상이지만 루터교회 및 영국국교의 신학과는 구별되는 특징을 지니며 동시에 종교적 급진주의와도 구분된다. 그렇지만 종교개혁의 신학은 공통적으로 말씀의 신학이다. 이 글에서는 올바른 개혁주의란 무엇인지 고찰하여 우리의 신학적 정체성을 확립하는 계기로 삼을 것이다.

II. 말씀과 성례

로마 카톨릭에서 벗어난 종교개혁의 교회들이 진정한 교회의 표지로서 내세운 것은 말씀과 성례이다. 그러나 이것은 어디까지나 성례가 기본적으로 말씀에 부속되는 것을 전제한다. 말씀을 떠난 성례의식은 교회를 부패시킨다. 칼빈은 로마교회의 제도적 의식에 맞서 참 교회는 "하나님의 말씀의 순수한 선포와 성례의 올바른 시행"이 이뤄지는 곳이라고 보았다.

Ⅲ. 개혁주의 신학

1) 성례: 종교개혁은 잘못된 예전들과 의식들을 없애고 성례와 성만찬을 남겼다. 비록 성찬에 대한 견해차이가 루터파와 개혁파 사이의 불화의 씨가 되고 말았지만 개혁파 안에서는 의견의 일치를 볼 수 있었다. 개혁주의는 유아세례를 간직했다. 유아세례와 성인세례의 문제는 외적 세례와 내적 세례의 문제일 뿐만 아니라 구원의 공동체주의와 종교적 개인주의의 문제이기도 하다. 그것은 교리를 모르는 어린아이가 성례를 받을 수 없다는 것이다. 이 점에서 성례는 말씀의 부속물이다. 칼빈은 교회 공동체 밖에서만 이것에 동의한다. 세례는 그들의 믿음과 회개를 입증한 후에 베풀어졌다.

2) 성찬: 칼빈은 제네바 교회 설립 시안을 만들면서 성찬이 정기적으로 시행되는 것을 원칙으로 생각했다. 그러나 칼빈은 미사가 성찬을 파괴한 예를 들어 성찬의 잦은 시행으로 이 거룩한 신비가 무시될 수 있기 때문에 한 달에 한 번 시행하도록 하였다.

3) 권징: 칼빈은 권징을 교회의 본질로 여기기는 했으나 그 표지로 삼지는 않았다. 오늘날 개혁 교회는 이 권세가 신도들에게 있다고 주장한다. 이런 주장은 이미 칼빈 당시에도 있었는데 모렐리 사건은 이 논쟁의 대표적인 예이다. 장 모렐리는 프랑스가 1559년이래 장로회 체제를 알고 있던 당시 개혁교회 조직에 대해서 쓴 "Traictede la Discipline et Police Chrestienne"라는 비판적인 책을 출간하였다. 그는 질서를 유지하고 교회를 보호하기 위한 군주들의 무기사용을 인정했다. 이 책의 출판은 교회 치리의 개념에 커다란 논쟁을 야기했다. 모렐리는 예수 그리스도와 사도들이 우리에게 남겨놓은 그대로 하나님의 말씀의 규율을 다시 취해야 한다고 말하면서 일종의 민주주의 정체를 제시했다. 칼빈의 우려에도 불구하고 모렐리는 1562년 4월 제3차 총회를 겨냥하여 자신의 책을 리용에서 총회 직전에 출판했다.

4) 말씀과 성령: 의식(성례)제도 반대편에 있는 것이 은사(성령)적 결속양식이다. 은사 중심의 교회는 지도자에게 절대적으로 의존하는 형태이지만 그의 영성이 떨어지고 나면 쉽게 미신적 기독교로 전락하고 만다. 개혁주의는 성령의 은사란 말씀과 밀접히 연관되어 있다. 개혁교회는 말씀 중심이지 은사 중심의 교회가 아니다. 말씀 중심의 교회는 그 해석자들에게 권위가 있다.

칼빈에 의하면 성경말씀이 권위를 갖는 것은 성령의 내적 조명 때문이다. 성령은 성경의 안내자이며 성경의 저자로서 그곳에 자신의 형상을 심어 놓았다. 성령은 성경에 연결되어 있어서 성령계시의 미명하에 성경을 떠날 수는 없으며 성경 밖에서 성령을 생각하는 것은 위험하다. 이처럼 개혁주의는 성령을 독자적으로 강조하지 않으며, 항상 말씀과 함께 하는 것으로 본다. 성령 중심의 이원론은 사회에 대한 윤리적 책임의 문제에 부딪친다. 개혁주의는 윤리적 책임을 요구하지만, 세속적인 것을 포기하도록 요구하는 하나님의 말씀을 지키기 위해서는 절대적으로 성령의 도우심이 필요하다.

5) 성경과 이성: 이성은 정통신학 형성에 많은 기여를 했으나 성경 비평학을 잉태하기도 했다. 중세에는 말씀을 세상의 구조, 천문학 물리학 사회제도에 연결시키려고 시도해서 중세의 특징적인 세계관을 낳았다. 이 세계관 형성의 중심에는 성직자들이 있었다. 종교개혁은 세계관의 변화기에 있었고 칼빈이 공격한 것은 천문학이 아니라 점성술이었다. 중세의 성직자들은 진리를 자신들이 소유한 것으로 여겼다. 성직자들은 신학에 열광하였고, 동시에 권력을 얻는데 열정적이었다. 리쾨르는 근대에 있어 진리의 독점과 학문의 자율과의 관계를 다음 네 단계로 정의한다. 첫째, 르네상스 정신이란 근본적으로 사실에 대한 성직자의 일치에서 결별하는 것이었다. 둘째, 학문의 자율은 이 결별의 특징이다. 셋째, 만일 학문이 결별의 장소라면 철학은 끝없이 의문을 제기하는 그 힘과 더불어 반역의 원동력이다. 넷째, 그리스도교인에게 있어서 이러한 진리의 폭력적인 일치에 대한 결별은 선이다.

6) 정치, 경제 활동의 근간으로서의 이성: 개혁주의에서 이성은 인간의 정치와 경제 생활의 기초를 형성한다. 이것이 서구 합리주의 문명에 토대를 놓았다는 점에서 개혁주의는 구약에 기초하고 있다. 막스 베버에 의하면 개혁주의는 신앙에 있어서 개인주의적 요소와 함께 사회 생활에 있어서는 철저한 합리적 공동체 의식을 가진다. 또 개인은 사회 활동을 통해서 확증되는 합리적 생활과 노동을 통한 금욕적 삶을 살아야 한다.

7) 합리성과 실존성: 이성의 종교에 대한 반발은 한편으로는 초월의 신학으로 나타났고 다른 한편으로는 도덕적 종교로 발전했다. 이것은 자유개혁주의와 신정통주의의 신학으로 발전되었다. 그렇지만 개혁주의에 합리성과 실존성이 동시에 요구되는 곳은 윤리의 영역이다. 이것은 하나님의 일반 섭리의 영역이다. 현대 자본주의 사회는 모순적 이중성을 가지고 있다. 교회는 제도적으로 그런 사

회의 모범이 될 수 있는 계시에 기초하는 공동체를 만들어 가야한다.

IV. 결론

개혁주의는 말씀을 떠난 의식주의나 성령주의 그리고 성경계시를 떠난 이성주의를 거부한다. 그렇지만 개혁주의는 성령을 강조하면서 말씀을 실천할 수 있는 능력을 위해 성례신학을 보다 강화해야 한다. 이렇게 하여 개혁주의는 교회 내적, 외적으로 하나님의 주권을 선포하고 오직 그에게만 영광을 돌리는 신학이 되어야 한다. (이 글은 신학지남, 1998, 257호, 박 건택, "개혁주의란 무엇인가?"에서 발췌된 것이다. 또한 1994, 240호, 박 건택, "칼뱅과 BEM문서의 성찬론 고찰"을 참조하라.)

B. 여성

33. 여성 목사안수에 대한 주장과 전통적 입장에 대해서 논하라

I. 서론

한국교회 내에서 여성 목사안수 문제가 대두하게 되고, 여성의 목사안수를 찬성하는 개신교교단들이 증가 일로에 있는 것은 여성권리의 확대와 특히 여성신학의 세계적인 득세와 보급을 감안하여 볼 때 전혀 놀랄 일이 아니다. 그러므로 이 글에서는 여성의 권리를 위한 운동 역사를 간략하게 살펴보고 나서, 여성의 목사안수를 주장하는 사람들과 여성신학자들의 주장을 살펴볼 것이다. 그리고 여성의 목사안수에 대한 전통적 견해를 개진하고 결론을 내릴 것이다.

II. 여성 운동의 역사

우리는 19세기에 있었던 여성 운동의 역사를 여성 운동의 첫 물결과 둘째 물결로 나누어 생각해 볼 수 있다. 19세기 중엽 미국에서 일어난 첫 번째 여성운동은 복음주의 기독교 가치관을 그 바탕에 깔고 주로 금주, 공창폐지, 여성들에 대한 도덕적 계몽운동을 했다. 그러나 금주운동과 도덕성회복운동의 집회에 여성의 참여가 계속해서 금지 당하자, 여성운동가들은 여성의 평등에서 여성의 해방으로 그 이슈를 변경하기에 이르렀다. 두 번째 여성운동에서 여권운동가들은 인공유산과 여성의 동성연애에 대한 권리 등을 여권운동의 이슈로 삼고서 지금까지 사회적, 정치적 운동을 전개해 왔다.

또한 미국의 여성운동의 둘째 물결과 함께 "여성의 해방"을 주제로 하는 여성해방신학(Feminist Liberation Theology)을 주장한 여성신학자들이 출현하였는데 그들 중에서 두 중요한 여성해방신학자로서 레티 럿셀과 로즈매리 래드포드 루터를 들 수 있다. 이들은 여성해방의 목표를 자유와 새로운 공동체의 사회윤리, 그리고 하나님의 새로운 창조로 삼고 모든 인류가 이원론적 양극화를 극복하고 조화롭게 인류공동체로 존재하도록 투쟁해야 한다고 했다. 그러나 럿셀과 루터와 같은 여성해방신학자들의 문제는 성경을 여성해방의 관점에서 해석하며, 해방과 자유의 의미를 페미니즘에 기초하여 해석하는 것이다.

III. 여성 목사안수에 대한 주장의 이론적 근거

오늘날 미국에서 활동하고 있는 여권주의자들을 분류하면 세속적 여권주의자들, 종교적 또는 기독교 여권주의자들, 그리고 성경적, 또는 복음주의적 여권주의자들이 있다. 먼저 세속적 여권주의자들은 기독교와 완전히 결별하고 여성 속에 존재하는 신성을 믿어 "여신숭배"까지 나아갔기 때문에 여성의 목사안수에는 관심도 없고 언급도 하지 않는다. 그래서 여기서는 다음 두 가지 여권주의자들의 주장들을 살펴보고자 한다.

1) 종교적(기독교적) 여성 운동가들의 주장: 이들은 기독교를 가부장적 사고로 여성들을 탄압하는 종교로 보는 세속적 여성운동과는 달리, 기독교와 교회가 여권주의적 변혁을 위한 좋은 도구가 될 수 있다고 생각하여 기독교의 전통을 따르면서도 성경과 기독교교리 및 신학을 페미니즘의 세계관에 맞도록 재해석하고 있다. 레지나 콜, 매리 달리, 카롤 노렌 같은 신학자들이 있으며, 이들은 기독교의 근본적인 메시지와 기본원리가 자유와 해방이기 때문에 남성 우월주의로서 교회에서 여성들을 탄압하는 교회의 가부장적 지도자들을 비판한다. 이들은 여성의 목사 안수는 남성들이 여성들의 지배자로 군림하는 교회 안에서 특별히 여성에게 찾아오시는 하나님의 은혜를 뜻하며, 가부장적이고 남성중심적인 사고와 이데올로기를 갖고 여성들을 탄압하는 죄악으로부터 과감하게 탈출하는 여성들의 개종행위의 일환이라고 말한다. 그러므로 목사 안수를 추진하는

일에는 성경에서 국가, 사회적으로 그리고 교회적으로 지도계층에 오른 많은 "여성들의 영적인 능력화"가 그 이론의 근거가 되고 있다고 주장한다.

2) 복음주의적 페미니스트들의 주장: 복음주의적 페미니스트들은 성경이 막연한 종교적 저술이거나 문학작품이 아니라 전체가 "정확무오한 하나님의 말씀"으로 받아들이며, 오늘날 교회 안에서 존재하는 "성차별의 이데올로기"는 성경을 "남성의 경험"에 입각한 "가부장적 사고"로 보는 해석학의 결과라고 생각한다. 그러므로 그들은 성경을 다시 재해석해야 한다고 주장한다. 예를 들면, 그들은 창 1:18-20에서 "아담을 돕는 배필"이라고 언급된 것은 남자에 대한 여자의 종속성을 말하는 것이 결코 아니므로 창세기 3장 16절의 "너는 남편을 사모하고 남편은 너를 다스릴 것이다"라는 진술 때문에 교회가 여성의 종속을 정당화 하는 것은 잘못이라고 주장한다.

복음주의 신학자 카테인 하우벌트는 고린도전서 11장 3절 이하의 "남자의 머리는 그리스도요, 여자의 머리는 남자요, 그리스도의 머리는 하나님이시라"는 본문에서 "머리"를 전통주의자들은 계급적인 상하관계로 생각하나 이것은 잘못 되었으며, 이 본문의 "머리"에 대한 원만한 해석은 "출처," 또는 "근원"이라는 것이다. 복음주의적 페미니스트들은 이러한 성경의 재해석을 근거로 하여 자격을 갖춘 여성들이 목사가 되어 사역할 것을 주장할 때, 한 개인이 남자냐, 여자냐 하는 것이 그 개인이 교회의 지도자가 되는 문제와는 전혀 상관이 없다고 주장한다.

IV. 전통적 입장

교회는 전통적으로 여성의 목사안수에 대하여 반대하여 왔다. 지금도 전통적 입장에 서있는 사람들은 여성의 목사안수를 반대하는 이유가 여성은 남성과 비교하여 열등하다는 것이 아니라 남성과 여성 사이에 존재하는 신체구조적 차이(이는 창조에 기인함)와 그것으로 인한 "남성과 여성의 삶에 있어서의 역할과 위치의 불가교체성" 때문이라고 주장한다. 이런 입장에 서있는 여성학자 수잔 포는 여성의 목사안수를 반대하는 이유는 성경이 이를 금지하기 때문이라는 것 외에는 존재하지 않는다고 말한다. 그녀는 여자들이 가르치고 다스리는 일을 할 수 없는 것은 여성이 열등해서가 아니라, 남자가 먼저 지음을 받았다는 것과 여자가 먼저 속았기 때문이라고 한다. 그렇다면 여성은 교회 안에서 무엇을 할 수 있는가? 수잔 포는 여성들이 공적으로 설교할 수 없지만, 공적으로 기도와 예언 (성경 봉독)을 할 수 있고, 가정예배나 주일학교, 그리고 개인적으로 성경을 가르칠 수 있으며, 또한 교회행정에 서무 보는 자로, 그리고 복음을 전파하고 선교하는 일에 "봉사자"로 일할 수 있다고 한다.

V. 결론

여성안수에 대한 주장에는 두 가지 서로 다른 입장이 첨예하게 대립되어 있다. 여성 안수를 주장하는 사람들은 현대 사회의 변천으로 과거 전통적 해석과는 다른 입장에서 그들의 논리를 전개한다. 전통적인 입장은 성경의 문자적 해석을 이유로 하여 여성의 교회 내에서의 지도자로서의 위상과 역할을 반대한다. 그렇지만 현대에 이르러 교회에는 거대한 변화의 물결이 다가오고 있다. 우리는 이것에 어떻게 슬기롭게 대처할 수 있을 것인지 깊이 연구해야 한다. 여성안수 문제도 합동 교단이 당면한 그런 많은 문제들 중의 하나이다. (이 글은 신학지남, 1996, 248호, 박 아론 "여성의 목사안수에 관한 여권주의자들의 주장과 우리의 견해"에서 발췌, 편집된 것이다.)

34. 한국교회에서의 여성 사역자의 역할에 대해서 논하라

I. 서론

지금 한국교회에서는 교회안에서의 여성의 역할과 지위에 관한 주제가 관심을 모으고 있다. 그러나 "한국교회에서의 여교역자의 역할에 관한 연구"는 한국교회라는 토양과 하나님의 말씀이라는 지침에서 고찰되어야 하는 주제이다. 1994년 9월 대한 예수교 장로회(통합) 제 79회 총회에서 여성안수가 가결되어 1995년 봄 노회에서 헌법 개정안이 확정되어 여성안수가 법제화되었다. 이것을 계기로 하여 여성안수 문제와 여교역자의 지위에 대한 논의가 일어나게 되었다. 여교역자 문제는 교회의 계급의식이 그 바탕에 깔려 있다. 따라서 이 글에서는 한국 기독교 역사에서 여교역자의 위치와 역할을 살펴보고 현재 우리 교단(대한 예수교 장로회(합동))의 현실을 진단하고 그 대안을 제시할 것이다.

II. 초기 선교사들과 여교역자의 역할

선교사들이 처음 이 땅에 왔을 때는 여성들에게 전도하기가 어려웠다. 그래서 보다 효과적으로 복음을 전하기 위하여 "전도부인"이란 중개자가 필요하게 되었다. 당시의 전도부인들은 과부이거나 남편들에게 버림을 당한 사람이 경우가 많았지만 복음전도에 매우 헌신적이었다. 그들은 여성이기 때문에 안방에 출입할 수 있었고, 남자 친척들에게도 전도할 수 있었다.

장로교에서는 1897년부터 단기성경학원을 시작하여 6개월 간 훈련하였다. 1907년에 시작한 여교역자 훈련은 106명이 참석하였고, 1910년에는 정식으로 여자성경학원이 되었다. 감리교에서는 1908년 가을 평양에서 남북 감리교 선교부가 합동하여 여교역자 양성을 위하여 10월부터 다음 해 6월까지 8개월의 훈련을 실시하였다. 이렇게 성경학교를 통하여 여교역자를 양성하다가 1923년 3월 26일에 장로교 여성고등학교가 개교되어 성경과 전도학 등 실제적 과목들을 교수하였다. 1915년에 카나다 여선교사 맥클레이가 원산에서 시작한 성경학원은 1931년부터 마르다 윌슨 여자신학원으로 승격되어 교육을 담당하였다. 초기 여교역자들은 주일학교 교사, 결혼식과 장례식 등의 각종 예식 준비, 심방 등의 다양한 영역에서 일하였고, 능력있는 이들은 사경회를 인도하거나 여전도회를 지도하였다. 그러나 초기 한국교회는 선교사와 남자목사 중심이었기 때문에 여교역자는 항상 궂은 일을 하고 형편없는 차별대우를 받았다.

III. 한국교회에서의 여교역자의 역할과 현실

여전도사에 대한 제도적 문제는 각 교단에 따라 다르다. 대한 예수교 장로회 총회(합동) 헌법에서는 여전도사를 임시직으로 규정하고 있다. 실제 사역은 종신직이지만 법규상으로 임시직이기 때문에 신분의 보장이 제대로 이루어지지 못하고 있다. 이것은 구조적인 모순이며 소외이다. 여교역자들은 여러 가지 사역을 하고 있지만 이러한 사역을 단지 보조사역으로 보는 것이 현실이다. 그 이유는 남성 교역자 중심체제와 가부장적 사고에 기인하는 여성에 대한 비하된 인식 때문이다. 이와 같이 여교역자의 역할은 능력이나 기능을 도외시하고 제도적 장치와 관습에 따른 양식으로 정착되었다. 경제적 현실은 월급여가 담임목사의 3분의 1, 부목사의 3분의 2 수준으로 책정되어 있어 열악한 상황에 있다. 이렇게 된 이유는 임시직이라는 제도에서 찾을 수 있으며, 여전도사의 주요임무인 심방이 보조임무로 이해되고 있기 때문이다.

IV. 여교역자의 효율적 사역

심방이란 돌보는 일이며 목회적 관심을 수행하는 것으로서 목회의 원리와 가장 밀접한 목회적 기능이다. 심방으로 목회자는 교인들의 형편을 파악할 수 있고 기도 제목을 얻게된다. 그리고 목회자 자신을 점검할 수 있으며, 설교 자료를 수집할 수 있다. 또한 전도의 기회가 되며, 교인들의 신앙 교정과 훈련을 할 수 있게 된다. 영적으로는 신앙의 점검과 격려(히 12:12-13)를 위한 것이며, 성도를 교육하고(벧후 3:18) 훈련하는 계기가 된다. 그러나 심방자는 회중을 사랑하고 귀하게 여기는 마음을 가져야 한다. 가장 큰 문제점은 여교역자의 심방사역을 목회를 위한 보조사역으로 보는 것이다. 그러나 이것은 모든 사역을 하나님 중심의 다양한 사역으로 보는 성경의 원리에 어긋나는 것이다. 교육사역은 심방사역과 함께 여교역자가 담당하고 있는 사역이다. 그러나 여교역자들이 교회의 교육문제를 전담하는 체제가 이루어지지 못하고 있는 실정이다. 따라서 여성의 교육적 특성을 개발하여 이들이 교육의 전문가로서 직무를 담당하도록 해야 한다.

여교역자의 상담사역이 효율적으로 이루어지기 위해서는 상담에 대한 기초적 이해와 상담자의 자질과 훈련을 위한 도움이 있어야 한다. 상담자는 하나님의 백성을 말씀으로 위로하고 권면하여 인격이 그리스도의 장성한 분량에까지 이르도록 돕는 자이다. 그러기 위해서는 상담자 자신이 먼저 성경적 자아상을 가져야 한다. 상담자는 바울처럼 "가장 약할 때 그리스도의 능력으로 인하여 가장 강하다"는 고백을 할 수 있어야 하고 피상담자에게도 이러한 고백을 할 수 있도록 도와야 한다. 그러므로 상담자는 첫째, 성경에 대한 바른 지식과 그리스도의 말씀에 풍성히 거하는 자여야 한다. 둘째, 이러한 목적을 달성하기 위한 선한 열정이 있어야 한다. 셋째, 하나님의 말씀에 거하는 데서 오는 지혜가 있어야 한다. 넷째, 상담은 성경을 근거로 하지만 심리학, 의학, 교육학, 법학 등 주변의 학문들의 도움을 받아야 한다. 다섯째, 상담자는 하나님의 약속을 확실히 믿어야 하고 하나님의 나라에 대한 소망을 가져야 한다. 여섯째, 상담자는 성경은 진리이며 하나님은 약속한 대로 이루어 주신다는 확신을 가진 사람이어야 한다. 상담자는 성경을 기초로 한 개혁주의 신학을 바로 이해하여야 한다. 하나님의 절대을 믿으며 이것을 생활에 실천하는 하나님 중심의 삶을 영위해야 한다. 또한 상담은 상담자와 피상담자 사이의 언어적, 비언어적 커뮤니케이션이므로 피상담자의 말을 경청하고 이것을 이해하며 하나님의 말씀으로 바로 권면하기 위해서는 커뮤니케이션에 대한 연구가 필요하다.

V. 결론

한국교회에 자리잡고 있는 남성중심의 계급의식은 섬김의 자세에 있어서 많은 부작용을 낳고 있다. 우리는 하나님께서 모두에게 주신 은사를 계발하고 각자의 영역에서 활용하는 공동사역의 의식을 가져야 한다. 무엇보다 여교역자의 사역을 위해 두 가지 측면에서 제도의 변화가 이루어져야 한다. 첫째, 여교역자를 임시직에서 벗어나 종신직으로 전환시키는 법의 개정이 있어야 한다. 둘째, 여교역자들의 사역의 다양화가 제도적으로 이루어져야 한다. 무엇보다도 여교역자들로 하여금 전문 사역자로 나아가게 하기 위하여 신학교육제도의 변화가 요구된다. (이 글은 신학지남, 1997, 250호, 정 정숙, "한국교회에서의 여교역자의 역할에 관한 연구"에서 발췌된 것이다.)

C. 기타(대한예수교 장로회 합동측은 매장과 화장, 모두 성경적이라고 결정)

35. 한국교회의 바람직한 장례문화에 대해서 논하라

I. 서론

목회자의 당면문제 중에서 두 가지를 든다면 인간관계의 갈등과 불신문화와의 긴장관계라 할 수 있다. 특히 전통적인 장례문화와 기독교적인 장례문화 사이의 충돌은 목회현장에서 흔히 접하는 현실이다. 그러므로 이 글에서는 기독교적 장례문화의 확립에 있어서 오늘날 한국 교회가 당면한 몇 가지 문제들을 다룸으로서 바람직한 장례문화를 제시해 보고자 한다.

II. 성경에 나타난 장례법과 한국의 현실

구약의 장례법은 매장이었고 화장에 대해서는 아주 부정적임을 보여 준다. 히브리인들에게 있어 불태움 또는 화장은 예외적이었고, 아간과 같이 심각한 범죄자들에게 가해지는 형벌이었다. 심지어 어떤 랍비들은 시체를 태우는 것을 우상숭배로 동일시하기까지 하였다. 이처럼 하나님께서 히브리 문화에서 화장에 대해 부정적인 교훈을 주신 것은 하나님께서 창조하시고 부활하게 하시는 것이 육체와 영혼으로 구성된 전인이기 때문이다. 그러므로 오늘날 한국 교회는 문화적으로 하나님의 이 교훈을 고려해야 한다.

신약성경에도 신자들은 화장보다는 매장을 선호한 것으로 나타난다. 구약의 신자들과 마찬가지로 그들 역시 영혼과 육체를 포함한 인간이 성령의 전이라는 개념 및 전인의 부활 개념 때문에 매장을 선호했던 것 같다. 그러므로 구약의 아브라함부터 신약시대까지 2천년 간의 장례법이 매장이었다는 것을 고려하여 오늘의 한국 교회가 매장에서 화장을 도입하는 것은 신중한 고려가 요구된다.

초대교회 신자들은 당시 로마에 유행하던 화장과는 달리 매장을 하였고, 죽음을 "하늘나라에서 새로 태어나는 것"으로 생각하여 몸의 부활에 대한 소망을 강조하면서 장례를 했다. 중세교회의 신자들은 매장을 하되 심판의 공포를 강조하는 분위기에서 장례식을 했으며, 종교 개혁 때의 신자들도 매장을 하되 죽음 자체를 기독교 메시지의 일부로 생각하기를 꺼려 형식화되었다.

한국인에게는 조상의 묘를 잘 쓰면 후손들이 복을 받는다고 믿는 민속신앙이 있다. 그렇기 때문에 화장을 불효로 보아온 경향이 지배적이었다. 또 화장을 하면 망자를 두 번 죽인다는 생각 때문에 화장을 꺼리기도 한다. 그렇다면 기독교인들은 화장을 어떻게 받아들여야 하는가? 성경은 장례의 방식에 대하여 일정한 규범을 말하지는 않는다. 구약의 족장들은 거의 다 매장을 했다. 신약에는 나사로와 예수님은 유대인의 장사법대로 장사되었다(요 19:40). 그러나 아모스 6장 10절은 "죽은 사람의 친척, 곧 시체를 불사를 자가 그 뼈를 집으로 가져갈" 것을 말함으로 화장이 친척에 의하여 정중하게 집행된 것을 암시하고 있다. 성경은 장사의 방법에 있어서 매장이냐, 화장이냐 그 어느 쪽을 강조하지 않고 형편에 따라 두 가지 방법이 다 가능하다고 말하고 있다.

화장은 주전 4세기부터 주후 2세기까지 로마제국에서 일반화되었다. 속사도 교부들이나 종교 개혁의 선구자였던 존 위클리프와 존 후쓰도 화형으로 순교했다. 그렇지만 화장이 성경과 교회사에 있어서 유족들에 의하여 선호된 것은 아니었다. 그러나 화장형식의 시체처리가 성경적으로 옳지 않다고는 할 수 없다.

시신이 흙 속에 묻혀 흙으로 변하든 불에 타서 재로 변하든 부활을 믿는 우리 그리스도인들은 장례의 방법 자체에 큰 의미를 부여할 필요가 없기 때문이다. 그럼에도 불구하고 일반적으로 한국의 기독교인들은 화장보다 매장을 여전히 선호하고 있다.

외국의 경우 화장이 일반화되어 가고 있다. 일본은 97%, 중국이 92%, 태국이 90%, 홍콩이 72% 등의 비율로 화장을 선호한다. 여기에 비하여 우리나라는 유교와 풍수지리 사상의 영향으로 화장율은 22%에 불과하다. 현재 우리나라에는 2,700만개의 묘지가 있는 것으로 알려져 있다. 인구증가와 제한된 매장공간을 고려하면 앞으로 화장이 불가피한 선택으로 다가올 것이다. 4천4백만 남한 인구 중에서 매년 평균 25만명이 사망하는데 이들을 매장하려면 매년 250만 제곱 미터 국토가 묘지로 사용되어야 한다. 1998년 2월 현재 남한의 묘지면적은 996평방 킬로미터로 추산되고 있다. 이는 전국토 가용면적의 4.3%에 해당된다. 서울시 면적의 1.6배이며 공장용지의 2.4배에 이른다. 2000만기의 묘에 매년 필요한 수는 27만명이고, 매년 약 20만기(9평방킬로미터)의 새로운 묘가 발생하고 있다. 분묘 매 1기당 1.5평을 감안하면 그 소요면적은 여의도의 1.2배에 이른다.

서울시가 1998년 9월 20세 이상의 시민 500명을 대상으로 실시한 장례에 관한 설문조사에 따르면, 본인과 가족의 장례방식으로 52.2%가 매장을, 47.8%가 화장을 선택했다. 묘지 부족의 심각성에 대하여 86.6%가 동의하였고, 화장을 유언에 남기겠다고 의사를 표현한 사람은 전체의 60.6% 이었다. 그러나 부모의 장례를 화장으로 선택한 응답자는 30.4%에 불과했다. 화장을 선호하는 사람들은 그 이유를 관리하기 쉽다(31%), 자연훼손을 줄일 수 있다(23.9%) 등으로 들었다. 이러한 추세를 감안하면 이제 국가적으로도 화장을 권장할 때이다. 화장이 일반화 될 때 납골당 문제, 평토장 문제도 긍정적으로 고려될 것이다. 동시에 묘지에 대한 사치 및 장례비와 묘비설치의 과잉지출 문제도 재고되어야 한다.

III. 장례문화에 대한 교회의 대응

한국교회의 경우 큰 교회는 자체묘지를 갖추어왔고, 작은 교회는 기독교인 공동묘지를 선호하여 왔다. 그러나 국토의 제한 때문에 묘지의 확보가 커다란 사회적인 문제로 부각된 오늘날, 교회는 더 이상 매장을 유일한 기독교적 대안이라고 고집할 수 없게 되었다. 서울시에서는 앞으로 교회 건립허가 조건으로 교회지하에 납골당 설치를 의무화 할 것을 연구중이라고 한다. 이러한 상황에서 한국교회가 시류를 외면하고 매장 문화만을 강조한다면 환경 파괴에 앞장선다는 비판을 면치 못할 것이다. 그러므로 먼저 화장에 대한 거부 반응에 대하여 무리한 반론으로 대응하기보다 뿌리깊은 유교적 효사상과 정서를 이해하면서 점진적으로 설득하여 화장문화를 정착시켜야 한다. 그래서 교계 일각에서 일고 있는 "화장 유언 남기기 운동"을 확산시켜 나가야 하며, 화장에 대한 수용이 어려운 성도들에게는 평토묘지를 권하여 환경파괴를 극소화해야 한다. 미국에서와 같이 평토묘지를 쓰되 가족들과 함께 단계적으로 쌓아올리는 입체형 묘지를 사용하면 묘지면적을 크게 줄이면서 가족 묘지개념을 살릴 수 있다. 끝으로 교회 건물 지하실을 납골당으로 사용하면 공간절약이나 공동체 개념에서 볼 때 가장 이상적이다.

IV. 바람직한 장례문화

바람직한 장례문화를 위해서는 매장방식을 재검토해야 한다. 한국 초대교회 선교사들이 묻혀있는 서울 마포구의 양화진 외국인 묘지는 시내 중심에 위치하여 자연 녹지 공원의 역할을 하고 있으며, 또 문화재와 관광지로서 그 역사적 가치도 높다. 이처럼 묘지공간을 사장공간으로 방치할 것이 아니라, 예술공간, 창작공간, 놀이공간, 휴식공간화 하도록 묘지계획을 도시계획과 함께 전면적으로 재검토해야 한다. 카톨릭에서는 화장은 하지 않고 시한부 매장을 한 후에 납골하는 형식을 취하고 있으며, 묘지도 정서와 문화를 고려하여 조성하고 있다. 프랑스는 유럽에서 가장 먼저 집단 묘지 조성을 시작하여 1804년 근대 공원묘지의 효시라 할 수 있는 페르라세즈 묘지를 조성하였다. 이후 파리시내에 14곳의 시립묘지를 분산하여 조성해서 공원, 박물관 등의 오락 문화공간으로 활용하고 있다.

앞으로의 묘지 정책은 묘지의 시한을 정하는 시한부제, 화장, 납골, 평수 제한제가 될 것이다. 따라서 매장 후 자연부식으로 세월이 지난 후에 납골화하여, 오래된 납골을 한데 모아 7-14평에 1,160여기를 모셔서 묘지로 인한 국토 잠식을 해결해야 한다. 이 방법으로는 한 조상이 한 묘지에 500년을 매장할 수가 있어서 묘지로 인한 국토잠식의 문제와 화장, 납골을 기피하는 정서문제를 해결할 수 있고, 역사적, 문화적 가치가 높은 문화공간을 조성할 수 있다.

V. 장례집례와 추도예배의 목회적 고찰

예수님은 "죽은자로 하여금 죽은자를 장사하게 하라"고 하셨다. 이 말씀은 죽은자의 장례문제가 중요하지 않다는 것이 아니라 전도사역을 위해 주님이 부르실 때 장사를 핑계하고 그 부르심을 회피하거나 경시하는 것에 대한 경고이셨다. 한국 목회자는 장례 때문에 많은 시간을 소모하고 있는데 교인들에게 기독교적 장례문화 확립 차원에서 교육을 통하여 장례에 따른 목회적 소모를 극소화시켜야 할 것이다. 목회자는 교인들에게 재산처리에 있어 천국상급과 연관되는 유언서 작성 및 최후 임종을 위한 준비와 장례식 비용의 간소화를 교육해야 한다. 또한 장례식이 전도와 부활의 메시지 전달 기회가 되도록 분위기 조성에 유념해야 하며, 임종 전 교인들과의 사전상의를 의무화해 나가야 한다. 목회자는 산자의 목회자가 되어야 하고 죽은자에게 과도히 수종드는 목회자가 되어서는 안된다.

성경에는 추도예배에 관한 언급이 없다. 한국교회는 조상제사를 금지하면서 추도예배를 그 대안으로 시행하고 있다. 추도예배는 조상의 덕을 가리며 하나님께 그런 조상을 허락하신 것에 대한 감사와 그들이 남긴 영적 유산에 대한 보존을 다짐하는 차원에서 드린다면 크게 문제될 것은 없으나, 앞으로는 신앙의 성숙도에 따라 남은 가족들이 가급적 추도예배를 드리지 않는 방향으로 지도해야 한다. 부득이한 경우라도 추모대상자의 사진에 절하지 말고, 이미 죽은 영혼을 위하여 기도하지 않으며, 또한 예배 중에 지나치게 추모 대상자를 칭찬하는 일은 삼가야 한다.

VI. 결론

한국교회가 당면한 장례문화에 대한 논의는 더욱 더 활발하게 전개될 것이다. 아직도 국민의식이 화장보다 매장을 선호하고, 기독교인도 70%의 화장 찬성자가 자신의 경우에는 25%만 화장하겠다는 통계를 보면 화장의 현실화는 시간이 필요할 것 같다. 그러나 화장은 현실로 우리에게 다가오고 있다. 이제 한국교회는 국민의 이익에 부합하는 묘지형태나 납골당에 대한 구체적 제안과 논의를 거쳐 교회와 국가를 위하여 장례 대안을 제시하여야 한다.(이 글은 신학지남, 1999, 258호, 김 의환, "한국교회와 장례문화"와 권 성수, "장례문화의 발상전환을 위한 제언"에서 발췌, 편집된 것이다.)

36. 성경에 나타난 죽음과 장례문화의 이론적 근거를 제시하라

I. 서론
장례문화가 변하고 있으며, 날이 갈수록 화장을 선호하는 인구가 증가하고 있다. 한국교회는 선교 역사 초기부터 이교 문화아래 장례문화와 관련하여 많은 갈등을 겪어왔다. 이런 갈등구조를 극복하고 기독교적인 장례문화를 정착시키기 위해서는 죽음의 본질과 죽음 이후의 일, 특히 부활에 관한 성경의 교훈에 주목하여야 한다. 이 글에서는 죽음과 부활 의미를 고찰해보고 성경적이고 건전한 장례문화를 위한 해답을 모색해 볼 것이다.

II. 죽음의 의미
죽음에 대한 유물론적 사고와 성경적 사고, 또는 이성적 사고와 계시 의존적 사고에 따라 장례에 대한 태도도 달라질 수 있다. 죽음은 죄의 결과이며 인간에게 매우 부자연스러운 것으로 그리스도의 부활로 말미암아 극복되는 것이다. 육체적 죽음이란 물리적인 몸에서의 생명의 정지를 의미한다. 그러나 육신의 죽음은 존재의 종국이나 멸망이 아닌 영혼과 육체의 분리이다. 또한 성경은 영적인 죽음과 영원한 죽음을 언급하고 있다. 영적인 죽음이란 하나님으로부터의 인격적 분리를 의미하며, 영원한 죽음이란 위와 같은 분리 상태의 영구적인 고착이다. 그러나 신자들의 경우 결코 이러한 죽음을 경험하지 않는다. 죽음이란 근본적으로 생명의 근원이신 하나님으로부터의 단절에서 파생된 것이기 때문이다. 따라서 구원이 하나님과의 관계개선이라면 죽음의 의미는 구원에 의해 재해석될 수 있다. 죽음은 죄짓는 일을 종식시키고 성도의 모든 탄식을 종식시킨다. 그리고 신자들에게 있어서의 죽음은 영생에 들어가는 관문이다. 하나님과의 관계회복이 죽음을 극복할 수 있는 유일한 길이며, 그 일은 그리스도께서 이루어 놓으신 화해의 복음을 통해서만 가능하다. 복음은 하나님과의 관계회복을 통한 영생을 약속한다. 그리고 이 영원한 생명은 육체적인 부활을 통하여 얻게 된다.

III. 부활의 본질
성경에서는 영원한 생명을 얻을 자들과 영원한 수치를 당할 자들이 모두 몸으로 부활한다. 부활이후 신자들의 몸은 모든 죄가 극복된 상태, 그래서 죽음과는 상관없는 상태, 곧 그리스도의 영광의 몸과 같은 형체로 변화된다. 고린도전서 15장 44절에 나오는 "육의 몸"이란 죄로 인해 저주아래 있는 현존재의 모습이며, 부활 후의 "신령한 몸"이란 전적으로 성령의 지배아래 있는 새로운 존재를 가리키는 표현이다. 하나님의 구속의 목표는 모든 성도들이 이런 신령한 몸으로 변화되고, 그 영화로운 몸으로 하나님을 섬기며, 하나님은 저희 하나님이 되고, 저희는 하나님의 백성이 되는 새 하늘과 새 땅의 도래이다. 현세의 몸과 부활한 몸 사이에는 동질성과 연속성을 지니고 있다. 인간의 몸이 죽어 장사되고 또한 동일한 그 몸이 또 다른 성질을 가지고 다시 사는 것이다. 그 몸은 현세에서나 내세에서나 항상 "나"라는 정체성을 지니는 동일한 몸이다.

IV. 죽음과 부활, 그리고 장례문화

그리스도인들에게 있어서의 죽음의 밤은 부활의 여명으로 밝혀질 것이다. 부활의 아침, 우리는 신령한 몸을 덧입게 될 것이다. 우리는 이 소망이 기독교 장례문화의 내면적인 동기로 남게 해야 한다. 그리스도인들은 죽음에 임하여 소망 없는 자들처럼 절망하지 않는다. 죄로 인해 야기된 죽음은 도리어 우리의 죄를 종식시키며 영생으로 나아가게 하는 소망의 관문이 된다. 그것은 인간의 도덕적 모범에 근거한 것이 아니라 하나님의 은총의 승리이다. 우리는 불연속성에서 소망을 얻게 되며, 연속성에서 책임을 발견하게 된다. 현세의 몸과 부활한 몸 사이에는 연속성이 존재한다. 지금의 자아는 그때의 나와 동일한 존재이다. 그러므로 우리는 영혼뿐만 아니라 몸 역시 중요하다는 전인적인 사고를 가져야 한다. 기독교가 처음부터 화장을 하지 않고 매장을 주장했던 것은 결코 우연이 아니다.

유대인들의 장례문화에는 시신을 소중히 다루고 고인을 이별하며 인간의 정을 표현하는 애도의 문화가 형성되어 있다. 그러나 그것도 외식과 허례에 빠질 가능성이 항상 내재해 있다. 그렇지만 특별히 장례와 관련해서는 매장이 시신을 다루는 정상적인 방법임을 알 수 있다. 신약에는 예수 그리스도의 매장이 나타나고, 초기 기독교회는 그 전통을 따랐다. 때로 매장지는 카타콤베와 같이 여러 도시들의 지하에 있었다. 중세의 장례는 죽은 자들을 위한 기도, 영혼을 위한 미사, 종소리 등 여러 종류의 예식들과 함께 병행되었다. 종교 개혁자들과 그 후예들은 그런 의식들을 개혁하기를 원했다. 개혁교회들은 장례의 의미를 가족을 안장하는 것으로 이해하여 카톨릭의 사제중심의 예전주의의 오류들을 가능한 한 없애려고 노력했음에도 불구하고, 그 영향을 제거하는 것은 쉽지 않았다.

　게르만 민족은 화장이 시행되었고, 그리스 로마세계에서는 매장과 함께 화장이 병행되어 왔다. 불교나 힌두교의 영향아래 있는 아시아 여러 나라에서는 화장이 시행되어 왔다. 1850년 이후 프랑스 혁명의 영향으로 화장에 대한 논의가 다시 일어나 로마 카톨릭의 반대에도 불구하고, 그 영향력 아래 있던 이탈리아에서 1873년 첫 화장터가 세워지고 독일은 1878년에 그 뒤를 따랐다.

V. 화장을 위한 논증들

　캄펜 신학대학교의 윤리학 교수인 다우마는 사람들이 화장을 옹호하기 위하여 다음 4가지 논증을 하였다고 요약한다. 첫째, 화장은 매장보다 더 위생적이다. 둘째, 화장은 매장보다 더 경제적이다. 셋째, 화장은 매장보다 공간 관리에 더 유익하다. 넷째, 화장은 매장보다 더 심미적이다. 로뢰인 뵈트너는 인간의 정서적인 면과 성경의 실례들이 함축하는 의미들을 관찰하고 매장을 옹호한다. 정상적인 조건에서 우리에게는 가족이 평안하게 잠든 모습으로 안장되는 것이 자연스럽다. 성경에서는 불이 죄로부터 오는 멸망의 상징이거나 형벌로 나타나 있으며 히브리인들의 일반적인 장례방법은 매장이었다. 다우마는 화장이 하나님의 말씀으로부터 나온 것이 아닌, 세상으로부터 나온 생각들에 의해 행동하게 된 것이라 여기고 부정적인 입장을 취한다. 매장도 주를 위해 화장도 주를 위해 한다면 누가 그를 정죄할 수 있겠는가? 그렇지만 매장이 성경과 기독교의 전통에 비추어 볼 때 시신을 다루는 정상적인 방법이므로 가능하면 이 방법을 취하는 것이 옳을 것이다.

VI. 결론

　성경은 시신을 다루는 정상적인 방법으로 매장을 언급하고 있으므로 특별한 상황에서만 화장이 행해져야 한다. 매장지 확보 문제로 "화장이냐? 매장이냐?"의 논의가 진행되고 있지만 우리는 하나님의 섭리에 모든 것을 맡겨야 한다. 역사의 주인인 하나님께서는 그의 지혜로 우리의 삶을 인도하실 것이기 때문이다. 기독교 장례문화를 기독교답게 하는 일은 우리의 모든 삶을 복음에 합당하도록 교화하는 일을 통해서만 이루어질 것이다. 장례를 통해서도 믿는 자들 사이에 믿음, 소망, 사랑이 경험되고, 더욱 성숙해지는 은총의 기회가 될 수 있도록 성경의 토대 위에 기독교의 장례문화의 근거를 세워야 할 것이다. (이 글은 신학지남, 1999, 258호, 최 홍석, "죽음, 그 이후: 기독교 장례문화의 이론적 근거 제공을 위한 논의"에서 발췌된 것이다.)

※ 그 외에도 신학지남, 1994, 240호, 정 정숙, "노인을 위한 사역 연구"; 1994, 241호, 최 홍석, "치유에 대한 신학적 이해"; 정 정숙, "독신자를 위한 사역의 연구"; 1995, 242호, 정 정숙, "사모의 사역과 훈련에 관한 연구"; 1995, 245호, 서 철원, "기도의 바른 법"; 1996, 246호, 심 창섭, "정보(미디어)문화시대의 교회 사명과 윤리적 과제"; 김 희자, "정보화 사회-새로운 교회교육적 패러다임"; 김 영권, "정보화 사회와 기독교" 등을 참고하라.

X. 최근에 논쟁 되고 있는 주제들

37. 단군상 건립에 대한 교회의 대응

I. 서론

기독교계에서는 오랫동안 한문화운동연합(총재: 이승헌)이 건립한 단군상을 철폐해야 한다는 주장을 여론화해왔다. 그런데 최근에 단군상을 초등학교 등 교육기관과 공공시설 내에 세움으로써 '국조 단군'을 민족적인 뿌리교육에 활용하려는 움직임이 있어왔다. 이에 대해 기독교계에서는 우려의 목소리를 내고 그러한 행동에 대해서 신중히 고려해 줄 것을 촉구하였으나 날이 갈수록 그런 움직임은 구체화되어가고 있는 실정이다. 그러므로 본 소고에서는 이러한 단군상 일련의 움직임과 그에 대항한 공공연한 행동으로 인해 반사회적인 행태로 사회적으로 비판을 받고 있는 일부 기독교회의 대응에 대해서 교회가 어떻게 받아들여야할지 다루어볼 것이다.

II. 한국사 속에서 단군이 갖는 의미

한문화운동연합이 제의한 통일 기원 '국조 단군상'의 교정 건립에 응한 284개교 교장들은 그 제의를 수락한 이유를 이렇게 설명했다.

"지금이야말로 자라나는 아이들에게 민족의 뿌리에 대한 인식뿐 아니라 홍익인간의 건국이념을 심어 주겠다는 뜻에서였습니다. 일제가 저지른 만행 가운데 식민사관은 우리를 역사조차 없는 민족으로 전락시켰지만, 사실은 만주 일대까지를 포용하던 단군과 선조들의 역사적 실체를 진실로 제자들에게 알리고 싶어서였습니다."

이들은 그 커다란 광고에서 '식민사관'과 '만주 일대까지를 포용하던 단군과 선조들의 역사적 실체를 진실로 제자들에게 알리고 싶다'고 말하고 있다. 그러면 우리의 역사에서 단군이 갖는 의미와 그 한계는 무엇인가? 신화는 그 자체가 역사적 사실이라고는 할 수 없지만, 역사적 사실이 반영되어 있는 고대인의 사유체계라고 할 수 있으므로 그 신화 속에 고대인이 경험했던 역사적 사실이 어떻게 담겨져 있는 가를 살펴보는 것이 중요한 관건이다.
 단군이 역사적인 존재로 설명된 기록은 고려시대 이래, 단편적이긴 하지만 꾸준히 전수되어 왔다. 우선 단군의 개국을 알리는 기록으로 일연이 쓴 '삼국유사' 기이 제 1권 '고조선(왕검 조선)'조에서는 '위서'를 인용하여 단군왕검이 아사달에 도읍을 정하고 국호를 조선이라 하였다 하고, 이어서 '고기'를 인용하여 환인, 환웅, 단군의 3대에 관한 신화를 실었다. '삼국유사'의 이러한 기록에는 전반부의 역사적 사실과 후반부의 신화적 요인이 뒤섞여 있다. 전반부의 역사적 사실도 현존 '위서'에 그 내용이 전해지지 않는다 하여 일본인 어용학자들이 부정하였지만 그들은 주장은 최남선이나 정인보에 의하여 격파된지 이미 오래다.
 신화 중에 환웅이 웅녀(熊女)와 결혼하여 단군을 낳았다는 이야기가 전해 오는데, 역사학계에서는 하늘에서 내려왔다는 환웅은 자기 종족의 근원을 하늘에 대고 있는 천손족(天孫族)이 이동한 것으로, 웅녀는 곰 토템족의 여성으로 해석하고 있다. 즉, 웅녀는 자기의 조상이 곰에서 나왔다 하여 곰으로 종족의 칭호를 삼던 족속의 여자란 뜻이다. 고대사의 이부체제 이론에 의하면, 단군은 천손족인 환웅과 지신족인 웅녀의 결혼관계에서 가계의 유래를 찾게 된다는 것이다.
 승려였던 일연과는 달리 유교적 입장에서 삼국의 역사를 쓴 고려시대의 역사가 김부식(1075-1151)은 사대적 입장에서 '삼국사기'를 썼다고 비판받고 있다. 그는 의식적으로 피하려고 했던 고조선과 단군에 관한 기록을, 삼국 이전의 역사기록을 참고하는 과정에서 남기게 되었다. 그는 "평양은 본래 선인왕검(仙人王儉)의 거하던 곳이다. 혹은 왕의 도읍지를 왕검이라 한다"고 했다. 김부식이 평양을 '선인왕검의 거하던 곳' 이라고 한 것은 지금이 평양이 신인(神人) 왕검의 도읍지인 것은 움직일 수 없는 사실이라고 믿었기 때문이었다.
 일연의 삼국유사에 처음 실린 '단군'에 관한 기사는 그 뒤 이승휴(1224-1300)의 '제왕운기,' 조선조 권근(1352-1409)의 '응제시'와 그의 손자 '권람'(1416-1465)의 '응제시주,' '세종실록 지리지' 및 17세기 북애노인(北崖老人)이 썼다는 '규원사화,'와 '환단고기' 등에서 보인다. 고려후기 단군을 민족적인 시조로 발견하게 되면서 민족사 인식은 새로운 전기를 맞이하게 되었다. 고려 때까지 거의 삼국시대를 넘어서지 못하던 민족사에 대한 인식이 폭이 넓어져 삼조선(三朝鮮, 檀

君, 箕子, 衛滿)에까지 확대되었다. 이같이 역사인식의 폭과 깊이가 확대, 심화됨에 따라 조선조에 들어서서 민족사는 단군을 정점으로 하여 체계화되기 시작하였고, 그에 따라 민족문화가 정리되고 재창조되기 시작하였다. 특히 세종시대와 그 이후에 나타난 찬란한 민족문화는 심화되고 확장된 역사의식의 소산이라고 볼 수 있다. 한말 일제 하에 들어서서는 근대적인 연구방법으로 여러 학자들에 의해 단군 관계의 연구가 진행되기도 하였다. 그런 연구 가운데는 일제의 단군 및 한국상고사 말살의도를 강력하게 비판하면서 이뤄진 것도 있다. 단군 연구에는 신채호, 최남선, 정인보, 김재원의 것이 두드러진다.

최근에 '통일기원국조단군상'과 관련, 한문화운동연합이 남북한의 역사와 이념을 아우를 수 있는 존재로 '국조 단군'을 내세우고 있는 점을 우리는 주목해 보아야 한다. 남한의 경우, 단군신화를 비신화화하여 역사적 인식으로 전환시키는 문제를 오랜 동안 고민해 왔다. 그리하여 단군을 신석기시대에서 청동기시대로 넘어올 무렵의 군장(君長) 칭호로 이해하는 한편 그것이 뒷날 민족신화로 발전하게 되었다고 인식하게 되었다. 여기서 '신화의 비신화화'는 신화를 과학적으로 검증, 인식하려는 한 방법이다.

북한의 역사학은 종래 단군 문제를 '비과학적' 혹은 '신화'라 하여 역사인식의 대상으로 고려하지 않았다. 그러다가 1993년 10월 북한의 사회과학원에서 단군능을 발굴하게 되면서 그 분위기는 매우 달라졌다. 그들이 갑작스럽게 단군을 내세우게 된 것은 '정치적인 목적'으로 이용하려는 저의가 다분히 개재되어 있다고 보여진다.

III. 단군상 철폐를 주장하는 기독교계의 논리와 그 고충

기독교계에서는 단군상 건립은 하나님이 미워하시는 '우상숭배'의 가능성을 열어두는 것이라고 하면서 단군은 우리 민족의 시조가 될 수 없다고 주장하고 있다. 즉, 단군은 일종의 신화적 존재인데 이것을 국조로 섬기는 것은 이치에 어긋난다는 것이다. 즉, 단군상을 만드는 것은 그것을 참배하도록 하기 위한 것으로, 이는 모세에게 주신 십계명중 하나님 이외에 다른 신을 섬기지 말라는 제 1, 2계명을 어기는 것으로써 곧, 우상숭배의 죄를 범하게 하는 것이라는 것이다. 또한 단군상을 초, 중, 고등학교에 세우는 것은 헌법과 법률에 위배된다는 논리이다. 국교를 인정하지 않는 우리나라에서 초, 중, 고등학교에 특정종교에 관련된 단군상을 세우는 것은 불가하다는 것이다. 그리고 단군을 숭앙하는 것은 민족주의를 고양하겠다는 의도인데 세계주의를 지향하고 있는 기독교의 근본정신과 맞지 않는 폐쇄적이고 소극적인 민족주의를 고양하는 단군상 건립과 그에 따를 절차들은 수용하기 어렵다는 주장이다. 그러나 단군은 전통적으로 민족의 시조로 숭앙되어온 존재이기에 기독교의 이러한 주장은 민족문제와 관련하여 남북이 민족정신의 구심점으로 내세울 수 있는 존재가 '단군'이라는 점을 내세워 '민족통일'이라는 지상과제를 명분으로 내걸고 있기 때문에 자칫 반민족적 행위라는 부정적인 인상을 심어주기 쉬운 우려를 낳고 있다.

또 다른 고충은 한문화운동연합의 주장이 아니더라도 일제 어용학자들의 식민주의사관은 단군을 말살하는데 앞장서는 것이어서 만약 기독교계가 단군의 신격화를 막는다는 명분으로 단군의 존재를 부정하기에 급급하다면 한국교회가 단군의 역사화를 부정하는 일제의 식민주의 사관과 동류라는 비판을 면키 어렵다는 것이다. 최근의 단군상 문제는 1984-1985년의 서울시가 국민의 세금으로 사직공원에 단군신전을 건립하려 했을 때 기독교가 반대했던 상황과는 조금 다르다. 그러므로 기독교계는 이 일련의 미묘한 입장을 고려하여 좀 더 신중하고 지혜로운 해결책을 모색함으로써 예수 그리스도의 복음전파와 하나님 나라의 의와 사랑의 실현에 대 사회적 걸림돌을 만들지 않도록 노력해야 한다.

IV. 구분되어야 할 '역사화'와 '신격화'

사실 단군이 역사적 존재냐 아니냐 하는 논쟁은 종교적 영역이나 신앙적 관점에서 다뤄야 할 성격의 것이 아니고 이성적이며 연구자의 개인적 입장이나 편견이 철저하게 배제된 상태로 연구되어야 할 학문적 영역에 속한 것이다. 그러므로 단군의 문제를 지나치게 자신의 종교적 입장에서 폄하하거나 과대평가 하는 것은 문화유산과 역사 연구에 대한 공정하지 못한 태도이다. 설사 역사적 연구 결과로서 단군이 실재했던 존재이고 또한 국조로서 존경받을 수 있는 존재라 하더라도 결코 종교적 참배나 신앙적 예배의 대상으로 신격화 될 수는 없다. 민족은 하나님이 축복 가운데서 주신 것이므로 시조의 문제를 역사화 하는 과정은 학문의 영역이므로 기독교계는 '신격화'를 막기 위해서라도 오히려 우리

나라 역사의 연구에 힘쓰거나 연구를 지원하는 구체적인 체계를 갖추어야 한다.

　일제의 강점과 수탈은 우리나라의 자강독립운동과 국권회복운동을 위하여 단군을 민족운동의 중심에 놓는 '단군민족주의'를 태동하게 하였다. 이와 더불어 한편에서는 단군을 신격화하여 민족종교로 숭앙하는 움직임도 있었다. 이른바 대종교 혹은 단군교는 민족종교화의 소산이었다. 그렇지만 '단군민족주의'가 자 첫 단군을 신격화하거나 배타적, 국수주의적 민족주의를 부추기는 수단으로 이용된다든지, 최근에 부쩍 강조되고 있는 '규원사화'나 '환단고기'류의 기록을 이용해서 '과학적 단군인식'에 혼란을 가져오게 하는 것은 열린 세계관을 갖지 못하고 국수적인 가치관과 민족관, 국가관으로 흐르게 하여 민족과 국가의 장래를 어둡게 할 위험이 크다. 현재 한문화운동연합이 각급 학교에 세운 단군상에 부기해 놓은 단군소개는 그런 우려가 현실로 나타나고 있음을 보여주고 있다. 즉, 단군상 건립기에 천부경이 언급됨으로써 단군상 건립이 대종교화 어떤 형태로든 관련되고 있음이 드러나고 있다. 단군상 건립은 다른 조형물들과는 달리, 단군을 신앙의 대상으로 믿고 신격화하는 종교와 국민이 있을 뿐만 아니라, 단군상에 특정종교의 경전을 언급하여 그 관련성을 입증되고 있으므로 공공장소나 공공기관에 세우는 것은 비합리적이며 정당하지 못한 행위이다.

V. 결론

　단군상 건립에 관한 기독교의 입장은 매우 미묘한 상태에 있다. 단군상 건립을 추진하는 이들은 민족의 자주적인 역사관 확립과 통일을 향한 남북한의 공통 이념을 추구한다는 명분아래 단군을 '역사화'하는 것을 넘어서 '신격화'하려는 움직임까지 보이고 있다. 그러므로 한국의 기독교회는 일치 단결하여 하나님의 복음을 수호하는데 앞장서되 전체 교계 차원에서 이 문제에 대한 심도 깊고 포괄적인 연구와 분석으로 분명하고도 합리적이며 충분히 많은 사람에게 설득력 있는 논리적 근거를 마련하여 대응해야 할 것이며, 지나치게 과격한 행동이나 감정적 대응을 삼가고 신중하고 지혜로운 태도로 이 문제를 해결해야 할 것이다.

38. 기독교적 관점에서 본 생명복제

I. 서론

1997년 영국 에딘버러의 로즐린 연구소의 세포 생물학자인 이안 월머트(Ian Walmut) 박사는 한 개의 양 세포를 복제하여 "복제 양 돌리"를 탄생시켰다. 이 사건을 계기로 하여 생명공학은 바야흐로 비약적인 발전을 거듭하며 인간의 생명의 신비와 불가능의 영역에 대한 탐구로 이어지고 있다. 이제 과학자들은 인간복제를 가능하게 하는 것도 시간 문제라고 하면서 다만 법률적, 윤리적, 종교적 문제만이 남아있다고 한다. 과연 생명공학이 추구하고 있는 인간복제는 창조주이신 하나님의 고유한 영역을 침범하는 일인가? 인간의 생명의 신비를 풀어서 인간의 삶에 더욱 더 유익을 가져올 수 있다는 실리적 주장은 과연 받아들여질 수 있는가? 이에 대해 본 소고에서는 생명에 대한 성경적 관점을 살펴보고 우리 기독교인이 생명복제에 대해서 어떠한 태도를 취해야 하는지 논해보고자 한다.

II. 생명에 대한 성경적 이해

인간 게놈 프로젝트의 결과가 공표되고 인간의 유전자 지도가 알려지게 되면서 인간에 대한 인식은 이제 새로운 국면에 접어들고 있다. 그리고 세계는 바야흐로 유래가 없는 생명공학의 열풍에 휩싸여 저마다 우선권을 획득하기 위하여 투자와 연구에 박차를 가하고 있다. 그렇다면 생명에 대하여 성경은 무엇을 말하고 있는가?

구약성경에서 생명과 관련된 낱말은 '하이임,' '네페쉬,' '루아흐' 등인데 특히 '네페쉬'의 용례가 다양하며 중요하게 쓰인다. 하이임은 '살다, 생명을 갖고 있다'는 히브리어 동사 '하야'에서 나온 명사로서 추상적인 개념으로서의 생명을 가리키며 '죽어있음'(being dead)과 반대되는 '살아있음'(being alive)의 상태를 의미한다. 네페쉬의 기본 의미는 '숨, 호흡'으로 대체로 '숨쉬는 존재,' '생명의 숨,' '영혼'으로도 번역되며 욕망, 소망, 의지를 가지고 있는 인격적 존재를 가리킨다. 루아흐는 '바람, 호흡, 영' 등으로 번역되며 기본적으로 공기의 움직임으로서의 바람 또는 호흡을 의미한다. 그리고 인간에게 있어서 호흡은 활동과 생명을 의미한다.

　신약성경에서는 생명을 나타내는 일반적인 낱말로 '조에'와 '프쉬케'를 사용하고 있다. '조에'는 신자들이 다가오는 세대에서 받게 되거나 현세에서도 누릴 수 있는 하나님과 그리스도로 말미암아 초자연적인 생명, 혹은 삶을 가리키는 것이다. 또한 예외적으로 죽음과 대조되는 의미에서 육체적인 생명을 나타내기도 한다. '프쉬케'는 기본적으로 인간의 자연적이고 신체적인 생명을 뜻한다. 이것은 죽음과 대조되는 단어로도 쓰인다. 또한 '프쉬케'는 감정을 지니는 인격체로서 우리의 감정을 나타내며, 대인관계를 형성하며, 하나님을 찬양하고 사랑하는 총체적인 인격체를 나타낸다.

　신구약 성경에서는 생명의 기원이 하나님께 있음을 분명히 천명하고 있다(창 2:7). 인간은 또한 하나님의 형상을 따라 총체적인 인격체로 지음을 받았으므로 (창 1:26-28) 인간의 생명은 다른 생물의 생명과는 본질적으로 다른 가치를 지니는 것으로 이해되고 이 세상 무엇보다도 귀한 것으로 이해된다(막 8:36-37; 마 16:24). 또한 예수께서 자신의 목숨(프쉬케)을 많은 사람의 대속물로 주시는 하나님의 사랑의 역사에서 인간의 생명을 고귀하게 여기시는 하나님의 은총이 드러난다. 그러므로 하나님은 계속하여 생명의 원천이시며(시 36:9) 생과 사의 주가 되신다. 따라서 인간은 임의로 생명의 소유권을 갖거나 그것의 파괴와 처분권을 갖지 못한다.

III. 생명공학과 기독교회

　한국에서도 황우석 교수에 의해 체세포 복제 젖소 '영롱이'가 이미 성장하고 있다. 이처럼 동물 복제는 이제 우리에게 일상적인 현실이 되었다. 또한 세계 각 국에서 앞을 다투어 치명적인 질병치료에 필요한 인체 조직을 배양하기 위한 '간세포'(Stem Cell)을 얻기 위해서 인간 배아 실험을 하고 있다.

　그러면 이 같은 생명공학의 끊임없는 발전 앞에서 교회가 당면한 윤리적 딜레마에는 어떤 것들이 있는가? 지금까지 진화론자들과 창조론자들은 생명의 선택과 변이, 그리고 발전에 대하여 상반된 견해를 가지고 논쟁해 왔다. 그러나 이제 유전자의 비밀이 인간의 손에 들어온 지금, 자연 선택과 돌연변이 같은 개념 대신 인공적 돌연변이가 현실로 다가왔고 하나님의 창조 의지와 섭리 대신

인간의 욕망과 호기심이 그 자리를 대신하게 되었다. 이것은 기독교회가 앞으로 염두에 두어야 할 중요한 생명에 대한 세상의 인식적 기반이다. 이제는 생명의 탄생과 소멸은 더 이상 신비가 아니다. 그것은 생명공학 클리닉에서 프로그래밍에 따라 얼마든지 추구할 수 있는 것이다. 따라서 생명의 신비와 그 주권을 가지신 하나님을 믿는 기독교 복음의 위상과 교회의 위치는 현저히 약화되고 있다. 이것은 진화론과는 비교도 안되는 무서운 파괴력으로 기독교의 복음적 생명관을 위협하고 있다. 그렇다면 하나님께서는 지금도 여전히 생명의 주님이신가? 대답은 '그렇다'이다. 생명공학의 수준은 아직은 생명을 조작하는 정도의 수준이지 한 생명체의 '살아있음'(Livingness)을 만들어 내는 생명 창조(Life Creation)가 아니기 때문이다. 하나님께서는 무한한 사랑으로 우리를 창조하시고 세상을 경영하도록 위임권을 주셨고 그 피조물을 위하여 자신의 아들을 십자가에 내어 주셨다.

생명공학을 통해서 인간이 추구하는 것 중의 하나는 '늙지 않고, 죽지 않는 것,' 즉 영원한 삶이다. 유전자 공학도, 인간 복제도 궁극적으로 이것을 지향하고 있다. 이 시대의 정신은 바야흐로 생명성의 마지막 목표인 영원한 생명을 추구하며 '예수 그리스도 없는 영생 추구'라는 반기독론적, 반구원론적 목표를 위해 가고 있다. 이것은 기독교 구원론의 실체에 심한 혼란을 가져다준다. 적어도 양적인 면에서 생명공학의 영생추구는 어느 정도 성공할 가능성이 있다. 그렇다면 성경이 추구하는 전인적 구원과 생명과학이 추구하는 영원한 삶과는 무엇이 다른가? 성경에서 말하는 영생의 본질은 하나님과의 관계성에서 비롯되는 질적인 것이다. 즉, "영생은 곧 유일하신 참 하나님과 그의 보내신 자 예수 그리스도를 아는 것"(요 17:3)이다. 그러므로 예수 그리스도 없는 영생 추구는 인류의 비참함만을 연장시키는 허탄한 노력이 될 수 있다.

유전자 조작에 의해 태어나게될 특수한 인간들, 즉 유전자 조작 인간이나 복제인간에 대해서 기독교회는 어떻게 신학적 정의를 내려야 하는가? 그들에게도 하나님의 형상과 영혼이 있는가? 이런 문제들이 현실로 다가올 때는 기독교인들에게 많은 고민을 안고 하나님 앞에서 생각하게 될 것이다. 이것은 또한 교회공동체의 문제가 될 것이다. 그렇지만 그들의 태생 조건이 우리와 다르다고 해서 그들의 인간적 존엄성을 부정할 수는 없을 것이다. 태어난 조건이 상이하다고 해서 그 인격에 대한 하나님의 은총의 가능성조차 부인할 성경적 근거는 없기 때문이다. 그렇지만 기독교회는 인간의 이기적 목적을 위해서 이용할 종속적이고 도구적인 인간을 만들어내는 것을 경고해야 할 뿐 아니라 어떤 인간이든지 하나님의 은총의 대상임을 선포하고 돌보는 복음적 사명을 감당해야 한다.

IV. 결론

어떤 기독교인들은 유전자 조작에 의한 신인류나 복제 인간이 이 땅위에 나타나기 전에 하나님께서는 이 지구의 역사에 종말을 가져오실 것이라고 다분히 종말론적이고 예언적으로 단언하기도 한다. 이토록 기괴한 인간들이 살아가는 역사는 이미 하나님이 보시기에 극단적인 타락의 형태이며, 주께서 자신의 창조의 주권이 그렇게 처참하게 훼손되는 것을 용인하시지 않으실 것이라는 것이다. 그렇게 된다면 모든 문제는 간단히 끝나게 되겠지만 기독교회는 그 반대의 가능성도 염두에 두고 포괄적인 복음적 활동을 펼쳐나가지 않으면 안된다. 그리스도인들은 그리스도의 복음의 진리 안에서 모든 생명의 역사를 통찰하는 종말론적인 긴장감을 가지고 지혜롭고 능동적으로 이 세대 속에서 영원한 참 생명의 주님이신 하나님의 주권과 영광을 선포하고, 생명공학의 탐구와 그 결과들이 하나님의 창조사역을 수종드는 청지기의 도구가 되도록 이끌어가야 한다.

39. 환경문제에 대한 기독교적 입장

I. 서론

최근에 논의가 더욱 확산 되어가고 있고 또한 기독교회가 결코 소홀히 할 수 없는 문제 중에 하나가 환경의 보존과 회복에 관한 문제이다. 하나님께서 우리에게 선물로 주신 삶의 터전이 무분별한 개발과 파괴로 인해 훼손되어가고 우리의 무지로 인해 결국은 우리에게 엄청난 재앙을 가져오게 되는 것을 우리가 확인하게 되는 것은 비단 어제 오늘의 일만은 아니다. 그러므로 본 소고에서는 이 환경문제에 대한 성경적 입장을 살펴보고 우리 기독교인이 어떻게 현명하게 대처해 나아가야 하는지 살펴볼 것이다.

II. 환경문제에 관한 성경적 입장

"태초에 하나님이 천지를 창조하시니라......
하나님이 가라사대 ......있으라 하시매 ......이 있었고......
하나님의 보시기에 좋았더라......
하나님의 보시기에 심히 좋았더라."(창 1장)

창세기에 나오는 하나님의 천지 창조에 관한 내용을 접할 때 우리가 알게 되는 것은 하나님께서 천지를 창조하시고 보시기에 심히 좋았다고 말씀하시는 것이다. 즉, 하나님께서는 천지를 창조하시고 매우 기뻐하셨다. 왜냐하면 그것은 오염되지 않은 자연적 조화를 지닌 순수한 것이었기 때문이다. 그렇다면 하나님께서 오늘날의 우리 지구의 환경을 보시고 무어라고 말씀하실까? 지구상의 모든 생명체에게 필요한 물과 공기의 오염, 산림지역의 손실과 파괴, 자원의 고갈 등으로 야기된 오존층과 생태계의 파괴와 산업 폐기물들과 인간의 생활 쓰레기로 인해 죽어가는 이 지구를 정화하고 되살리는 책임은 누구에게 있는가? 소위 "문화명령"(Cultural Mandate)이라고 불리는 기독교적 문화관은 창세기 1장 28절의 "......생육하고 번성하여 땅에 충만하라. 땅을 정복하라...... 모든 생물을 다스리라......"는 말로 요약될 수 있다. 창조주 하나님께서 인간에게 주신 이 말씀 속에 담겨진 "생육," "번성," "충만," "정복"이라는 단어들의 의미는 결코 "생존을 위한 투쟁"이나 "인간의 번성을 위한 자연환경의 문분별한 착취," 또는 "충만을 위한 이기심의 축적"이나 "정복을 위한 자연의 파괴와 싸움"을 의미하지 않는다. 그 동안 서구문명이 문명발달과 정복, 그리고 개척을 모토로 오늘날의 인류의 심각한 환경 파괴의 재앙을 인식하지 못하고 무분별한 확장을 견지해 왔지만 이제라도 모든 기독교인들의 창조의 모든 것을 "다스리며 지키라"(창 1:15)는 하나님의 명령을 깊이 생각하고 이를 위해 힘써야 한다.

III. 창조질서의 보존을 위한 개혁신학적 접근

기독교인들은 성경적인 세계관을 따라 삶을 살아가야 한다. 이 세계관이란 창조주이신 하나님과 피조물인 인간과의 관계를 규정하고 하나님 중심의 문화 일반의 건설을 목표로 하되, 인간에게 주어진 모든 분야에서 서로간의 공동체적인 흐름 속에서 행위하도록 서로 유도하는 것이다. 현대는 세속화 현상의 극대화와 더불어 윤리적 아노미현상이 두드러진 그 특징이다. 이런 상황속에서 창조질서와 그 보존의 문제는 인간을 위한 하나님의 은총의 사건이면서 동시에 인간에 대한 준엄한 신적 요구이다. 후기 산업사회에서 사회정의는 국가경제의 경쟁력이라는 취지에 밀려 실현되기 어렵고 이런 경쟁관계 속에서 인류 공동체의 존립은 심히 위협받고 있으며 과학기술은 그 편리성과 경제성을 앞세워 그것의 역기능을 재고해 보지도 않은 채 진보를 향해 질주하고 있다.

개혁신학에서 세속사와 구속사는 유기적 상관성을 가진다. 구속사는 세계사의 목적과 내적인 근거를 제공하고, 세계사는 구원사의 외적 근거를 형성한다. 세계사의 근거와 의미는 구원사에 있고, 구원사를 통해 세계사는 보존되고 구원된다. 그러나 구원사는 오직 그리스도 사건에 대한 신앙 가운데서만 인식될 수 있다. 개혁신학은 초자연을 무시하는 자연주의나 자연을 무시하는 초자연주의를 모두 비판한다. 개혁신학에 있어서 창조의 하나님은 재창조의 하나님이시다. 그리스도는 새 언약의 중보자시지만 또한 그를 통해 만물이 창조되었고, 성령은 거듭나게 하시는 영이시지만 또한 그를 통해 피조계에 질서가 주어졌다. 그러므로 창조와 재창조는 낮고 높은 질서로 이해 될 수 없으며 또한 대립되는 것으로도 간주될 수 없다. 양자는 모두 동일하신 삼위 하나님의 거룩하신 사역이다. 그러므로 "땅에 충만하라"(창 1:28)의 문화명령은 "땅 끝까지 가라"(마 28:19-20)는 대 위임령과 언약론적 차원에서 연결된다.

복음이 결코 문화가 아니며, 문화 또한 복음은 아니나 양자는 언약의 관계 속에서 불가분성을 지닌다. 그러므로 타락으로 인해 문화명령이 철회된 것이 아니라, 타락 후에도 여전히 유효하며 복음 안에서 회복된다고 할 때, 이 세대에서의 그리스도인들이 맡은 사명은 너무나 크다고 볼 수 있다. 따라서 창조질서의 보존은 문화명령에 대한 응답이며, 복음과 깊은 관계를 맺고 있다고 볼 수 있다. 하나님의 나라는 인간의 어떠한 노력에 의해서도 도래될 수 없다. 그럼에도 인간은 창조질서의 보전을 포함한 올바를 문화행위를 계속해야 한다. 왜냐하면 타락 이후에도 문화명령은 결코 철회되지 않았고 여전히 유효한 명령으로 남아 있기 때문이다(창 9:1-13, 시 8:4-8). 하나님께서는 우리가 전적으로 부패한 인간이요, 이 세상이 죄로 오염된 세상이라 할지라도 여전히 그가 창조하신 인간과 세계를 보존하시고 통치하신다. 비록 이 세계에서 완전히 기독교화된 세계를 기대할 수는 없다고 할지라도, 그리스도인들은 현 세상에 대해 계속적인 관심을 가져야 한다. 즉, 창조질서의 보존을 위해 정치, 경제, 문화 그리고 삶의 모든 영역에서 구속사가 세계사와 구별되나 분리되지 않는다는 것을 확인시키는 노력들이 계속되어야 한다.

IV. 결론

창세기의 명령은 인간에게 부여된 모든 자연 세계가 마땅히 창조자의 선하신 의도를 드러내며, 인간도 역시 창조자의 의도에 따라 지음을 받은 피조물임을 깨달아서, 자연 세계를 "가꾸고 지켜나가는" 바의 자연과의 공존적인 의미로 받아들여야 한다. 인간의 지나친 이기심과 물질 숭배의 잘못된 경제관이 인간을 지배하는 한 환경문제는 결코 해결될 수 없을 것이다. 그러므로 기독교적인 복음 선포와 신앙적 삶의 문제가 결코 이원적인 것이 아니라는 것을 깨달아서 신앙적으로 보다 고양된 영적, 문화적인 삶을 통한 인간의 내면의 절제와 외적 삶의 훈련, 그리고 심도 깊은 연구와 실천을 통하여 환경문제를 해결해 가야 할 것이다. 이것 또한 하나님으로부터 우리 기독교회에게 부여된 사명임을 깊이 인식해야 할 것이다.

40. 동성연애를 어떻게 볼 것인가?

I. 서론

네덜란드 상원은 2000년 12월 19일 동성연애자들의 결혼과 동서부부의 입양을 허용하는 법안을 통과시켰다. 네덜란드는 지난 98년 동성연애자들이 결혼해 이성 부부들과 똑같은 권리를 누릴 수 있도록 허용한 바 있기 때문에 이번 법안 통과는 동성연애자의 결혼과 양자입양을 합법화하는데 의미가 있다. 우리나라에서도 간간이 이 문제가 기사거리로 등장하고 있지만 아직은 완전하게 공론화되고 있지 않은 때라서 서구의 이런 결정들은 충격을 줄 만하다. 그러나 이제 머지 않아 우리나라에서도 논의가 활발해질 것으로 보여 본 소고에서는 동성연애자들에 대한 기독교회의 태도가 어떠해야 하는지 논의해 보고자 한다.

II. 동성연애 문제와 신앙적 딜레마

몇 년 전 청교도 신앙의 진리와 자유의 정신 위에서 출발한 하버드 신학대학원 설교학 교수이며 하버드대학 기념교회의 담임목사인 피터 검스(Peter J. Gomes) 목사는 자신이 20년 전부터 동성연애자였음을 공포하여 주변을 놀라게 했다. 처음에는 이 충격으로 다소 말썽이 있기도 했으나 자신의 입장을 솔직히 표명한 인간적 용기에 점수를 더 주어서 오히려 목사와 교수로 재직하는 데 아무런 제재도 받지 않았다. 더구나 미 연방의회에서도 동성연애자들의 공적 위치가 논의되기 시작하면서 전통적인 종교관에 의한 인간관이 흔들리게 되고 수많은 미국인들과 미국교회는 도덕적, 신학적 딜레마에 빠져들고 있다.

성경에서는 롯의 집에 찾아온 천사들을 향한 백성들의 성적, 윤리적 타락이 극대화되면서 도시전체가 심판으로 멸망한 기사가 나온다(창 19:1-11). 구약에서 하나님께서는 동성연애 행위에 대해 진술하시면서 어떠한 모호함도 남기지 않으시고 금하셨다(레 18:22; 20:13). 또한 사도 바울은 동성연애에 대하여 단호한 태도로 그 보응을 받을 것이라고 비판을 가하고 있다(롬 1:26-27). 토마스 아퀴나스는 '동성연애는 하등동물에서조차 찾아 볼 수 없는 것이므로 자연법을 위배하는 것'이라고 하였다. 그러나 성경과 역사 속에서 배척되어오던 동성연애가 서구사회와 종교로부터 재평가되고 수용되어 가는 추세에 있음을 우리는 주의해 보아야 한다. 최근에 로마 교황청은 '동성연애 자체는 죄가 아니며 단지 사악함을 향해 가는 과정'이라고 온건한 반응을 보이고 있다. 이미 미국 사회에서도 '하나님은 죄를 미워할 뿐 죄인은 미워하지 않는다'라는 말로 복음적으로 어려운 상황을 설명하고 있으며, '하나님은 모든 사람을 사랑하신다'는 모토로 동성연애자 끌어안기에 수용적인 자세를 보이고 있다.

하나님께서는 우리가 여전히 죄인되었을 때, 우리 모두를 사랑하셨다(롬 5:8). 그러므로 동성연애 자체를 놓고 어떤 사람을 판단해서는 안된다는 점을 명심해야 한다. 그가 만약 기독교인이 아니라면 먼저 복음만을 전하여 그리스도를 만나고 그들의 삶 속에서 죄를 다룰 능력을 가질 수 있게 되도록 돕고 기도해 주어야 한다. 그것은 온전한 그리스도의 사랑을 가진 마음 안에서 행해져야만 하는 것이다. 만일 누구라도 상대방을 정죄하는 마음 가운데서 그를 대한다면 바로 그 순간 자신도 정죄하고 있다는 것을 염두에 두어야 한다. 동성연애자들 중

많은 수가 기독교 가정에서 성장했다. 그리고 그들은 이미 성경적 관점을 잘 알고 있다. 그럼에도 불구하고 그들이 동성연애자이라면 이 문제를 극복하는데는 많은 고통스러운 영적, 정신적, 감정적 과정을 거쳐야 한다. 그러므로 진정으로 상처입은 한 사람을 진리 안에서 사랑하는 마음으로 겸손히 하나님과 동행하며 그를 돕는 성숙한 자리에 이를 수 있도록 우리 모두가 영적으로나 인격적으로 충분히 성장해야 한다. 우리 모두는 인간의 문제에 대하여 전문가가 아니다. 그렇지만 기독교회가 하나님의 진리 안에서 사람들을 돕고 섬기고자 하는 일치된 마음으로 그들을 향해 마음의 문을 연다면 주님의 도우심과 함께 하나님의 기뻐하시는 일이 성취될 것이다.

III. 한국교회와 동성연애 문제

각종 편견 등으로 인해 이 문제에 대한 논의가 금기 시 되어온 한국 사회에서도 이미 동성연애자 문제는 피할 수 없는 문제가 되었다. 동성연애자들의 문화공간과 공동체가 형성되고 이미 그들이 나름대로 자신들의 입지를 표명하고 사회와 공동체로부터 차별받지 않으려는 움직임이 일고 있는 것이다. 국회에서도 '동성애 등과 같은 성적 성향'에 대한 차별과 부당한 대우를 금지하는 인권보호 규정을 포함하는 인권보호 입법이 추진되고 있다. 이렇게 사회적으로도 이슈가 되고 있는 이때에 한국교회가 동성연애의 문제를 공론화하고 그에 대한 명확한 성경적 입장을 밝히고 또 저들을 복음으로 선도할 목회적 준비를 서두르지 않는다면 세상에서 논의되고 결정되는 흐름 속에 교회의 입장을 희석하게 되고 함께 흔들리고 밀려서 떠내려가게 될 것이다. 그러므로 보다 포괄적이고 적극적이며 복음적인 논의를 거쳐 대안을 마련하고 그들을 위해 활동하는 진취적인 목회적 자세가 요구된다고 할 것이다.

IV. 결론

예수께서는 언제나 구약의 율법적 조항들을 지지하셨다(마 5:17-19). 그런데 이 율법은 동성연애의 행위를 엄하게 정죄했다. 주님께서는 다만 독신만이 결혼에 대한 유일한 합법적인 대안임을 분명히 하셨고 이성 사이의 성관계에 대해서 만을 말씀하셨다(마 19:12). 오늘날 동성연애자 공동체의 구성원들은 그들을 인정하라고 적극적인 공세를 취하고 있다. 이들의 조직적인 공격에 직면해서 교회는 그 문제를 회피하든가 혹은 무시하거나 어떤 법 조항을 만듦으로써 그 문제를 간단하게 해결할 수 있다고 기대하기 쉽다. 그러나 궁극적으로는 그들도 다른 보통의 사람들과 마찬가지로 그리스도의 부름에 개인적으로 응답함으로써 구원에 이를 것이다. 그러므로 우리는 그들의 상태에도 불구하고 하나님의 형상으로 지어진 인격들로서 받아들이고 사랑을 베풂으로 그들에게 복음을 전해야 할 책임이 있다. 왜냐하면 모든 사람은 진실로 하나님께 나아올 때만이 모든 문제를 해결받게 되기 때문이다.

41. 성적 타락에 대한 교회의 대응

I. 서론

성은 우리 인간과 뗄 수 없는 관계를 가진다. 인생의 성공과 실패, 행복과 불행이 성과 밀접한 관계를 가지고 있기 때문이다. 그럼에도 불구하고 역사적으로 보면 성을 논의하는 것은 금기 시 되어 왔다. 이에 대한 실질적, 과학적, 통계적 연구가 시작된 것은 불과 최근의 일이다. 우리의 주변을 보아도 각종 대중 매체를 통하여 성에 대한 논란과 표현들, 자극들이 홍수처럼 분출되고 범람해 왔지만, 한국 교회는 이 문제에 대하여 침묵하거나 속수무책인 채로 방치해 왔다. 그러나 이제 이 문제는 결코 외면할 수 없는 문제로 다가오고 있다. 시대적으로 한국 사회에 급증하는 성도덕의 혼란과 가정의 붕괴는 이제 교회에서 일관되게 견지해오던 성에 대한 타부적 관념을 버리고 이 문제를 연구하고 성경적 대안을 마련해 가르쳐야 하는 적극적 자세를 요구하게 되었다. 그러므로 본 소고에서는 성적 타락에 직면한 한국 사회를 위해 교회가 무엇을 해야 할 것인지 다루어 볼 것이다.

II. 사회적으로 증가하는 성적 문제들

최근에 사회적 이슈로 우리 사회에 충격을 주고 있는 성도덕의 혼란의 대표적인 문제가 바로 원조교제이다. 성인이 아무런 죄의식도 없이 미성년자와 성적 쾌락을 즐기는 것은 용납할 수 없는 문제이지만 더욱 심각한 것은 그런 선택을 당연히 하는 미성년자들의 사고와 삶과 성윤리 관념과 가치관이다. 또한 시대의 변화에 따라 사회적으로 이혼율이 급증하여 한국 사회가 산업사회, 핵가족 사회가 되면서 개인의 선택과 자율성이 존중되는 개인주의의 확산과 함께 전통적 가치관과 가정윤리가 변하고 가정이 해체되는 현상을 보이고 있다. 이혼하는 가정에서 여성이 먼저 이혼을 청구하는 율이 훨씬 높아 이혼문제에 대하여 성경에 기초한 실제적이고 현실적인 입장정립을 하지 못하는 교회의 현실 인식에 충격을 주고 있다.

우리 사회의 향락 산업의 번창은 우리 사회의 성윤리의 혼란과 함께 성인들의 무분별한 욕망으로 인해 청소년에게 미치는 성적타락의 심각한 영향을 보여준다. 프리섹스와 미혼모 문제는 오래 전의 논의이고, 지금은 동성연애와 양성연애, 성전환, 사이버 섹스 중독, 마약과 섹스의 결합, 어린이들에 대한 성적 학대까지 도무지 그 끝을 알 수 없어 이 사회가 마치 소돔과 고모라의 타락의 모습을 보는 듯한 분위기이다. 이제 사람들은 가상공간에서 살며 현실 세계에 대한 적응력을 상실하는 추세다. 인간들 상호간의 관계 정립이 비현실적이고 선택적 문제로 되어간다면 왜곡된 인간심성들이 불러 올 성적타락은 더욱 극심해지지 않겠는가?

III. 성에 대한 성경적 이해

성경에는 성의 문제를 직접적으로 취급하고 있지는 않다. 다만 윤리에 대한 것을 다루는 가운데 부분적으로 성에 대한 교훈들이 언급되어 있다. 성에 있어서 가장 문제가 되는 것은 성이 그 자체가 목적이 되느냐 아니면 수단이 되느냐이다. 성경에 보면 하나님께서 인간을 남녀로 창조하신 후에 "생육하고 번성하여 땅에 충만하라"(창 1:28)고 말씀하신 것을 보면 성은 분명히 자녀의 생산을 염두에 두고 있음도 부인할 수 없다. 그러나 사도 바울은 더 나아가 남편과 아내의 이상적 사랑의 관계를 그리스도와 교회와의 관계에서 찾는다(5:22-23). 이 메시지는 우리의 성이 얼마나 고상한 진리의 이념을 상징할 수 있는지를 설명해 준다.

성의 패턴은 어떤 사회든지 두 가지의 요소에 의하여 좌우된다. 첫 번째는 불변적 요소로서 남녀 간의 신체적 심리적 구성이고, 두 번째는 가변적 요소로서 그 사회의 일반적 신념이다. 그런데 이 신념은 시대와 사회 및 문화의 변천에 따라 변한다. 성경은 전자의 불변적 요소에 대하여는 당연한 것으로 보고 논하고 있지 않다. 그러나 후자의 가변적 요소에 대하여는 구약의 예언자들을 통하여 많이 비판하고 있다. 많은 기독교인들은 성에 관한 한 성경의 교훈이 너무 낡아서 오늘의 우리에게 아무런 도움을 주지 못한다고 생각하고 있다. 그러나 성경에는 성에 대해 체계적인 교훈이 기록되어 있지는 않으나 여기 저기에 많은 교훈들을 발견할 수 있다.

전 9:9, 잠 5:8-19, 요 3:29에서는 결혼에 대한 즐거움을 강조하고 있다. 결혼의 목적에 대하여 성경은 자세히 언급하고 있다. 창 2:18에 "사람이 독처하는 것이 좋지 못하니 내가 그를 위하여 돕는 배필을 지으리라"고 했고, 말 2:14에는 "그는 네 짝이요, 너와 맹약한 아내로되......"라고 했다. 즉, 결혼의 첫 번째 목적은 불완전한 인간이 상호 보완하는 데 있으며 이것은 인간의 공통된 경험과 일치한다. 두 번째 목적은 자녀를 가지며 피차 유혹을 피하기 위해서 결혼한다. 그러나 이런 생물학적, 도덕적 목적은 부수적인 것이지 근본적인 것은 아니다. 보다 근본적인 목적은 사랑의 교제(companionship)를 나누는 데 있다(창 24:67, 29:18, 34:3, 삼상 1:5, 겔 2:17, 전 9:9, 아 1:7). 이 사랑은 선택적 성격을 가진 특별한 사랑으로서 상대방에 대해 더욱 관심을 가지려고 노력하고, 더 알고 싶어하며, 또한 그 때에 기쁨이 있고 무엇인가 희생하고 싶은 충동을 느낀다. 그래서 서로간에 더 큰 관심과 헌신을 하게 한다.

창 2:24에 보면 결혼에 의하여 둘이 연합하여 한 몸을 이룬다고 하였다. 여기에는 두 과정이 내포되어 있다. 첫째는 부모를 떠나는 것이고, 둘째는 한 몸을 이루는 것이다. 여기서 연합한다는 것은 새 관계의 영원성을 의미할 뿐 아니라 새 종류의 분리할 수 없는 일치를 말한다. 이것은 근본적 변화를 말한다. 이제 두 사람은 몸을 통한 성적 연합으로 육체적으로는 물론 정서적으로도 하나로 연합된다. 그러므로 성교란 단순한 쾌락일 수만은 없다. 왜냐하면 인간의 몸이란 영혼과 마음을 표현하는 도구이며, 결혼의 컴패니온쉽(companionship)은 육체적 결합을 통하여 표현되고 완성되기 때문이다.

예수님의 성윤리관은 대체로 구약의 가르침을 그대로 받아들이고 있지만 다른 점이 있다면 인간의 악이란 단순히 외적 행위에만 있는 것이 아니요, 마음의 태도가 중요하다고 강조한 점이다. 특별히 마 5:27-28에서 간음이란 육체적으로 범하는 것만이 아니고 보다 근본적으로 음탕한 마음을 가지는 것 자체를 음행이라고 보았다.

IV. 성도덕의 혼란과 교회의 책임

한국 교회에서는 어떤 성 윤리관을 가지고 있는가? 전통적으로는 '성' 그 자체를 죄악시하는 극단적 청교도의 윤리관을 볼 수 있는데 이것은 초대 교회 때 유행하였던 영지주의적 이원론에 기초하고 있다. 그러나 성 그 자체는 깨끗하고 좋은 것이다. 오늘의 한국 교회가 성에 대한 무지를 더 이상 외면해서는 안된다. 교회는 이제 성도덕의 몰락으로 인해서 많은 나라가 패망했던 교훈을 성경 속에서 발견하여 젊은이들에게 보여 주어야 한다. 성적 타락의 정도는 그 나라의 영적 상황을 말해주는 지표이기 때문이다. 그것은 모든 것이 유기적으로 부패해 있음을 보여주는 것이다. 교회는 더 이상 성윤리의 안전지대가 아니다.

이제 교회는 성의 본질과 성에 대한 성경의 긍정적인 태도를 바르게 교육할 준비를 갖추고 연구하고 실천적인 목회적 차원의 대안들을 마련하여 교회 안의 성도들과 청소년들 뿐 만이 아니라 대 사회적으로도 교육 목회적, 상담 목회적 사명을 감당해야 한다. 또한 청소년들의 성적 타락을 부추길 수 있는 유해한 사회적 환경을 근절하고 건전한 교육적 환경을 만드는데도 적극적으로 앞장서야 한다. 기독교회는 성 에너지의 충동적 욕구가 인간의 삶에 충만한 기쁨과 창조적 의지를 심어주는 원동력이 될 뿐 아니라, 이성에 대한 깊은 이해와 결속과 동료의식을 일으키는 긍정적인 에너지로 전환될 수 있음을 가르쳐야 한다.

V. 결론

한국 교회는 이제 세계를 향해 복음선교와 사랑과 치유의 목회적 돌봄의 사명을 감당해야 하는 시대적 요청을 받고 있다. 그러나 한국 사회는 내부로부터 심각한 부패와 타락의 징후를 보이고 있다. 특히 성윤리의 훼손은 심각하다. 이제 교회는 성경에 기초한 건전한 성윤리를 다시 세우고 가르치고 치유하며, 성윤리를 타락시키고 청소년을 유혹하는 유해한 사회적 환경을 개선하는데 앞장서야 한다. 그리하여 결혼을 건전하게 유지시키며 가정을 세워서 하나님의 교회와 사회가 진리로 새로워지도록 해야 할 것이다.

42. UFO에 관한 성경적 해석

I. 서론

수많은 사람들은 외계에서 온 우주선 UFO를 보았다고 하며, 외계인을 만나고 심지어 외계의 별까지 다녀왔다고 말한다. 이것은 과연 사실일까? 하나님을 믿고 예배를 드리는 사람들은 하나님의 말씀을 기준으로 이 문제를 분석할 것이고, 그렇지 않는 사람들은 UFO의 존재 여부 자체에 기준을 두고 토론을 시작할 것이다. 그리하여 UFO와 외계인이 존재한다고 결론을 내리게 된 사람들은 이제 어떤 형태이든지 그 존재 자체를 받아들이고 숭배하게 될 것이다. 더구나 최근에는 성경을 인용하여 UFO와 외계 생명체의 존재를 입증하려는 시도도 활발히 진행되고 있고, 어떤 사람들은 외계 생명체와 UFO의 존재와 기독교의 교리를 융합하여 새로운 형태의 종교를 만들어 내어 모임을 갖고 나름대로의 예배형식을 만들어 경배하기까지 하고 있다. 그러므로 본 소고에서는 외계 생명체의 존재에 관하여 성경적 해석을 시도해 보고 기독교회가 나아갈 방향을 제시해 볼 것이다.

II. UFO와 외계인의 존재에 대한 찬반 양론

UFO란 '미확인 비행물체'(Unidentified Flying Object)라는 뜻이다. UFO에 관한 역사는 16세기로 거슬러 올라간다. 지구가 우주의 중심이 아니라는 코페르니쿠스의 지동설이 알려진 16세기, 지구가 태양 주위를 돌고 다른 생명체가 지구 외의 행성에 있을 지도 모른다는 학설이 나온 뒤부터였다. 그리고 UFO붐의 시점은 인류가 원자폭탄을 개발, 인류의 위기가 찾아온 시기, 사람들이 불안에 처했을 때 UFO가 자주 목격된다는 보고가 있었다. 우리나라에서 대표적으로 UFO가 나타났다는 보고는 1979년 네 명의 비행기 조종사에 의한 증언에 의해서이다. 그런데 그때는 우리나라가 정치적으로 혼란을 겪고 있던 시기였다.

'특이한 천체를 연구하는 단체'라 하는 CENAP(독일 중앙 연구협회)에서 분석한 결과는 UFO로 신고된 것 중에서 약 50%가 기구(器具)였고, 30%는 별, 나머지는 운석과 타고 있는 우주 쓰레기나 탐조등이었으며 나머지 5%만이 설명할 수 없는 것이었다. UFO의 대부분은 착각과 오류였다는 결론이다. 그럼에도 불구하고 UFO 신봉자들은 외계인이 피라미드를 만들었다든가 지구인과 외계인의 유전자를 이용한 유전공학을 발전시키는 계획까지 토론한다. 또 그들은 회의에서 금성인과 같은 외계인과 접촉한 사실을 소개하기도 하였는데 최근에는 UFO를 신봉하는 운동이 New Age 운동으로 더욱 확산되는 추세이기도 하다. 이들은 모임에 참가하는 자기들 스스로 외계의 별에서 온 외계인으로 지구인이 되었다고 믿고 있다. 세계 각지에서 모여온 그들은 이집트 피라미드 주위에 모여 우주의 고향으로 돌아가는 영적 의식을 열기도 하며 지구인이 된 외계인으로서 하늘 문을 통하여 외계로 다시 돌아가자고 떠들고 있다. 그런데 과연 누가 별에서 태어났다는 것인가? 옷토 번더는 지구와의 생물이 지구의 하등인과 잡종교배를 하여 잡종인(Hybridman)을 만들고, 지구를 UFO의 식민지로 만들고 있다고 말하였다. 그렇지만 UFO를 연구하는 과학자들은 착각된 자연현상이나 초자연 현상일 것이라고 말한다. 또한 다양한 UFO에 대한 보고와 증언들, 가설들은 때로 너무 황당무개하여 확인되기 어려운 것들이며 서로 일치되지도 않는다.

III. UFO와 외계의 생명체의 존재 여부에 대한 성경적 해석

아브라함이 하나님으로부터 받은 축복의 약속은 '네 씨로 크게 성하여 하늘의 별과 같고 바닷가의 모래와 같게 하리니......'(창 22:17)라는 내용이었다. 즉, 하나님의 말씀은 하나님의 창조가 하나님의 영광과 사람을 위한 것임을 분명히 천명하고 있다. 또한 성경은 우주 안의 생명체에 관하여는 '하늘에 있는 악의 영들......'(엡 6:12)이라고 말씀하고 '너의 쫓겨간 자들이 하늘가에 있을지라도 네 하나님 여호와께서 거기서 너를 모으실 것이며......'(신 30:4)라고 말씀하고 있다. 이런 내용들은 '악한 영' 또는 천사들을 지칭하는 것이다. 다만 생명체가 존재하는 곳은 유일하게 지구뿐임을 '하늘은 여호와의 하늘이라도 땅은 인생에게 주셨도다'(시 115:16)라고 말씀한다.

현재 지구상에는 우주우호 연합회라는 공개되지 않는 조직이 있는데 UFO와 접촉한 약령 접신술자(의식, 무의식 포함)가 고급회원이 되어 매우 교묘한 종교활동까지 전개하기도 한다. 하나님께서는 하나님을 영화롭게 해야할 인간들이 하나님의 창조물을 보고 그것에 빠져 경배할 수 있음을 경계하셨다. "또 두렵건대 네가 하늘을 향하여 눈을 들어 일월 성신 하늘 위의 군중 곧 너희 하나님 여호와께서 천하 만민을 위하여 분정하신 것을 보고 미혹하여 그것에 경배하며 섬길까 하노라"(신 4:19). 그러므로 우리는 하나님의 말씀 안에서 겸허하게 순종하고 오직 하나님만 바라보는 태도를 가지고 이상하고 허망한 사상에 빠지지 않도록 주의해야 한다. "주의 손가락으로 만드신 주의 하늘과 주의 베풀어 두신 달과 별을 내가 보오니 사람이 무엇이관대 주께서 저를 생각하시며 인자가 무엇이관대 주께서 저를 권고하시니이까. 저를 천사보다 조금 못하게 하시고 영화와 존귀로 관을 씌우셨나이다"(시 8:3-5).

IV. 성경적 입장에서 본 UFO의 문제점과 그 대책

지금까지 우리에게 알려진 여러 가지 UFO에 관한 증언이나 가설 등에 의해서 지구의 문명에 커다란 발전과 공헌이 기대되는 것은 아니다. 이것은 오히려 더 복잡한 문제의 시작에 불과하다. 현재까지 UFO에 관한 비상식적인 자료 때문에 지구인 중의 상당한 수준의 지성인들의 식별, 판별 능력이 마비되어 비정상적인 반응들이 유발되고 있다. UFO 접촉자들이 습득한 천문지식은 현재의 지구인들의 천문학으로는 도저히 이해할 수 없는 것이 대부분이다. 그러므로 계속적인 연구와 과학적 장비의 확충과 발견으로 태양계 내의 혹성의 참 모습을 밝혀줄 것이고 결국은 사실 여부가 과학적으로 확인될 것이다.

이미 UFO에 대한 광신자들로부터 하나님의 독생자, 우리의 메시아, 성자 예수 그리스도를 화성에서, 목성에서, 수성에서, 토성에서 기타 천체에서 보았다는 사탄과 거짓 그리스도, 거짓 선지자, 거짓 교사들의 유치한 장난과 시험이 시작되고 있다. 또한 새로운 미혹된 가설이 나타났는데 그것은 메시아 예수 그리스도는 원래 목성인, 금성인, 수성인, 화성인, 토성인이었다는 UFO에 대한 광신교도의 선전이다. 그러므로 앞으로는 자기가 어떤 혹성에서 지구에 재림한 재림주라는 선전을 하는 자가 속출할 수도 있고 많은 추종자를 모을 수도 있을 것이다. 그러나 크리스챤들은 이런 사탄의 거짓 술수에 현혹되지 말고 예수님의 말씀을 항상 기억하고 메시아의 재림을 기다려야 할 것이다(마 24:1-31, 막 13:1-27, 눅 21:5-28, 17:22-24).

V. 결론

하나님은 우주 공간의 모든 것뿐만 아니라 시간을 창조하시고 '말씀이 육신이 되어' '영원'에서 '유한한 시간'으로 들어오셨다. 그 분이 바로 예수 그리스도이시다. 하나님께서는 사람의 생명을 영원한 생명으로 구원하시기 위해서 사람의 시간과 공간 속으로 들어오셨다. 성경은 생명체가 존재하는 곳은 유일하게 지구뿐임을 천명하고 있다. '하늘은 여호와의 하늘이라도 땅은 인생에게 주셨도다'(시 115:16). 그러므로 교회는 하나님의 말씀을 믿고 따르는 성도의 모임답게 헛된 망상과 사설에 빠져서 하나님의 복음을 왜곡하는 자리에 들지 않도록 깨어 있어야 한다.

43. 시민운동에 대한 기독교적 입장

I. 서론

새로운 천년에 접어들면서 인터넷의 사용과 함께 정보를 공유하고 전세계가 하나의 네트워크로 연결되면서 전세계적으로 더욱 빠르게 시민사회가 확장되고 그에 따라 시민운동도 활발해지고 있다. 시민의 참여증대와 권위주의의 퇴조는 이제 세계적 현상이 되었다. 이제 사회는 중앙집권화에서 지방분권화로, 제도와 기구에 대한 의존에서 개인과 시민의 자조독립(自助獨立)적 활동의 증가로, 그리고 대의제 민주정치에서 참여 민주주의로 변화되고 있다. 이제 다양한 분야에서 시민운동이 일어나고 있고 국제사회에서도 공통이슈를 위한 다양한 나라의 시민들이 연합하여 시민운동을 국제적으로 펼치는 것을 볼 수 있다. 그러므로 본 소고에서 더욱 활발해져 가는 시민운동을 기독교회가 어떻게 볼 것인가를 생각해보고 기독교회가 시민사회 속에서 펼쳐야 할 기독교적 시민운동은 무엇인지 살펴볼 것이다.

II. 시민사회와 시민운동

시민사회란 무엇인가? 국민들의 참여를 통해서, 그리고 국민들의 건전한 의견대로 통치되는 사회가 시민사회이다. 어떤 경우라 하더라도 국민들의 비판과 견제는 그것이 국가와 사회의 발전에 장애가 되는 특수한 이해관계에 얽매인 것이 아니라고 한다면 국가와 사회의 발전, 그리고 국민의 복리를 위해 필수적으로 요청되는 것이다. 이와 같이 국민들의 건전한 의견들이 정책결정과 집행과정에서 제대로 반영되고 있는지를 감시하고, 만약 그렇지 않고 있다면, 그 반영을 위하여 여러 각도로 적극적으로 노력하는 작업이 시민운동이다.
　여기에는 적극적인 시민들의 의지가 결집되어야 한다. 시민들 개개인의 노력만으로는 기존의 정치집단이나 관료집단, 특정 집단 등에 대해 비판과 견제활동을 효과적으로 할 수 없으므로 건전한 의지를 가진 시민들이 서로 협력하고 단결해야 한다. 그리고 개개인이 갖고 있는 의견, 정보, 시간, 금전, 힘 등의 자원들 가운데 가능한 각 부분들을 모으고 잘 조직화함으로써 주어진 여건들을 건설적인 계기로 모아서 효과적으로 전환시켜 사용할 수가 있는 것이다. 이때 일반 시민들은 그들이 관심을 갖고 있는 분야의 현실적 이해관계들이 전문적인 영역들을 잘 알지 못하므로 전문가의 활용, 토론회를 통한 건전한 여론수렴 등의 방법들로써 훨씬 건전하고 발전적인 판단을 모색할 수 있으며 이에 기초하여 의사결정에서의 기여, 건전한 비판과 합리적인 대안제시 등을 이룰 수 있게 된다. 이것이 바로 건전한 시민운동이다. 그렇지만 시민운동이 어느 한 계층에만 집중되어 그 계층의 이익을 대변한다든지 특정한 집단의 특정한 이익을 위해 악용된다면 건전한 시민사회의 형성과 발전에 커다란 악영향을 미칠 것이다.

Ⅲ. 시민사회 속에서 기독교 시민운동의 비전과 소명
　그리스도인은 현세적 국가의 구성원, 즉 이 땅의 시민임과 동시에 하늘나라의 시민이다. 그리고 이 두 자격은 동격의 것이 아니어서, 만약 두 자격으로부터 나오는 역할들이 서로 모순적일 때 당연히 하늘나라의 시민으로서의 본분을 지켜야 한다. 그리고 유형교회는 엄연히 시민사회의 한 부분으로 존재하고 있다. 따라서 그리스도의 몸된 교회는 하나님의 말씀을 받고 그것을 이루려는 교회는 변화하는 이 시대에 세상 속에서 시민사회의 권리를 주장하는 시민운동과 관련하여 그리스도께서 맡기신 대위임령을 완수하도록 최선의 노력을 기울여야 한다. 하나님의 교회는 자유로우며 어떠한 영역도 시민사회의 한 부분인 교회에 대한 우월한 권위를 주장할 수 없다. 대부분의 시민사회에서 교회의 사역은 거의 무제한으로 열려 있다. 또한 사민사회 속에 있는 교회는 정치나 경제나 사회나 문화나 예술이나 모든 영역에서 그 선지자적 메시지의 총체성을 발견할 수 있는 가능성을 부여받고 있다.
　시민사회 속의 교회는 이제 개인의 구원과 내적 경건에 과도하게 집중하였던 몇 세기를 보내면서 개인의 구원과 함께 교회 공동체의 회복, 그리고 개인의 내적 경건과 함께 사회의 변혁을 위해 존재한다는 사실을 깊이 인식해야 한다. 이제 기독교인은 복음이 개인과 집단의 모든 영역에서 하나님과 자연의 모든 관계에서 단절될 수 없음을 알아야 한다.

한국사회는 아직도 많은 영역에서 변혁이 불가피한 사회이다. 세속적 세계관은 그리스도의 복음으로 변화되는 영적 영향력을 환영하지 않는다. 그러나 주님께서는 그리스도인이 세상에서 빛과 소금이라고 말씀하셨다. 그러므로 당연히 우리는 이 어둠의 세상에서 빛과 소금의 역할을 감당하여야 한다. 그것은 단순한 사고로 되어지는 일은 아니다. 이 탐욕으로 얼룩진 부패한 세상에서 하나님의 교회가 빛과 소금의 역할을 감당하는 것은 교회의 "착한 행실"을 통해 하나님의 영광을 드러내는 것이다. 그 선행은 세상 사람들로 하여금 자신의 부패한 모습을 돌아보고 하나님의 복음으로 변화되도록 하는 일이다.

대중매체나 정치나 경제의 영역에서 전도와 선행의 빛은 부패한 사회구조를 개혁하고 사회가 나아가 올바른 방향을 제시하는 일에 그리 효과적이지는 않다. 그리스도인이 세상의 소금이 되어 녹는다 함은 사회의 각 영역에 침투한 신자들이 시간을 들여 그 구조의 존재양식과 논리를 이해하고, 그것을 비판하며, 대안을 제시하고 행동하는 것이다. 정치, 경제, 그리고 언론과 예술 등 사회의 모든 영역이 거듭난다는 것은 단순히 그 모든 것이 기독교의 표지를 붙인다는 것을 의미하지 않는다. 이는 창조질서에 기반을 준 모든 사회 영역이 자신의 한계를 알고, 자신의 고유한 영역을 하나님의 주권아래 두며, 나아가 그리스도 예수의 복음의 이념처럼 그 영역들이 사회와 이웃을 섬기기 위해 각 영역이 공헌하는 것이다. 기독교시민운동은 부패한 이 시대의 현상인 가정파괴, 환경파괴, 도시의 비인간화, 언론의 왜곡, 새로운 형태의 빈곤인 장애, 아동, 노인, 여성의 소외를 대변하고 돕는 세상의 소금이 되어야 한다.

IV. 결론

건전한 기독교적 시민운동은 온 국민들이 기호와 은사에 따라 활발하게 그들의 의사와 정보를 교환하고, 자발적인 집단이 도시와 농촌을 가득 채우며 주민자치를 이루는 것이다. 또한 가장 한국적인 것이 가장 세계적인 것이 될 수 있듯이 가장 지방적인 것이 가장 세계적인 것이 될 수 있도록 하는 것이다. 이는 시민과 시민단체들의 역할에 달렸다. 그리고 그 운동의 성패는 기독교시민운동의 성패에 심각한 영향을 받는다. 우리는 이제 시민사회의 성장과 건전한 시민운동의 발전과 교회의 세상을 향한 사명을 따로 분리해서 생각할 수 없게 되었다. 강하나 정의롭지 못한 국가와 부요하나 궁휼이 없는 시장에서 기독교시민운동은 사회에 만연한 죄의 파괴적 속성을 치유하고 각 영역의 균형 잡힌 발전을 이루려는 복음적 운동임을 명심해야 할 것이다.

44. 사이버 문명과 기독교회의 대처방안

I. 서론

현대인은 새로 일어나는 일을 알아보는데 많은 시간을 보내는데 익숙해져 있다. 그것은 이미 생존을 위한 조건이 되어 있다. 이제 변화에 적응하지 못하면 살아남지 못한다. 미지의 미래를 향해 세계는 쏜살같이 달려가는데 이미 그 안에서 살아가는 사람들은 그 미래를 제어하기보다는 적응하고 살아남기 위하여 미래를 연구하고 또 연구한다. 정보화라는 말도 이젠 옛말 이제 우리는 정보의 생산성과 중요성이 높아지게 되어 새로운 정보를 소유하는데 많은 힘을 기울이고 있다. 이제 사이버공간(Cyberspace)이라는 용어는 더 이상 낯설은 말이 아니다. 이런 가상공간에서 인간 활동의 많은 부분이 이루어지고 있는 지금 전통적인 교회 공동체가 서야 할 곳은 어디인가? 본 소고에서는 사이버 문명의 확산 속에서 기독교회가 어떻게 적응해야 할지 숙고해 볼 것이다.

II. 인터넷상의 교회

이제 지구는 거대한 하나의 네트워크로 묶여 있다. 인터넷이 형성하는 정보망은 인종과 국경과 성별을 넘어서서 모든 사람들이 동등하게 참여하는 지구촌(Global Village) 사회를 형성하고 거기에 가상 공간이 등장한다. 즉, 실재가 아니면서 실재와 유사한 유사현실(Quasi-Reality)로서, 인터넷이라는 정보의 공간 속에서 가상적으로 존재하는 가상실재(Virtual Reality)이다.

이제 정보화로 인하여 목회의 형태까지 변화하고 있다. 이른바 사이버 교회(Cyber-Church)의 등장이다. 이 교회는 가상공간에 세워지므로 굳이 일요일에 교회에 갈 필요 없이 내가 원하면 언제든지 접속할 수 있는 교회이다. 인위적인 교파나 지교회의 장벽을 철폐하고 모든 신자들이 메시지를 들을 뿐 아니라 메시지를 나눌 수 있게 된다. 서로 전자우편(E-mail)을 주고받고, 목회자와 평신도가 사이버 공간에서 신앙상담을 하고 목회자들 간에 목회정보, 신학자들 간에 신학적 토론과 정보교환이 시간과 공간의 제약 없이 가능하게 된다. 즉, 인터넷을 통하여 하나의 거대한 보편교회가 실현되는 것이다. 이러한 교회는 폐쇄적인 조직도 없고 신자들 사이에 높고 낮음도 없으며 한 사람에 의하여 독점되거나 통제되지 않는 전세계적 교회(World Wide Church)가 될 것이다. 이 교회는 설교자 중심의 교회가 아니라, 청취자 중심의 교회이다. 사이버 교인은 멀티미디어를 수단으로 재택예배, 원격예배(Remote Worship Service), 온라인예배(On-line Worship Service)를 드리는 사람들이다. 그렇지만 어디까지나 이 교회는 사이버 교회이며 영적인 그리스도의 몸으로서의 교회는 아니다.

III. 가상세계의 문명이 가져온 문제들

사이버 문명은 수많은 유익을 우리에게 가져다주고 있지만 가상현실과 실재를 혼동하고, 더 나아가 실재를 잃어버리는 등 많은 문제점들도 생겨나고 있다. 인터넷을 통해서 사이버목회를 시도하는 한 목회자는 예수 그리스도의 십자가 대속에 대한 신앙고백도 없고 예수님을 영체로 오신 분이라고 교리선언을 하며, 하나님의 예정까지도 인간의 행동을 통하여 바꿀 수 있다는 등 비성경적인 발언을 하였다. 그리고 그는 헌금도 온라인으로 접수하고 있다.

멀티미디어가 보여주는 가상적 영상들은 참된 실재적 가치가 아니며 실재적 가치와 가상적 가치 사이의 혼란을 가져온다. 그리고 현실에 좌절한 현대인, 특히 감수성이 예민한 젊은이들로 하여금 많은 어려운 문제들이 도사리고 있는 실재현실에서 무료와 권태를 느끼게 하고 그 현실에 부딪혀 치열하게 살아갈 힘을 상실하게 한다. 그래서 현실에서 좌절하고 그곳을 떠나 가상세계로 들어가 무엇이든지 상상력을 동원하여 경험하고 만족과 쾌락을 느끼게 하는 사태가 발생하고 있다. 이 속에서 현대인들은 전자로 펼쳐지는 가상세계에 중독되어 헤어나기 어렵게 된다. 사이버교회도 역시 하나님과 교회구성원사이의 실제적이고 인격적인 교류를 무시하고 단순히 인간의 종교적인 욕망을 채우는 도구로 전락할 위험이 크다.

가상공간에서의 만남은 지극히 이해관계적이고 임시적이므로 깊은 인격적 관계가 형성되기 어렵다. 그러므로 가상공간이 설정한 가면문화의 장벽 속에서 자신의 죄성을 망각하기 쉽다. 그러므로 익명성을 무기로 저질러지는 각종 사이버 범죄가 현실세계에 까지 연결되고 무분별하고 도덕성을 결여한 정보로 인해 청소년에게 심한 정신적 피해를 주고 있는 실정이다.

IV. 조화의 모색

교회공동체는 이 사이버 문명과 어떻게 조화를 이루며 공존해 나가야 하는가? 거대한 정보화 사회의 형성과 사이버 문명의 출현은 신학자들과 목회자들에게는 교회를 위하여 연구하고 그 대안을 마련해야 하는 시대적인 하나의 도전이다. 교회는 21세기의 사회적 변화에 긴밀하게 대처해야 한다. 또한 목회자는 이러한 첨단 문화를 목회를 위한 도구로 유용하게 이용할 수 있어야 한다. 또한 인터넷은 교회선교를 위한 첨단의 도구로 이용될 수 있다.

V. 사이버 교회에 대한 분석

그러면 지금 논의되고 있는 가상공간에서의 예배와 교회의 양식은 어떻게 신학적으로 정의될 수 있는가? 첫째, 사이버교회는 결코 영적인 교회는 아니다. 왜냐하면 지상에 존재하는 그리스도의 몸인 실재 교회는 구속받은 성도들의 땀과 기도와 정성으로 세워지지만, 사이버교회는 기도할 장소도 없고 얼굴과 얼굴을 마주하는 성도의 교제도 존재하지 않는다. 컴퓨터의 통신화면이 교제처와 기도의 장소를 대신한다. 그러므로 네트워크를 매개로 형성된 가상화면 속에서 거룩한 것에 대한 경험이 시각화되면서 화면상에서 평면화 되어버릴 위험성을 내포하고 있다.

둘째, 사이버교회는 실재교회가 아니다. 어디까지나 가상교회요 인터넷이라는 전파로 연결된 정보고속도로의 전자그물망 안에서만 존재하는 교회이다. 멀티미디어를 통한 이러한 컴퓨터 조작은 인간의 상상력을 극대화시키고 실재와 가상

현실을 혼동하게 만든다.

셋째, 사이버교회는 그리스도의 교회가 아니다. 그것은 '개방, 평등, 분산'이라는 인터넷의 정신에 의하여 세워진 교회는 아니다. 초대교회는 그리스도의 십자가의 죽으심과 보혈의 능력위에 기초되었고 부활의 케리그마에 의하여 설립되었고 존속되어왔다. 그러나 인터넷교회는 멀티미디어의 산물로 나타나 통신의 필요성에서 비롯된 것으로 우리에게 편리성을 제공하기는 하지만 필수 불가결한 것은 아니다. 그러므로 가상공간에 세워지는 교회를 예수 그리스도의 교회와 동일시할 수는 없다.

넷째, 사이버교회는 인격적, 실제적인 성도간의 교제가 없다. 인터넷에서 하는 대화는 전자언어와 전자화상에 나오는 상대와의 대화이므로 면식적으로 아는 실재 인물과의 대화와 교제와는 커다란 차이가 있다. 그러므로 인격성의 부재로 인한 성도의 교류가 없고, 서로의 감정적이며 삶의 다양한 부분을 서로 나누는 공동체적인 가치들이 약화된다.

VI. 결론

이제 기독교회는 변화의 물결을 인식하고 능동적으로 대체해야 한다. 그리고 복음적, 신학적, 목회적 해석과 대안을 마련하고 그리스도의 복음을 수호하고 전파하는데 힘써야 한다. 특히 가상공간상에서의 만남만으로는 진정한 영적 예배와 말씀 선포, 기도와 성도의 교제가 불가능하므로 실재하는 그리스도의 몸된 교회의 공동체성을 회복하는데 다양한 대안을 마련하고 실행하도록 힘써야 한다. 유형교회 없는 무형교회는 존재 기반이 희박하며 아무리 그 존재를 주장한다 할지라도 사상누각에 그칠 위험이 있기 때문이다. 그러므로 사이버교회는 실재교회의 지도 아래서 복음화와 선교와 목회의 활동을 위한 보조물로 그 기능을 해야 한다.

45. 안락사에 관한 소고

I. 서론

소위 "존엄한 죽음"이라는 미묘한 표현으로 우리 일상사에서 논의되기 시작하면서 최근에 들어와서 급격하게 증가되고 있는 주제가 안락사에 대한 문제이다. 특별히 일부 국가에서 선별적으로 안락사를 합법화하고 있는 추세여서 앞으로는 이 문제가 우리나라에서도 커다란 이슈로 부각될 것으로 보인다. 그래서 본 소고에서는 안락사에 관한 분석과 함께 성경적 관점을 논해 보고자 한다.

II. 안락사-타인의 선택에 의한 죽음

생명이란 수태부터 자연사 할 때까지 계속되는 것이다. 원치 않는다는 이유로, 또는 불완전하다는 이유로, 또는 단지 불편하다는 이유로 태아를 죽일 권리가 있다고 주장하는 사회가 불필요하거나, 육체적, 정신적으로 불완전하다고 생각되는 환자나 노인들을 죽일 권리를 가정하는 데 어려움이 느낄 것인가? 우리는 오늘날 극대화되어 가는 생명의 경시풍조를 다시 한번 재고해 볼 필요가 있다. 증가 추세에 있는 가정 윤리의 붕괴와 낙태율, 의학적 발달에 따른 평균 수명의 연장으로 해서 젊고 튼튼한 사람들에 비해서 늙고 연약한 사람의 비율이 정상적으로 커지게 됨에 따라 이런 경향은 점점 증가하게 될 것이다.

안락사라는 용어는 1920년 독일에서 출판된 칼 빈딩(Karl Binding)과 알프레드 호헤(Alfred Hoche)가 공저한 무가치한 생명의 파괴를 허용함(The Release of the Destruction of Life Avoid of Value)이라는 책에서 최초로 사용된 것으로 보인다. 이 두 저자는 이 용어를 "견뎌내기 어려운 생명을 완벽하게 구제할 수 있는 권리"를 지니고 있었던 한 사람의 살인 행위를 정당화하기 위한 운동의 도구로 사용하였다. 타고난 결함을 가지고 있던 신생아를 굶겨 죽이는 행위를 수동적 안락사(passive euthanasia)라고 부르는데, 이것은 같은 아이를 죽이기 위하여 보다 적극적인 행동을 취하는 것보다는 그런 만행을 저지르는 사람의 마음에 보다 더 쉽게 받아들여질 수 있어 보인다. 또한 경우에 따라서 의사는 환자를 치료하면서 의료상의 비상 수단을 사용하지 않겠다고 결정할 수 있다. 이런 결정은 정당한가? 그렇지만 의료상의 치료에서 비상이라는 것도 시간에 따라 달라질 수 있다. 오늘 비일상적인 것들이 내년에는 일상적인 것이 되며, 작년에 비일상적이던 것이 지금은 평범한 것이 되어 있는 것도 많다.

    그리스도인 의사에게 있어서 치료는 하나님께서 자신에게 은사로 주신 기술에 대하여 하나님 앞에 책임을 지고 있을 뿐만 아니라, 하나님께서 자기에게 맡겨주신 환자들의 치료에 대해서도 하나님 앞에 책임을 지고 있는 것이다. 비종교적인 용어를 사용하더라고 의사는 인간 생명이 경이롭고 유일무이하다는 사실을 끊임없이 의식해야 한다. 물론 때때로 의사는 어려운 결정에 부딪힌다. 또, 자기가 사용하고 있는 전문 의료 기구들이 생명을 연장하기보다는 오히려 죽어가는 경험을 연장하는 것일 뿐이라는 믿음이 들게 될 때, 가능한 한 환자를 편안하게 해주면서 비상 조치로 동원된 수단을 철거시키고 자연의 섭리에 그 결과를 맡길 수도 있다.

III. 안락사 허용의 허와 실

    그렇지만 오늘날 논의되고 있는 문제는 위의 차원을 훨씬 넘어서는 것들이다. 오히려 안락사의 범위를 확대시키고 전적으로 새로운 사상을 만들어내는 의료인들과 준의료기관의 전문요원들이 문제이다. 이 사람들은 직접적으로는 죽이는 일을 하거나 생명을 유지해 줄 수 있는 도움과 조치를 취하지 않음으로써 한 사람의 환자가 죽는 것을 옹호하고자 하는 것이다. 물론 상황이 어려울 수도 있지만 이들은 이런 살인 행위를 아이러니칼하게도 "자비로운 살인"(mercy killing)이라 한다.

    다음에 올 수 있는 단계는 세상에서 환영받지 못하며 불완전하다는 이유로, 또는 사회적으로 당혹감을 준다는 이유로 개인이나 집단을 파멸시키는 일이다. 고령자, 허약자, 지진아, 정신 이상자 등이 그 대상이 될 수 있다. 만약 누군가가 이런 일을 행하고 있다면 그는 속칭 자비로운 살인의 한계까지도 넘어서서 행동하고 있는 것이며, 제 2차 세계대전 동안 나치가 행했던 만행을 똑같이 저지르고 있는 것이라 할 수 있다. 이 행위는 본질적으로 태어나지 않은 아이들을 놓고 낙태 시술 의사가 가지는 태도와도 같은 것이다. 이런 관행의 필연적인 결과는 선택적 죽음(death selection)과 대량 학살(genocide)로 귀결될 수 있다.

    인간은 자신이 스스로 무능하다거나 살아날 가능성이 없다고 느낄 때 자신의 동의하에 다른 사람에 의해 행해지거나 또는 자신도 조력자가 되어 스스로의 생명을 단절시킬 권한을 가지고 있는가? 또한 법적 보호자라는 이유만으로 한 사람의 생명을 결정할 권한을 가지고 있는가? 미국에서 있었던 카렌 퀸란(Karen Quinlan) 사건은 이 의학적, 윤리적 딜레마를 설명해 준다. 술과 마약을 섞어서 복용한 후 무의식 상태에 빠진 카렌은 생사의 갈림길에서 의식을 잃은 상태로 산소 호흡기에 의지해서 생명을 연장했다. 여러 전문가들은 그녀가 결코 회복될 수 없으며, 산소 호흡기의 도움에 의해서만 생명을 연장할 것이라고 진단하였다. 그녀의 부모는 자기 딸을 치료하고 있는 담당의사들이 산소 호흡기의 "플러그를 빼도록" 조처해 달라고 법원에 청원했다. 뉴저지 지방 법원의 판사 로버트 뮤어(Robert Muir) 2세는 그것을 살인 행위로 규정하였으나 대법원은 하급심의 판결을 번복하고 플러그를 뺄 수 있다고 판결하였다. 그러나 산소 호흡기를 제거한 후에도 카렌은 계속하여 숨을 쉬어서 모든 사람들을 놀라게 하였다. 그러므로 어느 누구에게도 자신을 포함한 생명을 함부로 다루고 선택하며 결정할 권리는 부여되어 있지 않다. 사도 바울의 고백처럼 "우리가 살아도 주를 위해서 살고 죽어도 주를 위해서 죽나니 그러므로 사나 죽으나 우리가 다 주의 것"(롬 14:7)이기 때문이다. 사랑 없는 사람들의 말처럼 이 세상에 그 누구도 어떤 사람들이 "틀림없이 죽기를 원하고 있다"고 말 할 수는 없다.

IV. 기독교회의 사명과 책임

기독교회는 하나님께서 생명의 주관자이심을 믿고 그분께 모든 결정권을 드린다. 그러므로 살 가치가 없는 생명 같은 것은 없다는 생명 존엄의 원칙을 고수하는 사람은 마땅히 그 원칙에 따르는 도덕적, 윤리적 책임과 의무를 감당해야 한다. 기독교인은 치명적인 병을 앓고 있는 사람들과 죽어가는 노인들, 그리고 외롭고 기력이 없는 노인들과 약한 사람들, 온전하지 못한 신체와 정신을 가진 모든 사람들을 돌보고 부양해야 한다. 또한 그 가족과 그 가족의 필요와 곤경에 처한 개인을 한 인간 단위로 함께 있도록 최선을 다해 보살펴야 한다. 그리하여 그들이 공동체로부터 거절당하거나 버림당하지 않고 함께 생명의 부활의 승리를 믿음으로써 장래의 그리스도를 통한 진정한 부활의 승리에 동참하는 자연스럽고 당당한 하나님 나라의 시민으로 살아가도록 도와야 한다. 이를 위해서 우리는 지혜롭고 철저한 현실주의자가 되어 이러한 논의들을 시행할 대안들을 마련하고 필요한 물질들을 모아야 한다. 이를 위해서는 개개인의 평안과 풍요를 얼마쯤은 희생해야 함은 물론이다. 뿐만 아니라 이것은 성경 전체에서 그리고 그리스도의 가르침에서 나타나는 정당한 원리임을 명심해야 한다.

V. 결론

하나님 앞에서는 모든 생명이 소중하다. 그리고 그리스도께서는 우리가 서로의 짐을 나누어지기를 원하신다. 우리가 약하고 소외된 자를 보살피고 돌보는 일은 공동체를 위하는 일이며 더 구체적으로는 스스로를 위하는 일이다. 언젠가는 다른 사람에게 도움을 준 그 사람도 또 다른 사람들로부터 보살핌과 도움을 받게 될 것이다. 그리스도인이 생명경시 풍조에 대항하여 그리스도의 사랑과 생명의 진리를 실천하고 살아가는 일이야말로 변화되어 가는 세계 속에서 온전한 빛의 역할을 감당하는 일이 될 것이다.

46. 세계화와 교회

I. 서론

오늘날 전 세계는 인류 역사상 유례 없는 변화를 경험하고 있다. 변화는 어느 시대, 어느 사회에서도 일어나기 마련이지만 현대 사회의 변화는 국제적이고 세계적인 규모로 일어나고 있다. 오늘날 우리는 과학기술의 눈부신 발전, 교통 및 정보 통신의 발달, 개방적 시장경제 체제의 보편화, 정치적 이념 장벽의 붕괴로 세계가 하나의 울타리 안에서 공존하는 시대에 살고 있다. 이제 지구촌은 바야흐로 하나되어 세계화의 대열에 맞는 새로운 사고와 행동을 가져야하는 시대가 되었다. 그러므로 본 소고에서는 이런 시대에서 과연 진정한 세계화란 무엇이며 세계화를 외치는 세상에서 교회는 어떤 변혁을 해야 하는지 간략하게 다루어 볼 것이다.

II. 현재 세계에서 세계화가 갖는 의미와 그 위험성

지금 우리가 직면하고 있는 세계화의 실상은 어떤 것인가? 매우 안타깝게도 사실상 우리를 하나로 결합시키는 세계화는 어떤 다른 차원에서보다 경제적인 수준에서 통합적 세계 시장을 지향하고 있다. 세계 은행, 국제 통화 기금, GATT(관세 및 무역에 관한 일반 협정) 등이 자본주의 시장경제에서 우월권을 획득한 나라들의 경제 동맹을 나타낸다. 여기에서 현실적으로 제외되어 있던 다른 체제들도 결국은 붕괴되어 이 체제에 참여해야만 하게 되었다. 현재 세계화는 힘을 가진 국가인 미국을 중심으로 진행되고 있기 때문에 모두가 그 중심권을 가진 미국의 상업적 대상으로 간주되어지며 문화의 정체성을 상실해 가는 중에 있는 것이다. 차별화된 전통과 역사와 문화의 경계와 독특성은 무시되고 대중매체의 엄청난 위력을 통해 미국의 상업적 문화와 청소년 문화가 거세게 세계의 고유한 정신문화를 잠식하고 있는 실정이다. 그리하여 마땅히 보존되고 계승되어야할 지역과 국가의 정신문화 유산들의 뿌리가 통째로 자립할 힘이 없는 그들의 시장은 강대국들에 의해 개방되고 점유된다. 과연 우리는 이것을 우리가 바라는 세계화라고 부를 수 있을 것인가?

III. 진정한 세계화란 무엇인가?

우선 먼저 개인 스스로가 열린 의식을 갖는 것이다. 이제 개인은 행동은 지역적으로 하고 있으면서도 사고는 세계적으로 해야 한다. 이제 개인도 전 인류의 관심사가 되는 문제들에서 제외될 수는 없다. 그러나 세계화가 된다는 것이 획일화를 의미하는 것은 아니다. 그것은 개개인의 특성과 자질이 인정되고 최대로 발휘되어야 하며 서로 서로를 인정하고 존중하는 자세가 선행되어야 하는 것이다.

지역적, 국가적으로는 각각 고유한 사회와 문화적 특성을 간직하고 그 차이를 인정하는 일이 중요하다. 무엇보다 경제적인 이유로 상호 호혜성이 사라져서는 안된다. 세계화가 강대국에 대한 정치적, 경제적, 문화적 종속을 의미하는 것은 아니기 때문이다. 세계화가 이런 불행한 결과로 이어지지 않도록 정부와 국민은 일치단결하여 세계 속의 당당하고 자립, 자주적인 한국을 건설하여 세계 속의 일원으로서 공존의 번영을 위해 함께 일하고 돕는 국가가 될 수 있도록 해야 한다. 그러므로 한국은 국가적으로 번영, 성숙하여 어려움을 겪는 나라들이 진정한 세계화의 대열에 동참할 수 있도록 도와야 한다. 지나친 국수주의로 세계 공동체에서 낙오되는 일은 없어야 하겠지만 어떤 특정한 체제나 이념, 시장에 조종되어서는 더욱 안될 일이다.

세계화 시대의 교회는 이제 개교회 자체에 집중하는 제한된 유형교회로 남아있어서는 안된다. 이제 한국의 기독교회는 전 인류의 공통관심사가 되는 문제들을 위해 기도하고 구체적인 지원을 하고 행동하는 성숙한 교회가 되어야 한다. 이를 위하여 한국의 기독교회가 인류 공동의 문제를 놓고 힘을 합하는 것은 물론 세계 교회와의 교류와 연합 속에서 함께 기도하고 대안을 마련하고 행동해야 한다. 이제는 단순히 지역적으로 제한된 교회적 이념과 행동만으로는 세계화의 대열에 설 수 없고 책임있는 그리스도인으로 살아갈 수 없다. 그러므로 교회는 시대의 변화에 따라 눈을 높이 들고 이 세계를 만인에게 공통된 진리인 그리스도 예수의 복음으로 변화시키고 구체적인 돌봄을 행하며, 인류세계의 공통문제들을 해결하기 위한 세계 교회와 함께 행동하는 진정한 세계화를 이루어야 한다.

IV. 세계화 시대에 한국의 기독교회가 나아갈 방향

이제 세계화 시대를 맞이하여 한국의 기독교회는 제일 먼저 그리스도인이라는 독특한 신분을 오늘의 시대적 상황 속에서 구체적으로 구현해 나갈 수 있도록 어린이들과 청소년들을 인도하고 교육해야 하는 사명을 안고 있다. 따라서 이제는 교회교육의 커리큘럼과 내용들이 진리의 복음을 가르치는 것은 기본이고 좀더 포괄적이면서도 구체적으로 전 인류의 관심사가 되는 문제들로 보강되어야만 한다. 이제는 지구촌의 환경파괴와 오염, 자원고갈, 인권문제, 군비확산, 생화학무기, 테러와 국제적 범죄, 마약 등의 문제들이 더 이상 자유주의 신학을 표방하는 교회들의 전유물은 아닌 것이다. 이것들은 우리의 교회 공동체의 삶과 무관한 것이 아니다.

개혁주의 교회의 이상은 위의 문제들을 전혀 다른 시각에서 접근하고 해결해 갈 수 있어야 한다. 오늘날의 많은 사람들의 입에서 오르내리는 세계화는 어디까지나 인간주의적이며, 그 속내를 보면 강대국의 주도권에 의한 상업과 경제를 최우선의 목적으로 하는 물질적 이익추구가 앞선 세계화이다. 이제 사람들은 인류가 겪는 여러 가지 위기 상황에서 하나님을 의지하는 것이 아니라 우리 인간이 인간을 스스로 구원해야 하고 또 그렇게 구원할 수 있다고 생각한다. 따라서 인류가 함께 힘을 합해 인류의 이상세계를 건설해야 한다는 인본주의 철학적 전제를 가지고 이런 문제들에 접근하고 있는 것이다. 그러므로 그리스도인의 공동체들은 세계화의 전략 속에 감추어진 인간의 오만한 모습을 볼 수 있어야 하고 그런 인간의 힘에 의한 유토피아에 대한 환상을 경계해야 한다. 개혁주의 교회는 우리 시대의 인류가 직면하고 있는 공통의 문제들을 창조-타락-구속의 성경적 세계관의 틀로서 조명하고 접근해 나가야 하는 과제를 안고 있다.

V. 결론

세계화 시대의 교회는 이제 새롭고도 거대한 사명에 직면해 있다. 기독교회가 추구하는 세계화는 우리의 것을 지키면서 국가 간의 무한경쟁 속에서 살아남고 일류가 되겠다는 이상의 추구가 아니다. 그런 인간화된 이상을 넘어서 세계화된 기독교회의 이념과 모습은 만인에게 복음을 전파하라는 예수 그리스도의 명령에 따라서 섬김을 받기보다는 고통당하는 인류에게 그리스도의 복음과 사랑을 전파하고자하는 열린 의식을 가지고 기도하고 교회 공동체가 서로 협력하고 세계 교회와 연합하여 행동해 나아가는 것이다. 여기에는 인류의 공통된 관심사와 현실적으로 지구촌을 위협하는 문제들을 위해 기도와 지원과 협력과 실천을 아끼지 않는 것도 포함된다.

47. 주 5일 근무제가 교회에 미칠 영향

I. 서론

2002년부터 한국에도 '주 5일 근무제'가 도입되었다. 이 문제로 2001년 노사정위원회(위원장 장영철)는 23일 오후 김창성 경총회장, 이남순 한국노총위원장, 김호진 노동부장관 등이 참석한 가운데 본회의를 열고 현행 주 44시간인 법정근로시간을 가능한 한 빠른시간 내에 주 40시간으로 단축한다는 내용의 노사정합의문을 채택했다. 근로시간을 40시간으로 줄여 주 5일 근무제를 도입하자는 노동계의 요구를 재계가 원칙적으로 받아들인 것이다. 이제 주 5일 근무제가 실시되어 주말은 금요일 오후부터 시작되게 되었다. 따라서 사회적 변화와 함께 교회의 목회적 환경에도 심각한 변화가 초래되었다. 그러므로 본 소고에서는 이에 대해 교회는 어떤 대안을 가져야 하는지 살펴볼 것이다.

II. 주 5일 근무제의 확산과 영향

주 40시간 근로제를 세계에서 가장 먼저 도입한 나라는 프랑스이다. 제 2차 세계대전이 일어나기 직전인 1936년에 이 제도를 시행했던 프랑스는 1998년 사회당 정부의 공약에 따라 근로시간 단축을 통한 고용창출을 목적으로 주 35시간제를 도입했다. 다만 실시 시기는 차별화해 20인 이상 기업은 2000년 2월, 20인 이하 기업은 2002년 1월부터 적용하도록 했다.

미국은 1938년 근로시간 단축을 통한 고용증진으로 대공황을 탈출하기 위해 도입했고, 중국은 내수 진작을 위해 1995년 도입했다. 일본은 경제성장과 함께 '경제동물'이라는 비판을 면하기 위해 1987년 주 48시간 근무제 체제에서 주 40시간으로 법제화한 뒤 업종별, 규모별로 7년에 걸쳐 단계적으로 추진해 1997년 전면적인 주 40시간 근로제를 실시했다.

우리나라는 1989년 법정근로시간이 주 44시간으로 단축된 이래 11년 만에 선진국 수준인 주 40시간으로 단축되게 됐다. 그러나 대부분의 기업은 법정근로시간 단축에 원칙적으로 반대의 의견을 보였다. 그러므로 구체적인 시행과 그에 따른 부수적인 노동조건과 휴가, 임금 등을 조정하는 데는 진통이 따를 것이다. 그러나 이제 원칙적 합의가 도출된 만큼 많은 부분에서 사회적 환경이 함께 변화할 것으로 보인다. 우선 학교는 주 5일 수업을 실시해야 할 것이다. 그러나 우리는 이런 거대한 경제적, 기업의 환경변화와 사회적 교육적 현실의 변화에 대처하여 우리의 사회적, 경제적, 교육적 문제점들과 부작용을 치유할만한 치밀하고도 적절한 대책들을 가지고 있는가?

일차적으로 주 5일 근무제와 주 5일 수업제는 사람들에게 보다 많은 시간적 여유를 가져다줄 것이다. 그로 인해 여가를 즐기려는 사람들이 늘어날 것이다. 사회적으로 레저 산업과 그에 따른 부수적 산업이 활성화 될 것이며 기업과 노동자의 노동환경에도 많은 변화가 예고될 것이다. 보다 많은 영역에서 기업들은 이제 비정규직 사원을 뽑는 추세로 돌아설 것이다. 서구의 변화는 이미 그것을 예견하고 있다. 임금을 덜 지불하고 기업의 책임도 그 만큼 감소하므로 기업은 경제성 면에서 두 마리 토끼를 동시에 잡는 셈이 된다. 사회적으로는 여가를 즐길 수 없는 사회적, 경제적 약자들은 더우 더 소외되고 더 큰 상대적 빈곤감을 느낄 것이어서 경제적 부를 소유한 계층과 그렇지 못한 계층과의 위화감이 더욱 더 심화될 것이다. 청소년들이 변화된 환경에 적응하는 양상도 다양하게 나타날 것이다. 주어진 시간을 자기 발전을 위해서 유익하게 사용하는 사람도 많겠지만 방황하는 청소년들이나 문제 속에서 허덕이는 사람들은 그런 고통이 더욱 더 심화될 위험이 크다.

III. 주 5일 근무제에 따른 목회적 현실의 변화와 교회의 대처 방안

주 5일 근무제가 기독교회에 가져올 영향은 크고도 확실하다. 우선 주일 예배에 참석하는 신자의 수가 현저히 감소할 것이다. 왜냐하면 많아진 여가 시간과 레저 산업의 발달, 스포츠의 확산, 교통과 통신 수단의 비약적인 발달로 사람들은 금요일 오후가 되기 무섭게 자신들의 스케쥴과 오락을 위하여 이동을 할 것이기 때문이다. 금요일 오후에 떠나서 일요일날 돌아오는 여행상품들과 레저상품들이 활기를 띨 것은 확실한데 믿음이 어린 많은 신자들이 주일날 아침까지 기다렸다가 교회에 예배를 드리러 오려면 너무나 많은 유혹을 이겨내야 하기 때문이다.

이런 추세는 영적 환경의 변화와 사람들의 마음의 태도 변화에도 지대한 영향을 미친다. 사람들은 더우 더 개인의 유익과 즐거움을 위하여 많아진 시간을 사용하려 할 것이다. 따라서 레저산업과 향락산업, 스포츠와 오락 등은 온통 사람들의 영혼을 지배할 것이다. 이는 진리의 복음을 전파하고 그 진리에 따라 살도록 사람들을 교육하는 일에 커다란 어려움으로 작용할 것이다. 공통된 목적을 가진 사람들과의 유대나 모임도 많아질 것은 물론이다. 따라서 교회가 특별한 관심과 사랑, 자신의 삶의 목적의 대상이 되지 않는 다면 예배에 참석하는 것을 부담스러워하게 될 것이다. 특별히 청소년들과 젊은 층들을 교회로 오게 하는 일은 더욱 더 어려워질 것이다.

그렇다면 교회는 이 목회적 환경의 변화에 어떻게 적응해야 하는가? 어떤 사람들은 예배의 요일과 시간을 변경해야 한다고 말한다. 아니면 금요일 오후와 토요일을 교회에서 보내게 하는 프로그램들을 활성화시키고 방법들을 개발해야 한다고 우선 현실적이고 다분히 인간적인 대안들을 내놓는다. 실제로 서구 사회가 금요일 오후부터 주말이 시작되게 된 후 주일날 교회의 공적 예배에 참석하는 숫자가 현저히 줄어들게 되고 목회적 환경에 커다란 장애에 부딪히게 된 것은 사실이다. 그러나 그렇다고 해서 그런 방법론들이 근본적인 해결책이 되는 것은 아니다.

하나님께 드리는 예배는 인간의 사회적, 경제적 환경에 끌려 다니는 임시 변통적 성격을 지닌 것이 아니다. 오히려 사회적 환경의 변화를 교회가 주도할 수 있어야 하는 것이 올바른 순서이다. 환경의 변화가 곧바로 교회 밖으로의 일탈을 의미할 정도라면 도대체 교회가 어떻게 예수 그리스도에 대한 믿음과 경배와 규례와 진리의 도를 가르쳤기에 그런 지경에 이르렀다는 것인가? 오늘날 한국 교회는 서구를 거울삼아 좀더 근본적인 자기 성찰을 해야 할 필요성에 직면해 있다. 교회가 진리에 서지 못하고 영적으로 온전하지 못하고 대 사회적으로 제대로 사명을 감당하지 못해서 세상에서 빛과 소금의 역할을 감당하지 못하면서 사회적 환경의 변화에 인위적인 프로그램이나 의무감의 부과 같은 미봉책으로 문제를 해결해서야 될 일인가?

한편으로 오히려 교회는 이런 변화의 기회와 시간들을 복음전파와 대 사회를 향한 봉사, 교회 공동체를 온전하게 세우는 일, 진리를 새로이 배우고 깨달아 영적으로 무장하고 신앙 인격으로 성숙해질 수 있도록 적극적으로 사용할 수 있어야 한다. 사실 우리의 교회들은 주일날 한꺼번에 너무 많은 일들을 처리하고 있다. 그래서 많은 신자들이 6일 동안 일하고 주일날은 더욱 더 피곤하게 일하고 육체적, 정신적, 영적으로 진정한 휴식을 갖지 못하고 가족하고도 오히려 서로 진정한 대화와 교제를 나눌 시간도 갖지 못한 채 분주하게 살아왔다. 이제는 오히려 소중하게 주어진 시간을 교회가 잘 안배하여 성도들의 진정한 영적 성장을 도울 수 있고 교회 공동체와 가정을 위한 실제적이고도 유익한 목회적 방안과 프로그램들을 마련하고 동참케 할 수 있을 것이다. 가족이 하나 되어 함께 예배를 드리며 마음을 여는 대화와 교제를 할 수 있는 시간을 갖도록 교회가 격려하고 돕는 것도 잊지 말아야 할 것이다.

IV. 결론

우리는 사회적 변화로 인해 야기될 수 있는 목회적 환경의 변화에 두려워하지 말아야 한다. 오히려 적극적이고 지혜로운 자세로 그 변화를 수용하고 대처하여 극복하는 용기를 가져야 할 것이다. 교회는 이를 위하여 서로 지혜를 모으고 하나님의 복음을 위하여 대안을 마련해야 한다. 주 5일 근무제의 실시로 더 주어진 시간을 하나님의 복음전파와 대 사회를 향한 빛과 소금의 역할을 능동적으로 감당하는데 사용할 수 있어야 한다. 교회 공동체의 영적, 인격적 성장과 치유, 돌봄, 교회의 목회적 프로그램의 안배와 가정을 되살리고 사랑으로 하나 되게 하는 일에 그 여가들을 사용할 수 있어야 한다. 기독교인은 사회적 환경의 변화에 패배하거나 세속적인 방법으로 맞추어 따라가는 우를 범해서는 안된다. 오히려 그 변화와 변화로 인해 주어지는 장점과 유익들을 신자 개개인의 자기 발전과 성장, 가정과 교회 공동체의 영적 성장과 사랑의 교제와 치유, 사회를 향한 선교적 사명과 빛과 소금의 역할을 위하여 안배하고 사용할 수 있어야 한다.

48. 일본의 역사 교과서 왜곡에 관한 교회의 대응

I. 서론

2001년 5월 16일 한국 기독교 교회협의회(회장: 김경식 목사)와 독일개신교협의회(회장: 위르겐 슈무데 박사)는 크리스천아카데미하우스에서 '화해와 교회의 역할'을 주제로 제 8차 한.독교회협의회를 가졌다. 그리고 10일 기독교회관 강당에서 발표된 '제 8차 한.독교회협의회 공동선언'에서 한.독협의회는 "역사에서 일어난 불의를 속이거나 미화하는 것은 단지 불행을 연장할 뿐이다"고 전제 일본 정부가 왜곡된 역사교과서를 바로잡고, 특히 2차 세계대전에서 일본의 역할 부분에 대한 수정을 촉구했다.

최근에 한국을 비롯하여 중국, 대만과 아시아권을 자극하는 민감하고도 시급한 사안이 바로 일본 우익세력에 의해 주도되고 있는 일본의 역사교과서 왜곡

사건이다. 과거에 일본이 침략적 전체주의의 노선으로 전쟁을 일으켜 수많은 나라를 고통 속으로 몰아넣고 무수한 인명을 살상하고 정치, 사회, 경제적으로 악을 행하고 문자로 표현할 수 없는 인간파괴를 자행한 범죄 사실을 삭제 내지는 은폐, 조작하고 일본의 자주권과 국가적 이익을 우선하려는 미명 하에 미화시키고 있는 것이다. 이에 대해 과거 일본으로부터 피해를 입은 국가들은 강경하게 반발하고 있으나 일본은 그 위선적 태도를 굽히지 않고 있다. 이 문제는 단순히 정치적 문제로만 여겨질 수 있는가? 이에 대해 본 소고에서는 주 예수 그리스도의 진리 안에서 하나님의 공의와 사랑을 하나님 나라의 백성 공동체로서, 또한 실제적으로 한 나라에 소속된 유형교회의 모습을 가진 한국 교회가 이런 일본의 망령된 태도에 어떻게 대응해야 하는지 살펴볼 것이다.

II. 일본의 역사 교과서 왜곡의 실상

2차 대전 전범국가인 일본의 '역사반란'은 전후 역사교육을 미국에 의해 강요된 자학사관으로 규정하고 일본사 재발견을 부르짖는 보수우익 인사들의 집합체인 '새 역사교과서를 만드는 모임'의 활동으로 구체화되었다. 이 모임은 종군위안부의 '실체'를 부정하거나 교과서 기술을 반대하는 여론을 등에 업고 1996년 말에 발족되었다. 그 동안 전국 조직 결성을 위해 작업을 해온 '새 역사 교과서를 만드는 모임'은 2001년에 들어 지부 결성에 본격적으로 착수하여 도쿄 등 13개 도-현에서 지부가 결성되었고, 9월까지 15개 지부를 더 결성할 계획이다. 회원도 2년 남짓 흐르는 동안 10배 이상으로 늘어 현재는 8700명 이상이다. 이 모임을 지지하는 사회유력인사 찬동회도 발족 당시 70여 명에서 273명으로 늘어났다. 회장 니시오 간지 전기통신대 교수와 발기인 후지오 카 동경대 교수 등을 비롯, 후지쓰의 야마모토 회장, 스미토모 신탁은행 사쿠라이 상담역, 가토 히로시 치바상과대 학장, 사카모토 가쿠슈인대학 교수 등 보수성향의 재계 및 학계 인사들이 대거 참여했다. 이들은 기존 역사 교과서가 일본사를 왜곡했으므로 소위 이를 대체할 '공정한' 교과서를 독자적으로 만들겠다고 주장하고 있다. 이들의 역사적 사실에 대한 왜곡은 관련된 모든 사료에 대해 국수적이며 일본의 입장을 정당화 내지는 미화시키는 것으로 나타난다. 따라서 사실은 은폐, 조작, 날조되고, 그들에게 유리하게 기술된다.

역사 교과서는 현재 사카모토(가쿠슈인대학)- 다카모리(고쿠가쿠인대학) 교수가, 공민 교과서는 미군정하 전범재판(일명 동경재판)을 '날조극'이라고 비판하는 평론가 니시베 등이 분담해 집필했다. 이들은 또한 이들이 집필한 교과서를 각급 학교에서 채택하도록 하기 위해 온갖 수단과 방법을 다 동원하고 있다. 또한 교과서 검정제도를 강화하여 종군 위안부, 난징(남경)학살 등 이른바 '과거사' 부분을 자학적으로 묘사한 교과서를 문부성 검정과정에서 철저히 걸러내야 한다고 주장하며 자체 제작한 '참 역사' 독본 30여 만권을 배포, 전국에서 학습회를 개최하고 있다. 왜곡 교과서 제작에 깊숙히 관여한 고바야시는 최신작 '대만론'에서 "당시 여성들은 위안부가 되는 것을 '대출세'로 여겼다"는 등 망령된 말을 기술하여 대만 내에서 큰 파문을 일으켰다. 이들은 한국, 중국, 대만 등이 일본의 교과서 왜곡에 항의하자 내정간섭이라며 '외압에 굴복하지 말자'는 국수적 캠페인을 벌이기도 했다. 또한 인터넷(www.tsukurukai.com)을 통해 "우리는 역사를 왜곡할 의도가 전혀 없고 교과서에서 역사적 사실과 다른 기술을 한 일이 없다"고 주장하고 나섰다.

III. 역사를 왜곡하는 일본의 태도에 대한 한국교회의 대응

오랜 시간동안 계획되고 의도된 잔학무도한 악을 저질러 놓고도 그 사실을 인정하고 사죄하고 회개하고 보상해도 모자라는데 더 나아가 그 사실을 은폐하고 기록에서 삭제함은 물론 그 사실을 왜곡, 미화하여 후손들의 교육과 자신들의 국가적 이익을 위해 사용하려는 일본의 광신적인 극우적, 수구적 태도는 어떤 이유로든지 용납이 불가능한 악행이다. 그것은 반드시 바로잡아져야 하고 사실 그대로 기록되어 역사적 사실로 남겨져야 한다. 그래야 훗날에까지 그 실수를 거울삼아 일본을 막론하고 세계 모든 나라들이 똑같은 범죄를 저지르지 않으려 노력하게 될 것이다.

제 2차 세계대전의 또 다른 전범국인 독일은 그들이 저지른 범죄에 대해서 솔직히 시인하고 사과하며 정확하고 공정하게 기록으로 남겨 똑같은 범죄를 되풀이하지 않으려는 교육적 노력을 게을리하지 않으며, 피해국들과 희생자들에 대한 보상을 위해 노력하는 모습을 보여주고 있어 아직도 여전히 범죄하는 자리에 앉아서 조금도 자신의 추악함을 씻으려하지 않는 일본의 극악한 태도와는

사뭇 다르다. 일본의 추악한 태도는 국제사회에서 그들의 국가 이익을 위해 항상 이중적이고 위선적으로 나타난다. 얼마 전 미국에서 '진주만'이라는 영화가 개봉되었을 때 일본은 전 세계적으로 배급되는 영화에서 일본을 부정적인 이미지인 침략국으로 묘사하는 것을 수정해 달라고 항의하고 미국에서 영화의 시사회가 개최되었을 때 영화가 상영되는 거리와 건물 앞에서는 그 영화의 상영을 반대하는 시위가 열려서 그 위선적인 태도에 국제적인 웃음거리가 되기도 했다.

한국 교회는 일본의 역사 교과서 왜곡 문제를 결코 좌시해서는 안된다. 일본의 상상을 초월하는 극악한 범죄와 그 태도는 영적 악함의 극치를 보여주기 때문이다. 그들의 국가정신과 태도는 하나님 공의와 사랑을 거부하고 무시하는 하나님 앞에 극악한 태도이다. 일제가 우리나라를 강압과 수탈로 통치할 때 얼마나 하나님의 복음 전파를 공공연히 방해했는가? 온갖 악한 수단을 다 동원하여 하나님의 교회를 핍박하고 말살하려 했던 것은 역사가 증언하고 있지 않은가? 그들의 왕을 하나님의 자리에 올려놓고 강제로 참배하도록 하여 온 국민을 유린하고, 우상숭배하는 범죄의 자리에 총칼로 죽음의 위협을 주며 몰아넣었던 그들이 다시 일어서서 그런 범죄를 저지를 준비를 하고 있지 않은가? 그러므로 한국 교회는 이에 대해 교회가 할 수 있는 한 적극적인 자세로 그들의 악에 대항해 승리해야 한다.

그러면 한국 교회는 회개할 줄 모르고 계속되는 일본의 완악한 범죄를 대응하여 무엇을 해야 하는가? 그 대답은 자명하다. 첫째, 한국 교회는 우선 먼저 전투적이고 능동적인 자세로 일본에 하나님의 진리의 복음을 전해야 한다. 특히 일본은 온갖 우상숭배가 가득하고 영적으로 완악하고 교만하여 복음전파가 어려운 나라라고 한다. 그들이 무시하고 짓밟고 싶은 한국에서 복음을 전파한다면 그들이 쉽게 받아들이겠는가? 그러나 우리는 주의 사랑과 공의의 진리를 전파하는데 온갖 지혜를 구하고 방법을 연구하여 지혜롭고 효과적으로 복음을 전하여 일본을 진리 안에서 변화시켜 구원을 얻을 수 있도록 해야 한다. 이를 위하여 한국 교회는 범 교단적으로 힘을 모으고 합심하여 깨어 하나님께 기도해야 한다. 무엇보다 사명감있고 전문적으로 일본선교를 위하여 훈련된 선교사들을 많이 파송하여 영적 싸움에서 이기도록 해야 한다. 그리하여 그들이 복음의 진리를 깨닫고 변화된다면 그들 자신이 현재의 악하고 불쌍하고 가난한 영적 상태를 바라보면서 충격을 받고 그들이 과거로부터 지은 범죄를 회개하고 하나님 앞으로 돌아오게 될 것이다. 그러므로 우리는 무엇보다도 우선 일본선교에 주력해야 한다.

둘째, 한국 교회는 일본의 이러한 망령된 태도에 대해 적극적인 항의의 입장 표명과 함께 이런 태도를 대항해 할 수 있는 복음적이고 적극적인 행동을 취할 필요가 있다. 먼저 교회 내에서 교회사 속의 일본의 잔인하고 교활한 하나님의 교회를 박해한 범죄의 역사를 알리고 경계하게 하며 자라나는 세대에게 깊은 영적 교훈으로 들려주고 나라와 교회를 위해 온전하고 지혜로운 사람이 되어 맡겨진 사명을 다하도록 교육해야 한다. 그래야 한국 교회가 역사 속에서 부끄러운 실수를 되풀이하지 않게 될 것이다. 대외적으로는 성명서의 발표, 일본 대사관의 항의 방문, 평화적 항의 시위와 함께 일본으로 대표단을 파견하여 공식적 항의를 하는 등의 조치를 취해야 한다. 왜냐하면 교회는 하나님의 공의와 사랑을 세상에 알리고 나타내는 하나님의 백성의 공동체이기 때문이다.

셋째, 세계교회와의 연대 속에서 일본의 역사를 왜곡, 미화하는 태도를 항의하고 저지하는 일이다. 세계 교회들에게 일본이 계속적으로 저지르고 있는 범죄와 국가적 야욕을 채우려는 추악한 실상을 알려서 이를 근절시킬 수 있도록 힘을 합하여 기도하고 행동해야 한다. 이를 위하여 세계 교회 연합의 이름으로 일본에게 악행을 중지하도록 촉구하고 국제적으로 주의를 환기시키고 국제적으로 항의와 공적 대응을 해야 한다.

넷째, 무엇보다도 중요한 일은 한국 교회가 일본의 추악한 범죄와 이중적 음모의 실체를 바로 보고 이에 대항하여 기도하고 지혜롭게 행동해야 하지만 근본적으로 복음의 진리 안에서 이들을 진정으로 용서하고 화해할 수 있어야 한다. 그들은 영적으로 멸망당해 가는 자들이며 악과 어둠에 속한 자들이다. 그들에게는 절대적으로 하나님의 구원의 은혜와 빛이 필요하다. 다만 그들이 완악하고 우매하여 그 사실을 받아들이지 않을 뿐이다. 그렇다고 해서 한국 교회가 일본에게 무조건 이용당해서는 안되며 그들의 범죄를 묵과하거나 용납해서도 안된다. 교회는 그들에게 하나님께서는 정결하셔서 악을 참아 보지 못하시는 공의로운 분이심을 선포하고 나타내야 한다. 그러나 여전히 그들에게 진실로 필요한 것은 그리스도 예수의 보혈의 공로와 사랑임을 잊어서는 안된다.

IV. 결론

이 지구상에 어떤 나라도 하나님 앞에서 국가 지상주의에 빠져 다른 나라를 침략하거나 인명을 살상하거나 극악한 정치적, 사회적, 인간적 범죄를 저질러서는 안된다. 과거에 저지른 범죄를 은폐, 조작, 날조하여 자라나는 세대를 교육시키려는 어떤 개인이나 사회, 국가든지 자라나는 세대에게 극단적인 자기 중심적, 수구적인 정신사의 기반 위에서 악과 부정의 악순환의 고리를 대물림 해주어 결국은 그로 인해 자멸하게 하는 결과를 가져오게 될 것임을 명심해야 한다. 자국의 이익을 위하여 다른 나라와 그 국민을 이용하고 수탈하는 행위는 마땅히 모든 역사에 사실로 기록되어야 하고 후손에게 본보기로 남겨져야 한다. 그것은 인류의 공영의 발전을 위한 것이다. 결코 물러서지 않고 계속되는 일본의 국수주의적이고 극우적인 범죄 앞에 한국 교회는 전투적이고 지혜로운 복음선교와 함께 하나님의 교회 공동체의 이름으로 적극적이고 실제적인 행동을 보여주어 승리해야 할 것이다. 범죄하였고 지금도 여전히 역사와 사실을 왜곡하여 범죄하는 일본에 대한 진정한 용서와 화해는 성숙한 한국 교회가 가져야 할 내면의 태도이다. 그리스도 예수의 보혈의 복음이 그들에게도 여전히 소망임을 잊지 말아야 할 것이다.

49. 지역감정의 치유를 위한 교회의 역할

I. 서론

한국에서 통용되고 있는 지역감정이란, 지리적 차별성을 다차원적으로 부각시킴으로써 정치적 이익을 추구하려는 이데올로기라고 정의할 수 있다. 이데올로기란 정치적 목적을 위해 동원되는 허위의식이므로 지역감정도 역시 허위의식에 속한다고 볼 수 있다. 한국의 지역감정은 하나님의 말씀과 기독교적 윤리에서 보면 부정하고 왜곡된 악질적인 병폐이다. 이 고질병은 국가의 정치적 일정이 진행될 때마다 불거져 나오는 고정 레퍼토리처럼 되어 있다. 한국사회에서 지역감정은 정권을 잡기를 원하는 자들이 정치적으로 가장 유용하게 써먹는 도구가 되어 왔다. 우리가 기독교회와 국가의 미래를 생각해 볼 때 이런 현상은 심히 걱정스러운 것이다. 그러므로 본 소고에서는 한국사회의 고질병이 지역감정의 문제를 간략히 다루어 보고 이것을 치유하기 위한 교회의 태도와 역할은 무엇인지 다루어 볼 것이다.

II. 지역감정의 발생 원인

지역감정의 발생원인은 역사적, 문화적, 경제적, 정치적, 사회심리적 관점에서 볼 수 있다. 지역감정에 대한 토론 중에서 가장 근거가 없는 것이 오랜 역사적 기원에 대한 주장이다. 남영신의 연구(1991)는 '지역패권주의' 용어를 창조해내었으나 지역감정의 기원을 삼국시대까지 거슬러 올렸다는 점은 그 근거가 미흡해 보인다. 이병휴 교수가 지적하는 바와 같이 한국사의 진전에 있어서 나타난 주요 갈등은 지역갈등이 아니라 지배층과 피지배층 사이의 갈등이었기 때문이다.

사회심리적 연구들은 지역감정의 분석에 크게 공헌한 바 있다. 1988년 6월 '심리학에서 본 지역감정'을 주제로 한 심포지엄에서 민경환 교수는 이 심포지엄의 결과물들을 정리하면서 한국사회의 지역감정의 이데올로기성을 '병리적'이라고 표현했다. 지역감정은 일종의 고정관념으로서 진실성을 확인할 수 없는데도 해당집단에 대한 적의를 정당화시키며, 개인에 대한 정보추구를 방해하거나 지연시키는 역할을 하고 있기 때문이다. 이 심리적 접근은 '사회적 거리감'이라는 척도를 개발하면서 더욱 발전했다. 고홍화와 김현섭(1976, 민경환 1991, 재인용), 나간채(1991), 이명진(1997) 등의 연구가 대표적이다. 이들이 발견한 것은 대체적으로 '영남을 주축으로 하는 호남에 대한 거부감'이었다. 너무나도 놀라운 사실은 비교적 교육수준과 소득수준이 높은 계층에서 이러한 지역감정이 상대적으로 더 높게 나타났다는 점이다. 이러한 심리적 연구의 취약점은 원인이 아니라 결과로 나타난 현상에 대한 분석이다. 특정한 시점에서 발생한 심리적 현상은 그 전의 역사구조가 창출해낸 결과이기 쉽다.

지역감정의 원인에 대한 설명 중에서 가장 설득력 있는 것은 역시 정치적 기원설이다. 지역감정이라는 이데올로기가 기승을 떨친 이면에는 영남지역의 국내적 패권유지를 위한 반호남 연합의 결성이라는 배경이 있었다. 이것은 많은 학자들이 '지역패권주의'라고 부르는 바로 그 현상이다. 이것은 단순한 향토애와는 근본적으로 다르다. 최창집 교수가 강조하는 바처럼 지역감정의 발생과 확산은 지배연합의 정치전략이 초래한 결과이다. 이 관점을 따르면 지역감정의 역사적 기원은 1971년의 선거로 거슬러 올라가야 한다. 이 선거에서 박정희를 중심으로 하는 신중상주의적이고 권위주의적인 지배연합은 그들의 대중적 권력기반을 유지하기 위해 지역감정이라는 정치적 자원을 발견하고 활용하게 되었다. 즉, 이 선거에서 박정희는 반지배연합의 심각한 도전에 직면해 있었다. 이때 박정희와 그의 전략가들은 자신의 출신지역이 라이벌인 김대중의 출신지역보다 더 인구가 많다는 지극히 단순한 사실을 발견했다. 이토록 단순한 구조에서 출발하여 박정희와 그의 동료들은 자신들의 장기집권을 위해 이 전략적 요소를 이데올로기화하기에 이르렀다. 전두환의 정권이 더욱 노골적인 지역감정을 구사한 것은 그 정권의 정통성이 박 정권보다 훨씬 더 취약했기 때문이다.

우리는 이 시점에서 무엇보다도 지역감정 전략 그 자체가 지지기반을 축소하는 결과를 초래했다는 사실에 주목해야 한다. 지역감정은 처음에 호남을 포위하는 영남의 지역패권연합 형태로 진행되었다. 그러나 이 전략이 강화될수록 각 정당의 기반은 점차 지리적 요인과 결부되기 시작했다. 호남지역의 경쟁자를 물리치기 위해 사용한 전략이 역으로 여타 지역의 지역감정을 활성화시키는 결과를 초래했던 것이다. 그래서 집권당은 특정 지역의 울타리 안으로 왜소화되고 이제는 보다 구체적으로 타지역을 대표하는 정당들과의 연합(coalition)을 추구하지 않을 수 없게 되었다. 만일 이 연합을 단일정당형태로 환원하려든다면 '크기의 문제'와 '이데올로기의 문제'에 직면하게 될 것이었다. 이 구조적 문제들이야말로 1990년 3당 합당으로 이루어졌던 민자당이 왜 그리 쉽게 붕괴하고 말았는가를 잘 설명해 준다. 이처럼 1970년대 이후로 발달되어온 반호남 지배연합은 1990년대에 이르러 마침내 자체의 모순으로 인해 붕괴되었다. 지역감정은 성장할수록 그것을 이용하는 모체를 갉아먹는 성격을 가지고 있는 것이다.

지역감정을 약화시킬 수 있는 방법에서 지역연합론은 가장 현실적인 방법이지만 가장 단기적인 치유책이다. 보다 장기적인 지역불평등을 타파하기 위한 방법으로는 인재등용과 산업구조의 탕평책, 행정구역의 개편과 선거제도의 개선 그리고 지방 자치제의 활성화 등의 다양한 방법이 포함되어 있다.

III. 지역감정이 초래하는 심각한 결과들

한승주(1992), 이갑윤(1995), 조기숙(1997)과 같이 지역감정을 선거행태의 문제로만 파악하는 낙관론자들이나 3김 체제가 사라지면 지역감정도 사라질 것으로 보는 몇몇 저널리즘적 낙관주의도 있긴 하지만 민주적 절차보다 지역감정에 입각한 정치적 동원을 일삼는 태도가 여전하다는 사실은 한국 사회의 민주화가 아직도 요원하다는 점을 여실히 보여준다. 하물며 목전의 정치적 이익만을 추구하고 부도덕한 분열주의적 행동을 서슴지 않는 태도로 어떻게 민족통일을 이루어낼 것인지 심히 근심스럽다. 동서화합도 못하는 판에 남북화합을 어떻게 이루어낼 수 있다는 말인가? 지역주의가 여전히 존재하는 한 우리 나라의 진정한 발전은 기대하기가 어렵다.

IV. 지역 간의 융화를 위한 교회의 역할

　지역감정을 없애고 민족의 진정한 화해를 이루기 위해서는 한국 기독교인들의 노력이 중요하다. 기독교인들은 하나님의 나라를 전파하고 그 이념대로 살아가야 할 소명을 받은 사람들이다. 그러나 가장 불행한 사실은 한국의 기독교인들과 교회공동체조차도 한국 사회를 지배하는 지역감정으로부터 자유롭지 못하다는 것이다. 사회의 선거에서와 마찬가지로 교단의 책임있는 지위에 대한 선거에서 지역감정은 기승을 부리고 있다. 종종 교회의 정책에 대한 견해가 아니라 출신 지역으로 대립되는 파벌이 나타나곤 한다.

　한국의 기독교인들이 지역감정의 타파를 위해 먼저 해야 할 일은 지역 감정이 주님의 뜻과 어긋난다는 사실을 성경을 통해 이해하고 널리 알리는 일이다. 그리고 교회 안의 지역감정부터 몰아내어야만 사회 전체에 정의를 선포할 수 있는 도덕성을 확보할 수 있다. 무엇보다도 가장 바람직한 것은 민주시민적 교양과 더불어 체제운영의 현명함과 정책을 갖춘 인재들을 교회가 사회에 공급해서 이 사회를 정화시켜 나가야 한다. 즉, 체제의 부정함을 비판하고 속죄하는 노력도 필요하겠지만 이 체제를 운영하는 원리를 공급하고 이끌어나가도록 인재를 키우고 연구를 지원하는 근본적이고 적극적인 사회를 향한 노력이 요청된다는 것이다.

　하나님의 나라란 그리스도의 보혈의 공로로서 진정한 사랑과 용서와 화해를 이루고 이 세상에 하나님의 속성인 인애와 공평과 정직이 가득한 나라로 나타난다. 따라서 지역감정이 지배하는 나라는 허위와 불의가 지배하는 나라이다. 그러므로 만약 한국 기독교인들이 이런 문제점을 해결하기 위해 노력하지 않는다면 하나님의 명령에 순종하지 않는 것이나 마찬가지이다.

IV. 결론

지금 우리나라가 안고 있는 지역감정에 대한 문제는 하나님과 세계 앞에 부끄러운 모습으로써 전체 기독교회가 그 사명감을 인식하고 시급히 해결해야 할 과제이다. 그러므로 우리 안에 이 현상이 개개인의 심리적 태도로 나타난다면 마땅히 이를 버리도록 서로 권면해야 할 것이며, 사회의 구조로 나타난다면 이 구조를 지혜롭게 개혁하도록 노력해야 할 것이다. 특별히 교회는 차별과 분리가 없는 사랑과 용서와 화해의 주님이신 하나님 안에서 온 국민이 하나 되도록 기도하고 먼저 교회가 자기 성찰과 더불어 서로를 용납하고 화해하고 사랑하는 일에 앞장서도록 해야 할 것이다.

50. 외모지상주의에 대한 성경적 입장

I. 서론

한국사회에 외모 가꾸기 열풍이 젊은 여성들은 물론이고 남성들에게도 거세게 불고 있다. 특히 졸업 시즌이나 방학 기간에는 각종 성형 수술에 대한 관심과 문의가 쇄도하고 많은 수가 수술을 받고 있다. 얼마 전 타임지에는 한국 사회의 기형적인 성형수술의 붐이 기사로 다루어져서 우리나라가 "광적인 성형수술국가"로 그려져 국제적인 웃음거리가 되기도 했다. 일본도 우리와 비슷하다. 특히 일본의 젊은 여성들에게는 거식증과도 같은 '식이 장애'가 많다. 여성미를 강조하는 보수적인 시각이 아직도 강하게 남아 있는 일본 문화 속에서 여성들의 갈등이 음식을 병적으로 조절하는 증상으로 나타나기 때문이다. 경쟁 사회에서 외모도 무시할 수 없는 경쟁력이 되다보니 이렇게까지 되었지만 이런 현상은 과연 바람직한 것일까? 본 소고에서는 당면하고 있는 외모 지상주의의 실상을 알아보고 성경의 메시지를 고찰해 보고 이 왜곡된 현실을 위한 교회의 역할을 살펴볼 것이다.

II. 외모지상주의의 실상

자본주의 사회에서는 외모마저도 상품화된다. 특별히 한국 사회는 능력 뿐 아니라 외모에서 풍기는 이미지를 그 사람을 평가하는 중요한 잣대로 여긴다. 사람은 그가 속한 사회의 가치관에 따라 행동에 많은 영향을 받게 된다. 특히 요즈음에는 대중매체를 통하여 끊임없이 감각적 자극을 받으므로 외모에 대한 관심은 날로 치솟을 수밖에 없다. 그래서 학교에서는 방학 후에 어김없이 다른 얼굴의 학생들이 한 반에 몇 명쯤은 생겨나고 결혼이나 취업을 앞두고 성형외과를 찾는 발길들이 급속히 증가하고 있다.

성형수술의 부위도 다양하다. 최근 운동으로 하는 다이어트 비디오를 냈다가 지방흡입술과 가슴축소수술을 한 사실이 밝혀지면서 논란의 대상이 된 개그우먼 이영자 사건을 계기로 배와 허리, 엉덩이, 허벅지, 종아리, 겨드랑, 목 등의 지방세포를 제거하는 지방흡입술이 관심의 대상이 되고 있다. 지방흡입술은 비만이나 출산, 노화현상 등으로 잃어버린 체형을 교정해주는 성형수술의 한 방법이다. 얼굴에서도 쌍꺼풀 수술, 코를 높이는 수술, 입술을 원하는 모양대로 만들거나 턱과 광대뼈를 깎는다. 또한 가슴 수술과 날씬한 다리를 위한 종아리 수술 등등 일일이 열거하기도 어려운 인간의 외모를 향한 광적인 집착이 어디까지 갈 수 있는지 도대체 그 한계를 짐작하기 어렵다. 그러나 인위적으로 외적인 요구에만 과도하게 자신을 맞추려는 정신적 상태가 오래 지속되면 정신적 스트레스가 쌓여서 여러 가지 징후의 병적 현상으로 나타날 수 있다. 외모에 지나치게 집착하다가 그 극단적 결과로 성형수술 도중 사망하거나 지나친 다이어트로 인한 건강악화나 거식증으로 인해 사망하는 일이 종종 발생하고 있다. 즉, 이제 과도한 외모에 대한 집착증이 '죽음에 이르는 병'이 되게 된 것이다.

이런 실상은 어디까지 가 있는가? 영국의 인디펜던스지 일요판은 2001년 5월 7일 미국 정부의 인간 장기 매매 금지에도 불구하고 시신을 이용한 성형수술과 장기이식 시장이 연간 수억 달러 규모로 성행하고 있다고 보도했다. 미국에선 지난 한해동안 2만구의 시신이 모델과 여배우의 도톰한 입술 만들기, 가슴 부풀리기와 주름살 제거용 재료로 사용됐으며, 성형수술용 시신 재활용 사례가 장기이식 건수의 4배에 달했다고 이 신문은 보도했다. 펜실베니아 대학 생명윤리센터의 아서 캐플란 교수는 "시신 또는 장기기증자 가족들은 기증한 신체 조직이 '다이아몬드' 값에 거래되는 사실을 모르고 있다"며, 시신 가격은 약 1억 4000만원에 달한다고 지적했다. 시신 가공 제품은 턱 치료용 분말뼈에서 종양 제거 부위를 채우는 피부조직 젤 등 650여 가지나 된다고 이 신문은 덧붙였다.

물론 성형수술이 꼭 필요한 사람도 있다. 그러나 그런 필요를 제외하고 단지 어떤 외형이 이상적 외형으로 확정되어서 획일적으로 외형의 교정을 추구하여 이 사회에 온통 비슷비슷한 외모의 오똑한 코에 커다란 눈, 작고 갸름한 얼굴을 가진 날씬한 여성들만 가득하다면 어떻게 될까? 과연 여성 자신과 사람들 모두가 만족하게 될까?

III. 성경에서 말하는 외모

한 광고 회사가 교회의 목회 사업에 대한 광고 수주를 위해 다음과 같이 홍보하고 있다. "지금은 외모가 중요합니다. 외모가 전부입니다. 여러분 교회의 이미지를 저희가 높여드립니다." 우리는 이 문구에서 제일 먼저 무엇을 느끼는가? 이 문구는 예수님을 믿지 않는 사람들 대부분이 현재의 기독교로부터 받은 인상이라는 생각이 들지는 않는가? 오늘날 복음주의 기독교는 너무나도 자주 그리고 실상에 있어서 많은 부분은 외모가 전부이다. 진리와 실재는 자주 장식된 이미지의 뒷자리에 내던져진 상태로 있다. 그리스도인들은 어떤가? 실제로 현대의 많은 그리스도인들은 믿음이 없으면서도 믿음이 있는 척하고 불의를 행하면서도 의를 가장하고, 마음으로는 그렇지 않으면서도 기독교인다운 이미지를 잃지 않으려 기독교적 용어를 써가며 부드러움과 매너로 치장하고 있지 않은가? 그렇다면 이것은 예수님 시대의 바리새인들과 똑같은 실수를 저지르고 있는 것이다. 바리새인들 대부분은 율법의 요구로 외형적인 것으로 인식하여 율법에 외적으로 순종하면서 하나님께서 요구하시는 의를 완전히 충족시키는 것처럼 가장하고 살아갔다.

예수님은 그들을 책망하셨다. 그들이 율법의 핵심인 도덕적인 요구는 무시한 채, 외면적이고 형식적인 율법 준수만을 주장했기 때문이었다. 그들은 언제나 남들에게 의롭게 보이려고 했지만 그들은 마음속에 있는 엄청난 죄에 대해서는 관대했다. 그래서 주님은 그들에게 회칠한 무덤이라고 말씀하셨다. 예수님의 율법에 대한 말씀은 이런 외면적 이미지를 단 한번에 처리해 버리신다(마 5:21-30). 왜냐하면 하나님은 마음을 보시기 때문이다(삼상 16:7). 그리고 하나님은 "사람들의 은밀한 것을 심판"하신다(잠 28:13, 전 12:16, 눅 12:2-3, 롬 2:16,

고전 4:5). 그러므로 은밀한 삶이 인격의 진정한 시금석이라는 사실이야말로 진실이다(잠 23:7).

외모의 아름다움에 대한 기준은 무엇이며 그것은 누가 정하는 것인가? 그 대답은 외모의 아름다움에 대한 기준은 없으며 그 누구도 그것의 척도를 정할 수 없다는 것이다. 하나님께서 외모를 보시지 아니 하시고 사람의 중심을 보시는데 인간이 외모로 사람을 판단하는 외모 지상주의에 빠지는 일이야말로 얼마나 허황되고 위선적인 범죄인가? 사람은 외모를 개선하여 자신을 개선하려 들기 전에 자신의 가장 은밀한 내면적인 생각을 들여다보아야 한다. 하나님의 말씀에 빛추어 자기의 마음을 헤아려 보고 그 마음에 숨겨진 진정한 생각과 동기를 살펴야 한다.

IV. 결론

인간에게는 획일화된 기준에 적합한 근사한 외모보다는 창조주가 허락하신 자신의 모습에 만족하고 당당하게 살아가는 것이 더욱 신선하고 아름답다. 진정한 아름다움은 외모에 있는 것이 아니라 각자의 깊은 내면에서 우러나와야 한다. 이제 이 사회는 인공적인 현란한 이미지보다는 진정한 내면의 풍요로움과 당당함을 겸비한 인간 됨됨이를 더 중시하는 사회가 되어야 한다. 하나님은 외모로 판단치 않으시고, 각 사람의 믿음과 진정한 마음을 독려하시며, 말씀의 빛으로 우리의 잃어버린 내면을 회복하기를 원하신다. 따라서 우리는 가장된 이미지와 위선의 탈을 벗어버리고 극도의 외모 지상주의로 왜곡된 병든 사회를 치유하기 위해서 내가 먼저 헌신되어 진리와 참된 삶의 목표를 회복해야 한다.

51. 고령화사회에 대한 교회의 대처 방안

I. 서론

현대 사회에서의 두드러진 변화중의 하나는 의학 기술의 발달과 사회 제반 여건의 성숙으로 인한 노령인구의 증가이다. 선진국일수록 출산율이 감소하고 성인인구가 자신들의 삶을 충분히 누리기를 원하면서 사회의 고령화 추세는 가속화되고 있다. 예전과는 달리 이제 교회의 주일학교는 불신자와 교회를 떠나는 아이들 때문만이 아닌 자연적인 출산율의 감소와 노령인구의 증가로 그 숫자가 현저히 감소하고 있는 추세이다. 그러면 교회는 이러한 사회 변화의 추이를 인식하고 그 적절한 복음적, 목회적 대안을 모색하여 준비하며 실행해가고 있는가? 따라서 본 소고에서는 사회적으로 대두되는 노인문제의 심각성을 교회가 인지하고 성경적이고 목회적 차원에서 그 대책을 마련할 수 있는 방안을 모색해 보고자 한다.

II. 인구의 고령화와 노인문제

경제가 발달한 나라들의 공통적인 현상처럼 우리나라도 경제성장과 그에 따른 국민소득의 향상과 생활수준의 개선, 의학의 발달과 보건 위생의 개선 평균수명의 연장 등이 인구의 노령화 현상을 가져오게 되었다. 1970년도 인구조사에 의하면, 우리나라 인구는 3,140만 명으로 60세 이상 인구가 170만 명으로 전체 인구의 5.5%를 차지했으나 , 1980년에는 전체 인구 3,740만 명중 232만 명으로 전체 인구의 6.2%를 차지하고 있다. 65세 이상의 노인인구도 1975년에 126만, 81년에 146만, 91년이 227만 명으로 증가 추세를 보이고 있다. 이 추세로 나가면 2,050년에 가서는 16.1%를 차지 할 것으로 예측되고 있다.

인구의 고령화 추세는 문제는 부양인구의 감소이다. 노인인구가 늘어날수록 부양인구는 감소하고 있고, 연소인구 역시 축소되어 있는 것이다. 그러므로 피부양 인구는 점점 늘어나는데 상대적으로 부양해 줄 인구는 점점 줄어들므로 부양해 줄 사람들의 부담이 가중되기 때문에 경제적으로 이 문제를 해결하기 위한 여러 가지 정책적 조치가 시급한 실정이다. 더구나 우리나라는 서구문화의 수용과정에서 오는 문화갈등이 표출되고 있고, 급변하는 사회 속에서 적절하게 적응하지 못하는 고령화 인구는 여러 가지 정신적 고통과 기존 사회질서와 가치가 무너진 상태에서 느끼는 정신적 공허감과 함께 문화적 아노미 현상을 경험하게 된다. 이제 산업 도시화 현상은 다양한 가정의 형태를 양산하여 노인들은 더욱 더 심리적으로 위축되게 되었다. 노인들에게는 건강의 문제와 경제적 어려움, 마땅한 일을 갖지 못하여 역할 상실과 존재적 무가치함을 느끼며, 무위, 고독 등의 여러 가지 어려움들이 산재해 있다.

III. 노인에 대한 성경적 고찰

성경에는 오래 사다는 것은 하나님의 축복이요, 경건의 보상이며, 계명을 지킨 자에 대한 하나님의 사랑의 징표라고(잠 16:31) 기록되어 있다. 그러나 그렇다고 해서 노인에게 있어서 시련과 고난이 면제되지는 않는다. 오히려 노년에 있어서도 여러 가지 문제들을 만날 수 있다. 그러므로 성경은 그런 노인들을 보호하기 위하여 후손들이 마땅히 지켜야 할 계명을 언급하고 있다. "네 부모를 공경하라 그리하면 너희 하나님 여호와가 네게 준 땅에서 오래 살리라"(출 20:12). 이러한 부모가 포함되는 노인에 대한 존경과 공경의 계명은 하나님의 축복을 받는 조건이다. 신약성경에도 또한 부모에게 순종하며 항상 감사해야 할 것을 일관되게 가르치고 있다(딤후 3:1-5).

노인 역시 존귀한 하나님의 형상이며 예수 그리스도께서 피흘려 구속하신 대상이다. 그러므로 마땅히 노인들은 그리스도의 정의와 사랑의 대상으로 연령적, 세대적 차이와 차별에서 보호되어야 한다. 주님은 모든 세대 모든 인간을 대상으로 하여 정의와 사랑을 실현하시길 원하신다. 그러므로 노인을 위하여 노인과 함께 하는 복지신학과 목회학이 실제적으로 시급히 요청된다고 하겠다.

IV. 고령화 사회에 대한 교회의 대응

교회에 있어서도 인구의 고령화 현상은 두드러진다. 우선 주일학교의 수가 현저히 감소하고 있고, 대학 청년부의 수가 장년 층에 대비해 볼 때 극소수의 교회를 제외하고는 매우 적은 상황이다. 그것은 교회의 전도나 목회 활동의 경향이나 사회 문화적 영향으로 청소년들이 복음을 받아들이지 않거나 또는 교회를 떠나고 있는 실정을 감안하고서라도 인구의 노령화 현상도 그 문제의 심각성을 가중시키는 커다란 한 요인이다. 그러나 교회는 그리스도의 몸으로서 몸된 교회의 연약한 지체인 고령 인구를 돌보고 사랑하며 그들의 연약한 모습 그대로 합력하여 선을 이루어야 한다.

이제 21세기의 교회는 이러한 상황을 인식하고 개혁적이고 복음적이며 보다 더 실천적인 목회적 대안을 마련하고 노인 복지사업에 좀 더 깊은 관심을 가져야 한다. 그리고 먼저 개개인과 각 가정, 그리고 교회 공동체에서 그런 성경적, 목회적 공경과 사랑과 돌봄이 이루어질 수 있도록 가르치고 지도해야 한다.

첫째, 교회는 고령 인구가 가지고 있는 지식과 경험을 활용하여 사회에 기여하도록 유도함으로서 노인들이 자신에 대한 유용감과 자존감을 고양시킬 수 있도록 도와야 한다. 그 정책의 일환으로 교회내 노인 그룹을 조직하여 그들의 재능을 가지고 일할 수 있는 방안들을 마련해야 한다. 또한 그 그룹활동의 일환으로 노인들이 복음적, 대 사회적 봉사활동을 펼치도록 돕는 것도 한 방법이다.

둘째, 교회는 앞장서서 도움이 필요한 교회 공동체와 지역노인들을 위해서 봉사하며 돌보아야 한다. 여기에는 급식, 단체 여행, 일거리의 제공, 노인 단독세대의 가사조력, 극빈 노인에 대한 보조, 노인을 위한 신앙강좌와 교양강좌, 노인학교 운영 등이 있을 수 있겠다.

셋째, 교회는 새로이 노인회를 조직해 주거나 이미 지역사회에 형성되어 있는 노인회나 경로당 등을 찾아가 유대관계를 맺고 지속적인 관심을 갖고 그들을 돌보고 그들 자체의 자발적인 자치활동을 배려하고 권장하며 그들의 필요를 공급해 줄 수 있는 격의 없는 후원기관으로 거듭나야 한다.

V. 결론

세계적으로 급속히 다가오는 인구의 고령화 현상으로 이제 우리나라도 고령화 사회가 되었다. 한국 교회는 이러한 사회적 변화를 인식하여 새로운 목회적 대안들을 마련해야 한다. 기독교는 이제 복지신학과 복지목회의 필요에 직면하게 된 것이다. 노인들 역시 하나님의 형상인 교회의 지체이다. 우리가 그리스도의 사람들이라면 마땅히 그들을 향한 구체적인 사랑과 돌봄이 있어야 함은 물론일 것이다. 교회는 가정과 교회 공동체에서 먼저 살아있는 믿음을 강조하고 믿음의 실천을 위해 공경과 사랑의 행함이 이루어지도록 지도해야 한다. 그리고 그 관심을 대 사회적으로 확대해 나가야 한다. 그 사랑을 실천하는 데에는 적지 않은 희생이 요구될 것이다. 그러나 그 희생은 이미 예수 그리스도께서 우리를 위하여 가장 값진 희생을 치루셨기 때문에 우리는 벅찬 기쁨으로 감당할 수 있을 것이다. 따라서 우리는 예수 그리스의 복된 희생을 우리의 희생으로 승화시켜 사명어린 결단과 더불어 이웃과 민족을 위해 헌신하고 즐겁게 나눠야 만 할 것이다.

52. 이단의 정의(이단 식별론과 유형들<서양, 한국>)

1. 서론

21세기의 불확실성은 위험수위를 초월하고 있는 것이 사실이다. 이단과 사이비의 활보는 우리를 압박하고 있다. 정통과 이단의 시비는 그리스도의 복음이 전파되면서부터 시작되었다. 이미 그리스도의 사역 당시 그리스도의 복음을 왜곡되게 해석하는 바리새인들이나 사두개인들이 존재하였다. 그리고 자칭 예수(바예수)라고 부르짖는 자도 있었다. 뿐만 아니라 사도시대에는 그리스도의 복음을 아전인수 격으로 해석하여 다양화된 이단들이 등장하기도 했다. 초대 교회는 6세기 동안 이단들의 공격과 영향 속에서 그들의 잘못을 대항하면서 정통기독교의 형성을 이루어 왔다. 대표적인 이단들의 위협으로 말시온, 영지주의, 몬타누스 그리고 마니교 등을 들 수 있다. 중세기의 엄한 교회법에도 불구하고 이단들은 지속적으로 존재했으며 이들은 카타리, 폴리시안 그리고 알비겐파 등이다. 16세기와 근대교회에서도 이단들은 지속적으로 교회에 도전해 왔다. 재세례파의 극단론과 영성적인 성령파들의 급진론은 곧 전통 교리를 떠난 이단성이 있던 무리들이었다. 근대에 와서는 안식교, 여호와의 증인 그리고 몰몬교 등이 교단을 형성하면서 기존교회의 교리와 종교의식을 파괴하는데 이르렀다.

이는 서양교회에만 있었던 것은 아니다. 한국교회에 일찍부터 이단들이 난무하기 시작했고 이들의 운동은 종교적인 집단을 형성하면서 정통기독교의 교훈을 위협하였다.

문제는 근래에 와서 새로운 변화성이 가장 많은 미래를 두고 새로운 이단사상과 활동이 활개치기 시작했다는 것이다. 그러나 법적으로 전혀 제재할 수 없는 정황에서 교회는 속수무책으로 이단들의 노출된 횡포에 시달리고 있는 실정이다. 건전한 교회, 건전한 믿음이 아니고서는 한국교회의 정통성을 세울 수 없는 이 시점에 우리는 이단들에 대한 새로운 관심과 경각심을 불러 일으켜야 할 것이다. 따라서 이단의 정의와 이단들을 어떻게 구별할 수 있으며(실제적인 문제들), 동시에 동·서 고금의 이단들의 유형에 대한 고찰과 객관적이고 건전한 바른 신앙의 확립을 위해 한국교회가 추구해야 할 이단 퇴치법에 대하여 논해 보고자 한다.

II. 이단의 정의

1. 이단(Heresy)은 희랍어 하이레시스라는 단어에서 나왔다. 그 원초적인 의미는 선택(choice)이나 견해(opinion)이란 뜻이다. "특이하면서도 동일한 견해를 가진 동아리" 이를 지칭할 때 사용되었다.

2. 영어에서 사용되는 이단에 대한 말들은 heresy, sect, schism, cult 들이 있다. 그런 데 이중에서 이단을 지칭하는 단어로는 heresy가 가장 적합하다. 현대에 와서는 이단의 성격이 복합적으로 변하면서 숭배자적인 이단(cultic-heresy)나 다색적인 사이비이단(hetero-heresy)이라는 말로 표현되기도 한다.

3. 이단(하이레시스)이란 단어가 사용된 역사적인 사례를 보면 희랍의 철학계로 거슬러 올라간다. 희랍 철학에서는 특정한 가르침에 집착하여 형성된 그룹들을 학파로 규정지었고, 이때 이들을 하이레시스라고 하였다. 예를 들면 에피쿠로스학파, 스토아학파 등이다.

예수님 당시에 유대인들의 종파들을 지칭할 때 하이레시스라는 단어를 사용하였다. 유대 역사가인 요셉푸스는 유대인들의 종파들인 바리새인, 사두개인, 엣센파들을 지칭할 때 용어를 사용하였다. 즉 학계에서나 종교계에서 어떤 특정한 원리나 종교적인 견해를 지닌 무리를 규명할 때 이 용어를 사용했음에는 틀림없다.

신약성경에서 사용된 경우를 보면 처음에는 중성의 의미로 사용되었다. 단순히 무리나 종파들을 지칭할 때 사용하였던 것이다(행 5:37; 15:5 등). 고린도전서 11:19 절에서는 교회내부의 분파나 분열을 조장하는 편당들을 지칭할 때 사용하였다. 그는 갈라디아서 5:20절에 부정한 죄를 지은 자들을 언급할 때 사용하였다. 그러다가 디도서 3:10절에서는 스스로 선택하여 신앙과 실생활의 다양한 형태를 취한 자들을 이단인 사람들로 규명할 때 이 단어를 사용하였다. 그래서 하이레시스는 중성적인 원래의 의미를 가진 용어였지만 대부분 분파주의에 대한 비난의 용어로 사용되었던 것이다.

이와 같은 전통은 교부시대에도 전승되어 안디옥의 감독인 익나티우스는 하이레시스를 사용하여 이단들의 특징을 규정하기도 하였다.

"이들은 거짓 이야기꾼들이며 그리스도의 이름으로 속이는 자들이다.

매우 설득력 있는 말로 가뭄에 내리는 단비처럼 이야기한다. 그리스도를 말하면서 그를 거절하는 식으로 그리고 율법에 대해 말하면서도 율법을 거슬리는 말을 한다. 그들은 그리스도의 동정녀 탄생을 중상하며 그리스도의 십자가를 부끄러워한다. 그들은 그리스도의 고난(passion)을 부인하고 그의 부활을 믿지 아니한다. 그들은 하나님을 알려지지 않은 존재로 소개하고, 그리스도가 잉태되지 아니했다고 생각한다. 성령의 존재함을 인정치 아니한다. 그들 중의 어떤 이들은 아들을 단순한 인간이며, 성부, 성자, 성령을 동일한 품격으로 본다. 그들은 창조는 하나님의 작품인데 그리스도에 의한 이러한 것이 아니라 어떤 다른 이상한 능력에 의한 것이라고 주장한다."

초대교부들이 바로 하이레시스라는 용어로 말시온이나 영지주의자들의 이단성을 지적하므로 이 단어는 교회사에서 이단을 지칭하는 역사적인 용어로 쓰여 지게 되었다.

III. 이단 식별론

한국에 존재하는 이단들은 외국에서 들어온 이단들과 국내의 자생적인 이단들로 구분된다. 그러나 엄밀하게 조사해보면 이들은 서로 연관성을 갖고 있는 경우가 많다. 외국에서 들어온 대표적인 이단집단들이라고 불리워지는 집단은 여호와의 증인, 안식교(최근에 안식교는 많은 탈바꿈을 통해 이미지 개선을 하고 있음), 몰몬교 그리고 지방교회 등이 있다.(정동섭, 그것이 궁금하다. 1994, p.276) 그리고 국내의 자생 이단들은 통일교, 구원파, 베뢰아, 다미선교회, 엘리야복음선교원, 애천교회, 밤빌리아, 세일교단, 이산제단 등 수없는 유명, 무명의 이단들이 산재해 있다.

이러한 이단들이 정통기독교에 심각한 위협과 영향을 미치고 있는가? 라는 「목회와 월간」의 1991년에 여론조사에 의하면 다음과 같은 통계가 나왔다. 통일교 78.2%, 여호와의 증인 73.7%, 몰몬교 25.7%, 안식교 10.5%, 전도관 5.3%, 애천교회 4.6%, 대순진리회 4.6%, 구원파 3.6%, 베뢰아 3.6% 그리고 다미선교회, 밤빌리아, 엘리야복음선교원, 이삭제단, 세일교단, 이초석의 한국예루살렘교회 등이었다. 21세기에는 새로운 종파의 발생과 더불어 이단들의 발생이 우후죽순처럼 돋아날 전망이다. 우리는 이러한 정황을 염두에 두고 정통기독교의 바른 신앙을 지키고 교회를 건전하게 육성하는데 심혈을 기울여야 할 것이다. 이것은 바울 서신의 전편에 흐르는 사상이기 도하다.

1. 표리부동의 정체가 이단들의 특징이다.

이것은 16세기 종교개혁자인 칼빈의 견해다. 이단들은 자신의 정체를 위장하고 교회에 침투하는 위장술에 능하다. 그래서 칼빈은 이들은 마스크(mask)를 쓰고 있다고 했다. 사도시대의 이단들도 동일한 현상을 나타냈다. 유다서 1:4절에는 "이는 가만히 들어온 몇 사람이 있느니라"고 했다.

2 교주의 신격화 완전한 지배가 이단들의 특징이다.

이단들의 지도자들은 영적인 카리스마적인 신앙을 강조하면서 자신이 초자연적인 능력을 받았거나 개인적으로 인치심을 받았다는 확신을 갖고 있다 그래서 자신에게 절대적인 복종과 순종을 하도록 교화시켜 나간다. 사람들의 마음을 사로잡는 이단들의 교주는 대부분 과대망상증 환자이며 임상심리학적으로 볼 때 성격장애자 혹은 피해망상증세가 심한 자들이다. 이단연구가인 마틴은 "이단 지도자들이 자아도취적 고립주의에 의해 자신을 타인으로부터 분리시킨다. 이것은 과장된 자아상, 즉 하나님께서 특별히 자신을 인쳐 영적으로 으뜸 되는 위치에 승격시켰다는 믿음에 의해 가능하게 된다."고 하였다. 이들은 하나님으로부터 특별한 소명을 받고 꿈과 같은 계시를 통해 신의 직접적인 계시를 받았다고 주장한다. 대개 정식 학교교육을 받지 못한 몽상적인 현실착각을 하는 경우가 많다. 그런데 이들의 특징을 보면,

1) 외모는 상당히 매력적이며 보통 이상의 지능을 갖고 있다.
2) 외형적으로는 망상이나 비논리적 사고를 나타내지 아니하며 정상인처럼 행동한다.
3) 불안이나 신경증적 증상을 보이지도 아니한다.
4) 중요하든 중요하지 않든 자기의 일에 책임을 지지 아니한다.
5) 진실성이 없고 후회할 줄 모르고 수치심이 없다.
6) 충동적으로 보이는 반사회적인 행동을 정당화 한다.
7) 병적인 이기주의를 보이고 진실한 사랑을 못한다.

8) 자신을 객관화하지 못하며 자신에 대한 통찰력이 결여되어 있다 (정동섭, p.291-292)

이러한 특징들이 있으면서도 신도들 앞에서도 굉장한 신적인 권위와 사랑으로 나타난다. 신도들은 그에게 매료되어 그에 대한 모든 것을 미화시키는 경향이 있다. 아니 그가 그러 한 힘을 가지고 있다.

3. 계시 지향적인 체험신앙 강조가 이단들에게 두드러지게 나타난다.

이단들은 개인의 신비적 혹은 특별한 신앙체험을 근거하여 주관적인 계시사건을 일반화하여 신흥이단운동의 기반으로 삼는다. 이들은 무분별한 신비적인 체험을 신적인 계시와 동일시하고 절대화 시키는 경향이 짙다.

4 거짓 예언은 이단을 규정하는 필수적인 요건이다.

이단들은 자신들의 계시는 하나님의 영감에 의한 것이라고 주장하며 개인의 미래, 역사의 미래적인 사건들을 예언한다. 요한은 "영들이 다 믿지 말고 오직 영들이 하나님께 속했는지를 시험해 보아야 할 것이다"라고 하였다.(요일 4:1)

5. 특수한 집단체제를 형성한다.

이단들이 집단공동체를 형성하는데 여기에는 그들의 선민의식과 배타주의가 깔려있다. 그들의 판단은 대단히 독선적이기 때문에 어떤 충고나 조언도 듣지 아니한다. 그들은 자신들을 사회와 격리시켜 운거하면서 특정한 지역을 성역화 한다. 신앙촌, 예루살렘, 천년왕국 등으로 표현한다.

6. 이단들은 지나친 종말론적 사관을 갖고 있다.

이단들은 사람들을 자극하고 위기의식을 고취시키는 특징이 있다. 세상의 종말이 왔다는 것을 강조하면서 노아의 시대처럼 신의 특별한 은총을 입은 자신들의 집단만이 구원이 있다고 강조하고 있다.

7. 이단들은 기독교의 기존 권위와 정통성을 거부 내지 무시한다.

이단들은 정통기독교의 가르침은 참 진리를 이탈하였다고 강조하면서 새로운 교회의 갱신과 진리운동이 불가피하다고 주장한다. 기존의 기독교에 환멸을 느끼도록 신도들을 유도하며 공격과 비난을 일삼고 나아가서 기존 기독교를 위선과 거짓 종교 집단으로 몰아붙인다.

8. 이단들은 성경 외에 자신들의 정경을 갖고 있다.

이단들은 공통적으로 성경외의 계시에 의존하는 경향이 특징이다. 예를 들면 통일교의 원리강론, 몰몬교의 몰몬경, 여호와의 증인의 새세계성경 그리고 엘리야복음 선교원의 천국사람들 등이다. 만약에 특정한 정경이 없으면 교주의 설교집이나 저서가 곧 성경의 권위와 동일하게 여겨지거나 위에 군림하는 경향이 짙다. 그리고 성경을 그들의 주장에 필요한 참고문헌으로 사용한다.

9. 이단들은 자신들만이 절대적인 진리를 독점하고 있다고 주장한다.

이단들은 진리가 교회역사의 부패 가운데 상실되었거나 숨어 있다가 자신들에 의해 회복되었다고 주장한다. 지방교회(1982)는 "교회는 여러 세기에 걸친 역사를 통해 타락되었기 때문에 하나님의 본래의 뜻대로 회복되어야 한다"고 했다. 구원파의 경우도 권신찬은 "교회의 참뜻은 성경에 비밀히 감추어져 있는 진리"로서 구원파가 처음으로 깨달았다고 했다. 박옥수는 "죄 사함과 거듭남의 비밀"을 자기들만 독점하고 있다고 했다. 이러한 독선적인 확신이 이단들의 특징이다.

10. 이단들은 정욕적이고 호색적인 특징이 있다.

이단들은 외형적으로는 거룩한 것처럼 보이지만 윤리적인 결점을 갖고 있는 경우가 많다. 그들은 율법폐기론적인(anh-nom떠msn) 사상을 갖고 있다. 그들은 구원의 완벽주의를 주장하는 만큼 도덕적인 결함을 갖고 있다. 베드로는 거짓 사도들은 "육체를 따라 더러운 정욕가운데 행한다"(벧후 2:10)라고 했다. 그리고 "음심이 가득한 눈을 가지고⋯ 범죄 하기를 쉬지 아니한다"라고 기록하고 있다.(14절)

11. 이단들은 반사회적인 행동을 정당화한다.

이단들은 기존사회 질서의 보존에 관계없이 불법적인 행위를 자행한다. 남녀간의 성문제의 문란은 물론이고 가정 파괴 등의 반사회적인 행동을 동반한다. 예를 들면 이단종파의 교주나 창시자는 대부분 가정으로부터 부실한 남편으로 인정되었으며 여러 번에 걸친 이혼과 재혼의 사슬에 매여 있다. 문선명의 빈번한 이혼과 4번의 재혼, 박태선의 재혼, 몰몬교의 요셉 스미스는 50명의 부인이 있었고 크리스찬 사이언스의 에디 부인은 1번의 이혼과 3번의 재혼을 했다. 여호와의 증인의 럿셀도 이혼당했다. 이혼의 이유는 여자들에 대한 부적당한 행위 때문이었다. 그리고 반윤리적인 행동을 정당화하면서 집충 거부 동을 내세운다. 독신강조, 금욕주의 등도 나타난다.

12 이단들은 금전을 강조한다.

이단들의 공통적인 특정의 하나가 금전의 강조와 비리에 있다. 교주를 중심으로 교권의 유지를 위해 필요한 경제적인 조달을 위해 교인들의 맹목적인 기부와 헌금을 유도하여 이를 충당한다. 그러나 이러한 헌금과 기부금을 교주와 중심세력의 사치생활을 위한 자금으로 사용된다.

13. 이단들의 대부분의 사상은 이원론(dualism)이다.

이단들의 이원론은 단순한 현실 도피나 염세사상을 넘어 성경관, 신관 그리고 기독론에까지 영향을 미치고 있다. 이들은 영의 세계와 물질세계를 존재론적으로 이원 화시켜 세상의 선악의 이중구도로만 생각하는 지나친 이원론 인식론에 젖어 있다. 김기동의 귀신론이 이러한 이원론 사랑이 극단적으로 적용된 대표적인 예이다.

14 이단들은 정통기독교의 기본교리들을 부인한다.(삼위일체, 기독론, 신론, 구원론 등...)

15. 이단들은 열심이 특징이다.

IV. 동·서 이단들의 유형 비교

공교롭게도 이단들은 그 계보가 존재한다. 초대교회도 영지주의라는 하나의 왜곡 3 사상이 말시온이나 세렌투스나 발렌티우스에게 나타난다. 그리고 이들의 이원론 3인 사상은 마니교를 거쳐 동서방교회에 영향을 미쳤고 중세기에 나타난 카타리나 모고밀 그리고 알비겐시스도 이원론적인 강한 색깔을 띠고 있다. 또한 이들은 종말론 적이고 기존교회를 부인하는 동질성을 공유하고 있다. 그리고 거짓 예언과 반사회적인 윤리사상을 갖고 있다. 사실 이들은 과대 망상적인 성격 장애적인 요소들을 가지고 있는 자들이었다. 문선명, 유병언, 이장림, 펄시 콜레, 요셉 스미스, 박태선, 정명석, 박명호 등 모두 과대망상 증상을 보이고 있다. 그래서 동서양을 막론하고 이단들이 공유하고 있는 특정들은 대부분 동일하다. 그러나 서구의 이단들과 한국의 이단들의 이질적인 신앙의 요소들과 유형들을 찾는다면 다음의 몇 가지로 요약할 수 있다.

1. 근래에 와서 서구 이단들과 한국 이단들의 가장 두드러진 차이점은 귀신론의 강조이다.

지금까지 한국의 이단들은 서구의 이단들의 유형과 공통점을 갖고 있었다. 그러나 최근에 일어난 귀신론은 서구 이단들에게서 발견하지 못하는 한국의 이단들이 갖고 있는 특징적인 요소이다. 대표적인 예가 김기동의 마귀론이다. 김기동은 예수 믿은 지 얼마 되지 않아서 일어난 사건을 통해 귀신론에 대한 경험적인 확신을 가지게 된다.

"(나는) 어떤 여인의 죽은 초상집에서 병풍과 홑이불을 걷어치우고는, 온 몸이 묶인 시체를 향해 '일어나라'고 소리쳤다. 그러나 곧 죽은 여인이 벌떡 일어나 눈을 흘겼다. 그때 김기동은 무서워서 있는 힘을 다해 주먹으로 때렸다. 그랬더니 그녀의 집에서 '간다---'라는 말이 나왔다. '넌 누구냐·' 라고 물으니 '귀신이지'라고 대답 하였고 '무슨 귀신이냐?'라고 문자 '농약 뿌리다가 죽은 최 아무개'라고 말하면서 '원통하다'고 푸념을 했다. 귀신은 '간다, 간다' 하면서도 도통 나가지 않았고 김기동은 사흘 밤 동안 다른 사람들과 함께 교대로 그녀를 때렸다. 그러다가 김기동은 성경에 예수께서 말씀으로 꾸짖어 귀신을 쫓았다는 기록을 생각해 내고 '귀신아 나가 예수께서 너를 저주하셨어'라고 꾸짖었더니, 그 순간에 귀신은 '간다' 하더니 떠나버렸다."

그는 이러한 경험을 통해 성경을 귀신과 마귀론의 입장에서 해석하고 설교하기 사작하였다. 창조론으로부터 시작하여 종말론에 이르기까지 획일적인 마귀론으로 접근하고 있다. 김기동의 귀신론은 한국교회와 대학생 신앙운동에까지 영향을 미쳤고 심지어 신학생들까지 매료시키는 혼란을 가져왔다. 대표적인 예가 이초석과 이명범의 경우였다. 김기동의 마귀론은 한국의 샤머니즘적인 종교문화와 조화를 이루면서 쉽게 기독교인들을 유혹하게 되었다.

2. 교주의 신격화가 서양이단들과 다른 한국이단들의 특징적인 유형이다.

서양의 대표적인 이단들인 몰몬교나 여호와증인의 경우에 보면 교주를 신격화시켜 그리스도의 위치를 대신하는 사례는 없다. 그들은 그들의 주장을 유일한 참된 기독교의 진리라는 것을 역설하며 교주들의 위치는 기껏해야 사도 혹은 예언자로 인정하는 경우이다. 물론 이러한 표현 속에 교주의 위상이 신격화될 수 있는 함의가 있다고는 하지만 직접적으로 교주를 그리스도의 위치를 대신하는 신격화 현상은 없다. 그러나 한국의 이단들은 종국적으로 교주가 신격화되어 버린다. 문선명은 참 아버지, 재림주 혹은 문예수로 알려져 있다. 이는 전도관(천부교)의 교주 박태선의 경우도 마찬가지였다. 박태선은 자신을 동방의 의인, 감람나무로 칭하면서 재림주로 변신했다. 수많은 목사들이 그에게 안수를 받기도 하였다. 영생교의 교주인 조희성은 승리제단의 역사를 단 지파에 뿌리를 두고 있다고 주장하면서 단 지파의 시조인 단이 마지막 날에 하나님 나라를 회복시키기 위해 구세주로 세상에 오시는데 그가 곧 그들이 말하는 이긴 자 즉 주님 조희성이라는 것이다. 조희성은 박태선의 계열로서 전도관의 교리를 전승했기 때문에 그의 이러한 주장은 조금도 새로운 것은 아니었다. 세일교단의 이유성도 자신을 가리켜 말세의 종, 사명자로 표현함으로 전도관이나 통일교의 교주의 신격화와 동일한 시도를 하였다.

엘리야 복음선교원의 박명호는 자신을 새심판장으로 부가시키면서 그리스도의 위치를 대신하는 과감한 표현을 하였다. 그는 성경에 나오는 '인자'를 자신에게 적용하면서 자신이 바로 구세주요 하나님이라고 강변하고 있다. 「인자가 되신 하나님」이란 책에서 그는 아래와 같이 자신의 신격화에 대해 말하고 있다.

"2천년 전 예수께서 '그러나 인자가 세상에서 죄를 사하는 권세가 있는 줄을 너 희가 알게 하려 하노라…' (마태 9:6-8)고 하셨습니다. 이 말씀을 자세히 살펴보면 예수님께서 '내가 세상에서 죄 사하는 권세를 가졌다'고 말씀하시지 아니하시고 '인자가 세상에서 죄를 사하는 권세가 있는 것을 너희로 알게 하리라'고 하셨습니다. 이것은 신성을 가지신 2천년 전 예수님에 대한 이야기가 아니라 마지막 때 유약한 인자가 와서 6천년 동안 병들어 침상에 누워만 있던 모든 인류들을 하늘 집으로 돌아가게 하는 역사를 말하는 것입니다. 그러니 무리가 보고 두려워하며, 온 우주가 두려워하며 이런 권세를 가졌으리라고는 도무지 기대도 못했던 그 유약한 인자, 아무런 능력도 없던 무능한 인자에게 권세를 주신 하나님께 영광을 돌리는 것입니다. 그래서 누군가 보았더니 예수님께서 말씀하시기를 '인자는 안식일의 주인이니라' 곧 우주를 창조하신 태초의 말씀 하나님이시다란 말입니다. 바로 하나님이신 것입니다. 비록 육체는 마른 땅에서 나온 연한 줄기같이 가장 연약하지만, 태초에 아빠와 함께 천지를 창조하시는 말씀 하나님께서 그 안에 찾아오셨던 것입니다."(pp.111-112)

3. 한국의 이단들은 강한 사이비성을 갖고 있는 것이 보편적인 특징이다.

과거의 이단들은 그래도 나름대로의 자신의 교리와 주장을 당당하게 내세웠지만 요즈음의 한국의 이단들은 대부분 사이비적인 위장술과 부정직한 태도로 성도들을 유혹하고 있다. 본질적으로 사이비성을 갖고 있다. 이들 집단들이 사용하는 명칭으로도 알 수 있다. 기독교복음침례교회, 예수교복음침례교회, 대한예수교침례회, 예수교대한감리회, 애천교회 등의 이름은 분명히 정통교회의 교리와는 달리하면서도 기성교단의 간판을 걸고 위장하고 있다. 이들의 사이비성은 '멸공'이나 '가정윤리정화 운동' 등의 사회 운동체로 둔갑하여 나타나기도 한다. 경제 문제 등에서 이들의 이율배반적인 행동이 표출된다. 신도들의 재산을 바치도록 유도하고 그것으로 교주와 중심인물들이 착취하는 현상이 나타나고 있다. 집단생활을 통해 노동력을 착취하고 신앙의 이름으로 가정을 파괴는 사이비적인 행동을 자행하는 것이 오늘날 한국의 이단들의 특징 이다. 실로 다양한 사이비성이단인 hetro-heresy라고 할 수 있을 것이다.

4 한국의 이단들은 기적과 은사중심의 초능력적인 신앙을 강조하는 특징이 있다.

한국에서 발흥한 대부분의 이단들은 외국의 경우와는 달리 신비적인 기적과 은사를 체험한 신앙을 강조한다. 근래에 나타난 대부분의 신흥이단들은 신유의 기적과 은사를 주장하는 것이 특징이다. 이는 박태선, 김기동, 이초석 등으로 이어지면서 신유의 은사와 초자연적인 영적 은사를 집중적으로 강조하는 특징을 갖고 있다. 이러한 신유의 기적에 대한 소식은 많은 기성교인들에게 호기심을 야기 시켰고, 환자를 중심으로 기적적인 치유의 소문으로 기독교인들의 관심을 끌게 하였다.

  5. 한국의 이단들의 독특한 현상은 열광적인 신비주의 요소가 강하다는 것이다.

  통일교의 문선명은 원래 1930년 초반에 사회적인 물의를 일으켰던 광적 신비주의의 이용도파의 영향을 받아 삼각산에서 세워진 이스라엘의 수도원의 김백문의 영향을 받았다. 통일교의 원리강론은 문교주가 하나님의 계시를 받아 기록한 경전이라고 주장한다. 이단들의 예배보는 방법은 대부분이 광적이다. 온몸을 흔드는가 하면, 팔은 항상 들고 있으며 눈은 감은체 몰아지경의 경험을 갈망하고 있다. 그리고 소리소리 지르면서 광적인 예배를 드리는 특징이 있다. 김기동의 귀신 쫓아내는 광경은 시끄럽기 짝이 없다. 김기동은 나가라고 외치고 환자는 유의식, 무의식중에 뒤로 넘어지면서 하나님께 영광을 돌리며 고함을 지르기도 한다. 김기동은 부흥회에서 일찍이 방언을 받았고, 방언을 받은 후 8시간 동안 계속해서 기도하는 동안 환상도 보았다고 하였다. 이유성의 집단인 새일교단은 매우 열광적이고 큰소리로 하늘을 향하여 두손을 모으고 울부짖는 기도를 드리고 때로는 두손을 마구 휘두르면서 기도하기도 한다.

  6. 한국의 이단들은 무속적인 기도원 운동과 결부되어 있다.

  40일이나 70일간의 기도 그리고 심한 경우에는 백일간의 산이나 기도원에서의 기도 후에 나타난 기도증후군이 바로 한국 이단들의 발흥으로 연결되어 있다. 그들은 대부분 학력은 없으면서 산 기도와 독학으로 무속적인 신앙과 접목하고 있다. 이용도, 문선명, 박태선, 김기동, 박윤식, 박명호, 이유성 등 이단들의 교주들은 모두들 금식기도를 통해 자신들의 입지를 확신하며 객관적인 진리보다는 무속적인 영적세계에 몰입해 있음을 알 수 있다.

  7. 한국의 이단들은 광신적인 신앙을 갖고 있다.

  한국의 이단들은 대부분 신비적인 체험에 기초하고 있으며 신도들도 이 신앙에 매료되거나 염원하면서 광신적인 열기로 들떠 있는 상태이다. 이성적인 사고는 설득력을 상실하였고 맹목적인 신앙으로 치닫고 있다. 그들의 교주들이 과대망상증에 걸린 것처럼 자신들도 자신의 위치와 신분을 객관화하지 못하는 경우가 대부분이다. 그래서 자기 자신의 내적 구원의 확신에 따라 행동하고 교만해지는 습성을 갖고 있다. 그래서 주관적인 인식에 의해 행동하면서 보편타당한 기존신앙의 원리를 무시하고 주관적인 몰입상태에 빠진다.

V. 이단형성의 요소들

"이단은 보통 두 가지 방법으로 전도한다. 신학적으로, 그들은 교리적 혼란을 조장함으로써 전도를 시도하고, 심리적으로 개인이 감지하고 있는 어려움이나 필요를 악용함으로 포교한다"(Jime Roche, The Preventive Counseling Concerning Young Christains and the Cults, Dallas Theological Seminary, 1979. p. 46)

1. 사회환경적인 요소들(개인적인 환경 포함) -
2. 이단형성의 심리적 역할요소

사회학자들의 연구에 의하면(Underleider & Wellisch) 이단들이란 강렬한 안전감의 인간적인 욕망을 갖고 예측할 수 없는 환경에의 욕구를 갈망하고 있다고 보고 있다. 이단들은 이러한 욕망의 노예가 되어 공동체의 개념에 친밀감을 갖게 되고 육적인 가정을 영적인 가정으로 대치시켜 버린다. 그리고 서로를 형제자매로 부르면서 교주을 영적아버지로 칭한다. 인민사원의 짐 존스, 문선명, 구원파의 형제자매개념 그리고 박명호의 아빠 사상이 바로 그것이다. 이러한 충동적인 결정에 의해 점차적으로 세뇌되어 깊은 사이비 신앙의 질곡으로 빠지고 있다. 정동섭 교수는 이단세뇌의 요소들을 다음과 같이 말하고 있다.

1) 욕구충족(needfulfillment)의 세뇌원리
2) 희생의 세뇌원리
3) 주변환경 통한(milieu control) 원리
4) 신비적인 조종(mystical manipulation) 원리
5) 투자(investment)의 원리

3) 포기(renunciation)와 순결 원리
7) 고립(isolation)의 원리
8) 친교 또는 영교(communion)의 원리
9) 초월감(feeling of transcendence)의 원리
10) 교리와 이념의 원리

VI. 결론

이단은 기독교의 복음의 시작부터 교회 속에 존재해 왔다. 2천년의 기독교의 역사 가운데서 이단이 존재하지 아니한 때는 없었다. 다가올 새로운 21세기에는 이전보다 종교다원주의의 영향아래 이단들의 활발한 발생과 활동이 예측된다. 그리스도가 말씀하신 것처럼 말세에 거짓예언자들이 나타나기 마련이다. 이단들의 발생을 막기 위해 적어도 교회는 경각심을 가지고 올바른 신앙과 생활을 해야 할 것이다. 특히 교회지도자들의 바르고 건전한 말씀의 선포와 신앙생활이 중요하다고 본다. 이단들은 교회의 교인들에게 실망하기 전에 교회의 지도자들에게 실망하여 이단으로 빠지는 경우가 많기 때문이다. 다음의 5가지는 논자가 보는 이단 발생을 막기 위한 방안의 원리들이다.

1) 건전한 교리 교육과 성경말씀의 바른 해석과 전달
2) 교회지도자들과 교인들의 신앙생활의 갱신
3) 영적생활의 유지를 위한 영성훈련(기도생활의 올바른 지도)
4) 교인들의 욕구충족을 위한 신앙심리 연구와 적용
5) 신앙생활의 가치관과 이념의 형성 등이다.

이와 같이 우리의 신앙의 열매와 주신 사명의 성취를 위해 분골쇄신토록 정진해야 할 것이다. 그 길만이 하나님의 사람이 하나님의 영광을 위해 사는 대안이 될 것이다.

* 상기 내용: 대한예수교장로회 총회 제83회 총회 보고서 pp. 466~476에서 인용 및 발췌한 것임

❖ 석사·신학연구원(논술) ❖
1987학년도

한국교회의 현재 모습과 이 시대에 주어진 교회의 사명에 대해 논하라.

❖ 석사·신학연구원(논술) ❖
1988학년도

교회와 국가 사이의 관계문제에 있어서, 국가가 정의를 실현하지 못 할 때 교회가 어떻게 대처해야 할 것인지를 최근의 학생운동과 관련하여 논하라.

❖ 석사·신학연구원(논술) ❖

1989학년도

　최근, 한국교회 일각에서 일어나고 있는 '민중신학'에 관해 그 핵심을 진술하고 비평한 후, 이와 관련하여 자신의 성경관을 간략히 피력하시오. (800자 원고지 2매로 국한함.)

❖ 석사·신학연구원(논술) ❖

1990학년도

　지금 한국사회는 도덕성의 위기와 가치관의 혼란 등 종말론적 현상이 극도로 표출되는 시대를 맞고 있다.
　이러한 시대적 상황을 전제하여 하나님의 나라 실현의 과제를 짊어진 한국교회와 그 일을 부름받은 자로서 자신의 소명과 그 책임이 무엇인지를 논하라. (우리의 처한 현 시대적 상황을 잘 분석하면서 논할 것)

❖ 목회연구원(논술) ❖
1990학년도

개혁주의적 신학의 관점에서 볼 때 한국교회의 복음사역을 위한 총신의 역할과 그 사명이 어떠한지에 대하여 귀하의 의견을 제시하라.

❖ 석사·신학연구원(논술) ❖
1991학년도

다음 4주제 중에서 한 주제만 선택하여 논술하시오.
논술요령: 1) 내용 - 명료하고 분명하게,
           2) 신학사상 - 개혁주의적 및 성경적 입장,
           3) 전개 - 논리성, 합리성, 보편타당성에 임하여 논증해야 함.
           4) 표현 - 문장구조 및 표현이 문법에 맞게.
  1. 한반도 통일에 대한 한국기독교의 책임과 그 과제
  2. 기술사회를 사는 기독교인의 자세(부제 : 컴퓨터와 기독교)

3. 인간성 상실이 극에 달한 세태를 목도하면서 기독교인으로서 현시대적 상황을 분석하고 기독교적 대처방안을 모색하시오.
4. 한국 정부의 국가시책 중 하나인 산아제한의 시책으로 인하여 야기된 현금의 제문제와 결과적으로 야기 될 미래의 제문제점을 동시에 진단하고 그 대책방안을 기독교적 입장으로 논술하시오.

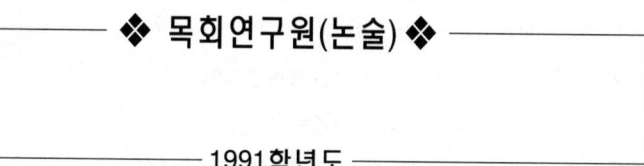

❖ 목회연구원(논술) ❖
1991학년도

다음 4주제 중에서 한 주제만 선택하여 논술하시오.

논술요령: 1) 내용 - 명료하고 분명하게,
         2) 신학사상 - 개혁주의적 및 성경적 입장,
         3) 전개 - 논리성, 합리성, 보편타당성에 임하여 논증해야 함.
         4) 표현 - 문장구조 및 표현이 문법에 맞게.

1. 한국의 농어촌 목회의 과제와 그 전망에 대하여 논술하시오.
2. 교회 연합에 관한 개혁주의적 입장에 대해서 논술하시오.
3. 성경과 신앙 사이에 어떠한 상관성이 있는지를 한국교회적 상황과 관련시켜 논하시오.
4. 목회자를 위한 하나님이 주신 소명감의 중요성과 그 부르심에 부응하기 위한 인간이 준비하고 노력해야 할 일에 대해서 논술하시오.

❖ 석사·신학연구원(논술) ❖

1992학년도

아래 3문제 중 하나를 선택하여 논술하시오.
1. 기독교 신앙과 진화론
2. 한국 교회의 다원주의 신학에 대하여 논하라.
3. 인간의 전적부패를 이기는 비결.
* 800자 원고지 2매 이내로 작성 하십시오.

❖ 목회연구원(논술) ❖

1992학년도

아래 3문제 중 하나를 선택하여 논술하시오.
1. 한국 교회에 있어서의 교회 성장과 그 문제점.
2. 개혁주의 신학에 근거하여 다원주의 신학을 비판하라.
3. 아담의 원죄와 전적부패를 극복하는 길.
* 800자 원고지 2매 이내로 작성하십시오.

❖ 신학대학원(논술) ❖

――― 1993학년도 ―――

한국교회가 당면하고 있는 여러 가지 문제 중 아래에 제시된 4가지 가운데 하나를 선택하여 논술하라.
1. 활성적인 주일학교 교육
2. 교회의 사회적 책임
3. 목회자의 설교
4. 뉴에이지 운동
* 800자 원고지 2매 이내로 작성하시오.

❖ 신학대학원(논술) ❖

――― 1994학년도 ―――

1. 유전 공학의 발전에 따라 대두된 인간 복제 문제를 비판하라.
* 800자 원고지 2매 이내로 작성하십시오.

❖ 신학대학원(논술) ❖
1995학년도

　근년에 한국교회의 성장은 크게 둔화되고 있다는 분석들이 나타나고 있다. 또한, 대형교회와 소형교회라는 불균형의 모습도 나타나고 있다. 그러면 이러한 현상의 원인은 무엇이며, 그것들은 어떤 문제를 보이고 있으며, 그 문제 극복은 어떠해야 할 것 인지요?
　한국교회의 건전한 성장 비전을 생각하면서 이 질문에 대한 자신의 입장을 논술해 보라.

❖ 신학대학원(논술) ❖
1996학년도

1. 정보화 사회에서 개혁주의 교회는 어떻게 대처 할 것인지를 논설(論說)하라.

◆ 신학대학원(논술) ◆

──── 1997학년도 ────

[논제]

　아래의 글은 최근 기독교 주간지에 실렸던 논단의 일부 내용이다(96.11.24). 이 글을 잘 읽고 이 논단의 내용과 관련하여 자유로운 제목을 잡아 생각된 바를 논술하라

[논단]

<어느 날 9시 뉴스의 유감>

　어느 날인가, 11월 15일 밤이라고 생각된다. TV앞에 앉아 뉴스를 보는 동안 마음이 무거움을 금할 수가 없었다. 그 뉴스의 내용들이 거의가 다 형용할 수 없을 만큼 이 나라에서 일어나고 있는 부정 부패의 어두운 치부들만 들추어졌기 때문이다. 30분 뉴스에 2/3정도가 그런 뉴스들로만 꾸며졌으니 이 나라가 온전할까 하는 느낌을 지울 수가 없었다.
　모 장관이 수뢰 혐의로 물러나더니 이번에는 또 다른 장관의 부인이 뇌물을 받았다고 해서 구속되고 남편은 장관 자리에서 물러났다. 안경사들이 돈을 모아 안경테는 자기들만이 팔 수 있도록 자격을 제한해 달라는 로비 자금으로 준 것이 그만 들통이 났다는 것이다. 그렇게 당하는 것을 보고도 또 받으니 물질 앞에 서 있는 인간의 IQ는 도대체 얼마라는 말인가. 대통령이 그토록 외롭게 부르짖것만 아래 사람들은 여전히 마이동풍이다.
　곧 이어서 이어지는 뉴스, 이번에는 영화인들이 비리 혐의로 도마에 올랐다는

뉴스다. 이들의 죄목은 대체로 네 가지다. 계산서에는 1/3 가격으로 기재하고 세금을 포탈하는 세금 조작, 입장권을 절취하지 않고 다시 사용해서 세금을 줄이는 표 돌리기, 외화 수입가를 낮춰 신고함으로서 탈세하는 환치기, 영화제작자들이 극장 주들에게 뒷돈을 거래하는 개봉사례 등이다. 이 사건으로 많은 사람들이 붙들려 갔고 영화계의 고질적인 구조적 비리에 일대 메스를 가한다는 뉴스다.

이어진 뉴스는 중국 연변에 살고 있는 조선족 동포들을 상대로 해서 사기 행각을 벌인 사건차례였다. 유령회사를 차려 놓고 한국에 취업하려는 사람들을 모아 160만원씩 받고 송출시켜 주겠다고 속여 모두 500여명으로부터 수억 대를 받아 가지고 달아났다는 것이다. 그래서 화병으로 죽은 이도 있고 빚에 시달려 도피 생활하는 사람들도 많다고 한다. 알다시피 중국에서 우리 돈으로 160만원이면 얼마나 큰돈인가, 벼룩의 간을 빼 먹자는 것인가. 그래서 이 가엾은 동포들이 연변의 어느 호텔에 모여 한국인 규탄 대회를 열었다고 하니 말이 아니다.

다음은 이불솜 바꿔치기 사기 사건으로 화면이 바뀌었다. 옛날 목화솜 이불만을 골라 솜을 섞은 가짜 솜으로 바꿔치기 해서 가져다주었다고 한다. 그리고 그 목화 솜은 다시 틀어서 고가로 팔아먹었다는 것이다. 기발한 착상이다. 이 사람들은 목화솜 이불이 많고 어리숙한 시골을 돌아다니며 그런 행각을 벌리며 다닌다고 한다.

어느 악덕 콩나물 업자도 뉴스에 등장했다. 이 악덕 업자는 콩나물에 카벤다짐이라는 농약을 쳐 반듯하게 키워서 서울의 유명한 백화점에 10년 동안 900톤을 납품하여 모두 10억 원어치나 팔아먹었다는 것이다. 그리고 탄저병으로 썩어버려 이미 버려진 고추를 대량으로 수거하여 양질의 고추와 섞어 가루로 만든 뒤 시중 음식점에 자그만치 28톤이나 팔아먹었다는 사람도 걸려들었다. 도무지 상상이 되지 않는 일들이다.

이번에는 청소년 오토바이 폭주족들이 난폭 운전으로 적발되어 고발되었다는 뉴스다. 지난 5개월 동안 입건된 건수가 170만 명이 된다고 한다. 천문학적 숫자다. 여기에 대학생들의 뉴스도 빠지지 않았다. 한총련 관련 좌익 사범을 조사하다가 보니까 남총련 산하 및 몇 대학생들이 매년 각 대학으로부터 연 4억 원씩 거둬 그 돈으로 학생 시위 활동비로 썼다는 것이다. 그 돈으로 시위를 했고 학교를 파괴하는데 사용했다는 혐의다.

그리고 지리산에는 멸종된 것으로 알려졌던 반달곰이 10여 마리가 서식하고 있다는데 한편에서는 이 희귀 동물을 보호하려고 애를 쓰고 있는가 하면 또 한편에서는 이 반달곰을 잡으려고 길목마다 덫을 놓아 마구잡이로 잡아가 얼마 못 가서 이 동물들도 희생될 것이라는 뉴스도 있었다. 살리려는 사람과 잡으려는 사람, 이 두 사람은 어느 나라 사람들인가 궁금하다. 그리고 그들 두 인생관의 차이는 어디가 잘못되어 있으며 어디서 차이가 나는지도 궁금하다. 뉴스는 그것으로 끝나지 않았다. 공사비리 현장 고발은 이제 만성된 사건이고 쓰레기 아무데나 버리는 현장 고발 역시 결코 새로운 뉴스가 아니다. 하룻밤 뉴스는 그렇게 끝이 났다. 그것이 단 하루의 뉴스로만 끝이라면 얼마나 좋겠는가 오늘도 내일도 그런 뉴스는 계속될 것이다.

문민정부 들어서서 이 부패 척결과 부실 비리 적당주의를 없애 보려고 그토록 애를 쓰고 있건만 마이동풍이다. 너무 깊이 병들어 있다. 이제는 체질화되었다고 당연하게 생각하고 무감각하다. 무서운 병이다. 주는 이나 받은 이가 별로 감각이 없다. 너무나 자연스럽고 당연한 모습이 되어 버렸다. 이 나라가 어쩌다 이 지경이 되어 버렸다 말인가............

◆ 신학대학원(논술) ◆

1998학년도

문제: 오늘의 한국 교회는 양적 성장이 그 한계에 도달했으며 그와 더불어 영적, 도덕적 침체 역시 심각한 국면에 이르렀다. 또한 작금의 한국 경제도 위기에 직면하고 있다. 이러한 상황에서 21세기를 맞이하는 한국교회의 대안과 사명이 무엇이어야 하는지를 논하라

{예상답안 초안}
I. 상황 -성정의 둔화-영적,도덕적 침체, 경제적인 위기
  1)영성훈련(질적인면)->(1)성경공과공부
                  (2)기도생활->평신도교육과 지도자의 생활
                  (3) 정신 무장
  2) 양적 성장 - 이단 사이 교란의 세력을 배척-전도
  3) 크리스챤의 생활 태도
     (1) 사도들의 공유적생활력 (나누어쓰다)
     (2) 검소와 내핍의 생활
     (3) 감사의 생활
  4 결론

◆ 신학대학원(논술) ◆

―― 1999학년도 ――

* 다음의 글을 읽고 주어진 문제에 답하시오.

윤리적 삶은 그리스도인들이 피하거나 부정하거나 제한 할 수 없는 길이다. 물론 윤리 자체를 성경이나 성경의 원리로 교정하는 작업이 끊임없이 병행되어야 하지만, 믿음 때문에H 그리스도인의 윤리성 내지 윤리적 책임을 저버리는 일은 일어나지 말아야 한다. 신앙과 윤리는 그렇게 상호보완적이다. 신앙은 윤리를 배제하지 않는다. 아니 포함한다. 신앙이 없는 윤리나 윤리가 없는 신앙은 절름발이가 될 수밖에 없다. 어느 하나가 모자라거나 잘못되면 교회는 엉뚱한 곳으로 굴러가기 시작하고 그리스도인의 양심은 고통을 당한다. 따라서 신앙적인 사람일수록 더 윤리적이어야 한다. 하나님의 은총을 아는 사람일수록 하나님의 뜻을 따른다. 그가 빛 가운데 거하시는 것처럼 자신도 빛 가운데 살아간다. 교회는 그 윤리성과 윤리적 실천의 삶에 있어서도 이 세상이 도저히 모방 할 수 없는 높은 수준을 유지하여야 한다. 세상의 빛, 땅의 소금은 교회에 이러한 역할을 부여하는 주님의 비유이다.

위에 주어진 글에서 저자는 "신앙이 없는 윤리나 윤리가 없는 신앙은 절름발이가 될 수밖에 없고, 그리스도의 몸인 교회를 기형아로 만들 수밖에 없다"고 했다.
- 첫째, 당신은 이러한 주장에 동의하는가?
- 만약 동의 한다면 어떠한 이유에서 동의하는가?
- 또한 동의하지 않는다면 그 이유는 무엇인가?
- 둘째, 현재의 한국교회는 어떻다고 생각하는가?
- 저자의 지적대로 "기형아"의 모습인가? 아니면 "이 세상이 도저히 모방할 수 없는 높은 수준"의 모습인가?

* 당신의 견해를 설득력있게 서술하시오.

❖ 석사·신학연구원(논술) ❖

──── 2000학년도 ────

문제 : 21세기 한국교회의 성숙을 위해 급변적 시대성과 문화적 다원성 속에서 교회가 추구해야 할 복음과 문화, 교회와 세계와의 관계설정에 대해 논술하시오.

❖ 석사·신학연구원(논술) ❖

──── 2001학년도 ────

※다음은 고린도후서 5장 17-19절의 성경본문이다.

이 본문을 근거하여 자유로이 적합한 제목을 잡아 설교 한편을 작성하라.(800자 내로 한정하여 작성하며 띄어쓰기에 주의하시오)

"그런즉 누구든지 그리스도 안에 있으면 새로운 피조물이라 이전 것은 지나갔으니 보라 새것이 되었도다. 모든 것이 하나님께로 났다니 저가 그리스도로 말미암아 우리를 자기와 화목하게 하시고 또 우리에게 화목하는 직책을 주셨으니, 이는 하나님께서 그리스도 안에 계시사 세상을 자기와 화목하게 하시며 저희의 죄를 저희에게 돌리지 아니하시고 화목하게 하는 말씀을 우리에게 부탁하셨느니라"(고후:17-19)

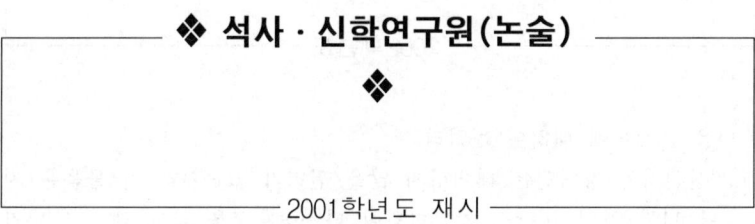

❖ 석사 · 신학연구원(논술)

❖

―――― 2001학년도 재시 ――――

※논문Ⅱ 재시

　최근 우리 사회에는 동성애자들의 커밍 아웃(coming out), 살인으로까지 연결된 원조교제, 우루과이와 베트남 등지에서 한국남성들에 의하여 일어난 현지처(現地妻)사건, 음란 비디오와 영화의 범람, 러브호텔과 단란주점의 폭증 등의 현상에서 확인할 수 있듯이 성질서 상의 심각한 혼란이 나타나고 있다. 이와 같은 성도덕 해이 현상의 원인을 여러분의 시각에서 분석·진단하고, 기독교인의 입장에서 이 현상을 극복할 수 있는 방법에 대하여 아는 대로 논술하라.

❖ 석사 · 신학연구원(논술) ❖

―― 2002학년도 ――

* 다음 문제들에 대하여 논하라.

1. "선천적인 장애인은 태어나지 않을 권리가 있는가?" 이 물음은 지난 11월 28일 프랑스 최고법원이 다운증후군을 갖고 태어난 남자어린이 리오넬(가명:6세)에게 관련 의료진은 배상의무가 있다고 판결함으로서 촉발된 논쟁의 화두이다. 리오넬의 엄마는 임신 중 자신을 진찰한 의사가 초음파 검사 등을 통해 리오넬의 장애를 발견했다면 낙태했을 것이라며 장애를 안고 태어남으로써 리오넬이 입은 손해를 배상하라고 최고법원에 소송을 제기했는데, 이날 법원은 리오넬의 태어나지 않을 권리를 인정하는 판결을 내린 것이다.

   당신은 프랑스 최고법원의 위와 같은 판결에 대해 동의하는가? 만약에 동의한다면 그 이유를 설명하라. 그러나 동의하지 않는다면 역시 그 이유는 무엇인지 서술하라.

2. 사무엘 헌팅톤(Samuel P. Huntington)은 그의 책 문명의 충돌(The Clash of Civilizations and the Remaking of World Order)에서 이질적 문명간의 충돌이 앞으로의 미래사회에 출현할 것이라고 주장을 했다. 그러나 다른 한편에서는 미래사회는 문명충돌이 아니라 문명화해의 방향으로 나아갈 것이라고 예견을 하는 학자들도 있다.

   당신은 두 견해 중에서 어느 견해에 동의하는가? 그리고 그렇게 동의하는 이유는 무엇에 근거한 것인지 논리적으로 설명하라.

❖ 목회 연구과정(논술) ❖

――― 2002학년도 ―――

* 다음 문제들에 대하여 논하라

1. 역사적 기독교회는 이단적 사상에 함몰되거나, 혹은 세속화의 과정을 통해 복음의 진리가 왜곡되거나, 변질되는 위기를 늘 직면해 왔었다. 오늘날, 우리 교회들이 당면한 현안들 가운데, 교회 내 세속화의 문제는 자못 심각한 일이 아닐 수 없다. 이에 논술자는 한국교회의 상황에서 이 문제를 나름대로 분석하고, 그것을 극복할 수 있는 처방을 제시하시오.

2. 요즘 교회 안에서 '말씀묵상'(Q.T.)에 대한 관심이 높아지는 것은 바람직한 일이다. 그런데 문제는 말씀을 해석하는데 있어서 신학적으로 무분별한 해석방법들이 사용되기도 한다는데 있다. 그렇다면 어떤 바람직하지 못한 경향들이 (있을 수) 있는지 우리의 현실 상황을 분석하여 무엇이 문제인지를 밝히고, 그것을 극복할 수 있는 대책을 나름대로 마련하시오

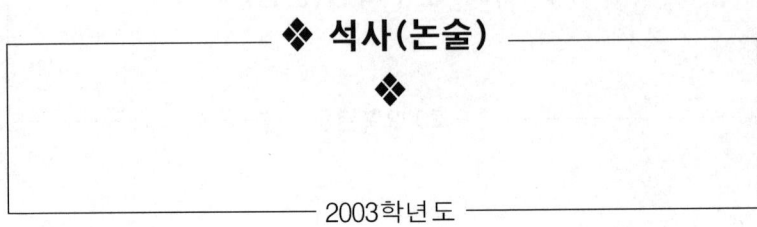

❖ 석사(논술) ❖

2003학년도

1. 우리는 영상(image) 문화 시대에 살고 있다. 텔레비전, 인터넷 등의 보급은 사회뿐만 아니라 교회에도 커다란 영향을 끼쳤다. 이런 현상은 말씀이 중심이 되는 교회들에게 하나의 도전이 되고 있다.

논자의 시각에 따라서 "영상문화와 교회"라는 제목으로 논술하라.

제2부 논 문   577

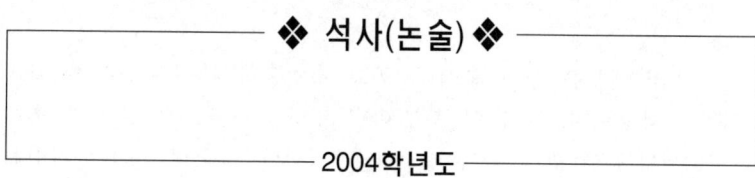

❖ 석사(논술) ❖

──── 2004학년도 ────

(주의: 아래의 논술 문제는 아직 신학을 전문적으로 공부하지 않은 신대원 수험생들에 주어지는 것임을 감안하여 평가할 것이다. 자신의 생각을 성경적 시각으로 여하히 논술하는가를 측정할 것이며 아울러 논리 전개과정에서의 문장 표현력과 어휘력, 문법 등을 함께 측정할 것이다.)

아래 지문을 읽고 질문의 요구에 대해 구체적으로 답하시오.

" .... 사회는 우리의 노력으로 개선되지 않는다. 하나님만이 악한 사회를 개혁하실 수 있다. 여기에 하나의 역설(逆說)이 개입되어 있다. 즉, 우리는 우리의 노력이 헛된 줄 알면서 사회 개선을 위해서 노력해야 하기 때문이다. 그러나 이런 역설을 용납하지 못할 때, 우리는 무기력하게 앉아 있든지, 그렇지 않으면 그리스도 없이 사회를 개선하려는 인본주의적 입장을 취하는 수밖에 없을 것이다. 그러나 그 어느 것도 성경적 태도는 아니다. 성경은 우리로 하여금 이사야, 예레미야 그리고 에스겔처럼 역설을 받아들이라고 요구한다. 우리의 힘으로 사회가 개선되지 낳을 줄 알면서도 우리는 사회개선에 전력을 쏟아야 한다는 것이다. 마치 이스라엘과 유다가 회개하지 않을 줄 알면서도, 이사야, 예레미아, 그리고 에스겔이 회개를 외친 것처럼 ……"

위의 지문은 어떤 분이 '기독교 사회윤리'와 관련하여 쓴 글의 일부 내용이다. 글의 이 부분에서 저자의 논지는 '역설(문맥 속에서 설명된)을 받아 들여야 한다'는 것이다. 그런데 수험생 자신은 이 글을 쓴 저자의 주장을 타당하다고 생각하는지? 아닌지?

만일 타당하다고 판단한다면, 여기서 저자가 말하는 "하나의 역설"이란 무엇을 의미하는지, 그리고 그것이 어떤 의미에서 역설이 되는지, 이 글 속에서 그 이유를 찾아내고, 그 이유가 성경적으로 타당하다는 것을 수험생 자신의 논리로 입증하시오.

그러나 만일, 수험생 자신이 이 글을 쓴 저자의 논지에 동의할 수 없다면, 여기서 말하는 이 "하나의 역설"이 지닌 내용과 관련하여 '이 역설을 받아들이라'는 논지의 부당성을 성경의 빛에 비추어 수험생 자신의 논리로 논박하시오.

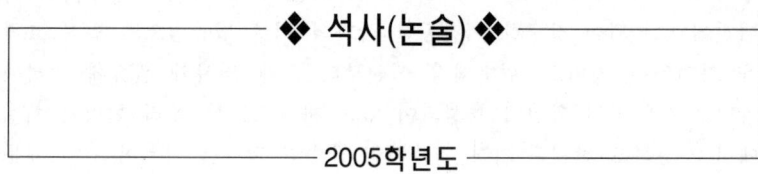

2005학년도

1. 아래의 세 개의 제시문을 읽고, 세 개의 제시문을 연관시킬 수 있는 하나의 주제를 성경 해석과 연관하여 찾아내어 세 개의 제시문 간의 관계를 밝히고, 그 주제에 관한 자신의 생각을 논술하시오.

제시문 - "가"

대한민국은 성문헌법을 가진 나라로서 기본적으로 우리 헌법전(憲法典)이 헌법의 법원(法源)이 된다. 그러나 성문헌법이라고 하여도 그 속에 모든 헌법사항을 빠짐없이 완전히 규율하는 것은 불가능하고, 또한 헌법은 국가의 기본법으로서 간결성과 함축성을 추구하기 때문에 형식적 헌법전에는 기재되지 아니한 사항이라도 이를 불문헌법(不文憲法) 내지 관습헌법으로 인정할 소지가 있다. 특히 헌법제정 당시 자명(自明)하거나 전제(前提)된 사항 및 보편적 헌법원리와 같은 것은 반드시 명문의 규정을 두지 아니하는 경우도 있다. 그렇다고 해서 헌법사항에 관하여 형성되는 관행 내지 관례가 전부 관습헌법이 되는 것은 아니고, 강제력이 있는 헌법규범으로서 인정되려면 관습헌법의 성립에 요구되는 요건들이 엄격히 충족되어야 한다. ...

그렇다면 수도가 서울로 정하여진 것은 비록 우리 헌법상 명문의 조항에 의하여 밝혀져 있지는 아니하나, 조선 왕조 창건 이후부터 경국대전에 수록되어 장구한 기간동안 국가의 기본 법규범으로 법적 효력을 가져왔던 것이고, 헌법제정 이전부터 오랜 역사와 관습에 의하여 국민들에게 법적 확신이 형성되어 있는 사항으로서, 우리 헌법의 체계에서 자명하고 전제된 가장 기본적인 규범의 일부를 이루어 왔기 때문에 불문의 헌법규범화된 것이라고 보아야 한다.

이를 보다 구체적으로 앞서 본 관습헌법의 요건의 기준에 비추어 보면, 서울이 우리나라의 수도인 것은 서울이라는 명칭의 의미에서도 알 수 있듯이 조선 시대 이래 600여년 간 우리나라의 국가생활에 관한 당연한 규범적 사실이 되어 왔으므로, 우리나라의 국가생활에 있어서 전통적으로 형성되어 있는 계속적 관행이라고 평가할 수 있고(계속성), 이러한 관행은 변함없이 오랜기간 실효적으로 지속되어 중간에 깨어진 일이 없으며(항상성), 서울이 수도라는 사실은 우리나라의 국민이라면 개인적 견해 차이를 보일 수 없는 명확한 내용을 가진 것이며(명료성), 나아가 이러한 관행은 오랜 세월간 굳어져 와서 국민들의 승인과 폭넓은 컨센서스를 이미 얻어(국민적 합의) 국민이 실효성과 강제력을 가진다고 믿고 있는 국가생활의 기본사항이라고 할 것이다. 따라서 서울이 수도라는 점은 우리의 제정헌법이 있기 전부터 전통적으로 존재하여온 헌법적 관습이며, 우리 헌법조항에서 명문으로 밝힌 것은 아니지만 자명하고 헌법에 전제된 규범으로서, 관습헌법으로 성립된 불문헌법에 해당한다고 할 것이다.

제시문 - "나"

나의 논의는 헌법이란 반드시 헌법이 규정하고자 하는 정체(政體)의 역사적 체험으로부터 우러나와야 하는 것이며, 일시에 고착된 성문으로 규정되는 것이 아니라는 것이다. 법이란 조문이 아니다. 우리나라 헌법은 분명 조선반도에 거주하는 대다수의 사람들이 커뮤니케이션의 수단으로 사용하는 발성체계의 기초적 약속에 의하여 일시에 기술된 것이다.

이 기술을 소쉬르의 말을 빌어 기표(記表, signifiant)라 한다면 그것은 분명 그것이 지향하는 기의(記意, signifie)가 있을 것이다. 노자(老子)는 도(道)라는 언어적 기표가 도(道)라는 의미체계 즉 기의에 영원히 도달할 수 없다는 것을 역설했다. 「중론」을 쓴 용수(龍樹:나가르쥬나)도 인간의 언어적 개념의 고착성은 영원히 그것이 표현하고자 하는 역동적 의미를 표상할 수 없다는 것을 입증했다.

이러한 생각은 서양에서도 최근 데리다의 해체주의에 이르기까지지 일관된 사조로서 흘러가고 있다. 성문법적 기표의 고정성은 순간순간 끊임없이 변해 가는 역사적 현실의 기의를 다 담아 낼 수가 없다. 그래서 성문법의 질곡으로부터 법을 해방시키기 위하여 영국은 불문헌법의 유동적 개방성을 선호한 것이다. 그것은 바로 인간을 해방시키기 위한 것이다. 현재의 재판관들이 불문헌법을 들먹거리고자 한다면 그 소이연은 바로 우리사회를 법의 질곡으로부터 해방시키는 근원적 인도주의 철학을 내포하고 있지 않으면 안 된다. 그리고 불문헌법의 문제는 불문적으로, 즉 개방적으로 해결되어야 한다.

그런데 현재의 재판관들은 불문헌법을 빙자하여 성문법적 구속력을 강화시키는 데 악용한 것이다. 그들은 성문헌법에 명시되어 있지도 않은 수도의 문제를 물분헌법 운운하여 자의적으로 성문헌법화 시킨 것이다. 그들은 현행 헌법을 자의적으로 날조하는 위헌행위를 저지른 것이다. 불문헌법의 세계는 존재(Being)의 세계가 아니라 생성(Becoming)의 세계며, 법관의 관념의 세계가 아니라 국민 모두가 참여하여 만들어가는 역사의 세계다. 국민참여의 기회를 원칙적으로 봉쇄한 헌재의 결정은 역사의 농단이며, 권력의 횡포다.

제시문 - "다"

　카톨릭은 교회의 전통에 의하여 성경을 해석한다. 프로테스탄트의 해석은 때로는 몇 세기에 걸쳐서 쌓아 올린 결정들을 뒤엎는 일을 하면서라도 새 출발을 감행한다. 왜냐하면 프로테스탄트 정신에 의한 성경은 구속력을 갖는 법관이 해석하는 미합중국의 헌법 같은, 법률 서적이 아니기 때문이다. 성경은 하나님께서 그것을 통하여 인간 영혼에게 직접 말씀하시는 책이다. 개혁 정신은 성경의 권위적 해석에 전적으로 반대하였다. ... 그러나 문자대로 해석될 때 텍스트는 아무런 외적 간섭 없이 홀로 자족적인 것이라고 주장하는 의미에서 종교개혁의 해석자들은 아퀴나스나 그처럼 많은 대다수의 고대 성경 해석자들과 차이가 있다. 개혁자에게 있어서는 성경이 신앙의 집을 받들어 올리는 여러 개의 기둥 가운데 하나가 아니었다. 바로 성경은 유일한 기초인 것이다. 그러므로 선배 해석자들이 어떻게 무엇을 말했든 개의치 않고, 또 심지어는 공의회의 결의와 상충하는 일이 있다손 치더라도 개혁자들은 그들의 성경 이해를 관철할 결의가 서 있었다. 교회가 성경의 의미를 결정할 수 없는 것이다. 그 까닭은 하나님의 말씀인 성경이 교회를 심판하는 것이기 때문이다. 교회의 권위에 대항하는 새로운 권위를 믿게 된 개혁자들은 자연히 성경의 역사적, 자의적(字意的), 문법적 이해를 강조하였다. 그러나 개혁자의 성경 해석은 단적으로 역사적 해석만은 아니었다. 저들의 해석은 우선 문자에서 시작하지만, 그러나 반드시 성령의 인도하심을 받음으로써 진행되어야만 하는 것이었다.

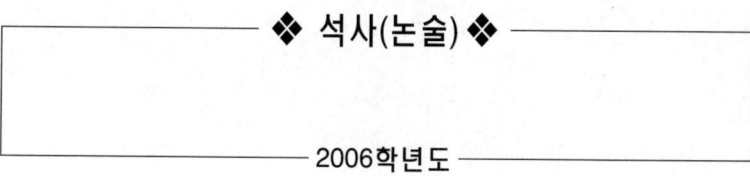

❖ 석사(논술) ❖

2006학년도

줄기세포란 신체의 각종 장기로 분화되기 이전의 원시세포를 말한다. 줄기세포는 신체의 다양한 장기들로 분화될 수 있는 능력을 가지고 있다. 줄기세포가 가진 이런 능력을 이용하여 다양한 질병들을 치료하기 위한 연구가 진행 중이다. 곧 줄기세포를 추출해낸 후에 이 줄기세포를 인공적으로 신경세포나 간세포나 근육세포 등으로 분화시킨 다음 이 세포를 손상된 세포에 이식하여 자라나게 함으로써 그 기능으로 회복시키자는 것이다. 이런 방법으로 손상된 인체의 장기들을 근원적으로 치려하려는 연구이다.

2005년 황우석 교수는 환자의 체세포와 다른 사람의 난자를 융합하여 만든 배아로부터 열한 가지 종류의 줄기세포를 추출하는 실험에 성공했다고 발표했다. 그러나 이 두 생명공학자가 진행한 작업은 배아파괴를 필연적으로 수반하는 비윤리적인 행위 곧 살인행위라는 주장이 있다.

배아에서 줄기세를 추출하는 행위가 성경과 기독교적인 관점에서 볼 때, 살인행위인가? 살인행위가 아닌가?

1) 이것이 살인행위라면, 그 성경적 이유는 무엇인가? 또 다른 윤리적인 문제점들은 무엇이 있고 이 문제점에 대한 합당한 대안은 무엇인가?
2) 이것이 살인행위가 아니라면, 그 정당성을 어디에서 찾을 수 있는가?

위의 두 경우 중 하나를 선택하여 자신의 입장을 밝히고 구체적으로 논술하시오.

제3부
영어

I. 영어시험 준비시 유의사항

1. TEPS를 중점적으로 공부할 것.
    TEPS는 서울대학교 영어 능력 검정시험이다. 이 시험은 청해, 문법, 어휘, 독해 4개 영역에 걸쳐 총 200문답으로 구성되어 있다. 신대원 입시에서는 청해(L/C)분분을 제외한 (필답고사일에 본교에서 특별시험으로 실시) 나머지 3개 영역만 테스트 한다.
2. 한 권의 책을 택했으면 그것을 3회 이상 정독할 것
3. Vocabulary
4. Structure
5. Translation
6. Reading Comprehension
7. 금번, 2006학년도는 2005학년도처럼 TEPS(L/C 제외)로 출제한다.

II. 참고서적

- 조영태 지음. TEPS 마스터 영어(예제 및 해설과 해답). 서울:아가페문화사, 2004.
- 이찬승 지음. New It's TEPS. 서울:에듀조선, 2004.
- 서울대학교 언어교육원 저. TEPS 600제. 서울:에듀조선, 2004.
- 서울대학교 언어교육원 저. TEPS 기출문제집. 서울:서울대출판부, 2004.
- 함시영 지음. NIV 영어혁명 → 핵심구문 · 핵심영문법 · 핵심숙어. 서울:아가페문화사, 2000.

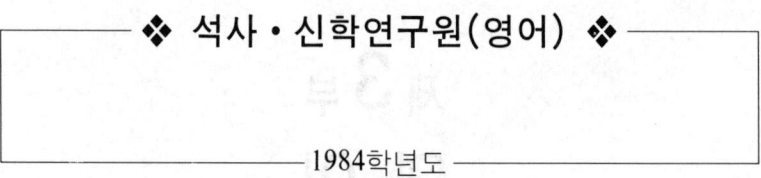

1984학년도

I. *Translate the followings into Korean*:

1. Wealth is deceitful. Greedy men are proud and restless. Like death itself they are never satisfied. That is why they conquer nation after nation for themselves. The conquered people will taunt their conquerors and show their scron for them. They will say, "You take what isn't yours, but you are doomed! How long will you go on getting rich by forcing your debtors to pay up?" But before you know it, you that have conquered others will be in debt yourselves and be forced to pay interest. Enemies will come and make you tremble. They will plunder you.

2. The theory of communism is, that the dictatorship is only atranisitory state and that it will become unnecessary as soon as the whole community has accepted the equalitarian ideals of communism and no one challenges the regime. This theory fails to do justice to the facts of human nature, revealed not only in the men of power but in ordinary men. If Russian oligarchy strips itself of its own power, it will be the first oligarchy of history to do so. It cannot, of course, transmit its power by inheritance; but the inberitance of power is not the only cause of its abuse or basis of its perpetuation.

3. When Ridderbos concludes that the kingdom of God involves both a present and a future aspect, nothing especially startling is disclosed. But the author's treatment of this subject wins unqualified admiration when one takes account of the manner in which, in the context of a through and minute examination of the arguments of the representatives of "consistent eschatology" and "realized eschatology," he surverys the pertinent data and evaluates the issues with exceptional exegetical ability.

II. *Read the following quotation and answer the questions in Englisth*:

> "Many theologians and some scientists are now ready to proclaim that the nineteentn century 'conflict between science and religion' is over and done with(1). But even if this true, it is a truth known only to real theologians and real scientists ──that is, to a few highly educated men(2). To the man in the steet(3) the conflict is still perfectly real, and in his mind it takes a form which the learned hardly dream of(4). The ordinary man is not thinking of particular dogmas and particuar scientific discoveries. What troubles him is an all pervading difference of atmosphere between what he believes Christanity to be and that general picture of the universe which he has picked up from living in a scientific age(5).

1. What is the meaning of the expression "over and done with?"

2. Who are those "highly educated men?"

3. Find another expression in the quotation which is equivalent to "the man in the street."

4. Rewrite the underlined part in a sentence which is easier and clearer.

5. Is the conflict between Christianity and the world-picture as the ordinary man finds it a true one? If not, which expressions indicate that?

III. *summarize the following into Korean*:

Arius confessed the Christ was God and the Son of God, and, as if he had done what was right, pretended some agreement with the other men. Yet in the meantime he did not cease to prate that Christ was created and had a beginning, as other creatures. The ancients, to drag the man's versatile craftiness out of its hiding places, went farther, declaring Christ the eternal Son of the Father, consubstantial with the Father. Here impiety boiled over when the Arians began most wickedly to hate and curse the word homoousios. But if at first they had sincerely and whole heartedly confessed Christ to be God, they would not have denied him to be consubstantial with the Father. Who would dare inveigh against those upright men as wranglers and contentious persons because they became aroused to such heated discussion throught one little word, and disturbed the peace of the church? Yet that mere word marked the distinction between Christians of pure faith and sacrilegius Arians. Afterward Sabellius arose, who counted the names of Fater, Son, and Holy Spirit as almost of no importance, arguing that it was not because Spirit as almost of no importance, arguing that it was not because of any distinction that they were put forward, but that they were diverse attributes of God, of which sort there are very many. If it came to a debate, he was accustomed to confess that he recognized the Father as God, the Son as God, and the Spirit as God : but afterward a way out was found, contending that the had said nothing else than if he had spoken of God as strong, and just, and wise. And so he re-echoed another old song, that the Father is the Son, and the Holy Spirit the Father, without rank, with out distinction.

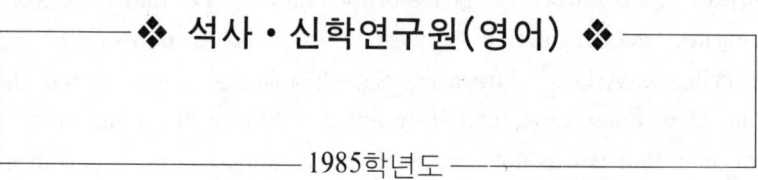

1985학년도

I. *Translate into Korean.*

"Witness" and "Preaching"

The Gospels, then, contain witness and preaching concerning Jesus Christ. To make clear the meanning lf "witness," we may think of the proceedings in a law court. The great point at issue is whether certain things have actually happened or not and particulary those things which are of interest in connection with the inquiry which the court of law has set up.

It is in this sense that the Gospels introduce into the world the witness concerning Jesus Christ. The Gospels contain the witness given by those who had actually seen and heard the thing that they report of Jesus, and who affirm that these things are reliable preaching. It challenges men to beliver. It recounts, not simply in order to increase historical knowledge, but in order that we should believe that Jesus in the Christ, the Son of God.

II. *Read the following passage carefully and answer the question in English.*

All undergraduate and graduate students are eligible for medical care at the university health center. The center is conveniently located right here on campus. We are open from 8 A. M. to 5 P. M. every weekday, and the doctor is available at all times for emergencies. Physicians in the health center treat all routine medical conditions but you should call the center for an appointment before coming in. If you are injured or too ill to wait for an appointment, you can be seen on a walk-in basis. We always give highest priority to emergencies. The anual health service fee charged to each student to on the term bill covers only medical care given by the health center. Since this fee doesn't cover all medical costs, we strongly urge all of you to maintain health insurance for hospitalization and medications.

1. According to the announcement, who is eligible to use the health center?

2. Where is the health center located?

3. When is the health center open?

4. What type of illness are treated at the health center?

5. What is the best way to see a doctor for an annual checkup?

6. What does the annual health service fee cover?

III. *Summarise the following into Kerean.*

It behooves the godly mind to climb still higher, to the height to which Christ calls his disciples : that each must bear his own cross (Matt. 16 : 24). For whomever the Lord has adopted and deemed worthy of his fellowship ought to prepare themselves for a hard, toilsome, and unquiet life, crammed with very many and various kinds of evil. It is the Heavenly Father's will thus to exercise them so as to put his own children to a definite test. Beginning with Christ, his first—born, he follows this plan with all his children. For even though that son was beloved above the rest, and in him the Father's mind was well pleased(Matt. 3 : 17 and 17 : 5), yet we see that far from being treated indulgently or softly, to speak the truth, while he dwelt on earth he was not only tried by a perpetual cross but his whole life was nothing but a sort perpetual cross. The apostle notes the reason : that it behooved him "learn obedience throught what he suffered"(Heb. 5 : 8)

Why should we exempt ourselves, therefore, form the condition to which Christ our Head had to submit, especially since he submitted to it for our sake to show us an example of patience in himself ? Therefore, the apostle teaches that God has destined all his children to the end that they be Conformed to Christ(Rom 8 : 29). Hence also in harsh and difficult conditions, regarded as adverse and evil, a great comfort comes to us : we share Christ's sufferings in order that as he has passed from a labyrinth of all evils into heavenly glory, we may in like manner be led through various tribulations to the same glory(Acts 14 : 22). So Paul himself elsewhere states : When we come to know the sharing of his sufferings, we at the same time grasp the power of his resurrection ; and when we become like him in his death, we are thus made ready to share his glorious resurrection (Phil, 3 : 10-11).

How much can it do to soften all the betterness of the cross, that the more we are afflicted with adversities, the more surely our fellowhip with Christ is confirmed! By communion with him the very sufferings themselves not only become blessed to us but also help much in promoting our salvation.

❖ 석사・신학연구원(영어) ❖

1986학년도

답안은 반드시 청남색 혹은 흑색 만년필 또는 볼펜으로 쓸 것.

Part A
Directions : In each sentence of Part A, a word or phrase is underlined Below each sentence are four other words or phrases, You are to choose the one word or phrase which would best keep the meaning of the original sentence if it were substituted for the unerlined word.

1. It is theorized that the universe is expanding at a rate of fifty miles per second per million light years.
    A) getting larger   B) getting faster
    C) getting smaller   D) getting slower

2. City taxes are based on an estimate of value of one's property.
    A) appraisal   B) forecast
    C) diagnosis   D) outline

3. Proximity to the court house makes an office building more valuable.
    A) Interest in   B) Similarity to

C) Nearness to D) Usefulness for

4. A balanced diet should include fish and <u>fowl</u> as well as red meat.
   A) fruit B) birds
   C) vegetables D) cheese and milk

5. The Congress <u>respected</u> Jefferson because, althought he was stern, he was fair.
   A) emulated B) counted on
   C) looked up to D) obeyed

6. People who live in the country enjoy a <u>rustic</u> life style.
   A) slow B) difficult
   C) simple D) happy

7. Although buses are <u>scheduled</u> to depart at a certain hour, they are often late.
   A) listed B) requested
   C) obligated D) loaded

8. Because light travels faster than sound, lighting appears to <u>go before</u> thunder.
   A) prolong B) traverse
   C) repel D) precede

9. The Constitution guarantees that private homes will not be searched without a <u>warrant</u>.

A) special guard
B) written authorization
C) national emergency
D) small payment

10. Dali's paintings can inspire a <u>pensive</u> mood.
    A) cheerful
    B) thoughtful
    C) depressed
    D) confused

11. The copperhead, a snake that strikes without warning, is considered much more <u>dangerous</u> than the rattlesnake.
    A) exquisite
    B) sporadic
    C) treacherous
    D) aloof

12. The landscape can change <u>abruptly</u> after a rainstorm in the desert Southwest.
    A) quickly
    B) sharply
    C) favorably
    D) slightly

13. Because of the extreme pressure underwater, divers are often <u>sluggish</u>.
    A) slow
    B) hurt
    C) careful
    D) worried

14. Travel agents will <u>confirm</u> your reservations for you free.
    A) purchase
    B) verify
    C) exchange
    D) obtain

15. J. P. Morgan had a reputation for being a <u>prudent</u> businessman.

A) clever   B) wealthy
C) careful   D) dishonest

Part B

Directions: *In Part B each problem consists of an incomplete sentence. Four words of phrases, marked (A), (B), (C), (D), are given beneath the sentence. You are to choose the one word or phrase that best completes the sentence. Then, on your answer sheet, find the number of the problem and mark your answer.*

16. Please write out the answers to the questions at the end of _____
    A) eighth chapter   B) eight chapter
    C) chapter eight   D) chapter the eight

17. Although the weather in Martha's Vineyard isn't _____ to have a year round tourist season, it has become a favorite summer resort.
    A) gooldly enough   B) good enough
    C) good as enough   D) enough good

18. _____ to go to the grocery store every day?
    A) Do people in your country like
    B) Won't people in your country like
    C) May people in your country like
    D) Have people in your country like

19. In many ways, riding a bicycle is similar to _____.

A) the driving of a car
B) when you drive a car
C) driving a car
D) when driving a car

20. Although most adopted persons want the right to know who their natural parents are, some who have found them wish that they _____ the experience of meeting.
    A) hadn't
    B) didn't have had
    C) hadn't had
    D) hadn't have

21. Canada does not require that U. S. citizens obtain passports to enter the country, and _____.
    A) Mexico does neither
    B) Mexico doesn't either
    C) neither Mexico does
    D) either does Mexcio

22. Kubrick's going to be nominated to receive the Academy Award for best director, _____?
    A) won't he
    B) didn't he
    C) doesn't he
    D) isn't he

23. _____ the formation of the Sun, the planets, and other stars began with the condensation of an interstellar cloud.
    A) It accepted that
    B) Accepted that
    C) It is accepted that

D) That is accepted

24. The speaker is _____.
   A) very well acquainted with the subject
   B) recognized as an authority who knows a great deal in terms of the subject
   C) someone who knows well enough about the subject which he has undertaken to do the speaking.
   D) a person who has close awareness of the subject that he speaks about so much

25. The Consumer Price Index Lists _____.
   A) how much costs every car
   B) how much does every car cost
   C) how much every car costs
   D) how much are every car cost

26. The Ford Theater where Lincoln was shot _____.
   A) must restore
   B) must have been restored
   C) must be restoring
   D) must restored

27. Fast food restaurants have become popular because many working people want _____.
   A) to eat quickly and cheaply
   B) eating quickly and cheaply
   C) eat quickly and cheaply

D) the eat quickly and cheaply

28. After seeing the movie, Centennial, _____.
   A) the book was read by many people
   B) the book made many people want to read it
   C) many people wanted to read the book
   D) the reading of the book interested many people

29. _____, Carl Sandburg is also well known for his multivolume biography of Lincoln.
   A) An eminent American poet
   B) He is an eminent American poet
   C) An eminent American poet who is
   D) Despite an eminent American poet

30. The examiner made us _____ our identification in order to be admitted to the test center.
   A) showing   B) show
   C) showed   D) to show

Part C
Directions : For each of these questions, choose the answer that is closest in meaning to the originalsentence.

31. What people eat in the morning plays an important part in how they feel all day.
   A) People must eat in the morning to play important parts in the day.

B) What is eaten in the morning is felt all day.
C) An important part of the day is eating in the morning.
D) Eating correctly in the morning can make one feel better all day.

32. Fabulous fortunes(=riches, large possessions) that are your for the finding lie hidden on land and beneath the sea.
   A) Your astonishing fortunes are lost on land and under the sea.
   B) incredible fortunes are concealed on land and under the sea for you to discover.
   C) Fortunes are available both on land and beneath the sea.
   D) Your fortunes that are legendary are laid on land and at sea.

33. Out of a total of 2,000 cases of the illness malaria, over 35% involved children under the age of six.
   A) Children under the age of six had 2,000 cases of malaria.
   B) Thirty-five percent of children under the age of six had malaria.
   C) In 35 percent of 2,000 cases, children under six were those who had malaria.
   D) Among 2,000 young children under six, thirty-five percent had malaria.

34. Turn-ups and downs of economic conditions have a great effect on our daily life.
   A) Economic fluctuation(=alternationg variation) is common.
   B) Economic situation changes have a very important impact on our life.

C) We dislike economic turn-ups and downs.

D) We recently suffered from economic changes.

35. The odd thing about truth is that it keeps changing its clothes.

A) The funny thing about truth is that it is always implicit.

B) It is strange that truth never reveals itself wholly.

C) The peculiar thing about truth is that it always disguises itself.

D) The strange thing about truth is that its appearance is changing all the time.

Part D

Direction : Fill the blanks with suitable words.

36. The heterodox opinions of one age frequently become the orthodox views of its successor. Flaws in existing views are pointed out, and eventually these views are altered of discarded.

A) unpopular   B) rational
C) tansitory   D) eternal

37. A community may be as small as a family or as large as the human race. Each small community is a part of larger community and each large community consist of smaller communities. The single important element in determining a community is _____ .

A) people   B) location
C) size   D) type

38. The average Chinese has traditionally looked upon government as nuisance Government is thought to exist largely for the benefit of the rulers. People seem to have little love for the government or those connected with it. Whereas there is great emotional loyalty. to China, there seems to be littel sense loyalty to support _____.
    A) the state
    B) the nation
    C) the administration in power
    D) public administration

39. The temperatures at certain Washington embassies reflect the fortunes of the fuel crisis. The ambassador of oil−rich Quwait has set his thermostat a cozy 70. On the other hand, the Israelis have turned their dial to a _____ 65.
    A) glacial   B) nipping
    C) freezing   D) spartan

40. Natives of hot countries are firm in their belief that any newcomer no matter how industrious, must eventually surrender to their time-honored tradition of the siesta. One may work diligently during the cooler part of the day, but when the sun is highest, rest is _____.
    A) relaxing   B) necessary
    C) neglected   D) unimportant

Part E
Translate into Korean.

The God of the Bible is self−contained and all−sufficient. He is a Spirit, infinite, eternal and unchangeable in his being, wisdom, power, holiness, justice, goodness, and truth. Being self−sufficient, he is not corelative to a principle of individuality that is as original as he and which needs him as its correlative. He is not merely a formal or abstrat principle of unity which is meaningless until it is brought into contact with brute factuality that stands over against him There is no non−being or poetentiality that acts as an original opposite him.

Part F
Read the following and summarise in Korean.

But because in our own day their have arisen certain frenzied persons, such as Servetus and his like, who have entangled everything with new deceptions, it is of importnace do discuss their fallacies in a few words. For Servetus the name "Trinity" was so utterly hateful and detestable that he commonly labeled all those whom he called Trinitarians as atheists. I pass over the senseless words that he thought up to rail at them. This, indeed, was the sum of his speculations : God is assumed to be tripartite when three persons are said to reside in his essence : this is an imaginary triad, because it clahes with God's unity. Meanwhile, he would hold the persons to be certain external ideas which do not truly subsist in God's essence, but represent God to us in one manifestation or another.

In the beginning there was no distinction in God, because the Word and the Spirit were formerly one and the same : but when Christ came forth as God from God the Spirit proceeded from him as another God. But enen though he sometimes colors his absurdities with allegories, as when he says that the eternal Word of God was the Spirit of Christ with God and the refulgence of his idea, and that the Spirit was the shadow of deity, yet afterward he annihilates the deity of both, declaring that as God metes out according to his dispensation there is a part of God both in the Son and in the Spirit, being substantially in us and also in wood and stone, is a portion of God. We will see in its proper place what he babbles concerning the person of the Mediator. Indeed, this monstrous fabrication, that "person" is nothing else than a visible manifestation of the glory of God, needs no long refutation. For although John affirms that the Word was God when the universe was as yet not created, he utterly distinguishes Word from idea (John 1 : 1). If then, also, that Word who was God from farthest eternity both was with the Father and had his own gloy with the Father(John 17 : 5), surely he could not habe been and outward or figurative splendor, but or necessity it follows that he was a hypostasis that resided in God himelf.

❖ 석사·신학연구원(영어) ❖

1987학년도

I. In each case select the word which has most nearly the same meaning as the word underlined. (30 points)

1. An admonitory gesture keeping them back.
   A) violent   B) stern
   C) warning   D) conciliatory
   admonish에서 왔다. reprove, advise, remind, warning의 뜻
   admonition(명) admonitor(명)

2. The unfallibly graceful cats.
   A) sure-footedly   B) unbelievably
   C) solidly   D) unfailingly
   fallibility 오류 가능성
   fallible 오류 범하기 쉬운에서 접두어 un을 붙여 반대로 쓰임

3. Inviolable rights of free people.
   A) sacred   B) inherited
   C) intangible   D) permanent
   violate 범하다 위반하다에서 in을 붙여 반어로 쓰임
   inviolability(명)
   inviolacy(명) inviolate(동)

4. The polyglot tumult of New York's East Side.
   A) foreign
   B) overwhelming
   C) many-languaged
   D) multitudinous
   poly는 mono의 반대어로 다양한, 많은의 뜻
   polygamy : 일부다처

5. The secular interests of the common man.
   A) spiritual
   B) worldly
   C) selfish
   D) secret
   secularity(명) 세속, 속화, 현세
   secularization(명) secularize(동)

6. Experiencing it vicariously.
   A) with enthusiasm
   B) religiously
   C) intimately
   D) by proxy
   vicarious : vice에서 온 말
   남 대신에 하는(당하는), 대신의, 대리의
   vicariousness(명)

7. The two countries had reached the stage where war was considered imminent.
   A) possible
   B) probable
   C) inevitable
   D) impending
   imminency : 절박, 촉박

8. A comprehensive theory explaining the growth of civilization has yet to be accepted by most scholars.
   A) all advanced
   B) an original

C) an acceptable   D) an inclusive
   comprehend(동) 이해, 포함, 함축하다

9. Many pure metals have little use because they are too soft, rust too easily, or have some other drawback.
   A) property   B) additive
   C) disadvantage   D) disparity
   drawback 결점, 불이익, 고장, 공제, 되돌림

10. There was no dispute regarding his ability.
    A) argument   B) agreement
    C) relationship   D) understanding
    disputation(명) 논쟁. disputable(형)

11. The information she had was irrelevant.
    A) important   B) difinite
    C) irreversible   D) inapplicable
    irrelevance(명) 부적절, 부적당, 관련없음
    irrelevant(형)

12. The statement is inherently wrong.
    A) substantially   B) basically
    C) exhaustedly   D) prudently
    inhere(동)에서 파생, 타고나다, 부여받다

13. She stumbled and hurt herself.
    A) cried out   B) tripped
    C) exaggerated   D) became sick
    Stumbling block : 장애물, 장애

14. Prof. Baker came up with an idea in ihs lecture yesterday.
   A) daunted   B) abetted
   C) apportioned   D) proposed
   come up with : 제출하다, 제안하다

15. An oversight in proofreading often results in printed errors.
   A) An inconsistency   B) A discrimination
   C) A blotch   D) An inattention
   oversight : 문자 그대로 대충 봄, 간과

II. *Among the four words or phrases, marked(A), (B), (C), (D) choose the one word or phrase that best completes the sentence.* (30 pionts)

16. The colleges vary so greatly that the problem was finally answered only
   A) with respect to a specific college
   B) getting to specific college
   C) with a view to specific college
   D) with a regard to a specific college

17. "I am surprised that administration approved of the protest march."
   "I am too, It usually frowns ____ such demonstrations."
   A) on   B) with
   C) for   D) to

18. "I don't feel like staying here." "_____ you like to leave the party and come to mine?"
    A) Won't
    B) Will
    C) Wouldn't
    D) Are

19. "I guess Jones didn't have to win the election."
    "He certainly didn't. _____ the people in the city voted for his opponent."
    A) Almost all of
    B) Most all of
    C) Most of all
    D) Almost the whole of

20. "Are you helping to organize the political convention?"
    I'm in charge of welcoming the _____."
    A) out-of-town visitors
    B) visitors from outside of town
    C) visitors out-of-town
    D) outside town visitors

21. I don't think that your watch is _____.
    A) worthy the price
    B) worth the price
    C) worth of the price
    D) worthy to buy

22. "Harry treats his secretary badly."
    "Yes. He seems to think that she's the _____ person in the

office."
A) least important
B) less important
C) lesser important
D) not most important

23. "It takes me just twenty minutes to reach the city from her."
 "Do your really drive _____ ?"
A) as fast
B) that fast
C) with such fastness
D) fast like that

24. "We didn't study English last night, but we _____.
A) had studied   B) could
C) should   D) could have

25. "The cake is delicious, John." "Then, do you want more?"
A) a little   B) some
C) little   D) much

26. "What?" "We danced _____ the music of Jimmy Dorsey's band."
A) to   B) with
C) in   D) on

27. Johe never realized that in order to play the piano, he must have _____.

A) not only training but talent also
B) also training and talent
C) not talent but training also
D) only training but also talent

28. "May I help you? You've lots of things to carry."
    "Would you mind _____ for me?"
    A) carrying these books
    B) to carry these books
    C) carry these books
    D) will carry these books

29. "What happens to your shoes?" "They want _____."
    A) to ment   B) mending
    C) mended   D) mend

30. "When are you going to leave?"
    "We expect _____ tomorrow."
       A) leaving   B) leave
       C) left   D) to leave

III. *Select the correct statement which restates the main idea to the following* (20 *points*):

31. A major handicap of young people and adults in getting good jobs is not necessarily lack of intelligence. Often it's

the lack of ability to read well engough to meet the job commands.
A) In the world of today the chance for employment rests in part upon the ability to read.
B) lack of intelligence is never a handicap in getting a job.
C) Most of the job failures are due to inability to read at fifth grade level.
D) Anyone who reads well can be certain of getting a job.

32. She is estranged from her husband.
    A) Her husband finds her behaviour puzzling.
    B) They are of different races.
    C) They are no longer living, happily together.
    D) They are just getting over a little quarrel.

33. If you are looking for the most delicious French cuisine in town, why not rendezvous at this delightful spot where appetizing dishes are always served?
    A) You should not eat too much French food, so that you may not lose your appetite.
    B) We serve the best French food it you come to this place.
    C) If you need a French cook, please come here to locate him.
    D) Even though French food is delicious, you need good service to enjoy it.

34. Never let youself be persuaded that any one great man, any one leader, is necessary to the salvation of Korea.

A) Truly Korea leadership is not of any one man.
B) Korea needs a strong leader in order to save herself.
C) If Korea can not find a strong man to lead her, she will be in danger.
D) Because Korea is divided in opinion, it needs the strongest leadership.

35. Americans today send out an astonishing four billion cards every Christma.
   A) Each year about four billion Americans are astonished by Christmas cards.
   B) About four billion Christmas cards are sent annually by Americans.
   C) About four billion Americans are astonished each other with their annual Christmas cards.
   D) Each Christmas about four billion Americans send cards.

36. Turn-ups and downs of economic conditions have a great effect on our daily life.
   A) We recently suffered from economic changes.
   B) Economic fluctuation is common.
   C) Economic situation changes have a very important impact on our life.
   D) We deslike economic turn-ups and downs.

37. Brad knew that the money he had given to his friend was more of an investment than a loan.
   A) The money Brad loaned to his friend was now gone

forever and a poor investment.
B) Brad considered the money an investment in friendship, not a loan.
C) Buying friendship was Brad's way of using a loan.
D) Investing in his freind could prove more profitable to Brad than just loaning money.

38. If there were no mountains or oceans, and if the winds circled the earth with perfect regularity, then the amount of heat and the length of the farmers' growing season would progress at the same rate from north to south.
    A) Mountains, oceans and winds determine the world's weather patterns and the length of crop-producing seasons.
    B) High mountains and gentle breezes provide ideal weather conditions for everyone.
    C) Apporoximately 50% of the earth's surface is covered with land masses that affect world weather pattern.
    D) A uniform, consistent weather pattern would be of much value to the farmers of the world.

39. To all of us, then, to youth and to adult alike, comes the challenge to get ourselves ready to orient ourselves for living in an age which the airplane seems destined to mold.
    A) Under present world conditions the airplane is higher than men can see.
    B) Under Present world conditions the airplane is master of

men.
C) Under present world conditions the airplane is deliverance from war.
D) Under present world conditions the airplane may shape the future.

40. World—wide exploration, followed by jet travel and instantaneous communication, has made the remote and isolated familiar and even commonplace, and foreign names have become part of the common tongue.
A) Travelers return home with may new words in their vocabulary.
B) Modern travel and communication facilities have made the faraway ordinary.
C) There are many remote places in the world with exotic—sounding place names and food.
D) The English language cannot accommodate the inclusion of foreign words.

IV. *Read the following and answer the questions.* (20 *points*)

When the astronaut of the future steps out of his rocket ship onto an alien planet, he will have a good idea of what to expect. Through science, he will know the temperature of the plant, what its atmosphere is composed of, how large its is and how strong its gravitational pull is. And he will have a fairly accurate idea of what kind of living things he might find.

How can the scientist tell the astronaut so much about a destination millions of miles away? Our only connection with the heavenly bodies is the immaterial light waves we see. But because these light waves can be seen, scientists can study them. For example, they can analyze the spectrum, or arrangement of color bands, or the light a planet reflects from the sun. From this they can figure out what elements make up the planet atmosphere.

The astronomer's instrument and methods have grown increasingly complex and accurate over the years. Thanks to the growth of science, the astronaut will know much more about his destination than Columbus, in the fifteenth century, knew about his.

41. The first astronaut on an alien planet will already know its _____.
    A) temperature
    B) size
    C) gravitational pull
    D) all of the above

42. According to the article, our link with unexplored planets is through _____.
    A) sound waves
    B) the moon
    C) light waves
    D) our atmosphere

43. According to the article, spectrum analysis can tell scientists a planet's _____.
   A) size and weight
   B) orbital path
   C) atmospheric makeup
   D) gravitational pull

44. The light from a planet is _____
   A) light from burning gases
   B) moonglow
   C) cold light from phosphorus
   D) reflected sunlight

45. Implied but not stated :
   A) Science will aid the future astronaut.
   B) Science knows that no life exists on other planets.
   C) Science will continue to grow and progress.
   D) The first planet explorer will be American.

   The traditional American Thanksgiving Day celebration goes back to 1621. In that year a special feast was prepared in Plymouth, Massachusetts. The colonists who had settled there had left England because they felt denied of religious freedom. They came to the new land and faced difficulties in coming across the ocean. The ship which carried them was called the Mayflower. The North Atlantic was difficult to travel. There were bad storms. They were assisted in learning to live in the new land by the Indians who inhabited the region. The Puritans, as they were called, had much to be thankful for. Their religious practices were no longer a source of criticism by the government. They learned to adjust their farming habits to the climate and soil. when they selected the fourth Thursday of November for their Thanksgiving celebration, they invited their neighbors, the Indians, to join them in dinner and a prayer of gratitude for the new life. They recalled the group of 102 men, women, and children who left England. They remembered their dead who did not live to see the shores of Massachusetts. They reflected on the 65 days' journey which tested their strength.

46. Why had they left England ?
    A) Because of religions problems
    B) To establish a new religion
    C) To learn farming
    D) Because of the Indians.

47. The Mayflower was _____.
    A) the city they left from
    B) the city they arrived at
    C) the ship they traveled in
    D) the name of the Indian chief

48. They gave thanks while remembering _____.
    A) the new society of Indians
    B) Their friends who did not live to see the new land
    C) their former religion
    D) to invite the Indians

49. The climate and soil in Massachusetts is _____.
    A) similar to that of England
    B) different from that of England
    C) similar to that of Plymouth
    D) different from that of Plymouth

50. They invited the Indians to dinner in order to _____.
    A) show their gratitude
    B) teach them how to cook
    C) feed the hungry Indians
    D) avoid war

❖ 석사 · 신학연구원(영어) ❖

1988학년도

I. *Each problem consists of a short written conversation between two speakers, part of which has been omitted. Four words of phrases, markes 1, 2, 3, and 4 are given beneath the conversation. You are to choose the* one *word or phrase that will correctly complete the conversation and mark your answer on your answer sheet.*

1. "Leaving for Pusan?" "_____"
   A) Soon   B) Lately
   C) Late   D) Sooner

2. "What do you think about Mr. Kim?" "He has no sense _____.
   A) no matter what
   B) what
   C) nevertheless
   D) whatsoever

3. "Chulsoo, why did you come so early for lunch today?"
   "Oh, I thought the bell _____"
   A) had alredy rang
   B) has already rung

C) already had rung
D) had already rung

4. "Can you understand?" "You can speak to me _____ on that subject"
   A) with plain
   B) plain
   C) plaining
   D) plainly

5. "My father is very strict." "I think _____."
   A) quite strict father he is
   B) he is a quite strict father
   C) he is a father quite strict
   D) he is quite a strict father

6. "It's only five, but I am alredy so hungry."
   "That's because you got _____ lunch."
   A) such small
   B) such a small
   C) so a small
   D) so small

7. "What does your house look like?" "My house is _____ yours."
   A) as
   B) like
   C) same
   D) same with

8. "I haven't turned in papers yet." "Oh, _____"
   A) neither I have
   B) I have neither

C) I neither have
D) neither have I

9. "I am afraid not." "I certainly didn't intend to cause you so _____ inconvenience."
   A) more
   B) many
   C) much
   D) very

10. "How do you think about the breakfast?"
    The breakfast is inferior _____ that of yesterday."
    A) than
    B) to
    C) under
    D) with

11. How do you feel?" "The longer we study, the _____ we get."
    A) tiring
    B) tired
    C) tireder
    D) more tired

12. "Mija works very hard," "But her pay is not _____"
    A) good as enough
    B) as good enough
    C) good enough
    D) enough good

13. "Glad to visit you again." "Would you like _____ hot coffee?"
    A) some
    B) any more
    C) any
    D) drink

14. "Did you tell Mija and her sister about our change in plans?"
    "Yes, I told her we'd be _____ "
    A) to some late
    B) a little late
    C) a few late minutes
    D) late several minutes

15. "The cake is delicious, Chulsoo." "Then, do you what _____ more?"
    A) a little   B) some
    C) little   D) much

16. "How many books does she have?" "She possesses _____ books."
    A) plenty of
    B) very much
    C) a great deal of
    D) a quantity of

17. "How are the pictures?" "A number of the pictures _____ excellent."
    A) is   B) are
    C) do   D) does

18. "What is Mija?" "What it _____ you were referring to?"
    A) he   B) they
    C) her   D) she

19. "Anything wrong?" "There was no objection on the part of _____ present."

    A) this
    B) those
    C) these
    D) who

20. "How was he in the city?"
    "In the city, he was always being annoyed noise of one sort or _____"

    A) all
    B) others
    C) another
    D) kind

21. "Who was arrested?" "None of the men _____ arrested."

    A) was
    B) has been
    C) would be
    D) were

22. Who are those boys?" "Those boys are friends of _____."

    A) them
    B) they
    C) their
    D) theirs

23. "Our city has changed a great deal." "It doesn't even resemble _____"

    A) the one of three years ago
    B) one three years ago
    C) the one since three years
    D) one from three years

24. "Hats?" "Where are the _____ hats?"

    A) women's
    B) wonen

C) womens   D) woman

25. "I think I failed the test." "In my opinion, the _____ was the most unreasonable."
   A) examination third question
   B) question third of the examination
   C) third examination question
   D) examination of the third question

II. *In each of the sentences below there is a blank space indication that a word has been omitted. Beneath the sentence are four numbered words ; form these five words you are to choose the one word which, when inseted in the blank space, best fits in with the meaning of the sentence as a whole.*

26. Because he is so _____ we cannot predict what course he will follow at any moment.
   A) incoherent   B) fastidious
   C) capricious   D) deleterious

27. The old-fashioned orator spoke in a _____ and pompous manner.
   A) orotund   B) brazen
   C) bombastic   D) flaccid

28. The students gathered in the _____ for their evening meal.
   A) solarium   B) refectory

C) buttery   D) nave

29. The bank teller's _____ of the funds was not discovered until the authorities exmined the accounts.
    A) burglary   B) pilfering
    C) theft   D) embezzlement

30. A chain of fortuitous circumstances brought about these results.
    A) lucky   B) disastrous
    C) haphazard   D) propitious

31. He was so convinced that people were driven by _____ motives that he could not believe that anyone could be unselfish.
    A) selfish   B) personal
    C) altruistic   D) ulterior

32. Because he was an _____, he preferred reading book in his own study to attending a night club.
    A) extrovert   B) exhibitionist
    C) egoist   D) introvert

33. the plot of this story is so _____ that I can predict the outcome.
    A) clever   B) inveterate
    C) involved   D) trite

III. Read the following story and choose the one best answer 1, 2, 3, or 4 to each question and then mark the number of your choice on your anwer paper.

As long as the American land was not completely settled and the elements of civilized order not yet imposed on the frontier, the permanent american passion for looking the the future was devoted to prophetic brooding on material expansion and to great efforts to make those prophecies come true. But with the closing of the frontier, interest in the future took a more human form.

It became the ambition of the american man and woman to provide a world in which life would be easier for the next generation. Psychologically, at least, the closing of the frontier meant a closing—in of the horizons, since it was no longer possible to dismiss the problem of youth's economic future with a brisk "Go West, young man, and grow up with the country," As a result, providing a world in which young men and women could grow up in a fairly stable country became a constant national concern. It was reflected in the increasing interest in education and in the sharp all in the size of the family. If, on the other hand, the old tradition survived that every boy, no matter how wealthy his parents, worked at home and earned a little money outside, it gradually came to be slightly artificial. When the merchant's or the lawyer's son made some extra money by delivering papers or cutting lawns, he was probably performing an act of discipline rather than a strictly economic function. The boy who was made to earn a

> dollar or two a week in such ways might all the while be arguing, with vigor and success, for the right to a car of his own or to a free hand with the family car.

34. After the land was completely settled, interest in education increased because _____.
   A) The number of shools increased
   B) there was not enough work to keep the young busy
   C) knowledge accumulated rapidly
   D) parents wanted a better life for their children

35. The expression "a free hand with the family car" in the last sentence means most nearly _____.
   A) permission to use the car whenever desired
   B) gift of the car by parents to child
   C) freedom to drive the car without training
   D) possession of a license to drive the car

36. After the land was completely settled, people apparently thought that the country would not be stable if _____.
   A) too many children were in school
   B) families were too large
   C) children did not work at home
   D) children drove their own cars

37. The author desribes the surviving tradition of work for children as "slightly artificial" because _____.
   A) economic needs were replaced by disciplinary desires

B) later generations did not unerstand earlier thinking

C) work had to be created to give children something to do

D) children were no longer willing to work hard

38. Merchants and lawyers encouraged their children to work because this work _____.

A) added to the family income

B) taught The children valuable skills

C) was believed to be good disciplinary training

D) helped society produce more goods

39. Which of the following would be the best title for this passage?

A) How the West was settled

B) The Decline of Opportunity

C) The Growth of Education

D) An Aspect of the American Character

40. The money earned by the lawyer's son was "extra" because it was _____.

A) not necessary for his upkeep

B) an addition to his regular salary

C) more than he had expected

D) an addition to his father's income

IV. *Translate into Korean*

Calvin's personality has always been a lively subject for debate. His detractors see him mostly as a stubborn, intolerant, coldly rational authority figure, His admirers do not pretend that he was lovable, but they note his wide circle of friends and colleagus who looked to him for advice, and they point to his unflinching loyalty to the truth as he saw it in the Word of God for his day.

석사·신학연구원(영어)

1989학년도

TEST OF ENGLISH FOR M.DIV. AND LIPLOMA APPLI CANTS

I. Each problem consists of a short written conversation between two speakers, part of which has been omitted. Four words or phrases, marked 1, 2, 3, and 4 are given beneath the conversation. You are to choose the one word or phrase that will correctly complete the conversation and mark your answer on your answer sheet.

1. "How does he behave?" "He behaves himself ____." ('77/6 TOEFL. '74농협중앙회)
   ① well
   ② good
   ③ nice
   ④ kind

2. "May I help you?" "Yes, I'd like to buy some ____."
   ① blue furnitures
   ② blue's furnitures
   ③ blue furniture
   ④ blue's furniture

3. "How is the progress?" "Two-thirds of the work finished."('67/4 TOEFL.'77/8 한국전력)
   ① are   ② is
   ③ to be   ④ will

4. "He had a great deal of trouble with ____" "What was he angry for?"
   ① the store's management
   ② the stores management
   ③ the management of the store
   ④ store's management

5. "Do they like John?" "Certainly, he is ____ person."
   ① a so nice   ② so nice
   ③ such nice   ④ so nice a

6. "It's only five, but I am already so hungry."
   "That's because you got ____ lunch."
   ① such small   ② such a small
   ③ so a small   ④ so small

7. "Then about the ice." "The ice melted ____."
   ① fastly   ② very fastly
   ③ quick   ④ fast

8. "It's very cold today. What is the weather report?"
   "According to ____, it will rain very soon."
   ① the weather bureau

② the weather's bureau
③ the bureau of the weather
④ weather bureau

9. "The United States is certainly an interesting country, isn't it?"
"Yes, You can find just about _____ there." ('71/1. 68/6 TOEFL)
① something   ② nothing
③ everything   ④ anything

10. "Did he go?" "No, but he planned _____."
① to   ② so   ③ that   ④ go

11. "You are _____ on the telephone." "Thank you."
① rung   ② spoken
③ wanted ④ talked to

12. "What's the matter with John?" "He didn't pass the test but he still _____." ('77 럭키그룹)
① hopes so   ② hopes to
③ hopes it   ④ hopes that

II. Each problem consists of a sentence in which one word is omitted.
Four words marked 1, 2, 3, and 3, are given beneath the sentence.
You are to choose one word that best completes the sentence

and mark the answer on your answer sheet.

13. Coffee and tea are common aromatic _____.
    ① beverages   ② loaves
    ③ bowls   ④ bandits

14. Tom and Bill went out to _____ some wood for the fire.
    ① chop   ② polish
    ③ butcher   ④ drill

15. You may go out if there is a _____ in the storm.
    ① lull   ② gust
    ③ rainbow   ④ speck

16. Tell me the company you _____, and I will tell you what you are.
    ① have   ② make
    ③ do   ④ keep

17. The author _____ the book to his son.
    ① dedicated   ② submerged
    ③ promoted   ④ reassured

18. We tried to _____ our conversation to arguments relevant to the topic.
    ① confide   ② retort
    ③ confine   ④ resort

III. In each line below you will fine one bold-typed word followed by four words or phrases numbered 1 to 4. In each case choose the word or phrase that has most nearly the same meaning as the bold-typed word and mark the answer on your answer sheet.

19. CUMULATIVE
    ① additive   ② clumsy
    ③ cumbersome   ④ incorrect

20. EPIGRAM
    ① chemical term   ② outer skin
    ③ pithy saying   ④ tombstone

21. GESTICULATE
    ① dance   ② digest easily
    ③ ridicule   ④ use gestures

22. BEGUILE
    ① benefit   ② bind
    ③ deceive   ④ envy

23. AVID
    ① eager   ② glowing
    ③ indifferent   ④ lax

24. LABYRINTH
    ① laboratory   ② maze

③ path   ④ room

25. REGURGITATE
① make new investments   ② obliterate
③ restore to solvency   ④ surge back

26. PODIUM
① dais   ② foot specialist
③ magistrate   ④ Roman infantryman

27. BEREFT
① annoyed   ② deprived
③ enraged   ④ insane

28. ELUCIDATE
① escape   ② evade
③ explain   ④ shine through

IV. Read the following story and choose the best answer 1, 2, 3, or 4 to each question and then mark the answer on your answer sheet.

The first English window was just a slit in the wall. It was cut long, so that it would let in as much light as possible, and narrow, to keep out the bad weather. However, the slit let in more wind than light. This is why is was called "the wind's eyes." The word window itself comes from two Old Norse words for wind and eye.

Before windows were used, the ancient halls and castles of

northern Europe and Britain were dark and smoky. Their great rooms were high, with only a hole in the roof to let out the smoke from torches and cooking fires.

As time went on, people wanted more light and air in their homes. They made the wind's eyes wider so as to admit air and light. They stretched canvas or tapestry across them to keep out the weather.

29. The first window was a _____.
   ① large hole in the wall
   ② hole covered with canvas
   ③ slit in the wall
   ④ slit with a piece of paper over it

30. The word window meant _____.
   ① opening to look through
   ② light given
   ③ wind
   ④ wind's eye

31. The window got its name because it _____.
   ① kept out the wind
   ② below out the smoke
   ③ let in more wind than light
   ④ let in mostly light

32. In the ancient castles, smoke went out through _____.

① the windows   ② the doors
③ the chimney   ④ a hole in the roof

33. It seems true that the larger, canvas-covered windows _____.
① were not as good as the first windows
② let in more light and kept out more wind
③ did not let any air
④ were as good as today's windows

About three hundred years before Caesar, human geography was treated in conjunction with description of particular areas and accordingly seemed unscientiffic to those who strove for the development of science. Pytheas, a geographer of the time, began a counter movement to develop a scientific human geography and laid a foundation for systematic research. As a matter of fact, he was one of the most talented men who travelled and studied in Europe and other parts of the world. At that time people in Southern Europe did not know of the existence of Northern Europe. Affer Pytheas discovered the existence of Northern Europe, many people from all walks of life did not believe what he said.

Although Pytheas attempted at great risk to himself to immortalize his discoveries on paper, he was unsuccessful. Instead, the ideas of Pytheas have been preserved in the violently abusive writings of his most virulent detractors, Strabo and Polybius, who still believed that the world was flat and consisted only of the small area in Southern Europe where they lived. Their beliefs were held by the general populace at that time, also. These men and many others, especially prominent geographers, held ideas in direct opposition to those of Pytheas. They were widely respected and their findings were taken as the truth for many generatins. But now we know that much of what Pytheas said was true.

34. "From all walks of life" means ____.
   ① of all ages   ② of all nations
   ③ of all occupations   ④ of all beliefs

35. "At great risks to himself" means to risk to his ____.
   ① reputation   ② life
   ③ wealth   ④ peace of mind

36. According to the preceeding piece, the critics of Pytheas ____.
   ① were afraid of him
   ② attacked him physically
   ③ were amused by him
   ④ attacked him sharply

37. Polybius and Strabo were ____.
   ① followers of Pytheas
   ② critics of Pytheas
   ③ fellow friendly geographers
   ④ leaders of the government

38. What is true about the period of time the paragraph deals

with?

① The world was larger than it was believed to be.

② All opinions were carefully weighed.

③ The world was smaller than it was believed to be.

④ The people belived in Pytheas.

39. Most of our present knowledge of theories of pytheas was _____.

① found in his writings

② contained in the arguments of his critics

③ believed by the general populace

④ found now to be totally untrue

40. Although most people believed that Pytheas was a liar, today we find this explorer's reports to be _____.

① convincing   ② dishonest

③ abusive   ④ true

Ⅴ. Translate the following sentences into Korean and write your translation on your answer sheet.

There are persons in the ministry who, having accumulated a little stock of sermons, repeat them adnauseam, with horrible regularity.

Itinerating brethren must be far more subject to the temptation than those who a stationed for several years in one place. If they fall victims to the habit, it must surely be the end of their usefulness, and send an intolerable death-chill into-their hearts, of which their people must soon be conscious, while they hear them parroting forul their time-worn productions.

◆ 석사·신학연구원(영어) ◆

1990학년도

I. Each problem consists of a sentence in which one word is omitted. You are to choose the one word that best completes the sentence and mark your answer on your answer sheet.

1. It was out of ____ to Jesus that his followers clung so doggedly to this sign [the cross].
   ① loyalty   ② humiliation   ③ faith   ④ rebellion

2. Luke adds his comment that "everything that is written by the prophets about the Son of Man will be ____."
   ① cancelled   ② nullified   ③ fulfilled   ④ ruined

3. It is often asserted that in the book of Acts the apostles' emphasis was on the ____ rather than the death of Jesus.
   ① resurrection ② crucifixion ③ condemnation ④ mortification

4. Because John was combatting an early ____ which trued ti sever Christ from Jesus, the divine Son from the Human Being, he insisted that Jesus was "the Christ come in the flesh" and that anyone who denied this was Antichrist.

① heat　　　②heresy　　　③hearsay　　　④hero

5. "You are worthy to take the ___ and to open the seals, because you sire slain, and with your blood you purchased men for God from every tribe and language and people and nation…"
① scroll　　　② crown　　　③crowd　　　④secret

II. Select the words or set of words that best complete the sentences and mark you answer on your answer sheet.

6. To be a truly great writer, it is not enough to write from ___ : it is also necessary to write with ___.
① enterprise … money　　② reading … conflict
③loneliness … style　　　④ experience … inspiration

7. Although many people advocate personal sacrifice for the public good, their ___ often ends at the point where the call for their personal ___ begins.
① temperance … resentment　② altruism … involvement
③ intention … supplication　　④ participation … invocation

8. Her credentials for the position were ___ in every respect but one: she could not speak a word of Turkish!
① impeccable　② essential　③ inconsequential　④ unacceptable

9. Even though he had planned carefully for almost every conceivable ___, his ambitious project wound up a dismal failure, when a(n) ___ power outage brought all the machinery to a complete standstill.
① day … inevitable　　　　② facet … insufficient
③ succession … opportune　④eventuality … unanticipated

10. Many businesses that manufacture recreational products operate profitably during periods of _____, but their inherent dependence upon a _____ economy becomes apparent when the economic cycle starts downward.

① regression ⋯ mature ②inflation ⋯ planned
③ prosperity ⋯ flourishing ④stability ⋯ fluctuating

III. Read the following paragraph and questions. Choose the one best answer 1, 2, 3 or 4 and mark your answer on your answer sheet.

To the weaned child his mother is his comfort though she has denied him comfort. It is a blessed mark of growth out of spiritual infancy when we can forego the joys which once appeared to be essential, and can find our solace in him who denies them to us: then we behave manfully, and every childish complaint is hushed. If the Lord removes our dearest delight we bow to his will without a murmuring thought: in fact, we find a delight in giving up our delight. This is no spontaneous fruit of nature, but a well-tended product of divine grace: it grows out of humility and lowliness, and it is the stem upon which peace blooms as a fair flower. "My soul is even as a weaned child": or it may be read, "as a weaned child on me my soul:, as if his soul leaned upon him in mute submissin, neither boasting nor complaining. It is not every child of God who arrives at this weanedness speedily. Some are sucklings when they ought to be fathers: others are hard to wean, and cry, and fight, and rage against their heavenly parent's discipline. when we think ourselves safely through the weaning, we sadly discover that the old appetites are rather wounded than slain, and we begin crying again for the breast which we had given up. It is easy to begin shouting before we are out of the wood, and no doubt hundreds have sung this Psalm long before they have understood it. Blessed are those afflictions which subdue our affections, which wean us from self-sufficiency, which educate us into Christian manliness, which teach us to love God not merely when th comforts us, but even when he tries us. Well might the sacred poet repeat his figure on the weaned chile: it is worthy of admiration and imitation: it is doubly desirable and difficult of attainment, such weanedness from self springs from the gentle humility declared in the former verse, and partly accounts for its existence, If pride is gone, submission will be sure to follow: and, on the other hand, if pride is to be driven out, self must also be vanquished.

11. What do you think is the theme of the above paragraph?
    ① A suckling child loves his mother.
    ② A weaned child hates his mother.
    ③ A Christian should learn to submit himself to God like a weaned child.
    ④ The relationship of sucking and weaning is that of love and hatred.

12. Which one do the following characteristics does not fit spiritual infancy?
    ① murmuring   ② finding a delight in giving up former delight.
    ③ pride   ④ self-sufficiency

13. Which one of the following sentences is not correct in light of the above paragraph?
    ① To be like a weaned child is not a fruit of nature.
    ② Spiritual maturity is a well-tended product of divine grace.
    ③ Weaning form self-sufficiency grows out of humility and lowliness
    ④ It is a blessed mark of spiritual growth to cling to secular joys.

14. In "mute submission", what does "mute" primarily mean?

① silent   ② noisy   ③ proud   ④ humble

15. What is the meaning of the clause "the old appetites are rather wounded than slain"?
    ① The old appetites have not gone out to the battlefield to be killed
    ② The old appetites which have seemed completely removed reappear.
    ③ The old appetites are easy to overcome
    ④ We should not be worried about the old appetites.

16. In the sentence "Blessed are those afflictions which subdue our affections, which wean us form self-sufficiency, which educate us into Christian manliness, which teach us to love God not merely when he comforts us, but even when he tries us", which is the antecedent of the relative pronoun "which" in "which teach us to love …"
    ① manliness   ② self-sufficiency   ③ afflications   ④ affections

17. In the second-to-last sentence of the above paragraph, what do you think is "the former verse" about?
    ① harboring pride   ② overcoming humility
    ③ vanquishing self   ④ conquering hatred

IV. Read carefully the following paragraph to answer the questions. Mark your answer on your answer sheet.

Following closely upon New Testament times, the earliest written defenses of the Christian faith were attempts to prove its intellectual and philosophical superiority to pagan polytheism and to Judaic monotheism. Justin, Greek-born in Flavia Neapolis near ancient Shechem and trained as a teacher of Platonic philosophy, represents one type of early apologist. He came to the Christian faith through-not in spite of- the philosophic traditions of the day:

wearing the philosopher's garb, he opened the first Christian school in Rome. His defense against Roman and Jewish antagonists was not so much devotional as rational.

Christian theology seemed the uttermost nonesense to most educated and cultured Greeks and Romans. At best, the moral sobriety and devotional piety of Christians made them appear unconventional: at worst, their doctrines made them obnoxious and perhaps politically dangerous. To the Romans, Christianity was a sort of atheism because it acknowledged no visible gods. To the Jews, who traditionally worshiped a single invisible God, Christianity was clearly a perversion do the religion of th partiarchs and prophets.

18. Which of the following best describes Justin?
    ① Justin was a philosopher of Judaism
    ② Justin was a Greek student of Platonism.
    ③ Justin brought the philosophical traditions to his faith.
    ④ Justin was on the Roman side.
19. why did Christianity write defenses or apologies?
    ① to prove its superiority to pagan and Jewish religions.
    ② to prove its philosophical traditions.
    ③ to attempt to build a library of writings
    ④ Justin was on the Roman side.

19. Why did Christianity write defenses or apologies?
    ① to prove its superiority to pagan and Jewish religions.
    ② to prove its philosophical traditions.
    ③ to attempt to build a library of writings.
    ④ to show its intellectual abilities

20. What best describes Justin's defenses of christianity?

① They were written in Jewish.
② they were rational.
③ They were devotional.
④ They were popular during his day.

21. What best describes how Christianity was viewed by most people?
    ① Christianity was accepted by educated people.
    ② Jews feared Christianity as a pagan religion.
    ③ Christian theology was viewed as dangerous, obnoxious and as atheistic.
    ④ Romans followed Christianity immediately

22. Choose an incorrect description of christianity.
    ① Sober   ② Nonsense   ③ Devotional   ④visible God

V. Each of the questions below consists of a word printed in capital litters, followed by four words numbered 1 to 4. Choose the numbered word which is most nearly the same as the word in capital letters, and mark your answer on your answer sheet.

23. IMMUTABLE
    ① silent   ② loyal   ③ unchangeable   ④articulate

24. INALIENABLE
    ① inherent   ② repugnant   ③full   ④accountable

25. INCARCERATE
    ① inhibit   ② imprison   ③force   ④acquit

VI. Translate the following paragraph into Korean and write your translation on your answer sheet.

The great world religions are, as it were, great rivers of sacred tradition which flow down through the ages and through changing historical landscapes which they irrigate and fertilize. But as a rule we cannot trace them to their source, which is lost in unexplored tracks of the past. It is rare indeed to find a culture in which the whole course of this religious developement can be traced from beginning to end in the full light of history. But the history of Christendom is an outstanding exception to this tendency.

목회연구원(영어)

1990학년도

I. Each problem consists of a sentence in which one word it omitted. Four words marked 1, 2, 3, and 4 are given beneath the sentence. You are to choose the one word that best completes the sentence and mark your answer on your answer sheet.

1. I count it an enormous ____ to have been invited by Intervarsity Press to write a book on that greatest and most glorious of all subjects, the cross of Christ.
   ① privilege   ②dishonor   ③ solitude   ④ glory

2. the distinction between an "objective" and "____" understanding of the atonement needs to be made clear in every generation.
   ① punctual   ② evident   ③subjective   ④ objectionable

3. With much gratitude I ____ this book to her.
   ① thank   ② regret   ③ think   ④ dedicate

4. when I survey the wondrous cross,
   On which the Prince of glory died,
   My richest gain I count but ____,

And pour contempt on all my pride.
① pain   ② loss   ③ poison   ④ boast

5. At every forward step and movement, at every going in and out, when we put on our clothes and shoes, when we bathe, when we sit at table, when we light the lamps, on couch, on seat, in all the ____ actions of daily life, we trace upon the forehead the sign [the cross].
① oral   ② ordinary   ③ ostentatious   ④ moral

II. Read carefully the following to see the words in context.

It is difficult to change someone's opinion by (6) badgering him. The child who begs his mother to get off his back whin she (7) implores him for some assistance with the household (8) drudgery, may very well plead (9) interminably for some special priviledge when he wants something for himself. How paradoxical that neither is able to (10) perceive that no one likes being nagged.

Match the following words with the correct definition and mark your answer on your answer sheet.

6. badger ____   ① unpleasant, dull, or hard work
7. implore ____   ② unending
8. drudgery ____   ③ to plead urgently for aid or mercy.
9. interminable ____ ④ to understand, know, become aware of
10. perceive ____   ⑤ to pester, nag, annoy persistently

III. Read carefully the following paragraph and questions.
   Choose the one best answer 1, 2, 3 or 4 and mark you answer on your answer sheet.

Aristotle's ideas had a great impact upon the Christian religion, and in many respects they have tended to encourage the secularization of the Church, as opposed to the monasticism engendered by the writings of Saint Augustine. Gradually the ideas of Aristotle were incorporated with Christianity and provided it with a philosophical base. It was Thomas Aquinas (A.D. 1225-1274) who became the leading authority on Aristotle in the Middle Ages, and who found no great conflict between the ideas of the pagan philosopher and the ideas of Christian revelation. Saint Thomas argued that since God is pure reason, then the universe is reason, and by using our reason, as Aristotle suggested, we could know the truth of things. Saint Thomas also put emphasis on using our senses in order to obtain knowledge about the world, and his proofs of God's existence, for example, depend heavily upon sensory observation.

11. the effect of Aristotle's ideas upon the Christian religion was _____.
   ① to give rise to monasticism.
   ② to influence St. Augustine's writings.
   ③ to secularize the Church
   ④ to cause many wars.

12. How did Aquinas see Aristotle's philosophy?
   ① Aristotle's philosophy is harmful to the Church.
   ② Aristotle was a pagan and thus could not be incorporated into Christianity.
   ③ there was no reason to read Aristotle.
   ④ Aristotle's ideas did not conflict with Christian ideas.

13. Which sentence is correct according to the paragraph?

① We cannot know the truth of anything.
② Truth is beyond our knowledge.
③ We can reach truth with our reason.
④ Reason is not enough to know truth

14. Which sentence is <u>incorrect</u>?
    ① Saint Augustine's writings gave rise to monasticism.
    ② Saint Thomas argued against reason
    ③ Thomas Aquinas had much knowledge about Aristotle.
    ④ Aquinas lived during the Middle Ages.

15. According to Saint Thomas, what proved God's existence?
    ① ideas   ② faith   ③ philosophy   ④senses

IV. translate the following paragraph into Korean and write your answer on your answer sheet.

"Peace" for the West means "the absence of strife and conflict", but in communist ideology "peace" defines a state of being propitious for the outworking of dialectical materialism. Such a state is generally anything but peaceful, since it requires not only violent class conflict but also the subverting of other nations and military encouragement to revolutionary movements

◆ 석사 · 신학연구원(영어) ◆

1991학년도

I. Choose the one word whose meaning is most nearly the same as that of the underlined word and mark your answer on your answer sheet.

1. This is **an abstract** of his dissertation.
   ① a copy   ② a summary   ③ an examination   ④ an idea

2. His sermons are always too ***vague***.
   ① not clear   ② precise   ③ long   ④ short

3. ***Counterfeit*** money:
   ① inflationary   ② abundant   ③ imitation   ④ genuine

4. Religious ***aristocrats***:
   ① dictators   ② noblemen   ③ autocrats   ④ plutocrats

5. ***Autonomous***:
   ① self-propagating   ② self-supporting
   ③ self-governing   ④ self-denying

6. **Anachronous**:
   ① out-of-place
   ② belonging to a different time
   ③ explainable
   ④ short

7. The outcome was **contingent** upon the effort made to succeed.
   ① dependent   ② glossy   ③ capable   ④ unable

8. Yet with the kind of **schizophrenia** that seems to characterize many of his moves, Saddam's cruel dallyng over the hostages not only dissipated any goodwill his promise was intended to earn but made his opponents even angrier.
   ① a psychotic disorder   ② a pluralistic attitude
   ③ a confusing negotiation   ④ a conciliatory act

9. West African troope find there is no peace to keep tribal **carnage** masquerades as war.
   ① a car accident   ② great and bloody slaughter
   ③ careeism   ④ carillon

10. Gainesville has long been an **idyllic** college party town.
    ① rustic   ② urban   ③ humane   ④ plural

II. In each of the sentences below there is a blank space indicating that a word has been omitted. Beneath the sentence are four numbered words: from these four words you are to choose the one word which, when inserted in the blank space, best fits in with the meaning of the sentence as a whole. In some sentences, two words are omitted: in these sentences you will be given four pairs of words. Select the pair which best completes the sentence.

11. Now that we have succeeded in isolating that drug and discovering its nature, our next problem is to plan its_____ in the laboratory.
    ① syntheses   ② introduction   ③ qualities   ④ nature

12. The teacher suspected cheating as soon as he noticed the pupil's_____ glances at his classmate's pater.
    ① overt   ② sporadic   ③ furtive   ④ futile

13. The_____ was noted for his_____.
    ① hypocrite…honesty   ③ braggart…modesty
    ③ craven…integrity   ③ philanthropist…altruism

14. If you listen carefully. you can hear this simple_____ throughout the entire score.
    ① cadence   ② paean   ③ banality   ④ motif

15. I am amazed to see such fine work done by a mere_____.
    ① entrepreneur   ② tyro   ③ banality   ④ motif

16. The sciologist maintained that the_____ and filth contributed to the delinquency in the_____ area.
    ① crime…entire   ② penury…slum
    ③ terror…beseiged   ④ squalor…redolent

17. Your_____ remarks spoil the effect of your speech, try not to stray from your subject.
    ① digressive   ② demoniac   ③ Discerning   ④ disingenuous

18. We need both ornament and implement in our society: we need the artist and the_____.

① beautician   ② writer   ③ artistic   ④ artisan

19. When such_____ remarks are circulated, we can only blame and despise those sho produce them.
    ① adulatory   ② avid   ③ rhetorical   ④ reprehensible

20. we need more men of culture and enlightenment in our society: we have too many_____ among us.
    ① pedants   ② philistines   ③ moralists   ④ ascetics

21. The decisions of the supreme Court have_____ profound changes in the fabric of American life.
    ① imbedded   ② effected   ③ complied   ④ undergone

22. Once a_____ occurred in their friendship, it was difficult to return to the days of harmonious_____ which existed between the two people.
    ① drift…contract   ② rift…collaboration
    ③ pact…voyage   ④ fight…conversation

23. Americans have lived for so long with a belief in their_____ in terms of standard of living that it now comes as a blow to their_____ that they are no longer number one.
    ① eminence…finance   ② singularity…criteria
    ③ right…understanding   ④ primacy…selt-esteem

24. Even though everyone argued against his opinion, the stubborn man refused to_____ his views.
    ① confess   ② recant
    ③ recapitulate   ④ intervence

III. After you read the following paragraph, you are to check a correct answer to each question and mark your answer on your answer sheet.

One must not form (1)_____ of the effect of these words. Interpreters have often chosen to understand the pronouncement in this way: that the law has been given by God in order to bring man (2) noetically to the knowledge of his transgression. Although this element of the knowledge (3)_____ and insight (4)_____ sin is, of course, not lacking, the real meaning has not thereby laid (5)_____. "For the sake of the transgressions" is intended to first instance: in order to "pro-duce" the transgressions. In addition to dent from the pronouncements of Romans, which are still more explicit. We have already referred to Romans 5:20, Where it is said in so many words that the law came in to cause the trespass to increase. Here too, as in Galatians 3:19, the concern is with the secondary character of the law, not however, as in Galatians 3, with the addition of the law to the promise, but with the (6) additional effect of the law in the sin situation that was inaugurated by Adam. This effect of the law was to increase sin. And it served for that purpose. It had to bring sin, which already existed but was not yet committed under the law, to its utmost development in order to accentuate the more clearly the grace of Christ in its (7)_____ significance. In this (8) train of thought, therefore, the law is necessary for placing sin and thereby grace over against each other, as it were, in their full measure and most extreme (9).

25. What is the main point of the above paragraph?
  ① Sin entered the world as a result of Adam's disobedience.
  ② the guilt of any sin can be removed by the blood of Christ.
  ③ The law has an effect of increasing sin.

④ god is so good to all of us.

26. In the underlined part numbered (1), which one best fits is order to complete the sentence?
    ① too narrow an idea
    ② a too narrow idea
    ③ a narrow idea too
    ④ an idea narrow too

27. Which is nearest to the meaning of "notically" numbered(2) ?
    ① in an unknown way
    ② in a way relating to, or based on the intellect
    ③ in a clear way
    ④ noisily

28. In the underlined parts numbered (3) and (4), which pair, of the prepositions best fits?
    ① for…against
    ② of…into
    ③ on…upon
    ④ about…in

29. In the underlined part numbered (5), which is most suitable?
    ① obscure   ② pretty   ③ naked   ④ bare

30. what is meant by "the additional effect of the law" in the part numbered (6) ?
    ① to make transgressions known
    ② to punish sin
    ③ to cause the trespass to increase
    ④ to make sin intact

31. Which is most suitable for the blank numbered (7) ?
    ① all-removing
    ② all-powerful
    ③ all-contacting
    ④ all-transcending

32. What is meant by "train" numbered (8) ?

① a connected line of railroad cars
② an orderly succession
③ a part of a gown that trails behind the wearer
④ retinue or suite

33. Which word best completes the sentence numbered (9) ?
    ① tension   ② war   ③ polarity   ④ section

34. Which best summarizes the effect of the law discussed in the above paragraph ?
    ① The law not only reveals, but also increases sin.
    ② The law puts all men under deadly divine curse.
    ③ The law conceals sin
    ④ Nobody knows that he is a sinner except through the law

IV. Choose the one word which is most suitable for each blank and mark your answer on your answer sheet.

35. In the Roman world of New Testament times it had become used in addressing to Emperor and was also employed in certain religious cults in addressing to heathen gods It became an issue for the late first century Church when Christians were forces to acknowledge the (   ) of the Emperor.
    ① atonement   ② deity   ③ doctrine   ④ faith

36. In the Gospel of John the feast of (   ) is mentioned, but not particular signigicance is attached to it.
    ① consecration   ② rededication
    ③ confession   ④ progression

37. The feast of (   ). which was a thanksgiving feastival for the grain harvest is not mentioned in the Gospels, but is prominent in Acts

① Pentecost ② Authority ③ Pentateuch ④ Spirit

38. The most joyful festival was the feast of (   ). which was popular because it involved the worshippers in dwelling in booths constructed from foliage.

① sanctuary ② wilderness ③ gratitude ④ tabernacle

V. Translate the following into Korean and write your translation on your answer sheet.

Unless we understand these different systems of values, we almost inevitably misjudge those who hold them. Fox example, Africans are often accused of crass materialism, even going beyond Westerners in this respect. But the African's quest for things does not arise out of the same cultural background, for in a sense he may be said to have a "spiritual reason" for his materialism. In terms of the ultimate values, what counts most is "life", but not in the sense of continuing existence, as thought of by the typical European of American. Life for the African means "life force" or "life potency". which comes primarily from ancestors and is passed on to the descendants.

목회연구원(영어)

── 1991학년도 ──

I. Choose the one word whose meaning is most nearly the same as that of the underlined word and mark your answer on your answer sheet

1. ***abandon***
   ① to forsake entirely
   ② to hate
   ③ to put off
   ④ to abridge

2. ***apology***
   ① condemnation   ② approach   ③ defense   ④ praise

3. ***comfort***
   ① to complete
   ② to console
   ③ to carry
   ④ to consume

4. ***donation***
   ① a diary
   ② a gift
   ③ a dagger
   ④ a decision

5. ***Forgive***
   ① to forsake
   ② to forbid

③ to forge   ④ to pardon

6. *Grasp*
   ① to seize   ② to risk
   ③ to unleash   ④ to come

7. *handle*
   ① to destroy   ② to deal with
   ③ to give   ④ to plunder

8. *Inscribe*
   ① to write down   ② to put up with
   ③ to nod   ④ to sign

9. *Join*
   ① to cast out   ② to expel
   ③ to love   ④ to connect

10. *Knowledge*
    ① ignorance   ② congress   ③ learning   ④ college

11. *Labor*
    ① burden   ② work   ③ worry   ④ anxiety

12. *Motion*
    ① picture   ② act of moving   ③ pause   ④ morality

13. *Nation*
    ① idea   ② motion   ③ neck   ④ night

14. *ordinary*

① special　② peculiar　③ unusual　④ common

15. ***perfect***
　　① performing　② processing　③ finished　④ beginning

16. ***Quench***
　　① to put out　② to burn up　③ to light　④ to glitter

17. ***Receive***
　　① to give　② to take　③ to reply　④ to reproduce

18. ***Sacrifice***
　　① an offering　② a pastor　③ a priest　④ a research

19. ***Trust***
　　① doubt　② loath　③ reliance　④ company

20. ***Vein***
　　① vain　② variant　③ vassal　④ blood-vessel

II. After you read the following paragraph carefully, you are to choose the one correct answer to each question and mark your answer on your answer sheet.

　　The living God is the God of nature (1)____ of religion, of the "secular" as well as of the (2) "_____." In fact Christians are always uncomfortable about this distinction. For everything For everything is (2) "_____" in the sense that it belongs to God, and nothing is "secular" in the sense that God is excluded from it. God made the physical universe, sustains it, and still pronounces it good(Gen 1:31), "everything God created is good, and nothing is to be (3)_____ if it is received with thanksgiving"(1Tim 4:4). We should be more grateful than we usually are for the good gifts of a good Creator…for sex, marriage and family, for the beauty and order of the natural world, for work and (4)_____, for friendships and the experience of inter-racial inter-cultural community, for music and other kinds of creative art which enrich the quality of human life. Our God is often too small because he is too (5)_____. We imagine that he is chiefly interested in religion…in religious buildings(churches and chapels), religious activites(worship and ritual) and religious books(Bibles and Prayer Books). Of course he is concerned about these things, but only if they are related to the whole of life. According to the Old Testament prophets and the teaching of Jesus, God is very critical of "religion". if by that is meant religious services divorced from (6)_____, loving service and the moral obedience of the heart.

21. Which is most suitable in the blank numbered (1) ?
    ① in addition   ② as well as
    ③ on behalf   ④ for the sake

22. Which fits best in the blank numbered (2) ?
    ① succeeding   ② popular   ③ sacred   ④ clergy

23. As far as the blank numbered (3) is concerned, which best completes the sentence ?
    ① welcomed   ② rejected   ③ acknowledged   ④ hated

24. In the blank numbered (4), which is most suitable as an antonym of "work" ?
    ① leisure   ② negligence   ③ laziness   ④ satisfaction

25. Which best fits in the blank numbered (5) ?
    ① cultural   ② racial   ③ religious   ④ relevant

26. Which best fits in the blank numbered (6) ?
    ① religion   ② culture   ③ activities   ④ life

27. which is not correct in the light of the above paragraph ?
    ① For god, life as well as religion is important.
    ② The "sacred" is good even if it is divorced from the "secular."
    ③ We should be grateful for the experience of inter-racial community
    ④ Jesus was very critical of "religion for religion's sake".

28. which do you think is the intention of the author of the above paragraph ?
    ① to give his readers a fuller doctrine of God
    ② to emphasize his doctrine of a very "sacred" God
    ③ to direct attention to a "holy" God
    ④ to make the lazy busy in meditating on God

29. Which do you think is a right attitude toward our social involvement in view of the above paragraph ?
    ① to try to secularize religion in a way unacceptable to God
    ② to get involved in Minjung theology
    ③ to attempt to make the whole of life sacred before God
    ④ to escape from sin in the world

30. Which do you think is the best summary of the above paragraph ?
    ① The living God is the God both of religion and of nature.
    ② The living God hates the "unholy".
    ③ The living God loves the "sacred".
    ④ The living god is very small in the sense that he is excluded from life.

The crisis of faith in the present time cannot be answered by a servile repetition of the faith and practice of the past. The best service that can be rendered the universal church and the Reformed community is to bring to the task today the same intellectual labor, the same moral integrity, and the same vision and imagination that have served the tradition in the past.

31. According to the above paragraph, which of the following is most true ?
   ① The Reformed community today needs intellect above all else.
   ② The crisis of faith today has been brought about by tradition.
   ③ The church today remains the same as in the past
   ④ The wisdom of the past must serve the present.

32. Choose the word which can best replace "servile" in the above paragraph.
   ① willing   ② hopeless   ③ submissive   ④ faithless

theology is more the work of an artist than a craftsman. Its character is more that of an organism or a portrait than a machine. Christian theology cannot be divided into parts which stand independently of the whole. Every doctrinal problem or issue involves the whole Christian vision.

33. According to the above, which is true ?
   ① theology is divided into many parts.
   ② A portrait is like a machine.
   ③ Doctrinal problems can be solved by art.
   ④ Theology must be seen as a whole of many parts.

34. why is theology compared to a work of art ?
   ① The artist portrays a whole, organic vision

② the craftsman is good only with putting together machines
③ The artist is much like a theologian
④ All artists have Christian vision

35. Translate the following paragraph into korean and write your translation on your answer sheet.

Helen Keller's deeply moving account of her first experience with a word symbol "water" is the most striking evidence of the power of words. When as a young girl she sensed that the movement of her teacher's fingers constituted a symbol of the cool liguid pouring over her hand from the pump, there was released within Helen Keller a great reservoir of mental energy. By means of a symbol for water she now had a tool by which to grasp reality.

석사·신학연구원(영어)

1992학년도

I. Choose the one word that will correctly complete the sentence and mark your answer on the answer sheet.

1. U. S. officials have long felt that while it is virtually impossible that any live Americans are still being held in Vietnam. there is reason to believe that the Vietnamese government has been warehousing the remains of dead Americans as a bargaining _____ at some future date.
   ① chip   ② chin   ③ choir   ④ chime

2. the vision may be the glory-driven daring of a Saddam Hussein, who foolishly tried to extend his rule by conquest and plunder, or the seize-the-day bravery of a Boris Yeltsin, who struggled to free a society from seven decades of iron _____.
   ① insinuation   ② inscription
   ③ ideology   ④ immaculacy

3. In a BBC interview last week. Waite. 52. calmly recalled the circumstances that led to his capture. Even before going to Beirut for one more try at arranging the release of the Western _____, he knew to mission might be doomed because of

attempts by Lieut. Colonel oliver North to trade arms to Iran in return for the hostages' freedom.

① hostages ② hospitals
③ holocaust ④ hurricane

4. On the formal agenda for the 15-member Asia-Pacific Economic Cooperation forum in Seoul last week the predictable issues of trade and regional economic development. But when the delegates to the ministerial meeting _____ between sessions in the Hotel Shilla's corridors, a far more troubling topic dominated their conversations: nuclear arms.

① constrained ② caucused
③ consumed ④ contemporized

5. Raisa Gorbachev has not been seen in public since Aug. 22, when, looking _____ and pale. she walked down the steps do the plane that carried her and her family back to Moscow after 72 hours of house arrest in Crimea.

① haphazard ② harbinger
③ haggard ④ hiatus

II. choose the word or phrase which is most nerly similar in meaning to the word in italics and mark your choice on the answer sheet.

6. impeccable

① dirty ② poverty-stricken ③ impervious ④ faultless

7. harass

① annoy ② consider ③ indicate ④ hope

8. bombastic
　① cotton goods　② inflated　③ meek　④ cruel

9. querulous
　① brave　② kind　③ forfeit　④ complaining

10. pneumatic
　① sick　　　　　　　③ pertaining to air
　③ automatic　　　　④ unsatisfied

III. Read the following paragraphs, answer the questions, and mark your choice on the answer sheet.

　Bultmann's view of myth raises very serious difficulties. these are partly bound up with his notion of the relation between language thought. But the real difficulty is that within his own system it is impossible either to confirm or to deny his claims on the bases of an exegesis of the relevant New Testament passages. For every passage is regarded by Bultmann as representing either myth that has already been demythologized, or myth which obscures the true intention of the text. Very often Bultmann allows that the text represents the biblical writer's own true the New testament, at least in Paul and John. Thus view of the New Testament, which precludes the possibility of falsifying Bultmann's case on the basis of exegesis. Of course, exegetical assessments may be offered from outside Bultmann's system, but he world claim that such assessments failed to meet his point.

11. Which would be the best title for this passage?
　① Bultmann's notion of myth in the New Testament.
　② Bultmann's contribution to our understanding of the New Testament.
　③ Difficulties raised on Bultmann's view of myth.

④ Bultmann's profile as the demythologizer par excellence.

12. the author argues that …
    ① Bultmann's view of myth precludes exegetical assessments offered from outside his system.
    ② Bultmann is keen enough to grasp the true intention of the biblical text.
    ③ Bultmann's view of myth is to be considered in total separation from his notion of the language-thought relation.
    ④ Bultmann's demythologization is not in accord with his own system of thought.

13. the meaning of Sachkritik in the above selection is …
    ① song-critic   ② content-criticism
    ③ gratitude   ④ reverence

14. It maybe concluded from the above passage that …
    ④ Bultmann has an academic honesty.
    ② Bultmann's view of myth is exegetically legitimate.
    ③ Bultmann clearly summarizes the New Testament.
    ④ Bultmann demythologizes the New Testament within his own system.

15. According to the above selection. it is true to state that …
    ① the author mentions difficulties raised on Bultmann's notion of myth in two ways: linguistic and exegetical.
    ② the author sees the real difficulty in Bultmann's view of myth as linguistic.
    ③ the author employs an ad hominem argument against Bultmann.
    ④ the author is adept at a fortiori arguments

The grand thing the church wants in this time is God's Holy Spirit. You all get up plans and say. 'Now if the church were altered an little bit, it would go on better.' You think that if there were different ministers, or different church order, or Something different, them all would be well. No, dear friends, it is not there that the mistake lies: it is that we want more of the Spirit ⋯. That is the church's great want, and until that want be supplied, we may reform, and reform, and still be just the same. All we want is the (   ).

16. this selection is concerned with _____.
   ① the church's sacraments.
   ② the church's noninvolvement in societal issues.
   ③ the church's great spiritual want.
   ④ the church's urgent need of reformation

17. Which of following phrases best fits in the blank in the last line?
   ① the love of God.
   ② the Spirit of God.
   ③ the justice of God.
   ④ the reformation of the church.

18. Which of the following statements is true according to above selection?
   ① The church urgently needs to reform its ecclesiastical order.
   ② The church could be reinvigorated by moral reform.
   ③ The church would go on better by better leadership.
   ④ The church could be better by if filled with the Holy Spirit.

19. In the fifth line from above, what does "there" not refer to?

① church order ② church leadership
③ ecclesiastical ministers ④ lack of spiritual power

20. the word farthest in meaning from "alter" in the second line from above is _____.
① change ② shift ③ alter ④ very

Ⅳ. On the answer sheet, write in English(with 100 words only) what you want to become after graduation from Chongshin Theological Seminary and why.

◆ 목회연구원(영어) ◆

― 1992학년도 ―

I. Choose the INCORRECT part in each sentence and blacken the corresponding number on the answer sheet.

1. Every <u>in the crowd</u> <u>are</u> <u>wildly</u> <u>enthusiastic</u>.
          1   2   3   4

2. <u>Neither</u> of his friends <u>sympathize</u> <u>with</u> <u>his</u> ambitions.
  1   2   3 4

3. The two girls <u>look</u> <u>very much</u> alike. <u>but</u> Mary is the <u>tallest</u>.
               1   2   3   4

4. After the snow. the ground <u>was</u> <u>completely</u> <u>froze</u> <u>over</u>
                                1   2   3 4

5. <u>She's</u> <u>more</u> prettier <u>than</u> she used <u>to be</u>
  1   2   3   4

6. He's <u>looking</u> <u>very</u> <u>well</u> <u>after</u> the operation.
        1   2   3   4

II. Choose the correct word among the four in the parentheses and blacken the corresponding number on the answer sheet.

7. The children in these days are so(<u>precocious</u>, <u>strange</u>, <u>honest</u>,
                                             1   2   3

   <u>logical</u>) tat they sometimes sound like grandparents.
      4

8. The teacher's(<u>easy</u>, <u>flagrant</u>, <u>duplicity</u>, <u>frustrated</u>) error
                      1   2   3   4

   was difficult to correct.

9. I tried to ignore his(<u>inexorable</u>, <u>gentle</u>, <u>acrimonious</u>, <u>frenzy</u>)
                         1   2   3   4

   comments, but that took considerable restraint.

10. It isn't easy to(<u>tolerate</u>, <u>elicit</u>, <u>construe</u>, <u>stop</u>) answers from a
                    1   2   3   4

    sleepy class on a Monday morning.

11. the(<u>depression</u>, <u>plight</u>, <u>fear</u>, <u>apathy</u>) of the refugees moved us to
           1   2   3   4

    tears.

III. read the following paragraphs and answer the questions by blackening the answer sheet.

    A small number of New Testament texts encourage the view that Christianity had been successful among slaves. the fact that early Christian attitudes to slavery did not provide an incentive to slaves to join the churches is irrelevant. Christianity had low opinion of women too, but it is quite clear that this constituted no major obstacle to their conversion. Since the nineteenth century most scholars have taken it for granted that slaves were numerous in the early Christian communities: ancient historians and historians of early Christianity are in agreement. There have of course been exceptions: one historian argued that the first converts were among the educated classes and that it had ben the task of these classes to absorb the "ignorant proletariat". Today, an increasing number of scholars are questioning the oppressed-class theory which views slaves as typical converts. But the traditional view still dominates the field., and we are still told that Christianity "was notoriously spread by slaves" or that "Slaves made up a sizeable part of the community".

12. what is the early Christian attitude described in the above?
   ① Slaves were held in a higher respect than women.
   ② the educated class was an obstacle to conversion.
   ③ Christianity held slaves in a low respect, but this did not stop the slaves from being converted.
   ④ slaves were irrelevant to christianity.

13. which of the following statements is incorrect?
   ① there have been exceptions to the general view of early christian attitudes toward slaves.
   ② Those people held in low esteem by Christianity were still easily converted.
   ③ New Testament texts encourage slavery.
   ④ Slaves constituted a large percentage of the Christian community.

14. what was the exception to the traditional view?
   ① Scholars agree that women were the first to be converted.
   ② the educated classes became converted and converted the lower classes.
   ③ Ancient historians converted the educated class.
   ④ the ignorant proletariat converted the educated class.

15. What is the meaning of the word irrelevant?

① common   ② reveal   ③ unconnected   ④ necessary

16. What best describes the view today according to the above?
   ① the oppressed-class theory is denied by scholars.
   ② Christianity can not exist without slaves.
   ③ The traditional view is unacceptable.
   ④ Although questioned by some scholars, the traditional view is held by most.

   Like Philo of Alexandria, Hillenistic Jews showed no interest in recreating a Jewist national state. They considered Judaism to be a philosophy, a system of belief, rather than the ideology of a state. The individual embraced the Jewish faith and preferred a contemplative and private life to an active and political one. Ideally, the Jew should be a philosopher who like Philo led the retired life of a thinker preparing the soul for its celestial ascent. Preparation for death served as a basis for meditation, rather than for getting ready for a resurrected society.

17. which statement is correct according to the above?
   ① Philo of Alexandria was an active politician
   ② The Jews kept the state and church separate in their belief
   ③ The Hellenistic Jews were philosophers.
   ④ Judaism was a political ideology developed by Philo.

18. What does the word "embrace" suggest in the above paragraph?
   ① accept   ② reject   ③ consider   ④ distinguish

19. How did the Hellenistic Jews prepare for death?
   ① They studied the philosophy of philo.
   ② they contemplated entering politics.

③ they led an active life.
④ they led a quiet life of meditation

20. What is true about Philo of Alexandria?
    ① He embarked on the task of creating a Jewish state.
    ② Philo retired from work to enter a religious monastery
    ③ Philo spent his life preparing to enter heaven.
    ④ the Jews rejected Philo's philosophy.

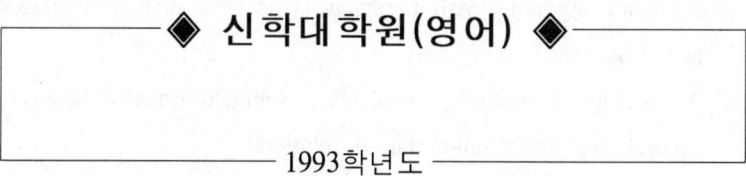

1993학년도

I. Read the following paragraph and answer the questions.

Seminary students should acknowledge with pressing perspicacity(1) the interconnectedness of all human lives as necessary result of who God is for us. The seminary as a theological institute cannot exist without such assimilating and amalgamating relations. It means that the argument for campus life could be expressions of a desire for a uniform or homogeneous society(2). On one hand the notion of assimilation is to seek a melding(3) of differences to conform to the wishes of the majority, and on the other hand, the notion of amalgamation is to seek a process of fusion through which differences are realized in a new form stronger than any of its composite parts. It is wonderful that both ideas contribute to establishing community spirit for campus life.

1. Which is incorrect in describing the contents of the above paragraph?
   ① Seminary students with perspicacity is to conceive who God is for us.
   ② A theological institute is a place founded on the basis of assimilating and amalgamating relations.
   ③ The notions of assimilation and amalgamation contribute to creating community spirit for campus life.
   ④ If a student understands the meaning of "Who God is for us." he cannot but cooperate with his fellow students.

2. What does the word "perspicacity"(1) mean in the paragraph?
   ① responsibility   ② clearness
   ③ perspiration   ④ insight

3. The underlined sentence(2) implies that
   ① campus life should consist of a varied group of people.
   ② the argument for a homogeneous society is inevitable.
   ③ a homogeneous society is desirable for campus life.
   ④ a homogeneous society is only an expression of a desire for campus life.

4. Which word has a similar meaning to the word "meld"(3)?
   ① melt   ② merge   ③ disperse   ④ include

5. What is true about amalgamation according to the paragraph?
  ① It reveals the differences strongly.
  ② It disregards the wishes of the majority.
  ③ It causes various parts to become combined into one new form.
  ④ It causes a new form to seek its various parts.

II. Read the following paragraph and answer the questions.

The premodern anticipates the post-modern, although historically it gave way to the modern. The post-modern draws on the distant past, but it cannot reproduce it, although it can relearn ancient wisdom and adapt it to current world conditions. The acute sense of jeopardy, complexity, and technological unfolding, and sheer density and interpretation of peoples and cultures in the contemporary world, provide an assurance that the post-modern is a way forward, not a repetition. To succeed, the post-modern unfolding needs to be both a political way(to deal adequately with resources, relations among societies, group identity, human and nonhuman needs and aspirations) and a religious reawakening(the release of spiritual energy associated with readjustment of role and mission).

1. The post-modern can be defined as:
  ① a repetition of the premodern.

② a reproduction of the past.

③ a condition of the future.

④ a sort of adaptation of the past.

2. Which sentence best describes the message of the above paragraph?
   ① The post-modern can exist without the premodern.
   ② The post-modern is not concerned with the political issue.
   ③ The post-modern involves both political and religious issues.
   ④ The post-modern is mainly concerned with the religious issue.

3. Which word is not a subject of the verb "provide"?
   ① assurance   ② jeopardy
   ③ complexity   ④ density

4. In the phrase "sheer density." What does "sheer" mean?
   ① exact   ② pure
   ③ numerous   ④ simple

5. According to the paragraph, how does the post-modern compare with the premodern?
   ① The postmodern world has become lesresourceful.
   ② Current world conditions are signs of regression.
   ③ The various complexities of the world indicate progress.

④ Political and religious issues have no place in the postmodern when compared to the premodern.

III. Choose the word which best corresponds to the underlined word in the following five sentences.

1. Stalking the early christians, we draw concentric circles.
   ① describing   ② studying
   ③ viewing   ④ tracing

2. The disruption of households was a charge that pagan opponents often leveled against Christianity.
   ① breakup   ② disrespect
   ③ observance   ④ control

3. A didactic purpose is most obvious in this history book.
   ① deliberate   ② dictatorial
   ③ instructive   ④ biblical

4. The Sermon on the Mount, once again, is presented as the counterpart of the Decalogue and the Code of the Covenant.
   ① complement   ② opposition
   ③ renewal   ④ correction

5. The imagery in the revelation of John is authentic.

① forgery ② tremendous
③ contradictory ④ genuine

IV. Select the incorrect part in the following sentences.

1. Industrialism and technology <u>have been caused</u>(A) <u>cumulating</u>(B) and accelerating changes, planned <u>as a whole</u>(C) by <u>no one</u>(D).

2. The <u>ontological</u>(A) interpretation of <u>historically</u>(B) passage here presented <u>has been</u>(C) a <u>process of interpretation</u>(D).

3. <u>Moral sickness</u>(A), injustice and spiritual <u>disintegration</u>(B) can destroy a <u>community's</u> <u>existence</u>(C) as <u>quick</u>(D) as an epidemic or a shortage of food.

4. In turn, powerlessness <u>mean</u>(A) subjection <u>to</u>(B) a fate we can not control and <u>so</u>(C) it <u>means</u>(D) suffering in history.

5. Cental to the work of grace <u>is</u>(A) the <u>forgiving</u>(B) acceptance of God <u>despite of</u>(C) our sins, and our <u>believing</u>(D) acceptance of this divine mercy.

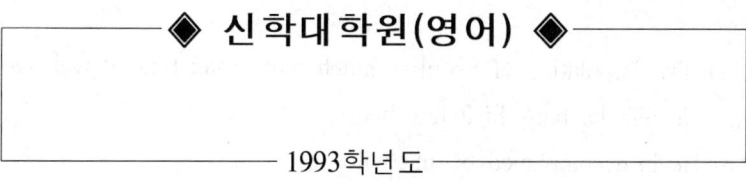

1993학년도

신학대학원입학시험/연구과정(영어)

I. Choose the incorrect sentence in each question and the corresponding number on the answer sheet.

1. 1) The dog is a faithful animal.
   2) She is dressed with silks.
   3) Furniture is chiefly made of wood.
   4) Two families live in our house.

2. 1) He is so poor that he cannot go to college.
   2) He is so wealthy that he can go abroad.
   3) He did it with easily.
   4) He does not shrink from this responsibility.

3. 1) Dr. Kim said he had bought this book three months before.

2) Each of us had a different point of view about it.

3) His mother died of cancer.

4) She dressed her Sunday best.

4. 1) The Population of Seoul is much more than that of Chicago.

   2) He will be back in a few hours.

   3) He is accompanied by his wife.

   4) He is dancing to the piano.

5. 1) She was married to a seminary student.

   2) She spent a lot of time reading.

   3) She did not speak loudly and clearly.

   4) She speaks neither English nor German.

6. 1) The Japanese have strange customs.

   2) It is spring. for various flowers bloom.

   3) Please call on me when it is convenient to you.

   4) Mr. Lee went to New York for business.

7. 1) She is engaged with John.

   2) Let's drink to your health.

   3) All of us had an examination in English today.

   4) I am glad of the news.

8. 1) How many people are there in Korea?

2) How large is the population of Korea?

   3) What is the population of Korea?

   4) How many are the Korean population?

9. 1) He is studying New Testament under Dr. Bruce.

   2) He is learning New Testament by Dr. Bruce.

   3) His Ph. D. thesis is far superior to that.

   4) She is so surprised to hear of his success.

II. Choose the incorrect part in each sentence and mark the corresponding number on your answer sheet.

10. The entire free world <u>has</u> <u>the responsibility</u> to provide <u>with</u>
                              1   2   3
    <u>the establishment</u> of democracy in Russia.
           4

11. This was a special election <u>for Koreans.</u> one that may mark
                                    1
    the completion of <u>a long march</u> <u>from</u> dictatorship <u>for</u>
                        2   3   4
    democracy.

12. Kim Young Sam. <u>according to the Times,</u> was <u>the safe choice</u>
                               1   2

to citizens rattled by the country's sputtering economy.
          3   4

13. A man's value to the community depends primarily on howfar
                                    1
his feeling, thought, and action are directed towards promoting
              2   3   4
the good of his fellows.

14. The human mind is an almost infinite capacity for being
         1   2   3   4
inconsistent.

15. Three months later he was able to announce with certainty
                              1
tha rabies, one of the worst diseases known to mankind, were
     2   3
at last conquered.
   4

16. There were several times when tasks seemed to be impossibl
        1   2   3
they work all right every time.
   4

17. His age is estimated to have about thirty-five.

1   2   3   4

III. In each of the sentences below there is a blank space indicating that a word has been omitted.

Choose the best suitable word which completes the sentence and mark the corresponding number on Your answer sheet.

18. The circumstances of which so many complain should be regarded as
    the very tools (   ) which we are to work, and the stepping-stones we
    are to mount by.
    ① on   ② with   ③ in   ④ for

19. To fall in love an actress at some time of one's life is so (   ) as
    to be almost   inevitable.
    ① wonderful   ② beautiful
    ③ recommendable   ④ natural

20. It is highly exhilarating to contemplate the progress made in the
    study of religion (   ) the opening of this country.
    ① when   ② from   ③ in   ④ since

21. Intelligence alone is dangerous if it is nor subjected to the intuitive or
    rational (　　) of moral values.
    ① concentration　　② perception
    ③ prediction　　　　④ integration

22. Art is alway as much (　　) the way people feel about things as it
    is with the way　　things really are.
    ① concerned about　　② concerned for
    ③ concerned to　　　　④ concerned with

IV. After reading the following paragraphs, answer the questions by marking the corresponding number on your answer sheet.

The American Reformed community today, then, still includes substantial representation of the three classic emphases, doctrinalism, pietism, and culturalismm. These three are, of course, not incompatible and the unity of Reformed Christians in America would be much greater were this compatibility recognized and emphasized.

The question of unity, however, is complicated by the twentieth-century decisions of modernists and fundamentalists that have(   ) the traditional divisions. Neoorthodox and dispensationalist variations add further complications. Moreover, among those who are primarily culturalists, conflicting political allegiances subvert Reformed unity. Nonetheless, there remain a substantial number of Reformed Christians who need to find each other and who might benefit from reflecting on what it should mean to be Reformed.

23. What is the main point of the above first paragraph?
   ① The three emphases in the Reformed community of America have been remarkably changed.
   ② Though these three classic emphases in the Reformed community
      of America are incompatible, the unity of Reformed Christians cannot be broken.
   ③ The three emphases in the Reformed community of America exist no longer.
   ④ The three emphases in the Reformed community of America, still existing, are compatible without destroying the unity of Reformed Christians in America.

24. Which is not to be included among the three emphases in the American Reformed community according to the above paragraphs?
   ① unity   ② culturalism

③ pietism   ④ doctrinalism

25. Which is most suitable for the blank space?
    ① cut about   ② cut across
    ③ cut down   ④ cut into

26. Which is nearest to the meaning of "subvert" underlined in the second paragraph?
    ① collapse   ② contemplate
    ③ contempt   ④ counterfeit

27. Which of the following statement is correct?
    ① Reformed unity has been preserved in America since the twentieth century divisions of modernists and fundamentalists even though they made an negative impact upon it.
    ② Neo-orthodox and dispensationalist variations cannot be regarded as main factors which destroy Reformed unity.
    ③ Reformed unity in America today is mainly complicated by controversial political allegiances among culturalists.
    ④ Reformed unity must be based on the unified Reformed doctrines.

Ⅴ. In England the challenge was met with vigour and determination. A series of able writers demonstrated that the church could still out-think its(1   ), and the works of

Berkeley and Butler occupy an place in the history of England thought. In any case, extreme rationalism(2   ) complete skepticism. In philosophy a new approach to the problem had to be discovered. <u>Meanwhile Wesley shattered the facile supposition that religion is merely an intellectual hypothesis. He recalled men to the fact that faith is a divine power, and one which transform human lives.</u>

28. Which is most suitable for the blank space numbered(1)?
    ① critics   ② friends
    ③ proponents   ④ supporters

29. What is best meant by "the works" underlined?
    ① contributes   ② labors
    ③ books   ④ efforts

30. Which is the most suitable word to complete the blank sentence numbered(2)?
    ① leads to   ② runs at
    ③ runs for   ④ leans to

31. Translate the underlined sentences into Korean and write translation on the answer sheet.

◆ 신학대학원(영어) ◆

1994학년도

I. Read each of the following sentences and select one word which is most suitable in the blank.

1. Drivers are constantly warned of the dangers of drunk-driving but fail to always heed the warning. _____ many become involved in traffic accidents.
   ① However   ② Nevertheless
   ③ consequently   ④ As a contingency

2. Levi-Strauss, a famous anthropologist, has pointed out man's inherent tendency to view the world in _____, as dichotomous in its make-up.
   ① principle   ② oppositions
   ③ disgust   ④ blindness

3. The progress of the Gospel has often been _____ by

people with closed minds who stand in front of open doors and block the way for others.
① promoted   ② reinforced
③ proceeded   ④ hindered

4. A dual _____ keeps the believer secure in christ: the Spirit intercedes and the Son of God intercedes.
   ① intercession   ② interruption
   ③ proclamation   ④ infusion

5. Paul was talking about _____ , the things are really important to us in our lives.
   ① persons   ② priorities   ③ precedents   ④ rivals

6. Two Prime Ministers before him, Kiichi Miyazawa and Toshiki Kaifu, lost the job trying to accomplish that feat, and the Diet was full of wily politicians determined that Hosokawa would _____ no better.
   ① fill   ② fare   ③ make   ④ achieve

7. Castro's socialist dream has turned into a ___, Isolated, hungry and broke, the country hopes that a touch of capitalism will same it.
   ① walk-up   ② arrival
   ③ nightmare   ④ reality

II. *Of the words given below, choose the corresponding word to fill in the blank of each sentence.*

① prolific ② indigenous
③ embellish ④ coterie

8. Of the many groups of workers, one _____ is entrusted with
   guarding the entrance.

9. The queen bee is a _____ layer of eggs.

10. The bee is an insect which is _____ to all parts of the world.

11. An author sometimes likes to _____ his story with anecdotes about famous people.

III. *Of the words given below, choose the corresponding number to match the word with a correct definition in each sentence and mark it on the answer sheet.*

① countless ② respected
③ free from guilt ④ deceive

12. delude   _____
13. exonerate   _____
14. venerable   _____
15. myriad   _____

IV. Choose the incorrect part in each sentence and mark the corresponding number on your answer sheet.

16. religious history <u>as a field of study</u> must be placed not only
                          1
   <u>spatially but theoretically</u> <u>to</u> <u>the larger</u> frame of world history.
                2   3   4

17. The concept of religion must be extended to include secular
   <u>movements and convictions,</u> <u>some which</u> <u>opposed or sought</u>
                 1   2   3
   <u>to supplant</u> the churches.
         4

18. <u>Churches, sects, cults, and denominations</u> <u>exist</u> as <u>human</u>
                        1   2   3
   <u>community</u>, despite <u>the unique sanctions and commitments</u> that
                                         4
   distinguish them from many other human groups and institutions.

19. <u>In the last analysis</u> it was not <u>a theologian or a college that</u>
                1   2

<u>changes</u> the character of Presbyterianism in colonial America,
3

but the arrival of <u>wave upon wave</u> of Scotch-Irish immigrants.
                          4

20. The workman must be judged by <u>what he did</u> rather than
                                                  1

what he <u>might have done</u>, though <u>that is not</u> easy when one
         2   3

of the most prodigiously productive thinkers of the age <u>is cutted down</u> in mid-career.
    4

V. Read the following paragraphs and answer the questions.

We can speak of allegorical parables but not allegorizing _____ (3). There is no license for interpreters to do whatever they wish with the details. There is a very tight control and the inner plot of the story tells us whether or not to see a theological point in detail. For instance, the mustard seed and the great plant are the center of the Mark 4:30-32 parable, and it is unlikely that the birds in the branches should be allegorized, their function in the parable is to emphasize the great size of the plant. Via says, "While the meaning of Jesus' parables cannot be restricted to one central point of comparison, that does not mean that they are allegories..... We must seek a non-allegorical approach to the parables other than the one-point approach."... Yet I have noted many indications that the parables are indeed allegories, albeit tightly controlled by the author's intention. Blomberg (1990) in fact argues that there are as many points as there are characters in the parables and that they are indeed allegories. While this is somewhat overstated, it is nearer the truth than the "one point" approach.

This is the most debated aspect of parable research. Due to the tremendous influence of Juelicher still today, many demand a single major point and argue that minor points are "local collor." However, I would modify this. I agree that the continuing tendency of many to ____ (1) parables subjectively must make the interpreter extremely cautious. However, each parable must be interpareted individually, and the interpreter should be open to the possibility of minor points as thetext dictates. There is in one sense a unified message; the individual details of the parable of the sower point to a basic truth, challenging the reader to _____ (2) which type of soil/response he or she will become/make. In the prodigal son parable, the forgiveness of the father is contrasted with the self-centeredness of the older brother. Yet in both parables, the secondary elements do have significance.

21. Which is most suitable in blank (1) ?

    ① allegorize   ② dramatize

    ③ interpret   ④ explain

22. Which is most suitable in blank (2) ?

    ① dream   ② identify   ③ respond   ④ describe

23. Which is most suitable in blank (3) ?

    ① ad hominem   ② per se

    ③ sui generis   ④ de facto

24. The title of the above paragraphs is _____.
    ① Juelicher's contribution
    ② Major and Minor Points
    ③ Allegorizing Parables
    ④ One-point Approach

25. The writer says that _____.
    ① Juelicher is an insignificant figure in parable research.
    ② Via and Blomberg influenced greatly parable interpretation.
    ③ The one-point approach is best.
    ④ A parable has a unified message in one sense, but is can also have minor points according to its context.

26. The writer implies that the "one point" approach is proposed by ____.
    ① Juelicher   ② Via
    ③ Blomberg   ④ a scholar not mentioned

27. According to the writer, the interpreter of a parable should be extremely cautious not to _____
    ① actualize it   ② allegorize it as he wills
    ③ obscure it   ④ clarify it

28. The writer argues that though there are many indications that the parables are indeed allegories, the parables are tightly controlled

by _____.

① the reader's response

② the text's inner forces

③ the author's intention transcending the text's control

④ nothing

> The Israeli invasion of Lebanon in 1982 seems to have broken, for the first time, the immunity from sustained criticism previously enjoyed by Israel and its American supporters. For a variety of reasons, Israel's status in European and American public life and discourse has always been special, sometimes for its tragedy and horrendous suffering, at other times for its uniquely impressive intellectual and aesthetic triumphs. On behalf of Israel, anomalous norms, exceptional arguments, eccentric claims were (and still are) made, all of them forcibly conveying the notion that Israel does not entirely belong to the world of normal politics.

29. What exactly did Israel enjoy before 1982?

① Criticism from its American supporters.

② Tragic suffering from its enemies.

③ Immunity from European and American public life.

④ Exemption from outside criticism.

30. Choose a word which may substitute "anomalous" from the paragraph.

① Anonymous   ② Averse

③ Fictitious   ④ Abnormal

31. Which sentence seems likely to follow the above paragraph?

   ① After the Israeli invasion, its status suffered.

   ② After 1982, Israel became open to criticism.

   ③ After 1982, Israel's intellectual and asethetic triumphs continued.

   ④ After the Israeli invasion, Lebanon lost international support.

32. What opinion does the author seem to hold?

   ① Israel should be judged as any other nation in world politics.

   ② Israel does not belong to the world of normal politics.

   ③ Israel's status has not been debased due to eccentric claims.

   ④ Israel has been forced to belong to the world of politics.

Du Bois, a social theorist, distinguished between eight different races. The list is an odd one : Slavs, Teutons, English (both in Great Britain and America), Negroes (of Africa and, likewise, America), the Roman race, Semites, Hindus, and Mongolians. The Question now is : What is the real distinction between these nations? Is it the physical differences of blood, color and cranial measurements? Certainly we must all acknowledge that physical difference play a great part. But while race differences have followed mainly physical race lines, yet no mere physical distinctions would really define or explain the deeper differences --the cohesiveness and continuity of these groups.

33. To what extent do physical differences contribute to racial distinctions?
   ① They are the only contributing factors.
   ② They rarely contribute to the distinctions.
   ③ They merely point to racial distinctions.
   ④ They contribute greatly but are not necessarily the most important.

34. According to the author, which is not correct concerning Du Bois' list?
   ① He agrees to is with reluctance.
   ② He considers it a strange list.
   ③ He acknowledges that physical differences can be a real distinction between nations.
   ④ He affirms that it is not based on blood, color, and cranial measurements.

35. Replace "cohesiveness" with a synonymous word.
   ① Unity   ② Cohabitation
   ③ Community   ④ Pride

36. Which would qualify as the "deeper differences"?
   ① Spiritual and psychical differences.
   ② Blood, color and cranial measurements.
   ③ The eight different races on Du Bois' list.

④ None of the above.

37. After reading carefully the following paragraph, translate <u>the underline sentences</u> into Korean and write your translation on the answer sheet.

> In view of such radically conflicting judgements some concluding observations are necessary. <u>The first is simply that Edwards no longer stands in need of merely qualitative defense. His reputation as America's greatest speculative theologian is fairly secure. It is not at all apparent that the Reformed tradition anywhere in the world has produced his equal between John Calvin and Karl Barth, or that America had a metaphysician of his stature until late in the nineteenth century.</u> As the quotations from Schneider and Haroutunian indicate, edwards can easily be disjoined from 'Edwardseanism.' Yet the successors of Edwards are his legitimate offspring, and the father, regardless of his greatness, must bear part of the burden of abuse. The historian of ideas may still consider the New Divinity of the eighteenth century as a single tradition.

신학대학원(영어)

1995학년도

I. Choose the one word that best completes the sentence and mark your answer on the answer sheet.

1. The Sermon on the _____ is probably the best-known part of the entire Bible.
   ① Mount   ② Sea   ③ Platform   ④ Sky

2. Rather than feeling that they had achieved merit, Jesus followers were poor in spirit, ____ for their sins, and received comfort and the kingdom of God.
   ① rejoiced   ② jumped   ③ mourned   ④ slept

3. The law is not the basis on which we merit salvation, but it does provide a test to ____ between those who belong to the kingdom of salvation and those who are outside of it.

① testify ② distinguish ③ destroy ④ accomplish

4. The _____ that leads to adultery will also lead a man to hell.
   ① morality ② flesh ③ lust ④ fulfillment

5. Jesus gives us three vivid illustrations: our relationship to others in our giving; our relationship to our needs in our praying; and our relationship to ourselves in private fasting. Each illustration indicates that our _____ relationship is to God.
   ① strong ② weak ③ good ④ fundamental

6. He decided to attend one of the summer courses _____ he thought he should know more about bioethics.
   ① where ② that ③ which ④ because

7. The best-known snapshot of Scotland's legendary Loch Ness monster has been _____ as a hoax.
   ① proposed ② disposed ③ exposed ④ imposed

8. Hamdoon himself was apparently _____ guard by Saddam's sudden belligerence.
   ① caught on ② caught up
   ③ caught up in ④ caught off

9. In Sarajevo the Bosnian government and Serb rebels ____ open some roads to civilian traffic in and out of the city.
   ① agreed to   ② agreed with
   ③ agreed that   ④ agreed

10. North Korean diplomats have ____ Americans since the Korean War, when the top U.S.armistice negotiator denounced them as "treacherous savages"
    ① exasperated ② exonerated ③ extricated ④ appraised

II. Select the part which is not acceptable for standard written expression and mark your answer on the answer sheet.

11. Recently there are <u>some</u>(1) people <u>suggesting</u>(2) what the villagers <u>never imagined</u>(3) -- that there <u>are</u>(4) no maker, that the world just happened.

12. <u>Instead to leading</u>(1) to death, as remorse <u>does</u>(2), godly sorrow <u>leads to</u>(3) life--forgiven <u>free</u>(4), precious life.

13. Probably the guy is strong enough <u>overpowering</u>(1) the girl. He <u>could</u>(2), just <u>by brute</u> <u>strength</u>(3), get the girl <u>to do</u>(4) anything he wanted her to do.

14. You can tell <u>that's</u>(1) <u>that</u>(2) they want out of prayer,

because(3) the more(4) they get their way with God, the better they like praying.

15. The notion that language-communities remainentirely trapped(1) within their own semiotic system is a fallacy popularized(2) by Whorf but disapproving(3) by research on inter-translatability in general theoretical linguistics, as can by evidenced(4) in the work of John Lyons, David Crystal, and others.

16. Many Israelis were(1) worrying(2) almost as much about(3) its country's behavior(4).

17. In 1894(1) a rebellion of the Tong Hak, a religious group, taking place(2), and(3) on June 2 the Korean Court asked(4) the Chinese government for assistance.

18. After the funeral of the Old Korean Emperor(1), who died on January 29, 1919(2), thirty-three distinguished Koreans, representative of the entire country(3), prepared and singed(4) a "Proclamation of Korean Independence."

19. The impression of success was(1) greatly enhanced(2) with the ignominious exit(3) of the three men who engineered(4) the coup against Aristide.

20. For his safety, he has allowed(1) only the most subdued reception(2) by a privileged phalanx of dignitaries at the airport, protested(3) by a cordon of American soldiers(4).

III. Choose the one word or phrase which is most similar in meaning to the underlined and mark your answer in the answer sheet.

21. Ours has rightly been termed the "me" generation and our recent past the decade of the new narcissism.
    ① opium   ② confusion
    ③ self-worship   ④ authority

22. Without a biblical view of history we are left with a religion of nebulous love and sentimental fellowship.
    ① indistinct   ② neighborly   ③ negative   ④ precise

23. As far as evolution is concerned, the arrogance of those who assume the human race to be the epitome of biological advance seems ludicrous in view of our ability to blow ourselves off the face of the planet.
    ① eminence   ② emotion
    ③ an ideal example   ④ message

24. With our twentieth-century penchant for tight schedules and

regular progress that kind of ambiguity usually seems frustrating.

① pedigree　② pedal　③ epilogue　④ inclination

25. Is there a <u>remedy</u> for our frequent lack of joy?

① reply　② cure　③ satisfaction　④ token

26. Worship is a <u>corporate</u> activity.

① united in one group　② convenient
③ comic　④ tragic

27. It is possible to be moved by a song or by <u>oratory</u> and yet not come to a genuine awareness of God and praise him

① oratorio　② art of making speeches
③ orbit　④ order

28. The notary's seal is confirmation of the oath taken.

① confession　② conduct
③ corroboration　④ conflict

29. The greatest need of the loss is to escape the fearsome judgement of the <u>wrath</u> of God which hangs over them

① knowledge　② great joy　③ great anger　④ fountain

30. When rome fell, the citizens of the empire searched for

someone or something to blame.
① fix the responsibility   ② take pride in
③ put out   ④ fountain

IV. Read the following paragraphs and answer the questions by marking the corresponding number on your answer sheet.

There are some who connect with the advent of Christ the idea of a millennium, either immediately before or immediately following the second coming. While this idea is not an integral part of Reformed theology, it nevertheless deserves consideration here, since it has become rather popular in many circles. Reformed theology cannot afford to ignore the wide-spread millenarian views of the present day, but should define its position with respect to these. Some of those who expect a millennium in the future hold that the Lord will return before the millennium, and are therefore called Premillennialists; while others believe that His second coming will follow after the millennium, and are therefore known as Postmillennialists.

Some Premillenarians have spoken of Amillennialism as a new view and as one of the most recent novelties, but this is certainly not in accord with the testimony of history. The name is new indeed, but the view to which it is applied is as old as Christianity. It had at least as many advocates as Chiliasm among the Church fathers of the second and third centuries, supposed to have been the heyday of Chiliasm. It has ever since been the view most widely accepted, is the only view that is either expressed or implied in the great historical Confessions of the Church, and has always been the prevalent view in Reformed circles.

31. Which do you think is the possible view of the author about a millennium?
    ① Premillennialist
    ② Postmillennialist
    ③ Amillennialist
    ④ none of the above

32. Which one is wrong according to the given paragraphs?
    ① The Amillennial view is comparatively a new one.
    ② The Premillennial view holds that the Lord will return before the millennium.
    ③ The Postmillennial view holds that the Lord will return after the millennium.
    ④ The idea of a millennium is not an integral part of reformed theology.

33. Which one is different from the use of "Chiliasm" in the given paragraphs?
    ① It had many advocates among the Church Fathers of the second and third centuries.
    ② It has ever since been the view most widely accepted.

③ The second and third centuries are supposed to have been its heyday.

④ It has become still popular in many circles of Reformed theology.

34. Which one is the least connected among others?
   ① Premillennialist   ② A millennium
   ③ Chiliasm   ④ Amillennialist

If a large part of an entire congregation enjoys this deep personal and emotional tie to the KJV, it is certainly the better part of wisdom to tread lightly when it comes to instituting changes. Nevertheless some changes are inevitable. For a start, some of the young people will begin reading modern versions.. The congregation should become sufficiently aware of the strengths and weaknesses of various translations that its members do not become defensive and wary, primed to accept every argument in favor of the KJV, If the spiritual leaders endorse only the KJV, and either ban everything else or ignore all other versions in the hope that they will go away, those leaders may rest assured that the younger believers will find their own modern versions. Regrettably, lacking the knowledge that could have promoted the NIV or the NASB, this younger generation will probably opt for the LB. Thus even where a senior saint has a deep emotional commitment to the KJV, he will probably be wise to make himself familiar with the best of the modern versions and to be prepared to recommend one of them to others who may not share his commitment to the KJV.

35. What is common to the underlined parts?
    ① The class identification in the Army.
    ② Names of various versions.
    ③ Names of the mountains in the Bible.
    ④ Living world leaders.

36. The KJV is usually understood as _____ in the above paragraphs.
    ① a modernized version.   ② the best translation.
    ③ an influential version.   ④ an unacceptable version.

37. Which one is wrong according to the given paragraph?
    ① A large part of a congregation still live the KJV.
    ② The NIV or the NASB is one of the best modern versions.
    ③ Those who love the KJV should also make himself familiar with other modern versions.
    ④ The LB is probably best for the younger generation.

It is generally accepted that the experiences of the child in his first years largely determine his character and later personality. Every experience teaches the child something and effects are cumulative. 'Upbringing' is normally used to refer to the treatment and training of the child within the home. This is closely related to the treatment and training of the child in school, which is usually distinguished by the term 'education'. In a society such as ours, both parents and teachers are responsible for the opportunities provided for the development of the child, so that upbringing and education are _____.

38. Which one is the most <u>inappropriate</u> in the light of the given paragraph?
    ① An adult's character is in great measure determined by his childhood experiences.
    ② A child's experiences rarely have an effect on his adult life.
    ③ Both parents and teachers are responsible for the development of the child.
    ④ Effects of a child's experiences are cumulative.

39. Which is the most suitable word in the following sentence "Upbringing is to home as education is to _____ ."?
    ① child   ② experience
    ③ school   ④ opportunities

40. Which is the most suitable word in the blank of the given paragraph?

① separable   ② reliable
③ distinguished   ④ interdependent

신학대학원(영어)

1996학년도

I. Select the one that is most nearly the same in meaning and mark your answer on the answer sheet.

1. ornate decorations
   ① elaborate   ② simple   ③ old-fashioned   ④ appropriate

2. stipulated what would be expected
   ① argued about   ② neglected to mention
   ③ vaguely indicated   ④ gave specific details of

3. brought the edict to our attention
   ① report   ② order   ③ problem   ④ question

4. dissembled his disagreement
   ① laughed at   ② took advantage of   ③ masked   ④ revealed

5. spoke with deep conviction

① eloquence   ② certainly   ③ joy   ④ sorrow

6. The problem of finance is not <u>limited</u> to our area alone
   ① evident   ② obvious   ③ linear   ④ restricted

7. Literature should act to <u>reveal</u> our inner lives.
   ① disclose   ② conceal   ③ cover up   ④ restrain

8. Suffering is one of the <u>enduring</u> traits of human history.
   ① appealing   ② persistent   ③ important   ④ desirable

9. "Globalization" is being received with apprehension in some sectors of Korean society.
   ① understanding   ② enthusiasm   ③ misgiving   ④ trust

10. The narrative of the healing of Peter's mother-in-law is interesting because of the evidence it <u>affords</u> that Peter had a house at Capernaum.
    ① provides   ② denies   ③ grows   ④ seconds

II. Select the one word or set of words that best complete each of the sentences below and mark your answer on the answer sheet.

11. Those prophets and the people to whom they spoke were a _____ people, and the disciples of Jesus must also, by the very nature of their calling, be 'distinctive'.
    ① 'general'   ② 'fantastic' ③ 'particular'   ④ 'hungry'

12. Few stories have been found to _____ so many spiritual truths as this story of the magi.
    ① enshrine   ② outdate   ③ nullify   ④ sanctify

13. Jesus expects His followers, far from _____ themselves, to recognize this frailty, and to treat it with sympathy.
    ① simple   ② perfect   ③ foolish   ④ sagacious

14. The oncoming Roman legions would cause distress on a scale _____ and restricted only by the merciful intervention of God, who for the elect's sake would limit its duration.
    ① astonished   ② unprecedented   ③ imitated   ④ propelled

15. It is unfortunate that this parable should be generally known as the parable of the talents, for the word 'talent' in _____ English refers exclusively to the natural aptitude and inherent ability of certain people for certain functions.
    ① contemporary ② special ③ contemptible   ④ conterminous

16. Although he had only a _____ knowledge of plants, he

insisted on giving advice to a botanist.
① profound ② superficial ③ scholarly ④ comprehensive

17. While many people believed Rembrandt's art was produced ___, his close friends knew that his works of art were the result of great _____.
① emotionally-accidents ② unemotionally-perspiration
③ spontaneously-discipline ④ instantaneously-repetition

18. Defense department experts are asking for great increases in the defense budget, citing _____ between our military capability and that of our potential enemies.
① disparity ② relationship ③ contacts ④ expectations

19. Although the industrial revolution has undoubtedly ____ the standard of living in most countries, it has also ____ many new problems that have poisoned the air, land, and sea.
① improved-discovered ② impaired-caused
③ raised-caused ④ raised-concealed

20. His opening remarks stirred up great _____ because he had unexpectedly taken an _____ position.
① noise-improved ② controversy-unorthodox
③ controversy-obvious ④ boom-optimistic

21. Mr. Bernstein _____ went to the ballet, even when the performance used his music as background.

① frequently   ② never   ③ often   ④ invariably

22. Although she was not qualified, the manager offered her a job as an act of _____.

① separation   ② desperation   ③ charity   ④ judgment

23. His credentials included years of top-level experience in related fields, but the personnel department decided not to offer him a job because he was _____ .

① reliable   ② overqualified   ③ unexperienced   ④ impartial

III. Read the following passage, answer the questions, and mark your answer on the answer sheet

To allow the common experience of a humanity that has turned its back on God and walks in the stultifying darkness of the absence of His light to be the interpreter of divine revelation is to distort the voice of God and make theology harmonize with experience rather than to bring that experience back under the lordship of God. That transformation, which took place first among Protestants, has had devastating results toward the Scriptures. Henry notes: "While Protestant modernism contented that twentieth-century man can still be Christian, it elevated empirical verifiability as decisive for truth; forsaking transcendent revelation and external miracle... By subordinating revealed theology to empirical inquiry, the modernist era... abandoned the scriptural verification of invisible spiritual realities and excluded any fixed or timeless Word conveyed by biblical revelation." Experience, including that of modern science, must be explained in the light of a theology based on a revelation from God and not vice versa. "It is not theology which must surrender itself to modern science and its findings. Rather it is modern science which must be critically appraised from the metaphorical and theological points of view and its findings explained in this light." That is not to deny the need of theology to deal with the factual data of modern scientific research. History reveals only too clearly the dangers of an obscurantist attitude on the part of theology. Nevertheless to accept uncritically the modern outlook with its evolutionary underpinnings is ti allow the fallen human mind to dictate the criteria of facticity for the words of Scripture. Such an approach not only destroys the words ultimate authority but transforms the real nature of theology as well.

24. What is the writer's opinion of Protestant modernism?

   ① It should be promoted among evangelicals today.

   ② It makes human experience determine truth.

③ It is contrary to modern science.
④ It refuses to deal with factual data of modern science.

25. What best describes the author's intention?
    ① Theology should accept biblical revelation as the criterion for empirical data, but not to the point of denying the need of modern scientific research.
    ② Modern science has contributed to the development of biblical theology in an unprecedented way.
    ③ Henry is a hyper-conservative theologian who categorically denies the need for theology to take scientific data into consideration.
    ④ Modern theology is completely controlled by evolutionism, and hence should be totally forsaken by Bible-believing Protestants.

26. What is the meaning of "That transformation"?
    ① transformation from ancient theology to modern theology
    ② transformation from biblical authority to empirical authority
    ③ transformation from scientific worldview to theological worldview
    ④ transformation from miracle-faith to experience-faith

27. What is the meaning of "an obscurantist attitude"?
    ① an attitude which delights to walk in the dark side of truth

② an attitude which makes biblical truth determinative for absolute truth
③ an attitude which denies the need of modern scientific data in theology
④ an attitude which makes modernism obsolete

28. Which is not a characteristic of Protestant modernism?
    ① It distorts the voice of God.
    ② It has devastating effect toward Scripture
    ③ It forsakes external miracle
    ④ It elevates biblical revelation

29. Which word best replaces "stultifying"?
    ① causing to appear stupid
    ② making a man wise
    ③ causing to appear melancholy
    ④ making a person attractive

30. According to the passage, common experience
    ① is never to be trusted
    ② has its own function under the lordship of God
    ③ must always verify spiritual truths
    ④ is more precious than revealed Word of God

IV. Each sentence has four underlined words or phrases marked ①, ②, ③, or ④. Identify the one word or phrase that must be changed in order for the sentence to be correct and mark your answer on the answer sheet.

31. <u>No other</u> quality is more important <u>for</u> a scientist to acquire
    　　①　　　　　　　　　　　　　　　②
    <u>as</u> to observe <u>carefully</u>.
    ③　　　　　　　④

32. <u>Despite of</u> the increase in air fares, most people <u>still</u> <u>prefer to</u>
    　　①　　　　　　　　　　　　　　　　　　　②　　③
    <u>travel</u> by plane.
    ④

33. When they <u>have been</u> <u>frightened</u>, as, for example, <u>by</u> an
    　　　　　　　①　　　　②　　　　　　　　　　　③
    electrical storm, dairy cows may refuse <u>giving</u> milk
    　　　　　　　　　　　　　　　　　　　　④

V. Choose the one word that best keeps the meaning of the original sentence if it is substituted for the underlined word or phrase, and mark your answer on the answer sheet.

34. Architects must consider whether their designs are likely to be very wet in sudden downpours.
    ① vulnerable　② drenched　③ secure　④ exposed

35. Ethnocentrism prevents us from putting up with all of the customs we encounter in another culture
    ① experiencing ② adopting ③ comprehending ④ tolerating

VI. Read the following paragraphs, choose the one best answer, and mark your answer on the answer sheet.

> Organic architecture, that is, natural architecture, may be varied in concept and form, but it is always faithful to principle. Organic architecture rejects rules imposed by individual preference or mere aesthetics in order to remain true to the nature of the site, the materials, the purpose of the structure, and the people who will ultimately use it. If this natural principle is upheld, then a bank cannot be built to look like a Greek temple. Form does not follow function: form is inseparable from function.

36. In organic architecture _____
    ① form follows function
    ② function follows form
    ③ function is not important to form
    ④ form and function are one

37. A good example of organic architecture is a _____
    ① bank that is built to look like a Greek temple
    ② bank built so that the location is unimportant to the structure

③ bank that is built to conform to the natural surrounding
④ bank that is built to be beautiful rather than functional

> The earliest authentic works on European alchemy are those of the English monk Roger Bacon and the German philosopher St. Albertus Magnus. In their treatises they maintained that gold was the perfect metal and that inferior metals such as lead and mercury were removed by various degrees of imperfection from gold. They further asserted that these base metals could be transmuted to gold by blending them with a substance even more perfect than gold. This elusive substance was referred as the "philosopher's stone."

38. Roger Bacon and St. Albertus Magnus has the same _____
    ① nationality ② premise ③ profession ④ education

39. It is probable that Roger Bacon's work _____
    ① was not genuine.
    ② disproved that of st. Albertus Magnus
    ③ was written after St. Albertus Magnus
    ④ contained reference to the conversion of base metals to gold

40. According to the alchemists, the difference between base metals and gold was one of _____
    ① perfection ② chemical content ③ temperature ④ weight

* 답안지의 41번부터 80번까지는 공란으로 할 것.

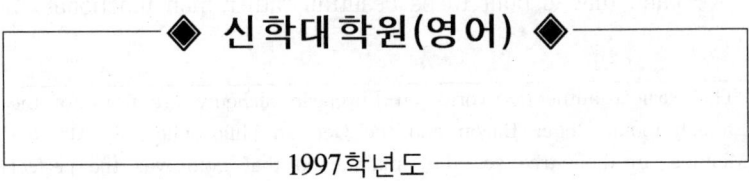

1997학년도

'I. Read the following paragraphs and answer the questions:

> The use of asbestos millboard in wall and floor protection is a controversial issue because of the health hazard of asbestos fibers in the manufacturing, preparation and handing of the millboard. The National Fire Protection Association is currently initiating the process of removing asbestos as a standard protection for reduced clearances. Since the process is a lengthy one, this new standard will probably not be in effect until early 1998. We strongly encourage use of an alternative protection whenever one is available. However, if you must use the asbestos millboard, use it cautiously. we recommend painting the asbestos to keep the fibers from coming loose. If the board must be cut, do not inhale the dust; do the work outdoors, using a

1. The overall implication of the passage is that
   ① asbestos is as safe as other building materials.
   ② only touching the asbestos fibers with your hands is harmful.
   ③ using asbestos in building materials is all right.

④ asbestos can be harmful to one's health.

2. "Inhale" in this passage means to

① breathe into either nose or mouth.

② smell with nose.

③ get fibers under fingernails.

④ get fibers in open cuts and sores.

Since, however, this mystery of Christ's secret union with the devout (1) is by nature incomprehensible, he shows its figure and image in visible sings best adapted (_____) (2) our small capacity. indeed, by giving guarantees and (_____) (3) he makes it as certain for us as (_____) (4) we had seen it with our own eyes. For this very familiar comparison penetrates (_____) (5) even the dullest minds: just as bread and wine sustain physical life, (_____) (6) are souls fed by Christ. We now understand the purpose of this mystical blessing, namely, to confirm for us the fact that the Lord's body was once for all (_____) (7) sacrificed for us that we may now feed upon it, and by feeding <u>feel</u> (8) in ourselves the working of that unique sacrifice; and that his blood was once for all shed for us in order to be our (_____) (9) drink. And so speak the words of the promise added there: "Take, this is my body which is given for you" (1 cor. 11:24; cf. Matt. 26:26; Mark 14:22; Luke 22:19). We are therefore bidden to take and eat the body which was (_____) (10) offered for our salvation, in order that when we see ourselves made partakers in it, we may assuredly conclude that the power of his life-giving death will be <u>efficacious</u> (11) in us. Hence, he also call the cup "the covenant in his blood" (Luke 22:20; 1 Cor. 11:25). For he in some measure renews, or rather continues, the covenant which he once for all ratified with his blood (as far as it pertains (_____) (12) the strengthening of our faith) whenever he proffers that sacred blood for us to taste.

3. Which of the following words is nearest in meaning to the underlined word (1) ?
   ① faithful   ② objectionable   ③ moody   ④ calculative

4. Which is most suitable for the parentheses numbered (2) and(12)?
   ① at   ② into   ③ to   ④ for

5. Which word best completes the sentence including the blank (3)?
   ① profiles   ② tokens   ③ fountains   ④ masks

6. Which conjunction and preposition are most suitable in the blanks (4) and (5)?
   ① and-for   ② but-in   ③ therefore-at   ④ if-into

7. Which is most suitable in the blanks (6) and (7)?
   ① as   ② so   ③ thus   ④ or

8. Which is the subject of the word numbered (8)?
   ① the Lord's body   ② the fact   ③ it   ④ we

9. Which is most suitable for the blank(9)?
   ① ceasing   ② perpetual   ③ delicious   ④ beautiful

10. Which phrase is most suitable for the blank(10)?
    ① once for all ② once in a while ③ all at once ④ once upon a time

11. Which is nearest in meaning to the word numbered (11)?
    ① effeminate   ② elusive   ③ effectual   ④ egregious

12. Which is most suitable as the title of the above paragraph?
    ① The meaning of Jesus' words and deeds for us
    ② The purpose of bread and wine used in the Lord's Supper
    ③ The mysticism of Christ's death
    ④ The relationship of Christ's death and our death

II. Choose the one word or phrase which best keeps the meaning of the original sentence if it replaces the underlined word or phrase.

13. Not all small memory lapses in old age are signs of "senility."
    ① laments   ② latitudes   ③ slips   ④ lauds

14. the grave was set against a cliff, and a curved masonry wall in front held back the earth
    ① clay   ② mud   ③ land   ④ stonework

15. William James describes this as the <u>ineffable</u> quality of the spiritual dimension
    ① inexcitable   ② unutterable   ③ innumerable   ④ inhumane

16. Our perception of the flow of energy between two <u>reverberating</u> patterns is primarily from the "receiving" end of the flow in the first phase (from the superconscious to our personality) and from the "sending" end in the second (from our personality to the world).
    ① echoing   ② revving   ③ reintroducing   ④ quavering

17. The <u>ambivalence</u> of contemporary man toward silence is well known. On the one hand, we yearn for peace, on the other hand, we seem to love activity and the excitement that activity brings.
    ① contingency   ② boggle   ③ mixed feelings   ④ hospitality

III. Choose the one word or phrase which is incorrect.

18. <u>More</u> ① has been learned about the Moon <u>that</u> ② any other of the Earth's neighbors in space because of the Apollo program, which <u>enabled</u> ③ men to walk on the Moon and bring back <u>hundreds of pounds</u> ④ most meals unexciting.

19. Despite ① the variety that the average ② family has in ③ meat, fish, poultry and vegetarian recipes, they find ④ most meals unexciting.

20. The nature of the apostles' functions are ① clear ② from ③ this command ④.

IV. Select this best answer from among the choices given.

21. The instructor displayed extreme stubbornness; although he _____ the logic of the student's argument, he to acknowledge her conclusion as correct.
    ① accepted-refused   ② concluded-consented
    ③ asserted-acceded   ④ rejected-preferred

22. In spite of the _____ of his presentation, many people were _____ with the speaker's concepts and ideas.
    ① interest-enthralled   ② power-taken
    ③ strength-bored   ④ intensity-shocked

23. Mr. Kim was frequently intolerant; moreover, his strange behavior caused most of his acquaintances to _____ the professor when possible.
    ① contradict   ② revere   ③ tolerate   ④ shun

24. Though he was a highly skilled computer programmer, he had little or no _____ in designing educational software.
   ① warfare   ② creativity   ③ exposure   ④ competition

25. He is one of the most _____ professors that I have ever had, with a _____ knowledge of his subject and a thoroughness in his teaching.
   ① active-carefree   ② collegiate-remarkable
   ③ tantamount-tremendous   ④ scholarly-profound

26. His current inability to complete his assignments in a timely and efficient manner has resulted in a feeling of _____ even in his most _____ backers.
   ① disappointment-fervent   ② dizziness-visible
   ③ flexibility-hostile   ④ expectancy-cautious

27. As a general dealing with subordinates, he was like two sides of a coin;_____yet known for his severity, _____yet a man of few words.
   ① brilliant-handsome   ② harsh-pleasant
   ③ fair-outgoing   ④ understanding-candid

28. Internal dissension in this congressional committee can _____ affirmative action for months and increase the chances of racial _____.
   ① induce-movement   ② delay-upheaval

③ apply-validity ④ encourage-regard

29. The main character in the novel was dignified and _____, a man of great reserve.
    ① interesting   ② boring   ③ garrulous   ④ aloof

30. Because the subject matter was so technical, the instructor made every effort to use _____ terms to describe it.
    ① involved   ② discreet   ③ simplified   ④ specialized

31. The government will soon _____ the new procedures.
    ① expel   ② implement   ③ excommunicate   ④ exhale

32. The new water-resistant surfaces _____ moisture.
    ① repel   ② repeat   ③ reclaim   ④ rethink

33. The gang members face _____ for their crimes.
    ① energy   ② execution   ③ explosion   ④ example

34. The punishment for _____ is death.
    ① zeal   ② zest   ③ treason   ④ truth

35. The sponge is excellent in _____ water.
    ① achieving   ② executing   ③ bestowing   ④ absorbing

36. The committee could not _____ a decision even after a long deliberation.
    ① reach   ② drive   ③ downgrade   ④ dilute

37. Sometimes a whole village may _____ when a dam is constructed.
    ① submarine   ② submerge   ③ subdue   ④ surrender

38. If you can't swim, you have a greater chance of _____
    ① drowning   ② driving   ③ disclaiming   ④ dehumanizing

39. Mr. Paik is an _____ pianist.
    ① actual   ② artificial   ③ accomplished   ④ ascertaining

40. It's really awful when friends _____ your trust.
    ① besiege   ② betray   ③ benumb   ④ bestow

신학대학원(영어)

1998학년도

I. The underlined parts of each sentence below contain an error in grammar, usage, word choice, or expression. read each sentence carefully, and identify the item that contains the error. Mark your answer on your answer sheet. (1-8)

1. <u>At</u> which point <u>does</u> the people in the audience stand <u>for</u> a
   ①   ②   ③
   moment of <u>silence</u>?
              ④

2. <u>To sing a song good,</u> <u>you</u> must focus your attention not only
   ①   ②
   <u>on</u> the music but on the words <u>as well.</u>
   ③   ④

3. Since nihilists neither valued nationalism nor patriotism, <u>nor</u>
   ①

commit <u>themselves</u> to any cause <u>whatever</u>, they believed it was
　　　　　② 　　　　　　　　　　　③

wrong to join the army or to serve <u>your</u> country in any way.
　　　　　　　　　　　　　　　　　　　　④

4. The class <u>especially</u> enjoyed the talk <u>by the man</u> who <u>has</u>
　　　　　　　①　　　　　　　　　　　　　②　　　　　③

<u>been</u> in Russia during the 1991 coup that <u>overthrew</u> the
　　　　　　　　　　　　　　　　　　　　　　　　④

Communist regime of Communist regime of Mikhail Gorbachev

5. A large formation of geese, in addition to one pure-white <u>and</u>
　　　　　　　　　　　　　　　　　　　　　　　　　　　　　　　　①

graceful swan, <u>were swimming</u> peacefully on the surface of the
　　　　　　　　②

lake <u>when</u> the report of a rifle shot sent them <u>aloft</u>.
　　　　③　　　　　　　　　　　　　　　　　　　　　④

6. <u>Throughout</u> the year, the park attracts tourists and campers
　　①

who come <u>for</u> hiking the unspoiled wilderness, climbing the
　　　　　　②

mountains, <u>water sports</u>, and catching trout and <u>other</u> prized .
　　　　　　　③　　　　　　　　　　　　　　　　　　　④

game fish

7. Tolstoy said that happiness derives from living for others and
                                            ①   ②
   that, if one fails to serve others in some fashion, when life's
   ③
   end approaches, they will die with regrets.
                    ④

8. In the fifteenth century the French king, Charles Ⅷ, flexed his
   army's muscles in what are now Naples and Brittany; the latter
                            ①   ②
   of the two turned out to be the weakest, and soon became a part
   of France.   ③   ④

II. Read the following sentences, choose one or two words which best fit the blank, and mark your answers on your answer sheet. (9-16)

9. Sometimes I accept Jesus' (   ) claim without question, Sometimes,
   I confess, I wonder what difference it should make to my life that a man lived two thousand years ago in a lace called Galilee. Can I (   ) this inner tension between doubter and lover ?
   ① contradictory-support   ② audacious-resolve
   ③ sacrificial-deny   ④ adamant-aver

10. For nearly a century, in fact, the Maccabeans held off foreign invaders, until the Roman (   ) rolled into Palestine
    ① god   ② underdog   ③ juggernaut   ④ hero

11. I have heard calls for (   ) of serial rapists, but never have I heard a proposal for facial (   ) on account of lust
    ① castration-mutilation   ② bombardment-acrimony
    ③ dotage-disfigurement   ④ rampart-insurance

12. The miracle of changing water into wine, a one-time event, occurred out of the spotlight in an obscure town whose location (   ) cannot even agree on.
    ① astronauts   ② archaeologists   ③ astronomer   ④ astrologists

13. "If they do not listen to Moses and the Prophets, they will not be convinced even if someone rises from the dead," Jesus said of (   ).
    ① cynics   ② politicians   ③ skeptics   ④ suspects

14. Power, no matter how well-intentioned, tends to cause suffering. Love, being (   ), absorbs it. In a point of convergence on a hill called Calvary, God renounced the one for the sake of the other.
    ① vulnerable   ② susceptible   ③ surreptitious   ④ suspicious

15. I have weighed the arguments in favor of the resurrection, and they are indeed (   ). Therefore I have no doubt about the certainly of the resurrection.

① weak   ② impressive ③ thin   ④ explosive

16. When a light is brought into a room, what was a window becomes also a mirror (   ) back the contents of that room.

① receiving   ② appealing   ③ reflecting   ④ renouncing

III. Complete each sentence with one word from the word list, which best fits the blank, and mark your answer on your answer sheet. (17-20)

| ① controversial   ② monetary   ③ obliterated   ④ victims |

17. Although slavery had ended in the North by the late 1700s, it was
    not _____ in the rest f the country until during the 1800s.

18. Jews have been the _____ of persecution in many countries.

19. Public education has many _____ problems: there never

seems to be enough funding.

20. Decisions that cause people to disagree are _____

IV. Choose the one word that best keeps the meaning of the underlined part of each sentence, and mark your answer on your answer sheet. (21-25)

21. Our natural way of thinking about these coarse emotion is that the mental perception of some fact excites the mental affection called the emotion, and that this latter state of mind gives rise to the bodily expression.
    ① fine   ② coexistent   ③ tense   ④ rough

22. Lovelessness toward neighbor is seen in families that are either <u>enmeshed</u> or disengaged.
    ① inorganized   ② symbiotic   ③ loyal   ④ dislocated

23. Unaccountable and intractable power arrangements exist when a person or group disowns responsibility as either an agent of receptor of power, while simultaneously refusing to <u>relinquish</u> their current power position.
    ① hold   ② surrender   ③ lift up   ④ differentiate

24. When vital networking occurs, creativity is renewed. It becomes possible then for creativity to be recognized and active. Its consequences can be celebrated openly, rather than being discounted or driven underground and <u>paralyzed</u>.

① unable to move ② unseen ③ discriminated ④ disregarded

25. The AIDS virus comes into virtually exclusive dominance in the life of the person and, to date, has proven to be ultimately inaccessible to moderating influence.

① inculpable   ② ineligible
③ inextinguishable   ④ inapproachable

V. Read the following passages very carefully and answer the questions. Mark your answer on your answer sheet. (26-32; 33-36; 37-40)

(Question 26 - 32)

Palestine, the one lump the <u>anaconda</u> (1) could not digest, <u>exasperated</u> (2) Rome to no end. Contrary to Roman tolerance for many gods, the Jews held <u>tenaciously</u> (3) _____ (4) the notion of one God, their God, who had revealed to them a distinct culture as the Chosen People. William Barclay describes what happened when <u>these two societies</u> (5) collided. "It is the simple historical fact that in the thirty years from 67 to 37 B.C. before the emergence of Herod the Great, no fewer than one hundred and fifty thousand men perished in Palestine in revolutionary uprisings. There was no more explosive and <u>inflammable</u> (6) country in the world than Palestine."

26. Which is closest in meaning to the underlined word (1)?
    ① a large snake   ② a large elephant
    ③ a sea monster   ④ an unreal animal

27. Which is closest in meaning to the underlined word (2)?
    ① confounded ② overwhelmed ③ irritated ④ confiscated

28. Which is closest in meaning to the underlined word (3)?
    ① tentatively   ② contradictorily ③ temporarily ④ cohesively

29. Which fits best the parenthesis (4)?
    ① into   ② to   ③ over   ④ on

30. What does "these two societies" (5) signify?
    ① Rome and the party of Herod   ② Palestine and Rome
    ③ Palestine and the Jews   ④ Rome and the Greeks

31. Which is closest in meaning to the underlined word (6)?
    ① flammable   ② soluble   ③ flippant   ④ infelicitous

32. Which is most suitable as the summary of the above paragraph?
    ① Palestine revolted against the Roman invasion.
    ② Palestine was easily conquered by Rome.
    ③ Palestine was weakest among the Mediterranean countries.

④ Palestine was compatible with Rome.

(Question 33 - 36)

> The nuclear family, consisting of a mother, father, and their children may be more an American ideal than an American reality. Of course, the so-called traditional American family was always more varied than we had been led to believe, reflecting the very different racial, ethnic, class and religious customs among different American groups.
>
> The most recent government statistics reveal that only about one third of all current American families fit the traditional mold and another third consists of married couples who either have no children or have none still living at home. Of the final one third, about 20 percent of the total number of American households are single people, usually women over sixty-five years of age. A small percentage, about 3 percent of the total, consists of unmarried people who choose to live together; and the rest, about 7 percent, are single, usually divorced parents, with at least one child.

33. With what topic is the passage mainly concerned?

    ① The traditional American family

    ② The nuclear family

    ③ The current American family

    ④ The ideal family

34. Who generally constitutes a one-person household?

    ① A single man in his twenties

    ② An elderly man

③ A single woman in her late sixties

④ A divorced woman

35. According to the passage, married couples whose children have grown or who have no children represent
    ① 33.33 percent of households
    ② 20 percent of households
    ③ 7 percent of households
    ④ 3 percent of households

36. The author of the passage implies that
    ① there has always been a wide variety of family arrangements in the United States.
    ② racial, ethnic, and religious groups have reserved the traditional family structure.
    ③ the ideal American family is the best structure.
    ④ fewer married couples are having children.

(Question 37 - 40)

Throughout history, people have speculated about the future. Will it be a utopia? they wondered. Will injustice and poverty be eliminated? Will people accept ethnic diversity, learning to live in peace? Will the world be clean and unpolluted? Or will technology aid us in creating a trap for ourselves we cannot escape, for example, such as the word in 1984? (A) With the turn of the millenium just around the corner, these questions are in the back of our minds.

Science fiction often portrays the future as a technological Garden of Eden. With interactive computers, TVs and robots at our command, we barely need to lift a finger to go to school, to work, <u>to go shopping, and education is also easy and convenient.</u>(B) Yet the problems of the real twentieth century seem to point in another direction. The environment, far from improving, keeps deteriorating. Wars and others civil conflicts break out regularly. The world's population is growing out of control. The majority of people on earth live in poverty. Many of them are starving. Illiteracy is a problem in most poor countries. Diseases and malnourishment are very common. Rich countries like the U.S.A. don't have the resources to help the "have-not" countries.

<u>Instead, think of all the silly inventions such as tablets you put in your toilet tank to make the water blue, or electric toothbrushes.</u>(C) More money is spent on space and defense than on education and health care. Advancements in agriculture can produce enough food to feed the whole country, but people even in the rich countries are starving.

Although the USSR is gone, the nuclear threat continues from small countries like Iraq. Until the world puts its priorities straight, we can't look for a bright future in the twenty-first century, despite the rosy picture painted for us by the science fiction writers.

37. Considering the context of paragraph 1, which of the following is the best revision of the underlined section (A)?

① Or will technology create a trap for ourselves from which we cannot escape, for example the world in 1984?

② Or will technology aid people in creating a trap for themselves that they cannot escape; for example, the world in 1984?

③ Or will technology create a trap from which there is no escape, as it did in the world in 1984?

④ Or will technology trap us in an inescapable world, for example, it did so in the world of 1984?

38. With regard to the essay as a whole, which of the following best describes the writer's intention in paragraph 1?
    ① To announce the purpose of the essay
    ② To compare two ideas discussed later in the essay
    ③ To take a position on the essay's main issue
    ④ To raise questions that will be answered in the essay

39. Which of the following is the best revision of the underlined segment (B)?
    ① to shop, and getting an easy and convenient education
    ② to go shopping, and getting an education is also easy and convenient
    ③ to go shopping as well as educating ourselves are all easy and convenient
    ④ to shop, and to get an easy and convenient education

40. Considering the sentences that precede and follow the underlined sentence (C), which of the following is the most effective revision of the underlined sentence (C)?
    ① Instead they are devoting resources on silly inventions such as tablets to make toilet tank water blue or electric toothbrushes.

② Instead, they waste their resources on producing silly inventions like electric toothbrushes and tablets for bluing toilet tank water.
③ Think of all the silly inventions; tablets you put in your toilet tank to make the water blue and electric toothbrushes.
④ Instead, tablets you put in your toilet tank to make the water blue or electric toothbrushes are examples of useless products on the market today.

◆ 신학대학원(영어) ◆

1999학년도

※ Read the following paragraphs, answer the questions, and mark your answers on the answer sheet. (Q1~12)

This is what all the work of grace aims at-an ever deeper knowledge of God, and an ever closer fellowship with him. Grace is God drawing us sinners closer and closer to himself. How does God in grace prosecute this purpose? Not by shielding us (1) (   ) (2) <u>assault</u> by the world, the flesh and the devil, nor by protecting us from burdensome and frustrating circumstances, nor yet by shielding us from troubles created by our own temperament and psychology; but rather by exposing us to all these things, so as to overwhelm us with a sense of our own (3) (   ), and to drive us to cling to him more closely. This is the ultimate reason, from our standpoint: it is to ensure that we shall learn to hold him fast. The reason why the Bible spends so much of its time reiterating that God is a strong rock, a firm defense, and a sure refuge and help for the weak, is that God spends so much of his time bringing home to us that we are weak, both mentally and morally, and dare not trust ourselves to find, or to follow, the right road.

1. Which is most suitable for the blank marked (1)?
   (1) from   (2) to   (3) upon   (4) under

2. Which is nearest in meaning to the word underlined (2)?

   (1) condemnation (2) sanctity (3) attack (4) rebuttal

3. Which is most suitable as the theme of the above paragraph?
   (1) The truth that God is a strong rock
   (2) The way that God draws us sinners closer to Himself
   (3) The premise that God is above all
   (4) The reason that God reveals Himself to sinners

4. Which is <u>not</u> right as a statement in the light of the above paragraph?
   (1) All the work of divine grace brings us closer to God.
   (2) God sometimes does not protect us from, but exposes us to dangerous situations.
   (3) The Bible repeats that God is a sure help for the weak.
   (4) God disciplines his children for nothing.

5. Which is most suitable for the blank marked (3)?
   (1) power (2) dignity (3) influence (4) inadequacy

Nancy Chodorow offers a profound analysis of the reciprocal transactions involved in becoming male or female in our culture. Drawing from feminist theory and psychoanalytic object relations thought, she illuminates the interplay of family, society, and culture in the development of the gender dimensions of selfhood. Her basic argument is that women are inducted into the roles of mothers, and men have little to do with parenting, for a combination of mutually reinforcing psychodynamic and socioeconomic reasons. Chodorow acknowledges that biological factors play an important part in the determination that females conceive, bear, and give birth to children. However, she argues, the subsequent process of mothering is not based upon biology, or upon a simple, clear-cut appeal to nature, but upon unconscious psychosocial processes that are culturally generated and supported as normative or "natural." Chodorow demonstrates that the developmental process differs for boys and girls, leading to different structures of selfhood, at least with respect to gender. In their development, boys emotionally separate from mothers at an earlier age that girls. Further, they separate more dramatically and decisively. Through repression, they repudiate their affiliation and affiliation and attachment needs--especially those involving dependency and vulnerability. Through identification, they incorporate male models of experience, which emphasize autonomy, self-reliance. and competent mastery over themselves and their environments. This process, according to Chodorow, leads males to have a largely one-sided and negative identity. They gain their identity as males by thinking of themselves as "not female." When boys become adolescents and young adults. they search out a female with whom they can maintain their autonomy , but also with whom they feel free to release a measure of their repressed needs for dependency, nurture, and affection. These needs stand in some conflict with their self-understanding as autonomous. this ambivalence between autonomy and dependency is largely unconscious, and in our culture the independent function has dominance and greater value. It is also rewarded by potentially high status career achievements and the financial success accompanying them.

6. What is the main idea of the author in these passages?
    (1) In our culture independency functions dominantly.
    (2) The sexual identity is developed not only by biological factors but also by unconscious psychosocial processes which are culturally generated and supported.
    (3) Developmental needs differ for boys and girls.

(4) Males search out females who affirm their needs of autonomy and self-reliance.

7. What needs are not met for boys in their developmental stages?
   (1) autonomy (2) mastery (3) relationship (4) independence

8. Which of the following is not mentioned in the passages?
   (1) Men look for their prospective wives who are nurturing and affectionate.
   (2) Boys better identify with their fathers than with their mothers.
   (3) Men tend to repress their needs of connectedness.
   (4) Males have a clear sense of identity as females.

The God of Deuteronomy is first of all the God, the One who alone is worthy of his people's allegiance (Dt 6:4). The discussion whether Deuteronomy is monotheistic in the strict sense is arid. The book always thinks of God's oneness in relational terms, that is, in the context of his (A) with Israel. It is this God, Yahweh, and not another, who is supreme in the affairs of Israel and of the nations -- a point made in dialogue, explicitly and implicitly, with the polytheism of Canaan. The affairs of Israel are not directed by kings, themselves in servitude to rival, unpredictable, and ultimately impotent gods.

9. The discussion whether Deuteronomy is monotheistic in the strict sense is _____.
   (1) interesting   (2) producing good results

(3) exciting   (4) unproductive

10. Which is the right word in the blank A?
    (1) speaking (2) relationship (3) doings (4) life

11. According to the passage, the God of Israel is _____.
    (1) unworthy of nations' allegiance
    (2) supreme only in Israel
    (3) the Only supreme God in the affairs of Israel and of the nations
    (4) much stronger than Canaan gods

12. Deuteronomy tries to make a point that Yahweh is supreme not only in Israel, but also in the nations by ___.
    (1) neglecting the assertions of Canaanite polytheism
    (2) citing the polytheistic Canaanite myths
    (3) contrasting monotheistic Yahwehism with pagan polytheism
    (4) accepting the strong points of the polytheism of Canaan

※ **Choose the word closest in meaning to the underlined word, and mark your answers on the answer sheet. (Q13~35)**

13. New employees often <u>vacillate</u> between loving and hating their new job.
    (1) go back and forth (2) decide (3) review (4) remove

14. The storm itself was terrible, but the next day we saw the aftermath, which was even worse.
    (1) resulting situation   (2) time before
    (3) number of problems   (4) earlier condition

15. When he saw that half of the test was on word definitions, he knew he would cash in on the many hours he had spent studying vocabulary.
    (1) get money for   (2) receive benefit from
    (3) forget completely   (4) caused to fail

16. Your cleat knowledge of English paid off when you were interviewed for the translation job.
    (1) was worthwhile   (2) was useless
    (3) gave you confidence   (4) caused to fail

17. The teacher finally established a rapport with his students. He spent more time with them listening to their problems than before.
    (1) home (2) relationship (3) business (4) family

18. The youngest runner in the face stuck it out to the end of the race.
    (1) stepped out   (2) did not give up
    (3) failed to run   (4) did not make it

19. Mozart dashed off many of his late works so that they are

less valuable than the earlier works.
(1) put in storage (2) gave away
(3) produced quickly (4) painted in anger

20. To be sure, some of the models of personality <u>undergirding</u> pastoral practice have recognized the capacity for aggression at the center of the individual personality.
(1) utilizing (2) undermining (3) supporting (4) undergoing

21. Dominance refers to the unjust power and value arrangements whereby one or more persons of groups <u>subordinate</u> other persons and groups for the advantage of the dominant group.
(1) sublimate (2) shame (3) scour (4) place in a lower rank

22. The ethical underpinnings of the existentialist-anthropological model are <u>expressive</u> individualism, of individual egoism, which understand good and evil in terms of the degree to which something enhances or impedes the need of the self.
(1) prevents (2) intensifies (3) freezes (4) initiates

23. Pastoral caretakers "gear into speech" those who are victimized by lovelessness, injustice, and environmental <u>rapaciousness.</u>
(1) effluent (2) effeminate (3) effete (4) effective

24. As psychocybernetics demonstrates, whatever is consciously desired influences which resources from the personal and

collective unconscious will by efficacious in the present moment.
(1) efficacious (2) effeminate (3) effete (4) effective

25. As tidal waves approach the shore, they are slowed and the water behind piles up to tremendously treacherous heights.
(1) effluent (2) precarious (3) sound (4) safe

26. A folic acid deficiency in the human body causes a type of anemia.
(1) vestige (2) limpness (3) sound (4) pity

27. Autism is a total lack of language, a pervasive lack of responsiveness to people, and peculiar speech patterns.
(1) widespread (2) localized (3) removal (4) damp

28. The creature has always been looking forward to the day of

(1) recovery (2) deadness (3) removal (4) damp

29. Conviction of sin, that is, an adequate knowledge of its nature, and a sense of its power over us, is an indispensable part of evangelical religion.
(1) The state of being condemned (2) The state of being convinced
(3) The state of being contaminated (4) The state of being conceived

30. The law of God is a transcript of his own nature ---holy, just, and good.
    (1) transportation   (2) transmigration
    (3) tradition   (4) official record

31. Sin extracts death from the means of life, and cannot exist unattended by misery.
    (1) miser   (2) suffering, want, and distress
    (3) supervision   (4) subordination

32. If our religious experience does not correspond with that of the people of God, we cannot be true Christians.
    (1) adopt (2) mean (3) match (4) chariots

33. In all these military undertakings, ancient Israel was behaving in a manner essentially common to the ancient Near East as a whole.
    (1) campaigns (2) goals (3) weapons (4) chariots

34. He articulated his anger.
    (1) hided (2) threw away (3) expressed clearly (4) suppressed

35. I don't think you appreciate the dangers of this job.
    (1) increase (2) understand fully (3) show (4) reveal

※ Choose the word that best fits in the blank, and mark your answers on the answer sheet.(Q36~40)

36. As hard as she tried, the fortuneteller could not_____a vision of the lost child.
    (1) dig up (2) trade in (3) conjure up (4) think about

37. The attorney advised his client to keep his silence as it might be_____his case.
    (1) attributable to (2) subject to (3) pending on (4) injurious to

38. The conference has been cancelled without plans for a future date; it has been postponed _____.
    (1) absolutely (2) indefinitely (3) likely (4) obviously

39. The instructor forgot to tell the students about the date of the final exam. It was _____on her part.
    (1) a principle (2) a threat (3) an inspiration (4) an oversight

40. Food activities of ethnic peoples often reveal important aspects of their communal lives.
    (1) smelting (2) procuring (3) inheriting (4) ranking

❖ 석사 · 신학연구원(영어) ❖

2000학년도

가. 밑줄 친 단어의 의미와 가장 가까운 단어를 찾으시오.

1. "They <u>obstruct</u> the potential for unknown newness."
   ① resolve   ② impede
   ③ postulate   ④ precipitate

2. Unfortunately, some therapies are so weighted toward nurturing high self-esteem as defined by secular criteria of worth that they often neglect the <u>vice</u> of self-love.
   ① limitation   ② poison
   ③ idolatry   ④ immorality

3. Teenage promiscuity, rape, unhappy marriage, and divorce are <u>rampant</u> in our society.
   ① diluted   ② increasing
   ③ widespread   ④ eclipsed

4. The sense of smell alone may be a better <u>analogy</u> for image-sensing than both seeing and hearing together, because

smell is both more concrete, and less.
① companion   ② quotation
③ equation   ④ similarity

5. If a woman unconsciously is still seeking her father, she may experience sex and intimacy as incestuous and forbidden. She may <u>repudiate</u> her partner for not be her unconscious ideal, i.e., her fantasized father.
   ① renounce   ② request
   ③ reprove   ④ requite

6. The movement toward collegiality among bishops called for new <u>collegiality</u> between clergy and lay people in ministry.
   ① concordance   ② compromise
   ③ colleagueship ④ condescension

7. To reveal a military secret is <u>tantamount</u> to treason.
   ① relative   ② opposite
   ③ reasonable ④ equivalent

8. Between 1870 and 1914 the United States changed form <u>an agrarian</u> economy to an industrial economy.
   ① an urban   ② a farming
   ③ a manufacturing ④ a rural

9. Some <u>residual</u> problems were very difficult to resolve.
   ① domestic   ② remaining
   ③ geographical ④ complex

10. Drink only tepid liquids.
    ① slightly warm
    ② slightly cool
    ③ clean
    ④ tasty

나. 빈칸에 적절한 어구를 찾으시오.

11. Change is hard, but _____.
    ① without change there will be progress
    ② without change there can be no progress
    ③ with change there can be no progress
    ④ with change there would be progress

12. This growth in supply man _____ after 1998.
    ① break off
    ② let off
    ③ level off
    ④ cool off

13. Hardly _____ would quarrel with the concept of equal pay for equal work.
    ① nobody
    ② anybody
    ③ somebody
    ④ everybody

14. When decorating a room with two bright colors, be carful that _____ color dominates.
    ① either
    ② both
    ③ neither
    ④ like

15. The company needs to _____ the position before the engineer resigns.

① employ   ② hire
③ recruit ④ fill

다. 다음 문장들은 문법, 용례와 어구에 대한 지식을 묻고 있습니다. 문장 내에 밑줄 친 부분 중에 틀린 것을 찾아내시오. 어떤 문장이든 하나 이상 틀린 것은 없으며, 밑줄 친 부분을 제외하면 틀린 것은 없습니다. 만약 오류가 전혀 없으면 'No error'를 선택하시오.

16. In his speech, <u>Bill Clinton many illusions</u>, to the United States,
         1
    its government and its citizens, <u>its almost overwhelming</u>
                                              2
    <u>diversity</u> and immensity, <u>its great past and future potential</u>. <u>No</u>
                                             3
    <u>error</u>.
    4

17. Shakespeare's dramas and Austin's novels seem to have little
    in common <u>until a careful reader</u> enjoys both their <u>ability to</u>
                        1
    <u>keep a plot going</u> and <u>their most unique use</u> of language. <u>No</u>
          2   3
    <u>error</u>.
    4

18. <u>What Socrates represented</u> as ignorance and weakness in
              1
    himself was <u>in fact</u> <u>a noncommittal attitude</u> toward unproven
                    2   3
    assertions. <u>No error</u>.
                     4

19. The committee <u>is deciding</u> now which <u>of the many</u> applicants
                        1   2
    for the teaching position <u>are going to</u> be hired. <u>No error</u>.
                                    3   4

20. When anyone <u>looks up a word</u> in any of the desk dictionaries
       1
   to check its spelling, <u>you must make</u> sure that the word cannot
                                2
   be spelled <u>in more than</u> one acceptable way. <u>No error</u>.
                     3   4

21. After all <u>votes have been</u> counted and the winner <u>declared</u>, the
                   1   2
   new president will <u>be formerly inducted</u> into office. <u>No error</u>.
                                3   4

22. The trees in the garden <u>have developed</u> <u>their</u> <u>autumn leaf</u>
                                     1   2   3
   <u>colors</u>: red, brown, orange, and yellow. <u>No error</u>.
                                                       4

23. <u>Whoever we select</u> <u>as our delegate</u> to the international
              1   2
   convention will have all expenses paid <u>from the dues</u> of the
                                                    3
   local organization. <u>No error</u>.
                              4

24. <u>Abraham Lincolns Gettyburg Address</u> has been called a model
                         1
   of brevity, <u>the greatest short speech</u> that <u>anyone has ever</u>
                              2   3
   delivered, and a speech worth more than a longer one would
   have been. <u>No error</u>.
                    4

25. In the court of Loius XVI, <u>his most frequent advisors belonged</u>
                                              1
   to the Roman Catholic <u>church who's honesty</u> <u>might have been</u>
                                    2   3
   <u>suspected</u> by an impartial participant in the events of the scene.
   <u>No error</u>.
        4

라. 밑줄 친 문장을 네 가지로 표현해 보았다. 이 중 어색함이나 언어의 반복이 없이 가장 잘 표현된 것을 하나 선택하시오. 답①은 항상 문제의 밑줄 친 부분과 같습니다. 만약 이것이 가장 좋은 표현이라면 답①을 선택하십시오.

26. The minister made the congregation a little upset <u>in the course of the initial</u> sermon be demanding money in the collection plates.
    ① in the course of the initial   ② during the first
    ③ in the course of the foremost ④ in the coarse of the initial

27. Jonathan's father was born in Grenada, <u>the male child of</u> a native prince and a foreign sugarcane worker.
    ① the male child of   ② being only the male child of
    ③ the only male son of   ④ the son of

28. Motorists who cross the remote country <u>is often told to</u> take plenty of water for car radiators.
    ① is often told to   ② cannot but be warned
    ③ are advised to   ④ could be constantly advised to

29. In the South, dogwood and azaleas announce the arrival of spring <u>by bursting into bloom in every garden</u>.
    ① by bursting into bloom in every garden
    ② when they force their buds into bloom
    ③ since they have burst into bloom
    ④ while they bloom in every garden

30. The more money Mr. Kim accumulated, <u>the more he wanted</u>.
   ① the more he wanted   ② he increased his desires
   ③ the more he accumulated   ④ the greater quantity he desired

마. 다음 문장을 읽고 물음에 답하시오.

【1】 Now the angels came again to present themselves before the Lord, and Satan with them. "Where have you come from?" the Lord asked Satan. "Well, have you notices my servant Job?" the Lord asked. "He is the finest man in all the earth - a good man who fears God and turns away from all evil. And he has kept his faith in me despite the fact that you persuaded me to let you harm him without any cause." "Skin for skin," Satan replied. "A man will give anything to save his life. Touch his body with sickness and he will curse you to your face!" "Do with him as you please," the Lord replied: "only spare his life." So Satan went out from the presence of the Lord and struck Job with a terrible case of boils form head to foot. Then Job took a broken piece of pottery to scrape himself, and sat among the ashes. His wife said to him, "Are you still trying to be godly when God has done all this to you? Curse him and die." But he replied, "You talk like some heathen woman. What? Shall we receive only pleasant thins from the hand of God and never anything unpleasant?" So in all this Job said nothing wrong. When three of Job's friends heard of all the tragedy that had befallen him, they got in touch with each other and traveled from their homes to comfort and console him. Their names were Eliphas the

Temanite, Bildad the Shuhite, and Zophar the Naamathite. Job was so changed that they could scarcely recognize him. Wailing loudly in despair, they tore their robes and threw dust into the air and put earth on their heads to demonstrate their sorrow. Then they sat upon the ground with him silently for seven days and nights, no one speaking a word; for they saw that his suffering was too great for words. (Job 2:1-13)

31. What is Satan trying to prove to God in this passage?
    ① Job cannot handle pain
    ② Satan is powerful
    ③ Job's love for God is circumstantial
    ④ Job is a man of integrity

32. How did Job not sin after Satan attacked his body?
    ① He disowned God and cursed Him to His face
    ② He called his wife a foolish woman
    ③ He did not curse God, but accepted the trouble
    ④ He wept and tore his robes

33. What is Satan's accusation in verse 4 and 5?
    ① Job will remain blameless and upright
    ② Job's wife does not love God nor fear Him
    ③ Job's friends will not be understanding
    ④ Job will curse God when his life is in danger

【2】 In the modern perspective therapy constitutes a dominant cultural-truth-informed, *therapist-led endeavor* and yields *therapist-determined possibilities.* These truths determine and actualize a priori, across-the-board diagnoses, goals, and treatment strategies. Such thought and action, in turn, may validate and reify a therapist's pre-knowledge while missing and dismissing the uniqueness, richness and complexity of an individual or group of individuals. As this pre-knowledge forms, as this single voice forms, the ensuing therapist-led thoughts and actions risk dominating and silencing the client's voice. In turn, I believe, familiar metaphors and narratives become self-limiting and consequently minimize a therapist's ability to be creative and imaginative; thus, they obstruct the potential for unknown newness--the possibilities that can emerge when the multiple voices of a client and therapist, and others, are present. Privileging our therapist voices, I strongly believe, risks the perpetuation of institutional inequality, albeit sometimes unwittingly, on both the local therapist-client level and the universal individual-family-society level, for instance, overlooking or supporting generalism such as sexism, ageism, and racism.

34. What is the main theme of this paragraph?
    ① Therapists needs to have pre-knowledge on clients enough to diagnose their problems.
    ② Modern psychotherapy consists of therapist-centered approaches.
    ③ Individual and institutional inequality should be discouraged in modern society.
    ④ A therapist's openness to the uniqueness and complexity of clients keeps them from generalism.

35. Which of the following is not mentioned in the paragraph?
    ① Therapist-centered approaches encourage diagnosis and treatment strategies of the therapist.
    ② The client's voice may be silenced and dominated by the preknowlege of the therapist.
    ③ Familiar metaphors and narratives can be helpful for therapists enough to hear the multiple voices of clients.
    ④ The writer believes that prioritizing the therapist's voice can be detrimental to individuals as well as to society.

바. 다음은 일반상식에 관한 질문이다. 다음 질문에 답하라.

36. The medieval architect symbolized God's presence in the cathedral by _____.
    ① creating great areas of interior space
    ② embellishing the surface with great columns and lacy decoration
    ③ creating the choir and high altar areas
    ④ combining the arts of painting and free-standing sculpture

37. The French word genre means.
    ① plot   ② category
    ③ climax   ④ story

38. John Milton in *Paradise Lost* attempted to _____.
    ① justify the ways of men to God
    ② justify the ways of God to men
    ③ explain evil
    ④ explain why good and evil are necessary

39. A priori knowledge is _____.
   ① knowledge obtained from sensory experiences
   ② knowledge existing in the mind before sensory experience
   ③ a concept stressed particularly by the empirist
   ④ a concept denied by the objective realist

40. Anthropomorphism is a religious concept meaning.
   ① belief in animal gods
   ② belief in a god who died and lived again
   ③ attribution of human characteristics to a god or gods
   ④ holding ancestors worthy of worship

❖ 석사·신학연구원(영어) ❖
2001학년도

가. 각 문제에 주어진 어구나 문장에 가장 적합한 번호를 아래에서 골라 답안지에 답하시오.

1. To move back quickly
   ① harass   ② molest
   ③ repulse   ④ recoil

2. Eagerly desirous
   ① avid   ② bitter
   ③ perched   ④ stingy

3. A loud laugh
   ① nap   ② guffaw
   ③ gale   ④ blunder

4. If he loses his temper, his mind is not _____ .
   ① diadem   ② lyric
   ③ lucid   ④ conjugal

5. To be more circumspect is to be _____ .
   ① honest   ② intelligent
   ③ restrained   ④ cautious

6. The teacher _____ me for my fault.
   ① chocked   ② chipped
   ③ chided   ④ chiselled

7. Cursory reading is very _____ .
   ① fast   ② good
   ③ slow   ④ bad

8. He used the stick as a _____ to keep the window open.
   ① slot   ② prop
   ③ plug   ④ curb

9. To take a trip is to set _____ .
   ① of   ② up
   ③ out   ④ on

10. Who can shed light on the reasons?
    ① turn on   ② dissipate
    ③ appall   ④ explain

나. 아래 주어진 문장 속에서 문법적으로 옳지 못한 부분을 고르시오.

11. Neither the God he served nor the learning he preserved
        ①   ②

counted for much in the world from whom he had retired.
　　　　　　　③　　　　　　　　　④

12. As I had finished to read the newspaper, I began to think about
　　　　①　　　　　②　　　　　　　　　　　③

    the terrible accident reported in the paper.
    　　　　　　　　　　　④

13. Novelist Young Chul Cho is famous toward his stories of small
    ①　　　　　　　　　　②　　　　　③　　　④

    -town life in the South.

14. He quickly stepped on the brake, and his car came to a steop
    　　①　　　　　　　　　　　　　　　　　　②

    just in time to beavoiding an accident.
    　　③　　　④

15. I wondered if I looked as funny to him as he does to. me
    　　　　　①　　　　②　　　　　　③　　④

16. Dynamics is a branch of physics that deals for the relationship
    　　　　　　　①　　　　　　　　　②

    between motion and force.
    　③　　　　　　④

17. American soprano Kathleen Batle taught music in elementary
    　　　　　　　　　　　　　　　　　　①

    school before beginning the career as a professional singer.
    　　　　　　　②　　　　③　　　　　④

18. In colonial times, flax and wool required months of prepation
    ①　　　　　　　　　　　　　②

before they <u>could</u> be dyed and <u>spin</u> into cloth.
　　　　　　　③　　　　　　　　④

19. <u>The top</u> layer of the ocean <u>stores</u> as much <u>heat</u> as <u>does</u> gases
　　　①　　　　　　　　　　　②　　　　　　　③　　　④
in the atmosphere.

다. 아래 주어진 부분이나 문장에 맞는 가장 적절한 표현을 고르시오.

20. Rich and distinctive in flavor, _____ .
    ① pecans are the most important nut crop in the United States.
    ② the most important nut crop in the United States, the pecan.
    ③ farmers in the United States raise pecans, a very important nut crop.
    ④ there is in the United States a very important nut crop, the pecan.

21. Unlike most birds, _____ .
    ① the heads and necks of vultures lack feathers.
    ② feathers are not found on the heads and necks of vultures.
    ③ vultures do not have feathers on their heads and necks.
    ④ there are no feathers on vultures' heads and necks.

22. Smaller and flatter than an orange, _____ .
    ① a tangerine is easy to peel and its sections separate readily.
    ② the peel of a tangerine is easily removed and its sections are readily separated.

③ it's easy to peel a tangerine and to separate its sections.

④ to peel a tangerine is easy, and its sections can be radily separated.

23. Like the federal government, _____ .

   ① taxation provides most of the funds for state and local governments as well.

   ② state and local governments obtain most of their funds through taxation.

   ③ through taxation is how state and local governments obtain most of their funds.

   ④ funds are provided from taxation for state and local governments.

24. _____ a river on land, an ocean current does not flow in a straight line.

   ① Alike   ② Like
   ③ Likewise   ④ Likely

25. A surprising number of parents are either unaware that the problem exists or reluctant to face up to it.

   ① Some parents do not actually understand the problem and solve it.

   ② A lot of parents neither want to know the problem nor like to face it.

   ③ A surprising number of parents evidently neglect both the

problem and its full meaning.

④ An amazing number of parents are not aware of the existing problem or not willing to cope with it.

26. The honorable man or woman in honest, sincere, candid, and generous in matters of greater concern than just money.
    ① The candid, sincere, honest and sometimes generous person can be a man or a woman.
    ② Generosity in matters of greater concern than just money, such as honesty, candidness, and sincerity, are the marks of a honorable man or woman.
    ③ Generosity, sincereness, candidness, and honesty are the hallmarks of an honorable man and woman.
    ④ The qualities of generosity in matters other than just money, sincerity, honesty, and candidness can be found in an honorable man or woman.

라. 아래에 주어진 글들을 읽고 물음에 답하시오.

【문 27-30】

The theology of the Reformation, broadly speaking, has long found this entrance in Paul's preaching of justification by faith. In the great struggle with Roman Catholic legalism and mysticism the <u>forensic</u>(1), statements in the epistles to the Romans and the Galatians were of fundamental significance. The result was that the Reformation view of the epistles of Paul came to be determined primarily by this doctrine of justification. This is especially apparent in Luther. For him, that which "preaches and inculcates(2) Christ" in the sense of Paul's doctrine of justification by faith, was the only principle and criterion for the whole New Testament doctrine of salvation, the canon within canon, as appears, for example, from Luther's critique of the Epistle of James. Later Lutheran theology continued to exhibit traces of this point of departure(3) in the Pauline doctrine of justification. It(4) has not infrequently gone further still and projected Luther's struggle to arrive at assurance of faith back into Paul's conversion on the road to Damascus.

27. 밑줄 친 부분(1)과 뜻이 가장 가까운 낱말을 아래에서 고르시오.
    ① strong   ② judicial
    ③ energetic   ④ enforced

28. 밑줄 친 부분(2)와 뜻이 가장 가까운 낱말을 아래에서 고르시오.
    ① loves   ② studies
    ③ declares   ④ instructs

29. 밑줄 친 부분(3)이 본문 안에서 지시하는 내용은 무엇인가?
    ① Paul's preaching   ② justification by faith
    ③ entrance   ④ assurance

30. 본문 안에서 밑줄 친 부분(4)의 실제 내용은 무엇인가?
    ① justification   ② to arrive
    ③ the Epistle of James   ④ Later Lutheran theology

【문31-34】

Unquestionably, it is possible to do without happiness: it is done involuntarily by nineteen-twentieths of mankind, and voluntarily by the hero or martyr for the sake of something which he prizes more than his individual happiness. But what is this, something but the happiness of others, or some of the requisites of happiness?

31. In this paragraph, it is argued that
    ① no one is really self sacrificing.
    ② men always act for the sake of happiness.
    ③ it is better to seek another's happiness than your own.
    ④ some men choose to be unhappy.

32. Which of the following does not contradict paragraph?
    ① Martyrdom never makes anyone happy.
    ② Most people are happy.
    ③ Everyone prizes his individual happiness.
    ④ Only the hero makes men happy.

33. Which of the following statements is true about a martyr?
    ① A person who chooses to die against the government.
    ② A person who loves his country.
    ③ A person who chooses to die or suffer rather than renounce his faith.
    ④ A person who dies.

34. Requisites refer to
    ① something needed   ② something worthless

③ something valuable   ④ something not required

【문35-37】

　　Nation-states were first formed when they developed clear borders, rather than the vaguer frontiers characteristic of more traditional states. Borders are precise lines drawn on a map, which designate the territory of the nation, and any violation of them is regarded as an assault upon the nation's integrity. States are again coming to have frontiers rather than borders, but not for the same reasons as in the past. Early states had frontiers because they had an inadequate political apparatus: they couldn't make their authority <u>count</u> at their outer perimeters. The borders of current states are becoming frontiers because of their ties to other regions and their involvement with transnational groupings of all kinds. The European Union is the prototype, but the softening of boundaries is happening in other parts of the world too.

35. 위의 글이 말하고자 하는 논지로서 가장 적합한 것을 고르시오.
   ① Every state has borders and frontiers.
   ② Many modern states began to have frontiers instead of borders.
   ③ Frontiers of early states are the same as borders of current states.
   ④ The European Union is the prototype of inadequate political apparatus.

36. border 또는 frontier에 대한 다음의 설명 가운데 틀린 것을 고르시오.
   ① border는 지도상에 나타난 국가의 영역표시다.
   ② 초창기의 국가들은 적절하지 못한 정치기구를 가지고 있었기 때문에 frontier를 갖게 되었다.
   ③ 현대의 국가들은 초창기의 국가들과 비슷한 이유 때문에 frontier를 설정하고 싶어한다.
   ④ 유럽연합은 국가간의 경계가 약화되어 가는 현상에 있어서 세계의 다른 나라들의 선례가 되고 있다.

37. 밑줄 친 단어 대신에 넣을 수 있는 단어를 고르시오.
   ① esteem   ② number
   ③ violate   ④ strike

【문38-40】

Perhaps the inevitable circularity of philosophical ethics is redemptive, however. Precisely by leaving us within the human realm through its appeal either to society or to the self, and hence to reason itself, general ethics can point us beyond itself and beyond the merely human. Casting about in this dead-end pursuit raises the question as to whether there might be a transcendent vantage point that can speak to the human ethical quest. Perhaps we must look for a religious or theological foundation for the ethical life. Indeed, a religious vision provides us (   ) a sense of the transcendent, a sense of being connected to something beyond, something greater than the here and now, something bigger than this life. And this sense of connection with the transcendent can give meaning to our world and to ourselves.

38. 다음 중에서 위의 글에 나타난 사상이 아닌 것은?
    ① 철학적 윤리학의 탐구는 어떤 초월적인 준거점이 있는 가하는 문제를 제기한다.
    ② 우리는 윤리적 생활의 종교적인 토대를 찾아야 한다.
    ③ 종교는 우리에게 초월적인 것에 대한 인식을 제공한다.
    ④ 일반윤리학은 우리의 세계에 대하여 의미를 부여한다.

39. 밑줄 친 부분을 대신할 수 있는 표현으로서 가장 적합한 것을 고르시오.
    ① looking around   ② throwing away
    ③ doubting about   ④ discarding

40. 위 글의 괄호 안에 들어갈 단어로서 가장 적합한 것은 무엇인가?
    ① by   ② with
    ③ together   ④ to

❖ 석사·신학연구원(영어) ❖

2002학년도

I. Choose the number of the word or phrase that is most nearly the same in meaning as the given word.

1. terminology
   ① finality
   ② formality
   ③ explanation
   ④ nomenclature

2. therapeutic
   ① professional
   ② restful
   ③ curative
   ④ stimulating

3. schism
   ① religion
   ② division
   ③ combination
   ④ coalition

4. graphic
   ① vivid
   ② serious
   ③ concise
   ④ detailed

5. circumvent
   ① control
   ② change
   ③ harass
   ④ frustrate

6. embryonic
   ① arrested
   ② hereditary
   ③ rudimentary
   ④ functioning

7. concentrate
   ① consolidate
   ② harden
   ③ agitate
   ④ protest

8. provisional
   ① appointed
   ② tentative
   ③ military
   ④ democratic

9. imminent
   ① distinguished
   ② terrifying
   ③ declining
   ④ impending

10. incipient
    ① secret
    ② hasty
    ③ beginning
    ④ dangerous

II. Choose the numbered word or phrase which is most nearly opposit in meaning to the underlined word.

11. <u>overt</u>

① public   ② hidden
③ reversed   ④ frank

12. pacifist
    ① artillery   ② drill
    ③ objector   ④ militarist

13. flagrant
    ① conspicuously good   ② extra poor
    ③ waving   ④ bestow

14. palpable
    ① friendly   ② intangible
    ③ disturbed   ④ perceptible

15. cursory
    ① sad   ② thorough
    ③ moot   ④ classified

III. Choose the word or expression that is most nearly the same in meaning as the underlined word.

16. advised me to persevere
    ① leave town   ② keep at it
    ③ ask for help   ④ give up

17. intervene in a family dispute
    ① provoke   ② end

③ ask for help ④ give up

18. odors that <u>permeate</u>
    ① add to the enjoyment of   ② please
    ③ penetrate   ④ disgust

19. become a real <u>obsession</u>
    ① bogey   ② fixation
    ③ incubus   ④ stumbling block

20. recall a <u>parable</u>
    ① fable   ② joke
    ③ set of facts ④ incident

21. <u>paraphrased</u> his review of the journal article
    ① duplicated   ② rejected
    ③ ignored scornfully ④ restated in other language

22. the <u>acclamation</u> of the crowd
    ① criticism ② applause
    ③ derision   ④ indifference

23. <u>germane</u> to the problem
    ① inappropriate ② indispensable
    ③ relevant   ④ slightly useful

24. years of <u>adversity</u>
    ① misfortune ② separation

③ brilliant success　　　　④ poor planning

25. <u>attenuated</u> the value of our efforts
   ① redirected　　　　② lessened
   ③ increased　　　　　④ questioned

IV. **According to the requirements of standard written English, choose the one underlined part that must be changed to make the sentence correct.**

26. If any signer of the Constitution <u>was</u> to return to life <u>for a day</u>, his opinion <u>of</u> our amendments <u>would be</u> interesting.
   　　　　　　　　　　　　　　　　1　　　　　　　　　　　　2
   　　　　　　　　　　　3　　　　　　　　　4

27. The president <u>of the seminary</u>, together <u>with</u> some other faculty members, <u>are</u> planning a conference for the purpose of <u>laying</u> down certain regulations.
   　　　　　1　　　　　　　　　　2
   　　　　2　　　　　　　　　　　　　　　　　　　　　　　4
   　　　3

28. Psychologists and psychiatrists <u>will tell</u> us that it is <u>in</u> utmost importance that a <u>disturbed</u> child <u>receive</u> professional attention as soon as possible.
   　　　　　　　　　　　　　　　　　1　　　　　　　　　　2
   　　　　　　　　　　　　　　3　　　　　　4

29. The supervisor <u>was advised</u> to give the assignment to <u>whomever</u> <u>he believed</u> had a strong sense of responsibility, and the courage <u>of</u> his conviction.
   　　　　　　　　1
   　　　　　1　　　　　　　　　　　　　　　　　3
   　　　　　　2
   　　　　　　　　　　4

30. There <u>remains</u> many reasons for the <u>animosity</u> that <u>exists</u> <u>between</u> the Arab countries and Israel.
   　　　　1　　　　　　　　　　　　　　　　2　　　　　　3
   　　4

V. Which of the following is the best revision of the underlined portion of sentence below?

31. He never has and he never will keep his word.
    ① He has never and he never will
    ② He has never yet and never will
    ③ He has not ever and he will not
    ④ He never has kept and he never will

32. Professor Jung published his first book and he was sixty-five years old then.
    ① upon the reaching of sixty-five years
    ② being age sixty-five years old
    ③ when he was sixty-five
    ④ at the time when he was sixty-five

33. Being that the plane was grounded, we stayed over until the next morning so that we could get the first flight out.
    ① Because the plane was grounded, we stood over
    ② Since the plane was grounded, we stayed over
    ③ In view of the fact that the plane was grounded, we stayed over
    ④ On account of the plane being grounded, we stayed over

34. In more and more families, both husbands and wives work nowadays and with this there are new problems that result.
    ① nowadays and this is what is causing new problems
    ② nowadays, a situation that is causing problems

③ nowadays and this makes them have new problems as a result
④ nowaday, they are having new problems

35. Another <u>is because women are</u> now more independent.
① is caused by the women's being
② comes from women being
③ reason is that women are
④ reason is due to the fact that women are

VI. Fill the blank with each choice to see the best fit.

36. Mr. Lee was frequently intolerant; moreover, his strange behavior caused most of his acquaintances to _____ the professor whenever possible.
① revere   ② shun
③ contradict   ④ tolerate

37. Being _____ person, the speaker insisted at the conference that when he spoke he was not to be interrupted.
① a headstrong   ② a delightful
③ a successful   ④ a solitary

38. In spite of the _____ of his presentation, many people were _____ with the speaker's concepts and ideas.
① interest . . . enthralled   ② greatness . . . gratified
③ intensity . . . shocked   ④ strength . . . bored

39. All of the efforts of the professors will bring about no _____ changes in the scores of the students because the books and other _____ educational materials are not available.
   ① effective . . . interrupted   ② spiritual . . . inspiring
   ③ marked . . . necessary   ④ impartial . . . worthwhile

40. Many buildings with historical significance are now being _____ instead of being torn down.
   ① built   ② repaired
   ③ destroyed   ④ praised

41. His attempt to _____ his guilt was betrayed by the tremor of his hand as he picked up the paper.
   ① intensify   ② extenuate
   ③ display   ④ conceal

VII. Read the following passages carefully and answer the questions.

We should also know that "greed" has little to do with the environmental crisis. The two main causes are population pressures, especially the pressures of large metropolitan populations, and the desire-a highly commendable one-to bring a decent living at the lowest possible cost to the largest possible number of people.

The environmental crisis is the result of success-success in cutting down the mortality of infants (which has given us the population explosion), success in raising farm output sufficiently to prevent mass famine (which has given us contamination by pesticides and chemical fertilizers), success in getting the people out of the tenements of the 19th-century cities and into the greenery and privacy of the single-family home in the suburbs (which has given us urban sprawl and traffic jams.) The environmental crisis, in other words, is largely the result of doing too much of the right sort of thing.

To overcome the problems that success always creates, one must build on it, But where to start? Cleaning up the environment requires determined, sustained effort with clear targets and deadlines. It requires, above all, concentration of effort. Up to now we have tried to do a little bit of everything-and tried to do it in the headlines-when what we ought to do first is draw up a list of priorities.

42. This passage assumes the desirability of
   ① using atomic energy to conserve fuel
   ② setting disputes peacefully
   ③ living in comfortable family lifestyles
   ④ having greater government involvement in people's daily lives

43. According to this passage, one early step in any effort to improve the environment would be to
   ① study successful efforts in other countries

② set up a timetable for corrective actions
③ return to the exclusive use of natural fertilizers
④ ban the use of automobiles in the cities

44. The passage indicates that the conditions which led to overcrowded roads also brought about
① greater occupational opportunities
② the population explosion
③ greater concentration of population pressures
④ more attractive living conditions for many people

45. It could logically be assumed that the author of this passage would support legislation to
① organize an agency to coordinate efforts to cope with environmental problems
② ban the use of all pesticides
③ prevent the use of automobiles in the cities
④ build additional conventional power plants immediately

VIII. Read the following passages carefully and answer the questions.

Some scraps of evidence bear out those who hold a very high opinion of the average level of culture among the Athenians of the great age. The funeral speech of Pericles is the most famous indication from Athenian literature that its level was indeed high. Pericles was, however, a politician, and he may have been flattering his audience. We know that thousands of Athenians sat hour ___①___ hour in the theater listening to the plays of the great Greek dramatists. These plays, especially the tragedies, are at a very high intellectual level throughout. There are no let downs, no concessions to the lowbrows or to the demands of "realism," such as the scene of the gravediggers in *Hamlet*. The music and dancing woven into these plays were almost certainly at an equally high level. Our opera-not Italian opera, not even Wagner, but the restrained, difficult opera of the 18th century-is probably the best modern parallel. The comparison is no doubt dangerous, but can you imagine almost the entire population of a Korean city (in suitable installments, of course) sitting through performances of Mozart's *Don Giovanni* or Gluck's *Orpheus*? Perhaps the Athenian masses went to these plays because of a lack of other amusements. They could at least understand something of what went on, since the subjects were part of their folklore. For the Korean people, the subjects of grand opera are not part of their folklore.

46. The author seems to question the sincerity of
    ① opera goers   ② gravediggers
    ③ playwrights   ④ politicians

47. The author implies that the average Korean
    ① does not understand grand opera
    ② enjoys *Hamlet*

③ loves folklore
④ seeks a high cultural level

48. The author's toward Greek plays is one of
    ① qualified approval   ② great respect
    ③ partial hostility   ④ grudging admiration

49. Which is the best word for the underlined part ①?
    ① of   ② since
    ③ after   ④ by

50. The author suggests that Greek plays
    ① flattered their audiences
    ② were written for a limited audience
    ③ stimulated their audiences
    ④ made great demands upon their actors

❖ 목회 연구과정(영어) ❖

2002학년도

1. 다음 단어와 의미가 가장 가까운 단어는 무엇인가? <u>denounce</u>
   ① invoke   ② condemn
   ③ evoke   ④ shout

2. 다음에 제시한 단어와 의미가 정반대 되는 단어는 무엇인가?
   <u>incessant</u>
   ① occasional   ② continuous
   ③ consistent   ④ ceaseless

3. 다음 단어들 중에서 법과 관련된 단어는 무엇인가?
   ① turnpike   ② ecosystem
   ③ nutrition   ④ culprit

4. 다음의 단어들 중 경제에 관련된 단어가 아닌 것은?
   ① supply   ② inflation
   ③ overpass   ④ deflation

5. 다음 괄호 안에 들어갈 알맞은 단어는 무엇인가?

a. What a beautiful house is it? Is this your own house?
b. Sadly, no. I _____ it from my intimate friend.
① borrowed   ② hired
③ rent   ④ lent

6. 다음 괄호 안에 넣었을 때, 가장 자연스럽게 의미가 통하는 단어는 무엇인가?
It's not time for you talk. Please, don't _____ in our conversation.
① go   ② break
③ stand   ④ talk

7. 다음 빈칸에 들어갈 수 있는 전치사는 무엇인가?
Americans felt very sad when their president passed _____
① away   ② in
③ down   ④ off

8. 다음 빈칸에 가장 자연스럽게 어울리는 단어는 무엇인가?
a. How was your birthday, Jinho?
b. Wonderful! My wife prepared a surprise _____ to congratulate my birthday.
① shock   ② transcript
③ party   ④ passport

* **다음 빈칸에 들어 갈 말을 찾으라.(9-13)**
9. Bring my overcoat _____ it is cold.
① although   ② much
③ in case   ④ by far

10. _____ the bus is empty, he does not want to take it.
    ① unless   ② although
    ③ because   ④ if

11. A large car is much more expensive _____ a small one.
    ① than   ② as
    ③ by far   ④ less

12. Your advice is _____ appreciated.
    ① more   ② much
    ③ better   ④ than

13. This picture is _____ the most valuable in the museum.
    ① by far   ② greatly
    ③ more   ④ in case

* <u>빈칸에 가장 어울리는 단어나 어귀를 집어 넣으라.(14-21)</u>

14. _____ side of this coin indicates that it is not a forgery.
    ① Other   ② The other
    ③ Another   ④ The another

15. The conservative theology _____ by radical progressive theology.
    ① is attacked   ② attacks
    ③ has attacked   ④ are attacked

16. He _____ us that we would be permitted to go on the game.

① promised   ② shall promise
③ promise   ④ will promise

17. a. Let's have a tea time, _____?
    b. Why not?
    ① shall we   ② will we
    ③ shall I   ④ will I

18. a. What should I have done when she confessed her love to me?
    b. _____ you loved her, you would have accepted her confession,
    ① If   ② When
    ③ Had   ④ As

19. a. Do you want to fo by bus or on foot?
    b. It's _____ to the weather. If it rain, I'll go by bus. If not, on foot.
    ① time   ② up
    ③ as   ④ so

20. Those who want to apply _____ teaching assistant must submit necessary documents to the university.
    ① after   ② under
    ③ for   ④ behind

21. In comparison _____ students who do not work, those who are working are more healthy and bright.
    ① about   ② under

③ behind ④ with

22. 다음 문장들 중에서 문법적으로 맞는 문장은 무엇인가?
    ① He likes to discuss about his future.
    ② How should we dispose of the woman's dead body?
    ③ Many youngsters enter into the theater.
    ④ My son obeyed to my instruction.

23. 다음 문장들 가운데 틀린 문장은 무엇인가?
    ① We hope you have a good time at the picnic.
    ② Could you explain to me why your wife doesn't come?
    ③ He announced his engagement to all of us.
    ④ He suggested to replace the old car by a new one.

24. 다음 문장들 가운데 어색한 문장은 무엇인가?
    ① Where is the capital of Japan?
    ② What is the population of America?
    ③ What percentage of women die of AIDS every year?
    ④ What is your weight?

25. 다음 문장들 가운데 틀린 문장은 무엇인가?
    ① The highway to the airport is very busy. So we are afraid to miss the airplane.
    ② I am looking forward to seeing you soon
    ③ Do you mind my eating for a moment?
    ④ He is good at washing the bowls.

26. 다음 대화에서 어색한 부분은 어떤 것인가?

① I feel so bad, for I have a headache.
② You seem to be so weak.
③ What should I do?
④ You had better not to work so hard.

* 주어진 문장에 대한 가장 적합한 해석은 어느 것인가?(27-28)

27. Making sure I got the wrong number, I stopped calling again.
    ① 나는 집의 번지수를 잘못 알았기 때문에 잠깐 가던 길을 멈추고 다시 전화를 걸었다.
    ② 나는 번호표를 잘못 받았기 때문에, 직원을 호출하기를 중단했다.
    ③ 나는 전화번호가 틀린 것을 알고 전화 거는 일을 멈추고 사람을 다시 불렀다.
    ④ 내가 가진 전화번호가 틀린 사실을 알고 난 후에 나는 다시 전화거는 일을 중단했다.

28. After leaving Korea, I'll have been to every province.
    ① 한국을 떠난 후에 나는 모든 도를 다 가 볼 작정이다.
    ② 한국을 떠난 후에는 어느 도든지 가 있게 될 것이다.
    ③ 한국을 떠난 후면 나는 한국의 모든 도를 다 다녀본 셈이 될 것이다.
    ④ 한국을 떠난 후라도 나는 모든 도를 돌아보았으면 한다.

* 주어진 우리말 문장을 영역한 것으로 가장 적절한 것은 어느 것인가?(29-30)

29. 나는 내 돈의 절반을 그녀에게 주는데 동의했다.
    ① I agreed to give her half of the money.
    ② I agreed giving her the half of the money.
    ③ I agreed giving her a half of the money.

④ I agreed to give her the half of the money.

30. 그 별장이 아무리 편해도 나는 집에 있는 것이 더 편하다.
    ① However convenient the villa is, I feel more comfortable at home.
    ② Convenient the villa is, I feel more comfortable at home.
    ③ Whatever convenient the villa is, I feel more comfortable at home.
    ④ However convenient the villa is, I feel more comfortable in home.

* 다음 문장들의 빈칸에 들어갈 적절한 단어를 찾아 넣으라.(31-37)

31. And without faith it is impossible to please God, because anyone who comes to him must believe that he exists and that he _____ those who earnestly seek him (Hebrews 11:6).
    ① blesses   ② rewards
    ③ encourages   ④ bestows

32. The Lord is my shepherd, I shall not be in _____.
    ① hunger   ② thirst
    ③ satisfaction   ④ want

33. He makes me lie down in green _____, he leads me beside quiet waters, he guides me in paths of righteousness for his name's sake (Psalm 23:1-3).
    ① rivers   ② fields
    ③ pastures   ④ hills

34. For God so loved the world that he gave his one and _____ Son.
    ① unique   ② only
    ③ beloved   ④ cherishable

35. that whoever believes in him shall not _____ but have eternal life (John 3:16).
    ① judge   ② die
    ③ perish   ④ go to hell

36. For in the Gospel a righteousness from God is _____,
    ① revealed   ② shown
    ③ faith   ④ written

37. a righteousness that is by faith from first to last, just as it is written: "The righteous will live by _____ (Romans 1:17).
    ① faith   ② hope
    ③ love   ④ joy

* 주어진 문단을 읽고 물음에 답하라.(38-39)

And my last general principle is that clearly there is a difference between man as he was made at the beginning by God, and the manhood or the humanity of the Lord Jesus Christ. If you take those verses at the beginning of Hebrews 1,

> you will find this: Christ is the express image of his person. All the effulgence of the glory is in Him. That cannot be said about man. Man is, as it were, a created copy Christ is the image. He is indeed the very express, essential image of God Himself. That will be important to remember when we come to deal with the person of the Lord Jesus Christ.

38. 위 문단 중에서 All the effulgence of the glory is in Him은 무슨 뜻인가?
   ① 그 안에 모든 혼란스러운 영광이 있다.
   ② 모든 사람들은 다 그 안에서 영광스러운 존재들이다.
   ③ 모든 충만한 영광의 빛이 그 안에 거한다.
   ④ 영광의 모든 유출은 그에게서 시작된다.

39. 밑줄 친 단어와 반대되는 단어는 무엇인가?
   ① explicit   ② clear
   ③ ambiguous   ④ definite

* 주어진 문단을 읽고 물음에 답하라.(40)

> The most comprehensive review to date of the side effects of the pill has been conducted by the Population Information Program of the Johns Hopkins University and published under the title "Oral Contraceptives in the 1980s." The study concluded that significant risks were essentially limited to women over 35, and especially to those in this age group who smoke. The study also reported the rather surprising result that the pill actually has beneficial side effects as well. The evidence appears to indicate that users of the pill have a

lower incidence of pelvic inflammatory diseases, receive some protection against cancers of the ovaries and uterus, and are less likely to develop rheumatoid arthritis.

40. 다음의 내용 가운데 윗 글에서 말하는 내용이 아닌 것은?
   ① 피임약 복용은 자궁암 발병율을 더 증가시킨다.
   ② 피임약 복용에 뒤따르는 심각한 위험은 특히 35세 이상의 여인에게 제한되었다.
   ③ 피임약 복용은 골반 염증의 발병율을 낮추어 준다.
   ④ 피임약 복용은 류마티스성 관절염 벌병율을 낮춘다.

* <u>주어진 문단을 읽고 물음에 답하라.(41-46)</u>

During the 1960s Dr. Landrum B. Shettles of the Columbia University College of Physicians and Surgeons, noting the difference in swimming speeds of X- and Y- bearing sperm, suggested that the timing of intercourse relative to the moment of ovulation could influence sex determinations. Shettles hypothesized that if intercourse was timed shortly after ovulation, when the egg was still high in the Fallopian tube, there would be a greater probability that the faster-swimming Y sperm would reach the egg first, and consequently produce a boy. Shettles ' hypothesis has received some confirmation through the work of a Polish physician, Dr. Franciszek Benendo. Based on his studies of the experience of 322 couples, Benendo concluded that if ovulation occurred before or within a day of intercourse, the birth of a boy was favored, while if ovulation occurred three or more days following intercourse, the birth of a girl was more likely. The implication of this research is that couples desiring the birth of a boy might choose to have intercourse as near to the time of ovulation as possible. The moment of ovulation is signaled by a slight but measurable rise in the woman's body temperature.

41. 이 글의 제목으로서 가장 적합한 것은 무엇인가?
    ① 정자의 빠르기와 성교
    ② 배란기와 성교시기가 태아성별에 끼치는 영향
    ③ 여성신체의 온도와 임신
    ④ X 정자와 Y 정자의 기능

* 위의 글에 나오는 다음 단어들의 의미를 보기에서 골라 연결시켜라.(42-46)

42. sperm
    ① 채액   ② 땀
    ③ 정자   ④ 침

43. ovulation
    ① 배란   ② 임신
    ③ 중독   ④ 난방

44. the Fallopian tube
    ① 콩팥   ② 나팔관
    ③ 췌장   ④ 판막

45. egg
    ① 정자   ② 알

③ 계란　　　　　　　④ 난자

46. intercourse
    ① 교류　　　　　　② 전달
    ③ 성교　　　　　　④ 교제

* <u>주어진 문단을 읽고 물음에 답하라.</u>(47-50)

> The question arises as to whether Genesis 9:6 is to be understood merely as a divine prediction of the future consequences of murder, or rather as a divine command concerning society's proper punishment of the murderer. Grammatically it is possible to construe the Hebrew verb translated "shall be shed" either way. Several factors in the context of the verse, however, give strong indication that a divine command is intended. In the immediately preceding verse, 9:5, God states that he will require a reckoning for the lifeblood of man, whether that blood has been shed by man or beast. The language of requirement implies an imperative rather than a mere description. In the second place, a rationale for the action is given: the creation of man in the image of God. If a bare description had been intended, such an explanation would have been unnecessary. It should also be noted that later provisions of the <u>Pentateuch</u> such as Numbers 35:19-21 clearly require the murderer to be put to death. John Murray thus seems correct when he concludes that it would be contrary to the analogy of Scripture, as well as the natural sense of the passage, to understand Genesis 9:6 as "anything else than a charge given to man to execute the death penalty."

47. 이 글의 중심 주제를 잘 포착하고 있는 제목으로서는 어떤 명칭이 적합한가?
  ① 창세기 9장 6절은 사형제도의 근거
  ② 하나님의 형상으로서의 인간
  ③ 창세기 9장 6절은 미래의 예언
  ④ 존 머리의 성경유추론

48. 밑줄 친 단어 reckoning이 이 문맥에서 가지는 의미와 가장 가까운 표현은?
  ① estimating   ② judging
  ③ supposing   ④ relying

49. 밑줄 친 단어 Pentateuch는 무슨 뜻인가?
  ① 오순절   ② 육경
  ③ 오경   ④ 오축

50. 이 문단에서 말하는 내용이 아닌 것은?
  ① "피를 흘릴 것이니"라는 히브리어 동사는 미래의 예언으로 해석될 수도 있다.
  ② 창세기 9장 6절은 문맥상으로 볼 때 명령으로 해석되어야 한다.
  ③ 인간이 하나님의 형상으로 창조되었다는 사실에 대해서는 설명이 필요 없다.
  ④ 사형에 대한 존 머리의 해석이 옳은 것으로 판단된다.

석사 · (영어)

2003학년도

SECTION 1. Read the sentence and select the word that has most meanly the SAME MEANING. as the underlined word(1-11)

1. The Korean government needs to pass more <u>stringent</u> environmental protection laws.
   ① regulation   ② contract
   ③ procedures   ④ strict

2. The <u>inadequate</u> supply of necessary military machinery eventually led to the downfall of Hitlers troops.
   ① substantial   ② inconsequential
   ③ insufficient   ④ proper

3. We must not <u>relinquish</u> our rights as the citizens of Korea.
   ① change   ② surrender
   ③ increase   ④ protect

4. Unethical behaviors by the political officials have become more <u>prevalent</u> these days.

① widespread   ② justified
③ acceptable   ④ proper

5. The new global community faces many <u>pressing</u> issues.
    ① pressure   ② urgent
    ③ perverse   ④ non-consequential

6. The president has been accused of serious <u>infractions</u> during the last few months.
    ① discrepancy   ② violation
    ③ urgent   ④ revolt

7. The beach was not as <u>shallow</u> as we thought.
    ① beautiful   ② deep
    ③ not deep   ④ windy

8. His <u>recurrent</u> absence at the conference was a big news item to everyone.
    ① periodic   ② perennial
    ③ prolonged   ④ unacceptable

9. Human beings have an uncanny ability to <u>adapt</u> to the environment.
    ① refrain   ② adopt
    ③ flee   ④ adjust

10. That was an <u>abrupt</u> behavior.
    ① gentle   ② unexpected
    ③ wonderful   ④ normal

11. Many say that Paul Bunyun was a <u>fictitious</u> hero
    ① strong   ② conspicuous
    ③ crafty   ④ imaginary

SECTION 2.-Fill in the blank with the word that best completes the sentence.(12-26)

12. United Airlines posted _____ financial losses in 2001 after the Sept. 11 attacks and again this year as revenues remained weak.
    ① real   ② massive
    ③ mass   ④ realistic

13. It was very nice _____ to stop by tonight.
    ① for you   ② you
    ③ of you   ④ that you

14. There was a new report of the _____ between the terrorist groups and bombings in the Middle East.
    ① connection   ② agreement
    ③ debate   ④ understanding

15. _____ drops of rain barely fell on our head as we walked down the street.
    ① Heavy   ② Intermittent
    ③ Continuous   ④ Repeated

16. Britain's seizure of American ships and _____ American sailors to serve in the British Navy were two major causes of the War

of 1812.
① compelling   ② recruiting
③ enlisting   ④ deriding

17. Since he had not worked very hard on his project, the student was quite _____ upon learning that he had won the contest.
    ① dismayed   ② apathetic
    ③ composed   ④ enraptured

18. Because the subject matter was so technical, the instructor made every effort to use _____ terms to describe it.
    ① candid   ② simplified
    ③ discreet   ④ specialized

19. The _____ pastoral leadership caused the stagnation of the Church growth.
    ① diligent   ② faithful
    ③ idle   ④ competent

20. Medieval kingdoms did not become constitutional republics overnight; on the contrary, the change was _____ .
    ① unexpected   ② sufficient
    ③ unpopular   ④ gradual

21. Tests showed that the driver was _____ when he had the accident.
    ① caring   ② undeniable
    ③ intoxicated   ④ overexcited

22. The rail service between Seoul and Yanji was _____ at the end of the year.
    ① finished   ② discontinued
    ③ terminated   ④ shut off

23. One of the pastor's essential ministries is to discover spiritual gifts of his congregation, and to _____ his congregation with spiritual gifts.
    ① equip   ② enable
    ③ teach   ④ follow

24. A desire to be applauded by those in attendance, not his sensitivity to the plight of the underprivileged, was the reason for his _____ at the charity affair.
    ① shyness   ② arrogance
    ③ generosity   ④ jealousy

25. in the presence of God and of Christ Jesus, who will judge the living and the dead, and _____ his appearing and his kingdom, I give you this charge.
    ① in view of   ② in spite of
    ③ regardless of   ④ in terms of

26. Having written 57 books till his retired age, he may well be considered one of the most _____ theologians of the century.
    ① controversial   ② unheralded
    ③ easygoing   ④ prolific

Fill in the blank with appropriate words that best complete the sentence.(27-30)

27. Although Jesus was _____ by his followers who found truth in his teachings, his teachings constituted _____ to the Jewish leaders.
    ① accepted - a benefit   ② revered - a threat
    ③ slighted - a challenge   ④ denied - an innovation

28. The novel Uncle Tom's Cabin, which effectively _____ the unfairness towards black people, was a major influence in _____ the anti-slavery movement.
    ① viewed - appraising   ② glamorized - launching
    ③ portrayed - strengthening ④ exposed - condemning

29. I have learned to be _____ in whatever the circumstances. I know what it is to be in need, and I know what it is to have _____ .
    ① uncomfortable - money   ② cheerful - strength
    ③ content - plenty   ④ humble - boldness

30. Until we are able to improve substantially the _____ status of the underprivileged in our courtry, a substantial _____ in our crime rate is unlikely.
    ① beneficial - gloom   ② remarkable - puzzle
    ③ questionable - disappointment ④ financial - reduction

Each of the following Biblical passage has one blank space. Choose the correct word or phrase to complete the sentence.(31-32)

31. For I am already _____ like a drink offering, and the time has come for my departure.
    ① tired up   ② being poured out
    ③ dried up   ④ being gone astray

32. Instead of fragrance there will be a _____; instead of a sash, a rope; instead of well-dressed hair, baldness; instead of fine clothing, sackcloth; instead of beauty, branding;.
    ① stench   ② flower
    ③ sacrifice   ④ beauty

SECTION 3.-Fill Identify one underlined word or a phrase that needs to be changed.(33-42)

33. At a time when most people ①would argue that oil or water are the world's most ②precious natural resources, Marc Furrer believes that it is ③actually knowledge that is the most vital ④resourceful for a sustainable future.

34. The summit will ①took place in a new century that has already ②witnessed the ③rapid development ④of an information society, which has made knowledge and information valuable commodities.

35. You can not tell countries ①for liberalize everything, but you ②can promote the same ③values, ④like the free flow of

information and inclusion.

36. The ①best of De La Vega's pictures ②is created with ③masking tape, which he uses ④to making line drawings.

37. ①Travel uptown on any ②Sunday morning and ③you'll amazed by the ④scene on 125th Street at 9.00 AM.

38. The senator jeopardized his position ①by support of the bill to increase taxes, ②when many of his constituents ③were against it and threatened to vote ④against him in the next election.

39. If anyone ①is confident that he ②belongs to Christ, he should consider again that we ③belong to Christ ④as much as him.

40. The school authorities had ①little reasons to believe that things ②would change ③even though they ④were given assurances by the consultants.

41. An ①orderly desk and neat ②appearances are ③signs of a well-organized, but not ④necessarily an effective manager.

42. You have ①a fine means of ②setting aside the commands of God in order to ③observe your own ④traditions!

SECTION 4.-Read the following passage and select one correct response that best answers the question(43-47)

The Bush administration's plan to loosen rules governing all 192 million acres of national forests and grasslands has drawn harsh criticism from environmentalists and applause from the timber industry. The revised rules, announced Wednesday, would allow local federal forestry officials to develop or alter management plans for the land they supervise without having to first conduct an in-depth environmental impact study. Bush officials defended the proposal as a way to remove red tape and paperwork costs. Critics said it was yet another attempt by the administration to aid business at the expense of the environment.

43. What is the main idea of the passage?
   ① Environmentalists approval of plan to loosen rules concerning national forests
   ② Bush's plan to bomb Iraq after the Thanksgiving
   ③ Changes in Bush's administration
   ④ Environmentalists criticism of Bush's plan to loosen rules concerning national forests

44. Who would be most pleased with the plans to loosen rules concerning national forests?
   ① Lawyers   ② Timber industry
   ③ Environmentalists   ④ Saddam Hussein

45. What is the Bush officials' justification for the plan to loosen the rules?
   ① Reduce terrorist threats in the forest
   ② More freedom in the forest
   ③ The plan could reduce costs
   ④ Bush doesn't like research projects

46. What does the "environmental impact" mean in the passage?

① Environmental hazard ② Natural environment
③ Environmental effect ④ Environmental preservation

47. "At the expense of the environment" implies that
    ① The environment will benefit from the plan
    ② The environment will be more expensive
    ③ The environment will become cleaner
    ④ The environment will suffer damage

Read the following passage and select one correct response that best answers the question.(48-50)

My conclusion is that although the church fathers made some serious theological errors, Van Til has not proved that they employed a particular apologetic method that Christians must reject in total. Many of their actual arguments, however influenced by pagan thought, are quite consistent with Christian presuppositions. Van Til is right, however, to point out that the church fathers could have made a more powerful case for Christianity had they been more self-conscious and more articulate about the radical difference between Christian and non-Christian thought.

48. Choose the wrong contents in opposition of the above-written contents.
    ① Church fathers were completely influenced by their con-
       temporary pagan thoughts.
    ② Although church fathers were influenced by some pagan
    ③ Van Til thought that church fathers would be more effectual
       in their apologetic ministry if they had rightly discerned the
       fatal errors of the pagan thoughts.

④ Van Til did not completely reject church fathers' apologetic works.

49. What is Van Til's opinion about church fathers' apologetic works?
    ① Van Til did not trust in church fathers' apologetic works at all.
    ② Van Til was reluctant to deal with church fathers' apologetic works because they were completely influenced by pagan thoughts.
    ③ Van Til did not recognize positive factors of church fathers' apologetic works
    ④ Van Til partially recognized some positive factors of church fathers' apologetic works because they were originally grounded on Christian presuppositions.

50. what is the main subject of the above-written contents in which the author tries to insist?
    ① Christians must employ contemporary forms or ways of communication to deliver Christian messages.
    ② Although Christians have no way to be completely removed from contemporary cultural influences, we must be able to discern the radical difference between Christian thoughts and secular cultural ideas.
    ③ We must be positive in our dealings with contemporary secular thoughts to be effective evangelists.
    ④ We need to have a negative attitude in case we use contemporary cultural forms to convey Christian messages.

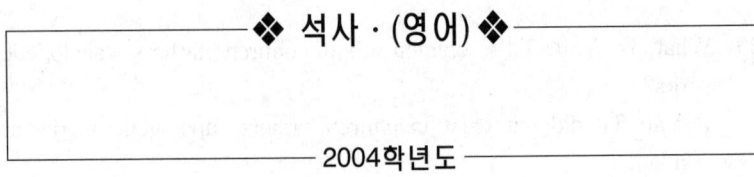

2004학년도

I. Choose the number of the words which complete the analogies by selecting the pair of words whose relationship most resembles the relationship of the pair in capital letters.

1. PLUMAGE: BIRD
   ① wheels: car
   ② feather: wings
   ③ water: boat
   ④ scales: reptiles

2. DELICACY: EAT
   ① jewelry: wear
   ② beverage: drink
   ③ food: refrigerate
   ④ nose: smell

3. UPSET: AGHAST
   ① tired: exhausted
   ② genuine: fake
   ③ mortal: immortal
   ④ hungry: thirsty

4. HOVEL: POVERTY
   ① hut: shelter
   ② king: queen
   ③ money: health
   ④ palace: wealth

II. Choose the number of the word that is most nearly the same in meaning as the underlined word.

5. The members of the board of trustees of the museum expected the new curator to plan events and exhibitions which would make the museum more popular.
   ① senator   ② conciliator
   ③ superintendent   ④ lawyer

6. The symmetrical branches of monkey puzzle tree are covered by stiff leaves.
   ① balanced   ② matured
   ③ extended   ④ pointed

7. Where is the antiseptic?
   ① remedy for poison   ② pain remover
   ③ germ-killing substance   ④ soothing ointment

8. Many businesses provide a kind of retirement benefit which is paid until the death of the former employee.
   ① patent   ② pension
   ③ subsidy   ④ bargain

9. Hairdressing has existed as a bona fide profession since the 1700's.
   ① dominant   ② prominent
   ③ genuine   ④ casual

10. Software is a generic term for the sets of programs which control a computer.
    ① specific   ② general

③ technical ④ scientific

11. He was as <u>deft</u> at handling complaints as he was at tennis.
    ① skillful ② intelligent
    ③ dainty ④ crude

12. I am ashamed of his <u>indolence</u>.
    ① ignorance ② audacity
    ③ laziness ④ inability

13. He has always been the most <u>intrepid</u> explorer.
    ① successful ② trustworthy
    ③ fearless ④ timid

14. The parents were <u>contemptible</u>.
    ① deserving of pity ② deserving of scorn
    ③ deserving of thanks ④ deserving of respect

III. Choose the word or phrase that best fits in the blank.

15. If somebody says he is walking _____, he means he is happy about something.
    ① over the sea ② at sea
    ③ on air ④ in space

16. He _____ a bet that he would reach the top of the mountain before any of the others.
    ① gave ② made
    ③ did ④ suggested

17. A radome, a giant inflated dome, _____ instruments that

transmit messages by way of orbiting satellites.
① and contains ② contains
③ containing ④ which contain

18. The plan presented is designed for the successful and efficient utilization of resources to _____ the workload.
① approve ② account
③ deal ④ handle

19. I believe that every criminal, _____ the circumstances, should be severely punished.
① in spite of ② regardless of
③ despite ④ instead of

20. It can be frustrating to encounter new words as you are listening to a lecture or reading a textbook passage. Sometimes you must interrupt your reading to check a dictionary for the word's meaning. At other times, you might have to listen to a discussion of a term you don't understand. If this situation occurs too often as you are reading or listening, then you will begin to focus on the new words rather than on the contents you need to learn. _____ , you will not be able to read or listen carefully, and your learning will suffer.
① In the same way ② Though
③ Above all ④ Consequently

IV. Select the part which is not acceptable for standard written expression.

21. Franz Liszt, ① who was one of the ② most influential

composers of the 19th century, was as ③ fame and notorious in ④ his life time as many pop stars are today.

22. Thomas Hardy wrote ① many novels, ② included those ③ he referred ④ to as "romances and fantasies."

23. ① Many analysts said that the ② latest ③ economical reports reinforced a growing ④ belief that the central bank would raise interest rates.

24. The workers ① were told that they must ② keep up the changes ③ or they would find ④ themselves without jobs.

V. Choose the word not related in meaning to the other words in each line.

25. ① agreement ② accordance ③ altercation ④ understanding

26. ① solitude ② resolution ③ isolation ④ seclusion

27. ① yield ② output ③ forebode ④ present

28. ① thaw ② melt ③ dissolve ④ freeze

29. ① rehabilitation   ② restoration
    ③ reinstatement   ④ ratification

VI. Choose the one word or phrase which best keeps the meaning of the original sentence if it replaces the underlined word.

30. If the lady crouches, she will find her wedding ring she is looking for.

① looks down   ② stoops low
③ stands on tiptoe   ④ bends her head

31. John's policy of holding down spending <u>aroused</u> many protests in his company.
    ① concluded   ② preserved
    ③ eliminated   ④ provoked

Ⅶ. Choose the word which can not replace the underlined word.

32. It would be unfair to write off Judaism as mere legalism, though this was bound to be <u>prevalent</u>.
    ① repudiated   ② current
    ③ widespread   ④ accepted

33. The purpose of these charismatic gifts is primarily the <u>edification</u> of the whole church.
    ① betterment   ② enlightenment
    ③ improvement   ④ compliment

Ⅷ. Read the following paragraph and answer the questions.

(A) <u>Expatriate</u> missionaries were (B) _____ in 1975/76, but since 1982 the doors have begun to open once more. Missionaries have been obliged to (C) <u>confine</u> their activities to the cities and safer areas. Conditions are harsh. The disease, starvation and (D) _____ of the destitute majority, the danger to life and property, and (E) _____ and disappointments have to be faced. The loss rate is high, and few (F) <u>push through</u> to learn both Portuguese and a local language. Pray for their survival, adaptation and fruitfulness.

34. Choose the word which best corresponds to the underlined (A) in the given paragraph?
   ① foreign   ② banned
   ③ strange   ④ familiar

35. Which word can best complete the sentence if it is inserted in the blank (B)?
   ① invited   ② recruited
   ③ expelled   ④ slaughtered

36. Choose the similar word in meaning with the underlined (C).
   ① confirm   ② restrict
   ③ flourish   ④ disown

37. Which best fit in the blanks (D) and (E), respectively?
   ① despair - expectation   ② despair - frustration
   ③ hope - expectation   ④ hope - frustration

38. Choose an incorrect word or phrase which quite differs from (F).
   ① succeed in   ② accomplish
   ③ carry through   ④ end in futility

Ⅸ. Read the following passages carefully and answer questions (Ⅰ).

　　Cigarette smoking has been sharply declining in recent years. The sales record of the Korea Tobacco and Ginseng Co., a recently privatized cigarette monopoly, shows that it sold (A) _____ million packs locally in 2000, 4,170 million in 2001 and

(B) _____ million last year. As in most other nations, (C) <u>juvenile</u> and female smokers are rising while more male adults are quitting or cutting down their consumption.

A stronger anti smoking campaign is necessary to discourage young women and minors from smoking. Education authorities should continuously develop programs to teach high school students that smoking is harmful.

One bold step that would help to create a smoke free nation is banning smoking in military barracks. If military authorities start a service wide anti smoking campaign, campaign, it will be one of the best ways to conquer the number one public health (D) _____. A non smoking army will surely be a stronger one.

39. Which numbers are most suitable in the blanks (A) and (B), respectively, in the light of the literary context?
    ① 4,753 - 3,624   ② 3,624 - 4,753

40. Choose the most similar word in meaning with the underlined (C).
    ① patients   ② officers
    ③ adults   ④ minors

41. Which one is the word which best fits in the blank (D)?
    ① enemy   ② soldier
    ③ barrack   ④ friend

X. Read the following passages carefully and answer the questions(II).

This emphasis on the role of Israel brings us to the importance of history in our assessment of the locus of ethical authority. The

Scriptures give us authorized grounds for acting in freedom, not because they tell us what Israel or the early Christians thought, or how they articulated their own moral perceptions, but because they record what God has actually done in history.

This is how the hebrew Scriptures characteristically underwrite the authority of particular laws: 'This is how you must act because this is what Yahweh has done.' The ten Commandments begin ⓐthat way - with a historical ⓑindicative referring to the deliverance from Egypt. The motive clause, so distinctive a feature of Israelite law, regularly cites historical precedent or model for the particulars of the law.

42. what is the main thought of the above passage?
   ① the emphasis on the role of Israel as God's people
   ② the importance of biblical history in relation to ethical authority
   ③ the importance of Israelite laws
   ④ the importance of acting in freedom

43. What kinks of authorized grounds do the Christians have for their acting in freedom? Choose the number of the phrase which best fits with the main theme of the above paragraph.
   ① Scriptural records of what god has done in history
   ② the biblical writers' articulation of their own moral perceptions
   ③ Scriptural mandate to live as sons of God
   ④ Scriptural authority as God's inspired word

44. What does ⓐ precisely indicate in the above paragraph?
   ① what God has actually commanded in history

② how the Hebrew Scriptures underwrite the authority of particular laws
③ how you must act because this is what Yahweh has done
④ how the biblical writers articulated God's inspired word

45. What is the phrase which has nothing to do with ⓑ in its meaning?
① the divine authority of the Scriptures as God's word
② God's deliverance of Israel from Egypt
③ what God has done for Israel in history
④ historical precedents for the particulars of the law

XI. Read the following passages carefully and answer the questions(Ⅲ).

There can be no doubt that the goals and methods of biblical studies were decisively revolutionized by Wrede. But his insistence that the academic study of early Christian religious ideas was a purely historical ⓐ <u>endeavor</u>, that could be isolated from dogma, was open to obvious criticism, that criticism came most robustly form Adolf Schlatter in 1909.

Schlatter was careful enough an historical to accept that there was considerable development in the New testament, and that significant points of Wrede's programme were correct. But he judged the attempt to disengage historical study of the writings from the interests of dogmatics was neither desirable nor possible.

He rightly saw that 'dogmatics' was itself a critical discipline vitally interested in that history and considerably shaped by it – '[a]person can only become clear about the course of his own life by seeing the past as it exercises its power upon us.'

As important, Schlatter also saw (much more clearly than most of his contemporaries) that the allegedly neutral historian, who attempts to marshall the 'significant' events and to elucidate the important 'developments' in the religious thought of earliest Christianity, can himself do so only on the basis of some presupposed understanding of the nature of the world and, more specifically, of the subject matter in question - but this pre-understanding amounts to nothing less than an unacknowledged and unarticulated 'dogma'.

And Schlatter perceived that in the case of Wrede, and many of his contemporaries, the 'dogma' in question was strongly anti-ecclesiastical, ⓑ <u>historically reductionist</u> and (in its very search for a detached stance) profoundly resistant to the claims of New Testament writings.

There simply was no safe, dogma-free neutral historical ground from which to pursue Wrede's inquiry: the two disciplines, if potentially distinguishable (and each a ⓒ <u>guardian against</u> the excesses of the other), were nevertheless interdependent at every stage.

46. What is th central thrust of Wrede's arguments which can be inferred from Schlatter's criticism of them as described in the above paragraph?
   ① It is neither desirable nor possible to search for a dogma-free biblical theology.
   ② All biblical studies of early Christian ideas must be isolated from ecclesiastical beliefs.
   ③ Dogmatics is a critical discipline vitally interested in history.
   ④ All of biblical studies should be anti-ecclesiastical in their nature.

47. Which of the following is the wrong understanding of what the writer intended to say in the above paragraph?
   ① Wrede's argument as a whole was repudiated by Schlatter.
   ② Wrede's enquiry was regarded by Schlatter basically as anti-ecclesiastical.
   ③ Schlatter saw that the allegedly neutral historian can himself elucidate historical events only on the basis of his own presupposed understandings and beliefs.
   ④ Schlatter saw that dogmatics was itself a critical discipline vitally interested in history.

48. Choose the word that is most nearly the same in meaning as the underlined word ⓐ.
   ① study
   ② search
   ③ discipline
   ④ attempt

49. Which word or phrase of the following is most closely related to the phrase ⓑ?
   ① historically neutral
   ② anti-ecclesiastical
   ③ dogmatic
   ④ academic

50. What does the writer intend to say by using the expression ⓒ?
   ① Both biblical and dogmatic studies are potentially distinguishable from each other.
   ② Dogmatic studies must be distinguishable from but at the same time interdependent on each other.
   ③ Any studies, biblical or dogmatic, must be on the alert for the excessive arguments of the other.
   ④ Biblical studies are safe only by guarding against dogmatic search for the church's faith.

❖ 석사(영어) ❖

2005학년도

1. TEPS시험은 시험 후 철저한 관리로 기출문제를 유출시키지 않으므로 문제를 게제하지 못함
2. TEPS 에 대한 유형문제를 다음과 같이 간단히 소개한다(마스터 영어).

* 다음 글을 읽고 빈칸에 들어갈 가장 적절한 것을 고르시오.

1. A : Why are you so late this morning?
   B : I'm really sorry. I didn't hear my alarm clock _____.
   (a) go off   (b) to go off   (c) gone off   (d) went off

2. A : I can't make up my mind _____.
   B : Why don't you try the pizza? They make good cheese pizza here.
   (a) here what order to   (b) what to order here
   (c) what here to order   (d) what here to order

3. ____ become blocked completely, the patient would have died.
   (a) If the cell (b) The cell is (c) The cell were to (d) Had the cell

4. The golden rule is that "Do to others as you _____"

(a) wish to be done   (b) would be being done by
(c) would have them do to you (d) wish them to do for you by

5. The forest fire appears _____ when a domestic fire nearby spread across the dry ground aided by high winds.
   (a) to have started   (b) to be started   (c) to start   (d) started

6. Tom is very fit. He's just run six miles and he's _____.
   (a) even not out of breath   (b) not even out of breath
   (c) not out of breath even   (d) not out of even breath

7. Sigmund Freud _____ that we all have a death instinct as well as a life instinct.
   (a) postulate   (b) proscribed   (c) preempted   (d) recapitulated

8. He _____ a lot and soaked his shirt with sweat after the excessive workout.
   (a) perspired   (b) respired   (c) expired   (d) inspired

9. The Internet, forerunner of a(an) _____ global web of digital communications, combines aspects of tele-communications and broadcasting.
   (a) assiduous   (b) superficial   (c) ubiquitous   (d) gregarious

10. Climbing up the mountain was so _____ that we had to take a long rest before starting down.
    (a) languid   (b) fastidious   (c) laborious   (d) insolent

11. In the late 19th century, defenders of business eagerly embraced the doctrine of Social Darwinism, which loosely adapted Charles Darwin's theory of "the origin of species" to the principles of "laissez." Human society had evolved naturally, the Social Darwinists reasoned, and any interference with existing institutions would only hold back progress and aid the weak. In a free society operating according to the principle of survival of the fittest, power would flow naturally to _____. Property holding and acquisition were therefore sacred rights, and wealth was a mark of well-deserved power and responsibility.

    (a) the most progressive   (b) the most capable
    (c) the most greedy   (d) the most reasonable

12. A surprisingly large number of people believe that English poses danger to traditional languages throughout the core English-speaking countries. This belief is almost comically inaccurate when one considers _____ Hindi-Urdu, Arabic, and Spanish, and when one considers the fact that the percentage of native speakers of English in the world's population has been shrinking for decades, and looks certain to shrink for decades more before leveling out.

    (a) the enormous diversity of traditional languages such as
    (b) the prodigious growth of languages like
    (c) the most endangered tribal languages
    (d) the obsessive and misinformed attention to

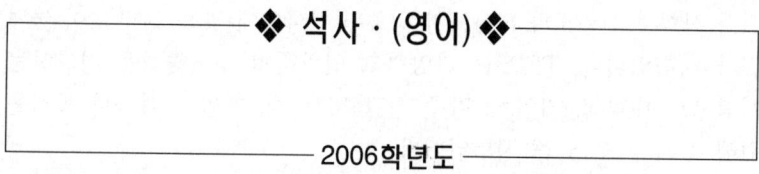

── ❖ 석사 · (영어) ❖ ──
── 2006학년도 ──

1. TEPS시험은 시험 후 철저한 관리로 기출문제를 유출시키지 않으므로 문제를 게제하지 못했다.
2. 차선책으로 TEPS시험 실력문제 및 가이드를 게제했다.
  큰 도움이 될 것으로 믿어 의심치 않는다.
3. 다음 가이드 및 문제는 「조영태. 마스터 영어. 서울: 아가페문화사.」에서 발췌한 것이다. 구체적인 해설과 해답, 마스터영어 참조요함.

Teps 가이드 및 실력문제 실전

I. TEPS 시험 연구

1. TEPS란 무엇인가?

  TEPS는 Test of English Proficiency developed by Seoul National University의 약자로 서울대학교 영어능력 검정시험입니다. TEPS는 정부의 공인을 받아 32년 간 정부기관, 각급 단체 및 기업체를 대상으로 어학능력을 측정해 온 서울대학교 어학연구소가 국내외 영어 전문가 40여명을 출제위원으로 하고 영어 교육계의 권위자로 구성된 자문위원회의 검토를 거친 후, 수차례의 다양한 집단을 대상으로 평가를 거쳐 시험의 신뢰도와 타당도가 입증된 한국인에 맞는 실용 영어 능력 평가 시험입니다. TEPS는 다양하고 일반적인 영어능력을 평가하는 시험으로 대학교, 기업체, 각종 기관 및 단체, 개인의 다양한 목적을 위해 응시할 수 있는 시험입니다.

2. TEPS의 구성

TEPS는 청해, 문법, 어휘, 독해 4개 영역에 걸쳐 총 200문항으로 구성되어 있으며 시험시간은 약 2시간 20분입니다.

영역, 시간/배점, part별 내용, 문항 수는 다음과 같다.

● **청 해**(Listening Comprehension) (55분/ 400점)
Part Ⅰ: 문장 하나를 듣고 이어질 대화 고르기 15
Part Ⅱ: 3개 문장의 대화를 듣고 이어질 대화 고르기 15
Part Ⅲ: 6-8 문장의 대화를 듣고 이어질 대화 고르기 15
Part Ⅳ: 단문의 내용을 듣고 질문에 해당하는 답 고르기 15

● **문 법**(Grammar) (25분/ 100점)
Part Ⅰ: 짧은 대화(대화문의 빈칸에 적절한 표현을 고르기) 20
Part Ⅱ: 문어체(문장의 빈칸에 적절한 표현을 고르기) 20
Part Ⅲ: 대화문(대화에서 어법상 틀리거나 어색한 부분 고르기) 5
Part Ⅳ: 설명문(단문에서 문법상 틀리거나 어색한 부분 고르기) 5

● **어 휘**(Vocabulary) (15분/ 100점)
Part Ⅰ: 구어체(대화문의 빈칸에 적절한 단어 고르기) 25

Part Ⅱ: 문어체(단문의 빈칸에 적절한 단어 고르기) 25

◉ **독 해**(Reading Comprehension) (45분 /400점)
Part Ⅰ: 빈칸 넣기(지문을 읽고 질문의 빈칸에 들어갈 내용 고르기) 16
Part Ⅱ: 내용 이해(지문을 읽고 질문에 가장 적절한 내용 고르기) 21
Part Ⅲ: 흐름 찾기(지문을 읽고 문맥상 어색한 내용 고르기) 3
● **총 계 13개 Parts 200문항 140분/ 990점**

3. TEPS의 특징

TEPS는 실용영어의 능력을 평가하는 시험이다. 실용영어는 생활영어의 범주를 넘어서는 광범위한 분야에서 일상적으로 사용되는 영어이다. 따라서 문어체 영어보다는 구어체 영어에 더 강조점이 주어진다고 할 수 있다. TEPS는 듣기능력 위주의 시험이다. 선택지가 문제지에 주어지지 않고 모두 들려준다. TEPS는 속도 시험(speed test)이라고 할 수 있다. 짧은 시간에 많은 문제를 소화해야 하기 때문에, 습득된 언어를 자유롭게 구사할 수 있는 사람이 유리하다고 볼 수 있다. TEPS는 다른 시험에 비해 편법과 요령이 통하지 않는다. 다양한 테스트 방법이 동원되고 있는 시험이라는 특징도 가지고 있다.

TEPS는 문항 반응 이론(IRT: Item Response Theory)을 도입했다. 문항 반응 이론은 문항을 개발할 때, 문항별로 1차 난이도를 정의하고 시험 시행 후 전체 수험자들이 각각의 문항에 대해 맞고 틀린 것을 종합해서 그 문항의 난이도를 재조정한 다음, 이를 근거로 다시 한 번 채점해 최종성적을 내게 된다. 이 과정에서 최고점은 990점, 최하점은 10점으로 조정된다. 총 배점은 1,000점이 나오나, 실제로는 난이도가 높은 문제를 많이 맞춘 수험자가 더 좋은 점수를 취득하게 된다.

Ⅱ. 영역별 문제 유형
1. 듣기

Part Ⅰ
Question 1-15

* 다음 말을 듣고 연결될 수 있는 가장 적절한 응답을 고르시오.

You will now hear 15 items made up of a single spoken statement followed by four spoken responses. Choose the most appropriate response to the statement. For example, if you hear:

(speaker 1) Thank you for your help.
(speaker 2) _____.

(a) You're welcome.
(b) Nice to meet you.
(c) Thanks.
(d) What's that?

You should choose (a) because (a) is the most appropriate response among the choices given.

Now let's begin part one.

1-15. 답안지에 정답을 표시하시오.

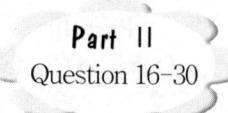

Part II
Question 16-30

* 다음 말을 듣고 연결될 수 있는 가장 적절한 응답을 고르시오.

You will now hear 15 dialogue fragments made up of three spoken statements followed by four spoken responses. Choose the most appropriate response to the last statement made. For example, if you hear:

(speaker 1) What time is it now?
(speaker 2) Let's see. It's 10:30.
(speaker 1) Really? It's 10:15 by my watch.
(speaker 2) _____.

(a) Your watch is fast.
(b) My watch is slow.
(c) My watch is dead.
(d) Your watch is slow.

You should choose (d) because (d) is the most appropriate response among the choices given.

Now, let's begin part two.

16-30. 답안지에 정답을 표시하시오.

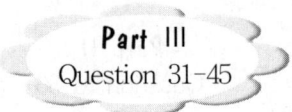

Part III
Question 31-45

* 다음 말을 듣고 질문에 가장 적절한 답을 고르시오.

You will now hear 15 complete dialogues. For each item, you will hear a dialogue and the corresponding question read twice followed by four spoken answer choices read once. Choose the correct answer among the four choices. For example, if you hear:

(speaker 1) Do you deliver?
(speaker 2) Yes. I do.
(speaker 1) Well, can you deliver it to my house?
(speaker 2) Sure. Do you have a specific date for delivery?
(speaker 1) Yes. I'd like to have it on Tuesday.
(speaker 2) That sounds fine. Thank you.

Question. When is a day for delivery?
 (a) Monday
 (b) Sunday
 (c) Tuesday
 (d) Saturday

You should choose (c) because (c) is the correct answer to the question.

Now let's begin part three.

31-45. 답안지에 정답을 표시하시오.

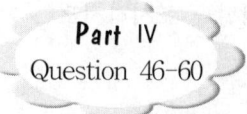

Part IV
Question 46-60

* 다음 말을 듣고 질문에 가장 적절한 답을 고르시오.

You will now hear 15 spoken monologues. For each item, you will hear a monologue and the corresponding question read twice, followed by four possible choices read once. Choose the correct answer among the four choices. For example, if you hear:

(speaker 1) May I have your attention please? Flight 208 to Boston will now begin boarding. Will all those passengers with children or special needs please proceed to gate F4 and board the plane as the seat numbers are called. As always, our Gold Club members may board at anytime. Once again, we are now beginning boarding of Flight 208 to Boston at gate F4. Thank you.

(speaker 2) Question. Which of the following is Not correct?

[The monologue and the question are repeated once again]

    (a) Flight 208 is about to land.
    (b) Boarding of flight 208 is beginning.
    (c) Gold Club members can board the plane.
    (d) The plane is at gate F4.

You should choose (a) because it is the correct answer to the question.

Now, let's begin part four.

46-60. 답안지에 정답을 표시하시오.

2. 문법

Part I

* 다음 대화문의 빈칸에 들어갈 가장 적절한 표현을 고르시오.

A: I was told your brother is an actor.
B: Yes, he _____ in several films so far.
(a) is appearing   (b) has appeared
(c) has been appearing   (d) appears

[해설] 빈칸에는 'so far'(지금까지)와 어울리는 현재완료가 와야 한다.
(해석) A: 네 형이 영화배우라고 들었어.
B: 예, 그는 지금까지 몇 편의 영화에 출연했어. 정답 (b)

Part II

* 다음 글의 빈칸에 들어갈 가장 적절한 표현을 고르시오.

Non-profit corporations are established for purposes of public service and _____ special privileges by the government.
(a) are giving   (b) has given   (c) give   (d) given

[해설] give는 수여동사이므로 목적어가 두 개가 필요한데, 본문

에서는 special privileges라는 목적어만 왔으므로 빈칸에는 수동태가 와야 한다. 그런데 앞의 are가 있으므로 빈칸에는 given이 들어간다.

✍ (해석) 비영리 기업체들은 공공 서비스를 목적으로 설립되며 정부에 의해 특전이 주어진다. 정답 (d)

※ 다음 대화에서 어법상 틀리거나 어색한 부분을 고르시오.

(a) A: How do you like your new job?
(b) B: It's very good. It is different the one I had before.
(c) A: Why do you think so?
(d) B: First of all, I can have a lot of money.

📖[해설] 'be different from(-과 다르다)'을 묻는 문제이다.
✍ (해석) (a) A: 새 직업이 어때요?
　　　　 (b) B: 매우 좋아요. 전에 했던 것과는 달라요.
　　　　 (c) A: 왜 그렇게 생각해요.
　　　　 (d) B: 무엇보다도 돈을 많이 받을 수 있어요.
　　　　 정답 (b) It is different→It is different from

※ 다음 글에서 문법상 틀리거나 어색한 부분을 고르시오.

(a) These days, in many families, both the mother and the father work. (b) The responsibilities of running a house and raising the children are now more equal shared between men and women than ever before. (c) Fathers have become more involved in raising the children and taking care of their everybody needs. (d) But mothers still spend more time caring for the children and doing the household chores.

📖[해설] 동사 shared를 수식하는 것은 부사이므로 (b) equal shared→equally shared.

✍(해석) (a) 요즘에는 많은 가정에서 어머니와 아버지가 일을 한다. (b) 가 정을 경영하고 아이들을 양육하는 책임은 전에 보다 지금 남녀 사이에 더 공평하게 분담된다. (c) 아버지들이 자녀를 양육하고 그들의 필요를 돌보는데 더 관여하게 되었다. (d) 그러나 아직은 어머니들이 아이들을 돌보고 잡다한 집안일을 하는데 더 많은 시간을 보낸다. 정답 (b)

3. 어휘

* 다음 대화문의 빈칸에 들어갈 가장 적절한 표현을 고르시오.

A: Are you free tonight?
B: No, I'm sorry I'm all _____.

   (a) full   (b) in time   (c) booked up   (d) behind schedule

📖[해설] 내용상 빈칸에는 '매우 바쁘다'의 뜻을 가진 (c) booked up 이 와야 한다. (a) I'm full 배부르다. (b) in time 조만간 (d) behind schedule 예정보다 늦게

✍ (해석) A: 오늘밤에 시간 있나요?
B: 아니오. 미안하지만 매우 바빠요. 정답 (c)

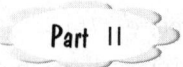

* 다음 글의 빈칸에 들어갈 가장 적절한 표현을 고르시오.

When students contracted the flu, they should study at home to prevent a _____ of the disease.

(a) spread　　(b) cause　　(c) touch　　(d) delivery

📖[해설] 내용상 빈칸에는 '전염'의 뜻을 가진 (a) spread가 와야 한다.
(d) delivery 배달, 인도
✍(해석) 학생들이 독감에 걸렸을 때, 병이 전염되는 것을 막기 위해 집에서 공부해야 한다. 정답 (a)

4. 독해

* 다음 글을 읽고 빈칸에 들어갈 가장 적절한 것을 고르시오.

Even in the safest home, accidents may happen. It takes only a second for a person to cut himself. He may burn himself for stumble and fall over something. Cuts, burns, and bruises are three accidents which may happen at any time in the home. Therefore, it would be helpful if you knew what to do in such an emergency to help a person who is hurt. This is known as _____.

   (a) operation   (b) first aid   (c) medical care   (d) immediate rescue

📖[해설] 빈칸에 적절한 것을 고르는 문제는 첫 문장과 빈칸 바로 앞에 있는 문장에 답을 고르는 키가 있다. 'Therefore'(그러므로)이하에도 힌트가 있는 경우가 많다. 본문에서는 'if you what to do in such an emergency to help a person who is hurt'에 정답을 찾는 단서 (clue)가 있다. 따라서 빈칸에는 '응급조치'의 뜻을 가진 (b) first aid가 와야 한다.

✍ (해석) 가장 안전한 집에서조차 사고가 생길 수 있다. 어떤 사람은 칼에 베이는데 몇 초밖에 안 걸린다. 그는 화상을 입기도 하고, 무언가에 걸려 넘어지기도 한다. 베이고, 불에 데고, 타박상을 입는 것은 언제라도 집에서 발생할 수 있는 세 가지 사고이다. 그러므로 그런 긴급 상황에서는 다친 사람을 돕는 법을 알고 있다면 도움이 된다. 이것이 응급조치로 알려져 있다.   정답 (b)

Part II

* 다음 글을 읽고 질문에 가장 적절한 답을 고르시오.

The word propaganda, as is generally used, is not a "bad" word. However, you can see that the propaganda in ads is made up of half-truths, and perhaps even lies. Propaganda comes close to being a "bad" word when the propaganda uses it to "stack the cards" against unsuspecting readers. Some advertisers want their readers to believe that they would like to give something for nothing.

Q. Which of the following is correct according to the passage?
(a) A piece of propaganda necessarily includes a lie.
(b) "Bad" readers do not believe in propaganda.
(c) Advertising is an essential part of modern business.
(d) Advertisements sometimes tell a lie.

📖[해설] However 이하의 내용에 힌트가 있는 경우가 많다. 본문에서는 둘째 줄의 'half-truths'에 문제 해결의 키가 있으므로 정답은 (d)가 된다.

stack the cards 속임수를 쓰다(=arrange unfairly and dishonestly)
for nothing 공짜로

✍ (해석) 일반적으로 사용되는 것처럼 선전이라는 말은 "나쁜"말이 아니다. 그러나 광고문에 사용된 선전 문구는 반만 진실인 말, 그리고 어쩌면 거짓말조차도 포함하고 있다는 것을 알 수 있다. 광고주가 선전을 의심하지 않는 독자에게 "속임수를 쓰기"위해 이용할 때 "나쁜"말에 가까워진다. 어떤 광고주들은 독자들로 하여금 그들이 무언가를 공짜로 주고 싶어 한다고 믿기를 원한다. 정답 (d)

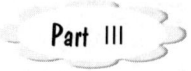

Part III

* 다음 글을 읽고 내용의 흐름상 어색한 부분을 고르시오.

For many years, men have been taught that hard work is noble.
(a) They have been encouraged to work diligently for long hours.

(b) Modern technology has removed the necessity for a life of constant hard work. (c) "Idleness is the devil's plaything," they have been told. (d) As a result, men have been busy for centuries.

[해설] 첫째 문장이 주제문인데 주제문과 다른 문장들의 관계를 따져 보면 된다. 주제문과 관련성이 적거나 없는 것이 답이 된다. 본문의 주제문은 '인간이 열심히 일하는 것이 귀한 것이다'이므로, 정답은 (b)가 된다.

(해석) 여러 해 동안 인간은 열심히 일하는 것이 귀한 것이라고 배워 왔다. (a) 그들은 오랜 시간 동안 부지런히 일하도록 격려되어 왔다. (b) 현대 기술로 인해 끊임없이 열심히 일해야 하는 생활이 없어지게 되었다. (c) "게으름은 악마의 장난이다"라고 들어 왔다. (d) 결과적으로 인간은 수세기 동안 바빠 왔다. 정답 (b)

III. 실력 문제 실전

1. 문법

* 다음 대화문의 빈칸에 들어갈 가장 적절한 표현을 고르시오.

1. A : Are you waiting to see someone?
   B : Yes, I have some urgent business to _____ Mr. John.
   (a) discuss (b) discuss on (c) discuss about (d) discuss over

2. A : Why are you so late this morning?
   B : I'm really sorry. I didn't hear my alarm clock _____.
   (a) go off   (b) to go off   (c) gone off   (d) went off

3. A : We are supposed to meet this coming Friday, aren't you?
   B : Yes, but it _____ if the president still has the flu.
   (a) was put off   (b) has put off
   (c) will be put off   (d) is put off

* 다음 글의 빈칸에 들어갈 가장 적절한 표현을 고르시오.

4. Agronomists _____ the quality of crops, maintain the quality of the soil, and increase the yield of fields.
   (a) work to have improved   (b) working in improving
   (c) work to improve   (d) working in having improved

5. _____ our school brochure and an application form.
   (a) Please enclose find   (b) Enclosed please find
   (c) Enclosed find please   (d) Please find enclose

6. Cancer occurs when body cells multiply in an uncontrolled way, producing abnormal _____ called tumors.
   (a) growing   (b) growings   (c) grown-up   (d) growths

* 다음 대화에서 어법상 틀리거나 어색한 부분을 고르시오.

7. (a) A: Is there anything else worth to watch?
   (b) B: I think there's a Western on
   (c) A: Do you mind if we watch it?
   (d) B: Well, I really wanted to see the baseball game.

8. (a) A: Are you insinuating that I'm no cultured?
   (b) B: I'm not insinuating anything. If the shoe fits, wear it.
   (c) A: Now, wait a minute! I've taken about all I'm going to take from you! What makes you so contrary?
   (d) B: I'm not contrary. I'm in a hurry. That's all.

* 다음 글에서 문법상 틀리거나 어색한 부분을 고르시오.

9. (a) Many years ago everybody believed that the Earth to be flat. (b) If the Earth is round and you are standing in the United States, then a person standing in China must is not standing upside-down. (c) If the person in China is not standing upside-down, then the person in the United States is standing upside-down. (d) Thoughts like these made difficult for people to believe that the Earth was round.

10. (a) For the Japanese, a bath is not just a way to get clean. (b) It is also a way to relax and recover from a stressful day. (c) In Japan, people like to make very long, hot baths. (d) While they are in the bathtub, they like to listen to music or read books.

2. 어휘

* 다음 대화문의 빈칸에 들어갈 가장 적절한 표현을 고르시오.

1. A: What are we supposed to do for the next class?
   B: I'd like you to _____ over what's been covered so far.
   (a) go   (b) move   (c) turn   (d) bring

2. A: Hello, May I speak to Judy?
   B: Please _____ for a minute. She'll be on the phone shortly.
   (a) hang loose   (b) hang up   (c) hang on   (d) hang out

3. A: Harris, you look terrible. What's wrong?
   B: I've been sleeping less than four hours everyday this past week because I have four exams today and tomorrow. I feel like I'm on the _____ of a breakdown.
   (a) boundary   (b) verge   (c) limit   (d) border

4. A: I heard that you've changed your job again.
   B: I just don't like to _____ to the same routine forever.
   (a) remain   (b) stick   (c) hold   (d) linger

5. A: Did you ever meet her?
   B: I'm sure I've met her somewhere before, but I can't quite _____ her.
   (a) locate   (b) remind   (c) place   (d) forget

* 다음 글의 빈칸에 들어갈 가장 적절한 표현을 고르시오.

6. The detective _____ through old magazines to find more information about the suspect.

   (a) combed (b) went (c) got (d) put

7. When Ann told Father the name of the new teacher, it _____ a bell, and Father said, "James Carson!"

   (a) pealed (b) rang (c) chimed (d) tolled

8. The article claims that there is an actual decline in the tribe's per capita protein ration as a result of the _____ of animal resources.

   (a) depletion (b) depiction (c) deposition (d) depreciation

9. To avoid contamination, surgeons _____ wash their hands before starting each operation.

   (a) reluctantly (b) scrupulously (c) abjectly (d) silently

10. Many modern advertisements are meant to _____ to the emotions of potential customers.

    (a) appeal (b) attest (c) attribute (d) addict

3. 독해

* 다음 글을 읽고 빈칸에 들어갈 가장 적절한 것을 고르시오.

1. Many people realize that hospitals are not all alike, but most believe the differences are a matter of size and overall quality. In fact, a hospital that excels in coronary bypass surgery may not be the best choice for cancer treatment. Most hospitals are not staffed or equipped to perform all procedures equally well. As with everything else in life, _____, and skills in medical procedures and surgery improve when they are done by experts who perform them frequently.

   (a) honesty is the best policy (b) strike iron while it is hot
   (c) practice makes perfect   (d) actions speak louder than words

2. When people go online they are too trusting and native when it comes to personal information. However, they _____ online. Most share information that they would never give someone they met casually off-line. Would you tell the person standing next to you in the grocery store check-out line your address and phone number? Of course not, but it's no different than doing so in a chat room, often unknowingly.

   (a) can enjoy chatting with people
   (b) are more vulnerable than most realize
   (c) don't have to pay for the information they find
   (d) are less careful in expressing their opinions

3. Matter is made up of particles which are too small to see. The behavior of a collection of particles distinguishes one state of matter from another. Matter in the solid state has a definite, unchanging shape. Matter in the liquid state has no definite shape and an unchanging volume. Matter in the gaseous state has neither definite shape nor definite volume. Matter can be converted from one state to another _____. If liquid water, for example, is cooled to its freezing point, it becomes a solid and if liquid water is heated, it becomes steam.

(a) in the state of liquid
(b) with the help of the particles
(c) by changing its temperature
(d) under a lot of pressure from outside

4. Women employees make real sacrifices and take great risks when they have children. In 82% of work situations where there is no labor union representation, pregnant workers are routinely fired. Others _____ when they come back to work after childbirth, losing seniority. Large numbers of new mothers fail to find affordable child care and are forced to take marginal jobs with short hours close to home.

(a) find it difficult to keep their position
(b) are redefined as new hires
(c) take a long time to get promoted
(d) are forced to resign

* 다음 글을 읽고 질문에 가장 적절한 답을 고르시오.

5. What seems to be a single memory is actually a complex construction. Think of a hammer, and your brain hurriedly retrieves the tool's name, its appearance, its function, its heft and the sound of its clang, each extracted from a different region of the brain. The weakening of memory is in fact the failure to put together separate pieces of information stored in your brain. Many of us begin to experience the breakdown of that assembly process in our 20s—and that becomes downright worrisome when we reach our 50s.

    Q. According to the passage, how can we define the weakening of memory?

    (a) It is a process in which the brain cells deteriorate.
    (b) It is the symptom of aging which debilitates people most.
    (c) It is a process in which the brain fails to connect separate information.
    (d) It is a symptom which aggravates most people in their twenties.

6. The police are trying to apprehend two suspects who tried to make an illegal ATM withdrawal. This Sunday at approximately 12 a.m., two men aged 20-25 arrived at the Union Bank on Ocean Street and tried to gain access to the ATM machine in the foyer. Unable to gain access to the money compartment in their several attempts, the suspects became frustrated and fled. The police are offering rewards of up to $1,000 for information leading to an arrest.

Q. which of the following is true about the suspects?

(a) They had never committed crimes before.
(b) They knew a lot about the bank and machines.
(c) They were successful in obtaining money from the ATM.
(d) They didn't succeed in what they had planned to do.

7. A realistic target for recycling mixed refuse is somewhere between 15 and 25 percent by weight, according to researchers at the Department of Trade and Industry's Warren Spring Laboratory. This proportion would include metals and perhaps some glass. Statistics compiled by researchers at the University of East Anglia show that we could almost halve the total weight of domestic waste going to landfill by a combination of 'collect' schemes (such as doorstep collections for newspapers), 'bring' schemes (such as bottle banks) and plants for extracting metals.

Q. Which of the following is true according to the above passage?

(a) A goal to reach 15 to 20% recycling may be too low.
(b) We may well raise the recycling rate up to 50 percent by weight.
(c) There may still be a more effective way of dealing with household garbage.
(d) A good suggestion for garbage disposal is being made by researchers.

* 다음 글을 읽고 내용의 흐름상 어색한 부분을 고르시오.

8. The second shortcoming is the lack of an innovative workforce. (a) Although Asia is often praised for its "entrepreneurial" culture, this label lumps together two distinct traits: a desire to chase profits, and an ability to think up clever new ways. (b) Just as the virtual university has yet to supplant Oxford or Harvard, the virtual Silicon Valley is still no match for Palo Alto. (c) But they are often imitative opportunists. (d) Truly creative entrepreneurs are thin on the ground and, when they do appear, too many choose to migrate to America rather than stay at home.

9. The superego has two aspects which respond to "good and bad" deeds; rewards and punishments. (a) The positive aspect of the superego approves of unselfish acts that accord with the highest moral principles; this aspect is sometimes called the ego ideal. (b) The ego is concerned only with what the person can do, but the id is involved with that the person wants. (c) If we rescue a pig caught in the mud, even though we are in nice clothes, we experience a burst of personal pride. (d) It is the superego rewarding the ego, according to Freud.

10. A mirror is a great tool to enhance design. (a) It is easy to take care of and has the ability to do great tricks in expanding small spaces. (b) The owner could be working in the kitchen and still see the ocean view and the trees. (c) Someone considering a mirror for a room should take a piece into the room and see what it reflects. (d) A mirror, when you consider the costs of other objects that you're putting in a room, is comparatively inexpensive too.

제4부
철학

I. 철학시험 준비에 있어서 유의사항

1. 고대, 중세, 현대철학 등 모든 분야에 유의하여 공부할 것.
2. 개념을 충분히 이해하고 핵심을 잘 기억할 것.
3. 사상의 흐름도 중요하나 어떠한 사상을 집중적으로 연구할 것.
4. 사상이 영향을 끼친 것에 대하여 약술할 수 있어야 함.
5. 2003-2006학년도에 다시 객관식문제 출제로 철학의 폭넓은 이해를 요한다.
5. 2007학년도에는 신학의 기초학문으로서의 철학에 관한 이해 및 철학적 사고력을 측정할 문제를 예시하고 있음(추천도서를 예시하고 있음: 총신대학교 홈페이지 참조/아래 1, 2번)

II. 철학 참고서적

1. 정진일. 「철학개론」. 박영사.
2. 요하네스 힐쉬베르거. 강성위 역. 「서양철학사 上, 下」. 이문출판사.
3. 밀톤 D. 헌넥스 「챠트로 본 철학」. 박해경·박찬호 공역. 서울 : 아가페문화사.
4. 쿠르트 프리틀라인. 강영계 역. 「세계철학사」. 서광사.
5. William S. Shahakian. 「History of philosophy」
6. S. P. 램프레히트. 김태길·윤명로·최명관 역. 「서양철학사」. 을유문화사.
7. H. J. 쉬퇴릭히. 임석진 역. 「세계철학사 上, 下」. 분도출판사.
8. 소광희·이석윤·김정선 공저. 「철학의 제문제」. 지학사.

III. 철학요해

[哲學의 本質](철학이란?)

哲學(Philosophy)은 그리스어 Φιλοσοφια에 그 어원을 가지는 말로 Φιλος(사랑)와 σοφια(지혜)의 합성어이며, 그 뜻이 「智慧에 대한 사랑」 즉 「愛知」에 있다.

철학은 진리를 탐구하는 열정, 진리에 대한 끝 없는 사랑으로 성립된다. Socrates가 「저 자신을 알라」고 말한 것처럼 자기의 무지를 자각하여 진지를 구하고자 하는 것이 애지자 즉 철학자인 바 철학은 완전한 지자인 전지전능한 신이나 무지몽매한 동물에게는 있을 수 없고, 그 중간전재인 오직 인간에게 있어서 철학이 있으므로 철학은 인간적인 학문이며 인간이면 누구나 해야 하는 학문으로 철학 함으로서 인간이 인간답게 되는 것이다.

중간자인 인간은 불완전한 존재로서 불완전한 상태에서 벗어나 완전한 상태를 그리며 그것을 향해 나아가는 노력을 하는 과정이 철학하는 것이다.

철학은 전체적으로 존재자 전체를 다루기 때문에 보편적인 학문, 즉 보편학이다. 철학이 전체를 다룬다는 것은 존재자 전체를 성립시키고 있는 그 궁극적인 원리를 탐구하고 있는 것을 말하기 때문이다.

철학의 주체적인 philos는 이 역사적 상황 속에서 전개되는 것이며 그러기에 철학은 시간과 상황에 따라서 그 관심과 방향이 달라진다. 때문에 철학적 지식은 한낱 부분적인 객관적 지식에 그치는 것이 아니라 그 시대와 역사를 비판하고 그 방향을 제시하는 역할을 담당함으로써 인간 주체성을 자각하게 하는 학문인 것이다.

***철학과 과학**(정진일, p.10)
-원래 철학과 과학은 다 같이 진리에 대한 사랑에서 출발
-취급하는 대상도 역시 동일한 세계와 인생이다. 이런 면에서 동일하다. 그러므로 처음에는 철학이나 과학 할 것 없이 모두 철학이라 했다.
-그러나 그 역사가 발전되면서 여러 가지 학문이 점차 분리 독립되어 나감
*철학의 -우주론(천문학, 지리학으로)
    -자연철학(생물학, 물리학 등으로)
    -국가론(정치학, 사회학 등으로 독립해 나갔다)
    -지금은 차가운 봉우리와 같은 형이상학, 아이들의 수수께끼 풀이 같은 인식론, 인간에게 아무런 영향을 주지 못하는 윤리학 강의 뿐, 이것 마저도 새로운 과학이 빼앗아 갈지 모른다.
*철학과 과학의 다른점
  -과학적 지식은 개별적, 부분적이지만, 철학적 지식은 보편적이고 전체적이다
  -과학은 현지 답사, 자료 수집하여 실험, 관찰, 통계, 측정, 비교 등을 통해서 새로운 진리를 발견하려고 한다. 그러나 철학은 궁리와 사색을 통해서 진리를 탐구한다.
  -과학은 가치문제에 중립적이다.-주어진 목적의 달성을 위한 수단을 가르쳐 줄 뿐이고 어느 목적을 선택함이 옳으냐는 물음에는 해답을 주지 않는다. 인생을 대상으로 객관적인 지식만 찾는다. 그것은 철학에서 해답을 찾아야 한다. 과학은 우리에게 하나의 세계상, 혹은 인간상을 줄 뿐이요, 삶과 실천의 빛이 되는 세계관과 인생관을 줄 수는 없다. 그러므로 세계관 혹은 인생관은 오직 철학을 통해서만 구할 수 있는 것이다.

***철학과 종교**(정진일, p.12)
  -과학: 명확한 지식은 과학에 속하고
  -신학: 명확한 지식을 초월한 모든 주장(dogma)은 신학에 속함

-철학: 신학과 과학 사이에 양족의 공격 대상이 될 수 있는 중간지
　　　　　대가 있는데, 이 지대가 바로 철학에 속함
　　*종교나 철학은 다 같이 과학이 해결할 수 없는 분야다
　　*종교와 철학의 상이점
　　-종교: 초월적존재인 신을 신앙의 대상/-과학: 초원적존재, 혹은 궁
　　　극적 존재를 문제삼는다.
　　*즉 전자는 이성적으로 초월적 존재의 정체를 밝히려 하는데, 후자
　　　는 오직 초월적 존재를 감정적으로 무조건 신앙할 뿐이다.
　　-종교는 이성보다 감정에 호소하고('불합리한 까닭에 나는 믿는다':
　　　그에 의지하여 문제 해결하려는 태도)/ 철학은 이성을 통해서 굴리
　　　하고 사색하여 문제 해결하려함
　　-종교와 철학은 궁극 목표와 초월적 존재자에 귀의함으로써 올바른
　　　삶과 행복한 인생을 살아가고자 하는 것과 가치있다고 추구하고 실
　　　천한다는 점은 차원을 같이한다. 종교는 경전대로 살아야 한다. 만
　　　일 이의를 제기하면 이단시 된다. 그러나 철학의 경우는 철학하는
　　　사람 스스로 사색을 통하여 끊임없이 회의하고 비판하고 터득해서
　　　해답을 찾아내고 그것을 실천하는 것이다.
　　*철학과 과학, 찰학과 종교가 다른 것이 분명하다. 그러나 대립적, 적
　　　대적인 것은 아니다. 역사를 통해서 볼 때 오히려 이들간에는 서로
　　　영향을 주고 받아 왔으며, 상호보완적인 관계를 유지해 왔다고 할
　　　수 있다.

＊철학의 영역(정진일, p.14)
　　※철학의 분류
1) 존재론
2) 인식론(논리학)/이론철학
3) 가치론-윤리학
　　　　미학, 종교학/실천철학)

♧논리학, 곧 철학의 방법론을 독립시켜서 제 4영역으로 분류하기도 한다.

1. 존재론-세계 혹은 우주의 모든 존재의 궁극적 근원 또는 근본 원리를 탐구하는 분야이다. 존재론을 형이상학이라고도 한다.
    * 궁극적 존재의 본질을 물질로 보느냐, 정신으로 보느냐에 따라 분류 유물론(탈레스, 테모크리토스, 포이에르바하)과 유심론 혹은 관념론(플라톤, 헤겔)이 대립한다.
    * 어느 하나가 아니라 정신과 물질의 두 요소를 다 취하느냐에 따라 이원론(데카르트)과 일원론(아리스토텔레스, 스피노자)이 대립한다.
    * 존재의 양에 있어 하나를 취하느냐, 다수를 취하느냐에 다라 단원론(파르메니데스)과 다원론(데모크리토스, 라이프니츠)이 있다.
    * 존재의 생성, 소멸이 인과 관계에 의해서 기계적으로 일어나는 것으로 보느냐, 목적적 활동의 결과로 보느냐에 다라 인과론(데모크리토스, 홉스)과 목적론(플라톤, 아리스토텔레스, 라이프니츠)이 있다.
    * 이 외에도 신의 존재를 어떻게 보느냐에 따라 유신론과 무신론의 대립이 있다.

2. 인식론- 진리의 인식에 관한 이론, 인식하기 이전에 인식 그 자체가 밝혀져야 하기 때문에 인식론은 모든 과학의 기초가 되는 것이다.
    * 참된 진리가 무엇이냐
    - 대응설: 로크, 비트겐슈타인/ 어떤 명제가 사실과 일치 할 때 진리
    - 정합설: 데타르트, 칸트, 헤겔/ 그것이 기존의 진리체계와 모순이 없을 때 진리
    - 실용설: 퍼스, 듀이/ 어떤 명제가 실생활에 유용할 때 진리
    - 모사설: 로크, 마르크스/ 우리의 감각기관(주관)에 대상(객관)이 그대로 모사 되는 것이 진리

　　　　　-구성설: 칸트/ 주관이 객관을 능동적으로 구성하는 것이다.
　　　*인식이 어떻게 성립하느냐
　　　　-경험론: 로크/ 인식의 기원에 관하여 감각적 경험으로부터 이루어진다.
　　　　-합리론: 데카르트/ 이성적 사유를 통해서 성립한다.
　　　　-비판론: 상기 양자를 비판, 종합한 것임
　　　*인식의 대상: 인식하는 것이 실재하느냐, 관념에 불과하냐에 따라
　　　　-실재론: 로크, 러셀/ 인식하는 것이 실재한다.
　　　　-관념론: 버클리, 흄/ 인식하는 것이 관념에 불과하다.
　　　*인식의 한계에 관하여: 이성의 힘으로
　　　　-독단론(절대론): 플라톤, 데카르트/ 무제한으로 인식할 수 있다.
　　　　-회의론(상대론): 고르기아스, 흄/ 독단론 주장을 부정함
　　　　-이들의 중간 입장인 실증론(콩트)과 비판론(칸트)이 있다.

3. 가치론-가치에 관한 보편적 원리를 연구하는 것이다. 실천철학이라고 한다.
　　　-학문적, 예술적, 종교적 가치보다는 윤리적 가치를 탐구한다.
　　　-가치의 본질-'내가 가치가 있다고 평가할 때 가치가 있는 것'주관
　　　　　　주의와 객관의 대립
　　　　　　　-주관주의(상대주의): 프라타고라스, 니체, 러셀
　　　　　　　-객관주의(절대주의): 플라톤, 셸러
　　　-가치의 인식-주정주의: 셸러/ 감정작용에 의해 파악되는 것으로 봄
　　　　　　　-주지주의: 플라톤, 칸트/ 지적 작용에 의해서 파악되
　　　　　　　　는 것으로 봄
　　　　　　* 주정주의와 주지주의가 대립
　　　-가치는 어떻게 실현되는가?
　　　　　　　　가치는 대체로 제 스스로가 실현되는 것이 아니고 이
　　　　　　　것을 의식하고, 이것을 자기 목적으로 정립하는 인간
　　　　　　　적 활동을 매개하여서만 실현된다고 본다. 그 결과가
　　　　　　　바로 문화(학문, 도덕, 예술, 종교)이다.

* **서양철학사의 시대 구분**
　1) 고대철학: B.C. 6세기경 부터-A.D. 4-5세기까지
　2) 중세철학: A.D. 4-5세기경부터-14세기까지
　3) 근세철학: A.D. 15세기부터-19세기까지
　4) 현대철학: A.D. 20세기 이후(현대철학의 사조들이 대부분 19세기 후반
　　　　에 형성, 따라서 19세기 후반으로 거슬러 올라간다.)

* **고대철학의 3구분**
　1) Socrates 이전 철학(B.C. 6 - 5C. 중엽)
　2) Attica의 철학(B.C. 5후반 - 4C. 후반)
　　　　　-고대 그리이스의 도시 이름, 중심지는 아테네
　3) Aristoteles 이후의 철학(B.C. 322 - AD 526년)

* **소크라테스 이전 철학**
A. Miletos 학파- 소아시아 유니아 반도에 위치한 항구도시에서 발달
　　　　　- 탈레스, 아낙시멘드로스, 아낙시메네스
B. Pithagoras 학파- 남부 이탈리아, kroton에서 활약
C. Elea 학파- 남부 이탈리아 서안에 잇는 Elea 지역에서 희랍식민지였다.
　　　　　- 세네파네스(크세네파네스), 파르메니데스, 제논
D. Herakleitos- 헤라클레이토스
E. 후기 자연철학- 엠페도클레스, 루킵포스, 아낙사고라스
F. Sophist 학파- 프로타고라스(B.C. 481-411: 압데라 출생)-철저한 회의주
　　　　　의자, 상대주의자였다. '객관적인 보편 타당한 진리는 없
　　　　　다'라고 했다.
　　　　　　그의 단편 1에서 "인간은 만물의 척도이다. 존재하고 있
　　　　　는 것에 그는 있다는 사실에 대한 척도이고 존재하지 않는
　　　　　것에 대해서는 없다는 사실에 대한 척도이다"-고르기아스
　　　　　(레온티니), 프로디코스(엘리스)도 소피스트의 대표 인물 임

[古代 그리이스의 자연철학]

Ⅰ. 一元論者들

1. 밀레토스 학파(Ionia 학파)

철학의 시조라고 일컬어지는 탈레스는 만물의 근원이 무엇인가? 라는 질문을 하였다. 이때 만물의 근원자 또는 근원적인 물질, 근원적 원리가 arche로서 탈레스(B.C. 624-546)는 "arche란 무엇이냐"고 물은 최초의 사람이다. 그는 arche를 '물'이라 대답하였고 아낙시만드로스(B.C. 610-545)는 '무한정자(aperiron)' 아낙시메네스(B.C. 585-528, 아낙시만드로스의 제자)는 '공기'라 하여 이 세 학자는 arche를 하나로 본 점에서 一元論者이다.

2. 헬라클레이토스(B.C. 544경-484)

Panta rhei(만물은 흐른다)라고 하여 만물유전이 우주의 진상이라고 생각하였으므로 변화성이 가장 많은 불(火)을 arche라고 하였다. 만물 유전의 법칙이 있는 바 "logos"에 의해서 질서지워진다.

3. 파르메니데스(Parmenides, B.C. 540-420경, Elea 학파 Xenephanes의 제자)

불생, 불멸, 부동, 불가분의 전체요. 一者인 「존재」 (to on)만이 있을 뿐이라고 한다. 「唯一이며 一切」인 「유(to on)」이야 말로 세계의 참모습이다.

4. 피타고라스(Pythagoras, B.C. 570-496 사망 - 피타고라스 학파 형성)

수를 arche라고 한다. 자연계의 삼라만상이 모두 수적 관계로 규정되어 있다고 본다.

종교적인 측면에서 그의 사상은 인간영혼의 불멸성과 윤회설을 가르치는 신비주의적인 오르페우스(Orpheus)敎와 함께 한다.

Ⅱ. 多元論者들(후기 자연 철학)

1. 임페도클레스(Empedokles, B.C. 483-423))

Arche가 수(水), 기(氣), 화(火), 지(地)라고 함, 운동의 원인으로서 애와 증의 2개의 힘을 인정, 사랑(愛)은 이들 4원소를 화합시키고 미움증(憎)은 이 4원소들을 분산시켜 운동을 일으킨다.

2. 아낙사고라스(B.C. 500-428)

씨 종자(種子)(Spermata), 성질을 달리하는 무수한 씨, 이 씨앗들은 무수한 입자로서 전우주에 충만해 있으면서 결합과 분리에 따라 만물이 생성과 소멸 된다. 씨앗들 가운데는 다른 어떤 것들 보다 더 순수하고 더 미묘한 종류의 것이 있는데, 이러한 것은 다른 종류의 것들처럼 복합불에 혼입(混入)되지 않으며, 그럼에도 불구하고 만물을 지배하는 힘이요, 운동을 일으키게 하는 원인이 된다. 이것을 'nous'(정신)이라고 불렀다.

3. 데모크리토스(B.C. 460-371, Leukippos의 제자)

原字 : 非存在는 존재에 못지 않게 존재한다.

4. Leukippos(B.C. 460년경 출생)

원자론의 창시자, Atom(Piece)을 주장

Atom(不可分子) :
분별할래야 더 분별할 수 없는 하나의 실체(indivisible substance)와 같은 것으로 원자는 분할할 수도 변화하지도 않고 不生, 不滅한다.

[아테네의 철학자들]

Ⅰ. 소피스트(Sophistes,-Sophist학파 형성)

자연 혹은 우주의 아르케를 탐구했던 자연학은 인간의 현실탐구에는 별로 관심을 갖지 못했고 인간은 자연의 일부에 지나지 않았다. 그러나 기원전 5세기 경에 시대의 변천에 따라 사회와 인간의 문제가 대두되어 자연학은 물러나고 인간적인 것으로의 관심을 갖게 되었다.

Athene의 Polis의 민주화에 의해서 철학사상은 개인적인 인간주의와 실용주의가 대두되었고 이런 시기에 유능한 시민으로 되도록 실제적인 기술과 지식을 가르친다고 자칭하고 나왔던 자들이 곧 소피스트들이다. 본래 "현명한 사람, 학문있고 교양있는 사람"의 의미를 가지는데 후에 궤변가라는 약칭으로 변하게 되었다.

소피스트의 사상은 프로타고라스(B.C. 481-411)로부터 시작된다. 그는 "인간은 만물의 척도"라 하여 모든 것을 결정하는 기준은 개개인의 인간, 구체적 인간이라는 것이다. 여기에서 개인주의와 주관주의가 나타나고 진리기준의 객관적 기준이 없으므로 상대주의에 빠지게 되었다. 결국 진리를 결정하는 최후는 자기의 의견을 상대편에게 설득하는 길이고 여기에서 변론술과 반박술이 필요하였고 변론술에 의해 정이 부정이 되고 부정이 정이 되는 등 자기주장과 의견에 대한 강변으로 인해 결국 사회는 혼란케 되고 위험 속에 빠지는 결과를 갖게 했다. 여기에 소피스트들을 비판하는 원인이 있다.

그러나 단순히 궤변가라고 평하기보다는 그 시대가 그들을 요구했고 그들 역시 그 시대의 계몽가적 역할을 담당한 자들이었다고 볼 수도 있는 것이다. Gorgias는 不可知論을 더욱 공고히 확립했다.

그에 의하면 "아무것도 존재하지 않는다, 설령 신이 존재한다 해도 우리는 알 수 없다. 알 수 있다고 하여도 그 지식을 다른 사람에게 전달할 수 없다"고 하였다. 이러한 眞理性에 대한 부정으로 말미암아 궤변과 웅변이 성행하였던 것이다.

Ⅱ. 소크라테스(B.C. 469-399)

그리이스 개막기에 활약했던 사상가로 시기적으로는 소피스트와 같은 시기에 활동하였다. 그러나 소피스트들의 사상을 지양하고 그들의 사상을 극복하는 방향에 있어서 근본적으로 사색을 전개한다. 그 근본적 사색은 "무지의 지"에 근거를 둔다. 무지를 자각하는 것이야말로 자신의 참된 모습을 돌보는 것이요, 참된 지를 추구할 수 있다. 인간이 자신에 관하여 자각이 없다는 것은 곧 인간에 있어서 비극이다. 이 비극을 극복하기 위하여 인간이 인간일 수 있는 근거를 자각해야만 오직 선한 인간일 수 있다. 그러면 인간의 본성은 무엇인가? 영혼이다. 이 영혼의 본래적 작용은 이성적 지혜를 구하는 것으로 이것에 의해 인간이 참된 자기를 완성하려면 자기의 영혼을 돌보고 지혜를 희구하게 되며 "이것이 곧 철학하는 것"이요, 철학하는 것은 바로 인간으로 하여금 자각적 인간으로 되게 하는 길이다. 그에게 있어서 지혜는 동시에 도덕적 자각이었고 실천이었다. 여기에 그의 知行合一的인 사상이 있다.

그가 주장하는 자각의 방법은 대화를 통해 지혜를 추구하는 변증법으로서, 대화를 통해 상대가 가진 잘못된 지식과 모순된 허위를 폭로하고 새로운 지식으로 상대의 마음을 돌리게 한다. 즉 자기의 상대가 전제로 삼고있던 사상을 모순에 빠지게 하면서 그것을 타파하고 부정하여 새로운 높은 차원의 사상에로 대화의 귀결을 유도해 가는 것이다. 이런 대화의 과정을 통해 주관적인 허위·편견이 논파되고 객관적·보편적인 것을 얻는다. 이 대화의 방법은 자기 안에 있는 것을 자각적으로 출산하게 하는 것으로 "산파술"이라고 한다.

그의 문답법으로서의 대화법의 근본적 관심은 인간의 덕에 있었다. 덕이란 그 본래 기능을 최대로 발휘하는 것으로 인간은 인간의 영혼의 고유한 작용인 이성을 잘 발휘하는 것이 인간의 덕이다. 그러기 위해서는 영혼의 기능을 알고 있어야 하는데 영혼의 자각지가 곧 덕의 근본이다.

Ⅲ. 플라톤 Idea論[지식론](B.C. 427-347)

플라톤은 진리가 감각에 의하여 인식될 수 없고 <순수한 이성적 사고에 의해서만> 인식될 수 있다고 생각하였다. 감각의 대상은 쉴새 없이 변화하는 사물인데, 이 사물들은 실재하는 것이 아니다. 즉 참으로 존재하는 것이 아니다. <참으로 존재하는 것은 영원불변의 Idea들> 뿐이다. 감각은 변화하는 세계를 알 뿐인데, 그 앎이란 참된 지식, 즉 인식이 아니다. 인식은 오직 불변하는 Idea의 세계에 대해서만 성립된다.

Idea란 감각적인 것들의 본(原型)이요 원인이다. 감각적인 것들은 생성, 소멸하지만 Idea는 영원하다. 모든 사물에는 각각의 Idea가 있다.

플라톤은 감각적 세계에 대하여 영원불변의 Idea의 세계를 대립시켜 후자만이 참으로 존재하는 세계요 전자는 그림자일 뿐이라고 한다. 각 사물의 Idea는 오직 하나이지만 각 사물마다 Idea가 있으므로 사물의 수만큼 Idea도 많다. 이 많은 Idea를 통일하는 것이 선의 Idea이다. 모든 Idea는 완전하고 따라서 좋은 것이므로 결국 모든 Idea는 선의 Idea에 귀(歸)…한다. 선의 Idea는 영원한 세계의 최고원리로서 모든 Idea의 원인이요, 모든 Idea를 인식하는 근거이다.

플라톤에 있어서 선의 Idea가 정신세계의 최고원리인 가닭에 그것은 자연계의 원인인 조물주(Demiourgos) 내지 신보다 우위에 있다. 조물주에 대한 생각은 상상내지 추측일 다름이요, 참된 인식은 될 수 없는 것이며, 오직 선의 Idea에 대해서만 참된 앎이 있을 수 있다고 본다.

Ⅳ. 플라톤의 Idea와 德

선의 Idea는 참된 실재이며 이 참된 실재에 관한 지를 얻기 위해서는 최고의 선의 Idea를 직관해야 한다. 거기에 이르는 방법은 이른바 변증법에 의한 것이다. 소크라테스의 대화법을 계승 발전시킨 것으로 선의 Idea를 직관하기 위해서 문답에 의한 줄기찬 인식의 과정이 있어야 한다.

먼저 현실의 경험계의 사물과 개개의 억견(臆見)에 관해 음미하고 검토하되 Idea를 보고 이 Idea를 바탕으로 보다 높은 Idea로 상승하여 최우의 선의 Idea에 이르러 직관하게 된다.

선의 Idea를 직관한 후에는 그 빛에 비추어서 모든 Idea를 조직화하고 기초지우기 위해서 순수한 이성에 의해 밑의 Idea로 하강해야 한다. 변증법이 이러한 작용에 의해 眞知를 얻게 된다.

인간의 인간성은 영혼이다. 영혼은 본래 Idea계에 있었지만 육체와 결합하여 地上的인 것이 된다. 따라서 영혼은 본래 영원한 不死的인 부분과 육체의 可死的 부분으로 구별되는데 불사의 부분은 이성이고 가사적인 부분은 「氣槪」와 「情慾」이다. 플라톤의 덕은 영혼의 이러한 각 부분을 바탕으로 성립한다. 덕이란 모든 물건이 그 고유한 기능을 다하는 최선의 상태로 인간의 본성을 완전히 발휘하는 최선의 상태가 인간의 덕이다.

이성의 덕은 "知慧"로서 인간이 지닌 사유능력을 완전히 사용하는데 있다. 기개의 덕은 "勇氣"로 전투적 용기뿐 아니라 도덕적 행위에 필요한 용기도 포함되고 정욕의 덕은 "절제"인바 욕망을 자제하고 통제하는데 있다. 마지막으로 "정의의 덕"으로 이는 영혼의 세 부분이 각각 그 임무를 올바르게 수행하고 전체를 조화 통일하는데서 성립한다. 이것이 플라톤의 「四主德」이다.

플라톤의 4주덕을 국가윤리로 전개할 때 국가의 목적은 국민의 생활을 조직적으로 향상시켜 Idea를 실현하는데 있다. 국가에도 세 계층이 있으니 이성적 부분은 통치계급, 기개적 부분은 무사계급, 정욕적 부분은 생산계급으로 이 세 계급이 治者의 지혜에 의해 통일적 기능을 완전히 이루는 곳에 국가의 정의가 실현된다.

V. 아리스토텔레스

1. 형이상학

플라톤이 Idea계와 현실계의 이원론을 주장한데 반해 아리스토텔레스는 플라톤의 Idea인 진실재를 개개의 사물의 본질로서 개개의 사물 안에서 구하고자 한다.

아리스토텔레스에 있어서 가장 기초적인 존재는 바로 개체적인 존재라 할 수 있다. 이 기초적인 존재를 실체(ousia)라 부르는데 이 실체는 본질을 자기 속에 포함하고 있는 개체이다.

이러한 본질을 플라톤적으로 Idea라 한다면 이 Idea는 개체 안에 실현되어져 있는 것이라 하겠다. 현실에 있는 개체는 그 본질 이외의 본질을 실현하는 기반으로서의 소재를 갖는다. 그러므로 구체적인 실체는 본질과 소재와의 결합에 있어서 존재하고 규정된다고 본다.

아리스토텔레스는 본질을 「形相」이라 하고 소재를 「質料」라 한다. 그는 실체의 형상(본질)이 변화와 운동 속에서 언제나 지속되는 것이고 생성과 운동의 과정을 통하여 質料에 있어서 실현되는 것으로 생각했다.

이때 실현되어져야 할 형상은 실체가 실체로 되기 위한 운동이 목표하는 목적인 동시에 그 운동의 원인이 되는 동력이다. 그리하여 그는 실체의 생성의 원인으로서 刑賞因・質料因・目的因・運動因을 생각하는데 이는 결국 形相因과 質料因으로 축소된다.

실체의 형상은 질료에 있어서 이미 가능으로 있었던 것이 현실로 된 것이다. 질료에 있어서 가능태에 있었던 것이 형상이 질료에 있어 실현되어져 현실태로 되는 것이 개체적인 실체의 존재라 할 수 있다.

이렇게 볼 때 현실에 있는 개체는 모두 형상과 질료의 결합이라고 할 수 있으므로 순수하게 형상만의 것도, 질료만의 것도 있을 수 없다. 질료가 형상화되어 가면서 순수한 형상의 현실을 생각할 수 있다면 이것이 형상의 형상인 바 "第一形相"이며 반대로 형상이 전혀 실현되지 않고 있는 단적인 질료는 질료의 질료이며 "第一質料"이다.
　아리스토텔레스는 이 제일의 형상 자리에 신을 세우고 있다. 신은 제1형상으로서 일체를 자기에로 향하게끔 하는 제1능동자이며 「不動의 動者」인 것이다.

2. 행복론(아리스토텔레스의 윤리학)

　아리스토텔레스는 인간의 최고선은 행복(eudaimonia)이라고 본다. 인간의 본성에 비추어 가장 알맞은 행복은 무엇인가? 그에 의하면 영혼의 이성적인 활동에 의해 행해진 선한 행위에 수반되는 선한 상태이다. 따라서 인간 본성에 있어서 이성적 생활에 의한 완전한 실천이 최고의 행복이다.
　그러나 인간은 많은 자연적인 요소나 사회적인 요인에 의해 규정받고 있으니 많은 욕구를 조화적으로 고려하면서 최고선을 구해야 한다. 따라서 인간의 감정이나 충동을 이성적인 예지에 의해 통제하면서 영혼의 활동과 일치하게끔 조화시키고 "中庸"을 얻는 곳에 행복이 실현되는 것이다. 그러므로 과도하거나 부족한 행위는 有德한 것이라 할 수 없다.
　아리스토텔레스의 윤리적인 덕은 바로 이 中庸에 있다. 그는 완전한 자기 충족적인 행복을 실천적 행위의 생활 속에서 찾기보다는 오히려 이론적인 관상(觀想)의 생활 속에서 찾는다. 이 관상만이 실천의 완성이고 참된 의미에 있어서의 행위라 생각한 것이다.

[헬레니즘-로마기의 철학]

Ⅰ. Stoa학파(제논-에퓨 크레투스에 이르기까지, B.C. 3세기-A.D. 2세기) Zenon(B.C. 334?-262?)을 시조로 한다. 그들은 생활에 있어서의 지혜, 즉 어떻게 살아야 할 것인가에 관한 실천적 원리와 방법에 관한 것이 주제로, 결국 윤리적인 것이 철학의 중심으로 이는 그들의 자연관에 바탕을 둔다.

그들에 의하면 우주는 하나의 통일적인 전체로서 생명을 지닌 물질적인 실체이다. 신은 세계의 영혼이라 할 수 있고 물질세계는 신의 육체라 하여 신이라는 것은 전세계에 편재하여 지배하는 보편적 이성이다. 이를 세계영혼이라 하기도 한다.

모든 것이 이 세계영혼으로부터 필수적으로 출현하고 순환하여 그것에로 되돌아가는 것으로 이 전개의 理法은 필연적이고 운명이다. 인간의 영혼은 신에 가장 가까운 것이니, 신의 법칙에 따라서 자유롭게 사 수 있는 작용을 할 수 있는 것이다. 인생의 목적은 행복을 추구하는데 있다. 모든 것은 신적 이성의 理法에 의해 규정되고 있으므로 이 理法에 순종하는 생활에 순종하는 행복한 생활이요, 참된 의미에 있어서 「자연과 하나로 되는 생활」이 행복한 생활이고 有德한 생활이다.

자연에 순종하는 내면적인 생활에 있어서는 모든 외적인 것, 즉 감정이나 욕망에 의한 번뇌가 배제되어 일체의 제한으로부터 자유롭게 되는데 이것이 덕이요, 이상적인 경지인 不動心(apatheia)이다. 이러한 경지에 있어서는 賢者는 王子이니 삶도 죽음도 자유롭게 지배하며, 이 현자가 사는 국가는 보편성이 지배하는 나라이고, 자연법의 나라이므로 만민이 동등한 권리를 갖고 있는 이성적인 공동사회인 것이다.

스토아의 개인윤리는 자연법적으로는 세계주의적인 것이기도 하다.

Ⅱ. Epikuros 학파(A.D. 60-120)

에피쿠로스를 시조로 하며 최고선의 생활, 행복한 생활에 철학의 중심이 있다. 이들 역시 윤리학을 위한 철학이다.

인간의 목적은 행복이 이 행복을 결정하는 것은 "快樂"이므로 쾌락의 충족한 생활만이 행복하다. 그러나 순간적인 쾌락은 참된 행복이 아니고 지속적인 것이어야만 한다. 이때의 지속적 쾌락은 물질적·감각적인 쾌락보다는 정신적인 것으로 순간적인 개개의 쾌락과 불쾌에 사로잡히지 않고 미신과 죽음의 공포와 불안을 초탈하여 흔들리지 않는 마음의 고요함, 즉 마음의 평정을 유지하는 것이 참된 행복이다. 그리하여 마음의 평정, 즉 平靜心(ataraxia)이 최고의 이상적 경지이다.

Ⅲ. Plotinos(流出說)(A.D. 204-269, 신플라톤주의 창시자)

그의 의도는 일체를 초월하고 있는 신으로부터 만물이 어떻게 생성하고 또한 그 만물이 어떻게 신으로 되돌아가 淨福을 얻을 수 있을까 하는 철학적인, 또한 종교적인 과제를 규명하고자 했다. 그는 이 해결 근거를 Platon의 철학에서 구하게 된다. 그는 플라톤적인 최고의 Idea를 일체의 근원에 둔다. 이 최고자를 그는 一者로부터 모든 것이 유출된다. 유출되어진 것은 일자로부터 멀어짐에 따라서 불완전한 도가 가해지면서 어떤 단계를 이룬다. 일자로부터 처음에 유출하는 것은 Nous, 즉 理性이고, 다음 靈魂, 마지막이 物質이라 할 수 있다.

Nous는 思惟者이고 이것은 "사유의 사유"로서의 자기사유이다. 이때 대상으로 되어 있는 것은 Idea이며 영혼은 이 Idea를 직관하고 이것을 원형으로 삼아 질료(물질)에서 감관계를 형성한다.

영혼은 물질과 누우스의 양세계를 매개하는 것이다. 물질은 질서가 없고 혼돈한 無的 存在라 할 수 있다. 개인의 영혼도 이와 같은 것으로 높은 Nous의 경지에 관련하는 부분과 물질에 관련하는 부분을 갖고 있다. 그리하여 인간의 영혼이 물질에 관련함으로써 자기 자신의 본성인 신성을 잊고 육체의 세계 감각계에 속박 받게 되는 것이다.

이러한 流出論으로부터 그의 倫理 및 宗敎論이 나온다. 영혼은 그 고유한 본래의 누우스의 작용을 회복하여 감각계로부터 벗어나 Nous의 경지로 몰입하면서 자기자신을 정화하여 일자에로 되돌아가야만 할 것이다.

누우스에 있어서 신적인 것을 직관하여 일자인 신에 귀일하는 것이 곧 최고의 행복이고 인간의 구원이기도 하다.

Plotinos의 철학은 汎神論的이고 신비주의라 할 수 있겠다. Platon의 철학은 여기서 신 Platon주의라는 신비주의와 융합하게 된다.

이는 필로를 비롯하여 그리이스의 모든 사상이 종합, 집대성 된 신비주의의 색체가 농후한 철학이다. 후에 그의 사상은 Porphyrios에 의해 체계화되어, 그레고리, 아우구스티누스 등의 교부들을 통해 기독교 사상과 제휴하게 된다.

[中世哲學]

Ⅰ. 중세철학의 특징

근대이후 사람들은 중세를 암흑시대라고 일컬어 왔다. 이렇게 부른데에는 몇가지 이유가 있다.

첫째로 中世를 지배한 학문은 신학이었으며 따라서 人間보다는 神 중심의 세계관이 사상의 중심을 이루었고, 둘째는 중세의 학적인 자료들이 정리되어 있지 못하였으며, 셋째는 근대의 자유로운 개방적 학문 및 고락의 분위기에 비하여 중세의 학문과 과학은 폐쇄적인 것이었기 때문이다(페투루아스 다미아누스(1007-1072)-철학은 신학의 시녀).

그러나 우리는 中世哲學이 古代희랍철학을 기반으로 삼고 희랍철학과 기독교를 조화시키면서 성장하여 근대철학의 모체가 되기에 이르렀다는 점을 간과해서는 안 된다.

中世哲學은 엄밀히 말해서 9세기에서 14세기까지의 철학을 말하며 이 시기의 철학을 일컬어 스콜라哲學이라고 한다.

그러나 중세철학의 시기를 확대하면 그것은 2세기에서 15세기에 이르며 초기를 장식하는 것은 교부철학이고 그 말기를 장식하는 것은 근대 철학의 發生期이다. 그러므로 중세철학은 암흑시대의 철학이라기보다는 오히려 광대무변한 大洋의 철학이라 할 수 있다. 따라서 중세철학은 넓게 보면 희랍철학과 기독교의 조화이고, 엄밀히 보면 희랍철학, 유태철학, 로마사상, 이슬람사상 및 기독교사상들의 융합이라고 볼 수 있다.

그러므로 중세철학의 참다운 의미는 역사의 단절이 아닌 지속적 연결을 하는바 古代와 近代의 철학을 매개하는데 중요한 역할을 하고 있다는 것이다.

Ⅱ. 교부(敎父)철학(哲學)

1. 그노시스주의(Gnosticism)

그노시스주의는 기독교와 Roma제국에서 그 理論的 신학적인 확립을 도모할 때 나타난 대표적 異端說이다.

Gnosis란 그리스말로 「지식」을 뜻하나 여기서는 개념적 지식을 의미하지 않고 神과의 神秘的 合一, 신을 知的으로 直觀함을 의미하였다. 이는 동방의 秘儀主義와 그리이스 철학 특히 Platon주의와 연결된 것으로, 그노시스주의는 이것을 기초로 하여 기독교를 보다 보편적으로 해석하고자 한다.

신앙보다 인식을 우선으로 기독교를 이론화하려는 노력이었다.

2. 호교론자들

이에 대한 교부들의 태도는 둘로 대별된다. 하나는 헬라철학에 대한 기독교의 역사적 전통의 독자성을 주장하여 지키려는 호교론자들의 입장이며, 또 하나는 그노시스주의 안에서 일체의 이단적 요소를 배제하고 거기에다 그노시스 사상을 매개로 하여 헬라 철학을 기독교 신학의 확립에 이바지하려 하는 알렉산드리아 신학의 입장이다.

호교론을 대표하는 자로서, 리틴계 교부 터툴리아누스는 그노시스주의와 그 원천을 이루는 그리스철학을 배척하여 "아테네와 예루살렘, 아카데미아와의 교회, 이단과 그리스도교도 사이에 어떤 공통성이 있는가" 또 "신의 아들은 십자가에 달렸으나 이것은 부끄러운 일이므로 부끄럽게 느낄 일이 아니며 신의 아들은 죽었으나 이것은 우스운 일이므로 믿어야만 하며 그는 묘에서 부활했지만 이것은 불가능하므로 확실하다."고 하며, "不合理함으로 나는 믿는다"(Credo quia absurdum)고 역설했다.

후자의 대표는 알렉산드리아의 교부 클레멘스와 그 제자 Origenes이다. 클레멘스는 그노시스주의를 기독교 신앙과 대립되는 것으로 보지 않고 먼저 신앙 우위에서 인식의 눈을 열게 하여 최후에 신과 신비적 합일에 도달시킨다.

오리게네스도 마찬가지로 그노시스의 관념에서 출발하여 성서에 쓰여진 말을 문자 그대로 읽는 것과 그것에 의하여 신의 규칙과 도덕적 선을 배우는 것에 대하여 글자의 배후에 숨겨진 秘儀로서의 신적 眞理의 인식을 說한다.

3. Augustinus(354-430)

1) 생애

Augustinus는 카르타고에서 고전적 교육을 받고 Roma 밀라노에서 수사학 교사로 있던 중 밀라노에서 암브로시우스를 만나 그의 설교에 감화를 받아 청년기의 격정적인 생활과 파란 많은 사상적 편력에 종지부를 찍고, 회심을 한 후 기독교에 전향했다. 청년시대의 그는 그노시스적인 善惡二元論의 마니교에 사로잡혔고, Academia의 회의론에도 사로잡혔다. 또한 신 Platon주의, 특히 Platon의 철학에 대하여 정열적으로 기울어져 이에 끌려 기독교에 나아감에 함께 이를 이용하여 기독교의 사상적·理論的 심화를 이룩하게 된다(플라톤의 철학이 기독교적으로 잘 적용되고 해석됨).

2) 신국론

그의 사상적 출발점은 내면적 경험의 확실성에 대한 자각이었다. 자기의식에 대한 내면적 자아의 정립은 죄의 의식과 신에의 갈망을 가진 인간적 자아의 확인이었다.

그는 "照明說"과 "은총설"에서 그의 사상을 전달하고 있다. Augustinus에 있어서 주목할 만한 것은 「神國論」으로 일종의 역사철학의 전개이다.

인류의 전역사에 걸친 통일적인 스케줄은 「신의나라」와 「지상의 나라」와의 싸움과, 신의 사랑에 의해 굳혀진 나라와 自己愛를 원리로한 나라와의 투쟁으로서 그려진다. 이 두 나라는 역사의 과정에 있어서 비록 외면적으로는 교차하고 있더라도 내면적으로는 峻別되며, 구체적으로는 「신의나라」는 이스라엘의 민중에서 그리스도의 교회로, 「지상의 나라」는 앗시리아에서 로마에 이르는 여러 제국으로 나타난다.

역사의 결정적 종말과 최후의 심판의 때는 목전에 임했으며 곧 신의 심판은 신의 나라의 주민을 영원의 평화에로 이끌어 가며 지상나라의 주민은 영원한 벌을 받게 될 것이다.

3) 時間觀

時間은 神의 창조와 더불어 시작된다. 창조의 시기가 언제인가? 그 시기는 영원 속에, 즉 時間의 밖에 있다.

다시 말해서 時間이란 물체세계의 창조, 즉 천지창조와 동시에 비로소 있게 되는 것이다. 그렇기 때문에 시간은 피조물들과 동일하게 有限하며 시작이 있고 끝이 있는 것이다. 역사라는 것은 희랍적인 희귀적인 것이나 윤회적인 것이 아니라, 직선적이어서 처음과 끝이 있다. 시간은 천지창조와 더불어 존재하기 때문에 창조이전에는 시간이 없었다. 그러므로 창조의 시기인 영원이란 시간의 무한연장이거나 집합이 아니라 과거도 미래도 없는 영원한 현재이다.

영원은 변화를 모르지만 시간은 변화일 뿐이다. 또한 신은 모든 시간을 벗어나 있다. 신은 시간 안에서 시간을 앞질러 가는 것이 아니다. 神은 항상 현재로서 있는 영원의 저 높은 곳에서, 모든 지나가버린 고거르 앞서가며, 모든 미래적인 것을 넘어서 있다. 신의 해(年)와 날(日)은 우리들의 時間이 아니고 신의 오늘은 영원이다. 즉 神의 존재에는 時間이 없다.

4) 참회록(Confessiones)

자기 생애에 대한 성찰로서, 그의 회심에 이르기까지의 자서전이다. 과거 자신의 불신시대를 신앙의 눈으로 반성한 내적 생활의 기록으로 人間은 하나님의 피조물로서 罪와 죽음은 운명적이며, 인간의지에 자율성이 있음에도 불구하고 궁극적으로는 하나님 앞에 무릎을 꿇어야 하는 存在로서 전능자의 섭리의 영역에 머물러야 한다고 말한다.

II. Schola 철학

13, 14C에 있어서 스콜라 철학은 9C 이후 카톨릭 교회를 중심으로 하녀 이루어진 것으로 카톨릭 교회 및 수도원에 부속된 학교(schola)를 중심으로 모든 학문이 연구되었다. 이처럼 학교 교사에 의한 철학이라는 의미에서 "Schola 철학"이라 불리웠다.

초기 스콜라 철학 시기에는 보편적 개념이 사물의 본질이고 이것은 개별적 사물에 선행하여 존재하는 것이라는 생각이 지배적이었다. 또한 신앙과 지식, 다시 말해서 종교와 철학이 일치해야 한다는 생각이 널리 주장되었고 Platon과 신Platon 주의 및 아우구스티누스의 영향이 많이 미치었다.

A. 성립기(9-12C)-플라톤 실념론(실재론)
B. 전성기(13C)-아리스토텔레스 실념론(실재론)
C. 종말기(14-15C)-아리스토텔레스 유명론

1. Eriugena와 Anselmus

스콜라 철학의 선구자로 일컬어지는 Eriugena는 플라톤적인 실재론의 입장에서 신앙과 이성의 일치를 주장하여 "참된 종교는 참된 철학에 일치한다"하였고, 캔터베리의 대주교 Anselmus는 전기 스콜라 철학의 대표자로 신플라톤주의 철학이나 Aristoteles의 論理學의 단편을 단서로 하여 신앙의 이성적 논증을 시도한 시기이며 Anselmus는 정통파 實念論者로 유명하며 그의 존재론적 증명으로 잘 알려져 있다. "완전한 것이라고 하는 신의 관념이 우리 사고 안에 있다. 만일 신이 사고 안에만 있고 실재하지 않는다고 하면, 사고 안에 있을 뿐만 아니라 현실에 존재한 실재의 경우가 신보다도 완전한 것으로 되어 신의 완전성이 상실된다. 따라서 신은 실재한다." 그는 "믿기 위해 이해를 구함이 아니고 이해하기 위해서 믿는다"고 하여 "알기 위하여 나를 믿는다."(credo ut iteligam)의 사상은 신앙을 첫째로 하는 교회적 입장에서 서서 신앙과 이성과의 어려운 관계에 정통적인 해석을 내린 것으로 스콜라 철학의 모범이 되었다.

2. Anselmus의 존재론적 신존재 증명

그는 神보다 더 완전한 것을 생각할 수 없으며 신은 우리의 지성 속에서만 개념적으로 존재하는 것이 아니라 실재적으로도 존재하지 않으면 안 된다고 하였다. 왜냐하면 단순히 우리 지성 속에만 존재하는 것은 불완전하고 실재로 존재하고 있어야 완전하기 때문이다. 신이란 그보다 더 완전한 것을 생각할 수 없는 존재이므로 신은 실재적으로 존재하지 않으면 안 되는 것이다. 즉 神은 존재한다는 것이다.

3. Thomas Aquinas

스콜라 철학의 전성기에 이슬람 세계로부터 지적 충격을 통해 카톨릭 교회는 Aristoteles철학을 단서로 교리를 재정비하게 되는데 이것이 Aquinas의 신학적 철학체계로서 나타난다.

그는 중세 서구 사회의 그리스도적 봉건제도적 질서를 이론적으로 기초 지우고 정당화하는 역할을 담당하였고, 신앙과 이성, 철학과 신학을 구별하면서 그 대립을 하나의 조화적 질서 아래로 유지시킨다

Thomas는 이성에 터전하는 철학은 단지 자연세계의 질서를 합리적으로 논증하고 파악할 수 있을 뿐 아니라 초자연적인 은총의 세계의 질서, 즉 신의 존재, 영혼불멸 등에 대해서도 합리적으로 논증하고 파악할 수 있다고 본다. 그러나 그것에는 한계가 있어 이성의 합리적 파악을 초월하는 것들, 즉 "3위일체" "成肉身"의 신비는 신으로부터의 啓示, 즉 초자연적인 은총의 빛에 의한 신학에 의해 비로소 밝혀진다고 한다. 따라서 신학과 철학은 구별되지만 서로 모순되지 않고 相補하여 완성이 된다.

이처럼 Thomas는 기독교 신학과 Aristoteles의 철학, 신앙과 이성 사이에 하나의 조화적, 계층적 질서를 설정했고, 이에 따라 초자연적인 은총의 세계

와 자연의 세계의 관계를 말하면서 이는 초세속적인 교회와 세속적인 국가와의 관계에도 적용되어 양자는 상보하여 하나의 통일적인 "그리스도교 세계"를 구성하는 것이라는 생각에 도달한다.(상층의 존재 : 교회, 신)

　인간 사회에도 이러한 상·하의 계층적 질서에 따름이 인간이 지켜야 할 도덕이다. 속인(俗人)의 계층적 질서의 최상위에 있는 것이 봉건군주인데, 일반적으로 속인보다는 승려의 편이 상위에 있고, 승려간의 계층적 질서의 최상위에 위치하는 교황이야말로 세속군주 위에 있는 군주로서, 신에 인도되면서 지상에 있어서의 일체의 질서의 통치자이어야 하는 것이다. 이렇게 하여 그는 중세적 그리스도교적인 세계관을 이론화하여 봉건적인 사회질서를 합리화하였다.

　※ 자연법 사상 : 인간 사회에 「정의의 질서」가 있는데, 법은 그 일부로서 그 목적은 정의이며 정의는 법에 의해 이루어진다.

　법은 ①永遠法 ②自然法 ③人定法의 셋이 있는데, 영원법은 모든 질서의 원천인 세계를 지배하는 신의 이성자체이다. 자연법은 신의 영원법이 인간에게 반영된 것으로 인간은 그것을 불완전하면서도 스스로 이성에 의해 인식할 수 있는데 이는 신의 법이 본래 합리적이며 인간은 신에 의해 이성적으로 만들어졌기 때문이다. 인간의 이성의 빛에 의해 인식되는 자연법에는 자신과 자신의 종족의 생명, 생활을 유지하고 보존하려는 욕구와 이성적 동물로서의 자기의 본질을 실현시키려는 정신적 사회적인 욕구, 이 기본적인 욕구를 달성하기 위해 모든 人間社會에서 지켜야 할 不變的·第一次的 자연법과, 제일차적 목적을 달성하기 위해 파생적으로 필요하게 되는 第二次的, 可變的 자연법의 두 종류가 있다. 이러한 제2차적인 자연법은 인간에게 명확하게 성문화될 때 필요가 있어서, 작성된 것이 인정법→실정법이다.

　이러한 인정법 작성에 임하는 것은 주로 세속적인 국가이며, 개개인의 궁극 목적은 신이 정한 영원법에 따라 생활하는데 있으며 이러한 인간의 궁극 목적 실현에 향하여 직접 지도할 수 있는 것은 교회뿐이다.

이처럼 Thomas의 자연법 사상은 인간의 세속적·사회적 활동 즉 세속적 인간의 정치적·경제적 제활동을 그리스도적·윤리적 입장에서 이론으로 기초지웠다.

4. 實念論과 唯名論(普遍論爭)

전기 스콜라철학 이래 보편의 문제는 항상 그 내부에 있어서 논쟁의 중심 문제였다. 초기 스콜라철학의 이론적 기초는 .Platon주의였다. 플라톤의 Idea론은 보편은 個物에 앞서고 그 자체가 독립적으로 실재한다는 것이다. 이러한 사고는 당시의 교회와 교의에 합치되는 사상이었다. 즉 교회는 Catholic(보편적)교회이며 독자적 권위를 가진다. 만일 보편이 실재가 아니라면 교회는 단지 신자의 집합체에 지나지 않게 된다. 삼위일체설에서 삼자이면서 하나인 신의 보편성을 말하는데 실재가 아니라면 三位는 3分되어 三神敎가 되고 만다. 또한 원죄설에 있어서도 인류라는 보편적 실재를 전제로 하지 않으면 Adam의 원죄도, 그리스도의 수난도 역사상의 한 사실에 지나지 않게 된다. 이 플라톤주의가 채용되는 사고방식을 실념론(Realismus)이라 한다.

한편 이에 반하여 실재는 個物이며, 보편은 추상에 지나지 않는 것으로 단순히 이름(名)에 지나지 않는 것이고, 이 보편은 개물 뒤에 있다고 주장하는 唯名論이 있는데 그 대표자로 Roscellinus가 있으며, 14C에 이르러 William of Occam은 주장하기를 만일 보편이 실재한다면 창조에 앞서 神의 마음속에 존재했었을 것이며 따라서 神의 意志를 속박하는 결과가 되어 버리고 말아 이 보편 실재론은 神이 無로부터 창조하였다는 가르침에 위배된다고 하였다. 또한 다수의 個物안에 보편이 동시에 있다는 것을 논리적 모순이라고 생각하여, 보편이라는 것은 단지 명사(名辭)이며, 개물을 나타내는 기호에 불과하다고 하였다.

이러한 실념론과 유명론을 절충한 사람이 아벨라르두스인데 그는 "보편은 개물 안에 있다"고 하는 Aristoteles的 입장을 취했다. 이 사상 역시 종교회의에서 이단시되었다.

이처럼 초기 스콜라철학에 있어서는 플라톤적 실념론의 지배적이었으나 중기에 와서부터 강력해진 아리스토텔레스 철학의 영향 아래 아리스토텔레스적 실념론이 그 주류가 되었다.

5. 아퀴나스의 우주론적 신존재 증명

그가 神의 존재를 증명하는 방법은 5가지가 있다. 그의 증명은 神이 라는 절대 완전자의 개념에 초점을 두고 그 개념의 내적인 의미를 추구해 가는 존재론적 논증과는 반대로 우리가 살고 있는 이 세상의 일반적 특징으로부터 출발하여 우리가 神이라고 부르는 궁극적 실재가 없었다면 이러한 일반적인 특징을 가진 세계가 존재하지 않았을 것이라고 주장한다.

그의 첫째 방법은 운동이라는 사실로부터 제일 운동자를 증명하는 것이다. 이 방법은 두 번째 인과법칙으로부터 제일 원인을 증명해 나가는 것과 유사하다. 모든 일에는 원인이 있으며 그 원인은 또 다른 원인을 갖는다. 이렇게 소급할 때 제일 원인, 즉 최초의 원인이 있다고 생각되는데 그 최초원인 혹은 최초의 운동자가 곧 神이라는 것이다. 세 번째는 우연적인 존재들로부터 필연적인 존재를 증명해 나가는 방법이다. 이 세상에 존재하는 모든 것들은 우연이다. 그러나 만일 이 세상의 모든 것이 우연적이라면 아무 것도 존재하지 않았던 시절이 있었을 것이다. 여기에서 그는 우주론적 증명의 方法인 인과법칙을 적용시켜 이 우주에는 우연적이 아닌 어떤 실재가 꼭 존재하고 있음이 틀림없으며, 이 존재가 비우연적인 근원이요 스스로 존재하는 필연적 실재인바 곧 神이라고 부르는 존재인 것이다.

네 번째는 가치의 여러 정도로부터 절대가치를 증명해 나가고, 다섯 번째는 자연 속에 존재하는 목적성으로부터 神的인 설계자를 증명해 나간다. 이 방법은 목적론적 논증의 길을 열게된 것이라고 볼 수 있다.

[近世哲學]

Ⅰ. 近世哲學의 精神(3가지)

1. 인간 중심적이다. 문예부흥 이후의 근세사상은 자연을 인간의 정복 대상으로 보고 인간은 자연을 지배하는 존재로 여김, 또한 중세의 신 중심적인 기독교의 세계관과 비교할 때 근세사상은 인간 중심적이다. 근세철학은 신 중심의 사고에서 인간의 이성을 모든 진리 파악의 기준으로 세우는 사상이었다.

2. 개인주의적이다. 고대와 중세는 철학적 사색의 궁극적 기준이 각각 도시국가와 교회였으나 근세에는 개인, 특히 개인의 이성이라는 의미에서 개인주의이다.

3. 과학적이다. 고대가 조화와 질서를 최상의 목표로 삼는 심미적 철학세계를 추구했다며, 중세는 신이라는 초고존재에 무조건 복종하는 권위적 특징을 지녔다. 중세에 비해 근세에 와서는 논리의 귀결과 사실의 확증이 지지하는 것은 무엇이든지 수용하는 이성적이고 실험적이며 모험적인 과학정신을 보여준다. 근세철학의 2대 조류는 합리론과 경험론이다.

Ⅱ. F·Bacon(1561-1626)

근세 초에 과학정신을 전폭적으로 지지하고 중세적 사고에서 과감히 벗어날 것을 주장한 사람으로, 관찰과 실험에 의해 얻어지는 경험적 지식 내지 과학적 지식으로서의 앎이라는 의미에서 "아는 것이 힘이다"고 말하였다. 때문에 그런 지식은 연역에 의한 지식이 아니라 귀납법적으로 얻는 지식으로 지식의 목표는 새로운 것의 발명에 있다고 보는 철저히 자연과학적 실험정신에 가득 찬 체계가 Bacon의 철학이다.

이런 옳은 지식을 얻기 위해서는 잘못된 편견을 버려야 하는데 Bacon은 이 편견을 우상으로 비유하여 4가지 우상의 철폐를 강조한다.

1. 종족의 우상으로서 이는 인간의 본성에 유래하는데 인류의 온 종족에 고유하게 있는 편견으로, 인간 자신이 감정과 의지를 가지고 있으므로 다른 존재에 대하여도 미루어 같이 생각하는 경향이다.

  2. 동굴의 우상이다. 각 개인의 특수한 성질과 개성, 교육, 환경에 다라 생기는 개인적 편견이다.

  3. 시장의 우상이다. 시장에서 많이 들을 수 있는 잡담과 같은 언어의 애매함에서 생기는 편견들이다.

  4. 극장의 우상이다. 권위나 전통 등을 그대로 믿는 잘못으로 마치 극장 무대에서 왕의 행세를 하고 그럴듯한 이야기가 펼쳐지는 연극을 사실로 믿는 것과 같다.

Ⅲ. 대륙의 합리주의

1) Descartes 2) Spinoza 3) Leibniz

1. 合理主義者 Descartes
1) 방법적 회의

  데카르트의 방법은 합리주의의 방법이다. 합리주의란 이성의 도움으로써 진리를 발견하려는 노력을 뜻한다. 자명한 진리, 즉 公利的 진리를 데카르트는 本有槪念이라 부르는데 이로부터 모든 여타의 진리를 연역해 낼 수 있다고 주장했다. 근본적으로 이것은 수학의 체계이며 특히 기하학적 방법을 철학적 문제에 적용한 것이다.

  진리의 정당한 기준은 오직 직접적으로 확실한 것, 즉 자기 자신에 관한 내면적 지식, 또는 자기 의식으로서의 이성이었다. 외부로부터 우리의 감각기관에 들어오는 것에 관한 진리는 명석하지도, 분명하지도 않은 것으로 믿음직스럽지 못하고, 本有槪念들만이 明析判明하며 확실한 것으로서 우리들 감각의 오염을 받지 않는 것이다.

  그것들만이 우리 자신의 본성으로부터 도출된 참된 관념들이다. 따라서

Descartes의 주장에 따르면 明析判明한 관념들에 관한 本有的 直觀으로서의 이성만이 진리의 정당한 기준이 된다.

그의 철학체계의 출발은 "Cogito"(나는 사유한다)로부터 시작된다. 데카르트는 영혼의 존재에 대하여 의심할 수 없음을 확실히 함으로써 그 존재를 증명하려고 하였다. 그는 자명한 진리를 얻기 위해 방법적 회의를 수행한다. 이 회의는 확실한 지식을 얻기 위한 것으로, 그는 一切를 회의한다. 의심할 수 있는 것은 모두 의심해 보았지만 내가 의심하고 있다는 사실은 의심할 수가 없는 것이다. 그런데 의심한다는 것은 사유한다는 것이다. 내가 사유하는 것이 확실하다면 사유하는 나의 존재도 확실하다. 여기에 이르러서 그는 "나는 사유한다. 고로 나는 존재한다"(Cogito ergo sum)는 자명하고 확실한 진리, 즉 철학의 제1원리를 발견하였고 그의 철학은 이를 근거로 성립된다.

2) 神존재 증명

Descartes는 그의 명석판명한 진리가 확실히 성립되기 위해서는 그 明證의 보증자로서 우리를 기만하는 일이 없는 성실한 神의 存在를 확보해야만 했다. 그래서 그는 神의 存在를 증명하기 위해서 3가지 방법을 말하였다. 첫째는 生得槪念에 의한 방법으로, 우리가 나면서 지니고 있는 神의 관념에는 원인이 있어야 하는데 이 원인이 현실로 가장큰 실재성을 띠고 있는 神 자신의 존재를 나타내고 있다는 것이다. 둘째는 神의 관념을 가지고 있는 우리의 불완전한 존재라고 하는 점에서 상대적으로 보다 더 완전한 존재가 있음을 나타낸다는 것이며, 셋째는 이른바 「존재론적 증명」이라고 하는 것으로, 초고 완전자인 神의 관념에 관해서 그 본질은 당연히 존재를 포함하고 있어야 한다는 것으로부터 神의 존재를 증명하려는 것이었다. 神은 완전한 존재인데 만일 그가 현존하지 않는다면 그는 불완전하다.

현존은 神의 본질의 일부이며 또한 神의 본질은 현존하지 않는 것이 불가능하다는데 있다. 따라서 神은 그 본질상 필연적으로 현존한다.

2. Baruch Spinoza(1632~1675)
화란의 부유한 유태계 상인의 아들, 일원론 자.

<범신론>
Descartes철학의 물체와 정신 이원론을 일원론으로 개조, 신은 唯一이며, 무한하며, 영원한 것으로 자연을 초월해 있는 것이 아니라, 자연을 신에 의해 창조된 것도 아닌 이른바 神 卽 自然(Deus sive Natura)이라고 하였다.

<世界>
정신 및 물질의 양세계는 서로 독립은 하나 각각 신의 第一原因에 의한 확고한 因果의 連鎖로서 지배되고 있는 세계에 불과한 것이다.

<道德>
자유성이 증진될 때 희열(喜悅)을 느끼게 한다.
 최고의 인식에 따라오는 喜悅 혹은 만족감이 우리에게 최고의 행복을 주는 것이다. 신의 知的愛(amor dei intellectaalis)는 최고선이며 최고의 덕이다.

3. Gottfried Wilhelm Leibniz(1646~1716)
Energy 불멸설, 記號論理, 微分學의 기초

<單子論>
우주를 구성하고 있는 궁극적 단위는 연장의 세계에는 존재하지 않는다는 것, 우주를 구성하고 있는 궁극의 단위로서 실체는 <刀>, <心>, <生命>을 가진 것으로 생각, 이 궁극의 단위로서의 실체를 그는 單子(Monade)라고 불렀다.
 우주에는 많은 단자가 있으며, 단자들은 각각 독립 자존해 있는 개체이며 모두가 다르다. 단자는 「우주의 거울」로서 우주에 비치는 반영으로 표현 (Representation)한다.

<豫定調和>

각 단자는 신이 미리부터 최고 최선의 것으로 정해 놓은 법칙에 따르도록 되어있다. 모든 단자는 각기 자기 자신 내부에 있는 原理를 독자적으로 전개시킬 따름인데, 단자가 표상하는 세계와 실재하는 세계가 일치하고, 내재적 법칙에 따르는 상이한 단자들이 외적작용을 받지 않고 서로 조화할 수 있는 것은 궁극적으로 神의 예정조화에 의한 것이다. 神은 무수히 많은 단자들의 활동과 내재적 법칙을 처음부터 서로 조화되도록 예정하였다.

<認識과 眞理>

이성진리 : 수학이나 형이상학의 영원·필연의 진리로서 전적으로 모순률에 기저(基底)

사실진리 : 모순을 포함할 수 없는 진리, 여하한 것도 충분한 이유 없이는 일어나지 않는다는 충족이유율에 근거하여 현실적 세계에 적용되는 우연적 진리이다. 즉 모순율은 순수한 이성 인식의 원리이며 충족이유율은 경험적 인식의 원리이라고 할 수 있다.

Ⅳ. 英國의 經驗論

1. J. Locke

영국 경험론의 대표적 철학자이며 경험론적 인식론의 창시자이다. 그는 인식론을 철학의 주요 연구 대상으로 찬 최초의 학자로 데카르트의 본유관념을 부인하면서, 베이컨의 경험론적 사상을 이어받아 우리의 모든 관념은 경험에서 온다고 하였다. 우리가 갖는 지식은 모두 관념에 불고한데 이 관념을 생득적으로 주어진 것으로 보지 않고 감각, 즉 경험에 의한 것으로 보았다. 人間의 정신 즉 오성(悟性)은 경험을 쌓기 전에는 백지(tabula rasa)와 같으며 外感을 통해서 外的경험 즉 감각이 이루어지고, 內感을 통해서 內的 경험 즉 심리적 현상인 反省이 이루어진다. 이들은 다같이 단순관념들이고 이 단순관념이 합하여져서 복합관념이 되는바 神이라는 實體도 역시 하나의 복합관념이라고 본다. 그는 인류사상의 흐름을 神學으로부터 人間學에로 전환을 하게 한 사상가였다.

2. 버클리(Berkeley)
18C 영국의 대표적인 철학자로 당시 융성하기 시작했던 자연과학의 유물론적·우신론적 경향에서 神의 영광을 옹호하고자 하였던 철학자이다.
그는 우리가 직접 지각하는 것들은 실재하는 것이요, 직접 지각된 것들은 관념이고, 관념들은 오로지 마음속에만 존재한다고 하였다. 이 두 가지 생각을 합친 것이 결국 그가 내세우려는 주장의 핵심이고, 이로부터 그의 有神論이 필연적으로 따라나온다.
그는 사물들의 존재를 부정하고 난 뒤에 곧 관념들 이외에 精神·마음·영혼·나 자신이 존재한다고 하여 존재하는 것은 지각되어 있는 것이라고 말할 때, 지각은 지각하는 어떤 존재를 인정해야만 하기 때문에 물질적인 실체는 부정하지만 정신적 실체는 인정한다. 그르므로 존재에는 관념과 이들 관념을 갖는 정신의 두 종류가 있다. 정신은 그 자체로 스스로 존재하지만 관념은 독자적으로 존재할 수 없고 오직 정신 속에만 존재하는 수동적이고 의타적인 존재이다. 이러한 그의 관념론은 주관적 관념론이라 부른다. 그는 우리의 관념을 낳게 하는 정신보다도 우월한 정신, 즉 무한정신으로서의 神이 존재하며, 세계는 그의 관념의 체계라는 것이다. 우리가 받아들이는 관념은 神 속에 있던 것이며, 神의 전지전능한 정신에 의해서 자연세계의 객관성이 보증된다.

3. Hume

영국의 근세 경험론은 Hume에 이르러 그 절정에 도달한다. 그는 경험론적 입장을 전개·발전시켜 實證論으로까지 밀고 나가며, 결국 경험론의 한계를 폭로하게 된다.

그는 人間精神의 모든 知覺을 印象(impression)과 槪念(Idea)로 구분한다. 우리 마음에 최초로 나타나는 강렬하고도 생생한 모든 지각은 인상이다. 즉 모든 감각이나 감정 혹은 정서 등을 말한다. 그리고 관념이란 한마디로 인상의 영상을 말한다. 관념은 인상보다 덜 뚜렷한 지각으로서, 先行하는 인상의 모사이며 그 의미와 타당성을 인상으로부터 부여받는다.

인상은 인간이 지니는 모든 지식의 원천이다. 그러나 인상의 궁극적인 원인은 인간의 이성으로는 밝혀질 수 없고 단지 우리는 인상에서 출발하여 인상에서 그친다. 우리의 감각에 직접적으로 나타난 것 이상으로 넘어가는 추리는 인과관계를 토대로 한다. 우리의 모든 지식은 감각적 경험에서 생기는데, 이들 경험에 의해서는 인과관계를 인식할 수 없다. 그런데 인과적 지식이란 원인과 결과 사이의 필연적 결합의 관계가 성립하는 지는 지각될 수도 없고 논증될 수도 없기 때문에 인과법칙이란 개연적 법칙이다. 다라서 Hume에 있어서 필연성의 관념은 객관적 의미를 지니지 못하게 되어, 절대적으로 필연적이며 보편 타당한 지식이란 있을 수 없게 된다.

이러한 생각을 實體개념에도 동일하게 적용하여 물질적·정신적 실체 모두를 부정하고 모든 것을 인상과 관념으로 환원시켜 버린다. 이처럼 Hume은 인과율과 실체를 단지 주관적 신념에 불과한 것으로 규정지어 버림으로써 회의론자로 불려진다. 흄(Hume)의 회의론은 칸트에게 중대한 사상의 전환점을 마련해 주었고 칸트로 하여금 비판철학의 길로 갈 수 있게 해주었다.

V. 칸트의 비판철학(Immanuel Kant, 1724-1804)

근세철학의 2대 조류인 합리론과 경험론은 그 대립의 조화를 얻지 못하고 볼프와 흄에 이르러 정반대의 구결에 도달했다. 합리적 인식의 가능성을 믿는 합리론은 독단적 형이상학을 수립했고, 경험론은 회의론에 빠져 일체의 형이상학을 부정했을 뿐 아니라 자연과학의 확실성조차 의심하게 되었다.

Kant는 이러한 독단적 형이상학과 회의론의 일면화를 지양하고 이성 그 자체를 비판함으로써 이 양자(합리론과 경험론)의 결합을 시도하게 된다.

즉 두 학파가 극단에 이르게 된 것은, 인간의 인식 그 자체를 깊이 통찰함이 없어 이성의 만능을 믿거나, 인식의 타당성을 의심하는데서 유래된 것이므로 그 어느 쪽도 빠짐이 없이 옳은 인식을 얻기 위해서는 먼저 인식능력을 음미하여 이성 그 자체를 비판하는 것이 철학의 새로운 과업임을 자각하기에 이르렀다. 여기에 그의 철학이 "비판철학"이라고 불리는 이유가 있다.

1. 순수이성 비판

그에 의하면 참된 지식은 필연성과 보편타당성을 가진 판단이 아니면 안 된다. 이런 판단은 아무 경험적인 것을 갖지 않고 경험에 의존치 않는다는 입장에서 선험적(a priori)이라고 한다.

다음에 참된 지식은 객관적인 사실에 관해서 무엇을 가르치는 판단이 아니면 안 되는데 이런 판단을 종합적 이라고 한다.

이는 개념을 분석하여 그 속에 있는 내용을 설명하는데 그치지 않고 서로 다른 두 개념을 결합하여 새로운 사태를 주장한다는 의미에서 "종합적"이다. 그리하여 칸트는 선험적 종합판단이 참된 지식이라 한다. 그렇다면 "사실로서의 선험적 종합판단이 어떻게 성립할 수 있는가?" 이것이 칸트의 중심적 철학과제이다.

그는 이러한 판단이 결국 우리의 주관 속에 있는 순수한 형식에 의해 성립한다고 했다. 이처럼 참된 지식이 가능하다고 하여 회의론을 피했다.

Kant에 의하면 감각의 雜多가 먼저 시간, 공간이라는 직관형식에 의해 종합되고, 다시 이것이 悟性의 형식인 12범주(카테고리)에 의해 종합됨으로써 對象界, 즉 객관적인 세계가 성립한다. 범주는 모든 인간에게 공통되는 의식일반에서 유래되는 것이므로 결국 선험적 의식의 종합에 의해서 대상이 성립된다고 할 수 있다. 이처럼 그는 세계는 보이는 그대로 존재하고 인식은 그것을 그대로 모사한다는 독단론을 물리치고, 세계는 도리어 선험적 의식의 구성에 의하여 성립된다고 함으로써 이른바 '코페르니쿠스적 전회'를 이룩했다.

이처럼 주관과 객관의 대립관계에 있어서 주관에 인식성립의 결정적 계기를 준 칸트 철학 속에서 인간 중심의 근대 세계관이 이론적으로 표현되었음을 본다. 또한 경험이 성립되는 조건은 감성의 수용능력과 오성의 선험적인 종합이라고 함으로써 경험주의 입장과 합리주의 입장을 조화시킬 수 있었다. 그러나 그는 감성적인 소재는 "物自體"(Ding an sich)가 감관을 촉발함으로써 얻어진다고 하였으나, 그 물자체는 생각될 수는 있으나 인식될 수 없다고 단정하였다. 여기서 우리는 칸트가 이성의 힘을 과시해 온 계몽주의에 대해 어떻게 비판하고 극복하려 했는지 엿볼 수 있다. 그러나 칸트는 끝내 감성계와 물자체라는 二元論的 立場을 완전히 극복하지는 못했던 것이다.

2. 실천이성비판

Kant가 순수이성비판에서 인식의 형식과 한계가 이성자체에 의하여 규정된다는 것을 밝혔고 실천이성비판에서는 순수이성으로 증명될 수 없는 神의 존재와 의지의 자유, 그리고 영혼불멸의 문제를 증명하며 이것은 실천이성의 3대요청이다.

의지의 자유는 전혀 이론적 인식의 대상이 아니라 실천적 이념이다. 실천이성은 도덕법칙을 통하여 의지를 규정하는 원인이며 이론이성보다 우위를 차지하고 다른 것에 속박되지 않고 실천이성 스스로 자신을 규정하는데 이 실천이성의 명령을 따르는 행위가 선한 행위이다. 그는 최고선을 論하면서 무조건적으로 선한 것은 오직 선의지만 이며, 행위의 선악은 그 결과에 의해서가 아니라 그 동기에 의해서 결정된다는 동기주의 윤리를 고조하였다. 또한 실천이성의 근본법칙으로서 무조건적으로 따라야 할 지상명령 곧 정언명법을 제시하였다.

Kant에 의하면, 실천이성은 최고선의 실현을 끊임없이 구한다. 최고라는 개념은 최상이라는 것과 완전이라는 것을 의미하는데, 최상선이란 도덕률을 무조건 따르는 德이다. 최고선이 실현되기 위해서는 최상선이 실현되어야 하는데, 그러나 감성계에 종속되며 그 종속에서 벗어나지 못하는 인간으로서는 최상선의 실현은 현실에 있어서 불가능하다.

더구나 최상선의 실현, 즉 의지가 도덕률과 완전히 일치한다는 것은 실천적이고도 필연적으로 요구되어지기 때문에 이 완전한 일치를 향하여 무한하게 나가는 진행을 생각해야 된다. 그런데 이 무한한 진행은 인간이 인격적 존재자로서 무한하게 존속한다는 것, 즉 영혼의 불멸을 전제하고서만 비로서 가능한 것이다. 이렇게 하여 영혼의 불멸은 도덕률과 불가분하게 결합되어 있는 것이며, 실천이성의 요청인 것이다.

또 이처럼 최상선이 실현되었다 해도 거기에는 아직 최고선의 실현은 존재하지 않는 것이다. 또한 덕과 행복과의 일치는 인간의 힘으로는 실현시킬 수 없다. 그럼에도 불구하고 덕과 행복과의 일치는 실천적이고도 필연적으로 요구되는 것이므로, 여기에서 덕과 행복과의 일치를 가능케 하는 전능한 神의 존재를 생각하지 않으면 아니 되므로 神의 존재를 상정하는 것은 도덕적으로 필연적인 것이다.

이와 같이 Kant는 영혼의 불멸과 신의 존재를 실천이성의 요청으로서 인정하였다.

3. 판단력 비판

Kant는 판단력 비판에서 美와 숭고를 분석하고, 나아가서 자연의 객관적 합목적성을 연구하였다. 그는 "안다"는 것과 "의욕한다"는 것 사이에 "느낀다"고 하는 작용이 있다고 하는 심성의 3분설을 확립하여 예술이 학문이나 도덕에 예속하지 않는 자율성을 가지고 있음을 밝혔고, 순수이론이성에서나 순수실천이성에서가 아니라 판단력에서 유래하는 인식과 쾌·불쾌의 감정과의 관계를 선험적 개념에 의하여 규정하는 것이 가능함을 밝혔으며, 정신의 세계와 자연의 세계 사이, 구상력과 오성사이, 감정과 의지사이를 합목적성이 언제나 귀중하고 유효한 그리고 확실한 중개를 함을 밝혔다. 이 가운데의 마지막 것, 즉 합목적성의 개념은 보편적 조화에까지 높여지는 것으로서 이 조화는 Kant 미학의 주도적 이념을 이루고 있다. 그는 合目的性의 개념을 확대 적용시켜 자연 전체를 하나의 목적체계로 보아 全自然은 하나의 궁극목적을 인간의 인격적 완성의 이상으로 보려고 하는 것이다. 人間은 자연에 있어서 자유를 실현해야 할 사명을 지니고 태어났다. 인간의 목적은 이상의 실천적 실현 및 문화창조에 있는 것이다. 따라서 자연은 모두가 이 도덕적 인도의 문화창조의 활동에 기여할 수 있도록 되는 것이 그 목적이라고 하겠다. 이렇게 하여 Kant의 목적론적 세계관은 그 체계를 완성하게 된다.

4. Kant의 神存在증명

Kant는 종래의 형이상학의 신증명인 존재론적 증명, 우주론적 증명, 목적론적 증명에 대한 비판을 가하면서 실천이성의 요청에 의한 도덕론적 증명을 강조하였다. 그에 의하면 존재론적 증명은 경험으로부터 출발하지 않고 순수한 개념들로부터 추론되는 것인바 순수이성이 사변을 통해서 감성의 세계를 넘어서려는 시도는 헛된 일이라고 하였고, 우주론적 증명은 인과율에 기초하는 증명으로 현실적인 존재가 스스로 하나의 원인을 필요로 하는바 우주 자체도 필연적인 원인을 갖는 것이라고 하여 神의 존재를 추론하지만 이 증명은 결국 존재론적 증명에서 말하는 필연적인 神 증명의 결과일 뿐이라고 보았다. 목적론적 증명 또한 우주론적 증명의 근본사상을 전체로 삼아 자연계의 합목적성과 아름다움, 장엄함 등에서 창조신을 이끌어낸다고 하여 결국 Kant는 먼저 존재론적 증명의 불가능을 밝힌 뒤 우주론적 증명은 존재론적 증명의 결과이며, 또한 목적론적 증명은 우주론적 증명의 결과로 따라서 뒤의 두 가지 증명도 실패한 것이라고 한다.

Kant는 순수이성에 의한 절대완전한 것이라는 신의 개념은 추론될 수 없으며 사변적 神學은 전적으로 성립될 수 없고 다만 실천이성의 요청에 의한 도덕적 신존재 증명만이 가능함을 주장한다.

도덕적 신증명은 神의 존재와 도덕성을 위한 양심의 증거에서 출발하여 도덕적 세계의 증거로 전개해 나간다. 人間에게 있어서는 최고선의 실현이 불가능하며 德과 행복과의 일치는 인간의 힘으로는 결코 실현시킬 수 없다. 그러나 덕과 행복의 일치는 실천적이면서도 필연적으로 요구되어지는 것이므로 이러한 일치를 가능케 하는 전능한 神의 존재를 생각하지 않을 수 없다고 본다. 이렇게 하여 신의 존재를 상정하게 되는데 그는 神에 의해서 도덕을 정초하는 것이 아니라 반대로 도덕에서 출발하여 神의 存在를 상정하는 것이 도덕적으로 필연적이라고 보았던 것이다.

VI. Georg Wilhelm Friedrich Hegel(1770-1831, Hegel 사유의 변증법)

헤겔 철학의 기본문제는 절대이념이다. 이 절대이념이 무엇이며 어떻게 발전하는가를 설명하기 위해 그는 난해하고 복잡한 체계를 세웠다. 절대이념이란 신과 같은 것으로 궁극적 실재이며 자연과 인간 및 정신의 근원이며 창조주가 된다.

절대적 이념은 논리적 성격을 갖는다. 스스로 변증법적 성격을 가지고 있으므로 부단한 자기부정을 매개로 하여 항상 더욱 높은 단계로 자신을 지향하여 또 다시 그의 최후의 自覺態인 對知의 단계로까지 전진한다. 즉 절대이념은 自己外化인 自然의 최저단계로부터 출발하여, 자신에게 주어진 한계를 점차 극복해 감에 의해서 절대정신의 입장까지 스스로를 높여 가는 의식의 현상이다.

따라서 인류사상의 발전은 절대이념의 참된 자의식의 과정이다. 이 과정은 절대개념이 고도한 자기에게로 환원한 과정이다. 이러한 이념의 자기발전은 변증법적 법칙에 의해서 행해진다. 즉 世界는 절대이념이 최고로 발전한 절대정신의 자기현현이며, 역사는 이 절대정신의 자기발전의 필연적 과정의 표현이며, 또 이 절대적 정신의 卽自的 存在는 對自的 존재로, 이 대자적 존재는 卽自且對自的 존재로 그 형식을 되풀이 하면서 正(These), 反(Anti-these), 合(Syn-these)의 법칙을 통해 무한히 전진하는 것이므로 그러한 무한의 과정에 있어서는 절대 정신의 정지점은 영구히 있을 수 없다.

따라서 헤겔의 철학은 절대이념의 역사적 발전 또는 논리적 발전의 學이다. 그의 철학체계는 正, 反, 合을 내용으로 하는 3부분으로 되어 있다. 즉, 절대이념이 발전하는데 3단계는 불가분의 관계를 가지는 것으로 첫째 논리학, 둘째 자연철학, 셋째 정신철학이다.

[現代哲學]

Ⅰ. 實存哲學(槪念)

본래 실존(Existenz)이란 개념은 중세의 essentia(本質)에 대하여 사용된 existentia에서 유래된 것으로 이는 사물이 무와 원인의 바깥(ex-), 현실세계에 실재한다. (-sisto)는 것을 가리킨다. 즉 본질과는 별개의 사물의 현실세계에 있어서의 구체적 현실성이라는 것이 existentia의 어의이다.

실존철학은 실존이라는 개념을 인간존재에 국한하여 사용한다. 실존이라는 존재방식으로 존재하는 존재자는 인간뿐이라고 하이덱거는 말한다. 오직 인간만이 실존한다. 바위는 존재하지만 그러나 실존하지 않는다. 나무, 神…은 존재하나 실존하지 않는다. 이것은 인간이 다른 존재자 처럼 미리 정해진 어떤 본질에 좇아서 존재하는 것이 아니라 인간은 먼저 실존하고 다음으로 인간 스스로가 주체적으로 스스로를 만들어 나가는 존재이기 때문이다.

사르트르는 "인간은 그가 만드는 것 이외에 아무것도 아니다"고 한다. 즉 실존이란 인간이 이 세계 속에서 어디서 와서 어디로 가는지도 모르면서 지금 여기에 태어나서 생존하고 있다는 적나라한 사실을 기초로 하는 것이다. 따라서 인간의 실존은 근본적으로 단독적인 것이며, 누구에 의해서도 대체될 수 없는 주체적인 것으로 무엇인가 보다 본래적인 생존방식을 바라보며 살아가고 있는 것이다.

인간은 이러한 실존이라는 존재방식에 의해서만 현실세계 속에 생존할 수 있으며 타자와 교섭하여 역사와 문화의 영역에 참여할 수 있으나 인간은 유한하기 때문에 항상 좌절과 동요를 벗어날 수 없는 것이다.

1. 키에르케고오르의 實存哲學

그는 실존의 개념을 인간존재에 국한시키고 실존으로서의 인간은 인간일반 또는 보편적인 인간이 아니라 개별적이요 구체적으로 존재하는 인간자신을 가리키는 것으로, 따라서 실존은 단독자일 수밖에 없고 고독한 자일 수밖에 없다고 본다.
「홀로 신 앞에 서는 실존」을 참된 실존이라 하며 인간은 자아를 상실한 존재로 이 상실된 자아를 회복하기 위해서 세 가지의 실존단계, 즉 미적, 윤리적, 종교적 실존 단계를 거쳐 신 앞에 고독한 단독자로서 홀로서는 실존을 참된 실존이라 한 것이다.
첫째는 美的 실존의 단계로, 인간이 상실된 자아를 회복하기 위하여 쾌락을 삶의 지배원리로 하는 실존을 말한다. 이 미적 실존은 삶의 자기모순에서 오늘 불안·권태를 견디낼 수 없어서 현실을 도피하여 변화를 구하는 실존이다. 그러나 향락의 추구 뒤에 오는 것은 권태 뿐이며 마침내 이러한 실존 자신에 실증을 내고 좌절해 버리고 만다. 이러한 미적 실존의 단계는 그 자체가 모순이기 때문에 한층 고차원적인 실존단계로 옮아가지 않으면 안된다. 그리하여 윤리적 실존의 단계로 비약을 한다.
둘째는 倫理的 실존의 단계로, 인간존재에 있어서의 유한한 현실을 인정하고 그 유한한 현실 속에서 실현 가능한 자기를 삶의 과제로 선택하는 생활태도이다. 윤리적 실존은 자기 중심적 쾌락의 원리에 따르지 않고 보편 타당한 도덕적 의무의 원리를 따르는 것이다. 그러나 인간이 양심을 가지고 살아가면 갈수록 자기자신의 무력함과 추악함을 절감하게 되어 마침내 자기자신에 절망하게 된다. 윤리적 실존도 그 마지막은 절망이고 이 절망을 통하여 보다 높은 실존의 단계인 종교적 실존에로 비약하게 된다.
셋째는 종교적 실존의 단계로 이 단계는 종교A와 종교B의 두 단계로 나눠진다. 종교A는 단순히 보편적·종교적인 것을 목표로 하는 종교적 실존이며, 개인이 神 앞에서 자기부정에 의하여 내면을 향하여 변증법적으로 규정되는 경우이다. 그러나 종교B는 모든 내재적인 입장에서의 단절이며 역설변증법이라는 특징을 가진다. 그리스도가 성육신 하신 것을 믿는 역설의 믿음을 통하여 이루어지는 결단이다. 이렇게 神 앞에 개별적인 실존자의 한 사람으로서의 결단을 가질 때, 죄로 인해 막혔던 영원한 행복, 상실된 자아를 회복하게 되는 것이다.

2. Hiidegger의 「存在와 時間」(Sein und zeit)

그는 철학의 대상을 현존재(Desein), 나아가서는 존재일반으로 삼았다. 현존재의 실존구조의 분석으로 면저 '世界內 存在'로 규정하여 인간이 존재하는 것은 항상 世界內이고 世界를 이해하고 교섭하는 동시에 자기존재에도 관심을 가지며 이해하는 것이 실존이다. 그러나 인간은 일상에서 벗어나지 못하고 인간의 근원적 상황인 불안에 빠진다. 불안은 세계 내 존재에 뿌리박고 있으며 인간은 미래를 향하여 세계에 던져져 있으며 인간의 존재는 죽음에의 존재이다. 결국 죽음이 생의 의미이며 생의 완성이다. 그런데 죽음 앞에 나서게 되면 인간은 현존재가 시간이라는 사살을 체험하게 된다. 존재한다는 것의 의미 곧 근거는 유한한 시간성에 있는 것이다. 이 유한성의 자각을 통해 죽음에의 선구를 결의하여 인간다운 참 자기, 본래의 자기로서의 실존으로 되돌아오며 존재가 열리는 것이다.

3. 사르트르 : "실존은 본질에 앞선다.

신의 존재를 부정하는 입장에서 인간존재에게는 그에게 선행하는 어떤 본질도 있을 수 없다는 것이다. 인간은 본래 무이며 무로부터 나타나서 존재하게 된 것이다. 즉 무로부터 나타나 스스로를 한정하며 규정하여 자기에게 본질을 부여하는 것이다. 이것이 인간존재의 모습이며 존재가 본질에 앞서는 실존의 모습이다.

4. Jaspers의 실존철학

Jaspers의 실존철학은 그가 위기라고 본 현대의 시대와 사회의 비판과 그 반항 속에서 성립된 것이라 할 수 있다.

그가 말하는 인간의 실존은 보통 셋으로 나누어 볼 수 있다.

첫째, 「가능적 실존」이다. 실존은 자유의 존재이므로 참된 자기를 선택하는 자유를 지녔다. 그래서 부단히 새로운 가능성을 지닌 것이 실존이다. 둘째, 「교제하는 실존」이다. 나는 다만 타인과의 연결에 있어서만 존재한다. 교제 없이는 철학이 불가능하며 참된 친구도, 참된 사랑도 없는 곳에는 실존은 없다고 한다. 그래서 우리는 고독에서가 아니라 교제에서 철학을 한다. 셋째, 실존은 「狀況 속에 있는 존재」이다. 그래서 그 실존은 역사성을 지닌 존재인 것이다.

Jaspers에 있어서 철학하는 것은 실존하는 것이며 실존한다는 것은 상황 속에 있는 것이며, 따라서 그의 실존은 상황 내 존재인 것이다. 이때 상황이란 환경보다 훨씬 현실적이고 개별적인 것이며, 하나 하나의 인간을 그때 그때 포괄하고 있으면서 내면적으로 깊은 관계를 지니고 있어 결코 자연적이 아닌 역사적 사회적인 것을 말하거니와 Jaspers가 말하는 상황 중에는 고칠 수도 바꿀 수도 없는 운명적인 벽과 같은 상황, 즉 죽음, 고뇌, 싸움, 죄 등이 있는데 이것이 「한계상황」이다. 한계상황에 부닥친 인간은 「좌절」을 경험하며 이 좌절을 통해서만 철학을 하게 되는 것이라고 한다.

좌절함으로써 내면적으로 마침내 도달하는 곳이 그의 「초월자」이며, 그래서 그의 철학은 초월하여 가는 것이기도 하다. 실존은 초월자로의 귀의함을 통해 참으로 실존하게 된다.

II. Karl Heinrich Marx(1818-1883)

본래 Marx의 사상은 Hegel 철학세계를 바탕으로 형성된 것이다. Marx는 헤겔 변증법의 핵심을 그대로 보존하면서 한편 헤겔로서는 받아들일 수 없는 내용을 첨가했다. 즉 Hegel변증법의 방법을 180°선회시켜 머리로 섰던 헤겔철학을 두 발을 땅에 딛고 두 발을 당에 딛고 서야 한다고 주장했다.

Marx가 보는 변증법이란 곧 혁명의 원리를 뜻한다. Hegel로부터 변증법적 발전이 이론을 물려받았으나 관념론이 아닌 유물론적 세계관을 토대로 하였다. 그는 물질을 제1차적인 것으로 보고, 헤겔 변증법에서 나타나는 사유의 자기발전과정의 모순을 보다 적극적인 의미에서 살려서 결코 화해되거나 지양되는 것이 아니라 투쟁을 통해서만 극복되고 해결된다고 봄으로써 대립물의 모든 통일은 상대적, 일시적, 경과적이지만 대립물의 투쟁은 발전적이고 절대적인 것이기 때문에 일정한 단계에 있어서 낡은 것의 소멸과 새로운 것의 출현에 의해 해결되는 모순의 증대에로 이끌어 간다고 보는 입장이 변증법적 유물론이다. Marx는 이 이론을 이론이 아닌 구체적인 사회현실에 적용함으로써 사회를 변혁시키기 위한 실천에 역점을 둔다.

이 변증법적 유물론을 인간사회의 발전과정에 적용한 것이 史的 唯物論이다. 사회는 인간의 활동에 의해 만들어지는 것으로 인간적 사회가 생물학적 사회와 구별되는 질적 한계는 노동에 의한 사회적 생산에 있다. 인간을 사회에 있어서 서로 결합해주고 있는 사회적 관련의 특수성은 생산에 있어서의 연관인 것이다. 그러므로 사회적 존재, 그것은 사회의 물질적 생산이요, 무엇보다도 먼저 물질적인 재화의 사회적 생산과 이런 생산과정에서 이루어지는 인간들 사이의 관계이다.

그리하여 물질적 부를 산출하는 "생산양식"이 모든 사회생활의 결정 요인이 된다.

생산력이란 노동수단과 인간을 합친 것을 말하고, 생산관계란 물질적 재화의 생산과 교환 및 분배의 관계를 말한다.

그러나 이런 모든 관계를 기본적으로 규정하는 것은 생산수단에 대한 인간관계, 즉 생산자와 생산수단의 결합형태이다. 따라서 생산수단인 소유관계는 바로 생산관계의 법적인 표현이라 볼 수 있다.

이러한 생산력과 생산 관계가 합해서 일정한 생산양식을 이루게 되고 생산양식의 변화가 곧 사회구조의 변화를 가져온다고 보는 것이 사적 유물론의 주장이다.

III. 現象學

1. 훗설 현상학

훗설에 있어서의 '현상'은 우리가 흔히 이야기하는 자연현상의 사실이 아니라 본질적 경험이다. 이 경험은 대상과 구분되는 2원론적인 것이 아니라, 경험 안에 있으면서 동시에 대상 자체인 어떤 것, 즉 경험되는 대상을 말한다. 그리하여 현상은 직접적으로 자명하며 또한 직접적으로 그 자체를 나타내는 것이다.

훗설의 현상학은 철학을 엄밀한 學으로 체계화하려는 의도에서 "事象 그 자체로"라는 목표로 전개한다. 이때 사상은 경험적 사실이 아니라 모든 사실의 근원적인 본질이다. 이러한 본질에 도달하기 위해서는 2단계의 환원을 거쳐야 한다. 첫째로 외계의 존재를 그대로 믿는 소박한 자연적인 태도를 버린다. 그러나 모든 존재를 부정, 의심하는 것이 아니라 다만 그것에 대한 일체의 판단을 보류하며 중지할 뿐이다. 이것을 현상학적인 판단중지(Epoche)라고 하며 이렇게 하여 외부의 관심이 안으로의 반성으로 전향되고 외계의 대상에 사로잡혔던 의식이 '대상을 향한 의식'으로서 자기자신을 드러낸다. 이처럼 자연적인 태도를 버리고 순수의식의 영역으로 들어가는 과정을 「현상학적 환원」이라고 한다.

그러나 이 순수의식의 영역에서 주어지는 것은 原本的인 것이요, 절대적이기는 하지만 아직 개개의 특수한 의식체험에 불과하다. 그러므로 다시 이 개별적인 체험으로부터 보편적인 본질을 찾아야 한다. 그런데 개별은 변해도 보편은 변하지 않는다. 따라서 개별적인 것을 自由로 변경하여 보아도 변치 않는 것은 본질이다. 즉 자유변경에 의한 본질직관이 가능하다. 이처럼 개별적인 순수체험 속에서 순수의식의 보편적인 본질을 찾아내는 과정을 「형상적인 환원」이라고 한다. 이 2단의 환원을 통하여 사상 그 자체를, 즉 순수의식의 보편적인 본질을 충실히 기술하려는 것이 훗설현상학의 목표다.

2. 훗설의 현상학에 있어서 "지향성" 개념

훗설에 의하면 의식의 본질적 특징은 지향성에 있다. 모든 의식은 어떤 것에 대한 의식이고, 언제나 일정한 대상에 향하여져 있다. 이 의식의 특징을 지향성이라 한다. 의식이 지향적이라는 주장은 의식행위와 의식되는 지향적·대상을 필요로 한다. 즉 의식은 의식하는 작용과 의식되는 대상으로서의 주관과 객관의 상관관계로서 성립한다. 이때 주관적인 의식작용은 노에시스(noesis)라 부르고, 의식되는 객관적인 대상적인 요소를 노에마(noema)라 부른다.

노에시스는 의식에 있어서 작용적인 측면이고 노에마는 의식의 내용적 측면이다. 노에시스는 반드시 그 상관자의 의미를 갖는바 곧 노에마이다. 노에시스를 떠나서 노에마가 없고 노에마를 떠난 노에시스는 있을 수 없는 것이다.

IV. 실용주의 철학

Pragmatism이라고 하는 실용주의의 근본 사상은 진화론을 출발점으로 하는 19세기에 발달한 생물학, 생리학, 심리학의 영향을 많이 받아 철학의 기초를 구체적 경험에 우려고 한다. 프라그마티즘(Pragmatism)이라고 했을 때의 pragma가 실행, 실험, 행동 등을 의미하는 희랍어 pragmata에 그 어원을 두고 있듯이 그것은 실험과 행동에 밀접하게 관련되어 있다.

퍼어스(C.S.Peirce), 제임스(W.James), 듀이(J.Dewey)로 대표되는 실용주의자의 대부분이 처음에는 과학자였다는 사실에서도 알 수 있듯이 그들은 철학에 실험적 방법을 도입한다. 그래서 그들은 과학적 조작, 더 넓게는 행동을 떠난 어떠한 개념이나 사색도 허용하지 않는다. 다시 말해 실용주의는 지식을 그 자체로서 다루지 않고 언제나 생활상의 수단으로 간주한다.

그래서 지식은 실제 생활에 있어서 성공적이거나 만족스러운 결과를 만들어 낸다거나 편리하고 유용하다거나 하는 실제 효과를 나타낼 때 참이라고 한다. 즉 진리를 실제 생활과의 관계에서 찾는다. 나아가 우리의 행동과 관련해서만 진리를 고찰한다.

1. 퍼어스의 의미론

실용주의의 창시자인 Peirce에 의하면 인간은 심적으로 불안한 상태인 회의(doubt)에 부딪히면 사유를 통해 신념(belief)이라는 심적인 안정 상태나 지적인 만족 상태에 도달하고자 한다고 한다. 그래서 우리는 (실생활의 필요에서 오는) 회의할만한 이유 발견하면 확고한 신념을 얻기 위한 지적인 노력, 즉 탐구(inquiry)를 전개하여 모든 사람이 동의할 수밖에 없는 어떤 절대적으로 확고한 신념에 도달하려고 한다. 그러나 퍼어스는 이러한 신념을 진술하는 명제의 의미를 밝혀야 한다고 생각했다. 그런데 신념이란 지적인 만족 상태이지만 적절한 상황에서 어떤 종류의 행동을 불러 일으키는 습관적인 정신의 상태이기도 하기 때문에 그 의미를 밝히자면 그 신념을 가질 경우 우리가 하게 되는 특정한 행위가 무엇인지 살펴 볼 필요가 있다. 그래서 퍼어스는 실용주의적인 의미 기준을 내세웠다. '어떤 대상 X는 C이다'라는 문장의 의미는 'O이면 E이다'라는 조건문으로 주어진다는 것이다. 즉 개념의 의미는 어떤 조작이나 행위 O를 하면, 어떤 결과 E가 생긴다고 생각되는 것 이외의 아무 것도 아니라고 한다. 이같은 퍼어스의 의미론은 의미의 일반적 정의를 제시하기 위한 것이라기보다 경험적 의미를 찾기 위한 이론적 장치라 볼 수 있다.

그가 이렇게 개념의 의미를 경험적으로 검증가능한 일단의 명제로 주어지는 것으로 보았다는 점에서 경험론의 전통을 이어받고 있으며 후에 논리실증주의와 분석철학에서 등장하는 검증의미론의 선구라고 볼 수 있다.

2. 제임스의 현금가치설

James는 사유의 기능에 관한 연구에서 확립한 진리론을 보강하는 데에 퍼어스의 실용주의적 의미론을 원용했다. 제임스에 있어 사유의 본질적인 기능은 실재를 모사하는 데에 있는 것이 아니라 우리 각자가 주위 환경과 만족할만한 관계를 성취하고 그것을 유지하도록 하는 데에 있는 것이다. 따라서 우리의 행위에 아무런 결과도 가져오지 않는 관념은 말로만 그치는 공허한 관념에 불과하고 오직 유용하고도 실제적인 결과를 가져오는 관념만이 참된 관념이다. 그러므로 어떤 관념의 진위를 알기 위해서는 그 관념이 초래하는 실제적인 결과인 유용성을 평가해 보아야만 한다. 즉 진리와 유용성은 별개의 범주가 아니라 진리는 가치와 유용성이라는 범주에 포섭된다는 것이다. 그것은 '명제 p가 참이다'라는 진술은 'p라고 믿는 것이 유용하다'는 진술과 동일하다는 뜻이다. 제임스의 말을 빌자면 어떤 관념의 진리란 그것의 <현금가치>(cash value)' 이외의 아무 것도 아니다. 이 현금가치설은 듀이의 도구주의로 계승되어 갔다.

3. 듀이의 도구주의

Dewey에 의하면 인간은 숲속에서 길을 잃은 경우처럼 어떤 불확실한 상황이나 문제 상황에 부딪혔을 때 그것을 극복하기 위한 지적인 탐구가 진행된다. 따라서 우리의 모든 이론체계라든가 관념은 문제 상황을 극복하기 위한 하나의 가설로서의 도구적인 의의 밖에는 없다. 즉 이론이나 관념은 그 자체로서 의의가 있는 것이 아니라 오직 문제 해결의 도구로서 효과가 있을 때에만 가치가 있는 것이다. 결국 관념은 실제적인 효과와 유용성으로 이끄는 도구의 역할을 할 뿐이다. 이것이 듀이의 도구주의이다.

V. 論理實證主義

논리실증주의의 특징은 모든 종류의 형이상학을 부정하는 것이다. 그들은 종래의 형이상학에 염증을 느끼고 철학은 엄격히 논리적이고 분석적이어야 하며 사실에 근거한 방법론을 택해야 한다고 보았다.

종래의 형이상학은 우주와 인생에 대하여 궁극적인 해답을 요구했으며, 이 형이상학이 가정하고 있는 것은 경험에 의존하지 않고 인간의 이성이 이러한 문제에 해답을 내릴 수 있다고 보았다. 그러나 현대는 과학철학적 사상을 갖게 되었을 뿐 아니라 그것들이 객관적인 타당성이 주어질 수 없는 무의미한 주장이라고 말하기까지 하였다. 즉 구체적인 사실에 기초하지 않은 형이상학은 인식의 진위뿐만 아니라 의미의 유무조차도 가려낼 수 없다고 보았다.

논리실증주의는 철학에서 일어나는 논란들이 언어사용의 모호함과 부정확함에서 발생하는 것이라 하여 언어의 분석을 통한 하나의 철학적 방법을 모색하는 학파이었다. 럿셀과 비트겐슈타인을 중심으로 시작된 이들은 논리분석의 방법, 즉 개념과 명제의 의미를 논리적으로 분석하고, 이들이 참으로 의미하는 바를 명백히 하는 한편, 거기에 혼입된 무의미한 비경험적이고 형이상학적인 요소를 제거하여 과학적 잡법을 그대로 철학에 사용함으로써 하나의 과학철학을 지향하려고 하였다.

이처럼 논리실증주의는 언어의 논리분석을 방법으로 하였기 때문에 그들에게 있어서의 철학이란 경험과학의 임무인 세계와 인간에 대해서 말하려는 것이 아니라 인간과 세계에 대한 명제에 관하여 말하는 것으로 철학의 임무를 언어비판에 있다고 생각하기까지 하였다.

* 논리실증주의와 검증원리

논리실증주의는 근본적으로 러셀과 비트겐슈타인의 사상에 그 뿌리를 박고 있으며, 과학에 대한 존경심과 형이상학 위주의 전통적 철학에 대한 반감이 매우 강했다. 즉 논리실증주의의 특징은 모든 종류의 형이상학에 대한 부정이다. 종래에는 형이상학적인 명제들이 경험적인 지식과 어긋나기 때문에 옳지 않다든가 혹은 지식의 한계를 넘어선 것이므로 불확실하다는 이유로 형이상학을 공격했었다. 이에 대해 논리실증주의자들은 철학은 엄격히 논리적이고 분석적이어야 하며 사실에 근거한 방법론을 택해야 한다.

그들은 구체적인 사실에 기초하지 않은 형이상학은 인식의 진위뿐만 아니라 의미의 유무조차도 가려낼 수 없다는 것이다. 그래서 논리실증주의자들은 철학에서 일어나는 논란들이 언어사용의 모호함과 부정확함에서 발생하는 것이라 하여 언어 분석을 통한 하나의 철학적 방법을 모색했다. 러셀과 비트겐슈타인을 중심으로 시작된 이러한 경향은 논리 분석의 방법, 즉 개념과 명제의 의미를 논리적으로 분석하고 이들이 참으로 의미하는 바를 명확히 하는 한편 거기에 혼입된 무의미한 비경험적이고 형이상학적인 요소를 제거하여 과학적 법칙을 그대로 철학에 사용함으로써 하나의 과학철학을 지향하려고 했던 것이다.

단어들이 문법적 규칙에 따라 배열되어 있어서 겉으로 보면 유의미한 명제 같지만 실은 명제로서 핵심적인 요소인 의미를 결여한 명제를 논리실증주의자들은 유사명제(pseudo-proposition) 또는 사이비 명제라고 부르고, 형이상학이 명제들은 모두가 그런 사이비 명제에 불과하다는 주장을 전개했다. 그들은 그런 주장을 뒷받침하기 위해 무의미한 유사명제와 유의미한 진짜 명제를 구분할 수 있는 유의미성의 기준(criterion of meaningfulness)을 들고 나온바 그것이 바로 검증가능성의 원리이다.

검증가능성의 원리란 어떤 명제이건 간에(技術的으로, 혹 그것이 불가능하면 이론상으로라도) 검정(verification)이 가능한 경우 그리고 오직 그 경우에 한해서 의미를 갖는다는 것이다. 여기서 검증이란 경험적으로 진위를 확인하는 것을 말하는데, 이 기준에 의하면 검증이 불가능한 명제는 모두 무의미한 유사명제가 된다. 결국 논리실증주의자들은 검증가능성의 원리를 형이상학의 명제들에 적용하여 그것들은 모두가 검증이 불가능하기 때문에 아무 의미도 없는 유사명제에 불과하다는 결론을 내렸다.

그런데 논리실증주의의 이같은 반형이상학적 입장은 다음과 같은 몇 가지 중요한 결과를 초래했다.

1. 그들의 유의성의 기준을 형이상학 이외의 다른 분야에 적용해 본 결과 종교적 명제(사이비 명제요, 사이비 지식)는 물론 윤리적인 명제(정사시비가 관찰 될리 없음)도 무의미하다는 결론이 내려진 것이다.

2. 학문으로서의 철학에 대한 새로운 성격 규정이다. 종래에는 철학이 거의 형이상학이나 존재론과 통일시 되어 왔는데, 그것을 학문의 영역에서 추방해 버렸기 때문에 그 철학에 대한 성격 규정을 해야만 했다. 그래서 그들은 철학은 세계의 여러 측면을 탐구하여 그에 관한 이론을 수립하려는 물리학, 생물학, 사회학 등의 일차적 학문과는 달리 그러한 일차적 학문을 대상으로 하는 각 학문 이론의 정확한 의미와 논리적 연관 관계를 밝히고 논리적으로 명료화하기 위한 활동이라고 했다.

3. 논리실증주의자들은 전통적인 철학적 문제를 둘러싼 논쟁을 결말짓기 위한 새로운 방식을 도입했다. 그래서 논리실증주의자들은 전통적인 철학적 문제에 대한 그들 나름의 해답을 제시한 것이 아니라 그런 문제들이 실은 진정한 의미의 문제가 못 된다는 것, 즉 사이비 문제에 불과하다는 것을 보임으로써 논쟁을 결말지으려 했다. 결국 과거의 철학자들이 철학적 문제들을 해결(solve)하려 했다면 논리실증주의자들은 그것을 해소(dissolve)시켜 버리려 했다.

VI. 분석철학(일상언어학파)

20세기 영국과 독일을 중심으로 현대 구미각국에서 크게 논의되고 있는 철학적 한 경향으로서 이들은 종래의 사변적·선험적·종합적인 철학방법을 거부하고 모든 과학과 일상적 지식의 개념과 명제의 의미를 분석적 방법을 거쳐서 엄밀하게 밝히는 것을 목표로 하는 하나의 철학적 입장이다.

이들 가운데는 옥스퍼드나 캠브릿지 학파와 같이 일상언어를 분석의 대상으로 하는 무리들이 있는데 비트겐슈타인의 후기 사상에 그 근원을 두고 있다. 일상언어 분석을 중심으로 하는 분석학파는 럿셀의 논리적 원자론을 비판하는 데서 출발한다. 이들은 철학의 목적이 과학언어의 분석에 있는 것이 아니라 일상언어의 분석에 있다는 것으로 보았으며, 형식논리적 언어분석은 자연언어 속에 표현된 우리의 사유를 남김없이 분석할 수 없으며 여기에는 여러 가지 혼란과 모순이 존재하므로 비형식 언어분석이 반드시 필요하다고 보았다. 분석철학은 종래의 형이상학을 거부하여 경험론적 지반 위에서 과학을 존중하는 것과 언어의 분석을 통하여 사상의 뜻을 명백히 들어내고자 꾀하는 점에서는 논리실증주의와 공통된 경향을 보이지만, 한편으로는 감각적 소재와 일상적 언어 등 상징적인 것을 더 존중하고, 전문적 과학적 지식에 대한 평가를 논리적 실증주의자들처럼 높이 하지 아니하며, 기호논리학에 그토록 크게 의존하지 아니하는 점에서 방법을 달리한다.

● 일상언어학파와 무어

일상언어학파는 무어와 후기 비트겐슈타인이 사상에 뿌리를 박고 있는데, 러셀이나 논리실증주의자들은 모든 철학적 명제들을 이상언어로 번역하는 분석을 통해 전통적인 철학적 문제들을 해결, 해소시킬 수 있을 것으로 생각했으나 무어는 일상적인 언어가 다소 혼란되고 애매한 표현들을 포함하고 있기는 하지만 형이상학적 명제의 역설성이 그 명제를 표현하는 일상언어의 애매함이나 혼란에서 비롯된 것은 아니라고 생각했다. 즉 일상언어로 표현된 대부분의 상식적인 견해는 분석할 필요 없이 그 자체로 의미가 파악될 뿐만 아니라 옳은 주장이라는 상식 옹호적인 입장을 취한다. 그리고 일상어로 표현된 형이상학적인 명제들의 문제는 거기에 일상어가 사용되어서가 아니라 그것을 형이상학자들이 잘못 사용한 데에 있다고 생각했다. 즉 그들은 형이상학적 명제에 관용구를 사용하면서 일상적 의미 이사의 복잡하고 전문적인 내용을 전달하려고 하고 사전 양해도 업이 자기 나름의 전문적이고 독특한 의미로 사용함은 물론 그들의 전문적인 의미가 그 관용구의 진정한 의미인 것처럼 주장함으로써 혼란과 역설적인 느낌을 야기한다는 것이다. 따라서 형이상학자들이 단순한 관용구를 통해 진정으로 의미하려 한 복잡하고 전문적인 내용을 풀어 헤치기 위해 그 표현들을 이상적인 표현으로 고쳐보자는 것이다. 그러면 그 문제들은 처음과는 달리 시시한 내용이거나 전혀 논의의 의의가 없는 것으로 드러날 것이라는 것이다. 이러한 분석관에는 일상언어가 의미의 궁극적 의지처요 형이상학을 비롯한 대부분의 철학적 문제들은 일상적인 어구를 오용한 데서 오는 것이라는 견해가 깔려 있다.

● 비트겐슈타인과 언어게임

비트겐슈타인은 사후 출간된 『철학연구』(Philosophcal Investigations)에서 전기의 『논리철학논고』에서 제시한 그의 언어관(이상언어 중심)을 철저히 비판했다.

그는 『논리철학논고』에서 언어의 본질적인 기능이란 세계를 나타내거나 그리는 데에 있다는 그림이론을 제시했었다. 언어가 세계를 그리는 데는 한 가지 일정한 방식이 있으며 따라서 모든 언어는 그러한 일정한 방식에 대응되는 하나의 보편적인 형식을 지니고 있다. 그런 보편적인 형식을 명시적으로 보여주는 것이 『프린치피아』에서 제시된 이상언어라는 것이다.

그러나 후기에는 무어의 상식 옹호적인 견해에 영향을 받아 그런 이상언어 지향의 언어관을 대폭 수정했다. 언어가 의미를 획득하는 데에 어떤 유일한 방식이 있는 것이 아니라 현실적인 맥락에서 적절히 사용될 때 언어는 그 의미를 얻게 된다는 것이다. 따라서 말의 의미를 결정하는 것은 그 말의 용법(use)이라고 할 수 있다. 즉 용법이 말의 의미라는 것인데, 이것을 언어사용이론(Use Theory of Language)이라고 한다.

그런데 언어를 사용할 때는 반드시 어떤 규칙을 따라야 한다. 그렇지 않으면 의사를 제대로 전달할 수 없다. 이는 운동 경기나 게임에서 그 규칙을 지키지 않으면 게임이 이루어지지 않는 것과 같다. 이런 의미에서 언어를 사용한다는 것은 언어게임(Language Game)에 참여하고 있는 것이라고 말할 수 있다.

비트겐슈타인이 말하는 용법과 언어의 궁극적 의지처는 인공적 이상언어가 아니라 일상 언어라고 할 수 있다 그런데 전통적인 철학자, 형이상학자들은 자신도 모르는 사이에 무의식 중에 일상 언어를 잘못 사용하여 말의 의미 전화(轉化)를 가져와 자신은 물론 많은 일상인들을 혼란에 빠뜨렸다는 것이다. 비트겐슈타인은 언어를 잘못 사용하여 스스로 만들어낸 역설에 사로잡혀 헤어 나오지 못하는 전통적인 철학자들을 파리통에 빠진 파리에 비유한다. 따라서 그러한 혼란을 제거하기 위해서는 일상 언어의 용법을 자세히 분석하여 그 의미를 명료하게 밝힐 필요가 있는 것이다. 그러기 위해 언어 분석을 통한 일상언어의 의미의 명료화 작업이 필요한 것이다.

IV. 철학용어해설

(밀톤 D. 헌넥스. 「차트로 본 철학」. 박해경·박찬호 공역. 서울 : 아가페문화사.)

인식론에 관한 용어해설

개념적 실용주의 / C. I. Lewis에 의해 발전된 의미, 지식 그리고 실증에 관한 실용주의 이론의 한 형태로 여기서 지식은 경험과 사고활동이 결합된 산물로 간주된다. 칸트의 형식과는 달리 루이스의 사유형식(form of thought)은 선택적이고 문화적으로 결정된 개념적 체계(schemes)이다. 이 형식은 모든 정신이 가지는 보편적이고 필연적인 형식은 아니다.

전통주의(conventionalism) / Poincare(포앙카레)의 지식 이론으로 수학이나 논리학에서 발견되는 필연적 혹은 선천적 지식은 전통적이다. 즉 많은 가능성 가운데 하나의 선택이며 합리적으로나 경험적으로나 타당성 증명(validation)이 불가능하다.

변증법 / Socrates와 Plato에서처럼 대화를 통해 진리를 찾는 기술. Aristotle에게 있어서는 "비평의 과정은 모든 탐구의 원리에 이르는 길이다." Hegel에게 있어 변증법은 실재의 과정(the process of reality)의 본질이다(제5부 헤겔을 보라).

자기중심적 궁지(predicament) / 인식자의 궁지는 그의 사고를 제한시키고 어떤 다른 것을 인식할 수 없게 만든다.

실험적 방법 / 실험적 과학의 방법(Dewey 등, pp. 20, 23, 27, 37, 129).

허구주의(fictionalism) / Vaihinger(바이힝거)의 "마치~처럼"(as if)의 이론으로 모든 개념을 객관적 사실성이 결여된 허구들로 보았으며 단지 행동의 도구로서 유용하다고 보았다.

지식 발생이론(genetic theory) / 지식은 축적된 경험(funded experience), 즉 도구적 관념의 축적이라는 Dewey의 이론(제5부 듀이를 보라).

본유적 관념(innate ideas) / 모든 사람이 합리적 본질로써 소유하는 관념이며 경험으로 주어지지 않는다(제5부 데카르트를 보라).

칸트의 이율배반(antinomies) / 세계의 궁극적 본질을 안다는 것이 불가능하다는 것을 성명하기 위해 칸트가 사용한 형이상학의 상호모순적인 관념들. 예를 들면 세계는 유한한가 무한한가와 같은 것(제5부 칸트를 보라).

유명론 / "선(good)"과 같이 보편적이거나 일반적인 용어는 독립적으로 실재하는 특수한 것에서 추상하여 얻은 이름들(names)에 지나지 않는다는 이론.

조작주의(operationalism or operationism) / Bridgman에 의해 발전된 이론으로 개념의 의미는 "대응하는 일련의 조작과 같은 뜻(synonymous)"이라는 점에서 듀이의 도구주의와 비교할 만하다.

물리학 주의(physicalism) / Carnap이 발전시킨 인식론적 실재론으로 과학의 언어에서 사용되는 "모든 기술적(記述的) 용어는 사물의 관찰할 수 있는 성질을 나타내는 용어와 관계 있으며……[이것은] 관찰에 의해 상호 주관적으로 확증할 수 있다." 이 이론은 과학적 경험주의자들이 발전시킨 경험적 실재론과 연관된다. 객관주의의 한 형태인 경험적 실재론에서 세계는 "시간-공간 속에 존재하며 인과관계의 사슬의 고리이며 경험적 실험이 가능하다"(카르납).

개연론(probavilism) / 확실성(certainty)이란 얻기 어려운 것이고 신념과 행동은 개연적이라는 이론(p. 31의 회의론과 p. 16의 오류주의를 보라).

화용론(pragmatics) / 카르납과 같이 심리학적이고 사회학적인 맥락 속에서 언어의 기능에 관하여 연구하는 것.

상대주의 / 진리는 상황에 따라 변하여 진리측정의 객관적 기준은 없다고 하는 이론(제5부, 프로타고라스 등 참조).

상대성 이론 / Einstein에 의해 발전된 수학 이론(특수상대성 이론, 1905 ; 일반 상대성이론, 1914-1916). 여기서 공간과 시간은 더 이상 절대적인 것으로 간주되지 않고 4차원의 공간-시간 연속체(coutinuum)의 부분들로 간주되며 관찰자의 특수한 동일 체계(coordinate system)에 대해 상대적이다.

의미론(semantics) / 용어와 표현이 지니는 의미에 관한 연구. 예컨대 Camap과 Richards 등의 연구.

기호학(semiotic) / 퍼어스에 의해 발전된 것으로 기호와 그것의 적용에 관한 이론으로 과학적 경험중의에 중요하다.

감각주의 / 모든 지식은 인식자에 의해 수동적으로 받아들여진 감각으로부터 얻어진다고 가르치는 경험론의 초기 형태.

기호(수학적)논리학 / 명료, 정확, 그리고 추론의 편의를 위해 명제와 논의의 구조에 대해 특수하고 인위적인 기호들(sysmbols)을 사용하는 논리학.

구문론(syntax) / 카르납에서처럼 문장과 문장의 상호관련성의 구조적 특성에 관한 연구.

동어반복(tautology) / 일반적으로 그 문장을 부정하면 자기 모순이 되는 문장. 예를 들어 "만약 당신이 여기 있다면 당신은 여기에 있다" 또는 "모든 형제들은 남자다"(pp. 13, 14 분석적 진술 참조). 엄밀히 말해서 동어 반복은 "p 또는 not-p"처럼 내용에 관계없이 단지 형식에 의해 참 또는 거짓인 복합적인 진술이다.

검증 가능성의 원리 / 논리 실증주의(논리적 경험주의, 과학적 경험주의 등)의 중심 원리(pp. 20, 23, 43, 71, 101 참고). "우리는 표현하고자 하는 명제[의미]를 검증할 수 있는 방법을 알 경우에만 어떤 문장이 사실적인 의미가 있다고 말한다"(Ayer).

제노의 역설(Zeno's Paradoxes) / 엘레아학파의 제노에 의해 발전되어 결국 수학 이론에 의해 해결된 다수(plurality) 또는 운동(motion)의 불가능성에 대한 4가지 합리적 증거들.

물질적 실재에 대한 이론과 관계된 용어 해설

원인 / 하나가 발생할 때 다른 것이 변함없이 따르게 되는 것과 같은 일련의 시간에서의 사건, 과정, 또는 실재 사이의 관계. 그 관계가 필연적인 것으로 생각될 때 그 학설은 견고한 결정론(hard determinism)이다. 그 관계가 계속적인 결합으로 생각될 때 그 학설은 부드러운(soft) 결정론 또는 실증주의다(제5부, 흄과 pp. 5, 29, 30 인과율을 보라).

다양한 원인 / 원인은 "함께 취해진 적극적이고 소극적인 조건들의 총계다…… 인식되면 그 결과가 변함없이 뒤따른다"는 J.S.밀의 학설(제5부, 밀과 p. 18 인과율을 보라).

원인설 / 원인은 행동인(efficient, 행동이나 추진), 질료인(material, 질료의 가능성), 형상인(formal, 계획에 따라 지도됨), 목적인(final, 어떤 목적이나 의도에 의해 시작된 것)이 있다는 아리스토틀의 이론. 이 원인에 대한 이론은 목적론을 포함하며, 목적론에서는 원인이 의도된 결과적 목적(telos)이라는 현존하지 않는 용어로 보여진다(제5부 아리스토틀과 p. 18 인과율을 보라).

개념적인 공감 / 통일성, 유질동상(즉, 동질), 연속성, 무한성 그리고 3차원(즉, 고전 물리학의 객관적 공간)의 특성을 가지고 있는 지각의 공간에서 추상한 이상적인 공간.

지각의 공간 / 모든 지각의 조직체로부터 생겨나는 실재들(entities)의 관계에 대한 주관적이고 질적인 지각(sense)(제5부 칸트, 주관적인 공간학설에 대하여 보라).

공간-시간 / 운동과 변화는 개별적인 공간과 시간에서 특수한 물질적 실재들에 대해 상대적이기 때문에 운동도 없고 변화도 없는 상대성 물리학의 4차원적 연속체(continuum).

개념적인 시간 / 기계적인 계산대와 시계의 공간화된 시간 또는 기계적인 시간-역행할 수 없는 1차원성을 가지고 있는 하나이며 연속적이고 무한한 것(즉 고전물리학의 절대적 시간).

지각의 시간 / 경험적 또는 "살아낸"(lived-through) 시간. 그럴 듯한 현재들(칼날 같은 현실이라기보다는 살아낸 단위들)의 연속. 이형적(hetermorphic)이고(각각의 독특한 순간), 주어진 문화의 단체 경험에서 근본적으로 주관적임(제5부 베르그송을 보라).

정신에 관한 이론과 관계된 용어 해설

관념연합론(associationism) / 정신과 그 내용은 정신 세계의 모든 측면들을 형성하기 위하여 결합된 단순하고 분리된 경험들로 환원될 수 있다는 이론(제5부 흄을 보라).

행동주의(behaviorism) / 모든 심적인 활동은 함축적인(implicit) 행동으로 환원될 수 있다는 이론(Watson).

심층 심리학 / 프로이드의 정신 분석학에서 생겨난 심리학의 일종. 정신의 양면 이론(double-aspect theory). 정신과 육체는 보다 더 근본적인 실재의 양태들이라는 이론(제5부 스피노자를 보라).

출현설(emergentism) / 진화를 통하여 더 낮은 수준으로는 환원될 수 없는 정신과 같은 새로운 실재들이 형성된다는 이론(제5부 알렉산더를 보라).

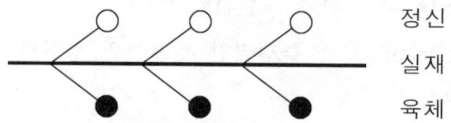

기능 심리학(faculty psychology) / 정신은 감각, 지성 등의 수많은 기능들의 단위를 포함한다는 이론(Wolff).

기능적 심리학(functional psychology) / 정신은 행동과 환경에의 적응이라는 용어로 생물학적으로 해석된다는 실용주의와 도구주의의 심리학.

형태 심리학(Gestalt psychology) / 정신에 원자론적으로 접근하는 것을 반대하고 전체구조인 형태(Gestalt)라는 용어로 행동을 연구하는 구조적 심리학의 전체론적 유형.

전체론(holism) / 정신의 전체 조직과 행동이라는 용어로 정신을 다루는 출현설과 형태 심리학의 정신에 대한 이론.

상호작용설(interactionism) / 정신과 육체는 서로 상호적으로 영향을 주는 구별된 실재라는 이론(제5부 데카르트를 보라).

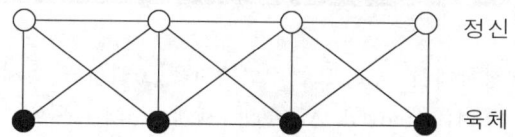

단자(monad) / 세계를 포괄하는 관계를 맺을 수 있는 - 라이프니쯔에 있어서의 정신적인 것이었다 - 형이상학적 실재의 단위.

기회우인론(occasionalism) / 정신과 육체는 상호작용하지 않는 분리된 실재들이며 신이 그 사건들을 일어나게 하심에 따라 정신에서 일어난 사건이 육체에서도 일어나며 육체에서 일어난 사건이 정신에서도 일어난다(Malebranche)(아래 평행론과 비교하라).

전심론(panpsychism) / 모든 물질적인 실재들은 정신의 등급을 소유한다는 이론(Lotze)

평행론(parallelism) / 정신과 육체는 상호작용하는 분리된 실재가 아니라 각각의 사건들이 다른 사건들을 동반한다는 이론(제5부 라이프니쯔의 예정조화에 따라서).

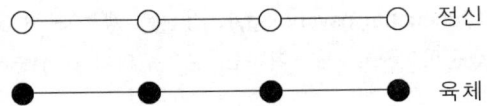

현상학(phenomenology) / 원인들에 대한 언급이나 형이상학적 선입견 없이 경험의 내용으로서의 현상들을 분석하려고 시도하는 철학(차트 24와 제5부 훗설을 보라).

자아(self) / 사람, 주관, 에고(ego), 또는 인식자.

궁극적인 실재의 본성에 대한 이론과 관계된 용어 해설

절대자 / 형이상학에서 최고 또는 모든 것을 포괄하는 실재. 무제약자, 신, 부동의 동자(Unmoved Mover), 세계 근거, 존재, 선, 로고스(Logos), 일자, 실체, 중국 사상에서 도(Tao, 길), 인도 사상에서 대아(Brahman)(제5부 아리스토틀, 플라토, 스피노자, 헤겔을 보라).

생성(becoming) / 가능성을 실현하는 과정. 이것은 보통 활동 또는 운동으로 생각된다.

존재(being) / 그리스어로 존재(to-on), 라틴어로 존재(ens)이다. 플라토에서 분류 개념 또는 사물의 지적이고 보편적인 특징들, 이데아들 또는 형상들(Forms)(제5부 플라토를 보라). 아리스토틀과 스콜라 철학에서 특수한 발전적인 사물들(ens reale-실재적인 존재)과 이성적 또는 개념적인 존재(ens rationis), 즉 정신의 내용으로서 심적으로 현존하는 참다운 진술들(제5부 아리스토틀을 보라). 하이데거와 실존주의에서 존재자(불어, l'étant ; 독어, das Seiende)와 존재(불어, l'être ; 독어, das Sein)를 구별했다(제5부 하이데거와 싸르트르를 보라).

우주론 / 우주의 기원과 구조에 대한 연구. 존재론, 형이상학, 또는 자연과학보다 주관적 질료(subject matter)에 관심이 있다 할지라도 그것들과 분명하게 구별될 수는 없다.

본질(essence) / 어떤 사물이 무엇인가(What a thing is). 그리스 철학에서 본질은 실제(ousia)를 의미하며 피상적인 것이 아니라 사물에 대하여 실제로 실재하는 것이다. 즉 지각되는 것이며 보편적인 것이다(아래 실체를 보라). 플라토에 있어서 형상들 또는 이데아들(제5부 플라토를 보라). 산타야나에 있어서는 유사하지만 수정된 의미(제5부 산타야나를 보라). 훗설에 있어서의 본질에 대해서는 제5부 훗설을 보라. 또한 제5부 성 토마스 아퀴나스를 보라. 그리고 실존주의 철학에서의 본질에 대해서는 제5부 키에르케고르, 싸르트르, 하이데거 등과 차트 24를 보라.

실존(existence) / 실존은 본질이라는 개념으로서가 아니라 어떤 사물이 존재한다는(that a thing is) 주장이다. 실존주의에 의하여 실존은 의식(consciousness)이며 인간에게 있어서 본질에 선행한다. 인간은 그 자신이 실존하고 있다는 것을 발견한다. 그리고 나서 선택(choice)과 행동(act)에 의하여 본질이 된다(제5부 키에르케고르, 하이데거, 싸르트르, 그리고 차트 24를 보라).

형이상학 / 존재론의 동의어이며 제일원리(first principle)의 이론. 그 자체로서의 존재에 대한 이론. 인식론을 포함함으로 형이상학은 존재론보다 더 포괄적인 용어로 쓰이기도 한다(p. 13을 보라). 이것은 본래 문자적으로는 아리스토틀의 물리학 뒤에 있는 (그리스어, meta to physika) 제일원리에 관한 이론은 존재론과 인식론 양자를 포함한다.

존재론 / 궁극적인 실재인 그 자체로서의 존재에 관한 이론(그리스어, on, 존재+logos, 이론).

실체(substance) / 한 사물을 바로 그것이게 하고 다른 어떤 것이 아니게 하는 것, 즉 그리스 철학에서 본질(ousia). 성 어거스틴은 "본질(ousia)은 보통 라틴어에서 실체 이외의 다른 어떤 의미도 지니지 않는다"라고 쓰고 있다. 아리스토틀에서 제일 실체(라틴어로 번역하면 substantia prima)는 고유한 본질 또는 특수한 사물의 원인, 즉 형상과 질료의 단일성이다. 스콜라 철학에서 실체는 어떤 다른 존재와 독립하여 존재하고 이 독립을 지속하는 것이다(제5부 성 토마스 아퀴나스를 보라). 이와 유사하게 데카르트 주의에서는(제5부 데카르트를 보라) 실체는 어떤 다른 존재와 독립적으로 존재하는 것이다. 무한 실체(infinite substance)는 신이며 유한 실체(finite substance)는 정신과 물질이다. 스피노자(제5부를 보라)는 단지 무한 실체의 그 양태들(modes)만이 존재한다고 주장한다. 칸트 철학(제5부 칸트를 보라)에서 실체는 경험의 자료(the data of experience)와 관련된 정신의 필연적인 체계화 활동에서 생겨나는 정신의 주관적 개념이 된다. 영국의 경험론에서 실체는 본질적으로 경험의 특별한 특성들을 조직적으로 또는 일관성 있게 체계화한 것이다. 그런 실체는 존재하지 않으며 인식할 수 없다(제5부 버어클리, 흄, 밀을 보라).

가치의 문제와 관계된 용어 해설

이타주의(Altruism) / 다른 사람의 행복과 관계 있을 때를 제외하고는 자기 자신의 행복을 무시하는 것이 사람의 의무라는 학설.

신인동형론(Anthropomorphism)(그리스어. anthropos, 인간+morphe, 모양) / 신이 최소한 몇 가지 점에 있어서는 인간과 같다는 믿음. 즉 "신은 하나의 인격(Person)이다"라고 할때 "인격"이라는 말은 신이 얼굴과 같은 용모를 가지고 있다는 의미다.

자존(Aseity, 라틴어. a se esse, 스스로 있음) / 자립존재(self-existence). 신이라는 개념에 적용되는 말이며 신은 존재나 특성을 위해 그 자신 이외의 어떤 다른 실재에도 의존하지 않는다는 것을 의미한다. 신은 영원하다. 시작도 끝도 없다. 피조된 존재의 우연성에 대조되는 신이라는 필연적인 존재에 기본적인 것이다.

무신론 / 신의 존재를 부정하거나 싸르트르와 같이 신이라는 관념은 자기모순(self-contradictory)이라는 신념.

이신론(Deism) / 세계를 움직여 놓고 홀로 내버려 두는 "부재자(absentee)" 신을 믿거나 자연신학만이 타당하다는 18세기의 신념.

행복설(Eudaemonism) / 옳은 행위의 목적은 아리스토틀(제5부 차트17, p. 74)에 있어서와 같이 사람의 복지나 행복이라는 그리스의 윤리 이론.

형식주의 / 칸트(제5부, 차트20, p. 78)에서와 같이 우리의 의무를 결정하는 기본 원리들은 순전히 형식적이라는 윤리 이론.

이타적 쾌락주의(그리스어, hedonê, 쾌락) / 사람들은 다른 사람들의 행복을 얼마만큼이라도 증가시키기 위해서 일정량의 개인적 행복을 만족시켜야 한다는 신념.

단일신론(Henotheism) / 많은 신이 있지만 단 하나의 신에게만 충성해야 한다는 믿음.

내재신론(Immanentism) / 신이 직접적으로 세계에 관여하고 있다는 학설, 또는 급진신학에서처럼 신은 세상 가운데 인간의 책임있는 참여(involvement)이거나 그 참여의 근거(ground)라는 신념.

성육신(Incarnation)교리 / 신의 도덕적 속성들이 예수안에 성육신(자유주의) 하였다거나 신의 신성이 예수 안에 성육신(복음주의) 하였다는 것처럼 신 또는 신의 어떤 속성들이 유한한 인간의 삶이나 실존 가운데 구체화 되는 것(embodiment).

도구적(부대적) 가치 / 또 다른 목적이나 가치에 대한 수단으로써의 가치.

본래적 가치 / 그 자신을 위한 가치이며 어떤 목적에 대한 수단이 아님. 아리스토틀에게서 행복과 같은 것.

케리그마 신학(kerygmatic Theology) / 세계의 사실에서부터 신으로 추론해 가는 자연신학을 거부하고 그 대신 신에 대한 인간은 바르트에서와 같이 신에 의한 계시(revelation)에서 비롯된다고 주장한다.

사회개량론(meliorism) / 세상의 상태가 어떠하든 그것은 개선될 수 있다는 학설. 실용주의와 연결됨(제5부 제임스를 보라).

자연주의 / 종교철학에서 인간 경험의 모든 측면은 생물학적이고 문화적인 진화의 산물인 인간적인 실종의 용어로 적당하게 설명될 수 있다는 신념.

범신론 / 신과 세계가 동일하다는 신념. 어떤 범신론은 신의 본성은 영원히 완전하고 필연적이지만 신은 또한 그 가능성이 아직 실현되지 않은 변화하고 불완전한 부분들로 구성되어 있다고 주장한다. 또 다른 범신론은 "자연의 사물들에는 우연적인 어떤 것도 용납될 수 없으며 모든 일은 신적인 본성의 필연성에 의해 어떤 방식으로 존재하고 작용할 것인가가 결정된다(Spinoza, 제5부를 보라)"고 주장한다.

의사 심리학(Parapsychology) / 정신적 원격조정(psychokinesis)이나 초감각적 감지(extrasensory perception)와 같은 죽은 사람과 산 사람 사이의 대화를 통해 사후의 삶(life after death)에 대한 믿음을 확립하려는 시도. 심령탐구협회(Society for Psychical Research)와 연관되어 있으며 그 지도자에는 Bergson, james, Sidgsick, Broad, Price 등이 포함된다.

다신론 / 각기 다른 삶의 측면들을 관장하는 많은 신이 있다는 신념.

공리의 원칙 / 최대 다수를 위한 최대 행복 또는 최대 선을 산출하는 행위나 규칙이 옳다는 원칙(공리주의, pp. 74, 75를 보라).

최고선(summum bonum) / 모든 가치를 정의해 주는 하나의 궁극적인 목적이나 가치가 있다고 주장하는 사람들에게 있어서의 인간 행위의 궁극적인 목적(제5부 아리스토텔을 보라).

절대신론(Absolute Theism) / 능력(전능, omnipotence), 선함(사랑, love), 지식(전능, omniscience) 등의 모든 완전한 특성들을 지닌 하나의 인격적인 신이 있으며 그는 창조자와 유지자로서 세계에 대해 외재적(external)일 뿐 아니라 현실적으로 개입하며 관심을 기울인다(예, 성 어거스틴).

제한신론(Limited Theism) / Plato, James, Brightman, Montague에서와 같이 선하기는 하지만 절대적인 능력을 지니지는 않은 하나의 신에 대한 신념. Plato에 따르면 신은 그에게 외재적인 창조되지 않은 다루기 힘든 질료 "수용성(receptivity)"를 빚는 우주의 장인(cosmic artist)이다. 신은 선의 이데아(Idea of the Good)에 따라 우주를 빚었다.

신정론(神正論, Theodicy) / St. Augustine(고대)과 Leibniz(근대), 그리고 Toynbee(현대)의 저술에서와 같이 자비로운 신이 다스리는 세계에 악이 존재하는 것을 조화시키려는(설명하려는) 시도.

철학 기출문제

1987-2006

❖ 석사 · 신학연구원(철학) ❖

1987학년도

*다음 중 5문제를 택하여 약술하시오.

1. 훗셀(Edmud Husserl)현상학에 있어서 '志向性'개념

2. 훗셀에 있어서의 '現像'개념

3. M. Heidegger의 Das-in-der-Welt-Sein의 개념

4. Kierkegaad의 기독교 신앙에 이르는 4가지 단계

5. 현대철학의 5가지 조류와 설명

6. Kant의 "순수 이성 비판과 실천 이성 비판"

7. 훗셀 현상학의 영향을 받고 있는 두 가지 전통을 설명하라.

8. 실존 사상 중 유신론 유형과 무신론 유형에 속하는 사상가를 예로 들고 설명하라.

9. 안셀무스와 데카르트에 있어서 신의 존재에 대한 "본체론적 증명"(ontological proof)

10. 헤겔의 절대 정신(der absolute Geist)

❖ 석사·신학연구원(철학) ❖

1988학년도

1. Platon 철학의 지식론의 문제를 서술하고 그의 철학이 서양 철학 일반에 끼친 영향을 말하라.

2. Socrates의 변증법에 대하여 논하라.

3. Augustinus의 '시간' 개념을 써라.

4. Kant에 있어서의 신존재 증명의 방식을 말하라.

(위의 4문제 중 3문제를 자세히 쓸 것)

❖ 석사・신학연구원(철학) ❖

1989학년도

*다음 중 3문제를 택하여 논하라.

1. 탈레스의 "자연의 아르케"(Arche).

2. Decarte 철학에 있어서의 지식의 명료성에 이르는 병.

3. Kant에 있어서의 자유의지와 영혼불멸과 신의 존재에 대한 "도덕적 증명".

4. 실증주의 철학에서 말하는 '검증원리'에 대한 서술 및 그것에 대한 평가는?

5. "진리는 주관성에 있다"란 Kierkegaard의 명제.

❖ 석사·신학연구원(철학) ❖

1990학년도

1. 하이데거의 중심사상에 대하여 논하라.

2. 다음 문제 중 세 문제를 택하여 약술하라.
   1) 영육이원론(靈肉二元論)

   2) 신플라톤주의에 있어서의 유출설(流出說)

   3) 實在論과 唯名論(Realism and nominalism)

   4) 汎神論과 自然神論(pantheism and deism)

   5) 合理主義와 經驗論

❖ 목회연구원(철학) ❖

1990학년도

I. 양자택일하라

1. 아리스토텔레스의 윤리에 관하여 논하라.

2. 칸트의 윤리에 관하여 논하라.

II. 다음 문제 중 세문제를 택해서 약술하라

1. 靈肉二元論

2. 신플라톤주의에 있어서의 流出說

3. 實在論과 唯名論(Realism and nominalism)

4. 汎神論과 自然神論(pantheism and deism)

5. 合理主義와 經驗論

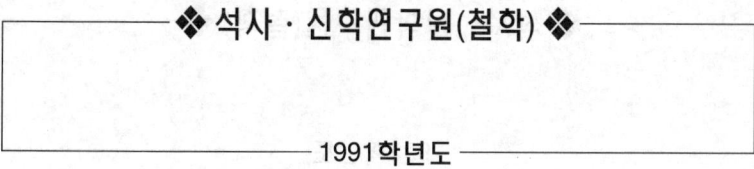

*다음 논제의 핵심 사상을 비교 또는 논술하라
1. Hegel의 변증법과 K.Marx의 유물사관(사적 유물론)을 비판하라.

2. Kant의 '순수 이성비판'과 '실천이성의 요청'

3. Neoplatonism의 유출설

❖ 석사·신학연구원(철학) ❖

1992학년도

1. 그리이스 궤변 철학자들의 주요 관심의 주제는 무엇인가?
   ① 우주   ② 윤리
   ③ 체계   ④ 인간

2. 우주의 원질에 대해 아낙시만드로스는 무엇이라 말했는가?
   ① 원자   ② 공기
   ③ 무한정자   ④ 불

3. 만물이 유전한다는 견해는 누가 피력했는가?
   ① 플라톤   ② 칸트
   ③ 헤라클레이토스   ④ 데모크리토스

4. 이데아를 상정한 아래의 근거들 가운데 정답이 아닌 것은?
   ① 질료 자체가 존재하지 않으면 안 되기 때문이다.
   ② 모든 지식에는 객관이 요구되므로 주관을 형성하는 개념에 객관적 실재가 존재하지 않으면 안 되기 때문이다.
   ③ 세계에는 지속하는 어떤 것이 존재하지 않으면 안 된다. 감각적 사물은 변하고 소멸하기 때문에 존재자일 수 없다.
   ④ 감각계보다 한층 더 완전한 세계가 존재하지 않으면 안 되기 때문이다.

5. 아리스토텔레스에게 있어서 질료는 무엇을 의미하는가, 틀린 답을 지적하라?
　① 운동의 원인이다.　　　② 잠재성이 가능태이다.
　③ 형태의 원인이다.　　　④ 목적인이다.

6. 신플라톤주의에서 신은 무엇인가?
　① 현실태이다.　　　　　② 유기체의 형상이다.
　③ 누스이다.　　　　　　④ 육체를 형성하고 유지하는 원리이다.

7. 베다 사상에 포함되지 않는 것을 골라내라.
　① 우주와 만물은 유일한 태원의 최고 유일신에서 파생되었다.
　② 유일 태원의 초고선은 구체적 자연일 수 없으니 생주, 조일체주, 기도주, 원인 등의 추상적 명칭으로 표현된다.
　③ 범아여일(梵我如一)이다.
　④ 태원은 만물을 산출한 후에도 그 자체 불변의 본질을 유지하며 만물을 주재한다.

8. 불교의 세계관이란 사법인(四法人)이란 말로 표현된다. 아래에서 그 사상이 아닌 것을 찾으라.
　① 모든 것은 변한다. 인연에 따라 모든 것은 생멸한다.
　② 사물에는 나라고 할 만한 실체가 없다.
　③ 인간은 죽음으로 끝남이 아니고 윤회한다.
　④ 집념을 버리면 고뇌에서 해탈하여 평온한 심경에 도달한다.

9. 공자의 사상에 내포되지 않은 것은 무엇인가?
　① 君子　　　　　　　　② 仁

③ 中道　　　　　　　　④ 聖賢

10. 맹자의 사단(四端)의 진리를 말한다. 그것은 인의예지(仁義禮智)의 근원을 말한다. 아래에 그 근원이 되지 못하는 것은 무엇인가?
    ① 측은　　　　　　　　② 부끄러움
    ③ 화평　　　　　　　　④ 사양

11. 맹자의 정치이념은 무엇인가.
    ① 민주정치　　　　　　② 군주정치
    ③ 왕도정치　　　　　　④ 패도정치(覇道政治)

12. 도가(道家)에서 구태여 피한 사상은 무엇인가?
    ① 자연숭배　　　　　　② 약자
    ③ 인의예(仁義禮)　　　④ 물

13. 다음 설명 중에 데이빗 흄(David Hume)의 사상을 나타낸 것은 무엇인가?
    ① 지식은 단순관념이 결합하여 생긴다.
    ② 자연과학은 현상 사이에 잇는 인과(因果)의 관계를 분석하여 확실한 인식에 도달할 수 있다.
    ③ 연상법칙이란 유사(resemblance), 접근(contiguity), 인과(cause and effect)를 가리킨다.
    ④ 원인과 결과의 관계는 사람의 습관에 의해 형성된 주관적 신념에 불과하다.

14. 칸트 철학에 있어서 다음 명제 중 종합판단이 아닌 것은 무엇인가?
    ① 장미는 빨갛다.　　　② 원은 둥글다
    ③ 하늘은 높다.　　　　④ 3+7=10

15. 철학을 수학처럼 하나의 근본개념으로부터 연역적으로 도출해 낼 수 있는 보편학으로 정립하려 했던 근세의 철학자는 누구인가?
    ① 라이프니쯔   ② 스피노자
    ③ 데카르트   ④ 흄

16. 다음 설명 중 칸트의 사상이 아닌 것은 무엇인가?
    ① 칸트는 형이상학은 불가능하다고 보고 참 지식을 경험과 그것을 분석하는 이성에 기초하려 하였다.
    ② 순수이성의 한계 내에서는 신의 존재를 증명하기 어렵다고 보았다.
    ③ 자유의 개념은 순수이성 자체의 전체계를 해명하는 시금석이다.
    ④ 인식주체로서 '나는 생각한다'(Ich denke)는 순수한 자발성이기 때문에 순수자발성 그 자체는 파악될 수 없다.

17. 인간은 본래 자연의 테두리 속에 있을 때는 선하였으나 사회의 형성과 더불어 타락하였다고 보고 성장기의 사람을 사회로부터 격리하여 인간 내면에 주어진 선한 천성을 따라 자연스럽게 교육해야 한다고 주장한 계몽주의 사상가는 누구인가?
    ① 볼테르   ② 몽테스큐
    ③ 룻소   ④ 레싱

18. 다음 유물론적 사상과 관계가 없는 사람은 누구인가?
    ① 라 메트리   ② 포이엘바하
    ③ 홉스   ④ 록크

19. 다음 설명 중 헤겔의 사상이 아닌 것은 무엇인가?
    ① 실재는 이미 완성된 것이며, 실재를 목적 삼는 우리의 인식은 온전하고 최종적인 것이 될 수 있다.
    ② 이성이 현상 세계에서만 적용되고 모든 실재에 대해서는 구성

적이지 못하다는 칸트의 이성관을 비평하였다.
③ 헤겔은 독일 국가의 출현을 역사 발전과정의 완성 또는 성숙기로 보았다.
④ 절대자는 보편적이고 하나인 이념이며, 정신과 자연은 이념이 밖으로 드러난 현상들이다.

20. 다음 설명 중 칼 맑스의 사상이 아닌 것은 무엇인가?
① 역사는 적대 세력들의 끊임없는 충돌이다.
② 맑스는 보통선거, 대의정부와 같은 사회변화를 위한 민주주의적 방법에 관심이 없었다.
③ 맑스의 사상은 개인주의적 윤리에 대해 매우 냉소적인 태도를 취했다.
④ 맑스의 사상은 개인이 사회구조에 의해 결정된다는 사회 결정론을 받아들였기 때문에 행동주의와는 거리가 멀다.

21. 칸트가 직관형식이라고 부른 것과 관계있는 것은 무엇인가?
① 시간   ② 오성
③ 통각   ④ 12범주

22. 칸트의 선험적 종합 판단에 대한 바른 설명이 아닌 것은 무엇인가?
① 선험적 종합 판단은 우리의 주관 속에 있는 순수한 형식에 의해 성립한다.
② 선험적 종합 판단은 개념을 분석하여 그 속에 있는 내용을 설명하는 판단이다.
③ 선험적 종합 판단은 수학에서도 발견된다.
④ 선험적 종합 판단은 확장 판단이다.

23. 스피노자의 신관을 설명한 것 중에 잘못된 것은 무엇인가?
① 신은 일체의 사물에 내재한다.
② 신이 곧 자연이라고 보는 자연신론자이다.

③ 신에 있어서 자유와 필연은 일치한다.
④ 일체의 사물을 생성케 하는 제일 원인은 곧 신이다.

24. 데카르트와 스피노자의 사상 사이에 공통점이 아닌 것은 무엇인가?
   ① 철학을 서술함에 있어서 연역적인 논리를 취한다.
   ② 본체를 일원론적으로 파악한 사상가들이다.
   ③ 이성을 통해 진리를 파악할 수 있다고 믿은 합리주의자들이다.
   ④ 수학이나 기하학적 방법을 신뢰하였다.

*괄호 안에 정답을 써라

25. 아우구스티누스는 자신의 책 (   )에서 서양의 정신사상 획기적인 역사철학을 제시하였다

26. 『예루살렘과 아테네가 무슨 상관이 있느냐?』는 유명한 말을 남긴 (   )는 순교자 저스티누스와는 달리 희랍사상과 기독교사상 사이의 불연속성을 강조하였다

27. 스콜라 철학은 그 시기를 3기로 구분할 수 있는데, 옥캄과 같은 주의주의자(主意主義者)들과 마이스터 에크하르트 같은 신비주의자들은 주로 어느 기간에 속하는가?
   (   )

28-31. 토마스 아퀴나스의 사상 가운데 나타나는 (28.   )과 (29.   )의 이층구조는 고대희랍철학자 아리스토텔레스의 (30.   )과 (31.   )라는 이분법적 도식을 자신의 사상체계에 도입한 결과로 볼 수 있다.

32. 보편개념은 개체에 앞서가는 것도(universalia ante res), 뒤따르는

것(universalia post res)도 아니며, 개체와 더불어 개체 속에 내재한다는 사상을 가진 자는 누구인지 바른 답을 골라 그 번호를 써라.
① 플라톤　　　　　　　② 베렌가리우스
③ 아벨라르두스　　　　④ 안셀무스

*다음 진술이 옳으면 O표, 틀리면 X표를 하라
33. 데카르트와 유사하게 아우구스티누스에 있어서 '사유의 자기 확실성'--즉 나는 사유하고 있으며 또한 내가 사유하는 존재라고 하는 그 사실에 대해서만은 내가 결코 의심할 수 없다는-- 이 자기 사상의 출발점이었던 적이 있었다(　)

34. 시간에 관한 아우구스티누스의 사상은 매우 특이하다. 그는 시간이 세계보다 앞서 있을 수 없다고 말한다. 즉 세계는 시간 속에 존재하는 것이 아니라 시간과 함께 창조되었다는 것이다. 그런데 이 시간이란 우리의 의식과 분리된 것이라고 그는 생각한다(　)

35. 토마스 아퀴나스의 사상을 지나친 주지주의로 보고, 이에 반대하여 주의주의(主意主義)를 옹호한 중세의 철학자는 둔스 스코투스인데, 그는 창조된 세계를 전능한 권능의 표현이 아니라 영원한 이성의 표현이라고 보았다(　)

36. 『나는 이해하거나 인식하기 위하여 믿는다』(credo utiintelligam)라고 말한 안셀무스의 말은 『나는 불합리하기 때문에 믿는다』(credo quia absurdum est)라고 한 로스켈리누스의 말과 함께 명언이 되어 있다(　)

*다음 문제를 간단하게 한 문장으로 답하라(각 문제 5점)
37. 후기 빗트켄슈타인에 의하면 언어의 생명은 어디에 성립하는가?
38. 실존철학에서 '실존한다'는 것은 무슨 뜻인가?

❖ 목회연구원(철학) ❖

1992학년도

1. 지식과 덕은 하나라는 지덕일체론은 누구에 의해 주장되었는가?
   ① 피타고라스   ② 스피노자
   ③ 크세노파네스   ④ 소크라테스

2. 엠페도클레스가 주장한 우주의 원질에 대해 그가 말하지 않은 것은 무엇인가?
   ① 불   ② 물
   ③ 공기   ④ 원자

3. 아리스토텔레스가 말한 에이도스(eidos)의 의미는 무엇인가?
   ① 잠재적 가능태   ② 질료
   ③ 영혼   ④ 형상

4. 아리스토텔레스의 범주들에서 아닌 것을 골라라.
   ① 쾌락적이다   ② 공리적이다
   ③ 실제적이다   ④ 개인주의적이다

5. 아리스토텔레스의 범주들에서 아닌 것을 골라라.
   ① 실체   ② 심상
   ③ 행위   ④ 상태

6. 스토아 학파의 윤리적 삶의 목표는 어디에 있는가?
    ① 행복   ② 덕
    ③ 평화   ④ 공리

7. 범서철학(梵書哲學)이 궁극적으로 추구한 것이 무엇인가?
    ① 행복   ② 사성제(四姓制)
    ③ 칼마   ④ 진정한 자아

8. 불가(佛家)에서는 4가지 불변의 진리가 있다고 한다(사성제), 그것에 해당되지 않는 진리를 골라내라.
    ① 모든 존재는 괴로움이다
    ② 나의 진상은 무아이다
    ③ 고를 폐함에는 탐욕을 없이함에 있다
    ④ 무지한 탐욕을 없애는 데는 팔정도(八正道)가 있다

9. 측은한 마음은 인(仁)의 단(端)이요 부끄러워하는 마음은 의(義)의 단(端)이요 사양하는 마음은 예(禮)의 단(端)이요, 시비를 가리는 마음은 지(智)의 단(端)이다. 이 말은 누가 한 말인가?
    ① 공자   ② 주자
    ③ 맹자   ④ 장자

10. 맹자와는 달리 인간의 본성을 악하고 악을 행하는 경향이 있다고 주장한 사람은 누구인가?
    ① 한비자   ② 묵자
    ③ 도가   ④ 순자

11. 도교에서 말하는 도(道)의 사상과 관계된 것은 무엇인가?
    ① 인의예(仁義禮)   ② 신(神)

③ 행동의 법칙 ④ 초월적이며 만물 가운데 내재함

12. 겸애설을 주장한 사람은 누구인가?
    ① 한비자 ② 주희
    ③ 추연 ④ 묵자

13. 다음 중에 니이체의 사상적인 특징이 아닌 것은 어느 것인가?
    ① 반사회주의적 ② 반도덕적
    ③ 비관론적 ④ 비민주적

14. 서로 독립적이며 자족적인 단자들이 서로 대응하고 조화되어 질서 있는 것이라고 생각한 철학자는?
    ① 스피노자 ② 라이프니쯔
    ③ 포이엘바하 ④ 볼프

15. 데카르트가 주장한 신의 존재 증명론은 다음 중 어떤 것인가?
    ① 존재론적 증명 ② 도덕론적 증명
    ③ 목적론적 증명 ④ 우주론적 증명

16. 인간의 추리가 두 가지 커다란 원리, 즉 모순율과 충족 이유율에 바탕하고 있다고 보고 특별히 우주론적인 사고과정에 충족 이유율을 크게 적용한 근세철학자는 누구인가?
    ① 라이프니쯔 ② 홉스
    ③ 스피노자 ④ 볼프

17. 다음 설명 중에 토마스 홉스의 사상에 관련되지 않은 것은 무엇인가?
    ① 관념론적인 해석은 부정했지만 종교적 가치는 부분적으로 인정했다
    ② 정신을 물체에 환원시키는 일원론적 유물론자이다

③ 우리는 현상들만 가지고 있고 현상 배후에 있는 것은 알지 못한다
④ 홉스는 개념이 감각에 주어져 있는 현상의 이름(nomina)에 지나지 않는다고 보는 유명론자이다

18. 다음 설명 중 록크의 사상이 아닌 것은 어떤 것인가?
① 록크의 신의 존재증명 방식은 우주론적 및 목적론적이다
② 록크는 본유관념의 사상을 받아들이는 경험론자이다
③ 자연과학적 인식은 경험에 기원을 두기 때문에 절대적인 확실성을 가질 수 없다
④ 록크는 모든 단순관념이 실재와 일치하며 실체의 관념을 제외한 모든 복합관념도 실재와 일치한다고 보는 실재론자이다

19. 근세의 자연과학적 사상이 영향을 받아 형성되었으며 독일의 계몽주의와 함께 19세기 자유주의 신학의 발전에 큰 영향을 미친 신론은 어떤 것인가?
① 이신론   ② 범신론
③ 무신론   ④ 다신론

20. 다음 설명 중에 칸트의 윤리철학 사상을 잘못 표현한 것은 어느 것인가?
① 칸트의 윤리철학은 형식주의(fomalism)를 타파하고 인간자율에 근거한 선험주의 윤리학이라 할 수 있다
② 칸트는 영국의 행복주의와 공리주의적 윤리사상을 극복하려 했다
③ 선천적 종합판단이 이론이성의 영역에서만 아니라 실천이성의 영역에서도 가능하다
④ 신, 영생과 같은 형이상학의 이념들은 자유를 통해서 접근될 수 있다

21. 종교는 순수한 느낌이요, 절대 의존의 감정에 불과하다고 주장한

19세기의 사상가는 누구인가?
① 쉘링　　　　　　② 슐라이에르마허
③ 피히테　　　　　④ 휠더린

22. 다음 설명 중 포이에르바하의 사상이 아니 것은?
① 교회와 국가는 철저하게 자체의 영역에 국한시키는 이원론을 주장했다
② 모든 실재들은 개념들로가 아니라 감각적으로 이해되는 것에 불과하다
③ 철학의 발단은 유한한 것, 현실적인 것, 정해진 것일 수밖에 없다
④ 기독교는 인간에게서 정치적 에너지를 빼앗는 종교이다

23. 불란서의 철학자 아우그스트 꽁트의 사상을 잘못 설명한 것은 어느 것인가?
① 현상의 배후에 놓여있는 본질을 경험론적으로 파악하려 하였다
② 인간의 사유는 삼 단계로 발전되는데 마지막 단계는 실증적 단계이다
③ 합리적 사회체제가 실현되려면 개체를 초월한 전체에 대한 인식 내지 이타주의가 필요하다
④ 형이상학을 거부하고 실증주의를 주창하였다

24. 다음 설명 중에 니이체의 사상과 다른 것은 어느 것인가?
① 선하다 또는 악하다는 것은 본래 존재하는 것이 아니다
② 세계의 본질은 의지라고 보는 점에서 쇼펜하우어의 사상과 일치 한다
③ 세계의 배후에 또 하나의 이념의 세계를 설정하려는 시도를 거부 한다
④ 니이체는 아폴로적인 것과 디오니시우스적인 것을 구분하고 전자보다는 후자가 예술발전의 원동력이라고 보았다

25. 키엘케고르의 사상을 잘못 설명한 것은 어느 것인가?

① 생의 진정한 문제는 실천적인 개별문제의 형태를 띤다
② 신앙은 이성의 한계를 넘어선 어두움 속으로의 도약이다
③ 신과 세계 사이에는 매개도 없고 존재의 유비도 없다
④ 인간 실존의 보편적 성격을 규명하고자 했다

26. 실재론과 유명론 사이에 발생한, 이른바 보편논쟁은 누구에 의해 잠정적이나마 일단락되었는가?
 ① 안셀무스   ② 에리우게나
 ③ 아벨라르두스   ④ 로스켈리누스

27. 보편 개념이 개체에 앞서는 것이 아니라 뒤따른다고 한 사람은 누구인가?
 ① 플라톤   ② 안셀무스
 ③ 이레니우스   ④ 로스켈리누스

28. 중세 스콜라 철학의 보편논쟁과 관련되어 나타난 실재론의 주장자와 유명론적 입장을 취한 자를 옳게 대응시켜 놓은 것은 어느 것인가
 ① 플라톤 - 안셀누스   ② 아리스토텔레스 - 히에로니무스
 ③ 안셀무스 - 로스켈리누스 ④ 아벨라르두스 - 엑크하르트

*괄호 안에 정답을 써라

29. 철학적으로 교부철학 시대에 자유의지 및 예정론과 관련하여 아우구스티누스와 논쟁한 인물은 누구인가?
 (   )

30. 기독교 신앙의 철학적인 전개를 본격적으로 시도한 자들 가운데 그노시스 학파가 있다. 그런데 여기서 그노시스(Gnosis)란 말의 의미가 무엇인가?

31. 아우그스티누스의 저술 가운데, 서양 정신사에 있어서 획기적인 역사철학을 제시한 바 있는 책은 무엇인가?
  (   )

*다음 진술이 옳으면 O표, 틀리면 X표를 하라
32. 둔스 스코투스는 토마스 아퀴나스의 주의설(主意說)에 반대하여 주지설(主知說)을 주장하였다(   )

33. 물론 차이는 있기는 해도 아우구스티누스에게서 『나는 생각한다. 고로 존재한다』는 데카르트의 방법적 회의의 선구적 면모를 발견할 수 있다
  (   )

34. 토마스 아퀴나스에게 있어서 자연과 은총은 단지 기계적인 병립의 관계가 아니라, 상호 유기적인 관계로 이해된다(   )

35. 보편개념은 개체와 더불어 개체 속에 내재한다는 사상을 아벨라르두스가 주장하였다(   )

36. 신앙과 이성의 문제와 관련하여 종교 개혁자 루터에게 막중한 영향을 미친 후기 스콜라 철학자로 윌리암 옥캄을 들 수 있다(   )

*다음 문제를 간단하게 한 문장으로 답하라(각 문제 5점)
37. 하이데거에 의하면 보통 인간의 존재 방식은 무엇인가?

38. 실존철학을 20세기에 부흥케 한 신학자는 누구인가?

❖ 석사·신학연구원(철학) ❖

1993학년도

1. 그에 의하면 만물의 근원은 무규정자라고 말한 사람은 누구인가?
   ① 루시퍼스   ② 데모크리토스
   ③ 아낙시멘더 ④ 피타고라스

2. 플라톤이 말한 상기설(想起說)은 무엇에 대한 상기를 말하는가?
   ① 천국   ② 유토피아
   ③ 감성계   ④ 이데아

3. 엘레아 학파가 추구한 철학적 주제는 무엇인가?
   ① 신화를 극복한 형이상학   ② 과학
   ③ 윤리   ④ 불변존재

4. 신플라톤주의의 유출설에 유출의 기원은 무엇인가?
   ① 태극   ② 도
   ③ 선과 악   ④ 일자

5. 그에 의하면 존재는 불변하고 운동과 변화란 환상이다. 그런고로 경험 세계는 기만이다. 이 사상은 누구의 것인가?
   ① 파르메니데스 ② 제논
   ③ 딜타이   ④ 플라톤

6. 불변하는 존재들은 사랑과 미움이라는 힘에 의해 행동을 일으킨다

고 본 사람은 누구인가?
① 제논　　　　　　　② 헤라클리토스
③ 아낙사고라스　　　④ 루시퍼스

7. 그에 의하면 조잡하거나 세련된 원자의 동작에 따라 격정에 휘말리거나 고요의 행복을 느끼게 된다고 한다. 이런 사상을 개진한 사람은 누구인가?
① 아리스토텔레스　　② 데모크리투스
③ 스토아　　　　　　④ 에피큐리안

8. 정욕은 영혼의 병이라 하며 고통이나 즐거움에도 무관심을 최상으로 여기는 주장은 누구에 의해 개진되었는가?
① 스토아　　　　　　② 회의주의자
③ 아퀴나스　　　　　④ 괴변론자

9. 거기에는 우주의 태원, 브라만 그리고 아트만(진정한 자아)에 대해 설명하고 있다. 거기는 어디인가?
① 베다　　　　　　　② 브라마나스
③ 마누법전　　　　　④ 우파니샤드

10. 공자의 신관은 어떤 것인가?
① 유일신론　　　　　② 무신론
③ 다신론　　　　　　④ 회의주의

11. 仁, 義, 禮, 知의 四端設은 어디에서 언급하고 있는가?
① 大學　　　　　　　② 論語
③ 孟子　　　　　　　④ 春秋

12. 도시국가들간 그리고 시민단체들간에 우위를 주장하는 것을 반대

하고 평등사상을 내세우며 민주적 수단에 의한 개혁을 주장하는 인물은 누구인가?
① 소크라테스 ② 프로타고라스
③ 플라톤 ④ 크세노파네스

13. 근세 초기철학자로서 에라스무스에 대한 바른 설명이 아닌 것은 어느 것인가?
① 기독교 신앙을 거부한 사람이다
② 스콜라적인 신학을 매우 싫어했다
③ 신라틴어 번역본과 더불어 널리 인정받는 희랍어 성경을 발간했다
④ 그의 저서 『자유의지론』에서 인문주의적 견해를 피력하였다

14. "지식은 힘이다"는 말을 한 사람은 누구인가?
① 프란시스 베이콘 ② 토마스 홉스
③ 데카르트 ④ 라이프니쯔

15. 토마스 홉스의 철학사상이 아닌 것은 어느 것인가?
① 철학의 주된 관심사는 물체들의 원인과 특성에 있다
② 물체에는 세 가지 종류가 있는데, 그것은 물질적 물체, 인간의 신체, 정치적 집단이다
③ 모든 물체가 공유하는 하나의 중요한 특성은 운동이다
④ 인간의 정신은 선하기 때문에 평화로운 사회를 창출할 능력이 있다

16. 데카르트에 대한 바른 묘사가 아닌 것은 어느 것인가?
① 그의 주된 관심은 지적인 확실성에 대한 문제였다
② 그의 철학 방법은 직관과 귀납법적 추론에서 지식을 세우는 것이다
③ 참된 지식에 도달하기 위해 방법론적인 회의를 받아들였다
④ 사유를 철학의 제일 원리로 받아들였다

17. 스피노자의 사상에 대한 바른 서술은 무엇인가?
    ① 신과 자연은 원인과 결과로서 구분될 수 있다
    ② 자연의 두 구분은 '능산적 자연'과 '소산적 자연'이다
    ③ 지식의 세 단계는 직관, 상상, 이성으로 옮겨감으로써 최하급 지식에서 최상급 지식으로 이전한다
    ④ 정신과 육체는 별개의 두 실체를 나타낸다

18. 존 로크의 경험론에 대한 바른 서술이 아닌 것은 어느 것인가?
    ① 관념의 기원은 경험이다
    ② 경험은 세 가지 형태를 띠는데, 하나는 감각이고 다른 하나는 반성이며 마지막 하나는 선험적 판단이다
    ③ 생득관념은 근거 없는 주장일 뿐이다
    ④ 감각적 지식은 우리에게 확실성을 주지 못한다

19. 데이비드 흄의 사상에 대한 설명이 아닌 것은 어느 것인가?
    ① 흄의 가장 독창적이고 영향력 있는 사상은 인과율의 문제였다
    ② 인과율이란 개념의 반복에 의해 생겨난 정신에 있어서 연상의 습관에 불과하다
    ③ 흄은 실체의 존재나 실체가 어떤 일관된 의미를 갖는다는 것을 인정한다
    ④ 도덕적 판단은 이성만에 의해서가 아니라 공감에 의해서 형성된다

20. 칸트의 사상을 바르게 설명한 것이 아닌 것은 어느 것인가?
    ① 모든 사건들은 필연의 산물이라는 입장과 인간 행동에 자유가 있다는 입장을 어떻게 조화시키는가에 관심을 가졌다
    ② 지식은 오직 감각 자료들로만 형성된다
    ③ 칸트의 선험적 종합판단은 확장판단이라고도 불리운다
    ④ 분석판단은 술어가 이미 주어의 개념 속에 포함되어 있는 판단을 말한다

21. 칸트의 선험적 종합판단에 대한 설명이 아닌 것은 어느 것인가?
    ① 형이상학에서 선험적 종합판단이다
    ② 7+5=12도 역시 선험적 종합판단이다
    ③ '원은 둥글다'는 명제는 선험적 종합판단이다
    ④ 윤리학에도 선험적 종합판단이 존재한다

22. 칸트의 철학에 대한 바른 설명은 어떤 것인가?
    ① 순수이성에 있어서나 실천이성에 있어서나 선험적 종합판단이 가능한 것은 '순수 자발성' 또는 '자유' 때문에 기인한다
    ② 칸트는 형이상학적 독단론을 방지하기 위해 실재를 현상적인 것에 국한시켰다
    ③ 칸트는 어떤 형태로든 형이상학은 불가능하다고 보았다
    ④ 순수이성은 물자체를 인식할 수 있다

23. 칸트와 헤겔의 철학사상에 대한 옳지 못한 대조는 어떤 것인가?
    ① 헤겔은 칸트의 비판철학을 형이상학적 관념론으로 변형시켰다
    ② 헤겔은 인식불가능한 영역이 있다는 칸트를 비판하였다
    ③ 칸트에 있어서 정신의 범주들은 어떤 개인의 정신과의 독립된 하나의 존재양식을 갖는다
    ④ 칸트나 헤겔은 범주들을 물자체에 적용해야 한다고 보는 점에서 일치한다

24. 헤겔의 사상이 아닌 것은?
    ① 절대자는 인간 정신의 작용뿐만 아니라 자연에도 현현하기 때문에 인간의 이성이 절대자의 내적 본질에 도달할 수 있다
    ② 절대자, 자연, 인간의 정신을 관련지우는 것은 사유 그 자체이다
    ③ 헤겔은 논리학을 형이상학과 실질적으로 동일시하지 않았다
    ④ 헤겔은 이성적인 것과 현실적인 것을 동일시하였다

25. 헤겔의 정신철학에 대한 바른 설명이 아닌 것은 어느 것인가?
    ① 객관적인 정신은 사회정치적 제도들에 외적으로 구현된 정신을 말한다
    ② 인식의 정점에는 절대정신의 성취인 자연과학이 있다
    ③ 헤겔의 정치이론은 전체주의 경향성을 띤다
    ④ 헤겔은 국가를 절대다수의 의지의 산물로 보지 않았다

26. 니이체의 사상에 대한 바른 설명이 아닌 것은?
    ① 쇼펜하우어처럼 삶의 부정적인 태도를 취하였다
    ② 디오니소스적 충동이 예술 창조를 위한 기회를 부여한다
    ③ 아폴론적 요소는 인간의 삶의 충동을 조정하는 역할을 한다
    ④ 니이체는 자신의 외부에서 자신의 행위들을 규정하는 것을 인정하지 않는다

27. 다음 철학자들 중에서 과정 내지 진화론적 경향을 보이지 않는 사람은 누구인가?
    ① 베르그송   ② 존 듀이
    ③ 화이트헤드   ④ 보상퀘

28. 다음 철학자들 중에서 현상학적 전통에 속하지 않는 자는 누구인가?
    ① 훗설   ② 하이데거
    ③ 야스퍼스   ④ 사르트르

29. 다음 철학자들 중에서 분석철학 전통에 속하지 않는 사람은 누구인가?
    ① 모어   ② 프레게
    ③ 럿쓸   ④ 크로체

30. 논리적 실증주의에 속하지 않는 철학자는 누구인가?

① 빗트겐슈타인　　　② 슬릭
③ 카르납　　　　　　④ 라이헨바하

31. 실존주의 철학자 계열에 들지 않는 사람은 누구인가?
① 하이데거　　　　　② 샤르트르
③ 키엘케골　　　　　④ 훗설

32. 실용주의에 속하지 않는 철학자는 누구인가?
① 피얼스　　　　　　② 윌리암 제임스
③ 존 듀이　　　　　　④ 산타야나

33. 영국에서 관념론자에 속하지 않는 사람은 누구인가?
① 브래들리　　　　　② 보상퀘
③ 스펜서　　　　　　④ 프링글 - 팻티슨

34. 희랍철학을 받아들이는 일을 가장 반대한 교부는 누구인가?
① 오리겐　　　　　　② 클레멘트
③ 터툴리안　　　　　④ 이레네우스

35. 다음 중세인들 중에서 신비가들이 아닌 사람은 누구인가?
① 라이스부룩　　　　② 타울러
③ 엑하르트　　　　　④ 니콜라우스

36. 중세의 철학자로서 유명론자들 중의 대표자는 누구인가?
① 알버트　　　　　　② 아베라드
③ 로셀리누스　　　　④ 안셀무스

37. 지덕합일을 주장하고 자신의 통찰에 의한 연역적 방법으로 무오한 정의(定義)를 도출하려고 시도한 사람은 누구인가?

① 궤변론자　　　　　　② 플라톤
　　③ 소크라테스　　　　　④ 밀레토스학파

38. 버트란드 럿쓸의 철학은 논리적 (1.　　　　)이고, 이것을 잘 발전시킨 철학자는 (2.　　　　)이다.

39. 토마스 아퀴나스의 유비의 방법을 가리켜 (3.　　　　) 유비라고 말한다.

40. 스콜라철학의 아버지는 (4.　　　　)이고, (5.　　　　)을 (6.　　　　)으로 설명하는 것을 그 과제로 삼는다.

41. 토마스 아퀴나스를 따르는 종단은 (7.　　　　)교단이고, 아우구스티누스를 따르는 종단은 (8.　　　　)교단이다.

42. 중세의 종합체계를 붕괴시키는 대 결정적인 역할을 한 사람은 영국의 (9.　　　　)이다.

43. 실제론에 의하면 (10.　　　　)는 개물에 선행해서 존재하고 유명론에 의하면 그것은 (11.　　　　)뿐이다

44. 논리적 실증주의에 영향을 많이 끼친 영국의 철학자의 18세기 (12.　　　　)이고, 그 직접적 조상은 (13.　　　　)이다

❖ 석사 · 신학연구원(철학) ❖

1994학년도

* 다음 문제들의 답을 표시하거나 O, X로 표시하고 (   ) 안에 요구하는 답을 기록하라

1. 프로타고라스의 인식론적 회의론에 영향을 받은 바 있는 소피스트들의 윤리설이 지니는 일반적인 특징이 아닌 것은?
   ① 주관주의   ② 보편주의
   ③ 상대주의   ④ 편의주의

2. 플라톤의 윤리설에서 발견되는 주요한 네 가지 덕목들 가운데 가장 종합적인 의미를 지닌 덕은 무엇인가?
   ① 지혜   ② 용기
   ③ 절제   ④ 정의

3. 인간은 본래 정치적 동물(zoon politikon)이라고 말한 아리스토텔레스가 국가의 정체를 분류할 때, 포함되지 않은 유형은?
   ① 군주정체   ② 입헌정체
   ③ 민주정체   ④ 귀족정체

4. 다음 중 잘못된 진술을 고르라.
   ① 에피쿠로스는 데모크리토스와 마찬가지로 원자론적 유물론자이다
   ② 플로티누스가 말하는 일자는 타자에 의존하는 것이 아니오, 스

스로 독립하여 있으며 만물이 존재하기 전에 이미 존재한 초월적 존재자다
③ 스토아 학파는 신이 물질 속에 내재하고 물질과 결합하여 있는 이성(logos)이라는 주장과 같은 범신론을 거부한다
④ 윤리론에서 쾌락설을 주장하는 에피쿠로스는 육체적 쾌락보다 정신적 쾌락을 추구하고, 마음의 평정을 이상으로 삼았다는 점에서 스토아 학파의 금욕주의와 공통점이 있다

5. 플라톤의 이데아론에 대한 진술 중 잘못된 것은?
  ① 플라톤은 개념적 인식과 감각적 지식을 구별하고, 전자는 사물의 보편불변의 진상을 인식하는 것으로 참된 인식이지만, 후자는 참된 지식일 수 없다고 한다
  ② 플라톤이 개념적 인식의 대상인 이데아를 개별적 사물과 전혀 분리시킨 점은 아리스토텔레스의 입장과 동일하다고 할 수 있다
  ③ 플라톤의 변증법은 이러한 개념적 인식을 얻는 방법으로서 이 변증법에는 귀납법과 분류법의 두 방법이 포함된다

6. 다음 중 잘못된 진술을 고르라
  ① 플라톤의 철학은 이상적, 종합적, 변증론적인 데 반해, 아리스토텔레스에서의 경우는 경험적, 분석적, 귀납적이다
  ② 아리스토텔레스의 논리학은 판단론, 추리론, 논증론 등을 포함하는데, 논증론은 삼단법이라 불려지기도 한다
  ③ 아리스토텔레스는 가장 보편적인 개념을 범주라고 불렀다
  ④ 아리스토텔레스는 플라톤과 동일하게 개념적 인식이 참된 인식이라고 한다

7. 다음 중 학파상 가장 공통점이 적은 인물들로 이루어진 것은?
  ① 탈레스 - 아낙시만드로스 ② 세네카 - 마르쿠스 아우렐리우스

③ 피타고라스 - 프로타고라스　④ 제논 - 세네카

*다음의 진술이 옳으면 O표, 틀리면 X표 하라

8. 이오니아(Ionia) 학파를 밀레토스(Miletos) 학파라고 부르는데, 그 이유는 밀레토스가 그 대표 인물이었기 때문이다(　)

9. 『만물이 유전한다』(panta rhei)는 유명한 말을 남긴 헤라클레이토스는 만물의 원질을 불로 보았다(　)

10. 수를 우주의 근본 물질로 삼고, 만물이 수에 의해 이루어졌다고 주장한 고대 희랍의 철학자는 프로타고라스이다(　)

11. 아리스토텔레스에 의하면 일반적인 이념만이 현실성을 지닐 수 있을 뿐이며, 개별적인 사물이란 단지 일반적인 이념을 바탕으로 하며 이를 불완전하게 묘사한 데 불과한 것으로 보았다(　)

12. 문답을 진리탐구의 수단으로 삼았던 소크라테스는 참된 지식으로 유도하는 방법을 (　　　)에 비하였다

13. 중세철학 형성에 관계가 없는 철학자는 누구인가?
　　① 플라톤　　　　　② 플로티누스
　　③ 바울　　　　　　④ 소크라테스

14. 『부조리하기 때문에 나는 믿는다』고 말한 교부철학자는 누구인가?
　　① 어거스틴　　　　② 안셀무스
　　③ 테르툴리아누스　④ 아다나시우스

15. 진리 인식의 주체로서 영혼의 절대적 실재를 주장한 사람은 누구인가?

① 어거스틴 ② 루터
③ 에크하르트 ④ 소크라테스

16. 어거스틴은?
    ① 자유의지를 인정하였다
    ② 자유의지를 부정하였다
    ③ 자유의지가 타락 이전에만 있었다
    ④ 자유의지를 인정도 부정도 하지 않았다

17. 신 증명을 최초로 제기한 사람은?
    ① 소크라테스 ② 안셀무스
    ③ 아리스토텔레스 ④ 플라톤

18. 존재론적 신증명은 아래의 하나와 같은 관점에서 출발한다
    ① 하나님은 생각될 수 있는 가장 완전한 자
    ② 하나님은 필연적이고 제한 받지 않는 최초의 존재
    ③ 하나님은 배후에서 세계의 질서를 잡아주는 지성으로서의 존재
    ④ 감각적인 개물은 이차적인 존재로 보고 그것들 이전의 보편적인 존재

19. 개별물만 실재이고 보편자는 관념이며 추상이라고 한 사상은?
    ① 실념론이다 ② 관념론이다
    ③ 유명론이다 ④ 실재론이다

20. 알베라투스의 주장은 어느 것인가?
    ① 보편은 사물에 앞서 있다
    ② 보편은 사물 속에 있다
    ③ 보편은 사물 뒤에 있다
    ④ 보편은 사물 아래 있다

21. 아퀴나스의 인식론은?
    ① 계시지상주의   ② 계시 이성 종합
    ③ 이성지상주의   ④ 신비주의

22. 윌리암 옥캄은 아래 중 하나의 길을 택하였다. 어떤 길인가?
    ① 이성으로 신앙을 합리화 하는 길
    ② 이성과 신앙이 각자의 분야의 권능을 지니면서 서로 화해하는 길
    ③ 이성과 신앙이 각각의 분야와 권능을 지니면서 서로 분리하는 길
    ④ 이성의 권능은 박탈되고 오직 신비적 직관에 의해 계시를 받으
       려 하는 길

*다음 답을 답안지에 써라
23. 인도철학에서 인간이 궁극적으로 벗어나야 할 사슬은 무엇인가?
    (   )

24. 힌두교에서 가장 오래된 경전은?
    (   )

25. 프란시스 베이콘의 사상과 관계없는 것을 고르라
    ① 그가 존경한 고대 철학자는 데모클리토스였으며 그의 유물론을 따랐다
    ② 인간 정신은 우상에 의해 타락한다고 생각하고 그것을 각각 비
       유적으로 종족의 우상, 동굴의 우상, 시장의 우상, 극장의 우상
       이라고 불렀다
    ③ 베이콘은 과학과 수학의 중요성을 크게 강조했다
    ④ 인간 정신의 편향된 사고를 교정하기 위한 유일한 방법은 관찰
       과 실험, 즉 귀납적인 방법이다

26. 토마스 홉스의 사상에 대한 바른 설명이 아닌 것은?

① 그의 철학적 주된 관심사는 물체들의 원인과 특성에 있었다
② 물체에는 세 가지 종류가 있는데, 그것은 물질적 물체, 인간의 신체, 정치적 집단이다
③ 홉스는 신의 존재를 부정했으며, 그것을 탐구하는 것은 미신이라고 보았다
④ 그는 인간 사유에 있어서 기계론적인 견해를 취하였다

27. 대륙의 이성론자들인 데카르트, 스피노자, 라이프니쯔 철학의 공통된 입장들이 아닌 것은 무엇인가?
① 과학과 수학의 진보와 성공에 영향을 받는 이들은 철학에 귀납법적인 접근 방식을 도입하는 것이었다
② 그들의 주요 논점은 인간과 세계에 관한 진리의 원천인 인간 정신의 이성적 능력에 관한 것이었다
③ 그들은 종교의 주장을 거부한 것은 아니지만 그들은 철학적 추론을 초자연적 계시와 무관한 것이라고 생각하였다
④ 한 개인의 정신은 우주의 본질을 발견할 수 있는 적절한 방법에 따라 활동하도록 만들어져 있다고 믿었다

28. 다음 대륙의 이성론자들이 철학적 사상을 바르게 설명한 것이 아닌 것은 무엇인가?
① 데카르트는 지식을 이루는 데 있어서 감각 경험과 실험의 중요성을 인정했다
② 데카르트 사상의 전반적인 흐름은 사유와 연장을 분리시키는 이원론적인 방향을 취한다
③ 데카르트와 마찬가지로 스피노자는 기하학의 방법을 따르면 실재에 대한 정확한 지식에 이를 수 있다고 보았다
④ 스피노자는 실재의 궁극적인 본질은 단일 실체라는 결론에 도달하였다

29. 다음 대륙의 이성론자들이 철학적 사상을 바르게 설명한 것이 아닌 것을 고르라.
    ① 스피노자는 신과 자연은 원인과 결과처럼 구별된 것으로 보지 않았다
    ② 스피노자에 의하면 만물은 이미 결정되어 있는데, 왜냐하면 사유와 연장이 세계 안에서 형성하는 양태들은 신의 본성의 필연성에서 비롯되는 만물을 나타내기 때문이다
    ③ 라이프니쯔는 실체의 본질에 대한 데카르트나 스피노자의 설명 방식을 못마땅하게 생각하고 세계는 사유와 연장의 속성이 표출되는 여러 가지 양태로 구성된다고 보았다
    ④ 라이프니쯔에 의하면, 이성적 진리는 충족이유율에 의해 검증된다

30. 다음 영국의 경험론자들의 사상을 바르게 설명한 것이 아닌 것은 무엇인가?
    ① 로크는 인간 정신에는 이미 태어날 때부터 그 위에 각인된 어떤 생득적 원리들이 존재하지 않는다고 보았다
    ② 버클리에 의하면 실재는 현상에 기초해야 하기 때문에 과학은 현상과 실재를 구분해서는 안된다
    ③ 흄에 의하면 원인과 결과의 관계는 사람의 습관에 의해 형성된 주관적 신념에 불과하다
    ④ 흄에 의하면 지식은 단순관념이 결합하여 생긴다

31. 다음 설명 가운데 칸트의 사상이 아닌 것은 무엇인가?
    ① 인식 주체는 순수자발성이기 때문에 그 자체는 인식될 수 없다
    ② 모든 형이상학은 불가능하다고 보고 참지식을 경험과 그것을 분석하는 이성에 기초하려고 하였다
    ③ 흄의 경험론을 받아들이나 그의 경험론적 불가지론은 받아들이지 않았다
    ④ 순수이성 자체의 체계를 올바로 이해하려면 자유의 개념이 전

제되어야 한다

32. 다음 관념론자들의 사상을 바르게 설명한 것이 아닌 것은 무엇인가?
    ① 피히테 - 주관적 관념론   ② 셸링 - 목적론적 관념론
    ③ 헤겔 - 절대적 관념론

33. 다음 헤겔의 사상을 바르게 설명한 것이 아닌 것은 무엇인가?
    ① 인간의 이성은 절대자의 내적 본질을 규명할 수 있다
    ② 논리학은 형이상학과 실질적으로 동일하다
    ③ 자연은 이념자신의 외부에 있는 실재이기 때문에 자연의 영역은 이념으로부터 도출되지 않는다
    ④ 주관적 정신이 사회 정치제도들에 외적으로 구현된 것은 객관적 정신이라고 말한다

34. 자연 속의 인간은 선하지만 사회 속에서 타락하기 때문에 인간을 사회로부터 격리시켜 주어진 천성을 따라 교육해야 한다고 본 계몽주의 사상가는 누구인가?
    ① 레싱   ② 몽테스큐
    ③ 볼테르   ④ 루소

35. 콩트의 사회철학과 관계가 없는 설명은 어떤 것인가?
    ① 한 사회의 구조는 그 시대의 철학을 반영하며 따라서 철학사상의 주요한 변화는 정치질서의 변화를 야기할 수도 있다
    ② 사회는 정태적 성분과 동태적 성분으로 구성되는데, 정태적 성분은 가족, 사유재산, 언어, 종교와 같은 사회의 안정적 요소들이다
    ③ 콩트는 특별히 동태적 성분에 관심을 표명하면서 사회의 안정적 요소들의 혁명적 변화를 가져오려 하였다
    ④ 참된 사회는 새로운 인간성이 종교라는 기초 위에서 구현되야 한다고 보았다

36. 영국의 공리주의에 대한 바른 설명이 아닌 것은 무엇인가?
    ① 쾌락의 총합이 고통의 총합보다 클 때 선이 성취된다
    ② 참된 도덕성의 원리는 인간성의 목적과 이성의 명령에 기초해야 한다
    ③ 벤담의 선의 측정을 위해서 쾌락의 양적 측면에 주로 관심을 가졌다
    ④ 슈트어트 밀은 쾌락과 고통은 계산이 불가능하다고 보았다

37. 키엘케골을 20세기에 부활시킨 학자는?
    ① 하이데거   ② 불트만
    ③ 발트   ④ 야스퍼스

38. 비엔나 학파에 결정적 영향을 끼친 철학자는?
    ① 럿쓸   ② 빗트겐슈타인
    ③ 무어   ④ 라이엔바흐

39. 근세 해석학은 누구에 의해 비롯되었는가?
    ① 딜타이   ② 훗설
    ③ 슐라이어막허   ④ 가다머

40. 하이덱거는 존재를 (,   ,   )을 통하여 접근하려고 하였다.

41. 하이덱거 철학에 있어서 일상적 삶에서 실존에로 불러내는 것은 (   )이다.

42-43. 훗설의 현상학적인 분석은 (42.   )와 (43.   )로 구성된다.

44. 훗설의 못토는 (   )에로 돌아감이다

45. 후기 빗트겐슈타인은 단어의 의미를 (   )으로 보았다

46. 해석학에 있어서 고전문서의 해석은 (   )의 융합으로 이루어진다

47. 푹스와 에벨링은 신앙대상의 발생을 (   ) 사건이라고 한다

48. 싸르트르는 전통적 정의에 반대하여 인간을 본질적으로 (   )라고 정의한다

49. 부버는 (   ) 관계를 그의 철학의 중심을 삼았다

50. 위리암 제임스의 철학을 (   ) 주의라고 한다

석사 · 신학연구원(철학)

1995학년도

* O, X 문제

1. 아리스토텔레스는 가장 보편적인 개념을 범주라고 하여 실체, 분량, 성질, 관계, 장소, 시간, 위치 등 7개를 들고 있다(   )

2. 프로타고라스의 인식론은 후에 소피스트들에게 도덕상 회의론을 유발시켰다(   )

3. 데모크리토스는 원자론을 기초로 한 윤리설을 말하고 있는데, 이는 에피쿠로스 사상(쾌락설)의 선구라고 할 수 있다(   )

4. 아리스토텔레스가 주장하는 우주론은 지구를 중심으로 여러 구층이 회전하고 있다는 구층설이다(   )

5. 밀레토스학파에 속하는 탈레스, 아낙시만드로스, 아낙시메네스는 존재하는 모든 것의 발생을 하나의 궁극적인 원소나 혹은 물질의 바탕을 이루는 근본 원리에 의해 설명하려고 했다는 점에서 서로 공통성이 있다(   )

6. 희랍의 학문 가운데 특별히 수학의 기초를 마련한 것은 피타고라스 학파뿐 아니라, 밀레토스 학파였다(   )

7. 엘레아 학파는 만물의 변화 생성을 부정하여, '있는 것'의 불생불멸의 주장하고, '있는 것'에 대한 변증법적 고찰을 한 것이 특색이다
( )

*객관식 문제
8. 荀子가 말한 禮는 무엇인가?
   ① 개인적인 실천 덕목이다   ② 세계적인 실천 덕목이다
   ③ 사회억제를 위한 덕목이다 ④ 종교적인 실천 덕목이다

9. 신 유가에 있어서 仁의 개념은 어떤 것인가?
   ① 개인적인 도덕이다   ② 의식에 참여이다
   ③ 자기 개발 修身이다   ④ 만물과 일체됨에서 이루어지는 행동이다

10. 도교의 도(道)의 실현에서 목표하는 것 중 아닌 것은?
    ① 소(素)의 생활   ② 박(朴)의 생활
    ③ 선(禪)의 생활   ④ 금욕(禁慾)의 생활

11. 힌두교의 중요한 철학서는?
    ① 바하바 기타   ② 야주르 베다
    ③ 우파니샤드   ④ 마누법전

12. 어거스틴 고백록의 철학적 의의는 어디에 있는가?
    ① 자아의 정신 탐구   ② 삼위일체이신 신의 본질 탐구
    ③ 사유하는 존재로서 자아 ④ 자아의 심리적 통찰

13. 스콜라 철학에서 개별자보다 일반에게 현실성을 부여하는 것은?
    ① 유명론   ② 현실론

③ 실재론 ④ 실용론

14. 둔스 스코트스의 사상과 틀린 것은 어느 것인가?
   ① 실재론자   ② 이성은 의지보다 상위임
   ③ 보편성 인정   ④ 현상의 특수성 인정

15. 윌리암 옥캄의 사상과 다른 것은 어느 것인가?
   ① 사물에 앞서가는 보편 개념을 부정한다
   ② 신은 규정할 수 없다
   ③ 믿음은 불합리한 것이 아니다
   ④ 성경과 철학은 분리시킨다

16. 질료 속에 일체의 형상이 깃들여져 있다는 회교 철학자는?
   ① 오리겐   ② 판테누스
   ③ 아베로에스   ④ 아벨라투스

17. 데카르트의 사상과 관계가 없는 것을 고르시오.
   ① 철학의 두 가지 기본 명제는 신과 정신에 관한 문제였다
   ② 철학을 일종의 보편적 수학으로 생각하였다
   ③ 철학을 엄밀한 귀납적 방법에 의거하여 논하였다
   ④ 무엇이든지 서슴없이 회의하는 데서 철학적 사고는 시작했다

18. 스피노자의 사상과 관계가 없는 것을 고르시오
   ① 실체인 신은 자연에서는 발견될 수 없다
   ② 실체에 대응하는 개념은 양태(modus)이다
   ③ 실체는 자기 원인에 의해 존재하는 영원하고 무한한 것이다
   ④ 인간은 육체와 정신이라는 두 개의 분리된 실체로 구성된 것이 아니다

19. 라이프니츠의 사상이 아닌 것을 고르시오
   ① 단자론은 형이상학의 중심부분이다
   ② 자연현상을 연장과 운동의 개념으로 설명한다
   ③ 예정조화설을 주장하였다
   ④ 완전한 세계 속에 고난과 불완전이 존재함을 범신론으로 밝힌다

20. 로크에 대한 설명으로 틀린 것은 어느 것인가?
   ① 현대 인식론적 비판의 원조이다
   ② 본유관념 때문에 인식이 가능해진다
   ③ 외부로부터의 인상을 단순히 모사한 것은 단순 관념이라고 한다
   ④ 외적 경험은 단순 관념을 의식에 도입하는 원천이다

21. 흄의 사상에 대한 바른 설명이 아닌 것은 어느 것인가?
   ① 로크와 같이 '인상'과 '관념'을 구분한다
   ② 관념 연합의 세 법칙을 제시하였다
   ③ 정신적 실체의 개념을 신랄하게 비판하고 파괴해 버렸다
   ④ 관념의 연합 작용은 아무런 절대적 필연성도 없다

22. 루소의 사상을 바르게 설명하지 못한 것은 어느 것인가?
   ① 자연의 상태만이 진정한 낙원이다
   ② 반성적인 숙고 자체는 자연에 위배되는 상태이다
   ③ 자연의 상태에서는 약자가 생길 여지가 없고 덕성만 지배한다
   ④ 자연이 부여한 인간의 자유는 국가의 권력과 조화될 수 없다

23. 칸트의 사상을 그릇되게 설명한 것은 어느 것인가?
   ① 자연 과학에 대한 정신적 우위성을 지키려고 했다
   ② 관념들의 결합이란 자유의 능력으로 생긴다
   ③ 철학적 사유의 출발점으로 삼은 대상은 자연과 자유이다

④ 형이상학을 무너뜨린 인식론자이다

24. 칸트의 사상을 잘못 설명한 것은 어느 것인가?
   ① 필연과 자유의 긴박한 대립은 모순율을 기반으로 하는 형식 논리로 해결될 수 있다
   ② 현상의 제일 원인으로서 물자 체계를 인정하였다
   ③ 물자체가 전제되지 않을 때, 모든 경험은 공허한 가상이 된다
   ④ 물자체의 개념과 자유는 상관성이 있다

25. 칸트의 사상에서 상관 관계가 잘못 이어진 것은 어느 것인가?
   ① 전칭판단 : 모든 인간은 유한한다
   ② 무한판단 : 이 장미는 향기가 나지 않는다
   ③ 가언판단 : 이 장미는 오늘 꽃을 피울 수 있을 것이다
   ④ 정언판단 : 이 삼각형은 하나의 직각을 가진다

26. 칸트의 실천 이성 비판의 기본 개념에서 바르게 연결되지 못한 것은?
   ① 실천적 법칙 : 보편적으로 타당하다
   ② 수칙 : 객관적으로 타당하다
   ③ 가언명령 : 조건부로 보편 타당하다
   ④ 단언명령 : 무조건 보편타당하다

27. 칸트의 종교 철학과 기본 개념에서 바르게 연결되지 못한 것은?
   ① 실천 이성은 자유, 영혼 불멸, 신의 개념들을 신앙의 입장에서 받아들이도록 강요한다
   ② 내심의 정언 명령 형식을 통하여 자유에 대한 확신이 생겨난다
   ③ 칸트는 기독교만이 도덕적 완성을 이룩한 유일한 종교라는 것을 받아들이지 않는다
   ④ 자유와 영혼과 신에 대한 믿음이 없이는 완벽한 도덕 행위란

기대할 수 없다

28. 칸트 사상의 기본 개념들을 바르게 설명한 것이 아닌 것은?
   ① 오성 형식 : 감각 소여들을 다루는 판단 형식
   ② 정언 명령 : 도덕 행위의 일반적이고도 필연적인 원리로서의 일반 법칙을 나타내는 순수 형식
   ③ 공간과 시간 : 감각 내용을 공간적 내지 시간적으로 종합 통일 하는 선천적 직관형식
   ④ 종합 판단 : 감각 자료를 다루는 경험론적 확장 판단

29. 헤겔사상과 관계가 없는 것을 고르시오
   ① 정신 철학의 삼 단계는 주관적 정신, 객관적 정신, 절대정신이다
   ② 절대 정신의 영역은 과학, 종교, 철학의 삼 단계로 구분된다
   ③ 개인은 세계 정신이 사용하는 도구이다
   ④ 시대 정신은 개인들 속에서 제현된 것을 말한다

30. 해석학의 창시자는?
   ① 슐라이어막허   ② 딜타이
   ③ 가다머   ④ 라찌르

*괄호 안에 정답을 쓰시오
31. 7현인 중의 한 사람인 (   ) 는 기원 전 600년경의 인물로서, 물을 만물의 원리(=아르케)로 보았다.

32. 만물의 원리를 불로 본 (   ) 는 '만물이 유전한다'는 유명한 말을 남기기도 하였는데, 그는 만물의 변화를 하나의 통일 된 세계 법칙으로서의 로고스에 의해 지배되는 것으로 보았다.

33. 사유의 출발점을 자연에 대한 관찰로부터가 아니라, 수 자체의 관찰에서부터라고 본 (   )는 코스모스라는 말을 최초로 사용하였고, 우주를 질서있는 세계로 보았다.

34. 아테네 출신인 (   )는 윤리 문제에 있어서, 소피스트들의 파괴적 경향에 대항하여 율법과 도덕을 확실한 근거 위에 세우려 하였다.

35. 孟子가 말하는 중요한 네 가지 덕목은 무엇인가?
    (   )

36. 힌두교에서 말하는 무소부재의 신적인 존재를 무엇이라 부르는가?
    (   )

37. 신앙에 의해 구원을 얻는다는 정통 신학 사상과는 달리 (   )에 의해 구원이 가능하다는 철학은 기독교와 유대교 그리고 신 플라톤 사상을 혼합한 것이다.

38. "아테네와 예루살렘, 아카데미와 교회, 이교와 기독교 사이에 무슨 통합이 있느냐?" "하나님의 아들은 죽었다. 이것은 불합리한 것이다. 그러므로 나는 믿는다. 불합리함으로 나는 믿는다"고 말한 교부는 누구인가?

39. 주님의 주권 사상과 악의 기원 문제는 양립할 수 없다. 어거스틴은 악을 선의 (   )라고 말함으로 이 문제를 극복하였다.

40. 개별자만 현실적일 뿐 일반적 개념이란 결코 개별체에게 현실성을 부여할 수 없다는 것은 (   ) 이다.

41. 아퀴나스는 구원에 있어서 (   )를 인정함으로 어거스틴과 전혀 다른 견해를 보였다.

* 인간의 존재 방식을 42. (   )이라고 하이덱거는 말하는데 그것은 자신을 43. (I   )하는 것이다.

* 키엘케골은 20세기 철학에서는 44. (   )의 시발자가 되고 신학에서는 45. (   ) 신학의 시발자이다.

* 훗설은 모든 것을 귀류하고서 남은 것은 46. (   )자아라고 하였다.

* 슐라이어막허는 문법적 주석에 47. (   ) 해석을 합쳐야 해석이 이루어진다고 보았다.

* 해석학은 정신과학의 방법론으로 정착시킨 철학자는 19세기 독일의 48. (   )이다.

* 카알 맑스에게 영향을 가장 많이 끼친 철학자는 19세기 독일의 49. (   ) 과 50. (   ) 이다.

❖ 석사 · 신학연구원(철학) ❖

1996학년도

1. 철학의 원조 탈레스의 철학과 무관한 것은 어느 것인가?
   ① 자연 연구
   ② 아르케의 탐구
   ③ 우시야의 연구
   ④ 물활론적 인식

2. 아페이론에 해당되지 않는 것은 어느 것인가?
   ① 아르케로서 아페이론(apeiron)
   ② 세계를 에워싼 과정에 관한 근본 개념
   ③ 지 않고 썩지 않는 신적 원리
   ④ 세계 형성 과정에서의 대립

3. 아낙시메네스의 아르케에 관한 이론과 관계가 없는 것은?
   ① 공기는 아르케이다
   ② 아르케의 비추상화
   ③ 불은 개별자의 근원
   ④ 공기는 신적인 것

4. 피타고라스의 사상이 아닌 것은?
   ① 영혼의 윤회설
   ② 육체 경시설
   ③ 질료 중시
   ④ 형상 중시

5. 헤라클레이토스의 사상과 관련이 없는 것은?
   ① 만물 유지
   ② 원질로서 보편자
   ③ 원질로서 과정
   ④ 다툼 가운데 조화

6. 파르메니데스의 사상과 무관한 것은?
   ① 존재   ② 소여
   ③ 영원성   ④ 불변성

7. 아리스토텔레스의 형상론에 해당되지 않는 것은?
   ① 참된 존재   ② 물체내에 존재
   ③ 현실성 부여 ④ 제일 실체

8. 플라톤의 윤리관에 배치되는 것은?
   ① 악은 지식의 결여이다   ② 비상황적이다
   ③ 절대적이다   ④ 지적 과업이다

9. 아리스토텔레스의 윤리관과 무관한 것은?
   ① 온건론   ② 상식적
   ③ 중용   ④ 완전론

10. 에피큐리안의 윤리관이 추구하지 않는 것은?
    ① 고통없는 온건한 삶   ② 역동적 쾌락
    ③ 수동적 쾌락   ④ 윤리적 쾌락

11. 르네상스 철학의 특징이 아닌 것을 고르시오.
    ① 그리이스와 로마 문화의 재생과 부활
    ② 현실세계의 우월성을 주장
    ③ 자연과 인간의 조화를 갈망
    ④ 인본주의와 초월주의의 조화

12. 근세초기 사상가들과 그들의 저술을 잘못 연결한 것은?
    ① 마키아벨리-로마사론   ② 몽테뉴-수상록

③ 데카르트-방법적 회의 　　　④ 브루노-원인, 원리 및 일자에관하여

13. 데카르트의 회의적 방법과 관련이 없는 것을 고르시오.
　① 귀납법적 논증을 통해 자명한 진리로 나아가야 한다.
　② 철학은 수학적인 공리와 같은 진리로 나가야 한다.
　③ 특수한 지식, 일반적인 지식, 보편적 지식에 대해 회의해야 한다.
　④ 감각적인 지식은 믿을 수 없다.

14. 록크의 경험론과 관련이 없는 것을 고르시오.
　① 데카르트의 본유 관념설을 부정하였다.
　② 경험은 감각과 반성이라는 이중적인 기원을 갖는다.
　③ 단순 관념을 양태, 실체, 관계의 세 가지 유형으로 분류하였다.
　④ 인식을 그 타당성의 종류에 따라 직관적, 논증적, 감성적 인식으로 구별하였다.

15. 흄의 사상이 아닌 것을 고르시오.
　① 정신은 관념의 묶음에 불과하다.
　② 정신의 지각은 인상, 관념, 반성의 세 가지로 구분하였다.
　③ 인과성은 관념 연합 법칙 중의 하나이다.
　④ 인과적인 지식은 마음의 습관을 토대로 예상하는 경험적 신념에 불과하다.

16. 루소의 사상과 관련이 없는 것을 고르시오.
　① 자연 속에 있을 때 인간은 가장 선하다.
　② 불평등의 기원은 자연적인 것과 정치적인 것으로 구별된다.
　③ 국가는 자연에서 기원한 것이기 때문에 선한 것이다.
　④ 사회의 모든 구성원은 모든 것을 공동 재산으로 간주해야 한다.

17. 칸트의 사상과 관련이 없는 것을 고르시오.
    ① 이성의 무차별적인 횡포를 반대하였다.
    ② 인간 이성은 무한한 능력을 지니기 때문에 연구할 가치가 있다.
    ③ 진정한 형이상학은 가능하다.
    ④ 경험적으로 주어진 것을 넘어서서 인식하려면 오류에 빠진다.

18. 칸트가 이해한 분석 및 판단의 바른 이해가 아닌 것을 고르시오.
    ① 분석 판단은 일종의 확장 판단이다.
    ② 술어의 개념이 주어 개념에 이미 포함된 판단이다.
    ③ 선천적 판단이라 할 수 있다.
    ④ 예를 들면, '물체는 연장적이다'와 같은 판단을 한다.

19. 칸트의 선험적 종합 판단에 대한 바른 설명이 아닌 것을 고르시오.
    ① '직선은 두 점 사이의 최단 거리이다'와 같은 판단이다.
    ② '7+5=12이다'와 같은 판단을 말한다.
    ③ 윤리학과 형이상학에서는 선천적 종합 판단이 발견되지 않는다.
    ④ 기하학과 물리학에서 선천적 종합 판단이 발견된다.

20. 칸트가 말한 오성의 12 범주에 대한 설명으로서 서로 잘못 연결된 것을 고르시오.
    ① 분량-긍정적 판단-실재성
    ② 양상-개연적 판단-가능성: 불가능성
    ③ 관계-정언적 판단-속성 : 실체성
    ④ 성질-무한적 판단-제한성

21. 실재적인 것은 합리적이요 합리적인 것은 실재적이라고 한 철학자는?
    ① 칸트   ② 헤겔
    ③ 롯체   ④ 훗설

22. 의지를 칸트의 물자체라고 본 사람은?
    ① 헤겔　　　　　　　　② 쇼펜하우어
    ③ 키엘케골　　　　　　④ 스펜서

23. 헤겔과 슐라이막허가 시작한 기독교의 부정을 이어받아 복음서를 완전 신화로 본 사람은?
    ① 슈트라우스　　　　　② 르낭
    ③ 불트만　　　　　　　④ 포이엘바하

24. 사람은 그가 먹는 것이라는 유물론을 주장한 사람은?
    ① 포이엘바하　　　　　② 칼 맑스
    ③ 슈트라우스　　　　　④ 앵겔스

25. 단독자를 철학의 중심으로 삼는 사람은?
    ① 키엘케골　　　　　　② 쇼펜하우어
    ③ 니이체　　　　　　　④ 야스피스

26. 진리는 주관성이라고 주장한 사람은?
    ① 키엘케골　　　　　　② 바르트
    ③ 불트만　　　　　　　④ 쇼펜하우어

27. 19세기 신의 죽음을 선언한 사람은?
    ① 니이체　　　　　　　② 칼 맑스
    ③ 키엘케골　　　　　　④ 앵겔스

28. 형이상학적인 문제들을 해결하는 방법은 실용주의적 방식이라고 한 사람은?
    ① 존 듀이　　　　　　　② 윌리암스

③ 피얼스 ④ 꽁트

29. 듀이의 지식론은?
① 행동주의　　　　　② 도구주의 혹은 활동주의
③ 불합리론　　　　　④ 실증주의

30. 헤겔 이후의 시대를 통상 무슨 시대라고 하는가?
① 관념론　　　　　　② 합리론
③ 불합리론　　　　　④ 실증주의

31. 우화적 해석을 시작한 사람은?
① 필로　　　　　　　② 오리겐
③ 클레멘트　　　　　④ 어거스틴

32. 복음이 철학과 아무 상관이 없다고 말한 교부는?
① 저스틴　　　　　　② 터툴리안
③ 아테나고라스　　　④ 아퀴나스

33. 내가 실수하므로 존재한다고 말한 사람은?
① 어거스틴　　　　　② 데카르트
③ 터툴리안　　　　　④ 아퀴나스

34. 플로티누스는 일자에게
① 의지를 부인하였다.　　② 의지를 귀속시켰다.
③ 필연만이 있다.　　　　④ 의지와 필연을 귀속시켰다.

35. 시간은 창조와 함께 시작되었다고 한 교부는?
① 터툴리안　　　　　② 노바티안

③ 어거스틴 ④ 이러니이우스

36. 사람은 자유의지를 가져 완전한 선생을 할 수 있다고 한 사람은?
① 어거스틴 ② 펠라기우스
③ 레오 ④ 아다나시우스

37. '나는 아기 위해 믿는다'로 스콜라주의를 연 사람은?
① 어거스틴 ② 안셀무스
③ 에리우게나 ④ 알버투스

38. 최초의 유명론자는?
① 안셀무스 ② 에리우게나
③ 로셀리누스 ④ 아벨라르두스

39. 실재론을 시작한 사람은?
① 안셀무스 ② 로셀리누스
③ 아벨라르두스 ④ 아퀴나스

40. 중세에서 자연 신학을 체계화한 사람은?
① 아퀴나스 ② 옥캄
③ 둔스 스코투스 ④ 안셀무스

41. 중국에 제자백가가 등장하여 활약한 시기는 언제인가?
① 춘추전국시대 ② 당나라
③ 수나라 ④ 송나라

42. 공자의 뒤를 이어 유교를 학문으로 발전시킨 사상가로서 성선설을 주장한 사람은?

① 양자 ② 묵자
③ 맹자 ④ 장자

43. 삼국유사에 실려 있는 화엄사상의 대가로서 금강 삼매경론을 썼으며 민속신앙적인 정토사상도 나타내 보이고 있는 불교 지도자는?
 ① 해초의상 ② 의상
 ③ 원효 ④ 자장

44. 중국의 주자학은 조선 시대에 4단 7정론을 이기 호발설로 발전시킨 한 주자학자에 의해 계승 발전되었는데 그의 이름은?
 ① 정도전 ② 이황
 ③ 이율곡 ④ 김시습

45. 대승불교에 있어서 타력구원 사상을 가지고 있는 용어는 무엇인가?
 ① 홍대용 ② 박제가
 ③ 박지원 ④ 정약용

46. 대승불교에 있어서 타력구원 사상을 가지고 있는 용어는 무엇인가?
 ① 사성팔정도 ② 삼보사상
 ③ 부디사트바스 ④ 열반

47. 업보로 인하여 윤회의 존재 계층이 형성되게 된다는 힌두교 이론은 무엇인가?
 ① 브라만 ② 아트만
 ③ 카르마 ④ 샤리아

48. 이슬람에 있어서 선한 영의 사상이 있는데 이런 영을 무엇이라고

호칭하는가?
① 이카엘 ② 진
③ 천사 ④ 가브리엘

49. 소승불교에서 구원하고 연관된 용어는 무엇인가?
① 열반 ② 화엄사상
③ 정토 ④ 극락

50. 사우디에서 발생한 이슬람의 신비주의적 분파는 무엇인가?
① 쉬아파 ② 수니파
③ 수피즘 ④ 아야톨라파

❖ 석사 · 신학연구원(철학) ❖

1997학년도

다음 문제들의 답을 고르시오 (1번-5번)

1. 합리론은 진리를 어디에서 도출하였는가?
   ① 감각   ② 이성
   ③ 감각과 이성   ④ 계시

2. 데카르트는 무엇을 진리의 표준으로 삼았는가?
   ① 판명   ② 명료
   ③ 판명과 명료   ④ 정확

3. 스피노자는 신이 어떤 속성을 갖는다고 보았는가?
   ① 연장   ② 사고
   ③ 연장과 사고   ④ 아무 속성도 없음

4. 어떤 것도 이유 없이는 발생하지 <u>않는다</u>고 말한 사람은?
   ① 데카르트   ② 스피노자
   ③ 라이프닛츠   ④ 홉스

5. 라이프닛츠의 단자들은 창이 없는데 어떻게 상호작용하는가?
   ① 인과 작용   ② 예정조화
   ③ 세력들   ④ 서로 접촉

6. 록크에 의하면 지식은 어디서 오는가?
　① 감각　　　　　　② 본유관념
　③ 이성　　　　　　④ 지각과 본유관념

7. 관념에 관하여는 록크를 어디로 분류할 수 있는가?
　① 관념론자　　　　② 유명론자
　③ 실재론자　　　　④ 아무것도 아님

8. 버클리의 형이상학에 의하면 존재란 무엇인가?
　① 물질　　　　　　② 관념
　③ 지각과 피지각자　④ 지각들

9. 흄에 의하면 인과관계는 어떻게 일어나는가?
　① 접촉　　　　　　② 연상
　③ 지각　　　　　　④ 상상

10. 인간과 동물들을 기계라고 말한 사람은?
　① 볼테르　　　　　② 돌바흐
　③ 디드로　　　　　④ 라메뜨리

11. 군주제를 반대하고 민주주의를 바른 정치 형태로 주장한 사람은?
　① 록크　　　　　　② 볼테르
　③ 흄　　　　　　　④ 룻소

12. 실천이성에서 요청되지 <u>않는</u> 것은?
　① 의지의 자유　　　② 영혼의 불멸
　③ 최상의 존재　　　④ 세계의 존재

13. 피히테의 철학에 의하면 자기의식은 무엇을 창조하는가?
    ① 대상과 지식   ② 대상
    ③ 지식   ④ 아무것도 아님

14. 변증법을 정반합의 형식으로 처음 시작한 사람은?
    ① 칸트   ② 피히테
    ③ 헤겔   ④ 스피노자

15. 사고의 기능은 행동의 습관을 생산하는 것이라고 진술한 사람은?
    ① 피얼스   ② 윌리암 제임스
    ③ 듀이   ④ 크로체

16. 사물 자체는 알 수 없다고 처음 말한 사람은?
    ① 록크   ② 칸트
    ③ 흄   ④ 버클리

17. 실제 사물들은 그 자체를 우리 의식에 직접 제시한다는 철학이론은 무엇인가?
    ① 관념론   ② 상식론
    ③ 표상적 실제론   ④ 소박실재론

18. 사람이 영혼을 갖고 있다고 주장하는 것은 "기계 안에 있는 유령을 말함"이라고 한 사람은?
    ① A.E. 에이어   ② 길버트 라일
    ③ 럿슬   ④ 위즈 덤

19. 철학을 언어의 명료화 혹은 언어의 분석이라고 하면서 언어로 일을 이룬다고 말한 사람은?
    ① 오스틴   ② 럿슬

③ 위즈덤 ④ 무어

20. 사태 자체를 목표한 사람은?
    ① 하이덱거 ② 훗설
    ③ 브렌타노 ④ 쉘러

21. 인간은 자연의 한 부분이지만 자연법칙의 대상은 아니라고 말한 사람은?
    ① 제논 ② 엠페도클레스
    ③ 프로타고라스 ④ 헤라클레토스

22. 인간은 자연의 한 부분이지만 그 영혼은 가장 정교한 질료로 된 것이라고 말한 사람은?
    ① 아낙스만드로스 ② 아리스톨레스
    ③ 피타고라스 ④ 아낙시메네스

23. 이성이 우주를 지배해야하는 것같이 작은 우주인 인간 역시 이성에 의하여 지배되어야 한다. 즉 합리적인 자연주의에 입각하여 이성에의 복종을 강조한 학파(자)는?
    ① 회의학파 ② 스토아학파
    ③ 궤변철학파 ④ 아리스토텔레스

24. 다음 중 토마스 아퀴나스의 사상이 아닌 것은?
    ① 하나님은 자존 형상이다.
    ② 인간은 부차적 형상이다.
    ③ 최고 피조물인 인간은 질료적인 형상아다.
    ④ 하나님은 알려면 단지 신앙에 의해서만 가능하다.

25. 높음과 낮음, 딱딱함과 부드러움이라는 대립이 악일 수 없다. 그런 대립의 조화는 오히려 아름다움을 생성한다고 한 사람은 누구인가?
    ① 헤라클레토스   ② 엠페도클레스
    ③ 아낙사고라스   ④ 파르메니데스

26. 악은 행위자의 행동에서 보다 의향에 있다. 하나님은 전자를 중시하기 보다 후자를 중시한다고 본 사람은 누구인가?
    ① 어거스틴   ② 아벨라드
    ③ 아퀴나스   ④ 안셀무스

27. 다음 중 토마스 아퀴나스의 윤리관이 <u>아닌</u> 것은?
    ① 하나님은 인간을 포함한 각 피조물에 목적을 주셨다.
    ② 최고의 선은 신이 소여(所與)한 목적 실현에 있다.
    ③ 지덕 행덕보다 중요한 것은 중용이다.
    ④ 의지는 인식에 우위이다.

28. 다음 중 어거스틴의 사상이 <u>아닌</u> 것은?
    ① 의지는 인식에 우위이다.
    ② 악은 선의 결핍이다.
    ③ 그는 보다 더 플라톤적이다.
    ④ 그는 보다 더 아리스토텔레스적이다.

29. 다음 중 토마스 아퀴나스의 사상과 관련이 <u>없는</u> 것은?
    ① 선을 획득하는 길은 수도원의 삶이다.
    ② 그의 윤리관은 주지주의적이다.
    ③ 최고의 선은 신직관 즉 정보에 있다.
    ④ 윤리적 행동의 형태는 신앙으로만 가능하다.

30. 다음 중 엑크하르트의 사상이 <u>아닌</u> 것은?
   ① 선한 삶은 존재에 있지 않고 그것을 얻는데 있다.
   ② 안전한 선에 이르는 데는 하나님과의 연합이 중요하다.
   ③ 인간의 위치는 신과 세계의 사이이다.
   ④ 하나님과의 연합에 있어서 자신의 상실이 중요하다.

31. 다음 중 필로의 신관이 <u>아닌</u> 것은?
   ① 하나님은 물질과의 접근이 불가능하다.
   ② 로고스는 중재자이다.
   ③ 데미우르고스는 창조자이다.
   ④ 하나님은 모든 것의 근원자이다.

32. 다음 중 로셀리누스의 사상이 <u>아닌</u> 것은?
   ① 보편은 사물 안에 존재한다.   ② 보편은 사물 다음에 존재한다.
   ③ 보편은 사물 전에 있지 않다.   ④ 보편은 인식 주관에만 있다.

33. 다음 중 안셀무스의 사상이 <u>아닌</u> 것은?
   ① 신은 완전자로 존재를 필연적으로 갖는다.
   ② 사유 속에 가장 위대한 자 완전한 자는 바로 신이다.
   ③ 마음에 신의 사유가 있어도 존재하지 않는다.
   ④ 그보다 더 큰 존재는 생각할 수 없다.

34. 다음 중 토마스 아퀴나스의 사상이 <u>아닌</u> 것은?
   ① 그의 신관은 아리스토텔레스의 영향을 받은 것이다.
   ② 그의 하나님은 아리스토텔레스의 질료에 해당한다.
   ③ 하나님은 부동의 운동자이다.
   ④ 하나님은 최초 그리고 최후의 원인자이다.

35. 토마스 아퀴나스의 신관에 영향을 입고 하나님을 순수유, 우주의 원인자 그리고 무한한 자유의지의 소유로 본 사람은 누구인가?
    ① 아벨라두스   ② 안셀므스
    ③ 둔스 스코투스   ④ 윌리암 옥캄

36. 하나님은 생각할 수도 없고 정의할 수도 없는 영적 실체로서 그 안에 만물이 통합된다고 말한 사람은 누구인가?
    ① 엑크하르트   ② 쿠사누스
    ③ 베르나르드   ④ 타울러

37. 다음 중 어거스틴의 사상이 <u>아닌</u> 것은?
    ① 영혼은 인간 개인의 탄생시 창조된다.
    ② 영혼은 몸에 선재한다.
    ③ 영혼은 불멸한다.
    ④ 사후의 행복은 생시의 삶에 의존한다.

38. 다음 중 소크라테스의 사상이 <u>아닌</u> 것은?
    ① 시민이 가져야 할 가장 큰 관심은 참 지식이다.
    ② 이상적인 지도자는 가장 좋은 마음과 영혼의 소유자여야 한다.
    ③ 악법도 법이다.
    ④ 교회는 하나님의 도성과 동일한 것은 아니다.

39. 다음 중 어거스틴의 사상이 <u>아닌</u> 것은?
    ① 인간의 도성은 자아 사랑에 근거한다.
    ② 하나님의 도성은 하나님 사랑에 근거한다.
    ③ 하나님의 도성과 인간의 도성은 서로 무관하다.
    ④ 교회는 하나미의 도성과 동일한 것은 아니다.

40. 다음 중 토마스 아퀴나스의 사상이 아닌 것은?
    ① 교회는 국가 위에 있다.
    ② 국가의 통치자는 교회의 통치자에게 순복해야 한다.
    ③ 인간은 정치적 존재이다.
    ④ 국가는 신으로부터 권위를 받았다.

41. 공자의 사상적 후예로서 전국시대 초기에 활동했던 인물로서 인간의 본성이 선하다고 가르친 사람은?
    ① 주자   ② 한비자
    ③ 맹자   ④ 순자

42. 공자와 동시대의 인물이며, 중국 사기에 기록되어 있는 인물로서 인간 사랑이 만물의 근본임을 주장한 사람은?
    ① 묵자   ② 양자
    ③ 주자   ④ 열자

43. 신라시대 원효와 동시대의 인물로서 당나라에 유학가서 화엄경을 연구하고 귀국하여 화엄종을 전파한 신라시대의 고승은?
    ① 혜초   ② 무학
    ③ 이차돈   ④ 의상

44. 조선시대 주자학을 받아들여서 중국의 주자학보다 진일보하게 리기호발설로서 도덕적 실천론을 내세운 유가학자는?
    ① 정조전   ② 이황
    ③ 서경덕   ④ 이이

45. 조선후기에 등장한 신유교의 한 지류로서 경세제민과 실사구시의 실천적 유교로서의 실학을 주장했던 학자로 후에 기독교로 개정했

으며 "경세유표"와 "목민심서"를 쓴 사람은?
① 홍대용　　　　　　② 박지원
③ 정약용　　　　　　④ 정제두

46. 세속신학자 중 하나인 알타이저와 연세대학교의 유동식 교수에게 기독론적 보편 구원설과 도성인신 사건에 대한 유추적 모형론적 유사성으로 크게 각광을 받으며 저들의 신학적 접근의 주대상이 되었던 불교의 한 지류는 무엇인가?
① 라마교　　　　　　② 선불교
③ 소승불교　　　　　④ 대승불교

47. 폴 틸리히와 세속신학자인 로빈손에게 "하나님의 나라"의 종말론적인 개념과 유사한 것으로 각광을 받았던 불교 교리 중의 하나는 무엇인가?
① 열반　　　　　　　② 카르마
③ 다르마　　　　　　④ 삼보

48. 힌두교의 한 분파로 시작하여 현재는 한 독특한 종파를 이루고 있는 종교로 불교 교리와 유사하며 모든 살아있는 생명체에 대한 자비와 발현과 비폭력을 주장하는 종교는?
① 자이나교　　　　　② 라마 크리쉬나교
③ 다르마　　　　　　④ 삼보

49. 이스람교의 한 분파로 아야톨라 사상을 가지고 있는 이란에서 성행하는 이슬람의 분파는?
① 수니파　　　　　　② 쉬아파
③ 수피즘　　　　　　④ 하니파

50. 예수 그리스도의 십자가 수난과 그의 부활을 믿지 않는 이슬람교는 예수님을 무엇이라고 부르는가?
    ① 하나님의 아들　　　　② 성자
    ③ 선지자　　　　　　　④ 천사같은 존재

❖ 석사·신학연구원(철학) ❖

1998학년도

1. 다음 인물 중 밀레토스(이오니아) 학파가 아닌 사람은 누구인가?
   ① 탈레스   ② 아낙시만드로스
   ③ 아낙시메네스   ④ 헤시오도스

2. 다음 중 피타고라스 학파의 주장이 아닌 것은 어느 것인가?
   ① 수가 세계의 모든 것을 설명하는 기본 원리이다
   ② 영혼은 윤회한다
   ③ 혼은 불멸이다
   ④ 우주는 무질서이다

3. 헤라클레이토스가 생성 변화의 사실을 강조한데 반해 진정한 실제의 불변성 내지 항구성을 강조한 그리스 철학자는 누구인가?
   ① 파르메니데스   ② 피타고라스
   ③ 크세노파네스   ④ 탈레스

4. 다음 중 다원론자가 아닌 사람은 누구인가?
   ① 엠페도클레스   ② 제논
   ③ 아낙사고라스   ④ 데모크리토스

5. 다음 중 소크라테스와 관련이 없는 것은 어느 것인가?
   ① "음미되지 않은 인생은 살 보람이 없다"는 말을 남겼다.

② 부친은 조각가요 어머니는 산파였다.
③ 그는 저서를 한권 남겼다.
④ 그는 윤리적 문제에 골몰하였으며, 보편적인 것을 윤리적 문제에서 찾았다.

6. 다음 중 플라톤과 관련이 없는 항목은 어느 것인가?
   ① 아테네 귀족 출신이었다.
   ② 아테네에 아카데미아라는 학교를 창설하였다.
   ③ "대화편"이란 책은 소크라테스가 다루지 않았던 문제를 다루고 있다.
   ④ 이데아가 인식의 대상이기에, 인식은 신뢰할 수 있다고 주장하였다.

7. 다음 중 플라톤과 아리스토텔레스의 사상에 대한 옳지않은 설명은 어느 것인가?
   ① 전자는 인간 문제에서 출발한 반면, 후자는 자연에서 출발하였다.
   ② 전자는 인간의 태만과 결함에 대해 안타깝게 생각한 반면, 후자는 인간의 한계를 안정하는 경향이 있다.
   ③ 전자는 보다 이성적인 반면, 후자는 현실주의적 분석이 앞섰다
   ④ 전자는 과거 중심적인 반면에, 후자는 미래 중심적이었다.

8. 다음 중 아리스토텔레스와 관련이 없는 항목은 어느 것인가?
   ① 인간은 정치적인 동물이라고 주장하였다.
   ② 자신을 플라톤 학파라고 생각하였다.
   ③ 궁극적인 실재는 구체적이고 개체적인 사물이다.
   ④ 당시 아테네의 노예 제도를 비판하였다.

9. 다음 중 에피쿠로스와 관련이 없는 설명은 어느 것인가?
   ① 그의 쾌락주의는 어쩔 수 없는 좌절의식에 뿌리박고 있다.
   ② "그대는 내일이면 죽을 것이니 먹고 마시고 즐기라"고 주장하였다.

③ 야망(욕망)을 버리는 것이 행복을 증진하는 길이라고 주장하였다.
④ 평정을 마음 속에서 계발하여 진정한 즐거움을 누릴 수 있다고 주장하였다.

10. 스토아 학파와 관련이 없는 설명은 어느 것인가?
① 희랍적 로마 시대의 염세관을 반영하는 사상이다.
② 하늘이 무너져도 그대 의무를 다하라.
③ 이 학파의 두 가지 덕은 무관심과 냉철하고 이성적인 충실이다.
④ 선한 사람이란 세상사와의 감정적인 얽힘에서 완전히 벗어난 사람이다.

11. 다음 중 희랍 회의주의에 관한 옳지 않은 설명은 어느 것인가?
① 희랍 회의주의는 객관적인 진리의 확실한 기준은 존재하지 않는다고 보았다.
② 희랍 회의주의는 감각적 경험의 상대성을 중시한 점에서 소피스트들과 같다.
③ 희랍 회의주의자들은 여러 특정한 점들에 대해 단순한 의심을 하는 자들이다.
④ 희랍 회의주의자들은 여러 특정한 점들에 대해 단순한 의심을 하는 자들이다.

12. 다음 중 신플라톤학파가 아닌 사람은 누구인가?
① 플로티누스   ② 포르피리오스
③ 이암불리코스   ④ 피론

13. 신플라톤 학파의 사상과 관련이 없는 설명은 어느 것인가?
① 플라톤의 철학적 사상이 헬레니즘 세계에서 받은 퇴폐적 요소들과 싸우기 위해 생긴 학파이다.

② 종교적 동경을 품은 학파이다.
③ 플로티누스에서 시작된 철학이다.
④ 신플라톤학파 사람들이 스스로 신플라톤 학파라는 말을 사용하였다.

14. 12세기 스페인 이슬람 사상가로서 계시에 의한 진리와 이성에 의한 진리를 구분하여 '이중 진리설'을 주장함으로써 중세 스콜라 철학에 큰 영향을 미친 사람은 누구인가?
    ① 토마스 아퀴나스   ② 아벨라두스
    ③ 둔 스코투스   ④ 아베로에스

15. 어거스틴에게서 영향을 받고 중세 실재론을 대표한 사람으로서 '독백론'이나 '프로슬기로움' 등의 책을 썼으며 개별 사물과 사물 배후에서 신의 존재를 입증하는 본체론적 접근을 시도한 학자는 다음은 누구인가?
    ① 에리우게나   ② 안셀무스
    ③ 보나벤투라   ④ 기욤

16. 개별적인 사물 속에서 보편자의 존재를 찾아내는 것은 논리적 모순이 있다고 주장하며 오직 낱말들만이 보편자를 규명할 수 있다고 하며 그 과정을 인식론적으로 적용한 사람은 누구인가?
    ① 알가잘리   ② 로저 베이컨
    ③ 베르날두스   ④ 아벨라르누스

17. 13세기 중의 스콜라 철학에 있어서 '토미즘'의 사상이 집대성되는데 있어서 사상적인 기여를 한 B.C. 4세기의 철학자는 누구인가?
    ① 프로타고라스   ② 고르기아스
    ③ 소크라테스   ④ 아리스토텔레스

18. 교황 우루바누스 4세의 궁정에 있으면서 아리스토텔레스의 저작을 희랍어에서 라틴어로 번역하여 나중에 스콜라철학의 발전에 큰 기여를 한 13세기의 학자는 누구인가?
    ① 마이모니데스　　　② 보나벤투라
    ③ 기욤　　　　　　　④ 토마스 아퀴나스

19. 프란체스코 수도회장이며 교회의 추기경이었던 이 학자는 자연과학에서의 아리스토텔레스와 형이상학에서의 플라톤의 지혜를 인정하며 이 양자의 장점이 결합된 분으로 어거스틴을 주장했는데 이 사람은 누구인가?
    ① 둔 스코투스　　　② 보나벤투라
    ③ 토마스 홉스　　　④ 로비트 그로테스트

20. 로마 카톨릭 교회의 신학체계를 집대성한 학자로서 신앙과 이성 그리고 신학과 철학을 구별하면서도 동시에 양자의 조화로운 결합을 시도한 학자는 누구인가?
    ① 토마스 아퀴나스　② 알베르투스
    ③ 마키아벨리　　　④ 플로티누스

21. 중세 스콜라 철학에 있어서 실재론과 상반이 되는 유명론의 이론이 있는데 그 뜻은 무엇인가?
    ① 보편은 실재성을 가지고 개별적 사물에 앞서 존재한다.
    ② 보편은 사고에 의한 추상의 산물에 불과하고 다만 개별적 사물만이 존재한다.
    ③ 보편은 실재성을 가질 수 없고 각 개별 사물로도 규명할 수 없다.
    ④ 보편은 실재성을 가지지만 다만 개별적 사물에 따라서만 존재한다.

22. 토마스 아퀴나스의 자연성 사상이 설정법으로서의 인정법과 연관

되어 설명이 되는데 그에게 있어서 가장 근간이 되는 법은 무엇인가?
① 형법   ② 자연법
③ 인정법 ④ 영원법

23. 아리스토텔레스주의에 영향을 받은 13세기의 학자로서 이성적인 논증보다 경험적인 관찰, 실험을 중요시하고 권위의 숭배가 학문에 대한 최대의 적이라는 것을 역설하며 근대 실험과학의 길을 연 사람은 누구인가?
① 알 파라비   ② 로저 베이컨
③ 로버트 그로스테스트 ④ 라이프니츠

24. 토미즘에 반대한 13세기의 학자로서 의지우월론을 주창하여 주지주의를 옹호하였고 "모든 의지가 지성보다 우위에 있다"고 주장한 사람은 누구인가? 그의 대표적인 저서로는 '명제집'이 있다.
① 둔 스코투스   ② 스피노자
③ 마그누스   ④ 빈센티우스

25. 영국경험론의 선구자이며 14세기의 유명한 활성화시킨 사람으로서 "개별적 사물만이 진실한 실재이요" 그리고 "사물에 대한 이성적·추상적 인식의 근본에는 감성적·경험적 인식이 있다"고 주장함으로 근대 경험론의 길을 개척해 놓은 중세의 학자는 누구인가?
① 데카르트   ② 오캄
③ 베이컨   ④ 에리우게나

26. 스콜라 철학의 쇠퇴와 더불어 4세기의 독일 신비주의가 등장했는데 여기에 대표적인 학자로서 "인간 삶의 목적을 신 인식으로 규정하고 신인식은 초이성적, 신비적인 직관에 의해 얻어질 수 있다"고 주장한 사람은 누구인가?

① 존 로크　　　　　② 버클리
③ 엑카르트　　　　　④ 에피쿠로스

27. 데카르트 사상이 아닌 것은 어느 것인가?
    ① 우주의 실체를 상호 독립적인 것으로 정신과 물체를 구분한다.
    ② 과학은 정신과 물체의 연구를 포괄하고 집중하는 것이다.
    ③ 신과 피조물인 세계와의 이원(dual)을 주장한다.
    ④ 신은 태초에 물체에 동작을 주었고 그것은 여전히 잔존한다.

28. 데카르트에 의해 주장된 본유관념(생득관념)과 상관이 없는 것은 어느 것인가?
    ① 운동성　　　　　　② 물질의 공간성
    ③ 명석판단의 진리　　④ 신

29. 스피노자의 사상이 아닌 것은 어느 것인가?
    ① 유일의 실체는 사물 속에 존재하는 신으로 무한하다.
    ② 전체적인 우주는 바로 하나의 실체이다.
    ③ 만물은 사유와 연장으로서 전자가 후자에 영향을 줄 수 있다.
    ④ 신은 자유자로서 원인을 자기 속에 가지지 않는다는 점에서 우연이다.

30. 로크의 사상과 다른 것은 어느 것인가?
    ① 신 존재의 증명은 실재하는 원인의 결과로 거슬러 올라간다.
    ② 감각 속에 있지 않은 것이라도 오성 속에는 있다.
    ③ 본유관념을 부정한다.
    ④ 모든 인식은 감각기관에 의해 매개되는 외적 경험과 내적 경험에 의존한다.

31. 버클리의 주장과 배치되는 것은 어느 것인가?

① 물질적 대상에 대한 감각은 실체가 아니고 증명할 수 있는 것은 관념뿐이다.
② 사물의 존재는 표상되어지는 것으로만 이를 수 없다.
③ 정신의 실체는 주관적인 생각이다.
④ 인간의 마음에 관념이 있거나 하나님이 마음에 관념이 있다.

32. 흄의 사상이 아닌 것은 어느 것인가?
 ① 관념의 원인은 증명 가능하다.
 ② 모든 표상은 인상과 관념으로 나누어진다.
 ③ 외부적 존재는 증명 불가능이다.
 ④ 실체나 인과성은 연상에 의한다.

33. 라이프치히의 사상이 아닌 것은 어느 것인가?
 ① 모나드는 외부의 영향을 받지 않는다.
 ② 모나드에는 창이 있다.
 ③ 물체의 기본 속성은 힘이다.
 ④ 힘의 단위들은 모나드이다.

34. 칸트의 사상에서 선천적(a prioi)인 것으로서 순수범주에 속하지 않는 것은 어느 것인가?
 ① 보편   ② 경험적 조건
 ③ 경험으로부터의 독립   ④ 원자적 인상

35. 칸트의 네 가지 판단형식이 아닌 것은 어느 것인가?
 ① 관계판단   ② 관념판단
 ③ 양의 판단   ④ 양태판단

36. 칸트의 인식과정과 관계가 없는 것은 어느 것인가?
 ① 감각   ② 선험적 관념과 경험

③ 물자체 ④ 포괄적 판단력

37. 실천이성과 무관한 것은 어느 것인가?
    ① 윤리적 법칙은 경향에 대립하지 않는다.
    ② 경향에 따라 인간은 행복을 추구한다.
    ③ 윤리에 따라 인간은 덕을 추구한다.
    ④ 가언명령에 의하여 규정할 때 의지는 자유롭다.

38. 헤겔의 사상과 무관한 것은 어느 것인가?
    ① 발전적인 세계   ② 변증법
    ③ 진리의 외재성   ④ 신의 불완전성

39. 헤겔의 정신철학과 부합하지 않는 것은 어느 것인가?
    ① 세계정신은 역사 속에서 자기를 실현한다.
    ② 세계적인 비아이다.
    ③ 세계정신은 인간 정신을 매개로 한다.
    ④ 세계정신은 자연을 자기계시로 포함한다.

40. 포이엘바하의 철학에 대한 바른 설명이 아닌 것은 어느 것인가?
    ① 관념론을 비판하고 감각적 유물론을 주장하였다.
    ② 신은 인간 내면에 본유적으로 심겨진 실재이다.
    ③ 그의 사상은 마르크스의 사상으로 계승되었다.
    ④ 헤겔 철학에 대한 비판서에서 시작한다.

41. 마르크스의 사상에 대한 바른 설명이 아닌 것을 고르시오.
    ① 헤겔의 변증법적 방법론을 근본적으로 넘겨받았다.
    ② 포이엘바하의 사상을 기본적으로 계승한 것이다.
    ③ 영국의 고전 경제학이나 프랑스의 사회주의를 비판하였다.

④ 헤겔 철학의 관념론 철학을 비판하였다.

42. 다음 딜타이의 철학을 바르게 묘사하지 못한 것은 어느 것인가?
① 생만이 모든 현실이며 생을 생 그 자체로부터 이해한다.
② 생은 개인의 상상 속에서만 그 참된 의미를 찾을 수 있다.
③ 생에 대한 바른 접근을 하려면 이해의 기술을 요청한다.
④ 생은 구조 연관, 발전 연관, 획득 연관 등 세 가지 연관을 지닌다.

43. 딜타이의 삶의 해설 이론에 대한 바른 기술이 아닌 것을 고르시오.
① 삶에는 '너'와 '나'의 공동상을 이루고 있다.
② 이런 공동성 속에서 역사적인 삶이 표현된다.
③ 공동성 속의 역사적 삶을 알려면 참된 분석 기술이 필요하다.
④ 이런 역사적 삶의 의미를 밝히는 기술이 해석학이다.

44. 실용주의 철학을 바르게 서술한 것이 아닌 것은 어느 것인가?
① 19세기 진화론, 생물학, 생리학, 심리학에 영향을 받아 생겨났다.
② 실용주의 철학에 실험적 방법을 도입코자 하였다.
③ 지식은 수단으로서가 아니라 그 자체로서 다루려고 하였다.
④ 전통적인 강단 철학을 비판적으로 배격하였다.

45. 훗설의 현상학에 대한 바른 설명이 아닌 것은 어느 것인가?
① 철학의 사변적 구성을 완강히 반대하고 사실 그 자체로 지향한다.
② 본질 인식의 근원으로 되돌아 가기 위해 인식 대상에 대한 판단 중지를 요청한다.
③ 형상적 환원에서 선험적 환원에로 넘어갈 것을 요청한다.
④ 세계가 지각된 그대로 실재한다는 직관적 인식을 추구한다.

46. 다음 실천철학의 일반적 특징이 아닌 것을 고르시오.

① 새로운 인간 파악으로서 현실적 존재 이해를 추구한다.
② 객관화될 수 없고 대상화 될 수 없는 내면성을 추구한다.
③ 비합리성을 배격하고 합리적 현존재를 추구다.
④ 본래적 존재로서 자기를 회복하려고 한다.

47. 논리실증주의의 일반적 특징을 말하지 않는 것은 어느 것인가?
① 명제의 의미와 검증 가능성의 윤리 적용
② 언어분석과 사이비 명제의 분석
③ 검증 가능성 원리의 무제한적 적용
④ 반증 가능성의 원리 적용

48. 하이데거의 사상을 바르게 설명한 것이 아닌 것은 어느 것인가?
① '염려'(Sorge)는 현존재로서 인간의 근본적인 존재 방식이다.
② '피투된 존재' 또는 '내던져진 존재'란 현존재의 근저가 무임을 깨닫고 자신의 운명을 그대로 받아들이는 것을 뜻한다.
③ 평균성과 일관성에 빠진 존재를 대중적 인간(das Mann)이라 한다.
④ 영심이란 일방성 속에 잊혀진 본래의 자신을 되찾으려는 부르짖음이다.

49. 전기 바트겐슈타인의 철학을 제대로 묘사한 것이 아닌 것은 무엇인가?
① 언어는 세계의 모습을 본 떠 보여줄 수 없으며 단지 정보 전달의 기능만 한다.
② 전기에는 주로 인간 인식의 한계를 밝히려고 하였다.
③ 모든 의미 있는 명제는 논리적으로 단순한 원자 명제로 구성된다.
④ 복합 명제는 그것을 구성하는 원자 명제의 진리치에 의해 결정된다.

50. 프랑크푸르트 학파에 대한 바른 설명이 아닌 것은 어느 것인가?
① 자본주의 사회에 있어서 문화와 그 이데올로기를 연구 대상으

로 삼는다.
② 새로운 사회의 가능성을 모색하고 처방한다.
③ 사실에 대한 가치 판단보다 사실의 기술에 역점을 둔다.
④ 비판적 사회이론·비판적 사회 철학이라고도 불리운다.

****
* 1999학년도와 2000학년도는 철학 시험이 없었음.

… 석사 · 신학연구원(철학) …

── 2001학년도 ──

* 다음 문제들에 대하여 논하라.

1. 신실재론에 대하여 논하라.

2. 플라톤의 존재론인 이데아론을 먼저 설명한 후 그것과 기독교의 존재론의 유사성을 논하라.

3. 조선 실학파와 서학으로서의 초기 조선 천주교회와의 관계를 논하라.

4. 역사적 실증주의란 무엇이며 그 한계들을 비평하라.

❖ 석사·신학연구원(철학) ❖

2002학년도

* 다음 문제들에 대하여 논하라.

1. 칸트의 선의지를 설명하되 2개 이상의 구체적인 예를 들어서 설명하고, 이어서 선의지를 기독교적 관점에서 평가하라.

2. 중세 스콜라 철학 시대에 보편논쟁이 오래 동안 격렬하게 진행되었는데 그 이유는 보편과 개체의 문제가 중세를 지배하고 있었던 기독교의 교리 및 그 체계와 깊은 관계를 갖고 있었기 때문이다. 먼저 보편논쟁의 실체를 논하고, 다음으로 기독교 교리와의 관계를 구체적인 예를 들어서 설명하라.

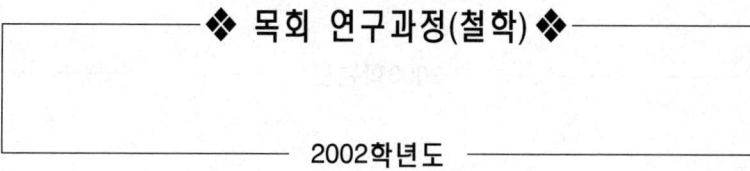

목회 연구과정(철학)

2002학년도

* 다음 문제들에 대하여 논하라.

1. 플라톤의 이데아론과 그의 인간 이해 사이에 놓여있는 상관성을 설명하고, 그것을 본인이 이해하는 성경적 관점에서 나름대로 평가하시오.

2. 독일의 철학자, 라이프니쯔(G.W. Leibniz, 1646-1716)가 주장하는 이른바 "예정 조화설'(豫定 調和說)의 내용은 무엇이며, 그 사상이 물심(物心)의 관계에 대한 데카르트(Descartes, 1596-1650)의 주장과는 어떤 연관이 있는지 설명하시오.

❖ 석사 · (철학) ❖

2003학년도

1. 샤르트르(Sartre)의 사상과 상이한 견해는?
   ① 자유인인 개인은 신의 도움이나 진리와 가치의 어떤 외부적 토대 없이 세계의 의미와 가치를 소여 한다. 그러나 개인 자신 바깥에서 부터 세계의 의미와 가치를 도출 할 수 있다.
   ② 인간은 소원대로 행동할 자유가 있지만 신이 그런 소원을 소여 한다.
   ③ 개인의 자유는 가공할 자유로서 자유를 소멸할 자유조차 자신에게는 없다.
   ④ 개인은 존재와 행위 그리고 선택에 있어서 총체적으로 자유이다.

2. 칸트의 사상과 불일치한 것은?
   ① 감성 없는 마음은 공(空)이고 마음 없는 감성은 맹목이다.
   ② 본유관념은 범주에 대한 의식의 형태, 구조 그 이상(以上)이다.
   ③ 본유관념은 실재인식과 유관하지만 존재론과는 그렇지 않다.
   ④ 그는 신의 존재에 대하여 불가지론을 주장한다.

3. 칸트에 의하면 범주적 개념에 의한 인식을 다른 말로 무슨 인식이라 하는가?
   ① 감성적(a posterior) ② 합목적적
   ③ 선험적(priori) ④ 실천적

4. 칸트의 물자체(thing-in-itself)란 무엇인가?
   ① 현상계 그 자체이다.

② 현상계의 근거이다.
③ 그 내용을 인식 할 수 있다.
④ 예지적 직관의 대상이 아니다.

5. 칸트의 도덕관과 일치하지 않는 것은?
   ① 행복은 의무와 조화에서 온다.
   ② 실천이성에서는 순수이성에서와 같이 존재의 가정을 배제한다.
   ③ 신지식을 포기함은 신을 포기함과 결과적으로 다르다.
   ④ 무한한 신에 대한 인식을 부정함은 신에 대한 부분적인 지식을 전면 부정함은 아니다.

6. 흄(David Hume)의 형이상학적 회의주의와 상이한 것은?
   ① 실체의 존재인식을 부정하고 그것에 대한 감성의 현상도 부정한다.
   ② 인식은 인식과 추정이라는 관념의 추정일 뿐이고 그것의 확실성은 희미하다.
   ③ 영혼은 관념들의 다발이나 연속일 뿐이다.
   ④ 그는 생득관념 보다도 경험을 중시한다.

7. 어거스틴의 사상이 아닌 것은?
   ① 신지식은 초자연적인 조명에 의한다.
   ② 신지식은 세계 인식에 앞선다.
   ③ 확실성의 기초는 자기 확실성에 기초한다.
   ④ 진리의 도달은 신애(神愛)를 통하여서 가능하다.

8. 데칼트(Descartes)의 인식론과 불일치한 것은?
   ① 감각적인 인식은 검정해야한다.
   ② 하나님이나 영혼의 관념도 검정해야한다.

③ 수학적인 진리는 확실성의 모델이다.
④ 내가 의심한다는 것은 의심 할 수 없다.

9. 플라톤의 신론과 상이한 것은?
   ① 그는 이데아를 인식하는 방법으로 귀납법과 분류법을 사용하였다.
   ② 인간의 영혼에 산출하는 이데아는 본래적인 이데아의 복사이다.
   ③ 인간의 영혼은 육체에 들어온 후 손상 없이 보존된다.
   ④ 이데아는 개별 물에 관계됨으로 지속되는 것이다.

10. 토마스 아퀴나스(Thomas Aquinas)의 신 존재 증명과 무관한 것은?
    ① 우주론적 증명
    ② 가능성과 필연성에 의한 증명
    ③ 목적론적인 증명
    ④ 존재론적인 증명

11. 신의 본성을 탐구하는 길에 대한 아퀴나스의 사상과 불일치하는 것은?
    ① 자연계와 신의 영역을 명확히 단절된 것으로 둔다.
    ② 다만 피조물은 신과 상이함을 강조하는 부정의 길을 취하기도 한다.
    ③ 피조물이 신을 닮은꼴이라는 유비(類比)의 길을 취한다.
    ④ 신의 절대성은 단순한 영적인 존재에서 찾는다.

12. 스피노자(Benedict Spinoza)의 악에 대한 사고와 불일치하는 것은?
    ① 악이라고 지정하는 것은 무지이거나 전체성을 보지 못함에서 온다.
    ② 악과 불완전성은 무한한 선에 대한 총체적인 그림에 필요한 부분이다.
    ③ 각각의 지각의 실제성을 완전히 부정하고 악을 환영은 아니라고 본다.
    ④ 악은 영원이라는 각도에서 관찰하지 않기 때문에 나타나는 것이다.

13. 밀(John Stuart Mill)의 사상과 불일치한 것은?
    ① 인간을 감옥에 보내어 그의 행위에 대해 엄벌을 가하는 것을 반대한다.
    ② 인간의 유익추구는 자신을 위한 쾌락추구와 관련이 있다.
    ③ 인간의 유익을 최대화함에 행동을 정당화시킨다.
    ④ 쾌락추구의 극복은 에피큐로스의 도덕율을 읽음으로 가능하다.

14. 볼테르(Voltaire)의 사상과 불일치한 것은?
    ① 삼위일체와 도성인신의 교리는 불용하지만 도덕설정을 위하여 하나님이 필요하다.
    ② 현재는 최선의 가능한 세계는 아니다.
    ③ 이신론(Deism)을 수용하지 않는다.
    ④ 무신론자가 아니다.

15. 에피큐로스(Epicuros) 학파의 사상과 것은?
    ① 우의, 유익, 감사 그리고 협력은 쾌락을 산출하는 것으로서 수용한다.
    ② 개인적인 삶을 선호하지 않는다.
    ③ 노인층의 쾌락은 젊은층의 그것에 비해 덜하다.
    ④ 쾌락을 산출하는 행동은 옳은 것이고 고통을 산출하는 것은 잘못이다.

16. 벤탐(Jeremy Bentham)의 사상과 다른 것은?
    ① 불행한 사람은 행복한 돼지보다 낫다고 한다.
    ② 최대 다수의 최대기쁨을 주장한다.
    ③ 그의 공리주의는 쾌락주의와 상통한다.
    ④ 그의 공리주의는 양적인 공리주의이다.

17. 아리스토텔레스(Aristoteles)의 사상과 무관한 것은?
    ① 중용은 덕이다.

② 인간, 동물 그리고 우주의 모든 것은 자신의 선에 도움이 되는 목적을 가진다.
③ 행동의 목적은 최고의 선, 행복이다.
④ 악한 행동이 선한 목적에 이를 수는 없다.

18. 무어(G. E. Moore)의 사상과 불일치하는 것은?
① 선은 분석불가의 무한정의 개념이다.
② 쾌락과 선은 동일하다.
③ 선은 선이고 더 이상은 아니다.
④ 선은 비자연적이다.

19. 칸트의 정언적인 명령과 다른 것은?
① 보편적인 입법의 원리이다.
② 의지가 요구하는 바에 상반함은 자아 파괴적이다.
③ 자아파괴는 바른 행동을 위한 잣대일 수는 없다.
④ 정언명령이 아닌 것은 보편적 적용이 불가하다.

20. 소크라테스(Socrates)의 사상과 무관한 것은?
① 영혼에 잠재한 진리는 기억, 회상에 의하여 안다.
② 무지의 지로부터 시작한다.
③ 연역법을 사용한다.
④ 귀납법을 사용한다.

21. 로크(John Lock)사상과 불일치한 것은?
① 부정하는 것은 본유관념이다.
② 마음은 A Tabula Rasa이라고 한다.
③ 진리 인식을 연역법에 의존한다.

④ 신에 대한 관념 형성이 가능하다.

22. 제논(Zenon)과 무관한 것은?
   ① 형이상학적 다원론을 부정한다.
   ② 형이상학적 일원론을 주장한다.
   ③ 엘레아학파의 귀납법을 채용한다.
   ④ 실재가 유한하거나 무한하다함은 진리가 아님을 증거하는 방법이 아니다.

23. 아리스토텔레스의 연역법의 규칙이 아닌 것은?
   ① 각 개념은 최상의 개념에 종속된다.
   ② 개념으로부터 판단이 형성된다.
   ③ 판단은 필연적이지만 개연적인 것은 배제한다.
   ④ 추리는 판단으로부터의 다른 판단의 도출이다.

24. 베이컨(Francis Bacon)의 사상과 불일치하는 것은?
   ① 종교적인 진리를 철학적으로 고찰하기보다 믿음의 영역으로 돌린다.
   ② 수학을 진리를 찾음에 유용한 도구로써 사용하였다.
   ③ 경험을 차용하였다.
   ④ 귀납적인 방법을 새로운 방법으로서 추천하였다.

25. 베이컨의 선입견은 우상론으로 표현된다. 그가 말한 4가지 우상에서 언급하지 않는 것은?
   ① 종족우상   ② 동굴우상
   ③ 우물우상   ④ 시장우상

26. 킬케골(Soren Kierkegaard)의 사상과 무관한 것은?

① 진리를 위해 신앙의 결단을 촉구한다.
② 진리는 항상 명제적이다.
③ 진리의 관찰자 보다 참여자가 됨을 권장한다.
④ 진리를 역리적인 방법으로 추구한다.

27. 훗설(Edmund Husserl)과 불일치하는 것은?
① 세계에 대한 인식을 직관적인 이해로 환원하는 것이다.
② 현상학의 방법은 기존의 전제에서 출발하지 않고 사상(事象)에서 한다.
③ 순수의식의 비 지향적인 상태, 질료적인 것에 집중한다.
④ 형상적인 환원이란 본질적 형상을 밝혀냄 보다 본질 직관을 추구한다.

28. 하이데가(Martin Heidegger)의 사상과 상이한 것은?
① 훗설의 방법론을 인간 연구에 적용하였다.
② 그가 말한 인간은 공간적으로 세계에 갇혀 있는 것을 의미한다.
③ 인간을 Da Sein의 존재로 본다.
④ 인간은 시간의 존재, 무(無)로 가는 존재이다.

29. 비트겐슈타인(Ludwig Wittigenstein)의 사상과 불일치하는 것은?
① 철학적인 문제는 언어 분석에 의해 해결 가능하다.
② 언어의 의미는 상황에 의존한다.
③ 형이상학의 문제는 언어의 한계에도 불구하고 인식이 가능하다.
④ 선입견은 진리를 망각함이다.

30. 아낙시메네스가 본 우주의 궁극적인 존재자는 무엇인가?
① 물　　　　　　　　　② 무한정자
③ 공기　　　　　　　　④ 수

31. 아낙사고라스가 본 우주의 궁극적인 존재자는 무엇인가?
    ① 불   ② 4원질
    ③ 유사한 것들, 종자   ④ 원자

32. 플로티노스(Plotinus)의 종자의 형상은 어디에서 유출하는가?
    ① 이성(Nous)   ② 이데아
    ③ 형상   ④ 세계영혼

33. 부조리하기 때문에 나는 믿는다고 한 사람은?
    ① 어거스틴   ② 오리겐
    ③ 터툴리안   ④ 폴리캅

34. 교부철학 기여에 관련이 없는 사람은?
    ① 필로   ② 플라톤
    ③ 아리스토텔레스   ④ 플로티누스

35. 알기위하여 나는 믿는다고 한 사람은?
    ① 어거스틴   ② 아퀴나스
    ③ 안셀무스   ④ 둔스 스코투스

36. 보편논쟁에서 알베라르투스의 보편논쟁과 상이한 견해는 어느 것인가?
    ① 보편자는 개별물에 앞서 신의 정신 속에 개념으로서 존재한다.
    ② 보편자는 이름뿐이다.
    ③ 보편자는 개별물 속에 본질적 규정에 동일성으로 존재한다.
    ④ 보편자는 사물 뒤에 인간의 오성 속에 관념으로서 있다.

37. 스피노자(spinoza)의 신관과 일치하지 않는 것은?
    ① 신은 무한한 관념이다.
    ② 자기원인이고 만물의 원인이다.
    ③ 신은 자연이고 자연은 신이다.
    ④ 능산적자연과 소산적자연으로써 신과 자연을 구분한다.

38. 스피노자가 말한 세계구성의 형이상학적 원리들이 아닌 것은?
    ① 실체   ② 속성
    ③ 본질과 양태   ④ 사유와 연장

39. 데칼트가 말한 3가지 실체와 상관없는 것은?
    ① 신   ② 영혼
    ③ 자아   ④ 물질

40. 칸트의 순수오성에 의한 네 가지 원칙과 관련이 없는 것은?
    ① 양   ② 질
    ③ 장소와 시간   ④ 관계와 양태

41. 칸트의 신증명과 관계가 없는 것은?
    ① 존재론적 증명   ② 우주론적 증명
    ③ 목적론적 증명과 도덕론적 증명 ④ 원인론적 증명

42. 화이트헤드(Alfred Whitehead)의 사상과 무관한 것은?
    ① 실재의 파악은 감각과 경험으로 한다.
    ② 우주는 발전하는 유기체의 조화로운 과정이다.
    ③ 마음과 물질은 각각의 존재의 실현을 위하여 자체 이외에 아무 것도 원치 않는다.

④ 본질의 외부적인 대상으로서 시공간의 흐름에의 진입을 선택함은 신에 의해 결정된다.

43. 벨그송(Henri Bergsong)의 사상과 무관한 것은?
   ① 우주는 세계와 삶과 물질의 영원한 변화의 흐름이다.
   ② 계속적인 흐름은 시작도 끝도 완성도 최종도 없다.
   ③ 세계는 변화라는 내적인 원리의 구체화이다.
   ④ 진화는 목적론적인 것이고 연속적인 창조는 아니다.

44. 제임스(Williams James)의 인식론과 관계가 없는 것은?
   ① 그의 인식론은 인간적이고 감정적인 요소를 포괄한다.
   ② 분절시키지 않은 총체에 대한 경험을 중시한다.
   ③ 연역법칙(Syllogism)을 비판한다.
   ④ 일원론적인 이상론과 원자론적인 심리학을 수용한다.

45. 헤겔(Hegel)의 사상과 무관한 것은?
   ① 역사 속에서 자기를 실천하는 발전적인 절대자는 정신이다.
   ② 정신의 발전과정을 즉자적, 향자적 그리고 즉차향자적(卽且向自的) 변화를 말한다.
   ③ 이성의 간교이론을 말함으로 이성의 순조롭지 못한 발전을 함으로 B항목과 같은 발전이 불가함을 말한다.
   ④ 주인과 예속이론은 인간의 특권과 인정을 위한 투쟁에서의 역사 진행을 말한다.

46. 힌두교의 다신들에게 해당되지 않는 항목은 어느 것인가?
   ① Karma를 즐긴다.   ② M몸에 속한다.

③ 영속한다.   ④ 일자와 동일화한다.

47. 죽음과 파괴는 창조와 보존만큼 긍정적인 의미를 지닌다. 죽음은 식물이 되고 그것을 통하여 인간은 육체에서 해방을 가진다. 파괴의 신은 누구인가?
   ① 브라만   ② 크리슈나
   ③ 시바   ④ 비쉬누

48. 힌두교의 계급 개념은 어느 법전에서 나온 것인가?
   ① 베다   ② 마누
   ③ 바가바드 기타   ④ 우파니샤드

49. 힌두교에서 세 가지 주요 구원의 길과는 무관한 것은?
   ① 경건   ② 선업(善業)
   ③ 지식   ④ 포교(布敎)

50. 불교에서 궁극적인 존재에 포함되지 않는 것은?
   ① 달마   ② 공(空)
   ③ 유심(唯心)   ④ 유식(唯識)

❖ 석사 · (철학) ❖

2004학년도

1. 칸트의 철학에 대한 다음의 진술들 가운데 맞는 것을 골라라.
   ① 모든 인식은 합리적 요인의 산물이 아니라 경험적 요인의 산물일 뿐이다.
   ② 인간의 이성은 무제약자를 추구하지 않는다.
   ③ 순수이성은 후천적 인식능력이다.
   ④ 종합판단은 술어개념이 주어개념에 포함되어 있지 않은 판단이다.

2. [선한 사람도 나는 그를 선하게 하고, 선하지 못한 사람도 나는 그를 선하게 하니, 이것은 덕이 선하기 때문이요, 신실한 사람도 내가 그를 신실케 하고, 신실치 못한 사람도 내가 그를 신실케 하니 이는 덕이 신실하기 때문이다]라고 말한 철학자는 누구인가?
   ① 노자   ② 묵자
   ③ 맹자   ④ 순자

3. 다음의 진술들 가운데 틀린 것을 골라라.
   ① 탈레스는 모든 것의 원리를 물이라고 보았다.
   ② 아낙시만드로스가 말한 아페이론(Apeiron)은 무한하고 무진장한 저장고로서 신적인 것이다.
   ③ 피타고라스학파에서는 천동설을 가르쳤다.
   ④ 피타고라스학파는 영혼윤회설을 가르쳤다.

4. 아퀴나스의 윤리사상에 관한 다음의 설명들 가운데 틀린 것을 골라라.
    ① 보편적인 인간의 본성은 도덕의 존재론적 원리다.
    ② 신테레시스(synteresis)가 구체적인 적용의 상황에서는 양심(ratio recta)이 된다.
    ③ 행복의 본질은 지성의 활동에 있다.
    ④ 향락을 위해 이용한다.

5. [우리는 동일한 강에 두 번 들어갈 수는 없다]고 말함으로써 만물의 생성을 강조한 철학자는 누구인가?
    ① 파르메니데스   ② 해라크레이토스
    ③ 제논   ④ 앰페도클레스

6. 다음 중 아베로에스학파의 특징이 아닌 것은?
    ① 이중진리설   ② 의지우위설
    ③ 세계영원설   ④ 영혼유일설

7. 다음의 진술들 가운데 맞는 것을 골라라.
    ① 아낙사고스는 궁극적인 구성요소는 씨앗이며, 따라서 완성된 산물과 질적으로 꼭 같다는 동질소(同質素)이론을 제시했다.
    ② 디오게네스는 정신이란 인간에게만 고유하게 있는 것일 뿐 자연에는 없는 것이라고 보았다.
    ③ 소피스트들의 철학의 두 가지 특징은 상대주의와 경제론이다.
    ④ 소피스트들은 노모스는 영원하고, 보편타당한 것이라고 파악했다.

8. [신이 바로 신인 그 원인은 나다. 내가 없다면 신도 없을 것이다]라고 말한 신비주의 철학자는 누구인가?
    ① 에크하르트   ② 쿠자누스
    ③ 스코투스   ④ 카예타누스

9. 소크라테스는 철학에서 사용되고 있는 중요한 개념에 관한 다음의 설명들 중에서 틀린 진술을 골라라.
   ① 산파술이란 자기를 반성하게 하고 혼란된 생각들을 분명하게 해 주고 새로운 통찰을 낳게 하는 기술이다.
   ② 보편개념이란 개별적인 사례들이 공통적으로 지니고 있는 동일한 특성을 가리킨다.
   ③ [모든 덕은 통찰 안에서 성립한다]는 소크라테스의 주지주의적 진술은 기술(techne)에서 어떤 것이 잘못되었다고 한다면 그 이유는 지식과 능력이 없어서 그렇게 된 것이라고 보는 기술사상의 표현형식이다.
   ④ 호리세스타이 카토루(ὁρίζεσθαι καθόλου)란 보편개념을 이끌어 내는 사고이며 연구를 뜻한다.

10. 옥캄의 철학에 대한 다음의 진술 중 맞는 것을 골라라.
    ① 이성이 순수한 능동인이다.
    ② 보편자는 모든 사물 안에 실재한다.
    ③ 보편자는 일종의 허구다.
    ④ 보편자는 산출된다.

11. 영혼선재설로 플라톤에게 영향을 준 철학파는 어떤 학파인가?
    ① 메가라학파   ② 키니코스학파
    ③ 키레네학파   ④ 피타고라스학파

12. 단자들의 단자를 신으로 본 르네상스시대의 범신론 철학자는 누구인가?
    ① 파라첼수스   ② 쿠자누스
    ③ 브루노   ④ 뵈메

13. 플라톤철학에 관한 다음 진술들 가운데 맞는 것을 골라라.
    ① 플라톤은 칸트에 있어서처럼 형식의 선천성만 주장했을 뿐 내

용의 선천성까지 주장했던 것은 아니다.
② 플라톤은 가치의 선천성을 주장했다.
③ 플라톤은 체계화되지 않은 힘으로부터 형상이 형성된다고 생각했다.
④ 플라톤은 우생학적 조치를 지원하는 진술을 한 일이 없다.

14. 베이컨은 편견이 배제된 객관적 지식을 얻기 위하여 일반적인 인간의 본성에 놓여 있는 편견으로부터 해방될 것을 강조했는데, 여기서 말하는 편견을 가리키는 용어는 무엇인가?
① 동굴의 우상   ② 종족의 우상
③ 시장의 우상   ④ 극장의 우상

15. 다음의 진술들 가운데 틀린 진술을 골라라.
① 홉즈는 모든 인식의 기초는 감각이라고 생각했다.
② 홉즈는 자연적 이기주의의 상태의 변화는 정서와 이성에 의하여 초래된다고 생각했다.
③ 데카르트는 모든 것을 의심하는 나 자신의 실존은 의심할 수 없다고 보았다.
④ 데카르트에 의하면 인식은 가장 낮은 단계인 감각으로부터 영혼의 순수하고 능동적인 인식의 단계를 거쳐서 가장 높은 단계인 표상의 단계로 올라간다.

16. 인간은 인식을 통하여 인간이 인간에게 대하여 늑대(homo homini lupus)인 상태로부터 인간은 인간에 대하여 신(homo homini deus)의 상태로 나아갈 수 있다고 주장한 철학자는 누구인가?
① 스피노자   ② 말브랑슈
③ 파스칼   ④ 라이프니쯔

17. 아리스토텔레스 철학에 관한 다음의 진술들 가운데 틀린 것은 무엇인가?

① 아리스토텔레스가 전개한 논리학은 인간의 정신이 지닌 일정한 구조 및 요소와 기능들에 관한 연구이다.
② 아리스토텔레스는 개념을 떠나 현실에 호소함으로써 플라톤과는 다른 길을 걷고자 했다.
③ 아리스토텔레스는 경험이 아닌 개념과 정의가 인식의 궁극적인 원천이라고 보았다.
④ 아리스토텔레스는 질료인, 형상인, 운동인, 목적인을 가지고 존재를 해명하고자 했다.

18. 로크의 철학에 대한 다음의 진술들 가운데 맞는 것을 골라라.
① 모든 인식은 본유적 관념에서 유래한다.
② 제2성질은 사물 자체에 속하는 성질이다.
③ 영혼은 tabula rasa이다.
④ 추상적인 보편표상은 아무 것도 없으며 또한 있을 수도 없다.

19. 다음의 진술들 가운데 스토아철학의 특징을 묘사한 것으로서 맞는 것을 골라라.
① 영혼은 선천적으로 글씨가 쓰여져 있는 칠판과도 같은 것이다.
② 세계의 근거는 세계를 초월해 있다.
③ 영혼은 이성을 뜻할 뿐, 결코 불과 공기와 같은 질료로 구성되지 않는다.
④ 자연법은 본성적으로 보편적은 이성이라는 개념에 뿌리박고 있다.

20. 에피쿠로스는 직선으로 낙하하는 원자운동에 반론을 제기하면서 비스듬한 운동이라는 개념을 주창했다. 이 개념에 대한 설명으로서 타당한 것을 골라라.
① 이 운동은 우연과 같은 개념으로서 원인이 없다는 뜻으로 인간의 자유를 지키기 위한 시도였다.
② 이 운동은 근거가 있지만 당장은 끄집어낼 수 없는 사건을 뜻하는 우연과 같은 개념이다.

③ 이 운동은 물체의 전체적인 구조 내에서 모든 존재와 생성을 해명하는 엄격한 결정론을 해명하려는 시도다.
④ 이 운동은 세계의 과정의 절대적 합법칙성을 설명하기 위한 시도이다.

21. 칸트가 말하는 최고의 덕은 두 가지 요소가 통일된 상태를 뜻하는데, 그 두 가지 요소는 무엇인가?
① 덕과 행복　　　　　　② 영혼과 세계
③ 이성과 오성　　　　　④ 현상계와 본체계

22. 부정신학(negative theology)을 처음으로 제시했을 뿐만 아니라 로고스론을 통하여 신과 세계를 중개하고자 시도했던 철학자는 누구인가?
① 아스클레피오스　　　② 아폴로니오스
③ 필론　　　　　　　　④ 프로클로스

23. 아리스토텔레스의 후계자들이 세운 학파 이름은 무엇인가?
① 아카데미아학파　　　② 페리파트스학파
③ 엘레아학파　　　　　④ 밀레토스학파

24. 플로티노스의 유출론에 대한 다음의 진술들 중에서 틀린 것을 골라라.
① 일자(一者)로서의 신은 세계로부터 뿐만 아니라 존재로부터도 떨어진 초존재자이다.
② 일자(一者)가 자기로부터 방출시키는 첫 번째 것은 영혼이다.
③ 정신 곧 누우스는 모든 개념들의 종합개념인 동시에 데미우르고스다.
④ 일자(一者)로부터 유출된 영혼은 관조와 사랑을 통하여 다시 일자(一者)와 하나가 된다.

25. 다음에 열거한 철학자들 중에서 사변적 관념론자의 범주에 들어가지 않는 철학자는 누구인가?
    ① 피히테   ② 셸링
    ③ 슐라이에르마허   ④ 헤겔

26. 아리스토텔레스 철학에서 사용되고 있는 중요한 용어들에 대한 다음의 설명들 중에서 틀린 것을 골라라.
    ① 엔텔레케이아(Entelechie)란 현실태로 나타나 있는 한가지 존재자의 본질로서 이데아이자 형상이다.
    ② 영혼은 자기자신을 움직이는 자다.
    ③ 오성은 개념과 근본명제를 직관할 때의 정신을 뜻한다.
    ④ 윤리적인 덕은 기술과 사려 혹은 현명함의 완전성이다.

27. 흄의 철학에 관한 다음의 진술들 가운데 틀린 것을 골라라.
    ① 로크나 버클리의 경우와는 달리 흄의 경우에는 상당한 정도의 본유적 관념이 있음을 인정했다.
    ② 흄은 실증주의적 회의론의 입장을 취한다.
    ③ 흄의 윤리학은 인간의 정서생활로부터 출발한다.
    ④ 흄은 이성적 통찰이 윤리적 행동의 동기로는 작용할 수 없다고 말한다.

28. 어거스틴의 철학에 관한 다음의 진술들 가운데 바른 진술은 어느 것인가?
    ① 어거스틴은 자기가 의심하고 있다는 사실에 관해서는 의심할 수가 없다는 의식의 진리를 발견함으로서 회의론을 극복했다고 생각했다.
    ② 어거스틴은 물체의 세계는 변화한다는 헤라클레이토스의 명제를 받아들이지 않았다.
    ③ 어거스틴은 인가적인 것들 속에서는 초월적인 것을 만날 수 없다고 보았다.

④ 어거스틴의 창조론을 플라톤주의 입장을 그대로 답습했다.

29. 셸링의 동일성이론에 대한 설명으로 타당한 진술은 무엇인가?
    ① 정신과 자연은 동일하다.
    ② 주관과 객관이 모두 하나의 동일한 세계근거에서 생긴 것이다.
    ③ 주관은 객관에 의하여 규정되거나 아니면 그 역이다.
    ④ 자아는 비아를 정립한다.

30. 다음의 진술들 가운데 어거스틴이 행한 자아의식에 대한 세 가지 분석내용이 아닌 것을 골라라.
    ① 자아는 실체로 있다.   ② 자아는 독립해 있다.
    ③ 자아는 계속해서 있다.   ④ 자아는 공간적인 연장이다.

31. 칸트의 철학에 극단적으로 대항하면서 물 자체의 개념의 적극적인 규정을 시도하여 통일적인 세계의지만이 곧 물 자체임을 말한 19세기 독일 철학자는 누구인가?
    ① 훔볼트   ② 슐라이에르마허
    ③ 프리스   ④ 쇼펜하우어

32. 어거스틴의 윤리학에 관한 다음의 진술 중에서 바른 진술은 어느 것인가?
    ① 영원법은 이성이 없는 자연 안에서는 당위규범으로 나타난다.
    ② 영혼의 움직임은 의지와는 무관한 것이다.
    ③ 어거스틴의 윤리학에서는 의지가 우위를 차지한다.
    ④ 어거스틴의 윤리학에서는 신의 지혜를 배제한다.

33. 꽁트가 말한 인류역사발전의 3단계와 무관한 것은 무엇인가?
    ① 신학적 단계   ② 사회학적 단계
    ③ 형이상학적 단계   ④ 실증주의적 단계

34. 중세의 스콜라철학과 아리스토텔레스를 연결시켜 준 역할을 담당했던 철학자는 누구인가?
    ① 그로티우스   ② 보에티우스
    ③ 유스티누스   ④ 아리스티데스

35. 실재론적 변증법에 관한 다음의 진술들 가운데 틀린 것을 골라라.
    ① 실재론적 변증법은 헤겔의 변증법의 내용을 그대로 수용하였다.
    ② 실재적인 인간의 본질로부터 종교가 이해된다.
    ③ 윤리의 완전한 전개는 오직 인간적 공감의 감각적 생생함에만 기초를 둔다.
    ④ 실재적 인간의 역사적, 사회적 존재에는 직접적으로 그리고 인간의 정신적, 학문적 존재에는 간접적으로 물질적 생산력이 기초로 놓여 있다.

36. 위(僞)아레오파기타의 신론에 관한 다음의 진술들 가운데 틀린 진술은 어떤 것인가?
    ① 신은 초존재자다.
    ② 긍정의 신학이 신에게로 나아가는 첫 번째 길이다.
    ③ 부정신학은 단순한 피조적인 모든 것을 지워 버림으로써 그것을 넘어서 있는 것을 남겨 두는 것이다.
    ④ 신비적인 침잠(沈潛)과 탈아(脫我)는 신에게 나아가는 길이 아니다.

37. 모든 유기적 생명과 아울러 모든 동물적 및 인간적 의식의 경험에 알맞은 기초는 원형질(Plasma)이라고 본 생물학적 일원론을 제창한 철학자는 누구인가?
    ① 하르트만   ② 나토르프
    ③ 코헨   ④ 헤겔

38. 다음의 진술들 가운데 안셀무스의 철학의 특징으로 볼 수 없는 것

은 어떤 것인가?
① 참된 철학은 종교이며 참된 종교는 철학이다.
② 신앙은 지성을 요구한다.
③ 이성은 그 자체 안에 생각할 수 있는 최고의 것에 관한 관념을 가지고 있다.
④ 신관념은 비교할 수 없는 독특한 것이다.

39. [덕은 곧 공동체의 산물이요, 공동체가 부과하는 의무를 이행하는 것이 곧 선이다.]라고 주장한 공동체주의 윤리학자는 누구인가?
① 노직　　　　　　　② 매킨타이어
③ 롤즈　　　　　　　④ 하이예크

40. 실제로 존재하는 것은 항상 개별적인 것이요, 보편적 개념이란 억견(opiniones)에 지나지 않는다고 주장한 중세시대의 철학자는 누구인가?
① 풀베르투스　　　　② 베르나르두스
③ 아벨라르두스　　　④ 요아킴

41. 인도철학의 경전인 베다(Veda)는 다음과 같은 네 가지 소부분으로 나누어진다. 이 중에서 철학적인 관점에서 보았을 때 가장 중요한 부분은 어느 부분인가?
① 만트라스　　　　　② 브라마나스
③ 아라냐카스　　　　④ 우파니샤드

42. 중세철학자들의 철학의 특성을 표현한 다음의 진술들 가운데 틀린 것을 골라라.
① 위(偽)아레오파기타: 누층존재론
② 알베르투스: 일원론
③ 그로스테스테: 빛의 형이상학
④ 보나벤투라: 범형설

43. 정통인도철학(베다철학)의 특징을 묘사한 다음의 표현 가운데 적절하지 않은 것은 어느 것인가?
    ① 모든 사람들이 비의적 교리를 깨달을 수 있다.
    ② 염세주의
    ③ 범신론
    ④ 윤회설

44. 칸트의 철학에 있어서 자연 인과율의 영역과 자유의 영역에 놓인 깊은 틈을 연결시켜 주는 것은 무엇인가?
    ① 순수이성   ② 실천이성
    ③ 판단력   ④ 순수오성

45. 아퀴나스의 인식론에 관한 다음의 진술들 가운데 맞는 것을 골라라.
    ① 지식은 감각적 단계, 생물학적 단계, 형이상학적 단계를 거쳐서 획득된다.
    ② 감각적 인식은 정신적 인식의 유일하고 완전한 원인이다.
    ③ 아퀴나스의 선천성론에 있어서는 대상들이 미리부터 있으며, 영원한 근거들을 갖고 있는 것을 인식된다.
    ④ 지식은 신학의 보조수단에 불과하다.

46. 불교교리의 근거가 되는 삼장(三藏)의 내용이 아닌 것은 무엇인가?
    ① 경(經)   ② 율(律)
    ③ 사(思)   ④ 논(論)

47. [아무 것도 스스로를 움직일 수 없으므로, 움직이고 있는 모든 것은, 다른 어떤 것에 의해 움직여지고 있음이 틀림없다. 그리고 우리들은 움직여지고 있는 자가 움직이게 하는 자에게 의존하고 있는 관계를 무한히 거슬러 올라가서 추구할 수는 없으므로 결국 첫 번째로 움직이게 하는 자를 인정하지 않을 수 없다]는 진술을 아퀴나스의 신존재 논증 중 어떤 논증을 설명하고 있는가?

① 첫 번째 논증　　② 두 번째 논증
③ 세 번째 논증　　④ 네 번째 논증

48. 다음 중 불교사상의 특징으로 볼 수 없는 것은 무엇인가?
① 인과론의 무용성　　② 무신론적 종교
③ 무상(無常)의 연속　　④ 실천적 윤리

49. 오경(五經)에 관한 다음의 설명 중 틀린 것을 골라라.
① 역경: 팔괘를 이루는 삼선　② 시경: 가무의 서
③ 춘추사기: 노나라의 연대기　④ 예기: 왕의 법령집

50. 다음의 진술들 중에서 플라톤의 영혼론을 바르게 제시하지 못한 것은 어느 것인가?
① 플라톤은 영혼의 윤회를 철학적으로 증명했다.
② 영혼이 참된 인간이며 육체는 영혼을 위한 일종의 수레에 지나지 않는다.
③ 영혼은 이성의 영혼, 용감한 영혼, 정욕의 영혼의 세 부분으로 구성되어 있다.
④ 영혼은 잠의 형태로 선재했다.

❖ 석사 · (철학) ❖

2005학년도

1. 밀레토스 학파는 최초로 세계에 대한 신화적 해석을 버리고 합리적인 설명을 시도했다는 것 때문에 자연철학자라고 불린다. 이들 가운데 들지 않는 사람은 누구인가?
   ① 오르페우스   ② 탈레스
   ③ 아낙시만드로스   ④ 아낙시메네스

2. 철학자란 처음에는 과학자, 의사, 기술자, 정치가, 현자 등 모든 것에 통달한 사람이었다. 철학의 주제가 논리학, 윤리학, 형이상학으로 국한되기 시작한 것은 대체적으로 언제쯤부터라고 생각하는가?
   ① 르네상스 시대   ② 스콜라 철학
   ③ 헬레니즘 시대   ④ 근대철학

3. 다음 중에서 교부 철학에 영향력을 가장 적게 미쳤다고 생각되는 철학은 어느 것인가?
   ① 스토아 학파   ② 에피쿠로스 학파
   ③ 신플라톤주의   ④ 플라톤 철학

4. 다음 중에서 교부 철학에 그 영향력을 가장 크게 미쳤다고 생각되

는 철학은 어느 것인가?
① 회의론자　　　　　　② 아리스토텔레스 철학
③ 페리파토스 학파　　　④ 플라톤 철학

5. "최고의 존재라는 관념은 존재 자체를 요구한다."는 요약문에 대하여 맞지 않는 것은 어느 것인가?
① 안셀무스의 프로슬로기온에서 나온 말이다
② 합리적 신존재 증명이라고 부른다
③ 데카르트와 라이프니츠가 받아들였다.
④ 토마스 아퀴나스와 칸트가 반박하였다

6. 플라톤의 철학을 지배한 한 개념을 고르라고 한다면 다음 중 어느 것이 적당한가?
① 아페이돈　　　　　② 아남네시스
③ 이데아　　　　　　④ 에이도스

7. 스콜라 철학에 대하여 잘못 설명한 것은 어느 것인가?
① 신앙의 내용, 즉 교리의 확립에 초점을 맞추었다
② 교리의 논리적 근거를 마련하려고 하였다.
③ 신앙과 지식의 일치를 강조하였다
④ 신앙의 합리화가 그 주된 흐름이었다고 할 수 있다.

8. 니콜라우스 쿠자누스, 파라첼수스, 지오르다니 브루노 등이 활동한 르네상스 철학의 경향이라고 할 수 없는 것은 어느 것인가?
① 세계의 무한성　　　② 자연과 인간의 조화
③ 개인의 가치　　　　④ 신앙과 이성의 협력

9. 아우구스티누스가 대항하여 싸운 집단이라고 할 수 없는 것은 어느

것인가?
① 몬타누스파　　　② 펠라기우스파
③ 도나투스파　　　④ 마니교

10. 이 학파의 창시자는 기원전 262년에 자살하였고, 그의 후계자였던 클레안테스도 기원전 233년에 자살하였다. 이 학파에 속해 있던 세네카는 황제의 명령으로 서기 65년에 자살하였다. 최근 글래디에이터란 영화를 통해 우리에게 잘 알려진 황제 철학자 마르쿠스 아우렐리우스도 이 학파에 들어 있다. 이 학파는 다음 중 어느 것인가?
① 신플라톤 학파　　　② 에피쿠로스 학파
③ 페리파토스(소요) 학파　　　④ 스토아 학파

11. 만약 엠페도클레스, 아낙사고라스, 데모크리토스, 이 세 사람의 공통점을 하나로 묶어서 표현한다면 다음 가운데 어떤 것이 가장 적당하다고 생각하는가?
① 상대주의자　　　② 다원론자
③ 원자론자　　　④ 소피스트

12. 중세철학의 한 특징으로 등장한 보편논쟁을 잘못 소개한 것은 다음 중 어느 것인가?
① 실재론: 보편은 사물에 앞서 존재한다
② 유명론: 보편은 사물 다음에 존재한다
③ 온건실재론: 보편은 사물 안에 존재한다
④ 개념론: 실재하는 것은 보편이 아니라 개체이다

13. "cogito ergo sum"에 대한 설명으로 옳지 않은 것은 어느 것인가?
① "나는 생각한다. 그러므로 나는 존재한다"
② 데카르트의 합리론을 대변하는 말이다

③ 데카르트는 이렇게 귀납법을 완성하였다
④ 내가 의심하는 동안 존재하지 않으면 나의 존재를 의심할 수 없다

14. 신플라톤 학파를 대표하는 플로티노스는 일자라는 이름으로 신을 인정하고, 이 신에게서 모든 것, 즉 세계가 유출되었다고 설명하였다. 그가 신에게서 유출된 것으로 설명하지 않은 것은 무엇인가?
   ① 로고스(말씀)   ② 누우스(정신)
   ③ 영혼   ④ 물질

15. 아우구스티누스가 사용한 신 존재 증명의 방법이라고 볼 수 없는 것은 어느 것인가?
   ① 정신론적 증명   ② 목적논적/심리학적 증명
   ③ 존재론적 증명   ④ 도덕적 증명

16. 원숙기에 파이돈, 심포지온, 폴리데이아, 파이드로스 등의 걸작을 쓴 철학자는 다음 중 누구인가?
   ① 소크라테스   ② 플라톤
   ③ 아리스토텔레스   ④ 아우구스티누스

17. "모든 진리 인식의 시초는 지성에 있는 것이 아니라 겸손에 있다. 겸손 속에서는 나의 모든 관심이 침묵하게 되고, 이 때에야 비로소 인간은 참된 세계로 마음이 열리고, 이 참된 세계를 받아들이게 된다."는 말은 중세에 활동한 누구의 어떤 철학을 요약한 것인가?
   ① 폴베르투스의 휴머니즘   ② 아벨라르두스의 개념론
   ③ 로스켈리누스의 명목론   ④ 베르나르두스의 신비주의

18. 스피노자의 도덕철학의 목표는 자기 보존이다. 다음 중에서 자기

보존에 기여하는 것이라고 볼 수 없는 것은 어느 것인가?
① 인식   ② 진리
③ 무력   ④ 자유

19. 최초로 기독교 교회사를 쓴 플라비우스 유세비우스가 "철학자의 옷을 입고 하나님의 말씀을 전파했다"고 평한 것은 누구를 가리킨 것인가?
① 순교자 저스틴   ② 아리스티테스
③ 타티아누스   ④ 클레멘스

20. 장력과 재질이 같은 줄에서 나오는 소리는 줄의 길이와 관련이 있어서 8도 음정은 2:1, 5도 음정은 3:2, 4도 음정은 4:3의 비율인 두 줄에서 나온다는 것 등을 발견하고, 모든 존재는 수적 조화로 되어 있다고 생각한 사람은 누구인가?
① 소크라테스   ② 아리스토텔레스
③ 프로타고라스   ④ 피타고라스

21. 라이프니츠의 철학과 관계가 없는 것은 어느 것인가?
① 단자론   ② 실체론
③ 예정조화   ④ 변신론

22. 임마누엘 칸트의 주요 철학 작업으로 볼 수 없는 것은 어느 것인가?
① 선험 이성 비판   ② 순수 이성 비판
③ 실천 이성 비판   ④ 판단력 비판

23. 12세기 말에 스콜라 철학이 전성기를 누릴 수 있도록 자극한 요소로 보기 어려운 것은 다음 중 어느 것인가?
① 아리스토텔레스 철학의 유입   ② 신비주의와 철학의 결합

③ 여러 대학들의 발전　　　④ 수도원 운동의 확산

24. 터툴리아누스, 아타나시우스, 암브로시우스, 이 세 사람을 가장 잘 특징지울 수 있는 단어는 아래 중 어느 것인가?
    ① 신플라톤주의　　　　② 알렉산드리아 학파
    ③ 라틴 교부　　　　　　④ 그리스 교부

25. 플라톤은 인간이 가진 육체를 영혼의 수레, 혹은 감옥이라고 부름으로써 영혼이 참된 인간이라고 보았다. 그를 따르면 영혼이 육체에 사로잡혀 있는 동안 영혼은 세 부분으로 나타난다. 이 셋에 들지 않는 것은 어느 것인가?
    ① 사랑의 영혼　　　　② 욕망의 영혼
    ③ 감정의 영혼　　　　④ 이성의 영혼

26. 프란시스 베이컨이 비평한 네 가지 우상(종족의 우상, 동굴의 우상, 시장의 우상, 극장의 우상)이란 무엇을 뜻하는가?
    ① 당시 영국인들이 섬기고 있던 비기독교적 우상들
    ② 기독교인들에게 만연하고 있던 비윤리적 습관들
    ③ 인간의 사유를 지배해 온 편견들
    ④ 경험론적 방법을 방해하는 중세의 신학/철학사조들

27. 칸트의 철학에서 윤리의 최고 목표로 제시되는 것은 무엇인가?
    ① 도덕적 사회 건설　　　② 덕과 행복의 일치
    ③ 선험 이성의 자아 완성　④ 보편적 도덕감의 실현

28. 지난 1500년간 인류에게 가장 큰 영향력을 끼친 기독교 철학자/신학자는 다음 중 누구인가?
    ① 토마스 아퀴나스　　　② 아우구스티누스

③ 임마누엘 칸트   ④ 칼뱅

29. 아래에서 스토아 학파의 특징이라고 볼 수 <u>없는</u> 것은 어느 것인가?
    ① 무욕(아파테이아)   ② 유물론
    ③ 범신론   ④ 아타락시아(평온)

30. 다음은 경험론과 관련된 여러 학설들을 제시한 것이다. 이 중 관계가 <u>없는</u> 것은 어느 것인가?
    ① 로크의 백지상태설   ② 홉즈의 물체론
    ③ 데카르트의 본유관념론   ④ 버클리의 주관적 관념론

31. 사변적 관념론에 대한 설명으로 옳지 <u>않은</u> 것은 어느 것인가?
    ① 경험에 근거하여 현실을 해명하려고 하였다
    ② 피히테, 셸링, 헤겔의 철학을 지시한다
    ③ 칸트 철학이 지닌 문제점 때문에 부상하였다
    ④ 물 자체와 현상 사이의 이원론을 극복하려는 것이 과제이다

32. "만물은 영원히 흐르고 있다", "원리란 물도 아니고, 공기도 아니고, 아페이론도 아니고 생성이다." "이 세계는 신이 만든 것도 아니며, 인간이 만든 것도 아니다. 이 세계란, 정도에 따라 불타오르기도 하고 꺼지기도 하는, 영원히 살아 있는 불이다."는 글을 남긴 철학자는 누구인가?
    ① 오리게네스   ② 헤라클레이토스
    ③ 데모크리토스   ④ 아낙사고라스

33. 헤겔의 사상에 맞지 <u>않는</u> 것은 다음 중 어떤 것인가?
    ① 역사란 세계정신의 자기 실현이다

② 그 전개 과정은 변증법적이다
③ 정-반-합으로 요약되는 이 과정은 ('합'이 새로운 '정'의 역할을 함으로써) 발전적으로 반복된다
④ 이 변증법적 운동은 조화로운 것이 아니고 때로는 파멸을 초래한다.

34. 흄은 지각 현상을 인상과 관념으로 구분하여 설명하였다. 다음 중에서 흄의 설명에 맞지 않는 것은 어느 것인가?
① 인상은 감각과 반성에 의해 만들어지는 것이다
② 관념은 인상의 기억이거나 상상에 의해 만들어지는 것이다
③ 인상은 착각을 유발할 수 있으므로 관념보다 덜 권위적이다
④ 관념은 사유나 추리에 나타나는 인상의 영상이므로 아주 공상적일 수 있다

35. 중세철학의 완성자로 인정되는 토마스 아퀴나스는 여러 철학 사상을 종합한 거장으로 알려져 있다. 그에게 영향력을 끼쳐 중세의 다른 철학자들과 뚜렷이 구별되도록 만든 철학자를 한명 꼽으라고 한다면 다음 중 누구를 꼽아야 하는가?
① 플라톤　　　　　② 아리스토텔레스
③ 아우구스티누스　④ 데카르트

36. 아리스토텔레스의 이론에 나오는 메소테스(중용)란 무엇을 뜻하는가?
① 윤리적 덕
② 최상의 국가
③ 영혼과 육체의 통일
④ 질료와 형상의 결합

37. 실재 변증법에 대하여 잘못 설명한 것은 어느 것인가?
   ① 헤겔의 관념 변증법을 이어받아 완성시켰다
   ② 칼 마르크스의 유물론적 역사관을 일컫는 말이다
   ③ 정-반-합의 발전도식을 순 물질로 파악한 자연과 역사에 적용하였다
   ④ 인간은 단순한 관람자가 아니라 혁명적 실천의 주체로 가담한다

38. 토마스 아퀴나스는 "신학대전"에서 신의 존재를 증명하기 위하여 다섯 가지 논증을 사용하였는데 '운동에 의한 증명', '능동인에 의한 증명', '우연성에 의한 증명', '완전성의 단계에 의한 증명'이 그 가운데 포함되어 있다. 나머지 하나는 다음 중 어느 것인가?
   ① 직관론에 의한 증명   ② 선천성에 의한 증명
   ③ 목적론적 증명   ④ 경험론적 증명

39. 슐라이에르마허의 철학/신학의 특성을 하나 지적한다면 다음 중 어느 것이 가장 적당한가?
   ① 절대자(하나님)의 자기 계시 ② (종교적) 직관, 감정, 경험
   ③ (추상적, 논리적) 사유   ④ 객관적 실재론

40. 에피쿠로스 학파를 쾌락주의라고 규정할 때 그들이 말하는 쾌락이라고 볼 수 없는 것은 어느 것인가?
   ① 고통에서 벗어나는 것   ② 마음이 흔들리지 않음
   ③ 개인적 쾌락   ④ 국가적 쾌락

41. 아우구스티누스의 "의지의 자유"라고 볼 수 없는 것은 어느 것인가?
   ① 아담만이 타락 이전에 의지의 자유를 가지고 있었다

② 타락한 인류는 선을 행할 자유를 가지고 있지 않다
③ 타락한 인류는 죄를 짓지 않을 자유를 가지고 있지 않다
④ 인류는 처음부터 선을 행할 자유는 가지고 있지 않지만 죄를 짓지 않을 자유는 가지고 있다

42. 공리주의란 무엇인가?
① 리츨에게서 시작된 윤리학
② 존 스튜아트 밀이 비판한 윤리학
③ 최대 다수의 최대 행복
④ 인간성 자체를 철학/윤리학적 공리로 보는 사상

43. 아리스토텔레스는 플라톤의 제자로서 초기에는 스승의 사상을 따랐으나, 후기에는 스승의 사상을 수정하여 독자적인 철학체계를 세웠다. 아리스토텔레스가 스승과 대립되었음을 가장 잘 보여주는 개념을 꼽으라고 한다면 어느 것이 가장 적당한가?
① 형상과 질료   ② 삼단논법
③ 범주론   ④ 민주주의 국가론

44. 삶의 철학자로 알려진 니체는 인간성(삶)의 유형을 설명하기 위하여 고대 그리스 문화로부터 세 이름을 추출하여 사용하였다. 다음 중에서 그 세 가지에 들지 <u>않는</u> 것은 어느 것인가?
① 디오니소스적인 것   ② 아폴로적인 것
③ 플라톤적인 것   ④ 소크라테스적인 것

45. 둔스 스코투스의 의지론, 윌리암 오컴의 유명론, 마이스터 엑크하르트의 신비주의는 다음 중 어떤 공통점을 가지고 있다고 생각하는가?
① 도미니꼬 수도회 소속   ② 프란시스꼬 수도회 소속

③ 친 아퀴나스주의　　　　④ 반 아퀴나스주의

46. 예수님의 생애와 비슷한 때에 살면서 구약성경, 즉 유대교의 신앙과 철학을 결합한 사람은 누구인가?
    ① 플라비우스 요세푸스　　② 필론
    ③ 제롬　　　　　　　　　④ 유다 벤 사카이

47. 키에르케고르, 하이데거, 야스퍼스, 샤르트르 등을 함께 묶어 그 철학적 특징을 말한다면 다음 중 어느 것이 적당한가?
    ① 실증주의　　　　　　　② 실존철학
    ③ 신 실재론　　　　　　　④ 실용주의

48. 다음은 엘레아 학파에 속한 철학자들과 그들의 주장을 연결해 놓은 것이다. 이 가운데서 어느 것이 옳지 <u>않은가</u>?
    ① 크세노파네스-신은 하나며 모든 것이다
    ② 파르메니데스-존재란 움직이지 않는 것이다
    ③ 헤라클레이토스-로고스에 의하여 만물이 생성한다
    ④ 제논-운동은 없고 존재만 있다

49. 다음 책들 중에서 아우구스티누스의 저술이 <u>아닌</u> 것은 어느 것인가?
    ① 그리스도를 본받아　　　② 자유의지론
    ③ 고백록　　　　　　　　④ 신국론

50. 소크라테스가 귀중하게 생각한 것이 아닌 것은 다음 중 어느 것인가?
    ① 산파술　　　　　　　　② 다이모니온
    ③ 보편적 윤리　　　　　　④ 주관주의

석사 · (철학)

2006학년도

※ 다음 문제들을 읽고 맞는 답을 찾아 답안지의 그 번호에 표시를 하시오.

1. 중세 신비주의에 영향을 미친 철학은 어느 것인가?
   ① 플라톤주의   ② 신플라톤주의   ③ 유명론   ④ 스콜라주의

2. 소크라테스 이전의 철학인 이오니아 철학은 자연철학이라 불리지만 자연철학이라기보다는 형이상학이라고 한다. 그 이유는 어디에 있는가?
   ① 이들이 정신세계를 다루었기 때문이다.
   ② 이들이 말하는 자연이 형이상학이기 때문이다.
   ③ 이들이 존재 전체의 원리에 대해 설명하기 때문이다.
   ④ 당시에는 자연철학과 형이상학의 구분이 없었기 때문이다.

3. 세계가 신에 의해 지배되는 것이 아니라 자연법칙에 의해 존재한다는 최초의 자연주의 세계관을 수립한 철학자는 누구인가?
   ① 데카르트   ② 베이컨   ③ 플라톤   ④ 탈레스

4. "만물의 원질은 자연이 아니라 죽지 않고 변함이 없는 신적인 존재 무한자이다."라고 말한 철학자는 누구인가?

① 아낙시만드로스 ② 피타고라스 ③ 낙탄티우스 ④ 아낙시메네스

5. 이데아와 관계 있는 철학자는 누구인가?
① 아리스토텔레스 ② 플라톤 ③ 피타고라스 ④ 소크라테스

6. 영혼불멸성을 주장한 고대철학자는 누구인가?
① 소크라테스 ② 플라톤 ③ 아리스토텔레스 ④ 탈레스

7. "인간은 사회적 동물이기에 개인 단독의 행복을 얻을 수 없고 사회 공동체에서만 진정한 행복을 얻을 수 있다."라고 말한 철학자는 누구인가?
① 아리스토텔레스 ② 소크라테스 ③ 플라톤 ④ 스토아

8. "이데아의 세계는 단순한 상념에 불과하고 감각으로 인식할 수 있는 현상계만 인정할 수 있다."라고 말한 철학자는 누구인가?
① 소크라테스 ② 아리스토텔레스 ③ 플라톤 ④ 데모크리토스

9. "신은 선하고 물질은 악하다."라고 말한 철학 또는 철학자는 누구인가?
① 플라톤주의 ② 신플라톤주의 ③ 영지주의 ④ 터툴리안

10. 스콜라철학의 선구자로서 플라톤의 실재론을 주장하면서 종교와 철학, 신앙과 이성의 일치를 말한 사람은 누구인가?
① 오리겐 ② 에리우게나 ③ 어거스틴 ④ 클레멘트

11. "불에서 물, 물에서 흙이 생기며(내려가는 길), 다시 흙이 물이 되고 물이 다시 불로 되는 순환의 과정속에서 만물이 생성, 변화 한다."는 주장을 무엇이라 부르는가?
① 윤회설 ② 유출설 ③ 만물유전설 ④ 만물생성설

12. 스콜라철학이 발달하게 된 학문적, 이론적 근거를 제공한 사상은 어느 것인가?
    ① 플라톤 사상　　　　　② 피타고라스 사상
    ③ 소크라테스 사상　　　④ 아리스토텔레스 사상

13. 스토아학파가 말하는 존재의 근거는 결국 어떤 이론에 도달하는가?
    ① 범신론　　② 회의론　　③ 일체론　　④ 신비론

14. 플라톤과 아리스토텔레스의 작품들을 라틴어로 번역하여 중세철학의 발달에 공헌한 철학자는 누구인가?
    ① 안셀무스　　② 보나벤투라　　③ 보에티우스　　④ 어거스틴

15. 신 존재증명으로 스콜라주의에 길을 열어준 철학자는 누구인가?
    ① 어거스틴　　② 보에티우스　　③ 오리겐　　④ 안셀무스

16. 중세철학을 변증법적인 방법으로 발전시킨 철학자는 누구인가?
    ① 피터 아벨라드　　　　② 돈 스코투스
    ③ 토마스 아퀴나스　　　④ 어거스닌

17. 중세 철학자인 엑크하르트의 사상에 영향을 미친 철학사상은 무엇인가?
    ① 플라톤주의　② 신플라톤주의　③ 토미즘　④ 범신론

18. 윌리안 오캄의 대표적 사상은 무엇인가?
    ① 신비주의　　② 유명론　　③ 스토아주의　　④ 범신론

19. 철학을 신학과 신앙을 설명하는 도구로 사용하여 교리와 신학체계를 세우는데 대성한 철학자는 누구인가?
    ① 어거스틴　　② 스피노자　　③ 베이컨　　④ 토마스 아퀴나스

20. "바른 도가 장차 행해지는 것도 천명이요. 바른 도가 버려진 것도 천명인데, 공백료가 그 천명을 어떻게 하겠느뇨?"라고 하면서 천명론을 주장한 사람은 누구인가?
    ① 노자　　② 공자　　③ 맹자　　④ 순자

21. 미국이 남북전쟁 이후 정치, 경제, 문화 등 다 방면에서 성장과 변화를 경험하면서 독자적 철학을 구축하였는데 이것을 무엇이라 부르는가?
    ① 공리주의　② 실용주의　③ 자본주의　④ 경험주의

22. "실존이 본질에 앞선다."라고 말한 철학자는 누구인가?
    ① 하이데거　② 키에르케고르　③ 싸르트르　④ 야스퍼스

23. "감성이 없으면 어떠한 대상도 우리게 주어지지 않을 것이다. 오성이 없으면 어떠한 대상도 사유되지 않을 것이다. 내용 없는 사고는 공허하고, 개념 없는 감성은 아무 것도 사유하지 못한다. 양자가 결합함으로서만 인식이 생긴다."라고 말한 철학자는 누구인가?
    ① 포이어바흐　② 라이프니츠　③ 칸트　④ 스피노자

24. "(　)은/는 가장 단순하고 나눌 수 없는 형이상학적인 점이며, 근원적인 힘이며, 스스로 활동하는 정신이며, 질적으로 서로 다른 개체이다."에서 (　)안에 들어갈 단어는 어느 것인가?
    ① 관념　　② 절대정신　　③ 실체　　④ 단자

25. 이성을 인식의 근원으로 보고 일체의 경험을 무시하고 이성적 사유에 의해 연역함으로써 모든 지식체계를 세운 합리주의의 주창자는 누구인가?
    ① 칸트　　② 스피노자　　③ 베이컨　　④ 데카르트

제5부

TEPS 빈출 어휘

◆필수 암기 영어단어◆

조 영태. 「마스터 영어」 아가페문화사, 2004.

TEPS 빈출 어휘

abate 줄이다, 감소시키다(=subside, diminish; reduce)
abet 부추기다, 교사하다(=incite, encourage, instigate)
abhor 혐오하다(=shrink from, detest, loathe, abominate)
abject 비참한(=hopeless, miserable, wretched),
　　　　 비열한(=contemptible, despicable)
abolish 없애다, 폐지하다
　　　　 (=do away with, eliminate, remove, eradicate, wipe out)
abortive 유산의, 실패한(=unsuccessful)
absolve 용서하다, 사면하다
　　　　 (=forgive, pardon, exonerate, free from blame)
abstract 추상적인(=theoretical, unrealistic),
　　　　 개요, 발췌(=summary, epitome)
abuse 남용하다(=misuse), 학대하다(=mistreat)
access 접근(=approach), 이용할 권리, 격발, 발작(=outburst, fit)
acclaim 갈채[환호]하다(=applaud, hail, salute, give one a big hand)
accompany 동반하다, 동행하다(=go with)
account 설명하다(=explain), 고려하다(=consider),
　　　　 거래, 계좌(=bank account)
acerbic [맛이] 신, 신랄한(=bitter, sour, severe)
achieve 성취하다(=carry out, accomplish, execute, complete).
acute 격렬한(=severe, intense),
　　　　 날카로운(=sharp, keen, shrewd, penetrating)
adapt 적응시키다(=adjust), 개조하다(=modify)

address 말을 걸다(=speak to), 연설하다(=deliver a speech), 주소, 연설
adequate 적절한(=proper, suitable), 충분한(=enough, sufficient)
adherent 추종자, 지지자(=follower; supporter)
administer 관리하다, 운영하다(=manage, direct), (약을)바르다(=apply)
admonish 훈계하다(=urge, exhort), 경고하다(=warn)
adroit 교묘한(=skillful; dexterous), 영리한(=clever; shrewd)
adulterate 오염시키다(=contaminate, pollute), 더럽히다(=make inferior, impure)
advocate 지지하다(=support), 변호하다(=defend)
affinity 유사(=similarity), 친화력, 좋아함(=sympathy, attraction)
aggravate 악화시키다(=make worse), 괴롭히다(=annoy, exasperate)
aggressive 공격적인(=offensive, belligerent, bellicose), 적극적인(=active)
alleviate 완화하다, 경감하다(=ease, relieve, lessen, mitigate)
allocate 할당하다, 배분하다(=distribute, assign, allot)
ameliorate 개선하다(=make better, improve)
amiable 호감을 주는, 상냥한(=friendly, agreeable, amicable)
analogy 유사, 유추(=similarity)
animosity 적의, 원한, 악의(=resentment, hostility, ill will)
anticipate 고대하다(=look forward to, expect)
apparently 외관상(=seemingly), 분명히(=clearly, obviously, evidently)
appease 진정시키다, 달래다(=soothe, pacify, placate, alleviate)
appreciate 평가하다, 감상하다, 감사하다, 가격이 오르다 (=increase in value)
apprehend 체포하다(=arrest), 이해하다(=understand, make out)
arbitrary 임의의, 독단적인(=random, capricious)
arid 메마른(=dry), 무미건조한(=uninteresting, dull)

aroma 향기(=a pleasant odor, fragrance)
artificial 인공의(=man-made), 모조의(=simulated),
　　　　　꾸며낸(=not natural)
assiduous 근면한, 부지런한
　　　　　(=hardworking, diligent, sedulous, industrious)
assuage 진정시키다, 누그러뜨리다(=soothe, pacify, ease, relieve)
astute 빈틈없는(=shrewd, keen), 교활한(=sly, cunning)
auspicious 길조의, 경사스런(=favorable, promising)
authorities 당국 the proper authorities=the authorities
　　　　　concerned 관계 당국
available 이용 가능한, 손에 넣을 수 있는(=usable, accessible)
ban 금지하다(=prohibit, inhibit, forbid)
banal 평범한, 진부한(=mediocre, common, unoriginal, ordinary)
bar 막대기, 장애(=hindrance), 창살, 술집, 법정(=law court), 제재
batter 난타하다, 강타하다(=beat, strike, pound)
belligerent 교전중인(=waging war), 호전적인(=combative,
　　　　　quarrelsome, bellicose)
beneficial 유익한, 이로운(=advantageous, helpful, salutary)
benevolent 인정이 많은, 자비로운(=generous, kind, charitable)
beset 둘러싸다, 포위하다(=surround, besiege, hem in),
　　　　　괴롭히다(=harass)
bias 편견(=prejudice, preoccupation), 경향, 성질(=tendency,
　　　　　predisposition)
bitter 쓴, 쓰라린, 지독한(=sharp, disagreeable, harsh)
　　　　　bitterly 쓰게, 몹시, 심하게
bleak 황량한(=desolate, barren, unsheltered), 어두운(=discouraging)
border 가장자리(=edge, brim, brink), 경계(=boundary)
breakdown 고장, 붕괴, 쇠약,
　　　　　nervous breakdown 신경쇠약 (=crack-up)
breakthrough 큰 발전, 새 발견

(=a very important advance or discovery), 돌파(구)
bulwark 성채, 보루(=rampart, citadel, fortification, safeguard)
capitulate 항복하다(=surrender, give up)
capricious 변덕스러운(=unpredictable, fickle, irregular),
충동적인(=impulsive)
casualty 불상사, 사고(=a fatal accident) casualties 사상자 수
catholic 보편적인(=universal, all-inclusive), 관대한(=broad)
celibacy 독신, 금욕(=abstinence from sex)
censure 비난하다, 나무라다
(=condemn severely, chide, reprove, blame)
certificate 증명서, 면허장, 증권
chaos 혼돈, 무질서(=complete disorder, confusion)
checkup 건강진단(=a medical examination), 총 점검, 검사
cherish 소중히 하다(=hold dear), 품다(=cling to, hold to, nurture)
chronic 만성의 고질적인(=constant, recurring, habitual, inveterate)
circulation 순환, 유통, 발행 부수, 통화
circumspect 조심성 있는, 신중한(=cautious, prudent, vigilant, wary)
civil 시민의(=civilized), 예의 바른(=polite, courteous)
claim 요구하다(=require, demand), 주장하다(=assert)
clemency 관용(=mercy, mercifulness, forgiveness), 온화(=mildness)
clue 실마리, 단서
clump 덩어리(=lump, mass), 수풀(=cluster)
clumsy 꼴사나운, 어색한(=awkward, cumbersome)
coarse 조잡한, 거친(=rough, crude), 천한(=vulgar)
coax 구슬려 --시키다(=cajole, wheedle, inveigle)
colleague 동료(=a fellow worker, associate)
collusion 공모, 결탁(=conspiracy, scheme, intrigue, cabal)
commission 위임(=delegation), 임무, 위원회
commitment 위탁, 약속, 책임, 헌신, 범행
commodity 상품, 물건(=goods, merchandise, article, wares)

compact 밀집한(=dense), 간결한(=concise, brief, succinct)
compendium 개략, 요약(=summary, abridgment)
compete 겨루다, 경쟁하다(=contend, rival, vie)
competent 유능한(=capable, fit), 충분한(=adequate, sufficient)
complex 복잡한(=complicated, intricate, entangled), 집합체, 고정 관념
comprehensive 포괄적인, 넓은(=wide, inclusive, extensive, sweeping), 이해가 빠른
comprise 포함하다(=contain), 구성되다(=consist of, be composed of)
conclude 끝내다(=finish), 결정하다(=determine, resolve), 체결하다(=arrange, settle)
conclusive 결정적인, 단호한, 종국의(=decisive, final)
concurrent 동시에 일어나는(=happening at the same time), 협력의(=parallel)
condense 압축하다, 농축하다(=distill, solidify), 요약하다(=digest, curtail)
conduct 안내하다(=guide), 지도하다(=direct), 행동하다(=behave)
confident 확신하는, 자신 만만한(=certain, sure of oneself)
confidential 심복의, 기밀의(=trustworthy, secret)
conflict 투쟁(=struggle, fight, war), 충돌, 대립(=opposition, difference), 갈등
confuse 혼동하다(=mix up), 어리둥절하게 하다 (=bewilder, embarrass)
conjecture 추측하다(=guess, surmise, speculate)
consensus 일치, 여론(=unanimity or general agreement)
consequence 결과(=result, effect), 중요성(=importance)
considerable 중요한(=important), 많은, 다량의(=much, large)
constant 불변의, 충실한, 부단한(=faithful, regular; continual, persistent)
consult 상담하다, 의논하다(=advise, counsel; confer, discuss)
consume 다 써버리다, 소비하다, 낭비하다(=use up, exhaust, drain; waste)
contaminate 더럽히다, 오염시키다(=pollute, taint)
content 만족하는(=satisfied), 내용(=substance)

contribute 공헌하다, 기부하다(=subscribe, donate), 기고하다
controversial 논쟁의 여지가 있는(=subject to controversy, debatable)
convalesce 건강을 회복하다(=regain strength and health; get better)
conventional 전통적인, 협정상의, 형식적인(=common; customary; habitual)
convict 유죄를 입증[선고]하다(=condemn, find guilty, sentence)
copious 풍부한(=abundant, plentiful, ample, profuse)
countenance 용모(=face), 표정(=facial expression), 지지(=approval, support)
counterfeit 위조의(=forged), 허위의(=sham, pretended)
　　　　　　위조하다, 가장하다
covert 은밀한, 숨은
　　　　　(=secret, furtive, clandestine, stealthy, surreptitious)
curfew 만종, 통행금지, 소등 명령
currency 통화(=money), 유통(=circulation)
daunt 위압하다, 기세를 꺾다(=frighten, dishearten, intimidate)
deadline 사선, 마감 시간
deadlock 막다른 골목(=impasse, bottleneck, stalemate, standstill)
deadly 치명적인(=fatal, lethal, mortal)
debris 부스러기, 파편, 잔해(=rubble, wreckage)
defend 방어하다(=protect, guard), 변호하다(=plead)
deformity 기형(=disfigurement), 신체장애자, 추함(=ugliness, depravity)
degenerate 퇴보하다, 타락하다(=break down, deteriorate)
degrade 지위를 낮추다, 품위를 떨어뜨리다
　　　　　(=demote; lower, debase, dishonor)
delay 연기하다(=put off, postpone, defer, adjourn), 늦추다(=detain)
deluge 대홍수, 범람(=flood, inundation), 쇄도, 밀어닥치다
deposit 두다, 맡기다, 예금하다, 예금, 보증금(=pledge),
　　　　 침전물(=sediment, dregs)
depress 내리 누르다(=press down), 기를 꺾다,
　　　　 우울하게 하다 (=sadden, deject)
deride 조롱하다, 비웃다

　　　　　(=ridicule, laugh at, scorn, scoff, make fun of)
deserve …할 만하다, …할 가치가 있다(=be worthy of, merit)
detain 보류하다, 유치하다(=keep in custody, confine)
　　　　　detention 저지, 유치
deter 단념시키다, 막다(=discourage, restrain, hinder)
deteriorate 악화시키다(=worsen, degenerate)
detrimental 해로운(=harmful, injurious, deleterious, poisonous,
　　　　　pernicious)
dexterous 손재주가 있는(=skillful, adroit, deft), 영리한(=clever)
diagnosis 진단, 식별 diagnose 진단하다
dilute 희석하다(=thin down or weaken as by mixing with water)
directory 주소 성명록, 전화번호부
discard 버리다(=throw away, abandon, repudiate), 해고하다(=discharge)
discrepancy 불일치, 모순(=disagreement, discord, inconsistency)
disgust 혐오감, 넌더리(=aversion, nausea, loathing, abhorrence)
disparage 얕보다, 깔보다(=belittle), 비방하다(=discredit)
dispatch 특파하다, 급파하다(=expedite), 끝내다
　　　　　(=finish quickly, get through)
dispense 분배하다(=give out, deal out, distribute),
　　　　　시행하다(=administer)
dispute 논쟁하다(=argue, debate), 싸우다(=quarrel),
　　　　　의심하다(=doubt), 논쟁
disseminate 뿌리다(=scatter, disperse), 보급하다,
　　　　　퍼뜨리다 (=spread, diffuse)
disturb 방해하다(=interrupt), 어지럽히다(=confuse)
divert 전환하다, 딴 데로 돌리다
　　　　　(=distract, digress, deviate, diverge, swerve)
docile 유순한, 가르치기 쉬운
　　　　　(=submissive, obedient, tractable, teachable)
domestic 가정의, 국내의(=native), 길들여진(=tame)

draft 기초하다(=outline, formulate), 선발하다,
　　　징병하다(=conscript, enlist)
drastic 격렬한, 철저한, 과감한(=severe, harsh; rash, impulsive)
dreadful 무서운(=awesome, terrible), 몹시 불쾌한(=offensive), 엄청난
drive 충동, 욕구(=strong impulse or urge), 정력, 몰다, 질주하다,
　　　공을 쳐 보내다
drought 가뭄(=long dry spell)
dubious 의심스러운, 애매한(=doubtful, uncertain, questionable)
dwell 거주하다(=reside, abide) dwell on
　　　숙고하다(=speculate, ponder, brood over)
dwindle 점차 감소하다(=shrink, diminish, lessen, run low)
eccentric 별난, 괴벽스러운(=irregular, peculiar, odd)
ecology 생태학 ecosystem 생태계
emanate 발산하다, 퍼지다(=come forth, issue, emit, radiate)
embezzle 횡령하다(=steal, misappropriate, peculate, defalcate)
emerge 나타나다(=appear, show up, turn up)
empirical 경험의, 경험적인(=experiential)
emulate 겨루다(=rival, vie, compete, contend),
　　　모방하다(=imitate, copy, mimic)
enchant 매혹시키다(=attract, charm, captivate, fascinate)
enforce 시행하다(=execute), 강요하다(=compel)
enhance 높이다(=elevate, raise, lift, heighten),
강화하다(=intensify)
enigmatic 수수께끼 같은, 불가사의의
enormous 거대한, 엄청난
　　　(=huge, vast, titanic, tremendous, colossal, immense)
ephemeral 하루살이 목숨의, 순식간의, 덧없는
　　　　(=short-lived, transitory, fleeting)
erudite 박식한, 유식한(=scholarly, deeply learned)
evaluate 평가하다, 사정하다

(=assess, estimate, appraise, value, rate)
evidence 증거(=proof), 징표, 흔적(=indication, trace)
exacerbate 분개시키다(=exasperate, irritate), 악화시키다(=aggravate)
exacting 엄한(=strict), 가혹한, 힘든(=arduous)
exclusive 배타적인(=selective), 유일한(=sole, unique)
exemplify 예증하다(=illustrate), …의 모범이 되다
exhausted 피곤한, 지친(=fatigued, worn out)
exhaustive 소모적인, 고갈시키는(=leaving nothing out)
exigency 위급, 긴급한 상태(=emergency, urgency)
exotic 이국적인, 색다른(=foreign, alien, outlandish, bizarre)
expedite 재촉하다, 촉진하다(=speed up, facilitate),
　　　　　급파하다(=dispatch)
explicit 명백한, 뚜렷한(=definite), 노골적인, 솔직한(=outspoken)
explode 폭발하다(=blow up, go off, detonate)
exploit 이용하다(=utilize, capitalize on), 착취하다, 업적,
　　　　공적(=feat, merit)
extensive 광대한(=vast), 광범위한(=comprehensive, far-reaching)
extenuate 경감하다(=mitigate), 변명하다(=excuse)
extol 칭찬하다, 극찬하다(=praise highly, laud)
extraneous 불필요한(=unnecessary), 부적절한(=irrelevant),
　　　　　　외래의(=extra)
facile 손쉬운(=easy), 유창한(=fluent), 피상적인(=superficial)
fade 바래다, 사라지다(=disappear, die out), 시들다(=wither)
fastidious 까다로운, 괴팍스러운(=meticulous, demanding, finicky)
favorite 좋아하는, 마음에 드는(=highly regarded, preferred)
feasible 실행할 수 있는(=practicable), 가능한(=possible),
　　　　　그럴듯한(=likely)
fervor 열정, 열렬(=ardor, zeal, enthusiasm, passion)
fidelity 충실, 성실, 충성(=faithfulness, loyalty, allegiance)
figure 숫자, 형태, 인물, 그림, 계산하다(=calculate), 나타나다

file 제기하다: file a protest against ~에 이의를 신청하다, 서류철, 열
financial 재정의, 금융의(=pecuniary, fiscal, monetary)
fire 불을 지르다(=ignite), 발사하다(=shoot), 해고하다(=discharge)
flagrant 악명 높은, 극악스런(=notorious, scandalous, infamous)
flourish 번영하다(=prosper, thrive, flower), 휘두르다(=brandish)
forbear 억제하다(=refrain, abstain), 참다
forerunner 선구자, 선조(=predecessor, ancestor), 전조(=herald)
forge 버리다, 위조하다(=counterfeit)
formidable 무서운(=appalling), 만만치 않은(=arduous)
forsake 버리다(=abandon, renounce, relinquish)
fortify 강화하다(=strengthen), 확증하다(=support, uphold, sustain)
fragile 부서지기 쉬운, 약한(=breakable, frail, delicate, weak)
frenzy 격분, 광포(=wild excitement; delirium), 격분하게 하다
frugal 검약한, 검소한(=economical, penny-pinching)
furtive 은밀한, 교활한(=stealthy; sly, secretive)
futile 쓸데없는, 효과 없는(=useless, hopeless)
garment 의복, 웃옷(=robe, dress, vestment)
garrulous 수다스러운, 장황한
              (=talkative, chatty, verbose, loquacious, long-winded)
genetic 유전학적인, 유전학의, 기원의 genetics 유전학
genuine 진짜의(=true, real, authentic, sincere)
gorgeous 호화스러운(=magnificent), 멋진(=beautiful, delightful)
gratify 만족시키다(=satisfy), 기쁘게 하다(=please)
gregarious 군거하는, 사교적인(=sociable)
grouch 불평하다(=grumble, complain), 불평꾼
guile 교활(=cunning, slyness, duplicity, artfulness)
hackneyed 낡아빠진, 진부한(=overused, trite, stale)
halt 멈추다, 정지하다(=stop, cease), 주저하다(=hesitate)
harass 괴롭히다(=worry, torment, torture, vex)
harsh 거친(=rough), 엄한, 가혹한(=stern, severe, cruel)

heyday 전성기(=golden age, prime)
hibernate 동면하다(=sleep all winter)
homogeneous 동질의, 같은 종류의(=uniform)
hypocritical 위선의, 위선적인 hypocrite 위선자
hypothetical 가설의, 가정적인
　　　　　(=assumed, supposed, uncertain, unproven)
identification 신분증
illicit 불법의(=illegal, illegitimate, unlawful), 불의의, 불륜의
imminent 절박한, 긴급한(=pending, impending, urgent, emergent)
impartial 공평한, 치우치지 않은
　　　　　(=fair, just, unbiased, unprejudiced, evenhanded)
impassive 무감각한, 의식 없는, 냉정한(=unfeeling; unconscious; calm)
impeach 탄핵하다, 비난하다(=discredit)
impeccable 결함 없는, 죄가 없는
　　　　　(=without defect or error; flawless)
impede 방해하다(=hinder, obstruct, block, bar)
impetuous 성급한, 격렬한, 맹렬한
　　　　　(=rash, impulsive; extremely impatient)
implement 실행하다(=carry out, execute), 도구(=tool, instrument)
impose 부과하다(=place), 강요하다(=force on others)
imposing 인상적인(=impressive), 당당한(=grand)
impoverish 가난하게 하다(=make poor), 약하게 하다
inborn 타고난, 선천적인(=innate, natural, native, inherent)
incarcerate 투옥하다(=imprison)
incense 몹시 화나게 하다(=enrage, infuriate, anger, ire)
incipient 처음의, 발단의(=beginning, emerging)
incoherent 일관성 없는(=inconsistent, disjointed)
indifferent 무관심한(=unconcerned, apathetic),
　　　　　중요치 않은(=unimportant), 관계없는
indolent 게으른, 나태한(=idle, lazy, sluggish)

indomitable 불굴의(=invincible, unconquerable, unbeatable)
inept 부적당한(=unsuitable), 어리석은(=foolish),
　　　서투른(=clumsy, awkward, gauche)
inexorable 무정한, 냉혹한, 용서 없는
　　　(=relentless, unrelenting, cruel, merciless)
infer 추론하다(=deduce), 나타내다, 암시하다(=imply)
influx 유입, 쇄도
ingenuous 솔직한, 꾸밈없는(=frank, open), 순진한(=simple, naive)
ingredient 성분(=component, element, constituent)
inhabit 거주하다(=abide, reside, dwell)
iniquity 부정, 죄악
　　　(=wickedness, sin, transgression; vice, immorality)
innocuous 해가 없는, 독이 없는(=harmless, inoffensive)
inordinate 지나친, 과도한
　　　(=excessive, unreasonable, immoderate), 무절제한
insatiable 만족할 줄 모르는, 탐욕스러운
　　　(=greedy, voracious, avaricious)
insidious 교활한, 방심할 수 없는(=treacherous, sly, sneaky)
insinuate 넌지시 비치다
　　　(=hint or suggest indirectly, imply), 교묘하게 불어넣다
insipid 김빠진, 무미건조한(=dull, bland, banal), 맛없는(=tasteless)
insolent 거만한, 오만한(=arrogant, insulting, disrespectful, impudent)
instigate 선동하다, 부추기다(=provoke, stir up, incite)
insulate 격리하다, 고립시키다(=set apart, isolate, detach)
intangible 손으로 만질 수 없는(=untouchable)
integrity 성실, 완전(=completeness, wholeness)
interrupt 가로막다, 중단시키다(=obstruct)
intervene 방해하다, 중재하다(=intercede, mediate)
intractable 다루기 힘든, 고집이 센
　　　(=obstinate, stubborn, obdurate, disobedient)

inundate 범람시키다, 침수시키다(=flood), 쇄도하다(=overwhelm)
invalid 병약한, 허약한(=weak and sickly), 무효의(=null, void), 병자
inventory 재고품, 재고 조사
invigorate 기운 나게 하다, 고무하다(=refresh, restore, animate)
invoice 송장
irascible 성급한, 화를 잘 내는
    (=easily provoked; irritable, hot-tempered)
issue 내다, 나오다, 유래하다, 발행, 유출, 결과, 논점
    issue an order 명령을 내리다
itinerary 여행일정(=detailed plan of a journey)
judicious 분별이 있는(=prudent, wary, cautious), 현명한(=wise)
knack 솜씨, 요령(=a clever expedient, adeptness, dexterity)
laborious 어려운(=difficult), 힘드는(=hard-working)
lament 슬퍼하다, 애도하다(=mourn, deplore, grieve, commiserate)
landmark 경계표, 획기적인 사건
languid 나른한, 기운 없는(=weak, listless, sluggish)
latent 숨어 있는, 잠재적인(=hidden; potential)
laud 칭찬하다, 찬양하다(=praise, applaud, extol; celebrate)
launch 진수시키다, 발사하다, 시작하다
layout 배치, 설계,
legitimate 합법적인(=legal, lawful), 이치에 맞는(=reasonable)
lenient 관용의, 인자한(=generous, magnanimous, merciful)
levity 경솔, 경거망동(=lightness, frivolity)
liabilities 부채, 채무(=debts)
limber 유연한(=flexible, supple, pliable, malleable)
litter 쓰레기(=rubbish, waste, trash, junk), 어지럽히다(=make untidy)
lucid 투명한, 알기 쉬운(=clear ; easy to understand), 제정신의(=sane)
lucrative 돈이 벌리는(=profitable, moneymaking, gainful)
lure 유혹하다, 꾀다(=attract, tempt, allure, entice, coax, decoy)
mandate 명령(=order, command), 통치, 위임, 영장

mandatory 강제의, 필수의(=compulsory, obligatory)
manifest 명백한, 분명한(=apparent, evident, obvious)
meager 메마른(=thin, lean), 빈약한(=poor), 불충분한(=inadequate)
meanwhile 한편, 그 동안에(=meantime)
meek 유순한(=mild), 순종적인(=submissive, tame)
mellow 달콤한, 부드러운(=soft, sweet)
meticulous 꼼꼼한, 너무 신중한(=very careful, scrupulous, finicky)
milieu 주위, 환경(=environment, surroundings)
modest 겸손한(=humble), 삼가는(=reserved)
mundane 세속의, 현세의(=worldly), 평범한(=commonplace, ordinary)
musty 진부한, 케케묵은(=stale, trite, antiquated)
mutation 변화(=change), 돌연변이
mutual 상호의(=reciprocal), 원조의
navigate 조종하다, 항해하다(=steer, direct)
neglect 무시하다, 소홀히 하다(=ignore, disregard)
notify 통지하다(=apprise, inform, give notice)
noxious 유해한, 해로운(=harmful, offensive, poisonous)
nuisance 남에게 폐를 끼치는 행위, 성가신 물건(사람)
obese 비만의(=very fat, stout, plump)
object 목적, 목표(=purpose, aim, goal, target),
　　　　 반대하다(=oppose, protest)
oblivion 망각, 건망(=total forgetfulness)
　　　　 oblivious 잘 잊어버리는(=forgetful)
obscure 모호한(=vague), 흐린(=dim, hazy)
obsolete 구식의, 낡아빠진(=antiquated, out of date, old-fashioned)
obstacle 장애(=hindrance, impediment, barrier, obstruction)
optimistic 낙관적인
opulent 부유한(=rich), 풍부한(=luxurious, abundant)
ostensible 외면상의, 겉치레의(=apparent, seeming, professed)
outburst 폭발(=explosion, blowup), 분출(=sudden release)

outcast 버림받은(=driven out, rejected)
overlook 감시하다(=inspect), 간과하다, 무시하다
        (=ignore, neglect, disregard)
overt 드러난, 명백한(=not hidden, manifest)
overwhelm 압도하다(=crush, overpower) **overwhelming** 압도적인
pacify 달래다, 진정시키다(=placate, mitigate, assuage, allay)
pack 꾸러미(=bundle), 무리, 채워 넣다 pack up포장하다,
      짐을 꾸리다
palpable 만질 수 있는(=tangible), 분명한(=patent, obvious)
panacea 만병통치약(=cure-all)
paralyze 마비시키다, 무력하게 만들다(=cripple, disable)
parole 가석방, 집행유예
penitent 후회하는 참회하는, 죄를 뉘우치는(=sorry, repentant, contrite)
perform 공연하다(=enact), 수행하다(=execute, fulfil)
perish 멸망하다, 죽다(=expire, die), 사라지다
perjury 위증, 거짓 맹세(=lying under oath)
permeate 스며들다, 침투하다, 퍼지다
         (=seep through; penetrate, pervade)
persecute 박해하다(=oppress), 괴롭히다(=annoy, trouble)
pertaining to …에 속하는(=belonging), …에 관계된(=having reference)
petulant 화를 잘 내는, 까다로운(=cranky, rude, ill-tempered)
pious 경건한(=holy, religious, devout)
pinpoint …의 위치를 정확하게 나타내다, 꼭 집어 말하다
plague 전염병, 골칫거리(=nuisance), 괴롭히다(=torment, torture, vex)
plateau 고원(=an elevated tract of level land)
plentiful 풍부한, 많은(=abundant, copious)
potential 잠재하는(=possible, latent), 잠재력
pragmatic 실용적인, 실용주의의(=practical ; down to earth)
precipitous 가파른, 험한(=steep), 성급한(=rash, impetuous)
predecessor 전임자, 선임자, 조상(=ancestor, progenitor)

predict 예언하다, 예측하다(=foretell, prophesy, presage)
prestigious 이름이 난, 세상에 알려진
prevail 이기다(=be victorious), 우세하다, 보급되다,
　　　설복하다(=persuade)
probation 검정(=testing), 견습 기간, 시련, 집행유예
probe 조사(=search, investigation), 조사하다,
　　　연구하다(=examine, search for)
prodigal 풍부한, 낭비하는(=extravagant), 방탕한
procedure 진행, 절차
prodigious 비범한, 유별난, 거대한(=extraordinary; enormous, vast)
proficient 숙달된, 능숙한(=competent, capable, skillful)
prohibit 금지하다(=prevent, inhibit, ban, proscribe)
prolific 다산의, 비옥한(=productive, fruitful, fertile)
property 재산, 소유물(=possessions),
　　　소유권, 특질(=characteristic, attribute)
propitious 순조로운, 상서로운(=favorable, auspicious), 좋은
proponent 옹호자, 지지자(=advocate, supporter)
proportion 비율(=ratio), 균형, 몫
prosecute 수행하다(=carry on, engage in), 기소하다, 고발하다
　　　(=sue, charge)
provisional 잠정적인, 일시적인, 임시의(=conditional; temporary;
　　　tentative)
proximity (to) 근접, 인접(=nearness)
prudent 신중한(=discreet, cautious, wary), 검약하는(=thrifty),
　　　빈틈없는(=shrewd)
qualify 제한하다(=modify, restrict), 자격을 주다, 권한을 부여하다
qualitative 질적인, 질에 관한
quarantine 격리(=isolation), 검역
radiation 방사, 발광
raid 침입하다(=invade), 불시 단속하다, 습격, 불시 단속

rail 욕하다, 조롱하다, 불평하다(=speak bitterly, inveigh, complain)
rain check 후일의 약속, 초대의 연기
rampant 만연하는(=widespread), 사나운(=violent)
rapacious 욕심 많은(=greedy), 강탈하는, 약탈하는
    (=plundering, avaricious)
ratify 비준하다, 재가하다(=approve, confirm)
recede 물러나다(=retrogress), 감소하다(=diminish),
    희미해지다(=wane)
reckless 무모한(=heedless, rash)
reckon 계산하다, 간주하다, 평가하다, 생각하다
    (=count; regard; estimate; suppose)
recommend 추천하다, 권고하다(=advise, counsel)
recur 되돌아가다, 재발하다, 순환하다
redundant 여분의, 과다한(=excessive), 장황한(=wordy)
refer 언급하다, …에 돌리다, 관련되다
    (=mention; attribute to; be relevant to)
refund 환불, 상환
refurbish 다시 닦다(=freshen or polish up again),
    일신하다(=renovate)
register 기재하다, 기록하다(=write down), 등기부, 자동기록기
reimburse 상환하다(=repay), 변제하다(=indemnify)
relative 비교상의, 상대적인(=comparative), 적절한(=relevant), 친척
relax 늦추다(=loosen), 편하게 하다, 쉬게 하다(=rest)
release 풀어놓다, 석방하다(=set free, liberate), 방출하다
reluctant 마음 내키지 않는(=hesitant, unwilling)
remarkable 놀랄만한, 두드러진
    (=extraordinary, outstanding, conspicuous, salient)
renounce 포기하다, 단념하다(=give up; disown)
replenish 다시 채우다, 새로 보충하다(=fill again, resupply, restore)
represent 나타내다(=stand for, symbolize), 대표하다, 표현하다(=describe)

repress 억제하다, 억누르다(=hold back, restrain),
　　　　진압하다(=put down, subdue)
reproach 비난하다, 나무라다
　　　　(=criticize, scold, blame, censure, reprimand, reprove)
rescue 구출하다, 구조하다(=free, save), 구출, 구원
residue 잔여, 나머지(=remainder), 찌꺼기
resolute 결심한, 단호한, 확고한
　　　　(=determined; firm, steadfast; unwavering)
resolve 분해하다(=analyze), 결심하다(=determine), 결의하다,
　　　　해결하다(=solve)
respective 각각의(=individual) respectful 경의를 표하는, 공손한
respond 응답하다(=answer, reply), 반응하다(=react)
retard 지체시키다, 방해하다(=hinder, delay, hold back)
reticent 과묵한, 삼가는
　　　　(=quiet; restrained; reserved, reluctant to speak)
revere 존경하다, 숭배하다(=respect highly; honor)
revitalization 소생, 경기 부양화, 경제력 활성화
rigorous 엄격한, 엄한(=strict; harsh; severe), 엄밀한, 정확한(=exact)
robust 강건한, 건전한(=strong and healthy; vigorous)
rudimentary 기본의, 초보의; 미숙한
　　　　(=basic; crude; unformed or undeveloped)
ruminate 반추하다, 심사 숙고하다(=contemplate, ponder, mull over)
sagacious 현명한, 기민한, 총명한
　　　　(=wise, discerning; shrewd; keen in judgement)
salient 두드러진, 현저한; 원기 왕성한
　　　　(=sticking out, conspicuous; leaping)
salutary 건전한, 유익한(=healthful, remedial, curative)
sanction 인가, 재가(=authorization, support, approval), 제재
sanguine 다혈질의, 혈색이 좋은, 쾌활한
　　　　(=cheerful; optimistic; hopeful)

saturate 흠뻑 적시다(=soak, drench), 가득 채우다(=fill)
scatter 흩뿌리다(=disperse, dissipate), 낭비하다(=waste, squander)
scrap 쓰레기로 버리다, 폐기하다(=discard, junk),
　　　　한 조각, 먹다 남은 것
scrupulous 빈틈없는, 세심한; 양심적인, 신중한
　　　　(=strict; careful; conscientious)
sensitive 민감한, 느끼기 쉬운. sensual 관능적인, 음탕한
sentence 문장, 판결, 선고하다(=pronounce punishment upon)
serious 진지한(=earnest, grave, sober), 중대한(=dangerous)
settle 정착하다(=arrange), 해결하다(=solve), 결정하다(=decide)
servile 노예 근성의, 비굴한
　　　　(=like a servant; submissive and subservient)
shatter 산산이 부수다(=break or burst into pieces),
　　　　손상시키다 (=damage)
shift 변화, 교체(=transfer), 수단, 속임수(=trick)
shortcut 지름길(=a shorter route)
shrink 감소하다, 줄어들다(=contract; lessen),
　　　　움츠러지다(=draw back, flinch)
singular 보통이 아닌, 뛰어난; 유일한
　　　　(=superior; exceptional; strange unique)
slander 중상하다, 명예를 훼손하다(=defame; spread malicious rumor)
slovenly 단정치 못한(=untidy, unkempt, disorderly)
sluggish 느린, 불경기의, 부진한(=slow, stagnant, inactive; lazy,
　　　　dull, indolent)
sober 술 취하지 않은(=not drunk), 냉정한(=serious, sedate)
solace 위안, 위로(=consolation), 위안하다, 위로하다(=comfort, console)
somber 어둠침침한(=dark and gloomy), 우울한(=dismal, sad)
somewhat 어느 정도(=to some extent), 다소(=a little)
sophisticated 약아빠진(=worldly-wise), 세련된(=highly
　　　　complex or developed)

sordid 지저분한(=filthy, squalid), 누추한, 야비한(=mean, base, vile)
spawn 산란하다, 대량 생산하다(=bring forth; produce a large number)
specious 허울 좋은, 그럴듯한, 겉만 번드레한(=deceptively plausible or attractive)
speculate 사색하다(=ponder, contemplate), 투기하다(=gamble)
sporadic 때때로 일어나는, 드문드문한, 산발성의
spread 펴다(=stretch out, unfold), 퍼뜨리다, 확산시키다 (=distribute; extend)
squander 낭비하다(=waste, lavish, dissipate)
stability 안정, 확정(=steadiness; firmness) stabilize 안정시키다
stagnation 침체, 불경기(=motionlessness; inactivity)
stall 마구간, 구실, 지연시키다
static 정적인, 정지된(=stationary; not changing or moving)
staunch 견고한, 믿음직한(=steadfast, loyal; solid), 멈추게 하다, 지혈하다
sterile 불임의, 불모의(=barren)
sterling 파운드의, 진정한, 훌륭한(=excellent)
stick 찌르다, 내밀다, 붙이다 stick to 고수하다(=adhere to)
stifle 질식시키다(=smother, suffocate), 억누르다(=suppress, hold back)
stimulate 자극하다(=excite, rouse, stir, spur), 격려하다
stingy 인색한(=miserly), 부족한(=scanty)
stock 저장, 재고품, 가축, 주식, 줄기
strain 잡아당기다, 긴장시키다, 상하게 하다 strained 팽팽한, 긴장한, 억지의
strife 투쟁, 불화(=bitter conflict; discord; struggle, clash)
strike 치다, 찌르다, …에 충돌하다, 마음에 떠오르다, …에게 인상을 주다
stringent 엄중한, 절박한(=strict, severe; restrictive)
stumble 발부리가 걸리다, 비틀거리며 걷다
   stumble upon 우연히 만나다
stunning 아연하게 하는, 멋진(=attractive, excellent)

subjugate 정복하다, 가라앉히다(=subdue and dominate, enslave)
sublime 장엄한, 탁월한, 고상한(=majestic, awesome; extremely exalted; lofty)
submit 복종시키다, 제출하다(=hand in, send in, turn in)
subsequent 다음의, 그 후의(=coming after; following)
subsidiary 보조의(=auxiliary), 종속적인(=subordinate)
subtle 미묘한, 예민한, 교활한, 교묘한(=thin; ingenious; crafty)
subtract 빼다, 공제하다(=take away, deduct)
subversive 파괴적인, 전복하는(=overthrowing; undermining; insurgent)
succumb 굴복하다, 지다(=yield or submit), 죽다(=die)
supercilious 거만한(=haughty; patronizing)
superficial 표면적인, 피상적인(=on the surface only; shallow; not thorough)
superfluous 남아도는, 불필요한(=extra; unnecessary; redundant)
superstition 미신
suspect 짐작하다, …이 아닌가 하고 생각하다, 의심을 두다, 용의자
suspend 매달다(=hang, dangle), 중지하다
symptom 징후, 징조(=sign, token)
synthesis 종합, 합성(=composite)
tablet 정제, 알약
tacit 무언의(=unspoken, silent), 암묵적인, 암시하는(=implied)
tangible 만질 수 있는(=touchable, palpable), 명백한, 확실한 (=definite, objective)
tantamount 동등한, 상당하는(=equivalent, as good as)
tariff 관세
tedious 따분한, 지루한
 (=boring, wearisome, long and dull, monotonous)
temerity 만용, 무모(=boldness; recklessness; audacity)
temperate 기온이 온화한, 온건한, 절제하는
 (=mild; moderate; restrained)

tenacious 고집 센(=persistent, obstinate, obdurate), 완고한(=stubborn)
tentative 잠정적인, 시험적인, 임시의
　　　　　(=experimental; temporary, provisional)
testimony 증언(=statement), 증거(=proof), 언명(=declaration), 고백
therapy 치료(=cure, healing) therapist 치료사
threaten 위협하다
　　　　　(=menace, intimidate, frighten, cow, bully, terrorize)
thrifty 검소한(=economical, frugal, saving, sparing)
topple 넘어뜨리다(=overturn), 쓰러지게 하다
tractable 다루기 쉬운(=docile), 가르치기 쉬운(=malleable)
transcend 초월하다, 능가하다, 우수하다
　　　　　(=go beyond or above; surpass)
transgress 범하다, 어기다(=violate)
transient 일시적인, 변하기 쉬운(=temporary)
treat 다루다(=deal with), 치료하다(=cure, heal),
　　　　지불하다 (=pay for food)
tremendous 무서운(=dreadful), 거대한, 굉장한(=wonderful, amazing)
trepidation 공포, 전율, 놀람(=fear; apprehension; nervous trembling)
turbulent 사나운, 떠들썩한(=violent, disorderly, uncontrolled)
ubiquitous 어디에나 있는, 편재하는(=present everywhere)
unanimous 만장일치의(=in complete agreement; without dissent)
uncouth 거친(=rough), 어색한(=awkward), 교양 없는(=uncultured)
undergo 겪다(=suffer), 경험하다(=experience)
ungrateful 배은망덕한(=unthankful)
unremitting 간단없는, 끈질긴(=unceasing; unabated; relentless)
unwitting 알지 못하는(=ignorant), 고의가 아닌(=unintentional)
uphold 받치다(=support), 찬성하다(=approve), 확인하다(=confirm)
utilities 공공 설비
utilize 이용하다(=make use of, avail oneself of, employ)
utter 전적인(=complete, total), 철저한(=absolute), 발언하다

vacillate 흔들리다, 동요하다(=waver), 망설이다
vanish 사라지다(=disappear), 희미해지다(=fade away)
vehement 열렬한, 열정적인(=intense; forceful; violent, impetuous)
venerate 존경하다, 공경하다(=revere, adore, respect, regard)
venue 재판지, 회합 장소, 개최지
verbose 말이 많은(=talkative, garrulous, loquacious), 장황한
vestige 자취, 흔적(=trace)
vex 초조하게 하다(=confuse), 괴롭히다(=annoy, pester)
vigilant 조심하는, 경계하고 있는(=watchful, alert)
vilify 헐뜯다, 중상하다(=defame), 타락시키다
virtually 사실상(=in fact)
vital 생명의, 극히 중대한(=essential, indispensable), 치명적인(=fatal)
vulnerable 상처받기 쉬운, 공격받기 쉬운(=susceptible)
wane 이지러지다(=fade, peter out), 약해지다(=abate)
withdraw 물러나다(=take back), 취소하다(=call back, retract)
zealous 열심인, 열광적인(=eager, fervent)

입학시험 문제
해답 및 해설

입학시험 성경 해답

⟨성 경⟩
1984학년도 석사·신학연구원(성경)
1. ②③ 2. ① 3. ③ 4. ②,③ 5. ② 6. ③ 7. ② 8. ② 9. ② 10. ②
11. ① 12. ② 13. 없음⟨요한복음 14, 15, 16장⟩ 14. ② ⟨1:9⟩ 15. ①
16. ② 17. ① 18. ③ 19. ② 20. ③ 21. ③⟨빌2:5⟩ 22. ④⟨구워야 함⟩
23. ③ ⟨밧세바 소생, 싸움이 없었음, 그의 사후에 왕국이 나뉨⟩ 24.
② 25. ②③ 26. ① 27. ② 28. ② 29. ② 30. ③

1985학년도 석사·신학연구원(성경)
1. ③ 2. ② 3. ③ 4. ① 5. ③ 6. ④ 7. ① 8. ① 9. ① 10. ③ 11.
③④ 12. ①⟨또 다른 곳은 신5장⟩ 13. ① 14. ② 15. ③ 16. ③ 17. ④
18. ①-②, ②-④, ③-①, ④-③ 19. ② 20. ③ 21. ② 22. ①-
1), ②-3), ③-2), ④-4) 23. ②⟨세배대는 야고보와 요한의 부친임⟩
24. ③ 25. ② ⟨②는 마3:11⟩ 26. ③ 27. ③⟨③은 19절의 독백임⟩ 28.
③ 29. ③ 30. ① 어찌 저를 믿지 아니 하였느냐 ② 모든 사람이 요한
을 선지자로 여기니 31. ② 32. ② 33. ③ 34. ③ 35. ② 36. ④ 37.
③ 38. ② 39. ④ ⟨④는 운명하시기 전의 사건이다⟩ 40. ② 41. ② 42.
③ 43. ③ ⟨빌2:5⟩ 44. ③ 45. ① 복음 ② 복음 ③ 구원 ④ 능력 46.
① 47. ② ⟨②는 야고보서⟩ 48. ② 49. ③ 50. 막16:9 마28:9 눅24:
15 눅24:36 요20:26 고전15:5 요20:19 요21:1 고전15:6 마28:
17 고전15:7 눅24:50 행9:5 고전15:8 마28:6 막16:6 눅24:6 마
27:66 눅24:39 요20:20 행1:3

1986학년도 석사·신학연구원(성경)

1. ② <미가5장> 2. ① 숫양이 아닌 염소 ② 아사셀을 위하여 뽑힌 것이어야 답③ 3. ② 4. ③ 5. ② 6. ② ①은 예수님 자신이 포도 나무 7. ③ <실질적 마지막 사사는 사무엘임> 8. ① 9. ① 10. ③ 11. ① 12. ④ 13. ③ 14.   15. ③ 16. ② 17. ③ 18. ② 19. ④ 20. ① 21. ② 22. ③ 23. ③ 24. ① 25. 부림절 26. 5권 27. 창3 : 15 여인의 후손 28. 솔로몬 29. 사7 : 14 30. 출2장(신5장) 31.   32. 드보라 33. 마5~7장 34. 마태 35.   36. 요엘 37. 행7장 38. 전하는 것과 믿음 39. 영생, 생명 40. 계22 : 18~19
41. 민20 : 12 불신앙적 행위(반석을 두번치고 백성에게 한 말)
42. 사람의 죄악이 세상에 관영함과 그 마음의 생각의 모든 계획이 항상 악한 뿐임을 보시고(창6 : 5)
43. 빌레몬서, 요한2, 3서, 유다서
44. 신약 요한계시록 4~7항과 필수암기사항 7항참조.
45. ① 포도나무소산 ② 머리에 삭도 ③ 시체
46. 번제, 소제, 화목제, 속건제, 속죄제
47. 사랑, 희락, 화평, 오래참음, 자비, 양선, 충성, 온유, 절제
48. 진리, 의, 복음, 구원, 말씀
49. ① 동기 : 헬라파 유대인들이 자기의 과부들이 매일 구제에 빠져 히브리파 사람을 원망하므로 사도는 말씀에 전무하고 구제의 일을 맡기기 위하여 ② 자격 1) 성령충만, 2) 지혜충만 3) 칭찬듣는 자.
50. 심판과 사랑

1987학년도 석사·신학연구원(성경)

1. ① 고전11장 ② 롬2장 ③ 롬3장 ④ 롬1장 ⑤ 마5장
2. ① 히브리어 ② 갈보리(라틴어) ③ 해골
3. ① 은전 ② 헬라동전 ③ 로마동전 ④ 금, 은의 수량
4. ① 아브라함 ② 애굽 ③ 애굽 ④ 가나안

5. ①-ⓒ ②-ⓑ ③-ⓐ ④-ⓓ ⑤-ⓔ
6. 마6장 7. 다말, 룻, 라합 마리아
8. ① 노아와 그 가족과 그의 후손 ② 언약의 증거 ③ 다시는 물로서 모든 생물을 멸하지 않을 것 ④ 너희와 및 혈기있는 모든 생물
9. 맛디아 10. 피, 장자죽음 11. 필수암기사항 참고.
12. 에베소교회 13. ①-ⓑ ②-ⓒ ③-ⓓ ④-ⓐ ⑤-ⓔ
14. ① 하나님 ② 말씀 : 성자, 하나님 : 성부
15. ① 예수께서 세례 받고 물에서 올라오실 때 ② 예수 그리스도에게
16. 복음, 전토, 백배, 핍박, 영생. 17. 라오디게아
18. 허물, 죄악, 징계, 평화, 나음. 19. 보아너게(우뢰의 아들)
20. ①-ⓒ ②-ⓓ ③-ⓑ ④-ⓐ 21. 오바댜 22. 바리새인-인정, 사두개인-부인 2) 히브리, 로마, 헬라 24. 모압, 암몬. 25. ①-ⓓ ②-ⓑ ③-ⓐ ④-ⓒ
26. ① 만나, ② 네피림, ③ 유월제 규례, ④ 나실인.
27. ① 뜻 : 괴로움
　　② 유래 : 아간의 범죄로 아이성에서 패배한 후 하나님의 지시로 아간을 제비 뽑아 아골 골짜기로 데려가서 백성들이 돌로 쳐 죽이고 돌무덤을 이룬 것.
28. 르우벤, 시므온, 유다, 납달리, 갓, 아셀, 잇사갈, 스불론, 베냐민, 에브라임, 므낫세. 29. 불에 구운 고기, 무교병, 쓴 나물, 30. ② 31. ③ 32. ④ 〈선지서-후선지서-소선지서〉 33. ③ 〈히브리성경구분 참고〉 34. ④ 〈창3 : 20〉 35. 답없음〈③, ④는 유월절 당시의 모세의 지시임〉 36. ①, ④ 37. ② 〈마2 : 11을 보면 ①이 아니다〉 38. ④ 〈② 여자에게 한 말 ① 뱀에게 한 말〉 39. ③ 40. ④ 41. ① 42. ④ 43. ③ 44. ④ 45. ③ 46. ① 〈②는 반대로 말했고 ③과 ④는 드릴 수 있다〉 47. ② 48. ④ 〈순서는 ④①②이고 ③은 제자파송시 말씀임〉 49. ③ 〈디도서 1장과 딤전3장〉 50. ①

1988학년도 석사·신학연구원(성경)

1. ③ 2. ② 4. ① 4. ④ 5. ② 6. ② 7. ③ 8. ② 9. ④ 10. ① 11. ① 12. ② 13. ② 〈모두40인데 ②는 3일임〉 14. ③ 15. ③ 16. ① 17. ④ 〈게르솜에 이은 둘째 아들임〉 18. ② 19. ③ 20. ① 21. ④ 22. ④ 23. ② 24. ③ 〈에스라는 "원조", 느헤미야는 "여호와의 위로"임〉 25. ② 26. ③ 27. ① 28. ③ 29. ② 30. ④ 31. ④ 32. ② 33. ③ 34. ④ 35. ① 〈②에서 갈릴리는 북부의 호수이고 베들레헴은 예루살렘 근처임. ②은 6개월, ③은 3장임〉 36. ③ 37. ③ (롬11:21말씀임) 38. ③ 39. ② 〈요1:9에서 요한이 예수님을 가르켜 한 말〉 40. 복음, 구원, 능력 41. ① 〈옥중서신은 엡, 빌, 골, 몬〉 42. ② 43. ① 44. ①-ⓐ ②-ⓔ③-ⓒ ④-ⓑ ⑤-ⓓ 45. ②,③ 46. 롬, 고전·후, 갈, 엡, 빌, 골, 몬, 딤전·후 딛, 살전·후, 〈13권〉

47. 사람의 죄악이 세상에 관영함과 그 마음의 생각의 모든 계획이 항상 악함.

48. 구약-오바댜 ; 신약-빌레몬서, 요한2, 3서 유다서,

49. 각 14대로 ① 아브라함-다윗
② 다윗~바벨론 이거때까지
③ 바벨론 이거이후~그리스도

50. ① 복음서(4)-마, 막, 눅, 요.
② 역사서(1)-행
③ 서신서(2)바울서신(13)교리서신(4)-롬, 고전·후, 갈
옥중서신(4)-엡, 빌, 골, 몬
목회서신(3)-딤전·후, 딛
일반서신(2)-살전·후
사도서신(8)-히, 약, 벧전, 후, 요일·이·삼, 유.
(혹 일반서신)
④ 예언서(1)-계.

입학시험문제 해답 및 해설 1077

1989학년도 석사·신학연구원(성경)

1. ④　　　2. ②　　　3. ④　　　4. ③
5. ②　　　6. ③　　　7. ②　　　8. ④
9. ③　　　10. ③　　　11. ①　　　12. ④
13. ②　　　14. ④　　　15. ①　　　16. ④
17. ③　　　18. ③　　　19. ④　　　20. ③
21. ③　　　22. ①　　　23. ①　　　24. ①
25. ③　　　26. ②　　　27. 답 없음　　28. ②
29. ③　　　30. ②　　　31. ①　　　32. ③
33. ②　　　34. ③　　　35. ②　　　36. ②
37. ①　　　38. ③　　　39. ②　　　40. ④
41. ②　　　42. ④　　　43. ①　　　44. ④
45. ④　　　46. ②　　　47. ②　　　48. ①
49. ②　　　50. ③　　　51. ③
52. ①-ㅂ, ②-ㄱ, ③-ㄴ, ④-ㅅ, ⑤-ㄷ, ⑥-ㄹ,
　　⑦-ㅇ(하나님의 아들이라 일컬음을 받음) ⑧-ㅁ
53. ① 선한 일을 사모
　　② 책망할 것이 없음
　　③ 한 아내의 남편
　　④ 절제
　　⑤ 근신
　　⑥ 아담함
　　⑦ 나그네 대접
　　⑧ 가르치기를 잘함
　　⑨ 술을 즐기지 아니함
　　⑩ 구타하지 않음

⑪ 관용
⑫ 다투지 않음
⑬ 돈을 사랑하지 않음
⑭ 자기 집을 잘 다스림
⑮ 새로 입교한 자는 말 것
⑯ 의인에게도 선한 증거 받는 자
54. ① 자기를 살피고
　　② 주의 몸을 분별함
55. ① 죄　② 의
56. (×)

1990학년도 석사・신학연구원(성경)

I. 1. ④　　2. ③　　3. ①　　4. ②
　　5. ①　　6. ②　　7. ④　　8. ②
　　9. ②　　10. ①　　11. ④　　12. ①
　　13. ③　　14. ④　　15. ④　　16. ④
　　17. ③　　18. ①　　19. ③　　20. ④
　　21. ①　　22. ④　　23. ②③　　24. ③
　　25. ③　　26. ②　　27. ①　　28. ①
　　29. ③　　30. ④　　31. ②　　32. ③
　　33. ②　　34. ②　　35. ③　　36. ③
　　37. ④　　38. ②　　39. ③　　40. ①
　　41. ③　　42. ②　　43. ①　　44. ③
　　45. ③

II. 46. 야빈　　47. 다볼　　48. 시스라
　　49. 야엘　　50. 아비멜렉　　51. 맷돌

III. 52. 요엘 53. 오바댜 54. 나훔
55. 하박국 56. 학개 57. 스가랴
IV. 58. ② 59. ④ 60. ④ 61. ②
62. ① 63. ③ 64. ③①④② 65. ②
66. ④
V. 67. 4) 68. 2) 69. 3) 70. 1)
VI. 71. 호세아 72. 예레미야 73. 에스겔
74. 하박국 75. 예레미야 76. 이사야
VII. 77. 유다와 이스라엘.
78. 바람에 나는 겨와 시냇가에 심은 나무.
79. 문둥이를 정결케 하는 약초.
80. 하나님을 경외하고 그 명령을 지키는 것이 사람의 본분이다.
81. 솔로몬과 술람미 여인.
VIII. 82. 세겜, 그리심산과 에발산, 단을 쌓고 제사를 드리며 모세의 율법책을 읽음.

1991학년도 석사·신학·목회연구원(성경)

I. 1. (유업) 2-3. (왕)(하나님) 4-5. (엘리야)(개들)
   6-7. (베)(행보) 8. (겸비함)
II. 9. (인자) 10. (주는 그리스도시요) 11. (B.D)
   12. (가이사랴 빌립보)
   13-15. 유월절(무교절), 오순절, 초막절.
III. 16. ④   17. ④   18. ①   19. ④
    20. ②   21. ②   22. ④   23. ③
    24. ①   25. ①   26. ③   27. ②
    28. ③   29. ④   30. ③   31. ③
    32. ④   33. ①
IV. 34. ③   35. ③   36. ③
    37. 벨사살   38. 나누다
V. 39. (요한)   40. (마가)   41. (마태)
   42. (누가)
   43. 요셉   44. 요셉의 형들
   45. 금식   46-47. 예수님, 베드로
   48-49. (사 53장), (시 22편)
VI. 50. 가버나움   51. 나사렛   52. 베들레헴
    53. 예루살렘
VII. 54. 이사야   55. 예레미야   56. 미가
    57. 에스겔   58. 말라기
    59-60. 휘장이 찢어짐, 지진

1992학년도 석사·신학연구원(성경)

1. ③	2. ④	3. ②	4. ②	5. ①
6. ①	7. ③	8. ②	9. ④	10. ②
11. ③	12. ②	13. ①	14. ③	15. ④
16. ①	17. ②	18. ②	19. ④	20. ③
21. ④	22. ②	23. ②	24. ④	25. ①
26. ①	27. ①	28. ④	29. ④	30. ①
31. ③	32. ④	33. ④	34. ④	35. ①
36. ②	37. ④	38. ④	39. ③	40. ③

1990학년도 목회연구원(성경)

I.
1. ④	2. ②	3. ③	4. ②
5. ②	6. ④	7. ④	8. ②
9. ②	10. ③	11. ④	12. ①
13. ③	14. ④	15. ④	16. ④
17. ①	18. ③	19. ③	20. ④
21. ①	22. ①	23. ①	24. ④
25. ②③	26. ④	27. ③	28. ②
29. ④	30. ①	31. ③	32. ①
33. ④	34. ③	35. ③	36. ②
37. ③	38. ③	39. ③	40. ④
41. ②	42. ③	43. ③	44. ①
45. ③	46. ③	47. ②	

II. 48. 야빈　49. 다볼　50. 시스라
　　51. 야엘　52. 아비멜렉　53. 맷돌

III. 54. 요엘　55. 오바댜　56. 미가

57. 나훔　　58. 스바냐　　59. 학개
IV. 60. 미가　　61. 호세아　　62. 예레미야
　　63. 에스겔　64. 하박국　　65. 예레미야
　　66. 이사야　67. 말라기　　68. 학개
　　69. 다니엘　70. 에스겔　　71. 예레미야
V. 72. ②　　73. ④　　74. ②　　75. ①
　　76. ③　　77. ②　　78. ④　　79. ④
VI. 80. ③　　81. ②　　82. ④　　83. ①
VII. 84. 유다와 이스라엘.
　　85. 바람에 나는 겨와 시냇가에 심은 나무.
　　86. 다윗의 아들 예루살렘 왕.
　　87. 솔로몬과 술람미 여인.
　　88. 문둥이를 정결케 하는 약초.
VIII. 89. 세겜, 그리심산과 에발산, 단을 쌓고 제사를 드리며 모세의 율법책을 읽음. 즉 언약을 맺음.

1991학년도 목회연구원(성경)

석사·신학연구원 시험문제 해답과 동일

1992학년도 목회연구원(성경)

1. ④　2. ②　3. ②　4. ②　5. ①
6. ②　7. ①　8. ③　9. ④　10. ①
11. ③　12. ②　13. ②　14. ③　15. ①
16. ③　17. ③　18. ②　19. ④　20. ②
21. ①　22. ④　23. ③　24. ③　25. ①
26. ②　27. ④　28. ④　29. ③　30. ③
31. ③　32. ④　33. ①　34. ③　35. ④
36. ①　37. ②　38. ②　39. ④　40. ③

1993학년도 신학대학원(성경)

1. ③ 2. ④ 3. ② 4. ②
5. ① 6. ① 7. ③ 8. ②
9. ④ 10. ④ 11. ① 12. ③
13. ② 14. ② 15. ③ 16. ①
17. ③ 18. ④ 19. ④ 20. ①
21. ② 22. ① 23. ④ 24. ②
25. ① 26. ③ 27. ② 28. ①
29. ④ 30. ③ 31. 이사야 32. 대속물
33. 도피성 34. 15 35. 문둥병 36. 빌립
37. 예레미야 38. 여호야김 39. 두아디라교회
40. 에스겔 41. 요엘 42. 우리아
43. 아브라함 44. 느헤미야 45. 베드로전서
46. 요셉의 뼈/해골 47. 하박국
48. 데살로니가 전서 49. 야살의 책 50. 규빗

1994학년도 신학대학원(성경)

1. ④ 2. ③ 3. ④ 4. ④
5. ② 6. ② 7. ③ 8. ②
9. ④ 10. ② 11. ④ 12. ②
13. ④ 14. ③ 15. ③ 16. ①
17. ④ 18. ① 19. ④ 20. ①

21. ①   22. ③   23. ①   24. ②
25. ④   26. ③   27. ③   28. ④
29. ①   30. ③   31. 오십, 자유
32. 죽음, 음부   33. 그리심산, 에발산
34. 에스더, 부림절 35. 범죄함, 의롭다   36. 선물
37. 히스기야   38. 네 마리   39. 후사
40. 감람유   41. 스가랴   42. 아모스   43. 소제
44. 사무엘의 아들들의 범죄, 이웃나라 정치제도 본땀
45. 사도들의 명단, 12제자   48. 제자들의 부르심
47. 요한 10장   48. 히브리서 6:3-6
49. 살전 5:2, 4-6   50. 고후 3:17-18

1995학년도 신학대학원(성경)

1. ②   2. ③   3. ②   4. ③
5. ④   6. ④   7. ④   8. ①
9. ①   10. ①   11. ①   12. ④
13. ③   14. ②   15. ③   16. ①
17. ②   18. ①   19. ④   20. ②
21. ②   22. ②   23. ①   24. ③
25. ④   26. ④   27. ③   28. ②
29. ③   30. ④   31. (물),(시내)   32. (생기),(군대)
33. (기근),(기갈)   34. (물고기),(새)
35. (패망),(상)   36. (드보라),(야엘)

37. 전능의 하나님 38. 디베료 가이사
39. 밧모섬   40. 나발   41. 아나니아
42. 나의 멍에를 메고 내게 배우라   43. 엘리사
44. 외식하는 자
45. 마리아가 옥합을 깨뜨려 예수님의 발에 부은 것.
46. 에스라   47. 예수님 자신   48. 혀

1996학년도 신학대학원(성경)

1:[3]   11:[1]   21:[4]   31:[1]   41:[2]   51:[4]
2:[3]   12:[1]   22:[3]   32:[3]   42:[1]   52:[2]
3:[3]   13:[4]   23:[3]   33:[4]   43:[2]   53:[3]
4:[2]   14:[2]   24:[4]   34:[1]   44:[4]   54:[4]
5:[1]   15:[2]   25:[2]   35:[3]   45:[3]   55:[1]
6:[4]   16:[2]   26:[3]   36:[1]   46:[1]   56:[1]
7:[4]   17:[2]   27:[1]   37:[3]   47:[1]   57:[3]
8:[3]   18:[2]   28:[4]   38:[3]   48:[1]   58:[3]
9:[1]   19:[1]   29:[3]   39:[4]   49:[3]   59:[2]
10:[3] 20:[4]   30:[1]   40:[3]   50:[2]   60:[3]

1997학년도 신학대학원(성경)

1:[3]	11:[4]	21:[3]	31:[4]	41:[3]	51:[1]
2:[2]	12:[3]	22:[1]	32:[3]	42:[3]	52:[3]
3:[1]	13:[1]	23:[2]	33:[4]	43:[3]	53:[1]
4:[3]	14:[2]	24:[1]	34:[2]	44:[y]	54:[3]
5:[1],[2]	15:[1]	25:[4]	35:[3]	45:[4]	55:[2]
6:[4]	16:[3]	26:[3]	36:[4]	46:[3]	56:[4]
7:[2]	17:[2]	27:[2]	37:[4]	47:[2]	57:[4]
8:[1]	18:[4]	28:[4]	38:[2]	48:[4]	58:[1]
9:[1]	19:[1]	29:[2]	39:[2]	49:[2]	59:[1]
10:[3]	20:[4]	30:[1]	40:[4]	50:[1]	60:[2]

'44번은 전부 정답'

1998학년도 신학대학원(성경)

1:[1]	11:[2]	21:[4]	31:[3]	41:[4]	51:[4]
2:[4]	12:[2]	22:[4]	32:[2]	42:[3]	52:[2]
3:[1]	13:[4]	23:[3]	33:[2]	43:[3]	53:[4]
4:[3]	14:[1]	24:[3]	34:[2]	44:[2]	54:[2]
5:[3],[4]	15:[3]	25:[1]	35:[4]	45:[1]	55:[4]
6:[4]	16:[2]	26:[3]	36:[3]	46:[2]	56:[3]
7:[2]	17:[3]	27:[4]	37:[1]	47:[1]	57:[1]
8:[2]	18:[2]	28:[1]	38:[3]	48:[2]	58:[1]
9:[3]	19:[2]	29:[4]	39:[2]	49:[1]	59:[2]
10:[4]	20:[1]	30:[3]	40:[3]	50:[4]	60:[4]

1999학년도 신학대학원(성경)-기존 책

1.(4)	6.(4)	11.(4)	16.(4)	21.(3)	26.(2)	31.(2)	36.(3)	41.(3)	46.(3)
2.(2)	7.(3)	12.(1)	17.(3)	22.(2)	27.(2)	32.(4)	37.(4)	42.(3)	47.(4)
3.(4)	8.(1)	13.(3)	18.(3)	23.(2)	28.(3)	33.(4)	38.(4)	43.(1)	48.(2)
4.(3)	9.(4)	14.(4)	19.(1)	24.(4)	29.(3)	34.(1)	39.(2)	44.(1)	49.(2)
5.(3)	10.(4)	15.(3)	20.(3)	25.(3)	30.(1)	35.(3)	40.(4)	45.(3)	50.(3)

2000학년도 신학대학원(성경)

1.(1)	6.(4)	11.(2)	16.(3)	21.(1)	26.(1)	31.(1)	36.(2)	41.(2)	46.(4)
2.(3)	7.(1)	12.(3)	17.(3)	22.(4)	27.(3)	32.(2)	37.(4)	42.(4)	47.(2)
3.(3)	8.(3)	13.(2)	18.(1)	23.(1)	28.(3)	33.(3)	38.(2)	43.(1)	48.(3)
4.(2)	9.(3)	14.(3)	19.(2)	24.(3)	29.(2)	34.(4)	39.(1)	44.(2)	49.(3)
5.(3)	10.(2)	15.(2)	20.(4)	25.(4)	30.(4)	35.(4)	40.(2)	45.(4)	50.(2)

2001학년도 신학대학원(성경)

1.(2)	6.(2)	11.(4)	16.(1)	21.(4)	26.(1)	31.(4)	36.(1)	41.(1)	46.(1)
2.(3)	7.(3)	12.(4)	17.(3)	22.(1)	27.(4)	32.(3)	37.(4)	42.(2)	47.(3)
3.(3)	8.(3)	13.(3)	18.(4)	23.(2)	28.(1)	33.(2)	38.(2)	43.(3)	48.(4)
4.(2)	9.(4)	14.(4)	19.(3)	24.(2)	29.(4)	34.(1)	39.(3)	44.(1)	49.(3)
5.(3)	10.(3)	15.(2)	20.(2)	25.(3)	30.(1)	35.(3)	40.(3)	45.(3)	50.(4)

성경 2002학년도 입학시험 답안

번호	2002 성경 (석 사)	2002 성경 (목 연)	번호	2002 성경 (석 사)	2002 성경 (목 연)
1	4	3	31	3	2
2	1	4	32	4	4
3	3	4	33	4	4
4	2	4	34	2	3
5	3	1	35	1	3
6	1	2	36	2	4
7	3	1	37	2	3
8	2	1	38	3	2
9	4	1	39	2	3
10	3	3	40	4	1
11	2	1	41	2	4
12	3	3	42	2	4
13	3	4	43	2	1
14	2	3	44	3	2
15	1	2	45	2	2
16	4	2	46	3	1
17	3	1	47	2	4
18	4	4	48	4	2
19	1	4	49	3	3
20	1	3	50	3	4
21	4	1	51	3	2
22	1	2	52	2	2
23	1	1	53	3	4
24	2	2	54	1	1
25	1	1	55	2	3
26	2	4	56	4	3
27	4	2	57	4	4
28	4	3	58	3	2
29	4	2	59	4	4
30	1	1	60	1	2

성경 2003-2006학년도 입학시험 답안

번호	2003 성경 (석사)	2004 성경 (석사)	2005 성경 (석사)	2006 성경 (석사)
1	3	3	3	①
2	2	3	2	③
3	4	1	4	③
4	3	2	3	③
5	1	3	1	④
6	3	2	4	②
7	2	2	2	③
8	4	1	4	①
9	2	4	1	④
10	3	3	1	①
11	1	2	2	④
12	4	1	3	③
13	1	3	2	④
14	4	1	4	④
15	3	2	4	②
16	1	4	2	①
17	2	1	1	③
18	2	2	3	④
19	3	2	2	②
20	4	1	2	④
21	4	1	4	②
22	1, 3	3	3	③
23	1	1	4	①
24	2	3	3	③
25	3	3	1	①
26	1	2	4	④
27	2	4	3	③
28	4	1	4	②
29	2	2	3	①
30	1	3	2	②

성경 2003-2006학년도 입학시험 답안 계속

번호	2003 성경 (석 사)	2004 성경 (석 사)	2005 성경 (석 사)	2006 성경 (석 사)
31	3	2	2	②
32	2	4	1	④
33	2	2	3	②
34	4	3	3	④
35	4	2	2	①
36	3	4	3	④
37	1	1	2	②
38	4	2	1	④
39	2	4	1	③
40	1	4	4	②,③
41	2	2	4	③
42	3	1	3	①
43	3	4	2	③
44	1	2	3	④
45	4	1,2,3,4	1	①
46	3	1	2	②
47	4	2	1	③
48	4	2	3	④
49	2	3	3	②
50	1	1	4	①
51	2	2	2	③
52	3	3	4	③
53	3	4	1	①
54	2	1	4	④
55	1	3	4	①
56	3	2	2	②
57	1	2	2	③
58	4	4	3	②
59	4	1	1	①
60	1	2	4	①

영어시험 문제
해답 및 해설

1984학년도 석사·신학연구원(영어)

I. 번역

1. 부는 속임수와 같다. 탐욕가들은 교만하고 불안해 한다. 그들은 죽음 자체처럼 결코 만족하지 못한다. 그 때문에 그들은 자신들을 위하여 이 나라 저 나라를 정복하고 또 정복한다. 피정복민은 자기들의 정복자들을 조롱하고 그들에 대한 멸시를 보일 것이다. 그들은 이렇게 말할 것이다. "너희들은 너희들의 것이 아닌 것을 취한다. 그러니 너희들은 반드시 멸망한다! 너희들은 너희 채무자에게 빚을 다 갚도록 독촉함으로써 언제까지 계속 부유해 질 것인가?" 그러나 너희들이 그것을 알기 전에 남들을 정복했던 너희들 자신들도 빚을 질 것이고 이자를 갚도록 강요받을 것이다. 적들이 와서 너희들로 떨게 만들 것이다. 그들이 너희를 약탈할 것이다.

2. 공산주의 이론이란, 독재는 단지 과도기적 상태에 불과하며 전체 집단이 공산주의의 평등 이상을 받아들이고 아무도 그 제도에 도전하지 않으면 곧 독재는 불필요하게 될 것이라는 이론이다. 이 이론은 권력가들에게 뿐만 아니라 범인(凡人)들에게 나타나는 인간성의 사실들을 공정하게 평가하지 못한다. 만일 러시아의 과두정치가 스스로 그 자체의 권력을 벗어버린다면, 그것은 권력을 스스로 벗는 역사상 최초의 과두정치가 될 것이다. 물론 그 권력을 유산처럼 세습할 수는 없다. 그러나 권력 세습만이 권력남용의 원인이나 권력영속화의 기초는 아니다.

3. 리델보스(Ridderbos)가 하나님의 나라는 현재적 국면과 미래적 국면을 다 포함한다는 결론을 내릴때 특별히 놀라운 것이 드러난 것은 아니다. 그러나 저자가 이 주제를 취급한 방법이 무제한의 찬사를 얻고 있다. "철저 종말론"과 "실현된 종말론"의 대표자들의 논증들을 철저하고도 상세하

게 고찰하는 맥락에서 그가 관련자료들을 개관하고 그 이슈들을 탁월한 주경능력으로 평가한 방식을 고려해 볼 때 그렇다.

II. 독해력
1. It is "to be put an end to or abolished."
2. They are real theologians and real scientists.
3. The ordinary man.
4. It takes a form which real theologians and real scientists can hardly imagine.
5. yes.

III. 요약
아리우스는 그리스도를 하나님이요 하나님의 아들이라고 고백하면서도 동시에 피조된 존재라고 주장했다. 고대 정통교회의 아리우스파의 열띤 기독론 논쟁은 동일본질을 의미하는 homoousios란 한 단어에 집중되었다. 이 한 단어가 정통신자들과 불경스런 아리우스파와의 경계선이었다. 후에 사벨리우스가 일어나 삼위간의 구별을 무너뜨리고 성부는 성자요 성령은 성부라고 주장했다.

1985학년도 석사·신학연구원(영어)

I. 번역
"증거"와 "설교"

그런데 복음서는 예수 그리스도에 관한 증거와 설교를 담고 있다. "증거"의 의미를 분명하게 하기 위해, 우리는 법정에서의 재판절차를 생각해 볼 수 있다. 문제의 핵심은 어떤 일들이 실제로 발생했느냐 안했느냐, 특히 법정이 제기한 심사와 관련된 관심사들이 발생했느냐 안했느냐에 있다.
  복음서가 예수 그리스도에 관한 증거를 세상에 소개하는 것이 바로 이런 의미에서이다. 복음서는 예수님에 관해 보도하는 것들을 실제로 보고 들었으며 또한 이런 것들이 믿을만한 설교라고 확신하는 자들에 의해 주어진 증거를 포함하고 있다. 그것은 사람들로 하여금 믿도록 도전한다. 그것은 단순히 역사적인 지식을 증대시키기 위해서가 아니라 우리가 예수님을 하나님의 아들 그리스도이심을 믿도록 하기 위해서 열거한다.

II. 독해력
1. All undergraduate and graduate students are.
2. It is located on campus.
3. It is open from 8 A.M. to 5 P.M.
4. All routine medical conditions and emergencies are.
5. It is to make an appointment.
6. It covers only medical care given by the health center.

III. 한글요약
  모든 기독교인은 안일하고 평안한 생활에서 각자 자기 십자가를 지는 더 높은 차원으로 올라가야 마땅하다. 하나님께서 그의 장자 예수 그리스도를 십자가의 길로 인도하신 것처럼, 예수님의 모든 제자들이 십자가의 길을 따르는 것이 하나님의 뜻이다. 고난 다음에 영광 — 이것이 그리스도의 길이요, 그 제자들의 길이다. 그러므로 환난을 당하면 당할수록 그리스도와의 교제가 더욱 확고히 확인되는 것이다.

1986학년도 석사·신학연구원(영어)

입학시험 해답및 해설

1. (A) 2. (A) 3. (C) 4. (B) 5. (C) 6. (C) 7. (A) 8. (D) 9. (B) 10. (C) 11. (C) 12. (A) 13. (A) 14. (B) 15. (C)
16. (C)

> 수사와 명사 결합의 두 가지 표현법 :
> 무관사+명사+기수=the+서수+명사

17. (B)

> 형용사 ⟩+enough.
> 부사

18. (A)
19. (C)

> be similiar to + 명사
>   동명사.

20. (B)
21. (B)

> Neither does Mexico.
> Nor does Mexico.
> Mexico doesn't, either.

22. (D)

부가의문의 형태	
주절	부가 의문문?
긍정 부정 주어가 명사 시제 S+V	부정 긍정 대명사 주절과 같다 V+S?

23. (C) 수동문
    ※. They say that he is honest.
    ⇨ It is said that he is honest
    ⇨ He is said to be honest

24. (A)
25. (C)
26. (B) 과거의 논리적 필연성, 즉 단정의 「~였음(했음)에 틀림없다」:
    must+have+p.p
27. (B) require, want, need + 능동 동명사 ~을 필요로 하다.
    수동 부정사 ~할 필요가 있다.
28. (C)
29. (A)

동격표시
① 명사와 명사 : 둘 사이에 「,」를 찍는다.
② 대명사는 항상 동격 명사 앞에 온다.
   I, an American, admire seoul.
③ 보통명사 뒤에 오는 고유 명사 사이에는 「,」를 꺾지 않는다.
   an inventor Edison.

④ 대명사 of 대명사 : all of us

30. (B)
> 사역동사는 목적어 다음에 원형 부정사를 쓴다.
> make+목적어(사람)+원형부정사
> =compel+목적어(사람)+to do

31. (D) 「아침에 드는 식사는 하루 종일의 중요한 역할을 한다.」
    (A) 그날 하루 동안에 중요한 역할을 하기 위해서 아침에는 먹어야 한다.
    (B) 아침에 먹은 것이 하루 종일 느껴진다.
    (C) 하루 중에 중요한 부분은 아침의 식사다
    (D) 아침에 식사를 바르게 해야 하루 종일 기분이 좋다.

32. (B) 「발견하기만 하면 당신의 소유가 될만한 엄청난 재산이 육지와 바다 밑에 숨어있다」
    (A) 당신의 놀라운 재산이 육지 위와 바다 밑에서 손실되었다.
    (B) 당신이 발견할 엄청난 재산이 육지 위와 바다 밑에 묻혀있다.
    (C) 재산은 육지와 바다 밑에서 얻을 수 있다.
    (D) 터무니 없는 당신의 재산은 육지와 바다에 널려있다.

33. (C) 「총 2,000명의 말라리아 환자들 중에서, 35%이상이 6세 미만의 어린 아이들이다」
    (A) 6세 미만의 어린아이들이 2,000건의 말라리아를 앓았다.
    (B) 6세 미만의 어린 아이들 중 35%가 말라리아를 앓았다.
    (C) 2,000명의 환자들 중에서 35%인 6세 미만의 어린아이들이 말라리아를 앓은 사람들이다.
    (D) 6세 미만의 2,000명의 어린이 중 35%가 말라리아를 앓았다.

34. (B) 1987학년도 입학시험(영어) 36번과 동일함.

35. (D) 「진리의 이상한 점은 그것이 늘 옷(외형)을 바꾸어 입는다는 것이다」
    (A) 진리의 우스운 점은 그것이 늘 함축성이 있다는 것이다.
    (B) 진리가 그자체를 완전히 드러내지 않는다는 사실이 이상하다.

(C) 진리의 특수한 점은 그것이 늘 변장한다는 것이다.

(D) 진리의 이상한 점은 그 외형이 항상 변한다는 것이다.

36. (C) 한 시대의 이단적인 견해들은 흔히 그 시대의 계승자들에게는 정설의 견해가 된다. 현존하는 견해들 속에 있는 결점들은 지적되며, 결국 이런 견해들은 고쳐져서 없어진다. 독단론 _____ 것이다.

   (A) 인기가 없는   (B) 합리적인

   (C) 일시적인   (D) 영원한

37. (A) 「한 사회는 한가족처럼 작을 수도 있고 인류처럼 클 수도 있다. 각자 작은 사회는 보다 큰 사회의 일부이며, 각기 큰 사회는 보다 작은 사회들로 구성되고 있다. 사회를 결정하는 유일한 중요 요인은 _____ 이다」.

   (A) 사람들   (B) 위치   (C) 규모   (D) 유형

38. (C) 「일반 중국인들은 전통적으로 정부를 성가진 존재로 간주해 오고 있다. 정부는 통치자들의 이익을 위해서 주로 존재하는 것으로 생각된다. 국민들은 정부나 정부와 관계된 사람들에 대해서 별로 애정을 갖지 않는 것 같다. 중국이라는 국가에 대한 감정적인 충성심이 대단한데 반해서 _____을 지지하는 충성심은 거의 없는 것처럼 여겨진다」

   (A) 국가   (B) 민족   (C) 권력을 쥔 행정부   (D) 일반행정

39. (D)「Washington에 거주하는 어떤 대사관들의 온도는 연료위기에서 부의 격차를 반영하고 있다. 석유 부자인 Quwait 대사는 온도 조정 장치를 70도로 아늑하게 고정시켜 놓고 있는데 반해서, Israel사람들은 그들의 다이알을 _____ 65도로 돌려 놓고 있다.」

   (A) 어름같은   (B) 살을 에미는 듯한

   (C) 얼어 붙는 듯한   (D) 내핍하는

40. (B) 「열대 지방의 주민들은 새로 오는 자가 제 아무리 부지런하더라도 결국은 옛부터 있어온 Sieata의 전통에 굴복하지 않으면 안 된다는 것을 굳게 믿고 있다. 서늘한 낮시간 동안에는 열심히 일할런지 모르지만

해가 중천에 떠오르면 휴식이 _____ ㅣ
 (A) 쉬다.   (B) 필요하다.   (C) 무시되다.   (D) 중요치 않다.

번역

E. 성경에 나타난 하나님은 모든 것을 완벽히 갖추신 분 일 뿐만 아니라 자족하신 분이다. 그분은 무한하며 영원한 영이시며, 그분의 존재와 지혜와 권능, 거룩함과 정의, 선하심과 진리에 있어서 변함이 없으시다. 그분은 스스로 충족하시므로 자신과 같은 근원자이며, 또 자신을 그 대상물로 필요로 하는 개체 원리와 상호관계를 갖고 있지 않으시다. 그 분은 자신과 대립되는 실제의 야수성과 오직 접촉할 때만 비로소 나타나는 무의미한 개체의 형식적이거나 추상적인 원리가 아니시다. 그분은 비존재가 아니며, 또 자신과 대립하는 근원자로 활동할 가능성도 없다.

F. 그러나 현대에 모든 것을 새로운 속임수로 얽히게 해 왔던 Servetus와 그 동류들 같은 어떤 열광하는 무리들이 나타났기 때문에, 몇 마디나마 그들의 그릇된 생각에 대해 논한다는 것은 중요하다. Servetus에게 있어서 삼위일체란 명칭은 아주 진저리가 나고 혐오스러운 것이기에 그는 삼위일체의 교리를 믿는 사람들을 보통 무신론자라고 불렀다. 본인은 Servetus가 그들을 비난하기로 계획했던 무의미한 단어들을 여기서는 생략하겠다. 실제로 그의 시색의 개요는 다음과 같다. 삼위가 하나님의 본질에 내재한다고 했을 때 하나님은 삼위로 구분할 것을 전제하셨다. 즉 이것은 가상의 삼위이다. 왜냐하면 그것은 하나님의 일치와 상반되기 때문이다는 것이다. 한편 그는 삼위가 하나님의 본질에 진실로 내재하는 것이 아니라 오히려 하나의 또 다른 계시 가운데서 우리에게 하나님 자신을 나타내는 어떤 외적인 사상으로 생각했다.

태초에 하나님에게는 구분이 없었다. 그 까닭은 말씀과 영이 이전에 하나이거나 동일했기 때문이다. 말하자면 그리스도께서 하나님으로부터 하나님으로 나오셨을 때 영도 또 다른 하나님으로서 그리스도께로부터 나오셨다는 것이다. 그러나 Servetus가 종종 알레고리의 형식을 취하여 그의 불합리를 왜곡했지만 그는 영원하신 하나님의 말씀이 하나님과 같이 예수 그리스도의 영과 그분의 찬란한 사상이며, 더욱이 영은 신성의 환영이라고 언급하면서, 후에 여전히 두 위의 신성을 폐기하고 다음과 같이 선포 하였다. 하나님은 자신의 섭리에 따라 자신을 구분하시기 때문에 아들과 영이신 두 위에는 하나님의 일부가 있으며, 본질적으로 우리 인간은 물론 나무와 돌에게도 내재하신다. Servetus가 중재자의 위에 관해서 재잘거리는 것을 우리는 적재적소에서 볼 것이다. 사실상 위란 하나님의 영광의 가시적인 계시이외는 아무것도 아니다는 이러한 터무니없는 위조는 더 이상 반박할 필요가 없다. 그 이유는 요한이 우주가 아직 창조되기 전에 말씀이 하나님이었음을 확신했지만, 그가 말씀과 사상을 전적으로 구분했기 때문이다(요 1 : 1). 그런데 또한 창세전부터 하나님이셨던 그 말씀이 성부 하나님과 함께 계셔서 아버지와 더불어 그분의 영광을 누렸다면 (요 17 : 5), 틀림없이 그분에게는 과거에 가시적이거나 구상적인 영광이 있을리 없지마는 필연적으로 추론하는 바는 그분은 바로 하나님 자신에 거하시는 본질이셨다는 것이다.

1987학년도 석사·신학연구원(영어)

1. (C). 2. (D). 3. (A). 4. (C). 5. (B). 6. (D). 7. (D). 8. (D). 9. (C). 10. (A). 11. (D). 12. (B). 13. (B). 13. (B). 14. (D). 15. (D)

~에 관하여 (about)

(with, in) (regard, respect, reference, relation) to = in connection with = (on, in) the matter of = as
in respect of

(to, for) = regarding = as concerns respecting respects regards

※ On (강의. 저술. 연설. 주제)
This is a book on history.
He is on authority on Engish
They spoke on international affairs.
He is lecturing on shakespeare

~하기 위하여. -할 목적으로

for the purpose of
with a view to
with the (View / object / intention) of $+$ 명사 / 동명사

to
=so as to
in order to $+$ 원형사
that
=so that
in order that $+$ 주어 $+$ may

~을 위하여

for the (good / sake) of = for one's sake

in the (interest(s) / cause) of

= in besalf of
= in one's behalf

16. (C)　17. (A) frown (up)on=disapprove of
18. (C)
19. (A)

```
          거의 대부분
 ①  Almost ┌ all
           │ every
           │ any
           └ none
 ②  ┌ Most+명사
     │ Most of the+명사
     └ Most of 소유격.
```

20. (A) out-of-town(수식)→ the out-of town vistors.(서술)→ out of town the visitors out of town.

21. (B)

```
worth+명사
      동명사
worth while to do
worthy of+ ┌ 명사
           └ 동명사
        to ┌ do
           └ be+p.p
```

22. (A) the가 있음에 유의할 것. 즉 「가장 중요하지 않는 사람」. (B)와(C)는 than…의 연결이 필요하며, (D)에서는 not이 없으면 문법상 맞으나 논리에 모순이 있다.

23. (B) that의 부사적 용법.

24. (D) 과거의 가능성 표시

25. (B) 과일, cake, candy, steak, sandwich는 보통명사이다.

26. (A) dance with A(사람) to 악기 악기에 맞춰 A와 춤추다.

27. (A) not only A, but(also) B의 구문.
    이 구문의 also는 생략가능 하나 그 외는 불가하다. 따라서 (B) (C) (D)

는 실격.
28. (A) Would you mind…ing?「~을 해 주시겠습니까?」
29. (B)

require	
want	+ 능동 동명사
need	수동부정사

They want mending
　　　　to be mended.

30. (D)

| expect to do |
| anticipate ~ing |
| look forward to |

31. (A)「젊은이나 성인들이 좋은 일자리를 구하는데 있어서 주요한 핸디캡은 반드시 지능의 부족이 아니며, 직무상의 요구에 응하는데 충분할 정도로 잘 읽을 수 있는 능력이 부족하다는 것이 종종 주요한 핸디캡이 되고 있다」—좋은 일자리와 독서 능력의 관계를 언급한 글
(A) 현대의 고용의 기회는 다소 독서 능력에 좌우되고 있다.
　—본문의 내용을 가장 잘 요약하였음.
(B) 지능이 낮은 것은 직업을 구하는데 있어서 결코 핸디캡이 아니다—본문의 내용과 다른 표현
(C) 대부분의 취업 실패자는 국민학교 5학년 정도의 수준으로 독서 능력이 부족한 때문이다.—본문의 내용과 거리가 먼 표현
(D) 독서를 잘 하는 사람은 누구든지 틀림없이 직업을 얻을 수 있다.—논리상 모순됨.

32. (C)「그녀는 자기 남편과 사이가 벌어졌다」
(A) 그녀의 남편은 그녀의 행동이 이해할 수 없다고 생각한다.—행동에 대한 언급 없음.

(B) 그들은 다른 인종들이다. —본문과는 거리가 멀다.

(C) 그들은 더 이상 화목하게 살고 있지 않다. —본문과 내용이 동일함.

(D) 그들은 사소한 말다툼에서 막 화해하고 있다. -본문의 뜻과 반대.

33. (B). 「이 시내에서 가장 맛있는 블란서 요리를 찾으십시다. 구미를 돋구는 요리가 항상 나오는 이 유쾌한 장소에서 만나주십시오」(restaurant 의 선전문)

(A) 블란서 요리를 너무 많이 들어서는 안됩니다. 식욕을 잃게 되니까.

(B) 이 장소에 오시면 가장 훌륭한 블란서 요리를 제공합니다.

(C) 블란서 요리사가 필요하시다면 여기에 와서 그를 찾으시오.

(D) 블란서 요리가 맛있기는 하지만 제대로 즐기려면 서비스가 좋아야 합니다.

34. (A). 「한국을 난국으로 부터 구하는 데는 어느 한 위인 즉 어느 한 지도자만이 필요하다고 절대로 믿지 마십시오」(178/2 TOEFL에서는 한국이 아니라 미국으로 나왔음)

(A) 진실로 한국의 리더쉽은 어느 한 사람만의 것이 아니다.

(B) 한국을 구하기 위해서는 강력한 한 사람의 지도자가 필요하다

(C) 한국이 자신을 인도할 강력한 지도자를 찾지 못하면 위험에 봉착할 것이다.

(D) 한국은 여론이 분열되어 있으므로 가장 강력한 리더쉽을 요구한다.

35. (B). 「오늘날 미국인들은 크리스마스 때마다 40억장에 달하는 놀라운 숫자의 카드를 보낸다」

(A) 해마다 약 40억의 미국인들이 크리스마스 카드 때문에 놀라와 한다.

(B) 해마다 미국인들은 약 40억장의 크리스마스 카드를 보낸다.

(C) 약40억의 미국인들은 해마다 크리스마스 카드 때문에 서로 놀라와한다.

(D) 약40억의 미국인들은 각자 크리스마스 카드를 보낸다.

36. (C) 「경기의 부침은 우리 일상 생활에 큰 영향을 미친다」

(A) 우리는 최근에 경제 변동 때문에 고통을 겪었다.

(B) 경제 변동은 흔히 있을수 있는 것이다.
(C) 경제 상황의 변동은 우리의 생활에 매우 중요한 영향을 미친다.
(D) 우리는 경기의 상승과 하락을 싫어한다.

37. (B) 「브래드는 자기 친구에게 준 그돈을 빌려주었다기 보다는 일종의 투자라고 생각했다.」
    (A) 브레드가 자기 친구에게 빌려준 돈은 이제 영원히 사라져버렸고 어설픈 투자였다.
    (B) 브레드는 그 돈이 우정에 대한 투자이지 대여는 아니라고 생각 했다.
    (C) 우정을 사는 것이 브레의 대부를 이용하는 방법이다.
    (D) 자신의 친구에게 투자한다면 단지 돈을 빌려주는 것보다는 더 브레드에게 유리할 것이다.

38. (A) 「산맥이나 대양이 없이 바람이 규칙적으로 지구를 순환한다면 열량과 농부들의 재배기간의 길이는 북에서 남까지 동일한 비율로 진행할 것이다」
    (A) 산맥. 대양. 그리고 바람이 세계의 기상 조건과 작물 생산기간을 결정한다.
    (B) 높은 산맥과 미풍이 모든 사람에게 이상적인 기상 조건을 제공한다.
    (C) 약 50%의 지구표면이 세계의 기상 조건에 영향을 주는 땅 어리로 덮여있다.
    (D) 획일적이고 한결같은 기상 조건이 세계의 농부들에게는 매우 귀중 할 것이다.

39. (D) 「그래서 청년. 성년할 것 없이 우리 모두에게 비행기가 생산되도록 예정되어 있는 듯한 시대에 살아가는 데 적응하도록 대비해야 하는 도전이 닥쳐온다,
    ex) 현재의 세계적 상황하에서 비행기는
    (A) 인간이 볼 수 있는 것보다 더 높이 뜬다.
    (B) 인간을 지배한다.
    (C) 전쟁으로부터 우리를 구해준다.

(D) 미래를 창설할 것이다.

40. (B) 「제르 여행과 동시적인 통신에 뒤이어 수반된 전 세계적인 탐험 때문에, 멀리 떨어져 고립된 것들이 친숙하고 평범하게 되었고 외국어 명칭들도 만국어의 일부가 되었다.」

(A) 여행자들은 많은 새 어휘를 얻어가지고 돌아온다.

(B) 현대 여행과 통신 수단 때문에 멀리 떨어져 있는 것들이 평범하게 되었다.

(C) 세상에는 이국적으로 들리는 지명과 음악이 있는 멀리 떨어진 지역들이 많다.

(D) 영어는 외래어를 수용하지 않는다.

41-45.

미래에 우주 비행사가 로켓 우주선에서 나와 낯선 유성에 발을 디딜 경우, 그는 무엇을 예기할가에 대해 매우 정통해야한다. 그는 과학을 통해서 유성의 온도와 그 대기권이 구성하고 있는 물질과 그 대기권의 크기와 중력의 강도를 숙지하여야 한다. 그리고 그가 발견할지도 모를 생물들의 종류에 대해 매우 상세한 지식을 갖추어야 한다. 과학자는 어떻게 우주 비행사에게 수백만 마일 떨어져 있는 목적지에 대해 많은 것을 가르칠 수 있을까? 우리가 천체와 맺고 있는 유일한 관계는 육안으로 볼 수 있는 비물질적인 광파이다. 그러나 이러한 빛은 가시적이기 때문에 과학자들은 이에 대해 연구할 수 있다. 예컨대, 그들은 스펙트럼이나 일련의 색체배열 혹은 유성이 태양에서 반사하는 빛을 분석할 수 있다. 이 때부터 그들은 유성의 대기권이 어떠한 원소들로 구성되었는가를 이해 할 수 있다. 천문학자들이 사용하는 기구들과 방법들은 해를 거듭함에 따라 끊임없이 복잡해지고 정확해졌다. 과학의 발달 때문에 우주 비행사는 15세기의 콜롬버스가 그의 목적지를 알았던 것보다 훨씬 더 그의 목적지에 대해 알것이다.

41. (D)
42. (C)
43. (C)

44. (D)
45. (D)
46-50.
「전통적인 미국의 감사절 축제는 1621년으로 거슬러 올라 간다. 그해 Massachusett주의 Plymouth 시에서는 특별 축제가 마련되었다. 그곳에 정착한 이주민들은 그들의 종교적 자유가 거부당했다고 느껴서 영국을 떠났던 것이다. 그들은 새땅을 찾아왔는데 대양을 횡단하면서 많은 난관에 봉착했다. 그들은 실어 나른 배는 Mayflower라고 불리워졌다. 북대서양은 여행하기가 어려웠다. 심한 폭풍도 매번 있었다. 그들은 그 지역에 살고 있던 인디언들의 도움을 받아 새 땅에서 살아가는 것을 배웠다. 청교도들이라고 불리운 그들은 감사해야 할 일이 많았다. 그들의 종교적 의식은 이제는 더 이상 정부로부터 비판을 받지 않게 되었다. 그들은 자기네 농장 경영 방식을 새 풍토에 적응시킬 줄 알게 되었다. 감사절 축제로 11월의 넷째 목요일을 선정했을 때, 그들은 이웃의 인디언들을 정찬과 새 생활에 대한 감사기도에 초대했다. 그들은 영국을 떠났던 102명의 남녀와 어린 아이들을 상기하였고, 살아서 Massachusetts의 해변을 보지 못하고 죽은 자들을 추모했으며 그들의 힘을 시험했던 65일간의 여정을 회상했다」

46. (A).
    왜 그들은 영국을 떠났는가?
    (A) 종교적인 문제 때문에   (B) 새 종교를 새우기 위해서
    (C) 농사를 배우기 위해서   (D) 인디언들 때문에

47. (C) Mayflower는 _____였다.
    (A) 그들이 떠나온 도시   (B) 그들이 도착한 도시
    (C) 그들이 타고 여행한 배   (D) 인디언 추장의 이름

48. (B) 그들은 _____을 회상하면서 감사했다.
    (A) 인디언들의 새 사회   (B) 죽어서 새 땅을 보지 못한 그들의
    (C) 그들의 이전의 종교   (D) 인디언들을 초대 해야 겠다는 것

49. (B).

Massachussetts의 기후와 토양은 _____.
(A) 영국의 그것과 비슷하다.
(B) 영국의 그것과 다르다.
(C) Plymouth의 그것과 비슷하다.
(D) Plymouth의 그것과 다르다.

50. (A)
    그들은 _____ 위해서 인디언들을 오찬에 초대했다.
    (A) 감사를 표하기   (B) 트리하는 법을 가르쳐 주기
    (C) 굶주린 인디언들을 먹이기
    (D) 전쟁을 피하기

1988학년도 석사·신학연구원(영어)

1. (A) 왕래 발착을 나타내는 동사는 현재 또는 현재 진행형으로 미래를 표시한다.
   (Are you) leaving for pusan?

2. (D)
   on earth, in the world, the devil, ever, at all what(so)ever
   ① 의문문을 강조하면「도대체, 조금이라도」뜻이 된다.
   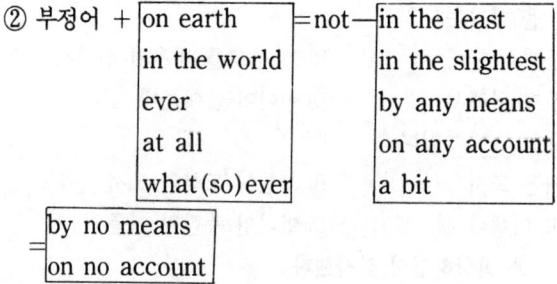

3. (D) 빈도. 정도 부사+일반동사
       be동사+빈도. 정도 부사
       조동사+빈도. 정도부사+본동사

4. (D) 부사만이 동사. 형용사. 다른 부사를 수식한다.

5. (D) ┌quite ┐
      │only │ +관사+형용사+명사
      │rather│
      └what ┘

6. (B)

┌so   ┐
│as   │
│too   │ +형용사+관사+명사.
│how   │
│however│
└   ┘

┌such┐
│   │ +부정관사
└half┘

┌all   ┐
│both │
│double│ +정관사 + (형용사)+명사.
│twice │
└   ┘

7. (B)

┌ =be the very image of
│ =take after
│ =resemble
│ =be similiar to
│ = be ⎫
│   look ⎬like
│   ⎭
│ = bear ⎫
│   have ⎬a resemblance
│   ⎭
└

8. (D)

부정 <Nor / Neither> +동사+주어

긍정 : so+동사+주어

9. (C)
10. (B) 라틴계 비교 : 어미가~or로 끝나면 than 대신에 to를 사용한다.
11. (D) the+비교급, the+비교급 : ~하면 할수록 더욱더 ~하다.
12. (C) 명사+enough

　　　enough+명사

　　　형용사
　　　부　사 +enough.

13. (A) some이 의문문에 쓰이는 경우는 「yes의 답을 기대하거나, 권유, 의뢰, 간청을 표시할때」이다.
14. (B)
15. (B) Cake, Candy, Steak, Sandwich는 보통명사임.
16. (A)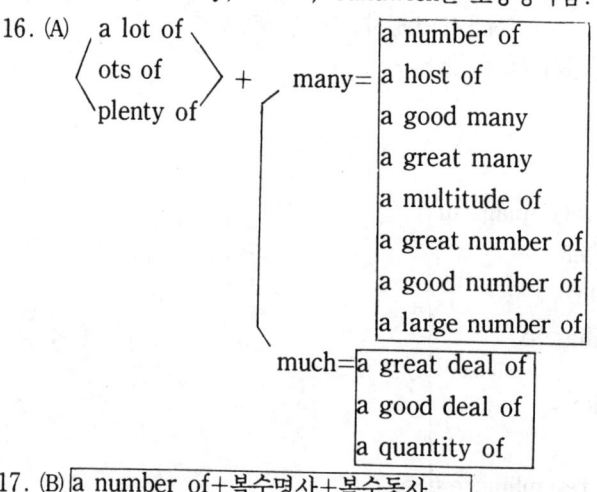
17. (B) a number of+복수명사+복수동사

the number of
A total of ＞+복수명사+단수동사

> many a+단수명사+단수동사

18. (C) 인칭대명사가 문장에서 주어. 주격보어 자리에 있을 땐 주격을 사용하고, 인칭 대명사가 타동사와 전치사의 목적어 목적 보어 자리에 있으면 목적격을 사용한다.
    I thought that it was he.
    I thought it to be him.

※ 본문에서는 강조의 It…that 구문에서 that이 생략됨. You were refering to…에서 전치사 to의 목적어를 찾으면 됨.

19. (B)

That(Those)의 용법.
① 반복의 대명사 : The climate is like that(=the climate) of korea.
② Person의 뜻 : Those(who were) present were very glad at the near.
③ this와 대조적으로 「전자」의 뜻.

20. (C) noise of one sort or (noise of) another(sort).
21. (D) none of+ < 복수(대)명사+복수동사
                   단수(대)명사+단수동사

22. (D)
23. (B)
24. (A) 복수명사의 소유격
    ① s로 끝난경우 : ' girls' school
    ② 불규칙변화의 복수 : 's women's clothes
25. (A)
26. (C) 그는 매우 변덕스럽기 때문에, 그가 당장에라도 어떤 과정을 이수할지를 우리는 예측할 수 없다.
27. (C) 시대에 뒤진 웅변가는 과장하고 거만하게 연설하였다.

28. (B) 학생들은 저녁 식사를 하기 위해 식당에 모였다.
29. (D) 은행의 금전 출납계가 기금을 횡령한 사실은 당국이 거래계좌를 조사해서야 비로소 발견되었다.
30. (A) 일련의 우연한 환경들이 이런 운좋은 결과들을 초래했다.
31. (A) 그는 사람들이 이기적인 동기에서 행동한다는 사실을 확신하기 때문에, 어느 누군가가 이기적이지 않다는 사실을 믿을 수 없었다.
32. (D) 그는 내성적인 사람인지라, 나이트 클럽을 출입하기 보다는 오히려 자기의 서재에서 독서하기를 좋아했다.
33. (D) 이 이야기의 구성이 매우 진부하기 때문에 나는 그 결과를 예측할 수 있다.

34.-40.
　사람들이 미국 영토에 완전히 정착하지 않고, 또 문명화된 관습의 요소도 서부 변경 지대에 강요되지 않는 한, 미래를 갈구하는 영원한 미국인의 정열 때문에 물질 팽창에 대한 예언적 사상이 형성되어, 이러한 예언들이 실현되도록 많은 노력을 기울일 것이다. 그러나 서부 변경 지대에 사람들이 정착함에 따라 미래에 대한 관심은 더욱 인간적인 방식을 띠게 되었다.
　다음 세대에게 더욱 용이한 세계의 삶을 제공해 주는 것은 미국 성인 남·녀들의 포부가 되었다. 적어도 서부 변경 지대에 사람들이 정착하게 된 것은 심리학적으로 미래에 대한 시계의 종결을 뜻한다. 젊은이여 서부 변경 지대에 가서 그 지역과 더불어 성장하라는 힘찬 격언으로써는 신흥 경제의 미래의 문제가 더 이상 해결될수 없기 때문에 결과적으로 젊은 남·녀가 매우 안정된 나라에서 성장할 수 있는 세계를 제공해주는 것은 끊임없는 국가의 관심이다. 그것은 교육과 모든 가족 규모의 전문가에 대한 계속적인 흥미 속에 반영되어 있다. 다른 한편 양친이 아무리 부유할지라도 소년들 각자가 국내에서 일하고 해외에 나가 약간의 돈을 버는 옛 전통이 존속되어 있다면, 그것은 점차적으로 다소 부자연스런 일이 될 것이다. 상인이나 법률가의 아들이 신문을 배달하거나 또는 잔디 깎기를 하여 약간의 용돈을 벌 경우, 엄격히 말해서 그는 아마

경제적 기능을 수행했다기 보다는 오히려 훈련의 행동을 실습하는 것이 될 것이다. 이와같이 일주일에 1,2달러를 버는 소년은 그동안 죽 자신을 위해 차를 소유하거나 자유롭게 가족의 차를 사용할 수 있는 권리를 성공적으로 강력하게 주장할 것이다.

[번역]

칼빈이라는 인물은 언제나 활기 있는 토론의 주제가 되어 왔다. 그를 비방하는 자들은 주로 그를 완고하며 아량이 없고, 냉정하며, 합리적이고 독선주의적인 인물로 간주한 반면, 그를 지지하는 자들은 그가 사랑스럽다고 평하기 보다는 도리어 조언을 기대할 수 있는 친구들이나 동료들의 광범위한 범주에 넣거나, 또는 그가 당시에 하나님의 말씀안에서 진리를 발견했던 대로 그 진리를 철저히 지키려고 했던 충성된 자로 생각한다.

1989학년도 석사·신학연구원(영어)

Ⅰ.
1. ①. 부사는 동사, 형용사, 다른 부사를 수식한다.
   ②, ③, ④는 형용사로써 behaves를 수식할 수 없다.
2. ③. furniture는 항용 집합명사이다.
   항용 집합명사는 양을 나타내기 때문에 단수 취급하며 부정관사를 붙이지 못하고 복수형도 없다. much, little, a piece of, an article of, some(긍정), any(부정, 의문)로 수식 받는다.
3. ②. 분수는 부분표시 집합명사이다.

   부분표시 집합명사+of+ { 양 : 단수 취급
                       수 : 복수 취급

   분수의 수는 of-phrase 다음의 명사의 수에 따름. The work은 단수.
4. ③. 무생물의 소유격은 of를 쓴다.
5. ④. 「so+형용사+a+명사」 「such+a+형용사+명사」
6. ②

   all
   both   } +정관사+(형)+명사.
   double
   twice

   so
   as
   too   } +형용사+관사+명사.
   how
   however

   quite
   only   } +관사+형용사+명사.
   rather

7. ④. 1번 해설 참조
8. ①. the Weather Bureau : (미국의)기상국
9. ③. 「거의 모든 것」은 just about everything이다.
※ just about=approximately.
10. ①. 대 부정사. He planned to (go)
11. ③. "당신에게 전화왔습니다." "고맙습니다."
12. ②. 대부정사 He still hopes to (pass the test)
II.
13. ① 14. ①
15. ① . a lull in the storm : 폭풍우의 일시적인 그침
16. ④ bear/keep (a person) company : ~와 동행/동석하다.
17. ① 18. ③
19. ① 20. ③ 21. ④ 22. ③ 23. ① 24. ②
III.
25. ④ 26. ① 27. ② 28. ③
IV. 29-33.

 최초의 영국 창문은 바로 벽에 구멍을 내어 사용했다. 그 벽 구멍은 길게 깨어져 있어서 가능한 한 많은 빛이 스며들어왔고, 또 좁게 째어져 있어서 날씨가 좋지 않을 때를 대비하였다. 여하간, 그 벽 구멍은 빛보다 바람이 더 잘 통했다. 이 때문에 벽 구멍은 「바람의 눈」이라고 불리어졌다. 창문이란 단어 자체도 바람과 눈을 뜻하는 고대 노르웨이어에서 유래하였다.
 창문을 사용하기 전에는 고대 북 유럽인들과 영국인들이 거주했던 현관과 성은 어둡고 음습했다. 그들의 커다란 방들도 높은 곳에 있었고, 유일하게 지붕에 구멍이 하나 나 있어서 토치 램프와 요리를 위해 사용한 불에서 나오는 연기를 배출시킬 수 있었다.
 세월이 흐르면서 사람들은 그들의 가정에 빛과 공기를 더욱 필요로 했다. 그들은 바람의 눈을 좀 더 넓게 만들어 공기와 빛이 통하게 하였고, 또 일기가 좋지 않은 때를 대비하여 바람의 눈을 가리기 위한 캔버스나 태피스트리를 쳤다.

29. ③ (1 행 참조)   30. ④ (4-6행 참조)
31. ③ (3-4행 참조)   32. ④ (9 행 참조)
33. ③ (14-15행 참조)
33-40.
　씨이저가 태어나기 약 300년 전에는 인문 지리학이 취급한 것은 특정지역에 대한 서술과 관련이 있었다. 따라서 인문 지리학은 과학의 발달을 위해 노력하는 사람들에게는 비과학적인 학문처럼 여겨졌다. 그 시대의 Pytheas는 과학적인 인문 지리학을 계발시키기 위해서 반동 운동을 꾀하여 조직적인 연구의 기초를 다져 놓았다. 사실상 Pytheas는 유럽과 세계의 다른 지역을 답사했던 가장 능력있는 사람들 가운데서 한 사람이다. 그 당시의 남 유럽 사람들은 북 유럽이 있다는 사실을 알지 못했다. Pyhteas가 북 유럽이 있다는 것을 발견한 후에도 모든 직업에 종사하고 있었던 많은 사람들은 그가 말한 사실을 믿지 않았다.

　Pytheas는 필사적으로 그가 발견한 것을 영원히 문서로 남기려고 했지만 성공을 거두지 못했다. 대신에 Pytheas의 사상은 그를 가장 비난했던 Strabo와 Polybius가 맹렬히 매도한 기록 문서에 보존되어 왔다. 그리고 그들은, 여전히 세계는 평평하고 오직 그들의 살고 있는 조그마한 남 유럽으로 구성되었다고 믿었다. 그들의 신념은 또한 그 당시의 일반 대중에게도 그대로 받아들여졌다. 이 사람들과 다른 많은 사람들, 특별히 저명한 지리학자들도 노골적으로 Pytheas의 사상과 반대 입장을 취했다. 그들은 대단히 존경을 받았고, 그들이 발견한 것들이 수세기 동안 사실로 인정받아왔지만, 지금 우리는 Pytheas가 말한 것들 중에서 많은 것들이 사실이다는 것을 알고 있다.

34. ③ 35. ③ 36. ④ 37. ② 38. ① 39. ②(15-16행 참조) 40. ④ (23행 참조)

Ⅴ. [번역]
　약간의 설교를 모았다가 싫증이 날 만큼 매우 정규적으로 그것들을 회중에게 되풀이하여 전하는 목회자들이 있다. 한 곳에 수년 동안 정착해 있는 목회자들 보다도 순회 설교자들이 훨씬 더 이런 유혹을 받았음에 틀림없다. 그들이 이런 타성에 빠지면 틀림없이 그들의 쓰임 받음이 끝날 것이고, 또 그들의 회중이 그들로부터 진부한 설교를 앵무새처럼 되뇌이는 것을 듣는 동안 그 회중들이 곧 의식하게 될 견딜수 없는 죽음과 같은 한기가 그들의 마음에 채워질 것이다.

1990학년도 석사·신학연구원(영어)

I
1. ①
    cling (v.)[clung, ~ing] (v.) 매달리다. 집착하다.
    doggedly (adv.) 끈덕지게. 완고하게. 고집센.
    out of loyalty 충성심에서
✤ 다른 단어와의 연결에서 해석이 부자유스러움으로, ② ③ ④는 부적격.
2. ③
    cancel (v.) 취소하다. 철회하다.
    nullify (v.) 무효로 하다. 무가치하게 하다.
    fulfill (v.) 실행하다. 이루다. 수행하다. 성취되다.
    ruin (v.) 파괴하다. 황폐시키다.
✤ 누가는 인자에 대해서 **성취된 것**을 예언에 의해 기록하였다는 의미이다.
    따라서 ① ② ④는 부적격.
3. ①
    resurrection (n.) 부활.
    condemnation (n.) 유죄선고. 심한비난. 견책. 책망.
    crucifixion (n.) 십자가에 못박힘. 큰 고난.
    mortification (n.) 굴욕. 금욕. 고행.
✤ 예수의 죽음보다 **부활**을 사도행전의 사도들이 강조했다는 내용.
    따라서 ② ③ ④는 부적격.

4. ②
   combatt (v.) 싸우다. 반항하다.
   heresy (n.) 이단. 이설.
   hearsay (n.) 소문. 풍문. 전문.
✤ 요한은 초대의 이단(이설)과 싸웠다는 내용이다.
   따라서 ① ③ ④는 부적격.
5. ①
   scroll (n.) 두루마리.
   seal (n.) 봉인. 징후. 표. 문장. 기호. 도장.
   slay-slew-slain (v.) …을 죽이다. 살해하다. …을 압도하다.
   purchase (v.) …를 사다. 얻다. 쟁취하다.
   worthy to ~할 만한
✤ 주님께서는 **두루마리를 받아** 봉한 것을 뗄 수 있는 분이시다.
   따라서 ② ③ ④는 부적격.

II.
6. ④
   enterprise (n.) 기업.
   conflict (n.) 불화. 논쟁. 불일치.
   loneliness (n.) 고독. 혼자뿐인.
   inspiration (n.) 영감.
✤ 진실로 위대한 작가는 **경험**으로만 쓰는 것이 아니라 **영감**을 가지고 쓰는 것이 필요하다는 내용이다.
   따라서 ① ② ③은 해석이 통일이 안됨.
7. ②
   temperance (n.) 중용. 절도. 자제. 금주.
   resentment (n.) 분개. 분노. 적의. 원한.
   altruism (n.) 이타주의 ⟷ egoism
   involvement (n.) 말려듦. 휩쓸려듦. 연루. 연좌. 난처함, 어려움 ;

(재정)에 관한
intention (n.) 의도. 목적. 태도.
supplication (n.) 탄원.
participation (n.) 참가. 관여. 가입.
invocation (n.) 기원. 도움. 탄원. 발동
where~call for : 요구하다. 필요하다. at the point : ~의 순간에
ends ~ begins : 희생제물.

✤ 공익을 위해서 개인적인 희생을 주장하는 많은 사람이 있음에도 불구하고 그들의 **이타주의**는 개인적인(재정) **곤란**이 생겨 필요할 때 종종 그점에서는 막판으로 끝난다.
따라서 ① ③ ④의 해석은 부자연스러움.

8. ①
credential (n.) 신용 증명서. 증명서. 보증서.
impeccable (a.) 나무랄데 없는.
in consequential (a.) 중요하지 않은, 사소한.
essential (a.) 필수의, 본질적인
unacceptable (a.) 받아들이기 어려운, 마음에 안드는.
but 제외하고

✤ 그 지위를 위한 그의 신원 증명서에는 한가지만 제외하고 모든 면에서 **나무랄데가** 없다는 내용이다.
따라서 ② ③ ④는 부적격.

9. ④
inevitable (a.) 피할 수 없는. 정해진. 여느때의. 예사로운
facet (n.) (보석의) 작은 평면. 마면
in sufficient (a.) 불충분한. 부족한. 부적당한.
eventuality (n.) 우발적 사건. 만일의 경우. 가능성.
standstill (n.) 정지. 정체. 정돈.
unanticipated (v.) 예기치 않다.

every conceivable (adj.) 상상할수 있는. 생각할 수 있는.
even though (ad.) 비록 ~이라도. ~조차 ~이라도.
wound up [wind up] …을 흥분시키다. …을 긴장시키다. …에 결말을 내다.
dismal (a.) 음침한. 우울한. 서투른.
all the machinery 조직. 기관. 기계류.

✤ 우발적으로 일어날 수 있는, 상상할 수 있는 거의 모든 것에 대해 **예기치 않은 시대밖에의 힘** ….
따라서 ① ② ③은 해석이 부자유스러움.

10. ④
recreational (a.) 휴양의. 기분전환의.
operate (v.) 작동하다. 일하다. 영향을 미치다. 처리하다.
profitably (a.) 이익이되는. 유익한.
dependence (n.) 의존. 의존관계. 신용. 신뢰.
downward (a.) 하향하는. 쇠퇴하는.
mature (a.) 성숙한. 숙고한
regression (n.) 후퇴. 복귀. 퇴화.
inflaction (n.) (고통,타격) 주기. 가하기. 고난.
prosperity (n.) (재정적) 번영. 융성. 행운.
flourish (v.) 번창하다.
stability (n.) 안정(성). 지속.
fluctuate (v.) 동요하다. 수시로 변하다. 불규칙적으로 움직이다.

✤ **안정의** 시기 동안 …. 불규칙한 경제에 의존 ….
따라서 ① ② ③은 해석이 부자유스러움.

Ⅲ.
solace (n.) 위로. 위안. hushed (v.) 입을 다물게 하다. 조용히 하다.
dearest (n.) 가장 존경하는 사람. delight (n.) 큰 기쁨.

spontaneous (a.) 자연발생적인. 일어나는. rage (n.) 분노. 격분.
afflictions (n.) 고뇌. 고통. affections (ad.) 애정
self-sufficiency 자급자족. 자기과잉. sacred (a.) 종교적인. 신성한. 바쳐진.
admiration (n.) 칭찬. 탄복. 찬양. imitation (n.)모방. 가짜
attainment (n.) 달성. 조예. 획득. 공적. declared (v.) 선언하다.
former (a.) 이전의. 앞서 말한. 전자의. vanquished (v.) …을 정복하다.
out of=from
figure on ~을 기대하다. 믿다. 고려하다.
accounts for 설명하다.
on the other hand 또 한편으로. 다른 면에서. 말하면.

11. ③

① suckling (n.) 젖먹이. 유아의.
② wean (v.) 젖을 떼다. 이유시키다.
④ hatred (n.) 심한 혐오. 증오.

✤ 위의 주제와 가장 적절한 내용은 모든 그리스도인은 어린아이가 젖을 먹은 것같이 하나님에게 그 자신을 복종하는 것을 배워야만 한다는 것이다.

12. ②

murmuring (n.) 중얼거림. 불평.
not fit spiritual infancy 유년기. 초기.

✤ 영적인 유아기 특징으로 맞지 않는 것은 ②이다.
① 불평 ② 자존심 ④ 자기과잉은 영적유아기의 특징이다.
②번은 전의 기쁨을 포기하는 가운데 기쁨을 찾는다는 것은 영적인 유아기를 벗어나서 할 수 있다.

13. ④

cling (v.) …에 매달리다. 집착하다.

✤ 위 문장에 비추어 보아 맞지 않는 것은 ④. 은총으로 받은 영적인 성장의 표로 세속의 기쁨들에 집착하는 것은 위의 내용에 맞지 않다.

14. ①

mute (a.) 무언의. silent (a.) 침묵.
noisy (a.) 시끄러운. proud (a.) 자존심. 자랑. humble (a.) 굴욕. 천한.
무언의 가장 가까운 의미는 ① 침묵이다.

15. ②

appetites (n.) 욕망. 식욕. 성향.
wound (n.) 부상. 상처. 고통 (v.) 상처를 입다. 상하다.
slay-slew-slain (v.) 죽이다. 살해하다. 압도당하다.
removed (v.) 옮기다. reappear (v.) 재현하다. 재발하다.

✤ 옛 욕망(성향)이 상처를 입은 것이라기 보다 살해당하는 것이라는 의미이다.
② 옛 욕망이 재현되는 것은 완벽하게 제거한다는 내용.

16. ③

afflictions (n.) 고뇌. 고통.
tries (n.) 노력. 시도.

✤ 관계대명사 which의 선행사는 afflication(고뇌.고통)이다. 그 이유는 which wean ⋯ manliness까지를 삽입절로 보면 된다.

17. ③

① 자존심을 마음에 품은
② 굴욕을 극복하는
③ 자신을 정복하는
④ 마음을 정복하는

✤ 위의 문장 중 두 번째 마지막 문장의 "전자의 구절"이 의미하는 것은 자신을 정복하는 것에 관한 것이다.

Ⅳ. superiority (n.) 탁월. 우세. 우위. 교만. polytheism (n.) 다신

론.
represents (v.) …이라고 주장하다. …을 서술하다. …을 나타내다. …을 상징하다.
apologist (n.) 변증가. garb (n.) 복장. 의상. antagonists (n.) 경쟁상대. 적대자.
devotional (n.) 독실한. 예배용의. culture (a.) 교양있는. 세련된.
sobriety (n.) 진지함. unconventional (ad.) 관습에 얽매이지 않는. 자유로운.
obnoxious (a.) 추악한. 불쾌한. 아주 싫은. atheism (n.) 무신론.
perversion (n.) 왜곡. 오용.
not so much A as B : A라기 보다는 B
at worst 최악의 경우에도. 최악의 상태에라도

18. ③
✣ 져스틴에 관해서 가장 잘 묘사한 것은 ③번. 져스틴은 그의 신앙을 철학적 전통에서 보았다.
※ Justin은 125~166 C.의 사람으로 초대교회의 변증가이다. 저서로는 「대·소변증서」와 「트리포와의 대화」가 있다.

19. ①
superiority (n.) 탁월. 우월. 우세.
on the … side : 다소 …한. …한 기미가 보이는.
✣ 기독교의 반증 혹은 변증은 이교도가 유대종교보다 우월한 것을 보여주기 위해서 쓴 것이다.

20. ②
rational (a.) 합리적인. 이성적인.
✣ 기독교의 변호에서 져스틴의 저서.
이성적으로 잘 설명되어 있다.

21. ③
viewed (v.) ~을 보다. ~을 고려하다.

immediately (ad.) 직접적으로. 밀착하여.
was viewed as 간주하다. obnoxious (a.) 추악한.
✤ 대부분의 사람들은 기독교 신앙을 위험하고, 추악하고, 무신론적으로 간주하였다.

22. ②
sober (a.) 냉정한. 온건한. nonsense (a.) 아무 뜻도 없는. 무의미한.
✤ 기독교 신앙의 설명에서 잘못된 것은 ②.
기독교 신앙은, ① 온건하고, ③ 헌신적이고, ④ 하나님을 본 것이다.

V.
23. ③
IMMUTABLE (a.) 불변의. 변치않은.
articulate (a.) 명확한. 똑똑히 발음된.

24. ①
INALIENABLE (a.) (권리 등) 양도할 수 없는. 빼앗길 수 없는.
inherent (a.) 고유의. 타고난.
repugnant (a.) 싫은. 불쾌한. (…에) 반대인.

25. ②
INCARCERATE …을 죄다. …을 투옥하다. …을 유폐하다.
inhibit (v.) 억제하다. 억누르다. 방해하다. 금지하다.
imprison (v.) 넣다. 투옥하다. 구속하다.
acquit (v.) 죄가 없음을 선언하다. 석방하다. 벗겨주다.

VI.
landscapes (n.) 전망. irrigate (v.) 물을 대다. 관개(灌漑)하다. …에 생명을 주다.
fertiliz (v.) 기름지게 하다. …을 수정케 하다. trace (n.) 형적. 자취. 기미. 기색. tracks (n.) 궤도. 방식. 증거.
Christendom (n.) 그리스도교도. exception (n.) 예외. 특례.

in the light of~ : ~을 고려하여.~에 비추어.
번역 :

위대한 세계 종교들은 말하자면 시대들을 통해서 그리고 그것들이 관개하고 비옥하게 하는, 변하는 역사적 전경들을 통해서 흘러 내려오는 거룩한 전통의 대하(大河)들이다. 그러나 우리는 대개 그것들[종교들]을 그것들의 원천에까지 추적할 수 없는데, 그것은 그 원천이 발굴되지 않은 과거의 발자취들 속에 상실되어 있기 때문이다. 이러한 종교발전의 과정 전체가 역사의 완전한 빛 속에서 처음부터 끝까지 추적될 수 있는 문화를 발견한다는 것은 실로 드문 일이다. 그러나 기독교 역사는 이런 경향에 대한 두드러진 예외이다.

1990학년도 목회연구원(영어)

I .
1. ①
 privilege (n.) 명예. 특권. dishonor (n.) 불명예
 solitude (n.) 고독. 독거. glory (n.) 영광. 명예
 have been invited 초청하다. 초대하다. 요구하다.
✤ **엄청난 명예**라는 단어가 어울린다.
2. ③
 distinction (n.) 구별. 식별. objective (n.) 목적. 목표.
 atonement (n.) 보상. 속죄.
 punctual (a.) 규칙적인. 약속한 시간을 엄수하는.
 evident (a.) 분명한. 명백한.
 objectionable (a.) 이의가 있는. 기분이 상한.
  made clear (a.) 인공의. 날조한. 지어낸. 성공이 틀림없는
 (successful).

✤ "목적"과 "주제"가 적합한 상관구이다.
3. ④
    gratitude (n.) 감사. regret (n.) 후회하다.
    dedicate (v.) 바치다. 헌사하다. ~을 유감으로 여기다.
✤ 대단한 감사함과 함께 나는 이 책을 그녀에게 **헌사한다**.
4. ②
    survey (v.) 바라보다. 조사하다.
    richest (a.) 값진. 귀중한. pour (v.) 쏟다. 따르다.
    contempt (n.) 경멸. 멸시. 치욕. 불명예.
    pain (n.) 고통. loss (n.) 빼앗김. 잃음.
    poison (n.) 독. boast (v.) 자랑하다. 떠벌이다.
✤ 따라서 gain ⟷ loss 이다.
    나는 가장 귀중한 것을 얻었다. 하지만 **잃은것도** 생각했다.
5. ②
    trace (v.) ~을 찾아다니다. 더듬다.
    forehead (n.) 앞부분. 앞면.
    oral (a.) 구두의. ordinary (a.) 평범한. 일상의.
    ostentatious (a.) 저속한. 야한. 허세부리는.
    moral (a.) 도덕적인.
    going in and out (빛이) 깜박거리다. 명멸하다.
    on couch 긴의자. 소파.
✤ 매일 생활이 모든 **평범한** 행동들 속에···.
II.
    household (n.) 집안사람.
    badger (v.) 난처하게 만들다. 졸라대다.
    implore (v.) 간청하다. 애원하다. 탄원하다.
    drudgery (n.) 천한. (싫은, 지겨운, 힘든) 일.
    interminable (a.) 그칠 줄 모르는. 끝없는. 무기한의. 지루하게도

긴.
　　perceive (n.) 알아차리다. ~을 인지하다. 감지하다.
6. ⑤
7. ③
8. ①
9. ②
10. ④
✤ 단어의 의미를 잘 파악해야만 할 것이다.
III.
　　encourage (vt.) 장려하다. 용기를 주다.
　　ularization (n.) 세속화. monasticism (n.) 수도원제도. 수도원생활.
　　engendered (v.) 발생하다. ~을 일으키다.
　　suggested (v.) 제안하다. 꺼내다. 제창하다.
　　heavily (ad.) 무겁게. 묵직하게. 건강하게.
　　sensory (a.) 감각의. 지각의.
　　impact upon : 충돌하다. 강하게 접촉하다.
　　be incorporated with : 일체가 되다.
　　depend upon : 신뢰하다. 믿다. 결정되다.
11. ③
✤ 아리스토텔레스의 이념(사상)은 **기독교 종교의 세속화에 효과를 주었다**.
12. ④
✤ 아퀴나스는 **아리스토텔레스의 이념(사상)은 기독교의 사상과 갈등이었다**.고 보았다.
13. ③
　　paragraph (n.) 단락장.
✤ 우리는 이성을 가지고 **진실(진리)에 도달할 가능성이 있다**는 것이다.

14. ②
✤ 잘못된 것은 ②번, 토마스는 이성과 대항하여 논쟁하였다가 아니다.
15. ④
　　ideas (n.) 사상. faith (n.) 신앙.
　　philosophy (n.) 철학. senses (n.) 지각. 쎈스.
✤ 성 토마스는 하나님의 존재를 **센스(지각)**으로 증명했다.
Ⅳ. strife (n.) 불화. 반목. 적개.
　　defines (v.) 명시하다. ~을 정의하다. ~의 윤곽이 뚜렷이 보이다.
　　dialectiacal (n.) 변증법적. materialism (n.) 유물론.
　　outworking (v.) 능가하다. 완성하다.
　　violent (a.) 맹렬한. subverting (v.) 타도하다. 전복시키다.
　　military (a.) 군대의. encouragement (n.) 격려.고무. 장려. 조장.
　　revolutionary (a.) 혁명의. 혁명적인.
　　propitious for ~에 형편좋은
　　not only A but (also) B : A뿐만 아니라 B도 또한
번역 :
　　서구에서는 "평화"가 "분쟁과 투쟁의 부재"를 의미하지만, 공산주의 이념에서는 "평화"가 변증법적 유물론의 실현에 유리한 상태를 규정한다. 이러한 상태는 일반적으로 결코 평화스럽지 못하다. 왜냐하면 그것(그 상태)은 격렬한 계급투쟁을 요구할 뿐 간아니라, 다른 민족들을 전복하는 것과 혁명 운동을 군사적으로 조장하는 것을 요구하기 때문이다.

1991학년도 석사·신학연구원(영어)

I.
1. ②
   dissertation (n.) 논문. 박사 논문.
   an abstract (n.) 요약. 정수.
2. ①
   vague (a.) 분명치 않은. 몽롱한.
   precise (a.) 정확한. 한치도 틀림없는.
3. ③
   counterfeit (a.) 가짜의. 모조의.
   inflationary (a.) 통화팽창의. 인플레이션의.
   abundant (a.) 풍부한. 남아도는.
   imitation (n.) 가짜. 모조.
   genuine (a.) 순종의.
4. ②
   aristocrats (a.) 귀족의.
   dictators (n.) 독재자.
   noblemen (a.) 고귀한. 존경할만한.
   autocrats (n.) 전제군주. 독재자.
   plutocrats (n.) 금전정치가.
5. ③
   autonomous (a.) 자치권이 있는. 자율적인.
   self-propagating 증식시키다. 선전하다.
6. ②
   anachronous (a.) 시대에 맞지 않은. 시대착오적인.
   explainable (a.) 설명할 수 있는.

7. ①
　glossy (a.) 광택있는. 반들반들한.
　capable (a.) 지식과 수완이 있는. 유능한(competent)
　contingent upon (a.) 의존적인. ~을 조건으로 하는.

8. ①
　schizophrenia (n.) 정신분열증.
　pluralistic (a.) 수많은 attitude (n.) 태도. 경향.
　negotiation (n.) 교섭. 협의. 협상.
　conciliatory (a.) 달래는. 회유적인.

9. ②
　carnage (n.) 대량학살. 살육.
　slaughter (n.) 잔혹한 살인. 학살.
　careeism (n.) 입신출세주의. 출세제일주의.
　carillon (n.) 편종(編鐘).

10. ①
　idyllic (a.) 목가적인. 소박하고 아름다운.
　rustic (a.) 시골의. 소박한. urban (a.) 도시의.
　humane (a.) 인간미가 있는. 자비로운. plural (a.) 복수의.
　party town 사교적 도시.

Ⅱ.

11. ①
　isolating (v.) ~을 고립시키다. ~을 떼어놓다. 분리하다. 격리하다.
　discover (v.) 발견하다. 깨닫다.
　laboratory (n.) 연구소. 실험실습소.
　synthesis (n.) 종합. 통합 intorduction (n.) 도입. 수입. 전개. 소개. quality (n.) 특징. 특성. nature (n.) 본질. 천성. 자연. 물질계.
　✤ 연구소에서 **종합할** 계획이다.

12. ③

cheating (v.) 속이다.
suspect (vt.) ~을 알아채다. ~을 낌새채다. ~의 진실성을 의심하다.
glance (n.) 얼핏보다. 흘긋보다. 번쩍이다.
overt (a.) 공공연한. 명백한. 숨겨져 있지 않은.
sporadic (a.) 이따금 일어나는. 산발적인.
furtive (a.) 은밀한. 남의 이목을 꺼리는. 엉큼한. 수상쩍은.
futile (a.) 쓸데없는. 헛된. 공공연한. 효과없는.
as soon as : 곧

✤ 그 학생의 **수상적은 행동**을 선생님은 알았다는 내용이다.

13. ④

hypocrite (n.) 위선. honesty (n.) 정직.
braggart (n.) 허풍쟁이. modesty (n.) 겸손. 정숙함.
craven (a.) 비겁한. 겁많은. integrity (n.) 성실. 고결. 정직.
philanthropist (n.) 박애주의자. altruism (n.) 이타주의.
be noted for : 유명하였다.

✤ 그 박애주의자는 이타주의로 유명해 졌다는 것이다.

14. ④

throughout (a.) ~을 두루. 도회에. 샅샅이. ~동안내내.
cadence (n.) 율동. 가락. 리듬. 억양.
paean (n.) 찬가. banality (n.) 진부. 진부한 말.
motif (n.) 주제. 테마.
entire score 악보.

✤ 만약 네가 주의깊게 듣는다면 전 악장(보)를 통해서 너는 이 **단순한(심플한)** 테마를 들을 수 있다.

15. ②

amazed (a.) 놀란. 경탄한. mere (a.) 단순한. 단지 ~에 불과한.

entrepreneur (n.) 기업가. tyro (n.) 초보자. 초심자.
despot (n.) 폭군. libertine (n.) 난봉꾼.

✤ 나는 단순한 초보자에 의해 그와 같은 멋진 일을 보고 놀랐다는 내용이다.

16. ②

maintain (v.) 주장하다. delinquency (n.) 불이행. 직무유기.
crime (n.) 범죄. entire (a.) 온전한. 흠없는.
penury (n.) 극빈. 결핍. slum (n.) 빈민가.
beseige (v.) ~을 포위 공격하다. 에워싸다. 공격을 하다.
squalor (n.) 더러움. 누추함. 지저분함. redolent (a.) 향기로운. 향내나는.

✤ 사회학자는 **슬럼가**에 직무유기로 극빈과 오물이 남게 되었다고 주장하였다.

17. ①

remark (n.) 의견. 논평. spoil (n.) 폐물. (v.) 망쳐놓다. 손상하다. 결단내다.
digressive (a.) 주제를 벗어나기 쉬운. 지엽적인.
demoniac (a.) 귀신의. discerning (a.) 인식이 있는.
disingenuous (a.) 솔직하지 않은. 부정직한.
stray from (v.) 벗어나다.

✤ 너의 **주제에 벗어난 논평**이 너의 연설의 효과를 망쳤다.

18. ④

ornament (n.) 장식품. 장식구. implement (n.) 기구. 도구. 용구.
beautician (n.) 미용실. artistic (a.) 예술적인.
artisan (n.) 기능공.

✤ 우리 사회는 **예술가와 기능공**이 필요하다.

19. ④

circulate (v.) 돌다. 순환하다. blame (v.) 비난하다.

despise (vt.) 경멸하다. 얕보다. 몹시 싫어하다.
adulatory (a.) 아첨하는. 알랑거리는.
avid (a.) 욕심사납게 원하는. 몹시 탐내는.
rhetorical (a.) 수사학적인
reprehensible (a.) 야단맞아야 할. 비난 받아야 할. 질책해야 할. 괘씸한.

✤ 그와 같은 **괘씸한** 말을 유포하였을 때 우리는 단지 비난과 경멸을 그들 유포자에게 할 수 있다.

20. ②
culture (n.) 문화. 문명. enlightenment (n.) 계몽. 교화.
pedant (n.) 현학자. philistines (a.) 교양없는. 문외한.
moralist (n.) 도덕주의자. ascetic (n.) 수도자.

✤ 우리들 사이에 많은 **문외한**이 있다.

21. ②
profound (a.) 깊은. 난해한. change (v.) 지나다. 바꾸다.
fabric (n.) 구성. 뼈대. 구조물.
supreme court (n.) 대법정.
imbed (v.) (물건을) 박아넣다. effect (v.) 가져오다. 초래하다. 달성하다.
comply (v.) 따르다. 순응하다. undergo (v.) 경험하다. 겪다. 받다.

✤ 대법정의 결정은 미국인 생활의 구성(조직)에 **큰 변화를 초래하였다.**

22. ②
drift (n.) 표류. 뜻. 대세. contract (n.) 계약.
rift (n.) (우정. 애정) 갈라짐. 금. 균열. collaboration (n.) 공동협력.
pact (n.) (개인 사이) 약속. voyage (n.) 항해.
fight (n.) 싸움. conversation (n.) 회의. 대화. 대담.

✤ 그들의 우정에 **균열**이 일어나면 조화있는 **협력의 시절**로 돌아오기가 어렵다는 내용이다.

23. ④

　blow (v.) 자존심에 타격을 주다.
　eminence (n.) 고위. 고귀. finance (n.) 수입. 재원.
　singularity (n.) 단일(독)성. criteria (n.) 기준. 법칙. 규범. 척도.
　primacy (n.) 제1위. 수위. self-esteem (n.) 자존심.
　in terms of : ~의 말로. ~에 특유한 말로. ~에 의하여. ~의 견지에서.

✤ 미국인들은 생활의 등급의 견지에서 그들은 **제1위**라는 신념을 가지고 오랫동안 생활해 왔다.

24. ②

　stubborn (a.) 완고한. 고집센. 확고한. refuse (v.) 거절하다.
　confess (v.) 실토하다. 자인하다. recant (v.) 공식적으로 취소하다. 철회하다. recapitulate (v.) ~을 요약하다. 개괄하다. intervence (v.) 화해시키다. 조정하다. 훼방놓다.
　even though : 비록 ~할 지라도. 비록 ~라고 하더라도.

✤ 그의 견해들을 취소하다는 의미이다.

Ⅲ.

　pronouncement (n.) 공고. 선언. 결판. noetically (a.) 순수이성에 의하여. 지력의. 순이지적인. transgression (n.) 죄. 허물. explicit (a.) 명쾌한. 솔직한. 숨김없는. additional (a.) 추가된. 첨가된. inaugurate (v.) 개시하다. ~의 시작이 되다. utmost (a.) 최대의. accentuate (v.) 강조하다. significance (n.) 의의. 의미. 중대성. thereby (a.) 그곳에 의하여. 그 때문에. extreme (a.) 극단적인. 극도의. 최종의.
　insight into : ~을 간과하다. ~을 통찰하다.
　not only A but also B : A뿐만 아니라 B도 또한.

as it were : 말하자면. 이를테면.
25. ③
✤ 위의 문장은 법률이 증가된 죄의 효과를 가진다는 의미이다.
26. ①
　　narrow (a.) 협소한. 답답한.
✤ too+형용사+관사+명사
27. ②
　　noetic (a.) 지력의. 순수이성에 의한.
　　noetically (ad.) 지력적인. 순수이성에 의해서.
　　noisily (a.) 떠들썩하게. 시끄러운.
　　relating to : 어느정도. 다소. in a way : 보기에 따라.
28. ②
✤ knowledge of ….
　　insight into ….
29. ④
　　obscure (a.) 어두운. 불명료한. 눈의 띄지않은. pretty (a.) 예쁜. 귀여운. naked (a.) 벌거벗은. 나체의. 적나라한. bare (a.) 벌거벗은. 알몸의. 노골적인.
　　lay bare 벌거벗기다. 드러내다. 누설하다.
30. ③
　　increase (v.) 늘다. 증대하다. intact (a.) 본래대로의. 손대지 않은.
　　trespass to (v.) 불법. 침입.
31. ④
　　all-remove (v.) 옮기다. 제거하다.
　　all-powerful (a.) 강한. 강력한.
　　all-contacting (v.) 접촉시키다. 교제시키다. ~와 접촉하다.
　　all-transcending (v.) 초월하다. 능가하다.

✤ 모든 의미를 초월하다는 내용이다.
32. ②
  train (n.) 순서. 정돈. 연속. 차례. 행렬.
  succession (n.) 연속. 순서. 차례.
33. ①
  tension (n.) 팽패함. 긴장. 흥분.
  polarity (n.) 양극을 가짐. 정반대. 대립.
  section (n.) 구분.
34. ①
  reveal (v.) 드러내다. 나타내다. 보이다. 폭로하다.
  conceal (v.) 숨기다. 비밀로 하다.
✤ 위의 문장의 요약 내용은 (율)법은 죄의 드러냄만이 아니라 증가된다는 내용.
IV.
35. ②
  atonement (n.) 속죄. deity (n.) 천제.
  doctrine (n.) 교리. faith (n.) 신앙.
✤ the deith of the Emperor 황제의 신역.
36. ②
  feast (n.) 축제. 축연. signigicance (n.) 의의. 의미. 중요성.
  consecration (n.) 제사. 거행. 봉헌. 헌당.
  rededication (n.) 헌신. 봉헌. 헌당식.
  progression (n.) 전보. 전진.
37. ①
  pentecost (n.) 오순절. authority (n.) 권위. pentateuch (n.) 모세오경. spirit (n.) 성령.
✤ 오순절의 축제.
38. ④

booth (n.) 판자집. 움박. foliage (n.) 잎.
sanctuary (n.) 성소. wilderness (n.) 광야. gratitude (n.) 감사.
tabernacle (n.) 성막. 장막.

✤ the Feast of Tabernacles (선조의 광야 방랑을 기념하는) 유태인의 가을축제이다.

V. unless (a.) ~이 아니면, 하지 않는다면. inevitably (a.) 필연적으로. accused (v.) 고소하다. 비난하다. 책망하다. crass (a.) 세련되지 못하다. 둔한. 거친.
quest for (v.) 찾다. 탐구하다.

번역 :
우리가 이런 상이한 가치체계들을 이해하지 못하면, 우리가 그 체계들을 가진 자들을 오판하는 것은 거의 불가피하다. 가령, 아프리카인들은 흔히 조잡한 물질주의(자들)로 매도당하고 있다. 이 면에 있어서 서구인들보다 더 심하다는 것이다. 그러나 아프리카인의 물질추구는 동일한 문화배경에서 야기되는 것이 아니다. 왜냐하면 아프리카인은 어떤 의미에서 그의 물질주의에 대한 "영적인 이유"를 가지고 있다고 말할 수 있기 때문이다. 궁극적인 가치면에서 가장 중요한 것은 "생명"이지만, 이것은 전형적인 유럽인이나 미국인이 생각하는 것처럼 계속적인 존재라는 의미에서의 생명은 아니다. 아프리카인에게 있어서 생명이란 생명력 혹은 생명 잠재력인데, 이것은 주로 선조들로부터 와서 후손들에게 전달되는 것이다.

1991학년도 목회연구원(영어)

Ⅰ.
1. ①
abandon (v.) (습관, 일, 계획) 그만두다. 포기하다.
to forsake entirely 전적으로 그만두다.
to put off ~을 연기하다. 늦추다.
to abridge 요약하다. 단축하다.
2. ③
apology (n.) 변증.
condemnation (n.) 변호. 비난. approach (n.) 접근. defense (n.) 변호. 방어. praise (n.) 칭찬. 찬미.
3. ②
cornfort (n.) 위로. 위안.
to complete ~을 모두 갖추다. to console 위로하다. 격려하다.
to carry 운반하다. to consume 소비하다. 파괴하다.
4. ②
donation (n.) 기부. 기부금.
a diary (n.) 일기. 일지. a gift (n.) 선물. 증정.
a dagger (n.) 단검. 비수. a decision (n.) 해결. 결정. 결심.
5. ④
forgive (v.) 용서하다.
to forsake ~을 떠나다. to forbid ~을 금하다. 금지하다.
to forge ~을 버리다. 그만두다. to pardon 용서하다.
6. ①
grasp (v.) ~을 꽉 쥐다.
to seize (v.) 잡다. to risk ~을 감행하다.

to unleash 달아나게 하다. ~을 억누르기를 그만두다.

7. ②
handle (v.) 통솔하다. 처리하다. 관리하다.
to destory 파괴하다.
to deal with 처리하다. 취급하다.
to plunder ~에서 약탈하다. 횡령하다.

8. ①
inscribe (v.) 쓰다. 적다.
to write down 써내려가다. to put up with ~을 참고 견디다.
to nod 끄덕이다. to sign 서명하다. 신호하다.

9. ④
join (v.) ~을 붙이다. 결합하다.
to cast out 쫓아내다. to expel 내쫓다. 추방하다.

10. ③
knowledge (n.) 지식. 학식.
ignorance (n.) 무지. 무학. congress (n.) 회의. 대회. 친교.
learning (n.) 학문. 학식. college (n.) 대학.

11. ②
labor (n.) 노동. 일.
burden (n.) 화물. 짐. work (n.) 일. 노동.
worry (n.) 걱정. 근심. anxiety (n.) 고민. 염려. 열망.

12. ②
motion (n.) 움직임. 운동. 운행.
picture (n.) 그림. act of moving 움직이는 행동.
pause (n.) 중지. 휴식. morality (n.) 덕성. 도덕심.

13. ①
notion (n.) 개념. 관념. 생각.
idea (n.) 개념. 사상. 관념. motion (n.) 움직임. 이동. 운동.

neck (n.) 목. night (n.) 밤.

14. ④

ordinary (a.) 통상의. 평범한.

special (a.) 특별한. peculiar (a.) 특유한. 독특한. 고유한.

unusual (a.) 보통아닌. 신기한. 예외적인. common (a.) 보통의. 일반적인.

15. ③

perfect (v.) 완성하다. ~을 개량하다.

performing (v.) 수행하다. 해내다. processing (v.) ~을 가공하다. 기소하다.

finish (v.) 끝나다. 마무리하다. begin (v.) 시작하다.

16. ①

quench (v.) ~을 정복하다.

to put out 괴롭히다. to burn up 타다. 노발대발하다.

to light 불을 붙이다. 소명하다. to glitter 반짝이다.

17. ②

receive (v.) 받다.

to take 취하다. to reply 대답하다. to reproduce 복사하다. 재현하다.

18. ①

sacrifice (n.) 희생. 제물.

offer (n.) 공물. 제물. pastor (n.) 목사. priest (n) 제사장.

research (n.) 연구. 탐구.

19. ③

trust (n.) 신뢰. 신임. 책임.

doubt (n.) 의심. loath (a.) 싫은. 꺼림직한.

reliance (n.) 의존. 신뢰. 신용. company (n.) 사귐. 교제. 동료.

20. ④

vein (n.) 정맥. 혈관.
vain (a.) 무익한. 하찮은. variant (a.) 여러가지의. 갖가지의.
vassal (n.) 가신. 봉신. 하인. blood-vessel (n.) 혈관.

Ⅱ. secular (a.) 세속의 비종교적인. uncomfortable (a.) 불쾌감을 주는. 초조하게. 불쾌한. distinction (n.) 특징. sustain (v.) 떠받치다. 유지하다. 받다. enrich (v.) 풍부하게 하다. 유복하게 하다. small (a.) 하찮은. 시시한. 사소한. 작은. critical (a.) 위기의. 비판적인. religious (n.) 예배
the natural world 자연계
be excluded from 제외하다. ~을 차단하다. 배제하다.
divorced from 게다가. 그위에.

21. ②
in addition 게다가. 그 위에. as well as ~와 마찬가지로. 뿐만 아니라.
on behalf ~을 대신하여. for the sake ~을 위해.

22. ③
succee (v.) 성공하다. 출세하다. popular (a.) 인기있는. 통속적인.
sacre (n.) 종교적인. 신성한. 거룩한. clergy (n.) 성직자.

23. ②
reject (v.) 물리치다. 버리다.
acknowledge (v.) 인식되다. 인정하다.
✤ 세속적인 것을 **거절한다**는 것이 잘 어울린다.

24. ①
antonym ≠ synonym
leisure (n.) 해방. 휴식. negligence (n.) 태만. 부주의. 무관심.
laziness (n.) 게으름. 꾸물거리는. satisfaction (n.) 만족. 충족. 흡족.
✤ work=일. 사역. 사명의 반대어는 해방. 휴식=leisure이다.

25. ③
   cultural (a.) 교양의. 수양의. racial (a.) 인종의. 민족의.
   religious (a.) 종교에 관한. 종교적 의식의. relevant (a.) 관계가 있는. 적절한. 문제가 되는.
26. ④
   religion (n.) 종교. culture (n.) 교양. 문화.
   activity (n.) 활동. 행위. life (n.) 삶. 생명. 생기.
✤ 삶(행위)로부터 분리된 종교적 예배
27. ②
   in the light of ~에 비추어.
   should be grateful for 감사하는. 고마워하는.
   religion for religion's sake 종교를 위한 종교.
28. ①
   full (a.) 가득찬. 충만한. 충분한.
   meditating (v.) ~을 꾀하다. 기도하다.
✤ 위문장에서 저자가 의도하는 것은 **독자들에 하나님의 교리가 더 가득한** 것을 말한다.
29. ③
✤ 위 문장에 비추어 올바른 태도는 **하나님전에 거룩한 삶을 전적으로 살도록 한다**는 것이다.
30. ①
   nature (n.) 자연. 천성. 본질.
✤ 위의 문장의 요의는 살아계신 하나님은 **종교와 자연**이다.
31~32.
   answer (v.) 대답하다. servile (a.) 노예의. 맹종하는. 자주성이 없는. practice (n.) 습관. 관행. intellectual labor 지적인. 지식인의. 지적노동.
31. ④

integrity (n.) 정직. 성실.
✤ 과거의 지혜는 현재에 공헌해야만 한다.

32. ③
servile (a.) 맹종하는.
hopeless (a.) 절망적인 submissive (a.) 복종하는. 순종하는.
faithless (a.) 신앙이 없는.
✤ servile (a.) 노예의. 맹종하는. 이것에 대치할 수 있는 것은 submissive (a.) 복종하는. 순종하는.

33~34.
character (n.) 특징. 인물. 문자. organism (n.) 유기체. 생물.
portrait (n.) 초상. 서술. 묘사. machine (n.) 기계.
be divided into 분류하다. 나누다.
more A than B : B이라기 보다 오히려 A

33. ④
✤ 위 문장은 신학은 많은 부분들의 전체로서 보아야 한다는 내용이다.

34. ①
portray (v.) 그리다. 생생하다.
compare to (v.) 비교하다. 대조하다.
✤ 신학은 예술가가 통체로, 조직적인 관(선견)을 그리는 것과 비교할 수 있다.

Ⅲ. pour (v.) 쏟다. 붓다. 따르다. release (v.) 해방되다. 자유롭게 되다.
reservoir (n.) 그릇. 축적. 저장. constituted 구성되다. reality 본질. 실체.
the most striking evidence 우연히 마주치다.
sensed that 깨닫다. 납득하다.
번역 :
헬렌 켈러가 물이라는 단어 상징을 처음으로 경험한 것에 관한 아주 감

동적인 기록은 단어들의 힘에 대한 가장 두드러진 증거이다. 그녀가 어린 소녀로서 그녀의 스승의 손가락 동작이 펌프에서 그녀의 손위에 쏟아지는 차가운 액체의 상징이라는 것을 감지했을 때, 헬렌 켈러 속에서 정신력의 엄청난 저장탱크가 열렸다. 그녀는 물에 대한 상징을 통해서 이제 실체를 파악할 수 있는 도구를 얻은 것이다.

1992학년도 석사·신학연구원(영어)

I.
1. …… 베트남 정부가 죽은 미국인들의 잔해들을 미래에 흥정할 물건으로 보관하고……
   ① 부스러기 물건 ② 턱   ③ 성가대   ④ 종

2. ……사회를 70년 동안의 철의 이데올로기부터 자유케하기 위하여……
   ① 빗대어 말함 ② 비문   ③ 이데올로기   ④ 결백

3. ……서구 인질의 석방을 조정하기 위한 시도를 한 번 더 하기 위해……
   ① 인질   ② 병원   ③ 대학살   ④ 폭풍 허리케인

4. ……신라 호텔 회랑에서 회기 별로 열리는 행정 회의에 파견된 사절단들이……
   ① 강요된   ② 열리게 된   ③ 소모된   ④ 동시대가 된

5. ……8월 22일, 수척하고 창백해 보이는 그녀가……
   ① 계획성 없는 ② 선구자   ③ 수척한   ④ 중단

II.
6. 죄가 없는, 결점이 없는
   ① 더러운   ② 가난에 찌든 ③ 영향을 받지 않는 ④ 흠 없는

7. 괴롭히다, 침략하다
   ① 괴롭히다   ② 생각하다   ③ 암시하다   ④ 희망하다

8. 과장된, 허황된
   ① 목화 제품   ② 부푼, 우쭐하는 ③ 온순한   ④ 잔인한

9. 불만이 많은
   ① 용감한   ② 친절한   ③ 몰수당한   ④ 불평하는

10. 공기의
    ① 약한   ② 공기를 가르는 ③ 자동적인   ④ 불만족스러운

III.

11 - 15.
[본문 번역] 불트만의 신화론은 매우 심각한 난제들을 불러 일으키고 있다. 이 문제들은 언어-사상 간의 관계에 대한 그의 개념과 부분적으로 깊은 관련이 있다. 그러나 실제 난제는, 신약의 관련 본문들의 주해에 기초해서 볼 때 그의 주장들을 확증하거나 반대하는 것이 그 자신의 체계 내에서 불가능하다는 것이다. 왜냐하면 모든 분문이 이미 비신화화된 신화나 혹은 그 본문의 진짜 의도를 모호하게 하는 신화, 둘 중 하나를 표현하는 것으로 불트만에 의해서 간주되고 있기 때문이다. 종종 불트만은 그 본문이 신약에 대한, 적어도 바울과 요한에 대한 자신의 견해와 일치할 때만 그것이 성경 저자 자신의 의도를 표현하는 것이라고 인정한다. 따라서 본문 비평이 전체적인 신약관을 지지하기 위해 채용되고 있는데, 이 비평은 주해에 기초해서 불트만의 주장의 거짓됨을 증명할 가능성을 배제한다. 물론 주해적인 평가들은 불트만의 체계 밖에서 제시될 수도 있다. 그러나 불트만은 그러한 평가들이 자신의 관점을 만족시키는데 실패했다고 주장했을 것이다.

11. 이 지문에 가장 적절한 제목은?
    ① 신약의 신화에 대한 불트만의 견해

② 우리의 신약 이해에 대한 불트만의 공헌
③ 불트만의 신화론에 의해 제기된 난제들
④ 최고의 비신화론자로서의 불트만의 이력

12. 이 저자는,
① 불트만의 신화론이 그의 체계 밖에서 제시되는 주해적인 평가들을 배제한다고 주장한다.
② 불트만은 성경 분문의 진짜 의도를 이해하기에 충분할 만큼 명철하다고 주장한다.
③ 불트만의 신화론은 언어-사상의 관계에 대한 그의 개념과는 전적으로 분리해서 생각해야 한다고 주장한다.
④ 불트만의 비신화론은 그 자신의 사상 체계와 일치하지 않는다고 주장하다.

13. 본문에 나오는 Sachkritik의 의미는, _____ 이다.
① 시가(詩歌) 비평 ② 내용 비평 ③ 감사 ④ 경외

14. 위의 본문으로부터 _____ 라고 결론 내릴 수 있다.
① 불트만은 학문적인 정직성을 소유하고 있다.
② 불트만의 신화론은 주해적으로 볼 때 논리적이다.
③ 불트만은 신약을 명쾌하게 요약하고 있다.
④ 불트만은 자기 자신의 체계 내에서 신약을 비신화화하고 있다.

15. 위의 본문에 따르면, _____ 라는 말이 사실이다.
① 저자는 두 가지 면-언어적인 면과 주해적인 면-에서 불트만의 신화 개념에 의해서 제기되는 난제들을 언급하고 있다.
② 저자는 불트만의 신화론의 실제적인 난제를 언어적인 것으로 보고 있다.

③ 저자는 불트만에 반대해서 감정에 호소하는 논증을 사용하고 있다.
④ 저자는 더 유력한 논증들을 채용하고 있다.

16 - 20.

[본문 번역]이 시대에 교회가 원하는 최고의 대상은 바로 하나님의 성령이시다. 여러분 모두는 계획들을 수립하고서 이렇게 말을 한다 : "이제 교회가 조금만 변화되면 더 좋아질 것이다." 여러분은, 만약에 다른 목회자들, 혹은 다른 교회 제도, 아니면 다른 그 무엇인가가 있으면 만사가 잘 될텐데 하고 생각한다. 그러나 사랑하는 친구들이여 그것이 아니다. 거기에 잘못이 있지 않다. 우리는 성령을 더욱 원한다……그것이 바로 교회가 가장 원하는 것이다. 그리고 그 요구가 제공될 때까지 우리는 개혁하고 또 개혁하고 또 그렇게 할 것이다. 우리가 원하는 것은(   )다.

16. 이 본문은 _____ 과 관련이 있다.
① 교회의 성례들
② 사회 문제들에 대한 교회의 불참
③ <u>교회의 가장 큰 영적 요구</u>
④ 교회의 시급한 개혁의 필요성

17. 다음 구절 중에서 마지막 줄에 있는 (   )안에 가장 알맞는 말은?
① 하나님의 사랑 ② <u>하나님의 영</u> ③ 하나님의 정의 ④ 교회의 개혁

18. 다음 진술들 중에서 위의 본문과 일치하는 것은?
① 교회는 시급히 교회 제도를 개혁할 필요가 있다.
② 교회는 도덕적인 개혁에 의해서 다시금 활기를 얻을 수 있다.
③ 교회는 더 나은 지도력에 의해서 더 나아질 수 있다.
④ <u>교회는 성령으로 충만하게 될 경우 더 나아질 수 있다.</u>

19. 5째 줄에 나오는 "there"가 가리키지 않는 것은?
    ① 교회 제도   ② 교회 지도력   ③ 교역자들   ④ 영력(靈力)의 결핍

20. 본문의 둘째 줄에 나오는 "alter"의 의미와 가장 거리가 먼 것은?
    ① 변화하다   ② 변천하다   ③ 제단   ④ 변경하다

1992학년도 목회연구원(영어)

I.
1. ② are→is
2. ① neither→none
3. ④ the tallest→taller
4. ③ froze→frozen
5. ② more가 불필요하다.
6. ① He's looking→He looks
※ 지각동사는 현재진행형으로 쓸 수 없다.

II.
7. 이 시대의 어린이들은 너무나 (① <u>조숙해서</u> ② 이상해서 ③ 정직해서 ④ 논리적이어서) 때때로 그들이 영감처럼 여겨진다.
8. 그 교사의 (① 간단한 ② <u>파렴치한</u> ③ 표리부동 ④ 좌절된) 실수는 바로잡기가 어렵다.
9. 나는 그의 (① 냉혹한 ② 부드러운 ③ <u>신랄한</u> ④ 격분) 말들을 무시하려고 애썼으나 그것으로 인해 상당히 속박을 받았다.
10. 월요일 아침 나른한 수업으로부터 대답을 (① 참는 것 ② 유도해내는 것 ③ 설명하는 것 ④ 멈추는 것)은 쉽지 않다.
11. 난민들의 (① 의기소침 ② <u>망명</u> ③ 두려움 ④ 무관심)은 우리로 하여금 눈물을 머금게 했다.

III.
12-16.

[본문 번역] 소수의 신약 사본들은 기독교가 노예들 사이에서 성공했다는 견해를 장려한다. 노예들에 대한 초대 그리스도인들의 태도가 교회에 가입한 노예들에게 자극을 주지 않았다는 견해는 관련성이 없다. 기독교는 또한 여인들을 좋지 않게 생각했다. 그러나 분명한 사실은, 이것

이 그들의 회심에 대한 주된 장애물을 형성하지 않았다는 것이다. 19세기 이래 대다수 학자들은 초대 기독교 공동체 안에 노예들이 많이 있었음을 인정한다. 고대 역사가들과 초대 기독교 역사가들이 이 점에 있어서 일치한다. 물론 예외도 있다. 한 역사가는 최초의 개종자들이 교육받은 계층에 속해 있었으며 "무지한 프롤레타리아"를 흡수하는 것이 이 사람들의 과업이었다고 주장했다. 오늘날 학자들 중에서, 노예들을 전형적인 개종자들로 보는 피지배 계층 이론에 이의를 제기하는 학자들이 점점 늘어나고 있다. 그러나 전통적인 견해가 여전히 그 분야를 지배하고 있으며, 우리도 여전히 기독교가 "노예들에 의해서 악명 높게 전파되었다"라든가 "노예들이 그 공동체의 상당 부분을 형성했다"는 말들을 듣는다.

12. 위에 묘사된 초대 그리스도인들의 태도는 어떠한가?
① 노예들을 여성들보다 더 높이 평가했다.
② 교육 받은 계층은 회심의 장애물이었다.
③ 기독교는 노예들을 낮게 평가했으나 이것이 노예들의 개종을 가로막지는 않았다.
④ 노예들이 기독교에 적응하지 못했다.

13. 다음 진술들 중에서 옳지 않은 것은?
① 노예들을 향한 초대 그리스도인들의 자세에 대한 일반적인 견해에 예외들도 있었다.
② 기독교에서 낮은 평가를 받던 사람들이 여전히 쉽게 개종했다.
③ 신약의 사본들은 노예를 격려한다.
④ 노예들이 기독교 공동체의 큰 비율을 차지했다.

14. 전통적인 견해에 대한 예외는 무엇이었는가?
① 학자들은 여인들이 개종한 최초의 사람이었다는데 동의한다.

② 교육받은 계층들이 개종하게 되었고 그들이 낮은 계층을 개종시켰다.
③ 고대 역사가들은 교육받은 계층을 개종시켰다.
④ 무지한 프롤레타리아가 교육받은 계층을 개종시켰다.

15. irrelevant의 뜻은?
   ① 공통적인   ② 계시하다   ③ 무관한   ④ 필요한

16. 위의 본문에 의하면, 다음 중 오늘날의 견해를 가장 잘 설명한 것은?
   ① 피지배 계층 이론이 학자들에 의해서 거부되고 있다.
   ② 기독교는 노예 없이는 존재할 수 없다.
   ③ 전통적인 견해가 받아들여질 수 없다.
   ④ 비록 몇몇 학자들에 의해서 이의가 제기되기는 하지만, 그래도 전통적인 견해가 대다수에 의해 지지를 받고 있다.

17 - 20.
   [본문 번역] 알렉산드리아의 필로와 같이 헬라파 유대인들은 유대 민족을 재건하는 데 전혀 관심이 없었다. 그들은 유대교를 국가의 이데올로기 보다는 오히려 철학 즉 하나의 신앙 체계로 생각했다. 그 자신은 유대 신앙을 받아들였고, 활동적이고 정치적인 생활 보다는 명상적이고 은밀한 생활을 더 선호했다. 원칙상 유대인은 필로와 같이 천상에 들려올 라가기 위해 영혼을 준비시키면서 은퇴한 사상가의 삶을 인도하는 철학자이어야 한다. 죽음을 위한 준비는 부활된 사회를 위해 준비하는 것이라기 보다는 오히려 명상의 기초 역할을 했다.

17. 위의 본문과 일치하는 진술은?
   알렉산드리아의 필로는 활동적인 정치가였다.
   ② 유대인들은 자신들의 믿음 안에서 국가와 교회를 분리해서 생각했다.
   ③ 헬라파 유대인들은 철학자들이다.

④ 유대교는 필로에 의해 발전된 정치적인 이데올로기였다.

8. 의 본문에서 "embrace"란 말은 무엇을 의미하는가?
①수용하다　②거부하다　③생각하다　④구별하다

19. 헬라파 유대인들은 죽음을 위해 어떻게 준비하는가?
① 그들은 필로의 철학을 연구했다.
② 그들은 정치에 입문하기 위해 명상을 했다.
③ 그들은 활동적인 삶을 인도했다.
④ <u>그들은 조용한 명상의 생활을 인도했다.</u>

20. 알렉산드리아의 필로에 관해서 다음 중 옳은 것은?
① 그는 유대 국가를 건설하는 일에 투신했다.
② 그는 종교적인 수도원에 들어가기 위해 일에서 은퇴했다.
③ <u>그는 천국에 들어가기 위해 준비를 하면서 여생을 보냈다.</u>
④ 유대인들은 필로의 철학을 거부했다.

1993학년도 신학대학원/석사과정(영어)

Ⅰ. 1. ①　　2. ④　　3. ③　　4. ②　　5. ③
Ⅱ. 1. ④　　2. ③　　3. ②　　4. ②　　5. ③
Ⅲ. 1. ④　　2. ①　　3. ③　　4. ①　　5. ④
Ⅳ. 1. ①　　2. ②　　3. ④　　4. ①　　5. ③

1993학년도 신학대학원/연구과정(영어)

Ⅰ. 1. ②　　2. ③　　3. ④　　4. ①　　5. ③
　　6. ④　　7. ①　　8. ④　　9. ②
Ⅱ. 10. ③　　11. ④　　12. ③　　13. ②　　14. ②
　　15. ③　　16. ④　　17. ③
Ⅲ. 18. ②　　19. ④　　20. ④　　21. ②　　22. ④
Ⅳ. 23. ④　　24. ①　　25. ②　　26. ①　　27. ①
　　28. ①　　29. ③　　30. ①

1994학년도 신학대학원(영어)

1. ③　　2. ②　　3. ④　　4. ①
5. ②　　6. ②　　7. ③　　8. ④
9. ①　　10. ②　　11. ③　　12. ④
13. ③　　14. ②　　15. ①　　16. ③
17. ②　　18. ③　　19. ③　　20. ①
21. ①　　22. ②　　23. ②　　24. ②
25. ④　　26. ①　　27. ②　　28. ②
29. ④　　30. ④　　31. ②　　32. ①
33. ④　　34. ④　　35. ①　　36. ①

1995학년도 신학대학원(영어)

1. ①　　2. ③　　3. ②　　4. ③
5. ④　　6. ④　　7. ③　　8. ④
9. ①　　10. ①　　11. ④　　12. ①
13. ①　　14. ②　　15. ③　　16. ④

17. ②   18. ③   19. ③   20. ①
21. ③   22. ①   23. ③   24. ④
25. ②   26. ①   27. ②   28. ③
29. ③   30. ①   31. ③   32. ①
33. ②   34. ④   35. ②   36. ③
37. ④   38. ②   39. ③   40. ④

1996학년도 신학대학원(영어)

1:[1]   11:[3]   21:[2]   31:[3]
2:[4]   12:[1]   22:[3]   32:[1]
3:[2]   13:[2]   23:[2]   33:[4]
4:[3]   14:[2]   24:[2]   34:[2]
5:[2]   15:[1]   25:[1]   35:[4]
6:[4]   16:[2]   26:[2]   36:[4]
7:[1]   17:[3]   27:[3]   37:[3]
8:[2]   18:[1]   28:[4]   38:[2]
9:[3]   19:[3]   29:[1]   39:[4]
10:[1] 20:[2]   30:[2]   40:[1]

1997학년도 신학대학원(영어)

1:[4]   11:[3]   21:[1]   31:[2]
2:[1]   12:[2]   22:[3]   32:[1]
3:[1]   13:[3]   23:[4]   33:[2]
4:[3]   14:[4]   24:[2]   34:[3]
5:[2]   15:[2]   25:[4]   35:[4]
6:[4]   16:[1]   26:[1]   36:[1]
7:[2]   17:[3]   27:[3]   37:[2]
8:[4]   18:[2]   28:[2]   38:[1]
9:[2]   19:[4]   29:[4]   39:[3]
10:[1] 20:[1]   30:[3]   40:[2]

1998학년도 신학대학원(영어)

1.(2)	6.(3)	11.(1)	16.(3)	21.(4)	26.(1)	31.(1)	36.(1)
2.(1)	7.(4)	12.(2)	17.(4)	22.(2)	27.(3)	32.(1)	37.(3)
3.(4)	8.(4)	13.(3)	18.(4)	23.(2)	28.(4)	33.(3)	38.(4)
4.(3)	9.(2)	14.(1)	19.(2)	24.(1)	29.(2)	34.(3)	39.(4)
5.(2)	10.(3)	15.(2)	20.(1)	25.(4)	30.(2)	35.(1)	40.(2)

1999학년도 신학대학원(영어)

1.(1)	6.(2)	11.(3)	16.(1)	21.(4)	26.(3)	31.(2)	36.(3)
2.(3)	7.(3)	12.(3)	17.(2)	22.(1)	27.(1)	32.(3)	37.(4)
3.(2)	8.(4)	13.(1)	18.(2)	23.(1)	28.(1)	33.(1)	38.(2)
4.(4)	9.(4)	14.(1)	19.(3)	24.(4)	29.(2)	34.(3)	39.(4)
5.(4)	10.(2)	15.(2)	20.(3)	25.(2)	30.(4)	35.(2)	40.(2)

2000학년도 신학대학원(영어)

1.(2)	6.(3)	11.(2)	16.(1)	21.(3)	26.(2)	31.(3)	36.(1)
2.(4)	7.(4)	12.(3)	17.(3)	22.(4)	27.(4)	32.(3)	37.(2)
3.(3)	8.(2)	13.(2)	18.(4)	23.(1)	28.(3)	33.(4)	38.(2)
4.(4)	9.(2)	14.(3)	19.(3)	24.(1)	29.(1)	34.(4)	39.(2)
5.(1)	10.(1)	15.(4)	20.(2)	25.(2)	30.(1)	35.(3)	40.(3)

2001학년도 신학대학원(영어)

1.(4)	6.(3)	11.(4)	16.(1)	21.(3)	26.(2)	31.(4)	36.(3)
2.(1)	7.(1)	12.(2)	17.(3)	22.(1)	27.(2)	32.(3)	37.(1)
3.(2)	8.(2)	13.(3)	18.(4)	23.(2)	28.(4)	33.(3)	38.(4)
4.(3)	9.(3)	14.(4)	19.(4)	24.(2)	29.(3)	34.(1)	39.(1)
5.(4)	10.(4)	15.(4)	20.(1)	25.(2)	30.(4)	35.(2)	40.(2)

영어 2002학년도 입학시험 답안

번호	2002 영어 (석 사)	2002 영어 (목 연)	번호	2002 영어 (석 사)	2002 영어 (목 연)
1	4	2	31	4	2
2	3	1	32	3	4
3	2	4	33	2	3
4	1	3	34	1	2
5	4	3	35	3	3
6	3	2	36	2	1
7	1	1	37	1	1
8	2	3	38	4	3
9	4	3	39	3	3
10	3	2	40	2	1
11	2	1	41	4	2
12	4	2	42	3	3
13	1	1	43	2	1
14	2	2	44	4	2
15	2	1	45	1	4
16	2	1	46	4	3
17	4	1	47	1	1
18	3	3	48	2	2
19	1	2	49	3	3
20	1	3	50	3	3
21	4	4			
22	2	2			
23	3	4			
24	1	1			
25	2	1			
26	1	4			
27	3	4			
28	2	3			
29	2	1			
30	1	1			

영어 2003-2006학년도 입학시험 답안

번호	2003 영어 (석 사)	2004 영어 (석 사)	2005 영어 (연습문제)	2006 영어 (실력문제 실전)
1	4	4	c	문법1-a
2	3	2	b	〃 2-c
3	2	1	b	〃 3-c
4	1	4	c	〃 4-c
5	2	3	a	〃 5-b
6	2	1	b	〃 6-d
7	3	3	a	〃 7-a
8	1	2	a	〃 8-a
9	4	3	a	〃 9-c
10	2	2	c	〃 10-d
11	4	1	b	어휘1-a
12	2	3	b	〃 2-c
13	3	3		〃 3-b
14	1	2		〃 4-b
15	2	3		〃 5-c
16	1	2		〃 6-a
17	4	2		〃 7-b
18	2	4		〃 8-a
19	3	2		〃 9-b
20	4	4		〃 10-a
21	3	3		독해1-c
22	3	2		〃 2-b
23	1	3		〃 3-c
24	3	2		〃 4-b
25	1	3		〃 5-c
26	4	2		〃 6-d
27	2	3		〃 7-c
28	3	4		〃 8-b
29	3	4		〃 9-b
30	4	2		〃 10-c

영어 2003-2006학년도 입학시험 답안 계속

번호	2003 영어 (석 사)	2004 영어 (석 사)	2005 영어 (석 사)	2006 영어 (석 사)
31	2	4		
32	1	1		
33	4	4		
34	1	1		
35	1	3		
36	4	2		
37	3	2		
38	1	4		
39	4	1		
40	1	4		
41	2	1		
42	1	2		
43	4	1		
44	2	3		
45	3	1		
46	3	2		
47	4	1		
48	1	4		
49	4	1		
50	2	3		

* TEPS에 대한 구체적인 해설과 해답은
 [조영태. 「마스터 영어」 서울: 아가페문화사, 2004.]를 참조 할 것.

철학 해답 *1987-1991학년도-주관식 시험이었음
1992-1994학년도 입학시험 답안-객관식

번호	1992 철학 (신학대학원)	1992 철학 (목회연구원)	1993 철학 (신학대학원)	1994 철학 (신학대학원)
1	4	4	3	2
2	3	4	4	4
3	3	4	4	2
4	1	4	4	3
5	1, 3, 4	2	1	2
6	3	2	2	2
7	3	4	2	3
8	2	2	1	x
9	4	3	4	o
10	3	4	3	x
11	3	4	3	x
12	3	4	2	산파술
13	2	3	1	4
14	2	2	1	3
15	3	1	4	1
16	1	1	2	3
17	3	1	2	2
18	4	2	2	1
19	1	1	3	3
20	4	1	2	2
21	1	2	3	2
22	2	1	1	3
23	2	1	4	윤회, 칼마
24	2	4	3	베다
25	신국론	4	2	3
26	터툴리안	3	1	3
27	3기	4	4	1
28	자연	3	3	1
29	은총	펠라기우스	4	4
30	형상	지식	1	2

철학 1992-1994학년도 입학시험 답안-계속

번호	1992 철학 (신학대학원)	1992 철학 (목회연구원)	1993 철학 (신학대학원)	1994 철학 (신학대학원)
31	질료	신국론	4	2
32	3	x	4	2
33	o	o	3	3
34	x	x	3	4
35	x	o	4	3
36	x	o	3	2
37	입학가이드 참조	입학가이드 참조	3	3
38	입학가이드 참조	입학가이드 참조	원자주의,빗트켄슈타인	2
39			존재	3
40			안셀무스, 신앙, 이성	인간존재,실존,현존재
41			베네딕트, 프란시스칸	불안(죽음)
42			옥캄	노에시스
43			보편자, 이름,	노에마
44			흄, 슐릭	사물들 자체
45				사용
46				지평
47				언어(단어)
48				자유
49				나너
50				실용

철학 1995-1998학년도 입학시험 답안-객관식

번호	1995 철학 (신학대학원)	1996 철학 (신학대학원)	1997 철학 (신학대학원)	1998 철학 (신학대학원)
1	x	1	2	4
2	o	4	3	4
3	o	3	3	1
4	o	3	3	2
5	o	2	2	3
6	o	2	1	3
7	o	4	2	4
8	3	4	3	4
9	4	4	2	2
10	4	2	4	4
11	3	4	4	3
12	3	3	4	4
13	3	1	1	4
14	2	3	2	4
15	3	2	1	2
16	3	3	1	4
17	3	2	4	4
18	1	1	2	3
19	2	3	1	2
20	2	1	2	1
21	1	2	3	2
22	4	2	4	4
23	4	1	2	2
24	1	1	4	1
25	3	1	1	2
26	2	1	2	3
27	3	1	4	2
28	1	2	4	1
29	2	2	4	3
30	1	3	1	2

철학 1995-1998학년도 입학시험-계속

번호	1995 철학 (신학대학원)	1996 철학 (신학대학원)	1997 철학 (신학대학원)	1998 철학 (신학대학원)
31	탈레스	1	1	2
32	헤라클레이토스	2	1	1
33	피타고라스	1	3	2
34	소크라테스	1	2	4
35	인의예지	3	3	2
36	브라마	2	1	3
37	그노시스	2	2	1
38	터툴리아누스	3	2	3
39	결여	3	3	2
40	유명론	1	4	2
41	자유의지	1	3	3
42	실존=현존재	3	1	2
43	초월	3	4	3
44	실존주의(실존철학)	2	2	3
45	변증	4	3	4
46	선험적=초월적	3	4	3
47	심리적	3	1	3
48	딜타이	2	1	2
49	포이에르바하	1	2	1
50	헤겔	3	3	3

<참고 사항>

*1987-1991학년도-주관식 시험이었음
　　　　　(해답을 위해 '84-2006입학가이드 요해편 참조할 것)
*1999-2000학년도-철학 시험이 없었음
*2001-2002학년도-주관식 시험이었음

철학 2003-2006학년도 입학시험 답안-객관식

번호	2003 철학 (신학대학원)	2004 철학 (신학대학원)	2005 철학 (신학대학원)	2006 철학 (신학대학원)
1	1	4	1	2
2	2	1	3	3
3	3	3	2	4
4	2	4	4	1
5	2	2	2	2
6	1	2	3	1, 2
7	2	1	1	1
8	2	1	4	2
9	3	4	1	3
10	4	3	4	2
11	1	4	2	3
12	3	3	4	4
13	4	2	3	1
14	3	2	1	3
15	2	4	3	4
16	1	1	2	1
17	4	3	4	2
18	2	3	3	2
19	3	4	1	4
20	3	1	4	2
21	3	1	2	2
22	3	3	1	3
23	3	2	2	3
24	2	2	3	4
25	3	3	1	4
26	2	3	3	
27	4	1	2	
28	2	1	2	
29	3	2	4	
30	3	4	3	

철학 2003-2006학년도 입학시험 계속

번호	2003 철학 (신학대학원)	2004 철학 (신학대학원)	2005 철학 (신학대학원)	2006 철학 (신학대학원)
31	3	4	1	
32	4	3	2	
33	3	2	4	
34	1	2	3	
35	3	1	2	
36	2	4	1	
37	1	4	1	
38	4	1	3	
39	4	2	2	
40	3	3	4	
41	4	4	4	
42	3	2	3	
43	4	1	1	
44	4	3	3	
45	3	3	4	
46	3	3	2	
47	3	1	2	
48	2	1	3	
49	4	4	1	
50	2	1	4	

| 판권 |
| 소유 |

총신대학교 신학대학원
입학가이드 '84-'06

1984. 11. 10 초판 펴냄
2006. 8. 31 23판 펴냄

저 자 편찬위원회
발행인 김 영 무

발행처 도서출판 아가페문화사
156-094 서울동작구 사당4동 254-9
등록 제3-133호(1987. 12. 11)

보급처 : 아가페문화사
156-094 서울동작구 사당4동 254-9
전화 02-3472-7252-3
팩스 02-523-7254
온라인 우체국 011791-02-004204(김영무)

값 35,000 원

ISBN 89-8424-089-3   03230